JN214601

甲斐克則先生古稀祝賀論文集 [上巻]

刑事法学の新たな挑戦

[編集委員]
只木　誠
佐伯仁志
北川佳世子

成文堂

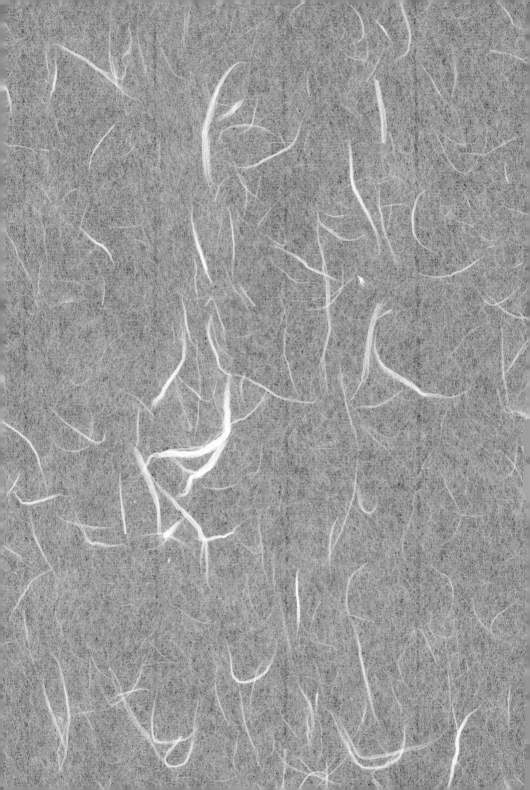

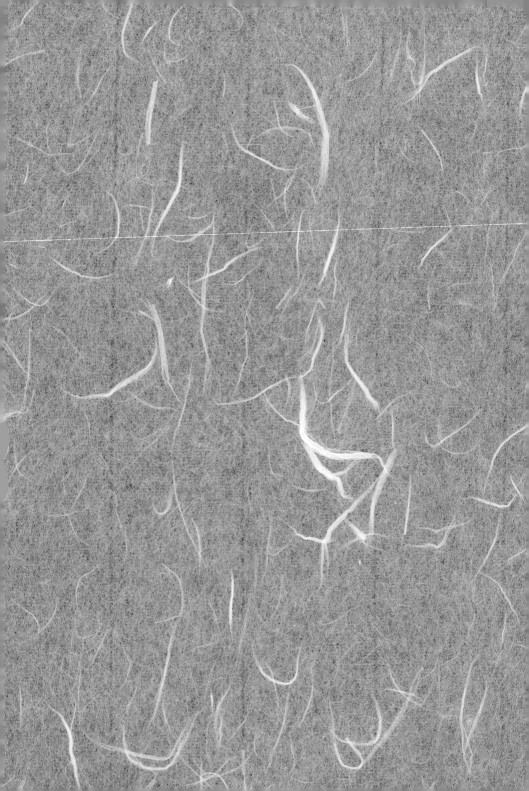

甲斐克則先生

謹んで古稀をお祝いし
甲斐克則先生に捧げます

執筆者一同

はしがき

　甲斐克則先生は、2024年10月6日にめでたく古稀を迎えられました。

　私たちは、敬愛する甲斐先生の古稀を祝賀するため、本書の編集作業を進めてまいりました。国内外から刑事法や医事法に関する95本もの論稿をお寄せいただくことができ、上下2巻の論文集を刊行することができる運びとなりました。これもひとえに、甲斐先生の幅広いご活躍とご人徳の賜物と存じます。

　甲斐先生は、1954年に大分県大野郡（現・豊後大野市）朝地町にお生まれになり、1979年に九州大学大学院法学研究科修士課程を修了後、同大学院博士課程に進学されました。博士課程では井上祐司九州大学名誉教授のご指導の下、初論文である「安楽死問題における病者の意思──嘱託・同意殺の可罰根拠に関連して」（九大法学41号（1981年））を執筆・公表されました。1982年に同大学院を単位取得退学されて同大学の助手をお務めになった後、1984年から1991年まで海上保安大学校に、1991年から2003年まで広島大学にお務めになりました。その後、現在まで早稲田大学にてお勤めでいらっしゃいます。実に40年の長きにわたり、刑事法や医事法の研究教育を通じて、多くの刑事法研究者を指導・育成されたほか、法曹養成はもちろん、様々な業界に多数の優秀な人材を輩出されました。また、広島大学評議員や早稲田大学理事などの要職もお務めになりました。

　甲斐先生は、巻末掲載の略歴および主要著作目録にありますとおり、刑法学、法哲学の名著であるアルトゥール・カウフマン（甲斐克則訳）『責任原理』（2000年）をご研究の基盤とされ、過失犯論や法益論、企業犯罪、安楽死や尊厳死、医療過誤や医療安全など、多岐にわたる数々のご著書や膨大なご論文を精力的に発表してこられました。同時に、ご研究のかたわら、2006年から2018年まで日本刑法学会理事、1997年から2024年まで日本医事法学会理事（2009年から2015年まで代表理事）、2005年から2023年まで日本生命倫理学会理事（2011年から2014年まで代表理事（会長））といった要職を歴任されました。また、国際的な学術交流に積極的にかかわられ、日中刑事法研究会の理事（2018年1月から2023年9月までは日本側会長）としてご活躍されたほか、2019年の第25回世界医事法会議が東京で開催されるにあたり、2018年から1年間、Program Chair として準備され成功に導かれ

るなど、国内外における刑事法および医事法研究の発展に多大な貢献をされました。

本書は、お寄せいただいた95編の論稿を刑事法と医事法に分け、可能な限り体系的に整理した上で、甲斐先生のご意向をふまえ、副題を「刑事法学の新たな挑戦」、「医事法学の新たな挑戦」とさせていただきました。用務多端の折、数々の力作をご寄稿いただいた先生方に、厚く感謝申し上げます。

本書の出版に際しては、成文堂の阿部成一社長に出版をご快諾いただき、編集作業では篠崎雄彦氏に多大なるご協力をいただきました。また、日山恵美氏と澁谷洋平氏にも、本書の編集作業に多大なご助力をいただき、略歴・著作目録も作成していただきました。この場をお借りして、心から感謝申し上げます。

法学研究、大学教育、大学行政から社会貢献活動に至るまで、多岐にわたり情熱的にご活躍されてきた甲斐先生の古稀をお祝いさせていただくことができ、誠に喜ばしい限りです。甲斐先生におかれましては、どうかご健康に留意され、今後もいっそうご活躍されますことを心から祈念申し上げますとともに、われわれを変わらずご指導くださりますようお願い申し上げます。

2024年10月

編集委員

只 木 　 　 誠
佐 伯 仁 志
北 川 佳 世 子

目　次

はしがき

規範的刑法学か事実的刑法学か ……………………松　澤　　　伸（ 1 ）
ヘーゲルの刑事責任論と主観的意志の自由 ………松　生　　　建（ 19 ）
甲斐博士の責任原理について …………………………小　林　憲太郎（ 33 ）
アメリカ法における厳格責任の憲法論
　　──実体的デュープロセスに着目して──……仲　道　祐　樹（ 43 ）
外国人による犯罪に対する刑法の適用 ……………渡　邊　卓　也（ 67 ）
親に対する子供の保障人的義務
　　──ドイツにおける議論を素材として──……岩　間　康　夫（ 83 ）
正当防衛と第三者侵害 ………………………………杉　本　一　敏（117）
解離性同一性障害患者たる被告人の刑事責任能力判断に関する
　　議論の現在地 …………………………………………上　原　大　祐（137）
免責事由の錯誤
　　──期待可能性の錯誤── ………………………小名木　明　宏（151）
交通事故等での過失の捉え方 ………………………松　宮　孝　明（165）
自動運転車による事故と刑事責任
　　──検討の視点── ………………………………今　井　猛　嘉（181）
業務上過失に関する覚書 ……………………………岡　部　雅　人（199）
未遂犯における危険概念と保護法益の意義
　　──特に実行の着手と未遂実行行為の区別に関して──
　　…………………………………………………………北　尾　仁　宏（213）
正犯・共犯の法文化 …………………………………田　川　靖　紘（235）

強制による第三者利用の間接正犯 …………………… 塩　谷　　　毅 (249)

過失の共同正犯における「共同義務」について
　　………………………………………………………… 伊　藤　嘉　亮 (265)

拘禁刑と責任主義………………………………………… 竹　川　俊　也 (283)

刑事施設等に収容された者に対する保護責任…… 石　井　徹　哉 (297)

保護を阻害する行為と保護責任者不保護致死罪の共同正犯
　　――福岡地裁令和4年9月21日判決及び福岡高裁令和5年3月9日判決について――
　　………………………………………………………… 平　山　幹　子 (307)

不同意性交等罪・不同意わいせつ罪の「不同意困難状態」
　　………………………………………………………… 蔡　　　芸　琦 (317)

個別財産説は債権取得事案の詐欺罪処罰を説明できるか
　　………………………………………………………… 二　本　柳　　　誠 (333)

ドイツにおける暗号資産をめぐる議論
　　――詐欺罪・投資家保護・没収――………………… 内　海　朋　子 (345)

刑法190条における死体の監護義務 …………………… 萩　野　貴　史 (359)

死体の隠匿行為の死体遺棄罪における「遺棄」該当性
　　――最判令和5年3月24日刑集77巻3号41頁を契機として――
　　………………………………………………………… 大　庭　沙　織 (375)

刑を減軽する目的と外国国章損壊等罪における「外国に対して
　侮辱を加える目的」……………………………………… 伊　藤　亮　吉 (391)

証拠偽造罪と犯人隠避罪の関係について
　　――虚偽供述の事例を中心に――…………………… 十　河　太　朗 (403)

行政刑法理論について
　　――刑法の基本原則との衝突をめぐって――……… 辻　本　淳　史 (421)

補助金不正受給における両罰規定の意義 ………… 小野上　真　也 (439)

組織的犯罪処罰法における組織的犯罪の類型的加重処罰根拠と
　「団体」の意義について――立法過程における議論を踏まえつつ――
　　………………………………………………………… 神　例　康　博 (455)

マネー・ローンダリング罪に関する一考察 ………	澁 谷 洋 平 (473)
安定操作罪に関する一考察 ………………………	川 崎 友 巳 (487)
不法在留罪の構造と問責対象行為 　——東京高裁令和4年3月15日判決（高刑速（令4）号97頁）を契機として——	
	松 原 芳 博 (501)
愛護動物虐待罪における「適切な保護を行わない」の意義	
	三 上 正 隆 (513)
組織的な薬物密輸入事件をめぐる刑法上の問題 　——漁船廣丸覚醒剤密輸入事件を素材にして—— ………	北 川 佳世子 (525)
海路による覚醒剤密輸について ………………………	日 山 恵 美 (541)
海上交通事故における往来の危険の意義について	
	新 谷 一 朗 (557)
海難審判裁決取消訴訟における司法審査の現状と破棄差戻し・ 　理由差替え等の許否——最三小判令和6年1月30日を例に——	
	水 沼 直 樹 (571)
国際海上警察法の生成と展開 ……………………	瀬 田 　 真 (593)
少年鑑別所における未決在所者からの面会要望の取り次ぎ	
	大 貝 　 葵 (609)
トラウマ・インフォームド・ケアと少年司法 ……	小 西 暁 和 (625)
中国における社会内処遇の近時の動向 　——社区矯正法制定の意義と課題—— ……………	金 　 光 旭 (637)
中国における刑事立法の活性化 　——経緯、事実、論争と私見—— …………………	梁 　 根 林 (653)
自由主義の刑法 ……………………………………	劉 　 艶 紅 (671)
中国特色刑法解釈学発話体系の構築 ……………	黎 　 　 宏 (683)
事後行為と犯罪の成否 ……………………………	馮 　 　 軍 (693)
AI時代における自動運転車の刑事責任 …………	謝 　 佳 君 (705)

中国刑法における統一的正犯体系の優位性
　　——行為者の有罪判断を中心に——………………… 劉　　明　祥（719）

設定的教唆
　　——一種の教唆類型の立証——……………………… 陳　　興　良（731）

ニュージーランド法における共通目的（common purpose）、
　共同責任（joint responsibility）とコンスピラシー責任
　　——解釈論的及び法理学的分析——………… ジョージ・ムスラーキス（741）

不法原因給付と横領罪の成否 ………………………… 張　　明　楷（759）

中国刑法における経営環境の保護 …………………… 儲　　陳　城（773）

規範的刑法学か事実的刑法学か

松　澤　　伸

> ——科学のいいところは、君がそれを信じようと信じまいと、それが真実だ、ということだ。
>
> ニール・ドグラース・タイソン

一　序
二　事実的刑法学——松澤論文の概要
三　規範的刑法学——アスプ論文の概要
四　検　討

一　序

　私は、2021年に、ヘルシンキ大学のキンモ・ヌオティオ（Kimmo Nuotio）教授と共に、"Methodology of Criminal Law Theory: Art, Politics or Science?"という書籍を編集・公刊した[1]。この本を公刊した経緯は、2014年に、東北大学で開催された国際シンポジウムに遡る。そこでは、私がスカンジナヴィアン・リーガル・リアリズムに基づく刑法学の方法論について基調報告を行い、それに対し、発祥の地であるスカンジナヴィアの刑法学教授、すなわち、ストックホルム大学教授のペッター・アスプ（Petter Asp）教授（現在は、最高裁判所判事）とコペンハーゲン大学のトーマス・エルホルム（Thomas Elholm）教授から返答報告をいただいた。その後、その内容について、北欧フィンランドのヌオティオ教授からもご関心を寄せていただく機会があり、さらに、諸外国の執筆者を加えて、ヌオティオ教授と共に、刑法学方法論の書籍として完成させることができた。

---

[1] S Matsuzawa and K Nuotio ed., *Methodology of Criminal Law Theory: Art, Politics or Science?* (Nomos Hart 2021).

この書籍において、私は、基調報告に基づき、年来主張している機能主義刑法学の方法論[2]を、アップデートしつつ示したわけであるが、ペッター・アスプ教授は、これに対して、批判的な論文を、寄稿している。発祥地である北欧では、支持者の少なくなったスカンジナヴィアン・リーガル・リアリズムが日本で展開され、スウェーデンの学者が、これを批判的に検討する、という展開となったわけである。

　アスプ教授は、その論文で、規範的刑法学を擁護する、と述べる。これと対比すれば、私の刑法学は、事実的刑法学と呼ぶことができるであろう。

　そのようなわけで、本稿では、私見を批判し、規範的刑法学を擁護するアスプ教授の立論を検討し、私の主張する事実的刑法学の立場から、これに反批判を試みることにしたい[3]。

　本稿の構成は、以下の通りである。まず、前掲書に収録された、事実的刑法学と呼ぶべき松澤論文の概要を紹介する（二）。続いて、これを批判的に検討し、規範的刑法学を擁護するアスプ論文の概要を紹介する（三）。そして、アスプ教授の批判に対する返答を行い、私の見解をより積極的に展開する（四）。

二　事実的刑法学——松澤論文の概要

　まず、松澤論文[4]の概要を紹介する。松澤論文は、いくつかの章に分かれているが、ここでは、その中心的内容だけを紹介する。本稿では、アスプ教授の批判が集中している箇所を示すことが重要と思われるからである。

　松澤論文は、大要、以下のような内容である。

（1）　刑法解釈学が、学問的／学術的研究であることについて、疑いはない。しかし、その客観性については、これまで、議論が分かれてきた。これについて

2　松澤伸『機能主義刑法学の理論』（2001年、信山社）（以下、『理論』として引用）、同「機能的刑法解釈論の方法に関する一考察」刑法雑誌43巻3号（2003年）359頁以下、同「機能的刑法解釈方法論再論」（以下、「再論」として引用）早稲田法学82巻3号（2007年）131頁以下参照。

3　もちろん、日本語で書いても、彼には直接は届かないので、いずれ外国語で返答するつもりである。

4　S Matsuzawa "The Methods of Legal Dogmatics of Criminal Law From a Realistic Perspective" in (n 1) 9.

は、大きく分けて、以下の3つの立場がある。①刑法解釈学は、個々の学者による主観的な価値判断に基づくものであり、そもそも客観性は保証されない。②刑法解釈学は、実証的なデータを根拠とする解釈論を展開することにより、その限度で、客観性を獲得することができる。③法文から、客観的に正しい法解釈を選択して提示することで、客観性を達成できる。④刑法解釈学は、現に妥当する刑法の現状を記述することで、客観性を保つことができる。これらのうち、松澤論文は、④の立場に与する。

その理由は、そもそも、刑法学が学問（Wissenschaft）である以上は科学（science）としての客観性を有することが必要であること、現に妥当する刑法を客観的に記述することで有罪・無罪の分かれ目を示すことが社会にとって有益であること（さらには、政策として行われる批判的検討の前提としての現状認識を正確に行うことが重要であること）、にある。

我が国の伝統的刑法解釈学の方法論では、中心的教義を据え、論理的演繹を用いて、矛盾なく、体系的かつ規範的に刑法を認識することが目的とされた。そこでは、刑法における人間観をどのようにとらえるか、社会秩序維持と裁判における紛争解決のどちらに重点を置くか等の問題が議論され、そのような中心的教義における立場決定を前提として、刑法解釈学／犯罪論の体系構成が行われてきた。その際には、刑法の規範的な分析が、主要な道具であった。

しかし、規範的な分析には、価値判断、すなわち、いくつかの回答のうちの一つを選択するという過程が不可欠である。そして、複数のありうる回答がある以上、選択された回答の正否は、論争の対象とならざるを得ない。しかし、その回答選択の理由は、突き詰めれば、回答者の哲学的あるいは政治的価値判断に逢着せざるを得ない。そうなると、刑法解釈学の客観性／科学性は失われることになる。

（2）　刑法解釈学に対するより客観的なアプローチの可能性は、現在進行中の問題であるが、若干の歴史的考察を試みれば、いくつかのアプローチを見出すことができる。例えば、二次世界大戦以前に主張された近代学派の刑法理論はその一つである。近代学派は、犯罪者を改善し教育する手段として更生としての刑罰を提唱し、犯罪は犯罪者の性質と環境に由来するという理解に基づき、科学的な方法で犯罪予防を図ろうとした。また、第二次世界大戦後に主張された、刑法の

効果についての実証的研究に基づいた刑法理論もその一つである。西ドイツでは、経験科学に基づく犯罪予防に重点を置いた刑法理論があらわれ（て、刑法改正対案グループの案として結実し）、日本では、英米法学や経験法学の影響から、経験的事実を重視して刑法理論を再構築する機能的考察のアプローチを主張する学者が現れた。

　他方、法学全体に目を向けると、法解釈学に対する客観的なアプローチは、法哲学においては、長い歴史を持ってきた。ハンス・ケルゼン（Hans Kelsen）の純粋法学や、オリバー・W・ホームズ（Oliver W. Holms）のリアリズム法学はその代表であるが、スカンジナヴィアでは、スウェーデンの哲学者アクセル・ヘーガーシュトレーム（Axel Hägerström）によって創始されたスカンジナヴィアン・リーガル・リアリズムが重大な影響力をもった。ヘーガーシュトレーム門下であるデンマークの法哲学者アルフ・ロス（Alf Ross）は、裁判官の思考という客観的事実に焦点を当て、法解釈学的言明と法政策的言明を区別することによって、このアプローチをさらに発展させた。

　（3）　デンマークの法哲学者アルフ・ロスは、裁判官の思考過程を記述することを法解釈学の任務とみなし、法学者の最初に行うべき活動であることを示唆した。これを受けて、デンマークの刑法学者クヌード・ヴォーベン（Knud Waaben）は、刑法解釈学の特殊性を考慮しながら、ロスの理論を刑法解釈学に適用した。この方法論は、実証的研究、法の客観的記述、法的判断の基礎として裁判官の思考過程を基礎において、刑法学の客観化に貢献した。

　松澤論文は、基本的に、この立場を支持する。松澤論文によれば、裁判官の思考過程を刑法研究者の観察対象とし、それを客観的に記述することによって、その国で現在妥当している刑法の姿を明らかにすることが、刑法解釈学の任務である。裁判官の思考過程には、裁判官の間で蓄積された共通の価値判断に基づいて、過去の判例を適用することが含まれるため、裁判官の判断は、客観的なものとして認識することが可能である。一方、自己の価値判断に基づいて刑法を解釈したり、新たな刑法を作ろうとしたりする活動、すなわち、裁判官の判決や国会の刑事立法に影響を与えようとする活動は、法政策と呼ぶことができる別個の活動である。刑法学者は、もちろん、このような法政策に従事することもできるが、これは、客観的な科学としての刑法学には含まれないものであって、刑法学

者に求められる本来の任務ではない。

　(4)　さらなる問題は、それをどのように記述するかである。これらの疑問について、前述のデンマークの2人の学者はまだ十分な回答を用意していない。松澤論文は、理論の抽出と構造化について、大要、以下のような具体的方法論を提案する。

　判例、裁判官が執筆した文献、裁判官に影響を与えた文献、裁判官とのコミュニケーション等、裁判官の思考を理解するために用いられるさまざまな材料を調査する。これらの情報源は、裁判官の思考過程を洞察するのに必須である。ここで必要なのは、あくまで、裁判官の思考に基づいて、刑法理論の体系を構築することである。ここでは、刑事手続に焦点を当てることを提案している。つまり、裁判官は、刑事手続に則って刑法について思考するのだから、裁判における刑法の実現過程を理論構築の出発点とすることが重要である。

　裁判官による法の創造への関与は、罪刑法定主義の観点からは否定的に捉えられるはずであるが、現実には、つまり、リアリズム法学の見地に立てば、存在している。法文は、場合によっては死文化するし、逆に、裁判によって、理論的に考察すれば処罰を説明できない領域の処罰が肯定される場合があるが、それらも記述されなければならない。

　規範的分析・論理的分析には限界がある。たとえ綿密な理論構築と論理に基づく規範的分析であろうとも、それが、用いる者の価値判断に左右されるのであれば、(本来の刑法学者の役割と呼ぶことのできない)法政策的活動にとどまらざるを得ない。前提となる価値判断が共有されている者の間であれば、その範囲内で議論の客観性は得られるが、前提を異にする者の間では、客観性は得られない。ただし、裁判官の思考を記述する際には、裁判官が用いる規範的分析は、客観的認識の対象として意義を有することになる。そのため、この方法論は、一見、刑法解釈学を、単なる判例の整理や判例の射程を測ることだけに貶めるように見えるものの、実際はそうではなく、体系的理論構築が可能であり、また、それを必要とする方法論であるということができる。

三　規範的刑法学——アスプ論文の概要

　次に、アスプ論文[5]の概要を紹介する。アスプ論文については、基本的に、全ての立論の概要を紹介するが、アスプ教授の議論は複雑かつ高度なので、最初に、彼の最終的な結論／主張を述べておくことにしたい。それは、法はその性質上規範的な解釈を必要とするものなのであり、それゆえ、法学も規範的なものとならざるを得ない。そして、法には複数の法源に基づく複数の回答を導きうる開放性があり、それゆえ、法学においては多様な規範的アプローチを行う必要がある、という主張である。

　（1）「序論」において、アスプは、論文の目的を提示する。
　アスプ論文のスタンスは、松澤論文の問題提起を受けて、それとは「正反対」に近い見解、すなわち、規範的刑法学を擁護する、というものである。アスプは、この論文で、法律学は、本質上、規範的ものでならなければならない、と主張する。そして、その論証の方法は、法というものについて、また、法はどのように作動するかを明らかにすることにより、法律学の性質を導き出す、というものである。

　（2）　続いて本論に入り、まず、アスプは、「法のヤヌス的双面性」と題して、法には、事実的側面と規範的側面がある、とする。事実的側面とは、ある時点における一定の法秩序の中にどのようなルールが存在しているのか、また、どのような判例があるのか等々を知ることである。他方、規範的側面とは、具体的な事例との関係で、ある時点において一定の状態で存在する諸ルールを論じ、解釈し、あるいは実際にそれを用いることである。人々が、一定の法規定をどのように理解すべきなのかということを明らかにするため、法律家に相談したいと思うことがあるだろうが、このシンプルな事実が、法の事実的側面と規範的側面が区別できることを示している。

　そして、法に事実的側面と規範的側面があるということは、法の体系性を要請

5　P Asp, "In Defence of a Normative and Non-Scientific Legal Science" in (n 1) 39.

する。つまり、法においては、相互に矛盾するように見えるルールが複数存在するのであって、ルールには拘束力があるといっても、その観念には、「弱さ」があるのである。法は、我々に対して、何をすればいいか、いつも決定的な形で知らせてくれるわけではない。それに答えるには、法の体系性が必要となるのである。

続いて、アスプは、「ルールと原理」と題して、ここで、ルールと若干異なるものとして、原理というものの存在があることを指摘する[6]。ロナルド・ドゥオーキン（Ronald Dworkin）によれば、ルールは「１かゼロかの規範」であるところ、原理は「重みの次元を持つ規範」である。すなわち、ルールは、１かゼロかという性質を有するため、使われるか使われないかであるが、原理は、それに従わない状態であっても、それを考慮に入れるということがありうる点で、ルールと異なっている。

一方で、ルールと原理の境界線は、それほど明確ではない。例えば、ある原理の要件が極めて精密であり、原理の重みが極めて強いため、ルールのように絶対的・拘束的な原理もある。例えば、多くの憲法の規定は、ルールのように義務的な性格を有しているが、原理に分類されている。また、ルールにおいても、あるルールの文言によって明らかにカバーされている状況において、当該ルールを適用すべきではないというケースがありうる（例えばルールの趣旨に合致しないケースや、ルールを適用すると明らかに不合理な結論が導かれるケース等）。したがって、ルールはそのままでは適用できない。

このようなことから、原理にせよルールにせよ、その適用の是非を論証するためには解釈が必要となる。そして、いかなる法体系も、ルールと原理に加えて、当該法体系の内容を体系化する上で考慮しなければならない諸価値を内蔵しているであろう。また、規範的な視覚から法体系を研究することによってのみ、我々は、その法体系の中で様々な価値と利益がどのように相互作用しているのかを見出すであろう。この相互作用の認識があって初めて解釈論が可能となる。すなわち、法学においては、法体系の規範的考察が必要である。

ここに、アスプの主張の核心が表れている。ここは重要であると思われること

---

6 なお、ここでアスプが原理について論じているのは、その後の展開に関係している。原理を論じることで、その背後にある「規範的／価値的パターン」の存在を指摘し、この概念を導き出すためである。

から、彼の論文において「31」と番号を振られた箇所(以下、アスプ論文31節という)を、そのまま示す。

> 「私は、〔本稿において〕法を解釈・体系化する際の適切な方法を説明しようと試みることすらしない。もっとも、ここまでに私が述べたことを受け入れるならば、それが、〈現存するルール、判例法、立法準備資料、等々との関係で、また、目下の法体系が持つ原理と価値との関係でも、規範的(評価的)判断を下すことを必須とするものであること〉は否定できないと思われる。また、法体系の規範的体系化が法的現実の一部である限り、法律学は規範的諸問題を取り扱わなければならない——そうすることが、法を理解しこれを取り扱う上で我々の助けとなりうべきことであるとすれば。規範的な視角から法体系を研究することによってのみ、我々は、その法体系の中で様々な価値と利益がどのように相互作用しているのかを見出すであろう。そして、そうすることによってのみ、我々は、同様のケースが同様に取り扱われることを保障できるのであり、あるいは、同様のケースを同様に扱うとはどういうことであるのかを明らかにできるのですらある。法の正しいスローガンは、おそらく次のようなものだろう:理由が全てだ(it is all about reasons)!」[7]

続いてアスプは「法の体系化かそれとも資料を扱うだけか」と題し、原理の発見過程を示しつつ、原理の重要性を説く。

アスプによれば、法の背後にある諸価値を反映し、法に内在する諸理由を要約するのが原理である。そして、原理は、発明され、創作されるのであるが、また、発見され、抽出されるものでもある。その発見過程は、①一定の規定や判例において諸ルールが展開されるうちに、②誰かが諸ルールにある規範的パターンに気づき、これを業績として公表し、③さらに他の者もこのパターンを理解し受け入れ、解釈や立法に援用する、という形で原理が定式化されるのである。これは、規範的パターンから原理を帰納する方法ということができるが、その逆に、原理から規範的パターンを演繹する方法もある。ただし、両者に共通するものとして、原理が発見されるということの前提条件として、「価値論的一貫性がある」という発想が必要となる。一貫性という発想があることによって、ある解決が他の解決に規範的含意を持つということが可能となるのである。

(3) 続いて、アスプは、前章までで見出した原理、すなわち規範的／価値的パターン(以下では単に価値的パターン(value patterns)と称する)の性質につい

---

[7] Asp (n 5) 47. なお、本稿のアスプ論文の訳文は、近日公刊予定の十河隼人助教の訳による。

て、「ルール・原理・法体系の諸アクター」と題して検討を加える。ここでは、価値的パターンが、裁判官と立法者にとってどのように機能するかが論じられる。

　まず、裁判官についてである。価値的パターンは、裁判官を自由にすると同時に、拘束もする。すなわち、裁判官は、価値的パターンに従うことで、ルール、すなわち法文それ自体から逸脱することが可能となる。同時に、裁判官は、価値的パターンそのものには拘束されることになる。

　次に、立法者についてである。価値的パターンは、立法者に対しては、自由を制約する機能を持つ。立法者は、一見、諸ルールと法体系を、望む通りに構築してよいように見える。しかし、実際には、自分の望むことをなんでもできるわけではない。そうすると、一貫性を失うことになるからである。すなわち、法体系は、立法者に対して何かを命じるわけではないが、選択の範囲を狭めるのである。

　以上のように、裁判官と立法者にとって、価値的パターンは異なる形で機能する。すなわち、裁判官にとっては、自由の拘束として、立法者にとっては、自由の制限として機能するのである。このことは、解釈を行う裁判官と立法を行う立法者は異なる立場であり区別できるということを意味する。

　しかし、両者の立場が曖昧になることはある。続いて、アスプは、「法体系とその裁判官の行動を決定する能力」と題し、このことについて論じる。ある法（de lege lata）とあるべき法（de lege feranda）の区別は、時折曖昧になる。例えば、いわゆる方法の錯誤の事例においては、立法において解決が示されていない法域が多いと思われるが、その場合、我々は、その解決について、根拠を見出さなければならない。ただ、それは、法体系の「外部」から出発する場合であっても、「内部」から出発する場合であっても、概ね同じものとなるであろう。この場合、裁判官と立法者は、ほとんど同じ立場に置かれることになる。しかし、一方で、立法者は、理性によっては支持されない解決策を意識的に選択する自由を有するが、裁判官は、諸ルールによって拘束されるのみならず、法体系それ自体によっても拘束される。立法であれば採用可能な立場は、書かれた法によって、ほとんどの場合、排除されることになるわけである。この点で、裁判官と立法者は依然として異なる立場である。

　よって、両者を区別することは可能なのであるが、しかし、（松澤論文のように）

裁判官の立場（法を適用する者）だけを特別視する必要はない。よって、（裁判官の思考に法源を限定する必要はなく）、法源をより広く参照すべきである。これについて、アスプは、「法源に関するメタ規範は開放性を拡大させる」と題する章において言及する。法源とは、何が法であるかを明らかにする上で重要な資料での提供という点において唯一のものであるという見解があり（松澤論文のように裁判官の思考に法源を限定する見解もあるが）、アスプは、この見解には与しない。確かに、（裁判官の思考が）法源として認められてきている理由には、一定の重みがあるが、それ以外のものが重要ではないということになるわけではない。

（4）　以上の論述から、アスプ論文は、下記の結論に至る。

> 「結論としては、事実的なものによって構成された法体系というのは、一定の状況において法は何を述べるものかを明らかにするための、出発点にすぎない。法は、そこにあって、発見されるのを待っている、というわけではなく、法体系の提供する諸々の構成要素を利用しながら、体系化する必要のあるものであろう。法には、一定程度の開放性がある。これを一貫した形で取り扱うことができること——同様のケースを同様に扱うこと、等々——を重要だと思うならば、端的に言って、この規範的なものに体系的な仕方で取り組む仕事が必要である。」[8]

この結論は、すでに引用したアスプ論文31節と合わせて、以下のように要約できる。法はその性質上解釈を必要とするものなのであり、法学も規範的なものとならざるを得ない。そして、法には開放性があり、それゆえ多様な規範的アプローチを行う必要がある。これが、アスプ論文の結論である。

なお、ここで注意しておかなければならないのは、アスプ論文も、松澤論文が示した方法論を、完全に否定するわけではない、ということである。論文の最後には、規範的刑法学以外のタイプの法律学を否定するわけではない、とした上で、「裁判官の思考はどのようなものか、すなわち、裁判官は実際のところ、どのようにして、諸規範から法律実務を作り出しているのか」を明らかにする松澤法学（Matsuzawaology of law）があるとし、それに対して我々が関心を持つことは明らかである、としている。

8　*Asp* (n 5) 51.

四 検 討

　以上紹介したアスプ論文の内容につき、松澤論文の立場から、検討を行う。
　アスプ論文の内容は、法の規範的性質についての議論が中心となっているが、その内容を整理すると、以下のようになるであろう。――（１）法は規範的な解釈が必要であり、松澤理論（事実的刑法学）とアスプ理論（規範的刑法学）は、ほとんど「正反対」の立場である。（２）規範的刑法学においては解釈を拘束ないし制限する価値的パターンの導出が重要であり、それには価値論的一貫性があることが前提となる。（３）法はその性質上解釈を必要とするものなのであり、法学も規範的なものとならざるを得ない。そして、法には開放性があり、それゆえ多様な規範的アプローチを行う必要がある。
　以下では、上記について、順次、評価／反批判を加えつつ、松澤論文における事実的刑法学の主張を確認する。

1　両理論は「正反対」なのか？

　アスプは、私の理論とはほとんど「正反対」の理論を擁護すると述べている。しかし、松澤論文における論述をよく読んでもらえば分かるように、私は、規範的刑法学を否定しているのではない。私の理論でも、規範的刑法学の存在意義は認められる。裁判官に対する提言としての法政策においては、規範的刑法学の存在余地があるのである。
　ただ、確かに、私は、規範的刑法学の地位を、相対的に、低く見積もっている。もちろん、重点の置き方に相違がある以上、両者は、「かなり大きく違う」理論だと言うことはできるかもしれない。そして、規範的刑法学の地位を低く見積もること自体への異論はありうる。アスプによれば、規範的考察こそが刑法学の中心となるはずだからである。
　しかし、松澤理論が規範的刑法学の地位を低く見積もっていることには理由がある。規範的刑法学は、その背後に、論者の価値判断が存在しており、かつ、その正しさを客観的に判定できないが故に、究極的には、刑法学と政治の区別が不可能になるという点に問題があるのである。確かに、法律学は、法制度の設計に影響を及ぼすものである以上、政治的側面が含まれることは否定し難い。しか

し、これを正面から刑法学の目的に据えることに対して、警戒と批判を向けるのが、松澤理論の中核的考え方である。アスプは、松澤理論と「正反対」の見解を擁護するなら、この考え方を正面から論駁することが必要である。しかし、アスプ論文は、結局、私の警戒と批判には、一切答えていない。その点で、アスプによる松澤論文批判は、一面的であると言わざるを得ない。

逆に、アスプは、論文の最後で、松澤法学（Matsuzawaology of law）の価値を認めている。そうであるとすれば、この点で、両理論は両立する可能性があるとも言いうる。先ほどの書籍に収録されているトーマス・エルホルム教授の論文は、両理論の調停可能性について論じている[9]。

ただ、松澤理論は、規範的刑法学の給付能力そのものにも疑いを持っていることは述べておかなければならない。そのため、この調停は不十分なものとなるか、あるいは失敗に終わる可能性もある。（これについては、別稿で論じることにしたい。）

2 　規範的刑法学の本質的な問題はどこにあるのか？

アスプは、規範的刑法学においては解釈を拘束ないし制限する価値的パターンの導出が重要であり、それには価値論的一貫性があることが前提となる、と述べている。

ここでも、松澤理論から見れば、最も本質的な問題は、規範的刑法学における価値的パターンあるいは原理の抽出が、抽出者の主観によって行われる可能性がある、ということである。この点について、アスプからの返答がないのは、上述した通りである。

ここでまず確認しておきたいのは、事実的刑法学も、価値的パターンや原理が存在しないとは言わない、ということである。むしろ、価値的パターンや原理は、事実的刑法学がその認識対象とする、裁判官の思考に内在しているであろう。そして、我々は、裁判官の思考から、これらを抽出することが可能である。この点で、アスプが、「規範的な視角から法体系を研究することによってのみ、我々は、その法体系の中で様々な価値と利益がどのように相互作用しているのかを見出すであろう」[10]と述べていることに、私は同意できない。

9 　*T Elholm*, "One Method, Two (Mandatory) Perspectives" in (n 1) 57.
10 　*Asp* (n 5) 47.

事実的刑法学の場合、裁判官の思考を観察することによって抽出された価値的パターンないし原理は、裁判官が実際に行う判断と照らし合わせることで、それが客観性を持っているかどうか、担保することが可能である。一方、規範的刑法学によって抽出される価値的パターンないし原理は、そのような客観性の担保がない。なぜなら、規範的刑法学は、それらの正当性を確認する方法を持っていないからである。客観的担保のない価値的パターンないし原理の抽出は、単に、論者が「私はそう思う」という、主観的／政治的な「主張」に陥る可能性がある。
　そして、このことは、法の体系化においても同様である。アスプは、法は体系化されなければならないと言う。確かに、法は、体系化される必要がある。このことは私も否定しない。むしろ、その必要性を強く感じている。しかし、アスプが言う体系化は、法学者が自らイニシアチブをとって行う体系化を意味している。そこには、一定の方向性が必要であり、方向性の選択においては、論者の主観的な価値判断が含まれる／前提とされる。方向性なき法の体系化は不可能であり、方向性は体系化に関わる者の意思なしに決定し得ない。そして、その方向性を決める意思は、主観的なものとならざるを得ないのである。それゆえ、規範的刑法学における体系化は、論者の政策的主張を含んだ活動となる。事実的刑法学からは、そのような事態こそ、避けなければならない。
　一方で、事実的刑法学はどのように体系化を行うのか。私の見解によれば、ここでも、裁判官の思考が重要である。裁判官の思考から導出される方向性で体系化を進めれば、そこでは、客観性が獲得されることになるからである。ただ、その体系化は、かなり「ゆるやか」な状態となる。裁判官それぞれは、無意識レベルでは、高度の考察を行なっていると考えられるものの、それが、裁判官全員が同意するような、詳細な部分まで論理一貫した、複雑な精密機械のような構造を持っているとは考えられないからである。そこには、基本的な価値的パターンや原理だけが存在し、事件の性質ごとに、組み合わせられ、用いられているであろう。そして、これを構築した「ゆるふわ」な刑法体系が存在するはずである[11]。

11　このことについて、松澤・前掲注（2）「再論」165頁において、以下のように述べたことがある。すなわち、「理論は、基本原理のみを中心に置いたシンプルな理論の方が望ましいのではないかと思われる。誤解されがちであるが、機能主義も、基本原理を無視することはない。複雑な理論構成をとらず、基本原理から直接に結論を導くだけに、もし基本原理を修正するならば（具体的な結論との関連で、基本原理を修正する場合はありうる）、そのプロセスが見えやすい（修正に用いた価値判断が見えやすく、批判もしやすい）」。

事実的刑法学が記述する体系は、このようなものとなる。

また、アスプの述べるところからは、事実的刑法学は、規範的考察は無駄である、と言っているように見える。しかし、私は、規範的考察が全く無駄であると言っているわけではない。規範的考察によって、相互に考慮される概念要素を抽出し、それぞれの比較衡量を行うことを可能にすることには、一定の意義がある。単に政治的主張を繰り返すだけではない、議論の可視化を図ることができるからである。

しかし、可視化されたからといって、そこには相互批判可能性が残るだけであり、客観的にどちらが正当な利益か、どちらに配慮して判断すべきか、一義的に決定する決定的な基準は存在しない。

その場合、もちろん、そうした規範的考察が、憲法秩序に合致するものかどうかという判断は可能である。しかし、これは、(すでに私の別の論文でも述べているように)[12] 問題を憲法解釈に移動しただけで、根本的な解決にはなっていない。憲法秩序内部での議論を用いて解決ができなければ、問題は振り出しに戻る。

では、規範的基準の中には、客観的基準は一切存在しないのかというと、そのようなことはない。アスプが示しているように、「価値論的一貫性」という基準は、おそらく、客観的基準の一つである。アスプも、以前から、刑法においては、「公正処罰」が決定的に重要なことを示唆しているが[13]、その内容は、デザート (desert) の概念であり、それは、他の者が別の者より不当に重く／軽く処罰されてはならない、ということを意味しているのであって、その内容は、価値論的に一貫した処罰を求めるもの、すなわち、上に示した「価値論的一貫性」原理と同じものと考えられる。そして、これがアスプの言うように、普遍的原理であることについては、私も全く賛成である。

ただ、その客観的基準が、結局、現実社会において持っている力には、限界がある。こうした規範的基準を示したところで、普通に見れば同一ケースであって同一処理されるべき際に、実務上の様々な考慮から、「事案を異にする」とされてしまう場合がある[14]。逆に、一貫した処罰だけが行われていればよい、すなわ

---

12 松澤・前掲注 (2)『理論』238頁参照。
13 ペッター・アスプ (著) 松澤伸＝十河隼人 (訳)「公正処罰の原理」比較法学 (早大) 54巻1号 311頁以下。
14 例えば、必要的共犯に関する最決平成29・7・5 LEX/DB25546833はその典型例である。最高裁第一小法廷は、この判決において、「事案を異にする」として、理由も述べずに上告を一蹴し

ち、同一ケースが同一に処理されていればよい、というものでもない。その処理が実質的に不当である場合、その不当な同一の処理を繰り返すことには問題がある。つまり、同一ケースが同一に、価値論的一貫性を保って処理されていても、問題が残り続ける場合がある[15]。

さらに言うと、そもそも、規範的刑法学は、万能ではない。あまり気づかれていないが、刑法学には、規範的に正当化できない領域が存在する。いわゆる規範に対する事実の包摂（subsumption）のレベルにおいては、規範的ルールをいかに精密に構成したところで、具体的に判断し難い場面がいくらでもあらわれる。そうであるとすれば、むしろ、こちらこそ刑法学が扱うべき主要な場面とも言いうる。そして、このような場面は、裁判官の思考を客観的に叙述する以外に、正当化の方法はない。これを、私は、事実的正当化と呼んでいる[16]。そして、この叙述は、規範的基準に逆流して、これを変更しうるものでもある。

3 なぜ法が規範的なものであるということから法律学が規範的なものであるということ導かれるのか？

法というものが解釈を必要とするものであるということをアスプは繰り返し述べている。そして、アスプは、法学者は価値的パターンないし原理の発見と記述に参与することで、法律学に貢献できると説いている。彼は、こうした規範的考察が刑法学の中心であり、このような任務にこそ、刑法学者の役割を見出すのであろう。

ただ、ここまでの論述からも分かるように、そのことは、松澤理論も認めている。法というものが解釈を必要とするということを認めない学説はないであろう。そして、そこから、価値的パターンないし原理を導き出すことも可能であろう。

た。しかし、この事件は、典型的な必要的共犯（対向犯）の問題であり、上告趣意が引用する諸判例と、この判例の事案とで、どこが事案を異にするのか、全く理解できない。詳細は、松澤伸「必要的共犯（対向犯）について」早稲田法学95巻1号（2019年）1頁以下を参照。

15 例えば、最判令和3年6月9日最高裁判所裁判集刑事329号85頁および最判令和5・9・30公刊物未登載における山口厚裁判官の反対意見を参照。これらの判決における山口裁判官の反対意見は、刑法理論的に見れば、至極真っ当なものであり、因果的共犯論が支配する実務動向を踏まえれば、法廷意見のような旧態依然とした解釈は、明らかに不当である。しかし、いかに山口裁判官が正当なことを述べ、大多数の刑法学者がそれに同意したところで、最高裁判所の法廷意見を変える効果はないのである。

16 松澤伸「裁判員裁判のもとでの刑法」松澤伸ほか『裁判員裁判と刑法』（成文堂、2018年）25頁以下。

しかし、そのことから直ちに、規範的考察が刑法学の中心となる、という結論は導けない。アスプは、法の性質を丁寧に論じ尽くし、そこから、法律学の性質をダイレクトに導く。アスプは、「法律学に関する我々の見解は、法に関する我々の理解の派生物である」と言う。しかし、この命題の導出には、論理必然性が一切ない。法がどのようなものであるかということから、法に対するアプローチ方法を、無条件に引き出すことはできないはずである。例えば、人間の脳は、偉大な思想を生み出すものであるが、だからと言って。哲学的にアプローチしなければならないということはない。心理学的にアプローチすることもできるし、生物学的にアプローチすることもできるし、医学的にアプローチすることもできる。同様に、法の性質が規範的な価値の相互作用で機能しているからと言って、規範的にアプローチしなければならないという必然性はない（そして、そもそも、その規範的な性質というものは、法というものの一側面に過ぎない）。アスプは、法律学においては「理由が全てだ！」と高らかに宣言する[17]。そうであれば、私は彼に上記の命題を導く「理由」を問いたい。それに対して満足な回答がない限り、私は彼の考えには賛同できない。

　一方で、私が事実的刑法学を指向し、裁判官の思考の記述を持って解釈学の任務とする「理由」は明快である。そうすることで、法解釈論に混入する論者の主観的価値判断を排除することができるからである。主観的価値判断が混入した解釈論は、結局、論者の主張の押し付けにならざるを得ない。アスプがいう法源における開放性が法に対するアプローチを様々とするように、論者の価値判断の混入を肯定することは、法解釈論における結論を様々なものとする。その様々な結論が、正当な形で優劣が決せられるのであれば、まだそこには一定の意味があるかもしれない。しかし、その基準は極めて曖昧である。ある場合にはその時の政治状況が影響するであろうし、ある場合には学術的な権威により決せられるもあろう。そのような事態は、避けなければならないのである。

4　事実的刑法学はどこが優れているのか？

　ここまでアスプ教授による批判に応えてきたので、ここで私見をより積極的に論じてみることにしたい。

17　前掲注（7）の本文を参照。

そもそも、法を実際に解釈しそれを有権的に決定づけるのは判決であり、その源泉には、裁判官の思考がある。裁判官による法解釈は、現実世界において、その他の（その他の者による）解釈とは決定的に異なる。このリアリティを認識し、まず、客観的に妥当している法を記述することがドグマーティクの任務である。

ただ、それはもちろん裁判官による解釈が（常に）正しい、ということを意味しているのではない。そこに、刑法学者が行う法政策、すなわち、このように解釈するべきである、という政策的提言の意味がある。ただ、法政策は、主張者個人の価値判断を前提とするものであるから、その性質は、どこまでいっても政治的である。そこには分析者の判断に基づく問題設定や規範的分析の際に何を重視するかという点についての見解が含まれる。

要するに、アスプの述べる規範的分析に、正解というものはない。結局、その妥当性の根拠は、論者の主観的／個人的な価値判断に帰着するのである。

ここで、「この法は妥当である」という言明について、より分析的に見てみることにしよう。人が、「この法は妥当である」と言うとき、そこには3つの異なる側面があるということができる。

（ⅰ）実際に妥当している法であるという言明（法の妥当性、ヴァリッド・ロー＝裁判官の思考）。
（ⅱ）実際に効果を持つ法であるという言明（法の実効性、経験科学的な実証に基づく根拠を持つ法）。
（ⅲ）内容の正しさがこの法の質（クオリティ）を保証するという言明（法の正統性、「規範的な正しさ」からこれに従うことを主張する法）。

このうち、アスプは、（ⅲ）に重点を置くと言うのであろう。しかし、冷静に見てほしい。現実社会で最も力を持っている法はどれであろうか。その力の順序は、（ⅰ）→（ⅱ）→（ⅲ）、である。もし、現実社会における力は重要であり、その力の統制が重要である、と考えるのであれば、刑法学が取り組むべき最初の課題は、（ⅰ）がどのようなものか解明することであり、次に法政策としての（ⅱ）の検討であり、最後に純粋な政治的意見表明、挑発的な言い方をすれば、「趣味の刑法学」としての（ⅲ）である。

裁判官は、実際上、決定的な権限を持っている。極端な場合には、アスプのい

うところの価値的パターンや原理でさえ、破壊可能である。仮に、最高裁判所が、価値的パターンを破壊したとしよう。このとき、最高裁判所の判断を覆すことは、非常に困難である。国会がこれを否定する立法を行うしかないが、それは、制度としては存在するにしても、現実的な方法ではない。だからこそ、裁判官は、価値的パターンや原理を尊重することが求められるし、現に尊重しているのである。

　我々は、裁判官の思考を記述することで、裁判の思考を客観化し、それによって、相互批判可能性を確保することができる。こちらの方が、むしろ、規範的基準によって政策的な批判を展開するよりも、裁判官自身の自浄作用をもたらし、現実に影響を持つことさえ――この理論はそれを意図していないけれども――できるかもしれない。

＊＊＊＊

　法学者は、事実に対して謙虚でなければならないであろう。そして、そう考えるとき、我々は、常に、法解釈学の方法に関する来栖三郎の問題提起を、想起しなければならないのである[18]。

18　来栖三郎「法の解釈と法律家」私法11号（1954年）23頁以下参照。

ヘーゲルの刑事責任論と主観的意志の自由

松 生　　建

一　はじめに
二　ヘーゲルにおける主観的意志の自由
三　ヘーゲルの「Vorsatz」・「Absicht」の概念と刑法上の「故意」・「過失」
四　まとめにかえて

一　はじめに

　ヘーゲル[1]によれば、法の基本原理は人間の自由の保障にある（Rph. §4）。そして『法哲学』第一部の「抽象法」の段階では、近代社会における自由の担い手としての人間は、各人の具体的な社会的地位や身分、貧富の格差などのあらゆる属性から切り離されて、たんなる外的な物件の所有主体である「人格（Person）」として抽象的に捉えられる。すなわち抽象法とは、このように抽象的な「人格」の法・権利の謂いである[2]。抽象法においては、人間は外的物件を所有するために自由に行動する権利を持ち（行動の自由）、また他者との関係において、互いに人格であることを承認しあう理性的な社会的関係（相互承認）のなかで真に自由

1　本稿において引用したヘーゲルの著作は以下の略号で示す。
　Rph.：Hegel, G.W.F., Grundlinien der Philosophie des Rechts, Werke, Bd. 7, Suhrkamp Taschenbuch Wissenschaft, 1986. 邦訳は藤野渉・赤澤正敏訳『法の哲学（世界の名著35）』（中央公論社、1967）、上妻精・佐藤康邦・山田忠彰訳『法の哲学・上巻（ヘーゲル全集9a）』（岩波書店、2000）を参照したが、訳文には筆者が適宜変更した部分がある。以下も同じ。
　Hotho：Hegel, G.W.F., Philosophie des Rechts, nach der Vorlesungsnachschrift von H. G. Hotho 1822 / 23, Hegel, Vorlesung über Rechtsphilosophie 1818-1831, Bd. 3, Edition von Ilting, 1974. 邦訳として尼寺義弘訳『ヘーゲル教授殿の講義による法の哲学Ⅰ』（晃洋書房、2005）がある。
　Griesheim：Hegel, G.W.F., Philosophie des Rechts, nach der Vorlesungsnachschrift von K. G. v. Griesheim 1824 / 25, Hegel, Vorlesung über Rechtsphilosophie 1818-1831, Bd. 4, Edition von Ilting, 1974. 邦訳として長谷川宏訳『ヘーゲル法哲学講義』（作品社、2000）がある。
2　三島淑臣『法思想史』（青林書院新社、1980）305頁、上妻精・小林靖昌・高柳良治『ヘーゲル法の哲学』（有斐閣新書、1980）91頁（上妻精）を参照。

で平等な存在となることができる（社会的自由）[3]。ヘーゲルは言う。「法の命令はこうである。一個の人格であれ、そして他の人々を人格として尊敬せよ」(Rph. §36)。

　自由を基盤とする法制度の下では、刑罰もまた自由にその基礎を求めねばならない。ヘーゲルによれば、犯罪は法（自由）の否定であり、刑罰は犯罪の否定による法（自由）の回復である。すなわち、犯罪は暴力ないし強制による所有の否定であり、同時にまた他者が人格（所有主体）であることの否定による相互承認の否定である。そして刑罰は犯罪者に犯罪と価値的に同一のものを科すことによってふたたび彼との平等な関係（相互承認）を回復する。こうして、刑罰は自由の観点から正当化根拠をあたえられるのである[4]。

　さらにヘーゲルによれば、刑罰が、個人的な利益関心（憎しみなど）に基づく復讐ではなく、相互承認の回復という普遍的な意味をもつものとして適正に執行されるためには、執行者が「特殊な主観的意志として普遍的なものそのものを欲するような意志」(Rph. §103)をもつことが要請される。このような意志は内省によって普遍的なもの（道徳法則）を自覚している意志（道徳的意志）でなければならない。人間のこのような内面性や主観性を問題とするために、ヘーゲルの論述は「抽象法」から第二部「道徳性」の段階へ移行する[5]。

二　ヘーゲルにおける主観的意志の自由

1　道徳性における主観（主体）と主観的意志の権利

　抽象法の段階にあっては、自由な意志は直接的に外面的な物件に向けられている (Rph. §104 Z.) が、道徳性の段階においては、意志は内省によって自己のうちに普遍的なもの（道徳法則）を自覚して、これに即して自己の自由の実現を目指す「主観（主体）」として捉えなおされる[6]。「主観 (Subjekt)」とは「意志のおのれの中へ折れ返る反省 (Reflexion des Willens in sich 意志の自己内反省)」としての意志である (Rph. §105)。なぜ意志は内省によって普遍的なものを認識できるの

3　加藤尚武『ヘーゲルの「法」哲学』（青土社、1999年）35頁以下、51頁以下、松生建「ヘーゲルの市民社会論における犯罪と刑罰（一）」海保大研究報告43巻2号 (1998) 3頁以下を参照。
4　松生・海保大研究報告43巻2号6頁。
5　Rph. §7, §106 Anm., 加藤・前掲書152頁以下。
6　上妻ほか・前掲書142頁（小林靖昌）。

か。ヘーゲルは言う。「意志は……純粋な無規定性、自我の自己内への純粋な反省という要素を含む。この純粋な無規定性、自己内反省のなかでは、どのような制約もすっかり無くなっている。……つまり意志は、絶対的な抽象ないし絶対的な普遍性という、無制約の無限性であり、自己自身の純粋な思いである」(Rph. §5)。人間は、内面においては、自分を外的に制約するあらゆるものから離脱することができる。私が私の生命、身体、財産をすっかり度外視して自由になるとき、私はまったくの空白の場所に自分を移す。そのとき「私は何物でもないから何物にもなれる」という意味で、私は「普遍的」である[7]。こうして、意志には内省によって自己の利益関心を離れて普遍的なものを認識する可能性が開かれる。

そしてヘーゲルによれば、主観とは「意志の自己内反省」としての意志、つまり、一切の外的対象から解放されて、自己のみを対象とする内省的意志（自己意識）であるから、この意志は、自己を決定（規定）しうるのは自己のみであり、「自己決定（規定）する意志」であるという形式をもつ[8]（広い意味での意志の自律—筆者）。この主観的意志は普遍的意志と区別され、しかも普遍的意志はただこの主観的意志のなかでのみ現実的でありうる（普遍的意志と主観的意志の統一としての、厳密な意味での意志の自律—筆者）。そして、主観的意志が普遍的意志から分離しうる限りにおいて、主観的意志は普遍的なものという内容を欠く場合があり、その場合、主観的意志の自由はただたんなる「自己決定（Selbstbestimmung）」という形式的なものにとどまる。「主観性は……意志が無限に自己決定する働きとして意志の形式面をなしている」(Rph. §108)。道徳性においては、意志の自由はただ内面における自己決定という意志の形式的側面のみが問題となるのであり、したがって、「自己意識（主観的意志—筆者）は、……意志の純粋な内面性のうちにある場合、一方、即自かつ対自的に普遍的なものを原理にする可能性であるとともに、他方、普遍的なもの以上におのれ自身の特殊性を原理にして、それを行為によって実現する恣意——悪である可能性でもある」(Rph. §139)。

こうして、ヘーゲルによれば、自己決定こそが自由である（内面の自由）とする形式的な主観的意志にとっては、自己が意志し、決定したもののみが「おのれのもの」であるということになる。そしてヘーゲルは言う。「意志は、あるもの

---

[7] 加藤・前掲書35頁以下。
[8] 加藤・前掲書36頁、42頁以下。

が意志のおのれのもの（das Seinige）である限りにおいてのみ、……それを承認する（anerkennen是認する）」ということが「主観的意志の権利（Recht des subjektiven Willens）」である（Rph. §107）。主観的意志の権利とは、自己が意志し、決定したもののみがおのれのものであるということ（自己決定権）を承認することである。「内面的になっている人間は、自分が欲して為すところのもののうちに自分自身がいることを欲するのである」[9]。

犯罪行為をなした者に刑罰（応報刑）を科すときにも、同じく、犯罪行為が行為者にとって「おのれのもの」でなければならない。犯罪行為が行為者のものであってはじめて、彼に対する応報は許される（「各人に彼のものを」）。それでは、行為者にとっていつ犯罪行為がおのれのものであるといえるのか。主観的意志の権利によれば、犯罪者自身が自己決定した行為だけが彼のものである。そして、自己決定（自由）の存否に関しては内面の考察は不可欠であるから、自由を基盤とする刑罰においても、行為者の内面に関する考察が不可欠となる。かくしてヘーゲルは刑法上の責任ないし帰属の問題を道徳性の段階で取り扱う。

2　主観的意志の権利と意志責任
（1）Vorsatzと知の権利

自己決定する意志、すなわち「主観的意志ないし道徳的意志」の「外への現れ」が「行為（Handlung）」である（Rph. §113）。この「行為」は、たんに外面的に「この眼前にある現存在に一つの変化を定立する」にすぎない（たんなる客観的・因果的な原因としての）「所為（Tat）」（Rph. §115）とは区別される。それでは、主観的意志にとって、いかなる場合に所為が「私のもの（das Meinige）」（Rph. §115）といえるのか。この問題は「責任」に関わる問題である。犯罪的所為が「私のもの」といえてはじめて、「私」は犯罪のゆえに応報されうるからである。

ヘーゲルによれば、ある事件（外的変化）が「私のもの」（私の責任）といえるためには、まず第一に、私の所為がその外的変化の条件ないし原因である必要がある（いわゆる因果関係の問題）（Rph. §115 Anm.）。しかしこのような客観的関係だけではまだ、自己決定する意志にとっては「私のもの」とはいえない。その事件の条件たる数えきれぬ多数の事情を意志の自由の視点から限定する必要がある。

9　Hotho, S. 335. 邦訳191頁。

(a) **Vorsatz の概念**　このために登場したのが「Vorsatz」[10]の概念である。ヘーゲルは言う。「自ら行為する意志は、眼前にある現存在に向けられた自分の目的（Zweck）のうちに、その現存在の諸々の事情の表象をもっている」。しかし対象的現象は「意志の持つ表象のうちに含まれていたのとは別なあるものをおのれのうちに含むことがありうる。しかしながら意志の権利は、自分の Tat のうちでこのもの（自分の表象に含まれていたもの）だけを自分の Handlung として承認するということ、そして自分の Tat の諸々の諸前提のうちで自分の目的のなかで知っているもの、これらの諸前提のうちで自分の Vorsatz のなかにあったものだけに責任をもつ（schuld zu haben）ということである」。「Tat はただ意志の責任（Schuld des Willens）としてのみ帰属（zurechnen）されうる——これがすなわち、知の権利（Recht des Wissens）である」（Rph. §117—傍点は筆者）。ここでヘーゲルのいう Vorsatz とは行為の前提となる眼前の現存在する諸々の事情についての意志の持つ表象（Rph. §117）という意味であり、Tat のうち自分の Vorsatz のうちに含まれていたものだけが意志の責任として意志に帰属される。

(b) **Vorsatz と自由**　それでは、客観的な所為の行為者への帰属が問題となるとき、なぜ彼の内面を問題にする必要があるのか。また、所為の意志への帰属（意志責任）を問う際に、なぜ諸事情の表象・認識（Vorsatz）が求められ、また、なぜそれらの認識が知の権利と呼ばれるのか。

　意志の自己決定こそが自由であるとする形式的な主観的意志にとって、外からの強制なしに、つまり自発的に自己が意志し、決定したもののみが「私のもの」である。そしてさらに、行為が「私のもの」といえるための意志決定の前提としては、おのれの行為の前提となる諸事情が認識できていなければならない。自己決定する主観的意志にとって、行為に際して意志がこれらの諸事情の認識ができなかった場合には、意志は無知のままに外的事情によって支配されていることになるから、自己決定（自由）があったとはいえないし、その行為は「私のもの」とはいえない。この場合にもなお、行為が「私のもの」であるとして責任が問われるとき、私は自由であるとはいえない。こうして意志にとって、行為の前提たる諸事情を知ることは自らが自由であるための権利であり、すなわち「知の権

10　この Vorsatz は「企図」、「故意」、「企て」、「意図」など様々に邦訳されている。刑法上は Vorsatz は「故意」と訳されるが、しかしこの刑法上の「故意」概念とヘーゲルの Vorsatz は完全に重なるものではないので、以下においては原語で示すことにする。

利」なのである。

　ヘーゲルは言う。「意志は自分の前に一つの現存在をもっていて、これに対して行為をしかける。だがこの行為ができるためには、意志はこの現存在の表象をもたねばならない。……そして私が責任（Schuld）を負うのは、ただこの眼前にある現存在が私の知のなかにあった限りにおいてだけである」[11]。「私は私が知っている諸々の事情にもとづいて行為する。そして、私の意志の権利は、私が諸々の事情について知っていたところのものだけが私に帰属されうるということである。……私の知らないところのものは私のためには存在しないし、私の自由には属さない。私の自由という権利は絶対的なものである。私の自由に属していないものは私のものとして私に帰属されてはならない」。「自分の父をそうとは知らないで打ち殺したオイディプスは、親殺しとして訴えられるべきではない」[12]。

（2） Absicht と知の権利

　さらにヘーゲルは、意志にとって所為が「私のもの（意志に属する）」といえるためには、それが「Absicht」[13]の中にも含まれていなければならないとする。

　(a) Absicht の概念　　ヘーゲルによれば、行為は外面的には一つの多種多様な連関であって、この連関は無限の個別態へと分割されていると見なされうるので、行為はある一つのそうした個別態に触れただけだと見なされうる（Rph. §119）。例えば、放火は木材の小さな一点に直接触れるだけだし、殺人に際しては一片の肉が傷つけられるだけである（Rph. §119 Anm.）。この個別的事情の認識が Vorsatz である。しかし、部分の何であるか、個別的なものの意義は全体の普遍的意味によってはじめて完全に了解されうる[14]。ヘーゲルは言う。「行為の規定されたあり方はそれ自身、ある外面的な個別性として孤立した内容ではなくて、それ自身のうちに多種多様な連関を含んでいる普遍的な内容である」（Rph. §119）。例えば、上述の行為は放火とか殺人とかの普遍的な賓辞をもつのである（Rph. §119 Anm.）。行為のこの「普遍的な面」の認識が Absicht である（Rph. §119）。ヘーゲルは言う。「Absicht の権利（Recht der Absicht）とは、行為の普遍的な質がただ即自的に（それ自体として）有るばかりではなく、行為する者によっ

11　Hotho, S. 356 f. 邦訳208頁。
12　Hotho, S. 358 f. 邦訳209頁（傍点は筆者）。
13　Absicht は、多くの邦訳では、「意図」と訳されている。
14　上妻ほか・前掲書155頁（小林靖昌）。

て知られること、したがってすでに彼の主観的意志の中に含まれていたということである」(Rph. §120—傍点は筆者)。「行為はその直接的な個別性に応じて知られるだけでなく、またその本性に応じて知られるのでなければならない。さもないと、行為は行為者に帰属されえない」[15]。すなわち、Absicht とは行為者が「行為の普遍的な質について知っている」という事態を示し、また行為の普遍的な質について知っていることが、行為する者の知の権利に属する。つまり、行為者がこの普遍的な質を知らなかった場合には、行為者に行為の責任を問うことはできないのである。

また、Absicht とは普遍的な意味に関する知であるから、Absicht の主体は思惟する者であり、理性的な者である（Rph. §120）。「思惟する（denken）」とは、ヘーゲルによれば、あるものを普遍的なものとして定立すること、それを普遍的なものとして意識にもたらすことである（Rph. §211 Anm.）。したがって、行為の帰属に際してこうした洞察を要求する法・権利は、当然、「子どもや白痴や狂人などの行為の場合、彼らの完全な責任無能力（Zurechnungsunfähigkeit）あるいは限定された責任能力をともなう」(Rph. §120 Anm.) こととなる。

(b) **Absicht と自由**　それでは、なぜ Vorsatz のみならず、Absicht もまた存在する場合にのみ行為が意志に帰属されるのか。そして、なぜそれが主観的意志の権利・知の権利といえるのか。

我々の眼前に現れる現象としての行為は、行為の個別的な外的諸事情としての側面（木材の一点に点火する）と普遍的な意味の側面（放火）が一体となったものとして現れる。ヘーゲルによれば、行為者による前者の認識が Vorsatz であり、後者の認識が Absicht である。そして、個別事情の意義は全体の普遍的意味によってはじめて完全に了解されうる。「個別的なものの真理は普遍的なものである」(Rph. §119)。こうして、Vorsatz と Absicht という二つの認識の一体となったものが存在してはじめて、自らの行為についての的確な認識が存在したといえるのであり、そして、この的確な認識が存在してはじめて自由な意志決定（自己決定）があったといえ、意志にとって行為が「私のもの」といえる。すなわち、行為者がその行為の普遍的な（社会的な）意味を全く知らなければ、その意志決定は自由であるとはいえない。たとえば、木材の一点に点火するという認識

15　Griesheim, S. 325. 邦訳234頁。

(Vorsatz)だけでは、行為者は自らの行為の普遍的（社会的）意味（住宅への放火）を認識しているとはいえないから、自らの行為の引き起こす自然法則や社会の反作用について無知のままに行為したことになり、したがって、行為に際して自由な意志決定（自己決定）があったとはいえないであろう。こうして、意志にとって自由であるためには行為の普遍的な意味の認識（Absicht）もまた要求されるのであり、したがってAbsichtもまた知の権利なのである。

　ヘーゲルは言う。「思惟する者として、私は行為の普遍的なもの、すなわち事の核心（Sache）を知っているべきである。このことを要求することは私における行為の法・権利であって、行為は自由の現存在として、普遍的なものとして生ずるのである。行為のうちに自由は存在する。……自由は行為の魂である」[16]。自由であるためには、私は行為の普遍的なもの＝行為の核心を知っていなければならない[17]。

（3）結果の認識と帰属について

　こうしてヘーゲルによれば、行為の主観的帰属のためには、行為時において、行為の個別的な外的事情の認識（Vorsatz）と普遍的意味の認識（Absicht）がともに必要である。それでは、行為が原因となって発生するが、その行為とは時間的・場所的隔たりのあるものとしての結果が生じた場合、この結果の認識は行為のVorsatzとAbsichtに含まれるのか。

　ヘーゲルは言う。行為が外面的な現存在の中に移し入れられた場合、この現存在は外的な必然性のなかで多種多様な結果（Folgen）をもつが、「これらの結果は、行為の目的をたましいとしている形態としては、おのれのもの（行為に属するもの）である」。そして、「意志はただ前者（行為に属している結果）だけをおのれに帰属する。というのは、ただそれらの結果のみが意志のVorsatzのうちに存在するからである。このこともまた意志の権利である」（Rph. §118）。すなわち、ヘーゲルによれば、結果には行為に属するものと属さないものがあって、前者のみが意志に帰属される。そして、行為に属する結果とは行為の目的をたましいとしている結果（行為の目的のなかに含まれている結果）である。というのは、こ

16　Hotho, S. 370. 邦訳216頁。
17　さらにヘーゲルは、Absichtの延長線上で「違法性の意識」を、VorsatzとAbsichtに続く、行為の帰属に関する第三の要素として考察しているが、この論点は紙幅の関係で別稿に譲らざるをえない。

のような結果のみが行為時の意志の Vorsatz の中に含まれるからである。すなわち、行為時に意志によって認識された個別的・外的事情としての結果のみが意志に帰属される。

さらに、ヘーゲルによれば、結果の認識はまた Absicht の性質ももつ。結果は行為の現示（Darstellungen der Handlung）であって、結果のうちには行為の本質面すなわち普遍的なものと、行為の偶然面すなわち直接的、個別的なものの両方の規定が出現するが、結果のうちなるこの本質面、普遍性の認識、すなわちAbsicht もまた必要なのである[18]。

三 ヘーゲルの「Vorsatz」・「Absicht」の概念と刑法上の「故意」・「過失」

1 ヘーゲルの「Vorsatz」・「Absicht」と刑法上の「故意」

既に見たように、ヘーゲルにおける行為の意志への帰属、意志責任（Schuld des Willens）に関する要素としては、Vorsatz（行為の個別的な外的諸事情の認識）と Absicht（行為の普遍的側面、すなわち意味の認識）があり（さらに第3の要素として違法性の意識がある）、そして「Vorsatz」、「Absicht」が存在する場合にのみ行為が意志に帰属されることは主観的意志の権利であった。これらの要素は、今日の刑法学の体系上、何を意味するのか。

ケーラーの説得力のある分析によれば、ヘーゲルの言う「Vorsatz」と「Absicht」は合わせて今日の刑法学の体系上の「故意（Vorsatz）」にあたる。今日の刑法学においては、故意とは「犯罪事実の認識（予見）」であり、その内容として「構成要件に該当する客観的事実の認識」と「意味の認識」からなることが一般に認められているが、まさにヘーゲルの「Vorsatz」は客観的事実の認識にあたり、「Absicht」は意味の認識にあたるとケーラーは言う[19]。そして、彼によれば、この故意（Tatvorsatz 事実的故意）が客観的犯罪行為の主観的帰属を基礎づける[20]。ヘーゲルと同様に、ケーラーにおいてもまた、自由の法秩序においては、おのれの洞察のなかに存在するもののみが帰属されうるという主観性・主体性の

---

18 Griesheim, S. 323. 邦訳232頁。
19 Köhler, Michael, Die bewußte Fahrlässigkeit, 1982, S. 231 ff.
20 Köhler, Michael, Strafrecht, AT, 1997, S. 117 f.

権利が貫徹されねばならないからである[21]。

2 ヘーゲルの間接故意論と過失

以上に見たように、ヘーゲルの「Vorsatz」と「Absicht」という二つの概念は今日の刑法体系上の「故意 (Vorsatz)」にあたるが、さらにヘーゲルの「Absicht」概念の説明のなかには、今日の刑事過失に関連する論述、具体的には「間接故意 (dolus indirectus)」に関する論述が見られる (Rph. §119 Anm.)。

刑法学説史上、間接故意の理論とは、トマス・アクィナスの間接意思という考え方に始まり、コヴァルヴィアス、カルプツォフらを経て、ベーマーによって18世紀末においてドイツで通説化し、立法をも広く支配した刑法理論である[22]。ヘーゲルの間接故意論との関連において必要な事項を簡潔に述べれば、間接故意の理論とは「結果の原因（行為）を意図する者は、結果を間接的に意図する者である」という命題に要約される。例えば、意図的に傷害行為（原因）を行って人を死亡させた者は死（結果）をも間接的に意図したとされるのである。しかし、結果の原因とされる行為としては、あらゆるものが適格とされていたわけではなく、結果発生について一定の傾向を有するものに限られていたようで、例えば、意欲していた傷害に付随する死の発生の危険性を行為者が認識していた場合（結果発生可能性の認識のある場合）に、発生した死の結果を間接的に意欲していたものとして、故殺罪をもって処断されたのである[23]。

以上のように、間接故意の理論とは、結果発生の可能性（危険性）を行為者が認識していた場合には、発生した結果を間接的に意欲していたものとして処罰されるというものであるから、間接故意とは今日の刑法体系上の未必の故意と認識ある過失を含みうるものであると考えられるのである。

(1) ヘーゲルの間接故意論

ヘーゲルによれば、間接故意という概念の考察を必要とする理由は二つある。まず第一に、本来であれば一体であるはずの個別的な外的事情の認識と普遍的

---

21 Köhler, AT, S. 126.
22 真鍋毅『現代刑事責任論序説』（法律文化社、1983）55頁以下、H. リューピング（川端博・曽根威彦訳）『ドイツ刑法史綱要』（成文堂、1984）75頁以下、内田文昭『犯罪概念と犯罪論の体系』（信山社、1990）215頁以下、240頁以下、267頁以下、丸山雅夫『結果的加重犯』（成文堂、1990）184頁以下を参照。
23 丸山・前掲書186頁以下。

意味の認識を切り離して、行為の直接的な外的事情（木材の点火）は認識しているが、普遍的意味（家屋の放火）の認識はないと主張して、行為者が自分の行為の個別性を口実に責任逃れをすることを許さぬためである[24]。それでは、いかなる認識があれば普遍的意味の認識（間接故意）もありといえるのか。

　間接故意という概念が必要な第二の理由は、行為のはらむ諸々の可能な結果のうちいずれの結果が実現するかが偶然性に左右される場合があることにある。「たとえば、放火の際に、火がつかないとか、あるいは火が行為者の望んでいた以上に広がるということがそれである」[25]。この幸運（火がつかない）あるいは不運（大火）はどこまで行為者に帰属されるべきかという問題を解決するために、間接故意の概念が考え出されたのである。

　総括してヘーゲルは言う。「一方では、個別的なものと普遍的なものの論理的本性を知らない主観的な反省が個別的なものと諸結果の分断に関わりあい、他方では、有限な所為（Tat）そのものの本性が諸々の偶然性によるこのような分断を含んでいる。間接故意（dolus indirectus）の案出は以上の考察のうちにその根拠をもつ」（Rph. §119 Anm.）。

　それでは、行為時におけるどのような認識が間接故意とされて、行為が行為者に帰属されるのか。ヘーゲルは言う。「たとえば、放火における直接故意（dolus directus）は木材の発火部分に限られるが、間接故意（dolus indirectus）は以後のすべての結果（alle weiteren Folgen）を含む。これらの結果は行為自身の本性（Natur der Handlung selbst）に属し、それに伴って行為は可能性（Möglichkeit）を定立する。そのこと（行為は可能性を定立すること）を人は知らねばならない。手を離れた石は悪魔の手のうちにある。そのこと（石が悪魔の手の内にあること）を知ることが人に要求される。人は連関を知るべきである。行為の危険性（Gefährlichkeit einer Handlung）もまた間接故意に属する」[26]。すなわち、行為の可能性（危険性）を知ることが間接故意なのである。

　さらにヘーゲルは言う。放火の際、火がつかないとか大火になるとかの「幸運あるいは不運の区別はなされるべきではない。というのは、行為する人間は外面性と、つまり彼がもはや支配できないところの地盤と関わりあっていることを

24　Griesheim, S. 325 f. 邦訳235頁。
25　Hotho, S. 368. 邦訳215頁。
26　Griesheim, S. 326. 邦訳235頁（傍点は筆者）。

知っていることわざは言う。『手から投ぜられた石は悪魔のもの』。このことを行為者である人間は知っている。彼は、自分が不運（大火になること—筆者）に身をさらしていることを知っており、そしてその限りでこの不運もまた彼の責とされる（werden ihm imputirt）。そして彼はこれ（彼の責とされること—筆者）を拒むことができない。行為者たる人間は多かれ少なかれくじを引いている。そして、このことは、彼が行為している間、彼のVorsatz、彼のAbsichtである」[27]。

　すなわち、行為者の認識した個別的な行為（木材の発火）が同時に（大火の）可能性（危険性）の定立であるということの行為者の認識（間接故意）がある場合、その可能性の実現（大火の発生）は行為者に帰属される。また、ある行為（木材への点火行為）は諸々の可能性（危険性）を持っており、この可能性は幸運（火がつかない）から不運（大火になる）に至るまでの幅があって、行為者にとっては、どちらが実現するかは行為時にはわからないし、コントロールもできない（『手から投ぜられた石は悪魔のもの』）。しかし、ヘーゲルによれば、石を投じた（木材に点火した）行為者は、自分が自発的に不運（大火になることの可能性）に身をさらしていることを知っているし、そしてこのことを知っている限りにおいて、この不運が実現した場合、それが彼の責とされる。すなわち、ヘーゲルは、行為者に侵害の可能性（危険性）の認識がある場合には、この侵害は彼に帰属されるというのである。そしてこの侵害可能性の認識（＝間接故意）もまた、普遍的なものの認識、すなわちAbsichtに属するのである。

（2）ヘーゲルの間接故意と過失

　以上のように、ヘーゲルによれば、Absicht（普遍的意味の認識）のうちには、間接故意すなわち侵害の可能性の認識も含まれる。すなわち、この侵害可能性（大火の可能性）の認識（間接故意）の存在する場合は、たとえ実際に実現した結果（大火）そのものの事前の認識（意図）が存在しなかったときでも、この実現した結果は帰属される。

　もちろんヘーゲルは、現代の刑法理論のように、確定的故意、未必の故意、認識ある過失、認識なき過失を区別して、それらの内容について細かく分析しているわけではない。しかし、ヘーゲルの意志責任論の立場からすれば、現在の「未

27　Hotho, S. 368. 邦訳215頁（傍点は筆者）。

必の故意」(通説によれば、侵害結果の可能性の認識と認容)については、現実の意志過程において結果発生の可能性(危険性)の認識があり、結果の発生も肯定(認容)されているわけだから、発生した結果の主観的帰属(責任)は当然に認められるであろう。さらに「過失」に関しては[28]、「認識ある過失」(侵害結果の可能性の認識と不認容)をヘーゲルの間接故意が含みうるかについては、直接的な結果の確定的認識はないが、結果発生の可能性(危険性)の認識は存在するから間接故意が認められる可能性があり、発生した結果の主観的帰属(責任)が認められうるものと思料する。しかし、「認識なき過失」(侵害結果の認識・予見の可能性)については、直接的な結果の認識も、結果発生の可能性の認識も存在しないわけであるから、結果に関する現実的な意志過程(知る、認識する)は存在せず、主観的意志の権利からいって、帰属は否定されざるをえないと思われる。「私のものでありうるもの」はまだ「私のもの」ではない。

四　まとめにかえて

　ヘーゲルによれば、人間の内面を取り扱う道徳性の段階においては、自由とは主体による(形式的な)自己決定のある場合であり、自由な自己決定を行うことが主観的・主体的意志の権利である。しかし、この自己決定は意志が外部のものによって支配されていないという形式的な意味での自由にとどまるのであって、決定内容は理性的・普遍的なものである可能性もあるが、悪でもありうる。形式的には自由な自己決定であるが、内容が悪である場合が犯罪である。
　しかし内容はともあれ、この形式的に自由な自己決定が行われた限りで、主体は自由な者としてふるまったのであり、その行為はおのれのものであるから、刑事責任(意志責任)を問うことが許される。自由な自己決定に基づかない行為の責任を問うことはできない。
　それでは、(形式的に)自由な自己決定が行われた場合とはいかなる場合か。ヘーゲルによれば、行為者に行為の外的事情の認識である「Vorsatz」とその普

---

[28] ヘーゲルの帰属論の射程については、かつて松生建「ヘーゲルの帰属論の射程——過失犯との関連において——」斎藤豊治・日高義博・甲斐克則・大塚裕史編『神山敏雄先生古稀祝賀論文集(第一巻)』(成文堂、2006) 19頁以下において検討を行った。そこでは「過失」については結論を保留したが、本稿での検討により、下記のような結論に達した。

遍的意味の認識である「Absicht」が存在した場合である（さらに違法性の意識が必要であるが、本稿では論じない）。これらの認識の存在しない場合は、自らにとって未知の外的事情の支配の下で意志決定が行われたこととなり、自由な自己決定を行ったとはいえず、行為も「私のもの」とはいえない。行為が「私のもの」といえるのは意志の自由な自己決定のある場合だけであり、この行為者本人の自由な自己決定こそが「意志責任」の根底的な基盤である。ヘーゲルは（伝統的な）意志責任論に、新たに（近代的な）自由の見地から基礎づけを与えたものと評価しうると思料する。

　甲斐克則教授はアルトゥール・カウフマン[29]の伝統的な法存在論に依拠して、意思責任および認識なき過失の刑事責任からの除外を主張されているが、同様の結論を、個人の自由の立場から、ヘーゲルもまた主張していることは注目に値する。教授の更なる議論の深化の参考になれば幸いである。

29　アルトゥール・カウフマンも言う。「責任（Schuld）というものが存在するかどうかという問題は、人間が自由な自己決定（freie Selbstbestimmung）をする能力があるかどうかという問題と同義である」(Arthur Kaufmann, Das Schuldprinzip, Eine strafrechtlich-rechtsphilosophische Untersuchung, Zweite, durchgesehene und durch einen Anhang ergänzte Auflage, 1976, S. 279, アルトゥール・カウフマン（甲斐克則訳）『責任原理――刑法的・法哲学的研究――』九州大学出版会、2000年、439頁)。

甲斐博士の責任原理について

小　林　憲太郎

一　はじめに
二　各章の内容
三　おわりに

一　はじめに

　甲斐克則博士は数多くの分野で重要な業績を残されている。その中でも、私が研究者を志したとき、最初に関心をもった博士の責任原理論をとりあげ、これに批判的検討を加えることにより、わずかなりとも学恩に報いるとともに、博士の古稀をお祝いさせていただくこととしたい。

　本稿においては、責任原理に関する博士の代表的な作品である『責任原理と過失犯論』（成文堂、2005）を基点として、まずは博士の責任原理論の詳細を明らかにする。そのうえで、これに関する内在的な分析と、今日の刑法学界において広く共有される体系的帰結に照らした、いわば外在的な分析を展開する予定である。なお、本稿において同書を引用する際には、端的にその頁数を表記するにとどめることをあらかじめお断りしておく。

二　各章の内容

1　「責任原理の基礎づけと意義──アルトゥール・カウフマン『責任原理』を中心として」（1頁以下）
（1）要　旨
　本章では主としてカウフマンの見解が紹介され、それに博士が賛成するという形態がとられている。すなわち、刑法上の責任とは倫理的責任にほかならない。責任原理は人間存在それ自体から導かれるものであり、客観的に与えられた倫

的価値によって基礎づけられる義務に対する自由な意思決定が責任なのである。そうすると意思責任論が妥当であり、過失責任は認識ある過失としてのみ成立しうる。また刑罰論に関していうと、刑罰はあくまで責任に対する贖罪であり、有責者は刑罰をとおして自己の責任から解放され、再び人格的尊厳を完全に所有する。そうして行為者は再社会化されるのである。

（2）検　討

　かなり根本的な話になるが、私は博士およびそのよって立つカウフマンの出発点そのものにどうしても違和感を抱いてしまう。国家とは何も、国民に対して倫理的優越性を有する特別な存在などではない。ただ、いかなる価値体系を有する者にとっても重要な生活利益（これが法益になる）を効率的に保護するために、その者らが自力でこれを守るという前提を捨て、原則として、一定の要件のもとで国家の名においてのみ保護のための実力を行使しうることとした、このような約束事イコール国家であるにすぎない。たとえば、Ａさんが財産を守るために必要だと考えて、窃盗犯人を檻に閉じ込めることはできないが、国家の名において、つまり、Ａさんの行為が国家の行為と読み替えられる一定の要件のもとでならば許される余地がある。Ａさんが刑務官として、確定判決に基づき適式に刑務所に収容する場合などがこれにあたろう。

　刑法上の責任にしても、それは、国家が法益を保護するため刑罰権行使という侵害的行為に出ることを、それらがそろえば一般に合理的なものとして正当化しうるような要件群のうち、一定の原理に基づき不法と区別された部分を意味しているにすぎない。したがって、これに対する贖罪とか、人格的尊厳の回復などといった、思想・信条・信仰にかかわる領域を国家に担当させるのはおかしい。それでは国家の役割が逸脱されている。国家の名でできることを定めたのが憲法であるとすれば、端的に憲法違反といってもよい。国家刑罰による再社会化を語りたいのなら、受刑者が爾後、法益を侵害しないようにすることだけを目的とすべきである。むろん、そのための合理的な手段として、思想・信条の自由等に触れない範囲で教育的措置をとったり、職業訓練を行ったりすることはむしろ望ましい。ただ、目的と手段を逆転させてはならない。

　以上の次第であるから、かりに博士のいう意思責任論、それゆえ、認識なき過失は刑法上の責任ではないという帰結が博士独特の責任原理、ひいては刑罰観、国家観から演繹されるのだとしても、それは不当前提に基づくものといわざるを

えないであろう。たしかに、認識なき過失を刑法上の責任というためには、「刑罰を科することとすれば注意深くなり、うっかり法益を侵害してしまうこともなくなるだろう」という一般予防的観点を持ち出す必要がある。しかし、そうすることで国家が合理的に法益を保護しうるならばむしろそうすべきなのであり、国家が依拠してはならない特定の価値観からこれをア・プリオリに排除してはならない。

2 「行政刑法における過失犯処罰と明文の要否——法益保護と行為主義・罪刑法定主義・責任主義の衝突から調和へ」（27頁以下）

（1）要　旨

　博士は標題の論点に関する判例史・学説史を丹念に紹介・分析されたうえ、この問題が法益保護と行為主義・罪刑法定主義・責任主義との衝突を含むものであることを喝破される。そして、これらを調和させるという観点から、まずは罪刑法定主義を堅持して過失犯処罰の明文規定を要求される。それがないのに読み取れというのは、法律の専門家ならばともかく、一般国民には無理である（明確性の原則違反）。さらに、このように罪刑法定主義を堅持することは必然的に責任主義（責任原理）の堅持にも通じる。他方、明文規定を設けさえすればよいというわけでもなく、保護法益を明確にしたうえで、抽象的危険犯に過失犯処罰規定を設けることは責任主義（責任原理）の観点から認められない。このように述べられるのである。

（2）検　討

　本章における博士の主張の当不当は措くとして、少なくとも、それが博士独自の責任原理から導かれているとは思われない。ある条文が刑法38条1項ただし書にいう「特別の規定」にあたり、したがって故意なき当該行為に適用されうる、というのはそれ自体がひとつの解釈であり、「通常の判断能力を有する一般人」にこれを行うことが期待しえない場合には明確性の原則に反するところ、その限界が博士の想定されるようなものである、というのは博士と責任原理の理解を共有しない学説のほとんどが認めていることである。罪刑法定主義の堅持が責任主義の堅持に通じるという点についても、あらかじめ刑罰の対象となる不法が告知されているからこそ、それが禁止されていることを知りうるという博士——クラウス・ロクシンが引用されている——の論証連鎖は、博士の責任原理を支持しな

い私もまた納得できるものである。第一、博士の責任原理と相容れない主張をしているロクシンの引用である。唯一、博士の独自色が強く出ているのが、抽象的危険犯に過失犯処罰規定を設けることが責任主義に違反する、という点であるが、抽象的危険犯や認識なき過失犯なら話は理解できるけれども、こと、過失による抽象的危険犯を処罰することがどのようにして博士の責任原理と抵触するのか、私には最後まで分からなかった。

結局、博士がはしがきの8頁で自認されているように、本章にはあまり力点が置かれていないということであろう。

3 「過失犯の基礎理論」(95頁以下)
(1) 要 旨

博士はまず、日本刑法学における過失犯論の史的展開を詳細に紹介される。そのうえで博士は、不真正不作為犯における作為義務と過失犯における注意義務を峻別され、後者は具体的予見義務とその帰結としての結果回避義務という責任要素として判断すべきだとされる（前提となる実行行為についても限定すべき旨が説かれているが、本稿の射程を超えるため割愛する）。さらに、そこにいう過失責任の本質は実質的な責任原理の観点からすれば意思責任であり、最低限、過失の実行行為開始時点で自己の行為の属性としての具体的危険性を認識していなければ、それは「認識なき過失」であって刑事責任を問えないとされるのである。

ここでただちに生じる疑問は、博士のいう「認識ある過失」でありながらなお具体的予見可能性の否定される場合がありうるのか、というものであろう。博士自身も当然、この疑問は想定されており、そのような場合として信頼の原則をあげておられる。そして、同原則は、信頼者と被信頼者の間に結果回避に向けた日常的な信頼関係の積み重ねがあったか、という観点からその適否が判断されるとされる。

(2) 検 討

まず信頼の原則については、結果を具体的に予見しえない事実的基礎があったかを問題とされているところからも分かるように、特別な規範的意義をもつわけではない。博士の主張の本丸は、むしろ、責任原理からすれば認識ある過失のみが刑事責任を構成しうることと、その本質が具体的予見可能性に求められることであろう。要するに、自己の行為が具体的危険性を備えていることを認識し、か

つ、それが結果に実現しうることを具体的に予見可能であった者だけが過失責任を問われることになる。

さて、博士のいう責任原理そのものに根本的な疑問があることはすでに述べたとおりであるが、かりにこの点を措くとしてもなお次のような疑問が残る。すなわち、意思責任のみが刑事責任であるなら、認識ある過失においては具体的危険についてしかこれを問いえないはずではなかろうか。なぜ突如として、具体的予見可能性などという規範的責任要素が飛び出してくるのであろうか。博士は「規範的責任論を採りつつも、意思責任に固執せざるをえ」（102頁）ないと述べられているが、博士の「脳内」でどのように整合性がとられているのか、私にはついに分からなかった。

4 「過失『責任』の意味および本質——責任原理を視座として」（115頁以下）
（1）要　旨
博士はまず、わが国における過失犯をめぐる論争を振り返られ、1970年代後半以降は過失の「責任」性が空洞化していったと分析される。このような問題意識のもとに、博士は改めて過失「責任」の意味および本質を問う必要があるとされ、とくに、責任原理に根差したアルトゥール・カウフマンの見解を参照される。ただし、カウフマンが規範的責任論自体を疑問視するのに対し、博士は「今日、規範的責任論を全面的に排除することは不可能であろう。重要なことは、極端な規範主義に歯止めをかけることである」（120頁）と述べられている。

このような基本的視座のもと、博士は21世紀に向けての過失「責任」論の課題として、次の3つをあげられている。

第1は、意思責任を根底に据えつつ、規範的責任論を再構成することである。

第2は、認識なき過失が真に有責なものかを再検討することである。

第3は、過失責任を構成する具体的予見可能性の判断構造を明確にすることである。

（2）検　討
本章の内容は実質的には序論のようなものであり、そこで提起された問いに対する博士の回答は他の章で示されるという関係がある。したがって、ここでこれ以上の検討は行わない。

5 「『認識ある過失』と『認識なき過失』——アルトゥール・カウフマンの問題提起を受けて」（127頁以下）

（1）要　旨

本章において博士は、規範的責任論を批判し、責任は非難可能性ではなく非難されるべき実体であるとするアルトゥール・カウフマンに賛意を示しつつ、認識なき過失の責任性を否定される。問題は認識ある過失との区別であるが、そこにはさらに次の2つの問題が伏在している。

第1は、過失の標準との関係である。主観説を貫徹することは不可能であり、それは同時に、認識なき過失の場合には責任原理を貫徹しえないことを意味している。

第2は、認識の対象を何に求めるべきかである。実質的責任原理の観点からは、自己の行為の属性としての具体的危険性に求めるべきであろう。

（2）検　討

本章においても特段の新たな主張は見られない。

6 「事故型過失と構造型過失」（155頁以下）

（1）要　旨

本章において博士は、福岡高判昭和57・9・6高刑集35巻2号85頁＝水俣病刑事事件控訴審判決を契機として、「構造型過失」の理論分析に取り組まれる。まず、過失犯の実行行為を規範的意味において、「事故型過失」と「構造型過失」に分けて論じる必要性はない。問題は「構造型過失」における予見可能性であるが、これを判断する際に考慮すべき事情は客観的側面と主観的側面に分けられる。前者は予見の対象であり、少なくとも具体的危険犯を基礎づける程度のものであることを要する。後者は行為者の心理状態を考慮するものであり、行為者が現に認識していた事実を予見の対象事実と突き合わせ、そこに相当の関連性がある場合に予見可能性ありと判断される。そして、予見可能性を論じる際にも、規範的意味において2つの過失を分けるべきではない。2つの過失の区別は議論深化のきっかけとはなりうるが、あくまで事実的なものであって、おのおのに固有の過失犯論があるわけではない。

（2）検　討

本章において展開されている過失犯論そのものは従来の主張の繰り返しであ

り、とくに目新しいところはない。「構造型過失」に光を当てたところに特徴があるともいえなくはないが、結局は事実的な類型にすぎないとされ、それに固有の過失犯論を否定されている。

7 「過失犯の共同正犯」（181頁以下）
（1）要 旨
　博士は本章の冒頭で、伝統的過失犯論、因果的共犯論、行為共同説、限縮的正犯概念を採用することを宣言される。そのうえで、「認識ある過失」については過失犯の共同正犯を肯定しうるものとされる。その理論的基盤には以下の3つの方向がある。
　第1は作為犯と不作為犯の場合を区別することであり、「共同義務」を認めるとしても、それは「共同の作為義務」であるべきである。
　第2は共犯の処罰根拠論からのアプローチであり、因果性も正犯性も故意犯と共通であって、過失犯に特有のものがあるわけではない。
　第3は責任の個別性であって、共同正犯といえども、実質的責任原理の観点から「認識なき過失」については責任を問えないと解すべきである。
　博士は以上のような前提のもと、多くの裁判例を分析されている。

（2）検 討
　本章は標題にこそ「過失犯」という言葉が含まれているものの、実際には共同正犯論であって、故意犯と過失犯に共通する内容である。そして、不法類型としての共同正犯が充足されたのちは、いつもどおり、責任の段階において「認識なき過失」の無責性が展開される。とくに検討すべきことはなかろう。

8 「放火罪と公共危険発生の認識の要否──実質的責任原理の観点からみた故意と過失の区別」（213頁以下）
（1）要 旨
　本章において博士は、はじめて各論に焦点を当てられ、議論の素材として建造物等以外放火罪（刑法110条）を選ばれる。すなわち、「公共の危険」の認識が同罪の成立に必要であるか、という有名論点である。
　博士によれば、公共危険発生の認識はなく、放火の意思だけがある場合には、行為の属性としての危険性の認識があるにとどまるので、「認識ある過失」とし

て理解される。反対に、「火を出すこと」の認識すらない場合には、行為の属性として何らの危険性をも認識していない典型的な「認識なき過失」であり、たとえ具体的予見可能性があっても過失責任を問うことはできない。そして、具体的危険犯のみならず、抽象的危険犯もまた故意犯である以上、公共危険発生の認識が必要と解すべきである。

　この問題は放火罪・失火罪の既遂時期の確定にも影響しており、前者の既遂時期は具体的危険犯たると抽象的危険犯たるとを問わず、公共危険の発生を待つべきである。また、失火罪は公共の危険の発生を客観的処罰条件とするものではなく、端的に危険を一種の結果と解し、過失危険犯の存在を承認すべきである。

　そのほか、延焼罪は結果的加重犯であり具体的危険犯である。結果的加重犯は基本犯と加重結果が同一罪質でなければならないところ、刑法110条はそうなっていないから結果的加重犯とはいえない。

　最後に、共犯過剰の事例を念頭に置くと、認識不要説は背後者の罪責を不当に拡張するものである。

（2）検　討

　本章では放火罪という具体的な犯罪とその不法構造が素材としてとりあげられているが、実際に議論されているのはこれまでと同様、実質的責任原理に基づく意思責任論であり、それが処罰に際して貫徹されるよう、不法構造自体があらかじめ限定されなければならないものとされる。ただし、過失責任の根拠が火を出すことの認識、故意責任の根拠が公共危険発生の認識というのは、博士の責任原理を前提としてなお理解しがたい。最初の認識だけでは認識ある過失ともよべないように思われる。

三　おわりに

　以上で博士の名著『責任原理と過失犯論』の内容を概観し、若干の検討を加えてきた。そして、私はついに博士の責任原理を支持することができなかったが、それは博士が責任の名のもとに掲げられる崇高な理念そのものに私が共感しえないからでは決してない。そうではなく、ただ、私が視野を犯罪の構成段階としての責任に絞っているからであるにすぎない。もちろん、博士はそのように視野を絞ってなお主張を維持されるかもしれないが、私は、国家が道徳的な高みにある

かのような発想こそが最も危険だと考えている。国家には犯罪者を罪に向き合わせて内省を求めたり、贖罪思想を植え付けたりする権限などなく、その刑罰権が果たすべき唯一の任務は法益の保護にほかならない。もちろん、実際の刑事判決においては「被告人が罪に向き合っていない」などといった言い回しが量刑の理由で登場することもあるが、それはより重い宣告刑が法益保護にとって合理的であることの間接事実にすぎない。ちょうど、けん銃で何発も撃ったことがそれ自体として意味をもつわけではなく、殺意の強さや手段の危険性を徴表しているにすぎないのと同様である。

アメリカ法における厳格責任の憲法論
―― 実体的デュープロセスに着目して ――

仲　道　祐　樹

一　補助線としてのアメリカ法
二　厳格責任の合憲性
三　Glucksberg ケースの実体的デュープロセス判断枠組み
四　判例における実際の判断
五　日本法への示唆と課題

一　補助線としてのアメリカ法

1　問題設定

　筆者は別稿において、ドイツにおける責任主義の憲法上の位置づけを検討し、日本における責任主義の憲法上の位置づけを分析する際の論点として、以下の4つを提示した[1]。

　①日本における責任主義の保障内容はいかなるものであるか（責任主義命題の特定の問題）
　②その保障内容は、日本国憲法のいかなる規定を根拠として導出されるものであるか（法的根拠の同定の問題）
　③〈責任主義〉は憲法上の原理なのか、憲法上のルールなのか（責任主義の憲法上の性質の問題）
　④非難可能性のない行為の処罰禁止を憲法上の責任主義に組み込む場合、日本国憲法が体系上、非難の伝達を内容とする刑罰概念を前提としているのか（憲法上の刑罰概念の問題）

1　仲道祐樹「ドイツにおける責任主義の憲法論」山口厚ほか編『実務と理論の架橋』（成文堂、2023年）573頁。

本稿は、このうち②について、アメリカ法の分析から示唆を得ようとするものである。ドイツ法における責任主義の憲法原則としての地位は、基本法1条1項（人間の尊厳）、同2条1項（一般的行為自由）および法治国家原理から導かれる[2]。この枠組みを日本にそのまま持ち込むことは、規定の違いがあり困難である。例えば、人間の尊厳のような強い効果を持つ憲法規定は日本国憲法の中にはないし[3]、一般的行為自由のような保障範囲の広い憲法上の権利が日本国憲法13条の幸福追求権の保護範囲に含まれるかについて、憲法学上の多数説はこれを消極に解している[4]。

　ドイツ法の知見を日本に接合するためには、類似した憲法規定を持ち、かつ「アクトゥスレウスのうち1つ以上の要素に関してメンズレアの要件を含まない犯罪[5]」である厳格責任に基づく刑事制定法を有するアメリカ法を参照することが有益と考えられる。日本における責任主義の主たる内容として主張されるのが、故意または過失のない行為は罰しないとする命題である[6]。アメリカにおける厳格責任が憲法上どのように取り扱われているのかを見ることは、この命題の憲法上の扱いを検討するのに資する[7]。また、後に詳述するように、厳格責任に基づく制定法の憲法審査において、デュープロセス条項（合衆国憲法修正5条[8]、修正14条[9]）を用いた審査が行われている[10]。その判断内容を明らかにすることで、

2　仲道・前掲注（1）558頁以下、およびそこに掲げられた文献を参照。
3　ドイツにおける人間の尊厳規定の強さについては、Hörnle, FS-Tiedemann, 2008, S. 330 f.
4　芦部信喜（高橋和之補訂）『憲法〔第8版〕』（岩波書店、2023年）124頁以下、佐藤幸治『日本国憲法論〔第2版〕』（成文堂、2020年）197頁。これに対して「憲法上の保護は個人の自由な行為に広く及ぶ」と解するものとして、戸波江二『憲法〔新版〕』（ぎょうせい、1998年）176頁以下。
5　JOSHUA DRESSLER, UNDERSTANDING CRIMINAL LAW 143 (9th ed. 2022).
6　例えば、内藤謙『刑法講義総論（下）Ⅰ』（有斐閣、1991年）737頁、山口厚『刑法総論〔第3版〕』（有斐閣、2016年）7頁、大谷實『刑法講義総論〔新版第5版〕』（成文堂、2019年）304頁以下、松原芳博『刑法総論〔第3版〕』（日本評論社、2022年）24頁、浅田和茂『刑法総論〔第3版〕』（成文堂、2024年）282頁。
7　井上祐司『行為無価値と過失犯論』（成文堂、1973年）343頁は、「責任主義は犯罪のアクツス・レウス〔略〕とメンス・レア〔略〕との完全な照応を要求する」とする。
8　「何人も、法の適正な手続によらずに、生命、自由または財産を奪われない。」とする（訳文は、高橋和之編『新版世界憲法集〔第2版〕』（岩波文庫、2012年）77頁〔土井真一〕による）。
9　「いかなる州も、法の適正な手続によらずに、何人からも、生命、自由または財産を奪ってはならない。」とする（訳文は、高橋編・前掲注（8）81頁〔土井〕による）。
10　修正8条（残虐かつ異常な刑罰の禁止）を用いて、「麻薬使用中毒であること」を処罰するカリフォルニア州法を憲法違反としたものにRobinson v. California, 370 U.S. 660 (1962) がある。ただし、そこで問題となっているのは、「麻薬使用中毒であること」という一種の状態ないし疾患

いかなる憲法規定を用いた議論が日本において可能なのかの知見を獲得することが見込まれる。

2 本稿の構成

本稿は、まず、厳格責任に基づく刑事制定法そのものが、連邦最高裁判所の判例においてどのように扱われているかを簡単に確認する（二）[11]。その後、近時の判例を理解する上で必要となる Glucksberg ケースの実体的デュープロセス事案の判断枠組みを確認する（三）[12]。続いて、厳格責任に基づく刑事制定法の適用において、憲法違反の主張がなされた近時の州判例を紹介し、実体的デュープロセスを用いて、いかなる憲法判断がなされているかを示す（四）。以上を踏まえて、日本法における責任主義の憲法上の位置づけを検討する上で課題となる点を析出する（五）。

二 厳格責任の合憲性

アメリカ法においても、犯罪の成立には行為者の主観的要件が必要であるとするのが出発点である。厳格責任に関する重要な先例の１つである Balint ケースにおいても[13]、「コモンローにおける一般的ルールは、故意〔scienter〕があらゆる犯罪の起訴および立証における必要な要素であることである。これは制定法上の犯罪との関連で、制定法上の〔犯罪の〕定義が、文言上故意を含んでいない場合であっても同様である」とされているし[14]、Morissette ケースにおいても[15]、「犯

を理由とした処罰であり、本稿で取り上げる判例とは問題の所在を異にする。
[11] 責任主義と実体的デュープロセスの関係に関する先行研究として、芝原邦爾『刑法の社会的機能』（有斐閣、1973年）164頁以下、萩原滋『実体的デュー・プロセス理論の研究』（成文堂、1991年）178頁以下。憲法31条に実体的適正さを求める見解に対しては、松井茂記『日本国憲法〔第４版〕』（有斐閣、2022年）493頁以下の痛烈な批判がある。
[12] Washington v. Glucksberg, 521 U.S. 702 (1997). 鈴木義男「自殺幇助処罰規定の合憲性」芝原邦爾ほか編『松尾浩也先生古稀祝賀論文集上巻』（有斐閣、1998年）598頁以下に詳細な紹介がある。
[13] United States v. Balint, 258 U.S. 250 (1922). なお、判例の引用においては、先例の出典表記等は省略している。また、引用者による省略は「〔略〕」で、原文における省略は「……」で示している。丸括弧は原文によるものである。亀甲括弧は引用者による補足を示すほか、引用内の原語併記に用いている。
[14] Id. at 251.
[15] Morissette v. United States, 342 U.S. 246 (1952).

罪は、一般的に悪しき精神と悪事をなす手とが一致することによってのみ構成される複合的概念として、強い個人主義に適合し、アメリカの土壌に深く、かつ早くから根付いたものである」とされている[16]。

その一方で、厳格責任による処罰規定を一般に憲法違反とした先例は存在しない[17]。その理由づけとして、Balintケースでは「制定法の重点が、それ自体悪〔mala in se〕の場合のような犯罪の処罰ではなく、社会を一定程度改善しようとする点に明らかに置かれているような、いわゆるポリスパワーの行使の場面における規制的措置」であることが指摘され[18]、これを参照したDotterweichケースは[19]、「規制のための有効な手段として刑罰が科される」ような立法は、「不正行為〔wrongdoing〕の認識のような——伝統的な犯罪行為の要件を不要とする」とする[20]。いずれも、規制的措置であることを理由とした正当化である[21]。

他方、Lambertケースでは[22]、「立法者には、犯罪を宣言し、その定義から認識や注意といった要素を除外する広汎な自由がある」という権限分配や立法裁量に関する理由づけが用いられている[23]。

もっとも、厳格責任という制度そのものが違憲ではないとされても、一定の場合には有罪判決が破棄されることがある。1つは、制定法にメンズレアの要素が明示されていないとても、意図や認識が書かれざる要件として要求されているとの法解釈が行われた結果、主観的要素の証明なしになされた有罪判決が破棄される場合である[24]。これは制定法解釈の問題として処理するものであって、全ての厳格責任について妥当するものではない。立法者の意図や、問題となる制定法の全体、あるいは先例との関係から、当該制定法がメンズレアを要求しない趣旨であることが明らかになる場合には、メンズレアの立証は不要とされる[25]。

16　*Id.* at 251-252.
17　Powell v. Texas, 392 U.S. 514, 535 (1968) は、「連邦最高裁が、メンズレアについての一般的な憲法理論を明らかにしたことはない」とする。
18　*Balint*, 258 U.S. at 252.
19　United States v. Dotterweich, 320 U.S. 277 (1943).
20　*Id.* at 280-281.
21　規制目的のために有効な手段として伝統的に厳格責任を課すことが許容されてきた類型は、公共福祉犯罪（public welfare offense）と呼ばれる。*Morissette*, 342 U.S. at 255. 日本語文献として、高窪貞人「公共の福祉に対する罪」青山法学論集14巻1号（1972年）1頁以下、石堂淳「英米刑法における厳格責任」法学59巻5号（1996年）70頁以下。
22　Lambert v. California, 355 U.S. 225 (1957).
23　*Id.* at 228.
24　*Morissette*, 342 U.S. at 250; Staples v. U.S. 600, 607 (1994).

もう1つのパターンが、厳格責任として制定された個別の制定法が、個別の事案において憲法違反とされる場合である。

三　Glucksbergケースの実体的デュープロセス判断枠組み

　本稿で参照する州判例において実体的デュープロセスが問題となる際に、判断基準として参照されるのが、Glucksbergケースである[26]。事案は、自殺幇助を処罰するワシントン州法の規定について、ワシントン州の医師が、憲法違反の宣言を求めてワシントン州を被告として連邦地裁に訴訟を提起したというものである。

　連邦最高裁の法廷意見（Rehnquist首席裁判官執筆、O'Connor、Scalia、Kennedy、Thomas各裁判官同調）は、これまでの先例を参照しつつ、実体的デュープロセス違反の判断方法について、次のように整理した。

> 「デュープロセス条項は、公正な手続を保障するだけではないし、またその保護する『自由』も、身体的拘束が存在しないことを意味するだけでもない。同条項は、一定の基本的権利と基本的な自由の利益への政府の干渉に対して、高度な保護を与えるものでもある。〔略〕しかし、当裁判所は、『実体的デュープロセスの概念を拡張することには常に慎重であった。それは、このような明文化されていない領域において責任ある判断を行うための指標が不十分であり、かつそこに際限がないためである』。主張される権利や自由の利益に憲法上の保護を拡張することによって、問題が相当程度、公の討議や立法府の行為の外に置かれることになる。それゆえ当裁判所としては、『この領域で新しい地平を開くことを求められる際には常に、デュープロセス条項で保護される自由が、当裁判所のメンバーの政策的選好へとひそかに変容しないように、最大限の注意を払わなければ』ならないのである。」[27]

> 「当裁判所において確立している実体的デュープロセスの分析方法には、主要な2つの特徴がある。第1に、当裁判所が常々述べてきたのは、デュープロセス条項は、客観

25　*Balint*, 258 U.S. at 254; United States v. Freed, 401 U.S. 601, 607-610（1971）.
26　Obergefell v. Hodges, 576 U.S. 644（2015）におけるRoberts首席裁判官（Scalia、Thomas各裁判官同調）の反対意見は、Glucksbergケースを「実体的デュープロセスに限界を設けた現代のリーディングケース」とする（*Id.* at 702）。もっとも、Obergefellケースや、近時ではRoe v. Wade, 410 U.S. 959（1973）を変更して妊娠中絶の権利を否定したDobbs v. Jackson Women's Health Organization, 597 U.S. 215（2022）との関係で、Glucksbergケースの先例としての意義が議論の対象となっている（中曽久雄「実体的デュープロセスにおける判断テスト」アメリカ法2023-1（2023年）24頁以下参照）。
27　*Glucksberg*, 521 U.S. at 719-720.

的に『わが国の歴史と伝統に深く根ざし』、『秩序ある自由の概念に暗黙のうちに含まれ』、『それらが犠牲となれば自由も正義も存在しなくなるような』基本的な権利と自由を特に保護するものであるということである。第2に、当裁判所は、実体的デュープロセスが問題となる事案において、基本的な自由の利益であると主張されるものについて『慎重な記述』を求めてきた。それゆえ、わが国の歴史、法的な伝統と実務が、『責任ある判断を行うための指標』として、我々のデュープロセス条項の理解を導き、また拘束するものとして決定的となる。〔略〕修正14条は、『どのような手続が取られたかにかかわらず、やむにやまれざる州の利益のために厳密に定められた侵害である場合を除き、政府が……「基本的な」自由の利益を侵害することをおよそ禁止している』のである。」[28]

　ここから、実体的デュープロセスの審査にあたっては、当該権利が「基本的〔fundamental〕」なものといえるかが問題となる。詳細は割愛するが、Glucksbergケースは、自殺を援助する自由は「基本的」とはいえないと位置づける。この「基本的」かどうかが、合憲性の審査基準にも影響を及ぼすことが示唆されており、本件でも、「基本的」権利ではないことを前提に、問題となるワシントン州法が「正当な政府利益と合理的に関連する」かどうかの検討が続く[29]。文献では、基本的な権利等とカテゴライズされると、厳格審査の対象となるのに対して、それ以外の権利となると、合理的に関連する等の緩やかな審査の対象となると整理される[30]。

四　判例における実際の判断

　以下では、対児童性犯罪において、被害者の年齢についての錯誤を抗弁として提出させないとする制定法の合憲性が問題となった事例群と、犯罪者登録の懈怠（以下、単に「不登録」とする場合がある）を犯罪化する際に厳格責任を課した制定法の合憲性が問題となった事例群を素材に、厳格責任を定める制定法について、実体的デュープロセスに基づいてどのような判断がなされているかを紹介する。いずれも、上述したGlucksbergケースの判断枠組みを踏襲しているため、その部分は紹介を割愛する。

28　*Id.* at 720-721.
29　*Id.* at 728.
30　E. THOMAS SULLIVAN & TONI M. MASSARO, THE ARC OF DUE PROCESS IN AMERICAN CONSTITUTIONAL LAW 48 (2013); ERVIN CHEMERINSKY, CONSTITUTIONAL LAW 903 (6th ed. 2020).

1 対児童性犯罪における年齢に関する厳格責任

ここでは、類似の状況において合憲違憲の判断がわかれたミネソタ州控訴裁判所の2つのケースを取り上げる[31]。

(1) Moser ケース

ミネソタ州は、州法典609章352条に対児童性的行為勧誘罪を定める[32]。同条2項は、18歳以上の者が、児童(同条1項(a)により、15歳以下の者を指す)に対する性的行為に勧誘した場合を処罰する。同条2a項は、オンラインでの性的行為への勧誘を処罰する。いずれも法定刑は、5年以下の拘禁もしくは10,000ドル以下の罰金またはその併科である(同条4項)。同条3項(a)は、同条の各犯罪について、年齢に関する錯誤は抗弁とならない旨を規定している。

被告人は本件当時42歳であり、Facebook を通じて14歳の女子児童に対して、性行為への勧誘を行った。両者の間の Facebook 上でのやりとりは、2014年9月15日から同月21日までの期間に行われ、その間被告人は、当該児童と直接会うことはなかった。やりとりが始まった時点で、当該児童は、自分は16歳であると被告人に告げていた。被告人は当該児童に自画撮りを送るように求め、児童も了承しつつも、「あとで送るから待って」という趣旨の連絡をした。その後も被告人は、当該児童に繰り返し自画撮りを送るように求めた。被告人からは自慰行為に関するやりとりが行われたり、直接会って性行為をすることへの言及が行われたりした。以上のやりとりについて、対児童性的行為勧誘罪で訴追されたのが本件である。

被告人は、インターネット上のやりとりが問題となる場面では、年齢に関する錯誤の抗弁が許されるべきであり、これを認めない州法の規定は、相手方児童の年齢について厳格責任を課すものであって、実体的デュープロセスに違反し、公正な裁判と完全な抗弁に関する基本的権利を侵害するものであるとして、その合憲性を争った。

ミネソタ州控訴裁判所は、以下のように述べて、年齢の錯誤の抗弁を認めない州法の規定を、インターネット上で発生した性的行為への勧誘に適用すること

---

31 State v. Moser, 884 N.W. 2d 890 (Minn. App. 2016); State v. Holloway, 905 N.W. 2d. 20 (Minn. App. 2017). なお、ミネソタ州最高裁判所において、未成年者へのアルコール飲料の提供を厳格責任として犯罪化した州法について、これをデュープロセス違反としたものとして、State v. Guminga, 395 N.W. 2d 344 (Minn. 1986) がある。

32 M.S.A. § 609.352.

は、実体的デュープロセスに反するとした。

(a) 合憲性の推定と立証責任　「〔制定法の合憲性が争われる場合〕当裁判所は、ミネソタ州の制定法には合憲性の推定が働くことを前提とし、制定法を斥けるのは、合憲性を争う当事者が、当該制定法の無効を立証した場合のみである。」[33]

(b) 実体的デュープロセスによる判断枠組み　「ある制定法について、実体的デュープロセスに基づく異議が示された場合、まずは基本的権利が侵害されているかを検討することになる。侵害が認められれば、当該制定法がやむにやまれざる州の利益〔compelling state interest〕を促進するものであることを立証する責任が、州に転換される。やむにやまれざる利益が認められる場合、当該利益との関係で当該制定法が厳密に定められている〔narrowly tailored〕かどうかを判断する。」[34]

(c) 基本的権利該当性　「裁判所は実体的デュープロセスの原則を拡張することに消極的であることを表明しているが、身体を拘束されない権利が基本的なものであると判断することは、その拡張を意味しない。さらに、公正な裁判の権利および完全な抗弁を提出する権利は、長くデュープロセスの保護の中核であり続けている。〔略〕〔本件では被告人の〕基本的権利が、対児童性的行為勧誘に関する制定法が年齢の錯誤の抗弁を禁止していることにより、また制定法が刑罰を定めていることにより、侵害されている〔略〕。」[35]

(d) 目的審査　「本法の目的は『児童が性的行為を行うよう誘惑するような成人による説得行為をあまねく禁止すること』である。立法府が、対児童性的行為勧誘を犯罪化する必要があると判断した理由は、それが、性的行為と結びつくことが一般的である虐待や誘拐、売買春につながりうることであった。〔略〕性的搾取者から児童の安全を守ることが、やむにやまれざる政府利益であることは疑いえない。」[36]

(e) 手段審査　「厳密に定められたといえるためには、制定法が『過剰包摂でも過小包摂でもなく、やむにやまれざる州の利益との関係で正確に仕立てられて〔precisely tailored〕いなければならない』。当裁判所は、本件制定法によって

33　*Moser*, 884 N.W. 2d at 895.
34　*Id.* at 899.
35　*Id.* at 900.
36　*Id.* at 900-901.

科される罰則は、政府の利益との関係で必要な範囲を超えた負担となるものであると結論する。『重罪』は『人や物に対して与えることのできる最悪の言葉』である。対児童性的行為勧誘に関する制定法では、〔被告人〕は、重罪犯人とラベリングされ、3年間の拘禁の対象となり、向こう10年間搾取的犯罪者としての登録が求められ[37]、有罪により刑事前歴ポイント1点が加算される。これらの罰則は、〔被告人〕が児童を勧誘していることを知らなかったという抗弁を行いえない中で生じるのである。児童が嘘をついて、自分は16歳であると被告人に告げていたという事実は、本件制定法を字義通り厳格に適用すれば、抗弁とはならない。本件制定法を合憲性の範囲にするような正確な罰則がどの程度のものかについて当裁判所は何らかの立場をとるものではないが、重罪としての責任を負わせ、搾取的犯罪者登録の対象とすることは、本件で問題となる厳格責任犯罪に許された範囲を超えるものである。さらに、年齢の錯誤の抗弁を排除して厳格責任を課すことにより、対児童性的行為勧誘に関する制定法は、インターネット上で勧誘した者を成人だと信じており、児童と性的関係を持つことは望んでもいない者を、その適用対象に含むことになる。このとき、インターネットでの勧誘に続いて、性的関係のために実際に会うことになれば、行為者は、相手方が児童であることにおそらく気付き、性的行為が行われる前にその関係を終わらせるであろう。これらの者を刑事責任に服せしめることは、児童を性的搾取から保護するという本件制定法の目的にそぐわないものである。すなわち、本件制定法は、〔被告人〕に適用する限り、過剰包摂であり、厳格審査を通過しえないのである。」[38]

(2) Holloway ケース

Moser ケースの1年後、同じくミネソタ州控訴裁判所で年齢の錯誤の抗弁が問題となったのが Holloway ケースである。

事案は次の通りである。本件当時44歳の被告人は、男性の同性愛者向け SNS を通じて、本件当時14歳の児童と知り合った。両者はメッセージのやりとりを始めたが、本件児童は、自分は18歳であると被告人に告げていた。両者は実際に会うことになり、被告人が本件児童の家に赴いて、そこで性的行為が行われた。翌日も被告人は本件児童宅に赴き、本件児童の寝室で性的な挿入行為を行った。本

---

[37] 搾取的犯罪者登録 (Registration of predatory offenders) とは、ミネソタ州における性犯罪者等の登録制度である (M.S.A. § 243.166)。
[38] Id. at 904-905.

件児童の部屋から物音を聞きつけた児童の母親が部屋に立ち入ったことで本件が発覚した。

　ミネソタ州法典609章344条1項および345条1項（2019年8月1日改正前のもの）は[39]、性的挿入を処罰する規定であり、344条1項bの罪（第3級性犯罪行為）は、被害者が13歳以上16歳未満の者である場合に、かつ加害者が被害者よりも24ヶ月（2歳）年長である場合に成立し、その法定刑は、15年以下の拘禁もしくは30,000ドル以下の罰金またはその併科である（344条2項）。345条1項bの罪（第4級性犯罪行為）は、被害者が13歳以上16歳未満の者であり、かつ加害者が被害者よりも48ヶ月（4歳）年長である場合に成立し、その法定刑は10年以下の拘禁もしくは20,000ドル以下の罰金または両者の併科である（345条2項）。いずれも場合も、加害者が被害者よりも120ヶ月（10歳）以上年長の場合には、年齢の誤信に関する抗弁が提出できない旨が規定されており、本件はこの規定の合憲性が争われたものである。

　ミネソタ州控訴裁判所は、以下のように述べて、被告人からの違憲の主張を斥けた。

　(a) 合憲性の推定と立証責任　「当裁判所は、制定法には合憲性の推定が働くことを前提とし、必要な場合に限りこれを斥ける。〔違憲の判断を〕勝ち取るためには、〔被告人〕が、当該制定法が違憲であることを合理的な疑いを超える程度に立証しなければならない。」[40]

　(b) 基本的権利該当性　被告人は、当該制定法により、自身の「性的行為罪の訴追に対して年齢の錯誤の抗弁を提出する権利」が侵害されていると主張した[41]。これに対して、ミネソタ州控訴裁判所は、実体的デュープロセスの判断方法としてはGlucksbergケースの「基本的権利」の判断枠組みを前提とし[42]、以下の通り述べて基本的権利該当性を否定している。

　「〔被告人〕のいう年齢の誤信の抗弁を提出する権利が基本的であるといえるのは、その抗弁が歴史と伝統に深く根ざしているという場合のみである。英国のコモンローは伝統的に犯罪の意図を犯罪要素に含めていた。しかし、19世紀の注釈

39　M.S.A. § 609.344, § 609.345.
40　*Holloway*, 905 N.W. 2d at 24.
41　*Id.* at 25.
42　*Id.*

者は、このルールの例外を認めており、そこには、制定法上の『性犯罪、例えば、被害者の実際の年齢が決定的であり、当該少女が同意年齢に達していたとの被告人の誤信が合理的であるかは重要ではない』ものが含まれていた。年齢を根拠とした性的暴行事件では、年齢の認識が要件とされてこなかったのであるから、年齢の誤信の抗弁には、〔上述のような〕根差しは認められない。」[43]

  (c) **基本的権利でない場合の審査基準**　「当裁判所は、問題となる制定法上の制限について、〔被告人の主張する厳格審査の基準ではなく〕、敬譲的な合理的根拠の基準〔deferential rational-basis standard〕に基づいて審査する。実体的デュープロセスに基づく主張との関係でこの基準を用いる際に問われるのは、当該制限が『許容される目的に対する合理的な手段』を反映しているかである。当裁判所はこれを積極に解するが、その詳細な理由は、節を改めて〔被告人〕による平等保護に基づく主張との関係で詳論する[44]。」[45]

  (d) **目的審査**　「当裁判所は、これらの規定〔ミネソタ州法典609章342条から345条〕は、最若年の児童に最も手厚い保護を与えようとする立法府の明確な意図を明らかにするものであると考える。これらの規定は、児童を3つのグループに区分している——13歳未満の者、13歳から15歳の者、16歳から18歳の者がこれである。また、犯罪の定義に（児童と行為者との）年齢差が含まれている。〔略〕例えば、18歳の成人は、13歳から15歳の年齢グループに属する若年児童および13歳未満の年齢グループに属する全ての児童との関係で性的挿入を行えば、〔この年齢グループについての規定である州法典609章344条（b）の要件である、24ヶ月以上の年齢差を充足するため〕第3級性犯罪行為を行ったことになるのに対して、16歳から18歳の年長グループに属する児童との関係では〔州法典609章344条（e）によりこの年齢グループに対しては48ヶ月年長であることが要件となるため〕犯罪とはならない。児童との性的行為を犯罪化するこれらの規定においては、最若年の児童に最も手厚い保護が与えられている。」[46]

43　*Id.*
44　本件では、修正14条の法の平等な保護に基づく主張もなされており、審査基準に則した目的審査および手段審査が、法の平等な保護の分析において行われている。以下、(d) 目的審査、(e) 手段審査において述べるところは、法の平等な保護を分析した箇所（*Id.* at 26-29）からの引用となる。
45　*Id.* at 25.
46　*Id.* at 28.

「若年の潜在的被害者により手厚い保護を与えることは、立法上の正当な目的である。」[47]

(e) 手段審査 「〔被告人は、年齢の錯誤の抗弁を禁止する州法の規定は、14歳と性行為をする23歳と44歳との間に不合理な区分をするものであるとするが〕このような主張は、最若年の児童に最も手厚い保護を与えようとする、制定法の全体から明らかに読み取れる立法府の意図を看過したものである。18歳から80歳まで、さまざまな年齢の潜在的加害者からなる、有限で仮想的な集団を想定してみよう。潜在的被害者が若年であればあるほど、年齢の錯誤の抗弁を用いて有罪判決を免れることのできる加害者の層は小さくなる。年齢の錯誤の抗弁を用いて有罪判決を免れることのできる加害者が減ることは、若年の潜在的被害者により手厚い保護を与えることになる。」[48]

「制定法の全体としての目的との関係でこの区別は関連性を有し、明白な結びつきを示しているといえる。制定法の全体像がそうであるように、この区別は、若年の被害者に迫る変質者〔molesters〕に厳格な態度をとることによって、必然的に児童により手厚い保護を与えるものである。」[49]

(f) Moser ケースとの区別 「当裁判所はごく最近、被告人に年齢の錯誤の抗弁を認められなかった事案〔Moser ケースを指す〕において、実体的デュープロセス違反と認めたが、本件においてそれは認めない。〔略〕オンラインのみで行われたやりとりは、直接対面し、被告人が被害者の年齢をより現実的に判断できる場面とは実質的に異なっているためである。〔略〕当裁判所は、〔被告人〕の実体的デュープロセスの権利は、年齢の誤信の抗弁が提出できないということによって侵害されていないと結論する。」[50]

（3）両者の比較と実体的デュープロセスの判断

以上のように、Moser ケースと Holloway ケースは、同じ州、同じ審級において（裁判体の構成は異なるものの）、同じ年齢の錯誤の抗弁を認めないとする制定法の規定の合憲性が、実体的デュープロセスに基づいて争われたにもかかわらず、異なる結論に達している。両者の特徴を改めて整理・対比すれば次の通りである。

47　*Id.* at 29.
48　*Id.* at 28.
49　*Id.* at 29.
50　*Id.* at 26.

Moser ケースは、年齢の錯誤の抗弁を提出する権利を、「デュープロセスの中核」とされる「公正な裁判の権利および完全な抗弁を提出する権利」の保護範囲とし、もって基本的権利に該当するとする。その上で審査基準として厳格審査が選択される。目的審査においては、やむにやまれざる利益の存在は肯定する。しかし、手段審査において、①インターネット上という相手方の年齢確認が難しい状況を考慮して、年齢の錯誤の抗弁を封じた上で処罰することと、罰則の重さ（3年間の拘禁と10年間の犯罪者登録）との間のバランシングを行い、厳格責任としうる限界を超えていると評価し、あわせて、②もっぱら成人との性的行為を求めている者をも包摂しうる点で過剰包摂であるとして、適用違憲としたものである。

　これに対して、Hollowayケースでは、対児童性犯罪において、年齢の誤信の抗弁ができないという点ではMoserケースと同じ状況であるにもかかわらず、Moserケースとは異なる結論に至っている。法的構成として結論を分けたのは、被告人が主張するところの、性的行為罪において年齢の誤信の抗弁を提出する権利は、実体的デュープロセスが保護する基本的権利ではないという裁判所の判断である[51]。本件では、基本的権利該当性が否定されたため、緩やかな合理的根拠の基準が用いられ、それが合憲の判断に繋がったものと思われる。

　両事件の対比からは、被告人が当該制定法により侵害されたと主張するところの権利ないし自由が、「基本的」権利に該当するかが、事案解決に直結する影響力を持つ問題であることが明らかとなる。

2　犯罪者登録懈怠の厳格責任

　犯罪者登録懈怠の事例群には、先例としてLambertケースがある[52]。しかしこ

---

[51] 実質的に結論をわけたのは、オンラインで行われたMoserケースと異なり、本件では対面の場合が問題となった点、すなわち、年齢を確認することが可能であるのにそれをしなかったという点であるように思われる。

[52] 重罪となる犯罪を理由に有罪判決を受けた者について、警察署長への登録を義務づけ、登録なく5日以上ロサンゼルス市に滞在することを禁止した上で、不登録を犯罪とするロサンゼルス市条例違反で訴追された被告人が、同条例の合憲性を争った事案である。被告人は逮捕の時点ですでに7年以上、ロサンゼルス市に居住しており、その期間中にカリフォルニア州では重罪となる偽造罪（forgery）で有罪判決を受けていたものの、同条例の定める登録は行っていなかった。連邦最高裁は、「デュープロセスは、ポリスパワーの執行に一定の制約を課す。我々が持つデュープロセスの概念には、告知の要請が深く染みこんでいる。訴追に対して防禦する機会を市民が持つためには、告知が不可欠となる場合もある」とし、「本件条例による有罪判決が成立するためには、登録義務についての現実の認識か、またはそのような認識とその後の不遵守の蓋然性の立証が必要である」とした（*Lambert*, 355 U.S. at 228-229）。芝原・前掲注（11）168頁以下も参照。

れは、告知の観点を踏まえた上でメンズレアを解釈で読み込むという解決を図ったものであり、本稿との関係では参照価値は高くない。ここではカンザス州判例であるGensonケースを取り上げる[53]。Gensonケースの法廷意見と反対意見の対比が、実体的デュープロセスの判断の難しさを示す点で注目に値するためである。

（1）事案と法廷意見

カンザス州犯罪者登録法（Kansas Offender Registration Act, 以下、「KORA」という[54]）は、性犯罪者、粗暴犯罪者、薬物犯罪者に登録義務を課し、初回登録後も年4回、登録を更新する義務を課している（カンザス州法典22章4902条、4905条）。裁判所は、登録義務の発生する事案については、有罪判決の際に登録の手続について被告人に指示することになっている（同4904条（a））。不登録は犯罪化されており（同4903条[55]）、かつ制定法上「有責な心理状態」であることを要しないとされている（カンザス州法典21章5203条（e）[56]）。

事案は次の通りである。本件被告人は、故殺未遂で有罪判決を受け、犯罪者登録の対象となった。2017年8月29日、初回の犯罪者登録の際に、担当機関である警察署の担当者から、登録義務や被告人が遵守すべき事項についての説明を受けた。その際に担当者は、手続等に関する冊子を渡し、全体にわたって説明をするとともに、年4回の更新は2月、5月、8月、11月であると伝え、次回の日程である11月の予約カードを渡している。また担当者は、登録ルールを説明した確認書面を被告人に渡し、被告人はこれを通読した上で、日付を入れて署名をした。その後11月の更新予定日に被告人が担当者のもとに来なかったというのが本件である（なお、担当者は被告人に複数回電話をしたがつながらず、12月15日になって、被告人が担当者のもとを訪れ、登録情報の更新を行っている）。被告人は、KORAに基づく不登録罪が厳格責任であることについて、デュープロセス違反を理由にその合憲

---

53 State v. Genson, 316 Kan. 130, 513 P. 3d 1192 (2022).
54 K.S.A. 22-4901 et seq.
55 K.S.A. 22-4903 (c)(1) は、初回不登録はレベル6重罪、2回目はレベル5重罪、それ以降はレベル3重罪とする。K.S.A. 21-6804 (a) により、被害者の有無と数、重罪か軽罪かにより刑の幅が決まるが、レベル6重罪で22ヶ月から46ヶ月、レベル3重罪で68ヶ月から247ヶ月の刑が想定されている。K.S.A. 22-4903 (c)(1) により、同罪の「被害者数」には、登録義務の根拠となった犯罪（本件では、故殺未遂）のものが用いられる。これによれば、レベル3重罪の場合、被害者が3人以上いるという最も重い類型であれば20年の拘禁を科すことも可能である。
56 K.S.A. 21-5203 (e).

性を争った。

カンザス州最高裁判所の法廷意見は、以下のように述べて、本件不登録罪は憲法違反ではないとした。ただし、Rosen 裁判官執筆の反対意見（Standridge 裁判官同調）がある[57]。

(a) 合憲性の推定と立証責任　「〔制定法の合憲性審査にあたり〕一般的に上訴審は、『立法には合憲性の推定が働くことを前提とし、疑念がある場合には、制定法が有効となるように解決しなければならない』。」[58]

「〔被告人〕の主張が奏功するのは、〔本罪〕が基本的な自由の利益を制約していることを示した場合、または基本的な自由の利益ではない場合には、恣意的な方法でその利益が剥奪されていることを示した場合である。」[59]

(b) 厳格責任の一般論　「立法府は、刑法を創設する広汎な権威を有する。当裁判所は近時も、〔強姦罪において、同意していたとの誤信等の主張は抗弁にならないと規定する〕カンザス州法典21章5503条（e）に対するデュープロセスに基づく異議を扱う中で[60]、このような権威を立法府が行使することを是認した。」[61]

(c) 基本的権利該当性　「〔デュープロセスとの関係で先例となりうる〕Lambert ケースは、本件の解決には資さない。〔Lambert ケースでは告知が重要な理由づけであったが、本件被告人〕は、まさに自身の KORA による登録義務を認識していたことが証拠上明らかである〔略〕。したがって、〔被告人〕が Lambert ケースを援用して、本件における基本的な自由の利益を基礎づけることはできない。」[62]

(d) 合理的根拠の基準による審査　基本的な自由の利益であることが否定されたことで、法廷意見は、利益の恣意的剥奪かどうかの検討に入る。法廷意見はこのような場合に、合理的根拠のテストを用いることを出発点としつつ、自身ではあてはめを行っておらず、単に控訴審の判示を是認するにとどまる[63]。控訴審の判示の該当部分は次の通りである。

57　Wilson 裁判官執筆の同意意見（Stegall 裁判官、Wall 裁判官同調）も付されているが、本稿では省略する。
58　*Genson*, 316 Kan. at 136.
59　*Id*. at 139.
60　State v. Thomas, 313 Kan. 660, 488 P. 3d 517（2021）を指す。
61　*Genson*, 316 Kan. at 137.
62　*Id*. at 142.
63　State v. Genson, 59 Kan. App. 2d 190, 481 P. 3d 137（2020）.

「制定法が基本的権利に関わるものではないという場合には、『正当な政府利益と合理的に関係している』かどうかが問われる。『合理的根拠の基準は、非常に緩やかな基準である。裁判所が、合理的根拠の基準の下で立法府の分類を是認する際に行われるのは、その分類を合理的に正当化する事実状態〔state of facts〕を理解することである。』そのような場合において、制定法上の分類の合理性を示すための証拠や実証データを提出する義務は政府にはない。〔略〕立証責任は、当該制定法を違憲と主張する当事者に課され、『制定法を支持しうると考えられる基礎をすべて否定する』ことが求められる。〔略〕〔被告人は、その主張に成功していないどころか〕、むしろ、KORAは、性犯罪者その他の粗暴犯罪者から公衆を守るという政府の利益によるものであるから、合理的根拠のテストをパスするのである。」[64]

(2) Rosen 裁判官執筆の反対意見

これに対して、Rosen 裁判官執筆の反対意見は、Glucksberg ケースの枠組みを法廷意見と共有しつつ、基本的権利該当性の点、審査基準の選択の点、KORA の目的審査の点で法廷意見を批判する。

(a) 基本的権利該当性　「法廷意見は、問題となっているのが基本的な利益であるかについての検討を拒否している。それに代えて、従前、連邦最高裁も他の州裁判所も、本件で問題となる利益が基本的なものであることを宣言していないということを理由にして、合理的根拠の基準を用いるとしている。それによって法廷意見は、州の行為が許されない形で基本的権利を侵害しないよう保障するという自らの責任を放棄しているのである。〔略〕連邦最高裁がこれまで、〔被告人〕が本件で提示する利益――不作為を理由とし、かつ自己の行為を犯罪とする事実の認識を欠くにもかかわらず長期の拘禁で処罰されうる、深刻な上級の重罪で有罪判決を受けないとする利益――が、実体的デュープロセスの保護に値する、〔わが国の歴史と伝統に〕深く根ざした基本的利益であるかについて、これまで検討したことはないという点を明示することを、法廷意見は避けている。連邦最高裁からそれは基本的権利ではないという指示がない領域では、そして、憲法問題について審査を行うと我々が決定した以上は、我々は連邦最高裁の判例を解釈適用する義務を遵守し、目の前の問題に答えるべきである。」[65]

「法廷意見がこの問題を取り上げたとすれば、正しい分析が行われ、その結果、問題となる立法が深く根ざした基本的な権利に関わるものであるということが

64　*Id.* at 212-213.
65　*Genson*, 316 Kan. at 148.

示されたものと考える。立法府は、『粗暴犯罪者の』不登録を、最高20年の拘禁が可能な重罪とした。不登録の期間が長いほど、不登録者は追加の刑事訴追を受け、さらに長期の刑を受けることになる。これは憲法上問題があると考える。犯罪とされる行為には精神的な有責性が伴うという要請は、我々の法の歴史の深層に組み込まれたものである。〔略〕連邦最高裁も〔Morissette ケースにおいて〕この深く根付いた法原則を認めている。」[66]

「Lambert ケースで問題となった不登録罪と同様に、〔本件不登録罪〕は、『――単なる不登録という――全く受動的な』態度を重い罪として犯罪化している。さらに、本罪は重い刑に帰結するものであり、それは公共福祉犯罪〔として厳格責任が許容される〕範囲にある刑とは異なっている。それゆえ本罪はむしろ、わが国の法の歴史が有責な精神状態を厳しく要求してきた罪の方に近い性質を持つのである。このように考えれば、〔本罪〕は、実体的デュープロセスの保護に値する基本的利益に関わるものであるといえる。」[67]

(b) 審査基準の選択――厳格審査　「〔本罪〕が、深く根ざした自由に実際に関わるものであれば、それが許容されるためには、厳格審査をパスする必要がある。カンザス州において、厳格な登録制度が最初に採用されたのは、法執行機関と公衆が、有罪判決を受けた性犯罪者の所在を追跡できるようにすることが目的であった。それゆえ、立法府も最初は、性犯罪者のみに登録を求め、性犯罪者に固有の問題――再犯率が高く、それゆえに広く公衆の脅威となること――として正当化を行ってきた。それから数年が経ち、立法府は、登録を求める者のリストに粗暴犯罪者を追加したが、〔その際には性犯罪者〕類似の――それどころか何らの――正当化も立法資料には残されていない。このように登録範囲を拡張することについて何らの理由も付されていないことに鑑みると、粗暴犯罪者を含むことに対する、やむにやまれざる正当化はないのである。さらに、仮にそれが公衆の保護につながるとして、それを執行するために用いられる手段――厳格責任と重い刑罰――が、その帰結を実現するために厳密に定められたものとすることはできない。この目的を達成するための手段として、メンズレア要件なしに重い刑を科すことが、最も制限的でないものであることは示されていない。元々KORAは、不登録の立証に際して、有責な精神状態を要件としており、かつ、刑も軽罪

66　*Id.* at 149.
67　*Id.* at 150.

としての軽い刑が規定されていた。州は、それでは不十分であったことを何ら示していない。以上より、結論として、問題となる制定法は、厳格審査のもとでは砕け散る〔crumble〕ことが示されたものと思われる。」[68]

(c) KORAの目的審査　「もっとも、法廷意見が、合理的根拠の審査であればこの立法がなお生き延びると結論した点についても、誤りがあると確信している。〔略〕政府は、搾取的な性犯罪や粗暴犯罪、それも潜在的犯罪者から公衆を保護するという点に関心を有しているという点には同意する。しかし、過去に粗暴犯罪を犯した者から公衆を保護するという関心について、それと同じことがいかにして言えるのかは、理解できない。裁判所にとって、この立場を受け入れるということは、単なる推測──一度粗暴犯罪者となったものは、一生粗暴犯罪者である──を、何らの証明もないのに法的な結論に変換するということを意味する。〔無罪推定の原則を考えれば〕このような配慮に欠けた憶測にはショックで呆然となる。〔略〕しかも立法府が元々行っていたKORAの正当化──性犯罪者の再犯率が比較的高いこと──を用いるとしても、それによって、過去に粗暴犯罪を行った者と、将来のそれとの間のギャップは埋められない。」[69]

「過去に粗暴犯罪を行った者から人々を『保護する』という合理的な利益を立法府が有するかについて、このような者の再犯率が高いとする主張や結びつけが立法府により為されていない以上、消極に解さざるをえないのであるから、過去に粗暴犯罪を行った者について、その不登録を厳格責任とすることには、正当な利益はないと考える。」[70]

（3）Gensonケースの整理

　Gensonケースでも、法廷意見と反対意見との違いは、主として、被告人が当該制定法により侵害されたと主張するところの権利ないし自由をデュープロセスの保護する「基本的」権利と評価するかの対立によってもたらされている。このような見解の相違が同じ事件において生じていることは、「基本的」権利該当性が極めて繊細な考慮の求められる判断であることを示唆する。

68　*Id.* at 150-151.
69　*Id.* at 151.
70　*Id.* at 152.

3 小 括

 以上見たように、アメリカ法では、実体的デュープロセスの判断内容が、Glucksbergケースにより整理された結果、各州でもおおむね共通した判断枠組みが構築されているといえる。それをまとめると以下のようになる。

①被告人が制定法により侵害されている主張するところの権利ないし自由が、憲法上の保護に値する「基本的〔fundamental〕」なものといえるかが問われる。その際には、合衆国ないし当該州の歴史と伝統が考慮される。

②当該権利が「基本的」にカテゴリーされると、審査基準が厳格審査となる。目的が「やむにやまれざる政府利益」であること、手段が「当該利益との関係で当該制定法が厳密に定められている」ことが求められる。

③主張された権利ないし自由が「基本的」にカテゴリーされない場合、より緩やかな合理的根拠の基準で判断される。

④手段審査にあたっては、制定法で予定されている刑の重さや種類が考慮される[71]。

⑤制定法の合憲性が推定され、違憲性の立証責任は被告人が負うのが原則となっている。実体的デュープロセスにより保護されると被告人が主張する権利が「基本的」権利である場合、立証責任が訴追側に転換されている。

五 日本法への示唆と課題

1 示唆の整理

 第1に、責任主義の憲法上の位置づけを検討する前提となる憲法規定は何かについての示唆が得られた。

 修正5条、修正14条に基づく実体的デュープロセスを用いた判断がなされているという事実を、日本国憲法に単純に応用すれば[72]、憲法31条を立脚点として日

---

71 この点は、ドイツにおける憲法判例が「正義の観念は、構成要件と法効果とが適切に均衡することを要請する」(BVerfGE 20, 323など) として、要件効果の均衡を要求している点と呼応する(仲道・前掲注(1)557頁)。

72 刑事法学においては、実体的デュープロセスを憲法31条に基づくものととらえる見解が多い(例えば、平野龍一『刑法総論Ⅰ』(有斐閣、1972年) 80頁以下、山口・前掲注(6)17頁、井田良『講義刑法学・総論〔第2版〕』(有斐閣、2018年) 36頁、同42頁注29、松原・前掲注(6)35

本における責任主義の憲法上の位置づけを検討することが可能となるようにも思われる[73]。

しかし、判断の内実に目を向ければ、各判例においては、被告人が当該制定法によって侵害されたと主張する権利ないし自由が、憲法上の基本的権利として手厚い保護に値するかが問われていた。日本において、このような新しい権利の憲法上の保障を担うのは、憲法13条である。アメリカ法の議論からは、日本においては、憲法13条もまた、責任主義の憲法上の位置づけを検討する手がかりとなりうることが示唆される[74]。

第2に、アメリカ法では、厳格責任それ自体については、立法府に広汎な権限を認めており、それに対して司法府が敬譲を示していることが明らかとなった（Hollowayケースは明示的に敬譲的な合理的根拠の基準とする）。このことは、日本において、刑法の基本原則の憲法上の地位を検討する際に、憲法の予定する権限配分を考慮に入れる必要があることを示唆する。

第3に、刑事裁判における違憲性の立証責任の分配に関する示唆が得られた。いずれの事件においても、被告人側が違憲性を立証することを出発点に置いていた。厳格責任や責任主義に直結する点ではないが、注目に値する。

頁注17など）。このような理解に対しては、日本国憲法の起草に関わったアメリカの法律家たちが（デュープロセスによりその円滑な遂行が妨げられた）ニューディールを支持する者たちであり、かつ彼らが起草過程で、「適正な〔due〕」という語を意識的に採用しなかったと推測されることから、合衆国憲法にいうデュープロセスを日本国憲法に持ち込ませないようにした結果が日本国憲法31条であるとする指摘がある（田中英夫『デュー・プロセス』（東京大学出版会、1987年）296頁以下、奥平康弘「手続的デュー・プロセス保障のもつ意味」法時65巻6号（1993年）44頁以下）。

73 Hollowayケースにおいて、被告人から法の平等な保護（修正14条）に基づく主張がなされており、日本においても尊属殺違憲判決（最大判昭和48年4月4日刑集27巻3号265頁）が憲法14条の法の下の平等を根拠としていることからは、同条との関係での分析も可能である。また、修正8条の利用可能性については、前掲注（10）を参照。学説上、憲法上の種々の権利保障の「半影〔penumbra〕」として、「メンズレアの権利」を導く試みとして、James J. Hippard Sr., The Unconstitutionality of Criminal Liability without Fault: An Argument for a Constitutional Doctrine of Mens Rea, 10 HOUS. L. REV. 1039, 1053-1057 (1973). 半影理論は、Griswold v. Connecticut, 381 U.S. 479, 484 (1965) が、「権利章典の個別の保障は、そこから派生して、各保障内容に生命と実質を与えるのに資する半影部分を持つ」としたことに由来する。芝原・前掲注（11）182頁は、Griswoldケースを「連邦憲法が権利の章典の文言の総体以上の保障を与えていることを認めた」ものと評価する。

74 浅田・前掲注（6）282頁は、責任主義を憲法31条の要請とし、内藤・前掲注（6）738頁は、憲法13条の要請とする。

2 課題の析出
(1) 日本国憲法の解釈論

第１の示唆を日本法に応用するにあたり課題となるのが、憲法31条、13条についての解釈論の探究である。特に、Glucksberg ケースが示した実体的デュープロセスの判断枠組みでは、問題となる権利が、「客観的に『わが国の歴史と伝統に深く根ざし』、『秩序ある自由の概念に暗黙のうちに含まれ』、『それらが犠牲となれば自由も正義も存在しなくなるような』基本的な権利と自由」であることが、第１に要求される。そこでアメリカ法では、例えば、「性的行為罪の訴追に対して年齢の錯誤の抗弁を提出する権利[75]」が措定された上で、その「基本的権利」該当性が判断されることになる。

責任主義を、憲法31条ないし13条の解釈論として基礎づけようとするのであれば、（その命題内容に応じるが）例えば、「故意または過失がない場合には処罰されない権利」を観念し、それが憲法31条ないし13条の保護範囲に含まれるかという憲法解釈論を行う必要があることになる。もっとも、Genson ケースの法廷意見と反対意見の対立が示すように（あるいは、日本における憲法13条の解釈論上の対立が示すように）、そのような権利に憲法上の位置づけを与えるかは、（次に述べる権限配分の問題とも相まって）きめ細やかな検討が求められることになろう。

(2) 権限配分という視点

アメリカ法においては、厳格責任自体の位置づけについては一貫して、立法府の裁量への司法府の敬譲が見られる。その上で、具体的適用の場面において（例えば、メンズレアを〈立法者の意図に沿うものとして〉読み込むという解釈的救済ができない場面でも）、具体的な被告人の権利が憲法の保障する権利の許されざる制限であると評価される場合に、司法的救済が与えられるという建付けになっている。

以上のような、犯罪の内容決定についての立法府と司法府の権限配分という視点は[76]、これまでの日本の刑法学では考慮されていなかったように思われる。この点の分析については、日本国憲法の解釈論に及ぶため、本稿の射程を超える。しかし、日本法ではおそらく、罪刑法定主義との関係を問うことになろう。罪刑

---

75 *Holloway*, 905 N.W. 2d at 25.
76 山本龍彦「最高裁のなかの〈アメリカ〉」石川健治ほか編『憲法訴訟の十字路』（弘文堂、2019年）224頁以下を参照。そこで示された「誰が行うのか」を刑法との関係で論じたものとして、クリストフ・ブルヒャート（仲道祐樹訳）「刑事憲法学について」比較法学57巻２号（2023年）186頁以下。

法定主義は、「国民の行為を犯罪として処罰するためには、いかなる行為が犯罪とされ、いかなる刑罰が科されるかが、あらかじめ国民の代表者である議会の制定した法律において明確に定められていなければならないとする考え方」をいう[77]。これは、憲法31条の要請であると解されている[78]。この建前からすれば、日本国憲法は、犯罪と刑罰の内容決定についての第1次的権限を立法府に与えていることになる。立法府が正当な目的の下に、故意過失がなくても刑罰を科すことが必要な手段であると考えたときに、その立法行為自体を規制しうる憲法上の根拠があるかが問題となるように思われる。そのような憲法上の根拠が見出せないのであれば、日本の立法者には、憲法上、故意過失のない行為を犯罪化する権限が認められていることになる[79]。これは、いわば裏側から、「故意または過失がない場合には処罰されない」とする〈責任主義〉は、日本国憲法の中に根拠を持たない、法律レベルの原則であることを帰結することになる。

(3) 立証責任の問題

最後に、刑事裁判において、適用される刑罰法規の違憲性を争う場合の立証責任の問題がある。ミネソタ州では、合憲性の推定を前提に、当該制定法が違憲であることの立証責任が、被告人（先例の表現を用いれば「制定法の合憲性を争う当事者[80]」）に負わされている。この判断は Holloway ケースに特有のものではなく、ミネソタ州の判例に従ったものである[81]。また、カンザス州でも同様であり、Genson ケースでは、「立証責任は、当該制定法を違憲と主張する当事者に課れ」るとする[82]。その上で、Moser ケースにおいては、被告人が主張するところの権利ないし自由が、「基本的権利」であると認められれば、立証責任が訴追側に転換されることが示されている[83]。

77　西田典之ほか編『注釈刑法第1巻』（有斐閣、2010年）9頁〔西田典之〕。
78　佐藤功『憲法（上）〔新版〕』（有斐閣、1983年）503頁以下など。これに対して、松井・前掲注(11) 493頁は、「31条の要求の中に、実体の法定、すなわち罪刑法定主義の要求を読み込むべき必要性があるとは思われない」とし、罪刑法定主義の条文上の根拠を憲法41条に求める。
79　もっとも、日本国憲法が議院内閣制を予定していることや、刑事法の立案を所管する法務省刑事局には（罰則を運用する側である）検察官出身者が多いことなど、日本固有の事情として考慮すべき点はある。それらが憲法上の権限配分に影響する事情かも含めて、最終的な立場表明は今後の課題としたい。
80　State v. Cox, 798 N.W. 2d. 517, 519 (Minn. 2011).
81　Id. さらに、Miller Brewing Co. v. State, 284 N.W. 2d 353, 356 (Minn. 1979).
82　Genson, 316 Kan. at 136は、State v. Cook, 286 Kan. 766, 187 P. 3d 1283 (2008) を先例として参照した。
83　Moser, 884 N.W. 2d at 899.

刑事裁判である以上、犯罪事実の立証責任は検察官が負うが、刑罰法規の憲法適合性の立証責任は誰が負うことかが問われていることになる。いわば〈刑事憲法訴訟〉の問題として、違憲性の立証責任を誰に負わせることが制度設計として最適かの検討が課題となる[84]。

　［付記］本稿は、JSPS 科研費 JP20K01357による研究成果の一部である。

---

[84]　日本においてはさしあたり、巽智彦「立法事実論の再構成」石川健治ほか編『憲法訴訟の十字路』（弘文堂、2019年）11頁以下。合理的根拠基準と合憲性推定の関係について、伊藤健『違憲審査基準論の構造分析』（成文堂、2021年）357頁以下も参照。

外国人による犯罪に対する刑法の適用

渡 邊 卓 也

一　問題の所在
二　違法性の意識の可能性
三　外国人による犯罪
四　結　語

一　問題の所在

　本稿では、外国人が国内外で犯罪を犯した場合の、刑法の適用の可否について検討する。国境を越える犯罪については、国内犯処罰規定の国外への適用拡大や国外犯処罰規定の新設ないし対象犯罪の拡大による対処が求められる（以下、これらを併せて「刑法の域外適用」という）。しかし、別稿において検討したように[1]、刑法の域外適用は、適用を及ぼされる者の納得を得られない可能性がある。すなわち、それは、一方では、適用される規範の民主的正統性に疑いがあるという意味で、罪刑法定主義の民主主義的要請に関係し、他方では、当該規範を意識していない者に不意打ち的処罰をもたらしかねないという意味で、罪刑法定主義の自由主義的要請に関係する。
　このうち、民主主義的要請との関係については、別稿において詳しく検討したが[2]、自由主義的要請との関係についても、検討を加える必要がある。もっとも、後述のように、当該要請を反映した諸原則は、行為者における行為時の予測可能性の保障という観点から捉え直すことが可能である。それゆえ、刑法の域外適用の許容性についても、行為者における違法性の意識の可能性という観点から論じるべきである。この問題は、外国人の違法性の意識として議論されてきたと

---

[1]　渡邊卓也「刑法の域外適用と罪刑法定主義」秋葉丈志ほか編『公法・人権理論の再構成 後藤光男先生古稀祝賀』（成文堂、2021年）223頁以下。
[2]　渡邊卓也「双方可罰性の原則と罪刑法定主義」筑波ロー・ジャーナル34号（2023年）93頁以下。

ころ、本稿においても、刑法の域外適用の場面に限定せず、来訪外国人犯罪に対する国内犯処罰の場面も含めて、外国人による犯罪に対する刑法の適用一般の許容性を論じたい。

そこで以下では、まず、罪刑法定主義の自由主義的要請と違法性の意識との関係を検討した上で、違法性の意識の要否に係る議論を概観する。次に、違法性の意識の可能性という観点から、外国人による犯罪に対する刑法の適用を許容するための方策として、双方可罰性の原則を導入することの当否を論じる。以上を通じて、刑法の域外適用と罪刑法定主義との抵触問題について、さらなる検討を加えることとする。

二　違法性の意識の可能性

1　自由主義的要請との関係[3]

例えば、ドイツでドイツ人が日本人を殺害した場合には、消極的属人主義に基づく規定（刑法3条の2）によって[4]、殺人罪（199条）の適用を認め得る。しかし、当該規定は、ドイツ人に向けて告知されているのではないから、その適用に不意打ち的処罰の側面がないではない。行為時の予測可能性の保障という観点からすれば、当該適用は、罪刑法定主義の自由主義的要請に反しているようにも思われる。そして、同様の問題は、日本でドイツ人が日本人を殺害した場合に、属地主義に基づく規定（1条1項）によって殺人罪の適用を認めることでも生じ得る。それゆえ、この問題は、国内外を問わず、外国人による犯罪一般に妥当するといえよう。

自由主義的要請とは、一般国民に対する刑罰規定の事前の告知によって、その行動の自由を保障すべきという趣旨で理解される。それゆえ、行為時に規定自体は存在しており事後法にはあたらないとしても、例えば、当該規定の文言が不明確であるが故に、その内容を国民が認識できないとすれば、当該要請に反することとなり、罪刑法定主義との関係で問題とされる。しかし、これに対しては、裁判官が法的に認める処罰範囲を国民が認識できないという主張は、「純粋に第三

3　以下の記述は、渡邊・前掲注（1）233頁以下を再構成した。
4　場所的適用範囲の諸原則については、渡邊卓也「消極的属人主義による国外犯処罰」清和法学研究第12巻第2号（2005年）96頁以下、同・前掲注（1）224頁以下等参照。

者の事情を援用した抗弁」であって、「今回の行為者の行為に対して罪責判断を下す犯罪論・刑事裁判の中には、位置づけられるべき場所を持たない」と指摘する見解がある[5]。

確かに、司法権が「具体的な紛争解決（主観訴訟）を本分とする」以上、「今回の事件解決にとって不必要な形で訴外の第三者に対する影響の可能性を探ったり、今回の事件解決を利用してこの架空の可能性を排除する一般論を定立することは自制すべき」であろう[6]。この見解は、さらに、「一般人」を基準とすることで上記の主張に応えたように見える判例も[7]、判断の対象は「具体的」な「行為」であって、結局は、「今回の被告人の行動に関する一般人の『違法性の意識の可能性』を判定しているに止まる」から、「実際上、行為者本人の『違法性の意識の可能性』を問うことと、殆ど違いはない」と分析し[8]、当該主張の実践的な意義にも疑問を呈している[9]。

こうして、「文言の不明確性」の問題と「錯誤」の問題には、「その分析に際し共通の土俵が設定される」ところ[10]、これを敷衍すれば、自由主義的要請を反映した諸原則について、行為者における行為時の予測可能性の保障という観点から捉え直すことが可能となろう。それゆえ、外国人による犯罪に対する刑法の適用にあたって行為時の予測可能性の保障を論じる場合には、行為者における違法性の意識の可能性という観点から論じるべきである。すなわち、ここでの行為者は、例えば、外国に居住しているが故に自らの行為に適用される処罰規定の存在自体を知らない可能性があるから、違法性の意識の可能性がないと評価される余地がある。

ところで、一般に、違法性の意識を欠く場合（違法性の錯誤）としては、自己の行為に適用される法令の存在自体を知らなかった「法の不知」に由来する場合

---

5 杉本一敏「刑法と憲法における『不明確性』の主張」高橋則夫＝杉本一敏＝仲道祐樹『理論刑法学入門』（日本評論社、2014年）255頁。同旨、同「誰にとっての『明確性』か？」ホセ・ヨンパルトほか編『法の理論28』（成文堂、2009年）164頁以下。
6 杉本・前掲注（5）入門255頁。同旨、同・前掲注（5）法の理論162頁以下。
7 例えば、最大判昭和50・9・10刑集29・8・489は、「通常の判断能力を有する一般人の理解において、具体的場合に当該行為がその適用を受けるものかどうかの判断を可能ならしめるような基準が読みとれるかどうか」を問題とした。
8 杉本・前掲注（5）入門259頁。同・前掲注（5）法の理論168頁参照。
9 杉本・前掲注（5）法の理論155頁。
10 杉本・前掲注（5）法の理論142頁。

と、法令の解釈を誤って自己の行為には適用がないと考えた「あてはめの錯誤」に由来する場合とがあるとされる。確かに、違法性の意識の内容として、法令の正確な知識までは必要でないとすれば、両者を厳密には区別し得ないともいえる。しかし、本稿においては、上述のように、自らの行為に適用される処罰規定の存在自体を知らない状況を想定している。それゆえ、少なくとも、当該状況を念頭におくならば、違法性の錯誤を論じるにあたって、「法の不知」に係る議論が参考となろう。

なお、表現規制立法に係る萎縮効果論を援用し、一般人に対する事前告知によって罪刑法定主義の自由主義的要請を担保すべきとする見解もある[11]。とりわけ刑法の域外適用の場面では、例えば、わいせつ表現規制のように、表現の自由との関係が問題となる場合も多いから、本稿のように行為者における違法性の意識の可能性を論じる立場に対しては、異論があり得る。もっとも、この立場でも、具体事例における判断の際には、違法行為が行われた時点において行為者が認識した事実を踏まえつつ、一般人ならば違法性を意識し得たかが問われるであろう。それゆえ、実際に行われる判断は、表現規制立法が問題になる場合と、ほとんど違いはないといえよう。

このように、罪刑法定主義の自由主義的要請との関係で、外国人による犯罪に対する刑法の適用について検討する場合には、行為者における違法性の意識の可能性という観点から論じるべきである。問題は、そのために如何なる状況が必要かであるが、この点は、学説においても、未だ結論の一致を見ていない。以下では、違法性の意識に係る議論を概観し、本稿の問題関心との関係で、論点を整理する。

2　違法性の意識に係る議論

刑法は、「罪を犯す意思がない行為は、罰しない」（38条1項）と規定し、故意犯処罰の原則を定めている。その趣旨については争いがあるが、たとえ「罪を犯す意思」が事実的故意のみを意味するとしても、責任主義の観点から、違法性の意識をも問題とすべきとの見解が有力である。すなわち、責任の本質を行為者の他行為可能性に基づく非難可能性に求める立場によれば（規範的責任論）、他行為

11　渡邊・前掲注（1）234頁以下（及び、注に掲げた文献）参照。

を導く反対動機の形成可能性がなければ、行為者に対して非難を向けることはできない。そして、その反対動機は、行為の違法性を意識することによって形成されるから、責任を基礎付けるためには、違法性の意識の問題を無視できないというのである。

ところで、刑法は、「法律を知らなかったとしても、そのことによって、罪を犯す意思がなかったとすることはできない」（38条3項）とも規定している。確かに、この規定は、違法性の意識がなくとも、故意犯の成立を認める趣旨と読むのが自然である（不要説）。もっとも、「情状により、その刑を減軽することができる」（同条同項但書）場合も含めて、責任主義の観点から処罰の限定を論じる余地はある。それゆえ、当該規定の存在は、必ずしも、故意犯の成立を認めるにあたって、違法性の意識を論じる妨げとはならないと解されてきた。問題は、故意犯の成立を認めるために、行為者が、違法性を現実に意識していたことを必要とするかである。

この点、行為者が、事実のみならず、その違法性も含めて、現実に意識していたことを必要とする見解も有力である（必要説）[12]。しかし、違法性をも現実に意識していたことを必要とするならば、確信犯や激情犯などの場合に行為者を処罰できず、不当な結論に至るなどと批判されてきた。そこで、近時は、違法性を現実に意識していたことまでは必要とせず、違法性の意識の可能性があれば足りるとする見解が多数を占めている（可能性説）[13]。すなわち、違法性の意識の可能性によっても反対動機の形成可能性は認められるから責任主義を充足し得る一方

---

12 同説は、違法性の意識を故意の要素とする見解として、主張されている（厳格故意説）。小野清一郎『新訂 刑法講義總論』（有斐閣、1948年）154頁、中山研一『刑法総論』（成文堂、1982年）372頁、大塚仁『刑法概説（総論）〔第四版〕』（有斐閣、2008年）461頁、岡野光雄『刑法要説総論〔第2版〕』（成文堂、2009年）178頁、浅田和茂『刑法総論〔第3版〕』（成文堂、2024年）335頁等。

13 同説には、違法性の意識の可能性を故意の要素とする見解（制限故意説）や、故意とは別個の責任要素とする見解（責任説）が含まれる。制限故意説として、藤木英雄『刑法講義総論』（弘文堂、1975年）212頁、団藤重光『刑法綱要総論 第三版』（創文社、1990年）317頁以下、佐久間修『刑法総論』（成文堂、2009年）298頁等。責任説として、福田平『違法性の錯誤』（有斐閣、1960年）216頁以下、平野龍一『刑法総論Ⅱ』（有斐閣、1975年）263頁以下、香川達夫『刑法講義〔総論〕第三版』（成文堂、1995年）242頁、齊藤信宰『新版 刑法講義〔総論〕』（成文堂、2007年）351頁、林幹人『刑法総論〔第2版〕』（東京大学出版会、2008年）238頁、山中敬一『刑法総論〔第3版〕』（成文堂、2015年）315頁、山口厚『刑法総論〔第3版〕』（有斐閣、2016年）266頁、西田典之（橋爪隆補訂）『刑法総論 第三版』（弘文堂、2019年）257頁、高橋則夫『刑法総論 第5版』（成文堂、2022年）400頁、松原芳博『刑法総論〔第3版〕』（日本評論社、2022年）285頁以下等。

で、結論の妥当性という点でも問題が解消されるというのである。

もっとも、必要説に立脚した場合も、具体事例における違法性の意識の存否判断の際には、違法行為が行われた時点において行為者が認識した事実を踏まえつつ、一般人ならば違法性を意識し得たかが問われるであろう。その意味で、必要説も、事実上、違法性の意識の可能性を考慮せざるを得ない。さらに、「事実的故意と評価的な認識とは区別することができないだけでなくその必要性も全くない」との理解の下[14]、行為者における「利益侵害性の認識」を裁判官が事後的に「構成要件関係的」に評価することで故意の存否を決すべきとする見解もある[15]。ここでも、裁判官による評価の場面において、違法性の意識の可能性が考慮されることとなると思われる[16]。

これに対して、判例は、例えば、震災で交通手段が杜絶し法令の公布を知り得なかったとの主張を認めず、「其ノ行爲カ法令ニ違反スルコトヲ認識セルヤ否ヤハ固ヨリ犯罪ノ成立ニ消長ヲ來ササルモノトス」とするなど[17]、「法の不知」により違法性の意識の可能性すら無い場合も、故意犯の成立を認め得ると考えているようである（不要説）。もっとも、違法性の意識を欠いたことに「相当の理由」があるとして、故意犯の成立を否定した下級審判例もある[18]。また、結論として

---

14 齋野彦弥『故意概念の再構成』（有斐閣、1995年）196頁。ただし、「法規認識」を含む「可罰的評価の認識可能性」は、故意とは別個の責任要素とする。同・193頁以下、232頁以下。

15 齋野・前掲注（14）185頁以下、229頁以下。行為者における認識内容は、「前法律的な評価認識」で足りるとする。石井徹哉「故意責任の構造について」早稲田法学会誌第三十八巻（1988年）38頁以下も、行為者における「社会有害性の意識」を、裁判官が「法的な違法性の意識へと高める」ことで「法的責任を構築していく」のが「責任判断」であるとする。さらに、同「故意の内容と『違法性』の意識」早稲田法学会誌第三十九巻（1989年）27頁以下、同「責任判断としての違法性の意識の可能性」早稲田法学会誌第四十四巻（1994年）67頁以下。なお、渡邊卓也「ソフトウェアの複製と違法性の意識」伊東研祐編『はじめての刑法』（成文堂、2004年）230頁以下参照。

16 石井・前掲注（15）早誌三十八巻43頁、同・前掲注（15）早誌三十九巻29頁、同・前掲注（15）早誌四十四巻71頁参照。

17 いわゆる暴利取締令（大正十二年勅令第四百五號）の公布3日後に震災前に仕入れた石油を不当な価格で販売した事案について、大判大正13・8・5刑集3・611。その後も、例えば、飲食に供する目的での所持譲渡等が禁じられていた「メタノール」（有毒飲食物等取締令1条2項）を「メチルアルコール」と認識して飲用目的で所持譲渡した事案について、最大判昭和23・7・14刑集2・8・889は、両者が同一と知らなかったとしても、「單なる法律の不知に過ぎない」から「犯意があつた」とした。

18 例えば、映倫管理委員会の審査を通過した映画を上映する行為が、わいせつ物頒布等罪（刑法175条）に問われた事案について、東京高判昭和44・9・17高刑集22・4・595。旧通商産業省の行政指導等が行われるなかで原油処理量の調整をした行為が、事業者団体による競争制限の罪（私的独占の禁止及び公正取引の確保に関する法律89条1項2号、8条1号）に問われた事案につい

は故意犯の成立を認めつつ、「相当の理由」がないことに言及した最高裁判例もある[19]。このような状況に鑑みれば、判例の立場も、可能性説に移行しつつあるともいえよう。

また、違法性の意識を喚起し得る要素を事実的故意に取り込むことで[20]、不要説も、事実上、違法性の意識の可能性を考慮しているともいえる。この点、実務の現状に照らせば、「一般人ならばその罪の違法性の意識を持ち得る事実の認識」こそが「故意非難を基礎づける主観的事情」であって、このような「実質的故意判断」によれば、「違法性の意識の可能性」を論じる必要はないとする見解もある[21]。また、学説の多くも、同様の認識内容を事実的故意に取り込み（意味の認識）、これによって、いわゆる「故意の提訴機能」を担保しているともいえる[22]。これらの見解においても、事実上、違法性の意識の可能性が考慮されることとなると思われる。

このように、位置付けは異なるとしても、いずれの見解も、何らかの意味で違法性の意識の可能性を考慮せざるを得ない。外国人による犯罪に対する刑法の適用を論じるにあたっても、この可能性判断が重要となろう。問題は、具体的に如何なる状況があれば、この可能性が認められるかである。そこで次に、外国人に

　　て、東京高判昭和55・9・26高刑集33・5・359。警察官らの指導を上回る加工を施してけん銃部品を輸入した行為が、けん銃部品輸入罪（銃砲刀剣類等取締法31条の11、3条の5）に問われた事案について、大阪高判平成21・1・20判タ1300・302。

19　例えば、警察官らの助言に従わず百円紙幣を模したサービス券を製版所に作成させた行為が、通貨模造罪（通貨及証券模造取締法1条）に問われた事案について、最一小決昭62・7・16刑集41・5・237は、「違法性の意識を欠いていた」ことに「相当の理由がある場合には当たらない」から、「相当の理由があれば犯罪は成立しないとの見解の採否についての立ち入った検討をまつでもなく、本件各行為を有罪とした原判決の結論に誤りはない」とした。

20　例えば、実父名義で営業を許可されていた特殊公衆浴場の許可申請者が自己の会社であったとする営業許可申請事項変更届を提出して営業を続けた行為が、無許可営業罪（公衆浴場法8条1号、11条、2条1項）に問われた事案について、最三小判平成元・7・18刑集43・7・752は、「変更届受理によって被告会社に対する営業許可があつたとの認識」があるから、「『無許可』営業の故意がみとめられない」とした。中山研一『違法性の錯誤の実体』（成文堂、2008年）154頁も、「違法性の錯誤」とされる錯誤は「ほとんどすべて『事実の錯誤』に還元し得る」とする。

21　前田雅英『刑法総論講義［第7版］』（東京大学出版会、2019年）161頁、177頁以下。ただし、期待可能性論による例外的な責任阻却を認める余地はあるとする。

22　「故意の提訴機能」に対する批判として、髙山佳奈子『故意と違法性の意識』（成文堂、1999年）59頁以下、南由介「故意説の理論構成について」法學政治學論究第54号（2002年）180頁以下、同「責任説の再構成」桃山法学第7号（2006年）101頁以下、趙楚文「違法性の意識の可能性に対する考察（一）」法學論叢第177巻第3号（2015年）42頁以下、小池直希「『故意の提訴機能』の史的展開とその批判的検討（2・完）」早稲田法學第96巻第3号（2021年）98頁以下等。

よる犯罪の特徴を踏まえて、違法性の意識の可能性を認め得る状況について検討する。

三　外国人による犯罪

1　文化的背景の相違と違法性の意識

外国人による犯罪については、短期滞在の観光客や労働者などの来訪外国人犯罪に対する国内犯処罰の場面を念頭に、免責の余地が議論されてきた[23]。例えば、「法慣習の異なる外国から来て間もない外国人の場合で、社会的有害性が明白でないために、自己の行為を違法とする法規範の存在を知り得ない特別な事情がある場合には、違法性の意識の可能性が欠ける場合がありうる」とか[24]、自己の「行為を違法とする日本の法規範の存在を認識しえなかった」場合もあり得るから、上述の「相当の理由」の理論は、このような「新しい要素を入れて修正されるべき」とされる[25]。もっとも、これと同じことは、刑法の域外適用の場面に

23　西田・前掲注（13）260頁。「行政刑罰法規に違反した場合などには、法令を知る機会の有無が慎重に検討される必要があろう」とする。西岡正樹「法の不知に関する一考察」山形大学法政論叢第70・71合併号（2019年）168頁も、「刑事立法の活性化および法のグローバル化の進展」のほか、「外国人労働者の受け入れ拡大等の社会情勢の変化」により、とりわけ「法の不知」の類型との関係で「争いとなる場面の増加が予想される」とする。

24　松原久利『違法性の錯誤と違法性の意識の可能性』（成文堂、2006年）146頁。髙山・前掲注（22）272頁も、「法秩序の要請を知りえたことが、法に従った動機づけの条件であり、『非難可能性』の前提である」から、「突然外国から連れてこられたために、その国の法秩序がどうなっているのかを知るだけの材料がなかった場合、その行為者には非難可能性が欠け、責任を認められない」とする。

25　奈良俊夫「外国人の刑事責任と違法性の意識」研修568号（1995年）4頁以下。例えば、「宗教的または医療的使用の目的のためにのみ阿片を所持していた」事例や「慣習に従い、年少者に割礼を施した」事例、「13歳未満の少女を妻とし、性的交渉を継続した」事例がそれにあたる。髙山・前掲注（22）346頁は、「法益自体が文化的なものであるとき、これを理解しえない行為者には故意すらない」とする。また、齋野・前掲注（14）195頁も、「公布手続が瑕疵なく行われた通常の法律」について、外国人というだけでは「可罰的評価の認識可能性」は否定されないが、「姦通の相手方を殺害すること」が「当然の義務であると信じていた」場合には、「利益侵害性の認識」がなく故意がないとする。石井・前掲注（15）早誌四十四巻72頁、87頁は、「免許・許可を受けた者には原則として法規の知識が備わっていることを基礎に故意である法益侵害性の認識が認定され」るが、「アメリカに居住し、運転免許を取得した者」が「アメリカでは適法だが日本では違法である」運転行為をした場合には、「故意は認めるべきでない」とする。さらに、香川達夫『新錯誤論』（成文堂、2018年）33頁以下は、外国人観光客が一定の時間内のみ有効な乗車券を所定の有効時間を超えて使用した場合に、その旨の掲示等がなかったならば「法律の不知」にあたり、乗車という「事実の認識」はあっても、無賃乗車という「犯罪構成事実の認識もなく違法性の意識の可能性も欠く」とする。

こそ、類型的に認められるといえよう。

　上述のように、刑法の域外適用の場面では、例えば、行為者が外国に居住しているが故に、自らの行為に適用される処罰規定の存在自体を知らない可能性がある。確かに、インターネットを通じた情報収集が一般的となった現代では、行為者の居住する国に向けて告知されているのではないとしても、ウェブサイトを検索するなどして、各国の法令を知る手段はある。また、例えば、殺人のように、処罰の対象としない国がおよそ想定し難い行為の場合には、外国に居住しているというだけで違法性の意識が欠如する事案も、想定し難いであろう。それゆえ、一般論として、違法性の意識の「可能性」すら欠如する事案は、ほとんど無いといえよう。

　しかし、とりわけ刑法の域外適用の場面では、例えば、インターネットを通じわいせつ表現の拡散のように、各国で処罰規定の存否や程度が異なる行為が問題となる事例もある。また、そもそも、各々が所属する文化圏の違い故に規定に差異が生じているとすれば、規定を知らなくとも当然に違法性の意識の可能性があるともいえない。すなわち、この問題は、外国人が、文化的背景の相違ゆえに、適用される処罰規定の基礎にある社会的・倫理的価値観を理解し得ないことに起因する[26]。それゆえ、上述の一般論を貫徹し得るかは疑問であって、「法情報へのアクセス可能性を以て直ちに違法性の意識の可能性があったとすることはできないというべき」である[27]。

　もっとも、例えば、日本国内で作成したわいせつ動画等のデータをアメリカ合衆国在住の共犯者らの下に送り、同人らにおいて同国内に設置されたサーバに記録させた事案について、最高裁は[28]、日本国内の顧客がファイルをダウンロードして保存したことを捉え、国内犯としてわいせつ記録送信頒布罪（刑法175条後段）の適用を認めている[29]。その射程は、合衆国在住の外国人による単独犯の事

26　奈良俊夫「カルチャー・ギャップと刑事責任（1）」獨協法学第34号（1992年）101頁以下、同「カルチャー・ギャップと刑事責任（2）」獨協法学第38号（1994年）65頁以下は、「法の不知は許さず」の原則が堅持されてきたことを背景にアメリカで登場した、「文化の違いを理由とする抗弁（cultural defense）」を紹介する。さらに、同「刑事責任論の断面」『西原春夫先生古稀祝賀論文集 第二巻』（成文堂、1998年）276頁以下は、それが、違法性の意識の「可能性の判断構造に方向性を与える」などの点に意義があるとする。

27　西岡・前掲注（23）183頁。

28　最三小決平成26・11・25刑集68・9・1053。渡邊卓也『ネットワーク犯罪と刑法理論』（成文堂、2018年）63頁以下等参照。

例にも及び得るといえよう。上述のように、確かに、彼らにも、ウェブサイトを検索するなどして、日本の法令を知る手段はある。しかし、そうすると、サイト開設者は、全ての国家の法を調べなければならなくなり、過大な負担を強いられることになりかねない[30]。

そこで、外国人に対して、如何なる負担を課し得るかが問題となる。この点、国民と国家との間の「負担の適切な分配」という観点から[31]、例えば、「文化的に全く異なる社会で育ったために、当該社会では一般に知られている規範を知らない」など、「行為者の活動が内面化を期待し得ない規範」に関しては、「違法性を認識することが困難」であり「免責の余地が生じる」とする見解がある[32]。さらに、「法を知る機会」を認めるためには「法が周知徹底されていること」が必要とした上で[33]、「行為者の生育環境や行為者が置かれた状況によっては、法を知る機会が客観的には存在していたとしても、法の受容が著しく困難な場合があ」るとする見解もある[34]。

---

29 なお、当該事案は、わいせつ物の「陳列」として処理され得るが、抽象的危険犯における「結果」概念についての議論が熟していない現状において、陳列「結果」に対する国内犯適用との説明を回避するため、「電磁的記録」の「頒布」という新たな行為態様を選択したと思われる。

30 松原芳博・前掲注（13）544頁は、「世界のすべての国が許容するものしか発信することが許されないとするのは、自由の過度の制約であるし、内政干渉ともいえる」とし、松宮孝明『刑法総論講義［第5版補訂版］』（成文堂、2018年）32頁は、「一国の刑法の背後にある文化的標準が、多様性を無視して世界に適用される」という意味での「文化帝国主義」を、如何にして回避するかが課題とする。

31 一原亜貴子「違法性の錯誤と負担の分配（二・完）」関西大学法学論集第54巻第1号（2004年）89頁以下。「本来ならば、現実に違法性の意識があったこと」が「要件とされるべき」だが、「政策的な必要性」から不要とされたとの理解から、可能性判断においては、「国民の法知識について国家にリスクの負担を求めることができる」一方で、「国民は、法を遵守すること」を求められ「法に忠実であるための『心構え』」が必要とした上で、「意思決定の段階で違法性を認識するための機会」を「国民に提供することは国家の責務である」とする。さらに、同「違法性の認識可能性判断について」井田良ほか編『山中敬一先生古稀祝賀論文集［上巻］』（成文堂、2017年）423頁以下では、「国家が周知を怠ったにもかかわらず」違法性の錯誤に陥った者を処罰するのは、「不意打ちであり、罪刑法定主義の観点からも許されない」とする。髙山・前掲注（22）328頁以下も、行為者には「法を認識する義務」はないから、「違法性を認識するための手段が十分に与えられていたか」が問われるとする。他方で、松原久利・前掲注（24）135頁以下は、「法の不知」の場合も「特別の事情がない限り、違法性の意識の可能性を欠くことは予想できない」としつつ、「法令の公布を知る手段がなければ」例外的に可能性を欠く場合もあるとする。

32 一原・前掲注（31）関法97頁、101頁。このような場合は、「『心構え』を有していてもなお行為者には違法性を認識して行為を思い留まることができなかった」と評価される。

33 西岡・前掲注（23）181頁以下。「広く一般に適用され得る刑罰法規については、法情報へのアクセス可能性の保障に加えて、国家レベルの広報活動および法教育の実践が必要」とする。

34 西岡・前掲注（23）186頁。石井・前掲注（15）早誌四十四巻72頁も、国家による「様々な広報活動によって国民に周知させ、関係法規が国民に受容されることが必要」とする。

外国人による犯罪との関係でも、このような考え方が妥当するとすれば、免責の余地があろう。「外国人」の「活動は初めから『内面化を期待し得ない』として責任を阻却し得る」ともいえ[35]、また、「異なる文化圏出身の者が初めて他の法文化に触れる場合」には、「違法性の意識を喚起することが不可能な場合も例外的に存在し得る」のである[36]。すなわち、「社会の多数者の価値観（法の背後にある規範）を共有できる、あるいは、理解できる条件が与えられている者に対してのみ、非難を向けることができる」のであって[37]、そのためには、少なくとも、外国人に対しても当該規範を内面化する「機会」が与えられていたとする根拠を示す必要があろう。

このように、文化的背景の相違に起因する認識の齟齬が無視できないとすれば、外国人による犯罪について、違法性の意識の可能性すら欠如する事案もあり得るから、無限定に刑法の適用を及ぼすべきではない。国家間で処罰規定の存否や処罰の程度が一致しているのであれば、この状況は解消されるであろう。しかし、そのような解決が見込めない現状においては、これに代替する何らかの方策が必要である。

2 双方可罰性の原則

別稿において検討したように[38]、刑法の域外適用には、罪刑法定主義の2つの要請のいずれとの関係でも、看過できない問題があった。そこで、自国の処罰規定と犯罪地国の処罰規定とを比較し、同様の行為が双方で処罰されている場合に限って適用を認めるという、いわゆる「双方可罰性の原則」を導入することにより、これらの問題を解決すべきように思われる[39]。同原則の適用に際しては、自国の処罰規定と犯罪地国の処罰規定とを比較する作業が必要となるが、両国の処

---

35 一原・前掲注（31）関法108頁。これに対して、趙・前掲注（22）37頁は、「心構え」を持つ者ならば、「入国する前に時間をかけてその国の法規範を調査することも十分可能」とする。
36 西岡・前掲注（23）186頁。
37 奈良・前掲注（26）西原古稀281頁以下。可能性説による基準も、「結局において、行為時における行為者の社会への同化を認めうるか否かを判断することと同一の評価に帰する」とするが、「より根本的には、厳格故意説を妥当とすべき」とする。
38 渡邊・前掲注（1）237頁以下。
39 なお、松宮・前掲注（30）33頁以下は、「規範矛盾」問題を指摘し、立法論として「双罰性」と行為地での「刑の上限」の考慮が求められるとする。香川達夫『場所的適用範囲の法的性格』（学習院大学、1999年）26頁以下も、「法規範との対決に欠ける」者を処罰することになりかねないとして、「責任主義」の観点から同原則の導入の可否を論じている。

罰規定の内容の一致が確認されれば、形式的には自国の処罰規定が適用されているとしても、実質的には犯罪地国の処罰規定が適用されたのと同等と評価することも、不可能ではないように思われる。

すなわち、同原則が充足される場合には、刑法の域外適用は、罪刑法定主義の民主主義的要請を充たし得ると同時に、自由主義的要請も充たし得るといえよう。なぜならば、犯罪地国に居住する者が同国の同等の行為の違法性を意識し得ることを前提とすれば、適用される処罰規定の違法性を意識せずに行為に出ることも想定し難いといえるからである。確かに、この問題を、具体事例における違法性の意識の問題として解決することも可能であろう[40]。しかし、刑法の域外適用の場面においては、違法性の意識の可能性が欠ける事案が類型的に認められるといえる。それゆえ、同原則の導入こそが、実効的な解決のための方策となり得ると思われる。

問題は、具体的に如何なる基準で比較を行うべきかである。別稿において検討したように[41]、刑法学においては、共犯の本質論や錯誤論との関係で、処罰規定の内容の一致を確認するための基準が議論されてきた。例えば、主観的に認識した犯罪と客観的に実現した犯罪との間に不一致があっても、構成要件が重なり合う部分の規範に直面していた以上、その限度で故意を認め得るとする見解が有力である（法定的符合説）。認識対象である規範の一致を問題にしている点で、この基準を、刑法の域外適用の場面に援用することが許されるとすれば、犯罪の規定振りが異なっていても、構成要件が重なり合う限度で「双方可罰性」を認め得ると思われる。

もっとも、この場合の行為者は、あくまでも犯罪地国における違法性を意識する可能性があるに過ぎない。それゆえ、この認識をもって、適用される処罰規定を定めた国における違法性の意識の可能性に代替することは、不適切かも知れない。しかし、規範的責任論の見地からは、あくまでも、他行為を導く反対動機の形成可能性が問題となるのであって、処罰規定が国民に向けて周知されていることは、その「機会」が与えられていることを確認するための一助に過ぎない。それゆえ、行為者に適用される処罰規定に顕れた規範を内面化する「機会」が与え

---

40 佐伯仁志「国民保護主義に基づく国外犯処罰について」研修659号（2003年）24頁、辰井聡子「国民保護のための国外犯処罰について」法学教室 No. 278（2003年）29頁。
41 渡邊・前掲注（2）106頁以下。

られていれば、直接に周知されていたのがいずれの国の規定かは、重要ではないといえよう。

　また、適用される処罰規定の内容と犯罪地国の処罰規定の内容とが一致しているとはいっても、例えば、行為者が犯罪地国に居住しておらず、（当該国との関係でも）短期滞在の外国人観光客であるなど、自らに適用される規範を内面化する「機会」が充分に与えられていたとはいえない場合もあり得る。そして、このことは、来訪外国人犯罪に対する国内犯処罰の場面にも妥当する。それゆえ、外国人による犯罪に対する刑法の適用一般の許容性を論じるにあたっては、犯罪地国との関係で双方可罰性の原則を導入したのでは不充分であって、むしろ、行為者の国籍国ないし居住地国との関係で、双方可罰性を充足しているかを問題にすべきともいえよう。

　しかし、来訪外国人の居住実態や滞在期間は多様であって、それに応じて、規範を内面化する「機会」の有無や程度も異なり得るから、外国人であるという一事をもって一律に対処するのは、適切ではないように思われる[42]。そもそも、双方可罰性の原則の導入は、罪刑法定主義の民主主義的要請との関係で、刑法の域外適用を正統化するための方策であって、それが同時に、違法性の意識の可能性を担保する機能を果たすに過ぎない。それゆえ、同原則は、刑法の域外適用の場面では実効的な解決に資するとしても、来訪外国人への適用も見据えてその内容を組み替える必要はなく、別途、具体事例において違法性の意識の可能性を論じれば足りると考える。

　このように、外国人による犯罪については、違法性の意識の可能性があることを確認した上でなければ、刑法の適用を及ぼすべきではない。それゆえ、立法論的に、双方可罰性の原則の導入を検討すべきである。もっとも、来訪外国人による犯罪については、同原則の導入によっては、必ずしも違法性の意識の可能性を担保できないから、具体事例において、その存否を慎重に判断すべきである。

42　なお、約1年半に渉り日本で生活していたイラン国籍の者がコインロッカー内に覚醒剤を保管した行為が、覚醒剤所持罪（覚醒剤取締法41条の2第1項1号、14条1項）に問われた事案について、東京高判平成5・5・13高刑速（平5）・45は、イランでは「その存在が社会一般に知られておらず、法規制の対象にもなっていない」としても、それが「一定の薬理作用を有する『シャブ』と呼ばれるものであって、日本においては法的な規制の対象になり、その取引や所持が違法なものであるという認識を持っていた」以上、「故意が阻却されるものではない」とした。評釈として、戸田信久「判批」警察学論集第46巻第10号（1993年）147頁以下。

四 結　語

　以上のように、外国人による犯罪に対する刑法の適用の場面においては、行為者が適用される処罰規定の存在自体を知らず、自らの行為の違法性を意識し得ない可能性がある。この場合に、無限定に刑法の適用を及ぼすべきではないとすれば、立法論的に、双方可罰性の原則の導入について検討すべきである。これにより、違法性の意識の可能性があることを確認し得るから、この問題を実効的に解決することが可能となろう。ただし、刑法の域外適用の場面も含めて、短期滞在の来訪外国人による犯罪については、同原則の導入によっては、必ずしも違法性の意識の可能性を担保できないから、具体事例において、その存否を慎重に判断すべきである。

　なお、刑法の域外適用との関係では、故意を認めるために犯罪地の認識が必要かも争われており、刑法の場所的適用範囲を定めた規定（刑法１条以下）の法的性格との関係で[43]、それを構成要件要素と捉える立場からは（構成要件説）[44]、認識が必要であることとなる[45]。例えば、わいせつ物頒布等罪（175条）のように[46]、「当該構成要件が国内の法益のみを保護」する場合等については、犯罪地の認識が必要とする見解も有力である[47]。また、犯罪地の認識がなければ、当該犯罪地

43　渡邊卓也『電脳空間における刑事的規制』（成文堂、2006年）11頁以下、34頁以下参照。
44　香川・前掲注（13）28頁以下、同・前掲注（39）35頁以下、齊藤・前掲注（13）41頁、山中・前掲注（13）105頁以下、髙橋・前掲注（13）51頁等。
45　さらに、当該規定にいう「罪を犯した」場所（犯罪地）を犯罪「結果」の発生地と解する見解（結果説）からも、犯罪論における「結果」の重要性を認める見地から、「結果」地の認識が必要とされる。辰井聡子「犯罪地の決定について（二・完）」上智法学論集第41巻第3號（1998年）250頁以下、277頁以下、齋野彦弥「情報の高度化と犯罪の『域外適用』について」田村善之編『情報・秩序・ネットワーク』（北海道大学図書刊行会、1999年）302頁、神馬幸一「ネットワーク犯罪における刑法の場所的適用範囲に関する考察」法律学研究第31巻（2000年）43頁以下。私見も結果説を支持するが、構成要件に関係するのは当該規定のうちの「罪を犯した」の部分の解釈であり、残りの部分で、そこで明らかにされた犯罪の「場所」に応じた適用の「条件」を定めていると考える（処罰条件説）。渡邊・前掲注（43）13頁、35頁以下参照。
46　国内における販売目的を欠くことを理由に、わいせつ物頒布等罪（販売目的所持）の成立を否定した、最一小判昭和52・12・22刑集31・7・1176参照。
47　山口厚「越境犯罪に対する刑法の適用」芝原邦爾ほか編『松尾浩也先生古稀祝賀論文集　上巻』（有斐閣、1998年）421頁以下。なお、同・前掲注（13）417頁。同旨、林・前掲注（13）467頁以下、松原芳博・前掲注（13）545頁、佐伯仁志「越境犯罪に対する刑法の適用」佐伯仁志ほか編『山口厚先生古稀祝賀論文集』（有斐閣、2023年）367頁以下等。

における可罰性を認識する「機会」も与えられず、違法性の意識の可能性が認められないともいえる[48]。その限度で、犯罪地の認識が行為者の免責に影響することがあり得る。

いずれにしても、外国人による犯罪との関係で違法性の意識の可能性を論ずるにあたっては、例えば、意識すべき違法性の内容として、犯罪地における現実的な処罰可能性を含めるべきかなど、これまでの議論の蓄積を踏まえた検討が必要である。その意味で、本稿は、問題の所在を示し、論点を整理したにとどまる。判断基準の精緻化や具体事例への当て嵌めについては、今後の課題としたい。

［付記］本稿は、科学研究費補助金（基盤研究（C））「国際化する犯罪に対する刑法の適用のための普遍的な正当化原理の探究」（研究課題番号21K01190）における、研究成果の一部である。

48　渡邊・前掲注（43）37頁。同旨、佐伯・前掲注（47）369頁。

親に対する子供の保障人的義務
――ドイツにおける議論を素材として――

岩　間　康　夫

一　はじめに
二　ドイツ判例の新展開――中間説への移行
三　ドイツ学説の議論状況
四　若干の考察――中間説の批判的検討

一　はじめに

　筆者は旧稿において親族間（特に兄弟姉妹間）における相互の保障人的義務（不真正不作為犯の主要な成立要件たる作為義務）の発生根拠と成立範囲につき、不十分ながら考察した[1]。その際、ドイツでは下級審の判決ではあるが、保護の引き受けが存しない限り、たとえ同居している兄弟姉妹間でも互いの生命等を保護すべき保障人的義務は発生しない旨明言する判例が2003年に出された[2]ことが象徴的であった。それは家族・親族の絆による刑法的作為義務の創出力の衰退を見せつけるが如くの画期的判断であったと言えよう。その背景には、ドイツの不作為犯論においても言わば「脱親族化」の傾向が徐々に強まりつつあることがあったものと思われる[3]。
　このような家族・親族間の保障人的義務に抑制的な傾向は、本稿で取り上げる、親に対する子供の保護義務[4]についても当然反映されていると言いうるであ

1　拙稿「親族間の保障人的義務の現代的意義」川端博＝浅田和茂＝山口厚＝井田良編『理論刑法学の探究⑤』（2012）109頁以下。
2　LG Kiel, NStZ 2004, 157. 前掲拙稿（注1）138頁以下の紹介参照。最近 BGH も、兄弟姉妹であることだけでは相互の保障人的義務を導くことはできない旨、判示するに至った。後述二の4を参照。
3　前掲拙稿（注1）118頁以下におけるドイツ学説の概観も参照（兄弟姉妹間のケースにつき）。
4　ここでは主として、中年以降の父母に対する成人した子供の負うべき義務を想定するが、もちろん親子それぞれさらに若い世代についても、作為の事実的可能性・期待可能性等の個別事情による限定は当然生じるとしても、基本的には同様に考えられるべきであろう。

ろう。わが国でも既に池田直人准教授は、このような子供―親関係における保障人的義務について、本稿でもすぐ後に紹介する「BGHSt. 19, 162は、『家族の紐帯への所属』が重大な危険を回避すべき保障人的義務を基礎づけるとの解釈は『一般的な法意識に生きている』と評価したが、今日では、この解釈の一般的な妥当性には疑義がある。なぜなら、今日では、子弟が家族からより早期に独立するようになり、また、古典的な家族以外の同居形態が出現しているため、従前の基準を用いた判断が一層困難だからである」と明快に述べておられる[5]。たしかにこれを以て現代の社会通念に適合した「正解」と認めざるをえないのかもしれない。そこでは親子はもはや、お互い成人の、自律性を有する独立した存在であり、さらには生活実態も長期にわたって別居生活を送っているといった事実の重みも往々にして見られるところであり、この点は筆者も決して軽視できない事情であると考える。

しかしながら、例えばさまざまな衰えによって自活できない状態になっている老いた親は、生まれて間もない幼児と類似の脆弱状態にあると言えなくはない（希望に満ちた将来の有無はさておき）。そのような他者による保護を要する者に一定の範囲の者が責任を持って配慮するという連帯的発想は刑法から決して完全に放逐することはできないであろう[6]。さもなくば、生まれたばかりの乳幼児の保護すら、誰も（刑罰威嚇を以て）義務づけられることなく、その結果、社会生活上の最重要法益が次々と消え去る事態を黙認するしかなくなる[7]。

5　池田「ドイツ不真正不作為犯論の素描――人身犯の判例法理を中心に――」同法72巻7号（2021）883頁以下（942頁）。「したがって、実際の引受けにより判断されるべき」とされる（本稿にいう「消極説」）。

6　拙稿「不真正不作為犯論における先行行為の意義」『日髙義博先生古稀祝賀論文集上巻』（2018）13頁以下（29頁）参照。

7　なお、子供に対する親の保障人的義務に関し、わが国においては本文で取り上げた池田・前掲（注5）の論稿以前にも、山下裕樹「親権者の『刑法的』作為義務」関法64巻2号（2014）137頁以下がわが国の判例・学説やドイツの判例を素材として詳細な考察を行なっている。そこでは、当該作為義務が社会における価値観や期待からそのまま生じた道徳的義務にとどまってはならず、さらに法的な理由づけや正当化を経ていなければならないとの基本的視座（同論文143頁以下等随所）から、この作為義務を、「社会における具体的で現実的な自由を保障するためには、積極的な介入を要請する諸制度とその維持が必要であり、この制度に家族も含まれる。両親は、家族という制度において、この制度を維持し、それによって社会における自由の状態を保持するために、子どもに対して包括的な義務を負っている。加えて、法の任務は自由を保障することであるから、両親が子どもに対して有する義務は、自由を保障するために負う義務であり、したがって『法的』義務である」（同論文194頁）として「法的に」正当化している。しかしながら、「家族という私的領域への国家による介入は……一次的なものではないことから、子どもの養育

他方この点に関し、近時のドイツ連邦通常裁判所（BGH）の判例においては、この10年の間に見逃すことのできない動きが急速に展開している。そこでは、親に対する子供の保障人的義務を、両者の住居共同体関係（即ち、同居）が存在する場合に限って認めようとする見解（本稿では兄弟姉妹間の義務を対象とする旧稿での呼称を継承し、さしあたり「中間説」と呼ぶこととする）への依拠が徐々に明確になってきているのである。もっとも、この見解は具体的な結論としては穏当であり、複数の発生根拠を列挙して作為義務を説明しようとするわが国の不真正不作為犯論（実務を含む）にも受け入れられやすい体裁を示してはいるものの、そのことだけで無条件に採用してよいのか、内容の慎重な吟味が求められよう。

　そこで本稿では、対象を親の生命等を保護すべき子供の保障人的義務の事例へと限定しつつ、上記の BGH 判例における新展開を跡づけながら、血縁関係によ

や世話は、まず両親にその義務がある」（同論文186頁）という説明も、山下准教授自身が法的作為義務の根拠から排除している、親が当然に子供を保護すべきであるという社会的・道徳的期待とどれほど異なるものなのか、疑問なしとしない。本来国家が負っている子供の生命等を保護すべき法的義務を家族という制度内では親が肩代わりしているという趣旨と受け取ったが、それでは何故子供の「親」がそのような保護義務を負担しなければならないのか（同論文186～7頁の叙述からは筆者の理解不足であろうか、その結論しか見えて来ない）という点の説明こそが肝要であろう。さらに、山下准教授はそのような法的義務がさらに刑法的義務に転化するためには事実的考察方法が必要だとし、そこでは従来わが国において主張された保障人的義務の発生根拠（の統一的説明）に関する諸見解の提示する基準からも示唆を得ようとしているが（同論文188頁以下）、それらの諸説はそもそも同講師により、単なる社会的期待の言い換えにとどまるもので法的義務の根拠づけから排斥されたものであり（同論文144頁以下参照）、そのような「道徳的義務の根拠づけ手法」にとどまる事情が法的義務の総仕上げとでも言うべき段階で利用されるというのは、自己矛盾ではないか（法的義務が刑法的義務に行き着くためには、やはり一旦捨てたはずの道徳が不可欠ということなのか）との疑問を抱く。刑罰という苛酷な法律効果（国家による刑罰権の行使）を正当化するための義務を選別するわけであるから、そこにこそ法的根拠づけが要請されるのではなかろうか。また、刑法の作為義務は法的作為義務の一部を成すわけだから、そもそも法的作為義務を根拠づけえない（と山下准教授により断じられた）従来の諸学説の手法が刑法の作為義務を抽出するために使用できるはずもないし、それが可能なのであれば、元々法的作為義務論なるものは不要であったと言わざるをえない。山下准教授は従来の（特にわが国における）作為義務の根拠論を法的作為義務論ではなく、作為と不作為の同価値性の議論に過ぎなかったと評しているが（同論文181頁以下）、ドイツでもわが国においても一般には、そこにいう同価値性を判定するためには保障人的義務（当然、法的義務の一種）違反が不可欠の存在とされていた（それどころか、通常はそれのみによって判定されてきた）のである（拙稿「不真正不作為犯の成立要件としての構成要件的同価値性について（一）」愛媛18巻1号（1991）29頁以下、「同（二・完）」愛媛18巻2号（1991）91頁以下、「わが国における構成要件的同価値性論──不真正不作為犯の補足的成立要件に関する一考察──」愛媛18巻3号（1991）77頁以下も参照）。法的作為義務論によって従来の諸学説に対し「根拠なき道徳的評価に過ぎない」として拳を一旦振り上げたからには、刑法的作為義務の選別という議論によって知らぬ間にそれを降ろし、折り合いを図るというわけには、もはやいかないように思われるのである。

る、特に親に対する子供の親族間保障人的義務に関する積極・消極、そして中間的な諸見解にもあらためて接することにより、血縁による保障人的義務の根拠づけ一般の延命可能性をも意識しながら、このような親子間（特に親に対する子供）の保障人的義務のあるべき姿を少しでも模索してみようと思う。

二　ドイツ判例の新展開──中間説への移行[8]

1　BGH 第 4 刑事部1963年11月29日判決[9]
（1）事　案

最近のドイツ連邦通常裁判所（BGH）の判例における新展開を紹介する前に、子供の親の生命等を保護すべき保障人的義務の存否が問題となったかつての BGH 判例として、1963年の第 4 刑事部判決がある。これについては旧稿でも紹介しているが[10]、判例の変化を明らかにするため、本稿でも再掲することにしたい。

被害者の妻と息子たちが共謀に基づき、毒を塗った小麦を食事に混入することにより被害者を殺害した。被害者の末息子（当時満18歳）はこの計画を事前に知ったが、共謀には加わっておらず、その他殺害行為を助長するようなこともせず（それ故、原審はこの被告人に関しては、故殺罪の非難につき無罪を言い渡した）、むしろ兄に対して、父を殴ればなおその横暴を阻止できるか様子を見るべきと忠告していたが、その後は事象を放置したという。

（2）判　旨

BGH は以下のようにして、この末っ子たる被告人における父親の法的生命保護義務を、父と子の関係、さらには緊密な生活共同体思想から根拠づけた。即ち、「息子にも父親に対し、住居共同体（Hausgemeinschaft）に関係なく、死の危険を回避すべき法的義務が課されうる。この義務は本件では息子と父親の関係から生じた。これまでの関連する判決は婚姻外の場合も含めて父親の子供との関係、また祖父母と孫、及び夫婦相互の関係をも取り扱ったが、通常子供も親に対

8　この後本章で紹介する諸判決について、末尾に掲げる2021年の 2 判決以外は、すでに池田・前掲（注 5 ）905頁以下に網羅的な紹介がなされている。
9　BGHSt. 19, 167. なお、以降本稿では、本章で取り上げた 5 つの BGH 判決を、紹介した項目の番号に応じて、適宜「判例 1 」等と略称する。
10　前掲拙稿（注 1 ）116頁以下参照。

して親に差し迫る生命の危険を回避すべき法的義務を有する。なるほど、子供に対する親の関係（民法1621条[11]）あるいは夫婦相互（民法1353、1354条）について存するような法律上の規定は子供の親に対する関係においては存しない。子供に課される親に対する扶養義務（民法1601条）もほとんどそのような保護義務の根拠づけのために援用されえないであろう。何故なら、扶養義務は限られた内容しか有しないから。しかし、法律上の規定によらず法秩序の基本思想から決定される緊密な共同体関係が法的結果回避義務を根拠づけうる。」そして、本判決は従来のライヒスゲリヒト（RG）及びBGHの諸判例を跡づけて、緊密な生活共同体による構成員相互の保障人的義務という法形象が確立していることを説明し、いずれにせよ「最も緊密で自然な共同体、即ち、血縁により結びついた家族内では大抵重大な危険を回避すべき法的義務が存することは疑いえない」と、息子の父親に対する刑法上の生命保護義務を肯定した（但し、作為の事実的及び規範的可能性や被告人の故意に関する審理不十分を理由に、破棄差戻）。

（3）検　討

本件では不作為者と被害者（父親）とは同居していたので、その点を捉えた義務の根拠づけも可能ではあったが、本判決はそのような方法はとらず、当時直系尊属を保護するような作為義務まで認めるために援用できる民法上の扶養義務規定（後の1618条 a）が欠けていたこともあり、BGHは緊密な生活共同体概念に直接依拠した。この1963年の時点でも、ドイツ判例においては依然としていわゆる形式的三分説（法令、契約、先行行為[12]）が生き残っていたものの、他方でその間

11　後の箇所も含め、本文及び脚注に登場するドイツ民法典の諸規定（現在削除されている1354、1621条を除く）の邦語訳（現時点での文言）をここにまとめて載せておく。
　　1353条「①婚姻は異性あるいは同性の2人により生涯に亘って締結される。夫婦は相互に夫婦の生活共同体を義務づけられる。夫婦は相互に対して責任を負う。
　　　　　②夫婦は配偶者による共同体確立の要求に、その要求が権利濫用と見られるか、夫婦が別居している場合には、従うように義務づけられない。」
　　1565条「①婚姻が破綻した場合には離婚できる。夫婦の生活共同体がもはや存せず、夫婦がそれを修復することが期待されえない場合に、婚姻は破綻している。」
　　1566条「①夫婦が1年以上別居し、両者が離婚を提案するか提案を受けた方がそれに同意する場合、婚姻は破綻したものと反証の余地なく推定される。
　　　　　②夫婦が3年以上別居する場合、婚姻は破綻したものと反証の余地なく推定される。」
　　1601条「直系血属は相互に扶養の義務を負う。」
　　1618条 a「親子は相互に扶助及び配慮の責を負う。」
　　1626条「①親は未成年の子供の配慮をすべき義務及び権利を有する（親の配慮）。親の配慮は子供の人格への配慮（人的配慮）及び子供の財産への配慮（財産的配慮）を含む。」
12　なお、バウマン以来、この見解を支持してきたBaumann/Weber/Mitsch/Eisele, Strafrecht

隙を縫うべく、保障人的義務の実質的な根拠づけとしての緊密な生活共同体思想が活用されていたと言えよう。

もっとも上述のように[13]、本件においては戦時中に発展した緊密な生活共同体概念を援用することなく、不作為者・被害者の双方が日頃から共同生活していたという実態、及び被害者の特に生命という最も重大な法益に危険が差し迫っていたという事情に根拠づけの焦点を当てることができたのである。したがって、まだこの時点で、BGHの中に今日の中間説的発想は浮かんでいなかったと言え、なお旧時の保障人的義務論の延長線上にとどまっていたとまとめることができよう。

ところが比較的最近になり、BGH判例に大きな変化が見られることとなった。

2 BGH第3刑事部2016年10月13日判決[14]
(1) 事　案

接することの出来た法律雑誌からは、被告人及び被害者の年齢をはじめとして、事案の詳細やその背景までは知りえなかったが、当時未成年の被告人（女性）が、同居する母親（おそらくは病弱）の生命維持に必要な措置を殺意を以てとらず、そのため母親が死亡したという事案のようである。原審（LG Verden）は被告人を不作為による故殺により7年の自由刑ないしは3年の少年刑を言い渡した。これに対して、被告人は実体法及び手続法違反の異議に基づき上告した。その際、実体法の側面に関しては、被告人はたしかに同居はしていたが、母親との家族関係が破綻していたため、家族の紐帯に基づく保障人的地位は存在しなかったとの主張がなされたようである。しかし、上告は棄却された。

(2) 判　旨

ここでは被告人に母親の生命を保護すべき作為義務（保障人的義務）が課されえたのか否かという点に限って判決を紹介する（判決が文献を引用している括弧書部

AT 13. Aufl., 2021, § 21 Rn. 57は、「判例及び学説において保障人的地位は以前、4つの発生事実群から得られた、即ち、法律、法律行為、共同体関係、及び危険な先行行為から。この『法源説』は、同等かそれどころか優先に値する代替案が存しないにもかかわらず、今日廃れて時代遅れとされている」と説明している（Eisele/Heinrich, Strafrecht AT 3. Aufl., 2023, Rn. 597 f. も同旨）。

13　前掲拙稿（注1）118頁も参照。
14　BGH NStZ 2017, 401; FamRZ 2017, 406.

「上告趣意の見解とは異なり、被告人 Me は刑法13条１項にいう保障人的義務を負っていた。彼女の保障人的地位は娘として彼女と住居共同体において生活している母親に対して有していた保護義務から生じる。

民法1618条 a によれば、親子は相互に扶助及び配慮の責を負う。この家族相互の関係に関する基本規範として民法典に挿入された規定は、なるほど立法者の意思によれば指針を示すだけであって、直接の法律効果は違反に結びつかない。それにもかかわらず、この規定にはその模範機能に鑑み、不明確な法的概念の具体化及び遺漏の充足に際して意義が付される。民法1618条 a は民法を超えても評価基準としての作用を展開する。従って、親子はこの規範により互いに責任を負うことは、刑法上の考察においても妥当すべきである[15]。そのことは、親に対する子供の刑法13条１項にいう保障義務の検討に際して民法1618条 a に決定的に依拠すべきことを意味する。しかし、子供がこの規定により既に公式に存する家族法上の関係のみに基づき、現実の家族共同体の事実的存在に関係なく親に対する救助を義務づけられるのか否かについて、当刑事部はここで判断しなくてよい。被告人は母親と住居共同体において生活していた。この——事実的——共同体関係は民法1618条 a により特殊な法的様式（Ausgestaltung）を得る。従って、その他の場合には事実的同居における保障人的義務の存在のために必要な個別事例における——いずれにせよ推断的な——保護機能の引き受けの説明は、本件のような事例においては必要ない。むしろ、民法1618条 a に規定される家族の連帯が既に法律により事実として同居する親子関係において通常、刑法13条１項にいう保障人的義務として行為を命じる相互の保護義務を根拠づける（ここで本判決は上述の判例１等を引用する—筆者注）。その限りで、具体的事例における家族関係の性質が相互の扶助への信頼を正当化し、この関係が相互の好意及び尊敬により支えられているのか否かは重要でない。」

（３）検　討

本判決は母親と同居していた娘（当時未成年）の、母親の生命を保護すべき保障人的義務について、まずはドイツ民法1618条 a として、前述の判例１以降この時までに新設されていた親子の相互扶助・配慮の義務規定[16]を援用し、「親に対

15　本判決はこの箇所で、破綻した夫婦間の保障人的義務に関する BGH 第３刑事部2003年７月24日判決（BGHSt. 48, 301）をドイツ民法1353条との関連で引用している。この判決については、拙稿「夫婦間の保障人的義務——特に婚姻が破綻した場合における限界——」『神山敏雄先生古稀祝賀論文集第一巻　過失犯論・不作為犯論・共犯論』（2006）309頁以下（311頁以下に内容紹介）参照。

16　1979年に制定。これにつき、岩志和一郎「親子間の連帯と法——ドイツ民法1618条 a に探る——」『家族と法の地平——三木妙子・磯野誠一・石川稔先生献呈論文集』（2009）41頁以下（池田・前掲（注５）904頁注91にて引用）参照。

する子供の刑法13条１項にいう保障義務の検討に際して民法1618条ａに決定的に依拠すべき」とまで言い切ることにより、同義務が刑法上の保障人的義務の根拠づけ基準としても奉仕することを認めた。また、他方でそれに伴い、BGH は判例１において展開した緊密な共同体概念への依拠を取り下げたかにも見える。

　しかしながら、「彼女の保障人的地位は娘として彼女と住居共同体において生活している母親に対して有していた保護義務から生じる」との結論からは、第３刑事部が母親との同居の事実を被告人に保障人的義務を認めるに当たって重視していることは明らかと言えよう。もはや民法上の扶助義務に支えられた親子間の親族関係だけからは保障人的義務が根拠づけられえないのかという問題への回答を本判決は、本件ではいずれにせよ同居の状態が存在したことを理由に一応回避したが、直後に見られる「この――事実的――共同体関係は民法1618条ａにより特殊な法的様式を得る」との判示からは、事実上、住居共同体の関係（同居）が存在してようやく子供の親の生命に対する保障人的義務が発生すると本判決が捉えている（即ち、後述する中間説）と見るのが自然であろう。

　なお、その際にもう１点注目しなければならないのは、同居の事実は義務づけのために必要だとしても、当該親族間の場合、保護の引き受けまでは要求されていないことである。さもなくば、凡そ当該親族関係は保障人的義務にとってまったく不要な要件となってしまう（即ち、後述の消極説を意味する）からである。本判決も上記引用部分の末尾でその点を、親子間に現実の信頼関係まで必要ないことと共に、確認している。

　このように、BGH は親に対する子供の保障人的義務に関し、この時点で既に実質的には中間説に移行していたと見られるが、ほどなくその翌年、同居状態が必要との見解を明確に示すこととなった。

3　BGH 第４刑事部2017年８月２日判決[17]
（１）事　案

　BGH はこの判決において自ら表題に、「親に対する子供の刑法的保障人的義務が存するのかという問題の判断に際しては、個別事例の諸事情に着目されるべきである」と掲げ、単なる親族関係の存在のみで保障人的義務が導出されてはなら

17　BGH, NJW 2017, 3609; BGH NStZ 2018, 34.

ない旨述べ、判例2が未解決にした問題にも進んで明確な解答を示すに至った。

　本件の事案は以下の通りである。被告人は両親と22歳まで同居していたが、その後は同一家屋内の多世帯住宅に独立し、共同被告人となった父親及び被害者[18]となった母親のもとを通常週に2～3回訪れていた。被告人は生まれつきてんかんを患っており、特にストレス状況においてはてんかんによる重度の発作が発生し、軽度の脳器質的欠損を伴う器質的人格変化が見られ、新たな状況への精神的対応には困難が伴っていた。母親は1988年以来、手術後の胃腸の苦痛に悩んでいた。その苦痛を避けるため、母親は常に食事の量を控えたため、体重が顕著に減少した。2009年1月から2015年5月までの間、彼女は少なくとも20回、大抵は夫の要請により入院治療を受けたが、状態は一向に改善されなかった。彼女は最後、2015年5月9日に退院し（退院時体重41キログラム）、その後は自宅で過ごしたが、さらに医療措置や検査等を受けることはなかった。

　夫婦の取り決めにより、被害者の世話は共同被告人たる夫だけが担当することとされ、息子たる被告人は、てんかんのことがあったため、被害者の世話はさせないよう配慮された。

　被害者は2015年10月はじめ以降は寝たきりとなったが、被告人の父は夫婦間の合意に反し、妻が死亡するまでの4週間において十分な飲食物を与えず、身の回りの世話もせず、医師を呼ぶこともしなかった。そのため、被害者の体重はさらに29キログラムにまで減少し、最後は細菌性の肺炎を発症し、彼女は同月30日に死亡した。この4週間における被害者の容態の重篤性は医学の素人にも認識しえたが、夫（被告人の父）は認知症のため、もはや妻の健康状態を判定することができなかった。他方、被告人は同月に入ってからもさらに週に2、3回は両親の住居内を訪れ、母親の世話をしていたが、通常のコミュニケーションは必ずしもできないほどになっていた。被告人は彼女の死亡する前夜にも訪問しているが、この時点で母親は既に排泄物の中に横たわっているような状態にあった。これと褥瘡から発生する臭いを被告人は認識し、この時までに母親の生命を脅かす状態及び救助の必要性をも認識したが、彼は医的救助を招来しなかった（但し、この時点での救命可能性については認定できなかった）。その際、被告人はそれによる母親死亡の可能性も認識していたが、結果を甘受した。

18　被告人に関しても犯罪不成立の余地は否定できないが、以下、死亡した被告人の母親を一応このように「被害者」とも称することとする（後述の判例4についても同様）。

原審 LG Essen は共同被告人たる父親には無罪を言い渡したが（確定）、被告人の方には不作為による故殺未遂罪の成立を認めた。被告人が上告したのに対し、BGH 第4刑事部は破棄差戻の判決を下した。

（2）判　旨

BGH は原審による、被告人が被害者たる母親に対し、ドイツ刑法13条1項にいう保障人的義務を負っており、それ故彼女の死亡前日において生命の危険を回避するため適切な措置をとるよう義務づけられていたとの前提自体は結論的に妥当と評価した。しかもそこでは、上述の判例2と同じく、依然としてドイツ民法1618条 a の規定（親子相互の扶助・配慮）が保障人的義務の根拠として掲げられるのである。即ち、本判決は次のように説明する。「民法1618条 a によれば、親子は相互に扶助及び配慮の責を負う。この規定は親子関係に関する指針として民法典に採用された。立法者は違反に法律効果を結びつけなかったにもかかわらず、この規定は民法——特に家族法——を超えて刑法上の保障ないしは保障人的義務の具体化に際して評価基準として作用を展開する。これは、刑法13条1項にいう親に対する子供の保障義務の検討においては決定的に民法1618条 a に依拠されるべきことを意味する[19]。」

しかしながら、「評価基準として援用される民法1618条 a の範囲内で、義務づけられる家族的連帯の内容は統一的でなく、個別事例の事情に照らして決定される。この関係では例えば関係者の年齢、健康状態、生活状況、及び共同生活が決定的な意義を獲得しうる[20]」という。「それ故、民法1618条 a と合致する刑法上の保障義務は親子関係の事実的状況から切り離されては決定されえない」として、他の義務づけ要件（住居共同体等）との並列的根拠づけ（中間説）に立脚する。即ち、「刑法上の保障義務の具体化及び義務プログラムの決定に際しても、個別事例の事情及び特に、自律的自己決定において当該人的領域が課す規律が考慮されるべきである[21]」というのである。

それに続いて本判決は、上述の判例1を紹介し、同判決はいずれにせよ親子が共同生活をしている場合には子供に保障人的義務が認められるとの結論を提示したが、そのような家族共同体の存しない場合にも形式的な家族法的関係だけから

---

[19] BGH, NJW 2017, S. 3609.
[20] BGH, NJW 2017, S. 3609 f.
[21] BGH, NJW 2017, S. 3610.

子供の保障人的義務が生じるのか否かを明示的に未解決にした、とまとめ、さらに、同じく判例1は緊密な親族という人的領域内では重大な危険を回避すべき法的義務が住居共同体の存在に関係なく存在すると判示したが、この事件ではそのような共同体が存在していたことを指摘する。その上で第4刑事部は、本件においても形式的な親族性以外に、保障人的義務を根拠づける具体的事情が認められるとする。即ち、「被告人と両親との関係は、純粋に形式的な家族関係を超えて、特別の場所的及び人的近接性により特徴づけられていた。被告人は同一の住居において両親と隣り合わせで生活し、彼は両親を週に何度も訪問し、被告人と両親との間に関係破綻の徴候は存しなかった。義務づけられる家族の連帯の観点において、この緊密な家族内関係は──本件で認定される、いずれにせよ考えられる中で最も重い法益危殆化である生命の危険が発生している際には──保障人的義務を発生させる[22]。」

その上で本判決は、被告人の保障人的義務は、いずれにせよ被害者死亡の前夜においては家族内の上記合意（被告人に対する被害者を世話する責任の免除）にかかわらず存在していたとする。即ち、先順位の父親が認知症により対処不能となって保障人的地位を喪失した時点では、被告人に、両親との上述した継続的親密関係に基づき、無制限の結果回避義務が課されたというのである。

しかしながら、BGHは原審による被告人所為の主観面の認定に関し、異議を唱える。即ち、原判決は被告人が遅くとも最後の訪問時に母親の生命を脅かす状態を認識していたことは認定したが、他方で彼の父親が認知症により状況の適切な評価及び克服がもはやできないため保障人的義務を負わなかったことの認識までは認定していなかった。さらに前者（被害者の状況の認識）の証拠評価についても事実認定上の不備が存するとも本判決は指摘し[23]、第4刑事部はそれらの点から事件を新たな事実審に差し戻すに至ったのである[24]。

(3) 検 討

以上、本2017年判決は親に対する子供の保障人的義務を、前の判例2においても特に排斥しなかった後述の中間説（即ち、住居共同体関係の存在を義務づけ限定の

22　A.a.O.
23　以上、BGH, NJW 2017, S. 3610 f.
24　さらに、新たな審理においては自己答責的な自己危殆化の観点からも犯罪の成否を検討するよう、本判決は示唆している、BGH NJW 2017, S. 3611.

追加的要件として設定）の立場に、初めて明確に依拠して肯定するに至ったと言ってよい[25]。それ故、ここにBGHは単なる親子関係による義務づけから明確に離脱したと評価できるのである。その際、共同体関係は判例1におけるように、当時民法典にはまだ規定がなかった親子相互間の扶助・配慮義務を補うものとしてではなく、むしろそのような義務による刑法上の作為義務の肥大化を限定する要因として機能することとなった[26]。

なお、本件においては、親族関係（等）に基づく保障人的義務が当事者の合意によって任意に処分できるのか否かという問題も横たわっているし（本判決はそれを当然の前提としているように見える）、さらにはそれによる先順位の保障人が機能しなくなった場合に、後順位の保障人に「繰り上げ作為義務」が課されるという本判決の構成も、無批判に受け入れてよいとは思われない（まさに本判決が原判決破棄の一要因として指摘した、先順位保障人の故障に関する認識の要否についても、慎重な吟味を要しよう[27]）。しかしながら、これらについての検討は、あらためて他日を期すこととしたい。

4　BGH第2刑事部2021年3月31日判決[28]
（1）事　案

本件は親に対する子供の保護義務が問題となった事案ではなく、被害者（死亡時満21歳）の両親及び姉（2歳年上）の不作為犯としての罪責が問題となった事件であるが、一般論として、親に対する子供の保障人的義務についても短く言及している。

本件の事案は大要以下の通りである。被害者はダウン症候群、1型糖尿病、及び軽度の心臓弁障害を患っていたところ、親が血糖値測定装置の交換を怠ったこ

25　なお、本件被告人の場合、同居とほぼ同視しうる生活形態を採っていたばかりでなく、一定の頻度で被害者の居室を訪れた上、身の回りの世話をしていたというのであるから、保護の引き受けを認める余地すら存したと言えよう。

26　池田・前掲（注5）907頁は、判例2及び3について、「成年子の親に対する義務に関する現在の判例法理は、民法1618条aを『指針』としつつ、同居の有無や危険の重大性を慎重に吟味するというものといえよう」とまとめている。

27　Rolf Schmidt, Strafrecht AT 23. Aufl., 2023, Rn. 789は本判決が息子の保障人的義務の発生を父親の保障人的地位の消滅に掛からせたことを批判し（因みに、シュミットは親子間相互に関する限りは積極説、注53参照）、家族法的命題により保障人的地位が認められる者の間に先後の順位は存しえないと批判する（もっとも、被告人の殺意を否定した本判決の処理には賛成）。

28　BGH, StV 2022, 75; BeckRS 2021, 15625; RÜ 2021, 573.

とをきっかけとして、インシュリン不足による代謝異常が発生し、最後には被害者は吐血し、呼吸困難及び意識混濁の状態に陥った。両親及び姉はそれを認識しながら医師を呼ぶことをせず、被害者は姉の腕の中で死亡した。原審（LG Limburg）は、両親については不作為による過失致死罪の成立を認めたが、姉については一般的救助義務違反に関し無罪を言い渡した。それに対し、検察側が上告した。

(2) 判　旨

第2刑事部は原審が過失致死罪の成立にとどめた被害者の両親に関しては、殺意を認定しなかった点に関する証拠説明が不十分であることを指摘し、他方、原審が一般的救助義務違反の非難につき無罪を言い渡した姉に関しても、陪審裁判所が同人における被害者の代謝異常による死亡可能性に関する認識につき確信を抱けなかったことにより救助義務違反の否定を結論づけるための説明不足、死亡直前よりも前の時点における救助義務発生の余地等を指摘して、原判決を破棄した。

その上で本判決は、両親については不作為による傷害致死罪の可能性を示唆し、姉に関しては保障人的地位の検討を促したのだが、そこで以下のような判示が見られる。

　「もっとも、兄弟姉妹間ではまだその傍系血属性により保障人的地位が存するのではない（ここで、兄弟姉妹間において保護の引き受けを要求した LG Kiel, NStZ 2004, 157判決[29]をも引用—筆者注）。親子関係においてのみ、民法1618条 a、1619条に鑑み、既に直系血属に基づいて法的作為義務が認められる（ここで上述の判例3を引用している—筆者注）。本件では、被告人 E.W.（姉—筆者注）の保障人的地位は保護機能の事実的引き受けから生じうる[30]。」

(3) 検　討

本判決は兄弟姉妹という親族関係による保障人的義務の導出を拒否した LG Kiel 2003年6月2日判決を引用しつつも、なお兄弟という親族性のみによる根拠づけを否定するにとどめる表現を用いているので („nicht schon")、これについても中間説にとどまる余地を残していると見るべきであろうが、本稿のテーマに

29　注2参照。
30　同判決の Rn. 24 f.

とって注目すべきは、親子関係について、民法上の扶助配慮義務の規定だけから作為義務が根拠づけられるかの如き判示をしている点である。これは本件の結論に直結する議論ではないため、正確な表現にまでは至らなかったのだと好意的に（？）解することも考えられうるが（あるいは、子供に対する親の義務のみを念頭に置いているか。しかしながら、そこで引用されている判例3は子供の方に課されるべき保障人的義務に関するものである）、直前の兄弟姉妹間に関する記述との対比においては、少なくとも第2刑事部は、子―親間においては中間説を排斥し、積極説（親族関係のみで保障人的義務が発生）を前提としていると考えるほかないように思われる。

もしそのように捉えれば、親に対する子供の保障人的義務に関する近時のBGH判例は、この時点ではまだなお積極説と中間説との間を揺れ動いていたと見るのが無難であろう。しかしながら、それからわずか半年後、第2刑事部自身がこの点にかなり明確な回答を示すに至った。

5　BGH第2刑事部2021年9月29日判決[31]
（1）事　案

被告人は幼い頃から母親（被害者）と同居していた。彼は給仕として働き、共同生活の費用を単独で支払っていた。母親は次第に精神疾患の症状を現わすようになり、被害妄想の傾向を強め、それと共に、ヘビースモーカーであった彼女は肺病も発症し、身体の状態も悪化した。彼女は2017年10月30日に最後の買物に出てからは、医者に診てもらう時以外は住居から出なくなった。被告人の方は飲酒癖の問題を抱えていたが、この母親の世話で2010年以降、次第に疲弊するようになった。

2018年10月14日、隣人の通報により警察が駆けつけると、被害者が薄いシャツを着用したのみで（下半身は裸のまま）床に横たわり、足には多数の傷があった。また被告人の方は強度に酩酊しており、住居内は荒れ放題の状態であった。被告人は警察官に対し、母親が床に倒れているのを朝になって発見した、自分はアルコール中毒者であり、この状況は自分にとって荷が重すぎると供述した。

その結果、母親は入院し、2週間後にはリハビリ施設に転所し、彼女の状態は

31　BGH, NStZ 2022, 601; HRRS 2022 Nr. 122; StV 2023, 6.

かなり改善したが、2019年1月にそこを退所して上記自宅に戻ると、薬剤の服用をせず、日に40本ほどの喫煙を続けたため、状態は再び急速に悪化した。

2019年5月7日、午前1時半頃被告人が帰宅すると、被害者が居間の安楽椅子に座っているのが見えた。被告人は就寝し、同日午後に起床すると、彼は母親がセーター及びおむつだけ着用して居間の床に横たわっているのを発見した。被告人は母親が生命にとって危険である状況にあることを認識したが、救急隊員に軽蔑されることを恐れ、また今後の医療費支払いの目途も立たないことから、彼女を助け起こすことさえせずに、彼女の死を甘受した。この時点ではなお救命の可能性は残っていた。

その翌日、被告人は母親に何か飲みたいかと尋ねたが、理解不能な応答しか得られなかったので、彼は彼女に毛布を掛けただけで放置を続けた。5月9日午後4時頃、被告人は起床後、母親が死亡しているのを発見、到着した救急隊によっても、同人の死亡が確認された。

原審（LG Bonn）は被告人を不作為による、「犯情があまり重くない故殺罪」（ドイツ刑法213条[32]）に処した（刑は不真正不作為犯に関する刑の任意的減軽を定めた同13条2項により減軽）。

（2）判　旨

被告人の保障人的義務の存否に関し、本判決は原判決の結論を適切として是認し、次のように判示した。

> 「民法1618条aによれば、親子は相互に扶助及び配慮の責を負う。この規定はあらゆる親子関係に対する指針として民法典に導入された。立法者がこの規定の違反に法律効果を結びつけなかったにもかかわらず、この規定は民法典を超えて評価基準として刑法上の保障人的義務の具体化に際しても作用を展開する。これは、刑法13条1項にいう親に対する子供の保障人的義務の検討に際しては民法1618条aに決定的に依拠されるべきことを意味する（ここで上述の判例3が引用される—筆者注）。従って、本件のような事例において、その他の場合に事実的同居のケースにおいて保障人的義務の存在のために必要な、個別事例における保護機能の——いずれにせよ推断的な——引き受けの表明は必要ない。むしろ、民法1618条に規定される家族の連帯は既に法律に

32　このドイツ刑法213条の和訳（法務省大臣官房司法法制部編『ドイツ刑法典』（2007）による）は以下の通り。「被殺者が、故殺者若しくは親族に対して、虐待若しくは重大な侮辱を加えたことから、故殺者が、その落ち度ではなく、怒りに掻き立てられ、それによりその場で行為を行ったとき、又は、その他犯情があまり重くない事案であるときは、刑は1年以上10年以下の自由刑とする。」

より、事実的同居の場合における親子関係においては大抵、保障人的義務として危険回避行為を命じる相互の保護義務を根拠づける（ここで本判決は上述の判例2を引用—筆者注）[33]。」

「これに照らしてLGは、被告人が親子関係及び母親との住居共同体に基づいて2019年5月7日に、この日において母親に対して存する生命の危険を回避するため適切な措置をとるよう法的に責任を負ったことを前提としたが、これは正当である。その際、彼の母との特別の場所的及び人的近接性と並んで、彼が母親を包括的に単独で世話をし、共同の家政の出費をすべて負担していたという事情も存在した[34]。」

（3）検　討

判例2、3では中間説を採用したようにも読め、しかし判例4では傍論ながら、同居の事実はこの保障人的義務にとっては不要としか読めない判示をしたBGHであったが、本判決は、上述の判例2及び3同様、親に対する子供の保障人的義務の根本的根拠をドイツ民法典1618条aに規定されるに至った親子相互の扶助配慮義務に求め、しかも同規定が刑法上の保障人的義務の具体化にも作用することを（判例2、3とまったく同じ表現により）認めている。その上で本判決は、姉妹間の保障人的義務につき保護の引き受けを要求して、兄弟姉妹関係からの義務導出を拒絶した上述LG Kiel, NStZ 2004, 157判決[35]のような、当該親族関係及び同居の事実を超えた義務づけ要件の設定を拒否している。親族性の内容相違（兄弟相互か子供と親の間か）の点は留保しなければならないが、これは幼児に対する親のような典型的な事例から外れる親族関係の場合も、それを保障人的義務の根拠から完全には排除しない態度を明確に打ち出しているという意味において、重要な判示と言ってよい[36]。

しかしながら、やはり本判決も、表現はあくまで専ら民法1618条aの規定の効果として息子の保障人的義務を根拠づけるかのように装ってはいるが、結局、子供の親の生命等を保護すべき保障人的義務を導くための要件として、このような

33　以上、判決理由のRn. 13.
34　以上、判決理由のRn. 14.
35　注2参照。
36　但し、その後に、本件被告人が単独で母親の世話を行ない、生活費用も全額負担していたという事情にも、「彼の母との特別の場所的及び人的近接性」という本判決の援用する義務づけ根拠（まさに中間説）に追加する形で言及していることには注意が必要であろう。本件についても、仮に消極説に依拠したとしても息子に保護の引き受けに基づいて保障人的義務を認めることが可能な事案であったと評する余地がある。

親子関係ないしは民法上の扶助義務ばかりでなく、住居共同体における同居生活の事実（被害者との場所的近接性）にも明確に言及している。それ故、遅くとも本判決を以て、BGH は親に対する子供の保障人的義務に関する限りでは、中間説（即ち、親族関係のみならず同居の実態をも作為義務の根拠として要求するが、保護の引き受けまでは不要とする）に移行したと見てよいであろう。

三　ドイツ学説の議論状況

　他方ドイツの学説においては、旧稿でも紹介した通り、親族間における保障人的義務の発生要件について議論の進展が見られる。もっともそこでは、なお（未成年の）子供に対する親の保障人的義務については、理由づけは多岐に亘るとは言え、今日に至るまでほぼ一致して是認されているが、逆に子供が親の生命等を保護すべき刑法上の義務まで負いうるかどうかについては、むしろ最近では消極的な見解の方が優勢のようにも見えるところではある。しかし他方で、兄弟姉妹間の事例に関するのと同様、住居共同体関係を追加の要件として設定する中間的見解が、ここでも擡頭しつつある。そこで、本章ではごく簡潔ながら、親に対する子供の保障人的義務に限定して、ドイツ学説の議論状況を概観してみたい。その際、以下に紹介する「積極説」「消極説」「中間説」のいずれも、基本的視座は旧稿で取り扱った兄弟姉妹間に関する見解と同じと言えるが、積極説及び中間説においては、兄弟姉妹間の場合とで保障人的義務肯否の結論を異にする見解が存することに注意が必要である。そこで、本章では子供の親に対する保障人的義務について特に言及する論者を中心に、3説の主張を見ておくことにしたい。

1　積極説

　まず、旧稿において兄弟姉妹間の保障人的義務の文脈で取り上げた見解のうち、積極説論者の多くは、もちろんここでも子供の保障人的義務を認めるに至る。例えばザウアー[37]、シュミットホイザー[38]、シェーンケ＝シュレーダー（＝

37　Sauer, Das Unterlassungsdelikte, GS Bd. 114（1940）, 279, S. 308.（前掲拙稿（注1）119頁注13）参照）夫婦及び家族は最も緊密で親しい共同体として、特に高度の義務が根拠づけられるとし、親族一般及び親族類似の関係でも同様だとする（法規定不要）。

38　Schmidhäuser, Strafrecht AT, 1981, 12/23.（前掲拙稿（注1）119頁注14）参照）。親族間の保障人的地位の基本事例を幼児に対する母親の場合とし、「同じことが夫婦相互、……親に対する

シュトレー³⁹）といった諸家である⁴⁰。

　ドイツ学説における論稿や教科書・注釈書類において、子供の親に対する保障人的義務に関する態度決定に際しては、当然のことながら、前章でも紹介した判例１（BGHSt. 19, 167）が引き合いに出される。その上で、積極説論者の場合は、まずこの判決の結論に賛成し、子供の方も親の生命等を保護すべき保障人的義務を負うべきと主張するわけである。

　それでは、積極説はいかなる根拠で子供の親に対する保障人的義務を正当化しようとするのだろうか。まず、形式的三分説の名残りとも言えるかもしれないが、最近の判例２以降におけると同様、民法上の扶助配慮義務規定がしばしば援用される⁴¹。この点を比較的詳細に根拠づけようとするものとして、エンゲルマンの説明を見てみよう。エンゲルマンは成人して親の世帯から独立している子供に対する親の保障人的義務に関してであるが、それに肯定的な見解を支持しながら、次のように述べる。即ち、ドイツ刑法13条１項の文言では「法的」保障義務と表記されている。そして、そのような「法的」義務を規定するものの１つがドイツ民法1618条 a であるが、そこでは明示的に、かつそれ以上の制限なく、「親子は互いに扶助及び配慮の責を負う」とだけ述べている（その限りで未成年の子供

　　　子供、兄弟相互の関係についても妥当する」と結論を明記している。
39　Schönke/Schröder/Stree, StGB 27. Aufl., 2006, § 13 Rn. 18. 親子相互間ばかりでなく、祖父母、胎児の父親、非嫡出子の父、兄弟姉妹間についても保障人的義務を肯定するが、期待可能性による調整を留保する。もっとも、家族共同体が追加の要件として必要か否かは親族性の緊密度と相関するとの記述も見られる（が、直系血属や兄弟姉妹間については不要とする）、a.a.O., Rn. 19 f. 対して、この箇所の執筆を引き継いだ Bosch は消極説に転じた、注62参照。
40　その他、本文や脚注で引用する論者以外にも、例えば Welzel, Das Deutsche Strafrecht 11. Aufl., 1969, S. 213 f.（前章の判例１をそのまま援用。但し、嫡出子の親の場合とは異なり、生命・身体への危険の回避に義務を限定）；Kretschmer, Die Garantenstellung (§ 13 StGB) auf familienrechtlicher Grundlage, Jura 2006, 898, S. 900.（事故に遭った母親を発見した15〜６歳の息子には救助を期待しうるとの個別的結論だけは提示するが、それ以外の叙述は同居を要求する中間説の色彩が濃い。また、消極説系の論者と同様、ドイツ民法1618条 a のプログラム規定的性格を強調）
41　例えば、Lackner/Kühl/Heger, StGB 30. Aufl., 2023, § 13 Rn. 10（他方、兄弟姉妹間については消極説〔同居では不十分で、引き受けが必要〕）；Kühl, Strafrecht AT 8. Aufl., 2017, § 18 Rn. 54; Heinrich, Strafrecht AT 7. Aufl., 2022, Rn. 931（親子相互間については子供が独立した後も義務は継続するというが、他方兄弟姉妹間については同居を要求する中間説、Rn.932）。また、Eisele/Heinrich, a.a.O.（Fn. 12）は専ら、民法典等に当該親族に関する扶養義務が規定されているか否かに着目し、その結果、親子相互間及び夫婦・生活パートナー間の保障人的地位は認めるが（Rn. 604）、兄弟姉妹、婚約者、姻戚、婚姻外の同棲、友人、及び単なる同居の場合においては否定している（Rn. 605）。

に限定する民法1626条1項の文言よりも広範である)。民法1618条aはプログラム規定に過ぎないとする異論もあるが、そのような評価自体に民法上疑問があるばかりでなく、仮に同規定から請求権が導出されえないとしても、そのことは規範の刑法的拘束性に関する消極的な言明力しか有しない。むしろ、まさにこのような民法1618条aの存在は、刑法的観点から根拠づけられる緊密な人的結びつきに基づく保障人的地位のために珍しく見出だされる、法律に規定された拠り所であるという[42]。

しかしながら、この規定は民法上の扶養義務について述べるものに過ぎないから、そこから刑法上の犯罪成立を導くのは無謀との誹りも受けかねない[43]。とすれば、子供が親の生命等を保護すべき保障人的義務を負うことについて、さらに実質的な説明が必要となる。

この点については、例えばヘルツベルクは子供の親に対する場合をも含めた親族関係一般に関し、次のように言う。「この文脈において取り扱われる保障関係を全体として把握すると、時間の経過において確証と有力な是認を見出だした保障関係がすべて最上位の指針としての家族に帰属されうることが目を惹く。この領域の中ではまず、特に深く基礎づけられ、まったくあるいはそうでなくても広く共同帰属感情及び事実的共同体の減退に対して免疫力のある一定の保障人関係を取り出すことができる[44]。」また、オットーは、完全な共同体において信頼及び答責の関係は相互的であるとして、親におけるのと同一の保護義務が子供に課されると結論づける。親と子の保障人的地位は鏡像のように合致するというのである[45]。キュールは子供側の義務については民法上の扶助・扶養義務と共に、家族の紐帯を挙げ[46]、たしかにこの場合においては、親の子供に対するような保護

---

42 Engelmann, Strafbare Beteiligung am Ehrenmord - Zugleich Besprechung von LG Detmold, Urteil v. 4.2.2013, 4 Ks - 31 Js 184/12 - 56/12 (Fall „Arzt Ö.") -, HRRS 2013, 351, S. 356.

43 もっとも、古くはブライが、民法上の扶養義務の規定には、自己の近親者をあっさり死なせてはならないという一般的法感情が法律上沈澱しており、そこに刑法上の保障人的義務に関する考慮が結びつきうることは疑いえないとしていた。その上でブライは、例えば成人し、独立して生活している息子が2、3軒先に住む父親を放置して死亡させる場合、共同体関係に依拠するよりもむしろ、ドイツ民法1601条(直系血属相互の扶養義務)からの考慮が説得的だと主張していたのである、Blei, Garantenpflichtbegründung beim unechten Unterlassen, in: FS-H. Mayer, 1966, 119, S. 131. 因みにブライは、法律規定を離れた共同体関係からの義務導出に対し、さらに処罰範囲拡張の危惧をも示していた、Blei, a.a.O., S. 131 f.

44 Herzberg, Die Unterlassung im Strafrecht und das Garantenprinzip, 1972, S. 339.

45 Otto, Entwicklungen im Rahmen der Garantenstellung aus enger menschlicher Verbundenheit, in: FS-Herzberg, 2008, 255, S. 268.

関係は通常存しないが、親の生命・身体への危険が差し迫る場合、子供には救助手段の利用が法的に要求されうるという。何故ならば、親子の結びつきはまさに根本的（elementar）だから、と[47]。

さらに、例えば（オットー＝）ブラムゼンは、社会システム論をも援用しながら次のように詳細に述べる。－なるほど、親に対する子供の関係において実際には、子供に親の日常の生活経過を構成する法的権限が欠けていることは認めざるをえない。しかしそれにもかかわらず、BGH判例で登場した未成年の息子ばかりでなく、例えば親の住居から独立した成人の娘であっても、当該状況において生命救助措置を執るように義務づけられる。ここでは親に対する子供の社会的地位と結びついた特別の影響可能性が決定的意義を有し、それが家族外の第三者よりも迅速で効果的で確実な形により適切な救助行動を遂行するのを許すのである。家族関係により堅固にされる緊密な情緒的結びつき故、親と子供の関係においては通例存する連帯感及び何世紀にもわたる社会及び立法者による家族の特別な積極的評価が、少なくとも存在を脅かす危険の際には子供に対し、個人的に可能な範囲内で親の生命を救うよう期待する。家族の結びつきが内的破綻により継続的に解消されていない限り、社会及びそのすべての関与者は子供によるしかるべき結果回避行為を計算に入れる[48]。

以上、積極説論者は、少なくとも親子間については、それが家族の中でも最も根本的な結びつきであること、そもそも家族共同体が相互扶助を予定していること、あるいは子供の社会的地位と結びついた特別の影響可能性というある程度事実化された概念等を実質的根拠として、相互に生命・身体を保護すべき保障人的義務を根拠づけようとしている。そこでは論じる対象が対象であるだけに、どうしてもその説明が冷徹な論理というよりも、どちらかと言えば情緒的・直感的、さらには先験的な内容とならざるをえないという限界は意識しておくべきであろう。

---

46 Kühl, a.a.O. (Fn. 41), § 18 Rn. 54.
47 Kühl, a.a.O. (Fn. 41), § 18 Rn. 55. それ故、住居共同体は不要とされる（他方、祖父母や義理の親子の場合は消極説だが［Rn. 53］、兄弟姉妹間では中間説〔同居を要求、Rn. 60a〕）。
48 Otto/Brammsen, Die Grundlagen der strafrechtlichen Haftung des Garanten wegen Unterlassens (I), Jura 1985, 530, S. 538. 同旨、Brammsen, Die Entstehungsvoraussetzungen der Garantenpflichten, 1986, S. 156 f.（このような事情は子供〔成人を含む〕に対する親の保障人的義務の場合と変わるところはないという。）

また、ここで注意しなければならない傾向として、脚注においても括弧書きで付記しているように、積極説論者のうちかなりの者が、親に対する子供の義務に関しては親子の血縁関係のみによる根拠づけを支持しながらも、当該親族の親疎の度合いに応じて、同居等の事実状態を保障人的義務の要件として加味する手法を併用し、兄弟姉妹等、その他の比較的疎遠な親族間については後述する中間説の結論を採っていることを指摘しなければならない。例えば、凡そ民法上親族と定義される者との間においては、その関係のみで相互の生命等を保護すべき刑法上の義務を負うべしと主張するような徹底した積極的見解は、少なくとも今や、ほとんど見られないのである。

　例えば、シュレーダーは比較的早い段階から（判例1の評釈において）、次のように説明している。――家族という共同体はその本質上、すべての構成員の相互の救助を予定しており、刑法上重要な扶助義務は卑属の側からも存しうる（それ故、親に対する子供の保障人的義務を認めた判例1の結論を肯定）。もっともその際、親族関係と並んで、現実の生活共同体の存在も、親族関係の緊密度に応じて考慮されるべきである（例・成人した子供に対する親の場合や傍系の親族）[49]。――

　このことを、親族関係を意識的に個別化しながら説明しようとするのがベールヴィンケルである。彼は親族関係をその意義及び任務遂行が今日の共同体生活にとって不可欠なもの（例・親子、祖父母と孫）と不可欠ではない、相対的に緊密ではないもの（例・姻族、おじ・おばと甥・姪）とに分け、前者をさらに、未成年の子供に対する親、成人もしくは未成年だが結婚している子供に対する親、非嫡出子の父、孫に対する祖父母、親・祖父母に対する子供、兄弟姉妹に細分する。その上で、まず相対的に緊密でない親族関係群の方については事実的共同生活という客観的評価メルクマールが追加で要求される[50]。他方、前者の親族関係群の典型例である子供に対する親についてはこのような追加要件は不要であり、それは

---

[49] H. Schröder, Anm zu JR 1964, 225 （BGHSt. 19, 167）, JR 1964, S. 227. なお、Geilen, Stillschweigen der Angehörigen beim Mordkomplott Kritische Betrachtungen zu BGH 4 StR 390/63, FamRZ 1964, 385, S. 390 f. は、家族の離隔度が大きくなるほど事実的共同生活による補強が必要となることを認め、この点に関しこのシュレーダー評釈に同調するが、判例1における息子の保障人責任を肯定するのに、共同居住の事実によって差違化するのは理解に苦しむとし、共同生活の事実は補正策に過ぎず、保障人的義務の出発点はあくまで家族法上の結びつきであるとして、判例1の結論に賛成している。

[50] Bärwinkel, Zur Struktur der Garantieverhältnisse bei den unechten Unterlassungsdelikten, 1968, S. 166 f.

子供が成人していても、法益保護のために求められる方法が緩和されるだけであって、同じことだという。さらに、本稿の最大の関心事である親に対する子供の保障人的義務についても、成人した子供に対する親の場合と同様だとされるのである[51]。ところが、ベールヴィンケルは他方で、緊密な親族関係群の中においても、非嫡出子の父（婚姻外の親子関係を法的に是認する結論を回避するため）、祖父母、兄弟姉妹については被害者との共同生活を追加の要件として設定する（即ち、中間説）。この追加要件によって、彼らの社会倫理的義務が法的義務に昇格するというのであるが[52]、親子間とその他の親族関係との間に同居が補足的に要求されるべきか否かの境界線を設定するための理由としては抽象的に過ぎるか、ないしは問いを以て問いに答えるレベルの説明にとどまっていると言わざるをえない。

近時でも例えば、ヴェッセルス＝ボイルケ＝ザッツガーは、一般論として、形式的な家族法上の紐帯ばかりでなく、実質的、事実的な結びつきにも着目されるべきであるとして、中間説に親和的な傾向を示しつつも、「しかし、いずれにせよ直系血属間では実際の家族共同体の存在が無条件で重要なのではないことが考慮されるべきである」として、例えば「親が危急に陥った場合、子供は親に対し、生命、身体、あるいは自由に対する緊急の危険の際には、子供が親の家から独立している場合でも、さらに保護及び扶助の責を負う。これは逆の場合にも妥当する」とし、子供の親に対する保障人的義務を一般的に認めるのである[53]。

このように、子供の保障人的義務に関する積極説には、他の兄弟姉妹間等については中間説に依拠しながら、親子間に限っては相互の保護義務を肯定するという論者も多く、それによれば、ここに引かれる境界線が親族関係単独による保障人的義務の限界を意味することとなり、これは非常に重要な現象と言える。もち

---

51 Bärwinkel, a.a.O. (Fn. 50), S. 168 ff. もっとも、そのような結論が導かれる理由は明らかにされていない。

52 Bärwinkel, a.a.O. (Fn. 50), S. 170 ff.

53 Wessels/Beulke/Satzger, Strafrecht AT 53. Aufl., 2023, Rn. 1184. 他方で同書は、夫婦間に関しては BGHSt.48.301（前出注15参照）のように、真摯に別離する意図を持って別居状態に入った夫婦間については相互の保障人的義務を否定し、兄弟姉妹間においては、その親族関係ばかりでなく、同居状態の存在をも要求している（もっとも、同書の52版［2022］Rn. 1181では、LG Kiel, NStZ 2004, 157のような保護の引き受けまでは不要としていたが、53版ではその記述は削除され、新たに上述の判例4の判旨が引用されている）。Wessels/Beulke/Satzger, a.a.O. この見解とほぼ同旨のものとして、Schmidt, a.a.O. (Fn. 27), Rn. 788.（自説の長所は不作為者にとっての明確性にあるという。）

ろんその際、なぜここに親族関係という義務づけ根拠の終端が位置するのか、実質的な論証が不可欠であるが、その点に関する詳細な言及は、これらの論者において、調べた限りではほとんど認められなかった[54]。

2 消極説

他方、親に対する子供の保障人的義務に否定的な見解は、親族関係に基づく保障人的義務の射程を子供に対する親のそれにほぼ限定し、その他の親族間については、保護の引き受け等、他の根拠づけ事情が存在しない限りは保障人的義務を否定するものであって、結論の明確さは間違いなくその長所と言えるであろう。

まず、次に紹介する中間説同様、消極説の論者においても、上述の判例2以下とは異なり、1979年に制定された親子相互の扶助配慮義務に関するドイツ民法1618条 a は単なるプログラム規定であって、少なくとも刑法上の効果とは関係ないとの主張がよく見られるが、これも当然のことと言えよう[55]。

次に、親に対する子供の保障人的義務が認められない実質的な説明としては、次のようなものがある。例えばルドルフィ＝シュタインによれば、親に対する子供や兄弟姉妹等においては、不作為者が被害者に対する現実に存する保護関係に基づいて法益侵害の発生に関する重要な決断をしなければならないというような状況が通常欠けている（現に介護しているような例外的事例においては別）という[56]。

次にフロイントは、保障人的義務に相当する「特別答責性」は親族関係を指す「特別の法的割り当て（Zuordnung）関係」からも生じるとし、親の子供に対する

---

54 これまで紹介した諸家の叙述からキーワードを拝借しつつ、強いて筆者流に抽象的・循環論法的説明を試みるならば、親子の絆は親族の中でも最も根本的であり、それは現実の生活状態に関係なく相互の重要法益の保護を刑法上義務づける力を有しているが、例えば祖父母と孫とか（この点については異論もありえよう）、特に兄弟姉妹といった間柄になると、家系図上の位置関係や通常見られる生活の実態等から、親族関係のない者同士の関係と類型的にほぼ同視しうるから、相互を保護すべき保障人的義務は他の義務づけ事情がない限りは認められえない、という具合にでもなろうか。

55 例えば、Weigend, in: LK-StGB 13. Aufl., 2020, § 13 Rn. 26; Freund, in: MK-StGB Bd. 1 4. Aufl., 2020, § 13 Rn. 177; Roxin, Strafrecht AT Bd. II, 2003, § 32 Rn. 42; Jakobs, Strafrecht AT 2. Aufl., 1991, 29/62; Gaede, in: NK-StGB Bd. 1 6. Aufl., 2023, § 13 Rn. 61（扶養法上の帰結すらなし）; Bülte, Garant aufgrund familiärer Verbundenheit: Haftung aus Verwandtschaft oder aus sozialer Rollenerwartung?, GA 2013, 389, S. 398. 同旨、Schünemann, Grund und Grenzen der unechten Unterlassungsdelikte, 1971, S. 348 u. 357 f.（凡そ民法上の義務は可罰性を根拠づけない）

56 Rudolphi/Stein, in; SK-StGB 8. Aufl., 119. Lfg., 2009, § 13 Rn. 49.

配慮義務は高度の義務であって、それは親の監護権の自明な裏面である[57]。それに対して、子供の親に対する場合には、法的な特別答責性は認められないという。即ち、親に対する配慮はこの関係の法的性格によれば子供の特別の義務領域に属さないのである[58]。

ヤコブスも子供に対する親の保障人的義務は肯定しながらも[59]、それは子供の成人を以て終了するとし、さらに判例上も問題とされてきた非嫡出子の父、祖父母、さらには兄弟姉妹といった親族関係における保障人的義務を悉く否定し、親に対する子供についても、親の生活世界を構成することは子供の法的に保障された任務ではないとの理由により、義務否定の結論を採る[60]。家族構成員の自己答責性を重視した結論と言えよう。

また、(シェーンケ=シュレーダー=)ボッシュは、親族間の事例を緊密な人的結びつきに基づく義務として記述し、それは法的に既に確固たるものになった義務でなければ保障人的義務としては認められないとし、それ故実際にそのような義務づけは家族の場合に限られるとする。もっともボッシュの場合、家族法上の規定を保障人的義務の指針として考慮することには好意的であり、ここでの保障人的地位は法的に制限された形で予め定義された義務規範の引き受けにより発生するのだという[61]。しかしながら、ボッシュは親族の保障人的義務が問題なく正当化されうるのは夫婦間だけだと述べ、そこではドイツ民法1353条に法律上の基礎を見出だす。他方、直系血属間の義務については場合分けが必要だとし、未成年の子供に対する親の保障人的義務は問題なく認められうるとする(もっとも、子供の成長に応じ、義務の範囲等に制限が必要なことを認める)。それに対して、成人した子供の親に対する保障人的義務は(孫に対する祖父母の場合と同様)、保護の引き受けが存しなければ肯定できない。この場合、相互扶助を目的とする家族共同体の像がもはや事実的生活関係に合致していないからだという[62]。

ロクシンも消極説に入れることができる。彼は判例1に対し、息子の父親に対

57　Freund, a.a.O. (Fn. 55), Rn. 176.
58　Freund, a.a.O. (Fn. 55), Rn. 177. 子供に特別答責性が生じるためには保護の引き受けが必要であり、その際血縁関係は役割を演じない、Freund, a.a.O. (Fn. 55), Rn. 178.
59　Jakobs, a.a.O. (Fn. 55), 29/59.
60　Jakobs, a.a.O. (Fn. 55), 29/62.
61　Schönke/Schröder/Bosch, StGB 30. Aufl., 2019, § 13 Rn. 17; ders., JURA (JK) 2018, S. 197, § 13 StGB.(それにより要保護者における十分な信頼期待が発生する)
62　Schönke/Schröder/Bosch, a.a.O. (Fn. 61), Rn. 18.(兄弟姉妹についても同様)。

する保障人的義務を両者の親族関係だけから根拠づけるのは広過ぎるとし、他方で上述の通り、ドイツ民法1618条aの親子相互の扶助配慮義務もプログラム規定であって、可罰性を支えることはできないとする[63]。もっとも、両親（あるいは生存する一方の親）が子供と１つの家族において共同生活するという事例においては、別であるという。しかしながら、結局その場合は保護機能の引き受けの問題であって、それは特別の親族関係とは関係なく、遠縁の親族あるいはまったく親族関係にない者の間と変わるところはない。判例１の事案においても、他の家族と住居共同体において生活していた息子には、誤って親子関係に依拠することなく、家族内領域における統御支配から父親に対する保障人的義務を導く余地があったのではないかとしている[64,65]。

なお、結果の原因に対する支配を保障人的義務の統一的根拠とするシューネマンの場合も、親族関係が関わる被害者の脆弱性に対する支配のケースにおいて作為と不作為との等置基準となる事実的な人的保護支配の設定が当該親族間に認められない限り、不作為者が作為犯を実現することはない[66]。本稿のテーマたる親に対する子供の関係についても、判例１の事案を念頭に置きつつ、息子の父親に対する、人的保護支配の引き受けは例外事例においてのみ考慮されるのであって、通常そのためには単に未成年の息子が親の世帯に滞在しているだけでは十分でないとし[67]、親との同居状態すら子供の保障人的義務を導かないとの結論を明示している[68]。

---

63 Roxin, a.a.O. (Fn. 55), Rn. 42.
64 Roxin, a.a.O. (Fn. 55), Rn. 43. この引き受け要件については、孫に対する祖父母や兄弟姉妹間等、その他の比較的疎遠な親族関係においても同様である、Rn. 44.
65 その他にも、Jescheck, Lehrbuch des Strafrechts, AT 3. Aufl., 1978, S. 505（親が例外的に子供と依存関係にあることを要求し、判例１の結論に反対する）；Weigend, a.a.O. (Fn. 55)（引き受けを要求）；Bülte, a.a.O. (Fn. 55), S. 399.（居住共同体［Wohngemeinschaft］という実践的根拠に、さらに保護機能が付け加わらなければならない〔即ち、Lebensgemeinshaftへ〕、と。これを保護の引き受けまで要求する趣旨と解しておく。）
66 Schünemann, a.a.O. (Fn. 55), S. 355 ff. この点について詳しくは、前掲拙稿（注１）123頁以下の紹介も参照されたい。
67 Schünemann, a.a.O. (Fn. 55), S. 358 Fn. 124.
68 その他、独自の保障人的義務の根拠づけ基準を前提として、子供の保障人的義務を排斥する見解として、Gallas, Studien zum Unterlassungsdelikt, 1989, S. 92 ff. がある。ガラスは保障人的地位の引き受け及び危険な先行行為に基づく保障人的義務の違反のみが不作為による実行による可罰性を根拠づけうるとの前提から、子供が年齢あるいは特質の故に特別の保護を要する限度で親の保障人的義務を肯定する以外は、親族関係に基づく保障人的義務を排斥し、ドイツ刑法現行323条cの一般的救助義務違反にとどめる。

以上、親に対する子供の保障人的義務に凡そ消極的な見解を概観した。消極説の側においても、その主張の実質的根拠が詳細に展開されないままの結論提示が多いようにも見受けられるが、おそらくは自立した生活の困難な乳幼児を典型例とする子供への保護義務とは異なり、親の多くは老齢になった局面においてしかそのような状態に陥らず、しかもそれまでに築かれた多方面との人間関係や契約等に基づき、自己責任において予め対処することが往々にして可能であり、その分補充的にでも子供に依存する必要性が相対的に低くなっているという前提事情の相違が否定的結論に大きく作用しているのではないかと推測する。たしかに一般論としてはそのように言えるかもしれないが、いざ危急の際にもし子供以外に生命・身体の保護を頼る他者がおらず、そのような事態について被害者に特段非難すべき事情が見当たらないような例外的状況においてすら、緊密な血縁関係にある（あった）子供が赤の他人と同様の評価に服してよいものか、その点こそが検討されるべきではないかと思われる。

3　中間説――共同体関係の追加

　上述した通り、最近の BGH 判例が親に対する子供の保障人的義務の成立要件について実質的に依拠するに至った中間説――親族関係だけではなく、当該親族が住居共同体関係にあることを保障人的義務のために要求する――は、ドイツ学説においても、特に孫に対する祖父母や兄弟姉妹といった周辺の親族関係に関し、徐々に有力化していた[69]。中には、孫に対する祖父母や兄弟姉妹間、さらに

69　兄弟姉妹間に関する中間説の紹介として、前掲拙稿（注１）131頁参照。なお、そこでは上述のロクシン説をも中間説として紹介した。それはまさに本稿前章判例１の事案において、息子が父親の保護を積極的に引き受けたような事実が見当たらないにもかかわらず、BGH は父親に対する統御支配なるものから息子の保障人的義務を肯定する余地があったと彼が評していることに鑑みてであったが（前掲拙稿（注１）135頁）、親に対する子供や兄弟姉妹間を通じ、共同体関係（同居）ばかりでなく、保護の引き受けまで要求しているように解される表現も複数箇所で見られ、ことさら子―親関係の場合を特別扱いするような記述も存しないことから、本稿では消極説論者として紹介しておく。
　それに対し、既に見たように、兄弟姉妹間に関しては中間説を採りながら、本稿で取り扱う親に対する子供の義務に関しては共同体関係等の追加要件を不要とする積極説を維持する論者が、かなり存在している。その結果、子供の側の義務に限って見れば、中間説はまださほど有力化してはいないようにも見受けられるだけに、近時の BGH による判例 2、3、5 の判決はその意味で先駆的と言えるであろう（さらに、兄弟姉妹間については、民法上の扶助義務規定が存しないことを理由に保障人的地位を否定しながら〔消極説〕、親子間については民法1618条ａの規定を援用して相互の保障人的義務を肯定しつつも、判例 3、5 が保障人的地位を当事者間の同居に依存させているのを正当と評価する〔中間説〕という形で差違を設ける者として、Frister, Strafrecht

は婚約者間においては原則的にその関係のみにより保護義務を肯定しておきながら（積極説。但し、場所的人的近接性や年齢、精神身体の状態により保護義務の射程距離が条件づけられるとする[70]）、こと親に対する子供の保障人的義務の存否に限っては、個別事例の状況に依存すると明記し、上述の判例2を肯定的に引用する（中間説）タークのような変わり種の論者も存する[71,72]。

それでは、子供側の保障人的義務に関する中間説論者の叙述を見てみよう。まずフィッシャーによれば、子供に対する親の保障人的義務はドイツ民法1626条1項（親の配慮義務）から、親に対する子供のそれは同法1618条a（親子相互の扶助配慮義務）に基づくという。それ故、両者の間に住居共同体が存する場合には、親子関係の具体的状況から生じうる否定的事由が特に認められない限り（この箇所で判例2、判例3が引用されている）、両者相互の保障人的地位が前提とされるべきという[73]。他方でフィッシャーは、このような保障人的義務の形式的基準はこの数十年で社会的現実において非常に衰退し、それは保障人的地位の徴表としてしか見られえなくなったとし、今や刑法にとっては「社会的役割期待」が重要であるという。従って、家族法的関係が存在するだけであって具体的な親密関係が存しなければ[74]、今日保障人的地位はもはや根拠づけられえないとフィッシャーは

AT 10. Aufl., 2023, § 22 Rn. 42)。

70 兄弟姉妹間に関するTagの叙述につき、前掲拙稿（注1）119頁参照。

71 Tag, in: Dölling/Duttge/Rössner (Hrsg.), Gesamtes Strafrecht 5. Aufl., 2022, § 13 Rn. 17. しかしながら、そのような差違的取り扱いを正当化する根拠は述べられていない。

72 親子間と並んで緊密な親族関係である夫婦の場合については、前掲注15で触れたBGH第3刑事部2003年7月24日判決（BGHSt. 48, 301）判決が「夫婦間の刑法上の保護義務の問題の解答は民法1353条に出発点を見出ださなければならない。夫婦がこの規範により互いに対する答責を負うのであれば（民法1353条1項1文後半）、これが原則的に刑法的考察に対して妥当しない理由は見当たらない。」との命題から出発しつつも、結局「夫婦が両者の生活共同体を修復しないとの真摯な意図を持って他方と別居した場合に、夫婦間の刑法上の保護義務は終了する。そのことは民法1353条2項及び1566条を斟酌する1565条1項の規定に合致する」との自称「中間的考察」により、被告人たる妻における夫の生命等を保護すべき保障人的義務を否定し（BGHSt. Bd.48, S. 304〔前掲拙稿（注15）314頁以下参照〕）、これを好意的に引用する文献が多い。この「中間的考察」も夫婦の関係自体ないしは民法上の義務ばかりでなく、夫婦間の事実的共同体（即ち、同居）関係を保障人的義務のために要求しており、子―親間等に関する中間説と軌を一にすると言ってよい。

73 Fischer, Strafgesetzbuch 70. Aufl., 2023, § 13, Rn. 25.

74 実はこの注釈書の前版（69版）の当該箇所では、「家族法的関係が存在するだけで具体的な親密関係あるいは保障の引き受けが存しなければ、今日保障人的地位はもはや根拠づけられえない」（傍点は引用者）と記されており、中間説を通り越してもはや消極説の基本的主張が展開されているように思われたが（Fischer, Strafgesetzbuch 69. Aufl., 2022, § 13, Rn. 25a）、70版では傍点部分が削除されていた（2024年発行の71版も同様）。これが、前出の兄弟姉妹間に関するLG Kiel判

また、エーザーは判例 1 の解説において、親族間の刑法的保護義務を肯定するために家族の形式的紐帯のみで十分か、さらに現実の家族共同体が必要かという問題については、その絆の緊密さの度合いに応じた区別が必要だと述べ、父と息子とか夫婦のような緊密な親族間では「相互の信頼及び依存性」は重要でなくなるが、姻族とか婚約者といった緩やかな関係においては現実の信頼関係の比重が大きくなるとして、判例 1 に関する上記シュレーダー評釈[76]を参照させている[77]。もっとも、具体的な結論に関しては、エーザーはシュレーダーとは袂を分かち、現実の生活関係を顧慮することなく保護義務が根拠づけられるのは、未成年の子供に対する親の場合だけであると結論づけ、その逆の、親に対する子供の関係においては、「相互の信頼及び依存性」という追加要件は完全には放棄されえないとする。何故なら、個人倫理的及び社会倫理的見解から拙速に刑法上重要な作為義務を導こうとするのは基本法103条 2 項の罪刑法定主義に合致しえないからだという。もっとも、判例 1 の事案に関しては、「信頼及び依存性」の基準は相対的に低く評価され、さらに被害者たる父親と被告人たる息子は実際に（たとえ破綻していたとしても）家族共同体において共同生活していたから、保障人的義務肯定の結論自体には問題はなかったとエーザーは評価する[78]。要するに、エーザーは未成年の子供に対する親のケース以外については、一律に追加要件たる「相互の信頼及び依存性」が保障人的義務のために設定されるという中間説に立ち、その際この「相互の信頼及び依存性」なる抽象的な基準は、単なる同居の状態をも含みうる（そうなると、相互の「信頼」とか「依存性」という概念とは相容れないのではないかとの疑義も生じうるが）と考えているようである。親の義務以外はせいぜい道徳的義務にとどまり、そこからの保障人的義務の導出は罪刑法定主義違反だとの趣旨の記述も見られるが、彼の掲げる「相互の信頼及び依存性」という基準も抽象的に過ぎ、ある時にはそれが単なる同居状態でも充足されるが、ま

　　決に影響された記述を意図的に中間説に適合させる修正なのか否かは定かでないが、一応新しい記述の額面通りに、最も根本的な親側の義務をも含め、徹底した中間説を採るものと理解しておく（おそらく今後も事例ごとに具体的結論の変動が予想されよう）。
75　Fischer, a.a.O. (Fn. 73), Rn. 26.
76　前掲（注49）参照。
77　Eser, Strafrecht II 3. Aufl., 1980, Fall 26 Rn. 4b.
78　以上、Eser, a.a.O. (Fn. 77), Rn. 5.

たある時にはそれを超えた信頼・依存の状態（保護の引き受け等）が要求されることも予想されるところであり、罪刑法定主義の観点から説明の具体化・明確化が求められよう[79]。

四　若干の考察——中間説の批判的検討

　本稿は検討の対象をひとまず、ドイツの連邦通常裁判所（BGH）判例において最近、成立要件に関する見解の変化が顕著に示されている、親に対する子供の保障人的義務の事例に絞って紹介を進めた。そこでは以前取り上げた兄弟姉妹間の場合と同様、子に対する親の義務のような典型的で、保障人的義務の肯定にほとんど異論のない場合以外の、言わば周辺的な親族関係の事例における保障人的義務の限界という問題として他の親族関係のケースと共通する傾向、即ち、親族間の血縁的結びつき一本で義務を認めるのをためらう流れを読み取ることができたと言いうる一方で、特に学説においては、例えば兄弟姉妹間では中間説を採りつつ子―親間では積極説に立つといった差違化を図る論者も少なからず見られ、議論が複雑化していることも窺われた。

　繰り返しになるが、これまで見てきたように、近時のドイツでは、親の生命・身体等を保護すべき子供の保障人的義務の成立要件に関し、従来から主張されている全面的な積極説（親子関係ないしはそれを背景とするドイツ民法典の扶助義務規定のみで刑法上の保護義務を肯定する）及び消極説（子供であっても引き受け等他の根拠が存しない限りそのような義務はもはや負わないとする）とは異なり、当該親族関係に加

---

[79] 他にも、子―親間に関し中間説を採る可能性のある論者として、Kretschmer, Die Garantenstellung（§ 13 StGB）auf familienrechtlicher Grundlage, JURA 2006, 898, S. 899 f. がある。クレッチュマーは親族全般における保障人的義務には反対し、この場合に保障人的地位を発生させうるのは公衆における期待であるとする（他方で、シューネマンに倣って「結果の原因に対する支配」を保障人的義務の中心的基準とし、他方に対する統御支配の存在を親族間の保障人的義務の決定的基準として援用する。しかしながら、それによる具体的結論〔消極説〕までは継承しないようである）。親においてはその地位だけで保障人的義務を認めてよいが、子供が成人している場合にはその自己答責性に鑑み、両者の生活共同体が必要とされる（もっとも、それにより保護の引き受けがなされたとの記述もあるので、注意を要する）。また、親に対する子供の保護義務は、子供の年齢や発育状態、他方で親の自己答責性により、財産的配慮までは含まれないといった一定の制限はあるものの、例えば事故に遭った母親を発見する15～6歳の息子にはあくまで救助を期待しうるという。社会は彼に社会的役割の履行を信頼するからである。しかし、この子供の義務が親と別居している場合にも課されうるのかという肝心の点については、残念ながら明示的に未解決にされている。

えて、住居共同体等の用語を援用して、同居の事実が存することを義務づけのために要求する中間説がまず学説において徐々に有力化し、遂にBGHがそれを事実上採用するにまで至ったという点は、ドイツの不真正不作為犯論における時代の大きな曲がり角を印象づける出来事と評しても決して過言ではないであろう。

　この中間説によれば、親子関係による相互の配慮義務の根拠づけ自体は維持しつつ、同居の事実によって保障人的義務の際限なき根拠づけを抑制することができ、それにより実際上妥当な結論を導きうると言ってよい。しかも、わが国の不真正不作為犯で確固たる地位を得ている「枯れ木も山の賑わい」方式、即ち、それ単独では作為義務を根拠づけえない恐れのあるか弱い根拠を複数寄せ集めることによって、義務を正当化する手法[80]にもなじむ見解である。

　しかしながら、それにもかかわらず、この中間説に対しては、若干の疑問を投げかけたい。

　まず、中間説において子供と親の親族関係以外に保障人的義務の成立要件として設定されている、住居共同体などと表現される共同体関係が具体的にどのような、子供と親との生活状態を意味しているのかが、必ずしも明確とは言い切れない点が指摘できる。本稿ではとりあえず、この住居共同体の存在を、親子の同居状態を指すものと理解してドイツの判例及び諸学説を紹介してきた。さもなくば、この共同体関係が同居以上の親密関係を意図するものと解すれば、別に親族間でなくても保障人的義務を導きうる、保護の引き受けを事実上要求するに等しいことになってしまい、消極説と変わらなくなるからである。いや、その間に、親しく共同生活しているといった状態が観念でき、それがここで要求されている共同体関係なのだという考えもあるかもしれないが[81]、そのような同居生活における親密性を外部から測定することは極めて困難である。即ち、評価者自身も当該家屋に同居して、長期にわたって24時間観察を続けでもしないとそれは無理で

---

[80] 比較的近時におけるわが国の判例として、例えば最決平17・7・4刑集59・6・403（シャクティ事件——危険な先行行為と「患者の親族から、重篤な患者に対する手当てを全面的にゆだねられた立場」）参照。

[81] 因みに、レンギールは判例2を肯定的に紹介する一方で（よって、少なくともその限りでは中間説的）、さらに進んで、親子間に家族共同体（Familiengemeinschaft）が存続している限り、住居共同体（Hausgemeinschaft）がなくても子供の親に対する保障人的義務は肯定されるべきと論じている、Rengier, Strafrecht AT 15. Aufl., 2023, §50 Rn. 14. これは同居なき親族関係によっても子供の保障人的義務を認める見解だが（一種の中間説？）、そこにいう「家族共同体」の判定についても同様である。

あろうし、当然評価者の感性によってその結論は変動しうる。

　この点についてビュルテが興味深い議論をしている。ビュルテは消極説論者と同様、民法家族法上のプログラム規定たる扶助義務規定からの保障人的義務の導出には反対し[82]、事実的な共同体関係が親子間に存在していることを子供の保障人的義務についても要求している。但し、そこにいう共同体関係とは、単なる同居を意味すると思われる居住共同体（Wohngemeinschaft）では不十分であり、それに保護機能が付け加わらなければならないという[83]。こうなると、ビュルテの見解は実質的にはもはや中間説ではなく、消極説の中に入れられるべきであろうが、以上のように、子―親間で追加的に要求される共同体関係の内実について、中間説においてコンセンサスが確立しているわけではなく、それによる見解としての脆弱性を本説には想定しておくべきであろう。

　また、ここで本稿のように中間説が子供の負うべき保障人的義務に関して設定する追加的要件を他説と識別する関係から「親子の同居状態」と見た場合、それはまさに一つ屋根の下での共同居住に限られるのか、あるいは母屋と離れのような、同一敷地内の別棟での生活でも「同居」の一種として認められるのか（この場合、親子間にある程度の場所的離隔や非接触状態は確保されるであろう）、さらには隣の敷地に暮らしている場合、子供は親の生命・身体に対し保障人的義務を負わずに済むのか、2、3軒先に住んでいる場合は、あるいは親が子供の自宅から歩いて10分程度の距離の所に暮らしている場合はどうなのか……。このような義務づけ範囲の合理的な境界設定には困難が伴わないであろうか。純粋に同一建造物内での共同居住に限ることができれば、基準としての明確性は担保されるものの、その実質的妥当性には疑問が生じえよう[84,85]。

82　Bülte, a.a.O. (Fn. 55), S. 398.
83　そのような共同体をビュルテは「生活共同体（Lebensgemeinschaft）」と称し、この文脈において、前掲の兄弟姉妹間に関するLG Kiel, NStZ 2004, 157判決（保護の引き受けを要求）を援用している。Bülte, a.a.O. (Fn. 55), S. 399. しかし他方で、古くはGeilen, a.a.O. (Fn. 49), S. 390が、「生活共同体」という情緒的用語の実体として、住居共同体以外に残るものはないと断じている。
84　因みに、積極説論者のBlei, a.a.O. (Fn. 43), S. 131は、成人して独立して生活する息子は2、3軒先に住む父親の生命が危うい場合、同人を救助すべき保障人的義務を負うとの判断を示している（その際の理由づけとして、上述の判例1による共同体関係よりも民法上の扶助義務を援用する方が説得的と主張）。
85　また、最近のBGH判例が住居共同体を追加の要件としていることについて、上述の通りGaede, a.a.O. (Fn. 55) は、それにより「家族共同体」が現に存在しない場合でも同居さえ確認されれば子供に保障人的義務が課されることを意味するが、これは破綻した夫婦間に関し実質的考察により保障人的義務を限定した前掲（注15参照）BGHSt. 48, 301判決に反する手法であるとい

そもそも、子供と親の血縁関係と両者における共同体関係（同居）の存在という2つの成立要件間の論理的整合性について、慎重な吟味が必要であろう。仮にここで、同居の事実を伴う親子関係とそうではない親子関係とで、血縁による義務づけ力に差が生じるというような前提を採るのであれば、それには疑義を抱かざるをえない[86]。

他方、このような同居状態の有無の点は、中間説が保障人的義務の発生基準として設定するまでもなく、仮に積極説に立ったとしても、作為義務の事実的及び規範的（期待）可能性という従前より是認されている不真正不作為犯の成立要件によって柔軟に（純粋に物理的な共同生活の事例だけではなく、それに匹敵する生活状況にまでしかるべく義務づけ範囲を拡張しつつ）対処することができていたとは言えないだろうか[87]。もしそうだとすれば、中間説の存在意義は急激に縮小することになり、作為の事実的及び規範的可能性を保障人的義務の発生根拠の中に取り込んで類型化することにより、子供等における保障人的義務の表面上慎重な認定に奉仕するという安心感こそが同説の主たる正統化根拠であることが明白になるであろう[88]。

かくして中間説は、共同体状態を追加要件に掲げることでうやむやにすること

う趣旨の批判を加えている。もし両者の間における要件の相違を実質的に説明しようとするならば、結局親子間の血縁に頼るほかないのではなかろうか。

[86] この意味で Geilen, a.a.O. (Fn. 49), S. 391が、住居共同体とか生活共同体といった事実的メルクマールは義務の周辺的是正基準にとどまるとし、「何故例えば息子の保障人責任が、それを既に肯定する場合に、共同居住の事実という純粋に場所的な事情によって差異化されるのか、理解に苦しむ」と述べているのは (a.a.O., S. 390)、的を射ているように思われる。

[87] もちろん、この点を住居共同体ないしは同居状態の存否という形で客観化し、保障人的義務の発生根拠の中で論じることにより、比較的安定した類型的判断が可能になるという利点は認めざるをえないが、そもそもそれが果して親族間の保障人的義務の発生根拠（の一部）たりうるのかにつき、検討を避けるようなことがあってはならない。中間説が採用する個別事情への依拠は根本的基準の一般的放棄を意味するという Gaede, a.a.O. (Fn. 55) の批判（但し、自身は消極説）を中間説論者は肝に銘じるべきであろう。

[88] この中間説同様、刑法上の作為義務（保護責任者遺棄致死罪における保護責任を含め）を複数の根拠を示すことによって説明するわが国の（裁）判例の傾向につき、和田俊憲「判批」法教507号（2022）143頁は、「これは、1個の保護責任を認めるのに両要素（先行行為及び人的要素―引用者注）が必要だというのではなく、両要素を駄目押し的に挙げるものであろう」と評しているが、昭和時代の下級審裁判例であればいざ知らず（生田勝義「わが国における不真正不作為犯論について（一）」立命128号（1977）8頁以下〔37頁以下〕の紹介も参照）、少なくともこの判批で引用されている最決平17・7・4刑集59・6・403（シャクティ事件）が危険な先行行為を単独で作為義務を根拠づけうる事由と捉えているようには思われない。むしろ前者の評価（即ち、判例は場合に応じて複数の義務づけ根拠を要求している）の方が妥当ではなかろうか。

ができていた、親の生命等の重大法益に関して、何故子供は刑法上の作為義務を負わねばならないのかという、積極説がその説明に腐心している根本問題を避けて通れなくなる。そして、もしここで中間説（という名の積極説）が説得的な根拠を提示できなければ、親族間の血縁による義務づけ作用を一般的に拒絶する消極説の軍門に降るほかないのである。

　以上、本稿は結局、ドイツの判例及び学説において最近急速に有力化している、親子間の親族関係に加えて同居等の事実的成立要件を子供側の保障人的義務に設定する中間説の紹介とその批判的検討に終始し、何故親子の血縁が子供の親に対する保障人的義務を根拠づけうるのかという根本問題の考察にはほとんど入れずじまいの、中途半端なものとなってしまった。この点については、引き続き他日を期すこととしたい。

正当防衛と第三者侵害

杉　本　一　敏

一　はじめに
二　問題となる事例の類型
三　見解の対立点と事例の解決

一　はじめに

　急迫不正の侵害者に反撃し、その侵害者の法益を侵害した行為が正当防衛（刑法36条）の要件を充たしている場合に、その同じ行為から、急迫不正の侵害者ではない第三者の法益を侵害（または危殆化）する結果が生じたとすると、この第三者に対する侵害については、刑法上どのような評価が下されるべきだろうか。これは「防衛行為と第三者」などと呼ばれてきた問題であり、本稿はこの問題について僅かながら検討を加えるものである。以下では、問題となる各種の事例類型を見てから（二）、この問題をめぐる見解の対立点を確認し、それを踏まえて妥当な解決策を探ることにしたい（三）。

二　問題となる事例の類型

　それでは、問題となる事例類型を示すことにする[1]。以下のそれぞれの事例において、正当防衛行為に出ている行為者が「X」、急迫不正の侵害者に当たるのが「Y」、防衛行為の影響が及んで侵害を被った第三者が「A」である。

---

[1] 従来検討対象とされてきた各種の事例類型については、香川達夫「防衛行為と第三者」同『刑法解釈学の諸問題』（1981）所収124頁以下を参照。この問題について言及した日本の判例は非常に少ないので、以下ではドイツの判例における事案も検討素材としてとり上げる。

1 第三者の財物が防衛行為・侵害行為に用いられた場合

第1に、急迫不正の侵害を受けた防衛行為者が、その場にあった第三者の財物を用いて防衛行為に及び、その結果、その財物を損壊したというケースが議論においてよく取り上げられる。事例①のケースがこれに当たる[2]。この場合、無関係の第三者の財物が、防衛行為者によって、防衛の手段（防衛行為を構成する一要素）に取り込まれている。

事例①（他人のジョッキで「反撃」事例）
飲食店 A において、客 X が、別の客 Y から身体に傷害が生じかねないような激しい攻撃を受けたので、飲食店 A のグラスやジョッキを使ってこれに反撃し、これらを損壊した。

第2に、急迫不正の侵害者が第三者の財物を用いて攻撃したので、防衛行為者が防衛行為によってそれを損壊した、というケースも問題となる。この場合には、事例①の場合とは逆に、無関係の第三者の財物が、急迫不正の侵害者によって、侵害の手段（侵害を構成する一要素）に取り込まれている。この第2のケースに当たるように事例①を修正したのが、事例②である。

事例②（他人のジョッキで「侵害」事例）
飲食店 A において、客 X が、別の客 Y から、飲食店 A のグラスやジョッキを使って身体に傷害が生じかねないような攻撃を受けたので、これに反撃してグラスやジョッキを損壊した。

2 防衛行為によって第三者の生命・身体に侵害が生じた場合

第3に、防衛行為の持つ物理的効果によって、無関係の第三者の生命・身体等[3,4]に侵害結果が生じた、というケースも問題となる。「防衛行為と第三者」と

---

2 RGSt 23, 116（ドイツ帝国裁判所1892年5月5日判決）の事件をもとにしたケースである。もっとも同事件は、飲食店 A の店主が被告人であり、同店主が、X によって自分の店のグラスやジョッキが損壊されるのを防ぐために、これらを用いて Y に対する防衛行為に及ぼうとした X に反撃したというもの（第三者 A による防衛行為者 X への反撃のケース）であった。裁判所は、X は「被告人〔店主〕の財産に対して攻撃を行ったものといえるが、X には何ら落度がなかったのであるから、X の行為は〔正当防衛について規定した〕ドイツ刑法典53条〔当時〕にいう違法な攻撃には当たらず、被告人（店主）の X に対する反撃が正当化されるか否かは「緊急避難」が成立するか否かの問題である、と判示している。
3 もちろん、無関係の第三者の「財産」に侵害が及ぶケースも容易に考えられ、その場合も、第三者の生命・身体に侵害が及んだ場合と問題状況は同じである（例えば、防衛行為者 X が急迫不正の侵害者 Y に対する防衛行為として Y に石を投げつけたところ、Y がこれを避け、石が Y の

いうタイトルの下で議論されてきた中心的な問題はこのケースに関わるものであり、次の事例③がこのようなケースに当たる。

事例③（人の盾事例）
Xは、飲食店で体格に勝るYと殴り合いの喧嘩になり、上着を店内に残したままいったん店から退散した。その後、人に頼んで上着を店から取ってきてもらったところ、上着ポケットに入れていた現金が無くなっていた。Xは、Yが金を奪ったものと思い、散弾銃を調達した上で飲食店に立ち戻り、散弾銃でYの脚に狙いを定めてYに金を返すよう要求したところ、Yは直ちに無関係の客Aを自分の側に引き寄せてAの体を「盾」にした上で、拳銃を取り出してXに向けて発砲した（しかし、Aが暴れたので、Yが撃った弾はXには命中しなかった）。Xは、これに反撃するためYとAの上半身あたりを狙って散弾銃で発砲したところ、弾がAの頸部、胸部、顔面に命中してAが即死し、Aの後ろにいたYは顔面に軽傷を負った。

これはBGHSt 39, 374（ドイツ連邦通常裁判所1993年10月26日判決）の事案であり、防衛行為者Xが、自己の生命を防衛するために侵害者Y及びその「盾」として利用されていた第三者Aに向けて発砲し、侵害結果がAに（も）生じている。連邦通常裁判所は、「被告人Xに対してAが攻撃に及んでいるわけではない」から、Xの行為は「Yが盾または弾除けとするために自分の前に引き寄せたAを死亡させた限りでは、防衛行為に当たらない」との判断を示している。その理由として、「故意による殺人・身体傷害の行為について〔ドイツ〕刑法32条

背後の第三者Aの家の窓に当たり、窓ガラスが割れたという場合）。このケースは、第三者の財物が侵害されたという点で事例①、事例②と同じであるが、第三者の財物がXによる防衛行為、またはYによる侵害行為の「構成要素」になっていないという点において、事例①、事例②とは状況が異なる。

4　第三者の「自由」に侵害が及ぶケースもあり得る。BGHSt 5, 245（ドイツ連邦通常裁判所1953年10月2日判決）は、被告人Xが、上映中の映画が道義的・宗教的観点から見て観客らに不快感をもたらすとして、映画館内で40～50個の悪臭弾を破裂させ、映画の上映を約15分間中断させたとして強要罪（ドイツ刑法240条）で起訴され、この行為は観客のために行った正当防衛（緊急救助）であると主張した事件において、Xの行為が観客のためにした防衛行為だと言えるためには、「映画の観客ら自身が〔映画の上映を攻撃だと感じて〕この攻撃に対する防衛を望んでいた」ことが必要であり、「仮に、観客らの一部にでも、被告人Xとは異なった感じ方をしている〔＝当該映画の上映を侵害だと感じていない〕者がいたのであれば、Xには、これらの他の……観客〔＝第三者〕の権利を同時に侵害するような行為に出る権限はなかった」と言わなければならない、との判断を示している（裁判所は、この場合はせいぜい緊急避難の成否が問題となり得るだけであるとした上で、その成立も否定している）。ここでは、映画上映者Yに対してなされた防衛行為者Xの強要（上映妨害）行為が、仮にYとの関係では正当防衛に当たり得るとしても、その行為が、その映画を不快なものと感じない第三者A（他の観客）の権利（映画を見る「自由」）を同時に侵害するものであるとして、正当防衛の成立が否定されていることが分かる。

の正当化事由〔=正当防衛〕が問題となり得るのは、そこにいう〔生命・身体〕法益の侵害が攻撃者に生じたという場合に限られる」からだ（BGHSt 39, 380）、という点が示されている。

なお、Yの拳銃による攻撃の際に「盾」として利用されていたAの身体が「Yによる侵害行為の一部を構成していた」と言えるのであれば、事例③を事例②と同種のケース（第三者の法益が侵害行為それ自体を構成しているケース）として整理することもあり得ないわけではないだろう[5]。しかし、このような見方にはやはり疑問がある。「人の生命・身体」が「物」と同じような意味で「侵害の道具」になっていると考え、そのような人の生命・身体に対する反撃行為について「侵害の道具を破壊する行為」という文脈で正当防衛の成否を検討するという考え方には抵抗があるし、またそもそも（ドイツ連邦通常裁判所の上記判決も言うように）、本件のように人の身体があくまで防御用の「盾」として侵害者に利用されていたにすぎない場合に、その人の身体が侵害者の「侵害の道具」（侵害行為の一部）をなしていると評価することには無理があるからである。

さて、この種のケースにおいて防衛行為の物理的効果が第三者にも及んだ点の刑法的評価が問題とされるとき、そこでは、行為者の行為には最低限「正当防衛」に当たる部分がある、ということがその前提になっている。事例③でも、Xの発砲行為による「Yの傷害」は（成立要件を充足している限り）正当防衛に当たり得る。問題となっているのは、Yとの関係では正当防衛に当たるその発砲行為によって同時に（かつ、不可避的に）併発した「第三者Aの死亡」との関係で、同行為がどのような刑法的評価に服するのか、という点なのである。これに対して、（正当防衛状況の下でなされてはいるものの）防衛効果には全く結びつかず防衛とは無関係に終わった行為から第三者侵害が生じた、という場合には、行為者の行為が最初から「防衛行為」に該当していない、と考える余地がある。もしそのように考えられるならば、このような場合はそもそも「防衛行為の物理的効

---

[5] 例えば、侵害者Yが、第三者Aを階段から突き落とし、階下のXにAの身体をぶつけようとしてきたので、XがAの身体に反撃を加えて自分の身体を守ったという場合であれば、Yが行使した物理力によって否応なしに突き落とされた「Aの身体」は、YがXを侵害するために用いた「道具」になっていると評価することもあり得なくはない。このような場合に、Yの攻撃行為はAという行為手段を取り込んでいるから、YとAは「外部との関係では」不可分一体であるとして、XのAに対する反撃が「正当防衛」に当たるとするのが、*Günter Spendel*, in: Strafgesetzbuch Leipziger Kommentar, Großkommentar, 11. Aufl., Bd. 2, 2003,§32, Rn. 212である（但し、このような見解は少数説である）。

果が第三者にも及んだ」ケースではなく、そこから生じた第三者侵害も端的に「違法」と評価されることになるだろう。例えば、事例④がそれである[6]。

事例④ （暗闇事例）
Xは、体格に勝るYが、真夜中に酩酊した状態で（Yの妻Aの制止をふり切りながら）X夫婦の居室に侵入してきて、Xに飛びかかってきたので、驚愕し、ステッキを手に取って反撃を試みた。しかし当時、居室内は真っ暗で、室外の通路に置かれていたろうそくの灯火が微かに漏れてくる程度だったので、Xにはその場にAが居たことが見えておらず、Xのステッキによる反撃はYではなくAに当たり、Aを負傷させてしまった。

事例④の場合、Xのステッキによる一撃は、侵害者Yの攻撃を防ぐ効果を何も持たず、いわば完全に「空振り」に終わった行為である。そこで、この行為はそもそもYとの関係で見ても「防衛行為」に当たらない（そもそも、Yとの関係で何罪の構成要件に該当しているのかも不明である）とすると、この行為は端的にAに対する違法行為だと考えれば足りることになる。逆に言えば、いわゆる「防衛行為と第三者」の問題が生じるのは、事実上、Xの一個の防衛行為が「侵害者Yに対する法益侵害（危険）結果」に加えて「第三者Aの法益侵害（危険）結果」を併発した、というケースに限られるといえよう。

第4に、防衛行為の結果が第三者の生命・身体に及んでしまった場合の一変種として、他人のための正当防衛（緊急救助）行為に出た行為者が、その救助行為によって、当の救助すべき他人も侵害してしまった、というケースがある。これ

---

6 これは、RGSt 58, 27（ドイツ帝国裁判所1923年11月30日判決）の事実関係（の一部）である。裁判所は以下のように判示して、（当然ながら）Aに対する傷害については正当防衛の成立を否定している（この判旨からすれば、裁判所は、本件を、防衛行為の物理効果が第三者に及んだケースとして見ているようであるが、本文で述べた通り、攻撃者Yとの関係で見てこの行為がそもそも「防衛行為」なのかは疑問である）。
　ドイツ刑法（旧）53条（正当防衛規定）第1項の「文言は、違法な攻撃に対する防衛行為が、無関係の第三者の侵害を同時に伴うことなしには遂行できないという場合に、この〔第三者に対する〕侵害もまた正当防衛によって正当化されるという解釈の可能性を排除しているわけではない。しかし、同条第2項の文言からすれば、同規定の意味するところは、そのような解釈とは異なったものであるといわざるを得ない。違法な攻撃に対する防御に必要な防衛行為というものが考えられるのは、その防御が攻撃者に対して向けられているか、又は、反撃によって攻撃者の法益ないし攻撃者によって用いられた攻撃手段 - これが誰の所有物なのかは問わない - が侵害された、という場合に限られるものというべきである。したがって、正当防衛に伴い、それ以外に無関係の第三者の法益に対する侵害が生じたという場合に、その侵害まで同様に不可罰とされるか否かは、およそここで問題とされている規定〔刑法53条の正当防衛規定〕によって決められるのではなく、専ら一般的に妥当する基本原則に照らして決められるべき事柄である。」

に当たるのが、よく知られた大阪高判平14・9・4判タ1114号293頁の事件（下記の事例⑤）である（これは、この種のケースに関する判断を明示した日本の裁判例として、公刊物に掲載されたほぼ唯一のものである）。

事例⑤（大阪高裁判決の事件）
被告人Xは、電話で口論になったSから堺駅に来るよう呼び出しを受け、喧嘩になることを予想しながら兄Aらと一緒に自動車で堺駅に出向いたところ、待ち構えていたY、Zら7人から一斉に木刀などによる攻撃を受けて逃げ出した。Xは、Aから「逃げるぞ。車回せ。」と言われて自動車に走り込んだが、AはYに木刀で殴打されながら横断歩道方向へと逃げていき、Xもバールを持ったZらに自動車のガラスを割られるなどの攻撃を受けた。そこでXは、Yを追い払うため、YとAがいる後方交差点を目がけて自動車を急後退させたところ、自動車後部をYの右手に衝突させるとともに、Aを轢過して死亡させてしまった。Xは、Yに対する暴行罪、Aに対する傷害致死罪で起訴された。

本件は、他人Aのための正当防衛（緊急救助）行為に出たXが、救助行為によって侵害者Yを侵害すると同時に、当の救助すべきAも侵害してしまったというものである。ここでは、事例③と同じく、Yの傷害結果との関係では「正当防衛（緊急救助）」に当たる行為によって、第三者Aの死亡結果が「併発」している。これに対して、事例④と同じように、Xが第三者Aを救助する意思で、侵害者Yに向けた反撃行為に出たものの、狙いが外れていたので侵害者Yの攻撃を押し止める効果を全く持たずに「空振り」に終わり、しかもその行為から当の第三者Aの侵害が生じてしまった、という場合には[7]、このXの行為は端

---

[7] OLG Frankfurt MDR 1970, 694（フランクフルト上級ラント裁判所1970年3月18日判決）の事件は、（事案の詳細が必ずしも明らかではないが）そのようなケースであるように見受けられる。同事件は、被告人X（飲食店店主）が、客Yの暴行から従業員Aを救助するために拳銃を構えて暴行を止めるよう要求したが、Yが応じなかったので床とYの脚を狙って発砲したものの、弾がAの脚に命中してAを負傷させてしまったというものである。裁判所は、次のように判示し、XのAに対する傷害について（当然ながら）正当防衛の成立を否定した。「正当防衛行為の正当化が問題となり得るのは、その行為が攻撃者自身の法益に向けられた場合に限られる。防衛行為に際して第三者の利益が侵害された場合には、この種の侵害は正当防衛によって包摂されるものではない。そのように解さなければ、〔違法な〕攻撃を受けた者によって〔誤った〕防衛行為が第三者に向けられた場合に、その第三者は、この〔誤った〕防衛行為に対して正当防衛で対抗することができなくなってしまうからである。」
　同判決は、その上で、Xの発砲行為が（Aとの関係で）正当化されるか否かは、以下のように、Aの「推定的同意」の問題であるという判断を示しており、興味深いところである。すなわち、「もし本件において、従業員Aが、Xが床に発砲する前に〔その発砲に対して〕明示の同意を表明していたならば、Xが〔Aに〕生じさせた身体傷害の違法性は阻却されたであろう。」そして本件では、Aによってそのような明示的同意が表明された事実は認められないが、しかし、

的に「違法」行為と評価すれば足りるであろう。
　更に、ドイツの刑法学説においては、妊娠中の攻撃者に対する反撃行為について正当防衛の成否を論ずるものが見られる[8]。例えば、事例⑥がこのようなケースである。

事例⑥（妊娠中の侵害者に対する反撃事例）
　Xは、妊娠中のYに刃物で切りかかられたため、自分の身を守るためにYを突き飛ばし、転倒させたところ、それによってYが負傷し、かつ、胎児AがYの胎内で死亡するに至った。

　このように、妊娠中の侵害者Yに対して、特にその腹部に強い物理力を加えるような反撃行為に出た場合には、侵害者Yの身体法益に対する侵害と同時に、ほぼ不可避的に「胎児Aの生命」という法益を侵害する危険が生じることになる。防衛行為によって胎児Aが死亡した場合、その行為は堕胎罪の構成要件に該当してその正当化が問題となるのであり、これは防衛行為によって「胎児Aの生命」という第三者法益の侵害が「併発」したケースとして検討され得ることになる。

3　防衛行為によって同時に社会的法益に対する危険が生じた場合

　Xの防衛行為によって、侵害者Yの個人法益に対する侵害が生じると同時に、その同じ行為から社会法益に対する危険が生じた場合には、Yに生じた侵害結果との関係ではXに正当防衛が認められ得るとしても、同時に犯した社会法益に対する罪の方は正当化され得ないのだろうか。これは、Yに向けられた

　Aの「推定的同意」が問題とされる余地がある。「推定的同意とは、……被害者が〔同意をするか否かを決めてそれを表明すべき〕決定的な瞬間においてその表明ができない状態に置かれていたので、当該状況に照らして見れば有効になされる可能性があった同意が現実にはなされず、また、適時になされる可能性も封じられていたが、当該時点で存在していた全ての事情を客観的に評価すれば、被害者が同意していたであろうことが確実に予想される、という場合」に問題となる正当化事由であり、本件でもAについて推定的同意が認められるかが審理されるべきであった、とされている。ここで問題にされている「推定的同意」は、被害者が同意を表明しようとしたとしても表明できない（したがって、行為者が被害者の意向を確認しようとしても確認できない）という緊急状況の下で（すなわち「補充性」を要件として）認められる緊急行為（いわば一種の緊急避難）であり、その意味では、本判決の考え方も、無関係の第三者Aとの関係でXの行為が正当化される否かは「緊急避難」の問題であるとしたRGSt 23, 116（前掲注2）、BGHSt 5, 245（前掲注4）と同じ発想に立つものと評することができる。
8　*Wolfgang Mitsch*, Notwehr gegen Schwangere, JR 2006, S. 450 ff.; *Volker Erb*, in: Münchener Kommentar zum Strafgesetzbuch, Bd. 1, 2. Aufl., 2011, §32, Rn. 128.

防衛行為から、社会という「第三者」の法益に対する危険結果が併発したというケースであり、これもまた「防衛行為と第三者」の問題が生じる一つの事例類型だということができる。正当防衛にいう「やむを得ずにした行為」の判断を示したリーディングケースとして有名な最判平成元・11・13刑集43巻10号823頁の事件は、他方において「防衛行為に随伴する社会法益の危殆化」の問題が問われた事件でもあった（事例⑦）。

事例⑦（菜切包丁事件）
　Xは駐車スペースをめぐってYと口論になり、Yが「お前殴られたいのか。」と言って手拳を前に突きだし、足を蹴り上げる動作をしながらXに近づいてきた。Xは、自動車内に果物の皮むきなどに用いている菜切包丁を置いていることを思い出し、Yの攻撃を免れるために、これを自動車から取り出して腰のあたりに構え、Yに対して「殴れるのなら殴ってみぃ。」「切られたいんか。」などと言ってYを脅迫した。Xは、（1）暴力行為等処罰に関する法律違反の罪（示兇器脅迫罪、同法1条）と（2）銃刀法違反の罪（刃体の長さが六センチメートルをこえる刃物の携帯の罪、同法22条・31条の18第2項2号）で起訴された。

　事例⑦では、刃物を示して行われた（1）の脅迫行為（Yの「意思決定の自由」に対する侵害）について、正当防衛の成否が問題とされている。最高裁は、Xは「Yからの危害を避けるための防御的な行動に終始していたものであるから、その行為をもって防衛手段としての相当性の範囲を超えたものということはできない」との判断を示した。しかし問題は、その行為が同時に生じさせた（2）の「一般公衆の安全という社会法益に対する危険」（刃物の携帯行為による社会法益の危殆化）の評価である。この点に関して、最高裁は、（2）の行為についての「公訴事実は、Yを脅迫する際に刃体の長さ約一七・七センチメートルの菜切包丁を携帯したというものであるところ、右行為は、Yの急迫不正の侵害に対する正当防衛行為の一部を構成し、併せてその違法性も阻却されるものと解するのが相当であるから、銃砲刀剣類所持等取締法二二条違反の罪は成立しないというべきである。」と判示し、「正当防衛行為の一部を構成し」ている行為だから「併せてその違法性も阻却される」、との判断を示している。これは、個人法益に対する罪に該当した「正当防衛」行為が同時に実現させた社会法益に対する罪は、同じく「正当防衛」として正当化される、という趣旨なのであろうか[9]。同判決の趣旨をどのように解するかが問題となる。また、事例⑦で問題となっているX

の「刃物の携帯行為」は、Yとのトラブルが発生する前から車内に置く形で既に始まっており、正当防衛に当たるXの脅迫行為と時間的に一致した行為ではない。そうすると、Yに対する脅迫行為と刃物の携帯行為とは別個の行為であって、本件は、Yとの関係で正当防衛に当たる行為から社会法益の危殆化が生じたケースとは言えないのかもしれない（この点については後述する）。

　Yとの関係で正当防衛に当たる行為から同時に社会法益に対する危殆化が生じている、とより明確に言えるのは、次の事例⑧である。

　事例⑧（自動車の危険な発進事例）
　　X（政治団体構成員）は、政治集会の日に、開催場所がよく分からない来場者に道案内をするために駐車場で待機していたが、政治的に対立するYら5人が暴力も辞さないという意図で駐車場に来襲し、覆面や鉄兜などで扮装して近づいてきた。そこでXは、Yらに襲われることを恐れ、自動車を全速力で発進させて、Yらが退避しなければ衝突事故を免れないような態様で自動車を進行させたので、Yをボンネットに跳ね上げて傷害を負わせるに至った。Xは故殺未遂罪、危険な傷害罪のほか、道路交通への危険な介入の罪（社会法益にする罪）で起訴された。

　これはBGH NJW 2013, 2133（ドイツ連邦通常裁判所2013年4月25日判決）の事案であり、本件では、Yの生命・身体に向けられたXの防衛行為によって、同時に、社会法益（道路交通における公共の安全）を危殆化する罪である「道路交通への危険な介入の罪」（ドイツ刑法315条b第1項3号）[10]に当たる事実が生じている。その点の正当化の可否は「緊急避難」の問題であるように思われるが、連邦通常裁判所は、以下のように判示して、本件ではこの社会法益に対する罪も「正当防衛」によって正当化されると結論づけている。「正当防衛は、原則として、攻撃者の法益に対してなされた侵害に限り、その違法性を否定するものであるが、当裁判所の判例は、〔ドイツ〕刑法32条〔正当防衛規定〕が、例外的に公共的法益に対する侵害を正当化する余地があることを認めている。それは、本件のように、公共的法益の侵害が、必要な防衛行為と不可分に結びついている場合である。」[11]こ

　9　ドイツの刑法学説においては、このように正当防衛行為が同時に「社会法益」の危殆化を併発した場合も、その社会法益に対する罪に関する正当化は（正当防衛ではなく）緊急避難の問題であると考える立場が一般的であるように見受けられる。Vgl. MK-*Erb*, §32, Rn.123; *Andreas Hoyer*, in: SK-StGB, Bd. I, 9. Aufl., 2017, §32, Rn. 51.
　10　同罪の構成要件は、「危険な……介入を行うこと」によって「道路交通の安全を侵害し、よって他人の身体若しくは生命又は大きな価値のある他人の物を危険にさらす」ことである。
　11　BGH NJW 2013, 2136.

れに対して、学説においては、裁判所によるこのような正当防衛の理由づけを「理由不足」と見て、「道路交通への危険な介入の罪」の正当化の可否はあくまで緊急避難の成否の問題である、とするものが見られる[12]。

4 　防衛行為によって防衛効果とは無関係の侵害者法益を同時に侵害した場合

　最後に、従来議論がなされているわけではない架空の事例であるが、防衛行為によって侵害者側の攻撃力が消失し、防衛効果が上がったが、それと同時に、侵害者からの攻撃を防ぐのとは無関係の種類の侵害者の法益まで侵害することになった、というケースも考えられる。例えば、事例⑨がそのような例である。

> **事例⑨（急迫不正の侵害に出た債権者の殺害事例）**
> 　Ｘは、Ｘに多額の貸金をしている債権者Ｙと口論になり、ＹがＸに刃物で襲いかかってきたので、自分の生命・身体を守るために、自らも刃物でもってＹに反撃し、Ｙを死亡させた。そのときＸは、Ｙが死亡すれば貸金について知る者がないため、事実上返済免脱の効果が得られるであろうということは分かっていた。

　事例⑨において、事実上の債務免脱効果を上げることになったＸによるＹ殺害の行為は、2項強盗殺人罪の構成要件に該当し得る[13]。この場合、「Ｙの生命を侵害したこと」については、それが「やむを得ずにした行為」に当たる以上、正当防衛が成立し得るが、「Ｙ殺害によって債務免脱効果を得たこと」はＸの生命・身体の防衛とは何の関係もないから、その結果が正当防衛によって正当化されると考えることは困難であろう。しかし、この場合には、ＸがＹに対して必要最小限度の反撃を加えた結果としてＹを死亡させたならば、必然的に、債務免脱（2項強盗）の結果が随伴することになってしまうのである。そうすると、Ｘのような状況に置かれた場合、「債権者」であるＹのような相手からの物理的

12　Wolfgang Mitsch, Gefährlicher Eingriff in der Straßenverkehr und Notwehr, JuS 2014, S. 596. またこの論説は、ドイツ刑法の「道路交通への危険な介入の罪」は単に一般公共に対する危険を生じさせる抽象的危険犯に止まる犯罪でなく、少なくとも、現実に存在する個々人の生命・身体・財産が具体的に危殆化されたことを要求する犯罪であると解した上で、そうだとすると、本件では、現にこのような危殆化を被ったＹらとの関係でＸに正当防衛の成立が認められている以上、本罪の中核をなす「個々人の法益の具体的危殆化」という部分は完全に「中和」されているのであり、したがって本罪の構成要件的不法はもはや十全な形では認められない程度にまで縮小しているとして、正当防衛（ドイツ刑法32条）を理由として「道路交通への危険な介入の罪」の不成立を導くことができる理論構成の基礎づけも試みている。

13　この種の債権者殺害のケースにおける2項強盗殺人罪の成否に関しては、平本喜祿「債権者の殺害と二項強盗としての強盗殺人罪の成否」研修369号（1989）53頁以下など参照。

攻撃にはおよそ対抗してはならず、結果として退避義務を負うということになるのだろうか。このケースは、防衛行為の効果が「第三者Ａ」ではなく「侵害者Ｙ」自身に及んでいるにすぎないものの、その効果が防衛（侵害者Ｙの侵害を止めること）とは無関係であるという点において、「防衛行為と第三者」問題の諸事例との間に共通性があるものといえよう。

三　見解の対立点と事例の解決

1　分断アプローチと問題の所在

　ここまで、問題となり得る各種事例を見てきたが、「防衛行為と第三者」のケースをめぐっておよそ議論が生じるのは、次の点にその原因があるものと思われる。これらの事例においては、行為者Ｘの１個の行為が、侵害者Ｙに生じた法益侵害（それ自体）との関係では正当防衛となり得る一方、第三者Ａに生じた法益侵害（それ自体）との関係では正当防衛となり得ず、せいぜい緊急避難の成否が問題となり得るにすぎない、という事情がそれである。つまり、Ｘの行為は、Ｙとの関係では正当防衛の要件を充足するものであるとしても、Ａとの関係で見たときに緊急避難の要件を充足するものでなければそれは違法行為となり、Ｘは（故意・過失が否定されるのでない限り）処罰を免れない。そうすると、Ｘは、本来ならばＹとの関係で正当防衛として正当化されるはずの対抗行為に出ることができず、Ｙの侵害から退避する義務を負うことになってしまうのである。

　もちろん、侵害者Ｙに対抗したとしても第三者Ａにまで侵害が及ぶことがなく、かつ、Ｙとの関係でも防衛効果が上がる、というような反撃行為があるならば、Ｘは、防衛行為としてそのような反撃行為を選ぶ（そうでないならばＹの侵害から退避する）ことを要求されてもよいだろう。しかし問題となるのは、Ｙに対しておよそ防衛効果が上がるような対抗行為に出れば、必然的または不可避的にそこから第三者Ａにも侵害が生じ得る、という状況だった場合である。この場合には、Ｘは対抗行為に出ることが許されないことになる。その場合、正当防衛行為に出ることが許される範囲が、実際には、緊急避難の要件を充足する範囲にまで縮減されることになるのである。

　この問題をめぐっては、従来、このような正当防衛の「縮減」を当然のことと

考え、特に問題としない見解が有力であった。これは、「侵害者Yの法益侵害を惹起した」という事実との関係で見たXの行為の刑法的評価と、「第三者Aの法益侵害を惹起した」という事実との関係で見たXの行為の刑法的評価とを別個独立の問題として「分断」し、それぞれ個別に刑法的評価を下すというアプローチである（以下、「分断アプローチ」と呼ぶ）。ドイツの刑法学説においてはこの立場が通説的であり、Xの行為がYとの関係では（正当防衛により）適法行為とされても、その同じ行為がAとの関係では（緊急避難の要件を充足せず）違法行為と評価される事態も当然あり得ることと説明されている[14]。日本の刑法学説においては、ドイツとは異なり、この点に関して必ずしも統一された通説的見解が確立しているわけではないようであり[15]、かつ、事例類型ごとに解決方法を異にするような見解も多く見られるが、それでもやはり「分断アプローチ」を出発点に置いて思考している見解が少なくない[16]。例えば、有力な学説は、「防衛行為と第三者」の事例におけるXは、第三者Aとの関係で見れば「Yからの侵害を自分で甘受するか、それともYからの侵害をAに転嫁するかの、いずれかの選択肢しかない」という「二者択一」の関係に立っていない（何故なら、Xには、Yの侵害から単純に「退避」してこれを回避する可能性があるから）、として対A関係における緊急避難の成立の余地を否定し、Xは対A関係では違法評価を免れないものとしている[17]。このような見解も、「対Y関係」と「対A関係」とを完全に

14　1個の同じ行為であっても、その行為をどのような観点から評価するかによって（より精確にいえば、実現した「構成要件該当事実」ごとに）違法・適法の評価が異なってくるという場合は当然あり得る（Teilbarkeit der Unrechtsbewertung：違法評価の分割可能性）、と説明されている。この文脈でよく引用されるのが、*Gunter Widmaier*, Die Teilbarkeit der Unrechtsbewertung, JuS 1970, S. 613; *Hans-Ludwig Günther*, Klassifikation der Rechtfertigungsgründe im Strafrecht, Festschrift für Günter Spendel, 1992, S. 191.

15　日本の刑法学説の網羅的な検討は、川端博「防衛行為と第三者の法益の侵害」同『正当防衛権の再生』（1998）所収199頁以下など参照。

16　特に明確にその趣旨を述べるものとして、森下忠「正当防衛と緊急避難との限界領域」岡山大学法経学会雑誌12巻4号（1962）69頁（「「分断的アプローチ」に反対するような見解は、」「防衛が逸脱する危険の存在するときには、第三者に対する侵害を回避しようとする顧慮がはたらく結果、防衛行為の遂行は、事実上、なんらかの制限を受けることになる、というのであろう。そうだとすれば、それは事実問題であって、法律論とはいえないであろう。法律論としては、無関係な第三者に対する侵害の法的性質を明らかにすればたりる。」）、同74-75頁（「これは、ひっきょう、違法判断の相対性を肯定するかどうかの問題にほかならない。つまり、一定の行為がある関係では正当であっても他の関係では違法だ、ということがありうるか、の問題である。この問題は、つとに宮本博士や小野博士の述べたように、肯定すべきである。規範関係は相対的なものである。一個の防衛行為について、攻撃者に対する関係では適法、第三者に対する関係では違法ということはありうる。」）。

分けた上で、それぞれ個別に刑法的評価を考えるという「分断アプローチ」の思考方法を前提にしていることが明らかである。

1個の行為によって実現された出来事を「構成要件該当事実」という単位でもって「分節」し、それぞれに対して個別に刑法的評価を加える、という「分断アプローチ」の思考方法は、刑法適用の「論理」として見れば正当なものであり、それ自体に異論の余地はないと思われる。しかし問題は、「防衛行為と第三者」の問題においてこの論理だけで形式的に押し切ると、正当防衛が認められる範囲が事実上大きく縮減されてしまう、という点にある。これを単に「事実上」[18]の問題として、何も補正を試みないで済ませるべきか否かという点が、まさにここでの見解の対立点である。

2　連動アプローチの展開

日本の刑法学説においては、このような「分断アプローチ」からの帰結を問題視し、補正を試みようとする見解が有力に展開されている。そこに見られる問題意識は、行為者の1つの行為によって「Yの法益侵害」と「Aの法益侵害」とが不可避的に生ずる場合においては、それぞれの結果惹起を別個独立に評価して済ませるのではなく、両者の結果惹起を何らかの形で「連動」させることが必要であり[19]、そうすることによって正当防衛の成立範囲が事実上「縮減」するという事態も回避することができる、という発想である（以下、これを「連動アプローチ」と呼ぶ）。本稿も、このアプローチを支持するものである。「防衛行為と第三者」の問題状況においては、Xの1つの行為によって「Yの法益侵害」と「Aの法益侵害」という2つの事態が同時に生じている。したがって、「分断アプローチ」に従って、形式的に、その行為は「Yとの関係では適法」だからやってもよいが、「Aとの関係では違法」であるからやれば処罰される、ではやるかやらないかどちらにするか、と言われたならば、Xは事実上、違法行為を避け

17　内藤謙『刑法講義 総論（中）』（1986）387頁、曽根威彦『刑法の重要問題［総論］』（第2版、2005）107-108頁、同『刑法原論』（2016）218-219頁、樋笠尭士「正当防衛における方法の錯誤」嘉悦大学研究論集60巻1号（2017）66-67頁など。
18　森下・前掲注（16）文献の引用を参照。
19　このような問題意識を明確に示したものとして、百合草浩治「防衛行為による第三者の法益侵害について（一）」名古屋大学法政論集194号（2002）140-142頁。「連動」という言葉は、同論文152頁から借用したものである。

る選択（「退避」）をするしかない。そこで、この２つの発生事態を総合的に考慮した上で、Ｘに対して「当該状況でＸがとるべき（だった）行為が何か」という１個の統一された適切な行動指針を示すことが必要なのではないかと思われるのである。これが「連動アプローチ」の主眼である。

　このようなアプローチに立つ見解として注目されるのが、Ｘの行為が「Ｙとの関係では正当防衛に当たる」ことを、Ａとの関係における正当化判断に反映させる、という解釈論である。このような一つの解釈論を考案した齊藤説[20]は、次のような判断方法を提示している（以下の①、②、③）。

　①Ｘが、侵害者Ｙからの侵害を避けるためにはＹに対抗する以外に方法がなく（Ｙの侵害から退避できる可能性はなかった）、かつ、Ｙに対抗すれば不可避的に第三者Ａにも侵害が生じる、という状況に置かれていた場合には、Ｘの法益とＡの法益とが「二者択一（法益衝突）」の関係（緊急避難状況）に立っていると言えるから、Ｘの行為は、法益均衡性の要件さえ充足すればＡとの関係で当然に緊急避難となり得る[21]。

　これに対して、Ｘが、侵害者Ｙの侵害から退避すればその侵害を避けることは可能であった（退避可能性はあった）という場合（Ｘの法益とＡの法益とが、事実状況としては「二者択一（法益衝突）」の関係に立っているわけではない場合）であっても、Ｘの行為が正当防衛として「法的に是認される行為」である以上、「それによって不可避的に侵害される〔第三者Ａの〕法益は、それによって守られる利益と両立不能の関係にあると、法的には評価しうる」[22]。

　②Ｘの行為が正当防衛と認められるための「やむを得ずにした行為」の要件は、Ｘが「防衛行為の際に〔第三者〕Ａの存在を認識していた場合、あるいは認識可能であった場合には、……〔急迫不正の侵害者〕Ｙだけでなく、Ａとの関係も考慮に入れたうえで考えなければならない」。そのため、「必要性の要件

20　齊藤彰子「判研（大阪高判平成14・9・4）」金沢法学47巻１号（2004）333頁以下、同「防衛行為と第三者」西田典之ほか編『刑法の争点』（2007）47頁。また、安田拓人「演習」法教314号（2006）113頁。

21　この場合は、どの見解からも対Ａ関係において緊急避難の成立が認められることになる。しかし、このような場合に限って対Ａ関係で緊急避難が認められ、ひいては、Ｘは安んじて対Ｙ関係でも正当防衛行為に出ることができる、というのでは「狭すぎる」（甘利航司「正当防衛における第三者侵害」新倉修先生古稀祝賀『国境を超える市民社会と刑事人権』〔2019〕90頁も参照）、というのがここでの問題意識である。

22　齊藤・前掲注（20）金沢法学348頁、同・前掲注（20）争点47頁。

については、同等の防衛効果を有する反撃行為のうち、Yとの関係のみならずAとの関係も考慮に入れたうえで最も侵害性の低い行為を選択した場合にのみ許されるということにな」る[23]。

③他方、「少なくとも、〔侵害者Yの〕侵害から逃走することが容易であり、かつ、反撃に不可避的に伴う第三者〔A〕の侵害が重大である場合には、〔防衛行為の〕相当性が否定される場合があるということは否定できない」[24]。

以上の齊藤説による判断枠組みは、要するに、Yから急迫不正の侵害を受けているXには原則として侵害から退避する義務はなく、Yへの対抗行為に出ることが許されるが（①）、その対抗行為が不可避的に第三者Aの法益侵害にもつながる以上、その対抗行為が刑法36条（正当防衛）にいう「やむを得ずにした行為」に当たるためには、Y及びAの両者に与えることになる侵害（の総量）が「必要性」要件（＝必要最小限度。手持ちの対抗手段の中で最も侵害程度が低い部類の行為であること）を充足するものでなければならない（②）、というものである。一言でいえば、「防衛行為と第三者」の状況においては行為者に退避義務は課されないが、対抗行為が正当防衛となるためには、その対抗行為によって「侵害者Y・第三者A」の全体に生じる侵害が、とり得る対抗行為群の中で最も低いランクに止まると言えることが必要だ（Y・A全体との関係での「必要最小限度」性の判断）、ということである。そして、Xの行為がこの条件を充足し、Yとの関係で「正当防衛」とされるならば、それは正当防衛として「法的に是認される行為」なのだから、そのような法的に是認された行為によって不可避的に侵害される第三者Aの法益は、法的評価として見ればXの利益と両立し得ない「二者択一（法益衝突）」の関係に立っていると言うことができるので（①）[25]、Xの行為につき、Aとの関係で「緊急避難」の成否を検討する条件がそろうことになる（あとは法益均衡性の要件を充たせば、緊急避難として正当化される）。さらに加えて齊藤説は、いわば「安全弁」として、Xにとって「退避が容易」である一方、「対抗行為に出た場合に第三者Aが被る侵害が重大なものと見込まれる」場合には、例

---

23 齊藤・前掲注（20）金沢法学347頁（引用文中に現れるアルファベットは、本稿の文脈に合わせて変更している）。
24 齊藤・前掲注（20）金沢法学347頁。
25 なお、①で言われている、Xの法的に是認された行為（正当防衛行為）によって保全される利益の側には、Xの個人的な利益のほか、正当防衛行為が持つ「法確証の利益」などが含まれているものと見受けられる。

外的にXに退避義務が生じる、というルールも提示している（③）。

この見解は、一方で、「分断アプローチ」に立って考えた場合のように「急迫不正の侵害を前にしてXに退避義務が課される」という事態に至ってしまうのを回避し、Xに原則として「対抗」（正当防衛）を許すと同時に、他方で、その対抗行為が第三者Aの法益を必然的・不可避的に侵害する結果になることも考慮して、（対Yの関係における）正当防衛の成立条件自体を（対Aの侵害も視野に収めることで）厳格化するという形で、適切なバランスをとっている。また齊藤説の理論構成においては、このような条件によって「対Yの関係」で正当防衛が認められた場合には、理屈の上で必然的に「対Aの関係」でも緊急避難状況が現出することになる（あとは、法益均衡性の要件が充たされれば緊急避難が成立することになる）のであり[26]、これは、対Y関係と対A関係の刑法的評価を「連動」させた極めて巧妙な理論構成であると思われる。②の「Y・A全体」との関係でなされる必要最小限度の判断が、具体的にはどのような形で行われるのかという点や、③の例外的な「安全弁」の要否や、（それが必要とされた場合の）具体的な運用の在り方など、更に詰めて検討すべき問題は残されているが、一つの考え抜かれた「連動アプローチ」の解釈論として、基本的に賛成できるものと考える[27]。

26　なお、Xが、侵害者Yに対抗することだけを認識しており、第三者Aに侵害が及ぶことを認識していなかった場合には、Xには「防衛の意思」はあるが「避難の意思」がないから、対A関係で緊急避難を認めることは困難である、とする異論もある（香川・前掲注（1）130-131、137頁、内藤・前掲注（17）385頁など）。もっとも、この点については、「侵害を避けよう」とする目的・意思という点において防衛の意思と避難の意思には共通部分があり、対Y関係で防衛の意思を持っていたXには、対A関係での避難の意思を認めることも不可能でないように思われる（福田平＝大塚仁『対談刑法総論（中）』〔1986〕29頁〔大塚〕、佐久間修『刑法における事実の錯誤』〔1987〕379-380頁参照。また、曲田統「判研（大阪高判平成14・9・4）」札幌学院法学20巻1号〔2003〕86頁）。
27　なお、ドイツの刑法学説においては、全く逆に（むしろ、行為者Xにより厳しい方向で）、Xの行為が第三者Aとの関係で「緊急避難」の成立要件を充足するものでない限り、そもそも侵害者Yとの関係でも「正当防衛」の成立が認められない（Xには退避義務が課される）、という形で「対Y関係」と「対A関係」の刑法的評価を連動させる「連動アプローチ」が主張されている。Burkhard Koch, Überlegungen zur Rechtmäßigkeit der Verteidigung in Notwehr bei unvermeidbarem Eingriff in Rechte Dritter, ZStW 122, 2010, S. 804 ff. この見解は、正当防衛という制度の趣旨は、法益保護（基本法の定める価値秩序の維持・実現）のために国家が介入することが困難である緊急状況においても、市民（正当防衛行為者）の手によってその価値秩序が維持・実現されることを保障する点にあるとし、そのような前提理解から、防衛行為者の行為が第三者の法益侵害を併発した場合には利益衡量の原理（緊急避難の判断基準）に従って結論が下されなければならない、と解するものである。ここでは詳しく検討できないが、この見解の当否を考えるにあたっては、単に理論的な考察を行うだけでなく、日本とドイツにおける正当防衛の適用・運用実態の違いも考慮に入れなければならないものと思われる。

3　諸事例の解決

それでは、この見解を基にして考えた場合に、各事例における結論がどのようなものになるかについて、簡潔に見ていきたい。

第三者Aの財物が防衛行為に利用されたケース（事例①）においては、侵害者Yからの侵害を回避するために、Aの財物を用いて防衛することが（X自身がYの侵害を甘受するということ以外で）唯一の選択肢であった（XとAとが「二者択一（法益衝突）」の関係に立っていた）、と言える必要はない。もっとも、「Aの当該財物の損壊を伴う方法で侵害者Yに反撃する」という手段が、必要最小限度の対抗手段であったか（Xとの関係においてだけではなく、Aに対する関係でも、侵害がより小さくなるような手段が他になかったかという点）が問われなければならない。そして、その対抗手段が必要最小限度であったと認められれば、Xとの関係では正当防衛が成立し、Aとの関係でも緊急避難状況が認められ、あとは法益均衡性（Xが保全した利益と、侵害されたAの財産利益との衡量）が問題となるだけである。

他方、第三者Aの財物が侵害者Yによる侵害行為に利用されたケース（事例②）においては、日本の刑法学説上、Aの財物は「Xの侵害行為の一部を構成している」として、端的に（対Yのみならず、対Aの関係においても）Xに正当防衛の成立を認める見解が有力である。これは、日本の刑法学説においてはいわゆる「対物防衛」（人の行為ではない端的な「物的状態」との関係における正当防衛）を認める見解が有力であることから、Aの財物が（Aの行為性を伴わずに）Yによって侵害に用いられた場合においても、「Aの財物が、物的にXの法益に危険をもたらしているという状態」それ自体に対する正当防衛を観念することができる、という事情に起因している[28]。仮にこのような事情を捨象して考えるならば、事例②においても事例①と同じ判断方法が妥当し得るものと言える。

事例③、事例⑤、事例⑥のケースにおいては、侵害者Yに「対抗」し得ることを前提にした上で、「Y及び第三者A」全体との関係で、生じる侵害が最も低い程度に止まるような行為をXが選択したと評価できるかが問題となる。事例③においては、Y・Aの上半身のあたりを狙って散弾銃を発砲する行為が、Yの拳銃による攻撃に対する対抗行為として必要最小限度のものだったと言えるのか

---

[28]　山口厚『新判例から見た刑法』（第3版、2015）48-51頁。

(より生命の危険性が低い身体の別の部位を狙った場合には防衛効果が得られなかったのか、いったん身を隠すなどして、その間に、Xに向けて散弾銃を発砲したとしてももはやAには命中することがないような位置関係・状況になるのを待つといった可能性はなかったのか、という点）が問われる[29]。事例⑤においても、YとAに向かって自動車を急後退させる以外に、「Y及びA」全体に与える侵害がより小さくなるような手段が無かったのかが問われる。とはいえ、仮にこの急後退の手段が必要最小限度だったと認められ、Yとの関係で正当防衛が肯定され、Aとの関係で緊急避難状況が認められることになったとしても、本件においては、Xの行為は法益均衡性を欠いていると考えられるため[30]、いずれにせよ対A関係における緊急避難の成立を認めることは困難であろう。事例⑥においても、Yの腹部に衝撃が及ぶような対抗行為が、Yからの攻撃に対する対抗行為として「Y・A」全体との関係で必要最小限度のものだったと言えるのか（すなわち、Yに対する防衛効果もあり、かつ、胎児Aに対する影響が有意に小さくなるような、別の対抗手段がなかったのか）が問われることなるだろう。

また、事例⑧のように、社会法益に対する罪を併発した場合も、原則的にその判断方法に違いはないものと解される。

4　周辺問題

最後に、上記諸事例から生じる周辺的な問題点について、一言ずつコメントすることにしたい。

第1に、事例⑤に関して、大阪高裁は、XがAを死亡させた点につき緊急避難の成立を否定した上で、周知の通り「誤想防衛の一種」としてその故意を阻却する、という解決を示した。Yに対して正当防衛行為に出ていること（だけ）を認識していたXは、「主観的には正当防衛だと認識して行為している以上、Aに本件車両を衝突させ轢過してしまった行為については、故意非難を向け得る主観的事情は存在しない」というのがその理由である。「自分はいま、Yに向かって自動車を後退させ、場合によってはYに自動車をぶつけてAを救助するという

---

[29] この場合、さらに、齊藤説のいう条件③（Xにとって「退避が容易」である一方、「対抗行為に出た場合に第三者Aが被る侵害が重大なものと見込まれる」場合なのではないか、という点）もまた検討の対象になり得るだろう。

[30] 水野智幸「防衛と錯誤の交錯」『日高義博先生古稀祝賀論文集 上巻』（2018）289頁、鈴木左斗志「判研（大阪高判平成14・9・4）」刑法判例百選Ⅰ総論［第8版］（2020）59頁。

防衛行為（緊急救助行為）に及んでいる」という、行為時点におけるXの状況認識は、それ自体（それがもし客観的事実として存在したならば）緊急救助に当たるような行為の事実認識であって、これは「犯罪事実の認識」（故意）ではない。したがって、このような場合を「誤想防衛の一種」と呼ぶか否かは別としても、Xの故意（いわゆる責任故意）が阻却されるという理論構成は正しいものと思われる。

　大阪高裁はこれに加えて、「被告人にとってAは兄であり、共に相手方の襲撃から逃げようとしていた味方同士であって、暴行の故意を向けた相手方グループ員〔Y〕とでは構成要件的評価の観点からみて法的に人として同価値であるとはいえ」ないという理由を挙げ、いわゆる法定的符合説を前提にして考えたとしても、「Yに対する暴行」という認識しかなかったXに、法定的符合の論理を介して「A」との関係における暴行の故意（すなわち構成要件的故意）を認めることはできない、という理論構成も示している。これはつまり、正当防衛による対抗が法的に許容されている「Y」と、そうではない「A」とでは、「人」としての法的な意味・要保護性が異なっている（急迫不正の侵害者であるYは、正当防衛で対抗され得る限度でその法益の要保護性を喪失している）、ということを指摘したものと思われる[31]。そうだとすると、この理由づけも結局のところ、「Xにおいて、Yに対する行為は、犯罪事実に当たらない状況下での行為として認識されている」ということを理由にしてXの故意（犯罪事実の認識）を阻却しているのに他ならず、上記の「誤想防衛の一種」と呼ばれる理論構成と同じところに帰するものと思われる。

　第2に、事例⑦の刃物携帯行為の刑法的評価についても一言言及しておく。この事例においては、事例⑧とは異なり、侵害者Yに対抗する脅迫行為という1個の行為が、同時に社会法益に対する罪（刃物携帯罪）を構成している、というわけではない。Xの刃物携帯行為は、XがYに対する脅迫行為に及ぶ前から開始・継続しており、防衛の意思によって開始された防衛行為としての脅迫行為とは別個のものである（「刃物携帯行為」と「脅迫行為」との関係は、たとえて言えば「飲酒運転行為」とその飲酒運転途中で犯した「過失運転致死傷の行為」との関係に類似したものと言えよう）[32]。そのため、事例⑦は「防衛行為と第三者」の問題として検討

31　曲田・前掲注（26）89頁も参照。
32　大久保隆志「刃物携帯の罪数と訴因構成」広島法科大学院論集4号（2008）74-75頁参照。多和田隆史「判解（最決平成17・11・8）」『最高裁判所判例解説 刑事篇 平成17年度』（2008）は、事例

されるべき事案ではない。また、仮に「脅迫行為」と同時期の部分の「刃物携帯行為」だけを取り出し、「同一の行為」から「対Y」の脅迫と「対社会」の危険発生とが生じたと考えたとしても、最高裁平成元年判決のように、社会法益に対する罪である刃物携帯罪を「正当防衛」として正当化することは理論的に説明困難である。その場合も、あくまで「緊急避難」の成否が問題とされるべきである[33]。

第3に、事例⑨においては、「2項強盗」の部分の正当化はできないものと解される。まず、Xの生命・身体の防衛にとっては、Yを殺害してその攻撃を止めることは必要だったかもしれないが、それによって債務免脱効果を上げることが必要だったわけではないので、債務免脱効果を得たことを正当防衛の論理で正当化することは困難である。また、緊急避難の論理による正当化も法益均衡性の要件を充足し得ないため(生命保全のために、生命侵害と債務免脱を行ったことになる)、不可能であろう。そうすると、Xの2項強盗の罪責を否定し得る論理としては、2項強盗においては利得目的の現れと認められるような実態が要求されると解した上で、かつ、「Xには利得目的がなかった」と認められる必要があろう。この点については、単なる問題提起に止めざるを得ない。

[付記] 甲斐先生には、早稲田大学大学院法務研究科における研究・教育活動の様々な局面において、色々なことを教えていただいた。とりわけ、甲斐先生が研究科長を務められていた際には、筆者も研究科執行部の一員として日々大変お世話になった。大変拙いものであるが、本稿を献呈し、先生の学恩に心より感謝を申し上げたい。

---

⑦について、「携帯行為と侵害行為は法益の性質が異なる上に別個の意思発動による行為であることや行為の層も異なるとの見方も可能であることなどから、〔脅迫行為について成立した正当防衛による〕違法性阻却は不法携帯には原則として及ばないと解するのがむしろ自然な考え方と思われる。」(523頁)とした上で、事例⑦において最高裁平成元年判決が示した判断は、「①適法性が強くうかがわれる車内での携帯が急迫不正の侵害に直面して護身目的での車外での携帯へと切り替わり、②その替わり目の『車外への持ち出し』を始点として車外の不法携帯が訴因として構成され、かつ、③その訴因とされた車外での携帯行為と示凶器脅迫行為(防衛行為)が時期的に全く重なり、防衛行為をはみ出るような不法な携帯部分がないという事案について……被告人を全部無罪にするために採られた」特殊な判断であった(525頁)、と解説している。

[33] 山口厚「判研(最判平成元・11・13)」警研63巻1号(1992)38頁、三上正隆「判研(最決平成17・11・8)」法時79巻12号(2007)137-138頁など参照。なお、このような場合は、「刃物の有する危険性は、基本的には当該相手方にのみ向けられているのであって、限りなく相手方の個人的法益に対する危険性に特化しているものと理解することが可能である」として、「むしろ積極的に正当防衛に類似した違法性阻却を認めることができる」とする見解もある(深町晋也「判研(最決平成17・11・8)」ジュリ1374号〔2009〕106-107頁。また、山本和輝「特別刑法と人身犯」法セ826号〔2023〕13頁)。これは注12のドイツの刑法学説の説明と類似の思考方法といえる。

解離性同一性障害患者たる被告人の
刑事責任能力判断に関する議論の現在地

上 原 大 祐

一　はじめに
二　DID 患者たる被告人の刑事責任判断をめぐる議論
三　おわりに

一　はじめに

　筆者はこれまで、解離性同一性障害（Dissociative Identity Disorder：以下 DID）を患う被告人の刑事責任能力判断に関して研究を続け、論考を公表し、この問題に関するこれまでの議論を踏まえて、自身の立場を明らかにしてきたが、そこでは、この問題に関する先行研究が複数存在するアメリカの議論を主な題材として考察して来た。その理由としては、これまで我が国においては、この問題に関する議論が刑法学の世界においてほとんどなされて来なかった、ということがある。しかし近年、我が国においても、実務の世界において DID を患う被告人の刑事責任能力判断が問題となる裁判例が複数出てきており[1]、この実務の状況を受けて、刑法学の世界においても、責任能力論の第一人者である安田拓人教授の論考を始めとして、この問題を扱う考察が幾つか出されてきた。また、アメリカにおいても、筆者がこれまで考察の素材としてきた議論の他にも、新たな見解が主張されている。そこで本稿では、筆者がこれまで拙稿等の中で紹介して来た議論の後に公表された新たな見解を紹介し、DID 患者たる被告人の刑事責任能力判断に関する議論の現在地を確認する[2]。

---

[1] 平成31年までの裁判例に関しては、拙稿「解離性同一性障害患者たる被告人の刑事責任能力判断：大阪高裁判決平成31年3月27日」鹿児島大学法学論集54巻2号（2020）31頁で表にまとめた。その後、令和に入ってからは、確認できるものとして4件の裁判例が存在する（令和6年1月28日時点）。

[2] 本稿で紹介するものの他、我が国で刑事法学者がこの問題について考察を加えたものとして、拙稿・前掲注1.の注11で紹介するもの以外に、箭野章五郎「刑事裁判例批評（392）解離性同一

二　DID 患者たる被告人の刑事責任判断をめぐる議論

1　これまでの議論

　筆者は以前、アメリカにおけるこの問題を巡る議論を紹介する中で、大別して、①被告人が DID 患者であることを根拠として、行為が主人格・副人格のどちらによって行われたかに関わりなく被告人の刑事責任を否定する「無実の人格アプローチ」、②主人格が行為を弁識・制御できたか否かを判断基準として、この能力が失われていた場合には被告人の刑事責任を全体として否定する「グローバルアプローチ」、③行為時に行為を統御していた人格状態に焦点を当て、この人格状態が行為を弁識・制御する能力を欠いていた場合に限り被告人の刑事責任を全体として否定し、それ以外の、当該人格が弁識・制御能力を有していた場合には被告人の刑事責任を全体として肯定する「個別人格アプローチ」の3つがある、と分類した[3]。筆者はこの問題を従来の責任能力論を超えた問題として捉え、刑罰正当化の議論に立ち返って考察し、応報を正当化根拠とする立場から、②グローバルアプローチを支持する立場を明らかにしたのであるが[4]、近年、この3つのアプローチの分類に乗らない、もしくはこれを超えた判断方法を提言する見解が出されている。我が国のものとアメリカのものがそれぞれあるが、本論文では両者を並列に概観してみたい。

2　従来の刑事責任能力判断基準により DID 患者たる被告人の刑事責任を判断すべきとする立場

（1）安田拓人教授の立場

　安田拓人教授はこの問題に関する裁判例（東京高判平成30・2・27）の判例評釈[5]

性障害と責任能力：解離性同一性障害の影響により心神耗弱が認められた事例［東京高裁平成30. 2. 27判決］」刑事法ジャーナル63号（2020）107頁以下、川口浩一「解離性同一性障害と責任能力」刑事法ジャーナル72号（2022）35頁以下、等がある。
3　拙稿「解離性同一性障害患者の刑事責任をめぐる考察：アメリカにおける議論を素材として」広島法学27巻4号（2004）185-209頁、同「刑事責任と人格の同一性（1）アメリカにおける解離性同一性障害患者たる被告人の刑事責任を巡る議論を素材として」広島法学32巻4号（2009）97-120頁および同「（2・完）」広島法学33巻1号（2009）15-42頁。
4　拙稿・前掲注3.「刑事責任と人格の同一性（2・完）」34-36頁。
5　安田拓人「解離性同一性障害と責任能力の判断」判例時報2473号（2021）138頁以下。

の中で自身の立場を、「主人格によるコントロール可能性に焦点を当てる「グローバルアプローチ」と、行為時に肉体を支配していた人格ごとに検討する「個別人格アプローチ」を対置し、裁判例がそのいずれと整合的かを検討するといった、従来からよく見られる分析からは意識的に距離をとり、裁判例を素材として、「どのような点が責任能力に影響するものと考えられているか」を可能な限り明らかにし、それを刑事責任能力論の観点から検討する」とし、その理由として「グローバルアプローチなる見解は、診断名を重視し、「解離性同一性障害の診断あり→グローバルアプローチの適用→心神喪失」という形式論理をとるものであるが、事案によっては、鑑定人の間で解離性同一性障害とみるかで診断が分かれる場合もありうるのであり、ここで診断名を決定的に重視することは、鑑別診断を裁判所が行うべきこととならざるを得ず、妥当ではない」と述べられる[6]。「鑑定人の間で診断が分かれる」というのは事実認定に関する問題であり、「DID 患者であるということが鑑定によって明らかとなった被告人の刑事責任能力をどのように判断すべきか」という規範的問題とは関係が無い、と筆者は考えるが、ここで注目すべきはむしろ、「グローバルアプローチは診断名を重視する見解であり、この立場からは距離を取るべきである」とする安田説の立場である。これは、そもそも責任能力の判断において、診断名を重視するのではなくむしろ症状を重視すべき、とかねてより主張されてきた安田教授の立場[7]からの論理的帰結ではある。

　安田教授はまず、DID 患者たる被告人の刑事責任能力が阻害される場合として、①犯行が統合失調症の幻覚・妄想のような病的症状に直接支配された場合とパラレルに理解されるべき場合、②犯行が平素の人格と異質であり、質的にも断絶しているとみられるような場合、を指摘され、それぞれのケースとして大阪高判平成31・3・27[8]および東京地判平成20・5・27[9]を挙げられる。特に東京地判

6　安田・前掲注5.141頁。

7　たとえば安田拓人『刑事責任能力の本質とその判断』（2006・弘文堂）71頁、172-173頁。

8　LEX/DB25570219。覚せい剤使用の事案につき、心神耗弱を認めた。これに関する筆者の評釈として、拙稿「判例研究　解離性同一性障害患者たる被告人の刑事責任能力判断：大阪高裁判決平成31年3月27日」鹿児島大学法学論集54巻2号（2020）25頁以下。

9　LEX/DB25420977。殺人及び死体損壊の事件につき、殺人に関しては完全責任能力を認めたが、死体損壊に関しては DID の存在を根拠として心神喪失を認めた。これに関して筆者が評釈したものとして、拙稿「判例研究　アスペルガー障害および解離性同一性障害を患う被告人の刑事責任能力判断：東京地裁平成20年5月27日判決」広島法学33巻2号（2009）71頁以下。

平成20・5・27に関しては、裁判所が心神喪失を肯定したことに関する評価として、「病的酩酊のような場合に、犯行の人格異質性をメルクマールとして、責任能力を否定するのであれば、解離性同一性障害においても、これと同様に考えることは可能であろう。すなわち、副人格の状態での犯行が、平素の人格と異質で質的に断絶しているのであれば、それは被告人の人格によるコントロールを超えたところでの犯行であり、責任を問い得ないものと評価されるべきであるように思われる」と述べられる[10]。

これに対し、「平素の人格と犯行時の人格の間に連続性・関連性が認められるのであれば、ひとまとまりの人格状態として考察することが可能となり、異常性の有無は犯行時に着目して判断するべきことになるが、動機が平素の人格状態に起因・由来するといった事情も考慮に入れることができるようになる」[11]とするのが安田説の立場であり、この観点から、DID 患者たる被告人に完全責任能力を認めた大阪地堺支判平成28・12・6[12]、名古屋高金沢支判平成28・3・10[13]、大阪高判令和元・12・12[14]について、それぞれの判決における裁判所の判断を肯定され、人格の交替それ自体には意味はない、とされる[15]。また、別人格が、主人格が共犯者らと事前に共謀をした上で強盗に及んだ神戸地判平成16・7・28[16]を取り上げ、このような場合には「自由な意思決定の実現が認められてよく、刑法39条の適用を考えるべき実質が欠けていると評価されるべき」[17]とされる。

(2) 青沼潔判事の立場

青沼潔判事は裁判官の立場から、DID の存在を根拠に被告人に心神耗弱を認めた前掲東京高判平成30・2・27および大阪高判平成31・3・27を素材としてこの問題について考察を展開される[18]。青沼判事は、この問題を論じる前提とし

10　安田・前掲注5.142頁。
11　安田・前掲注5.143頁。
12　LEX/DB25544870。
13　LEX/DB25542891。これに関する筆者の評釈として、拙稿「解離性同一性障害を患う被告人の刑事責任能力および量刑に関する判断：名古屋高裁金沢支部平成28年3月10日判決（平成27年（う）第37号強制わいせつ被告事件）」
14　LEX/DB25570624。
15　安田・前掲注5.142〜143頁。
16　LEX/DB25410595。これに関する筆者の評釈として、拙稿「判例研究　解離性同一性障害患者の責任能力判断：神戸地裁平成16年7月28日判決」広島法学30巻2号（2006）113頁以下。
17　安田・前掲注5.143頁。
18　青沼潔「解離性同一性障害（DID）をめぐる諸問題——責任能力を中心に——」佐伯仁志他編『刑事法の理論と実務　第3巻』（2021・成文堂）27頁以下。

て、責任能力の意義および判断手法に関する一般論を確認し、責任能力判断に関して司法精神医学の側から提案されている「8ステップ」およびその中でも精神障害が犯行に与えた影響を説明する際の「7つの着眼点」について言及した上で、DID患者たる被告人の責任能力判断について考察を進める[19]。青沼判事は、グローバルアプローチと個別人格アプローチの対立を中核的な問題として展開する立論の仕方を「責任主体アプローチ」と命名され、グローバルアプローチと個別人格アプローチのいずれも相当ではない、として退け、これらを包摂する概念としての「責任主体アプローチ」とは異なる自説を展開される[20]。

青沼判事は、その見解の基本的な視座として、「責任能力の判断においては、精神障害がどのような機序で犯行に影響したかを問題とすべきであるところ、DIDという精神障害は、人格状態が複数現れ、思考や行動などが一人の人間としてまとまりをもっている状態が破綻すること(同一性の破綻)を病状の中核とする…。そうすると、当該DID患者の「同一性の破綻」が、その内容程度等に照らして、本来人格によって行われる当該犯行にどの程度の影響を与えたか否かが中核的な検討課題とされなければならない」と述べられる[21]。そして、DID患者たる被告人の責任能力判断の手法につき、「精神鑑定等において「同一性の破綻」の内容程度が、事理・弁識能力に影響を与えるほど重大であることが具体的な分析や根拠に基づいて明らかにされた場合には、本来人格は、DIDの影響により、一人の人間としてまとまりをもった思考や行動が困難になり、副人格等の交替人格の行為に対する弁識・制御能力が阻害され、完全責任能力に疑念が生じることになる。他方で、精神鑑定の結果等から「同一性の破綻」自体は認められるとしても、その内容程度について抽象的一般的な指摘がされるにとどまり、その重大さが具体的分析に基づいて明らかにされていなければ、DIDの影響を責任能力の判断において考慮すべきではない」とされる[22]。そして、この「同一性の破綻」の判断の在り方に関し、先の「7つの着眼点」を参考にしつつ、「一般的には、①動機の了解可能性、②犯行態様の合目的性、③違法性の意識の可能性、④犯行前後の言動の合理性といった項目ごとに、主人格状態及び副人格状態

---

19 青沼・前掲注18. 35〜36頁。
20 青沼・前掲注18. 42〜44頁。
21 青沼・前掲注18. 44頁。
22 青沼・前掲注18. 45頁。

のそれぞれの内容や相互関係等から「同一性の破綻」の有無程度を推し量ることになろう。その際には、「同一性の破綻」という問題の性質上、「7つの着眼点」でも言及されている⑤犯行前後における人格状態の異質性の有無程度という観点を特に重要した総合的判断が求められる（原文ママ）」と述べられる[23]。

上記の検討の上で、青沼判事は安田説に言及され、安田説における中核的な判断を「人格状態の交代の前後を通じて、一連の人格状態をひとまとまりに考察すること」ができるか、と理解し、安田説の立場を支持する[24]。

（3）考　察

以上、安田教授の見解と青沼判事の見解について概観して来た。この2つの見解に共通する前提として、DID患者たる被告人の刑事責任能力判断を行うに際して、診断名を重視すべきではない、とする点が挙げられよう。診断名それ自体には重きを置かないとする前提からすれば、その論理的帰結として、DID患者たる被告人の刑事責任能力に関しても、同障害固有の判断方法に基づいて判断するのではなく、他の精神障害と同様に、すなわち同じ基準を用いて考察すべき、ということになる。そして、その「他の障害と同じ基準」として、青沼説が述べるように、従来用いられてきた8ステップおよび7つの着眼点から「当該犯行と平素の人格との異質性（同質性）」という観点に基づき、DID患者たる被告人の刑事責任能力判断につき、「同一性の破綻」を基準として判断する、という結論は、この考え方からすれば、一つの論理的帰結となるものではある。

しかし、この考え方からすれば、同一性の破綻が認められれば、被告人の刑事責任能力は否定される、という結論になるはずであるが、その場合、「何故同一性が破綻していれば、すなわち当該犯行が平素の人格と異質なものであれば、責任能力に影響が生じ得るのか」という規範的根拠が問われるべきであろう。すなわち、責任能力の有無が問題とされ得る典型的な事案である統合失調症の場合、その障害の程度が重症であり、その症状が行為時の行為者の精神状態を支配しているような場合には犯罪行為の時点で被告人は弁識・制御能力を失っている、と一般論的に考えられるという前提があるからこそ、実際の具体的事案へのあてはめにおいて、障害の影響および責任能力の有無を判断するための考慮要素として「当該犯行と平素の人格の異質性」を検討することになる[25]。したがって、当該

23　青沼・前掲注18.45～46頁。
24　青沼・前掲注18.46～48頁。

犯行が平素の人格と完全に異質なものであれば、精神の障害が実際に被告人の行為時の精神状態を支配していたと認められ、この影響に基づいて被告人は行為時に弁識・制御能力を失っていたと考えられるため、責任能力が否定される、という結論になる。この場合、安田説の言葉を借りるならば、「犯行の人格異質性をメルクマールとして責任能力を否定」するのとは別に、犯行時の精神状態を取り出して、それ固有の弁識・制御能力を観念することはあり得ない。これに対しDIDの場合、犯行時の精神状態固有の弁識・制御能力を観念し得る。すなわち、行為を行ったのが別人格であるとしても、特別な事情がない限り、行為時だけを取り出してみれば行為時人格は当該行為に関する弁識・制御能力を有しているのである。それにも拘わらず、「当該犯行と平素の人格の異質性＝同一性の破綻」という観点からすれば、責任能力が否定されることになるはずであるが、これだけでは、この結論は奇異なものに思われる。さらに、この場合、「平素の人格とは何か」ということが問われることになるが、その場合、平素の人格とはすなわち主人格、ということになるであろう。このように見てくると、安田教授・青沼判事の見解は、青沼判事が呼称されるところの「責任主体アプローチ」を回避するために主張されているが、結果として責任主体アプローチの考え方を裏から引き入れていることになると考えられるのである。

3　DID患者たる被告人の刑事責任能力をめぐる従来の議論を超えた見解を主張する立場

(1) Madeline Easdaleの立場

アメリカのMadeline Easdaleはその考察の中で[26]、DID患者たる被告人の刑事責任能力判断につき、個別人格アプローチやグローバルアプローチといった従来の議論は、DIDの複雑さを考慮しない不十分なものであるとし、これらのコンセプトのハイブリッドである「チームアプローチ」というものを提言する[27]。

---

[25]　7つの着眼点に関して精神医学者の側から提示する「刑事責任能力に関する精神鑑定書作成の手引き　平成18〜20年度総括版 (ver. 4.0)」においても、「元来ないし平素の人格に対する犯行の異質性・親和性」という項目は、統合失調症や慢性の覚せい剤使用の結果として見られるような、発症後の人格変化がある場合、との関係で挙げられている。

[26]　*Madeline Easdale*, ASSIGNING CRIMINAL RESPONSIBILITY TO DEFENDANTS WITH DISSOCIATIVE IDENTITY DISORDER、Capital University Law ReviewVol. 50, Issue 4, 2022, at p. 467 ff.

[27]　*Easdale*, supra note 26. p. 468. 既存の各アプローチについての検討は*Easdale*, supra note 26. p.

このアプローチを提案する理由として Easdale は、DID の治療が必ずしも人格を統合することとは限らず、Easdale が法的人格と呼ぶ本来の人格が適切に機能するために複数の人格間のコミュニケーションを促進する場合もあり得ることを指摘する[28]。以下、Easdale の議論を見てゆこう。

　Easdale はまず、「一人の身体に一つの人格（one person）」という概念を、裁判所が DID 患者たる被告人の刑事責任判断を行う際には捨て、「一つの身体に複数の人格（many persons）」という概念へと変化させなければならない、と主張する[29]。Easdale は DID 患者における別人格（同一性）について、「トラウマを負った人が、振る舞いの、もしくは感情の状態間における一貫した自己感覚を育てることに失敗した場合、という代替的な発達的展開」と定義する。そして個々の同一性が、Easdale が法的人格（legal person）と呼ぶところの本来の人格や各々から異なった存在であるのか、という問題に関し、「答えはイエスでもありノーでもある。それらは異なってはおらず、しかし同一でもない。それらは……お互いに共同して、もしくは反発しあう、一つのシステムにおける、異なる自己状態である」と述べ、「裁判所は様々な要素のバランスを取り、人間の精神に関する2つの観点の「間に立つ」概念を適切に扱わなければならない」とする[30]。

　その「間に立つ」概念について論じるために、人格状態間に存在する関係を考慮すべきである、と Easdale は述べる。そして、DID 患者の「自己（self）」につき、3つのレベルの「自己」があり、それらはすべて、裁判所における DID 患者たる被告人の刑事責任に関する分析に含まれる必要があるもの、とも述べる。その3つのレベルの最初のものは、個々の人格もしくは同一性が、それぞれ固有の記憶、スキル、感情の表出、関係の作法を有し、人格間の移行が、急激なまばたきや表情の変化、声や振る舞いにおける変化、もしくは思考の混乱を含み得る、という点で、それぞれの人格もしくは同一性を異なったもの、とするものである。これに対し第二のレベルは、DID が、根底に横たわる防衛的なプロセスを含む、一人の人の障害である、とするものである。そして第三のレベルは、「DID を患う個人の精神は、複雑でダイナミックで適応的な自己状態として主観

489-495.
28　*Easdale*, supra note 26. p. 498.
29　*Easdale*, supra note 26. p. 467.
30　*Easdale*, supra note 26. p. 477-478.

的には構築されており、発達的に進展するものであり……DIDと格闘する個人の中に、カオティックでコントロール不能な解離であると思われるものの下に、規則に従って運用されるシステムが存在する」というものであり、これが「最も重要な理解のレベルであり、裁判官や陪審員にとって、もっとも理解するのが難しいレベルである」とEasdaleは述べる[31]。そしてEasdaleは、「法的人間が有する、他の状態への交替に関するコントロールの程度、ストレスフルな刺激に面した場合の一定の状況に対して個人が持ちこたえ得る程度、人格間でシェアされる情報の程度、に対して、裁判所は主要な焦点を向けるべきである」とする[32]。

続いてEasdaleは刑罰の目的に議論を進め、一般予防、特別予防、応報、更生および無力化のうち、DID患者たる被告人の刑事責任判断に関して考慮すべき主要な目的は更生である、とし、その理由として、DIDがトラウマから生じていることを挙げ、「犯罪行為が障害の結果であれば、我々の社会は、そのトラウマと虐待が彼らの行為に関するコントロールを失わせ、彼らの行為に関して責任のない者とさせているところの者を助け、社会復帰させる義務がある」と述べ、DID患者たる被告人を、有罪判決に基づいて刑務所に収監した場合、適切な処遇を受けるチャンスが無くなってしまうがゆえに、精神異常の抗弁に基づいて無罪としたうえで医学的処遇を施す方が相応しい、と結論づける[33]。

その上でEasdaleは、DID患者たる被告人の刑事責任判断において、「主人格」「副人格」という用語にそもそも問題がある、と主張する。すなわち、Easdaleによれば、「裁判所は、彼らは法的人格、すなわち本来の人格の刑事責任を評価している、という前提に基づく評価にアプローチすべき」であり、「主人格」「副人格」という用語を用いることは誤解を招くものであり、刑事法廷におけるDIDに関する用語から取り除かれるべきだ、というのである。この「法的人格もしくは本来の人格」に関し、Easdaleは「解離を生じさせた根源となるトラウマを経験した者である。法的人間は、その脳が周りの環境から自身を守るために（解離を：括弧内筆者）採用したところの者である。法的人間は究極的には、解離の結果に対処しなければならないところの者である」と定義する。そして「裁判所は個人の障害の状況の全体を評価すべきであるが、しかし目指すところは「全

---

31 *Easdale*, supra note 26. p. 479-480.
32 *Easdale*, supra note 26. p. 480.
33 *Easdale*, supra note 26. p. 486-489.

体としての人間」の刑事責任を評価することである」とする。そして、「主人格」という用語は「主要な」人格、という言葉に置き換えられるべきであり、これによって主要な人格が複数いる可能性を考慮することができ、また、この行為時の主要な人格（達）が行為後に、特に裁判というストレスに直面して、交替した可能性についても考慮することができる、とする[34]。そして、Easdale は、裁判所は各人格間の統合、互いに関する理解や意識、他者とのコミュニケーション、そして身体をコントロールすることのできる能力に関するレベルを見るべきであり、その際に「チーム」「グループ」「彼ら」「一緒に」または「全体として」という用語を用いることにより、単一の主人格や別人格に焦点を当てる代わりに、より大きな全体像を見ることができる、とする[35]。

結論として Easdale は、DID 患者たる被告人の刑事責任を判断するために「犯罪行為が、法的人間を犯行時に行為の性質や本質を理解できなくするところの解離の症状から生じたものか否か、もしくは、一人もしくは複数の個別の行為者がシステムの中において一緒に働いた、故意的な行為から生じたものか否か」が調べられるべきであり、「裁判所の知覚は、多重人格者（multiples）の中にある必然的な複雑さを簡単にし、それぞれの被告人に理解と公正な裁判を与えるために、多重人格者を、個人のグループとして見るよう調整されるべきである。そのグループは、法的人間の身体の中でチームとして働く機能を有しているものである。」と述べる[36]。

(2) 考　察

以上、筆者の以前の考察におけるアメリカの議論の紹介の後に出てきた、アメリカにおける議論として、Easdale の見解を紹介してきた。Easdale の見解の特徴として、DID 患者たる被告人の刑事責任判断のアプローチとして「チームアプローチ」を提案することがまず挙げられる。この立場は、従来の DID 患者たる被告人の刑事責任能力判断の議論を踏まえて発展させるために出された見解であり、前節で検討した安田教授・青沼判事の立場と異なり、「解離性同一性障害」という診断名にまず重きを置いた上で議論を展開するもの、ということができる。その上で Easdale は、DID 患者たる被告人の場合、1つの身体の中に複数

34　*Easdale*, supra note 26. p. 496-497.
35　*Easdale*, supra note 26. p. 498.
36　*Easdale*, supra note 26. p. 504.

の人格があることを前提として、この複数の人格がチームとしてどのように機能していたか、という観点から判断すべき、とするのである。ここで Easdale が、各人格間のコミュニケーション能力に着目することがポイントである。すなわち、Easdale によれば、従来の議論（前節で紹介したところの責任主体アプローチ）は、DID 患者たる被告人の各人格状態を、それぞれ独立した存在と見なすことを前提として考察するところに問題があるのであり、それらはむしろ、1 人の人の身体の中にある独立した存在でありつつも、それらの間でコミュニケーションを取り得るものとして、全体としてシステムとしてどのように機能していたか、という複合的な観点から考察されるべき、ということになるのである。この考え方の特徴としては、責任主体アプローチはグローバルアプローチにせよ個別人格アプローチにせよ、まず「主人格」と呼ばれる人格状態を 1 つ特定し、それ以外の人格状態を「副人格」と呼称することを議論の出発点とするが、Easdale の見解によれば、「主要な人格」は複数居ても良いことになり、突き詰めれば、DID 患者の中に存在する複数の人格状態は全て「主要な人格」であっても良いことになる。

　筆者としては、この見解は必ずしも筆者が支持するグローバルアプローチと対立するものではない、と考える。すなわち、グローバルアプローチと Easdale の提言するチームアプローチは、グループとしての「主要な人格」の概念を認めるか否か、がその違い、ということになろうが、このチームアプローチは、主人格と副人格が明確に区別され、副人格の犯罪行為に関して主人格が弁識・制御できない、という完全型の DID 患者たる被告人の刑事責任について、その場合には刑事責任を否定する、というグローバルアプローチの考え方を前提として、では、主人格と副人格が特定の犯罪実行のためにチームとして機能していた場合はどうするか、という、グローバルアプローチを補完するものとして、見解を展開させている、と理解できるからである。その場合には、「主人格と副人格が共に主要な人格と見なされ、主要な人格のチームとしての被告人に対して完全な責任が認められる」というのが、Easdale の議論から導かれる結論、ということになるであろう。

4　概括と検討

　ここまでで、DID 患者たる被告人の刑事責任に関し、筆者が以前に公表した

私見の後に出された見解につき、日米にまたがって概観してきた。大別すると、① DID 患者たる被告人の刑事責任判断に独自の問題性を認めず、従来の刑事責任能力判断基準に従って判断すべき、とする立場と、② DID 患者たる被告人の刑事責任判断に独自の問題性を認め、これまでの議論を発展させ補完する見解を展開する立場があった。これまでの考察で明らかにしてきたように筆者は②の立場を採るものであるが、①の立場は、DID 患者たる被告人の刑事責任判断に関し独自の問題性を認めること自体の意義を否定するものである。したがって、本稿の問題意識であるところの「DID 患者たる被告人の刑事責任判断に関する議論の現在地」を確認する、という意味で言えば、その議論の必要性という、議論の前提自体に疑義が差し挟まれているのが現状、ということになる。

　筆者は当然、DID 患者たる被告人の刑事責任判断に独自の問題性およびそれに関する議論の必要性を認めるものであるが、これを論証するためには、そもそも①と②の立場を分けるものは何か、を確かめる必要がある。筆者はこれを、責任の判断を刑罰正当化根拠論とリンクさせるか否か、であると考える。すなわち、①の立場を主張する安田・青沼説は共に、責任能力判断のみを対象として考察を展開するのに対し、②の立場を主張する Easdale は、この議論に刑罰の目的を持ち出すことにより、刑罰正当化根拠の議論とリンクさせている。その根拠づけは Easdale とは異なるが、筆者も刑罰の正当化根拠論に基づいてこの問題を考察すべきとする立場から、②の立場を採るものである。では、この違いは何故生まれるのか。筆者はこれを、責任を刑罰の「前提」として捉えるか、それともこれに留まらず、刑罰を「要求」するもの、として捉えるか、という点にある、と考える。すなわち、責任と刑罰の関係に関しては、責任の有無と刑罰正当化の議論の関係と、責任と量刑の関係、という2つの次元があるが、後者に関して、責任の量を量刑と比例させるべし、という点に関してはどちらの立場からも首肯されるであろう。これに対し、責任の有無の判断と刑罰正当化の議論に関してはどうか。責任を刑罰の前提としてのみ捉えるならば、刑罰を科すことが正当化されるか否か、という以前にその前提として、まず行為者が行為時に責任を有していたか、ということが判断され、責任判断は行為時事情に関するこの回顧的判断に尽きる、ということになろう。この立場からすれば、刑罰との関係において責任は、それが存在しない場合には刑罰を科すことは許されない必要条件、という消極的意味しか有さず、刑罰の正当化自体には、また別の議論が必要となるはずで

ある。①の立場は、このような前提に立つものと理解される。これに対し、上記の意味に留まらず、責任を「刑罰を要求するもの」としても捉えるならば、責任は刑罰と密接に結びついており、要求されるところのものである「刑罰」が正当化し得ないものである場合には、刑罰を要求するところのものである「責任」も否定されることになる可能性が出てくる。この場合、行為時と受刑時の両方が関係する通時的考慮が必要になるのではないか。

　では、責任の本質は、刑罰の「前提」としてのみ理解されるべきものか、それとも、刑罰を「要求するもの」として捉えられるべきものか。筆者は責任を後者の意味において捉える。アルトゥール・カウフマンは『責任原理』で「責任原理の意味は……刑罰は責任を前提とするということだけでなく、責任は刑罰を要求するということでもある」[37]と述べ（上述の「刑罰の前提」と「刑罰を要求するもの」という区別は、これに由来するものである）、さらに「責任もまた刑罰を必然的たらしめるものである……原則として責任に基づいて刑罰が伴い生じなければならない」[38]とも述べることにより、責任について、刑罰の前提という消極的意義のみならず、人間の人格的本性に基づき、責任と刑罰の間には必然的な結びつきが原則的に内在している、と述べるのである。紙幅の関係上カウフマンの責任原理の詳細には、ここで言及することはできないが、人間各人を人格的存在として認める限りにおいて、上述のカウフマンの結論は否定できないであろう。

　ここまでで、「責任は原則として刑罰を要求するものである」ということを確認して来た。それゆえ、裁判時に被告人の刑事責任判断を行うにあたっては、行為時における責任の有無のみならず、これと必然的連関を有するところの刑罰が正当化され得るのか、ということまで含めた通時的考慮に基づく判断がなされるべきである。これを DID 患者たる被告人の刑事責任判断と関連づけて考えると、紙幅の関係上詳細に紹介することはできないが、これまで筆者が考察してきたように、DID 患者たる被告人の場合、統合失調症のような、責任能力が問題となる典型的な精神疾患と異なり、刑罰正当化の議論を視野に入れた判断基準に基づく、同障害固有の刑事責任判断の基準が必要となるのである。

37　*Arthur Kaufmann*, Das Schuldprinzip. Eine strafrechtlich-rechtphilosophische Untersuchung. 2. Aufl. 197, S. 205.（邦訳：アルトゥール・カウフマン（甲斐克則訳）『責任原理――刑法的・法哲学的考察――』（2000・九州大学出版会）284頁）。
38　*Kaufmann*, a.a.O. (Anm. 37), S. 202.（カウフマン・前掲注37, 279頁）。

三　おわりに

　本論文では、DID 患者たる被告人の刑事責任判断に関し、筆者が以前公表した考察の後に公表された各論者の議論を紹介し、DID 患者たる被告人の刑事責任判断に独自の問題性を認める立場と認めない立場があると分類し、この違いが責任と刑罰の関係をそもそもどのように考えるか、という点に由来すると分析した。そしてこの問題につき、アルトゥール・カウフマンの責任原理に基づいて、責任は、刑罰の単なる前提ではなく刑罰に密接に結びついたものであり、責任判断がなされる際には、責任の「刑罰を要求するもの」という本性までも視野に入れた、それゆえ刑罰正当化の議論までを視野に入れた判断がなされるべき、と結論づけた。「DID 患者たる被告人の刑事責任能力判断に関する議論の現在地を確認する」というのが本論文の問題設定であったが、DID 患者たる被告人の刑事責任判断に独自の問題性を認めた上での考察は、批判にさらされたものの、その必要性は否定し得ない、ということが改めて確認された、というのが議論の現在の到達状況である。

　なお、Easdale が主張するように、DID の症状は必ずしも、筆者の議論が前提とする、主人格と副人格が完全に解離している場合だけでなく、これらの間に何らかのかかわりがある場合や、場合によっては Easdale が念頭に置くような、複数の人格状態が「チーム」として機能している場合もあり得る。この場合をどのように考えるべきか、に関して、筆者は基本的には Easdale のチームアプローチを、グローバルアプローチを補完するものとして妥当なものと考えるが、その理論的根拠についてはまだ十分に検討しきれていない。今後の課題とさせて頂きたい。

　　　［付記］筆者は広島大学在学中より、甲斐先生にこれまで御指導頂いてきた。筆者が大学院においてこのテーマについて研究を始めた20年ほど前は、このテーマに関する関心は刑法学の世界において、今とは比べ物にならないほど小さく、そもそも甲斐先生が研究テーマとしてこの問題を追求することをお許し下さらなければ、研究者としての今の自分はなく、またこのテーマが刑法学界において今のように議論の対象とされること自体無かったかもしれない。本稿は、不詳の弟子である自分をここまで引き上げて下さった甲斐先生の学恩に到底報いることのできるものではないが、感謝と尊敬の念と共に、古稀祝賀として捧げさせて頂きたい。

免責事由の錯誤
―――期待可能性の錯誤―――

小名木　明　宏

一　はじめに
二　正当化事由の錯誤について
三　免責事由の錯誤について
四　期待可能性に関する規定
五　免責事由についての錯誤の立法例
六　免責事由の錯誤の類型
七　日本法の解釈への投影
八　おわりに

一　はじめに

　錯誤論は刑法解釈学の分野でも伝統的で、かなり成熟した問題領域である。事実の錯誤と法律の錯誤ないし構成要件の錯誤と禁止の錯誤という用語法の違いはあるにせよ、前者が故意の問題であり、後者が違法性の意識の問題であることは共通の認識であり、これに基づき、議論が展開している。また、明文の規定、刑法38条3項や改正刑法草案21条という具体的な条文があることも手伝って、この二者の問題領域においては、個々の事例における結論の違いはさておいて、明確な議論がなされているように思われる。このように、犯罪論体系における構成要件と違法性についての錯誤の分野は、刑法学でもメインとなる「祝福された」問題領域であるといってもよかろう。

　これに対して、責任についての錯誤はほとんど議論がなされていないように思われる。これは、単に議論が試みられていないだけなのか、あるいは議論しても意味がないと考えるからなのか、この問題は体系書でもほとんど取り上げられていない[1]。本稿では議論が手薄なこの責任について錯誤、とりわけ、免責事由の錯誤に検討を加えるものである。

ところで本稿の議論が資するところは、単に体系上の議論の不備と間隙を補うことに止まるものではない。ひとつにはポスト緊急避難論の議論であり、他方では来るべき責任阻却事由の立法のための議論である。前者については、周知の如く、37条の緊急避難の法的性格をめぐって違法性阻却事由説、責任阻却事由説、二分説が対立している。遅くとも戦後すぐにはこの議論は始まっていたのであるから、すでに70年以上が経過しており、その間、ドイツ、スペイン、フィンランド、ポーランド等の国々では立法上の手当がなされ、二分説が明文上も規定されたが、わが国ではこのような手当はなされず、改正刑法草案でさえ、単一条文により「罰しない」と規定されている[2]にとどまり、また、議論においても、「37条の解釈では」とか「緊急避難行為の本質論では」というように、問題を遠巻きにする遠距離射撃が行われているだけであり、それ以上の踏み込んだ議論はなされておらず、結論を得るには程遠い。本稿は、通説に対抗して主張される二分説を採った場合に生ずる重要な問題である誤想避難について検討するものであり、これにより、二分説を採った場合に生ずるその先の問題に言及し、二分説を採った場合の全体像を明確にする目的がある。他方、将来的に責任阻却事由が整備された場合、その錯誤の取り扱いについて解決策が得られることにもなる。わが国の刑法では総則、各則において違法性阻却事由が非常に整備されているが、責任阻却事由については数が少なく、これらの整備が今後とも不要というわけではないであろうし、また、すでに解釈論においても、この端緒は展開されている。詳細は後述するが、盗品等関与罪の庇護罪的性格を強調することは、257条の親族特例の免責事由化にもつながり、ここにも責任に関する錯誤を議論する意義があるように思われる。

---

1 論文としては、石堂淳「責任阻却事由の錯誤——期待可能性の錯誤を中心として」阿部純二編『刑法基本講座〈第3巻〉』(法学書院、1994年) 317頁、松原芳博「刑法における責任事情の錯誤」井田良ほか『浅田和茂先生古稀祝賀論文集［上巻］』(成文堂、2016年) 359頁がある。また、曽根威彦『刑法の重要問題［総論］』では初版に記述があるものの、2版ではこれが削除されるに至っている (曽根威彦『刑法の重要問題［総論］(初版)』(成文堂、1993年) 220頁)。
2 改正刑法草案第15条
　①自己又は他人の法益に対し他に避ける方法のない急迫した危難が生じた場合に、その危難を避けるためにやむを得ないでした行為は、これによつて生じた害が避けようとした害の程度を超えなかつたときは、これを罰しない。
　②前項の規定は、みずから危難にあたるべき業務上特別の義務のある者には、これを適用しない。
　③避難行為がその程度を超えた場合には、前条第二項及び第三項の規定を準用する。

ここでドイツでの用語法についてコメントしておきたい。ドイツにおいては、責任阻却事由と免責事由は明確に区別されている。前者は、不法洞察可能性の問題、すなわち、責任無能力と避けられない禁止の錯誤の場合であり、後者は期待可能性の事例である。とくに、後者では、違法減少・責任減少という二面的な減少により法的な責任非難が宥恕され、ゆえに責任がなく、刑罰が科せられないと考えられている[3]。この点、日本においては必ずしも明確な区別はなされていない。しかし、用語としての区別はないものの、①不法洞察可能性の問題と②それに従って統御する能力の問題は意識されている[4]。本稿では日本の通説に従って明確な区別はしないが、背景としてはこの問題を意識しているものである。

二 正当化事由の錯誤について

先に述べたように錯誤論は長い歴史を持つが、正当化事由についての錯誤に独自の地位を持たせるようになったのは、それほど古いことではない。ドイツにおいては、イェシェックの教科書[5]に見られるように、正当化事由の存在についての錯誤、正当化事由の限界についての錯誤、正当化事由の前提事実についての錯誤（前2者から区別するため、正当化事情の錯誤という呼称もある）と分類され、前2者は禁止の錯誤として扱われており、違法性の意識の問題とされている。これは至極当然のことで、自己の行為が法的に許容されると勝手に誤認しているだけであるから、禁止の錯誤の問題とされる。他方、正当化事由の前提事実の錯誤は、正当化事由を根拠付ける前提事実が存在しないのに存在すると誤認したケースで

---

3 *Hirsch*, in: Jähnke, Laufhütte, Odersky（hrsg.）Leipziger Kommentar zum Strafgesetzbuch, 11. Auflage, 1994, Vor § 32 Rdn. 194, *Rönnau*, in: Cirener, Radke, Rissing-van Saan, Rönnau, Schluckebier（hrsg.）Leipziger Kommentar zum Strafgesetzbuch, 13. Auflage, 2019, Vor §§ 32 ff Rdn. 335, *Jescheck/Weigend*, Lehrbuch des Strafrechts, Allgemeiner Teil, 5. Auflage, 1996, S. 476（邦訳：イェシェック＝ヴァイゲント（西原春夫監訳）『ドイツ刑法総論（第5版）』（成文堂、1999年）369頁）。この区別について日本語によるものとして、山中敬一『刑法総論〔第3版〕』（成文堂、2015年）727頁。また、松原（前掲註1）371頁も免責的緊急避難をこのように分析している。

4 例えば、大判昭和6年12月3日刑集10巻682頁は、心神喪失について「精神ノ障礙ニ因リ事物ノ理非善悪ヲ辨識スルノ能力ナク又ハ此ノ辨識ニ従テ行動スル能力ナキ状態ヲ指稱」としている。概観については、大塚仁＝河上和雄＝中山義房＝古田佑紀編『大コンメンタール刑法（第3版）』第3巻（青林書院、2015年）428頁〔島田＝馬場〕を参照。

5 *Jescheck/Weigend*, aaO（Fn. 3）, S. 461 ff. 川端博『正当化事情の錯誤』（成文堂、1988年）1、5頁、同『刑法総論講義（第3版）』（成文堂、2013年）393頁。

ある。日本では、「前提事実の錯誤なのだから、事実の錯誤である」と一般に言われ、故意を阻却するとするのが多数[6]であるが、通説的な犯罪論体系を共通の前提とする限り、このような理解には評価矛盾ないしは明確性を欠く評価を包含している。そもそも正当防衛で違法性が阻却されるということは、構成要件該当性を前提としており、単に違法性が阻却されるにすぎない。これに対して、正当防衛の客観的前提を欠いていれば、違法性は阻却されないのであるから、少なくとも構成要件該当性と違法性は具備し、すでに責任段階での問題となっているのである。あとは、責任段階において故意・過失をどのように考えるかによる。結論として、通説が故意犯を否定し、過失犯の可能性を追求するのはあくまでも責任レベルでの議論とされるべきことになる。このことから、正当化事由の前提事実の錯誤は、構成要件該当性と違法性の問題には無関係であり、あくまでも責任レベルでの問題となるということがわかる。

　もちろん、議論としては、故意は行為の違法性を喚起するものであり、違法行為を思いとどまる契機となるが、正当化事由の前提事実の錯誤の場合は、行為者は自己の行為が違法でないと思い、よってそのような喚起が認められず、ゆえに故意が否定されるというエンギッシュの論理[7]も主張されている[8]。しかし、現実の正当防衛においてもこのような契機は同様に存するのであり、なぜ故意が阻却されないかという問題がある。誤想防衛をはじめとする正当化事由の前提事実に関する錯誤の問題は、それだけで大議論につながるテーマであり、本稿のテーマとは直接的には絡まない問題なので、これ以上は深く論じないが、少なくとも、この問題は、違法論以降の問題であり、構成要件該当性と違法性の存在には疑義がないことは改めて確認しておくことが必要であろう。

三　免責事由の錯誤について

　正当化事由の錯誤についての分類と結論を免責事由についての錯誤の問題に当

---

[6] 一般的な説明としては、「これは構成要件該当事実の錯誤とおなじく、事実の錯誤であり、故意の成立を阻却する。」（団藤重光『刑法綱要総論〔第3版〕』（創文社、1990年）308頁）、「違法性阻却原由たる事実の錯誤も事実の錯誤であることに変わりない」（団藤・同書309頁）としている。

[7] *Engisch*, Tatbestandsirrtum und Verbotsirrtum bei Rechtfertigungsgründen, ZStW 70 (1958) S. 599.

[8] 前田雅英『刑法総論講義〔第7版〕』（東京大学出版会、2019年）191頁。

てはめると、そこでは免責事由の存在についての錯誤、免責事由の限界についての錯誤、免責事由の前提事実についての錯誤と分類される。前２者は、行為者が法秩序によって認められていない免責事由を誤認しただけであって、正当化事由のそれとは異なり、禁止の錯誤の問題とはならない。正当化事由の場合は、行為は違法ではない、法的に許容されていると考えていたのであるから、禁止の錯誤、つまり違法性の意識の問題となるが、他方、免責事由の場合は、そもそも違法ではあるが、法秩序が（期待不可能性を理由として）行為者を許していると、行為者が誤認しているのであって、そのような勝手な妄想は、禁止の錯誤の問題とはならないからである。あえて言えば、宥恕の錯誤であろうが、そのような新たなカテゴリーは現在までのところ見出されていない。これに対して、免責事由の前提事実についての錯誤は、どうであろうか。正当化事由の前提事実の錯誤が、もはや違法論の問題ではなく、次の責任論の問題であるということから、免責事由の前提事実についての錯誤は、責任論の問題ではなく、その次に来る仮想的第４カテゴリーの問題になることが考えられる。この点、前述した正当化事由の前提事実に関する錯誤の場合と同様に、「前提事実」についての錯誤という点を強調すると、故意がない、過失犯が問題となるに過ぎないということになりそうであるが、たとえ、故意・過失が責任要素であるにしても、このような結論は導き出せないはずである。責任段階にある免責事由を誤認しているにもかかわらず、この存在を前提とする「責任」を否定することはできないからである。つまり、免責事由の客観的要件が存在しないのであるから、そもそも免責されることはない。もちろん、行為者の圧迫された心理状態にのみ着目する主観的緊急避難論を採ればこのような思考は可能であるが、ドイツではそのような主観的緊急避難論は退けられている[9]。従来からの議論に則っても、免責事由の前提事実の錯誤が、構成要件の錯誤、禁止の錯誤、正当化事由の錯誤とは異なることは明らかである。免責事由の錯誤においては、行為者の行為は違法であり、規範レベルの問題とは直結しておらず、よって、正当化事由の前提事実の錯誤においてなされた議論の対立（故意と違法性認識の契機の問題）は無関係であるからである。

9 　主観的緊急避難論は、*Radbruch*, Zur Systematik der Verbrechenslehre, in: Festgabe für Reinhard von Frank zum 70. Geburtstag, Band I, 1930, S. 158, 166, *Schmidhäuser*, Strafrecht, Allgemeiner Teil, Studienbuch, 2. Auflage, S. 240 f., 244, 248 f.

四　期待可能性に関する規定

　ここまでの議論はあまりにも抽象的で形而上学的な議論に終始しているように思える。そこで今一度、現行法における期待可能性についての規定を考えてみたい。考えられる規定は、責任阻却説ないしは二分説を採用した場合の緊急避難、親族による犯人蔵匿、証拠隠滅（105条）、親族相盗例（244条）親族による盗品等関与罪（257条）である。このうち、緊急避難の問題は別として、とくに105条は戦前は「罰せず」と規定されており、明らかに期待可能性の規定であったが、昭和22年の改正で「免除する」に改正された。しかし、改正刑法草案163、167条では「罰しない」に戻っており[10]、このような経緯を考慮すれば、これが現行法上も期待可能性による免責事由であるとする主張に肯首することができる[11]。他方、244条は「法は家庭に入らず」という思想に基づくものであり、この条文は期待可能性に関する規定ではない[12]ように思われる[13]。また、257条は本来、財産犯であり、244条と同様の思想に物づくものであるが、通説、判例ともに親族関係を本犯者との間に要求しており、犯人庇護的な側面が強く、しかも、運搬と保管に関しては本犯者のためにする意思が必要であること[14]から、これも期待可能性を根拠とする規定であると思われる。問題は、盗品等関与罪のすべての行為類型についてこのことがいえるかというと、そこは躊躇せざるを得ない。

　同様の問題はドイツでも意識されており、処罰阻却事由に関する錯誤として論

10　法制審議会刑事法特別部会『改正刑法草案　附同説明書』（法曹会、1972年）184、185頁。
11　通説は期待可能性が少ないことによる責任の低減ととらえている。大塚仁＝河上和雄＝中山義房＝古田佑紀編『大コンメンタール刑法（第3版）』第6巻（青林書院、2015年）380頁〔仲家〕。
12　最決平成20年2月18日刑集62巻2号37頁は、「刑法255条が準用する同法244条1項は、親族間の一定の財産犯罪については、国家が刑罰権の行使を差し控え、親族間の自律にゆだねる方が望ましいという政策的な考慮に基づき、その犯人の処罰につき特例を設けたにすぎず、その犯罪の成立を否定したものではない」として、政策的規定と理解している。
13　最近では、松原芳博『刑法各論〔第2版〕』（日本評論社、2021年）235頁が、本条を期待可能性による責任減少ないし責任阻却事由であるとし、また、西田典之／橋爪隆補訂『刑法各論（第7版）』（弘文堂、2018年）も責任減少事由であるとしている。
14　東京高判昭和32年8月31日裁特4巻18号463頁「贓物運搬罪における「運搬」とは、委託を受けて本犯のために贓物の所在を移転することをいうものと解すべき」、最判昭和34年7月3日刑集13巻7号1099頁「「寄蔵」とは、委託を受けて本犯のために贓品を保管することをいう」としており、本犯者のためにする意思が必要となる。なお、筆者は、有償処分のあっせんについても論者はその意思が必要であると考える。

じされている。日本とドイツとでは規定に違いはあるものの、ザツガーは、「人的処罰阻却事由とそれに関連する錯誤の重要性」と題する論文において、処罰阻却事由が期待可能性に重点を置いた刑法に内在する視点に基づく刑の免除と刑法とは無関係の政策的視点に基づく刑の免除に分類する見解を主張している[15]。

五　免責事由についての錯誤の立法例

期待可能性の錯誤について一般的な規定を立法例はない。これに対して、免責的緊急避難を誤想した場合については、ドイツとオーストリアに立法例がある。ドイツでは本規定は第2次刑法改正により実現し、1975年に施行されたものであり、オーストリアは刑法大改正によって、これも1975年に施行されたものである。また、フィンランドには、可罰性阻却事由の錯誤という包括的な規定がある。

1　ドイツ

1962年政府草案（Entwurf eines Strafgesetzbuches（StGB）E 1962）は、20条「正当化事由および免責事由についての錯誤」という独立した包括的な規定を設けていた[16]。

> **20条　正当化事情または免責事情についての錯誤**
> （1）行為の実行に際して、行為が正当化または免責されることになる事情を誤認した者は、故意犯としては処罰されない。
> （2）もし行為者にその錯誤が非難さるべきであり、刑法が過失行為を規定している場合には、過失犯として処罰される。

しかし、バウマン、マイホーファー、アルトゥール・カウフマン、ロクシンらの対案グループから「対案では免責事情についての錯誤という特別の規定は設けない。この錯誤が故意を阻却するものでないことは一般に承認されていることである。政府草案のように、それでもこれを故意を阻却する錯誤として扱うことは

15　Satzger, Die persönliche Strafausschließungsgründe und die Relevanz darauf bezogener Irrtümer, Jura 2017, 649. Ebenso Schönke/Schröder/Sternberg-Lieben/Schuster, Strafgesetzbuch, 30. Auflage, 2019, § 16 Rdn. 34.
16　Bundestag-Drucksache IV/650（https://dserver.bundestag.de/btd/04/006/0400650.pdf）.

解釈学的にも本質的にも不適切である。基本的に、錯誤の問題ではなく、期待可能性の問題なのである。この意味において、対案では、免責的緊急避難に関する規定を修正し、この問題も適切に規定されるようにした。」[17]と批判された。そして、対案では、

> **23条　免責的緊急避難**
> 生命、身体又は自由に対する現在の危難を自己、親族又は自己と密接な関係にあるその他の者から避けるために違法な行為をした者は、行為の状況により、ほかの行為が行為者に期待できないときは、責任なく行為したものである。行為者にほかの行為が期待される場合には、61条により刑が減軽される。

とされ、期待可能性の判断に包括された。

このように、免責事由の錯誤が純粋に期待可能性の問題であること、そして免責事由の錯誤は故意の成立には関係ないこと、政府草案20条は構成要件の錯誤をモデルとしており、正当化事由の錯誤とは調和するが、免責事由の錯誤とは矛盾することが指摘された。

このような経緯で、正当化事由および免責事由についての錯誤という包括的な規定は、第2次刑法改正では実現せず、専ら免責的緊急避難についての規定として明文化されるに至った。

> **35条　免責的緊急避難**
> （1）生命、身体又は自由に対する、他の方法では回避することのできない現在の危難の中で、自己、親族又は自己と密接な関係にあるその他の者から危難から回避させるため、違法な行為を行った者は、責任なく行為したものである。事情により、殊に、行為者が危難を自ら惹起したことを理由にして、又は、行為者が特別な法的関係にあったことを理由にして、危難を甘受することがその者に期待し得た場合は、この限りでない。ただし、特別な法的関係の考慮によってではなく、行為者が危険を甘受すべきであったときは、刑は、第49条第1項により、軽減することができる。
> （2）行為者が、行為遂行時に、第1項により自己を免責するであろう事情があると誤信したときは、その者が錯誤を回避し得た場合に限り、罰せられる。刑は、第49条第1項により、減軽するものとする。[18]

17　Alternativ-Entwurf eines Strafgesetzbuches, Allgemeiner Teil, 2., verbesserte Auflage, 1969, S. 59.
18　法務省大臣官房司法法制部編『ドイツ刑法典』（法曹会、2007年）27頁。

2 オーストリア

オーストリアの規定では、正当化事由の前提事実の錯誤に関する独立の規定が目を引く。しかし、免責事由についての一般規定はなく、ドイツと同様に専ら免責的緊急避難についての規定として明文化されているにとどまる。そこでは、過失犯として処罰されるにとどまる。

8条 正当化事情の錯誤
行為の違法性を阻却する事情を誤認した者は、故意犯を理由に処罰されない。その錯誤が過失に基づくもので、過失犯が処罰される場合には、過失犯を理由に処罰される。

10条 免責的緊急避難
（1）直接的に差し迫った重大な不利益を自己または他人から回避するために、刑罰で威嚇された行為を行った者は、行為から生じた損害が避けようとした不利益に比して不相当ではなく、法的に保護された価値と結び付いた人間としての行為者の立場において他の行為が期待できない場合には、免責される。
（2）行為者が法秩序によって承認された根拠なしに自らを意識的に危険にさらした場合は、免責されない。行為者が、行為が免責される前提を誤認し、これが過失に基づくもので、過失犯が処罰される場合には、過失犯を理由に処罰される。

3 フィンランド

フィンランドの規定では、ドイツの62年政府草案と同様に正当化事由と免責事由の錯誤を包括的に規定したもので、その帰結として故意が阻却されている。

4章5条 緊急避難
（2）法的に保護された利益を救うためになされた行為が1項［註：正当化緊急避難］によって許容されないとしても、守られた利益の重要性、状況が如何に切迫していたか、強制状態ならびにその他の諸状況に鑑みて、行為者の他の行為が衡平の見地から求められえなかった場合には、行為者は罰せられない。

4章3条 可罰性阻却事由についての錯誤
4条から6条に挙げる可罰性阻却事由［註：正当防衛、緊急避難、正当業務行為］が行為に存在しないものの、それらの事由と結び付く行為事情を正当にも誤認した場合には、故意犯としては処罰されない。しかしながら、過失犯処罰の規定に従って、過失犯を理由に処罰されうる。[19]

---

19 Cornils, Fände, Matikkala, Das finnische Strafgesetz - Rikoslaki - Strafflag, 2006, S. 119 f. をもとに和訳した。なお、同書の概説では、正当化事由のみならず、免責事由の事情についての誤認も規定しているとされる（S. 24）。

六　免責事由の錯誤の類型

　免責事由の錯誤の類型は、2つの錯誤に分類されるのが一般的である。すなわち、存在しない状況を誤認した積極的な錯誤と状況が存在したにもかかわらずこれを知らずに行為した消極的な錯誤である。後者は、行為者本人が気付かなかっただけであるから、これに何らの免責という特権を与える必要はないと考える。とくに、免責的緊急避難の場合は、避難の意思が必要なのであり、そのためには緊急避難の状況を認識している必要がある。したがって、このような錯誤は免責すべきでない[20]。バッハマンは、論文「責任における錯誤」において、相手の持っているピストルがおもちゃだと思って相手を殺害したが、実は本物のピストルであったという事例を挙げて検討し、免責すべきではないとしている[21]。

　これに対して、積極的な錯誤の場合は、2つの点、つまり、①その錯誤が避けられえたか、避けられえなかったか、回避可能であったか、不可避であったかという点と、②錯誤の結果の取り扱いという点が問題となる。

（1）錯誤が避けられえたか、避けられなかったか

　この問題に関して、錯誤が不可避であった場合は、結論としては犯罪は成立しないが、その根拠は責任主義の要請と解される。行為者の責めに帰されない錯誤はもはや非難可能でないからである。この点、錯誤の問題は、責任要素が揃っていないにもかかわらず、これを誤認したのであり、責任をスルーするはずであり、本来であれば、仮想的第4カテゴリーの問題になるとするのが論理的である。しかし、そのような第4カテゴリーは存在せず、また、行為者に非のない錯誤を行為者の責めに帰せないためにも、責任主義の要請として責任を否定すべきであろう。しかし、例えば福田平『刑法総論〔第5版〕』は「期待可能性に関する錯誤は、その錯誤がさけえたばあいには責任を阻却しないが、その錯誤がさけえなかったばあいには責任を阻却するものと解すべきである」[22]としているが、

20　山中（前掲註3）737頁は、緊急避難の場合は、免責を否定し、105条、244条の場合には形式的に免除するとしている。松原芳博『犯罪概念と可罰性』（成文堂、1997年）408、428頁も244条、257条に関して免責を認めている。また、石堂（前掲註1）323頁は、心理的圧迫がないことを理由に責任阻却は認められないとしている。
21　*Bachmann*, Irrtümer im Bereich der Schuld, JA 2009, 510, 512.
22　福田平『刑法総論〔第5版〕』（有斐閣、2011年）225頁。

このままでは十分な説明とは思われない。

この点について、ドイツでの説明によれば、存在していない事実を誤想した場合、心理的な圧迫はいずれにしても存在し、責任の減少は認められるが、客観的前提事実が存在しないのだから、違法性の減少は認められないことになる、しかし、その錯誤が避けられえなかった場合には、むしろ違法性の減少が認められ、よって、違法減少・責任減少により、免責されると説明している[23]。そして、その際には、「慎重な検討」が必要であるとされている。ドイツの判例は「避けられえたか」という問題と手段の慎重な検討義務とを結びつけている[24]。

最近では、2003年のBGHの判決において、この「慎重な検討」が問題とされた[25]。家庭内暴君事件（Haustyrannen-Fall）と呼ばれるもので、夫からの度重なる家庭内暴力に悩まされていた妻が、自分自身と二人の子供に重大な危険があると考え、就寝中の夫を拳銃で殺害したという事案[26]である。ヘッヒンゲン地裁は、ドイツ刑法211条の謀殺罪のメルクマールである「陰湿に」を肯定しながら、異常な状態であることを理由に、無期自由刑ではなく、9年の自由刑に減軽した。被告人からの上告に対して、BGHは、「免責的緊急避難の前提が存在するか、そして、それが否定されても、被告人がそれを誤認したことが避けられえたか避けられえなかったかを検討しなければならなかった」として、破棄、差戻した。BGHは、「繰り返し行われる重大な暴力行為として家庭内暴君から家族構成員に対して生ずる継続的危難は原則的には刑法35条1項〔註：免責的緊急避難〕の意味では、「暴君」の殺害以外の方法で避けることができるといえる。なぜなら、第三者、つまり国に救助を求めることができたからである」とし、「しかし、危難が客観的には回避可能であったとしても、被告人が行為の実行に際して免責する事情を誤認し、さらに、その錯誤が避けられえなかった場合には、被告人はその行為を理由に罰せられることはない。」とし、さらに、「差し戻し審で、夫に由来する危難は回避可能であったが、被告人はこれを認識しなかったという

---

23 Hirsch, in: Jähnke, Laufhütte, Odersky (hrsg.) Leipziger Kommentar zum Strafgesetzbuch, 11. Auflage, 1994, § 35 Rdn. 73.
24 すでに旧規定の下での判例として RGSt. 66, 222, 228; BGHSt. 18, 311, 312; BGH NJW 1952, 111, 113; 1972, 832, 834.
25 BGHSt 48, 255.
26 本件については、とりわけ、DV事案との関係で、深町晋也『緊急避難の理論とアクチュアリティ』（弘文堂、2018年）13頁以下で詳細に検討されている。

ことになった場合、（ドイツ刑法35条2項の）錯誤の回避可能性については、被告人がその手段を慎重に検討したかどうかが問題となる。」とし、その場合、ドイツ刑法35条2項2文により、49条1項1号の法定減軽事由[27]により処理でき、地裁のように「異常な状況」としての減軽という特別な取り扱いを避けることができ[28]、ひいては、被告人にとってより有利になるとしている。

このような「慎重な検討」要件について、ドイツでの理解では、犯罪の重さ、時間的切迫が考慮される[29]が、身体が脅かされている行為者に過度な注意深さを要求することにならないようにしなければならないとされている[30]。

(2) 故意犯か、過失犯か

これに対して、避けることができた錯誤については、故意犯説と過失犯説が対立している[31]。過失犯説は、基本的にこれが事実に関する錯誤であるという点に着目し、故意を阻却すると主張する（先に挙げたオーストリアとフィンランドの立法例）が、この点に関してはすでに述べたように免責事由の前提事実についての錯誤は、①正当化事由の前提事実についての錯誤よりも体系的に後方に位置するものであること、②違法性に関する錯誤を含んでおらず、ゆえに、故意が持つ行為の違法性を喚起する機能とは無関係であることから、故意は否定されず、故意犯が問題になると考えられる[32]。

27　ドイツ刑法49条（法律上の特別な減軽事由）①本条による減軽が定められ又は許されるときは、減軽については次の各号の例による。
　　1　無期自由刑に代えて、3年以上の自由刑とする。
　　（以下略）
　　（前掲『ドイツ刑法典』（註18）33頁）
28　BGH NStZ 1984, 20 が示すように、BGHSt. 30, 105, 118が認めた「異常な状況による減軽」を避けることができるとしている。
29　BGHSt 48, 255, *Wessels/Beulke/Satzger*, Strafrecht Allgemeiner Teil, 53. Auflage, 2023, Rdn. 774, *Zieschang*, in: Cirener, Radke, Rissing-van Saan, Rönnau, Schluckebier（hrsg.）Leipziger Kommentar zum Strafgesetzbuch, 13. Auflage, 2019, § 35 ff Rdn. 114. Ebenso *Neumann*, in: Kindhäuser/Neumann/Paeffgen/Saliger, Strafgesetzbuch, 6. Auflage, 2023, § 35 Rdn. 66.
30　*Zieschang*, aaO (Fn. 29), Rdn. 114.
31　現行ドイツ刑法改正前に至る経緯とその議論については、*Vogler*, Der Irrtum über Entschuldigungsgründe im Strafrecht, GA 1969, 103.
32　石堂（前掲註1）322頁も故意犯としている。

七　日本法の解釈への投影

　これまでの検討が日本法にどのように投影されるかは、個別に検討してみる必要がある。まず、第一に問題となるのが、諸外国の立法例で一番多い免責的緊急避難の誤想事例である。本質的な優越する利益を守るとはいえないまでも、生命や身体を守るために緊急避難行為を行った場合に責任が阻却されるというのが法的な枠組みであり、日本でも最近有力である二分説の主張である。周知のとおり、通説は刑法37条を正当化事由と解しており、二分説は単に有力説にとどまっている。ただ、刑法37条を超えて、緊急状態ゆえに罰しない場合、つまり刑法37条の客観的要件、とりわけ、利益衡量の要件を満たさないが、超法規的緊急避難とされる場合については、免責的緊急避難による解釈は排斥されていないし、また、世界の大勢を見ると、二分説は潮流であり、その意味で免責的緊急避難の誤想の検討は意義があると思われる。

　次に、親族のための犯人蔵匿、証拠隠滅であるが、現行法に至る改正の経緯および改正刑法草案の規定を見れば、期待可能性に関する規定であることは明白であり、免責事由の錯誤の問題の対象となる。現行法では、刑の免除に過ぎず、単なる人的処罰阻却事由であるが、その前提事実の誤想については、その錯誤が避けることができなかった場合に限り、減軽してよいように思われる[33]。これは、免責事由についての錯誤が、錯誤の回避不可能性と心理的圧迫を要件として責任を阻却するのに対応するものである。つまり、親族のための犯人蔵匿、証拠隠滅の場合、期待可能性を考慮して、責任はあるが、刑を免除しているのであるから、その要件を満たさずとも、責任は減少しており、ゆえに、減軽されると解されるからである。

　親族相盗例については、通説はこれを単なる政策的規定と解しており、期待可能性の問題は無関係であり、前提事実の誤想は意味を持たない[34]。また、親族間での盗品等関与罪についてもこれが財産罪である限り、前提事実の誤想は意味を

33　松原（前掲註1）372頁は、誤想の回避可能性を問わず、刑法105条を準用して刑の免除を認めている。
34　期待可能性の問題と関連づける反対説については註13を参照。なお、松原（前掲註1）372頁は、誤想の回避可能性を問わず、刑法244条1項を準用して刑の免除を認めている。

持たないと解されるが、その結論は盗品等関与罪の分析如何であろう[35]。

八　おわりに

　本稿において取り上げた期待可能性の問題は、体系的地位、期待可能性の基準がどの体系書でも取り上げられるほど有名な問題点であるにもかかわらず、具体的な適用となると、一般条項的性格からかなり控えめな扱いを受けており、最高裁でもまだ認められてはいない。他方で、二分説や責任阻却説に基づく免責的緊急避難、驚愕等に基づく過剰防衛（36条2項）の「免除」、親族による犯人蔵匿（105条）の「免除」など、期待可能性に関連する規定は少なくない。当然のことながら、これらの事案との関連で、錯誤が問題となることもある。最近の具体例では、日本大学フェニックス反則タックル事件[36]が思い浮かぶ。具体的に刑法典の問題ではなく、また、事実の詳細も不明であるが、誤認による違法拘束命令という問題ともなりうる。刑事訴訟法において、そもそも目撃証人は当てにならないといわれるが、この事件のオチとして、日体大のラグビー部に抗議の連絡が多数入り、関西大学にも励ましが寄せられた。そもそも人間の認識は当てにならないものであり、また、人間は間違えるものである。期待可能性の錯誤とはこのような人間心理の誤りを取り扱った問題であり、身近にあるものであるように思う。

35　松原（前掲註1）371頁は、「現実に親族から依頼された場合と同様の心理状態である」として、刑法257条を準用して刑の免除を認めている。
36　事件の詳細については、https://www.yomiuri.co.jp/feature/20180524-OYT8T50002/（最終閲覧：2024年5月5日）を参照。

交通事故等での過失の捉え方

松 宮 孝 明

一　問題の所在
二　事実認定に潜む問題
三　「危惧感説」と「具体的予見可能性説」の相違
四　長期スパンでの結果の予見可能性が求められる事案
五　むすびにかえて

一　問題の所在

1　「過失は司法試験に出ない」？

　甲斐克則教授の古稀をお祝いするに当たり、「交通事故等での過失の捉え方」というテーマで、具体的な事件において「過失」の有無、ないし「過失犯」の成否がどのように考えられるべきかという問題を素材とする小稿を献呈したいと思う[1]。ただ、その前提として、司法試験の現状に照らした過失論教育に対する懸念を、少し述べたい。
　問題は、受験生の間で、司法試験に「過失は出ない」と思われていることである。短答式では図式的な理解を試す問題が出ることはある。しかし、現行司法試験になって正面から過失の有無を問う事例問題は出たことがない。2010（平成22）年に薬剤を取り違えた薬剤師とこれに気づかなかった看護師の罪責を問う問題が出たことはあるが、それは、競合する過失行為の因果関係を問うものに過ぎず、「過失」の認定そのものを問うものではなかった。

---

[1] このテーマに関しては、すでに『刑事法における理論と実務⑤』（成文堂、2023年）113頁以下で「過失犯における近年の理論と実務」と題して若干の検討をしている。本稿は、その後の情報も踏まえた続編でもある。

2　新旧過失論争と「危惧感説」

　そうした背景もあって、実務家の中には、「過失」がよくわかっていない人がいるのではないかと危惧される。とくに、判例は表向き「具体的予見可能性」を要求する立場で落ち着いているのに、近年、学界から、「具体的予見可能性」との真の相違が明らかにされないまま、藤木英雄が提唱した「危惧感説」を支持する動きが出てきているのである[2]。以下で検討する上訴審で破棄された有罪判決の中には、「危惧感説」の影響を受けたのではないかと思われるものも散見される。

3　結果回避義務は故意犯にもある

　その背景には、かつて「新旧過失論争」と呼ばれた見解の対立があった。あるいは、今でもこの対立にこだわっている同業者は多いようである。曰く、旧過失論では、構成要件および違法性の段階では故意犯と過失犯との間に区別はなく、両者はもっぱら責任要素としての故意があるか過失があるかで区別され、その際の過失の内容は結果予見可能性である、これに対し、新過失論では、過失犯は構成要件および違法性の段階で故意犯と異なり、そして過失の中心的な要素は結果回避義務である、というのである[3]。

　しかし、少し考えればわかることであるが、結果回避義務の違反は故意犯にもある。回避すべき結果をわざと起こせば故意犯が成立するのである。もちろん、故意犯の未遂には、結果回避が「合理的な疑いを容れない程度に確実」であることは不要である。結果回避の見込みが十分にあるときにその発生を認識しつつ回避しなければ、故意の未遂犯にはなり得る。これに対して過失犯には——その未遂形態を過失の危険犯としている場合を別にして——既遂しかないので、結果回避が「合理的な疑いを容れない程度に確実」であることが常に問われるが、それは結果犯の故意既遂犯でも同じである。この点では、「客観的注意義務」の内容を成す「結果回避義務」は過失犯に固有の要素ではないと考えるべきである[4]。

2　井田良『講義刑法学・総論［第2版］』（有斐閣、2018年）226頁、高橋則夫『刑法総論［第5版］』（成文堂、2022年）234頁等。
3　代表して、井上正治『過失犯の構造』（有斐閣、1958年）51頁、藤木英雄『過失犯の理論』（有信堂、1969年）22頁以下。
4　「客観的注意」を提唱したカール・エンギッシュは、すでに1930年から、このように主張していた。K. Engisch, Untersuchungen über Vorsatz und Fahrlässigkeit im Strafrecht, 1930, S. 347f.

4　概括的予見可能性は一般化できない

　同じことは、結果がいつ発生するかわからなかった「渋谷温泉施設爆発事件」[5]のように、過失犯では常に個別具体的な結果が予見可能である必要はない点で、具体的な結果発生の危険とその認識を要する故意犯とは異なるという見解にも当てはまる。過失犯における予見可能性にも「抽象的法定的符合説」が妥当するという見解も、往々にしてこのような主張をする[6]。

　しかし、この見解は、故意犯にも概括的予見で成立するものがあることを忘れたものである。群衆の中に爆弾を投げ込む行為や、温泉の可燃性ガスに引火するようにガスの排気用パイプをわざと詰まらせる行為を考えてみればわかるであろう。こういう事例では、故意犯成立のために、個別具体的な客体や結果を認識している必要はない。

　他方、このような「概括的故意」の場合でも、その結果発生の範囲は「概括的には」認識されているので、その範囲から外れたところで起きた結果については「錯誤」の問題が生じ得る。このことは、「概括的故意」の存在を根拠として「方法の錯誤」における「法定的符合説」を根拠づけるという試みが論理の飛躍であることを意味する。

　同じことは、「概括的予見可能性」で足りる「時間的・場所的に広い範囲で結果が起きる危険のある行為」での過失についても当てはまる。つまり、ここでも、故意犯と過失犯とで違いはないのである。

　加えて、忘れてならないのは、このような「概括的予見」の存在や可能性で足りるのは「時間的・場所的に広い範囲で結果が起きる危険のある行為」の場合に限られるということである。つまり、「概括的予見可能性」で足りる場合のあることをすべての過失事件に一般化してはならないということである。具体例については後述する。

　　そこでは、「注意義務としては法尊重（＝情報収集）形態のもののみが過失概念に固有のものであることが明らかになる。なぜなら、必要な注意の無視は、相当性、法的作為義務違反の形態においては、故意犯の構成要件要素でもあるからである。」と述べられている。
5　最決平成28・5・25刑集70巻5号117頁。本判決に対する調査官解説として、川田宏一「判解」『最高裁判所判例解説刑事篇（平成28年度）』（法曹会、2019年）69頁。判例評釈として松宮孝明「判批」新・判例解説 Watch21号（2017年）181頁等。
6　たとえば、安廣文夫「判解」『最高裁判所判例解説刑事篇（平成元年度）』（法曹会、1992年）73頁、前田雅英『刑法総論講義［第7版］』（東京大学出版会、2019年）224頁。

5　予見可能性の対象は何で決まるか

しかし、ここで、故意とくに「未必の故意」では、「認識」だけでなく、「結果が起きてもかまわない」という心理状態という意味での「認容」まで必要ではなかったか、そして、「認容」の有無が故意と過失を分かつのだから、事実の認識や認識可能性だけでは故意も過失も十分に限定できないのではないかという疑問が生じるかもしれない。しかし、これには、以下のように答えることができる。

端的に言えば、故意における「現実の認識」の対象と過失における「可能であるべき認識」の対象は同じである。どちらも、作為犯であれば作為を思いとどまる動機とすべき「結果発生の可能性」、不作為犯であれば結果防止の作為に出る動機とすべき「結果発生の可能性」がその対象である[7]。なぜなら、作為を思いとどまる、あるいは作為に出る動機とすべき事実の認識がなければ、刑法はその人に結果回避措置を期待しないからである。

付言すれば、未必の故意にいう「認容」は、行為者の心理状態を指すものではない。そうではなくて、それは、「行為を思いとどまる動機とすべき認識があった（のに、おまえはあえて行為に出たのだ）」という裁判所の評価を言い表したものにすぎない[8]。

6　情報収集措置を介した予見「可能性」

これに対しては、自動車運転時の前方注視義務や見通しの悪い交差点での徐行義務──という「結果回避義務」？──は　故意に必要な具体的な予見ができなくても義務づけられるではないかという反論が予想される。たいてい、こういう批判をいう人は、だから「危惧感説」が正しいのだというのであるが[9]。

しかし、そもそも前方注視義務や徐行義務は「結果回避義務」ではない。これらは、具体的な予見の「可能性」に必要な情報収集（のための時間を作る）措置にすぎないのである[10]。たとえば、わき見をしていたから前方の歩行者に気づかず

7　不作為犯の場合は、この中に、作為義務を根拠づける事実（＝「保障人的地位」）の認識が含まれる。

8　松宮孝明『刑法総論講義 [第5版補訂版]』（成文堂、2018年）182頁、玄守道『刑法における未必の故意　日・独比較法研究』（法律文化社、2021年）244頁。

9　たとえば、高橋・前掲注2）233頁。

10　情報収集義務に着目した過失構成をするものとして、山本紘之『近代刑法原理と過失犯論』（信山社、2023年）72頁以下。「危惧感説」との違いは、情報収集義務を怠った点のみを捉えて過失とするのではなく、仮に情報収集をしていたとしても具体的な予見に到達できなかった場合には

死傷事故を起こしてしまった自動車運転者が、仮に前方注視義務を果たしていたとしよう。そしてそのまま車を進行させたとしたら、前方注視義務は果たしているが、結果は起きる。ということは、前方注視は、「結果回避」ではなくて、「結果が起きるかどうか判断するための情報を集める」措置だということである。そして、その結果として、情報収集措置を取っていたら結果回避が「合理的な疑いを容れない程度に確実」である時点までに結果防止措置を取る動機とすべき「結果の予見」に至っていたというのが、過失犯に必要な「予見可能性」であり、このプロセス全体が「過失」なのである。言い換えれば、「過失」とは、何らかの「落度」ないし「不適切な行為」一般ではないということである。

以下では、それを近年の裁判例を素材として説明するが、その前に、過失事犯における「事実認定」の問題にも触れておく必要がある。

二　事実認定に潜む問題

1　実は因果関係がない？

「過失」判断にとっても、認定事実は決定的に重要である。そのような事例の中には、「粗雑な経験則判断」で「被告人の行為が原因だ」と思い込んでしまう場合が含まれる。その具体例を提供するのは、「天六ガス爆発事故事件」の第1審判決[11]である。地下鉄工事の現場でショベルカーがガス管を継ぎ目から引き抜いたために生じたこの大爆発事故において、本判決は、大阪ガスのガスパトロールカー運転手につき、そのエンジン始動に伴う車両からの引火による火災を本件爆発の着火源と認定するには証明が不十分であるとして、因果関係を否定し無罪を言い渡した。

この事件では、検察官は、ガス爆発の原因はガスパトロールカーのエンジンからの漏出ガスへの引火であるとして、この車に乗っていた2名の大阪ガスの職員を業務上過失致死傷罪で起訴していた。しかし、本判決は、流体力学の専門家による鑑定に基づき、この車からの引火によって発生した「火炎が直接坑内に引火することは不可能であったと認められる」と述べて、条件関係を否定したのである。火災の発生した場所の坑内ではガス濃度が高すぎて爆発現場まで火災が遡上

過失が否定される点にある。
11　大阪地判昭和60・4・17刑月17巻3＝4号314頁。

することはないというのが、その理由である。簡単に言えば、ガスコンロに火をつけても、その火がガス管内を遡上してガスタンクの爆発を招くものでないのと同じ理屈である。

　その際、本判決は、本件では、ガスパトロールカーのエンジンからの火災が爆発の着火源であると「当然のように考えられたために、着火源を特定するのに必要な調査がほとんどなされなかったかのようである。」(圏点筆者)と評している。これは、「安易な経験則判断」による条件関係の認定の危険を警告したものであるが、あわせて、弁護人がこの点に疑問を持ち、適切な専門家の鑑定を得たことが決定的であったことも示している。

　「シンドラーのリフト事件」控訴審判決[12]もまた、エレベーター点検時における「本件エレベーターのライニングの異常摩耗」自体が認定できないとすることで、予見可能性の対象となる「危険」それ自体、さらには因果関係を否定したものと解される。

　同じく因果関係が怪しい事件に、「過失」が否定されて無罪にはなったが、「あずみの里事件[13]」におけるドーナツ提供による「被害者」の死亡がある。この「被害者」には嚥下障害は認められておらず、むしろ別の疾患で心肺停止に陥った可能性があることを示す専門家の鑑定を弁護団は提出していたのであるが、控訴審無罪判決も、因果関係自体は疑問視しなかった。筆者は「過失」否定の意見書を書いたのであるが[14]、実際には、むしろ因果関係が主戦場と考えてたので、少し残念である。

2　実況見分を疑え

　加えて、交通事故等で問題を孕んでいるのは「実況見分」である。本稿執筆時点で現在上告中の「松本歩行者轢過事件」では、9月下旬の午前4時30分頃に、国道の真ん中を歩いて被告人車に正面から向かってきた被害者を轢過して死亡させた被告人の「過失」が争われている。その第1審判決[15]は、実況見分調書に基づき、被告人車両の停止距離が26.3メートルであることを前提に、衝突地点の

12　東京高判平成30・3・14LEX/DB25560511。
13　東京高判令和2・7・28判時2471号129頁。
14　松宮孝明「危惧感説と具体的予見可能性説の異同再論」立命館法学385号（2019年）78頁。
15　長野地松本支判令和4・3・29公刊物未登載。本判決は、以下の控訴審判決や厳島行雄教授の意見書とともに、本件の弁護人金枝真佐尋弁護士から閲覧させていただいた。記して謝意を表する。

36.9メートル手前で道路上の人間をはっきり認識できると述べて「過失」を認定した。

　しかし、この判断については、夜間の衝突事故における過失の判断に際して考慮すべき基本的事項が考慮されていない疑いが濃厚である。というのも、控訴審に向けて提出された心理学者の鑑定書によれば、障害物が存在することを予期できるような実験とそのようなものが予期されない状況とを比較することはできず、しかも、実況見分車両の速度は実際の被告人車両の速度である時速約42キロメートルよりはるかに遅い時速10キロメートルであったことや、夜間に対向車両の前照灯によって障害物が見えなくなる「グレア」が十分考慮されていないからである[16]。

　それにもかかわらず、本件の控訴審判決[17]は、「被告人車両からの視認状況に関する実況見分の実施方法等に特段の問題はな」いとし、「実況見分において、仮想被告人車両を時速約10キロメートルの低速度で進行させたことは、実況見分の信頼性に有意な影響を及ぼすものでない」とする第1審判決の判断に不合理なところはなく、「前方に物の存在を予知していたかどうかという点が視認条件に有意な影響を及ぶとは考え難い」とする第1審判決の判断も「前方注視義務が自動車運転者の基本的な注意義務であることに鑑みても、その判断に不合理なところはない」などと述べるのみで、上記の疑問を一蹴している。

3　「動体視力」すらわかっていない？

　しかも、本件の第1審判決は、被害者は被告人のほぼ真正面を歩行していたから、「高速度で移動している物体や車道の脇にある物体を発見する場合と異なり、高い動体視力や広い視野角が要求される場合ではな」いとのべ、控訴審判決も「その判断が不合理とは言えない。」と述べて一蹴している。つまり、これらの判決を書いた裁判所は、前後方向の動きを識別する能力であるKVA動体視力もまた、「目標の速度が速くなければなるほど低下する。」[18]ことを知らないのである。

16　厳島行雄「令和4年（う）第762号過失運転致死事件運転者の心理学的要因に関する意見書」公刊物未登載。
17　東京高判令和5・9・22公刊物未登載。
18　真下一策「動体視力」体力科学46号（1997年）323頁（https://www.jstage.jst.go.jp/article/jspfsm1949/46/3/46_3_321/_pdf）2024年4月3日確認。

もっとも、近年の下級審裁判例は、このKVA動体視力の低下も意識し始めたようで、現に新潟地判平成28・3・18LEX/DB25543823や高松地丸亀支判令和3・9・21LEX/DB25592906は、KVA動体視力の低下を考慮しない実況見分の証明力を否定している。

過失事犯に限るものではないが、このように、事実認定においては「粗雑な経験則判断」による有罪の主張を覆す工学や心理学、人間工学の知見が重要となるのである。

三　「危惧感説」と「具体的予見可能性説」の相違

1　「第2の黄色点滅信号機事件」[19]

ここで、冒頭の問題に戻ろう。つまり、「危惧感説」の影響を受けたのではないかと思われる有罪判決が破棄された事案の検討である。

まず、最決平成15・1・24判時1806号157頁が重要である。本件の事案は、タクシー運転手である被告人が、夜間、対面信号が黄色点滅を示している見通しの悪い交差点に、道交法上の徐行義務を怠って時速35~40キロメートルで進入したところ、交差道路から一時停止も徐行もすることなく、時速約70キロメートルで突入してきた車に衝突され、乗客を死傷させられてしまったというものである。もっとも、被告人が徐行をしていれば、相手車両を発見して即座に急ブレーキを踏むことにより、衝突を回避できたようである。そこで、この事件の1、2審判決は、見通しの悪い交差点に徐行せずに進入したことで衝突事故の予見可能性を

19　「第2の」に対応する「第1の」黄色点滅信号機事件の上告審判決は、最判昭和48・5・22刑集27巻5号1077頁である。この判決は、「特段の事情がない本件では、交差道路から交差点に接近してくる車両があっても、その運転者において右信号に従い一時停止およびこれに伴なう事故回避のための適切な行動をするものとして信頼して運転すれば足り、それ以上に、本件Aのように、あえて法規に違反して一時停止をすることなく高速度で交差点を突破しようとする車両のありうることまで予想した周到な安全確認をすべき業務上の注意義務を負うものでな」いと判示している。「第2の」黄色点滅信号機事件判決は、「対面信号機が黄色灯火の点滅を表示している際、交差道路から、一時停止も徐行もせず、時速約70キロメートルという高速で進入してくる車両があり得るとは、通常想定し難い」という形で「経験則」としての「信頼の原則」を用いているが、この点は、「第1の」判決が、そのような「車両のありうることまで予想した周到な安全確認をすべき業務上の注意義務を負うものでな」いと述べたことと同義である。これは、「周到な安全確認」を、「本件交差点手前で一旦停止して安全確認をするか、あるいは相手車両を発見して即座に急ブレーキをかける」という注意義務というように、具体的な形で表現すれば明らかとなる。つまり、「信頼の原則」についての考え方は、基本的に同じなのである。

認め、かつ、即座の急ブレーキで結果を回避できたとして回避可能性も認めて、被告人を有罪とた。しかし、本判決は以下のように述べて両判決を破棄し、無罪の自判をした。

すなわち、「対面信号機が黄色灯火の点滅を表示している際、交差道路から、一時停止も徐行もせず、時速約70キロメートルという高速で進入してくる車両があり得るとは、通常想定し難いものというべきである。しかも、当時は夜間であったから、たとえ相手方車両を視認したとしても、その速度を一瞬のうちに把握するのは困難であったと考えられる。こうした諸点にかんがみると、被告人車がＡ車を視認可能な地点に達したとしても、被告人において、現実にＡ車の存在を確認した上、衝突の危険を察知するまでには、若干の時間を要すると考えられるのであって、急制動の措置を講ずるのが遅れる可能性があることは、否定し難い。」（圏点筆者）というのである。

ここで注目されるのは、本判決が、「被告人において、現実にＡ車の存在を確認した上、衝突の危険を察知するまでには、若干の時間を要すると考えられるのであって、急制動の措置を講ずるのが遅れる可能性があることは、否定し難い。」と述べて被告人の過失を否定し、無罪の自判をしていることである。つまり、本判決は、「予見の対象」を、「見通しの悪い交差点に徐行せずに進入することで生じるかもしれない死傷事故」という抽象的なものではなく、急制動の措置を講ずるために必要な「Ａ車との衝突の危険」という具体的なものとしているのである。これは、「急制動という結果回避に直結する行為規範を基礎付ける具体的予見」を要求したものと解してもよいであろう。これに対し、徐行は、交差道路の様子を観察するための時間を捻出する措置、つまり「情報収集措置」だと考えるべきである。そして、この「情報収集措置」を果たしていても結果が避けられない場合には、「情報収集措置」の懈怠は「過失」を構成しないのである。

しかも、その判断に際しては、「対面信号機が黄色灯火の点滅を表示している際、交差道路から、一時停止も徐行もせず、時速約70キロメートルという高速で進入してくる車両があり得るとは、通常想定し難い」という、人の行動に関する経験則という意味での「信頼の原則」が適用されている。なぜなら、この経験則が反対であれば、本件の被告人は交差道路から接近する車両の灯火を確認すれば、当該車両は交差点に突入してくる可能性があるという判断に基づいて、即座に急制動の措置を講じなければならなくなるはずだからである。この場合には、

「衝突の危険を察知するまでには、若干の時間を要すると考えられるのであって、急制動の措置を講ずるのが遅れる可能性がある」という結論には至らないであろう。

　以上の検討から、この事件では、「見通しの悪い交差点に徐行せずに進入することで生じるかもしれない死傷事故」の認識可能性を「予見可能性」と考えてはならないことが明らかとなる。

2　「あずみの里事件」

　同じように具体的な予見可能性を要求して原判決を破棄し、無罪としたものに、交通事故の事案ではないが、前述の「あずみの里事件」控訴審判決[20]がある。本件の事案は、准看護師として老人ホームに勤務する被告人が、被害者が食事を丸呑みする傾向があることを理由におやつをドーナツからゼリーに変更するという介護職らの確認（「間食形態変更確認」）を知らずに被害者にドーナツを与えたところ、これによって被害者が窒息（約1か月後に死亡）したというものである。もっとも、本件被害者に、これまで嚥下障害による窒息の危険の兆候は確認されていなかったため、この認定自体が争われたことは、先に述べた。

　しかし、原判決[21]は、本件老人ホームには嚥下障害で窒息の危険のある施設利用者もいることを理由に、被告人におやつ形態変更の確認を怠った過失があるとして業務上過失致死罪の成立を認めた。おそらく、「間食形態変更確認」を怠ってのおやつ提供は、嚥下障害のある施設利用者に窒息死の危険をもたらす行為であり、かつ、それを怠らなければ嚥下障害の兆候のない本件「被害者」についてもドーナツではなくゼリーを提供することになるので、「知らず知らずのうちに危険が回避されている[22]」はずだから過失があるというのであろう。これは、ま

20　前掲注13）東京高判令和2・7・28。本判決に対する評釈として、村井敏邦「判批」新・判例解説Watch28号（2021年）207頁、小島秀夫「判批」刑事法ジャーナル67号（2021年）160頁、岡部雅人「判批」『医事法判例百選〔第3版〕』別冊ジュリスト258号164頁、甲斐克則「判批」医事法研究6号（2022年）129頁等。
21　長野地松本支判平成31・3・25 LEX/DB25562949。前述のように、本判決を受けて被告人が控訴をするにあたり、弁護団の要請を受け、筆者は被告人に過失は認められない旨の意見書を提出している。これについては、松宮・前掲注14）78頁を参照されたい。
22　藤木英雄編『過失犯──新旧過失論争──』（学陽書房、1975年）33頁〔藤木英雄〕。しかし、これでは、危惧感を契機に情報収集措置を執っても行為の反対動機となるべき結果の予見に至らない──つまり具体的予見可能性がない──ときでも、結果発生について過失があるということになってしまう。

さに藤木英雄の提唱した「危惧感説」である。

これに対して本判決は、以下のように述べて「過失」を否定した。すなわち、「本件施設の利用者の状況は様々で、各利用者の間食の形態が常に誤嚥、窒息の防止だけを目的として決められているわけではないのに、特別養護老人ホームにおける利用者一般という概括的な存在を対象に、常菜の中でも、どのような種類の間食かを特定しないまま、死因についても誤嚥、窒息の例示はあるが『等・・・・・・』を付して包括性の高いものにした上で、利用者が死亡することについての予見可能性を問題にしたものであり、要するに、特別養護老人ホームには身体機能等にどのようなリスクを抱えた利用者がいるか分からないから、ゼリー系の指示に反して常菜系の間食を提供すれば、利用者の死亡という結果が起きる可能性があるというところにまで予見可能性を広げたものというほかない。しかし、具体的な法令等による義務（法令ないしこれが委任する命令等による義務）の存在を認識しながらその履行を怠ったなどの事情のない本件事実関係を踏まえるならば、上記のような広範かつ抽象的な予見可能性では、刑法上の注意義務としての本件結果回避義務を課すことはできない。」（圏点筆者）としたのである。つまり、本件では、被告人に「間食形態変更確認」を怠っておやつを提供したという「落度」はあったかもしれないが、それでも、本件「被害者」が死亡することは予見できないので、「過失」が否定されたのである。

3　「東北自動車道追突事故事件」

さらに、「東北自動車道追突事故事件」にも言及しておこう。本件の事案は次のようなものであった。すなわち、被告人は、夜間、中型貨物自動車を運転し、照明設備のない東北縦貫自動車道を時速約100km、かつ先行車（A車）と約40メートルの車間距離で走行中、強いブレーキをかけたA車との追突を避けようとして追越車線から走行車線に左転把したところ、走行車線に事故を起こして停止していたB運転の大型貨物自動車（B車）と被告人車が衝突し死傷事故に至った。その際、左転把時にB車の存在が被告人に認識できたとする証拠はなかった。しかし、差戻前第1審は、「車間距離保持義務」違反を認め自動車運転過失致死傷罪（当時）で被告人を有罪とした[23]。

23　盛岡地判平成29・12・7 LEX/DB25561554。

この有罪判決は第一次控訴審[24]において、「検察官は、被告人が保持すべきであった車間距離を具体的に明示しなかったし、差戻前第1審の審理では、その認定した約40mより長い車間距離を取っていれば現実に衝突を回避できたことについて、何らの主張立証もされていない」のだから審理不尽であるとして破棄され原審に差し戻された。その差戻後第1審では、被告人が、検察官が主張した車間距離を保持していた場合に本件事故を回避できる具体的な立証はなく、仮に、A車の動静に応じて適宜制動措置を講じて減速することによってA車の後方にとどまり、かつ、後続車による追突を回避する方法があり得たとしても、前後車両との衝突の危険が迫っている状況で、数秒の間にそのような操作を的確に行うことは困難である等の理由で無罪とされたのである[25]。

これに対して検察官は、左転把によって死傷事故を起こすことの予見可能性がない本件につき、一般的な追突事故の注意義務である先行車の動静等注視義務と車間距離保持義務にこだわって控訴したが、第2次控訴審はこれを棄却した[26]。この判決の理由は注目に値する。すなわち、「A車のブレーキランプが点灯した時点において、被告人車が走行する車線として第1通行帯を選択すること自体が危険を生じさせることをうかがわせる事情も見当たらない」のであるから、「被告人車が、A車との間に、検察官が主張するような車間距離を保っていたとしても」左転把が「直ちに不適切であつたとはいい難く、その場合には、左転把後に至って初めて前方に停車するB車を発見し、再度右転把するなどして本件事故を回避できない結果となる」合理的疑いが残るので、結局過失は認められない、というのである（圏点筆者）。簡単に言えば、左転把して先行車との衝突を避ける行為が危険だとはわからないのだから、車間距離保持の有無にかかわらず被告人には本件事故の「予見可能性」がないので「過失」はないのだということである。

この事件は、事故発生から無罪で確定するまでに10年の歳月がかかった。しかし、結論は簡単である。被告人が左に車線変更したことに「予見可能性」はないので「過失」はないというだけのことである。筆者は、本件につき弁護人の依頼

24　仙台高判平成30・10・2 LEX/DB25561555。
25　盛岡地判令和4・3・24LEX/DB25592252。
26　仙台高判令和4・12・1 LEX/DB25594005。本判決に対する評釈として、松宮孝明「判批」新・判例解説 Watch Vol. 32（2023年）199頁。

に応じて「規範目的と過失犯」と題する意見書を 7 年前に書いて、車間距離保持義務は本件の「過失」とは関係ないと述べていたが[27]、追突事故だから先行車の動静等注視義務と車間距離保持義務が問題なのだというマニュアル的理解が、無罪までの時間を長引かせたのだと思われる。

四　長期スパンでの結果の予見可能性が求められる事案

1　「渋谷温泉爆発事故事件」

　もっとも、「具体的」予見可能性といっても、先に述べたように、予見すべき結果つまり「予見の対象」がある程度概括化・一般化されることはあり得る。もっとも、それは交通事故以外の特殊な過失事件に多く見られる現象である。以下では、その具体例として、「渋谷温泉爆発事故事件」[28]と「東電福島原発事故事件」[29]を取り上げる。

　「渋谷温泉爆発事故事件」の事案は、温泉汲み上げと共に出てくる可燃性のメタンガスを排出するガス抜き配管に結露水が溜まってガスが抜けなくなるので適宜バルブを開けて水抜きをしなければならないことを設計者が施工部門の担当者らに伝えていなかったところ、そのためにガス抜き配管から排出されず温泉施設の地下機械室内に漏出したガスが、排気ファンの停止という事情によって同室内に滞留し、かつ警報ブザーも鳴らない状態になっていた中で、温泉制御盤のマグネットスイッチが発した火花に引火して爆発し、従業員ら 3 人が死亡、3 人が負傷したというものである。本件では、上記の設計者が業務上過失致死傷罪で起訴され、第 1 審でも控訴審でも有罪の判断が示された[30]。そして、最高裁も上告を棄却した。

　この事件で注意すべきは、最高裁の法廷意見が予見の対象としている「メタンガスの爆発事故」には、発生時期の特定がないことである。これに関し、本決定に付された大谷直人裁判官の補足意見は、次のように述べている。すなわち、同

27　松宮孝明「規範目的と過失犯——先行車との車間距離保持義務と異なった車線での追突事故——」立命館法学369＝370号（2017年）678頁参照。
28　その上告審決定は最決平成28・5・25刑集70巻 5 号117頁。
29　その控訴審判決は東京高判令和 5・1・18LEX/DB25572671。
30　第 1 審は東京地判平成25・5・9 刑集70巻 5 号210頁、控訴審は東京高判平成26・6・20刑集70巻 5 号312頁。

意見は「結果発生に至る因果のプロセスにおいて、複数の事態の発生が連鎖的に積み重なっているケースでは、過失行為と結果発生だけを捉えると、その因果の流れが希有な事例のように見え具体的な予見が可能であったかどうかが疑問視される場合でも、中間で発生した事態をある程度抽象的に捉えたときにそれぞれの連鎖が予見し得るものであれば、全体として予見可能性があるといえる場合がある。」(圏点筆者)とする。

　この補足意見が言う「中間で発生した事態をある程度抽象的に捉えたとき」という判断が許されるのは、どのような場合であろうか。先に触れた「東北自動車道追突事故事件」および「あずみの里事件」を例に取れば、次のように言うことができる。すなわち、自動車道路の管理者としては、夜間道路に照明がない箇所では事故直後でハザードランプや発煙筒などの事故情報を知らせる措置が間に合わないまま二次的な事故が起きたことが過去にあり、これからも同種の事故が起きる可能性がある場合、および、特別養護老人ホームでは嚥下障害を持つ利用者も想定されるところ、介護責任者がそれを考慮せずに一律にドーナツ等のおやつを配膳する計画を立てていた場合には、自動車道路の現場付近に照明設備を設けなかったので二次的事故が起きたとか、嚥下障害を持つ利用者がおやつのドーナツを気管に詰まらせて窒息死したといったときには、各責任者には事故の予見可能性があるとして「過失」を認める余地がある、ということである。

　つまり、「中間で発生した事態をある程度抽象的に捉え」ることが許されるのは、このように対象者の属性を広く取るべき場合や、事故が起きる時点を広いスパンで考えるべき場合であり、責任者はこの「広範な属性の対象者」や「長期スパン」を前提にして生じる可能性のある事故について、それが起きないように保障すべき立場にあるときなのである。「渋谷温泉爆発事故事件」は、本件温泉を営業する間ずっとこのような爆発事故が起きないように注意事項を説明する責任が、課題を孕む設計をした被告人にあったとされた事案である。

　このような「長期スパン」でみれば、排気ファンの停止と警報ブザーが鳴らない状態が重なる確率は決して低くないといえよう。つまり、一瞬のうちに通過する「見通しの悪い交差点」では、「交差道路から、一時停止も徐行もせず、時速約70キロメートルという高速で進入してくる車両があり得るとは、通常想定し難い」が、本件温泉を営業する長期間では、排気ファンの停止と警報ブザーが鳴らない状態の「連鎖が予見し得るもの」になるのである。

2 「東電福島原発事故事件」

同様に予見可能性を「長期スパン」で考えなければならない典型例として、「東電福島原発事故事件」が挙げられる。すなわち、2011（平成23）年3月11日発生の東日本大震災に起因して、福島第一原発の津波対策の懈怠によって生じた同原発1号機および3号機での水素爆発により作業員13名が負傷し、付近の病院に入院中の患者および医師等の退避等により患者44名が死亡したが、2002（平成14）年には、すでに、30年間に20パーセント程度の確率で15メートルを超える津波が襲うという国の地震調査研究推進本部が示した「長期評価」が発表されていた。それにもかかわらず、東京電力は、この予想される津波被害に対する措置を講じず、よって上記の死傷結果を生じたもので、これが業務上過失致死傷罪に当たるとして、東京電力株式会社の旧経営陣3名が業務上過失致死傷罪で、検察審査会の議決により起訴されることとなった。しかし、その第1審[31]、控訴審[32]とも被告人らの過失を否定した[33]。

本件でも、予見の対象となる事故は「長期スパン」を前提にして生じる可能性のあるものでなければならない。なぜなら、原発事故による災害は、原発稼働中（さらには廃炉作業中も）1回でも起きてはならないとされるものだからである。したがって、本件の「長期評価」が示す「30年間に20パーセント程度の確率」というのは、この「長期スパン」で見なければならない。それは、「ロシアン・ルーレット」1回分の確率（6分の1）よりも高い。そこで、他人の頭に向けて「ロシアン・ルーレット」を企てる人物は、たとえ弾丸が出ないほうに賭けていたとしても、殺人の故意を持っていると評価することが可能であろう[34]。そし

---

31 東京地判令和1・9・19判時2431＝2432号合併号5頁。本判決に対する評釈として、松宮孝明「判批」刑事法ジャーナル64号（2020年）4頁、岡部雅人「判批」刑事法ジャーナル64号（2020年）11頁、土井和重「判批」刑事法ジャーナル64号（2020年）21頁、丸橋昌太郎「判批」法学教室476号（2020年）132頁、川本哲郎「判批」判例時報2461号（2021年）143頁、稲垣悠一「判批」専修法学論集139号（2020年）237頁等。また、本判決に疑問を呈する論稿として、山本紘之「大災害と過失犯論」山口厚ほか編『実務と理論の架橋——刑事法学の実践的課題に向けて——』（成文堂、2023年）71頁。
32 前掲注29）東京高判令和5・1・18。
33 なお、「長期評価」につき、本件の第1審および控訴審判決は必ずしも学界の一致した見解ではないとしてその価値を相対化するが、その策定に関わったのは、国の地震調査研究推進本部長期評価部会長であった地震学者島崎邦彦氏（元日本地震学会会長）を始めとする地震学の専門家であって、少なくとも短期間に取れる対策を実施する動機とすべきものであったように思われる。島崎邦彦『3.11大津波の対策を邪魔した男たち』（青志社、2023年）22頁以下参照。
34 「未必の故意」が「反対動機とすべき事実の認識」によって根拠づけられる点につき、松宮孝明

て、30年間というのは、原発の標準的な稼働年数である40年より短い時間である。

ところで、本件事故は、非常用発電機が水没せず冷却装置に給電していれば起きなかったものであった。つまり、本件では、結果回避のためには、原発の運転を停止すべき義務まで課す必要はなく、予想される津波の来ない高台に非常用発電機を移転させておくだけでも事故は防げたのである。「長期評価」が示す「30年間に20パーセント程度の確率」は、それが地震学の専門家らによって作成されたことを考慮するなら、このような「結果回避義務」を課すのに十分ではなかったかと思われる。

五　むすびにかえて

以上、「交通事故等での過失の捉え方」というテーマでありながら、交通事故を超えた過失事犯一般に視野を広げつつ、「過失」とは何かについて考察を進めてきた。拙い検討であったが、過失事件を扱う実務家や研究者にとって少しでも参考になれば幸いである。

「『未必の故意』に関する学説の整理と日独裁判例の概括的検討」刑法雑誌66巻1号（2023年）66頁、玄・前掲注8）参照。

自動運転車による事故と刑事責任
——検討の視点——

今 井 猛 嘉

一　はじめに
二　検討対象——事例の設定
三　検討対象——不真正不作為犯と過失犯
四　不真正不作為犯の理解
五　過失の理解
六　事例の解釈の確認——同種事案を評価する際の視点
七　残された課題

一　はじめに

　日本では、2022年の道路交通法（道交法）改正により、（SAEの基準による[1]）自動運転のレベル4に相当する走行が許可されることになった[2]。
　これに伴い、レベル4相当の技術を利用し、自動運転車の社会的効用を十分に享受する際に、避けては通れない問題、即ち、自動運転車による事故が生じた場合の刑事責任の在り方についての関心が、従来にも増して高まっている。
　具体的には、自動運転に係る人の死傷事故が生じた場合に、自動運転を可能にする器機、即ち、自動運行装置（automated driving system．ADS、そのアルゴリズム）や、ADSが設置された車両の設計、製造、販売に従事した者、又はそうした自動運転車を利用した者に、適宜の故意犯又は過失犯が成立しないかが問題となる。これらへの対応が、政府内部でも鋭意、検討されている状況である[3]。
　そこで本稿では、こうした問題状況における過失犯の成否を検討する際の視点

1　https://www.sae.org/blog/sae-j3016-update
2　道路交通法の一部を改正する法律（令和4年法律第32号）。
3　例えば、デジタル庁に設置されたAI時代における自動運転車の社会的ルールの在り方検討サブワーキンググループでの議論。筆者も、その構成員である（https://www.digital.go.jp/councils/mobility-subworking-group/）。

を整理することにしたい。故意犯と過失犯では、所定の犯罪の客観的要素（結果、即ち、違法な法益侵害と、当該結果を惹起するに至った因果関係の起点として認定される行為、及びその行為者）は同じであり、その主観的要件である故意は、過失の存在を前提として認定されるべき要素である。そこで、関連する事案で先ず検討されるべき問題は、過失の有無と、過失が認められるべき行為をした者、及び、そうした行為の認定方法だと考えられるのである。

二　検討対象──事例の設定

　自動運転車の事故と過失犯の成否が問題となる事例としては、多くのものを想起し得るが、本稿では、次の事例を検討する。

［事例］
　MF（自動車会社.manufacturer）は、レベル4での自動運転が可能な車両の製造、販売を企画し、ODD（operational design domain.運行設計領域、即ち、自動運転が可能となる道路、地理等の条件）を設定した上で、この条件下でレベル4の走行を可能にするADSの設計を始めた。ADSの中核となるアルゴリズムは、MFからの委託を受けたAW（algorithm writer.アルゴリズム・ライター）が作成した。AWの作成に係るアルゴリズムから構成されたプログラムは、ADSの基幹部分となり、そのADSが装着されたAV（automated vehicle.自動運転車）は、レベル4で走行可能な車両として販売された。これを購入したU（user.利用者）は、レベル4での走行を満喫していたが、その後、当初のODDの条件（道路条件、地理条件、環境条件、信号情報との連携等の条件）に変化があり、そこから生じるデータは、当該AVに設置されたADS（を機能させるアルゴリズム）では処理できないものであったため、レベル4での走行は困難になった。この事態は、Uに知らされておらず、U自身も、当該変化に気づいていなかった。ある日、UがP（passenger.乗員）として乗り込んでいた当該AVは、従来のODD下で走行していた（その際、Uは、Pとして車内にいただけであり当該車両の制御に関与していなかった）。そうしたところ、同車の直前を横切ろうとするPD（pedestrian.歩行者）が現れたが、同車はPDへの衝突を回避することができず、衝突の結果、PDは死亡するに至った。衝突事故が生じた現場付近では、ODDの条件（の1つである、公道に

流入すると想定される歩行者数の上限）が、公道を通過しようとする歩行者数の（夏祭りの開催に伴う）急増により充たされない場合があり得るものとなっていたが、この事情につき U の認識を促す措置（アラームによる U への通知等）は執られていなかった。また、この事情に対応するための DDT FB（dynamic driving task fall back[4]）も MNM（minimal risk maneuver[5]）も適時には作動しない状況であった[6]。同 AV の LiDar は、公道に流入する歩行者数を検知したが、一度に多数の歩行者が公道になだれ込む状況ではなかったため、このデータを解析した ADS は、PD が目前に現れるまでの間、レベル 4 相当の走行を継続しようとしていたことが、後日、判明した。

　［注記１］ODD は、自動運転車の製造、販売を行う法人等が設定して、車両に搭載することが、一般的である。ODD として、如何なる条件を考慮するかに応じて、レベル 4 での自動運転が出来る範囲が異なるため、ODD の設定は、事業者間の競争領域となっている。事業者が開発した ODD は、道路運送車両法に基づき、国土交通大臣が保安基準に適合しているかを審査し、適合していると確認されれば、走行環境条件として付与される[7]。

　［注記２］当該 AV が PD への衝突を回避できなかったのは、レベル 4 の走行自体（DDT）の停止ができなかったためか、又は、DDT FB が適時に行えなかったことに因るのか、いずれかに因るものと考えられる。いずれの場合でも、PD の死亡という結果は、当該 AV の ADS に係るアルゴリズムを作成した AW か、又は、レベル 4 での走行が可能な商品として当該 AV を販売した MF に係る刑事責任を問題とする事情である。そこで以下では、AW 又は MF が如何なる条件の下で刑事責任を負い得るかを検討する

　［注記３］U が、通常よりも公道を通過する歩行者数が多いことに気付き、ADS の機能限界を予想して、レベル 4 での走行を中止すべきであったのに、しなかったと言える場合には、U の刑事責任も問題となる。それは、例えば、U

4　SAE J3016_202104, 3.12.
5　The way of achieving minimal risk condition（i.e, MRC）. Cf. SAE J3016_202104, 3.12.
6　DDT FB と MRM は、これまでレベル 3 での走行との関係で言及されることが多かったと思われるが、両概念はレベル 4 との関係でも考慮されるべきである。それは、レベル 3 で OR（override）が生じる以前の運転はレベル 4 であり、OR は、レベル 4 の運転モードをレベル 2 以下の MD（manual driving）にするための操作（即ち、レベル 3 はレベル 4 の理解を前提とした概念）だからである。Cf. https://ieeexplore.ieee.org/abstract/document/8917404
7　https://www.mlit.go.jp/common/001338329.pdf

が、当該 AV に設置されている非常停止ボタンを押すことが出来た場合である。しかし、U が事態を感知した後の停止措置によっては、PD への衝突を回避できなかったことも、大いにあり得ることである。そこで以下では、この前提の下で、AW 又は MF の刑事責任を検討する。

三　検討対象——不真正不作為犯と過失犯

　この事例では、PD の死亡につき、MF 又は AW に、故意犯又は過失犯が成立するかが問題となる。PD の死亡につき故意（法益侵害という違法な結果が生じる蓋然性の認識）が認定されれば、（殺人罪等）適宜の故意犯の適用が検討されるが、故意の認定が困難となる場合も、多々、想定される。そこで、故意犯ではなく過失犯、特に、実務上も適用されることが多い過失運転致死罪（自動車運転致死傷行為処罰法5条）と、（レベル4の自動運転車には運転者が存在しないとの理解によれば）業務上過失致死罪（刑法211条）の成否が、検討されるべきことになる。

　過失運転致死傷罪は、「自動車の運転上必要な注意を怠り、よって人を死傷させた者」に成立する。人（［事例］では PD）の死亡につき、「自動車の運転上必要な注意を怠」った者、即ち、過失があった者に、本罪が成立する。この同罪の主体は、運転者に限定されているわけではないが、「自動車の運転上必要な注意を」払うべき者としては運転者が想定されることが多いので、［事例］において運転者が存在しない車両の走行があったと考えるならば、業務上過失致死罪の成否が検討されることになる。これら2つの犯罪において、過失の概念を理解するための視点に、相違はない。

　［事例］では、PD が、自動走行している車両に接近していることを察知した者（MF[8] 又は AW）は、PD への衝突を避けるべく車両を制御すべきであるのに、これを怠ったことに因り、PD が死亡するに至っている。その者につき、① PD を認知し、車両と PD との衝突を避けるべく車両を制御すべき義務に違反したこと、②この違反が、その者の不注意によって生じたこと、が認定されれば、過失運転致死罪又は業務上過失致死罪が成立する。①は、不作為により、これらいずれかの罪の客観的要素（である主体の要件）が充足されることを意味する。②は、

---

[8]　MF は法人の場合が多いであろうが、これらいずれの罪にも両罰規定が存在しないので、本稿では、MF に相当すると思われる自然人を、以下では、MF と表記する。

これらいずれかの罪の主観的責任要素である過失が認定されることを意味する（因果関係は認定されたものとする）。後述するように、過失は、予想される法益侵害（期待損害[9]）に相当するか、それを上回るだけの注意費用（期待損害の発生を防止するための費用）を投入していないという不作為に係る事実の認識である。そこで、②過失犯における結果回避義務[10]と、①不真正不作為犯[11]の主体を選別するための作為義務とは、実質的に重なり合っており、両者を区別する意義に乏しいと考えることもできよう[12]。しかし、以下で確認されるように、①にいう作為義務は、不作為犯の主体という客観的要素を判断するための義務であり、least cost avoider（LCA[13]）の認定を踏まえてその義務が導かれるのに対して、②にいう結果回避義務は、当該主体に、故意未満の心理状況を認定するために、（後出のように）ハンドの定式（Hand formula）を踏まえて導かれる義務である。両者の差異は明確にされるべきである。

こうして（危険運転致死傷罪にせよ業務上過失致死罪にせよ）過失犯の成否を検討するには、①先ず、（PDの生命の保護に係る）義務の履行をしなかった者を、それらの罪の不真正不作為犯の主体として認定し、それらの罪の客観的成立要件の充足を確認した上で、②その者に過失（それらの罪の主観的責任要素）が認められるか否かを検討すべきことになる。以下では、先ず、不真正不作為犯の主体の認定に係る問題を検討した後に、当該主体に係る過失認定の在り方を検討する。

---

9 正確に言えば、『期待損害＋これを防止するための社会的費用 − 行為による効用』である。この点については、五で後述する。
10 旧過失論も、具体的な結果発生の予見可能性に裏付けられた結果回避義務の履行を問題にし、その不履行の場合に、これに対応した行為者の主観を過失と評価するのであり、結果回避義務違反の問題が重要であることは、新過失論の論理による場合とで異なるものではない。
11 過失は、予見義務違反又は結果回避義務違反に係る行為者の認識であり、義務違反は本来的に不作為であるから、過失犯を真正不作為犯に整理することも考えられる。他方で、真正不作為犯は、不作為を処罰する明文の規定がある場合に限られるとする伝統的理解によれば、過失犯一般を真正不作為犯に整理することには躊躇いが生じる。この問題の解決としては、結果回避義務違反により、実質的に許されない危険な行為がなされたとして、作為犯としての評価が妥当する事例を確認することが考えられる（橋爪隆『刑法総論の悩みどころ』（2020年）209頁）。この理解は、優れたものであるが、作為犯として構成できない事例の説明については、更に検討が必要である。
12 町野朔『刑法総論』（2019年）110、214頁、山口厚『刑法総論』（第3版）（2016年）83、93頁、橋爪・前掲『刑法総論の悩みどころ』70頁注38、211頁。
13 Guido Calabresi, *Changes for Automobile Claims? Views and Overviews*, 1967 U. ILL. L.F. p 608.

四　不真正不作為犯の理解

1　作為義務を行為者の地位から規範的に導く見解

　［事例］における自動運転車が、レベル4での走行を許可された時点では、ODD下でレベル4相当の技術で走行する車両に係る事故発生確率は、可能な限り限定されていたはずである（さもなければODDの承認、即ち、走行環境条件の付与は、なされない）。その後、交通事情等の変化により、当該条件下でレベル4相当の走行を試みさせると、車両に係る事故発生確率が上昇すると認識された場合には、従前のODD下で車両の自動走行を可能にしてきたADSの利用は、許可されないことなる。このような事態の変化が生じた場合、AW及びMFには、変動する交通状況を踏まえ、ODDを適宜に修正する社会的責務があると考え得るところ、AW及びMFには、当該社会的要請に応じる法的義務も課せられており、当該義務主体であるAW及びMFは、過失運転致死傷罪又は業務上過失致死罪所の主体と評価される、との理解も想定される。これは、（法益侵害を回避するための）一定の社会的要請の対象となる者は、当該事態の回避に必要な作為が刑法的に義務付けられ、所定の犯罪の主体となる（当該犯罪から保護されるべき法益の、侵害を防止するための、作為義務を負う）との発想である[14]。

　犯罪防止（あるいは、一定の法益保護）に係る社会的要請が及ぶと思われる主体に、当該法益を保護する義務を課すという発想は、社会に存在する（と思われる）素朴な処罰欲求には合致するであろう。しかしこの要請からは、（不真正不作為犯の主体を認定するために必要となる）作為義務を根拠づけることはできないと思われる。

　作為義務を課された者は、当該作為以外の行動をすると処罰されるから、その者の行動の自由は、作為犯の場合に比べて著しく制約される。作為犯の場合は、禁止されている行為の遂行ができないに止まるが、不作為犯の場合は、命ぜられた作為以外のあらゆる行為の遂行が、禁止されるからである。この不作為犯の特徴は、真正不作為犯にも認められるものであるが[15]、不真正不作為犯を基礎付ける作為義務を、社会的な処罰欲求や対象者の社会的地位から導くと、その範囲が

14　塩見淳『刑法の道しるべ』（2015年）42頁、安田拓人「不作為犯」法教490号（2021年）116頁。
15　山口厚「不真正不作為犯に関する覚書」『犯罪論の基底と展開』（2023年）5頁。

不明確となることは避けがたいから、作為義務は、刑法の目的（ないし、その存在理由）を踏まえて導出される必要がある。

2 作為義務を LCA の認定を踏まえて確認する見解

刑法は、法益を保護するために存在する。法益を侵害した者又は侵害する蓋然性を生ぜしめた者は、他の要件の充足を待ち、所定の犯罪の既遂罪又は未遂罪で処罰される。その者（行為者）を処罰するのは、①行為者及び他の社会構成員による同種の結果（法益侵害又は侵害の蓋然性の発生）惹起を抑止するためである。この意味での抑止効果を発揮させるために、刑罰が行為者に科されることで、行為者の再犯予防（特別予防）と、他の社会構成員による同種行為の予防（一般予防）の実現が図られる。他方で、②行為者に刑罰が科されたことを知った被害者（その遺族等を含む。）及び、他の社会構成員は、犯罪によって蹂躙されようとした正義（又は秩序）が回復されたと感じ、正義の実現のための社会的諸制度（刑事司法制度等）への信頼を回復するとことになろう。①の、刑罰賦科による犯罪抑止効果の中の、特別予防効果は、統計資料等を通じて、事後的で客観的な検証が可能である。これに対して、一般予防効果は、特別予防効果と正の相関関係を示す可能性はあるが、特別予防効果と一般予防効果の間に因果関係が存在することを客観的資料に基づき検証することはできないであろう。他方で、②の想定の中で示される、応報感情の実現や、刑事司法制度に対する信頼感は、客観的資料に基づき把握することが極めて困難な概念である。刑罰制度も、１つの社会制度であるから、その執行態様は、事後的で客観的な効果測定により評価可能なものでなければならない。この要請を充たすには、刑罰賦科の目的として、先ず①の特別予防効果が考慮されるべきであり、他の目的（刑罰賦科により、同種犯罪を広く予防するとの一般予防目的、応報感情を満足させ刑事司法制度の背後にあるとされる正義感、あるいは、国民の処罰欲求に応答するとの目的）は、特別予防効果の向上を目指して刑罰が執行された結果、事実上、充足されるものとして整理すべきであろう[16]。

このような刑罰目的の理解と、不作為犯処罰により処罰対象者の行動の自由が

---

[16] 井田良「不真正不作為犯」現代刑事法１巻３号（1999年）92頁は、（不真正）不作為により法益侵害の虞が生じている場合、作為を命ずることで、その法益侵害という結果が回避される高度の蓋然性が存在しなければ、当該不作為を処罰することはできないとされる。この理解は、刑法に期待される一般予防効果ではなく、特別予防効果の実現という観点から、より良く説明されるものであろう。

作為犯処罰の場合に比べて極めて広い範囲で制約されるという特徴を踏まえると、(不作為により侵害され得る法益を保護すべき) 作為義務は、当該法益保護のための費用支出が最小となるべき者 (LCA) に課せられるべきであろう。

特別予防効果を目指して刑罰権を行使すると、刑罰の上限設定ができなくなる可能性が生じる。この欠点を回避し、刑罰と他の法的制裁とを区別するには、行為者が、行為を選択する際に、刑罰賦科を予見可能であったことを要求すべきであろう。即ち、行為者が、犯罪によって得られる利得と、刑罰を科されるかもしれない損失を比較考慮し、将来の不利益賦科の可能性を認識しつつ、利得の獲得を目指した限りにおいて、行為者に対する刑罰賦科が正当化されるものと解される。犯罪からの利得の獲得を目指した行為は、故意犯に整理されるが、過失は故意未満の心理状態であるから、故意に関する理解を用いて、過失犯の処罰根拠も説明できる。

3　学説の評価

作為義務の発生根拠については、様々な見解が主張されてきた。それらは、大別すると、(1) 法益侵害に至る事実的側面を重視し、法益侵害に至るプロセスを設定ないしこれに関与したことから、作為義務を導く見解と、(2) 規範的観点を重視し、不作為により危殆化されている法益の保護が、社会生活上要請されるべき者に作為義務が課せられるとの見解に、整理できる。

刑法の目的と、作為義務者の行動制約の弊害を最小化する要請からは、基本的には (1) の立場が支持されるが、LCA を探索するとの見地からは、従来の理解は、以下のように評価されることになろう。

第一に、法益侵害という結果に至る因果経過を排他的に支配する者に作為義務を課すとの理解[17]については、排他的支配は正犯性の要件であるとの指摘や[18]、排他的支配 (因果経過の支配) は正犯性の要件でもなく、結果原因の支配 (即ち、危険源の支配と法益の脆弱性の支配) を (作為義務の発生根拠となる) 保障人的地位の要件とすべきであるとの指摘[19]がなされている。これらの指摘は正当であり、本

17　西田典之「不作為犯論」芝原邦爾ほか編『刑法理論の現代的展開 総論Ⅰ』(1988年) 90頁。
18　島田聡一郎「不作為犯」法教263号 (2002年) 114頁。
19　山口・前掲「不真正不作為犯に関する覚書」『犯罪論の基底と展開』9頁以下、同・前掲『刑法総論』(第3版) 90頁以下。同様の理解を示すものとして、橋爪・前掲『刑法総論の悩みどころ』70頁以下。

稿も、第一説には、そうした批判が妥当すると考える。

　第二に、物理的危険創出行為、法益に対する意識的引受け、又は危険源に対する意識的引受けのいずれか１つが充たされる者に作為義務が生じるとの理解[20]は、これら３つの要素が示す、法益侵害へと向かうプロセスへの意識的関与に着目する見解として整理可能である。意識的関与が有る限りは、行為を選択する際の、刑罰賦科の予見可能性が行為者に認められるから、そこで示された視点は参考になる。

　第三に、(作為義務の発生根拠となる) 保障人的地位を肯定する (作為と不作為の同価値性を認める) には、排他的支配に加えて、危険創出又は危険増加（以下、危険創出と言う）が必要であるとする理解は、危険創出を要求する根拠として、対象者の自由保障（「積極的に他人の利益を侵害しない限り処罰されない」こと）の必要性を挙げられる[21]。自由保障の観点は、極めて重要である。他方で、危険の創出を作為義務発生の根拠として考慮すると、危険の創出に係る（先行）行為の違法性評価と、作為義務発生の根拠との区別が明確でなくなることが予想される。法益が危殆化された状況に直面した者が複数存在する場合、危険の創出をした者が、他の者と比べると、より安価で、法益の保護状態を改善可能と評価される事態は、想定可能である。危険創出がなされたという事実は、そうした評価をする際に考慮すべきであろう。

　第四に、作為の容易性と被侵害法益の重大性を、(危殆化されている法益が自己の排他的支配領域内にあることに加えて) 考慮することで作為義務を肯定する見解[22]が主張されている。作為の容易性は、LCA の認定において考慮される要素であり、この見解でも、実質的には誰が LCA であったのかが意識されているように思われる。また、被侵害法益の重大性は、(主観的責任要素としての) 過失を認定する際に考慮される要素である (この点については、五で後述する)。

　他方で、(2) の立場に属する見解は、(ⅰ) 母親が、産み落とした直後の子供

20　島田・前掲「不作為犯」法教263号117頁。
21　佐伯仁志「保障人的地位の発生根拠について」香川達夫博士古稀祝賀『刑事法学の課題と展望』(1996年) 109頁以下。なお、同『刑法総論の考え方・楽しみ方』(2013年) 89頁以下では、因果経過の支配は不要だとされ、結果原因の支配で足りるとする見解に賛意を示されている。
22　井田・前掲「不真正不作為犯」現代刑事法１巻３号94頁、同「不真正不作為犯」、井田良・丸山雅夫『ケーススタディ刑法（第５版）』(2019年) 92頁。同・前掲『講義刑法学・総論』(第２版) 159頁注22をも参照。

に対して、その生命保護のための措置を執らなかったため子供が死亡した事案において、母親である以上、当然に子供の生命を保護する義務があるとして作為義務とその違反による（不真正不作為犯としての）殺人罪の成立を認めた（ものとして整理可能な）裁判例[23]を、正当なものと評価する。親であれば、未成育や病弱な子供を保護する義務を当然に負っていること、また、例えば、厚生労働大臣であれば、国民の健康被害を防止する義務を負っていること等は、親子関係や所管業務を司る国家公務員という制度が存在していることから自明であり、そうした地位にある者に対しては、その他の事情（先行行為等）を考慮することなく作為義務が導かれる、との理解である[24]。この見解からは、（ⅱ）特定人の法益保護に係る制度の存在とは無関係の事例（例えば、シャクティパット事件[25]における、被告人による被害者の引き取りと、その後の被害者の死亡）においては、他者による救助可能性を排除された要保護者（病気により生命侵害の危険が迫っている者）に対しては、規範的に「刑法上の期待」が向けられ、当該事案の被告人につき、要保護者を救助する作為義務が肯定される、と説明されている[26]。

　この見解による事例の解釈については、別の理解を示すことができるであろう。即ち、（ⅰ）母親が、産み落とした直後の子供に対して、その生命保護のための措置を執らなかったため子供が死亡した事案[27]では、子供が生まれてきた際に、その生命を保護できる者として子供の側にいたのは母親だけであった。その事案で、当該母親は、医療措置を執る能力はなかったが、彼女が子供の保護を放棄したとの条件下で、誰がLCAであるかが検討されなければならない[28]。この条件（法益保護のための第三者の介入が困難な、閉じられた状況）下で取り得た措置を、（事後）確率の算定を踏まえて検討すると、当該母親がLCAとして認定され得たと思われる。彼女が、他人と遭遇する可能性が小さい場所で、子供を産み落とした場合でも、子供の保護が必要となる事態に直面していることを第三者に通

23　東京高判昭和35年2月17日下刑集2巻2号133頁。山口・前掲『刑法総論』（第3版）85頁は、この事案は、子供に対する母親の作為も介在した事例である点を指摘している。
24　安田・前掲「不作為犯」法教490号117頁。
25　最決平成17年7月4日刑集59巻6号403頁。
26　塩見・前掲『刑法の道しるべ』42頁、安田・前掲「不作為犯」法教490号118頁。
27　前掲・東京高判昭和35年2月17日。
28　山口・前掲「不真正不作為犯に関する覚書」『犯罪論の基底と展開』11頁注19は、母親が子供を妊娠し出産したという事実により、母の、生まれてきた子供に対する作為義務が肯定される、とされる。

報し、救助を求めることにつき、当該母親には格段の障害はなかったと認められる。そうした通報をすることは、当該母親にとって、最も費用負担が小さい行為であるから、母親には、当該行為の履行が義務付けられると解釈することができる（少なくとも、電話連絡が容易な現在、同様の事態が生じた場合には、こうした評価が可能である）。

この理解によれば、法益保護のための第三者の介入が困難な閉じられた状況にはなかった場合、例えば、母親が産み落とした子供をその場所に放置して立ち去った後に、現場を通りかかった第三者が、子供を認めたが、当該第三者以外の者は子供の側にはいなかったという場合には、当該第三者がLCAとなり、医療機関等への通報が義務づけられることになる[29]。この解釈によると、不救助一般が処罰され、刑罰による行動制御が過剰になる可能性がある。そこで、ここにおいて、上記（1）の第三の見解を考慮する必要が生じる。即ち、法益が危殆化されている場面に直面した際に、自己以外には、当該法益を保護する措置を執れる者がおらず、その措置の実施につき最小の費用支出をし得る者はLCAと認定され得るが、LCAが当該危殆化に事前に関与していない場合には、LCAであっても法益を救助するための作為義務を負わない、と解される。これは、行為を選択する際に、刑罰賦科を予見可能であった者しか処罰すべきでないとの要請から、当該危殆化の経緯に関与していたLCAに限り、作為義務を負わせるとの限定解釈である。

次に、（2）の見解の（ⅱ）の類型での解釈を確認する。シャクティパット事件につき、（2）の見解も、第三者の救助を排除し、自己の領域内で、法益侵害に向かう因果の経過を放置したという事実関係を重視している。その事案では、被告人は、その家族から対応を依頼された被害者の病状変化を目の当たりにした際、医療機関に救助を求めることができた唯一の者であり、電話等で通報することは、格段の費用を被告人に負担させるものではなかったから、被告人がLCAであったと評価される。そして被告人は、被害者への関与を自己の意思に基づいて開始しているから、被告人に作為義務（被害者の生命救助義務）を課すことがで

---

29 当初の事情（母親が一人で子供を産み落としたこと、その場所には第三者が現れる可能性が小さかったこと、子供はその場所に放置されたこと）に加えて、その後の事情（その後、そこを通りがかった者が、子供が放置されていることを知ったこと）が事後確率判断の基礎とされた上で、誰が、子供の救助のために最小費用を投入可能であったかが判断される。

きる。このような事実評価を経ずして規範的評価を下すことは、その結論に至る思考過程を不明確にするものである。法益が侵害される状態にあるのか、そうだとして、これを防止するには、誰の如何なる行為（救助活動）が、最小の費用支出により可能となるかは、個別の事案の客観的な分析と評価を経なければ、なしえない判断である。

4 ［事例］の分析

　以上の理解から［事例］を分析する。そこでは、AW 又は MF が LCA に認定され得る。AW は、MF（の担当者）からの委託を受けてアルゴリズムを作成しており、その機能限界（即ち、ODD の条件変化に伴い、ADS によるレベル４での運行ができなくなる可能性）の認識と、これへ対処は、AW も MF（の担当者）も同等に可能であった場合が、多いと思われる。ADS の機能限界の認識とその修正という技術的対応は、AW においてより容易である場合が考えられる一方、技術的対応を行うための資金支出等は、MF においてより容易である場合が考えられる。とはいえ、AW と MF とは、連携してアルゴリズムの開発、販売に取り組んできたから、両者を LCA と認定し得る場合も想定される。そこで以下では、AW、MF の双方が LCA に認定される場合を念頭に置きつつ、業務上過失致死罪所定の過失が認定できるかを検討する[30]。

五　過失の理解

1　総説――民法学説との対比

　過失運転致死傷罪にいう過失（人の死傷に至った際に「自動車の運転上必要な注意を怠」っていたこと）にせよ、業務上過失致死罪にいう過失にせよ、刑法上の過失の意義は、民法の不法行為にいう過失の理解を踏まえて検討することが有益である。民法学説では、不法行為（民法709条）の要件である過失は、平均的な行為者に要求される行動準則から逸脱した行為がなされた場合に認定される傾向にあ

---

[30] AW が、レベル４の自動運転車の運転者と認定されれば、過失運転致死傷罪の成否が問題となる。この認定は、十分に可能であるが、その前提としては、レベル４の自動運転車に係る運転者とは誰かを検討しなければならない。この問題は、AW と MF の共犯性と共に、別稿で検討したい。

る[31]。これは、行動準則違反という行為の客観的属性が過失の本質であるとの理解であり、（基準行為から逸脱した行為が過失であるとする）新過失論の発想に相通じるものがある。

2　ハンドの定式と限界理論を踏まえた過失の理解

本稿は、（法益侵害という結果の回避のための措置を想定し、当該措置を執るべき結果回避義務に違反した行為を過失と評価する）新過失論[32]は採用しない。その理由は、法益侵害という違法な結果（の発生）は、故意による場合と過失による場合とで異ならないこと[33]、法益侵害を回避する義務は、自己の行為により法益侵害へと至る事情が予見できた者にしか課せられないこと（自己の行為により法益侵害へと至る事情が予見できたからこそ、より注意を払い、予見された法益侵害に対処すべく結果回避義務を課すことが正当化されるのであって、結果回避義務を措定した後に、その前提として、法益侵害が予見可能な時期と予見義務を認定しようとすると、行為開始時には予見し得なかった事情についても予見可能との認定がなされる虞があること[34]）に求められる。

他方で、旧過失論において主張されてきた、結果の具体的予見可能性という表現と、その内実については、再検討が必要である。

刑法の目的は、法益侵害という違法な結果の発生を抑止することにある。この理解によれば、法益侵害を回避するために相当な行為をしたものの、結果が発生してしまった場合に、行為者を過失ありとして処罰することはできない。この場

31　内田貴『民法Ⅱ（第3版）』（2014年）340頁。
32　結果回避義務とその違反行為（としての過失行為）を想定した場合、その観点から、結果予見可能性と予見義務を如何なるものとして想定するかは、任意に判断できる問題である。結果回避義務の前提として、（違法な法益侵害という）結果に相当程度関連させた予見可能性を要求することも、あるいは、その関連性を希薄にして、漠然とした法益侵害への虞をもって予見可能性と定義すること（新過失論ないし危惧感説の採用）も、可能である。新過失論の要諦は、過失は、義務違反の行為として、故意行為とは異なる違法性評価を受けるべき客観的存在であり、そこで言う義務とは、結果回避義務である、という点にある。新過失論を展開する際に、結果回避義務と、論者が前提とする結果予見義務とを一体の概念装置として説明することは、1つの立場の提示に止まることになる（橋爪・前掲『刑法総論の悩みどころ』（2020年）203頁をも参照）。
33　犯罪の成立要件である違法性は、法益侵害又はその危険性という客観的事実の評価であり、故意犯（例えば殺人罪）と過失犯（例えば過失致死罪）とでは、人の死亡という結果が共通である以上、違法性の評価に差異はない。
34　古川伸彦『刑事過失論序説』（2007年）173頁以下、同「過失犯における予見可能性」刑雑61巻3号523頁をも参照。

合、行為者は、過失があったとして処罰されても、結果発生を防止するための他の措置を取り得なかった以上、処罰されたことを契機として法益侵害の回避に向けた他の行動を執るインセンティブが生じるとは、考えられないからである。このような、過失犯処罰と、それによる結果発生回避のためのインセンティブ付与の関係を踏まえて、過失と評価されないだけの行為は何かを検討する必要がある。

その際に有益な視点をもたらしてくれるのが、民事不法行為の過失概念であり、取り分け、ハンドの定式を用いた説明であると思われる。

ハンドの定式は、「結果回避に係る費用負担(Burden)＜損害発生の確率(Probability)×被侵害利益の損失(Harm)」という関係が認められる場合、すなわち、結果回避のための注意費用が、結果発生時に予想される損害額（期待損害）に至らない場合に、不法行為の要件である過失を肯定するものである[35]。Burdenの内実となるCostに着目すると、ここでは、C＜P×Hという客観的事情があれば、民事の不法行為の要件である過失が認定されると理解されていることになる。不法行為の成立要件としての過失を客観的要件として把握する現在の多数説[36]も、これと同様の発想に立っている。

この理解は、基本的に正当であるが、これを、刑法上の過失を認定する道具概念として用いるためには、修正も必要となる。

修正の第一は、（法益侵害を惹起した）行為にも、社会的に有益と評価される部分があり得る点への配慮である。例えば、レベル4で走行する救急車が患者を病院に搬送中に事故に遭った場合、救急車の自動走行により、患者の救命率が高まるという便益ないし効用(utility. UT)が想定される。刑法は、法益侵害という違法な結果の発生を抑止するための支出費用の総額の極小化を図るための手段である。この費用は、期待損害($EH=P×H$)、EHの防止のために社会的ないし制度的に予定されている注意費用（社会的費用。social cost. SC）に加えて、UTの存在も踏まえて算出されるべきである[37]。

こうして、想定される費用総額は、$EH(or\ P×H)+SC-UT$、と整理される。

そこで$\Sigma(EH(or\ P×H)+SC-UT)$の最小化が求められることになる。

35　*United States v. Carroll Towing Co.*, 159 F.2d p169 (2d Cir. 1947).
36　代表的見解として、潮見佳男『債権各論Ⅱ不法行為法（第4版）』(2021年) 28頁。
37　森田果＝小塚荘一郎「不法行為法の目的――『損害填補』は主要な制度目的か」NBL874号 (2008年) 10頁以下。

ここで、行為者個人が支出する費用を IC(individual cost) とすると、
IC＜Σ(EH(or P×H)＋SC－UT)
の場合であることを認識した行為者には、過失が認定される。

刑法上の過失の認定には、この不等式の成立を、合理的な疑いを超える程度に立証する必要がある。そのためには、裁判例を分析し、IC、EH、SC、UT の額を可能な限り厳密に算出する必要がある。

第二に、Σ(EH(or P×H)＋SC－UT) の最少化は、限界理論の観点から修正されなければならない[38]。

即ち、M(marginal) Σ(EH(or P×H)＋SC－UT) ＝ 0
となる場合に、犯罪抑止に係る費用の総額が最少になる。そこで、その場合のΣ(EH(or P×H)＋SC－UT) を、IC と比較し
IC＜Σ(EH(or P×H)＋SC－UT)
であることを認識した行為者には、過失が認定されることになる。

3　具体的な帰結——［事例］への適用

この理解を、レベル 4 で走行する自動運転車に係る事故の場合に適用すると、次のようになろう。以下の説明は［事例］を評価する際の視点をも示す概括的なものである。

即ち、ODD での利用が許可されたレベル 4 相当の技術につき、当該技術の不具合が一定の頻度で生じることが予想されるに至った場合には、ADS が不調となり事故に至る確率(P) が改めて算定される（あるいは、算定されなければならない）。他方で、レベル 4 で走行する車両の平均速度から衝突時の損害額（H）が見積もられる。その結果、期待損害（P×H）が算出される。そこで、これを防止するための費用（IC）の算出が求められるが、その際には、当該自動運転車の走行がもたらす効用（ないし便益。UT）をも踏まえ、Σ(EH＋SC－UT) の限界値である M(EH＋SC－UT) がゼロになるときの、IC の投入量が測定される。これを基準とし、これ未満の注意費用しか投入していないという事実を認識した者に、過失を肯定することになる。［事例］では、MF 及び AW が、ODD の条件の変更に伴い、事故を想定して、事故発生確率を下げるためにどれだけの費用投

---

[38] Robert Cooter and Thomas Ulen, *Law and Economics*, 6th edition (2016), p214.

下をしたと認識しているかにより、彼らの過失の有無が判断されることになる。
　以上の視点から、過失を認定する際には、行為者が、関連（行政）法規を遵守していたか否かを間接事実として考慮することは、可能である。例えば、ODD内をレベル4で走行する車両（AV）が、青色信号を確認して交差点に進入したところ、自転車に乗ったRが交差点の右側から（その対面信号が赤色表示されていることを無視して）進行してきたのでAVは急制動措置を執ったが、間に合わず、Rに衝突し、Rが死亡したとしよう。AVの運転者（driver. D）は、（2022年改正道交法の用語を用いれば）特定自動運行主任者、又は特定自動運行実施者である[39]。そこで、Dに過失運転致死罪が成立するかが問題となる。Dにおいて、当該交差点における同種事故の（統計から明らかになった）発生確率（probability. P）に、想定される損害（人の生命侵害. H）を乗じた数値に、これを防止するための社会的注意費用（SC、例えば、V2Vの実現を可能とする制度整備のための資本投下）を加え、ここから、レベル4のAVを利用することで享受される効用（UT）を控除して、Σ（EH＋SC−UT）を算出した上、M（EH＋SC−UT）＝0となる場合を確認する。その後に、Dが如何なるIC（例えば、交差点内でのAVによる制動措置の有効性確認に要する費用）を支出したかを確認する。その際には、Dが、当該交差点に係る固有の規制（法令による交通制限等）がないかを確認したか、確認された法規に従った運転を実現させたかが、考慮されることになる。こうして、本稿も、交通事故の防止に関連すると思われる法規を考慮するが、その論理は、新過失論のそれとは異なる、ということである。

六　事例の解釈の確認——同種事案を評価する際の視点

　最後に、以上の理解に基づく［事例］の分析を確認し、同種事案を評価する際

---

[39] デジタル庁の報告書も、レベル4で走行する自動運転車につき、運転者に相当する者が存在する場合があり得るとの前提の下で、刑事責任の分担について分析を加えている（「AI時代における自動運転車の社会的ルールの在り方検討サブワーキンググループ報告書」（2024年）13頁（https://www.cas.go.jp/jp/seisaku/digital_gyozaikaikaku/kaigi6/sankou.pdf）13頁）。筆者は、以前から、レベル4との関係でも運転者が存在し得ること、この点を明確にするには、運転者の概念を整理する必要があることを強調してきた（例えば、今井猛嘉「自動運転技術の発展と道路交通関係法——刑法の観点からの展望」曹時75巻3号（2023年）1頁以下、4号（2023年）1頁以下を参照）。2022年改正道交法を踏まえ、この理解から、運転者を如何に定義すべきかについては、別稿で検討を加える予定である。

の視点を整理したい。

1）ODDを構成する条件に変化があり、ODDを修正する（さもなければ、レベル4で安全に走行することが困難であることが予想される）場合、ODD修正の義務を負うのは、［事例］では、MF又はAWである。そのいずれが、LCAとして作為義務（ODD修正義務、又は、修正されたODDに応じてADSを作動させる義務）を負うのかは、条件の変化を認知する能力、アルゴリズムの修正に要する資力、時間等の対応力を踏まえた判断となるが、双方が作為義務を負う場合も考えられる（両者に係る共犯の成否は、本稿では検討の対象外とした）。

2）次に、［事例］では、PDの死亡を踏まえ、MF又はAWに所定の過失犯が成立するかが問題となる。MFが、当該車両のDとして評価されるかは、事案によるであろうが、AWはそのように評価される可能性がある。その場合には、MFとの関係では業務上過失致死罪が、AWとの関係では、同罪又は過失運転致死傷罪の成否が検討されることになる[40]。その際に過失の認定に際しては、限界理論によって修正されたハンドの定式に依拠することが、有益である。レベル4で走行すると言われている自動運転車との関係では、自然人の不注意による事故（よって、当該自然人に過失あり）とされる場合は、限られるであろう。ODD内でのレベル4相当での走行中は、誰も、当該車両を制御しないし、できないのであり、自然人の、結果発生に近接した時点での不注意に着目して過失の有無を検討してきた従来の学説では、対処できない場面が生じるのである。旧過失論の発想に拠る場合でも、結果発生の具体的予見可能性というだけでは、事例の分析ができないのであって、修正されたハンドの定式が活用されるべきである。

七　残された課題

本稿で検討できなかった課題は多い。それは、過失の認定に際して、
　　ⅰ）道交法を遵守して自動走行をしていたとの事実が及ぼす影響
　　ⅱ）道交法に違反しているが慣習的になされている運転態様（最高速度違反で運転されている他車の挙動に追従した自動運転等）が持つ意義
　　ⅲ）ISO等の私的ガイドラインが過失の認定に及ぼす影響

40　特定のAVに係るDの理解に応じて、危険運転致死傷罪の成否が検討される場合もある、という点の確認である。

ⅳ）事業者間で取られている慣行に即した行動が過失の認定に及ぼす影響
　ⅴ）（ⅰ）から（ⅳ）は、過失を認定する際の間接事実に止まることの再確認
　ⅵ）レベル4で走行する自動運転車の運転者の確認（AWの評価）等
である。これらの課題については、別稿で検討することにしたい。

業務上過失に関する覚書

岡　部　雅　人

一　序
二　立法経緯の概要
三　業務上失火罪における「業務」
四　業務上過失往来危険罪における「業務」
五　業務上過失致死傷罪における「業務」
六　結　語

一　序

　刑法38条1項本文は、「罪を犯す意思がない行為は、罰しない。」として、故意犯の処罰を原則としている。しかし、同ただし書が、「ただし、法律に特別の規定がある場合は、この限りでない。」としていることから、法律に特別の規定がありさえすれば、罪を犯す意思がない行為も罰することが可能である。具体的には、たとえば、刑法204条は、「人の身体を傷害した者は、15年以下の懲役又は50万円以下の罰金に処する。」と規定しているが、ここにいう「人の身体を傷害」する行為は、「罪を犯す意思」、すなわち、故意でなされる必要がある。しかし、刑法209条1項が、「過失により人を傷害した者は、30万円以下の罰金又は科料に処する。」と規定していることから、この「特別の規定」があるが故に、過失傷害罪も罰することができるのである。

　そして、この「過失により人を傷害」した場合の規定には、刑法211条に、「業務上必要な注意を怠り、よって人を死傷させた者は、5年以下の懲役若しくは禁錮又は100万円以下の罰金に処する。重大な過失により人を死傷させた者も、同様とする。」という、「業務上過失」および「重過失」の場合の規定が存在する。刑法典において、このように、「業務上過失」ないし「重過失」の場合を、通常の過失の場合よりも重く処罰しているものとして、「業務上過失」について、117

条の2前段の業務上失火罪、129条2項の業務上過失往来危険罪、211条前段の業務上過失致死傷罪の規定が、また、「重過失」について、117条の2後段の重失火罪[1]、211条後段の重過失致死傷罪の規定がある。

　これらの場合が、なぜ通常の過失の場合よりも重く処罰されているのかについては、とりわけ、自動車事故によって人の死傷結果がもたらされた場合に、「業務上過失致死傷罪」の適用がなされてきたことから、その当否の問題を中心として、従来から議論がなされてきた。しかし、「過失運転」については、その後、独立した規定が設けられたことから[2]、この問題については、再考の必要が生じているのではないかと思われる。加えて、近年、従来であれば重過失とされていたように思われる場合を業務上過失とした裁判例[3]、また、原判決で認められた重過失を否定して控訴審で通常の過失のみを認めた裁判例[4]という、注目すべき下級審判例が、立て続けに登場している。

1　かつては「重過失失火罪」という言い方が一般的であり（団藤重光『刑法綱要各論〔第3版〕』（1990、創文社）206頁注4、大塚仁『刑法概説（各論）〔第3版増補版〕』（2005、有斐閣）385頁、中山研一『刑法各論』（1984、成文堂）393頁、内田文昭『刑法各論〔第3版〕』（1996、青林書院）468頁、大谷實『刑法講義各論〔新版第5版〕』（2019、成文堂）407頁、川端博『刑法各論講義〔第2版〕』（2010、成文堂）494頁、浅田和茂『刑法各論〔第2版〕』（2024、成文堂）358頁、佐久間修『刑法各論〔第2版〕』（2012、成文堂）288頁など）、実務でもその言い方が定着しているようではあるが（最決昭和34・5・15刑集13巻5号713頁、広島高判令和3・4・22裁判所ウェブサイトなど）、近年は「重失火罪」という言い方が定着しているようなので（西原春夫『犯罪各論〔訂補準備版〕』（1991、成文堂）272頁、藤木英雄『刑法各論』（1972、有斐閣）97頁、曽根威彦『刑法各論〔第5版〕』（2012、弘文堂）224頁、中森喜彦『刑法各論〔第4版〕』（2015、有斐閣）190頁、西田典之（橋爪隆補訂）『刑法各論〔第7版〕』（2018、弘文堂）332-333頁、山中敬一『刑法各論〔第3版〕』（2015、成文堂）544頁、前田雅英『刑法各論講義〔第7版〕』（2020、東京大学出版会）343頁、高橋則夫『刑法各論〔第4版〕』（2022、成文堂）495頁、伊東研祐『刑法講義 各論』（2011、日本評論社）278頁、山口厚『刑法各論〔第2版〕』（2010、有斐閣）397頁、井田良『講義刑法学・各論〔第3版〕』（2023、有斐閣）458頁、松宮孝明『刑法各論講義〔第5版〕』（2018、成文堂）355頁、橋本正博『刑法各論』（2017、新世社）358頁、松原芳博『刑法各論〔第2版〕』（2021、日本評論社）424頁など）、本稿では「重失火罪」と表記する。
2　現在は、自動車の運転により人を死傷させる行為等の処罰に関する法律5条が、「自動車の運転上必要な注意を怠り、よって人を死傷させた者は、7年以下の懲役若しくは禁錮又は100万円以下の罰金に処する。ただし、その傷害が軽いときは、情状により、その刑を免除することができる。」と規定している。
3　東京地判令和4・2・18裁判所ウェブサイト。本件評釈として、是木誠「判批」研修888号（2022）13頁以下。同判決については、岡部雅人「判批」比較法制研究47号（近刊予定）で、若干の検討を行なった。なお、本稿は、同評釈における業務上過失についての検討部分を発展させたものである。
4　東京高判令和4・9・13高検速報（令4）号248頁。本件評釈として、芥川正洋「判批」刑事法ジャーナル79号（2024）236頁以下。同判決については、岡部雅人「判批」最先端技術関連法研究22号（2023）49頁以下で、若干の検討を行なった。

そこで、本稿では、このうち、業務上過失の場合が、通常の過失の場合よりも重く処罰されている根拠について、若干の検討を試みる。なお、紙幅の都合と、筆者の能力的限界ゆえに、もうひとつの問題である、重過失の場合についての検討は、他日を期することにしたい。

二　立法経緯の概要

業務上過失致死傷罪および業務上過失往来危険罪の規定は、明治34（1901）年、同35（1902）年の刑法改正案にみられ、同40（1907）年の現行刑法に結実したものであり[5]、その際の業務上過失致死傷罪の提案理由は、「職務を奉じその他一定の業務に従事する者、その業務上必要なる注意を怠り、ために人を死傷に致したるときは、前二条の場合に比し、その情状頗る重きをもって、特別に処分すべきことを定めたるなり」というものであった[6]。また、業務上失火罪は、昭和16（1941）年の刑法一部改正によって、重失火罪とともに導入されたが、重過失を加重処罰するにもかかわらず、なぜ業務上過失をも加重規定として置かなければならないかについて、十分な検討はなされなかったようである[7]。そして、昭和22（1947）年の一部改正で、重過失致死傷罪の規定が新設された[8]。

このように、昭和16年の改正がなされるまでは、業務上過失を加重処罰する規定のみで、重過失を加重処罰する規定は存在していなかったのである[9]。

なお、業務上過失規定の新設にあたって影響を与えたのは、1871年のドイツ刑法典における、222条2項の業務上過失致死罪、230条2項の業務上過失傷害罪の規定であったとみられるが[10]、ドイツでは、1940年4月2日の閣議命令によって、業務上過失規定は廃止されている[11]。その際、通常の過失致死罪および過失

---

[5] 松宮孝明『過失犯論の現代的課題』（2004、成文堂）75頁。
[6] 松宮・前掲注（5）76頁。松尾浩也増補解題『増補 刑法沿革綜覧』（1990、信山社）2202頁も参照。なお、業務上過失往来危険罪については、業務に従事する者の犯した場合に関する規定としか述べられていない（松宮・前掲注（5）76頁注25）。
[7] 松宮・前掲注（5）76頁。
[8] 松宮・前掲注（5）77頁。
[9] なお、民法の不法行為法において、重過失が条文上の要件となっているものとして、「失火ノ責任ニ関スル法律」（明治32年3月8日法律第40号）がある。同法については、澤井裕『失火責任の法理と判例』（1989、有斐閣）参照。重過失については、同書43頁以下参照。
[10] 松宮・前掲注（5）77頁、78頁。
[11] 松宮・前掲注（5）89頁。

傷害罪の法定刑の上限が、これまでの業務上過失規定のそれにまで引き上げられるとともに、親告罪である過失傷害罪につき、訴追について特別の公的利益がある場合に職権で訴追できる旨の修正が加えられている[12]。そのこともあってか、ドイツには、重過失を加重処罰する規定も存在しない。

以上のことを踏まえつつ、以下では、刑法典において、「業務上過失」の場合を、通常の過失の場合よりも重く処罰する、業務上失火罪（117条の2前段）、業務上過失往来危険罪（129条2項）、業務上過失致死傷罪（211条前段）の各規定における、「業務」概念について概観する。

三　業務上失火罪における「業務」

業務上失火罪（117条の2前段）の規定は、「業務上必要な注意を怠ったことによるとき」は、通常の過失のときよりも重く処罰するというものであるが、この「業務」の意義につき、判例は、「刑法117条の2前段にいう『業務』とは、職務として火気の安全に配慮すべき社会生活上の地位をいう」としている[13]。学説も、「業務とは、一般的には社会生活上の地位にもとづいて反復・継続して従事する仕事をいうが、業務上失火罪の業務は、職務上の地位と切り離して考えるべきでないから、本罪の業務とは、職務として、つねに火気の安全に配慮すべき社会生活上の地位と解すべき」だとして[14]、業務を、①火気を直接取り扱う職務、②火気の発生しやすい物質・器具・設備等を取り扱う職務、③火災の発見・防止を任務とする職務、の3つに類型化している[15]。

このように、業務上失火罪における「業務」は、「職務」とほぼ同義であり、

12　松宮・前掲注（5）89頁。
13　最決昭和60・10・21刑集39巻6号362頁。それゆえ、「日常生活において火気を使用する家庭内の行為や喫煙などの行為は、反復継続されても、職務として行われる行為ではなく、本罪の業務に当たらない」と解されている（高橋・前掲注（1）495頁）。本件評釈として、安廣文夫「判解」『最高裁判所判例解説 刑事篇〔昭和60年度〕』（1989、法曹会）165頁以下、岡部雅人「判批」成瀬幸典ほか編『判例プラクティス刑法Ⅱ各論』（2012、信山社）42頁など。
14　福田平『全訂 刑法各論〔第3版増補〕』（2002、有斐閣）71-72頁。
15　大谷・前掲注（1）406頁、浅田・前掲注（1）358頁、西田・前掲注（1）333頁、山中・前掲注（1）543頁、前田・前掲注（1）343頁、高橋・前掲注（1）495頁、伊東・前掲注（1）278頁、山口・前掲注（1）396-397頁、井田・前掲注（1）458頁、松宮・前掲注（1）355頁、松原・前掲注（1）424頁。なお、団藤・前掲注（1）205頁、福田・前掲注（14）72頁、大塚・前掲注（1）384-385頁、川端・前掲注（1）494頁、佐久間・前掲注（1）288頁も参照。

加減的身分といってよいものと解されているようである[16]。なぜ、そのような職務にあたる者の過失が、通常の過失の場合よりも重く処罰されることになるのかについては、当然、その根拠が問題となるが[17]、このことについては、後述する業務上過失致死傷罪のところで検討する。

なお、業務上失火によって人を死傷させた場合、もっぱら業務上過失致死傷罪で処罰する判例もみられるが[18]、後述するように、両罪には「業務」性に違いがあるため、学説においては、本罪との観念的競合を認めるべきだとする見解もみられる[19]。

四　業務上過失往来危険罪における「業務」

業務上過失往来危険罪（129条2項）の規定は、「その業務に従事する者」が過失往来危険罪を犯したときは、通常の過失のときよりも重く処罰するというものであるが、判例は、「刑法第129条第2項に『其業務に従事する者前項の罪を犯したるとき』とあるは、直接または間接に、汽車、電車または艦船の交通往来の業務に従事する者において、その業務上の過失により艦船等の往来の危険を生ぜしめたる場合を指称したるものと解すべ」きだとしている[20]。また、この「業務」の意義につき、「刑法129条2項、211条にいわゆる業務とは各人が社会生活上の地位に基き継続して行う事務のことであつて、本務たると兼務たるとを問わない」としている[21]。「直接または間接に、汽車、電車または艦船の交通往来の業

16　本罪を身分犯だと明言するものとして、団藤・前掲注（1）205頁、大塚・前掲注（1）384頁、中山・前掲注（1）393頁、大谷・前掲注（1）406頁、佐久間・前掲注（1）288頁、橋本・前掲注（1）358頁。なお、山口・前掲注（1）396頁。とりわけ、団藤・前掲注（1）205頁は、「そこでは、行為者の具体的な注意能力は度外視され、もっぱら業務上要求される客観的な注意義務によって過失の有無が判断される」としている。

17　これに対して、松宮・前掲注（1）355-356頁は、「『職務』だからといって常に非難可能性が大きいとは限らないし、火の取り扱いは誰でも行うことであり、『業務者』と一般人との差異は見出し難いうえ、『業務上過失』を廃止し『重過失』のみにしても、ほとんどが罰金で処理される科刑の実態からみて問題はない」とする。同・前掲注（5）99頁も参照。

18　大判大正12・8・24刑集2巻687頁。

19　大塚・前掲注（1）385頁、浅田・前掲注（1）358頁、佐久間・前掲注（1）288頁注31。前掲注（13）最決昭和60・10・21も参照。

20　大判昭和2・11・28刑集6巻472頁（引用した判決文の表記は、筆者が修正を加えたものである）。

21　最判昭和26・6・7刑集5巻7号1236頁。なお、同判決は、刑法211条（業務上過失致死傷罪）の「業務」についても同様に解している点が注目される。

務に従事する者」というのは、たとえば、鉄道機関手[22]、電車の運転手兼乗務車掌[23]、船長[24]、夜間航海当直の船員[25]、駅長・駅助役[26]、転轍手[27]、制動手[28]、操車掛[29]、連結手[30]、信号係[31]、保線助手[32]などがこれにあたり[33]、これらの者の注意義務は、必ずしも法令に規定されたものに限らず、慣習上または条理上必要とされるものでもよいとされている[34]。

このように、業務上過失往来危険罪における「業務」も、前述した業務上失火罪における「業務」と同様、「職務」とほぼ同義であり、加減的身分といってよいものと解されているようである[35]。

なお、本罪の結果、人を死傷に致した場合は、本罪と業務上過失致死傷罪との観念的競合となるとされている[36]。

---

22 大判大正12・3・31刑集2巻287頁。
23 前掲注（21）最判昭和26・6・7。
24 前掲注（20）大判昭和2・11・28。
25 東京高判昭和40・10・27下刑集7巻10号1856頁。
26 大判大正14・2・25刑集4巻125頁。
27 大判大正8・4・17刑録25輯580頁。
28 最決昭和32・12・6刑集11巻13号3187頁。本件評釈として、高橋幹男「判解」『最高裁判所判例解説 刑事篇（昭和32年度）』（1958、法曹会）618頁以下など。
29 前掲注（26）大判大正14・2・25。
30 前掲注（26）大判大正14・2・25。
31 最判昭和36・9・26刑集15巻8号1511頁。本件評釈として、吉川由己夫「判解」『最高裁判所判例解説 刑事篇（昭和36年度）』（1969、法曹会）234頁以下など。
32 大判大正13・3・5刑集3巻181頁。
33 大塚・前掲注（1）408頁注2、山中・前掲注（1）565頁、高橋・前掲注（1）509頁など参照。
34 大塚・前掲注（1）409頁、川端・前掲注（1）513頁、高橋・前掲注（1）509頁。
35 本罪を身分犯だと明言するものとして、団藤重光『刑法綱要総論〔第3版〕』（1990、創文社）345頁、大塚・前掲注（1）408頁、川端・前掲注（1）512頁、佐久間・前掲注（1）300頁。とりわけ、団藤・前掲注（1）234頁は、「法文には『其業務ニ従事スル者前項ノ罪ヲ犯シタルトキ』という形で規定されているが、ほかのばあいとおなじく、業務従事者が業務上必要な注意を怠って前項の罪を犯したことを意味するものと解しなければならない。すなわち、業務上客観的に必要とされる注意を怠ったときは、行為者の注意能力のいかんにかかわらず本罪を構成するので、その点に一般の過失犯と異なるところがある。けだし、業務従事者に一般人と異なる特別に重い注意義務を課し、取締目的をはたそうとするものにほかならない……。したがって、業務従事者については、一般人については過失の成立がみとめられないようなばあいにもその成立が肯定され、しかも、とくに重い刑を科せられることになるのである。」とする。これに対して、松宮・前掲注（1）362頁は、「業務に不適格な者はその業務から排除されればよいのであって、それに加えて加重処罰するのは責任主義に反する疑いがある」とする。
36 大塚・前掲注（1）409頁、内田・前掲注（1）491頁、大谷・前掲注（1）425頁、川端・前掲注（1）513頁、浅田・前掲注（1）379頁、山中・前掲注（1）566頁、高橋・前掲注（1）509頁。団藤・前掲注（1）233頁、中山・前掲注（1）409-410頁、前田・前掲注（1）356頁も参照。前掲注（32）大判大正13・3・5、東京高判昭和37・10・18高刑集15巻7号591頁など参照。

五　業務上過失致死傷罪における「業務」

1　基本的理解

　業務上過失致死傷罪（211条前段）の規定は、「業務上必要な注意を怠り、よって人を死傷させた者」を、通常の過失により人を死傷させた者よりも重く処罰するというものであるが、この「業務」の意義につき、判例は、「刑法211条にいわゆる業務とは、本来人が社会生活上の地位に基き反覆継続して行う行為であつて……、かつその行為は他人の生命身体等に危害を加える虞あるものであることを必要とするけれども、行為者の目的がこれによつて収入を得るにあるとその他の欲望を充たすにあるとは問わないと解すべきである」としており[37]、学説の多くも、判例によるこの定義に基本的に従っている[38]。

　ここから、刑法上の「業務」という概念の構成要素として、①社会生活上の地位に基づいて行う行為であること、②反復継続して行う行為であること、③人の生命・身体等に危害を加えるおそれのある行為であること、という3つの要素を挙げることができる[39]。また、④行為者の目的がこれによって収入を得ることやその他の欲望を充たすことにあるか否かは問わない、とされている点も重要であろう。

---

[37]　最判昭和33・4・18刑集12巻6号1090頁。本件評釈として、三井明「判解」『最高裁判所判例解説刑事篇（昭和33年度）』(1985、法曹会) 245頁以下、岡部雅人「判批」成瀬幸典ほか編『判例プラクティス刑法Ⅱ各論』(2012、信山社) 41頁など。なお、それ以前の判例である、大判大正8・11・13刑録25輯1081頁においては、「刑法第211条にいわゆる業務とは、人が継続してある事務を行うにつき有する社会生活上の地位にして、その自ら選定したるものをいい、その事務の公私いずれたると報酬利益を伴うと否とを分たず、また、その者の主たる事務なると従たる事務なるとに何らの関係あることなく、また、同条にいわゆる、業務上必要なる注意を怠り、よって人を死傷に致すとは、叙上の事務の執行上、当然負担せる特別の注意を加えざる結果として、他人の生命身体に損害を加うるをいう」とされていた（引用した判決文の表記は、筆者が修正を加えたものである）。実務において業務上過失致死傷罪が実際に適用された事案については、業務上過失事件捜査実務研究会編／那須修『業務上過失事件捜査実務必携～過失の構造から犯罪事実記載例まで～』(2024、立花書房) 参照。

[38]　団藤・前掲注（1）433-434頁、福田・前掲注（14）159-160頁、大塚・前掲注（1）45-46頁、中山・前掲注（1）70-71頁、西原・前掲注（1）21頁、大谷・前掲注（1）51頁以下、川端・前掲注（1）97頁以下、中森・前掲注（1）26頁、浅田・前掲注（1）70頁以下、西田・前掲注（1）71-72頁、山中・前掲注（1）95-96頁、前田・前掲注（1）40頁、高橋・前掲注（1）73頁以下、伊東・前掲注（1）53-54頁、山口・前掲注（1）68-69頁、佐久間・前掲注（1）77-78頁、井田・前掲注（1）44頁、橋本・前掲注（1）82頁など。

[39]　高橋・前掲注（1）73頁など参照。

学説においては、①について、「業務とは社会生活上の地位に基づく活動すなわち職務、職業・営業などを指すが、例えば、自動車を反復・継続して運転する者は、娯楽として運転する場合であると営業のために運転する場合であるとを問わず、また本務であるか兼務であるかにかかわりなく同じ注意義務が課されていると考えられるから、『社会生活上の地位』は業務の要件とならず、むしろこれを『社会生活上の事務』と置きかえるべきである。したがって、本罪における業務は、自然的ないし個人的な生活活動（育児、家事、飲食等）を除く事務を総称したものである。」として[40]、本罪の「業務」概念を、その言葉の本来の意味よりも拡張することに肯定的なものもみられる[41]。

　また、②について、「刑法第211条にいわゆる業務とは、人の社会生活上の地位に基いて継続的に従事する事務であつて人の生命身体に対する危険を伴うものを指称し、その事務について法規上官庁の免許を必要とする場合にも免許の有無を問わないものと解すべきである。従つて被告人においてその性質上ある程度の危険を伴う普通乗用自動車の運転をする事務を社会生活上の地位に基いて継続反覆して行い又は1回でも継続反覆の意思を以て行つた事実が存すれば、被告人が右普通乗用自動車運転の免許を有しなくても、被告人はその運転を業としている者に該当することは言を俟たない。」とする裁判例もみられる[42]。

　さらに、③について、業務自体が危険を含んでいる場合だけでなく、「人の生命・身体の危険を防止することを義務内容とする業務も含まれる」とされている[43]。

40　大谷・前掲注（1）51頁。
41　さらに進んで、①の要件を不要だとするものとして、植松正『再訂 刑法概論Ⅱ各論』（1975、勁草書房）272頁、団藤・前掲注（1）434頁注4。
42　東京高判昭和35・3・22東高刑時報11巻3号73頁（もっとも、同事案においては、「被告人は、昭和31年8月頃友人の運転する乗用自動車に同乗して箱根に行つた際、その帰途たまたま約2粁位を運転したことが窺われるが、ただそれだけでは被告人の本件運転を自己の生活上の地位に基き反覆継続して行う意思に出たものということはできないし、また被告人が自転車又はスクーターで注文取りや商品の配達に従事していた事実があるからといつて、被告人が社会生活上の地位に基き反覆継続する意思を以つて普通乗用自動車の運転をしたものということもできない。故に被告人が自動車運転の業務に従事していたということはできない。」とされている）。また、練習のための数回の自動車の運転が「業務」に該当するとされたものとして、福岡高判宮崎支判昭和38・3・29判タ145号199頁。繰り返しにはなるが、自動車の運転については、その後、独立した規定が設けられている（前掲注（2）参照）。
43　前掲注（13）最決昭和60・10・21。なお、井上正治「業務過失における業務の意義」法政研究25巻2～4号（1959）384頁は、③については「先例としての拘束力を認めることはできない」のであって、「その虞のないばあいでも、具体的事情によっては、業務過失にいわゆる業務となる

これに対して、前述したとおり、判例は、業務上失火罪（117条の2前段）については、「刑法117条の2前段にいう『業務』とは、職務として火気の安全に配慮すべき社会生活上の地位をいう」としており[44]、また、業務上過失往来危険罪（129条2項）については、「刑法129条2項、211条にいわゆる業務とは各人が社会生活上の地位に基き継続して行う事務のことであつて、本務たると兼務たるとを問わない」としていることから[45]、「業務」概念の解釈に違いがみられる。

このように、業務上過失致死傷罪における「業務」概念は、その言葉の本来の意味を超えて拡張されており[46]、業務上失火罪や業務上過失往来危険罪における「業務」概念とは、異なる意味で捉えられているのである。

2　業務概念の拡張をめぐる議論

業務上過失致死傷罪における「業務」概念を拡張して解釈することに対しては、「業務」という言葉の本来の意味を超えるものであり、その職業的・営業的性格を一切無視してよいのか、とする批判もみられ[47]、「業務上過失致死罪・致傷罪の『業務』は、その人の社会生活上の地位にもとづき反覆継続して行なわれる事務・作業、すなわち、本来の『業務』と、これに付随する補助的事務・作業に限定されるべき」であり[48]、「かように解することにより、はじめて業務上失火罪の『業務』とバランスをとることができよう」[49]、として、業務概念を本来の意義にとどめるべきだとするものや[50]、さらには、その規定の必要性自体に疑問を呈し、業務上過失の規定を削除すべきとする見解もみられる[51]。

かどうかは、その都度判断すべきものである」とする。
44　前掲注（13）最決昭60・10・21。なお、同判例は、前掲注（43）のところで前述したように、「同法211条前段にいう『業務』には、人の生命・身体の危険を防止することを義務内容とする業務も含まれる」ともしている。
45　前掲注（21）最判昭26・6・7。
46　団藤・前掲注（35）58頁注4は、「業務上過失致死傷罪（211条）における『業務』は文理上なんら限定がないが、この犯罪定型の趣旨から考えるとき、それは業務の性質上人の生命・身体に対する危険を包含するものおよび人の生命・身体を保護する業務を含むものにかぎると解するべきである」として、これを「限定解釈」だとしている。
47　松宮・前掲注（5）71-72頁参照。
48　内田・前掲注（1）60頁。
49　内田・前掲注（1）62頁注4。井上・前掲注（43）385頁も参照。
50　内藤謙『刑法講義　総論（下）I』（1991、有斐閣）1171頁、曽根・前掲注（1）34頁、松原・前掲注（1）71頁も参照（なお、川端・前掲注（1）97頁は、「判例は、文理から離れて、かなり拡張的に『業務』の意義を理解している」としつつ、このことを追認しているように見受けられる）。

実際、「『社会生活上の地位』というのは、それによって収入を得るか否かは問わないが、「私生活」ではなく、社会におけるその人の地位を意味する。したがって、およそなんらかの『仕事』と関係のない行為を『業務』というのは、どう考えても類推であろう。」[52]、という指摘は、正鵠を射たものであって、無視することのできない問題だといえよう。

　さらに、「戦後、重過失致死傷罪が設けられたので、業務上過失の概念を拡張すべき必要性はうすれてきたとされ……、その点からも業務の意義が改めて反省されるべきであるともいわれる……。しかし、なぜ、本来の意味への限定がなお一般に躊躇されるのであろうか。それは、継続的な自動車運転そのものを危険業務としてとらえれば、娯楽目的の場合をとくに排除すべき実質的理由がないという論理にもとづいているといえよう。しかし、自動車運転が業務であるとすれば、通常人を前提とした単純過失は一切存在しないことになる。自転車が除かれるのも、業務性とは本来関係がなく、むしろ結果の重大性が基準となっているようにも思われる。結論的にいえば、単純過失とのいちじるしい落差を考慮すれば、判例が業務概念を拡大した理由も理解しうるし、また判例の集積と定着もそれなりに尊重すべきであろうが、業務概念をより限定した上で、重過失との関連を再検討するという方向が推進されるべきではないかと思われる。」[53]、という指摘には、自動車の運転について、独立した規定が設けられている今日こそ、真剣に向き合わなければならないであろう。

　やはり、業務上過失致死傷罪における「業務」概念は、業務上失火罪や業務上過失往来危険罪における「業務」概念と平仄を合わせる形で、「人の生命・身体に対する危険を包含するものおよび人の生命・身体を保護する業務を含むもの」に限った上で[54]、その言葉の本来の意味に限定されるべきだと思われる。

51　井上・前掲注（43）375頁、同『判例にあらわれた過失犯の理論』（1959、酒井書店）80頁、平場安治＝平野龍一編『刑法改正の研究2　各則』（1973、東京大学出版会）296頁〔平野龍一〕、松宮・前掲注（1）53-54頁、同・前掲注（5）101頁など。藤木英雄『過失犯の理論』（1969、有信堂）142頁も参照。また、前掲注（13）最決昭和60・10・21において、谷口正孝裁判官は、「業務上失火、業務上過失致死傷罪の加重類型は、重過失による加重類型が整備されている現在既にその存在意義を失つたものと考える」とする補足意見を述べている（谷口正孝『裁判について考える』（1989、勁草書房）182頁）。
52　松宮・前掲注（1）53頁。
53　中山・前掲注（1）71頁。大塚・前掲注（1）46頁注1も参照。
54　団藤・前掲注（35）58頁注4。

3 業務上過失が重く処罰される根拠

　業務上過失が、通常の過失に比べて、特に重く処罰されている根拠については、様々な学説がみられるところであり、その背景にある犯罪論体型なども考慮しようとすると、これを整理すること自体[55]、極めて煩雑な作業であるといわざるをえない。さしあたり、「考え方として、〔a〕業務者に重点をおくものと、〔b〕業務行為に重点をおくものとの二つの立場が存しうる。従来の学説は、一般に、〔a〕業務者に重点をおく立場をとっている。その中でも、〔a1〕業務者の過失は通常人の過失よりも責任が重いとする立場〔責任説〕と、〔a2〕業務者に対する一般予防の意味で刑を加重するものとする立場〔一般予防説〕とが区別でき、他面、〔a1-1〕業務者に対しては特別の注意義務が負わされているとするものと、〔a1-2〕業務者たると通常人たるとを問わず同じ行為に際して要求される注意義務は同程度のものであるとするものとの二つの立場があり、〔a1〕責任説はこの二つの立場にわかれ、〔a2〕一般予防説は後者〔a1-2〕の立場をとるものということができる。」[56]、とする整理の仕方に従うならば、判例は、「一定の業務に従事する者は、通常人に比し特別な注意義務あることは論を俟たない」としていることから[57]、このうちのa1-1説に立つものとみることができよう[58]。

　なお、前述した学説のうち、a説は、「業務者」の地位を身分と捉え、業務上過失の規定を身分犯と解するものだといえよう[59]。しかし、少なくとも、業務上過失致死傷罪（211条前段）における「業務」概念は、前述した、業務上失火罪（117条の2前段）や、業務上過失往来危険罪（129条2項）の「業務」概念とは異なり、「職務」とほぼ同義のものにとどまっておらず、それに形式的にあてはまれば直ちにその構成要件該当性が認められるというような類のものではなく、事案

55　その整理の仕方としては、たとえば、大塚・前掲注（1）44-45頁、大谷・前掲注（1）50頁など参照。
56　藤木・前掲注（51）118頁。引用文中の亀甲括弧は筆者による。なお、その内訳については、同123頁注7参照。各説の概要については、佐藤輝幸「刑法211条1項における業務上過失及び重大な過失の概念」千葉大学法学論集27巻1号（2012）152頁以下参照。
57　前掲注（21）最判昭和26・6・7。
58　もっとも、a2説に立ち、「判例もこの立場〔a2〕を採用しているものと考えられる」とするものとして、川本哲郎「刑法における業務の概念」同志社法学37巻1・2号（1985）142頁（同『交通犯罪対策の研究〔初版〕』（2015、成文堂）258頁）。引用文中の亀甲括弧は筆者による。
59　本罪を身分犯だと明言するものとして、福田・前掲注（14）158頁、大塚・前掲注（1）45頁、中山・前掲注（1）70頁注2、大谷・前掲注（1）51頁、佐久間・前掲注（1）77頁注6、橋本・前掲注（1）82頁。

ごとにその行為の業務性が検討されるべきものであること、また、職業的・営業的性格を必ずしも要するものではないとされていることなどから、これを身分犯と解すべきではないであろう[60]。むしろ、一見すると身分犯のようでありながら、実際には身分犯ではないという点において、イメージとしては、(これを身分犯とする見解もあるが[61]、)事後強盗罪(刑法238条)の規定における「窃盗」のようなものとして理解されるべきであるように思われる[62]。よって、私見は、このうちのb説を支持するものである。

4 加重処罰の根拠についての若干の考察

こうして、b説が支持されるとしても、問題は、なぜ業務行為における過失は重く処罰されることになるのかである。

このことについては、業務上過失が、ただ通常の過失の責任を加重するにとどまるものではなく、通常の過失の場合とは(違法行為類型である)構成要件を異にしていることに鑑みるならば、以下の見解が説得力を有しているように思われる。

すなわち、「業務行為として反覆してなされる行為の多くは、しばしば重大な結果を招くことがあり、その客観的な法益侵害性が高いことから、違法性が強度であるといいうる」。「業務上の過失行為の違法性が強度であるのは、単に当該結果の重大性のみによるのではない。」「行為の違法性は、単にその法益侵害性だけでなく、当該行為のなされる態様に重大な関係をもつものである。業務上の過失犯が問題となる行為は、しばしば重大な結果を惹起しやすい性質のものであるから、それだけ、行為者に対して慎重な態度が要求されることになるであろう。この場合、注意義務を怠って重大な結果が惹起されるというときには、社会的に公認された行為が安全に行なわれることに関する社会一般の信頼を裏切ることともなり、その行為の反社会性も強まることになるであろう。この意味から本来危険

---

60 佐藤・前掲注 (56) 158-159頁も結論同旨。
61 真正 (構成的) 身分犯とするものとして、前田・前掲注 (1) 206頁、井田・前掲注 (1) 286-287頁、橋本・前掲注 (1) 213-214頁、大阪高判昭62・7・17判時1253号141頁など。不真正 (加減的) 身分犯とするものとして、大塚・前掲注 (1) 224頁、内田・前掲注 (1) 285頁、大谷・前掲注 (1) 252頁、松宮・前掲注 (1) 233頁、新潟地判昭42・12・5下刑集9巻12号1548頁、東京地判昭60・3・19判時1172号155頁など。
62 事後強盗罪の構造につき、高橋・前掲注 (1) 299頁参照。

が予測される業務行為とそうでない行為とでは、注意義務違反に対する社会的な評価がおのずから異ならざるを得ないのである。かくして、業務行為にともなう過失は通常の過失に比して違法性が強度であるという点に業務上の過失に対して重い制裁を科することの根拠を求めることが、理論的には最も妥当な説明であるとおもう。」[63]、というのがそれである。

　業務行為は、それ自体が、より高いリスクを内在する行為であるということができる。そのリスクが具体的に顕在化して危険へと転嫁し[64]、それが実現した場合である業務上の過失行為は、通常の過失行為と比較して違法性が強い、という説明は、一定の説得力を有しているといえよう。いわば、このような、危険行為と、過失致死傷罪とが結合したものが、業務上過失致死傷罪である、ということができるのではないかと思われる。

　もっとも、このような説明は、(本稿においては十分な検討ができていないが、)重過失についても成り立ちうるように思われる。そうだとすると、判例のような「業務」概念の拡張を認めるのであれば、業務上過失致死傷罪の独自性は失われることになろう。業務上過失致死傷罪の規定が、それでもなお必要なのか否かを判断するためには、重過失致死傷罪における「重過失」の概念を精査することが必要であるが、その作業については、本稿の序において宣言したとおり、他日を期することにしたい。

六　結　語

　以上、本稿では、わが国の刑法典における、業務上過失の「業務」概念について、若干の検討を行ってきた。この問題は、「重過失」概念とあわせて検討することで、はじめて意義を有するものであることから、本稿が、未完成の小品であるということは、およそ否定のしようのない事実である。このような小稿を、敬愛する恩師の一人である甲斐克則先生の古稀をお祝いするために献呈することには、躊躇いの気持ちもないではないが、私自身の終わりなき「過失犯論への旅」

63　藤木・前掲注（51）122頁。福田・前掲注（14）159頁、西原・前掲注（１）20-21頁などもこれと同旨とみられる。
64　リスクと危険性の区別については、甲斐克則「刑法におけるリスクと危険性の区別」法政理論45巻4号（2013）86頁以下参照。

の一里塚としてここにお示しし、今後の継続的な研究を固くお約束した上で、ひとまず擱筆することとしたい。

未遂犯における危険概念と保護法益の意義
―― 特に実行の着手と未遂実行行為の区別に関して ――

北　尾　仁　宏

一　はじめに
二　実行の着手をめぐる議論の現況
三　リスク学における危険概念と未遂犯論への応用
四　実行の着手と未遂の実行行為
五　具体例における未遂犯の成否
六　おわりに

一　はじめに

　甲斐克則はかつて、刑法において多用される「危険」概念は、その頻度に対して案外に概念内部の使い分けが意識されておらず混乱を招いていることから、まずは危険から「リスク」を明確に分離して考えるべきである旨を指摘した[1]。
　かねてリスク学において、日本語に翻訳するとしばしば危険の一語にまとめられがちなものの中には、危険有害性（hazard）、リスク（risk）、両転的危険（jeopardy）、危害（又は切迫性：peril）、危険（danger）など、それぞれ定義上異なる概念が含まれていることが指摘されている[2]。確かに刑事法学でも、ここにいうリスクや危険、（刑事訴訟法における二重危険につき）両転的危険は少なからず意識されることがあっても、例えばそれらと危険有害性、危害との関係など、各概念の区別への意識は、いくつかの例外[3]を除けば漠然と議論されてきたかもしれない。特にその傾向が強くかつ議論に混乱が見られる分野の一つが未遂犯論、とりわけ実行の着手論であるように見受けられる。

1　甲斐克則「刑法におけるリスクと危険性の区別」法政理論45巻4号（2013年）86頁以下。
2　海上智昭ほか「概念としての『リスク』に関する小考察」日本リスク研究学会誌22巻2号（2012年）73頁以下。
3　各概念に区別があることを前提に詳論するものとして、山口厚『危険犯の研究』（東京大学出版会、1982年）。また嘉門優『法益論』（成文堂、2019年）119頁以下。

本稿では、我が国における実行の着手論の現況をごく簡単に概観した後、危険概念内部の分類と定義を確認し、これらを照合することで、議論が特に錯綜している箇所を明らかにする。そのうえで、実行の着手と特に未遂犯の実行行為との関係を見直すことで、混乱解消の糸口を得たい。その際、特に法益概念が鍵を握る。最後に、若干の事例考察を経て枠組みの有用性を検証する。

二　実行の着手をめぐる議論の現況

原初的な主観的未遂論[4]と客観的未遂論との対立も、現在では後者の採用で決着がついていると評せるだろうが、それでもなお客観的未遂論の内部で実行の着手の判断基準・方法をめぐる議論は尽きない。

元来、実行の着手とは（既遂）構成要件該当行為たる実行行為の一部を開始することであり、この開始を以て予備と未遂の画期であると解する形式的客観説[5]が存在する。形式的客観説に対しては、既遂の実行行為の一部まで待つとすれば例えば窃盗罪の場合には現に窃取行為が開始されない限り処罰できないことになり未遂犯成立が大幅に遅延して不都合である等の批判が向けられ、実行の着手を既遂犯に係る危険との関係から画定することを意図して（既遂）構成要件該当結果又は法益侵害の危険性がある行為の開始を以て実行の着手と解する実質的客観説が対抗している。形式的客観説の側でも、上述した窃盗罪の場合の不都合などを回避するべく、既遂の実行行為を原則としつつ、それと密接な行為の開始であっても実行の着手を認め得るとすることで構成要件該当結果又は法益侵害の危険ある行為をより広く処罰しようとする修正説（修正された形式的客観説）も提示されている[6]。他方、実質的客観説に対しても、危険の実質判断による着手時期の過度な前倒しを内在的に統御可能な原理を有していない旨の批判が向けられ、現在では修正された形式的客観説の発想を一部受容して前倒しを密接行為に限る

4　牧野英一『刑法総論（上巻）』（有斐閣、全訂版、1958年）359頁、宮本英脩『刑法大綱』（弘文堂、1935年）178頁。

5　小野清一郎『新訂刑法講義総論』（有斐閣、増補版、1950年）182頁、滝川幸辰『犯罪論序説』（有斐閣、改訂版、1947年）184頁以下、団藤重光『刑法綱要総論』（創文社、第3版、1990年）355頁など。

6　さらなる修正説として、塩見淳「実行の着手について（3・完）」法学論叢121巻6号（1987年）15頁以下参照。

べきとする論者も少なくない。この限りで、修正された形式的客観説と現代の実質的客観説の対立は事実上解消されていて危険性・密接性説と総称することができる[7]と考える論者もいる。

　危険性・密接性説との総称を用いる論者は、それと対置させながら自説を進捗度説等と称して旧来の説とは異なる見解である旨を主張しており、現在では有力説の観を呈している[8]。進捗度説は、特に実質的客観説が主張するところの危険や危険性の語自体が含む曖昧性から、これらが実行の着手時期の判断基準としては不明確に過ぎるという問題意識、及び修正された形式的客観説が主張するような密接性も危険性と同じく不明瞭であるだけでなく、場所的時間的に密接とまでは言えない行為にまで実行の着手が認められている事例もあるという現状認識から、行為者が当初予定した犯行計画や規範違反の有無を参考に、それがどの程度進捗したかを判断し、容認できない水準に達したと評せる時点で実行の着手を認めて未遂犯の成立を肯定するに至る。

　もっとも、上記の各説が本当に対立しているのか、より正確に言えば、本当に同じ論点を扱っているのかは疑わしい。この疑問は、何よりもまず「実行の着手」を未遂犯成立の（1）必要十分条件と見ているのか、或いは（2）必要条件又は（3）十分条件と見ているのか、という点の不明確さに由来する。原初的な形式的客観説論者が（1）必要十分条件と考えていることに疑いはない。他方、実質的客観説や修正された形式的客観説を採用する論者の内部では、一致を見ないように思われる。例えば「実行の着手という概念は、その段階にきたときに処罰するという段階を画する概念である」[9]という記述は（1）必要十分条件と解せ

7　丸橋昌太郎＝佐藤拓磨「特集の狙い——すり替え窃盗をめぐる理論と課題——」刑ジャ73号（2022年）6頁。

8　代表的なものとして、佐藤拓磨『未遂犯と実行の着手』（慶應義塾大学出版会、2016年）、同「実行の着手について」研修838号（2018年）3頁以下、同「日本における実行の着手」刑ジャ63号（2020年）4頁以下、東條明徳「実行の着手論の再検討（一）〜（六・完）」法学協会雑誌136巻1号（2019年）189頁以下・3号173頁以下・7号60頁以下・9号89頁以下・137巻8号（2020年）23頁以下・138巻10号（2021年）70頁以下、杉本一敏「行為の構造から見た『実行の着手』時期（1）——総論——」刑ジャ67号（2021年）82頁以下。樋口亮介「実行行為概念について」『西田典之先生献呈論文集』（有斐閣、2017年）19頁以下同旨。

9　平野龍一『犯罪論の諸問題（上）』（有斐閣、1981年）130頁。所謂危険行為説（大塚仁『刑法概説総論』（有斐閣、第4版、2008年）171頁、大谷實『刑法講義総論』（成文堂、新版第5版、2019年）364頁）も、実行の着手の必要十分条件的理解という限りで平野説と同じである。なお、平野説に対する批判として西原春夫「実行の着手（下）」警察学論集38巻3号（1985年）46頁以下参照。

ばこそであろうし、かと思えば「未遂犯も、既遂犯と同じく、外界における有害な出来事を処罰するものであるから、未遂犯の処罰根拠としての具体的・現実的危険は、外界に生じた有害な事態として理解しなければならない」[10]という記述のように別途未遂結果たる切迫性を求める見解は実行の着手を（2）必要条件としか見ていない。逆に「実行行為の存在は罪刑法定主義の要請であり、結果発生の実質的危険は（行為原理に由来する）未遂犯の処罰根拠であって、いずれも軽視すべきではなく、むしろ両者が揃ってはじめて可罰的な未遂が成立する、と……考えると、実行行為と実行の着手とを分けることが必要になる」[11]として、実行の着手と未遂犯の処罰時期とを連動させる見方は（3）十分条件として解するのが自然であろう。同様の不一致は進捗度説ほかの有力説にも存在し、「法益主体に対する現実的脅威が要求される必要はない」[12]として未遂結果としての切迫性を不要と解する（1）必要十分条件的な理解もあれば、「規範違反性により実質化された形式的客観説」[13]を提唱しつつ「密接性による前倒しの問題は行為規範違反性の観点から一つの刑法的な評価の対象となる行為の範囲の画定の問題である」[14]として高度の危険性はともかく密接性というかたちで取り込んだ既遂構成要件該当行為に係る危険性も事実上考慮する（2）必要条件的な理解も見られる。

　また、未遂と予備の区別を実行の着手の有無に連動させるか否かという点でも、所謂危険性・密接性説と進捗度説等の双方に肯定説と否定説が存在する。不能犯との境界に関しても、進捗度説が一致して不能犯の成否と実行の着手時期とを分離するのに対し、危険性・密接性説では分離・不分離が判然としない状況である。これらの諸問題とは別に、特に進捗度説に対する疑問点ではあるが、進捗スケールの両端、すなわち行為の起点と終点の確定方法が不明瞭である。加えて、進捗度説は危険が程度概念・量的概念であることから不明確であるという論

10　松原芳博『刑法総論』（日本評論社、第3版、2022年）337頁。曽根威彦『刑法原論』（成文堂、2016年）462頁以下、高橋則夫『刑法総論』（成文堂、第5版、2022年）119頁、山口厚『刑法総論』（有斐閣、第3版、2016年）284頁、山中敬一『刑法総論』（成文堂、第3版、2015年）764頁同旨。

11　浅田和茂『刑法総論』（成文堂、第2版、2019年）371頁。對馬直紀「実行の着手論における危険概念について」駒澤法曹14号（2018年）69頁以下同旨。橋本正博「実行行為の開始と実行の着手——『構成要件的結果発生の危険』の意義——」研修857号（2019年）12頁参照。

12　佐藤・前掲註（8）『未遂犯と実行の着手』82頁。

13　東條・前掲註（8）「6・完」153頁。

14　東條・前掲註（8）「6・完」155頁。同157頁以下詳論。なお、浅田和茂「刑事法学の動き」法律時報95巻2号（2023年）129頁参照。

拠を危険性・密接性説への批判に用いているが、この点についても再検討を要する。なぜならば、危険概念を真正面から扱う現在のリスク学においては、後述するように、「危険」は程度や量だけに尽きるものではない多様な概念を含むことが明示的に意識されているからだ。それを踏まえて考えた場合、危険性・密接性説の論者が（時に無意識・暗黙裡に使い分けながら）採用している危険概念が専ら程度や量だけを前提とするものであるのかも問い直さなければならない。例えば、修正された形式的客観説のように構成要件という文脈を前提に置いた危険とその評価は、明らかに質的側面を問題にしている。

　危険が不明確であることだけを理由に一律に危険概念を未遂犯論から排撃する前に、まずはその不明確な危険概念をリスク学も参考に整理して区分けすることで、実行の着手をめぐって従来「危険」と総称されてきたものの正体を見定める必要があるだろう。

三　リスク学における危険概念と未遂犯論への応用

　日常用語であれ刑法学であれ、「危険」と総称されるものの内実・対象は周知の通り多様である。それゆえにこそ、危険概念は漠然としたものであって議論を錯綜させるだけであるとして未遂犯の判断から「危険」を極力排除しようとする動きも見られた。実際、未整理のまま「危険」を扱って議論が錯綜している題材として、ドイツにおける第三責任形式の試みがあり[15]、未遂犯論でこれと同轍を踏むべきではないという限りで進捗度説の主張には一定の理がある[16]。ただし、

15　A. *Löffler*, Abgrenzung zwischen Vorsatz und Fahrlässigkeit, ÖZStr Bd. 2 (1911), S. 131 ff.; K. *Engisch*, „Untersuchungen über Vorsatz und Fahrlässigkeit im Strafrecht", 1930, S. 249. （カール・エンギッシュ『刑法における故意・過失の研究』〔荘子邦雄＝小橋安吉訳〕（一粒社、1989年）302頁。); K. A. *Hall*, Über die Leichtfertigkeit. Ein Vorschlage de lege ferenda, in: FS-Ed. Mezger, 1954, S. 245 ff.; G. *Arzt*, Leichtfertigkeit und recklessness, in: Gedächtnisschrift für Horst Schröder, 1978, S. 117 ff.; T. *Weigend*, Zwischen Vorsatz und Fahrlässigkeit, ZStW Bd. 93 (1981), S. 657 ff.; B. Schünemann, Die deutschsprächige Strafrechtswissenschaft nach der Strafrechtsreform im Spiegel des Leipziger Kommentars und des Wiener Kommentars, GA 1985, S. 341 ff.; A. *Grünewald*, Strafrecht, JZ 2017, S. 1069.; F. *Rostalski*, Der (straf-) rechtliche Umgang mit illegalen Kraftfahrzeugrennen – Überlegungen de lege lata und de lege ferenda, GA 2017, S. 585 ff.; T. *Hörnle*, Vorsatzfeststellung in „Raser-Fällen", NJW 2018, S. 1576 ff.

16　結果的加重犯論における危険概念の混乱から生じたドイツ学説の蹉跌については、北尾仁宏「結果的加重犯の考察——冒険犯概念の提唱——」早稲田大学博士学位請求論文（2019年）141頁以下。

むしろ、問題視されている曖昧さ自体に対する分析とそれを通じた明晰化がなお不足している点にこそ目が向けられるべきだろう。

従来、厳密な使い分けや定義がなされてきたかはやや疑わしいが、リスク、危険、危険性、危殆化といった語が刑法学では比較的頻繁に用いられてきた。少し視野を広げれば、刑事訴訟法学における二重危険（double *jeopardy*）のように、刑事実体法ではあまり馴染みのない「危険」も知られてはいる。

これら各「危険」概念の整理・区別が行われてこなかったわけでは決してないが、それらは問題領域ごとの分析が中心であった。危険犯内部での危険の区別については既に優れた検討が知られる[17]し、主として過失犯を念頭にリスクと危険との区別必要性も説かれた[18]が、あとはせいぜい結果的加重犯について試論を述べた変わり者がいた程度である[19]。

そこで、（刑法学で既に扱われたものも含めて）「危険」「可能性」「確率」といった種々の概念を最も意識的・中心的に扱う学問領域である「リスク学」における危険概念の分類をまずは概観し、それを刑法学で従来扱われてきた「危険」概念と対照させる中で、未遂犯の各局面において問題としている各「危険」概念を描出するための前提を確認する。

当然、リスク学の内部においても「リスク」を中心とした種々の概念には幅があることが自覚されているが、それでもなお総論的な概念設定、とりわけリスクの定義や検討が試みられてきた[20]。特に海上智昭らによる包括的研究[21]は、「あやふし」などの古語にも言及しながら日本語で辞書的には「危険」と訳される各語とその関連語に対して、諸外国の動向や学際的な観点も含めて広範に詳細な検討を加えており、これが我が国における現在利用可能な一つの到達点と見られる。以下の分類も基本的にはこれに従う。

まず危険（danger）とは、最も一般的に「危ないこと」を指す語である[22]。た

17　山口・前掲註（3）、嘉門・前掲註（3）119頁以下。
18　甲斐・前掲註（1）。
19　北尾・前掲註（16）150頁以下。なお本章の分析は、この論文における概念整理の修正版に当たる。
20　例えば、海上ほか・前掲註（2）81頁、辛島恵美子「リスク概念の歴史的変遷とその意味」国際交通安全学会誌24巻2号（1998年）127頁、同「言葉『リスク』の歴史と今日的課題」保健物理35巻4号（2000年）473頁、木野泰伸「認識のずれを少なくするためのリスク表現法」プロジェクトマネジメント学会2005年度春季研究発表大会予稿集（2005年）93頁など。
21　海上ほか・前掲註（2）73頁参照。

だし、後述する危害と異なり、実害への切迫度は語義に必ずしも含まれない。むしろ、危害（peril）や侵害をもたらす「要因」「原因状態」としての側面を捉えて危険という語は用いられる。また、危険は、客観的・鳥瞰的に定まるという側面も有する[23]。この意味での危険を増加させること又はこの意味での危険に暴露させることを指して、危殆化（endangering）という。危険性（dangerousness）も危険とほぼ同義と考えられるが、敢えて使い分けるならば、危険性とは、切迫度の如何はともかく危険な状態、すなわち危害や侵害をもたらす要因が、そこに存在している状態を程度化して表現する語と定義できる。

他方、危害は、「（しばしば特定個人が[24]）まさに実害に切迫している状態」を指す[25]。その実害は、通常「侵害（harm）」「損害（damage）」という単語で表される。終局点として想起されている悪しき結果に切迫している状態として定義できるだろう。

不確実性（uncertainty）は端的に「確かではないこと」を指し[26]、金融業界ではこの不確実性をリスクと呼ぶこともあるが、他分野では通常区別される[27]。不確実性は、後述する両転的危険を超えて実害に接近するに従い、結果発生の確実度が徐々に高まっていくことに反比例してむしろ減少する。

危険有害性（hazard）とは、「一定の状況・条件が備わった場合、危険や危害、侵害へと結びつき得る性質であること」を指す[28]。「危険物持込禁止」にいうところの「危険」がこれで、現に危ないわけではないが使い方と状況次第で危険たりうる性質を有しているという点に着目した概念である[29]。危険有害性は、リスク（risk）概念との関係でも重要な意味をもつ。

刑事訴訟法でも用いられるjeopardyは、「危険か安全か、どちらに転ぶか分からない」という意味での危険を指す[30]。このjeopardyだけを過不足なく表現す

22　海上ほか・前掲註（2）76頁参照。
23　辛島・前掲註（20）「歴史的変遷」129頁。
24　海上ほか・前掲註（2）76頁参照。
25　海上ほか・前掲註（2）76頁、辛島・前掲註（20）「歴史的変遷」130頁参照。
26　海上ほか・前掲註（2）82頁参照。
27　ただし、両者の境界がしばしば曖昧であることを指摘するものとして、G. Breakwell, The Psychology of Risk (2nd ed., 2014), pp. 3-5.
28　海上ほか・前掲註（2）77頁以下参照。
29　海上ほか・前掲註（2）78頁。
30　海上ほか・前掲註（2）76頁参照。

る日本語が辞書類に見られないことから、「両転的危険」の仮訳を与えている。刑事訴訟法で用いられる「二重危険」は、有罪か無罪かどちらに転ぶか（再び）分からないという意味での不利益を問題としており、それゆえに他でもないjeopardyの語が用いられている。

　以上のリスク学における危険概念の分類は、確かに一見複雑だが、用語法はともかく我が国の刑法学における危険概念の区別・分類でも意識されてきたものに他ならない。

　例えば、著名な危険犯四分説（①具体的危険犯②準具体的危険犯③準抽象的危険犯④抽象的危険）をリスク学の危険概念を用いて説明すると、①具体的危険犯は危害の発生を要求する犯罪で、当然に危険性も最も高く、②準具体的危険犯は、①で問題視している危害のような伸るか反るかの状況には至らない程度ではあれ、それに近い切迫性がなお要求される犯罪ということになる。他方、④抽象的危険犯は危険有害性の存在さえ認められれば肯定される犯罪であり、③準抽象的危険犯は危険有害性に加えて、当該危険有害性が前提とする一定の状況・条件の部分的な現実的具備、すなわち一定程度の危険性の充足を要求する犯罪と整理できる。抽象的危険犯と具体的危険犯との間の関係を（潜在的危険の存在のみで肯定される第二類型の抽象的危険犯（四分説における④）を除けば）危険性の程度差のみに求める見解[31]もまた、リスク学の各種危険概念から整合的な説明が与えられるだろう。

　最後に、リスク学の中核である「リスク」の定義を確認しなければならない。リスク学においてもリスクは最も多義的な概念であるが、共通の特徴として、ある損害が発生した場合に想定される事態（現実）と、それが発生する可能性とを分けて検討する点が挙げられる[32]。また前提として、良いことも悪いことも発生するときには発生するという発想が存在する[33]。加えて、リスクという語が安易に用いられることによる「確率」と「リスク」との混同が最も問題視される。例えば「雨が降るリスクがあるという表現をした場合、人々が降水確率について考えるのか、河川氾濫のような結果について考えるのかについては、極めて曖昧なまま使用されている現状が否めない」[34]等の指摘がそれである。生の確率論や可

31　嘉門・前掲註（3）146頁「表　抽象的危険犯の分類」参照。
32　海上ほか・前掲註（2）81頁以下。
33　海上ほか・前掲註（2）82頁。
34　海上ほか・前掲註（2）82頁。

能性とリスクとは区別されなければならず、また特に「何の」リスクであるのかが常に意識されなければならない。

リスクの古典的な一般的定義は「想定される損害D×発生可能性P」という公式[35]である。もっとも、この公式はPが極小の場合、Dが如何に甚大なものであっても、事態を過小評価しがちである難点があり、この古典的公式だけではリスクが前提とする考え方と合わない[36]。この問題意識から、現在では以下の二つの公式が用いられる。

第一公式は、古典的公式を修正した「シナリオS×損害D×発生可能性P」というものである。「一定の状況・条件下で」という限定を付すことで、その限定が同時に「限界」となってしまう難点はある[37]ものの、稀有な事態の過小評価を防止できる。

第二公式は、特に自然災害等のリスクを扱う際に用いられ、危険有害性に対する弱さを指してリスクと捉える「危険有害性H×脆弱性V (vulnerability)」という式である[38]。Vはさらに「V＝事前的感受性S (sensitivity)×事後的復元性R (resilience)」として定義され、対象が（危険有害性がその影響力を発揮できる一定の状況・条件下で）危険有害性に曝された場合にどのような影響を受けるか、また影響を受けた場合の抵抗力・回復力がどれほどのものかにつき評価を経て定められる[39]。

ここで重要なのは、第一公式と第二公式とは相互に背反するものではない[40]という点である。つまり、いずれの定義に拠るにせよ、一定の状況・条件下において、特定の損害が発生する可能性を評価することで導かれるものがリスクである。すなわち、リスクは「可能性」や「確率」そのものではない。この限りで、頻度その他の定量的なものの高低等だけをとらえた平板な概念であるという理解から危険概念全般を曖昧なものであると難渋して未遂犯の判断から排斥する進捗度説の見解には賛同できない。実際、確率の高低とリスクの重要性とが必ずしも

---

35 海上ほか・前掲註（2）82頁。この公式は、例えば*Löffler*, a. a. O. (Anm. 15) S. 163にも見られるなど、刑法学にとっても実は伝統的なものである。
36 海上ほか・前掲註（2）82頁以下。
37 海上ほか・前掲註（2）85頁。
38 海上ほか・前掲註（2）88頁以下。伊藤和也ほか「我が国の自然災害に対するリスク指標の変遷と諸外国との比較」自然災害科学36巻1号（2017年）75頁以下。
39 伊藤ほか・前掲註（38）76頁参照。
40 海上ほか・前掲註（2）91頁以下参照。

一致しないのは刑法学でも既に指摘されてきたことであり[41]、リスク学の知見と従来の刑法学とはこの点でも整合的である。

　リスクが前提とする一定の状況・条件のことを、刑法学では構成要件と呼称してきたと理解できる。このことから敷衍して、実行行為に関して問われている危険性はリスク学におけるリスクに相当すると考えられる。危険有害性や危害、実害といったものがリスクと関連しながらも異なる概念であることから明らかだとは思われるが、実行の着手、未遂の実行行為、未遂結果、既遂結果、法益侵害といった各概念に係る「危険」も相互連関的とはいえ異なるものになるはずであるから、それぞれに対して相応の検討を向ける必要がある。繰り返しにはなるが、危険概念を曖昧なものとして退ける見解は、危険概念自体を一様なものとして見ているからこそ曖昧に見えているのであって、本章に見た危険概念内部の違いを意識すれば、各位が自説を維持するにしてもまた違った結論に至るだろう。

　次章では、この違いを反映させながら未遂犯における各概念の位置付けを見直すことで、粗削りではあるが私見を浮き彫りにする。

四　実行の着手と未遂の実行行為

1　両者の区別

　未遂犯論の現況と危険概念の区別とを照合すると、まずは二つの問いが浮かび上がる。その第一は、未遂犯、特に実行の着手をめぐって登場する「危険」が如何なるシナリオを前提としたものであるのか、すなわち終局点として何を想定した「危険」なのかというものである。第二は、その終局点から遡って設定される実行の着手等で問題とされている「危険」の種別は何か、より具体的には、そこで問題としている危険は果たしてリスクなのか、危険有害性なのか、危害・切迫性なのか、といったものである。

　第一の問いの内、中核となるのは当然ながら実行の着手の終局点である。これについては既遂結果又は法益侵害がしばしば上げられ、両者を区別なくどちらか

---

[41] J. Blomsma & D. Roef, "Forms and Aspects of Mens Rea", in J. Keiler & D. Roef (eds.), *Comparative Concepts of Criminal Law* (2nd ed., 2016), p. 143; J. Horder, *Ashworth's Principles of Criminal Law* (10th ed., 2022), pp. 218-221; T. Weigend, "Comments on Jeroen Blomsma's Case of Recklessness", in A. Klip (ed.), *Substantive Criminal Law of the European Union* (2011), p. 164.

であれば良いとするように見える書き振りのものもある[42]。確かに、殺人罪のように既遂結果がすなわち法益侵害を意味する犯罪であればこの違いは無視しても良いかもしれない。しかし、危険犯（例えば放火罪）など既遂結果と法益侵害とが当然に相違する犯罪についても未遂犯が処罰対象とされていることからも明らかなように、両者は明らかに異なる概念である[43]。そうである以上、そのいずれを終局点と捉えるか次第で実行の着手で問題とされる「危険」の内容も当然異なる。両者を「又は」や「ないし」「あるいは」で接続していずれでも良いとするわけにはいかない。既遂結果か、法益侵害か、ここでは二者択一の決断が迫られる。

　仮に既遂結果を終局点に設定した場合、その現実的危険性（前章に見たところのリスクという枠内で措定される危険有害性）ある行為とは既遂構成要件該当行為、すなわち既遂の実行行為そのものであり、実行の着手を敢えて論ずる意義が形式的に消滅してしまうし、かといって構成要件という枠に囚われず実質判断で遡れば今度は既遂結果を終局点に設定した意義が失われる。

　未遂犯に対する処罰は法益保護の早期化を企図して行われるものであること、実行未遂のみならず着手未遂も処罰対象とされていることなどからしても、実行の着手を判断する際の終局点としては（既遂構成要件該当結果ではなく）法益侵害が適格であると考えられる。すなわち、終局点を法益侵害に固定した上での実質的客観説を妥当と解する。これに伴い、実行の着手時点の特定には、当該犯罪の保護法益の特定こそが第一に重要となる。

　従来、実質的客観説の難点として、構成要件という枠から外れた結果、「危険」概念の幅ゆえに限界が不明確になることが挙げられ、その結果、修正された形式的客観説との折衷や、（時にそうした折衷の一環として）構成要件との密接関連性などが必要とされてきた。しかし、ここにいう不明確さは「危険」概念の幅を問題視すべき階層以前の、終局点の設定に係る曖昧さの所産であったと考えられる。終局点たる保護法益さえ特定してしまえば、その侵害の現実的危険性ある行為ま

42　例えば、「ないし」で区別なく接続するものとして井田良『講義刑法学・総論』（有斐閣、第2版、2018年）434頁以下、「あるいは」で並列させ（つつ折衷説として取り入れ）るものとして高橋（則）・前掲註（10）416頁以下、侵害犯については法益侵害の、危険犯については既遂結果の具体的危険を問う「又は」的理解を示すものとして西田典之（橋爪隆補訂）『刑法総論』（第3版、弘文堂、2021年）319頁。

43　高橋（則）・前掲註（10）122頁。

でしか実行の着手は遡れない。

　従来、この実行の着手と未遂の実行行為開始とが、危険性・密接性説なり進捗度説なりを問わず、しばしば同視されてきた。特に、第二章で見た諸見解の内、実行の着手を未遂犯成立の必要十分条件とする見解にその傾向は顕著である。しかし、それぞれの終局点を考えた場合、この考え方にも疑義が生じる。既遂構成要件と対比させて考えれば、未遂の実行行為とは未遂構成要件該当結果の類型的・現実的危険性ある行為と定義できる。すなわち、未遂の実行行為に係る終局点は未遂結果である。この未遂結果とは、通常、既遂構成要件該当結果を生じさせる差し迫った危険という意味における切迫性と表現される。

　ここで重要なのは、この切迫性たる未遂結果は、如何に差し迫っているとはいえ、構成要件該当結果のみならず当然ながら法益侵害よりも前の時点を問題としているという点である。すなわち、実行の着手の終局点と未遂の実行行為の終局点は時間的に前後関係にあり、決して重なり合うことは無い。そうである以上、実行の着手と未遂の実行行為も異なってこそむしろ当然とさえ言える。したがって、実行の着手が取りも直さず常に未遂の実行行為開始[44]であるという主張には無理があるだろう。両者が事実上同時になる場合も少なからず存在するとは思われる[45]が、やはり分けて考えなければならない。

　時系列に従って整理すれば、実行の着手があり、次いで未遂の実行行為があり[46]、場合によっては既遂の実行行為も実施され、切迫性たる未遂結果が生じる。さらにこれが既遂結果に至り、最終的に法益を侵害することもある。既遂実行行為と既遂結果とが既遂構成要件、未遂実行行為と未遂結果とが未遂構成要件

44　或いはそれが既遂の実行行為の一部の開始であるとする見解として、東條・前掲註（8）「6・完」147頁以下、君塚貴久「未遂犯の実行の着手と処罰時期について」法学研究論集49号（2018年）79頁以下。ただし、両者ともこれと不能犯の成否判断は区別しており（君塚貴久「未遂犯における危険判断の規範論的意義――不能犯論と実行の着手論の問題領域を手掛かりに――」法学研究論集51号（2019年）89頁以下参照）、その限りで正当である。古川伸彦「未遂罪における『客観的危険性』の意味」研修878号（2021年）4頁は不能犯論と未遂の成立時期を分ける問題を仮象問題とするが、本稿に見た通り両者はその始終端双方が異なる以上、本質的に別物である。

45　高橋（則）・前掲註（10）119頁、122頁。

46　大塚裕史「不能犯論と実行の着手論――実務刑法学の視点からの一考察――」法律論叢90巻2・3号（2017年）138頁は、本稿に言う不能犯との区別を危険の「質」の問題、未遂の成立時期（大塚論文では実行の着手）を「量」の問題と整理する。不能犯論と未遂の成立時期とを分けて語るべきという結論にのみ賛同する。いずれの「危険」も分類上は「リスク」であり、シナリオという枠内で質と量とに対する評価を要するという点を看過すべきではない。両者の違いは、そこで問われるリスクが前提としているシナリオ自体の違いに由来する。

で架橋され、実行の着手と法益侵害も法益侵害リスクに係るシナリオという枠の中で一応は架橋される[47]。

　第二の問いも考察したい。既遂実行行為や未遂実行行為がそれぞれの構成要件該当結果を想定したものである以上、行為につき問われる危険の内実はリスク及びそれを構成する危険有害性と文脈ということになる。他方、特に未遂結果は切迫性を意味する以上、上述した危害に当たるものを問題視していると考えられる。

　状態としての危険性は切迫度が高いほど認められやすいだろうが、危険性の絶対的な高さは切迫性の根拠ではなく、強いて言えば結果に過ぎない。なぜならば、あくまでも未遂犯における切迫性は既遂構成要件該当結果との近さを指すに過ぎず、例えば放火罪の場合のように、未遂段階ではまだ危険性が絶対的に高いとまでは評し得ない犯罪もあるからだ[48]。既遂構成要件該当結果にどの程度近ければ処罰に値するほど切迫していると認められるのかという点は、各犯罪の各論解釈に負うところが大きい[49]。総論的には、リスクに係る社会的価値判断等も含んだ評価の中で、危険性が法益保護のためには相対的に是認できない水準に達していると評価されれば、切迫性を肯定することになるだろう[50]。危険犯の場合、既遂の成立時期もこの相対評価の中で決せられる。

　他方、実行の着手に係る「危険」は法益侵害の種たる危険有害性である。既遂や未遂の実行行為に係る危険有害性は構成要件というある程度特定された文脈におけるそれであるのに対し、実行の着手に係る危険有害性は前二者に課されるほどの文脈的限定は受けない。法益侵害結果の惹起が非現実的でない限り、対象行為に実行の着手を認めることはできる。したがって、かなり広範に実行の着手が認められることになるだろう。実行の着手には不能犯を選別する機能だけが残

47　枠の違いを意識して実行の着手と（未遂の）実行行為とを区別するこの思考方法は、違法論における見解の相違を除けば、仲道祐樹『行為概念の再定位』（成文堂、2013年）54頁で呈される行為と実行行為との区別に基本的な問題意識の面で通底するものがある。
48　北尾仁宏「放火罪における『公共の危険』の意義」松原芳博編『続・刑法の判例各論』（成文堂、2022年）201頁以下参照。
49　詐欺罪につき冨川雅満「特殊詐欺における実行の着手」法律時報91巻11号（2019年）74頁以下、窃盗罪につき同「すり替え窃盗の実行の着手時期——進捗度基準説から見た令和4年決定——」刑ジャ73号（2022年）19頁以下がこの点を指摘する。
50　佐藤・前掲註（8）「日本における実行の着手」7頁や東條・前掲（8）「6・完」148頁以下は、この切迫性を危険性の絶対的な高さの意味で解して批判するが、それは危険概念を区別なく一面的に解すればこその帰結であって必ずしも的を射ていない。

る。同時に、未遂実行行為は、未遂構成要件に由来する制約を当然に受けるから、未遂犯の成立範囲の適正化にとって中核的な役割を担う。従来は実行の着手及びその時期の問題として論じられてきたものの少なからぬ部分が、本稿の枠組では未遂構成要件、中でも未遂実行行為に係る問題へと位置付け直される。進捗度説の立場から、実行の着手論と不能犯論は異なる階層に属する問題であって両者に異なる基準を用いるべきであるとする指摘がある[51]が、私見も未遂犯の成否と不能犯論との間の異層性に関する限りでこの指摘に賛同する。ただし、各危険の終局点の差異を前提とする以上、（「実行の着手」というラベルの用い方に過ぎないのかもしれないが）我が国の実行の着手にはむしろ不能犯との境界の問題を引き続き担わせ、既存の「構成要件」や「実行行為」という用語・概念を未遂についても検討する方がより適切であると考える（さもなくば、不能犯に関してまた新たな用語を生み出す必要が生じ、却って議論が混乱しかねないだろう）。そもそも、従来の議論では（進捗度説が指摘する通り）「実行の着手」という一つのラベルの中で種々混同されていた結果、実行の着手よりもむしろ未遂構成要件該当行為たる未遂の実行行為自体に対する検討の方が希薄だったように思われる[52]。そこで、以下では特に未遂の実行行為に焦点を当てて考察する。

2　未遂の実行行為

　未遂構成要件は、既遂構成要件から導出される拡張類型である以上、未遂の実行行為も既遂の実行行為、より正確には既遂の実行行為に課されている既遂構成要件という文脈的限定を前提に導出されなければならない。もっとも、その終局点は既遂結果ではなくその手前の切迫性たる未遂結果であるから、既遂構成要件該当行為の一部を構成するような行為ではなくとも、切迫性さえ導き得る行為であれば未遂の実行行為としては十分であると言える[53]。この限りで、未遂の実行

51　佐藤・前掲註（8）『未遂犯と実行の着手』40頁以下、東條・前掲註（8）「6・完」147頁以下。

52　例えば、井田・前掲註（42）433頁以下は形式的客観説を採用すべき理由として罪刑法定主義上の要請に言及するが、そこで挙げられている懸念も各論解釈を基盤に導出された未遂構成要件という枠自体に着目した上で未遂の実行行為を精緻化させれば問題なく解消されるだろう。また、塩見淳「実行の着手と不能犯の関係について」『山口厚先生古稀祝賀論文集』（2023年）253頁以下にいう「不能犯には当たらない程度の『行為の危険性』」も、私見の枠組からは「未遂の実行行為性」として整理できる。

53　なお、高橋直哉「実行の着手論雑考」研修854号（2019年）5頁以下は、既遂の実行行為を「…

行為を特定するための判断機序は、修正された形式的客観説が従来主張してきた内容と本質的な差異は無い。従来、時に恰も実質的客観説と（修正された）形式的客観説とは元来対立しているかのように論ぜられてきたが、これらは機能を発揮すべき階層が異なるだけで二者択一の概念ではない。階層が異なる以上、私見は折衷説ではなく、強いて言えば併用説である[54]。

終局点が切迫性であり、未遂の実行行為はその切迫性との関係で決まるとはいえ、未遂犯の検討の時間的起点は、構成要件という文脈的制約を受けていない実行の着手である。行為者は、実行に着手して生み出した危険有害性を既遂結果、さらにはその先にある法益侵害へと結び付けようと行為する。この「結び付け」こそが未遂の実行行為の中核を成すと考えられる。行為者が特定の犯罪につき相応の罪責を負うには、処罰の前提となる危険有害性が、その特定の犯罪に係る構成要件という特定の文脈内に位置付けられていることが必須である。行為者は特定の文脈内への位置付けを担ったからこそ処罰される。未遂の場合も当然、ただ単に法益侵害に近付くというのでは足りず、既遂構成要件で想定されるような経路を通じた法益侵害への接近が図られなければならない[55]。そうである以上、未遂の実行行為とは、文脈的にまだほぼ無制約だった危険有害性を、既遂構成要件が想定する特定の文脈へと結び付け（て最終的には結果を発生させ）ようとする行為と定義するのが妥当であろう。実行の着手に係る危険有害性を既遂構成要件の方向へと結び付ける、近付ける行為である。これには、当然ながら作為も不作為

する行為」から「……しようとする行為」へ拡張することで実行の着手と（既遂の）実行行為開始とを一致させる解釈を採りつつ、同註12及び13において、範囲確定の揺らぎその他の難点も自ら示す。一定の説得力を感じる反面、未遂犯処罰のために既遂構成要件（及びその該当行為）を却って曖昧にしかねない点は無視し難い。やはり「する行為」と「しようとする行為」は区別し、後者は「未遂の実行行為」として既遂のそれとは独立に扱うべきと考える。

54 折衷説（司馬田一雄「『未遂犯における実行の着手』に関する研究」北九州大学法政論集19巻1号（1991年）8頁以下、中山研一「放火罪における実行の着手－判例の批判的検討」判例評論460号（1997年）178頁、西田（橋爪）・前掲註（42）289頁、二本栁誠「実行の着手の判断における密接性および危険性」『野村稔先生古稀祝賀論文集』（成文堂、2015年）117頁、平野龍一『刑法総論II』（有斐閣、1975年）314頁、松原・前掲註（10）336頁など）は、実行の着手を一階層的に捉えてその確定手段として両説を相互補完的なものと見るが、私見は折衷説の前提たる一階層的理解自体に異を唱える。この点、私見と帰結はやや異なるが、検討の出発点は形式的客観説により定め、法益侵害への接近度は実質的客観説により測る松宮孝明「実行の着手、とりわけ『形式的客観説』について」『髙橋則夫先生古稀祝賀論文集［上巻］』（成文堂、2022年）588頁も両説の異層性を前提としており、その限りで異論はない。
55 このことは、手段が特定された犯罪や結合犯等のみならず、（処罰規定の有無を問わず）未遂を想起できる場面全般に妥当する。

もあり得る。

このように考えた場合、修正された形式的客観説が（既遂）構成要件との関係で「密接性」などと呼んできた概念の内実も理解できる。既遂構成要件を起点に近さを論じてきたのがこの密接性であろうが、私見からはむしろ実行の着手を起点に、どれだけ既遂構成要件の側へ客観的に近付けられたかが重要になる（この限りで、私見は進捗度説的な発想とも親和的である[56]）。この際、未遂の実行行為性を肯定可能な程度に近付いた時点がどこかに存在する。その時点だけ取り出してみれば、未遂の実行行為は既遂構成要件に「密接」しているように見えるはずだ[57]。「確実性」や「自動性」についても同様のことが言える。従来、密接性概念の不明確さや弛緩も指摘されてきた[58]が、起点を既遂実行行為ではなく実行の着手に改めた上で、既遂構成要件の側への近接度を問うものと位置付け直せば、「密接」「確実」「自動」という語感から生じる奇妙さもある程度は解消されるだろう。実行の着手より前には絶対に遡らないし、何よりも文脈的な特定性が客観的に欠如ないし不十分であれば、一定程度危険性ある行為ではあっても（未遂）構成要件該当性を満たさない。なお、未遂の実行行為性を肯定するために必要とされる近接度は、やはり各論解釈に依るが、総論的には当該行為から未遂結果たる切迫性が生じても不思議ではない程度で足りると解される。

従来「計画」や「行為意思」と呼ばれてきたものについても整合的な理解が可能である。未遂の実行行為の本質は、上述の通り、「結び付け」である。したがって、未遂犯の故意にはこの結び付けに係る意味の認識を要する。具体的には、行為者は既遂構成要件という向きとそれへの近接（度）という大きさを意味的に認識していなければならない。そう考えると、計画や行為意思に当たるものはいずれも未遂の実行行為に係る故意の内容として取り込まれるべきものと解さ

---

[56] 特定の文脈への結び付けの成否は、当該行為の客観的進捗状況によって当然に左右される。この限りで、「結び付け」を「進捗」と呼び換えることも可能である。行為者主観ではなく客観的状況を根拠に据えるのであれば、進捗度の測定は行為主義上むしろ望ましいとさえ言える（松原芳博「実行の着手論の現在——未遂行為と未遂結果とを区別する見地から——」『高橋則夫先生古稀祝賀論文集［上巻］』（成文堂、2022年）618頁同旨）。

[57] なお小林憲太郎「実行の着手について」判時2267号（2015年）7頁は、未終了未遂の「前倒し」基準として「次に取り掛かられる実行行為の部分と同種、同質の行為」であることを提示するが、既遂構成要件に由来する未遂構成要件という枠を想定する限り、ここにいう同種・同質性も密接性等と同じく論拠ではなく結論であると考えられる。

[58] 松原・前掲註（10）336頁参照。

れる。私見は結果無価値一元論に立つので、計画から大きく逸脱していたり行為意思が全く欠けていたりする場合には未遂の実行行為性が肯定されるとしても未遂の故意が欠けて未遂犯が成立しないと解する（人的不法を重視する立場なら、故意も構成要件要素であるから未遂の実行行為性自体が否定されるだろう）。従来、特に結果無価値一元論に立つ論者が未遂犯に関して計画や行為意思を考慮する[59]ことに対して、行為の「危険」の判断に主観を持ち込んでおり論理的に一貫していないとする批判[60]も存在するが、私見の立場に対しては、この批判は当たらない。未遂犯でも実行行為性は客観的に定まり、計画や行為意思は行為自体の「危険」を左右することなく[61]、未遂の実行行為に係る故意の問題として有責性の範疇に留まるからである[62]。

計画等は未遂の故意に係る意味の認識を基礎付けるものであることから、計画外の推移をたどった場合の処理も既遂犯の場合と同様に考えることが出来る。意味の認識を損なうような逸脱でない限り、計画外の推移をたどったとしてもそれは因果関係の錯誤に過ぎず、支配的見解に従えば故意を阻却しないから、通常通りに未遂犯が成立すると解して差支えあるまい[63]。

五　具体例における未遂犯の成否

紙幅の都合上ごく限られた例を雑駁に扱うにとどまるが、最後に私見の枠組から導かれる具体的帰結を概観してその妥当性を検証したい。

1　着手未遂

まずは侵入窃盗に関係する著名な大判昭和9年10月19日刑集13巻1473頁や最決昭和40年3月9日刑集19巻2号69頁を例に検討したい。

---

[59] 例えば曽根・前掲註（10）469頁以下、平野・前掲註（54）314頁など。
[60] 佐藤・前掲註（8）『未遂犯と実行の着手』80頁。浅田・前掲註（11）370頁参照。
[61] 金澤真理「実行の着手判断における行為計画の意義」法学75巻6号（2011年）111頁以下、曽根・前掲註（10）469頁同旨。
[62] ただし、小池直希「未遂犯の故意の内容について」『高橋則夫先生古稀祝賀論文集［上巻］』（成文堂、2022年）621頁以下も指摘する通り、未遂構成要件の導出に伴い、具体的な認識対象も既遂の場合と比して当然ながら一定程度変容する。
[63] なお、小池・前掲註（62）636頁以下はこの帰結の再考余地を示しており興味深いが、本稿の射程を外れるため別稿を期す。

窃盗罪の保護法益は個別財産に対する権利であり、窃取行為に伴う個別財産の占有移転が既遂構成要件該当結果であるから、未遂構成要件該当結果はそれが切迫した「個別財産の占有がいつ移転してもおかしくない」状態などと解される。これには、窃取対象たる財産が特定されている中で窃取行為が完了前でも相当程度進展した状況のみならず、窃取対象たる財産が未特定でも一度特定されてしまえば最早いつでも占有が移転してしまうような状況も当てはまるだろう。したがって、特定のための物色行為も未遂実行行為として十分であると考えられる。昭和9年判決や昭和40年決定の事例は未遂の実行行為性もあり、かつ箪笥（前者）や煙草売場（後者）への接近に伴う未遂結果の発生も肯定できるから、行為者の行為は窃盗の未遂と考えられる。

特殊詐欺をめぐる最判平成30年3月22日刑集72巻1号82頁の事案では、欺罔行為自体は開始されていないものの、そのための足場作りとして行為者が嘘を重ねていた。私見の立場からは、まず詐欺自体が不能というわけでもない以上、実行の着手は認められる。そこで詐欺罪の未遂構成要件該当結果を考えると、被害者が錯誤に陥っている状況は勿論、錯誤から交付行為までさほど時間を要しないのであれば、まさに錯誤に陥りそうな状況もまた、該当するものと思われる。後者を未遂結果として扱う場合、既遂構成要件が欺罔行為を想定している以上、（常に欺罔行為自体から生じている必要はない[64]としても）当該未遂結果は、最低限、欺罔行為へ向けた行為に端を発している必要がある。これを踏まえて平成30年判決を眺めた場合、行為者により重ねられた嘘は欺罔行為自体ではなく、既遂の実行行為はまだ開始されていないとはいえ、欺罔行為を通じた占有移転へと結び付ける行為である以上、手段行為の限定性と罪刑法定主義の要請を考慮に置いてもなお、未遂の実行行為として差支えないものと考えられる（そのうえで、未遂結果も発生していたと評せる限りで未遂処罰に値する）。このように、私見の枠組を用いれば、本判決の山口補足意見に対する賛否も止揚できるだろう。

2 早すぎた構成要件の実現

講壇事例としてしばしば、行為者が後で被害者に飲ませる目的で毒入り飲料を戸棚にしまっておいたところ、予想外に早く現場に現れた被害者が行為者の意図

---

64 髙橋（直）・前掲註（53）8頁以下参照。

しない時点で自ら毒入り飲料を発見して飲んでしまい死亡した場合（毒入り飲料事例）や、引き金に指を掛けて構えた拳銃が暴発し、行為者の予想よりも早く被害者が死亡した場合（拳銃暴発事例）などが挙げられる。

　前者は予備から既遂結果に至っており着手が無い以上は殺人予備罪、後者は着手がある以上は因果関係の錯誤に過ぎず殺人既遂罪が成立するという既遂説[65]に対し、前者はともかく後者も引き金を引く意思がまだ無い以上は既遂故意を欠き未遂に留まるという未遂説[66]も有力である。

　私見の立場からは未遂説と同様の帰結に至るが、機序が異なる。この問題の決着にとって実行の着手の有無は関係ない。いずれの事例も実行の着手、すなわち生命法益に対する危険有害性は認められる。毒入り飲料を準備しておく行為も拳銃を被害者に向ける行為も、客観的に見て殺人罪の構成要件へと危険有害性を結び付ける行為である以上、未遂の実行行為性も肯定できる。ただ前者の場合、戸棚にしまう時点で（実は）既に結び付けとして十分である、という認識を行為者自身が欠いていることから未遂の故意を欠き殺人予備罪に留まる（被害者に限らず誰かが誤って飲むに至らないよう注意する義務があったといえる限りで過失致死罪も成立する）。他方で後者の場合、その時点で殺害する故意を欠く以上、既遂故意を欠き殺人既遂が否定される反面、拳銃を敢えて被害者に向けるという認識で未遂結果たる切迫性を生じさせる未遂の実行行為に係る意味の認識は十分であるから未遂の故意は肯定され、殺人未遂罪と過失致死罪が成立する。

　所謂クロロホルム事件（最決平成16年3月22日刑集58巻3号187頁）の場合、第一行為たるクロロホルム吸引と第二行為たる乗用車の海中転落の内、いずれの行為で被害者が死亡したか不明で且つ第一行為時点の行為者にその時点での被害者の死亡に関する認識が欠けていたが、最高裁は時間的場所的近接性を根拠に両行為を密接な行為としたうえで殺人に至る客観的な危険も合わせて考慮することで殺人既遂を認めた。私見の立場からは、第一行為の時点で生命法益に対する危険有害性は認められるから実行の着手は肯定される。第一行為に未遂の実行行為性が認められるか否か[67]は一つの論点たるものの、本稿の射程を逸脱しかねないので

65　井田・前掲註（42）200頁以下、大谷・前掲註（9）172頁以下、西田（橋爪）・前掲註（42）242頁以下、山中・前掲註（10）376頁以下など。
66　髙橋（則）・前掲註（10）185頁以下、松原・前掲註（10）343頁以下など。
67　裁判所は肯定したとされる（平木正洋「判解」法時59巻6号（2007年）1933頁参照）が、浅田・前掲註（11）377頁など否定する見解も少なくない。なお、曽根・前掲註（10）323頁以下、

詳論は避ける。純客観的判断によっても未遂結果たる切迫性を第一行為の前提とし得るようには思われるが、いずれにせよクロロホルムで人を死亡させると認識していなかった本件行為者にはこの時点における未遂の故意すら欠けていたと考えられる。したがって、クロロホルム事件は第一行為につき、殺人未遂の実行行為性を認めなかった場合は第一行為に係る傷害致死罪と第二行為に係る殺人未遂罪が成立した上で後者により処断され、未遂の実行行為性を認めた場合も、やはり結論的には未遂説と同様、既遂故意の欠如を根拠に全体として殺人未遂罪になると考える。

3 　離隔犯及び間接正犯

離隔犯や間接正犯の場合、行為者の行為時と未遂犯の成立時の差異を許容するか否かをめぐり、「実行の着手」というラベルの下、私見に言うところの実行の着手の問題、未遂の実行行為の問題、未遂結果たる切迫性の問題につき、それぞれの区別が最も曖昧なまま論じられてきた。

実行の着手がすなわち未遂の実行行為且つ既遂の実行行為の一部であり且つ未遂犯成立時点である、という公式は既に指摘の通り破綻しているが、例えば発送時説にしても到達時説にしても、実行の着手と未遂犯成立時期（すなわち、未遂結果たる切迫性の発生時）を同視するなどこの公式になおも原則的地位を認めているように見受けられる。

しかし、終局点たる危険の内容が異なる以上、むしろ離隔犯や間接正犯でなくとも各概念が異なって然るべきである[68]。離隔犯・間接正犯でない場合、その違いが顕在化し難いというだけのことに過ぎない。裏を返せば、離隔犯や間接正犯では違うものを違うまま素直に時系列上位置付けていけばよいだけのことである。以下では、郵送・宅配を利用して毒物や爆弾を相手方に送り付けて殺害を試みる例を考える。

まず、実行の着手は不能犯との境界を成すから、行為者の行為のごく初期に認められる。絶対に届かないという事情があったり、届けられる物が法益侵害を絶対に生じなかったりするのであれば別だが、そのような例外的な場面を除けば大

472頁以下参照。
68 　松原・前掲註（56）607頁同旨。松原芳博『行為主義と刑法理論』（成文堂、2020年）177頁以下参照。

抵、実行の着手は肯定される。未遂構成要件該当結果は既遂構成要件該当結果に切迫している必要があるから、未遂犯の成立時期は到達時及びその前後[69]ということになろう。未遂の実行行為はこの切迫性から逆算して導かれる現実的危険性ある行為であり、且つそれは実行の着手で生じた危険有害性を既遂構成要件へと結び付ける性質のものでなければならない。日本における郵送・宅配のように基本的には事故無く相手方へ到達することが予想される手段を利用するのであれば、ここに述べた未遂の実行行為性は発送時に肯定可能である。もっとも、利用手段等によっては発送・誘致後に事態の推移を維持する不作為、すなわち発送後一定期間の経過した時点までの態度を以て結び付けとしての未遂の実行行為と解すべき例もあるだろう。いずれにせよ、処罰の不当な早期化は見られない。

六　おわりに

　本稿の主張は、大要、以下の通りである。
　従来、未遂犯、特に実行の着手をめぐっては危険概念自体が曖昧なままに論じられてきた傾向にあった。その結果、未遂の実行行為に対する検討が手薄であった。これらを踏まえて再考すると、従来の形式的客観説、実質的客観説、進捗度説の各説は、確かにそれぞれ汲むべき主張を含みながらも本質的に噛み合わない議論を展開してきたと評価できる。つまり、どれかが全面的に正しく或いは間違っているというよりは、部分を語るならどれも正しく、全体を語るならどれも足りなかったように思われる。そこで、危険概念を再整理した上で各説を位置付け直すと、実行の着手は不能犯との区別を担いつつ、従来実行の着手をめぐって論じられてきた大半の問題が（既遂構成要件を基に別個に設定される）未遂構成要件に係る未遂実行行為と未遂結果及び故意の問題へと解消されると結論付けられる。
　私見の枠組はまだ粗く、至らぬ点も多い。例えば実行の着手が比較的広範に認められる点には、懸念を抱く者も少なくないだろう。しかし、その分だけ従来検

69　例えば、相当範囲内に影響を及ぼす能力を有した爆弾を被害者宅に送り付ける場合、厳密に被害者宅へ到達せずとも既遂構成要件該当結果への切迫性は認められるし、逆に一定の面倒な調理を要する食材に毒物を混入させて送り付ける場合は、ただ被害者宅に到達するだけでは切迫性が肯定されない場合も考えられなくはない。

討が薄かった未遂の実行行為や未遂結果（さらには、予備の実行行為や予備結果）に注目すれば処罰範囲の不当な拡大や早期化も無いと考えている。それでもなお曖昧であると思われるのであれば、それは当該犯罪で想定されている保護法益自体に対する各論的検討が曖昧であるからに他ならない。保護法益だけで全てが決まるわけでもないとはいえ、保護法益には現象全体のシナリオという大枠を措定する起点としての役割がある。それゆえにこそ、未遂犯、特にそこで扱われる各種危険概念に関してもまた「法益論は、今後も刑法学者および実務家、さらには立法者にとっても、絶えず立ち返るべき原点としての重要な礎となりうるものと思われる」[70]。

　［付記］本稿は、日本学術振興会科学研究費（若手研究22K13300）により助成を受けた研究成果の一部である。

70　甲斐克則『法益論の研究』（成文堂、2023年）188頁。

正犯・共犯の法文化

田　川　靖　紘

一　はじめに
二　徳川刑法における正犯と狭義の共犯の区別
三　正犯と狭義の共犯に関する法文化
四　おわりに

一　はじめに

　法文化とは、「法についての人々の意識と行動様式の総体」とされている[1]。ここにいう「人々」は、「一般の人々」とされることが通常で、法文化よりも「法意識」という言葉の方が使用されることが多いと思われる。近年の刑事法分野においては、法意識（民意）調査として、アンケート調査による統計学的手法を用いた研究がなされているところであるが、この調査も、「一般の人々」を対象としている[2]。

　もっとも、本稿においては、この「人々」を「法運用者」に限定し、一般的な人々の法に対する意識をイメージしやすい「法意識」という言葉を用いず、法運用者がどのように考えているのかということを「法文化」という言葉で表現している。本稿でたんに「法文化」という場合は、「法運用者の」法意識や行動、言いかえるなら、裁判活動と考えていただきたい。

　さて、わが国の刑法は、かつてはアジア法（中国法）に学び、その後、明治維新を経て近代化するために大陸法を継受することとなった。では、わが国の従来の法文化は、大陸法を継受したことによって、完全に廃れたのであろうか。この点については、現在の刑法学の議論状況を見ていても、廃れてしまったようにも

1　田中成明『法学入門　第3版』（有斐閣、2023年）54頁。
2　松原英世＝岡邊健＝松澤伸「人びとの刑罰意識について考える」甲南法学63巻3・4号（2023年）37頁。

見えるが、もともとあった法文化が消えてなくなるというのは、ドラスティックな法改正が行われたとしても考え難いのではなかろうか[3]。我々は洋服を着るようになり、家屋も西洋風の建物が増えたが、玄関で靴を脱ぐという文化は残っているのである。

このように考えると、現在の刑法典がドイツ法の影響を受けた法典であるとしても、その背後にある法文化は、わが国の法文化であって、ドイツの法文化ではない以上、現行刑法典の解釈に対して、現行刑法典以前の法文化の影響があったとしても、全く不思議なことではない。そのことを厳密に証明することは困難であるが、本稿では、過去の法文化が現代においても影響を持つものであることを前提とする。

前置きが長くなってしまったが、わが国の共犯体系は、共同正犯、教唆犯、従犯の3類型を有し、その中で、正犯と狭義の共犯を区別することは重要な課題であるが、実務と学説との間に相容れない部分があることは否定できない。わが国の法文化と西洋的理論とがうまく嚙み合っていないように思われるのである。そこで、まずは法文化を明らかにすることが必要となる。本稿では、まず、江戸時代の徳川幕府刑法（以下、「徳川刑法」とする。）に遡って、当時の法運用者（奉行所ほか）がどのような判断をしていて、どのような共犯体系を有していたのかを概観する[4]。

そして、現代の議論との共通性を見出し、現代の議論の方向性を確認する。その際に検討する具体的な問題は、まず、正犯と狭義の共犯の区別について、次に、実行行為を正犯性のメルクマールとするか否かという問題である。

なお、御定書百箇条は、デジタルブックとしても閲覧可能であるが[5]、本稿で引用する場合は、参考とした著書・論文の頁を引用することとする。

---

3 田中・前掲注1『法学入門』54頁参照。
4 もっとも、明治期には、仮刑律、新律綱領・名例律等もあるが、本稿はこれを対象とはしない。
5 内藤恥叟校訂『御定書百ヶ條』（近藤活版所、1889年）国立国会図書館デジタルコレクション https://dl.ndl.go.jp/pid/786837/1/37（最終閲覧：2024年2月29日）。

二　徳川刑法における正犯と狭義の共犯の区別

1　徳川刑法における正犯概念の基礎的理解

　徳川刑法においてどのような正犯概念が構築されていたのかは、法制史学を専門としない筆者にとっても非常に興味深い問題である。
　具体的な正犯と狭義の共犯の区別を見る前に、徳川刑法の正犯と一等減じられる者の関係を簡記すると、まず、頭取（正犯）・同類（一等減）の別があり、次に、差図（正犯）・被差図（一等減）の別がある。そして、正犯者に対して処罰が減じられる、現行法でいう従犯のような類型がある[6]。
　この問題について、石塚英夫博士は徳川刑法における共犯を主観主義的刑法観のもとに整理しているが、これに異を唱えるのが代田清嗣博士である。そこで以下では、石塚、代田両博士の理解を中心に、それぞれの（1）頭取・同類の区別、（2）差図、（3）共同正犯的処罰（頭取なき同類）について概観し、さらに（4）徳川刑法における従犯についても見ていきたい。

2　石塚英夫博士の正犯理解
（1）頭取・同類の区別
　徳川刑法における共犯の観念や処分方法は律に由来するものが多いと言われる。その律においては、2人以上で犯罪をなす場合を共犯とし、その中でも、造意者を「主」とし、それ以外の者を「従」として主よりも一等減じて処罰するものとされた。そのため、ここにいう「従」の範囲はかなり広く、「従」の中には、現在でいうところの「本来の幇助犯のほかに共同正犯関係にあるものも含んでいたと考えなければならない」[7]。このような律の正犯概念は、「造意をメルクマールとして共犯を主従に分けて処分するのがその基本的態度であった」という[8]。
　石塚は、徳川刑法における頭取・同類の観念を「当時の共犯の中核をなすもの」と位置づけ分析する[9]。頭取には、①発意者である場合と、②その犯罪の実

6　より厳密には、頭取より軽い刑を科しうる「差統」というものもあるが、本稿では割愛する。
7　石塚英夫「徳川幕府刑法における共犯（一）」法政研究26巻1号（1959年）26頁。
8　石塚・前掲注7「共犯（一）」27頁。

行を最初に提案した発言人である場合があるという[10]。そして、頭取は上記律の造意者と「軌を一にするもの」であると評価している[11]。一方、同類は、今日の刑法学にいう従犯と同一のものではなく、(共同)正犯と考えられるものであったとされ、不義(強姦罪)の実行者でも同類となる場合がありえたことを指摘し、頭取が発意者・発言人であったのに対して、同類は、それに同意した「同調者」であったとする[12]。

(2) 差 図

徳川刑法においては、「頼み」、「差圖」、「申勸」、「申含」等と称される行為があり、これらは、「人に犯罪の決意を生じさせること」という、現在の教唆犯と同様のものであったとされる[13]。もっとも、その処罰については、前期のうちは定まっておらず、後期に入ってから御定書に規定されて確固たる基準を持つこととなったとされる[14]。第70条「火附御仕置之事」では、頼まれて火をつけた者を死罪とするのに対して、頼んだ者は但書において火罪となっている。前期においては、依頼者も被依頼者も同じく火罪となっていたが、御定書においては、放火依頼者をふつうの放火正犯と同じく火罪に処し、被依頼者を一段軽く処断したのである[15]。

教唆の例としては、第71条「人殺竝疵附等御仕置之事」の規定も挙げられている。すなわち、差図をして人を殺させた者は下手人であり、差図を請けて人を殺した者は遠島となっている。この規定も、差図者(依頼者)を正犯に、被差図者(実行行為を行う者)を差図者の従犯的な者と考えていたことがわかる[16]。このほか、「密通の男が相手の女に夫を殺すことを教唆する」という特殊な場合の教唆規定があり、これは女が引廻のうえ磔刑、男は獄門となる特殊な例であった[17]。また、御定書には規定のない教唆犯の事例もあり、これらの取り扱いは、判例

---

9 石塚・前掲注7「共犯 (一)」29頁。
10 石塚・前掲注7「共犯 (一)」29頁以下。
11 石塚・前掲注7「共犯 (一)」39頁。
12 石塚・前掲注7「共犯 (一)」41頁。
13 石塚英夫「徳川幕府における共犯 (二)」法政研究26巻2号 (1959年) 169-70頁。
14 石塚・前掲注13「共犯 (二)」174頁。なお、本文中に「前期」、「後期」という語を用いることがあるが、御定書制定以前を前期、御定書制定以後を後期とする。
15 石塚・前掲注13「共犯 (二)」174-5頁。
16 石塚・前掲注13「共犯 (二)」175-6頁。
17 石塚・前掲注13「共犯 (二)」176頁。

上、御定書と同様に取り扱い、教唆者は正犯、被教唆者は従犯的に取り扱われたことが指摘されている[18]。

「頼み」等の行為の意味内容それ自体は、被教唆者に犯行を決意させるという、現在の教唆犯と同様のものであるが、その取扱いは現在の通説的な理解と異なり、教唆犯は正犯である、という理解であった。教唆者は、「律の造意者の流れをくむ一連の『発意者』にほかならなかっ（た）」からこそ正犯となるのである[19]。

(3) 共同正犯的処罰

また、石塚は、共同正犯的取り扱いを判例上で広汎に認めていたことを指摘している[20]。たとえば、延實五年十月廿日の判例は、七兵衛、六兵衛の両名が、唐物屋の主人である源右衛門を切り付け、その妻を切り殺したうえで、家財を盗取するなどしたものであるが、七兵衛、六兵衛の両名は磔刑となっている。そして、このような処分は、前期においては普通のことであったという[21]。また、このような処分は御定書制定の後にも数多く見られ、それらの共同正犯的事例には「同類申合」、「……と馴合」等の共謀の事実が挙げられ、その結果「同罪」等の判断となっていることを指摘している[22]。

しかし、このことは造意者を主とする律の流れ、発意者（発言者）を頭取（正犯）とする考え方とは矛盾することになるが、「このような喰い違いも、結局、御定書を起点とする徳川刑法の主観主義的刑法への転換の不完全さに由来するもの」と断じている[23]。

18　石塚・前掲注13「共犯（二）」178-9頁以下。
19　石塚・前掲注13「共犯（二）」188頁。その意味で、この教唆犯に関しては、影響しなかった法文化と言える。それは、後に示す正犯概念により、教唆犯のほとんどが共謀共同正犯に吸収されたからではないかと推察する。
20　石塚・前掲注13「共犯（二）」189頁。これに対して、たとえば、高柳真三は、「共同の犯罪中、共同正犯関係に立つものに対する処置について、御定書ないし幕府の態度を想見しうるのは、殺人罪に関する一箇の判例があるのみであって、その他の場合においていかに処分されたかは明らかではない。しかし、御定書の中に共同正犯の観念を明示した規定はなく、また裁判所においてもこれに相当する処分方針を確立していなかったことは、ほぼ確かであると考えられる。」として、共同正犯の存在について否定的である（高柳真三『江戸時代の罪と刑罰抄説』（有斐閣、1988年）390頁。）。
21　石塚・前掲注13「共犯（二）」190頁。
22　石塚・前掲注13「共犯（二）」190頁。
23　石塚・前掲注13「共犯（二）」190頁。

3　代田清嗣博士の正犯理解
(1) 頭取・同類の区別

　代田は、頭取と同類の関係を明らかにするために、御定書条文の検討からはじめ、同類には、「頭取を含めた共犯者全体を指す広義の同類」と「頭取およびその他の共犯類型を除いた狭義の同類」があったことを示している[24]。

　代田は、判例の分析から、石塚の示した頭取概念、すなわち、発意者ないし発言人を頭取とするのではなく、頭取の認定において重要視されていたのは、共犯集団内での役割の大きさであることを指摘している[25]。さらに、徳川刑法の共犯体系と律の共犯体系との関係の見直しについて言及し、「造意」概念の再定義を示している。律にいう造意者は、「共犯者の中で最も主導的だった1人」であるが、徳川刑法にいう造意者は、高瀬喜朴による『大明律例訳義』の記述等から、「悪事をたくむ者」であるとし、「たくむ」という言葉には「物事の成功を企図する態様を示す」という意味もあるので、日本における当該条文の解釈と、中国におけるそれとは異なり、石塚の示す、発意者、発言人に限らず、「首犯を複数認めるものであった」ことを指摘している[26]。

　代田による頭取・同類の理解は、以下のようになる。まず頭取は、他者に対する犯行への勧誘や、当該犯行についての具体的な寄与から評価される。石塚によって示された「発意」も、意思を発したことによって、他者を犯行へ誘引したことが評価の対象とされたとする。また、他者を犯行に誘引することのほかに、犯行に向けた条件を整えること、犯行において重要な役割を果たすことも、「他の共犯者の犯意を強め、当該犯行への参加を容易にする行為である」とする。次に同類は、単に「同意（同調）」した者を同類とするのではなく、「申合」など犯行計画段階で関与した同類と、犯行計画段階では関与のない同類を分け、後者はより刑を減軽されていることを示し、これも、「犯行計画に携わっていることで、他の共犯者に影響を及ぼしている点を評価したもの」と推測している。代田によれば、頭取・同類の区別は、「各行為者の行為態様や主観態様そのものよりも、それが他の共犯者、そして当該共犯者集団の間でいかなる意味をもっていたかという点が重視されていた」と分析している[27]。

24　代田清嗣『徳川日本の刑法と秩序』（名古屋大学出版会、2020年）104頁。
25　代田・前掲注24『徳川日本の刑法と秩序』147頁。
26　代田・前掲注24『徳川日本の刑法と秩序』149頁。

（2）差　図

　代田は、差図について、原因を与えた者のすべてが差図の規定を適用され、正犯となったわけではないことを指摘している。差図について、幸助の提案により長蔵が同意をして、両人が喜助を殺害したという事案では、幸助が提案しているので「差図」規定により下手人とするべきか、しかし、長蔵も「遺恨を有する当人」であるため下手人とすると、両人が下手人となるが、そのような判例はないので、幸助の提案によって長蔵が喜助を殺した事実を重視して、差図者たる幸助を下手人ではなく死罪に処すと判断している。本事例で「下手人」となったのは被差図者の長蔵であり、幸助は差図者でありながら「死罪」となっていることから、石塚の「原因となった事実を重視する姿勢は、……『差図者に正犯の刑を科す根拠』としては不十分である」としている[28]。そして、その正犯性の根拠は、差図者自身が犯行に及んだのと同視しうるためであり、その具体的根拠として「犯行に際しての遺恨の有無」が求められていたとするのである[29]。

（3）頭取なき同類

　代田は、頭取や同類といった共犯類型について、具体的な判例に基づいて検討し、頭取・同類の区別は、各行為者が他の共犯者、当該共犯者集団の間でいかなる意味を持っていたかが重視されていたことを明らかにした[30]。また、同類という言葉が頭取を含めた共犯者全体を示す語として用いられていたことは3－(1)で述べたとおりである。

　そして、広義の同類の用法のうちには、頭取の存在を認定せず、主たる共犯関係が同類のみによって形成される場合もあったとし、これを共同正犯的処分方式ではなく「頭取なき同類」という語を用いて議論を展開している[31]。頭取なき同類のうち、同類全員が実行行為を共同した場合[32]、同類の一部が実行行為以外の加功をなした場合[33]、「盗」における頭取なき同類[34]の判例について概観したうえで、同類の全員が実行行為を（一部でも）分担した場合、実行行為以外の加功を

27　代田・前掲注24『徳川日本の刑法と秩序』150-1頁。
28　代田・前掲注24『徳川日本の刑法と秩序』217-8頁。
29　代田・前掲注24『徳川日本の刑法と秩序』220頁。
30　代田・前掲注24『徳川日本の刑法と秩序』150-1頁参照。
31　代田・前掲注24『徳川日本の刑法と秩序』152頁。
32　代田・前掲注24『徳川日本の刑法と秩序』154頁以下参照。
33　代田・前掲注24『徳川日本の刑法と秩序』167頁以下参照。
34　代田・前掲注24『徳川日本の刑罰と秩序』175頁以下参照。

なしたときには、その加功態様が犯行に必要不可欠なものであった場合、「盗」については例外的に「申合」と「現場への同行」があった場合に、「頭取なき同類」が認められたと指摘している[35]。

4 従犯

本章の最後に、従犯について触れておきたい。徳川刑法の従犯にあたる行為は、「手引」、「手伝」、「荷担」等があり、また、すでに触れた「同類」も、頭取との関係においては従犯的な存在であった（狭義の同類）[36]。頭取と同類が定められている場合、同類は一等を減じられていたので、狭義の意味で用いられる「同類」は従犯的な扱いなのである。前期徳川刑法においては、従犯に対する態度が一貫していなかったとされており[37]、以下では御定書以降の「手引」、「手伝」、「荷担」についてごく簡単に見ていく。

手引は、密通の手引、窃盗の手引、殺人の手引があり、このうち窃盗の手引だけは共同正犯的取り扱いを受けていたが、これは例外であり、そのほかは、従犯の刑を正犯の刑に照らして減軽するという態度がとられていたという[38]。手引とは、他人の犯罪の実行を容易ならしめる行為であり、たとえば、殺人の手引について、喧嘩の際に被害者の脇差を奪い取って、殺しやすいようにする行為は殺人の手引をした者にあたるべきかという評議があることからも[39]、今日の従犯に通じるものを見て取ることができる。

手伝について、殺人の手伝をした者は遠島に処されていることから、減軽の取り扱いを受けることは変わらない（第71条「人殺竝疵附等御仕置之事」）。手伝は、現代の言葉の感覚からすれば、犯罪を手伝って容易ならしめる行為のようにも思えるが、そうではなかったようである。科条類典（御定書の立法資料）の朱書きによると、遺恨等があったうえで、あらかじめ「申合」（共謀）したのちに殺人に加功することであるとされており[40]、石塚も、「手伝はあらかじめなんらかの意思の疎通をもち、行為することをもって足りたように思われる。」とする[41]。この

35　代田・前掲注24『徳川日本の刑法と秩序』203頁。
36　石塚・前掲注7「共犯（一）」44頁。
37　石塚・前掲注7「共犯（一）」45頁。
38　石塚・前掲注7「共犯（一）」47-9頁。
39　石塚・前掲注7「共犯（一）」49頁。
40　石塚・前掲注7「共犯（一）」51頁。

手伝においては、殺人を欲する者（これを本人という。）と共謀の上、これに加功する者（これを手伝という。）が想定されており、判例の中には手伝が正犯と共同して殺人の実行行為を行っているものもあるようである[42]。それでも従犯と扱っているのは、石塚によれば、「手伝はあくまで『他人の』犯罪の助成であって、自らその犯罪の当事者であるとされなかったことによるものであろう」と評価している[43]。

　荷担という語は、従犯を示す語として最も広く用いられていたという[44]。御定書の規定を見ると、第71条中の荷担行為は、口論の上殺人に荷担した者は重き過料に処され、あるいは、第76条中、口論の上10人以上で殴り合ったり、つかみ合ったりした者に荷担した者は敲の上江戸払に処されている。いずれにせよ、正犯（当人）よりも軽く処罰されていたことに変わりはない[45]。荷担した者の中でも責任の軽重があり、荷担人の中に頭取（主たる従犯）とそのほかの者（従たる従犯）がいた[46]。その荷担行為は、実行行為による荷担行為を認めていたようであるし[47]、正犯に共同する意思を持つことも必要なかったとされる。すなわち、たまたま殺人現場に居合わせてしまい、犯人の命ずるままに驚いて武器を渡してしまい、殺人の実行を可能にした事案についても荷担とされているのである[48]。今日、そのような場合を従犯とするかは疑問のあるところであるが、石塚は、「なんらかの意味でその犯罪に関係があれば荷担とされる傾向のあったところに、当時の荷担、いな従犯の特質があった」と評している[49]。そのような広範な処罰範囲を有する概念ゆえ、荷担は手引や手伝よりもさらに軽い従犯の類型であったとされる[50]。

41　石塚・前掲注7「共犯（一）」52頁。
42　石塚・前掲注7「共犯（一）」52頁。
43　石塚・前掲注7「共犯（一）」52-3頁。
44　石塚・前掲注7「共犯（一）」54頁。
45　石塚・前掲注7「共犯（一）」54-5頁。
46　高柳・前掲注20『江戸時代の罪と刑罰抄説』395頁。
47　石塚・前掲注7「共犯（一）」56頁。
48　石塚・前掲注7「共犯（一）」58頁。
49　石塚・前掲注7「共犯（一）」58頁。
50　高柳・前掲注20『江戸時代の罪と刑罰抄説』394-5頁。

三　正犯と狭義の共犯に関する法文化

1　法文化を考える意味

　徳川刑法は、江戸時代の終わり（大政奉還）から単純に計算しても150年以上前の刑法である。そして、わが国は、明治期に大陸法系の刑法典を制定したのである。そうであれば、今さら全く体系の違う法の解釈を参照して何をしようというのであろうか。おそらく、それは多くの読者が感じる疑問であろうと思う。それなら、母法たるドイツの議論を参照し、あるいは、ドイツにおける法文化を学んだ方が、現行刑法典の解釈には役立つのかもしれない。

　しかし、わが国がどんなに新しい刑法典を作り上げようとも（模倣しようとも）、それまでの法文化が消えてなくなるものではないことを前提とすれば、結果的にその法文化と共通の思考回路を持つ議論（学説）というのは、わが国の法文化に親和的な議論であり、参照価値があると思われるのである。

2　正犯と従犯の区別について

　この点については、石塚、代田両博士の分析から検討することとなるが、もとより法制史学については素人である筆者が、両博士の分析について、分析対象とする資料の適否、その読み方の適否について断じることはできないので、両博士の分析のうち、どちらが妥当なのかについては判断することができない。そのため、石塚、代田いずれの分析も参照しながら、徳川刑法の法文化と現代の議論の共通性について検討したいと思う。

　まず、石塚の分析によれば、徳川刑法後期における共犯の処分方法は、主観主義的刑法観によって貫かれていたという[51]。御定書の共犯処理規定を補充する共同正犯的処罰にも主観主義的刑法観は妥当し、その主観主義的刑法観による正犯・従犯の区別は、「それぞれの行為の差異によらずして、犯意の濃淡の差にもとめられ」[52]るとしている。犯意の濃淡をどのように判断するのかは必ずしも明らかではないが、手伝に関する記述[53]を見ると「『他人の』犯罪の助成」をする

51　石塚英夫「徳川幕府刑法における共犯（三・完）」法政研究27巻1号（1960年）33頁。
52　石塚・前掲注7「共犯（一）」47頁。
53　石塚・前掲注7「共犯（一）」53頁。

場合、当人は造意者として正犯となり、他人である当人の行為を手伝う者は、相対的に「犯意が淡い」ということになると思われる。

そうであるなら、造意者は、「自己の犯罪を行う者」であると言えるので、主観的に見て「犯意は濃く」、正犯と評価されることになろう。正犯と従犯の区別を、「自己の犯罪か、他人の犯罪か」で区別するという分析は、現代においては、松本時夫元判事の考えに見て取れる。松本も、現代の裁判例を読み解き、判事の立場から正犯として「自己の犯罪に関与する意思」を問題としているが[54]、このような松本の理解は、徳川刑法の法文化との共通性を見出しうる議論であり、解釈のひとつの方向性であるということができる。

一方、代田は、石塚の分析に対して、再検討の必要があることを指摘する。そして、「造意」の意義を「発意」や「発言」に求めるのではなく、二-3-(1)で示したように、造意者は、「悪事をたくむ者」であることを明らかにし、物事(この場合は犯罪)の成功を企図する者が複数いれば、複数の頭取が存在することを明らかにした。

代田はさらに、頭取と同類の区別は、他の共犯者への影響力の程度(共犯者間の関係)によって区別されるとするが、上記のことと併せ考えれば、成功を企図する者から外れた者(すなわち、犯罪の成功・不成功に無関心な者)が混じっていれば、その者は正犯から外れることになろう。

このような考えは、樋口亮介教授による「共謀」の意義と重なる。すなわち、樋口は、共謀共同正犯の「共謀」は「合意」であり、合意が認められるためには、当該犯罪に何らかの関心を寄せる必要があることを指摘している[55]。樋口のこの指摘は、多くの裁判例の分析から導かれた結論であるが、徳川刑法の法文化にも、犯罪実現に対する関心が見られるとの代田の指摘は興味深く、徳川刑法の法文化と樋口の理解には共通性を見出すことができ、この議論もまた解釈のひとつの方向性であるといえよう[56]。もっとも、代田は石塚の指摘する徳川刑法の主

---

54 松本時夫「共謀共同正犯と判例実務」刑法雑誌31巻3号(1991年)320頁以下。
55 樋口亮介「共謀共同正犯における共謀の意義」研修844号(2018年)3頁以下。合意を成立させる事情については、8頁以下参照。
56 実際、現代の裁判例においても、「犯罪の成功・不成功については無関心」であることが、正犯と狭義の共犯を区別する際の考慮要素となっていることがある。たとえば、東京地判昭和57年7月28日判時1073号159頁は、けん銃の密輸入につき調達を依頼され、けん銃購入の交渉、その受け渡しに関わった被告人の正犯性を判断するにあたり、「密輸入の成否やその後の密売による利益の多寡には、経済的利益・関心を有していない」ことが認定されている。徳川刑法では「造

観主義的刑法観についても否定的に見ているが、結果に対する影響力ではなく、他の共犯者への影響力の程度によって正犯と共犯を区別する姿勢は、代田の示す「造意者」概念（悪事をたくむ者）も併せ考えると主観的な正犯者意思を、客観的な事実によって認定しようとしているとも見ることができることを付言しておく。

3　実行行為と正犯性について

次に、実行行為を行った者は正犯なのかということが問題となる。実行行為概念を有する現代刑法においては、実行行為は正犯性を基礎づけるという理解が根強い。この問題について、理論上は、実行行為は正犯性を基礎づけるので、実行行為を行う従犯は否定されるという立場[57]と、共謀共同正犯を認めるということは、実行行為を行わない正犯を認めることになるので、その裏返しとして、実行行為を正犯メルクマールから切り離し、実行行為を行う従犯を認めるという立場[58]に分かれる。そのような学説の状況に対し、実務においては、（共謀）共同正犯に比べればごく少数の例であるが、実行行為を行う従犯を以前から認めているのである[59]。

徳川刑法の法文化では、そもそも実行行為という概念も存在していないと思われるが、実行をなした者が必ず正犯として処分されたわけではなかった。それは、差図・被差図の関係を見れば明らかであるし、次のような手伝（従犯）の事例にも表れている。すなわち、手伝の事案で、被告人は六右衛門に続いて與八を打ち倒した者であり、殺人の手伝であるから、御定書に引き当てて遠島としたものである[60]。

では、その根拠はいかなるものであろうか。石塚の指摘する、犯意の濃淡、すなわち、自己の犯罪、他人の犯罪という主観面で区別するという理解からは、他人の犯罪に関与する者は従犯ということになろう。このような理解からは、実行行為を行っていようが、他人のために犯罪を行っているような場合には、従犯と

意」がなく、樋口の理解では「共謀」がないことになろう。
57　福田平『全訂刑法総論　第5版』（有斐閣、2011年）266-7頁注2、平野龍一『刑法総論Ⅱ』（有斐閣、1975年）361頁以下。また、正犯としたうえで量刑事情として考慮すればよいとするものとして、西田典之・橋爪隆補訂『刑法総論　第3版』（弘文堂、2019年）380-1頁。
58　亀井源太郎『正犯と共犯を区別するということ』（弘文堂、2005年）114頁以下。
59　闇米運搬事件等が有名であるが、最近でも、実行行為を行う（重要な役割を果たす）従犯を肯定する裁判例がある。千葉地判令和2年12月16日判時2561・2562合併号（2023年）178頁。
60　石塚・前掲注7「共犯（一）」52頁参照。

なるはずである[61]。

　一方、代田の理解によれば、徳川刑法の正犯と狭義の共犯の区別は、他の共犯者への影響力の程度（共同者間の関係）によって区別されることになり、実行行為があっても、「差続」打倒した者は従犯となるであろう。現代の解釈論において、筆者もこのような考え方を提示している。つまり、共同者の中で「相対的に自由な者」と、「相対的に不自由な者」とを分け、相対的に不自由な者は従犯となると考えている[62]。結果的にではあるが、そのような理解は、徳川刑法の法文化との共通性を持ち、法文化が現代の法運用者に影響を与えることを前提とする本稿の立場からすると、共同者間の「自由の度合い」を問題とする議論もまた、妥当な方向性を示すものであると言える。

四　おわりに

　以上のように、徳川刑法における法文化が、現在の法運用に影響を及ぼしていることを前提とすれば、それと共通性を持つ議論は法文化に則った議論であり、意義があるとの仮説のもとこれまで論じてきた。しかし、御定書と現行刑法典には法系として大きな差があり、徳川刑法の解釈をそっくり拝借できるとは思っていない。また、徳川刑法の法文化が絶対的に正しい（妥当な）ものであるということも証明できていない。ただ、本稿を論じたことで、今後、「相対的不自由」概念を展開するにあたっては、徳川刑法における法文化も参照できるのではないかという、新たな知見を得ることができた。

　もっとも、この連続性は、単なる偶然なのか、それとも理由があるのかは明らかではない。東京都千代田区にあった四番町歴史民俗資料館には、与力佐久間長敬、仁杉英、原胤昭等編集『町方与力』から抜粋された、「江戸町奉行所引継ノ顛末」と表題の付けられた資料が収められており、これによれば、南北の奉行所は、ほぼそのままの体制で新体制に引き継がれ、のちに東京府に吸収されたということなので[63]、新政府の法運用者に、徳川刑法の法文化が引き継がれた可能性

61　しかし、樋口は、現代の裁判例は、他の共謀者のために、あるいは、共謀者全員のために実行している場合、共同正犯とされており、「自己の犯罪」要件は機能していないことを指摘する（樋口・前掲注55「共謀共同正犯における共謀の意義」9-10頁）。

62　拙稿「故意ある幇助道具に関する裁判例研究」山口厚ほか編『高橋則夫先生古稀祝賀論文集　上巻』（成文堂、2022年）943頁以下。特に、962-3頁。

は否定できない。しかし、のちに判事となる佐久間長敬、弁護士となる仁杉英によるものとしても、法制史学の専門外にある筆者には、その資料の信ぴょう性について判断ができないので、あくまでありえた可能性として指摘するにとどめ、本稿を閉じることにする。

63　http://hitosugi.web.fc2.com/shutujikou/bugyoushosaigo.pdf　（最終閲覧日：2024年2月29日）なお、四番町歴史民俗資料館は平成23年に閉館し、日比谷図書文化館文化財事務室に機能移転している。

強制による第三者利用の間接正犯

塩　谷　　　毅

一　はじめに
二　強制による間接正犯における考慮要素
三　裁判例の検討
四　おわりに

一　はじめに

　第三者に暴行や脅迫などの強制を加え、指示命令して犯罪を実行させた場合、行為者にいかなる犯罪が成立するのか。この点、近時の有力な理解によれば、共同正犯は、ほかに正犯の存在を前提としないという意味で一次的な責任類型であり、正犯であるとしても、本来的な正犯形態ではなく、拡張された正犯形態である[1]。従って、第三者に強制を加えて犯罪を実行させた場合は、まず本来の正犯である間接正犯の正否を検討し、それが成立しない場合に拡張された正犯である（共謀）共同正犯の成否を検討し、それも成立しない場合にはじめて狭義の共犯（教唆犯）の成否が検討されることになる[2]。

　この問題については、重要な最高裁決定が出されたのをきっかけに、近時、議論が活発になっている。まず、スナック強盗事件[3]では、財産犯の分野（強盗罪の成否が問題になった）において刑事未成年者に強制を加えた場合に、伝統的な「意思の抑圧」という基準に従って、行為者の指示命令は被利用者の意思を抑圧する

1　山口厚『刑法総論（第3版）』（2016）309頁参照。さらに、橋爪隆『刑法総論の悩みどころ』（2020）49頁は、「共同正犯は正犯と評価されているが、その本質は共犯としての性格にあり、刑法60条が処罰範囲を拡充することによってはじめて可罰性を有する類型である」とする。
2　橋爪隆・前掲注（1）49頁など。これに対して、高橋則夫『刑法総論（第5版）』（2022）458頁以下は、「まず共謀の存否を検討し、それが存すれば共謀共同正犯が成立し、それが存しない場合にはじめて教唆犯・幇助犯かそれとも間接正犯かが問われる」とする。
3　最決平成13・10・25刑集55巻6号519頁。

ものではないとの理由から間接正犯でないとし、共謀共同正犯の成立を認めた。これに対して、インスリン不投与事件[4]では、生命・身体犯の分野（殺人罪の成否が問題になった）において成人（被害者の両親）に強制を加えた場合に、被利用者に「期待された作為に出ることができない精神状態に陥らせた」という新基準に従って、行為者への妄信状態にあった母親との関係で間接正犯を認め、半信半疑であった父親との関係では間接正犯を否定して共謀共同正犯を認めたと一般的には理解されている[5]。

後者の判断基準については、それに先行するホスト殺人未遂事件[6]において、被利用者である被害者が「面従腹背の状態（利用者の命令に応じて自殺する意思はなかった）」であったことから「意思を抑圧されていた」とは言い難く、行為者が命じた行為以外の行為を選択することができない精神状態に陥っていたと認定して間接正犯性を認めたこととの類似性が見て取れる。しかしながら、被害者利用の場合の基準を第三者利用の場合に転用することに果たして問題はないのであろうか。また、「強制による間接正犯」において、強制の程度やその基準を考える際に、どのような点を考慮すべきか。本稿は、これらの問題を考察した上で、強制による第三者利用の間接正犯に関する主要な裁判例を検討する。

二　強制による間接正犯における考慮要素

1　第三者利用と被害者利用の相違

まず、被害者利用の場合の基準を第三者利用の場合に転用することに問題はないのかという点から考察する。結論から言えば、以下の3つの点においてそうすることには問題があると思われる。

第1に、被利用者に向けられる規範的要請に差異がある点である。第三者利用の場合は、利用者の指示通りに行為すれば被利用者である第三者に犯罪を行わせ

---

[4] 最決令和2・8・24刑集74巻5号517頁。
[5] 伊藤ゆう子「判解」最判解刑事篇令和2年度149頁など。最高裁は、「被告人には殺人罪が成立する」と判示し、間接正犯や共謀共同正犯とは明確には述べていないが、「母親を道具として利用する」との説示から母親との関係において間接正犯を認め、「不保護の故意のある父親と共謀の上」との説示から異なる故意を有する父親との関係で共同正犯となることを認めたと調査官解説は述べている。なお、本件の第1審は、母親との関係で間接正犯、父親との関係で共謀共同正犯が成立すると明確に述べていた。
[6] 最決平成16・1・20刑集58巻1号1頁。

ることになるから、第三者には「犯罪を犯すことのないように、決して利用者に利用されないようにせよ」という強い規範的な要請が向けられている。第三者の適法行為の期待可能性は、通常否定されないからである。この強い規範的要請が向けられた第三者に、その要請を破り思い通りに行動させるためには、利用者は被利用者に強い強制を加える必要がある。これに対して、被害者利用の場合は、利用者の指示の実行は被利用者である被害者にとっては自損行為に過ぎず、自損行為自体は犯罪ではないので、被害者には「自己の法益を損ねることのないように、迂闊に利用者に利用されないようにせよ」という相対的に弱い規範的な要請が向けられているにすぎない。被害者の自損行為には、適法行為の期待可能性は問題にならないからである。このように、被害者利用の場合には、被利用者に向けられている規範的要請自体は第三者利用の場合に比べて一段弱いものなのであるから、それを破り思い通りに行動させるために利用者が被害者に加える強制は、第三者利用の場合に比べて一段弱い強制であっても足りるのである[7]。

第2に、第三者利用の場合、第三者を強制し犯罪を行わせた利用者の行為を、仮に本来の正犯である間接正犯（単独正犯）と評価しなくても、拡張された正犯である「（共謀）共同正犯」と評価して利用者を処罰することが可能である。これに対して、被害者利用の場合、被害者を強制し自損行為を行わせた利用者の行為を、「（共謀）共同正犯」とすることはできない。なぜなら、共同正犯における正犯性の拡張は、複数の主体が被害者という同一の目標に向けて「共に協力して他害行為を行う」ことによってはじめて基礎づけられるのであり、被害者利用の場合のような「一方からは他害行為であるが、他方からは自損行為にすぎないという関係性」を「共同正犯」として正犯性を拡張することは認められないからである。「利用者と被害者の共同正犯」というのは、たとえ「疑似共同正犯」とか「準共同正犯」などの用語上の粉飾を加えたとしてもやはり概念矛盾なのであり、被害者との共同正犯という意味で利用者に正犯性を認めて処罰することはで

---

[7] 小島陽介「殺人罪の間接正犯・共同正犯——最決令和2・8・24刑集74巻5号517頁」法教516号（2023）82頁参照。第三者利用においては、間接正犯とは意思を抑圧して一定の犯罪行為を行わせるものであるから、適法行為の期待可能性の論点との関係が問題となり、判例・学説とも期待可能性の不存在による免責を認めることには極めて慎重であって、侵害行為者の責めに帰すことができないという結論を広く認めることには抵抗感があるので、侵害行為者にある種の「規範耐性」を求めている。これに対して、被害者利用においては、そのような考慮を働かせる必要はないということが指摘されている。

きない。また、刑法202条によって特別に可罰性を付与されている自殺関与罪以外には、自損行為というそれ自体は当罰性のない行為への関与に過ぎないのであるから、「教唆・幇助」として利用者を処罰することもできない。さらに、自殺関与の場合にはたしかに刑法202条によって「教唆」として処罰することが可能であるとしても、事案によってはそれでは不十分であると感じられることがあり得る[8]。そのため、被害者利用の場合において不当な処罰の間隙を作らず、あるいは不十分な処罰にならないようにするためには、行為者を間接正犯とするに際して、第三者利用の場合より一段弱い強制であっても足りるとすることが考えられる[9]。

　第3に、被害者利用の場合には、被害者が正犯として処罰されることはないので、背後者を間接正犯としたときに、「正犯の背後の正犯」の問題は生じない。これに対して、第三者利用の場合は、被利用者の第三者に犯罪が成立し、背後者を間接正犯とすれば「正犯の背後の正犯」が生じてしまう。結果発生から遡って、直近に自律的あるいは自己答責的に行為し正犯とされる者（被利用者＝直接正犯）がいるにもかかわらず、その背後に正犯を認めるのは、遡及禁止の思想（正犯の背後には正犯は存在せず、せいぜい狭義の共犯しか存在しえない）に反する事態である。しかし、背後者を間接正犯ではなく共謀共同正犯にしてしまえばこの問題は生じない。このことから、同程度の弱い強制であった場合に、被害者利用の場合は間接正犯を認めながら、第三者利用の場合には間接正犯を認めずにむしろ共謀共同正犯にした方がよいという配慮が働くのである[10]。

　以上のような意味において、強制による間接正犯において、被害者利用と第三者利用とでは判断基準が異なっており、第三者利用の場合には、本来的に、被害者利用の場合より強度な強制が求められていると考えられる。従って、被害者利用の場合には「意思の抑圧」ではなく「利用者が命じる行為以外を選択できない精神状態に陥らせたか」という基準で間接正犯の強制の程度を判断することができるとしても、第三者利用の場合に同じ基準で判断してよいということには必ずしもならない。第三者利用の場合は、「意思の抑圧」を基準として要求すべきで

8　豊田兼彦「被害者を利用した間接正犯」刑雑57巻2号（2018）278頁。
9　樋口亮介「実行行為概念について」山口厚ほか編『西田典之先生献呈論文集』（2017）30頁参照。
10　豊田兼彦・前掲注（8）278頁以下。

あろう。正犯性に関して、自損行為を行う被害者の自己答責性と、他害行為を行う人（第三者）の（自己）答責性は、必ずしも同一ではないのである。

2 被利用者の脆弱性

このように、本来であれば、第三者利用の場合には被害者利用の場合に比べて間接正犯を認めるための強制の程度はより高いものが要求されるはずであるが、個別の事案においては、被利用者の規範的耐性の脆弱性を加味して、第三者利用であっても強制の程度の要求水準を切り下げることがあり得る。脆弱な被利用者を自分の指示命令に従わせるには、それほど強度の強制でなくてもこの程度で十分ということはあり得るのであり、個別事案の特殊性を加味すれば強制による間接正犯の正犯性を認めるために一段切り下げた基準で判断することはそれほど不合理ではない場合があり得るのである[11]。

重度の精神病者や是非弁別能力が無い者（3歳程度の幼児など）の利用は、それだけで道具としての利用が肯定され、間接正犯が認められる。これに対して、軽度の精神病者や是非弁別能力がある未成年者（12歳程度の少年など）の利用は、それだけでは間接正犯としての道具性が認められないので、利用者が被利用者を強制したなどの事情によってはじめて間接正犯性が認められることになる。その場合の強制の要求水準は、健常者や成人の場合に比べれば、軽度の精神病者や是非弁別能力のある未成年者であることを考慮して、若干低いハードルで判断することはあり得る[12]。

また、特に精神病者や未成年者が被利用者であるときは、利用者が監護者であり、生活面での排他的支配関係が認められる場合は、単なる顔見知りに過ぎないなどそれに当たらない場合に比べて、強制の程度は低いもので足りることがあり得る。被利用者は、監護者の指示命令に逆らって見放されてしまえば生きていけなくなるので、そもそも指示命令に抗いがたい状況にあるのだから、利用者からの個々の強制が軽度であっても、被利用者の自律的で自己答責的な意思決定が不可能になるからである。

さらに、被利用者が健常者で成人であるとしても、日頃から暴力を振るわれて

11　安田拓人・判批（東京高判平30・4・26）法教455号144頁。間接正犯の支配性は、行為者による働きかけの強度と相手方の規範的耐性の強度の相関関係で判断されるとする。
12　平木正洋「判解」最判解刑事篇平成13年度155頁。

利用者に怯えきっていたり、誰にも相談できないような社会から隔絶された状況に置かれていたり、あるいは利用者のマインドコントロール下やそれに近い妄信状態にあったりして、被利用者が一時的にでも自律的で自己答責的な意思決定をすることが困難な状態に陥っていた場合は、そういう事情がない場合に比べて利用者の指示命令に対する規範的耐性は脆弱になっている。そのような場合には、その特殊事情ゆえに、間接正犯を認めるための強制の程度にそれほど強度のものを要求する必要はなくなるであろう。

3 犯罪の罪質

さらに、強制による間接正犯を認めるための強制の程度にとって、犯罪の種類や罪質も影響を与えうる[13]。殺人に代表される重大犯罪を被利用者に命じる方が、窃盗のような一般犯罪を命じるよりも、強制の程度は高いものが必要になる。なぜなら、被利用者にとって、利用者の指示命令に従うために乗り越えなければならない規範の壁は、重大犯罪の方が一般的な犯罪よりも高いからである。従って、財産犯と生命・身体犯とでは、要求される強制の程度は後者の方がより高いものになると考えられる。

これに対して、被利用者の行為が単純で機械的な動作にすぎない（犯罪実現のために被利用者の臨機応変な複雑な行動を要しない）という点は、強制の程度の弱さをカバーする特別な事情とは言い難いであろう。被利用者の行為が機械的な動作に過ぎなければ利用者に間接正犯を認めやすくなるというのは、あまり説得的な理由が見いだし難いからである[14]。

三　裁判例の検討

以上のような考察を前提とした上で、以下では財産犯と生命・身体犯における

13　平木正洋・前掲注（12）157頁、園田寿・判批（最決昭58・9・21）『刑法判例百選Ｉ総論（第4版）』（1997）149頁。
14　中山研一「刑事未成年者の利用と間接正犯」判タ926号65頁。大阪高判平成7・11・9判時1569号145頁は、被告人が顔見知りの刑事未成年者（当時10歳）に対して、交通事故の被害者が落とした現金入りのバッグを取ってこさせた事案で、命令内容が単純であるだけにとっさに機械的に動いただけで、判断や行為の独立性・自主性に乏しかったことを主な理由にして窃盗罪の間接正犯を認めたが、中山はそれに疑問を呈している。

強制による間接正犯の成否が問題になった主要な裁判例を見ていくことにする。

1 財産犯における第三者利用事例
① 四国巡礼事件[15]

[事　実]　Y（12歳）は被告人Xの妻の連れ子であり、Yの母親がXの暴力に耐えかねて家出し、行方不明になって以来、二人だけで暮らすようになった。その後、Xは、Yを連れ四国八十八ケ所札所めぐりの旅に出た。XはYを学校にも行かせず長期の旅に連れ出したのだが、Yは当時小学6年から中学1年に在籍すべき年齢であつて、未だ幼く頼るべき人もないことから、Xを嫌いながらも付き従つていた。Yは、学校の成績も中以上で、かなりの思慮分別を有しており、盗みが許されない悪事であることはよく分かっていた。Xは、宿泊費用などに窮した結果、Yを利用して巡礼先の寺などから金員を窃取しようと企てた。そこで、XはYに盗みを命じ、13回にわたり、Yを利用して、Aほかから現金合計約79万円等を窃取させた。

[決定要旨]　「被告人は、当時12歳の養女Yを連れて四国八十八ケ所札所等を巡礼中、日頃被告人の言動に逆らう素振りを見せる都度顔面にタバコの火を押しつけたりドライバーで顔をこすつたりするなどの暴行を加えて自己の意のままに従わせていた同女に対し、本件各窃盗を命じてこれを行わせたというのであり、これによれば、被告人が、自己の日頃の言動に畏怖し意思を抑圧されている同女を利用して右各窃盗を行つたと認められるのであるから、たとえ所論のように同女が是非善悪の判断能力を有する者であつたとしても、被告人については本件各窃盗の間接正犯が成立すると認めるべきである。」

[検　討]　本件では、被利用者Yは12歳の刑事未成年者であるが、「かなりの思慮分別を有しており、盗みが許されない悪事であることはよく分かっていた」から是非弁別能力を有していたことが分かる。現在の通説的見解によれば、刑事未成年者であっても是非弁別能力を備えているときはその者の実行行為といえるのでその者が正犯となり、利用者は教唆犯であって間接正犯ではない[16]。その場合に利用者を間接正犯にするためには、強制によって被利用者の意思を抑圧した

15　最決昭和58・9・21刑集37巻7号1070頁。
16　団藤重光『刑法綱要総論（第3版）』（1990）157頁、大塚仁『刑法概説（総論）〔第4版〕』（2008）160頁。

などの補足的な事情が必要である[17]。それ故、YがXに意思を抑圧されていたといえるかが本件で問題になったのである。

この点、Yが現実に抗拒不能の程度にまでその意思を抑圧されていたのかは若干微妙であり、現に、本件でのYは抗拒不能の絶対的強制下にあったわけではなく、意思決定の自由は残されていたという評価もある[18]。しかし、Yが未だ幼くX以外に頼るべき人もなく、Xに見限られたら自分だけでは生活していけないという立場であったことも併せて考えると、Xの命令は抗拒不能の強制的命令として意思を抑圧するに足りるものであったと評価もなされている[19]。監護者という生活面での排他的支配関係にある者の刑事未成年者への強制は、そういう関係が無い場合におけるそれと比べれば、それ自体としては軽度な強制であっても被利用者にとっては抗いがたいものであり、意思を抑圧する程度の強制と言いやすくなるからである。

② **スナック強盗事件[20]**

［事　実］　スナックのホステスであった被告人Xは、生活費に窮したため、同スナックの経営者Aから金品を強取しようと企てた。そこで、自宅にいた長男Y（12歳10ヶ月）に対し、「ママのところに行ってお金をとってきて。映画でやっているように、金だ、とか言って、モデルガンを見せなさい。」などと言い、覆面をしエアーガンを突き付けて脅迫するなどの方法によりAから金品を奪い取ってくるよう指示命令した。Yは嫌がっていたが、Xは、「大丈夫。お前は、体も大きいから子供には見えないよ。」などと言って説得し、犯行に使用するためあらかじめ用意した覆面用のビニール袋、エアーガン等を交付した。これを承諾したYは、上記エアーガン等を携えて一人で同スナックに赴いた上、上記ビニール袋で覆面をして、Xから指示された方法によりAを脅迫したほか、自己の判断により、同スナック出入口のシャッターを下ろしたり、「トイレに入れ。殺さないから入れ。」などと言って脅迫し、同スナック内のトイレに閉じ込

17　島田聡一郎・判批（最決平13・10・25）法教259号124頁参照。
18　大越義久・判批（最決昭58・9・21）昭和58年度重判解148頁。それ故、本件では、被利用者が刑事未成年者であったことが、Xの間接正犯性を基礎づける要素として、依然として大きく作用しているとする。
19　渡邊忠嗣「判解」最判解刑事篇昭和58年度279頁以下。さらに、内田文昭「間接正犯の正犯性」判タ530号65頁も、本件において異常な状況下における、養親の養女に対する「排他的支配関係」を強調している。
20　前掲注（3）。

めたりするなどしてその反抗を抑圧し、Ａから約40万円等を強取した。Ｘは、自宅に戻って来たＹからそれらを受け取り、現金を生活費等に費消した。

　[決定要旨]　最高裁は、Ｘに強盗罪の間接正犯ではなく、共謀共同正犯が成立することを認め、以下のように判示した。「本件当時Ｙには是非弁別の能力があり、Ｘの指示命令はＹの意思を抑圧するに足る程度のものではなく、Ｙは自らの意思により本件強盗の実行を決意した上、臨機応変に対処して本件強盗を完遂したことなどが明らかである。これらの事情に照らすと、所論のようにＸにつき本件強盗の間接正犯が成立するものとは、認められない。そして、Ｘは、生活費欲しさから本件強盗を計画し、Ｙに対し犯行方法を教示するとともに犯行道具を与えるなどして本件強盗の実行を指示命令した上、Ｙが奪ってきた金品をすべて自ら領得したことなどからすると、Ｘについては本件強盗の教唆犯ではなく共同正犯が成立するものと認められる。」

　[検　討]　本件では、被利用者Ｙは事件当時12歳で、Ｘから強盗を指示された際嫌がっていることから是非弁別能力があったと認められる。それ故、本件でも、ＹがＸに意思を抑圧されていたといえるかが問題になっている。この点、本件では、Ｘは嫌がるＹに対して説得したにとどまり、ＹがＸに命じられた犯行を拒むとＸから重大な危害が加えられる状況にあったわけではない。利用者Ｘが監護者（実親）であり、被利用者Ｙとの間に生活面の排他的支配関係があることを考慮しても、本件でＹが命じられた強盗をどうしても拒めない状況にあったとは認めがたい。また、Ｙはある程度自ら主体的に判断して行動していることを考慮するとＹはＸに意思が抑圧されていたとは言い難かったのである。

　すなわち、四国巡礼事件と本件を比較すると、被利用者が是非弁別能力のある刑事未成年者であること、利用者と非利用者の間に監護者関係（生活面における排他的支配関係）があるのは同じであるが、本件の指示内容が窃盗でなく強盗という重大犯罪であること、指示命令を断っても苛烈な暴力を受ける恐れがなかったこと、現実にも被利用者は臨機応変に、ある程度主体的な判断を伴う行動をとっていることが異なっている。それ故、本件で被利用者Ｙの道具性と利用者Ｘの間接正犯性が否定されたのは正当であろう。

　なお、本件では、Ｘに間接正犯が成立しないとしても、刑事未成年者Ｙとの間に共犯は成立しうるとされ、しかもその共犯は教唆犯ではなく（共謀）共同正

犯であるとされている[21]。「間接正犯にならなくても共謀共同正犯にはなる」という点は、間接正犯の正犯性と共同正犯の正犯性は異質なものであり、異なる要件で認められ得るということを意味している[22]。そして、正犯の成立可能性の判断が共犯の成立可能性の判断に先行するから、まず、共謀共同正犯が成立するかを見た上で、それが否定されて初めて教唆犯が成立することになり、本件では、共謀共同正犯の成立が認められるのである[23]。

2 生命・身体犯における第三者利用事例
③ オウム真理教O田事件[24]

[事　実]　オウム真理教教団の薬剤師であった被害者Aは、元信者Bとともに、特殊な病気治療等のため衰弱し切っていたBの母親Cを救出しようとして第六サティアンに忍び込んだところを見つかって、教団関係者に捕まった。報告を受けた同教団の教祖Yが「悪行を積んだ者はポアするしかない」という独善的な論理に基づいて、身柄を解放されたければAを殺害しろ、それができなければおまえもここで殺すとBを脅した。Bは、Yからの指示を承諾し、Aの頭部にビニール袋を被せ、その中に催涙ガスを噴射した上、手錠を掛けられたまま苦悶し、必死に抵抗するAの体を共犯者らが押さえ付ける中、ロープで頸部を絞め付け殺害した。同教団幹部であった被告人Xは、上記の事情を認識しながら、ポアと称する殺人行為に賛意を表明し、Aの犯行現場への連行、人払い、部屋の施錠という準備行為を行った上で、他の者が殺害行為に及んでいる間、Yの身辺警護をするとともに、惨状の様子を視力が悪いYに伝えるなどの役割を果たし、犯行の遂行に寄与した。

21　松宮孝明・判批（最決平13・10・25）法セ567号110頁参照。「責任無き者との（広い意味での）共犯が可能である」という点は、最高裁が制限従属性説を承認したということであるとする。
22　島田聡一郎・前掲注（17）125頁参照。
23　まず、Xは生活費欲しさから強盗を積極的に計画立案しているという犯行動機、およびYが奪ってきた金品を全て領得しているという犯行利益の帰属などから「共同正犯における正犯意思（他の関与者と協力して自分たちの犯罪を遂行しようという意識）」が認められる。また、強盗の具体的なやり方をYとの間で細かく話し合っており、「意思の連絡」も認められる。従って、まず共謀が認められる。次に、Xは未成年者Yの母親であるという共謀者の地位、および強盗を計画して犯行方法をYに教示しているという謀議への関与の程度、およびYに犯行道具を与えて強盗実行を指示命令しているという犯行全体に対する寄与度などから「重大な寄与」も認められる。最後に、YがXとの共謀に基づいて強盗を実行しており、共謀者の少なくとも一人による共謀に基づく実行行為も認められる。従って、共謀共同正犯の成立が認められたのである。
24　東京地判平成12・7・17判タ1091号181頁。

[判　旨]　弁護人は、Xに共謀共同正犯の成立を否定する理由の一つとして、BによるA殺害は「道具としてのBを利用したYの単独正犯（間接正犯）」であると主張した。これに対して、裁判所は、「Bは自分が助かるのであれば、Aを殺害することもやむを得ないと自ら判断して殺害行為に及んだものであって、間接正犯の道具とはいえないし、また、殺害の実行行為の間、他の教団幹部らも、Aの身体を押さえ付けるなど実行行為と評価できる行為に及んでいることからすると、Yの単独正犯であるとも到底いえ」ず、結局、XがYやほかの教団幹部との殺人の共謀共同正犯であるとした。

[検　討]　本件は、強制状況の下で自らを救うために被害者を殺害するという重大犯罪を犯した第三者に、殺害を強制した者の罪責が問題となった。もっとも殺害の提案を行った首謀者（教団代表者）Yは別におり、本件の被告人Xは教団幹部の一人としてその殺害提案に賛意を表明したり、殺害準備行為を手伝ったりした者である。そこで、弁護人は、実行犯Bを道具として利用した首謀者Yの殺人の間接正犯であり、被告人Xは殺人の共謀共同正犯ではなく幇助犯に過ぎないと主張した。これに対して、裁判所は、実行犯Bが殺人の実行共同正犯であり、首謀者Yも幹部である被告人Xも殺人の共謀共同正犯としたのである。

このように、本判決では、XにA殺害の共謀共同正犯が成立することを論証するために、「Bを道具とするYの単独正犯（間接正犯）」との弁護人の主張を否定しており、被利用者Bに「自らが助かるのであればA殺害もやむを得ないという自らの判断」があったので間接正犯の道具とはいえないということがその根拠とされている。ちなみに、Aを殺害した実行犯であるBの刑事責任が問われた別の判決[25]では、Bが身柄拘束を脱するためにはYの指示通りAを殺害する以外に方法はなかったことが認定されている。そうすると、殺害を強制したYは、Bをして、A殺害以外の行為を選択することができない精神状態に陥らせていたと評価することも十分可能であったにもかかわらず、本判決でYの間接正犯をBの主体的意思決定を根拠に否定しているので、結局、強制による第三者

25　東京地判平成8・6・26判時1578号39頁。本判決では、BはYに殺される可能性があったとされたが、結局、Bの「生命に対する現在の危難」は認められず、「自由に対する現在の危難」のみが認められた。その上で、自由に対する現在の危難を避けるためにはAを殺害するしかなかったとして、自由に対する現在の危難の限度でのみ「補充性」が認められた。しかし、そうすると、避けようとした害が自由の侵害で、これによって生じた害が生命の侵害なので「害の均衡」を失し、結局、「過剰避難」が成立するとされた。

利用の場合には、第三者をそのような精神状態に陥らせただけでは間接正犯は未だ認められないとする理解があったと指摘されている[26]。すなわち、「強制された行為以外の行為を選択できないという精神状態」と「被利用者の道具性が否定されるような自律的あるいは自己答責的な意思決定（自らの判断）」は両立しうるのであり、そのような精神状態では未だ利用者によって被利用者の「意思が抑圧された」とはいえない。そして、特に殺人のような重大犯罪において、利用者に間接正犯性、被利用者に道具性を認定するためにはやはり「意思の抑圧」が必要であり、被利用者を「強制された行為以外の行為を選択できない精神状態に陥らせた」だけでは足りないのである。

④ **インスリン不投与事件**[27]

［**事　実**］　母親Ｙと父親Ｚは１型糖尿病患者である我が子Ａにインスリンを定期的に投与し、Ａは通常の生活を送ることができていた。しかしＹは、Ａが難治性疾患に罹患したことに強い精神的衝撃を受け、何とか完治させたいと考え、わらにもすがる思いで、非科学的な力による難病治療を標ぼうしていた被告人ＸにＡの治療を依頼し、Ｘは、両親との間で、Ａの治療契約を締結した。Ｘによる治療と称する行為は、Ａの状態を透視し、遠隔操作をするなどというものであった。Ｘは、Ａの治療に関する指示を、主にＹに対し、メールや電話等で伝えていた。あるとき、Ｘは、Ｙに対し、Ａにインスリンを投与しないよう指示し、両親がその指示に従いインスリン投与を中止したため、Ａの症状が悪化した。そこで、両親がインスリン投与を再開したところ、Ｘは、メールや電話等で、Ｙに対し、インスリン投与を再開したことを強く非難し、Ａの症状が悪化したのはＸの指導を無視した結果であり、Ｘの指導に従わず、病院の指導に従うのであればＡは助からない旨繰り返し述べるなどした。そこで、Ｙは、Ａの生命を救い、１型糖尿病を完治させるためには、Ｘを信じてインスリンの不投与等の指導に従う以外にないと一途に考え、Ｘの治療法に半信半疑の状態であったＺを説得し、Ａへのインスリン投与を中止したため、Ａは１型糖尿病に基づく衰弱により死亡した。

［**決定要旨**］　「Ｙは、Ａが難治性疾患の１型糖尿病にり患したことに強い精神的衝撃を受けていたところ、Ｘによる上記のような働きかけを受け、Ａを何と

26　豊田兼彦・前掲注（8）144頁。
27　前掲注（4）。

か完治させたいとの必死な思いとあいまって、Aの生命を救い、1型糖尿病を完治させるためには、インスリンの不投与等のXの指導に従う以外にないと一途に考えるなどして、本件当時、Aへのインスリンの投与という期待された作為に出ることができない精神状態に陥っていたものであり、Xもこれを認識していたと認められる。また、Xは、Xの治療法に半信半疑の状態ながらこれに従っていたZとの間で、Yを介し、Aへのインスリンの不投与について相互に意思を通じていたものと認められる。以上のような本件の事実関係に照らすと、Xは、未必的な殺意をもって、Yを道具として利用するとともに、不保護の故意のあるZと共謀の上、Aの生命維持に必要なインスリンを投与せず、Aを死亡させたものと認められ、Xには殺人罪が成立する。」

　[検　討]　本件では、XはYに欺罔と脅迫的言辞を交えた働きかけを何度も繰り返し行ったこと、また、Aの病気に強い精神的衝撃を受け、Aの病気を完治させたいという必死な思い等が相まって正常な判断ができなくなっていたYに対して、XがAを完治させられる旨断言したのでYがXを妄信したという信頼関係があったことなどの事情が、Yとの関係でXに殺人の間接正犯を基礎づけたと指摘されている[28]。

　また、強制の程度について、本決定では「期待された作為に出ることができない精神状態」として、ホスト殺人未遂事件最高裁決定の説示する被害者の精神状態（被告人が命じた以外の行為を選択することができない精神状態）と類似の表現が用いられており、Yの意思決定の自由が阻害されている程度としては、本決定は、それと同程度のものを認定したとされている[29]。たしかに、Xの指示命令は、脅しめいた文言を使用していても、対面ではなく電話やメールでコンタクトをとっていたことからすると強制の程度は強くなく、従って、Yの意思を抑圧し、絶対的強制下においていたわけではない。しかし、強制の態様が苛烈なものではなく強度が弱めだとしても、利用者が被利用者を意のままに道具として利用

28　伊藤ゆう子・前掲注（5）152頁以下。
29　伊藤ゆう子・前掲注（5）153頁。この点、本件の原判決が、Yの心理状態について、「被告人を妄信し、その指示に機械的に従わざるを得ない状態」にあったとしていたが、「機械的」という言葉は刑法上の行為といえないような絶対的強制下にある行為を表現するのに用いられるところ、本決定が敢えて原判決のような表現を用いずに平成16年決定と類似の表現を用いていることからすれば、本決定は、母親が絶対的強制下にあるような意思決定の自由を完全に奪われた状態にあったとまではみていないと推察している（154頁以下）。

できるかは被利用者との相関関係において決まってくると言われている[30]。被告人の指示内容は、非科学的で怪しげなものであり、通常の判断能力を有する成人であればそれに従わないであろうが、Yは何とかAを完治させたいと藁にもすがる思いでそれに従っており、正常な判断ができなくなっていたので、それ自体としては弱い強制でも被利用者を自己の指示に従わせることができたのである。問題は、殺人のような重大犯罪において、第三者である被利用者を利用者の指示以外の行為を選択できない精神状態に陥らせたが、未だ意思を抑圧し絶対的強制下に置いたとまではいえない場合に、利用者の間接正犯性と被利用者の道具性を認めてよいかである。

この点、XがYに出した指示命令の内容は、オウム真理教O田事件のように被害者Aを「積極的に、作為によって殺せ」というものでなく、Aにインスリンを投与しないという「期待された作為を行うな」ということのみに留まっていることに注目すべきであろう。強制による間接正犯を認めるための強制の程度にとっては、被利用者の行為が作為なのか不作為なのかという点も重要であるように思われる。例えば、夫Xが妻Yの連れ子である赤子Aを嫌い、Aを殺すようにYに命じる場合、「Aを包丁で刺し殺せ」と作為を命じるのと、「Aに食事を与えるな」と不作為を命じるのとでは、命令に従わせるために必要な強制の程度は異なるであろう。なぜなら、被利用者の妻Yにとって、利用者の夫Xの指示命令に従うために乗り越えなければならない規範の壁は、実際問題として、前者（作為の実行）の方が後者（不作為の実行）よりも高いと考えられるからである。本件の場合、起訴すらされていない者の当罰性のない不作為を強制したに過ぎないので、意思抑圧を要求せず、「期待された作為に出ることができない精神状態」という一段低い基準で判断したと解する余地があろう。

四　おわりに

以上のように、インスリン不投与事件では、強制による第三者利用について間接正犯が認められるための強制の程度として、被害者利用の場合と類似する「期

30　小島陽介・前傾注（7）81頁参照。Xの働きかけはそれ自体強くないとしても、Yの「規範耐性」の一時的欠如と併せると、全体として間接正犯を認めるべき「閾値」を超えたと評価されている。

待された作為に出ることができない精神状態」に被利用者が陥っていたことが援用されたが、この事件では被利用者が難病の我が子を救いたいばかりに藁にもすがる思いで行為者を妄信していたということが前提にあり、指示命令された行為が作為による殺害ではなくインスリンを投与しないという不作為に過ぎなかったことから、被利用者である母親を道具として利用するために行為者はそれほど強度の強制を加える必要がなかったという特殊事情がある[31]。そのため、本決定の射程はそれほど広いものではなく、本決定で採用された基準が、一般的に、被利用者が作為の場合も含めて、強制による第三者利用の間接正犯における「強制の程度」を示しているとは未だいえないであろう。

　被害者利用の場合と第三者利用の場合の前述した様々な相違点を考えるならば、被害者利用の場合に「利用者が命じる行為以外の行為を選択することができない精神状態」に被害者を陥らせたということが、自損行為を行った被害者の自己答責性を排除し、行為者の間接正犯性を基礎づけるとしても、第三者利用の場合には、同じ基準によって、犯罪を犯した第三者の適法行為の期待可能性や他害行為の（自己）答責性が排除されるとはいえないし、行為者の間接正犯性を基礎づけることができるとは一般的にはいえないように思われる。

　　　［付記］　本稿は、科研費基盤研究（C）「被害者利用の間接正犯事例における被害者の自己答責性の意義」（課題番号：21K01201）の研究成果の一部である。

31　松宮孝明「『救助的因果経過の阻止』についての一考察——最決令和2・8・24を素材に——」立命館法学393・394号（2020）653頁以下によれば、間接正犯が認められるのは直接行為者が作為である場合に限られるのであり、救助的因果経過の阻止行為は、それ自体に結果発生の客観的な危険が認められるならば、それは間接正犯というより直接正犯であるという。たしかに本件におけるXの正犯性を説明するには、そのように言う方が「間接正犯における強制の程度における特殊事情」と言うより適切なのかもしれない。柔道整復師事件（最決昭和63・5・11刑集42巻5号807頁）で「被害者の不作為を利用する間接正犯」と言わず、それを直接正犯とするのであれば、もともと「直接正犯と間接正犯の区別」はやや曖昧なところがあり、結局、当該構成要件における実行行為の語義の問題とも考えられるからである。もっとも、間接正犯と教唆犯の区別は「正犯と共犯の区別」であり、間接正犯と共謀共同正犯の区別は「本来の正犯と拡張された正犯の区別」であるのに対して、間接正犯と直接正犯の区別は「本来の正犯の中での区別」にすぎないのであまり重要でなく、ただ直接正犯であれば間接正犯の正犯性の検討が不要になるということである。

過失の共同正犯における「共同義務」について

伊 藤 嘉 亮

一　はじめに
二　共同義務の構造
三　共同義務の再考
四　結　語

一　はじめに

　過失の共同正犯をめぐる現在の議論状況は、(共同義務の共同違反説を前提とする)肯定説が優勢となり、最高裁判例[1]もこれを是認するに至ったというものである。
　そこで、共同義務の共同違反説として主張された初期の学説を見てみると、「危険の予想される状態において、相互利用、補充という関係に立ちつつ結果回避のための共通の注意義務を負う者の共同作業の落度が認められるときが、過失犯における共同実行である」、つまり「具体的に特定された結果回避措置を相互補充、利用関係に立って充足してゆくことを要するのであるから、具体的にいえば、危険な作業を共同に行なっている者が、たがいに、単に自己の直接担当する作業動作から結果を発生しないよう結果防止のために具体的な措置をとるばかりでなく、同時に、共同作業中の同僚の作業動作から生ずる結果の発生を防止するために、必要な助言、監視の協力をすべき義務を負うというように、事故防止具体的対策を行なうについての相互利用、補充関係において一体となっている、という場合にその一体的活動が落度ありと判断されるかぎりにおいて、過失犯の共同正犯を認めうる」[2]とされており、既に本説の基礎はできあがっていたといえよう[3]。

---

[1]　最高裁が「業務上過失致死傷罪の共同正犯が成立するためには、共同の業務上の注意義務に共同して違反したことが必要であると解される」と判示した明石歩道橋事件（最決平成28年7月12日刑集70巻6号411頁）を参照。
[2]　藤木英雄「過失犯の共同正犯」研修263号（1970年）13頁。

共同義務の共同違反説は、過失犯の実行行為を結果回避義務違反行為として理解した上で、共同正犯の要件である「共同実行」を過失犯の構造に合わせて表現し直せば、「共同義務の共同違反」になると解するものであり、これ自体に反対する理由はないように思われる。もっとも、故意の共同正犯の場合に「共同実行」を要件として示しただけでは、共同正犯の成立範囲は何ら明らかにはならず、その意味内容をめぐって多くの議論が展開されているように、過失の共同正犯の場合も「共同義務の共同違反」といっただけでは、その成立範囲は依然として不明確なままである。

　例えば、各人に同内容の結果回避義務が重畳的に課されているだけでは、複数の過失単独正犯が同時に成立するにとどまる（いわゆる過失競合）。故意の共同正犯では一つの実行行為が共有されているように、過失の共同正犯が成立するためにも関係者らが一つの結果回避義務（違反）を共有していなければならないのである。初期の学説でも相互利用・補充関係にある結果回避義務が求められていたように、既に当時からこのことは意識されていたようにも思われるが、（故意の）共同正犯における共同性や意思連絡の機能をめぐる近時の議論を踏まえ、改めてこの問題を捉え直す必要があろう。また、上記学説には「共同の危険創出行為」という視点と「共同の結果回避義務（違反）」という視点が見て取れるが、両者の関係も判然としない。結果回避義務違反が過失犯の実行行為である以上、後者が「共同実行」の本質を意味することに疑いはないが、前者がそれにどういった影響を及ぼすのかも分析しておくべきだろう。

　以下では、共同正犯論をめぐる近時の知見を取り入れながら、共同義務の共同違反説に残された課題に取り組むことで、本説の更なる精緻化を試みることにする。

3　その他に、「二人以上の者がある過失犯の犯罪的結果を発生させやすい危険性のある行為を共同して行うにあたり、各人に法律上その犯罪的結果を回避すべき共同注意義務が課せられている場合に、それに違反して犯罪的結果を発生させたときは、〔中略〕過失犯の共同正犯が成立する」、つまり「過失犯の共同正犯の構成要件における中核要素は、いうまでもなく二人以上の行為者が共同注意義務に共同して違反したことである。共同注意義務とは、共同者の各人が自己の行為から犯罪的結果を発生させないように注意するだけでなく、他の共同者にも注意を促して犯罪的結果を発生させないようにすべき注意義務に外ならない」とする大塚仁「過失犯の共同正犯の成立要件」法曹時報43巻6号（1991年）3頁以下および6頁も参照。

二　共同義務の構造

1　実行共同正犯としての過失の共同正犯
（1）意思連絡の機能

　共同正犯における一部実行全部責任という法効果の根拠をめぐり、意思連絡に基づく心理的因果性を重視する立場がある。こうした立場からは、「相互に相手方の心理を通してその行為に影響を与え、結果に対して因果関係を及ぼした点に注目することにより、一部実行の全部責任を適切に根拠づけることを可能にする。もっとも、このような心理的因果性によって一部実行の全部責任を根拠づける場合にも、共同正犯者間の意思の連絡に外部的な実行行為の一部としても評価し得るほどの因果的影響力の強い程度のものがなくてはならない。言い換えれば、明確に犯罪を犯そうという強い意思の連絡がなければ結果発生の危険性を高めるものではない」ので、「過失のようなお互いに不注意を助長し合うという程度のものでは、刑法上問題にし得るほどの心理的因果性を認めることはできないというべきである」として、過失の共同正犯を否定するに至ることもある[4]。これは、実行共同正犯と共謀共同正犯を区別することなく、共同正犯を強い心理的因果性によって統一的に理解する立場からの帰結（の一つ）といえよう。

　しかし、近時は両者を類型的に区別する立場も有力に主張されており、こうした立場からは意思連絡の機能や内容を類型ごとに異なって理解する可能性が示されている。すなわち、共謀共同正犯を成立させるには心理的拘束力やそれに準じるような主観的一体性を基礎づけるだけの緊密な意思連絡が求められる一方で、実行共同正犯における意思連絡は、（最低限の心理的因果性を担保しつつ、）各人が役割分担し、互いに協調・連携しながら実行行為を遂行できる関係を形成する程度のものであれば足り、必ずしも緊密なものは求められない、という理解である[5]。例えば、FC2事件（最決令和3年2月1日刑集75巻2号123頁）では動画投稿サイトの管理・運営者である被告人らと投稿・配信者らの共同正犯が認定されてお

---

[4]　北川佳世子「我が国における過失共同正犯の議論と今後の課題」刑法雑誌38巻1号（1998年）53頁。これに対して、甲斐克則「過失犯の共同正犯」『責任原理と過失犯論〔増補版〕』（成文堂、2019年）192頁以下は、「因果構造は、故意犯と過失犯で異なることはない」として、「心理的因果性をも含めて過失犯の正犯性を共同に認めざるをえない実態がある」とする。

[5]　拙稿「共同正犯の類型的考察」刑法雑誌62巻2号（2023年）227頁。

り、この結論をどう説明するかをめぐっては争いがあるが、本件における（黙示の）意思連絡はインターネットサイトを通じてなされた程度のものに過ぎない。それでも被告人らの協調・連携を可能にしているのであって、実行共同正犯の意思連絡として理解するのであればその程度で十分である[6]。そして、過失犯の成否が問われる場面においても、役割分担を基礎づける程度の意思連絡はあり得るのであって、そこに過失の共同正犯の成立を認める契機が見出されると思われるのである。

（2）実行共同正犯としての把握

これまでの裁判例で過失の共同正犯が認められたのは、いずれも各人に結果回避義務違反（実行行為）が認められる実行共同正犯の事案であったといえる。実際、過失犯の場合に自らは結果回避義務に違反せずに、他者の結果回避義務違反に共謀共同正犯として関わる事例を想定するのは難しいため[7]、ここではもっぱら実行共同正犯の成否が問われることになろう[8]。

前述のように、実行共同正犯として構成するのであれば、過失犯の場合であってもその成立に十分な意思連絡を見出す余地はある。もっとも、こうした理解に対しては、「共同正犯の帰属原理は、共謀に基づく犯罪実現における各人の行為の地位・役割の重要性によって、一部分担にもかかわらず相互的に行為が帰属され、全体の責任を負う点に存する」が、「事前に結果を認識していなければ、各共同者は全体における自己の地位・役割を把握できない」[9]との指摘があるので検討を要する。しかし、挙動犯の場合にも共同正犯は成立し得るように、結果の認

---

[6] FC2事件については、拙稿「ネット上で公然わいせつ罪や公然陳列罪の『場』を提供する場合の共同正犯の成否（その2・完）」法学セミナー67巻6号（2022年）110頁以下、豊田兼彦「サイト等の管理・運営行為と共同正犯の成否――最高裁令和3年2月1日決定を素材として」『高橋則夫先生古稀祝賀論文集［上巻］』（成文堂、2022年）851頁以下などを参照。

[7] 橋爪隆「共同正犯をめぐる問題（5）――過失犯の共同正犯について」警察学論集70巻12号（2017年）128頁は、「過失犯の共同正犯の場合、共謀という事実が存在しないのであるから、正犯性（＝相互助長・促進性）を認定するにたる具体的な判断資料は、実行行為の分担という事情に求めざるを得」ず、「過失犯については、実行行為を分担する者（実行共同正犯）のみが共同正犯として処罰可能であるという理解にも、処罰範囲の明確化という要請からは、一定の合理的な理由がある」とする。

[8] 樋口亮介「注意義務の内容確定プロセスを基礎に置く過失犯の判断枠組み（2）」法曹時報70巻1号（2018年）73頁は、「共同注意義務の共同違反という過失犯の共同正犯は、理論的にみると、実行行為の共同に注目するものである」とし、「過失犯においては注意義務の内容確定に基礎を置いた注意義務違反行為が実行行為になることを踏まえるとともに、実行共同正犯の理論的基礎についての考察を深めて過失犯に適用することが今後の課題というべきである」とする。

[9] 高橋則夫「共同正犯の帰属原理」『規範論と理論刑法学』（成文堂、2021年）398頁。

識を共有せずとも、他の目的のために各人が役割を分担し、全体の中における自身の地位・役割を把握することは可能である。役割分担の契機たる目的を構成要件上の結果に限定すべき理由はないだろう[10]。

2 過失犯の実行行為

過失の実行共同正犯を分析する前提として、過失犯における実行行為の構造を確認しておく。

「過失作為犯の場合は、危険な行為であっても社会的にみて有用な行為であれば直ちに禁止の対象となるものではなく、危険性を減少させる措置をとりさえすれば危険行為を遂行することは許される」[11]。この場面では、積極的な危険創出行為と結果回避義務（違反）が表裏の関係にあり、許されるレベルにまで危険を減少させる結果回避措置を講じていれば実行行為性が失われるのに対して、そうした義務に違反したまま危険を創出する行為が過失の実行行為とされる（図1の危険創出型①）。それゆえ、この類型における「共同実行」は、危険創出行為と結果回避義務違反の両者を包含するものになる。

これに対して、過失不作為犯の場合、危険創出行為は問責対象でなく先行行為と評価され、それを根拠（の一つ）として被告人が結果回避義務を負い、それに違反することが実行行為となる（図1の危険創出型②）。あるいは、被告人による積極的な危険創出は認められないが、既に存在する危険の現実化を阻止する結果

図1　実行行為の構造

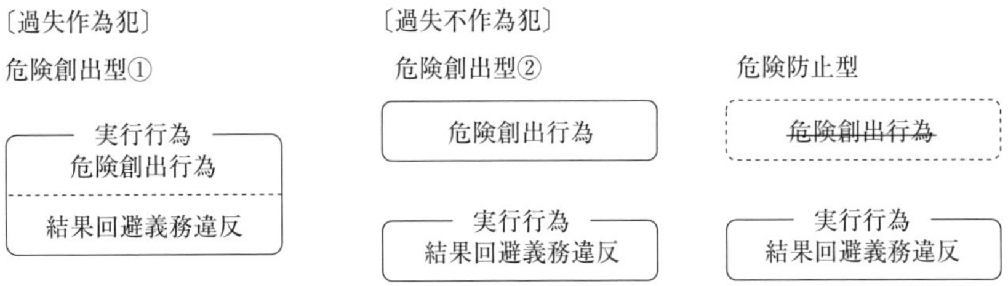

〔過失作為犯〕

危険創出型①

```
┌─────────────┐
│   実行行為    │
│  危険創出行為  │
├─────────────┤
│  結果回避義務違反 │
└─────────────┘
```

〔過失不作為犯〕

危険創出型②

```
┌─────────────┐
│  危険創出行為  │
└─────────────┘
┌─────────────┐
│   実行行為    │
│  結果回避義務違反 │
└─────────────┘
```

危険防止型

```
┌ ─ ─ ─ ─ ─ ─ ┐
   危険創出行為
└ ─ ─ ─ ─ ─ ─ ┘
┌─────────────┐
│   実行行為    │
│  結果回避義務違反 │
└─────────────┘
```

10　内田文昭「最近の過失共同正犯論について」研修542号（1993年）28頁、橋本正博「過失犯の共同正犯について」研修743号（2010年）8頁も参照。
11　大塚裕史「過失犯の共同正犯の成立範囲——明石花火大会歩道橋副署長事件を契機として」神戸法学雑誌62巻1＝2号（2012年）12頁。

回避義務を被告人が負うことになる場合もある（図１の危険防止型）[12]。いずれにせよ、ここでは結果回避義務違反のみが実行行為を構成するのであって、「共同実行」は共同の結果回避義務違反のみを意味することになるが、共同の危険創出行為がどういった意味を持つのかは判然としない。そこで、まず、危険創出型②における「共同実行」の構造を分析することにする。

3　危険創出型の判断枠組み
（１）前提の確認
　各人が役割分担をした結果、完全な分業体制となり、それぞれの役割が独立したものになっている場合、共同の結果回避義務を見出すことはできなくなる。というのも、この場合は、他者が結果回避義務を（どのように）履行しているかに関係なく、各人は自身の役割を果たさなければならないのであって、それぞれの結果回避義務が関連しているとはいえないからである。過失犯における「共同実行（共同義務の共同違反）」を認めるには、他者による結果回避義務の履行状況に注視し、その状況に応じて自身の対応を変えるなど、相互に協調・連携すべき関係が形成されていなければならない。

（２）危険創出型における「共同危険創出」の意義
　次に、危険創出型②を念頭に、過失不作為犯における「共同実行」の構造を分析していく。危険創出型②の場合、意思連絡の対象として「危険創出行為」と「結果回避義務（実行行為）」の二つが考えられるが、従来の議論がどちらを想定していたのかは明らかでない。ひとまず、以下では、危険創出行為を共同することの意義を考察するべく、意思連絡に基づき危険創出行為を役割分担しながら行った場合を想定することにする（図２参照）[13]。

　この場合、実行行為は結果回避義務違反（不作為）であって、危険創出行為それ自体は問責対象ではない。しかし、意思連絡に基づいて役割を分担し、互いに

12　大塚（裕）・前掲注11）12頁以下は、結果回避義務を負う主体を特定する作業（作為義務の問題）と結果回避義務の内容を特定する作業を区別すべきだとする。松原芳博『刑法総論〔第3版〕』（日本評論社、2022年）307頁以下も参照。

13　「危険創出行為」と「結果回避義務（実行行為）」の双方について意思連絡している場合も同様に考えることができるだろう。これに対して、「危険創出行為」については意思連絡が認められない場合は、共同の危険創出行為を共同正犯の根拠にすることができないため、危険防止型の判断枠組みで検討することになろう。

図 2　意思連絡に基づく共同危険創出

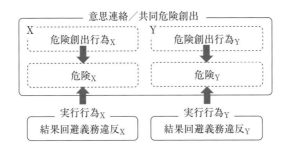

図 2′　共同危険創出を前提とした義務内容

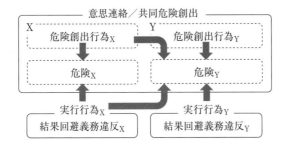

相手の危険創出行為に注視しながら、相手の状況に応じて自身の行為を協調・連携し合う関係が形成されているのであれば、その危険創出行為は「共同（一体）」のものと評価でき、その限りで実行共同正犯における共同実行の議論を応用できると思われる。そうすると、図 2 の X は、自らが創出した危険$_X$ に対応すべき結果回避義務を負うのはもちろんのこと、Y の危険創出行為$_Y$ も自身の行為として責任を負うことになるから、それが創出する危険$_Y$ についても、自らが創出した危険として対応すべき義務を負わなければならない（図 2′参照）。

危険$_X$ と危険$_Y$ の両方に対応すべき X の結果回避義務は、Y の動向に注視しながら実施されるべきものである。例えば、X と Y が協力しなければ結果の発生を阻止できない状況なのであれば、両者が協力して結果回避義務を履行する必要がある。他方で、X と Y のいずれか一人で対応可能なのであれば、いずれかが対応すればそれで十分であるが、例えば、危険$_Y$ について、X が Y に対して対応するよう進言すれば事足りる場合もある一方で、Y が対応しそうにない状況な

ら、XはYを介さずに自ら対応すべきことになろう。Yを介さずに対応すべき義務については、世田谷ケーブル事件（東京地判平成4年1月23日判時1419号133頁）に言及する文脈ではあるが、「危険を消滅させるためには、両方のトーチランプが消火される必要がある一方、自己の持ち込んだランプは自ら対応しなければならないが、それ以外については、他人をして危険解消を促す義務で足りる」のであって、「競合者が、消火を拒否した場合には、新たにそれを前提として、残りのランプの措置も直接行う義務が生じるかどうかが問題とな」るところ、「そのような義務は、常に生じるわけではなく、最初からそれが課されることを前提とすべきではない。それは必要以上の義務を課すものであるし、かつより大きな義務が課されていたと理解すること」になるとの批判がある[14]。しかし、危険$_Y$（競合者が持ち込んだランプから生じた危険）も自身が生じさせたものと評価されるのであれば、その危険に対して自ら対応すべきなのは当然であって、必ずしも過大な義務だとは思われない[15]。

　以上のように、図2′におけるXの結果回避義務は、Yの結果回避義務の履行状況に依存するのであって、その状況次第で具体的内容が変わり得るものである。こうした義務をXとYが相互に負っている場合、両者は互いの動向に注視し、協力し合いながら当該状況に対応しなければならないのであって、「共同義務」と評価するのに相応しい状況であるといえる。それにもかかわらず、両者がそうした義務に違反することが「共同義務の共同違反（過失犯における共同実行）」だと思われる[16]。

14　嶋矢貴之「過失競合と過失犯の共同正犯の適用範囲」『三井誠先生古稀祝賀論文集』（有斐閣、2012年）212頁。
15　「相手方のランプが消火されていないことに気付いた時には自ら消火する義務を含むのであって、必ずしも、相手方の注意を喚起する義務に限定されるものではない」とする松宮孝明「『過失犯の共同正犯』の理論的基礎について——大塚裕史教授の見解に寄せて」立命館法学339・340号（2012年）506頁も参照。
16　過失作為犯（危険創出型①）は、問責対象行為の構造に多少の差異はあるものの、基本的には危険創出型②と同様に考えられる。なお、「危険な共同行為を遂行するに当たっては、自己の分担部分についてのみならず、他の共同者の分担部分についてまで、相互に注意し合い、もって共同作業の円滑・確実な完遂が期待されるのが通常であるのに、各人が、このような注意深い行為にでず、そのために『危険』が現実化して人の死傷等の結果が発生したときには、全員が『危険で不注意な行為を共同した』と評価されてしかるべき」とする内田・前掲注10) 24頁の説明は、危険創出型を念頭に置いたものとして理解できるだろうか。

4 危険防止型の判断枠組み

過失不作為犯の危険防止型の場合、「共同の危険創出」という契機がないため、(危険創出行為 (先行行為) を除く) 作為義務の発生根拠を各人らが共有しているかどうか (例えば、排他的支配の共同) を考慮しつつ、各人の義務内容を直接確認し、それらが相互的な協調・連携を要求するものであるかを判断するほかないだろう[17]。ここでは、おそらく、明示的な意思連絡を認定するのは難しく、作業従事者らは内規の承諾や業務の引き受けなどを通じて黙示的に意思連絡し、役割を分担したと構成されることが多いと思われる。

例えば、危険防止型に属するものとして四条踏切事件 (京都地判昭和40年5月10日下刑集7巻5号855頁) がある。本件では、被告人Xは「相番」として列車接近の確認につとめ、これを確認したときは本番にその旨を合図し、交通信号灯の切り替えや遮断機閉鎖の時期を合図によって知らせることを分担し、被告人Yは「本番」として列車接近表示器の作動を見守り、または相番からの合図によって列車接近の確認につとめ、これを確認したときは相番にその旨を合図し、相番からの合図によって交通信号灯の切り替えや遮断機閉鎖の措置を講ずることを分担していたところ、それぞれが列車接近の確認義務を怠り遮断機の閉鎖が遅れたために衝突事故が生じて死者が出た事案につき、京都地裁は、「被告人両名が相互に協力して踏切道における交通の安全を確保することにつとめていたのであるから、被告人側名のそれぞれの注意義務をつくすことによつて一つの結果到達に寄与すべき行為の或る部分が、相互的意識のもとに共同でなされたものである」として、業務上過失致死罪の共同正犯の成立を認めている。

この結論に対しては、「役割分担が明確であり、結果に対するそれぞれの過失行為が認定できるのであれば、過失犯の共同正犯とする必要はないのであ」り、「過失犯の共同正犯を基礎づけるだけの『共同』があったかは大いに疑問である」との指摘[18]や、「『連携』した後の全体の性質が問題となるのではなく、あくまでも各人がそれぞれ担っている注意義務の性質を比較した際に内容の共通性が肯定できるのかが重要である」との指摘[19]がある。要するに、本件におけるX (相番)

---

17 板津正道「過失の共同正犯」『新実例刑法 [総論]』(青林書院、2014年) 344頁は、「関係者の作業内容の性質、関係者の関係・地位等に鑑みて、各自の注意義務が、法令・契約・条理等により、相互に利用補充しながら結果発生を阻止しなければならないような内容になっている場合には、共同義務を認めることができる」とする。
18 小名木明宏「判批」判例時報1818号 (2003年) 217頁。

とY（本番）の役割は明確に区別され、内容的に異なっていた以上、「共同義務」を認めるのは難しいとの批判であろう。しかし、詳しくは後述するが、故意犯の場合に各人の役割（実行行為）が内容的に異なることが実行共同正犯の成立を妨げる事情でないことに鑑みると、過失犯の場合でも内容の異なる結果回避義務の間に「共同実行」を認める余地はあると思われる。結果回避義務の内容の共通性ではなく、各人の結果回避義務が相互的な連携を要求するものであることの方が重要なのであって、そうであれば京都地裁の結論も是認できるのではないだろうか。

5　「共同義務」の判断枠組み
（1）先行研究による類型化の試み

過失が競合する事例は多岐にわたるため、共同義務の共同違反が認められる場合を明確にするべく、その成否が問われる事例の類型化が試みられている[20]。先行研究は、まず、危険創出型と危険防止型に分けた上で、前者を更に①一体的危険創出の場合、②非一体的危険創出の場合、③役割分担的危険創出の場合[21]に細分化して考察している。

①は、互いに協力しなければ危険な事態に陥ることはなかったのに、意思を通じて一体的な危険を創出した場合[22]とされており[23]、本稿の立場からは危険創出について実行共同正犯と類似の関係が認められる事案類型として把握できる。これに対して、②は、危険創出に向けて複数人が協力したわけではなく、それぞれが独立して結果を発生させるだけの危険を創出した場合とされており[24]、危険創

19　照沼亮介「過失共同正犯の理論的基礎と成立要件」上智法学論集63巻2号（2019年）47頁脚注（110）。

20　板津・前掲注17）338頁以下。その他に杉田宗久「過失犯の共同正犯」『新実例刑法［総論］』（青林書院、2001年）347頁以下、稲垣悠一「判批」専修法学論集130号（2017年）487頁以下も参照。

21　③は、Xが危険創出行為に及び、Yは危険創出行為に及んでいないものの、その危険の現実化を防止する行為を怠ったような場合とされている（板津・前掲注17）343頁）。こうした事例におけるYは危険創出に共謀を通じて関わったとの構成と、不作為による実行行為を通じて関わったとの構成があり得るが、いずれも難しいだろう。したがって、③の場合、結局は共同の危険創出行為を根拠に過失の共同正犯を認めることはできず、危険防止型の判断枠組みで共同正犯の成否を検討することになろう。

22　危険の創出が単独では困難という事情まではないが、意思を通じて一体的な危険を創出した場合である「準一体的危険創出」の場合を含む。

23　板津・前掲注17）339頁以下。

出行為に共同性が認められない事案類型だといえる。その上で、①では「共同の危険創出」を根拠に過失の共同正犯を認めることができるが、②ではそれを根拠とすることができないため、原則として過失の共同正犯は認められないが、義務内容を直接確認し、「相互利用・補充による共同の結果回避義務が各関与者に課せられていると言える場合については、例外的に共同義務を認めてよいだろう」[25]と分析している。要するに、②（と③）では、「共同の危険創出」を根拠に過失の共同正犯を認めることはできないため、危険防止型と同じ判断枠組みを通じて各人の義務内容を確認し、そこに共同性を見出せるかを判断することになる、と整理できよう。

以上の分析はその大筋において支持できるが、事例の分類には疑問の余地もある。例えば、ＸとＹが建築現場の上からそれぞれ下に向かって鉄骨を投げ下ろしていたところ、下を通りかかったＡにいずれかの鉄骨が当たり死亡させた場合は②に該当するとして、過失の共同正犯は認められないとする[26]。この事例が②に分類されているのは、おそらく、ＸとＹがそれぞれ単独で結果を発生させ得る危険を創出している点にあると思われるが、これは「共同の危険創出」を妨げる事情にはならない。故意犯の場合に単独で結果を発生させ得る危険を持つ行為をそれぞれが担当していても実行共同正犯（いわゆる付加的共同正犯）を認めるのであれば、過失犯においても同様に解してよいはずだからである。意思連絡に基づいて役割を分担し、協調・連携しながらそうした危険を創出したといえれば、一つの危険を共同創出したと評価できるだろう。

それゆえ、先行研究では世田谷ケーブル事件も②に分類されているが、むしろ①として考察する方が自然だと思われる。本件における被告人らは断線箇所を発見するためにトーチランプを使用した解鉛作業に従事していたのであり、火の使用が当日の作業分担（黙示の意思連絡）を通じて共同でなされたものである以上、たとえそれぞれが単独で本件火災を生じさせ得る危険を創出していたとしても、共同の危険創出を認めることはできる。確かに、本件は、共同の危険創出に依拠しなくても、元請け会社の内規や作業慣行に照らして「各作業員が自己の使用したランプのみならず共同作業に従事した者が使用した全てのランプにつき、相互

---

24 板津・前掲注17）340頁。
25 板津・前掲注17）341頁。
26 板津・前掲注17）340頁。

に指差し呼称して確実に消火した点を確認し合わなければならない業務上の注意義務が、共同作業者全員に課せられていた」と認定できた事案だと思われるが、共同の危険創出に依拠することでより直截に過失の共同正犯を認める余地もあったのではないだろうか[27]。

（2）小括：二段階の判断枠組み

危険創出型の事案では、まずもって意思連絡に基づく「共同の危険創出」が認められるかが問われる。これが肯定されれば、各人は他の共同者が創出した危険も自身のものとして評価されることに伴い、自身が創出した危険だけでなく、他者が創出した危険にも自ら対応すべき義務を負うことになる。その場合、各人はそれぞれ独立の義務を負っているのではなく、相互に相手の対応に注視しながら協調・連携しながらその義務を果たす必要があるのであって、「共同義務」を認めて差し支えない。

しかし、危険創出型であってもそれぞれが独立して危険を創出していた場合や、そもそも関係者らによる積極的な危険創出が認められない危険防止型の場合、「共同の危険創出」に依拠することはできない。これらの場合、当該危険に対応すべき主体であることを確定した上で、その義務が関係者らの協調・連携を要求する内容であるかを検討することになる。例えば、内規や作業慣行などがそうした危険の発生を想定し、担当者らが協働しながら対応すべきことを予め指示しており、彼らがそうした業務を引き受けた（つまり、黙示的な意思連絡を通じてそれぞれの役割を担当した）といえるなら、ここでも「共同義務」を認める余地はあることになる。

三　共同義務の再考

1　関与者間の同一性・対等性の意義
（1）義務内容の同一性

共同義務の共同違反説は、「刑法上、共同注意義務が認められるのは、〔中略〕各人に課せられる個別的注意義務を考えるならば、それらが共通したものである場合でなければならない」[28]と主張し、各人の結果回避義務が同内容であること

27　これに対して、屋上喫煙事件（秋田地判昭和40年3月31日下刑集7巻3号536頁）では喫煙（危険創出）行為に共同性を認めることはできないので、本件は②に該当するといえる。

を要求していた。そして、この点を捉え、「故意犯の場合には、全く異なる役割を担う者の間でも、共同正犯は成立すると考えられているから」、「そこまで厳密な一致が共同正犯を認めるために必要であるかは、理論的にも実質的にも疑問がある」し、「共同義務の共同違反説は、相当に限定された範囲でのみ共同正犯を認める考え方である」が、「私見からはもう少し広く認められるべきである」との批判[29]が本説には加えられていた。

しかし、そもそも、共同義務の共同違反説は、過失犯における「共同実行」を要求するに過ぎず、各人の義務内容の同一性を必然的に要求するわけではないのではないだろうか。もちろん、各人の結果回避義務が同内容であることは、「共同義務」の存在を徴憑する事情の一つではある。しかし、故意犯の場合、例えば、FC2事件でもインターネットサイトの管理・運営と動画の投稿・配信という異なる役割による「共同実行」が認められているように、関与者らが担う役割の違いは共同正犯の成立を妨げるものではないから、（少なくとも共同正犯論からは）過失犯の場合にのみ役割（または結果回避義務）の同一性を常に要求する理由はないと思われる。そして、共同義務の共同違反説をこのように理解するのであれば、本説は上記批判が想定するほど過失の共同正犯の成立範囲を限定するものではないことにもなろう。

（2）地位の対等性

共同義務の共同違反説は、「共同者の全員に『皆正犯ト』される関係における連帯的な注意義務」を認めるために「共同行為者の全員が法的に対等、平等の地位に立」つことも要求していた[30]。本説は、その理由として、地位の異なる者らが「共同してある犯罪的結果の発生を避けるように注意し合わなければ〔なら〕ない状況にある場合は少なくないであろうが、それぞれの職務内容が異なり、法律上の注意義務も同一ではないのであるから、原則として、過失犯の共同正犯を問題とすることはできない」[31]と述べている。確かに、地位や役職が異なれば、義務内容も異なることが一般的であろうが、義務内容の違いが過失の共同正犯を必ずしも否定するものでないことは前述の通りである。

---

28 大塚（仁）・前掲注3）6頁。
29 嶋矢・前掲注14）214頁、216頁以下。
30 大塚（仁）・前掲注3）6頁。
31 大塚（仁）・前掲注3）11頁。

とりわけ共同の危険創出に基づく過失の共同正犯の場合、危険創出の共同性が「共同義務」の発生根拠であるから、関係者らの地位の対等性に言及する必要はない[32]。これに対して、共同の危険創出に依拠せずに「共同義務」を認めようとする場合は、関係者らの地位も重要な考慮事情になる。役職上、関係者らが完全に分業しており、互いに独立してその役割を果たすよう求められている場合や、関係者らが一方的な監督・被監督の立場にある場合などでは相互的な協働を内容とする「共同義務」は認められないからである。しかし、それはあくまでも考慮事情の一つであって、地位の違いが過失の共同正犯を常に否定すると解すべきではない[33]。

2 補論：相互促進性について

過失の共同正犯における「共同性」をめぐっては、「相互に影響力を与え合い、そのことによって（単独で行う場合よりも）結果発生の蓋然性を高めたといえるからこそ、実行行為を部分的にしか分担しない者にも共同正犯としての責任を問うことができる」との理解を前提に、相互促進性（因果的相互作用）を、つまり「各自の行為が相互に他者の行為を促進したといえること」を要求する立場[34]も有力に主張されている。しかし、こうした立場の中においても、相互的な因果的作用の「起点」をめぐっては理解が一致していないように思われる。

（1）不注意より前の行為に「起点」を求める立場

例えば、四条踏切事件については、X（相番）の不注意がY（本番）の不注意を促進したとはいえても、その逆は認められないように思われる。それにもかかわらず、「XとYは、列車の接近を相互に確認する立場にあるので、相互の確認行為を信頼する関係にあり、お互いに不注意を助長し合うような強い因果的影響力が認められる」として、本件でも相互促進性は認められると解する立場があ

---

32 板津・前掲注17）339頁。
33 長井長信「判批」判例時報1239号（1987年）225頁は、「法的地位の『平等』とか『対等』などといったメルクマールが必ずしも決定的なのではなく、具体的に危険な行為状況の中で、各行為者の為すべき具体的行為態様は異なるとはいえ、実質的には、全体として一個の共通した具体的注意義務が課されて」いることが重要だとする。松宮・前掲注15）512頁以下、金子博「過失共同正犯論の現在——最高裁平成28年7月12日第三小法廷決定を契機として」刑事法ジャーナル51号（2017年）19頁以下も参照。
34 大塚（裕）・前掲注11）20頁。その他に、嶋矢貴之「過失犯の共同正犯（2・完）——共同正犯論序説」法学協会雑誌121巻10号（2004年）191頁も参照。

る[35]。この立場は、業務の担当・分担を「起点」として捉え、「自分以外にも注意義務を負う者がいるから、自分が多少の不注意をしても問題ないだろう」という形で相手を精神的に弛緩させている、と構成するものと推測できる。

　同様の構成は、都立広尾病院事件（東京地判平成12年12月27日判時1771号168頁）の分析の中でも示唆されている。本件では、看護師Xが消毒液を血液凝固防止剤と間違えて準備し、看護師Yが薬剤を確認せずに消毒液を患者に投与したことから患者を死亡させているが、少なくともYの不注意がXの不注意を促進したという関係は認められない。それにもかかわらず、「同じ病院でともに数年にわたり看護師として医療補助の業務に従事してきた」ことを理由に、「Xとしては患者に直接投与するYが薬の最終確認をしてくれるものと期待するし、Yとしても薬を準備するXがしっかり確認してくれるものと期待する関係にある」として、相互促進性を認めるのである[36]。

　しかし、このような構成に基づく「相互促進性」は、同じ現場に他の作業従事者がいることを認識し合うだけで認められるものであって、共同正犯の成立範囲を限定する機能を期待することはほとんどできないだろう[37]。

（2）不注意に「起点」を求める立場

　以上に対して、例えば、横浜市大病院患者取り違え事件（最決平成19年3月26日刑集61巻2号131頁）における患者の受渡しにつき、「一方の看護師が不正確な引渡しをして不注意な受取りを助長し、もう一方の看護師が受取りに際し正確な確認を怠ることにより不正確な引渡しを助長している関係にあると言えれば、共同性は肯定できよう」[38]とあるように、各人の不注意を相互的な因果的作用の「起点」にしていると推測できる立場もある。ここで注目すべきは、「因果の共同を検討する際には、その因果性は作為による物理的・心理的因果性に限られず、不作為による場合もありうる」のであって、「一見すると、競合する行為者間で何の作用も及ぼしあっていないと見える場合でも、競合者の行為を阻止すべき結果回避

35　大塚（裕）・前掲注11) 41頁。
36　大塚（裕）・前掲注11) 28頁。
37　塩見淳「過失犯の共同正犯」『刑法の道しるべ』（有斐閣、2015年) 122頁は、「正犯同士が影響し合い、お互いに結びついていれば十分と文字通りに受け取るならば、過失共同正犯の成立範囲はかなり広汎に及ぶおそれがある」から、「危険な個別の行為・作業を取り出してそこに共同性の契機を認めるしかない」としているが、正当な指摘だと思われる。
38　嶋矢・前掲注14) 216頁。

義務が肯定しうる場合には、この要件は満たされうる」[39]と述べているところである。例えば、四条踏切事件については、「作為による相互作用はないが、相互に干渉して踏切を警戒すべき注意義務が認定されており、不作為による相互作用と認め得よう」[40]とされている[41]。

もっとも、過失犯にはいずれにせよ不作為的側面が含まれていると解すれば、ここでの共同性（相互作用）は、結局は相互的な干渉義務を意味することになり、本説は共同義務の共同違反説と内容的にさほど変わらないものになると思われる。とりわけ、共同義務の共同違反説が、前述のように、必ずしも義務内容の同一性や地位の対等性を要求するものでないとしたら、（意思連絡を要求するかどうかで異なるとしても）両説の違いはますます相対化されることになるだろう。

四　結　語

共同義務の共同違反説は、過失犯においても「共同実行」が共同正犯の要件として要求されることを述べるに過ぎず、これだけではその成立範囲を示すことはできない。そこで、本稿は、過失の共同正犯を実行共同正犯として理解しつつ、実行共同正犯における共同性（相互的な協調・連携）という視点から「共同の危険創出」と「共同の結果回避義務（違反）」の意義や構造を分析することで、共同義務の共同違反説が意味すべきところを探求してきた。他方で、本稿では、故意の共同正犯をめぐる近時の議論を過失犯に導入する形で考察を進めてきたが、過失犯に固有の構造がそれをどこまで許容するかは検討できていない。過失犯ならではの限定原理が存在するのか、存在するとしたらそれがどういったものなのかは今後の検討課題としたい。

最後に、本稿の立場から明石歩道橋事件に言及しておく。最高裁は過失の共同正犯を否定するにあたり地域官Bと被告人（副署長）の役割の違いに（も）着目しているが、それだけで直ちに共同義務が否定されるわけではない。むしろ、本

39　嶋矢・前掲注14) 211頁。不作為による因果性については、林幹人「過失共同正犯の構造」研修834号（2017年）10頁も参照。
40　嶋矢・前掲注14) 216頁。
41　これに対して、都立広尾病院事件については、「点滴した看護婦の側から薬剤を置き去りにした看護婦に対して何らの作用も、干渉する義務も認められないように思われ、共同性を肯定することは困難である」とする（嶋矢・前掲注14) 215頁）。

件の調査官解説が、「本決定は、〔中略〕本件事故発生防止のための協働の場面を現実的に想定し得たか否か等を検討しながら、具体的注意義務が共同のものであったといえるかを実質的に判断している、という見方も可能である」、あるいは「各自の役割をみると、活動場面が異なるということができ、〔中略〕互いに相手方が直接の働きかけの対象となっているとはいい難いことなどに照らし、協働する場面が想定し難い内容になっている」[42]と指摘しているように、彼らの間に相互的な干渉義務がなかったところに本質があるように思われる。確かに、警察関係者らは皆、本件事故に対応すべき共通の役割を担っていたとはいえるが、事故当日の被告人は、その役職上、Bの動向如何に関わりなく自身の義務・役割を果たさなければならず、Bと協調・連携しながら従事すべき業務は想定されていなかった（計画策定段階も同様だろう）。そうである以上、本稿の立場からもBと被告人による共同実行は認められないと思われる。

---

42 三上潤「判解」『最高裁判所判例解説刑事篇平成28年度』（法曹会、2019年）165頁。

拘禁刑と責任主義

竹 川 俊 也

一　問題の所在
二　拘禁刑の内容
三　パターナリズムによる正当化
四　刑罰理論との関係性
五　おわりに

一　問題の所在

　令和4年6月13日に成立した「刑法等の一部を改正する法律」により、懲役刑と禁錮刑が廃止され、新たに拘禁刑が創設された。刑罰の種類に関する明治以来となるこの改正の趣旨は、改善更生の重要な手段としての作業・指導を刑種の区分ではなく、個々の受刑者の特性に応じ柔軟に組み合わせて効果的に実施できるようにすることにある[1]。

　一般に刑罰とは、国家により意図的に加えられる、過去の違法行為への非難を伴った害悪であることを本質とし[2]、犯罪に対する非難をもって刑罰は本質的に「応報」であるとする理解が受け入れられている。他方で、現在の（相対的）応報刑論によれば、罪刑の均衡という科刑の枠組みは承認しつつも、犯罪予防上の要請が広く考慮される。とりわけ、量刑の段階では行為責任に見合った応報的処罰を基本としつつも、行刑の段階に至れば特別予防的考慮が前面に出る[3]。こうし

---

[1]　その過程では、自由刑の一本化をめぐるこれまでの議論で認識されていた懲役・禁錮刑の枠組みの弊害を解決することが意図され、①高齢・若年受刑者や障害のある受刑者を念頭に一律に作業を行わせなければならないとの制約をなくすとともに、②改善更生の手段としての作業・指導の位置づけを明確にし、③その義務づけが刑法に由来することを明らかにするといった考慮が含まれている（小池信太郎「刑罰の定義」法時95巻3号（2023年）26頁以下）。
[2]　松原芳博「刑罰の正当化根拠としての応報」法哲学年報（2015年）64頁。
[3]　井田良「拘禁刑創設と刑罰論」有斐閣Onlineロージャーナル L2210003（2022年）Ⅱ2、小池・前掲注1）24頁〔応報の要請は拘禁によって達成されるため、意識的に追求される目的とし

た自由刑の処分形式と処分内容の間の不整合は、現実の行刑における改善目的の追求が結果として自由刑の緩和（施設内における収容者の自由拡大）を生じさせてきた経緯もあり、さほど深刻には受け止められていない[4]。

拘禁刑の導入もこうした動向の一つに位置づけられるとすれば、この新たな自由刑の導入は、刑罰の本質を害悪に求める立場から展開されてきたこれまでの議論枠組みにいかなる影響を及ぼす（あるいは、及ぼさない）のだろうか。本稿では、拘禁刑をめぐるこれまでの議論を足がかりに、新たな自由刑が刑罰理論──とくに、〈刑罰は責任の上限を上回ることができない〉とする責任主義──に与えるインパクトを素描することにしたい。

二　拘禁刑の内容

1　懲役・禁錮刑との対比

まずは拘禁刑の内容を、懲役・禁錮刑と対比しながら整理しておこう。改正前の刑法12条2項は懲役について、「刑事施設に拘置して所定の作業を行わせる」と、同13条2項は禁錮について、「刑事施設に拘置する」と規定しており、両者の相違は作業賦課の有無にある。自由刑の大半を占めてきた前者を特徴づける作業は、刑法12条2項からは刑罰内容とされるが刑事収容施設法84条1項では矯正処遇に位置づけられ、懲らしめとして刑の内容を構成する一方で改善更生のための処遇手段でもあるという、二重の性格づけがなされていた。

また、刑事収容施設法74条2項9号では懲役・禁錮刑の矯正処遇として（改善および教科）指導を受けることが義務づけられ、正当な理由のない作業・指導の拒否が遵守事項違反として懲罰事由とされることで（150条1項）、間接強制がなされている[5]。もっとも、作業は刑の内容を構成するが指導は行刑法上の義務にとどまるという相違や、指導は受刑者が自発的に取り組むことで効果が上がるとの理解を背景に、作業拒否に対しては懲罰をもって厳しく対処する一方で指導拒否に対しては直ちに懲罰をもってまでは臨まない運用がなされてきた[6]。

ては改善更生が前面に出るとする〕。
[4]　澤登俊雄『新社会防衛論の展開』（大成出版社、1986年）158頁以下〔その背景として、犯罪的危険性の除去から再社会化ないし社会復帰へと「改善」の意味内容が移行したことを指摘する〕。
[5]　林眞琴ほか『逐条解説刑事収容施設法〔第3版〕』（有斐閣、2017年）394頁、503頁。
[6]　富山聡「刑事施設における自由刑の執行と矯正処遇の位置付け」罪と罰54巻2号（2017年）3

以上に対し、改正後の刑法12条2項は、「拘禁刑は刑事施設に拘置する」、同条3項は、拘禁刑受刑者には「改善更生を図るため、必要な作業を行わせ、又は必要な指導を行うことができる」と規定する。本稿の関心からは、拘禁刑における作業について、（懲役刑における作業が有していた）懲らしめとしての性格が取り払われ、指導と併せて改善更生の手段として特化されたことが注目に値する[7]。

2　処遇の義務づけ

　この点、改正後の刑法12条3項が、作業を行わせ、又は指導を行う「ことができる」としているのは、従来の懲役のように一律に作業を行わせるのではなく、個々の受刑者の必要性に応じて作業と各種指導を適切に組み合わせた矯正処遇を実施することを可能とする趣旨であり、作業・指導に応ずるか否かを受刑者の判断に委ねる趣旨のものではない[8]。正当な理由のない作業・指導の拒否に対して懲罰による間接強制が担保されている点に変更はなく、ただその義務が刑法に由来することが示されるようになったにすぎない[9]。

　このように改善更生のための処遇を受けることを受刑者に（懲罰によって）義務づけることに対しては、自由刑の内容を拘禁に純化し、作業その他処遇の強制を否定する立場（自由刑純化論）から批判がなされている。この見解は、矯正処遇の名の下に国家が受刑者の内面に介入して人格を変容させることへの警戒感を背景とし、処遇を行うこと自体は否定しないが、それは刑罰の内容ではなく、あくまで国家の側から受刑者の社会復帰のための援助として（受刑者の同意に基づき）提供されるべきことを強調する[10]。改善更生のための処遇が効果を発揮するためには受刑者が自発的に取り組むことが重要であり、強制的に行わせても意味がないという主張[11]には一定の説得力があるといえる。それにもかかわらず、立

頁以下参照。国会審議における法務省矯正局長の答弁によれば、令和2年に作業拒否等により懲罰を科した件数は12,937件である一方、改善指導の拒否により懲罰を科した件数は19件であったとされる（第208回国会参議院法務委員会令和4年6月10日発言125［佐伯紀男政府参考人］）。
7　小池・前掲注1）27頁。併せて、懲役と禁錮の作業を別に規定していた刑事収容施設法旧92・93条も新93条に一本化された。
8　第208回国会参議院法務委員会令和4年5月24日発言081、083［佐伯紀男政府参考人］、令和4年6月2日発言072［同］。
9　橋爪隆「自由刑に関する法改正」法教507号（2022年）45頁以下、小池・前掲注1）27頁。
10　吉岡一男『刑事制度の基本理念を求めて』（成文堂、1984年）46頁以下、福田雅章『日本の社会文化構造と人権』（明石書店、2002年）189頁以下、松宮孝明「『自由刑の単一化』と刑罰目的・行刑目的」法時89巻4号（2017年）83頁など。

法者がなお懲罰による強制を維持した背景には、個々の受刑者の問題性を解決する趣旨で作業や指導を課している以上、必要と認められる矯正処遇を専ら受刑者の意思に委ねることは適当でないこと[12]、また、再犯リスクの高い者が矯正処遇を希望するとは限らず、むしろ改善更生が必要な者に対してより強く働きかけを行えなくなるおそれも生じ、ひいては拘禁刑創設の目的達成が困難となりうる、との認識があった[13]。

　以上のような自由刑の理解は、刑罰の定義や（責任主義をはじめとする）周辺原理のあり方にいかなる影響を及ぼすのだろうか。立法者と同じく受刑者に処遇の義務づけを認める学説は、義務づけの必要性を主としてパターナリズムの観点に、その相当性に関する論拠を相対的応報刑論に求める傾向がある。まずは前者から検討を加えることにしよう。

三　パターナリズムによる正当化

　処遇の義務づけを認める見解は、社会復帰の意欲が乏しい受刑者が一定割合で存在するところ、矯正処遇を受けるか否かを受刑者の意思に委ねた場合には、少なからぬ受刑者が無為に刑事施設で時を過ごし、社会復帰を果たすことができないことへの懸念を（立法当局と同じく）出発点とする[14]。自律した理性的主体という人間像が刑法理論において果たす役割の大きさは否定できない一方で、生身の人間が完全に理性的であることは想定しがたい——特に犯罪者は、様々な事情により脆弱な立場に置かれていることが多い——ところ、そうした弱みを抱えながらもいずれは社会に復帰せねばならない場合にその取っ掛かりをすべて本人の自由な意思決定に委ねるのではなく、一定の強い介入が許容される余地を認めるべきとされるのである[15]。

11　本庄武「自由刑の単一化」法時90巻4号（2018年）39頁。
12　第208回国会参議院法務委員会令和4年5月24日発言083［佐伯紀男政府参考人］、令和4年6月2日発言072［同］。
13　第208回国会参議院法務委員会令和4年6月2日発言077［佐伯紀男政府参考人］、令和4年6月10日発言133［同］。
14　川出敏裕「自由刑の単一化」高橋則夫ほか編『日髙義博先生古稀祝賀論文集 下巻』（成文堂、2018年）476頁以下、髙橋直哉「刑罰論からみた犯罪者処遇法改革」法時93巻4号（2021年）26頁、橋爪・前掲注9）46頁。
15　髙橋・前掲注14）26頁。宮澤浩一「行刑思想の発展と動揺」石原一彦ほか編著『現代刑罰法大

この主張は一般に、（教科・改善）指導に関しては強制の程度が低く抑えられているという行刑実務のこれまでの運用によって補強される[16]。すなわち、一口に「法的な義務」といっても、その強度や義務の履行を担保する方法の態様には様々なものがあるところ[17]、指導の受講拒否に関しては直ちに懲罰を科す運用となっていない点で義務づけの程度が（懲役刑における作業懈怠の場合に比して）緩やかなものにとどまっている[18]。他方で、改正法において作業と指導はいずれも本人の改善更生のための処遇として純化された形で並置され、（懲役の作業に残る）「懲らしめ」としての性格は否定された[19]。このことから、（特に拘禁刑における作業・指導を刑の内容ではなくその執行方法に位置づける立場からは）たとえば怠業に対する懲罰は従来よりも減らさざるを得ないこととなり[20]、介入の程度が低い以上、指導・作業ともにパターナリズムの観点からその義務づけを正当化するハー

　系 第7巻 犯罪者の社会復帰』（日本評論社、1982年）24頁以下、澤登・前掲注4）136頁以下、179頁以下、191頁以下をも参照。同旨として、平野龍一『犯罪者処遇法の諸問題〔増補版〕』（1982年）80頁をも参照〔推定的同意による根拠づけを図る〕。

16　受刑者の内面への干渉に関する自由刑純化論の批判に対しては、「再社会化は受刑者が将来犯罪を行うことなく社会の中で生活できる状態で十分であり、非の打ち所のない市民にすることではない」との応答がなされる（第208回国会参議院法務委員会令和4年6月10日発言137〔古川禎久法務大臣〕、川出・前掲注14）76頁、髙橋・前掲注14）25頁、井田・前掲注3）Ⅳ、髙橋則夫「拘禁刑の創設について」ジュリ1579号（2023年）103頁）。

17　井田・前掲注3）Ⅳ。

18　旧監獄法から処遇法への全面改正（2005年）において指導を拒まないことが遵守事項として規定されていた時点においても、教育的処遇は本人の自発的な取組みがあって効果が発揮できるとして懲罰賦課に消極的な姿勢であったこと（名執雅子「刑事施設及び受刑者の処遇等に関する法律における改善指導等の充実について」ひろば58巻8号（2005年）25頁、林ほか・前掲注5）503頁参照）が、現在までの運用の基礎になっていると考えられる。髙橋・前掲注14）26頁（注20）をも参照。

19　立法当局もこの点を繰り返し強調している。第208回国会衆議院法務委員会令和4年5月11日発言027〔川原隆司政府参考人〕、同参議院法務委員会令和4年5月24日発言071〔同〕。

20　小西暁和「拘禁刑の創設と犯罪者処遇の新たな展開」罪と罰60巻2号（2023年）13頁。他方で、拘禁刑における作業・指導が刑の内容を構成するかという点につき立法当局は明言を避けており（第208回国会参議院法務委員会令和4年6月2日発言075〔川原隆司政府参考人〕）、矯正処遇を刑罰内容と解する余地は排除されていない（法制審議会における議論過程について、小池・前掲注1）28頁参照）。拘禁刑の下では作業の位置づけが（指導と同じく改善更生のための処遇手段へと）変化するため、作業については従来よりも丁寧にその必要性等を受刑者に指導することになるとされるが（第208回国会参議院法務委員会令和4年6月10日発言127〔佐伯紀男政府参考人〕、令和4年4月27日発言336〔同〕）、仮に刑罰内容に位置づけられたとすれば執行機関が刑の不執行状態を放置してよいことにはならず、指導の義務づけの程度が（懲役における作業のように）強まる可能性はなお残されている（本庄武「自由刑の改革と処遇の法的根拠」法時93巻4号（2021年）37頁）。これに対し、川出・前掲注14）481頁をも参照〔指導の運用はそれが刑罰内容として明記されても変化しないとする〕。

ドルは低くなる、というロジックである。

　以上の理解は、拘禁刑受刑者という地位に基づいて、本人の利益のために、本人の意思に反してでも必要な処遇を行えることを強調するものである。もっとも、こうした考えを前提とした場合には、自律的意思決定能力を有する成人を対象とするパターナリズムが許容されるのは、判断の前提となる情報を収集する能力を欠く場合に限られる、という一般理解との平仄が課題となる[21]。

　また、その点を措くとしても、拘禁刑の下での処遇の義務づけが自由で理性的でないがゆえの介入だとすれば、他者侵害的な行為（者）に対する処遇が自由意思（責任〔能力〕）の有無によって刑事司法システムないし民事（精神保健）システムに排他的に割り振られるとの原則から逸脱することを意味する。責任のある行為者はあくまで自由で理性的な主体として扱われるという前者の建前を弛緩させた場合には、（たとえば自傷他害のおそれの認定に基づく）精神障害者の非自発的入院におけるまなざしに近づくことになるからである。

　他方で、拘禁刑における指導・作業の法的な位置づけをめぐっては（それが刑の内容を構成するか否かにつき）議論のあるところだが、作業が一律に課される旨の制約が廃され、作業・指導が改善更生の手段として純化された形で性格づけられたことは、自由刑の懲罰性を緩和する方向に作用する事情といえよう。

　このように、パターナリズムを軸とする特別予防の観点の強調と拘禁刑における懲罰性の縮減に照らせば、責任の限度でしか刑を科せないという責任主義による拘束を（少なくとも従来と同程度に）維持する必然性は後退するように思われる。たしかに、拘禁刑においても（拘置に加えて）処遇の義務づけがなされる点でなお不利益といえるから、純粋な保安処分のように責任と無関係に刑を科すことはもとより不可能である[22]。しかし、刑罰は責任の量を超えてはならないとする理由が刑罰の不利益性・懲罰性に由来するのならば、福祉的な要素を多くもつ「刑罰」は責任を超えて用いられてもよいはずである[23]。刑罰の枠内で特別予防

21　本庄・前掲注20) 38頁。なお、高橋・前掲注16) 101頁をも参照。また、パターナリズムの観点を強調しても、矯正可能性を欠く受刑者への義務づけは不可能である。パレンス・パトリエの観点に基づく精神障害者の非自発的入院において、——意思決定能力を欠く対象者が治療の必要性を否定する場合に、客観的に決定された「利益」を与えることが介入の正当化根拠になるため——治療可能性が必須の要素になることを想起されたい。

22　これに対し、自由刑において処遇の義務づけを廃した場合には、（拘置されること自体は両者で変わらないために）刑罰と処分の境界はさらに不明瞭になると思われるが、自由刑純化論の論者がこの問題に対してどのようなスタンスで臨むのかは明らかでない。

的な色彩の強い処遇を予定する場合には（保安）処分との境界が曖昧となるところ[24]、両者の規律原理が混淆することは避けられない。

　以上のように、懲罰性の低下という点をみるかぎりでは、責任主義による規律は（少なくとも従来に比して）弛緩することが見込まれる。前述のように、処遇の義務づけを認める見解は、（それを刑の内容として捉える見解からは当然、刑に付随する措置とする見解においても）応報ないし特別予防の観点に依拠することが多い。したがって以下では、処遇の義務づけと刑罰理論の関係性について、義務づけを認める論者の見解を中心に見ていくことにしよう。

四　刑罰理論との関係性

1　刑罰論と処遇の義務づけ：問題地図

　刑罰の目的やその正当化根拠については、それを犯罪に対する応報に求める応報刑論と、将来の犯罪抑止に求める目的刑論の対立を軸とする議論がなされてきた。犯罪に見合った応報であるべきことは刑罰の本質とみられているが、刑罰制度により追求されるべき目的については、これを犯罪に正当な報いを与えることそれ自体に求める見解は現在では少数であり、むしろ犯罪予防の目的を、応報であることを本質とする刑罰を用いて追求するのが刑罰制度であるとの見解（相対的応報刑論）が通説的地位を保っている[25]。

　この点、拘禁刑を構成する3要素（「拘置」「作業」「指導」）のうち、拘置が犯罪を非難する趣旨で苦痛・害悪ないし不利益を加えるものとして（応報の観点から）刑の内容となることに争いはないと思われるが、受刑者に義務づけられる作業・指導（処遇）がいかなる観点から正当化されるべきかについては議論がある。

　この点につき橋爪教授は、処遇を義務づける以上それは刑の内容として位置づけられるべきとの立場から、刑罰は犯罪に対する法的非難として否定的評価を示す手段として意思に反してでも一定の義務を課すものであるところ、処遇は、（本人にとって利益か否かではなく）それ自体が犯罪に対する否定的評価・法的非難

23　所一彦「刑の量定」阿部純二ほか編『刑法基本講座〈第1巻〉』（法学書院、1992年）259頁以下。
24　大谷彬矩「自由刑と保安処分の異同に関する考察」赤池一将ほか編『土井政和先生・福島至先生古稀祝賀論文集　刑事司法と社会的援助の交錯』（現代人文社、2022年）128頁。
25　小池・前掲注1）24頁。

を担っており、これを意思に反して義務づけるのだから刑罰の本質的内容と考えることができるとされる[26]。本人の改善更生に資する処遇が刑罰といえるかとの疑念に対し、意思に反して一定の権利や自由が制約される点に刑罰としての非難ないし応報の契機を見出すのである[27]。

これに対し、井田教授は、刑罰目的・行刑目的として特別予防を掲げることが承認される以上、行刑施設内においてこれを実現すべく受刑者に種々の働きかけを行うこと（さらに受刑者側がその働きかけを受忍すること）は刑罰の内容として認められうるが[28]、それは刑罰内容であるとしても応報（非難）としての性格をもたないとされる[29]。その背景には、自由刑のもつ「害」の内実は場所的移動の自由の制限に尽きており、刑の重さ（犯罪に対する非難の重さ）はもっぱらその期間（刑期）によって表現される一方、それ自体としては応報的性格をもたない処遇に関しては特別予防の見地から正当化され、こうした分配説的な理解は相対的応報刑論に立つ以上は認められるとの理解がある[30]。

理論上はいずれの理解も可能と思われるが、積極的処遇を施すことが正当な刑罰目的・行刑目的となりうるのか、それが刑罰論上なぜ正当化されうるのかという基本問題にまで遡ると、以下にみるように必ずしも説得力ある回答が示されているわけではない[31]。

2　特別予防の観点による基礎づけ

まずは特別予防の観点による基礎づけを検討しよう。自由刑改正の国会審議において立法当局は、拘禁刑における作業および指導が受刑者の改善更生・再犯防止という特別予防のために課されることを繰り返し強調しており[32]、立法者意思

26　法制審議会少年法・刑事法（少年年齢・犯罪者処遇関係）部会第1分科会第5回会議議事録10頁以下、同部会第1分科会第6回会議議事録14頁、同部会第10回会議録8頁以下［橋爪隆発言］。
27　ただし、橋爪・前掲注9）46頁参照〔相対的応報刑論の見地からは特別予防の観点から（も）再犯防止・社会復帰に向けた働きかけを刑罰の内容として構成する余地を認める〕。髙橋直哉「自由刑の単一化」刑ジャ68号（2021年）9頁注26をも参照〔処遇を通じて自らの内面に向き合うことに苦痛を見出す余地を指摘する〕。
28　井田・前掲注3）Ⅳ。
29　井田・前掲注3）注22。
30　井田・前掲注3）Ⅱ1。同様の立場として、小池・前掲注1）30頁以下〔ただし、拘禁刑における処遇を刑に付随する措置とする〕。
31　井田・前掲注3）Ⅳ。
32　第208回国会衆議院法務委員会令和4年5月11日発言027［川原隆司政府参考人］、同参議院法務委員会令和4年5月24日発言071［同］、令和4年6月2日発言075［同］。

はこの観点を重視したものと推察される。

　このアプローチの難点は、具体的な犯罪行為と矯正処遇の義務づけの間に結びつきを見出しがたいところにある。〈刑罰による犯罪予防目的の追求は応報の限度で〉という相対的応報刑論の主張によれば、矯正処遇を義務づけることによる犯罪予防目的の追求は、過去の犯罪行為と無関係なものではならず、かつ、当該犯罪の重さと釣り合いのとれた範囲内に限られる。しかし、仮に犯罪の重大性などの観点から、たとえば10年の拘禁刑が責任相応であることが導かれたとして、その間になされる措置が矯正処遇の義務づけでなければならない理由を示すことは困難である[33]。相対的応報刑論において刑罰の本質を応報に求めつつもそれが無目的な害悪の賦課であってはならないことを基調とする——応報刑を科すことで副次的に特別予防・一般予防の効果が達成される——ことと、応報の枠（期間）の中であれば応報とは本質的に異なる義務を直ちに課してよいとすることの間にはなお距離がある[34]。後者によれば、応報によって基礎づけられる自由剥奪の期間内であれば、特別予防の観点から有効なあらゆる矯正処遇手段を用いることが可能となるが[35]、相対的応報刑論の内部にこれを排斥する論理は含まれない[36]。

　この点で興味を惹くのは、小池教授の見解である。小池教授は、「相対的応報刑論のもと、刑罰制度の目的の１つである特別予防の効果を高める措置として処遇を義務づけることは、刑と処遇を合わせた負担全体が行為責任の限度を上回らない限り、原理的に否定されるいわれはない」とし、行為責任の範囲内での措置であることに加え、（直ちに懲罰の対象とならない）ハードでない義務づけであることに照らし、処遇の義務づけは刑に付随する措置として認められうるとされる[37]。しかし、この見解においても、応報が自由剥奪に尽きる一方で処遇の義務づけの論拠を特別予防に求めるその理論的前提から、「行為責任の限度」がいかに設定されるのかは明らかではない[38]。

33　髙橋・前掲注14）23頁。
34　澤登・前掲注４）188頁、本庄・前掲注20）35頁以下参照。
35　たとえば、性犯罪者に対する薬物療法なども視野に入るだろう。
36　また、帰結主義を基調とする立場からは、その理由はあくまで犯罪予防の有効性という観点からしか説明できず、犯罪者を将来の目的のための単なる手段として取り扱うもので、人格の尊厳・主体性を尊重していないという周知の批判も提起される。髙橋・前掲注14）23頁。
37　小池・前掲注１）31頁。
38　自由剥奪によって応報が酌みつくされているとすれば、プラスαとなる処遇の義務づけは行為

このように、応報の観点は自由剥奪に尽きる一方で積極的処遇は特別予防の問題という分配説的な理解からは、特定の処遇を義務づける論拠が薄弱となることは避けられない。また、相対的応報刑論において回顧的な応報と展望的な特別予防の内的関連性は一般に否定されることからすれば、刑罰の懲罰性が薄まることはもっぱら後者の問題であって応報の量（枠、期間）に影響を与えない（したがって責任主義の弛緩には繋がらない）とする理解も表面上は可能である。しかし、応報の枠（期間）内であれば目的や手段の相当性は関知しないとする相対的応報刑論の形式的理解を前提に、応報の基本的な性質を超えた負担が求められることがあるとすれば、質的には責任（応報）を超えた負担が正当化される余地があるといえよう。

3 応報（非難）の観点による基礎づけ

それでは、応報の観点による基礎づけはどうだろうか。このアプローチでは、刑罰が将来いかなる効果を及ぼすのかではなく、過去に犯罪を行ったこと自体が刑罰を正当化する理由となるために犯罪と刑罰との間の必然的な関係性が意識される反面、矯正処遇の義務づけを帰結することが難しくなる。矯正処遇は改善更生・社会復帰を達成するための展望的な営みである一方で応報は回顧的視点を前提とするところ、両者は反対方向を向いているからである[39]。

この点、応報の観点による基礎づけを図る見解は、（先述のように）意思に反した処遇の義務づけにおける不利益性に着目する。しかし、拘禁刑では改善更生のために必要な作業・指導を行いたいとの要請が先行して存在し、その実施の実効性を高めるために意思に反してでも義務づけた結果として不利益性が生じるのであって、義務づけ＝不利益処分であること自体に非難を表現するニュアンスは込められていない[40]。処遇の過程で自らの犯罪に向き合うことが一般に苦痛だとし

責任を上回ったところに求めざるをえない。また、この点は、処遇を刑の内容として位置づけるか否かにより異なるものでもないと考えられる（松宮・前掲注10）82頁）。なお、小池説は、懲役・禁錮において（刑の内容ではない）指導の義務づけの論拠を「拘置」概念の中に読み込む川出・前掲注14）469頁以下の理解に近づくように思われるが、こうした「拘置」理解への疑問として、髙橋・前掲注27）9頁参照。
39 髙橋・前掲注14）23頁。
40 処遇を義務づけられることや自らの内面に向き合うこと自体の苦痛については、たとえばポリス・パワーに基づく精神障害者の非自発的入院においても、治療に参加して精神状態を改善する以外に解放される途はないことからこの程度の義務づけはなされている（したがって刑罰独自の

ても、拘禁刑はその苦痛によって非難を表現しているわけではないとの疑問が残るのである[41]。

　この点で注目すべきは、応報（非難）と積極的処遇の関係について、新たな観点から結節点を見出そうとする諸見解である。たとえば、飯島教授は、規範妥当の回復を内容とする規範的応報刑論の立場から、応報と予防が統合される可能性を以下のような理路により示される。

　　刑罰による自由剥奪は、それ自体に意味はなく、あくまで法秩序を犯罪以前の状態に回復させるためになされる。刑罰を通じて、犯罪行為に及ぶ以前のような、法秩序の規範にしたがって生活していた市民・人格の状態にその犯罪者を立ち返らせてこそ、刑罰によって法秩序は回復されたといえる。そうすると、刑罰の執行に際して、犯罪者が自発的に望む場合は当然、仮に拒絶する場合であっても、国家（法秩序）は再社会化の行刑プログラムに服させることで当該犯罪者を社会に立ち返らせて法秩序の回復を追求すべきである。再社会化の働きかけが内心の動機に立ち入るような過度の自由侵害に至らない限り、働きかけを拒絶する犯罪者もそれに服する義務がある。
　　犯罪者は法秩序の回復という目的のために（答責性の範囲内で）再社会化の働きかけを受けるのであるから、たしかに目的のための手段として扱われるが、単なる手段としてではない。犯罪者の法秩序への立ち返りを通じて法秩序の回復を図ることは、当該犯罪者もその法秩序の構成者として自由な人格・市民の地位を再び完全に獲得することが目指されることにほかならず、常に同時に目的としても扱われるからである。以上の積極的特別予防（再社会化）の観点は、応報刑の枠内で正当なものとして追求することが許される[42]。

　また、髙橋教授は、犯罪により侵害された共同体の価値を回復し、人々の生存を可能とする社会関係の維持に刑罰の目的を求める立場[43]から、非難の意義を捉え直すことで矯正処遇の義務づけの余地を見出そうとされる。

　　非難は、相手方が過去に行った行為が共同体の共通善を害する行為であることを伝え、その理由を相手方が理解し受容することを通じて、自ら将来の行動を改める判断をするように求める理性的な企てである。犯罪者であっても、社会でともに生きる上で尊重しなければならない事柄について共通の意識を持ちうる存在であることを前提とするならば、非難する者と非難される者の間には対等な関係がなければならず、彼らを自立した理性的主体として尊重し、同じ共同体の中で生活する仲間として対応し

懲罰性ではない）と考えることも可能だろう。
41　小池・前掲注1）29頁。
42　飯島暢『自由の普遍的な保障と哲学的刑法理論』（成文堂、2016年）55頁以下、79頁。
43　髙橋直哉『刑法基礎理論の可能性』（成文堂、2018年）224頁参照。

なければならない[44]。

　こうした説得-理解-受容のコミュニケーション過程から非難を捉え直した場合、非難の営みには、非難される者による応答への期待が込められている。このコミュニケーションは、それにより犯罪者が自己の行為の不正さに気づき、再び社会に戻ってくるに相応しい状態になるためのプロセスとして位置づけられ、非難は最終的に犯罪者の社会復帰を見据えた営みであるところに矯正処遇との結びつきが見出される。加えて、社会の構成員として一定の価値を尊重する義務があるとの理解をとれば、犯罪によってその義務に違反した者は、その義務を遵守する人間になったことを示すことが社会復帰の条件となるので、そのために矯正処遇が義務づけられうる[45]。

　上記の見解はいずれも、応報（非難）と積極的処遇との間に内的な関連性を見出すことで、犯罪行為と処遇との結びつきを洗練された形で提示する点で、（相対的応報刑論に依拠しながら）特別予防の観点に着目するアプローチの難点が回避されている。すなわち、応報を本質とする刑罰に目的が付与されるとしても、（目的を効率的に達成することが最優先とされる）帰結主義的な論理と（犯罪と刑罰との間に必然的な関係を見出そうとする）義務論的な論理とを単に同じレベルで対向的に配置する――応報により枠づけられた期間内で帰結主義的考慮を放任させる――のではなく、ある目的の実現が応報（非難）の観点からして本質的に相応しい手段によりなされているかを問題とすることで、〈応報の枠内における目的の考慮〉という理念が量的のみならず質的にも貫徹されているのである。

　もっとも、これらの見解においては応報（非難）と積極的処遇が結びつけられたことで、応報（非難）と犯罪行為（の重大性）との間の緊密性が弛緩し、責任による刑罰限定機能が応報刑論の下で従来イメージされていたものに比べて後退するのではないかという点は気がかりである。応報（非難）と積極的処遇との間に内的関連性を認め、〈犯罪者の社会復帰は法秩序の回復（応報）に資する〉〈非難は共同体の構成員として要求される社会復帰の（コミュニケーション的な）契機である〉と解した場合には、制裁の質および量を限定づける（責任）原理の峻厳さは、予定される措置の懲罰性や処遇の義務づけの程度からの影響を正面から受けるように思われる。

　法秩序の回復や共同体構成員の価値尊重義務という高次の目的のもとで応報（非難）と改善更生とを結びつける試みは、特定の処遇を義務づける論拠の提示

44　髙橋・前掲注43) 21頁以下、55頁、170頁、224頁。
45　髙橋・前掲注14) 24頁以下。

や〈応報刑の枠内で〉という命題の堅持に成功している一方で、刑罰理論における（責任をはじめとする）制約原理がこれまでと同じ形で維持されることになるのか、なお慎重に見定める必要があろう[46]。

五　おわりに

　刑罰権発動のための諸条件や規律原理のあり方は、刑罰に予定される措置の内容に影響を受ける。拘禁刑における特別予防の観点の強調と懲罰性の縮減は、害悪としての刑罰観および（その前提の下で構築された）諸理論に影響を与える可能性が高い。パターナリズムの観点から積極的処遇の必要性を説きつつ自由で理性的な主体という刑事司法システムの人間観を後退させ、他方で刑の内容（ないし執行のあり方）の懲罰性を減じた場合には、たとえば〈刑罰は責任を上限とする〉との原理を、少なくとも従来と同じ強度で維持する必然性が失われる。

　他方で、現在主張されている刑罰理論にしたがえば、拘禁刑の上記設計思想は既存の概念枠組みの中で十分に正当化されうる——すなわち、「責任」の範囲内で運用可能である——とされる。もっとも、そこにいう「責任」が、懲役・禁錮刑のもとで観念されていたものと同質とみてよいかについては、なお疑念を差し挟む余地がある[47]。積極的処遇を刑罰論の次元で根拠づけようとする場合、一見すると「責任」の範囲内で正当化が図られているように見えて、責任（応報）概念が従来のそれに比して拡張されている可能性がある。

　こうした、表面上は責任の範囲内である〔＝責任主義には抵触しない〕が、その内実は犯行の重大性×当該意思決定への非難可能性の程度から導出される責任以上のものが含まれるという事態は、たとえば刑罰と（保安）処分の区別を曖昧とし、前者の守備範囲を広げることに繋がる。保安処分のないわが国において非難の程度を超えた拘禁が（例外的な場面で）なお必要だとすれば、便宜的に刑罰を用

46　たとえば、応報（非難）と特別予防とを対向的・背反的に解さない立場から処遇の義務づけを（前者の見地から）導出する場合には、受刑者の矯正可能性や社会復帰の意欲の程度を責任判断において考慮することも原理的には排斥されないだろう。受刑者が社会復帰してこそ応報（非難）が果たされるのであれば、矯正可能性の高低によって非難の程度が異なることは受容されるべき事態であるように思われる。

47　もっとも、非難を展望的観点から説明する理解も有力であることからすれば（平野龍一『刑法の基礎』（東京大学出版会、1966年）25頁、所一彦『刑事政策の基礎理論』（大成出版社、1994年）84頁以下）、従来の責任概念自体に幅があることは留意すべきである。

いてそうした事態に対処することが直ちに否定されるとまではいえないのかもしれない[48]。しかし、その場合には、〈刑罰の皮をまとった処分〉の相当性・適格性がなお問題とされてしかるべきである。すなわち、処分が正当化されるためには、①具体的措置の非懲罰性を前提に[49]、②早期に釈放されるための（治療等の）福祉的措置の提供や、③拘禁理由が消失した場合に直ちに釈放するための（定期的な収容継続審査などの）手続面の整備、さらには④拘禁はより侵害的でない他の手段では目的が達成不可能な場合に限定される、といった諸条件を満たすことが必要である。処分から刑罰へと衣を替えたことで当該措置は非難に基づく（責任相応の）収容であるような外観を呈するから[50]、これらの制約を十把一絡げに廃することも不可能ではないのかもしれないが、こうした転向（潜脱？）に問題はないと言い切るには躊躇を覚えるところである――。

　本稿の記述はいずれも試論の域を出るものではなく、各論者の刑罰理論の理解においては筆者の誤解や曲解が含まれることだろう。また、現時点で説得力ある代案を示せていない点についてはご容赦いただくほかない。しかし、処遇の義務づけをはじめとする積極的処遇の政策的妥当性を前提にするとして、その理論上の正当化に気を取られるあまり刑罰理論全体に及ぼす波及効果を見落とすことがあってはならない。この点に共感いただけたのならば、本稿の目標は達成したのも同然である。

48　たとえば、安田拓人「コメント」大阪刑事実務研究会編著『量刑実務大系 第2巻』（判例タイムズ社、2011年）162頁以下。
49　懲罰的でない施設での執行が求められるとともに、治療等の処遇を強制することは不可能とみるべきだろう。
50　この点に対する懸念を示すものとして、中村悠人「刑罰論と自由刑の単一化」佐伯仁志ほか編『刑事法の理論と実務①』（成文堂、2019年）225頁。

刑事施設等に収容された者に対する保護責任

石 井 徹 哉

一　はじめに
二　保護責任の意義
三　保護責任の根拠
四　被収容者に対する保護責任——結びに代えて

一　はじめに

　いわゆる大河原加工機事件では、勾留中であった男性が体調の異変を起こし、その後検査の結果胃がんが発見された後もなお勾留が継続され、およそ一月後に執行停止により入院し、その約三ヶ月後に死亡した[1]。警視庁の留置施設に勾留中の男性が糖尿病を悪化させたのに、適切な措置をとらずに死亡した事案について、警察官5人を業務上過失致死の疑いで送検したとの報道があった[2]。刑事施設又は留置施設内に収容されている者は、身柄拘束それ自体は、裁判所の令状により執行されるものの、裁判所自身が収容された者の監護をするわけではなく、その健康状態等は、関係者からの情報提供を通じてのみ知りうるにすぎない。収容された者本人の親族及びその弁護人も刑事施設等に隔離された状態であるため、直接その健康状態を確認することは困難である上、またこれを知ったからといって直接保護の状況をもたらすことはできない。刑事施設等の被収容者を管理する刑務官又は警察官も、被収容者が裁判所の命令により拘束されていること、刑事事件の捜査又は公判への影響、人員配置上の支障等から、被収容者の管理にその意識が集中しがちであることも推察される。いずれにしても、被収容者が収

1　経緯については、NHK事件記者／取材note「がんでも閉じ込められ……無実だった技術者の死」（https://www3.nhk.or.jp/news/special/jiken_kisha/kishanote/kishanote85/）。
2　「交流男性死亡で業過致死疑い　警視庁警部ら5人書類送検」日経新聞2024年2月2日（https://www.nikkei.com/article/DGXZQOUE02A2R0S4A200C2000000/）。

容中に発病し又は持病が悪化した場合に、これを十分に保護する環境が十分に整っていないように思料される。

本稿では、個別の事件についての是非は措くとして、一般的に刑事施設等に収容された者が刑法217条の「疾病のため扶助を必要とする者」である場合、とりわけ収容後に「疾病のため扶助を必要とする者」となったときに、果たして保護責任者に該当する者はいるのか、またはどのような状況のときにどのような者について保護責任を肯定すべきであるのかについて検討するものである。

二　保護責任の意義

1　遺棄罪の保護法益

遺棄罪の保護法益については、通説によれば、生命及び身体であるとされる[3]。これに対して生命に限定されるとの立場[4]がある。後者の立場は、218条後段に「その生存に必要な保護」という文言があることを根拠とし、前者は、219条に致傷の処罰規定があり、条文の位置も傷害の罪の後ろであること、遺棄罪の法定刑が傷害罪の法定刑より低いことなどを根拠とする。その法定刑が傷害の罪と比較して決せられることを根拠とする。生命を保護法益と解する立場の意図するところは、身体の安全を保護法益に含めることでその処罰範囲が無限定に広がるところにあるといえよう。

問題は、生命の危険はないが、身体の安全又は健康を脅かすことが処罰の対象となるかということにある。暴行による傷害の未遂が暴行として処罰可能と解されることとの対比からすれば、遺棄致傷罪が傷害罪の法定刑と比較して決定され、上限が傷害罪の法定刑と同じになり、下限が遺棄罪のもの[5]となることから

3　例えば、井田良『講義刑法学・各論〔第3版〕』（有斐閣・2023年）101頁（なお、処罰の対象は、生命侵害および重い健康被害の危険性を有する行為に限定されるとする（102頁）。）、大塚仁『刑法概説（各論）〔第3版増補版〕』（有斐閣・2005年）57頁、川端博『刑法各論講義〔第2版〕』（成文堂・2010年）126頁、佐久間修『刑法各論〔第2版〕』（成文堂・2012年）57頁、曽根威彦『刑法各論〔第5版〕』（弘文堂・2012年）40頁など。さらに、ドイツ刑法が遺棄罪を生命に対する罪とすることについて、井田・前掲101頁注32参照。

4　例えば、浅田和茂『刑法各論〔第2版〕』（2024年・成文堂）、平野龍一『刑法概説』（東京大学出版・1977年）163頁、大谷實『刑法講義各論〔新版第5版〕』（成文堂・2019年）、高橋則夫『刑法各論〔第4版〕』（成文堂・2022年）、西田典之（橋爪隆補訂）『刑法各論〔第7版〕』（弘文堂・2028年）28頁、松原芳博『刑法各論〔第2版〕』（日本評論社・2021年）32頁以下、山口厚『刑法各論〔第2版〕』（有斐閣・2010年）30頁など。

すれば、少なくとも217条の遺棄罪が暴行によらない傷害の一部を処罰しているものと解することに不合理な点はないように思料される。この限りで、生命及び身体を保護の対象としているものと解される。

2 保護責任の意義

　従来の議論は、遺棄概念において217条と218条の「遺棄」が作為のみか不作為を含むのかという行為概念を前提として、不作為による遺棄又は不保護について保護責任が作為義務となるかということを問題としてきた。これは、保護責任が不真正不作為犯における作為義務と共通の問題であるとされ、作為義務の根拠と保護責任がいずれも法令、契約・事務管理又は条理・慣習に求められてきたことによるのであろう。しかしながら、不作為犯における作為義務と保護責任を同一のものと解することは、必然であるとまではいえない。保護責任が218条の主体に関する構成要件要素である以上、まずは218条の解釈として保護責任の内容を明らかにすることが必要である[6]。

　もっとも、老年、幼年、身体傷害又は疾病のため扶助を必要とする者（要扶助者）を保護する責任をどのような者が負うのか又はどのような場合にその責任を負うのかについては、明示されてはいない。旧刑法では、8歳未満の幼年者、老者及び疾病者を遺棄する行為を処罰（旧刑法336条）し、「寥闃無人の地」に遺棄した場合のほか、有償の寄託を受けて保護すべき者を遺棄した場合も加重処罰していた（旧刑法337条、338条）。これとは別に、親族間における保護義務懈怠罪（旧刑法363条、364条）を処罰していた[7]。これが現行刑法制定の際に、遺棄罪（217条）、保護責任者遺棄罪（218条1項）及び尊属遺棄罪（218条2項、削除済み）に整

5　松原・前掲注4）32頁は、下限が傷害の下限より重いことを理由に身体が保護法益に含まれるとはいえないとするが、むしろ暴行と傷害が類型的に連続していることから、ごく軽微な傷害が暴行に近いものとして法定刑が下げられているものと解される。身体を保護の対象とする場合は、遺棄行為の限定を法定刑の下限に即して限定的に解釈すべきことになるであろう。なお、井田・前掲注3）102頁は、処罰の対象は、生命侵害および重い健康被害の危険性を有する行為に限定されるとする。

6　もちろん、218条の解釈の帰結として、不真正不作為犯における作為義務と同一であるとの考えを排除するものではない。

7　大塚仁「遺棄罪」『刑事法講座（7）』1587頁によれば、唐律等では、親族間での保護義務の懈怠が遺棄罪の中核とされていた。さらに、現行法に至る経緯について、同論文1587頁以下参照。さらに、佐藤輝幸「旧刑法における遺棄罪について」千葉大学法学論集38巻1・2号（2023年）256頁以下参照。

理統合された[8]。刑法改正草案においても、その第27章において、尊属遺棄罪を除くほかは現行刑法と同様の規定内容となっている。

このような立法の経緯からすれば、保護責任を法令、就中民法の監護権ないし扶養義務や契約上の義務に根拠づけてきたかつての通説も、理由のあるところである。しかし、例えば、幼年者について、両親が共同して監護しているとしても、単身赴任や離婚等により片側の親のもとで日々の生活を送っている場合には、遠隔地にいる親について保護責任を認めることは、困難である。

前述のように、保護法益を要扶助者の生命又は身体であると解するのであれば、要扶助者の生命又は身体の安全という観点から要扶助者を保護すべき地位又は立場を実質的に基礎づける必要がある。もっとも、217条と218条とがまったく同じ法益保護のあり方をしているとみることは、適切とはいえない。この点において、生命のみを保護法益と解する立場が218条後段の「生存に必要な保護」を根拠とすることも合理的なものといえる。218条後段の保護責任者不保護罪は、保護責任者による要扶助者の保護状態が維持されることで、その生命の保護を図ろうとするものであり[9]、この限りで要扶助者の生命を危険にする行為を処罰しているものと解することも可能である。218条は、遺棄行為に加えて、生存に必要な保護をしない場合も処罰しており、217条の遺棄よりも重い刑罰を科していることを考慮すれば、218条は、要扶助者の生命を保護しており、218条前段もこの観点から解釈すべきことになる。いずれにせよ、保護責任は、要扶助者の保護をより充実させ、その生命をより強く保護する責任[10]であると解すべきである[11]。

---

8 こうした経緯に鑑みれば、遺棄罪と保護責任者遺棄罪を連続した犯罪類型とみるのではなく、同質の、同一の保護法益の犯罪類型ではあるが、一定の質的相違を認めるのが妥当であろう。なお、保護責任を、法益尊重意識の観点から高度の期待可能性を基礎づける責任加重身分とみて、家族関係に典型的にみられるような長期的かつ全面的な人的関係に基づいて要扶助者の生存について強う関心をもつべき者とする考え方（松原・前掲注4）41頁）は、遺棄罪と保護責任者遺棄罪の異質性を説明可能とするが、いわば旧刑法的な理解へと回帰するものであり、かつ法益侵害性と無関係に人的関係により責任を加重し、法益侵害の程度を超えた加重処罰を正当化するものであり、妥当とはいえない。

9 佐伯仁志「遺棄罪」法学教室359号（2010年）100頁、和田俊憲「遺棄罪における生命保護の理論的構造」山口厚編『クローズアップ刑法各論』（2007年・有斐閣）46頁以下参照。

10 このような理解からは、218条は、生命をより強く保護するための独立した処罰をしており、殺人罪（199条）の前段階的な処罰をするものと解することとなり、傷害に類比した217条の遺棄罪と異なることとなる。この考えを徹底すれば、保護責任者の身分は、真正身分（構成的身分）を解することとなろう。

11 井田・前掲注3）271頁参照。なお、本稿の考えを徹底すれば、217条の遺棄罪と218条の保護責任者遺棄罪は、罪質が異なる犯罪類型ということとなる。この点を旧刑法における遺棄罪の規定

保護責任が生命保護に関わるものであることは、保護責任の判断において、救命可能性を考慮する裁判例があることでも示される。例えば、妻が実母から暴行を受けて頭部から多量に出血し倒れているのを発見し、その時点では妻を実母から離し、容体を見た後救急医療を要請するなどの適切な救命措置を講じていれば救命される可能性があったのであるとして、被告人を保護責任者であるとするもの[12]、MDMA中毒により錯乱状態に陥った被害者について、被告人は、錯乱状態に陥った被害者の生存に必要な保護をすべき責任があり、速やかに119番通報をして保護をしていれば、被害者を救命できる相当程度の可能性があったと認められるとして、保護責任者遺棄罪の成立を肯定するもの[13]などがある。

三　保護責任の根拠

保護責任の法的性質について、これを責任が加重されたものであるとする立場からは、親子や夫婦等の保護共同体の地位に基づいて発生するものと解する[14]ことになる。しかしながら、保護共同体など強い人的関係により強い責任非難が生じるとの理解は、要扶助者の保護状態及び法益保護の危殆化と切り離して捉えるのであれば、結局、人的関係の密接性により倫理的な非難の程度を問題とすることになる。人的関係の密接性は、法益保護の状況との関係において法益侵害性の観点から評価されるべき事柄である。保護責任者は、日頃の継続的に要扶助者の保護状態を維持していることから、容易に要扶助者の生命に対する危険を惹起しうるのであり、作為による遺棄行為のみならず、不作為形態による保護状態の解

から論証するものとして、佐藤・前掲注7）216頁以下参照。
12　札幌地判平成15年11月27日判夕1159号202頁。死の結果との因果関係については、被告人が執るべき救命措置を講じたとしても妻が死亡した可能性は否定できないから、保護責任を果たさなかったことと妻の死亡との間に因果関係を認めることについてはなお合理的な疑いが残るとしている。
13　東京高判平成23年4月18日東高刑時報62巻1～12号37頁。被害者を確実に救命できたことについては、医師の間で見解の相違があるものの、相当程度の救命可能性はあったとする。
14　曽根・前掲注3）43頁。大谷・前掲注4）71頁は、要扶助者の生命の安全を図るために、要扶助者の保護を特に義務づけ、この義務に違反して遺棄した者に対し重い責任非難を加える趣旨であるとする。要扶助者の保護を特に義務づけられることによってその義務違反が直ちに責任を基礎づけるわけではない。この義務づけが責任非難を基礎づけるとの考えには、旧刑法における保護義務懈怠罪と同趣旨のものが横たわっているようにも見受けられる。これは、保護責任の根拠の考え方にも見て取れるように思われる。行為者の行為による法益侵害性を越えて責任が加重されるとの考えには、違法性による処罰限定機能を喪失させかねず、慎重であるべきであろう。

除を処罰しているものと解すべきである[15]。

したがって、保護責任の根拠[16]となるのは、継続的な「保護状態(要扶助者の生命に対する危険を低減させることが可能な状態あるいは法益の維持又は存続が依存している状態)[17]」をなしている地位又は状態である[18]。さらに、自ら要扶助者に対して保護状態を作出し、これが将来的に継続することが見込まれる場合[19]にも保護責任を肯定できるであろう[20]。自動車の運転者が事故により重傷を負わせた者について、「被害者を自動車に乗せて事故現場を離れ、折柄降雪中の薄暗い車道上まで運び、医者を呼んで来てやる旨申欺いて被害者を自動車から下ろし同人を同所に放置し」立ち去ったことについて、最高裁判所は、保護責任を認めている[21]。この場合、被害者を自車に乗せたという保護状態の開始のみを重視するのではなく、先行する事故による被害者の危殆化、危険の創出を保護責任の根拠する考え[22]もあるが、不作為による殺人の際の作為義務の考え方と同様に解する必要は

---

15 和田・前掲注9)66頁は、生命保護のための扶助がある程度の長期間継続して必要であることが重視されているとする。
16 和田・前掲注9)67頁において、継続的な保護関係に基づく保護責任が218条における保護責任の中核であるとする。もっとも、本来の保護責任者から保護を引き継いだ場合及び対象者が扶助を必要としなくなるまで扶助を継続するという覚悟を決めて継続的な保護を引き受けた場合に保護責任を限定しているが、扶助の継続の覚悟を決めて引き受ける場合に限定する必要はなく、事実上継続的な保護関係が形成されれば足りるものと解すべきであろう。
17 このような状態について、因果の流れを支配しているとの説明がなされるが、物理的ないし事実的な因果経過を人が支配することは困難であり、行為者と被害者との関係性に着目した規範的な評価がなされるにすぎない。
18 従来の見解で事実上の引受けを根拠とする立場(例えば、浅田・前掲注4)83頁参照)に類するが、引受けそれ自体を重視するものではない。
19 東京地判昭和48年3月9日判タ298号349頁は、同棲開始した数日後に相手女性の連れ子を高速道路路肩に放置して遺棄した事案で、「同棲を開始した後の日こそ浅いが将来の婚姻を前提とした、いちおう永続的な関係であると考えられること、幼児を連れた女性が新たな男性と結婚したというだけでは、右幼児と男性との間には、法律上当然には親子関係を生じないけれども、右幼児を施設その他の第二者に預ける等特段の措置を講ずることなく、右幼児を含めて新たな共同生活を始めた場合においては、社会的にも、右夫婦と子供を含めた全体が一個の家族として扱われ、右幼児と男性との間の関係は、いわゆるまま父。まま子の関係として正規の親子関係に準じたものとみるのが一般であること等の諸点が参照されるべきである。」として、保護責任を肯定している。そのほか、新興宗教の代表者らが投薬・通院が必要な病児を両親から引き取った事案について、宮崎地判平成14年3月26日判タ1115号284頁参照。
20 この点に関して、支配的地位が行為者の意思に基づかない場合には、行為者と要扶助者との間に一定の生活共同体から生ずる社会生活上の継続的な保護関係の存することが必要とする西田・前掲注)西田典之「不作為犯論」芝原邦爾ほか編『刑法理論の現代的展開総論I』(1988年・日本評論社)90頁以下参照。
21 最判昭和34年7月24日刑集13巻8号1163頁。
22 自ら法益侵害の危険を創出・維持したという類型を考慮すべきとするものとして、井田・前掲

ない。また、運転者が歩行者を誘って乗用車の助手席に同乗させて走行中、下車を求められたにもかかわらず走行を継続したため同乗者が路上に飛び降り重傷を負った事案で、その救護を要する事態を確認した運転者としては、いわゆる自己の先行行為に基き保護責任を有するとしたものがある[23]。しかし、自己の先行行為により危険を創出したとしても、継続的な保護状態が形成されたとはいえないから、保護責任を否定すべきであったといえる。

また、下級審の裁判例には、堕胎依頼を拒否しているうちに病室内で出産したので、嬰児をきれいにして母親に引き渡したところ、母親が嬰児を置き去りにして帰ってしまった事案で、被告人である医師について、「嬰児のために生存に必要な監護行為を開始したものとは認められず」として保護責任を否定しているもの[24]がある。これに対して、最高裁は、「産婦人科医師として、妊婦の依頼を受け、自ら開業する医院で妊娠第26週に入った胎児の堕胎を行ったものであるところ、右堕胎により出生した未熟児（推定体重1000グラム弱）に保育器等の未熟児医療設備の整った病院の医療を受けさせれば、同児が短期間内に死亡することはなく、むしろ生育する可能性のあることを認識し、かつ、右の医療を受けさせるための措置をとることが迅速容易にできたにもかかわらず、同児を保育器もない自己の医院内に放置したまま、生存に必要な処置を何らとらなかった結果出生の約54時間後に同児を死亡するに至らしめた」として業務上堕胎に加えて保護責任者遺棄致死を肯定している[25]。医師について、母親の分娩後と自ら堕胎した後とで保護責任の有無が異なるとすれば、ここでも行為者による危険の創出の観点が保護責任の有無を決定しているものと解することになるが、保護状態の継続につき同様であるとみるならば、異なって解する理由はないこととなる。

ホテル内において薬物を摂取させて被害者を急性中毒による錯乱状態となり、そのまま放置した事案において、保護責任を肯定するもの[26]があるが、薬物中毒による危険の創出を保護責任において考慮しないとすれば、同様に保護責任者としての身分を否定されるべきことになるであろう。同様に、ともに会社の寮に居

注3) 109頁など。
23 東京高判昭和45年5月11日判タ252号231頁。
24 熊本地判昭和35年7月1日下刑集2巻7＝8号1031頁。
25 最決昭和63年1月19日刑集42巻1号1頁。
26 覚醒剤水溶液の注射による事案について、最決平成元年12月15日刑集43巻13号879頁、MDMAを服用させたことによる事案について、東京高判平成23年4月18日東高刑時報62巻Ⅰ〜12号37頁。

住している同僚が瓶の破片で突刺され出血多量により路上に倒れ独力で起居できない状態になったとして、同じ寮に住んでいる会社の同僚というだけでは、保護責任を肯定することは困難であろう[27]。自宅での酒席で泥酔状態となった被害者を帰宅に際し最寄り駅まで他の出席者と保護誘導していたところ、踏切線内に倒れてしまい、そのまま放置したため電車に接触し、これにより死亡した事案について、裁判所は、保護責任を肯定している[28]が、この場合も、泥酔者を自宅から駅付近まで解除しようとしていたという事実から保護責任の有無を判断することが必要である。

四　被収容者に対する保護責任——結びに代えて

　以上のような保護責任の考えを前提とした場合、逮捕後の留置やその後の勾留により収容されている者について、刑事施設又は留置施設の管理者又は現に看守等の任に当たっている者が保護責任を認められることがあるであろうか。
　刑事収容施設及び被収容者等の処遇に関する法律（平成17年法律第50号）は、その56条において、被収容者の健康及び刑事施設内の衛生を保持するため刑事施設において保健衛生上及び医療上の措置を講ずるものとされ、さらに、負傷しもしくは疾病にかかっている場合又はその疑いがある場合に、医師等の診療を行い、その他必要な医療の措置を講ずるものとされている。保護責任について、形式的に法令に根拠を求める立場からは、おそらくこれらの条項を基礎として保護責任を認めることも可能である。もっとも、具体的にどのような場合に、保護責任が認められ、保護責任者遺棄罪又は不保護罪が成立するのかについては、ただちに解を与えるものとはいえない[29]。結局は、実質的に保護責任が生じうるか否かを

27　岡山地判昭和43年10月8日判タ232号230頁参照。この判決では、保護責任が肯定されている。
28　横浜地判昭和36年11月27日判時284号31頁。裁判所は、「いわゆる泥酔状態となり肉体的精神的健康を欠き扶助を要すべき病者となつたものであるが、かかる場合においては社会一般通念上被告人において扶助を要せざるにいたる程度に肉体的精神的健康を回復する迄被害者をとどめておく等その生命身体に対する危険を排除し、又はこれを避けその安全を確保するに相当と認められる手段方法を講じ保護にあたるべき」とし、行為者が他の客に被害者と同行するよう依頼した後、途中で追いついてそこから自らも共に左右より被害者を抱きかかえ同行し、踏切にいたるまで現実に右太田の保護にあたっていたことから、「これを要せざるにいたる迄継続遂行しもつて扶助し、保護にあたるべき義務あり」と判示している。もっとも、酩酊者について、同行者につき保護責任を認めることには、慎重であるべきと考える。
29　反対に、推測でしかないが、形式的にこれらの条項に適合するような措置をとっていれば、個

検討することが必要である。

　前提となるのは、刑事施設への収容が刑罰の執行、捜査上の必要性等刑事司法上の目的を達するためであるものの、その意義は、身柄の拘束にあり、行動の自由を制限することにある。理念的に考えるのであれば、行動の自由の制限という不利益以外について、これに随伴する制約を除いて被収容者は、通常の日常生活と同様の生活を送ることができなければならないということである。それゆえ、すでに持病のある被収容者については、収容前と同様の治療の継続が収容後に継続することが原則になると解すべきである。この場合、内分泌、循環器、呼吸器等に関する慢性的な疾患[30]について継続的な投薬により治療中であるときは、投薬の中断は、その症状の悪化を将来し、ときとして生命の危険を及ぼしうることとなる。こうした状態の者が施設に収容された場合、収容時の検査等によりこれらの事実を確認できること、収容後は、施設管理者を通じてのみ外部の交通が可能であり、治療薬の手配も被収容者自らできないことなどから、被収容者が収容されている施設の管理者及び直接収容場所を管理している者について、被収容者に対する継続的な保護状態を獲得し、かつ収容が継続する間保護状態が継続することとなるため、扶助を要する病者である被収容者に対する保護責任を肯定することができる[31]。

　これに対して、収容時には健康上の問題はなかったが、収容中に疾病に罹患した場合、保護責任が認められるためには、相応の事情を要することとなる。循環器及び呼吸器系の疾患については、その憎悪が死のリスクを高めることから、保護責任を肯定してよいであろう[32]。また、いわゆる癌については、放置すること

　　別具体的な事情を問題とせずに遺棄罪ないし不保護罪の成立はないものと解されているのであろう。

30　不整脈、（気管支）喘息なども放置すると死をもたらす危険があり、相応の対応が必要とされるであろう。糖尿病も同様である。慢性閉塞性肺疾患で酸素療法の適応があるときは、その継続が求められることとなるであろうし、そうでなくとも、急性憎悪への備えは必要とされよう。

31　この場合、施設管理者と現場において看守している者との間で、保護責任がどのように分配されるかが問題となるが、施設管理者は、当該施設を統轄的に管理していることから、保護責任が認められるべきである。この保護責任の派生として、実際に被収容者を施設内において看守している者にも職務に就いているときに保護責任が肯定されることになる。現に被収容者を看守している者から適切な保護措置（例えば、投薬継続）を管理者に求めたのであれば、その限りで必要な措置はとられたこととなり、保護責任者遺棄等は成立しないであろう。この場合、管理者が現場からの申立てを受けつつもこれ放置したときは、生存に必要な保護をしなかったとして保護責任者遺棄等が成立しうる。さらに、当該施設の関係者が意思連絡をとりつつ適切な対応をとらなかったときは、共同正犯の成立可能性検討すべきこととなろう。

により進行し、進行に応じて生存率が低下するものであることから、これが判明して以降は、直ちに適切な治療を実施する必要があり、この点において、保護責任を肯定してよいであろう[33]。糖尿病で収容時には重篤ではなかったものの、その後、ケトアシドーシスや高浸透圧高血糖状態に移行しつつある状態（ほどなく糖尿病性昏睡に至る状態）に至ったときは、同様に保護責任を肯定することが可能であろう[34]。

　いずれにしても、逮捕による身柄拘束、留置や勾留が裁判所の令状に根拠があるとしても、実際に執行している法執行機関が保護責任を完全に免れるわけではない。職務上法令に基づいて要扶助者を自己の支配下に置く場合にも、継続的な保護状態を認めうる限りで、保護責任を肯定すべきであり、これを前提として「生存に必要な保護」適切に実施されているか否かを具体的な事実関係を基礎として検討することが必要である。なお、本稿では、保護責任に焦点をあてて検討したにすぎないものであり、遺棄罪における遺棄の概念、殺人罪の関係等の関連する問題については、今後の検討の課題としたい。

32　保護責任を肯定することと、生存に必要な保護をしなかったといえるかは、別の問題であり、直ちに生命に影響を及ぼさないような対応であれば、保護責任者遺棄罪等の成立を認めることは難しいであろう。

33　進行状況によるが、前述のように、保護責任を肯定するには、相応の結果回避可能性があれば足りるので、因果関係におけるようなほぼ確実に結果回避できることは必要ではない。

34　慎重な検討が必要であるが、糖尿病の者については、収容後からつねに保護責任を肯定し、その時々の状態に応じた措置を求めることが必要ではなかろうか。とりわけ、判例・通説のように、遺棄罪を生命及び身体の安全に対する罪と理解するのであれば、容易に合併症を引き起こす糖尿病のような疾病の者については、つねに保護責任を肯定できるように解される。

保護を阻害する行為と保護責任者不保護致死罪の共同正犯——福岡地裁令和4年9月21日判決及び福岡高裁令和5年3月9日判決について——

平　山　幹　子

一　問題の所在
二　福岡地裁令和4年9月21日判決及び福岡高裁令和5年3月9日判決
三　検　討
四　むすびにかえて

一　問題の所在

　保護責任者による保護義務の履行を阻害して被害者を死に至らしめた非保護責任者の行為は、いかなる形で問責されるべきであろうか。近時のいわゆる「ママ友事件」（以下、本件と呼ぶ）をめぐる判決では、被害児ら母子の生活全般を実質的に支配し、保護責任者である母親に被害児の不保護を継続させていた非保護責任者（母親のママ友）の行為につき、保護責任者遺棄（不保護）致死罪（以下、保護責任者不保護致死罪）の共同正犯の成立が認められ、ママ友は母親に対する刑の3倍に当たる懲役15年で処断された。筆者は、本件のママ友が懲役15年に処せられたことにつき、何ら異を唱えるものではない。しかし、かかる判断を下すに当たり提示された法律構成に対しては、いくつかの疑問を向けうると考える。本稿では、本事件に関する福岡地裁令和4年9月21日判決[1]（以下、1審）及び福岡高裁令和5年3月9日判決[2]（以下、2審）の分析を軸に、その具体的内容について言及することにしたい。

---

[1]　福岡地判令和4年9月21日LEX/DB25593462、評釈として、髙橋直哉「保護責任者でない者による保護責任者遺棄罪の共犯」法学教室509号（2023年）149頁。
[2]　福岡高判令和5年3月9日LEX/DB25572757。

二　福岡地裁令和4年9月21日判決及び福岡高裁令和5年3月9日判決

1　事実の概要

本件公訴事実によれば、被告人Xは、被害者（当時5歳）の母親Aと「ママ友」として知り合い、親交を深めていたところ、平成30年頃から、ボスと称する人物がAのためにAの夫の浮気調査をしている等の虚言を重ねてAの収入をほぼ全て騙し取るとともに、Aの夫や母、並びに公的機関との関係を遮断し、Aら母子がXの提供する食事のみで生活しなければならず、第三者に助けを求めるのも困難な状況に陥らせるなどして、その生活全般を実質的に支配した。その上で、Xは、令和元年8月頃以降、自らがAらに提供する食事の量を減らしたりAに被害者の食事を多数回にわたり数日間抜くよう指示したりして、被害者に十分な食事を与えない状況を作り出し、令和2年3月下旬頃には被害者を重篤な低栄養状態に陥らせ、更にそれ以降も、被害者のそのような状態を認識しながら、Aの収入をほぼ全て騙し取るとともに、Aに対する心理的な支配や指示を解消することなく、食料の定期的な提供をやめるなどして、同年4月18日午前中までの間、引き続き被害者に十分な食事を与えず、よって、同日午後10時頃、被害者を飢餓死させた。

2　判決の要旨
（1）1審

以上の事案に対し、1審は、上記事実を認め、本件では、保護責任者Aが被害者に十分な食事を与えずに同人を飢餓死させているところ、「Xは、虚言を重ねてAの収入をほぼすべてだまし取るとともに、Aの夫や母ら、公的機関との関係を遮断し、被告人の提供する食事のみで生活しなければならず、第三者に助けを求めるのも困難な状況に陥らせるなどして、Aとその子供らの生活全般を実質的に支配した上、令和元年8月頃以降、提供する食事の量を減らしたり、Aに被害者の食事を多数回にわたり数日間抜くよう指示したりして、被害者に十分な食事を与えない状況を作り出し、令和2年3月下旬頃、被害者を重度の低栄養状態に陥らせ、更にそれ以降も、被害者のそのような状態を認識しながら、A

の収入をほぼすべてだまし取るとともに、Aに対する心理的な支配や指示を解消することなく、食料の定期的な提供をやめるなどして、Aによる被害者の不保護を継続させたものであるから、保護責任者であるAとの共謀が優に認められる」として、刑法（以下、略す）65条1項を適用し、Xに保護責任者不保護致死罪の共同正犯の成立を認め、詐欺、窃盗の被害総額は190万円余りと相当額に及び犯情も重いことから、同人を懲役15年に処した。

（2）2審

上記に対し、Xが事実誤認及び量刑不当を理由に控訴したところ、2審は、「原判示の事実を認定した原判決の認定・説示には、論理則、経験則等に照らして不合理な点はない」として、控訴を棄却した。それによれば、「被告人は、Aを強い心理的影響下に置き、ボスらによる監視を示唆するなどしながら不保護を継続させたほか、Aら家族が食料を確保することを困難にさせるなどしているのであるから、まさに、被告人の行動こそが被害者の苦痛と死の結果を招いたものと評価できる。そのような保護責任者遺棄致死事件に、詐欺及び窃盗事件も併せ考慮すれば、懲役15年という原判決の量刑は、量刑傾向を逸脱したものであるとはいえない。被告人に対する責任非難と、保護責任者ではあるものの被告人の強い心理的影響下に置かれていたと認められるAに対する責任非難には、大きな差が存在するのであるから、Aに対する刑との比較を根拠として量刑不当をいう所論は採用できない」。

（3）両判決のポイント

このように、両判決は、保護責任者Aを強い心理的影響下に置いてその生活全般を実質的に支配し、食料確保を困難にしたり食事制限を指示したりするなどして被害者に対する不保護を継続させた非保護責任者の行為につき、保護責任者不保護致死罪の共同正犯の成立を認め、同人を保護責任者に対する刑の3倍に当たる懲役15年に処することも量刑傾向を逸脱したものではないとした。こうした判断から読み取れるのは、（1）保護責任者でなくても、（2）保護責任者や被害者の生活を全般的に支配して被害者に十分な食事を与えない状況を作出した場合には保護責任者との共謀が基礎づけられ、（3）65条1項により、保護責任者不保護致死罪の共同正犯として、（4）保護責任者よりも重い責任非難の対象となりうる、という理解である。以下では、これらの点について、順次検討を加えていくことにする。

三　検　討

1　保護責任（作為義務）

まず、前提として、本件でXに保護責任を認めることはできないのかという点から確認したい。

上述の通り、Xの保護責任に関し、両判決は「Xは保護責任者ではない」との評価を前提とする。たしかに、Xは被害者の親権者ではなく、被害者と同居もしていなければ、親権者であるAから親権を委託されたり、被害者に対する監護意思を有したりしていたわけではない[3]。そのため、Xは、児童虐待防止法上の「現に監護する者」には当たらない[4]。また、児童の不保護事例に関する裁判例では、監護者やそのパートナー的地位にある同居者が保護責任を問われる傾向にあることからすると[5]、Xは保護責任者に当たらないとの評価には、一定の理由があるように思われる。

もっとも、本件では、（1）Xが厳しい食事制限を指示して被害者を重篤な低栄養状態に陥らせたという事情や、（2）Xの働きかけによりAが孤立し、AとXのほかは被害者を実効的に救助できる者がいなくなったという事情が認められる。そのため、「危険の創出並びに法益保護の被告人（X）への依存性という観点から見ると、被告人に、被害者の生命を維持するための必要な措置（特に十分な食事の提供）を講ずるべき作為義務があるということは、十分可能である」との指摘[6]もある。むろん、不真正不作為犯の作為義務が直ちに保護責任を意味するわけではないともいえようが[7]、少なくとも保護責任者不保護致死罪の共同正

---

[3] 後述のように、1審の量刑理由では、Xには「Aら家族に対する悪意が事件の背景にあったこともうかがわれる。」と指摘されていることから、本件において、Xの監護意思を認定するのは到底不可能であったと解される。

[4] 磯谷文明ほか編集代表『実務コンメンタール児童福祉法・児童虐待防止法』（有斐閣、2020年）638頁によれば、「現に監護する者」に該当するためには、一般に、児童と同居する必要はないものの、保護者たるべき者に監護を行う意思が必要とされる。

[5] 池田直人「子供の不保護事例と故意の不真正不作為犯——特に作為義務の発生根拠について——」刑法雑誌63巻1月号94頁以下。

[6] 高橋・前掲注（1）149頁。

[7] 保護責任と作為義務を義務の程度で区別する見解の代表的見解として、山口厚『刑法各論〔第2版〕』（有斐閣、2010年）36頁、異質なものとして区別する代表的見解として、松原芳博『刑法各論〔第2版〕』（日本評論社、2021年）41頁。

犯として「不保護の責任」を問うのであれば、Xの保護義務ないし作為義務を認定する必要があったのではないか。訴因設定の影響と考えられるが、Xの保護義務を認定できないのであれば、後述のように、作為による傷害致死罪（205条）など、別の法律構成を提示すべきであったように思われる。

2　保護責任者不保護致死罪への関与と65条

　Xが問擬された保護責任者不保護致死罪は、真正不作為犯であるばかりでなく、真正身分犯でもある。そこで、Xが保護責任者ではないことを前提にすれば、真正身分犯に関与した非身分者の取り扱いが問題となりうる。

　この点、判例は、共犯と身分に関する65条について、1項を真正身分犯、2項を不真正身分犯に関する規定と解する立場とされる[8]。これに素直に従えば、本件は不保護類型であるから同条1項が適用され、保護責任者ではないXにも保護責任者不保護致死罪の共犯責任を問いうることになる[9]。しかし、これに対しては、遺棄類型であれば65条2項が適用されて単純遺棄罪の限度で処罰されるにとどまることとのバランス上、遺棄より平穏な形態の不保護に関与した非保護責任者にも、65条2項の適用があるとみるべきであるという批判[10]が妥当する。加えて、219条は「前2条の」結果的加重犯であるから、218条だけでなく217条も基本犯に当たりうる。ゆえに、本件のような致死事案の場合、上記のようなアンバランスを生じさせてまで非保護責任者に218条の共犯責任を肯定する必要性を見出すことは困難である。

3　保護を阻害する非保護責任者と保護責任者との共謀・共同実行

　もっとも、問題は、65条の適用によって保護責任者という身分のない者に219条の共犯責任を問うことができるとしても、保護義務（作為義務）を有さない者

---

[8] 最判昭31・5・24刑集10巻5号734頁、大塚仁他編『大コンメンタール刑法・第5巻・第3版』〔青林書院、2019年〕332頁〔川端博〕638頁以下、前田雅英他編『条解刑法・第4版補訂版』（弘文堂、2023年）269頁。

[9] もっとも、保護責任者不保護致死罪に関して65条が適用された裁判例は見当たらないとされる（大塚仁他編『大コンメンタール刑法・第11巻・第3版』〔青林書院、2014年〕332頁〔半田靖史〕）。なお、真正身分犯に対する共犯に関して、65条の適用を必ずしも明示しなくてよいとする判例として、最判昭和25・11・2判例体系第1期31巻1314頁、最判昭和26・3・15刑集5巻4号535頁。

[10] 松宮孝明『先端刑法各論』（日本評論社、2021年）46頁。

に不保護致死罪（不作為犯）の共同正犯の成立を認めることはできないのではないかという点である[11]。2審は、1審が「Xは……Aとその子供らの生活全般を実質的に支配した上、……Aに対する心理的な支配や指示を解消することなく、食料の定期的な提供をやめるなどして、Aによる被害者の不保護を継続させた」と述べ、XとAとの間で「不保護」の共謀を認めたことに、不合理な点はないとする。ここで、Xによる「支配」が強調される理由は、Aによる不保護致死の犯行においてXの果たした役割の重要性（ないし主導者的地位）により「共謀」を基礎づけ、XがAと「共同して犯罪を実行した」（60条）との評価を可能にするためと思われる。

しかし、規範的観点からすれば、保護義務のない者の行為を「義務に反してなすがままに結果を発生させる行為」の「共同実行」と評価することは、困難なはずである。この点、1審及び2審がXとAの共謀を基礎づけるために認定したXのAに対する「支配」は、Xの行動がAによる保護義務の履行を心理的にも物理的にも阻害するものであった[12]ことにより基礎づけられている。もちろん、Xが保護責任者であれば、Aによる義務履行を妨害する行為も「義務に反する結果不防止」の一態様と考えることができよう。しかし、非保護責任者の場合、義務履行の妨害行為を「保護義務の不履行の共同実行」と評価することはできないのではないか。そもそも、保護者を排除することで犯行を実現しようとしている妨害者と排除されようとしている保護者との間で、共謀、すなわち、共同犯行の合意形成を観念することができるのかという問題もある。かりに保護義務のない妨害者について、保護者を排除するのではなく、あくまで「保護者の義務違反」による犯罪実現（＝義務に反する結果の不防止）を目指していたと評価しよう

---

11 なお、真正身分犯に関与した非身分者の取り扱いという点でいえば、大判明44・4・17刑録17輯605頁以降、大判明44・4・27刑録17輯687頁、大判大3・6・24刑録20輯1329頁、大判昭7・5・11刑集21輯614頁等、非身分者の関与行為に共同正犯が成立することを認めており、最高裁判例や高裁判例も同様とされる（最決平6・11・11LEX/DB28035147、東京高判平6・6・29判時1522号150頁等）。こうした取扱いの背景にあるのは、共謀のみによる共同正犯の成立を肯定し、かつ、非身分者も共謀することは可能であるという理解と推察されるが、65条の立法趣旨から外れるものであると指摘されている。松宮孝明『先端刑法総論』（日本評論社、2019年）224頁。
12 1審における「（事実認定の補足説明）」の部分では、Xは令和2年4月、Aら家族への食糧の提供をやめると言い出し、Aら家族はますます困窮し、必要な量には程遠い食事をしていたことが指摘されている。また、本判決も、XがAの収入をほぼすべて騙し取った結果、料金滞納により携帯電話が強制解約となっていたため、コンビニエンスストアの無料Wi-Fiを利用して、LINEでXと連絡を取るなどしていたことや、AがXに食料の提供を懇願したにもかかわらずXが断るなどしたことに言及されている。

とすれば、その行為は保護者の自由な判断を許容するものでなければならない。しかし、そうだとすると、保護義務のない妨害者（X）による「支配」が強調されうる本件のような事案[13]では、1・2審の意図とは裏腹に、共謀も否定されうると考える方が自然である。

たしかに、本件に先行する「インスリン事件」に関し、最決令和2・8・24刑集74巻5号517頁[14]は、未必的な殺意をもって母親を心理的に拘束するなどして被害者の生命維持に必要なインスリンの投与を阻止した結果被害者を死亡させた被告人の行為につき殺人罪（199条）の成立を認めるとともに、完全には心理的に拘束されていなかった父親との間で、保護責任者不保護致死罪の共謀共同正犯が成立することも示唆している。もっとも、共同正犯に関する部分は、当該事件の被告人に殺人罪が成立することを左右するものではない。ゆえに、最高裁決定とはいえ、先例としての重要性は低いと考えるべきであろう。

4 不保護か作為の傷害か

Xの行為は、Aの収入を騙し取り、Aら母子の生活を困窮させ、外部との関係を遮断し、食料の供給もほぼXに依存するような状況を作出したうえで、食料の提供を制限したり停止したりするものである。ゆえに、1審に関する評釈[15]で指摘されている通り、それ自体が「被害者の生命に対する危険を生じさせるもの」といえる。そうであれば、Xの行為と被害者の死亡結果との間の因果関係を認定して、Xを傷害致死罪に問擬する余地があったように思われる[16]。判例

---

13 本判決も、「当裁判所の判断」として、Aが被害者に食事を与えるか否かに関し、「Aに判断を委ねたものなどと評価することはできない。」と述べている。
14 本決定の評釈として、前田雅英「判批」WLJ判例コラム特報第211号（2020年）4頁、平山幹子「判批」新・判例解説 Watch28号（2020年）203頁、松本圭史「判批」刑事法ジャーナル67号（2021年）167頁、鎮目征樹「判批」令和2年度重要判例解説（2021年）114頁、水落伸介「判批」法学新報128巻1＝2号（2021年）259頁、十河太朗「判批」法学教室484号（2021年）130頁、小池信太朗「判批」論究ジュリスト38号（2022年）228頁、伊藤ゆう子「判解」最高裁判所判例解説刑事篇令和2年度（2022年）128頁。
15 髙橋・前掲注（1）。
16 ドイツでは、数年にわたって一家を外界から隔離し、青少年局の管理や医師から子供を遠ざけ、当局による健康診断と治療を偽計によって妨害することにより、子供の健康に深刻な被害を与えたケースについて、作為による意図的な重傷害（ドイツ刑法226条2項）が成立する可能性があるとされている。Vgl. BGH NStZ-RR 2006, 174. 当該判例について言及するものとして、松宮孝明「『救助的因果経過の阻止ついての一考察——最決令和2・8・24を素材に——』立命館法学393・394合併号（2021年）654頁、池田直人「ドイツ不真正不作為犯論の素描——人身犯の判例法理を中心に——」同志社法學72巻7号895頁。

も、行為者による不適切な指示自体に被害者の生命に対する危険が認められるケースでは、指示行為と結果との因果関係を問題とした上でそれを肯定している[17]。前述の最高裁決定も、被害児の母親を心理的に拘束して生命維持に必要な措置がなされないよう指示するなどした被告人の行為に、作為の殺人罪の成立を認めている。後者は、間接正犯構成によるものとされるが、間接正犯でなくても、結果との間に介在する行為が不作為であり、結果発生の直接的危険を行為者（背後者）の行為に認定しうるのであれば、救助的因果経過の切断事例[18]として、作為単独正犯の成立を認めることは可能であろう。

本件Xの行為は、「それがなければ被害者の死亡結果は発生しなかった」という意味で作為であり、かつ、それ自体が重篤な栄養障害をもたらす危険を有している。ゆえに、「餓死」という本件被害結果をXの行為の危険の現実化と評価し、両者の間の因果関係を肯定することに困難はなかったように思われる。

5　量刑について

本件では、被害者に対する保護責任者不保護致死罪（の共同正犯）がA及び本件被告人の双方に成立するとされた[19]。しかし、前述のように、両者に宣告された刑の程度は相当に異なる。もっとも、児童に対する虐待事例で、被害児の両親に保護責任者不保護致死罪の成立が認められたが、監護者である親の一方が他方によるDVの被害者でもあるという場合、宣告刑に差がつけられることは珍しいわけではない[20]。というのも、量刑判断は、基本的に、犯情すなわち行為者の行為の違法性及び責任の量によって決定されるところ、DV被害者でもある保護責任者に関しては、「適法行為の期待可能性が減退した状態にあった」との主張がなされうるからである。

17　最決昭和63・5・11刑集42巻5号807頁。当該ケースでは、風邪を引いた被害者に誤った療養指示を出し、医師による診察等を受けるよう勧めることなく被害者を死亡させた柔道整復師に、業務上過失致死罪の成立が認められている。

18　このような事例をめぐる議論の詳細については、神山敏雄『不作為をめぐる共犯論』（成文堂、1994年）624頁以下、中義勝『刑法上の諸問題』（関西大学出版会、1990年）404頁以下、松生光正「救助的因果経過の中断について（3・完）」姫路法学39・40合併号（2004年）64頁以下。なお、平山幹子「救助的因果経過の切断について」佐伯仁志ほか編『刑事法の理論と実務④』（成文堂、2022年）92頁以下も参照。

19　Aについては、福岡地判令和4年6月17日LEX/DB25592808、福岡高判令和4年11月9日LEX/DB25572451。

20　深町晋也「目黒女児虐待死事件――児童虐待の刑法的課題」法学教室 No.793（2022年）20頁。

本件の場合、「XはAを強い心理的影響下に置き、ボスらによる監視を示唆するなどしながら不保護を継続させたほか、Aら家族が食料を確保することを困難にさせるなどしているのであるから、まさに、Xの行動こそが被害者の苦痛と死の結果を招いたものと評価できる」と2審が述べているように、Xの犯情がAよりも重いのは明らかである。ゆえに、XがAの3倍に当たる刑に処せられこと自体に問題があるとは思われない。むしろ、違和感があるとすれば、理論的には保護責任に違反できないはずの非保護責任者が、保護責任者不保護罪の共同正犯として、保護責任者よりも重く処罰される形になってしまった点、また、前述の「インスリン事件」における父親と比較した場合に、同人とは異なって被害者としての側面を色濃く併せ持つAが、保護責任者不保護致死罪として実刑に処せられている点である[21]。かりにこれらの原因が、Aよりも犯情が重いと考えられるXを処罰するに当たり、Aを保護責任者不保護罪の実行正犯とし、Xをその共同正犯とする理論構成に拘泥したところにあるすれば、見過ごしえない事態であるように思われる。

四　むすびにかえて

　以上、本稿では、保護責任者による保護を阻害する非保護責任者に保護責任者不保護致死罪の成立を認めた裁判例を素材に、極めて雑駁にではあるが、実現された犯罪の内容や関与形態、規範の名宛人ないし作為義務の有無などの要素を十分に考慮することなく共謀の認定だけで安易に共同正犯の成立を認めることの問題性を示そうと試みた。ここで取り上げた問題は、他方で、問責の対象行為を作為ととらえるのか不作為ととらえるのか、非難の重点が置かれるべきなのはだれのいかなる行為なのかという問題に結びつき、究極的は、古稀を迎えられる甲斐克則先生がご専門とされる医事刑法における諸問題——とりわけ、末期医療における治療中止の刑法的評価の問題[22]——にも関連しうる部分があると思われる。もっとも、その詳細な検討については別稿に委ねることをお許しいただきたい。

21　「インスリン事件」における父親が被告人から受けていた影響力は、被告人の精神的支配下にあったとされる母親を通じた間接的なものであり、本件Aのように、外部とのつながりを絶たれたり、被害者の保護を物理的に阻害されたりすることはなく、母親を通じた被告人との順次共謀が認められて共同正犯の成立が示唆されているものの、不起訴となっている。
22　これに関して、甲斐克則『尊厳死と刑法』（成文堂、2004年）108頁等参照。

不同意性交等罪・不同意わいせつ罪の「不同意困難状態」

蔡　芸琦

一　はじめに
二　「不同意困難状態」の判断
三　まとめ・今後の課題

一　はじめに

1　問題の所在

　性的自由＝性的自己決定には、2つの側面がある。1つは、行為者との性的行為を決意した「相手方が充分な情報を得ており、また、強制を受けていない」という側面（潜在的な被害者を中心とした、自己決定の条件としての側面）であり、もう1つは、相手方が決意をするにあたって「充分な情報を得られることを確保し、強制をしないことを内容とする（行為者の）義務」という側面（潜在的な行為者を中心とした、答責性としての側面）である[1]。

　2023年、刑法及び刑事訴訟法の一部を改正する法律[2]が施行され、刑法における性的自己決定に対する罪の文言が刷新された。現行刑法176条（不同意わいせつ罪）および177条（不同意性交等罪）（以下、「両罪」と略する）の判断においては、まず、①例示列挙されている「原因行為・事由の有無」を判断して、それを満たす場合にはさらに、②原因行為の作出により被害者を「同意しない意思を形成し、表明し若しくは全うすることが困難な状態（以下、「不同意困難状態」と略する）」にさせて性的行為をしたか、または、原因事由に由来する不同意困難状態に乗じて性的行為をしたかを次の段階で判断する必要がある[3]。②には「不同意困難状態」

1　拙稿「刑法178条の『抗拒不能』の解釈および性犯罪の故意の認定」ジェンダーと法第18号（2021）193頁以下。
2　令和5年法律第66号。
3　第13回法制審議録8頁〔浅沼幹事〕は、改正前の177条（強制性交等罪）の判断において、暴行・脅迫という言葉の中で被害者の抗拒困難の状態（不同意困難状態に相当するものと思われ

（②-1）の判断および「不同意困難状態の作出ないし利用（「させ〔る〕・乗じ〔る〕」）」（②-2）に基づく性的行為の判断が含まれている。理論的に、②-1は自己決定の条件の欠缺、②-2は行為者の答責性をそれぞれ内容としており、両者がともに肯定される場合にのみ両罪が成立する。

現行法の文言の下で、両罪が成立する前提として、①、②-1、②-2を合理的な疑いを超える程度に証明することが求められる。あえて指摘するまでもないが、②の「同意しない意思」は被害者の内心にあるものであり、直接に観察できるものではない。それをどのように認定するかが問題となる。

目に見えないものを認定しなければならないという問題は、今回の法改正によってはじめて生じたものではない。（性的）自由に対する罪において、相手方の（明示ないし黙示の）「自由な意思決定に基づく真意の承諾」[4]（以下、「自由な真意に基づく承諾」と略する）があれば構成要件該当性が阻却されるとの通説的理解[5]から、相手方の身体的態度（賛同的な態度表明や、単なる受忍など）が、「相手方の自由な真意に基づくものではなかった」という目に見えないもの（身体的態度と自由な真意との関係性）が過去の裁判例においても要証事実とされていた[6]。その認定の際には、被害者供述のみならず、性的行為前・性的行為時・性的行為後の様々な客観的事実を情況証拠として援用する必要があると説かれていた[7]。不同意困難状態は、自由な真意に基づく承諾の不存在を表すものとして定められたこと[8]からすれば、情況証拠の援用は、不同意困難状態の認定においても求められ

る）の検討を行うことが一般的であったが、不同意困難状態は列挙された原因行為・事由から独立したものであり、また、現行の176・177条1項1号の「暴行・脅迫」は、旧176・177条の「暴行・脅迫」よりも広い概念（具体的には、「暴行」は単なる人の身体に対する不法力の行使を意味し、「脅迫」は人を畏怖させるに足りる害悪の告知を意味する）であると述べている。

4　大塚仁ほか編『大コンメンタール刑法第9巻〔第3版〕』（青林書院・2013）77頁〔亀山＝河村〕、植村立郎編『刑事事実認定重要判決50選（上）〔第3版〕』（立花書房・2020）504頁〔中村光一〕。「真意に出た承諾」と表現したものとして、小林充ほか編『刑事事実認定重要判決50選（上）〔補訂版〕』（立花書房・2007）226頁〔遠藤邦彦〕。

5　亀山＝河村・前掲注（4）77頁を参照。

6　東京高判昭和43年11月28日判タ233号190頁は、仮に被害者が被告人との性的行為に応じた時点に「いい」と答えたとしても、本件の事実関係からすればその答えが被害者の自由な真意に基づく承諾とはいえないと判示し、承諾の意思表示と被害者の自由な真意との関係性を意識している。

7　村井＝福島＝三浦「強姦罪等」判タ1391号（2013）94頁以下、半田靖史「性犯罪における暴行脅迫・抗拒不能要件等に関する裁判例の分析」刑事法ジャーナル69号（2021）25頁以下を参照。二宮周平ほか編『ジェンダー視点で読み解く重要判例40』（日本加除出版・2023）233頁〔田中喜寿子〕は、2017年頃以後の性犯罪の有罪判決は、被害者供述（直接証拠）の証拠評価を中心とする直接証拠型から、前提事実から出発する間接事実型に移行しつつあるとしている。

るであろう。そうすると、「同意しない意思」はどのような情況証拠に基づいて認定され、また、どのような理由に基づいてその形成・表明・実現が「困難」と評価して良いか（②-1の認定構造）について理論的に検討する必要があるというべきである。なぜなら、その認定の構造が明確でなければ、裁判所が行った事実認定に対する事後的な検証が不可能であり、法的安定性の観点からは不適切であるからである[9]。本稿は、「自由な真意に基づく承諾」の性格を手がかりにして、②-1の認定構造を具体化する。

2　検討対象

現行法が列挙している原因行為・事由が複数あることからも明らかなように、現行法によって想定されている性的自己決定の侵害機序は単一ではない。理論的に、可罰的な侵害は複数の類型が含まれており、それぞれの処罰を基礎づける規範的根拠が異なっている[10]。前述の通り、②-1の認定構造を具体化する作業にあたって、本稿は「自由な真意に基づく承諾」の性格を議論の手がかりとする。そのため、性的行為に対する被害者の意思の存在それ自体が疑われそうな事案（例えば、被害者が睡眠・泥酔・薬物投与などにより意識が不明瞭な状態に陥った場合や、行為者が唐突に性的接触を行った場合など）における不同意困難状態の解釈は、本稿

8　第3回法制審議事録14〜15頁〔嶋矢幹事〕において、不同意困難状態の前身（「拒絶する意思を形成・表明・実現することが困難である状態」）が性的自己決定権の侵害を基礎づける（被害者の）意思を表すものとして提案されている。被害者の拒絶義務を不当に連想させることに対する懸念から同要件の「拒絶する意思」が最終的に「同意しない意思」に改められたが、「有効な同意（＝自由な真意に基づく承諾）不存在を表すもの」としての不同意困難状態の性格に変わりはないと思われる。この点に関連して、井田良「性犯罪規定改正の意義」刑事法ジャーナル78号（2023）7頁は、不同意困難状態が「性的行為に関する自由な意思決定が困難な状態にあり有効な同意とは認められない」状態が法文化されたものであると述べている。
9　樋口亮介「性犯罪における暴行脅迫・心神喪失・抗拒不能要件と同意（その1〜4）」法学セミナー795号（2021）66頁以下、796号（2021）100頁以下、797号（2021）106頁以下、798号（2021）104頁以下は、起訴状の公訴事実及び公訴前整理手続における審理すべき事実関係の明確化の観点からは、性犯罪の処罰を基礎づけるものを言語化する必要性が高いと指摘している。
10　杉本一敏「『『帰属を阻害する犯罪』の体系と解釈（1）（2）」愛知学院大学論叢法学研究48巻1号（2007）11頁以下、50巻1号（2009）45頁以下を参照。杉本は、性的自由を害する罪は「性交渉の受忍」の強要という本質を有する強要罪の特別類型であり、全ての性的自由を害する罪は「性交渉（という身体的態度）」の被害者への「行為帰属」または「責任帰属」が否定されるものとして理解できるとする（詳細は後述）。このほか、菊地一樹「欺罔に基づく性的行為の処罰について」山口厚ほか編『実務と理論の架橋』（成文堂・2023）389頁以下は、被害者側に何らかの錯誤があった事案は「同意不存在型」に属するものと「同意騙取型」に属するものがあるとし、両者の間は重大な規範的な格差があるとして類型化する理論的重要性を説く（なお、両類型の「同意」の意味内容は、完全に一致しているわけではない点は注意を要する）。

の検討対象外である[11]。

なお、176・177条2項に定められている被害者の（性的行為の基礎的な事実に関する）錯誤があった事案、および当事者（間）の年齢に関する事実が176・177条3項に該当する事案は①・）②の充足を要しないものであるため、本稿が提示した結論はこれらの事案においては妥当しない[12]。

以上をまとめると、本稿の問題関心は、性的行為の同意年齢を満たしている者が[13]、性的行為に関する基礎的な事実を認識した上で行為者との性的行為に応じた事案[14]（以下、「本稿の検討対象事案」と略する）において、「同意しない意思」はどのような情況証拠に基づいて認定され、どのような理由に基づいてその形成・表明・実現が「困難」と評価して良いかということ（②-1）である。

二　「不同意困難状態」の判断

1　評価的な概念としての性格
（1）杉本一敏の見解

前述の通り、不同意困難状態は「自由な真意に基づく承諾の不存在」を表すものである。そうすると、不同意困難状態の認定は、本質的には、自由な真意に基づく承諾の認定の問題である。それゆえ、本稿が問題とすべきことは、性交同意年齢を満たしている者が性的行為に関する基礎的な事実を認識した上で性的行為に応じた事案において、どのような場合に「自由な真意に基づく承諾がなかっ

11　具体的には、「同意しない意思の形成……が困難な状態」の判断が問題となろう。
12　176・177条2項で規定されている事項以外の事項に対する欺罔・誤信（のみ）に基づく性的行為は、現行法の文言下では処罰の対象外と解されている（嶋矢貴之「不同意わいせつ・不同意性交等罪」刑事法ジャーナル78号（2023）31頁を参照）ため、本稿は2項に該当しない欺罔・錯誤のみが問題となる事案を検討の対象外とする。なお、性的自己決定の侵害を根拠づける錯誤の範囲は、政策的な判断である点については拙稿・前掲注（1）193頁以下。
13　同意年齢を満たしてはいるが相手方が精神障碍者である場合、精神障碍者に対する特別な保護という視点を考慮に入れた上で自由な真意に基づく承諾の範囲を画定する必要があると考えられるため、本稿は検討対象を、（性的行為の）相手方が精神障碍のない者である事案に限定する。
14　原因行為・事由としては1号・6号・7号・8号が考えられる。なお、行為者がいわゆる絶対的強制を行い、相手方の身体を物的な客体として強制的に動かした事案については、性的自己決定の侵害を否定する論者はいないように思われる（2023年の法改正前では「物理的抗拒不能」の作出ないし利用として178条に該当するものと評価され、現行法では1号・5号・6号いずれかの原因行為・事由に基づく不同意困難状態の充足と評価されるであろう）ため、本稿の検討対象外とする。

た」といえるか、ということである。

　この点に関連して、杉本一敏によれば、(性的)自由に対する罪の成否が問題となる場面において、自由な真意に基づく承諾とは、(性的行為に応じた)相手方の身体的態度(同意表明行動)がその相手方自身の自由意思の所産として[15]、相手方に帰属できることを意味する。言い換えれば、前述の帰属関係が否定されれば、自由な真意に基づく承諾が否定されるのである。杉本の見解において、前述の帰属関係を否定するための理論構成は複数あるが[16]、本稿の検討対象事案においては、「責任帰属」要件のうちの「他行為選択可能性」が問題となる[17]。「行為者が……被害者の内心に働きかけることにより、心理的に抑圧された被害者自身が自らの選べる行動選択肢の中から一定の行動を除外し、或いは特定の行動を選択、決意することを余儀なくさせられ、その結果として特定の身体的態度に出た」[18]場合には、他行為選択可能性が阻害されたと評価でき、責任帰属が否定されるのである。

　杉本によれば、他行為選択可能性を阻害する「脅迫」とは、行為者の働きによって被害者が「性的行為に同意するか、それとも(性的行為に応じること)以上の不利益を甘受するか」[19]という二者択一状態に立たされた場合に認められるものであり、「脅迫」の判断において、(性的行為に応じない場合に想定される)害悪が「(被害者の価値観に照らせば)重大なもの」であったかが決定的であり、言い換えれば、被害者にとって「害悪……の絶対値が大きすぎ、……その回避へと動機づけられることが心理的に不可避だった」[20]といえるのであれば、他行為選択可能性が否定され、それゆえ、責任帰属および自由な真意に基づく承諾が否定されるのである。

15　高橋則夫編『理論刑法学入門――刑法理論の味わい方』(日本評論社・2014) 130頁〔杉本一敏〕。
16　本稿の検討対象外の事案である絶対的強制の事案や、性的行為の基礎的な事実に対する錯誤の事案などは、被害者への「行為帰属」が問題となる。行為帰属の判断において、相手方に身体的に他行為可能性があったか、言い換えれば、身体的動静が被害者の行為として評価できるかが問題となると解される(杉本・前掲注(10)文献(2) 107頁以下)。
17　杉本・前掲注(10)文献(1) 20頁以下、特に(2) 70頁以下。また、杉本・注(15) 140頁表にも「他行為選択可能性」との表現が用いられている。
18　杉本・前掲注(10)文献(1) 28頁。
19　杉本・前掲注(10)文献(2) 121頁。
20　杉本・前掲注(15) 139頁。

(2) 検　討

　杉本の見解の特徴は、「自由な真意に基づく承諾」を純粋な事実状態（例えば、相手方の心情そのもの）としてではなく、身体的態度（同意表明行動）を相手方に「帰属できる」という評価的な性格を有する「帰属関係」として捉えた点にある。

　性的自己決定の侵害機序は単一ではないが、全ての性的自由の侵害に共通することは、行為者が被害者を自らの欲を満たす道具ないし玩具として扱った点、すなわち、行為者による「被害者の道具化」であると理解できる[21]。自由な真意に基づく承諾の否定が「被害者の道具化」を意味するならば、自由な真意に基づく承諾は、相手方が「主体的に」性的行為に参加したこと、すなわち、性的行為に応じた身体的態度が相手方の意思の所産として評価できることと理解できる。その意味において、自由な真意に基づく承諾の本質を身体的態度の「被害者への帰属関係」と解した杉本の見解は正しいといえよう。

　もっとも、杉本の見解における「他行為選択可能性」の判断内容はより具体化される余地があるように思われる。「自らの選べる行動選択肢の中から一定の行動を除外し、或いは特定の行動を選択、決意することを余儀なくさせられ、その結果として特定の身体的態度に出た」ということは、被害者の内心的事情に対する記述であり、不同意困難状態の認定に必要な情況証拠を抽出するための指針が示されているとは言い難い。杉本は、行為者によって提示された害悪が「被害者の価値観に照らせば重大なもの」と評価できる場合に他行為選択可能性が否定されると解しているが、害悪の回避へと「動機づけられることが心理的に不可避だった」ことが決定的であるならば、「害悪の絶対値（が大きいこと）」はあくまで1つの判断材料にすぎず、害悪の回避へと動機づけられる他の事情も考慮に入れて他行為選択可能性を判断する必要があるのではなかろうか。

　本稿は、責任帰属および自由な真意に基づく承諾の判断内容をより具体化する

---

[21] 同様な視点を重視するものとして、成瀬幸典「強制わいせつ罪に関する一考察（下）」法学82巻6号（2018）29頁、松原芳博編『続・刑法の判例〔各論〕』（成文堂・2022）44頁〔菊地一樹〕を参照。周漾沂「從實質法概念重新定義法益：以法主體性論述為基礎」台大法學論叢41巻3期（2012）982頁以下は、潜在的な行為者を中心に法益を記述するならば、全ての法益が「他人の主体性の尊重」という普遍性のある行動準則を内容とする「命令」であり、全ての法益侵害が、行為者が自らの意志に基づいて普遍性のない行動準則を実践したことを意味すると説く。主体性の尊重は他人を単なる客体＝道具として扱わないことを意味すると思われるため、周の見解に従う場合、性的自己決定の侵害は、被害者の道具化という（普遍性のない）行動準則の実践として記述されることになろう。

ためには、「他行為」はなぜ、責任帰属＝人に責任を負わせることの判断において重視されるかを検討する必要があると考える。

2 責任帰属における「他行為」の意義
（1）滝川裕英の見解

人に責任を負わせること、すなわち、責任実践[22]にあたって、「他行為」はどのような意義を有するか。法哲学の議論において、この問題は「決定論と責任実践との両立可能性[23]」という文脈で語られることがある。滝川裕英によれば、決定論は「世界がランダムに生起するものではなく、先行状態と一定の繋がりを持つものである」[24]という形で理解され得るが、そのように理解した場合、多くの論者は、決定論と責任実践とは両立しないと「直感的に」思う。その直感の内容の1つ[25]が、「どうしようもなかったことに対して責任は問えない」という事実的「他行為可能性」の要求であり[26]、この直感の理論的正当性を検討することによって、「他行為」を正しく位置づけることができるようになるのである。

事実的他行為可能性は責任実践の必要条件ではないと解したHarry G. Frankfurtの主張およびそれに対する反論を滝川が検討した結果、結論的に、責任実践の判断において、「他行為」は、「『他行為可能性がないこと』が行為の唯一の理由であった[27]場合に、その行為を行ったことに対して責任を負わない」という形で位置づけるべきだと滝川は主張している。より具体的にいうと、責任実践の

---

[22] 滝川裕英『責任の意味と制度——負担から応答へ』（勁草書房・2003）2頁。なお、責任は多義的な概念であり、本稿のいう「責任」は、滝川の見解における行為生成責任という一種の関与責任（「あるかないか、あったかなかったか」という文脈で語られるものであり、「ある人はある過去の出来事に対して責任がある」を基本的な表現形式とするもの）を意味し、関与責任は規範違反を前提とした様々な有責責任（例えば、刑法における故意責任や過失責任など）から区別される概念であり、有責責任の前提である（30頁以下）。

[23] 「決定論と自由意志」の両立を論ずる者の多くは自由意志を責任実践の文脈で語ること、また、自由意志を議論の対象とすること自体の困難性・複雑性から、「決定論と責任実践」の両立を問題としたほうが有益であるとの指摘は、滝川・前掲注（22）50頁以下。

[24] 滝川・前掲注（22）57頁。

[25] 「人間は法則通りに動く機械ではない」という第2の直感、及びそれに関連する「機械論」を巡る議論から導き出された「理由能力」概念に関する詳細な検討は別稿を期したい（滝川・前掲注（22）86頁以下）。なお、理由能力に関する議論を刑事責任能力論に応用したものとして、竹川俊也『刑事責任能力論』（成文堂・2018）128頁以下。

[26] 滝川・前掲注（22）57頁を参照。

[27] このことは、事実として別の行動の選択肢があること（事実的他行為可能性）とは概念上区別され、「意味的他行為可能性」と呼ばれる。滝川・前掲注（22）80頁。

判断において重要なのは事実上の他行為可能性の有無ではなく、「現実に行われた行為が『なぜ』行われたのか」という、「行為の理由＝意味」である。責任を問う前提条件として他行為可能性が必要と直感的に思われるのは、他行為不可能性自体が重要であるからではなく、現実に行われた行為の意味を確定するための対象項として「可能であった」他行為（の意味）が参照されただけである[28]。つまり、「他行為不可能性は、それが唯一の行為理由である場合に限って責任を阻却する。逆に言えば、他行為が不可能であったとしても、当該行為の行為理由が他行為不可能性以外に存在するのであれば、その行為に対して責任を問うことは可能なのである」[29]。たとえば、部屋から脱出する方法がなかったとしても、その部屋に自分の憧れの相手がいたため部屋にとどまった者は、やはり自発的・主体的に部屋に滞在したと評価できるであろう[30]。

滝川によれば、現実に行われた行為の理由＝現実の行為から示された意図がただ単に「他行為が不可能であった」と解された場合、当該行為を行った者は他者の期待・予期を反したとはいえず、我々はその者に対して他行為を期待できないと理解する。刑法の責任判断において他行為の「期待可能性」という概念が一般に受け入れられている理由もここにあり、つまり、他行為の期待可能性は「行為の理由＝意味」を責任実践の前提とする考え方から導き出された概念である[31]。

（２）検　討

性的自己決定に対する罪の解釈において滝川の見解を応用するならば、以下のことになろう。すなわち、性的行為の相手方に（自らの現実の身体的態度に対する）責任を負わせて良いか（＝相手方が主体的に性的行為に参加したと評価して良いか）の判断において、相手方の現実の身体的態度の「理由＝意味」に対する解釈の「内容」が重要である。「他の身体的態度をとる可能性がなかった」ことが身体的態度の「唯・一・の・理由＝意味」であったと解された場合、相手方が主体的に性的行為に参加したとはいえない。

28　滝川・前掲注（22）80頁、同「他行為可能性は責任の必要条件ではない」法学雑誌55巻1号（2008）47頁。
29　滝川・前掲注（22）79頁。
30　滝川・前掲注（28）法雑32頁において引用された Locke の例を参照。
31　滝川によれば、「他行為可能性原理の説得力は、期待可能性原理の説得力に寄生している。……他行為可能性原理が期待可能性原理と混同されることで、他行為可能性原理は妥当であるという錯覚が生じる」のである（滝川・前掲注（28）法雑48頁）。

現実の身体的態度の理由＝意味の解釈にあたって、1つの判断材料として、「他の（＝仮定の）身体的態度（たとえば、抵抗や逃走など）の理由＝意味」に対する解釈が参照されることが多いが、このことは、「相手方の主体的な関与は、抵抗や逃走などが可能であった場合にのみ肯定される」ことを意味しない。抵抗や逃走などが不可能であったとしても、他行動不可能性「以外の」理由＝意味（たとえば、性的な好意などのポジティブな動機）が相手方の現実の身体的態度によって示されたと解釈できるならば、相手方が主体的に性的行為に参加したと評価できる。よって、自由な真意に基づく承諾が肯定されるのである。

前述のように、滝川は、「他行為の期待可能性」は「行為の理由＝意味」を責任実践の前提とする考え方から導き出された概念であると主張している。注目に値するのは、「他行為の期待可能性」という概念は、法改正前の解釈においても援用されていた。例えば、旧178条「（心理的）抗拒不能」の判断について、判例解説書では「被害者が当該性的行為をそれとして認識し、これを承諾しないし認容しているような場合に、なおかつ抗拒不能として本罪の成立を認めるためには、被害者の置かれた状況、行為者が作出した状況等を総合して、当該被害者に〔わいせつな行為ないし性交等〕……を承諾し、あるいは認容する以外の行為を期待することが著しく困難と認められることを要しよう〔傍点は引用者によるもの〕」という説明がなされている[32]。この点に着目すれば、現行法の解釈において滝川の見解を取り入れる理論的土壌がもともとあったといえよう。

3　行為の理由＝意味

自由な真意に基づく承諾は責任帰属の問題であるならば、不同意困難状態の解釈において現実の身体的態度の「理由＝意味」という（責任帰属の前提としての）視点を導入する意義はあると思われる。もっとも、不同意困難状態の認定および結論の整合性を視野に入れた場合、以下の修正を加える必要があると本稿は考える。

第1に、不同意困難状態の認定に求められる情況証拠を抽出するためには、「『他の身体的態度をとる可能性がなかった』ことが唯一の理由＝意味であった」という評価をより具体化する必要があると思われる。事実として、不利益・害悪

---

[32] 亀山＝河村・前掲注（4）84頁。この基準を援用した近年の裁判例として、名古屋高判令和2年3月12日判時2467号137頁がある。

を避けない人はいないことからすれば[33]、自由な真意に基づく承諾が否定されるのは、「『不利益・害悪の回避』以外の理由＝意味がなかった」場合であると解することができる。

　第2に、通常、複数の観点からある特定の行動の理由＝意味を説明することが可能であるため、不同意困難状態の内容として、不利益・害悪の回避が行動の「唯一の」理由＝意味をなすことを要求するのは現実ではない。たとえ不利益・害悪の回避以外の説明が不可能でなかったとしても、不利益・害悪の回避による説明が最も自然であるといえるならば、不同意困難状態を肯定すべきであろう。言い換えれば、相手方の現実の身体的態度が主に不利益・害悪の回避を意味するといえるならば、不同意困難状態を肯定できると考える。

　第3に、不同意困難状態を基礎づける理由＝意味としての「不利益・害悪の回避」は、限定的に解する必要があると考える。たとえば、患者が死を避けるために、苦痛な副作用が予想される治療を受け入れる意思を（身体的態度で）表明した場合、当該現実の身体的態度の理由＝意味に対する解釈として、「（死という）不利益・害悪の回避」が有力なものになる点は否定できないであろう。しかし、この場合に患者の自由な真意に基づく承諾の可能性を否定するのは不適切である。本稿の検討対象事案において、不同意困難状態を基礎づける（身体的態度の）理由＝意味は、「行為者または第三者が支配しうる不利益・害悪の回避」という形で限定的に解すべきであると考える[34]。

　以上をまとめると、本稿の検討対象事案において、不同意困難状態は、性的行為時の相手方の現実の身体的態度が主に「行為者または第三者が支配しうる不利益・害悪の回避」を意味することと解される。実際の判断において、「他の身体的態度をとることが主として行為者または第三者が支配しうる不利益・害悪の甘受を意味する」という評価から、不同意困難状態が認められることが多い。

　個人的法益としての性的自己決定の実現は、実行された性的行為が「相手方の（事実としての）意思に反するものではなかった」ことを前提とする。それゆえ、現実の「行為の理由＝意味」の解釈において、相手方の価値観や、期待する利益

33　「他人が自己の価値体系に従い自分にとって有利な決定を下すこと」を阻害する全ての行為が自由を害する「強制」に該当すると解した徐偉群「回歸『強制』概念──利用權勢猥褻性交罪的解釋與立法批判」台灣法律人第20期（2023）4頁以下において、「凶を避けて吉に趨く（趨吉避凶）」という視点が人間の本性として援用されている。

34　拙稿・前掲注（1）190頁に紹介された実務家の見解も参照。

などを判断材料から排除してはならない。「被害者の立場に置かれた」通常人を（旧法の抗拒困難の）判断基準とする見解[35]や、旧法の抗拒困難の判断において客観的な状況（深夜、密室など）が「被害者に作用を及ぼして」性交に至ったかに着目する見解[36]も同旨であろう。

なお、相手方による自身の現実の身体的態度に対する理解は、あくまでもその身体的態度に対する解釈をする際の1つの参考材料にすぎない。よって、相手方が自身の行動はまったく意味がなかったもの（例えば、頭が真っ白であった）と供述したとしても、行為の理由＝意味を直ちに「無」と解釈してはならない。それゆえ、いわゆるフリージングを理由として、相手方の現実の身体的態度を「不利益・害悪の回避を意味しないもの」と安易に解してはならない。

4　本稿の解釈を採用する実益

本稿の解釈を採用した場合、不同意困難状態の評価としての性格および結論の適切性を確保できるという実益が考えられる。

（1）評価としての性格

不同意困難状態の前提として、相手方の一定の事実としての「意思ないし心理状態」を認定しなければならないが、その意思ないし心理状態の選別をするためには、不同意困難状態を1つの「評価」と解した上で、その評価の内容を言語化する必要があると思われる[37]。不同意困難状態を「身体的態度の理由＝意味」という「評価」と解してはじめて、その評価の内容（行為者または第三者が支配しうる不利益・害悪の回避）に応じて、経験的に重要な意思ないし心理状態（たとえば、畏怖・驚愕など）を抽出することが可能となるのである。

（2）結論の適切性

もちろん、不同意困難状態を「抵抗困難状態」と解した場合も、包括要件の評価としての性格は維持可能といえよう。実際に、今回の法改正前、「抵抗困難状

35　樋口・前掲注（9）（その1）64頁。
36　嶋矢貴之「性犯罪における『暴行脅迫』について」法律時報88巻11号（2016）68頁。
37　半田・前掲注（7）25頁は、「相手方の心理は不承不承の承諾から拒絶ないし抵抗の諦めまで様々な態様が考えられ、かつそれは一つの事件でも時間と共に変化し得る。こうした相手方の微妙な心理やそれについての行為者の認識を認定しようとすれば容易ではない」と指摘しており、自由な真意に基づく承諾を基礎づける意思ないし心理状態の選別基準の必要性を表したものとして理解できる。

態」が旧178条の構成要件要素として正面から論じられていた。しかし、たとえ事実として抵抗が困難であったとしても、相手方が「性的な好意や金銭等の打算を理由にして性的行為を積極的に〔傍点は引用者によるもの〕」[38]受け入れた場合は、相手方の主体性が性的行為への参加によって実現したと評価すべきであろう[39]。性的行為時における行為者に対する性的な好意などのポジティブな動機を理由に両罪を否定するためには、抵抗困難状態を間接事実として位置づけ、「行為の理由＝意味」を主要事実として位置づける必要があると思われる。

5　想定される批判

本稿の解釈に対して、不同意困難状態の本質を現実の身体的態度の理由＝意味という「相手方の内心的事実に対する評価」と解した場合は法的安定性を確保できないという批判が予想される。しかし、故意において、被告人の内心的事実に対する評価が本質的に問題となっているのと同様に、（性的）自己決定の条件の欠缺においても、相手方の内心的事実に対する評価が問題となっているのである。本稿の解釈に内在する不確実性は、主要事実の本質（現実の身体的態度の「被害者への帰属」）からすれば法律家が受け入れざるを得ないものであると考える。

6　援用可能な情況証拠

本稿の解釈を採用した場合、相手方の心理的事実に対する評価が主要事実となる。評価の対象となるのは内心的事情であるため、直接証拠となるものは相手方の供述である。もっとも、故意の認定において客観的な情況証拠を中心とした認定が求められるのと同様に、不同意困難状態の認定においても客観的な情況証拠を援用することが望ましいと思われる[40]。

（1）積極的な情況証拠

援用可能な積極的な情況証拠として、相手方が性的行為に応じた時点における「他の身体的態度（抵抗や逃走など）の物理的・心理的障害（が大きいこと）」を基

38　樋口・前掲注（9）（その1）64頁。また、嶋矢・前掲注（36）68頁は、相手方が喜んで応じたことを性的自由に対する罪を否定する根拠としている。
39　たとえ抗拒困難状態に陥ることに対する相手方の事前の了承がなかったとしても、相手方の主体性が実現したと評価すべきであると考える。
40　拙稿「故意の認定」山口厚ほか編『高橋則夫先生古稀祝賀論文集〔上巻〕』（成文堂・2021）286頁以下。

礎づける諸事実と、他の身体的態度をとった場合に「予想される害悪（行為者が告知した害悪など、心理的障害を基礎づけるもの）が現実化する確率（が高いこと）」[41]を基礎づける諸事実に大別できる。故意の認定において、これらの事実に対する認識が問題となる。

両類型にかかわる性的行為前・性的行為時・性的行為後における行為者・相手方の言動も情況証拠として援用可能である。「相手方が直前に示した拒絶意思を行為者が無視した」という事実は、「他の身体的態度の心理的障害」（間接事実）を基礎づけるものであると同時に、「行為の理由＝意味」（主要事実）を基礎づけるものともいえよう。その意味において、「直前の拒絶意思の無視」の証拠価値が相対的に高いといえる。

(a) 「他の身体的態度」の物理的・心理的障害　関連する情況証拠として、逃走や第三者の救助を求めるのが困難と思われる空間（密室[42]など）や立ち位置[43]など、夜間人気ない環境、複数の行為者、凶器の使用、当事者の体格差・年齢差、相手方が拒否しにくいシチュエーション（相手方が行為者の指示に身を委ねざるを得ない状況[44]など）、既存の服従関係[45]、物理的有形力の行使（相手方の身体を掴む[46]など）が考えられる。

(b) 予想される害悪が現実化する確率　関連する情況証拠として、害悪の予想の裏付けとなる諸事実が考えられる。例えば、既存の信頼関係[47]、権勢[48]、行為者による加害告知[49]などである。同じく害悪の予想の裏付けとなりうる事実として、宗教の信奉に基づく迷信・盲信が考えられる。その意味において、「宗教の信奉によって裏付けられる不利益を憂慮させること又はそれを憂慮していること」を8号「に類する行為又は事由」として認める必要はあろう。

41　拙稿「性的自由に対する罪の成否」宮坂渉編『熟議民主主義×科学技術×法学の共振と相互連関：新研究領域のシーズ』（筑波法政学会・2022）123頁にも同じ視点が提示されている。
42　福岡地久留米支判平成29年1月24日 LLI/DB L07250050。
43　名古屋地判平成28年4月25日 LLI/DB L07150243の公訴事実第3。
44　横浜地判平成27年11月13日 LLI/DB L07050621。
45　秋田地判平成25年2月20日 LLI/DB L06850797、福岡高宮崎支判平成26年12月11日 LLI/DB L06920607、前掲名古屋高判令和2年3月12日。
46　宮崎地判令和2年2月3日 LLI/DB L07550184。
47　京都地判平成18年2月21日判タ1229号344頁。
48　名古屋地判平成22年1月21日 LLI/DB L06550034。
49　嶋矢・前掲注（36）25頁に、名誉侵害を告知する行為が脅迫として認められる例が近年増えているとの指摘がある。

なお、以上の情況証拠はあくまでも「他の身体的態度の主な理由＝意味」という視点から抽出された、「現実の身体的態度の主な理由＝意味が（行為者または第三者が支配しうる）不利益・害悪の回避であった」という主要事実を事実上推認させるものにすぎない。情況証拠の背後にある経験則の前提が満たされているか、言い換えれば、特段の事情がなかったかの検討が求められる。

（2）消極的な情況証拠

性的行為時における相手方の身体的態度のポジティブな理由＝意味を基礎づける諸事実が消極的な情況証拠となる。相手方の供述のほか、性的行為前・性的行為時・性的行為後の行為者・相手方の言動はいずれも援用可能であるが、被害者心理に関する科学的な知見からは、性的行為時における相手方の抵抗や、相手方が第三者に助けを求めることの「容易性」の判断においては、相手方の性格や、予想外の出来事に対処する能力などの生理的な事実を丁寧に考慮することが求められる。

三　まとめ・今後の課題

本稿をまとめると、以下である。

1. 自由に対する罪は、（潜在的な被害者を中心とした）「自己決定の条件」としての側面と、（潜在的な行為者を中心とした）前述の条件を確保する他者の義務＝「答責性」としての側面がある。本稿の検討対象事案において、現行刑法176・177条の「不同意困難状態」は自己決定の条件（の欠缺）を表す文言、不同意困難状態に「させ〔る〕」こと・不同意困難状態に「乗じ〔る〕」ことは、答責性を表す文言として理解できる。
2. 本稿の検討対象事案において、不同意困難状態の本質は、相手方の「現実の身体的態度が、彼または彼女自身の主体性の表れとして評価できない」という判断である。具体的には、当該身体的態度の「理由＝意味」に対する「説得力のある解釈」という評価が問題となる。前述の評価において、相手方自身の価値観や期待する利益、生理的な事実などを丁寧に考慮する必要がある。
3. 本稿の検討対象事案において、前述の評価の結果、相手方の身体的態度の主な理由＝意味が「行為者または第三者が支配しうる不利益・害悪の回避」

と解された場合、相手方が主体的に性的行為に参加したとはいえず、不同意困難状態が認められる。言い換えれば、「相手方の身体的態度の主な理由＝意味が、『行為者または第三者が支配しうる不利益・害悪の回避』であった」ことが「不同意困難状態」の主要事実である。「不利益・害悪の回避」以外の理由＝意味の例として、行為者に対する性的な好意が考えられる。

4．不同意困難状態の認定において、「他の身体的態度の物理的・心理的障害」および「他の身体的態度をとった場合に予想される害悪が現実化する確率」を基礎づける諸事実は情況証拠として援用可能であるが、特段の事情の有無に関する検討も求められる。

証拠から相手方の現実の身体的態度が主に行為者または第三者が支配しうる「不利益・害悪の回避」を意味すると認定できる場合、理論的に自己決定の条件の欠缺が認められる。もっとも、その欠缺に対する行為者の答責性が認められない場合、言い換えれば、その欠缺が行為者の義務違反に由来するものと評価できない場合には、性的自己決定が害されたとはいえず、両罪が否定される。合理性のない義務の賦課は、相手方（＝将来の潜在的な行為者）の自由の不当な限縮をも意味するため、前述の義務の合理性を担保できる文言（「させ〔る〕・乗じ〔る〕」）の解釈が求められる。「させ〔る〕」ことおよび「乗じ〔る〕」ことの異同も含めて、行為者の答責性を今後の課題としたい。

個別財産説は債権取得事案の詐欺罪処罰を説明できるか

二本栁　誠

一　はじめに
二　債権を新規に取得する事案に関する判例
三　債権を新規に取得する事案と学説
四　終わりに

一　はじめに

　通説である個別財産説は、詐欺罪を個別財産に対する罪と捉える[1]。個別財産説によるならば、喪失及び取得の対象となる財物又は利益は、移転に先立ち個別性を備えて存在していなければならないはずである（この見立ての当否については、後述三1参照）。

　他方で、判例は、欺罔による債権の取得に詐欺罪の成立を認める（後述二参照）。債権取得は、2項詐欺罪における利益取得の例として真っ先に挙げられることもある[2]。たしかに、既存の個々の債権を取得する事案では、喪失の対象が移転に先立ち個別性を備えている。しかし、債権を新規に取得する事案（被害者からみれば債務を新規に負担させられる事案）では、喪失の対象が移転に先立ち個別性を備えているとは認め難いように思われる。

　本稿は、通説である個別財産説が、債権を新規に取得する事案に詐欺罪の成立を認める判例について、少なくとも説明が困難であること、場合により説明が不

---

[1]　山口厚『刑法各論 第2版』（2010年）267頁は、「交付により移転した個別の物・利益の喪失自体が詐欺罪における法益侵害である（通説）。こうして詐欺罪は『個別財産に対する罪』と解されることになる」とする。
[2]　髙橋省吾『大コンメンタール刑法 第3版 第13巻』〔大塚仁ほか編〕（2018年）141頁は、2項詐欺罪の客体について、「財産上の利益である。……例えば、債権を取得すること」と述べ、大審院大正14年3月20日判決（後掲注（9）参照）を挙げるほか、大判昭和8年3月8日刑集12巻212頁、大判昭和9年12月3日刑集13巻1639号を挙げる。

可能であることを論証する。まず、判例をみてみよう。

二　債権を新規に取得する事案に関する判例

1　2項詐欺罪（詐欺賭博事案、手形割引事案）

被告人が詐欺賭博により139万円の金銭支払債権を取得した事案で、最高裁昭和43年10月24日決定[3]は、2項詐欺罪の成立を認めた（以下、「詐欺賭博事案」という。）。この事案で、被告人が取得した139万円の債権（ないしその給付を受けることができる事実上の地位・経済的利益）は、個別性を備えているといえる。これに対して、被害者が喪失したものは、個別性を備えているといえるだろうか。たしかに、事後的にみれば、被害者は個別性を備えた139万円を給付することができる権利（ないし事実上の地位・経済的利益）を喪失したようにもみえる。しかし、そのような権利は、移転に先立ち個別性を備えているとは認め難い。そうすると、最高裁昭和43年10月24日決定は、個別財産説からは説明困難であって、むしろ、被害者の全体財産のうち139万円分が減少したと全体財産説から説明するのが自然である[4]。

なお、最高裁昭和43年10月24日決定については、財物交付の約束をさせた時点で2項詐欺罪の既遂を認めるべきかが問題となるところ、財物交付の約束自体に財物の占有とは区別された独自の意義がある場合を除いて1項詐欺罪の未遂にとどめるべきであろう（以下「約束限定説」という。）[5,6]。この点について、本件では

---

[3]　最高裁昭43年10月24日刑集22巻10号946頁。

[4]　中森喜彦『刑法各論〔第4版〕』（2015年）107頁は、最高裁昭和43年10月24日決定について、「違法な手段により相手方に違法な債務を負わせた場合には、被害者はその履行を法的に強制されることはないが、被害者の従前の適法な財産状態〔＝全体財産〕に違法な侵害が加えられた以上、利益罪の成立は認められてよい」という（〔　〕内は筆者の追記）。この記述は、正当にも全体財産説的であるが、同書101頁注4は、全体財産説に批判的である。

[5]　曽根威彦『刑法各論〔第5版〕』（2012年）150頁、中森・前掲注（3）142頁、西田典之（橋爪隆補訂）『刑法各論〔第7版〕』（2018年）207頁、山口・前掲注（1）248頁等。

[6]　このような理解は、およそ債権取得について2項詐欺罪を成立させることに慎重であるといえる。泉二新熊『日本刑法論下巻〔増補第40版〕』（1929年）796頁は、「人ヲ欺罔シテ財物ノ交付ヲ約セシメ未タ交付ヲ受ケスシテ止ムトキハ第一項ノ未遂ニシテ第二項ノ既遂ニアラス」としつつ（これは、「財物交付の約束自体に独自の意義がある場合を除いて」といった留保を一切伴わない点で徹底した見解である）、他方で、債権取得を利益取得の例として挙げていない（同672頁）。綿引紳郎「解評」最判解刑事篇昭和43年度295頁は、「学説上も、一般に相手方を欺罔して債務を負担させること（債権を取得すること）が、同条項の財産上不法の利益を得ることに当たるものとする説が有力である」とし、同297頁注7は「反対　泉二新熊『日本刑法論』各論672頁、796

139万円を交付する約束自体に独自の意義は見出し難いと思われ[7]、1項詐欺罪の未遂にとどめるべきことになる。このような理解に立つとして、被害者が現金139万円を現に所持していれば個別性に問題はないが、現金139万円を持つ可能性が低い場合は、個別財産侵害の可能性が処罰に値するかどうかの検討を要するように思われるが、本稿は検討対象を既遂の場合（つまり、移転による喪失と取得が問題となる場合）に絞る。

次に、預金債権を取得する事案をみてみよう。預金債権は、払戻請求という条件で金銭という財物を交付する約束（つまり、直前で述べた財物交付の約束）という性質を持つ。それゆえ、預金債権の取得に際して、2項詐欺罪の既遂が成立するか、それとも1項詐欺罪の未遂にとどめるべきかが問題になりうる。この点について、預金債権は、（その正当な権利者はもとより、キャッシュカードとその暗証番号を用いることができる者は誰でも）ATM等を通して容易・確実にこれを現金化できることから、現金に匹敵する利便性を認めることができ、約束自体に独自の意義が認められる場合といえる[8]。その意味において、預金債権を取得する事案は、上記の約束限定説を採用するとしても、1項詐欺罪の未遂にとどまらず、2項詐欺罪の既遂を認めうる事案といえよう。例えば、大審院大正14年3月20日判決[9]は、被告人が銀行員を欺罔して為替手形の割引を承諾せしめ24,212円を直ちに自己の当座預金口座に振替えさせた事案で、原審が1項詐欺罪の成立を認めたのに対し、「預金債権を被告人において取得し財産上不法の利益を得たるものに外ならず」ないとして、2項詐欺罪が成立するとした（以下、「手形割引事案」という。）。この事案で銀行が喪失したものも、事後的にみれば出金額として個別性を備えているようにみえるかもしれないが、移転に先立ち個別性を備えていたとは認めが

頁」とする。山口厚『刑法〔第3版〕』310頁も、債権取得を利益取得の例として挙げていない。

7 これに対して、西田・前掲注（5）207頁注3は、「ただ、この事案では、犯人が暴力団員であるため、約束をすれば実際に金員を渡したのと同視しうると考えられたのかもしれない」として、約束に独自の意義を認める可能性を示唆する。

8 山口厚「財産上の利益について」植村立郎判事退官記念論文集『現代刑事法の諸問題〔第1巻第1編 理論編・少年法編〕』（2011年）136頁は、「キャッシュカードとその暗証番号を用いて事実上ATMを通して当該預貯金口座から預貯金の払戻しを受け得る地位」（東京高裁平成21年11月16日判時2103号158頁）について、「それ自体に独立した利便性が認められる」ことを根拠として、財物の占有とは区別された独自の意義が認められることを承認する。このように預金について正当な権限を欠く場合にも「独自の意義」を認めうるのであれば、正当な権限が認められる場合にはなおさら「独自の意義」を認めてよいであろう。

9 大判大正14年3月20日刑集4巻184頁。

たい。そうすると、大審院大正14年3月20日判決も、個別財産説からは説明困難であって、むしろ、銀行の全体財産のうち24,212円分が減少したと全体財産説から説明するのが自然である。

2　1項詐欺罪（空クレジット事案、特殊詐欺の事案）

判例には、債権取得に1項詐欺罪の成立を認めるものもある。最高裁平成15年12月9日決定[10]は、次のような事案で1項詐欺罪の成立を認めた原判断を是認した。すなわち、被告人らが、病気などの悩みを抱えている被害者に対し、病気などの原因が霊障であり、「釜焚き」と称する儀式で病気などを治癒させる効果があるかのように装い、釜焚き料名下に金員を要求し、釜焚き料を直ちに支払うことができない被害者13名に対し、被告人らの経営する薬局から商品を購入したように仮装し、その購入代金につき信販業者と空クレジット契約を締結させ、合計922万6800円を支払わせた事案である（以下、「空クレジット事案」という。）[11]。この事案においても、空クレジット契約に先立って個別性を備えた財産を被害者が喪失したとは認めがたい。そうすると、最高裁平成15年12月9日決定も、個別財産説からは説明困難であって——説明困難を超えて説明不可能と思われることについて、後述三1参照）——、むしろ、被害者13名各人の全体財産に侵害が加えられたと説明するのが自然ではなかろうか[12]。

この最高裁平成15年12月9日決定は、振り込め詐欺（特殊詐欺）を検討する文脈で、そこに2項詐欺罪ではなく1項詐欺罪の成立を認める判例として挙げられることもある[13]。振り込め詐欺に分類できる事案に関する大阪高裁平成16年12月21日判決[14]は、偽造された権利証等を行使するなどして不動産の所有者本人に成りすました上で、同不動産を担保とする融資を申し込み、被害者をして、あらかじめ不動産所有者名義（他人名義）で開設しておいた銀行口座に現金2722万7475

10　最決平成15年12月9日刑集57巻11号1088頁。
11　なお、決定文中には、信販業者をして「振込入金させた」との事実しか記載されておらず、現金が振り込まれたのか、振替送金がなされたのかは、厳密には特定されていない。もっとも、大量の取引を行う信販業者が現金を振り込むことは考えにくい。佐伯仁志「詐欺罪の理論的構造」山口厚ほか『理論刑法学の最前線Ⅱ』（2006年）133頁参照。
12　林幹人『判例刑法』（2011年）275頁参照。
13　例えば、佐藤拓磨「詐欺罪における占有」『川端博先生古稀記念論文集［下巻］』（2014年）247頁、橋爪隆「銀行預金の引き出しと財産犯の成否」研修735号（2009年）17頁注3。
14　大阪高判平成16年12月21日判タ1183号333頁。

円を振込送金させた時点で、振り込まれた金銭を被告人が自由に処分しうる状態になったとして、1項詐欺罪の成立を認めている（以下、「現金振込事案」という。）。この事案で被害者が喪失したのは、2722万7475円の現金であるから、それが個別性を備えていることに疑いはない。しかし、事案を修正し、被害者が現金振り込みではなく振替送金を行ったような振り込め詐欺の場合（以下、「振替送金事案」という。）には、やはり、被害者の全体財産に侵害が加えられたとみるのが自然であろう。

3　若干の判例分析——債権取得は2項詐欺罪の典型例か

手形割引事案に関する大審院大正14年3月20日判決については、古くから、2項詐欺罪ではなく1項詐欺罪を適用すべきだという批判がある[15]。その批判の背景には、預金口座への現金振込ないし預金振替がなされた時点で、犯人が当該金銭を自由に処分できる状態になるので、2項詐欺罪ではなく1項詐欺罪の成立を認めることができる、という1項詐欺説がある[16]。この1項詐欺説と最高裁平成15年12月9日決定とを併せ考えると、大審院大正14年3月20日判決は、既に先例としての意義を失っているかもしれない。そうすると、2項詐欺罪の典型例として債権取得を挙げるのは、判例の理解としては必ずしも正確でない可能性がある。

三　債権を新規に取得する事案と学説

1　個別財産説

以上でみたように、判例は、債権を新規に取得する事案で、2項さらには1項詐欺罪の成立を認める。その際に個別財産の喪失を見出しがたいことは、これまで必ずしも問題視されてこなかったように思われる。通説である個別財産説は、上記の判例を説明できるのであろうか。

15　福田平『注釈刑法（6）各則（4）』〔団藤重光編〕（1966年）230頁参照。
16　井田良『刑法各論〔第3版〕』（2023年）340頁、坂田威一郎「振り込め詐欺の法的構成と既遂時期に関する実務上の若干の考察」植村立郎判事退官記念論文集『現代刑事法の諸問題〔第2巻 第2編 実践編〕』（2011年）85頁、佐藤・前掲注（13）259頁（詐欺罪・恐喝罪における喪失・取得の対象に「預金による金銭の占有」を含める）、髙橋（省）・前掲注（2）78頁、福田・前掲注（15）230頁など。反対・二本柳誠「振り込め詐欺の法的構成・既遂時期・未遂時期——かけ子の罪責を中心に——（1）」名城ロー33号（2015年）16頁。

さて、本稿冒頭で、「個別財産説による場合、喪失及び取得の対象となる財物又は利益が個別性を備えていなければ、詐欺罪は成立しない」との見立てを示したが、そもそもこの見立ては不当だという批判がありうる。例えば、形式的個別財産説[17]は、全体財産説と異なり相当対価提供の考慮を否定するものであって、そのような見立てを含むものではない、という批判がありえよう。しかし、相当対価提供の考慮を肯定する実質的個別財産説[18]を採用する場合、少なくともそのような批判をすることはできない。

　また、個別財産説によるとしても、被害者の負担において行為者が個別財産を取得したといえれば足り、個別財産の喪失はそもそも不要である、という主張もありうる。２項強盗罪に関する下級審裁判例ではあるが、窃盗目的で住居に侵入し、被害者が寝ている部屋の隣室で財布の入ったバッグを発見し、財布の中にキャッシュカードが入っていたことから、被害者に包丁を突き付けて脅迫し、暗証番号を聞き出した事案で、原判決が、「被告人が暗証番号を聞き出したとしても、キャッシュカードの暗証番号に関する情報が被告人と本件被害者の間で共有されただけであり、そのことによって、本件被害者の利益が失われるわけではない。」として利益喪失を否定したのに対して、東京高裁平成21年11月16日判決[19]は、「被告人が、ATMを通して本件口座の預金の払戻しを受けることができる地位を得る反面において、本件被害者は、自らの預金を被告人によって払い戻されかねないという事実上の不利益、すなわち、預金債権に対する支配が弱まるという財産上の損害を被る」として、２項強盗罪の成立を肯定した。東京高裁平成21年11月16日判決の考え方の背景には、２項犯罪の成立にとって利益の喪失までは不要であるという考え方、あるいは、利益の喪失が必要だとしても、必ずしも厳格に要求されないという考え方を見出しうる。後者の考え方に親和的な論者

17　大塚仁『刑法概説（各論）〔第三版増補版〕』（2005年）256頁、大谷實『刑法講義各論〔新版第5版〕』（2019年）281頁、佐久間修『刑法各論〔第2版〕』（2012年）222頁、団藤重光『刑法綱要各論〔第3版〕』（1990年）619頁、福田平『全訂刑法各論〔第三版増補〕』（2002年）250頁等。

18　浅田和茂『刑法各論〔第2版〕』（2024年）237頁、曽根・前掲注（5）144頁、高橋則夫『刑法各論〔第4版〕』（2022年）351頁、西田・前掲注（5）220頁、松原芳博『刑法各論 第2版』（2021年）289頁以下、山中敬一『刑法各論〔第3版〕』（2015年）379頁等。財産的損害を不文の構成要素とするのではなく、錯誤が詐欺罪の法益に関係する錯誤といえるかどうかで詐欺罪の成否を決すべきとする法益関係的錯誤説の見地から、損害の実質的評価を要求するのは、佐伯仁志「詐欺罪（１）」法教372号（2011年）106頁以下、橋爪隆『刑法総論の悩みどころ』（2022年）253頁以下、山口・前掲注（１）266頁以下等。

19　東京高裁平成21年11月16日判時2103号158頁。

は、「2項犯罪の場合、客体は無形の利益であり、有体性をもつ財物の場合とは異なり、素材の同一性＝移転性を厳格に要求することはできないと思われる。たとえば債権侵害の場合でも、債権が移転するわけではない。欺罔や暴行・脅迫によって、その行使が困難となり、したがってそれを財産的損害となしえ、行為者がそれに対応した利益を得ることになる、というにすぎない。被害者の下に存在した利益が、そのままの形で行為者の下に移転するというわけではない。それでも2項犯罪の成立を認めることはできる。むしろ、2項犯罪の場合には、厳密な意味での移転性がある場合はほとんどないとすらいえるように思われる」[20]と指摘する。このように移転性を厳格に要求しない立場は、移転の始まりと終わりに当たる利益喪失と利益取得を緩やかに解することにつながり、ひいては個別性を緩やかに解することにつながるかもしれない。もっとも、この説明は、2項犯罪に関するものであるから、空クレジット事案や振替送金事案に1項詐欺罪を適用する判例の説明にはならない。またそもそも、「利得罪にせよ1項犯罪である取財罪にせよ、犯人による不法な取得・利得だけを問題として犯罪の成立を認めるのは、被害者に生じた被害を考慮せず、犯人が不法に利得すること自体が社会的に是認・容認しがたいことであるという考慮のみで犯罪の成立を肯定するのであり、すでに過去のものとして捨て去られたはずの純然たる倫理主義的理解にほかならない。」との指摘も重要である[21]。個別財産説は、個別財産喪失を重視した解釈を展開するのであるから、個別財産喪失を軽視すべきではないであろう。

　それでは、「個別財産説による場合、喪失及び取得の対象となる財物又は利益が、移転に先立ち利益が個別性を備えていなければ、詐欺罪は成立しない」という見立てが正しいとして、個別財産説は、判例を説明できるか。考えられるのは、債権取得の事案では、被害者の処分行為の瞬間に、財産が債権の内容（金額等）の意味で個別性を獲得するという説明である。詐欺賭博事案を素材に時系列に沿っていえば、もともと被害者の全体財産の一部として個別性をもたない利益が、139万円の債務を負担するという被害者の処分行為をきっかけに、瞬間的に、139万円を貸し付ける利益として個別性を獲得し、そのような個別的利益が被害者のもとから移転・喪失し、また、被告人が139万円の債権（ないしその給付

20　林・前掲注（12）340頁以下。同・『刑法各論 第2版』（2007年）175頁も参照。ただし、全体財産説の論者であるから、個別財産説の個別性を緩和する趣旨でこれを述べたわけではない。
21　山口・前掲注（8）131頁。町野朔『刑法各論の現在』（1996年）126頁以下も参照。

を受けることができる事実上の地位・経済的利益）という個別的利益が取得される。しかし、処分行為の瞬間に個別財産の発生・移転・喪失・取得に至るという説明は、あまりに技巧的ではなかろうか。「139万円を貸し付ける利益」が、移転に先立ち個別性を備えて存在していたと本当にいえるのか、疑わしい。例えば被害者がもともと借金まみれであったという事情が付け加わった場合、「139万円を貸し付ける利益」といった個別財産を想定することは、実態に即しているのであろうか。そのような想定からすると、人は無限に金を貸し付ける地位を有していることになってしまうのではないか。貸付余力に限界はあるというのかもしれないが、個別財産説から無理な説明を重ねるよりむしろ、全体財産のうち139万円分が減少したという説明が自然である。

次に、手形割引事案を素材に時系列に沿っていえば、もともと銀行の全体財産の一部として個別性をもたない利益が、24,212円の預金債務を負担するという銀行の処分行為をきっかけに、瞬間的に、24,212円を貸し付ける利益として個別性を獲得し、そのような個別的利益が銀行のもとから移転・喪失し、被告人が24,212円の預金債権（ないしその給付を受けることができる事実上の地位・経済的利益）という個別的利益を取得し、被告人の既存の残高と合計された1個の預金債権となる[22]。ここで最後に言及した既存の残高と合計されるという事実は、取得対象の個別性を疑わせる事情ではあるけれども、財物が既遂と同時に混和することは既遂成立を妨げる事情とは思われないことからすると、一瞬ではあるが個別財産の取得があったとみてもよいだろう。これに対して、被害者である銀行が喪失した「24,212円を貸し付ける利益」が、移転に先立ち個別性を備えて存在していたと本当にいえるのかは疑わしく、むしろ、銀行の全体財産のうち24,212円分が減少したという説明が自然である。

以上は2項詐欺罪を念頭に置いた説明であったが、1項詐欺罪の場合はどうであろうか。空クレジット事案を個別財産説から時系列で説明しようとするならば、もともと被害者の全体財産の一部として個別性をもたない利益が、空クレジット契約を締結するという被害者の処分行為をきっかけに、被害者が自由に処分できる各被害額相当の金銭として個別性のある財物となり[23]、そのような個別

---

[22] 中田裕康「銀行による普通預金の取引停止・口座解約」金法1746号（2005年）26頁は、「通預金債権は、普通預金契約に基づく個別取引により発生する預金者の銀行に対する金銭債権であり、入金の都度、既存の残高と合計された1個の債権となる。」とする。

的財物が被害者のもとから移転・喪失し、また、被告人は自由に処分できる各被害額の金銭という個別的財物を取得し、被告人の既存の残高と合計された1個の預金債権となる、と説明するのであろうか[24]。しかし、「被害者が自由に処分できる各被害額相当の金銭として個別性のある財物となり」という説明は、困難を超えて不可能であろう。というのも、キャッシング枠であればまだしも、ショッピング枠相当の現金を（預金債権と同程度に）「自由に処分できる」とみることはできないからである。ショッピング枠を利用して現金を作る、いわゆるクレジットカード現金化は、事実上可能であるとしても、換金率100％を下回る限り、ショッピング枠イコール相当額の現金とみることもできない。そうすると、自由に処分でき、かつ、個別性を備えた財物が移転に先立ち存在したとはいえず、したがって、最高裁平成15年12月9日決定は、個別財産説からは説明不可能ではなかろうか。これに対して、判例は、空クレジット事案に際して認められる程度の個別財産喪失でも詐欺罪処罰にとって充分だと考えているのだ、という反論が想定される。しかし、繰り返しになるが、個別財産説は、個別財産喪失を重視した解釈を展開するのであるから、前提となる個別性を軽視すべきではない。最高裁平成15年12月9日決定は、宗教活動を口実とする空クレジットという特殊な事案に対する判断であるから、例えば預金がらみの全事案に当然に射程が及ぶわけではなかろう[25]。そして、事案の特殊性を強調するならば、振り込め詐欺（特殊詐欺）に2項詐欺罪ではなく1項詐欺罪の成立を認める運用の根拠として最高裁平成15年12月9日決定を挙げること（前述二2参照）に、疑念が生じる。

最後に、被害者が騙されて、例えば残高300万円の口座から200万円を振替送金したという振り込め詐欺の「振替送金事案」については、最高裁の立場は必ずしも明示されていないものの、1項詐欺罪の成立を認める運用がなされている可能性がある（二2参照）。たしかに、もともと被害者は預金のうち200万円を「自由

---

23 ここでは、預金ではなくクレジットが問題となっていることから、預金による金銭の占有という説明を用いることは困難であろう。

24 山口厚『新判例から見た刑法〔第3版〕』（2015年）243頁以下は、「振込入金により金員が移転したことにより詐欺既遂……が成立し、その反面として、被欺罔者が信販業者に対して返済債務を負担したことが実質的な被害である」と説明する。和田俊憲「判批」ジュリ1303号（2005年）170頁は、「第三者の立替払により、行為者が金員を取得すると同時に、その利得に対応した第三者の当該金員の喪失という損害が、依頼者である被欺罔者に移転する」という構成を示す。しかし、いずれも、被害者の個別財産が喪失したことを説明していない。

25 振替送金がなされたかどうかが不明であることについて、前掲注（11）参照。

に処分」できたし、預金によって占有していたのだ、送金行為の瞬間に個別財産たる200万円が発生・移転・喪失・取得されたのだという説明は、理解できないわけではない。しかし、被害者が喪失した200万円は、移転に先立ち個別性を備えて存在していたと本当にいえるのかは疑わしく、むしろ、被害者の全体財産のうち200万円分が減少したという説明が自然である。

2　全体財産説

　全体財産説からすると、新規に債権を取得する事案については、被害者の全体財産が減少し、犯人の全体財産が増加した、と自然に説明することができる。

　詐欺罪を全体財産に対する罪として把握する見解には、1項も2項も全体財産に対する罪であるとする第一説[26]、2項の全部が全体財産に対する罪だとする第二説[27]、2項の一部が全体財産に対する罪だとする第三説[28]がある。

---

[26] 現行刑法制定直後の見解として、大場茂馬『刑法各論　上巻』(1909年) 569頁、小疇伝『大審院判例ト新刑法』(1908年) 352頁以下参照（渡辺靖明「現行刑法の詐欺罪規定の制定過程について（下）」横浜法学31巻3号（2023年）451頁以下も参照。）。1960年頃までの見解として、佐伯千仭『刑法各論』(1962年) 146頁、瀧川幸辰「詐欺罪に関する若干の問題」『瀧川幸辰刑法著作集　4巻』(1981年)〔初出・法と経済6巻5号（1936年）〕480頁、同『増補 刑法各論』(1968年) 160頁、宮本英脩『宮本英脩著作集 第三巻 刑法大綱（第四版）』(1984年)〔初出・1935年〕370頁以下、同『刑法学粋〔第4版〕』(1933年) 638頁以下。ここに掲げた論者は、「個別財産」や「全体財産」という言葉を必ずしも用いていないが、「財産上の損害」という言葉を用いて、それが詐欺罪の成立に必要であると主張し、対価の考慮を肯定した。現在の議論状況に照らせば、実質的個別財産説に分類することも可能であろう。しかし、実質的個別財産説が登場する前の議論状況に照らして、ここに掲げた論者は全体財産説の論者に分類されてきた。近時の、実質的個別財産説とは区別される全体財産説の論者として、林・前掲注 (20) 139頁、裴美蘭「詐欺罪における財産上の損害」法政研究78巻4号（2012年）149頁以下。

[27] 青柳文雄『刑法通論Ⅱ 各論』(1963年) 437頁（「利得の場合には一方の利益が必ずしも他方の損失になるという関係にはない」というのは、例えば無償役務のことであろうか）、新保勘解人『日本刑法要論 各論』(1929年) 567頁（2項詐欺罪につき損害を要求）、瀧川春雄＝竹内正『刑法各論講義』(1965年) 194頁。植松正『再訂 刑法概論Ⅱ各論』(1975年) 356頁は、2項詐欺罪を全体財産に対する罪とみるが、同423頁で損害の発生を不要とする。小野清一郎『新訂刑法講義各論』(1950年) 225頁は、「詐欺及び恐喝の罪は両者〔＝個別財産に対する罪と全体財産に対する罪〕に跨っている。」と述べており、2項の全部が全体財産に対する罪だとする見解に分類されることもあるが（中森喜彦「二項犯罪小論──その由来を中心に──」法学論叢94巻5・6号216頁（1974年）216頁）、1項も2項も全体財産に対する罪であるとする見解と読むこともできるのではないだろうか。谷口正孝＝中平健吉「詐欺罪の成立と財産上の損害（二）──判例の概観──」法曹時報6巻3号（1954年）88頁は、判例の背後に、2項の全部が全体財産に対する罪だとする見解を見出す。近時の論者として、関哲夫『講義刑法各論』(2017年) 191頁、山中敬一『刑法各論〔第3版〕』(2015年) 253頁。

[28] 浅田・前掲注 (18) 182頁注2）、大塚仁『刑法各論 上巻』(1968年) 276頁、同・前掲注 (17) 167頁以下、川端博『刑法各論講義』(2007年) 296頁、団藤・前掲注 (17) 546頁、団藤重光編

これらいずれの見解においても、全体財産説を支持すべき実益ある具体例は、従来必ずしも示されてこなかった[29]。また、とりわけ上記第三説は、例えば既存の個々の債権や無体財産権が個別財産に当たることを明示するにとどまり、全体財産の具体例を挙げてこなかった。新規に債権を取得する事案の処罰は、個別財産説による説明が困難であることから、上記ふたつの意味における具体例となりうるのではなかろうか[30]。

四　終わりに

通説である個別財産説は、債権を新規に取得する事案に詐欺罪の成立を認める判例について、少なくとも説明が困難であり、とりわけ空クレジットに関する最高裁平成15年12月9日決定については、説明が不可能である。全体財産説のうち、上記第一説から第三説のいずれが望ましいかは、今後の検討課題である。もちろん、全体財産説を採用すればすべてが解決するわけではない[31]。生じる問題については、別途議論するよりほかないと考える。

　貴重なご指導を賜ってきた甲斐克則教授に深く感謝し、謹んで本稿を捧げる。

　　『注釈刑法（6）各則（4）』〔団藤重光執筆〕（1966年）2頁、平川宗信『刑法各論』（1995年）373頁、福田・前掲注（15）170頁、同『刑法各論〔新版〕』（1972年）274頁（ただし同・前掲注（17）250頁は、規定形式を理由に、「詐欺罪は、1項の罪、2項の罪とも、個別財産に対する罪と解すべきであろう。」とする。）。

29　冨川雅満「財産的損害をめぐる『通説』：実質的個別財産説に潜む問題」法セ68巻6号（2023年）28頁参照。

30　佐伯仁志「財産上の利益」『刑法の争点〔第3版〕』（2000年）156頁は、上記第三説が「財産上の利益には、債権・抵当権のような個別の財産権以外の利益も含まれる、ということを言おうとしているのであろう。しかし、財産犯の保護法益を個々の法的権利に限定する法律的財産概念は支持を失い、財産を経済的見地から理解する経済的財産概念が現在では一般的になっているのであるから……、財産上の利益に法的権利以外の利益を含めるためだけに全体財産に対する罪と解する必要はない」とする。しかし、上記第三説が言おうとしているのは、新規債権取得のように個別財産侵害を見出しがたい場合があること、また、そのことを正面から認める必要があるということではなかろうか。

31　長井圓「詐欺罪における形式的個別的財産説の理論的構造」法学新報121巻11=12号（2015年）364頁以下参照。ドイツの全体財産説が全体財産損害の画定について現在陥っている混迷状態について、渡辺靖明「ドイツ刑法の詐欺罪における全体財産説の混迷——善意取得と財産危殆化をめぐって——」『長井圓先生古稀記念　刑事法学の未来』（2017年）445頁以下参照。

ドイツにおける暗号資産をめぐる議論
―― 詐欺罪・投資家保護・没収 ――

内 海 朋 子

一　はじめに
二　暗号資産に関するドイツでの議論
三　暗号資産の価値評価に関するドイツ刑事法判例
四　日本法への示唆
五　結　語

一　はじめに

　現在日本では、暗号資産をめぐる法整備が進められているが、しかし暗号資産に伴う法的問題も数多く生じている。2014年におけるマウントゴックス社の破綻、2018年におけるコインチェック社からのNEMの流出事件、コインハイブ事件など、刑事司法にも影響を与えた事件も発生するようになった。また、没収をめぐっては、法務省法制審議会の刑事法部会[1]において、組織的な犯罪の処罰及び犯罪収益の規制等に関する法律第13条第1項の没収可能な財産が、「不動産若しくは動産又は金銭債権」に限定されていた点につき、見直しが進められ、法改正がなされたことは、記憶に新しい。すなわち、刑法19条は没収の対象を有体物に限定しているところ、旧組織的犯罪処罰法第13条第1項は、没収の対象を「不動産若しくは動産又は金銭債権」として、対象の拡大を行っていたが、無体物について「金銭債権」のみとしている点はなおも限定的であった。その理由として、立法当時、実務上最も必要性が高いと考えられる預金債権その他の金銭債権を没収の対象にできれば、社会のニーズに十分応えられるとの判断があった点が挙げられている。しかしながらその後、下級審において、暗号資産や暗号資産移転請求権は「金銭債権」に該当しないという判断も示され、立法の必要に迫られ

---

[1] 犯罪収益等の没収・追徴に関する近時の裁判例の概要や、諸外国の立法については法務省HP参照。https://www.moj.go.jp/shingi1/shingi06100001_00147.html

ることとなったのである。

そこで、本稿では、暗号資産をめぐるドイツの状況を概観し[2]、日本法へのヒントを探る。

二　暗号資産に関するドイツでの議論

暗号資産を取り扱ったドイツ文献においては、暗号資産をめぐる法的問題として、以下のようなテーマが議論されている。まず、暗号資産の私法上の法的性質が問題となる[3]のは自明であるが、そのほかにも、①刑事法上の扱い、②取引規制、③税法上の扱い等が問題となる。①については、暗号資産を不正な手段を用いて取得したような場合、つまり詐欺的な行為により暗号資産を移転させる行為や、ハッキングによる暗号資産の不正移転・他者のコンピュータの演算能力を秘密裏に用いてマイニングを行う行為などが挙げられている。また、詐欺的行為は、適切な投資を装って行われることもままあるため、投資家・市場における信頼の保護が必要になり、②の取引規制の必要性が生じる。そして、取引規制においては、投資家の保護のみならず、マネー・ロンダリング対策の観点が重要となる。ドイツにおいては、投資家保護に関しては、銀行法（Gesetz über das Kreditwesen）等の適用があるかという問題が生じ、マネー・ロンダリング対策との関連では[4]EUのマネー・ロンダリング対策指令のほか、マネー・ロンダリング防止

---

[2] 例えば、第三者異議について扱ったドレスデン地裁2021年5月18日決定（LG Dresden, Beschluss vom 18. Mai 2021）では、以下のような事案が取り扱われている。Xら（少なくとも3名以上）は、ウェブサイト（www.rimarkets-fx.com）において、いわゆるオンラインブローカーとして、株式や暗号通貨の取引で利益が得られるように見せかけて、投資家らから多額の資金を預かったが、実は、入手した資金を自己のために使用するつもりであった。Xらは、ウェブサイトのプログラミングや管理、コールセンターでの電話受付・メール受付等、役割分担し、取引で利益が上がっているように見せかけるために、投資家向けの電子取引口座で虚偽の売買シミュレーションを示すなどして、投資家に更なる投資を促したが、投資した資金は最終的には全額損失となり、消失する仕組みとなっていた。

[3] 私法上の取り扱いについて、まだ十分な検討はできていないが、Dennis Hillemann, Wie Kryptowährungen Grundrechtsschutz genießen, CR 2019, 831 ff. において以下のような記述に接した。暗号資産は、信用機関に対する債権は存在しない点で預金と、発行主体がいない点で電子マネーと、受け入れ義務の質に差がある点で地域通貨とも、異なる。さらに、有体物ではないので、BGB第90条にいう財物には該当せず、無形財産法では保護されない無形財産である。また、ヒレマンの論稿では、財産権の憲法上の保障についても言及されており、興味深い。

[4] これらの点については、既に別稿で検討した。内海朋子「暗号資産に対する、マネー・ロンダリング規制に関するEUの動向とドイツ法」EU法研究14号（2023年）86頁以下、参照。

法（Gesetz über das Aufspüren von Gewinnen aus schweren Straftaten）[5]、銀行法、暗号資産移転に関する連邦財務省の省令（Krypto Wert Transfer Verordnung）等が重要となる。③については、税法上、暗号資産の取引で得られた利益を所得として評価しうるか[6]という大きな問題がある[7]。

1　詐欺罪における財産的価値

　暗号資産を欺罔によって移転させる行為（ブロックチェーン上の記録を書き換えさせる行為）について、暗号資産を移転させることは、2項詐欺罪に該当するであろうか。ドイツの詐欺罪の構造は、日本とは異なる点があるものの、欺罔行為によって暗号資産を移転させることが、詐欺罪による保護対象に含まれるかという点が生じる点では共通であるから、この点の学説の記述を参照してみよう。ミュンヒナー・コンメンタールにおいて、ヘーフェンデールは、市場の需要と供給に従い、取引可能であることから、金銭で評価可能な価値を持っているとする[8]。一方、ボェルナーは、法的・経済的な意味において、暗号資産に対し、人々が、金銭ないし物を提供しようとする意思を有しているかぎり、暗号資産は（非物質的な）価値を体現化しているといえるとしている[9]。

2　投資を行わせる行為

　暗号資産に財産的価値が認められるとしても、欺罔行為等、その他の詐欺罪の要件は充足されるであろうか。

（1）通常の詐欺罪の成否

　投資を装った詐欺は、暗号資産に限らず起こりうる古典的な詐欺行為であ

---

[5]　マネー・ロンダリング防止法は1993年11月29日より施行された。Heinz-Bernd Wabnitz/Thomas Janovsky, Handbuch des Wirtschafts- und Steuerrechts, 4. Auf. 2014, S. 377 ff. 等、参照。

[6]　こちらについても、本稿では取り扱わない。税金関係では、所得税・法人税課税のほか、相続税を課税する際に、暗号資産をどのように評価するかという問題も生じうるであろう。

[7]　Frank Buckow, Strafrechtliche Ermittlungen bei Kryptowährungen, PStR 2022, S. 204 ff. には以下のような例が挙げられている。①ある暗号通貨を別の暗号通貨に、複数回にわたって交換する。②ピールチェーン（Peelchain）を使用し、取引の金額を少額に分割・ミキシングサービス（例：https://coinmixer-es.net/de）を使用して、取引を他の取引とまぜあわせ、金額を分割して送り返す。③匿名性の高い「プライバシーコイン」（例：Monero）の利用、あるいは匿名性が高い、リング署名の利用、など。

[8]　Roland Hefendehl, Münchener Kommentar zum StGB, 4. Aufl., 2022, StGB § 263, Rn. 615, 616.

[9]　René Börner, Kryptowährungen und strafbarer Marktmissbrauch, NZWiSt 2018, S. 50.

る[10]。投資の対象となる暗号資産に関する情報をいつわったり、誤解を招く表現を使ったりすることは、詐欺罪における欺罔行為に該当しうるであろう[11]。しかしながら、グレーゾーンに位置する行為はもちろん存在する。ドイツの文献では、暗号資産に対する投資に関して、①フロントランニング、②スカルピング、という、価格形成に対する関与行為が詐欺罪を形成するかが論じられている。また、インサイダー取引と相場操縦も問題視されている。

　①のフロントランニングとは、トレーダーが、被害者が行おうとしている売り注文・買い注文を知っており、この知識を自分の売買のためにする注文に利用して、取引が行われる前に自己の取引を行うケースである[12]。一方、②スカルピングは、トレーダーは価格形成に影響力のある注文について事前に知っているわけではなく、被害者に対して取引を行うように助言することによって価格形成に影響を及ぼす場合である[13]。ドイツ文献では、いずれの場合も詐欺罪の成立を認めるのは困難であることが指摘されている。その理由として、フロントランニングでは、自分が取引を事前に行ったことを被害者に対して説明する義務がある場合には、不作為による欺罔になりうるが、そうでない場合には、欺罔を認めることは難しい、統一的な市場がある有価証券においても損害の確定は難しいが、交換レートが統一されていない暗号資産ではさらに損害の確定は困難である[14]、などが挙げられている。スカルピングに関しても、行為者が、自分の助言を正しいと思っていた場合は欺罔を認めることは困難である、欺罔と損害との因果関係、あるいは素材同一性を認めることが難しい[15]などとされている。

10　日本でも、実際には流通性に乏しい暗号資産Aを使って海外の事業者が事業展開するかのような虚偽の事実を述べ、投資家らに、流通性の極めて高い暗号資産であるリップル等を送信させた事件などが起きている。大阪地裁令和5年3月22日判決参照（D 1 -Law28311491）。この判決では、暗号資産を被告人が管理するアドレスに送信させることをもって、「財産上不法の利益を得た」としている。

11　Ricarda Schelzke, Kryptowährungen, Token und das Kapitalmarktstrafrecht, wistra 2022, S. 184.

12　日本においては、金融商品取引法9条・金融商品取引業等に関する内閣府令117条1項10号で禁止されている。

13　日本においては、金融商品取引業者等の投資助言業務に関して、金融商品取引法41条の2第2号で禁止されている。

14　なお、この指摘は2019年のものである。Jochannes Baier, Kriminalpolitische Herausforderungen durch Bitcoin und anderen Kryptowährungen—Teil 2, CCZ 2019, S. 158.

15　Baier, a. a. O., 14, S. 158; Börner, a. a. O., 9, S. 51 f.; Schelzke, a. a. O., 11, S. 184 f.

(2) 投資詐欺罪の成否

ドイツでは、通常の詐欺罪のみならず、投資詐欺の規定がある。すなわち、ドイツ刑法第264a条第1項第1号によれば、有価証券、新株予約権、もしくは企業成果の分配が認められる持ち分の有償譲渡等に関連し、取得の判断を下すのに重要な事情に関する財産状態について、有利誤認を生じさせる事実を述べる、または不利な事実を隠蔽する行為は処罰される。

シェルツケ[16]は、暗号資産を、通貨トークン、インベスティメント・トークン（保有者に将来の支払いや、共同経営権・議決権を与えるもの）、ユーティリティー・トークン（特定のサービスを受ける権利や将来構築されるネットワークやプラットフォームに参加する期間を与えるもの）に分類した上で、投資詐欺規定の適用可能性について、以下のように分析する。

まず、通説は、有価証券を文書であると理解していることから、上記3種類の暗号資産は、投資詐欺罪における有価証券に該当しない。法益保護の観点から文書性の要件を放棄すべきだとする説もあるが、電子証券法が立法された際（ドイツでは、2021年に電子証券法が立法され、純粋な電子証券を発行することが可能になっている）、その際、投資詐欺罪について立法的手当てがされなかったことからすれば、立法者意思としては、投資詐欺罪上の有価証券から暗号資産を外す趣旨であろう、とする。もっとも、シェルツケは、投資家に利益参加権を付与するインベスティメント・トークンの場合、投資詐欺罪における、「企業成果の分配が認められる持ち分」に該当する可能性がある、とする。その場合、インベスティメント・トークンに関するホワイト・ペーパーにおいて、投資による利益の見込みが誇張されているなど、有益な内容を誤信させる事実が記載されている、あるいは、ブロックチェーンの技術的な不備等、不利益な事実が隠蔽されたなどのケースにおいて、同条による処罰がなされる可能性がある。

3 投資家の保護：インサイダー取引と相場操縦

インサイダー取引と相場操縦に関しては、以下のような点が指摘されている。まず、暗号資産は、株式等とは異なり、実在する企業内部情報（発行体関連情報）というものは存在せず、そもそもインサイダー情報に該当する情報が少ない。該

---

16 Schelzke, a. a. O., 11, S. 185 f.

当しうる情報としては、マイニングによる暗号資産産出量ぐらいであるが、これは計算過程が決まっているため、誰でも予測できる。そこで、暗号資産に関しては、インサイダー取引に関しては大きな問題は生じないが、相場操縦に関しては、暗号資産はレートの変動が激しく、異常な価格水準や人工的な価格水準を作り出しやすいため、問題が生じやすい[17]。

なお、2020年に暗号資産の用語が、ドイツ銀行法と、ドイツ証券会社法に導入され、さらにこの頃から、EUレベルでの暗号資産に関する規制が議論され始めた。その結果、2023年に、MICA（markets in crypto assets）が定められたが、これらの規定に関する詳細は別稿に譲ることとし、本稿では、ひとまず、これらの事実を紹介するにとどめておく。

三　暗号資産の価値評価に関するドイツ刑事法判例

次に、暗号資産の価値がいかにして法的に評価されるかを、ドイツにおける刑事判例を素材として検討しよう。ドイツ刑事判例で現在、暗号資産の価値評価が問題となっているのは、没収や日数罰金制の罰金額の評価においてである。没収の可否については、他人のパソコンの演算能力を無断で使用してマイニングを行ったケースにつき、マイニングを通じて得られたビットコインの没収が問題となった、BGH2017年7月27日決定がリーディングケースとして知られている。

このほか、このBGH2017年決定により、暗号資産が没収可能であることが確認された後、暗号資産の価値を法定通貨で評価する場合、どの時点の相場を基準として評価すればよいのかを扱った、BGH2018年6月6日決定も出されている。

1　BGH2017年7月27日決定

本件は、他者のパソコンをマルウェア感染させ、パソコンの所有者が知らないうちに当該パソコンの演算能力をマイニングに利用して、暗号資産を得たという事案である。他者のパソコンの演算能力を無断で使用する点において、日本にお

---

[17] 暗号資産においては、当該暗号資産が、実際の経済生活の中で普及し、認知されているかが、その価値にとって重要である。例えば、暗号資産で代金を支払うことができる商品またはサービスの内容、ICO、暗号資産に対する規制、暗号取引所への新規上場等の情報が、価格に大きな影響を与える、とされている。Börner, a. a. O., 9, S. 53.

けるコインハイブ事件[18]と類似するため、関心が寄せられているが[19]、実は、暗号資産の没収を肯定したリーディングケースとしても重要な決定である。

（1）事実の概要

XとYは、暗号資産のマイニング作業に必要な電気代の支払いを免れるために、ボットネットとよばれるコンピュータ・ネットワークを構築し、他者のコンピュータを用いてマイニングを行わせた。ボットネット構築にあたっては、まずXがマルウェアを開発し、Y、あるいは第三者がマルウェアに感染したファイルをアップロードし、コンピュータ・ユーザーらに、当該マルウェアを音楽ダウンロード等のプログラムであると誤信させてインストールさせ、ユーザーらのコンピュータに感染させた。マルウェア感染を通じて、Xらは、他者のコンピュータのファイアーウォールを無効にさせ、自らのサーバーに接続させ、遠隔操作することによって、マイニングに必要な計算作業をバックグラウンドで自動的に行わせた。

（2）BGHの判断

「ボットネットを用いてマイニングされたビットコインは、刑法旧第73条第1項第1文における『犯罪から得られたもの』に該当する。同条によれば、犯罪の実現それ自体から結果発生に至るどこかの段階で、行為者が直接的に得たすべての財産的価値が、犯罪から得られたものに該当する。」

「……『得られたもの』とは、実際に犯罪から実質的に得られたものの全体であり、ビットコインはその法的性質如何にかかわらず、その対象となる。ビットコインは、その市場価値にかんがみて、換金可能な財産的価値を体現しており[20]、被告人はその実質的権利者であって事実上の処分権限を有している。ビッ

---

18 今井猛嘉「コインハイブ事件」法教500号（2022年）33頁以下、西貝吉晃「サイバーセキュリティの保護とイノベーションの促進の両立」法セミ808号（2022年）46頁以下、品田智史「不正指令電磁的記録に関する罪における客体の判断方法」法セミ809号（2022年）130頁以下等、参照。
19 仲道祐樹「他人のコンピューターを利用したビットコインのマイニング」判例時報2379号（2018年）126頁以下、参照。本件では、データ変更罪とデータへの無権限アクセス罪の成立が認められた。
20 ツェレ高裁2020年6月5日判決は、日数罰金における日額の決定に関して、「裁判所は、被告人の個人的及び経済的状況を考慮して日額を決定するが、算出にあたっては被告人が1日に得ている、あるいは得られたはずの純所得の平均を基準とすべき」であるところ、「ウォレットで管理されている暗号通貨は所得ではなく、『換金可能な財産的価値』に該当する」としており、その際、本BGH決定を参照している。ツェレ高裁2020年6月5日判決の原審は、被告人が、暗号資産取引から9,000ユーロの月間純所得を得ていたと認定していたのであるが、ツェレ高裁は、「このような認定は、被告が暗号通貨を法定通貨に換価した場合、例えば、被告人の銀行口座に入金

トコインはブロックチェーン上に保存され、ウォレットの公開鍵と被告人が知る秘密鍵の組み合わせによって、十分に特定可能（abgrenzbar）であ」る。

「刑法旧第73条1項第1文は没収の対象を物・権利に限定していないから、ビットコインは物でも権利でもないので没収の対象とはなりえず、刑法旧第73e条は適用されないという主張は、採り得ない。」

「ビットコインの事実上の処分権限があるといえるためには、秘密鍵を知っていることが確かに必要ではある。しかし、捜査当局が秘密鍵を知っているかどうかは、没収命令の執行にのみ影響し、没収命令の発令自体には影響しない。没収命令決定時に秘密鍵が分からないのであれば、没収命令の執行の際に被告人の協力が必要である。しかし、被告人の協力が得られるかどうかは、没収を命じる時点では知り得ないから、命令を発令する際の要件にはなり得ない。秘密鍵を知っているかどうかは、むしろ、純粋に執行上の問題にすぎない。」

（3）分析

本件犯行は、コインハイブ事件同様、他人のパソコンの演算能力をその同意なくマイニングに利用するものであるが、その方法は他人のパソコンをマルウェアに感染させ、遠隔操作するというものであって、コインハイブ事件よりも行為の違法性は高いといえるであろう。

ドイツにおいては、日本とは異なり、刑法典の規定によって無体物の没収も可能であり、特別法を必要としないのであるが、本決定で特に注目すべきは、ビットコインの「法的性質」についての検討を回避しつつ、ビットコインを没収の対象たりうるとしている点である。その理由として、BGHは、①市場価値にかんがみて、換金可能な財産を体現していること、②被告人がその実質的権利者であり、事実上の処分権限を有していること、③ビットコインは、ウォレットの公開鍵と被告人が知る秘密鍵の組み合わせによって、十分に特定可能であることを挙げている。

これらの根拠のうち、ビットコインの財産的価値に直接的に言及するのは①であるが、②・③の要件は、どのような観点から要求されるのであろうか。おそらく、②については、被告人が没収対象の財産的価値を支配していることを意味しており、③は、排他的な支配の可能性があること、及び他者の財産的価値と混ざ

記帳されたような場合にのみ許される」として、量刑部分のみを破棄差戻しした。

り合っていないこと、すなわち、当該財産的価値に対し、第三者が権利行使を行う可能性がないことを示しているといえる。そうすると、財産的価値という点では①及び②（③は②を裏付ける）が重要となる。

なお、本決定については、ザファリング[21]による評釈があり、上記②の要件について、秘密鍵を紛失しても補償を求めることはできず、純粋に「事実上」の使用可能性があるにすぎないことから、「実質的権限がある」とすることには問題がある、と指摘している。確かに、暗号資産の私法上の性質が確定しない限り、秘密鍵を知っているということをもって「実質的権限」があると表現することは難しいかもしれない。秘密鍵を自己のみが知る状態にしておきつつ、その秘密鍵を用いて、「ある暗号資産をAに移転する」という意思内容を表示して、それをブロックチェーン上に記録させることを条件に、Aから法定通貨を受け取るという契約を結ぶことが社会生活上可能であり、実際に法定通貨を受け取れる立場にあるという事実的な状態が、財産的価値を有するものとして評価されるとする方が、現時点では妥当なのではないかと思われる。

なお、暗号資産の没収が肯定されたとしても、執行可能かどうかというさらなる問題が残されている[22]。

2 BGH2018年6月6日決定

1のBGH決定を受け、暗号資産の没収を肯定しつつ、さらに暗号資産の価値評価のタイミングについて言及したBGH決定も存在する。本決定は、ドイツ刑法第73a条第1文に基づく代価没収の額について、没収の要件が充足された時点

21　Christoph Safferling, NStZ 2018, S. 405 f.
22　Buckow, a. a. O., 7, S. 204 ff. は、暗号資産の没収に関する手続面について次のように述べる。暗号資産交換業者にウォレットがある場合、刑事訴訟法111c条第2項、民事訴訟法857条・829条による、支払請求権の差し押さえを考えるべきである。また、刑事訴訟法111e条による暗号通貨の没収は、捜査当局が公開鍵と秘密鍵を持っていれば、強制執行する際に何らの問題もないが、そうでない場合は、民事訴訟法第888条に従って手続を行うしかなく、この場合においては、たとえ有罪判決が確定したとしても、情報提供の強要とそれによる自己負罪の危険性は排除される。暗号資産に対する、伝統的な捜査手段としては、ハードウェアやウォレット（ハード型台帳やペーパーウォレット）の押収、データストリームの監視、暗号資産交換業者に対する、データの問い合わせ（電子メールアドレス、ユーザー名、身分証明となる個人情報、銀行口座等）などが挙げられる。また、新しい捜査手段としては、オープンソースの情報について、検索エンジンによるトランザクションアドレス関連データの捜査、取引の基となったIPアドレスの特定、ソーシャルメディアの中から、本当の個人の詳細や記録上のつながりの手がかりを特定する捜査手法などがある。

からの値上がり分は考慮されない、とした。

（1）事案の概要

被告人らは、インターネットで、アンフェタミン、コカイン、クリスタルメス、MDMA、エクスタシー、大麻、LSD を販売しており、決済はビットコインのみで行われ、被告人は、取引によって得られたビットコインをウォレットで管理していた。

（2）BGH の判断

BGH は、原審が、第 1 審の公判終了時までのビットコインの価格上昇をふまえて価値を算出している点について問題があるとした。BGH は、代価没収の価格決定については、事実審の最終判決の時点を基準に行うべきとする説と、代価没収の請求権が発生した時点とする説があり、後者にしたがえば、当初取得された対象物の没収が事後に不可能になった場合については、没収不能になった時点を基準として算出されることになる、と指摘したうえで、後者の立場に従い、その後の価格上昇は評価の対象とすべきではないとした。その理由として、「没収規定の目的は、違法行為によって得られた金銭的利益を不法受益者から取り戻すことにある。その際、没収は行為者が当該犯罪から得た金銭的利益と正確に対応するものでなければならない」、とされている[23]。

四　日本法への示唆

暗号資産の財産的価値は、日本の刑事裁判実務においてはどのように理解され

---

[23] なお、本件において有罪判決が言い渡されたのは、8 件の薬物取引についてであるが、被告人はそれ以外にも多くの違法な薬物を扱っており、押収された薬物には、訴訟の対象とはなっていない取引によって得られた薬物も相当程度存在していたと考えられたにもかかわらず、原審が訴訟対象外の薬物を含めて没収命令を言い渡していると考えられる点が問題となっている。BGH は、「原審では言及されていないが、刑法旧73d 条に基づく拡大没収を行うことも適切ではない。刑法旧73d 条は、刑法旧73、73a 条の補充規定である。刑法旧73d 条に基づく拡大没収は、全証拠にてらしても刑法旧73条、73a 条の要件を満たす没収ができないときのみ適用されうる。このように解することにより、刑法旧73d 条に定められる犯罪の刑事手続きにおいて、起訴状に記載されていない、しかし少なくとも特定可能な他の犯行によって被告人が得た物品が、拡大没収の対象となることを阻止することができる。」とした上で、本件では、被告人全員が訴訟中に自白しており、個々の注文取引は注文書によって記録されているため、被告人のその余の犯行について具体的に示しうることは明らかだとした。ドイツの没収制度については、久保英二郎「ドイツ法における犯罪収益の拡大没収及び拡大独立没収（一）」阪大法学71巻 1 号（2021年）189頁以下等、参照。

ているのであろうか。この点、コインチェック社から流出したと考えられる暗号資産 NEM を氏名不詳者が相場よりも低い価格で売り出しているのを買い受け、これを売却することによって、買値と売値の差額によって生じた売却利益を手にしていた事件に関する諸判決が参考になる。

東京地裁令和3年3月24日判決や東京高裁令和4年6月23日判決は、暗号資産 NEM が電気計算機使用詐欺罪（246条の2）にいう「財産権」に該当するか否かに関して、次の点に注目している。①「ブロックチェーン上に記録されている暗号資産 NEM を移転するには NEM アドレスに紐づいた秘密鍵が必要であり、秘密鍵を持つ（知る）者のみが暗号資産 NEM を移転することができる。②「暗号資産 NEM は、暗号資産交換所を介するなどして、不特定の相手と暗号資産 NEM そのものの売買や交換をすることができる」。③「物品を購入するなどした際の支払手段としても用いられ」る。④「一部の暗号資産交換所においては日本円の換算価値（レート）が示された上、法定通貨に換金することも可能であって、金銭的評価が可能なものとして流通していた」。⑤資金決済法は、暗号資産について、新たな支払手段として通用し得ることを前提とした上で、資金洗浄・犯罪資金供与の防止および利用者保護のため、各種規制を設けている。

そして、暗号資産 NEM を没収できるかに関しては、NEM や BTC は、⑥日本国内での強制通用力がなく、暗号資産が交換機能を有するのは、予め暗号資産を資金決済の手段として承認した特定の者との間に限定されること、⑦民事執行の実務において、暗号資産の移転を請求する権利は、民事執行法上の金銭債権（民事執行法155条、民法402条）ではなく、その他の財産権（民事執行法167条1項）とされていることを理由に、暗号資産の移転を請求する権利は金銭債権に該当せず、追徴によるべきとした。なお、追徴額の算定基準時は、暗号資産の取得時の価額とされている。

以上から、暗号資産に関しては、おおむね以下のように理解されていることが伺われる。暗号資産は、日本国内での強制通用力がないため、その支払い手段、ないし交換手段としての機能は当事者が合意した場合のみに限られていることから、通貨である日本銀行券や貨幣と同視することはできず、金銭には該当しない。しかしながら、①秘密鍵を持つ（知る）者のみが暗号資産 NEM を移転することができ、②「法定通貨に換金することも可能であって、金銭的評価が可能なものとして流通していた」ことから、財産的価値があるものと認められたといえる。

このように、裁判所が、金銭の機能に着眼して、暗号資産が金銭ではないとしている点は注目に値いする。なお、資金決済法が、暗号資産について、新たな支払手段として通用し得ることを前提とした上で、資金洗浄・犯罪資金供与の防止および利用者保護のため、各種規制を設けていることも根拠の一つとして挙げられているが、こうした規制がなくても法定通貨との交換に応じる者がいるかぎり、暗号資産の財産的価値は肯定されることになろう。

それではもし、取引市場が存在しない場合には、暗号資産に価値が認められないのであろうか。この点、ヘーフェンデールが、市場の需要と供給に従い、取引可能であることから、金銭で評価可能な価値を持っているとしたのに対し、ボェルナーが、暗号資産に対し、人々が、金銭ないし物を提供しようとする意思を有しているかぎり、暗号資産は（非物質的な）価値を体現化しているとした点が注目される。私は、ボェルナーが指摘するように、何らかの対価を提供して、暗号資産を保有しているという情報をブロックチェーン上に記録してもらうことを欲する人間がいるかぎり、暗号資産は財産的価値を有すると考える。暗号資産は、人々の期待によってその価格が裏付けられ、激しく上下するという点にかんがみても、暗号資産の価値を裏付けているのは、科学に対する人々の期待であって、確立した市場がなくても、そうした期待を抱く人々がいるかぎり、それらの人々の間での取引が可能だからである。ここからさらに進んで、暗号資産につき、純粋に主観的な価値を保護する必要があるか、あるとしたらどのような形でその価値が存在し、どのような形で保護すべきなのか、については、現時点では考えを留保しておきたい。

次に、暗号資産の財産的価値の法的な位置づけについては、現在私は次のように考えている。ブロックチェーン上に保有者として記録されることによって、何らかの実質的な「権利」がそこに存在すると考えるには、私法上の法的性質論がある程度固まっていることが必要と思われるが、現在このような状況に至っているとはいえない。他方において、刑法上の保護の対象は、私法上の権利である必要はなく、事実上の利益であってもよい。このような観点から、私は、ブロックチェーン上に保有者として記録されており、その記録の変更を可能にする秘密鍵を知っているという事実的な状態は、ドイツのBGH2017年決定のように、秘密鍵を用いてその記録を変更することと引き換えに、「法定通貨に換金できる」（その対価として法定通貨を受け取る）利益を手にしている状態であると評価するのが

よいと考える。すなわち、ブロックチェーン上に暗号資産の保有者として記録されていることによって、法定通貨を手にいれることのできる事実的な状態が存在していると考えた方がよい。あまり適切な表現ではないかもしれないが、あくまでも、ブロックチェーン上の記録を書き換えることと引き換えに交換所等で「その時のレートで法定通貨を入手できる状態（地位）」とでも表現すべき利益が存在している、と考えるべきであろう。

五　結　語

　以上、ドイツにおける暗号資産の刑法上の取り扱いに関するドイツの議論を概観した。検討の結果、詐欺罪との関連では、暗号資産が詐欺罪規定により保護される財産的価値かという問題、そして投資家保護の問題が生じ、そして財産的価値に関しては、没収の場面（さらには日数罰金）で再び問題となることが明らかとなった。

　なお、没収に関しては、法務省法制審議会刑事法部会における議論では、追徴で対応してしまうと、財産の価値が減少することにより、被害者に分配・支払いできる額が減少することが指摘されていた[24]。しかしながら、被害者保護の議論以前に、財物の無体物化が急速に進んでいる中で、没収の対象を有体物のみに限定してきた現行刑法の没収の制度設計が果たして適切に機能しているのかという点に根本的な問題がある。すなわち、無体物化の傾向については、犯罪構成要件のレベルでは、電子計算機使用詐欺罪等の規定が創設され、対応が済んでいるものの、没収にはまだその議論が及んでいなかったのである。この点、我が国の刑罰論においては応報の発想が強いため、予防の観点を考慮にいれなければならない没収の議論が展開されにくいことにその一因があるのかもしれない。

　　［付記］本稿は、科学研究費基盤研究（C）22K01201の助成による成果の一部である。

24　追徴の場合には、①国は、当該財産の価額に相当する金銭債権を有する債権者の立場になるだけであって、他の一般債権者と競合することとなる場合には、債権額の割合に応じた配当しか受けられない。②没収の場合には対象物が値上がりした場合、値上がり分も含めて被害回復に充てることができるが、追徴については取得時の価格によるとされており、そのようなことができない。

刑法190条における死体の監護義務

萩 野 貴 史

- 一　はじめに
- 二　判例・裁判例
- 三　監護義務の発生根拠
- 四　監護義務の内容
- 五　監護義務違反と遺棄罪との関係
- 六　おわりに

一　はじめに

　死体遺棄罪について、判例および学説は作為義務に違反した不作為の場合にも同罪が成立することを認める点でほぼ見解の一致をみている[1]。もっとも、この作為義務に関する記述に着目して文献を繙いてみると、かなり簡潔な記述にとどまることや、その記述がいくつかのタイプに分かれていることに気づく。また、近年は死体等を葬送する義務（葬送義務）[2]に関する研究成果が立て続けに公表されている一方で、死体等を監護する義務（監護義務）に関する検討はあまりなされておらず、判然としない部分が残されているといわざるをえない。

　学説の中には、「不明確なままの葬祭・監護義務論を使うのは憲法31条違反の疑いがある」と指摘するものもみられる[3]。本稿では、死体の監護義務に関する判例・学説を分析するとともに、若干ではあるが試論を展開し、監護義務に関する議論の深化に向けて一歩を踏み出してみたい。

---

[1]　葬送する義務に違反しただけでは「行政法規的な義務に反したということだけ」であり、さらなる限定を要すると指摘するものとして、浅田和茂ほか『現代刑法入門〔第4版〕』（2020年）272頁。

[2]　本稿では、引用部分を除いて「葬祭（義務）」や「埋葬（義務）」ではなく「葬送（義務）」という語を用いるが、同様の意味で捉えていただきたい。

[3]　森川恭剛「判批」佐伯仁志・橋爪隆〔編〕『刑法判例百選Ⅱ〔第8版〕』（2020年）207頁。

二　判例・裁判例

　最初に、死体の監護義務を取り上げたわが国の判例・裁判例を確認するとともに、それらの注目すべき部分を概観しておくことが、具体的な検討対象を明らかにする点においても有益だろう。死体の監護義務が問題となった判例・裁判例は、商用データベースで検索する限りでは数えるほどしか見当たらない。

　まずもってみておきたいのが、大判大正6年11月24日刑録23輯1302頁である（=［判例1］）。同判決は、母が嬰児を砂中に埋めて窒息死させ、死体をそのまま放置したという事案において、「葬祭を為すべき責務を有する者が葬祭の意思なくして死体を放置し其所在の場所より離去する如きも亦死体遺棄罪を構成するものとす」と判示した[4]。［判例1］は、不作為による死体遺棄罪に関して「類例中のリーディング・ケースと目してよい」[5]と評価されるものであるが、ここではまだ監護義務に関する言及がみられない。

　監護義務に関する記述が登場するのが、大判大正13年3月14日刑集3巻285頁である（=［判例2］）。［判例2］は、炭焼窯で木炭を製造していた者が、その窯に少年が誤って落ちて死亡したことを知りながら死体を搬出する手段を講じなかったという事案である。同事案において、大審院は「法令又は慣習に依り葬祭を為すべき責務ある者若は死体を監護すべき責務ある者が擅に死体を放置し其の所在の場所より離去するが如きも亦死体遺棄罪を構成するものとす」と述べ、一般論として監護義務者の不作為についても死体遺棄罪が成立しうることを明言している（ただし、被告人については、これらの義務を認めなかった）。

　同判決については、［判例1］が示していた葬送義務のほかに、これまで考えられていなかった監護義務を新たに加えたのか（その意味において、不作為による死体遺棄罪の成立範囲が広がったのか）という疑問が浮かぶ。こうした疑問を投げかけた文献等は今のところ見当たらないが、この問いには否定的に答えてよいのではないかと思われる。そもそも「葬送」は、一定の時間を要することが多いため、葬るまでの間、死体を適切に保管する必要があると考えられる。［判例1］も、葬

---

[4] 本稿で判例・裁判例等を参照するにあたっては、旧字体を新字体に変更したり、カタカナをひらがなにしたり、適宜濁点を付したりするほか、〔　〕を用いて引用者が補う場合がある。
[5] 小暮得雄「判批」芦部信喜・若原茂〔編〕『宗教判例百選［第2版］』（1991年）213頁。

りさえすれば義務を果たしており、それまでの間、死体を適切に保管する必要はないという考えを含むものではないだろう。こうした意味において、暗黙のうちに葬送義務には監護義務が付随するものと考えられていたと解することができよう。[判例2]については、[判例1]が単に「葬祭をなすべき責務」としていたものを、「葬祭を為すべき責務」もしくは「死体を監督すべき責務」として、「より具体的に判示〔た〕」ものであるという評価がみられるが[6]、この具体化という評価からは本稿と同様の理解を読み取ることができるように思われる[7]。

　むしろ[判例2]で注目すべき点は、葬送義務とは別に、監護義務をそれだけで問題としうることを示した点ではないだろうか。同判決以降に、被告人の監護義務違反のみを検討の対象とする下級審判例がいくつか現れている。

　たとえば、自分の祖母Aが縊死すると騒ぎ立て、木にしがみつくのを引き離そうとAの頸部にかかった紐を後ろから強く引き付けたところ窒息死したが、その夜の間、何の処置も施さずに屋外に放置したという、仙台高判昭和27年4月26日判特22号123頁がある（＝[判例3]）。この事案において、裁判所は、「本件は被害者Aの子であり、被告人の父であるBは屋外で被害者Aが死亡したことを知らないで、屋内において就寝しており、被害者Aの孫である被告人がこれを眼前に見て知つている場合であるから、被告人にその死体を監護すべき責務があつたものと謂わねばならぬ。」と述べて、死体遺棄罪の成立を肯定している。同判決に対する学説の関心は、翌朝には親族が死体を容易に発見できる状況だった点に向けられており、「義務が認められる限界事例」[8]であるとか、「親族が複数いる状況で葬送への阻害は少なく疑問がある」[9]といった評価がみられる。

　その後、[判例3]とは異なり、非親族の監護義務を問題にした裁判例が登場する。いわゆる「加江田塾ミイラ事件」の控訴審判決である福岡高宮崎支判平成14年12月19日判タ1185号338頁である（＝[判例4]）。本件は、被告人らが、病児2名の各親権者との合意によってこれらの病児を引き受け、祈祷類似の"治療"を継続しているという虚偽の告知をしていたが、発見時にはすでに2名とも死亡し

6　竹内正「判批」芦部信喜・若原茂〔編〕『宗教判例百選』（1972年）181頁。
7　日髙義博『不作為犯論の諸相』（2023年）172頁は、作為義務の内容として葬送義務のほかに監護義務を示した点で[判例1]よりも「一歩前進してはいる」が、理論的には[判例1]を「踏襲したものと評することができよう」と述べる。
8　川端博ほか〔編〕『裁判例コンメンタール刑法 第2巻［§73～§211］』（2006年）353頁〔瀬戸毅〕。
9　西田典之ほか〔編〕『注釈刑法 第2巻 各論（1）§§77～198』（2016年）679頁〔嶋矢貴之〕。

ており、いずれもミイラ化していたというものである[10]。同判決は、不作為による死体遺棄に関して、［判例2］を「同旨」として参照しつつ、「Aの死亡後も、同人の監護をNから託されていた者として、慣習ないし社会通念上、その死体についても監護義務を負い、その親族であるMやNに対し、Aの死亡の事実を告げ、同人の死体の引取りが速やかに行われるよう努めるとともに、その引渡しが完了するまでの間は、その死体を適切に保管しなければならなかったものというべきである」などとして、死体遺棄罪の成立を肯定している。義務の発生根拠の点はもちろんのこと、［判例4］で新たに関心が向けられたのは、義務の内容であろう。従来の［判例2］や［判例3］、そして学説が、「死体の監督・保管」などを義務の内容として捉えていたのに対して、「死亡事実の告知」、「死体の引渡し」もまた義務の一部であると捉えうる表現になっている。この点に注目した上で、「控訴審判決が認定した作為義務は、葬送権者への死体引渡および引渡までの死体監護を内容とするものであ〔り〕」、［判例2］で想定する監護義務とは異なるものであって、「非親族の死体監護引渡義務を認めた本件控訴審判決は、従来の判例・学説で論じられていなかった義務を初めて提示した判例である」との評価がみられる[11]。

　さらに、近年、次のようなケースでも死体の監護義務への言及があった。すなわち、被告人の運転する車両内に被害者が乗り込み、そのまま死亡していたことに気づいたものの、約1時間にわたって自動車を走行させ続けた福岡高判令和3年6月25日高刑集73巻1号6頁である（＝［判例5］）。このケースにおいて、検察官は控訴趣意の中で「親族が死体の葬祭監護を行うことはおよそ期待できない状況だったから、〔被告人が〕葬祭義務を負う立場にあったのであり、少なくとも、Cの死亡を知れば、速やかに親族に知らせ、死体が引き取られるまでの間、適切な方法で死体を監護すべき義務を負っていた。」と主張している。これに対して、裁判所は、「作為による死体遺棄を訴因としたものであることが明らかであり、不作為による死体遺棄については何ら審理の対象とはされていない」としつつも、被告人らは「Cの死体を監護すべき義務を負うとはいえない」と述べて

10　本件は刑法学上のさまざまな問題を提起する事案だったといえる。死体遺棄罪の間接正犯構成の可能性など諸論点については、原田保「病児および病児死体に関するオカルト治療受託者の罪責」愛知学院大学宗教法制研究所紀要60号（2020年）49頁以下が詳しい。

11　以上につき、原田・前掲注（10）62頁以下。

いる。なお、同判決の検察官の控訴趣意も、監護のほかに死亡事実の告知を義務内容としていると理解可能な表現である点を確認しておきたい。

以上でみてきたように、監護義務をめぐってもさまざまな問題関心が認められる。本稿では、これらのうち、まず①監護義務の発生根拠を取り上げたい。この点については近年、学説における議論がみられるためである。そして次に、②監護義務の内容に関する判例の変遷があることを上では指摘したため、この点を取り上げる。その後に、①②の検討を元に、③監護義務違反の場合に成立する罪名等を検討していく。

三　監護義務の発生根拠

筆者は、以前、葬送義務を中心に検討を加えた際に、わずかながら監護義務の発生根拠について言及したことがある[12]。その際に述べた考えと異なるところはないものの、本稿では少し補足的な説明も加えておきたい。

1　監護義務の認否

わが国の基本書・教科書類では、「不作為による死体遺棄」の項目で、監護義務に関する記述の有無に違いがみられる。この数十年に出版されたものを確認する限り、葬送義務のみを記述して、監護義務には触れていないものが多数であろう[13]。それらの中でも、多くは2つの大審院判決のうち[判例1]を参照する傾向にあるが、[判例2]を参照するものもある[14]。その一方で、[判例1]と[判例2]を参照しつつ、葬送義務と監護義務の双方を記述するものもある[15]。学説にはこうした違いがあるものの、これらを対立する見解として取り上げて検討する意義は大きくないと思われる。というのも、[判例1]が前述のように葬送義務に付随するものとして死体の監護義務を考慮しているとすれば、[判例1]を参照する文献もまた暗黙のうちに監護義務を認めていると考えられるからである。また、学説の中で、他方を相対立する見解として取り上げるものは見当たらず、さらには

12　萩野貴史「不作為による死体遺棄」名城71巻3・4号（2022年）33頁以下。
13　大塚仁『刑法概説（各論）［第3版増補版］』（2005年）543頁、西田典之〔橋爪隆補訂〕『刑法各論［第7版］』（2018年）431頁等。
14　堀内捷三『刑法各論』（2003年）291頁等。
15　伊藤渉ほか『アクチュアル刑法各論』（2007年）429頁〔島田聡一郎〕等。

監護義務を記述していない文献においても積極的に［判例2］を批判したり「監護義務を考慮することは不要である」と明言したりするものは見当たらない。そうであるとすれば、わが国の学説は、明示的または黙示的に監護義務違反による死体遺棄罪の成立の余地を認めているものと位置づけて差し支えないと考えられる。

2 義務を基礎づける事情（人的関係）

それでは、監護義務の発生根拠の検討に移りたい。（葬送義務ではなく）監護義務を負わせるという場合には、その義務の発生根拠や義務の生じる人的関係は、葬送義務のそれとは異なるものとなる。この点、学説においては、「死体監護義務者が、埋葬義務者ではない者のうち、いかなる範囲で認められるのか」という問題設定がなされている[16]。こうした見解からは、葬送義務が認められなかった者の中から、独自の根拠に基づいていわば二次的に義務を負わせる者を見出すという発想が読み取れる。

この問題に取り組むにあたって、まずは判例が列挙している具体的な人的関係を確認するところから始めたい。なお、以下では裁判所が監護義務の発生に肯定的な用い方をしたものと否定的な用い方をしたものに区分して列挙しているにすぎない。したがって、被告人については、こうした人的関係が認められないことなどを理由として、死体遺棄罪の成立が否定されている場合もある。

［判例2］は、「親族法上の身分関係」がある場合を肯定的に評価しているほか、「雇用その他の監護の責務関係」がある場合を挙げている。［判例3］もまた、死者の「孫」であるという親族関係を挙げている。［判例4］は、親から委託を受けて生前に死亡児童の保護責任者としての立場にあった点に注目している。［判例5］は、葬送義務者となるべき近親者から委託を受けた場合を肯定的に評価しているが、その一方で、死亡した者と同居し支配する関係にあったことや死亡した者を死に至らせたことから監護義務を認めることには否定的である。

以上のように、判例・裁判例が義務を生じさせうるものとして挙げた人的関係は、2種類に大別しうる。そして、学説もまたこの2種類に沿った主張が展開されているといえよう。まず［判例2］や［判例3］は、死者と親族関係にある場合

---

16 松尾誠紀「死体遺棄罪と不作為犯」法と政治68巻1号（2017年）76頁。

など、「行為者と死者（死体）」との関係に注目している。そして学説において
も、「本罪の保障人的地位は、死者と特別な関係にあ〔る〕」場合に認められると
いう一般論を述べた上で「葬祭義務者とはいえない者であっても、生前から被害
者を監護等しており、被害者が死亡した場合……、作為義務が課されることにな
る」[17]というものや、「これらの判例からすると、葬祭義務や監護義務は死体と一
定の関係を有する者に存在するということが推測できる」[18]というもののよう
に、死者との関係性を意識した記述がみられる。その一方で、〔判例4〕や〔判例
5〕は、死者の近親者等からの委託関係に注目している。つまり、「行為者と遺
族」との関係に注目しているのである。学説においても「死体監護義務は、遺族
たる近親者に対する義務であ〔る〕」[19]といったように遺族との関係を重視する主
張がなされている。

　こうした2種類を看取しうるとしても、どちらかを排除しなければならないと
いうことはなく、両者をともに肯定することが可能ではないだろうか。確かに、
元来は死者との関係でその死体を監護する義務を負うことが多かっただろう。し
かし、現在は葬儀業者等の他人が、契約により死体の保管等を行う場合も多い。
その意味では、たとえば遺族の葬送義務の一部である監護義務を他人に委託する
こともありうるのであって、こうした時に受託者は監護義務を負うべきだろ
う[20]。つまり、行為者は死者との関係でも遺族との関係でも監護義務を負うこと
があると思われる。

3　法的義務の発生根拠

　上述のように監護義務を考えるとしても、その発生根拠を何に求めるかは問題
となる。この点、〔判例2〕は一般論として、（葬送義務と一括りにして）「法令又は
慣習」により監護義務が生じると述べているが、ここではもう少し詳細に検討し
てみたい。

17　橋爪隆「不作為の死体遺棄罪をめぐる問題」椎橋隆幸先生古稀記念『新時代の刑事法学〔下巻〕』（2016年）256頁以下。同「不真正不作為犯における作為義務」警論69巻2号（2016年）123頁以下も参照。
18　山下裕樹「判批」関法66巻2号（2016年）114頁。
19　松尾・前掲注（16）83頁。同「死体遺棄罪をめぐる刑法学の動向」宗教法41号（2022年）88頁等も参照。
20　松尾・前掲注（19）『宗教法』100頁注34も参照。

まず死体の監護に関連する「法令」であるが、学説の中には具体的に例示するものがみられる。たとえば、ひき逃げ事案において「道交法72条1項前段のその他の『必要な措置』をとるべき義務」を死体の監護義務の発生根拠にできるという主張がある[21]。道交法72条1項前段の「必要な措置」を講じる義務については、確かに「死者を生じたときは、その死体を収容したりすることをいう」と説明されており[22]、監護義務との接点を見出すことができる。だが、この規定をもって死体の監護義務の発生根拠としてよいかは道交法の詳細な検討を要するところである[23]。

上述のように限られた場面を想定した主張は存在するものの、従来、死体の監護義務を直接的に定める法令は指摘されてこなかったといえる。その意味では、死体の監護義務についても（葬送義務と同様に）「法令」よりも「慣習」に依拠する場面が多くなるのではないかと現時点では考えている。しかし、「慣習」を挙げるだけでは何も述べていないに等しいことも確かである。現在の葬送では、死者の生存時に死後事務委任契約をすることが認められていたり、火葬場の不足などもあって一定の期間、死体を業者が預かったりすることも考えられる[24]。その意味では、［判例2］の時代から社会が変化したことにも鑑みて、義務の発生根拠として「契約」等をも列挙するなど、明確化を試みていく方が望ましいのではないだろうか。

21　日髙・前掲注（7）111頁。
22　道路交通法研究会〔編著〕『注解道路交通法〔第5版〕』（2020年）439頁等。なお、「死者の場合、死体を道路脇に移しただけでは本項前段の罪を免かれることはできない」とするものとして、道路交通執務研究会〔編著〕（野下文生原著）『執務資料道路交通法解説〔18-2訂版〕』（2022年）844頁。
23　道交法72条1項違反には運転者に対する罰則規定が設けられており（117条）、しかもその罰則が死体遺棄罪よりも重く定められている点や、72条1項の義務の名宛人には車両運転者だけでなく「その他の乗務員」も含まれており、こうした者にまで監護義務を認めることが妥当かといった点（ただし、日髙説によるならば、不真正不作為犯の成立に原因設定行為を要求するため、同乗者については通常こうした疑問は生じないだろう）を考える必要があるように思われる。道交法の理解については今後の検討課題とさせていただきたい。
24　「『遺体ホテル』広がる」読売新聞東京夕刊2018年10月15日、夕社会面11頁参照。

四 監護義務の内容

1 義務内容の2類型

　監護義務について次に検討すべき課題として義務内容の問題がある。ここでごく簡単に判例実務の流れを再確認しておきたい。当初の［判例2］では「死体の監督」を行為者に求めるなど、「監護（監督保護）」の辞書的意味に即した義務内容が考えられていたように思われる。だが、［判例4］などにおいては、（事案との関係ももちろんあるだろうが）遺族に対する告知義務・引渡義務をも視野に入れた表現となっていた。

　こうした判例実務の変化は、学説にも影響を及ぼしてきたように思われる。すなわち、「『葬祭義務者が適時・適切に当該死体に対する葬祭を行うことができるようにするための様々な行為（死体の保管、保全、死亡事実や死体の所在の伝達あるいは死体の引渡しなどが考えられる）を行うべき義務がある者』という捉え方で良いのではないか」[25]と、その内容を包括的に理解する見解が主張され始める。筆者も以前はこの理解を前提に検討を進めていたが[26]、この点について本稿ではもう一歩踏み込んでみたい。

　上述の義務内容は、大別すると2つの類型が混在している。すなわち、①死体に対する義務を内容とするもの（死体の保管・保全）（＝第1類型）と、②遺族等に対する義務を内容とするもの（遺族への告知・引渡し）（＝第2類型）である。

　そして、学説においては近年、有力な論者により（第1類型を排除する意図かは判然としないが）第2類型のみを用いた説明がなされ始めている。たとえば、「その死体を（本来の）葬祭義務者に適切に引き渡すべき義務を負っている者についても、作為義務が課される」とか、［判例4］では「葬祭義務者に死体を引き渡すことが作為義務の内容とされている」[27]といった説明には、第1類型に関する記述が登場しない。他の文献においても、「監護義務者（死体を葬祭義務者に引き渡す義務を有する者）」[28]といった定義がみられたり、「監護義務とは、遺族（葬祭義務者）

---

[25] 松下裕子「判批」警論66巻5号（2013年）175頁以下。同175頁では、監護義務の発生根拠として、「法令、契約又は慣習」が挙げられており、「契約」上の義務を明示する点は前述のように適切な方向性と思われる。

[26] 萩野・前掲注（12）33頁。

[27] 以上につき、橋爪・前掲注（17）『新時代の刑事法学〔下巻〕』256頁以下。

が埋葬できるよう取り計らう義務をいう」[29]と説明されたりしている。

前述のように、[判例4]は、確かに第2類型を義務内容として捉えうる記述をしていたが、あくまで第1類型とともに掲げられていたにすぎない。他方で、学説においては、遺族との関係性に注目した第2類型のみを用いる見解が登場し始めている点に特徴があるといえる。

2 罪質・保護法益との関係

それでは、義務内容として第1類型のほかに第2類型を取り込むこと、さらに第2類型のみを強調していくことは妥当なのであろうか。まずは刑法190条の罪質や保護法益との関係性を確認しておきたい。

近年、刑法190条の罪質について、「社会的習俗に従った埋葬がなされた状態の確保を保護するもの」という理解が有力に主張されている[30]。葬送義務者については葬送することが求められる一方で、「それ以外の者については、損壊、遺棄、隠匿、領得等により、その義務履行を妨害しないことが求められている」という主張も[31]、こうした理解と親和的であるといえよう。こうした理解によれば、第1類型の違反は「死体が適切に保管されており、適切になされるはずだった葬送」を妨げたと説明しうる。また、第2類型の違反も遺族に対して「死亡事実や死体の所在を伝達しない」あるいは「死体の引き渡しをしない」のであるから、明らかに遺族による葬送を妨げる行為であると容易に説明できるだろう。

とはいえ、こうした罪質の理解には批判もある。代表的なものとして、たとえば殺人犯が殺害後の死体を直ちに遺族宅の前に投棄したとしても（すなわち、遺族にとっては葬送しやすくなる行為であるとしても）、死体遺棄罪は成立するだろうといったものである[32]。

それでは、死体遺棄罪の保護法益について、「死者に対する社会的習俗としての宗教的感情」[33]や「死者に対する敬虔の感情」[34]であると捉える伝統的な見解に

28　松原芳博『刑法各論[第2版]』(2021年) 533頁。
29　杉本一敏「判批」法教502号 (2022年) 120頁。同頁で、監護義務の内容として「即時の119番通報」が例示されている点からすると、論者は間接的な告知・引渡しでも足りると解しており、これは[判例4]の告知義務・引渡義務よりもさらに一歩進んだものとなっている可能性がある。
30　安田拓人「判批」法教443号 (2017年) 140頁。こうした理解から、葬送しない不作為に本質がある犯罪類型であって、作為はその現象形態の1つにすぎないと主張する。
31　西田ほか[編]・前掲注 (9) 678頁[嶋矢]。
32　松尾・前掲注 (16) 85頁等。

よるとどうなるだろうか。こうした見解からすると、第1類型の違反については、死体の適切な保管等がなされず、死体が無残な状態になることで死者に対する敬虔感情が害されると説明しうる。また第2類型の違反については、たとえば遺族による葬送がなされない状況も、ひいては死者に対する敬虔感情を害することにつながるなどと説明することになるかと思われる[35]。

以上のように、刑法190条の罪質や保護法益との関係でみる限り、「監護義務」に含まれてきた2つの類型を説明することはおそらく可能である。しかし、このように幅広く捉えられた監護義務を示すだけで、その考察を終えてよいのだろうか。以下では、こうした監護義務違反のすべてが「遺棄」に該当するのかという点を第1類型・第2類型ともに考察し、若干の試論を展開してみたい。

五　監護義務違反と遺棄罪との関係

1　第1類型について

第1類型は、死体に対して働きかけを行う義務、より具体的には死体を適切に保管・保全する義務である。こうした意味における「監護義務」の違反が問題となる場合の典型は、[判例4]のように死体が腐敗・ミイラ化等をしているケースであろう。

だが、死体を放置したが、その時間的・場所的条件により腐敗等の死後変化が認められないケース（たとえば [判例3] のように、殺害された死体をその望ましくない状態のまま放置して、それから短時間しか経過していないケース等）も考えられるのであって、まずこうした場合について検討しておくことにする。

遺棄が死体を放棄することにより法益侵害の危険を創出する行為（危険犯）であることや、作為形態の場合にも死後変化が求められていないことからすると、その概念上は死体の腐敗等を必要条件とするものではないだろう。ただし、不作為形態の場合には、実際に死体に対する働きかけが行われているわけではないため、死体を遺棄したといえるか疑わしいケースがあるのは事実である。[判例3

---

[33] 大塚仁ほか〔編〕『大コンメンタール刑法第3版第9巻〔第174条～第192条〕』（2013年）238頁〔岩村修二〕等。
[34] 平野龍一『刑法概説』（1977年）267頁等。
[35] 松宮孝明「『他者による葬祭可能性の減少』と死体遺棄」立命404号（2022年）8頁等を参照。

のような場合には、死体の置かれた状況などから、社会の敬虔感情を害するような冷遇放置が認められるかを慎重に判断する必要があろう。

また、(監護義務違反全体に共通することだが、)死体の保全等が可能であるにもかかわらず、これを直ちに行わなければ死体遺棄罪が成立するかという問題もある。葬送義務違反の場合には、義務履行が可能な時点でこれを行わなければ直ちに成立するというものではなく、「相当の期間」を経過した後に成立するという理解を裁判所が近年示しており(福岡高判令和4年1月19日刑集77巻3号139頁参照)、学説もこうした期間的な猶予を認めることに好意的である[36]。この点、どの程度の期間が猶予として認められるかはさらに考える必要があるものの、監護義務の場合にも、行為者の心理状態や物理的条件などを考慮して、「相当の期間」を経てから同罪が成立すると解する余地は十分にある([判例3]はこうした観点からも検討する余地がある事例と思われる)。ただし、監護義務における「相当の期間」は、葬送義務における「相当の期間」と同じ程度の長さではないだろう。葬送義務の場合には、葬送に要する期間(数日程度)や死亡届の提出期限(7日間程度)を意識した「相当の期間」が考えられているが[37]、監護義務についてはたとえば数日にわたって死体を監護しなくて良いとする積極的な理由は見出しがたいからである。このように解すると、死体の葬送義務違反のケースと監護義務違反のケースで、死体遺棄罪の成立時期が異なりうることになる[38]。

次に、典型例ともいうべき、死体が腐敗等をしている場合にも、検討課題が残されていないかを確認していきたい。この点、監護義務違反を判断するにあたって死体の腐敗等の死後変化に注目するのであれば、その行為は、むしろ刑法190条のうち「損壊」と捉えることも可能ではないかという疑問が生じる[39]。

一般的な不真正不作為犯(殺人や放火等)は、実行行為の類型が1種類であるため、結果回避義務違反の不作為を「殺した」、「放火して」等に直結させてもさ

36　福永俊輔「判批」西南55巻2号(2022年)139頁以下等。

37　この「相当の期間」に関するさまざまな観点については、荻野貴史「不作為による死体遺棄罪の成立時期」名城72巻3号(2023年)11頁以下参照。

38　たとえば、葬送義務者が、死体を1日放置したといった時に、その時点における死体の葬送義務違反を否定しつつも、監護義務違反を肯定するといったことも考えうるかもしれない。本罪で2種類の異なる義務を肯定する以上、いかなる義務を想定して論じているかを意識することが求められよう。

39　「死体が腐敗している場合」に、その原因である不作為が刑法190条内のどの罪に該当するかという問題意識は、葬送義務違反の場合にも同様に当てはまる。

ほど疑問は感じない。その一方で、刑法190条は、「損壊」、「遺棄」、「領得」という３種類の実行行為が定められている。法益との関係性で結果回避義務を肯定するとしても、はたして「遺棄」に直結させる必然性があるかが問われるのであり、作為態様のどの実行行為と同価値であるかを判断する必要があるように思われる。

だが、刑法190条が問題となるケースでは、不作為は「遺棄」該当性を問題とするのが一般的であり、「損壊」・「領得」該当性を検討するものは見当たらない。「損壊」という概念には不作為態様を肯定する余地がないのだろうか。参考までに視点を器物損壊罪における議論に移してみると、近年は、不作為形態による「損壊」があることを示唆する学説がみられる[40]。確かに、たとえば「他人の食料品（肉、野菜等）の保管義務を負った者が、保存に不適切な環境の下にわざとこれらの食料品を放置して腐敗させた」場合などは不作為による器物損壊を肯定する余地が存在するように思われる。そうであるとすれば、刑法190条についても、行為者の故意等によっては、不作為による死体損壊罪で訴追する方が実態に即しているという場合も考えうるのではないだろうか[41]。

ただし本稿は、「腐敗等の死後変化に注目する場合には、損壊罪に問われるため遺棄罪の成立は否定されるべきである」という主張までをも展開するものではない。不作為態様の場合には、安置との区別が困難なため、死体の死後変化を待つなど、作為態様の遺棄の場合に比べて「処罰の後ろ倒し」を認めざるをえないことがある。こうして両罪の成立時期が重なる場合には、同一の条文で法定刑等も同一であることからすると、遺棄罪の成立を認めることも損壊罪の成立を認めることも可能ではないかと指摘するにすぎない。もっとも、上述のように遺棄罪が死体の腐敗等を必要条件としていないことからすれば、一般的には遺棄罪により包括的に評価することで足りるだろう[42]。

40　佐伯和也「器物損壊罪における『損壊』の概念について」『山中敬一先生古稀祝賀論文集［下巻］』（2017年）330頁（「毀棄罪は結果犯であって……作為である必要もない。」と指摘する）、大塚雄祐『毀棄罪における効用侵害の内実』（2021年）87頁（他人から預かるペットに餌を与えずに餓死させたケースなどを挙げつつ、「生じた結果と行為者の行為との因果性が認められる限りで、行為者の作為ないし不作為を『損壊』ないし『傷害』と評価すべきである」と指摘する）等。

41　西田ほか〔編〕・前掲注（９）678頁〔嶋矢〕は、「損壊は、自然経過を超えた、葬送上必要のない物理的損傷による状態悪化」であると捉えている。こうした理解からは、不作為による損壊には否定的になるものと思われる。

42　なお、こうした場合には、同時ないし連続的に行われる「遺棄」と「損壊」の罪数処理も問題

2 第2類型について

第2類型の場合についても若干の検討素材を提供してみたいと思う。その際に、3つの設例を用いることで、本稿の問題意識を明確にしていきたい。

遺族に対する告知義務や引渡義務への違反が問題となるケースでは、「死体に対する態度」としてどのようなものが想定されているのだろうか。こうした死体に対する態度は、告知や引渡しの不作為とは別に考えられるのであり、さまざまな場合がありうる。以下の設例は、告知義務や引渡義務に違反した際の死体に対する態度が異なるものを3種類設定してみたものである（〔設例2〕と〔設例3〕は作為的な態度がないものとする。また、〔判例4〕に相当するのが〔設例3〕である）。

〔設例1〕Bから幼児Aの治療を請け負っていたXが、Aの遺族Bに死亡事実を告げず（死体を引き渡さず）、Aの死体を自ら丁重に葬った。

〔設例2〕Bから幼児Aの治療を請け負っていたXが、Aの遺族Bに死亡事実を告げず（死体を引き渡さず）、そのままAの死体を適切な環境で保管し続けていた。

〔設例3〕Bから幼児Aの治療を請け負っていたXが、Aの遺族Bに死亡事実を告げず（死体を引き渡さず）、Aの死体を放置してミイラ化させた。

これらのうち〔設例1〕は、Aの死体を丁重に葬っているにもかかわらず、遺棄罪で処罰する必要があるだろうか。このとき、「葬送義務者たる近親者以外の葬送を認めない」という見解も考えられよう。しかし、〔設例1〕の行為者をたとえば死者の同居者などに置き換え、この同居者が死亡事実を葬送義務者たる近親者に知らせることなく自ら葬ったようなケースをも想定すると、たとえ厳密には告知義務や引渡義務に違反している場合だとしても、その行為を「遺棄」であるとまで評価することには躊躇いが生じる。こうしたケースでは、葬送義務者との間で民事訴訟等の可能性はあるのかもしれないが、丁重に葬っている以上は当罰

となりうる。両者の関係が問題となったケースとして、作為による遺棄とその後の不作為による放置の事案だが、名古屋地岡崎支判平成23年3月24日公刊物未登載（刑弁67号97頁参照）がある。同判決において裁判所は、「遺棄された死体が腐敗することは時間の経過にともなって通常ありうることであって、遺棄行為に当然包含され、『遺棄』行為のほかに、独立した『損壊』行為があったと評価することは相当でない」と述べて、損壊罪の成立を認めなかった。死体の腐敗等の「結果」が遺棄罪に包含されるのはそのとおりだが、理論的には同一法条に規定された同性質の犯罪であるとして、逮捕に引き続いて監禁する場合（最判昭和28年6月17日刑集7巻6号1289頁等を参照）などと同様に、包括して一罪と処理することも可能ではないかと思われる。

的な行為でないと評価してよいように思われる。

　また、〔設例2〕は、そもそも「遺棄」という文言に該当する状況かという疑問がある。死体を適切な環境で保管し続けるという行為は、むしろ一般的には、「遺棄」の語義とは対極にある行為であるとさえ考えられる。

　結局のところ、〔設例3〕（あるいは〔判例4〕）のように告知義務や引渡義務を果たさないとともに、死体の保管・保全を怠った場合だけが、「遺棄」に該当するのではないだろうか。つまり、第2類型における告知義務違反や引渡義務違反だけで「遺棄」に該当するかどうかを判断することはできず、むしろ死体に対する行為態様の方が判断に際して本質的な要素ではないかと考えられる。そして、もし保管・保全義務等に違反していることが重要であるとすれば、（第2類型を問題とする必要もなく）第1類型の判断に集約されるという可能性もある。この点、〔判例4〕の「Aの死亡の事実を告げ、同人の死体の引取りが速やかに行われるよう努めるとともに、その引渡しが完了するまでの間は、その死体を適切に保管しなければならなかったものというべき」という文言につき、告知や引渡しの努力を求めつつ、義務として課されているのは引渡し時点までの保管であると読むことも可能ではないだろうか。こうした意味で、「遺棄」罪に該当するかを判断するにあたっては、第1類型を本質的なものと捉えるか、少なくとも2つの類型を併記する必要があるのであって、近年の第2類型だけを示す監護義務の説明には疑問の余地が残らざるをえない。

　とはいえ、近年の有力な見解が第2類型を前面に出している問題意識を無碍に扱ってよいという結論には直結しないだろう。〔設例1〕の行為に当罰性があるか疑問の余地があることは前述したが、〔設例2〕については、葬送義務者による葬送が困難となることや、死者に対する敬虔感情が害される可能性があることを認めたにもかかわらず、刑法上まったく問題としえないのかという疑問が残るからである。改めて〔設例2〕についてみてみると、葬送義務者を排除しているとはいえ、行為者が死体を保有し続けている態度が「遺棄」という語義にそぐわない点が問題である。この点に着目すると、行為者の死体に対する態度の評価としては、むしろ刑法190条の「領得」罪に問擬すべきように思える。

　ただし、従来、判例（大判大正13年10月7日新聞2331号6頁）・通説は、「領得」について「不法に占有を取得すること」と解している。これは財産犯でいうところの占有移転罪（窃盗・強盗等）を想起させる定義である。こうした定義を前提に

すると、死体領得罪が作為態様についてのみ論じられ、不作為態様については検討されてこなかった点も、理解しうる。だが、そもそも財産犯でいうところの領得罪には横領罪のような形態も含まれるはずであり[43]、占有移転罪のような形態に限定する必然性が存在するのかは明らかでない。もしこうした必然性が存在せず、死体領得罪に関しても横領罪のような形態を含むことができるのだとすれば、上記〔設例2〕のようなケースを「不作為による領得」と評価する余地が生じてくるのではないだろうか[44]。

　以上のように、本稿では第2類型（死亡事実の告知義務、死体の引渡義務）について事例を細分化した上での検討を要する旨を指摘した。さらに、不可罰とすべき場合や領得罪を検討すべき場合が存在しないかという問いを投げかけた。

六　おわりに

　本稿では、刑法190条における死体の監護義務について、従来目立った議論が見当たらなかったこともあって、判例や学説の現状を分析するとともに、部分的にはやや思い切った試論を展開してみた。すなわち、義務の発生根拠は、判例・通説が依拠してきた「法令又は慣習」だけでなく、契約等に基づく義務も取り入れるべきではないかといった点、また、義務内容については、死体の保管・保全義務だけでなく遺族に対する告知・引渡義務が考慮されていることを確認した上で、その義務違反すべてを「遺棄」に該当すると解すべきではないのではないかといった点である。

　もっとも、本稿の試論では大枠を示したにとどまり、各論点や具体例の検討に関してはかなり粗い部分も多い。そういった点については、さまざまな批判・指摘を受けて、今後さらに考察を深めていきたい。

43　横領罪に関していえば、物を返還しない不作為に同罪の成立を認めた場合として、大判昭和10年3月25日刑集14巻325頁、最判昭和27年10月27日集刑68号361頁がある。
44　本稿では、まだ死体の「領得」概念について十分に検討できていない。たとえ占有移転罪のような類型に限るとしても、作為形態だけでなく、「不作為による欺罔」のような形態が含まれないかといった疑問が浮かぶ。さらに、本稿の〔設例2〕のようなケースについても、領得罪に問う可能性を示したにとどまり、同罪で処罰できると断言するものでもない。「領得」がいかなる意味で法益侵害の危険性を帯びるのかを詳細に考察すると、死体を適切な環境で保管していた場合などは結局のところ処罰対象とすべきでないという結論も十分にありうる。これらの点も含め、死体領得罪の成立する範囲については今後の検討課題とさせていただきたい。

死体の隠匿行為の死体遺棄罪における「遺棄」該当性——最判令和5年3月24日刑集77巻3号41頁を契機として——

大 庭 沙 織

一　はじめに
二　死体遺棄罪における「遺棄」とは
三　死体の隠匿について
四　最判令和5年3月24日刑集77巻3号41頁について
五　おわりに

一　はじめに

　世間の耳目を集めた最判令和5年3月24日刑集77巻3号41頁（以下、「本判決」という）を契機として、死体の隠匿行為の、死体遺棄罪における「遺棄」該当性をめぐる議論が活発になっている。本判決では、被告人の行為について「遺棄」該当性が否定されて本罪は不成立となり、この結論は支持されているところである。

　一般に、死体の隠匿行為は死体遺棄罪の「遺棄」に該当すると解されているが、死体を山や川に捨てるといった典型的な「遺棄」と同列に並べ、本罪によって処罰するためには、ただ「隠す」というだけでは不十分なのではないかと思われる。本判決も被告人の行為を隠匿行為としたうえで、「遺棄」該当性を判断した。そこで、本稿では、まず、死体遺棄罪の「遺棄」の意味について確認する。次に、死体の隠匿行為が、従来の基本書の説明および裁判例ではどのように説明され、評価されてきたかを明らかにし、最後に、それを踏まえて、本判決の被告人の行為について検討する。

二　死体遺棄罪における「遺棄」とは

　遺棄の定義は基本書や文献によって細かな点は異なるものの、大別して、「遺

棄とは、離隔を伴う放棄・隠匿を意味する」[1]というように、場所的に移動させることを定義に含めるもの[2]と、本判決が示した「習俗上の埋葬等とは認められない態様で、死体等を放棄しまたは隠匿する行為」と同様の定義を用いるもの[3]とがある。そして、「遺棄」は、実質的には次のように解されている。まず、死体遺棄罪の保護法益の観点からは[4]、本罪の保護法益が「公衆の一般的な宗教感情、死者に対する追悼・敬虔の感情」であることから、「遺棄」とは、「社会的に見て『公衆の一般的な宗教感情、死者に対する追悼・敬虔の感情を害する態様の死体等の放置・隠匿』」であるとされる[5]。そして、近年では、死体を時宜にかなって適切に埋葬することが公衆の一般的な宗教感情や死者に対する敬虔感情にかなうことから、反対に、そのような感情を害するのは、死者の適時適切な埋葬をしないこと・それを妨げることであるとの理解が示されている[6]。しかし、「死体を埋葬しないこと」という観点からの一元的理解に対しては批判がある。すなわち、刑法190条に遺棄と並んで規定されている死体の損壊は必ずしもその埋葬を阻害するものではなく、なぜ190条の罪のうち遺棄のみがその第一次的な本質

---

[1] 西田典之ほか編『注釈刑法（2）各論（1）』（2016年）678頁〔嶋矢貴之〕。
[2] 団藤重光『刑法綱要各論〔第3版〕』（1990年）364頁、福田平『全訂刑法各論〔第3版増補〕』（2002年）143頁、山口厚『刑法各論〔第2版〕』（2010年）524頁、西田典之（橋爪隆補訂）『刑法各論〔第7版〕』（2018年）431頁、松原芳博『刑法各論〔第2版〕』（2021年）533頁など。
[3] 岡野光雄『刑法要説各論〔第4版〕』（成文堂、2003年）307頁、川崎一夫『刑法各論』（2004年）、板倉宏『刑法各論』（勁草書房、2004年）273頁、川端博『刑法各論講義〔第2版〕』（成文堂、2010年）632頁、大塚仁ほか編『大コンメンタール刑法 第9巻〔第3版〕』（青林書院、2013年）245頁〔岩村修二〕、山中敬一『刑法各論〔第3版〕』（成文堂、2015年）721頁、大谷實『刑法講義各論〔新版第5版〕』（成文堂、2019年）551頁、前田雅英『刑法各論講義〔第7版〕』（東京大学出版会、2020年）441頁、高橋則夫『刑法各論〔第4版〕』（成文堂、2022年）615頁、松尾誠紀「死体に対する罪をめぐる諸問題」刑ジャ75号（2023年）31-32頁、浅田和茂『刑法各論〔第2版〕』（成文堂、2024年）486頁など。団藤重光編『注釈刑法（4）各則（2）』（1977年）360頁〔板倉宏〕のように、場所的移動がある場合とともに定義するものもある。
[4] ほかに、本罪の立法過程に鑑みて、本罪の「遺棄」には「死者に対する侮辱という意味が伴っていなければならない」とする見解（松宮孝明「『他者による葬祭可能性の減少』と死体遺棄──福岡高判令和4・1・19の問題点について──」立命館法学404号（2022年）22頁）もある。
[5] 福永俊輔「判批」新・判例解説Watch32号（2023年）176頁。また、死体遺棄罪は、「死体損壊罪と同様に、死体を物理的に損壊してはならないという形で具体化された敬虔感情を保護法益とする」という理解から、「遺棄」とは「死体が物理的に損壊する危険を高める行為」であるとする見解（酒井智之「死体遺棄罪の保護法益と作為による遺棄の意義」一法21巻3号（2022年）725頁）もある。
[6] 死体遺棄罪の本質が「適時適切な埋葬をしないこと」にあるとする見解として、野村稔『刑法各論〔補正版〕』（青林書院、2002年）375-6頁、西田・前掲注（1）678頁〔嶋矢貴之〕、山下裕樹「判批」関法66巻2号（2016年）117-8頁、安田拓人「判批」法教443号（2017年）140頁。裁判例では、福岡高判令和3年12月3日高刑速（令3）号553頁。

を不埋葬とするのか明らかでないという批判や、殺害後の死体を遺族の自宅前に投棄した場合にも死体遺棄罪は成立するが、そこに埋葬阻害はないから、本罪の処罰根拠は埋葬阻害以外にあるはずであるという批判である[7]。

　死体遺棄罪は様々な態様で実現され、その中には不埋葬や埋葬阻害を論じるまでもなく、死者に対する敬虔感情を害するものも多々あるように思われる。不埋葬や埋葬阻害の本質も、「阻害の結果、死体が腐敗していくがままになる可能性を高め」[8]、そこに死者に対する敬虔感情の侵害が認められることにあると理解でき、そうすると、結局、不埋葬も「死者に対する敬虔感情を害する、死体に対する粗末な扱い」の一側面にすぎないのではないか[9]。

　もっとも、本罪について死体の不埋葬という一元的理解の立場を採らなくても、死体の隠匿については、「死体と公衆との関係を有意に変更するものではなく、それ自体が直接公衆の死者に対する敬虔感情を可罰的な程度に危殆化するとはいえないことから、やはり不埋葬の確実化および埋葬の妨害として理解されるべきであろう」[10]との指摘がある。ここでは、死体の隠匿が本罪においてどのような意味を有しているかが問われることになろう。そこで、次に「隠匿」について検討する。

三　死体の隠匿について

1　「隠匿」が死体に対して有する意味

　隠匿は、死体遺棄罪における「遺棄」に当たる[11]という理解が一般的であるが、歴史的に見るとそのような理解が当然であったとはいえないし、その法益侵害性は必ずしも明らかではない。そこで、まずは、隠匿が死体との関係でどのよ

---

[7] 以上2つの批判は、松尾誠紀「死体遺棄罪における保護法益の実質とその成否判断——死体の新たな遺棄の有無を題材に——」北法72巻5号（2022年）58頁によるものである。また、2つ目の批判について、同「死体遺棄罪と不作為犯」関学68巻1号（2017年）85頁、原田保「死体遺棄罪成立範囲の変遷」愛知学院大学宗教法制研究所紀要61号（2021年）86頁も参照。

[8] 松尾・前掲注（3）34頁。

[9] 松尾・前掲注（3）34頁、山中友理「死体遺棄罪における『遺棄』の一態様としての『隠匿』について」山口厚ほか編『実務と理論の架橋——刑事法学の実践的課題に向けて——』（成文堂、2023年）423、424頁、福永俊輔「判批」西南56巻1・2号（2023年）134頁も同旨。

[10] 松原芳博「死体遺棄罪における作為と不作為——隠匿類型と不埋葬類型を中心として——」洋法66巻3号（2023年）195頁。

[11] 最判昭和24年11月26日刑集3巻11号1850頁。

うな意味を有するか検討する。

　まず、隠匿は死体の発見を困難にさせるものであり、それによって葬祭義務者による適時適切な埋葬がなされることを妨げる、あるいは、葬祭義務者が死体を隠匿した場合にはその死体の適時適切な埋葬がなされないことを確定する[12]という意味を有する。死体遺棄罪を不埋葬の観点から一元的に理解する見解や、一元的理解の立場を採らなくても隠匿については不埋葬および埋葬阻害の観点から理解する見解はこの点を重視するものである。

　また、死体を隠匿しておくことによって、死体が腐敗するに任せることになる。この点に着目すれば、「適時適切な埋葬をしないこと」という不埋葬および埋葬阻害の観点から説明しなくとも、死体の隠匿が死体遺棄罪で処罰されることを本罪の保護法益から直接的に説明することができる[13]。

　その一方で、死体の隠匿は、本罪で処罰することを否定する方向に働く側面もあるといえよう。というのも、死体を隠匿することによって死体が腐敗し無残になる様子が公衆の目に晒されるのを防ぐことになり、死醜が視認されるという態様での法益侵害を防ぐことになるともいえるのである。この点に着目すると、同じく190条で処罰される死体損壊罪の場合や、死体を山や海に捨てるといった遺棄の場合に比べて、隠匿はいわば「一段軽い」類型ではないかとの疑問が生じないだろうか。確かに、不埋葬あるいは埋葬阻害という側面や、死体が腐敗するに任せることになるという側面はあるものの、これらは死体を山や海に捨てる場合でも認められるものであって、「一段軽い」面を埋め合わせるものではないように思われる。すなわち、単純に「隠匿する」というだけでは、なお「遺棄」に当たると認めるには足りないと思われるのである。

2　基本書における死体の隠匿行為の扱い

　現在は死体の隠匿行為も「遺棄」に該当するものと当然に認められているが、かつては、隠匿行為は「遺棄」の行為類型に含まれていなかった。

（1）旧刑法時代

　旧刑法においては、第264条「埋葬す可き死屍を毀棄したる者は一月以上一年以下の重禁錮に処し二圓以上二十圓以下の罰金を付加す」に死体毀棄罪が規定さ

---

[12] 川端博「判批」芦部信喜ほか編『宗教判例百選〔第2版〕』（有斐閣、1991年）215頁。
[13] 松尾・前掲注（3）34頁。

れていた。「毀棄」とは、財産犯における「毀棄」と同じであり[14]、「毀棄とは財産の実質形状若くは外観を損害し又は破棄するの所為をいふ」と理解されていたが[15]、死体毀棄罪には遺棄の場合も含まれると理解されていた[16]。しかし、死体の隠匿が「遺棄」に含まれる旨の記述は見当たらない。そして、埋葬すべき場所以外に埋葬した場合については、遺棄には当たらず、旧刑法第425条第13項の違警罪が成立するに過ぎないとされていた[17]。

(2) 現行刑法改正後

　刑法改正により、本罪の行為として、損壊、遺棄、領得が規定されるようになった。そこで、「遺棄」について、刑法改正後の基本書がどのように説明してきたかを見ると、遺棄には、他の場所に運んで放棄する場合のほか、埋葬義務に背いて放置する場合が含まれるということが示されている[18]ものの、隠匿に言及したものはほとんど見当たらない。少数の基本書では隠匿に言及しているが、次のとおり、死体遺棄罪とは別に設けられていた死体隠匿罪との関係と、具体的な判例の事案に関する説明に過ぎない。まず、死体隠匿罪との関係では、「死体等を自己の家宅内又は荷物中に保管して隠匿するが如きは警察犯処罰令第二条第三十四号の隠匿罪又は偽装罪を構成するも遺棄の罪を構成せず」[19]という説明がある。警察犯処罰令第2条は第1号から第37号までを含み、各犯罪につき30日未満の拘留又は20円未満の科料を法定刑として規定し、第34号に「人の死屍又は死胎を隠匿し又は他物に紛はしく擬装したる者」と規定し[20]、死体隠匿罪を設けていた。死体遺棄罪とは別に死体隠匿罪が設けられ、その刑も軽かったことについ

14　江木衷『現行刑法各論 改正増補2版』(博聞社、1889年) 250頁。
15　江木・前掲注 (14) 415頁。
16　勝本勘三郎『刑法析義 各論之部 巻之1』(明治法律学校出版部講法会、1899、1900年) 720頁、小疇伝『日本刑法論 各論』(日本大学、1904、1905年) 503頁。
17　勝本・前掲注 (16) 720頁。旧刑法第425条には「左の諸件を犯したる者は三日以上十日以下の拘留に処し又は一圓以上一圓九十五銭以下の科料に処す」とあり、第13項には「官許の墓地外に於て私に埋葬したる者」と規定されていた。
18　三木猪太郎述『刑法各論(明治大学法律科第2学年講義録)』(明治大学出版部、1912年) 261頁、岡田庄作『刑法各論([明治大學大正三年度法律科第二學年講義錄])』(明治大學出版部、1914年) 208頁、岡田朝太郎講述『刑法各論 大正8年度([明治大學大正八年度法律科第二學年講義錄])』(明治大學出版部、1919年) 170頁、小野清一郎『刑法講義：各論[訂6版]』(有斐閣、1932年) 473頁。
19　泉二新熊『日本刑法論 下編 (各論) 32版』(有斐閣、1922年) 1288頁。岡田庄作『刑法原論 各論 [増訂15版]』(明治大学出版部、1924年) 402頁にも同旨の記述あり。
20　清水孝蔵『警察犯処罰令詳解』(日本警察新聞社、1908年) 9-10、36頁参照。

て、「隠匿は死体が人目に晒される遺棄よりも法益侵害性が小さいという判断から刑法の死体遺棄罪よりも軽い法定刑が規定されたと推測できる」との見方がある[21]。具体的な判例として、「死体を切断して隠匿し、その脳漿を領得せんとするが如き場合は遺棄と同時に損壊罪が成立すべきである」[22]とした大判昭和8年7月8日刑集12巻1195頁や、嬰児を絞殺した被告人が犯跡隠蔽のためにその死体を火葬場の灰棄場に隠蔽しておき、数日後に焼毀した事案について殺人罪のほか死体遺棄罪が成立するとした大判明治44年7月6日刑録17輯1388頁が挙げられていた[23]が、隠匿一般について遺棄に含める旨の説明は見当たらなかった。

戦後、1948年の軽犯罪法の施行により警察犯処罰令は廃止され、死体隠匿罪の規定もなくなったが、死体遺棄罪の「遺棄」の説明は論者によって多様ではあるものの概ね戦前と変化はなく[24]、筆者が調べたかぎりでは、2000年代以前は「隠匿」が一般に「遺棄」に含まれるという説明はほとんどされていなかった[25]。隠匿に言及があっても、前記明治44年判例や前記昭和8年判例、被告人が被害者を殺害し、殺害現場である被害者方の畳および敷板を剥いで床下に死体を入れ、その後敷板を元通りにして隠匿したという事案である最判昭和24年11月26日刑集3巻11号1850頁に関する限りである[26]。すなわち、死体の隠匿に死体遺棄罪が成立するという説明は、殺人犯人がその犯跡を隠蔽するために死体を隠匿したという事案に関してなされていたにすぎない。

しかし、近年では、隠匿一般について遺棄に含まれると明示的に説明するもの[27]も多く、隠匿が遺棄に含まれることは当然のことと理解されている。

---

21 原田・前掲注（7）80頁注4。
22 小泉英一『日本刑法各論』（南郊社、1934年）155頁。
23 牧野英一『日本刑法 下巻 各論』（有斐閣、1938年）254頁。
24 江家義男『刑法講義 各論 再版』（敬文堂書店、1948年）174頁、植松正『刑法学各論』（勁草書房、1952年）164頁、青柳文雄『刑法各論』（泉文堂、1955年）107-8頁、団藤重光『刑法綱要各論』（創文社、1964年）303頁、齊藤金作『刑法各論〔全訂版〕』（有斐閣、1969年）177頁。
25 もっとも、西田典之『刑法各論』（弘文堂、1999年）383頁に「遺棄とは死体等を移動させてから放棄、隠匿することである」との記述がある。
26 小野清一郎『刑法講義各論〔新訂〕』（有斐閣、1949年）152頁、夏目文雄『刑法提要：各論 上』（法律文化社、1960年）279頁、福田平＝大塚仁編『刑法各論講義』（青林書院新社、1968年）142頁、佐久間修『刑法講義〔各論〕』（成文堂、1990年）246頁、内田文昭『刑法各論〔第3版〕』（青林書院、1996年）518頁注2、福田・前掲注（2）143頁。大野真義＝墨谷葵『要説刑法各論』（嵯峨野書院、1987年）366頁〔高橋貞彦〕も殺人犯人との関係で言及しているに過ぎない。
27 山口・前掲注（2）524頁、伊東研祐『刑法講義各論』（日本評論社、2011年）363頁、大塚・前掲注（3）246頁〔岩村修二〕、西田・前掲注（1）278頁〔嶋矢貴之〕、西田・前掲注（2）431-2頁、松原・前掲注（2）533頁、井田良『講義刑法学・各論〔第3版〕』（有斐閣、2023年）

3 隠匿類型の裁判例

次に隠匿類型の裁判例について概観するが、「隠匿」が「遺棄」に当たるとされる事例群は大きく次の2つに分けられるという分析がある[28]ので、それに倣って（1）と（2）に分け、本判決との比較のために孤立出産の事例群を（3）に分けて検討する。

（1）殺人犯人などによるケース

まず、殺人犯人などが犯跡隠蔽のために死体を隠匿する事例群である。死体隠匿罪の規定が存在した時代から、このような場合は形式的に「隠匿」に該当しても死体隠匿罪ではなく、死体遺棄罪の成立が認められてきた。たとえば前記昭和8年判例等のほか、大判昭和11年1月29日刑集15巻30頁がある。事案は、強盗殺人を犯した被告人が、犯跡隠蔽のため被害者の死体を山中に運び土中に埋蔵したというものである。これに対して大審院は、「死体遺棄の罪は埋葬に関する良俗を保持するを以て法益と為すものなれば殺人罪を犯したる者其の罪跡を掩蔽せむが為死体を他の場所に運搬し密に之を土中に埋蔵するが如きは埋葬に関する善良なる風俗を破壊し道義上許容すべからざる所にして刑法第190条に所謂死体を遺棄したるものと云わざるべからず」と示した[29]。

殺人犯人等による犯跡隠蔽のための死体隠匿に遺棄該当性が認められるのは、それにより他者による適時適切な葬祭が妨害されるためであると分析されている[30]。確かに、裁判例の多くは、各事案の死体隠匿行為の態様について特段評価を述べることなく遺棄該当性を肯定しているが、死体が隠匿されたことそれだけが死者に対する敬虔感情を害しているわけではなく、具体的な隠匿の態様を見ると、その態様こそが道義上首肯しえず死者に対する敬虔感情を害しているように思われる。たとえば、死体を隠匿した場所が、大便所[31]、押入れやクローゼッ

583頁。
28 松宮・前掲注（4）7-8頁を参考にした。松宮は、殺人犯の罪証隠滅の場合に死体遺棄罪が成立するという傾向に対して、自己の刑事事件の証拠隠滅が不処罰であることからそれが適切か否か疑問を示している（松宮孝明『刑法各論講義〔第5版〕』（成文堂、2018年）430頁）。
29 原田・前掲注（7）82頁は、この判例の事案は「隠匿」に該当するにもかかわらず、死体遺棄罪の成否のみが論じられ、死体隠匿罪は全く論じられていないことから、「こうして、判例は死体隠匿について死体遺棄罪の成立を全面的に肯定するに至り、死体隠匿罪は成立場面を完全に失うことになった」と分析している。
30 松宮・前掲注（4）8頁。
31 最判昭和29年4月15日刑集8巻4号471頁。

ト[32]、浴槽内[33]、床下[34]、床下の穴蔵[35]などおよそ死体を安置するにふさわしくない場所であったり、死体をスポーツバッグ[36]やキャリーケース[37]、衣装ケース[38]、布団圧縮袋[39]等に入れたりして物のように扱うなどしている。

（２）葬送義務のある者によるケース

　もう一つは、葬祭義務者による葬祭の懈怠としての「隠匿」の事例群である。被告人に葬祭義務があれば、死体に対して何もしていない、すなわち、死体を被害者が死亡した場所あるいは死体が発見された場所に放置した場合も死体遺棄罪は成立する[40]。このような場合は、死体の長期放置により死者に対する敬虔感情が害されることによって「遺棄」に該当することが根拠づけられ[41]、葬祭義務者が適時の埋葬をしないという不作為によって本罪が実現される。たとえば大阪地判平成30年7月2日LEX/DB25449610の被告人は、自身が出産した嬰児4名の死体をポリバケツ内でコンクリート詰めにするなど、死体に対する敬虔感情を害する作為の隠匿行為をしていたが、約20年ないし約25年にわたって自宅に死体を放置していた行為自体について、「死体の放置を開始した後も死体を自らの支配領域下に置き続けているのであるから、当初の隠匿等の行為では評価し尽せない違法性が認められる」とされ、不作為の死体遺棄罪の成立が認められた[42]。長期

32　東京高判昭和56年3月2日高刑速（昭56）号108頁、山口地判平成12年3月22日LEX/DB25480335、最決平成23年7月12日LEX/DB25471647、大阪地判平成25年3月22日判タ1413号386頁、横浜地判平成25年9月19日LEX/DB25502156、さいたま地判平成26年4月30日LEX/DB25503972、静岡地浜松支判平成27年3月17日LEX/DB25506184、山形地判平成27年3月19日LEX/DB25541176、松山地判平成27年5月18日LEX/DB25540329、宮崎地判平成28年2月29日LEX/DB25542440、大阪地判平成30年7月2日LEX/DB25449610、最決令和2年9月9日LEX/DB25567184。

33　広島地判平成28年10月27日LEX/DB25544664、前記最決令和2年9月9日、さいたま地判令和4年3月18日LEX/DB25592256。

34　千葉地判昭和38年7月13日下刑集5巻7号708頁、東京地八王子支判昭和43年7月22日家月21巻1号173頁。

35　仙台高判昭和31年6月13日高刑特3巻24号1149頁。

36　前記最決平成23年7月12日、前記大阪地判平成25年3月22日、前記横浜地判平成25年9月19日。死体にリュックサックを被せて隠匿した上腐敗させたことを指摘して死者に対する崇敬の感情を害したと評価した裁判例もある（横浜地判令和元年6月27日LEX/DB25563700）。

37　京都地判平成28年9月26日LEX/DB25544263。

38　前記宮崎地判平成28年2月29日。

39　前記最決平成23年7月12日、水戸地判令和元年7月5日LEX/DB25570390（被告人はさらに死体を入れたバッグ内にモルタルを流し込むなどしている）。

40　大判大正6年11月24日刑録23輯1302頁、仙台高判昭和27年4月26日高刑特22号123頁、東京高判昭和40年7月19日高刑集18巻5号506頁。

41　松宮・前掲注（4）10頁。

間の放置によって死体が腐敗し無惨な状態になるから、死体の放置それ自体が死者に対する敬虔感情を害すると解することができよう[43]。

(3) 孤立出産のケース

孤立出産のケースは、出産した嬰児を母親が自ら殺害していれば（1）にも、また、葬祭義務があることから（2）にも分類できるが、本判決の事案との比較のため、独立に項目を設けて挙げることにした。まず、技能実習生による孤立出産のケースとしては、広島地判令和4年5月31日LEX/DB25592794がある。しかし、この事案では、被告人は、生きて生まれた嬰児の口に粘着テープを貼り、嬰児の「身体に付着した羊水等を拭き取らず、その身体を毛布等で包むなどの保温措置も講じず、119番通報をするなどして同児に適切な医療措置を受けさせることもしないまま廊下の木製の床面上に同児を放置し……同児を窒息又は低体温症により死亡させ」、その後自己が稼働していた会社の寮の敷地内の土中に埋めたという事案であって、嬰児の死について被告人に責任がある上、嬰児の身体に対する扱いもぞんざいなものであって、本判決の事案とは異なり、死体遺棄罪が成立することに異論はないように思われる[44]。

また、仙台地判平成20年1月8日LEX/DB28145249は、嬰児の死体は、子供服の袖に両上肢が通され、毛布にくるまれて発泡スチロール箱の中に入れられ、箱はガムテープで密閉されていたというものであり、本件と共通する要素があるように見える。しかし、この事案の被告人も自ら嬰児を殺害しており、死体が入れられていた箱はビニール袋やゴミ袋に包まれた状態で放置されていたことや、その箱を自宅等から本件発見現場へ移動したとされており、やはり死体遺棄罪の成立が認められるべき事案だろう。

(4) 小 括

本章では、死体を隠匿した類型の判例の検討を通して、単に死体が他人から発見されないようにしたというだけでなく、死体を置いた場所や死体に対する扱い

---

42 大阪地判平成29年3月3日LEX/DB25545976も参照。これに対して、前記大阪地判平成25年3月22日。なお、葬祭義務があったのにそれを果たさなかったことを示して死体遺棄罪の成立を認めているが、隠匿するにあたってビニール袋に入れるなど死体を不敬に扱ったといえる事案として、旭川地判平成23年10月27日LEX/DB25444011、前記横浜地判平成25年9月19日。

43 量刑理由ではあるが、津地四日市支判令和5年6月30日LEX/DB25595761参照。

44 ほかにもたとえば最決平成31年4月3日LEX/DB25563384、東京高判令和4年6月3日LEX/DB25593253、札幌高判令和5年5月23日LEX/DB25595555などがあるが、いずれも被告人自ら嬰児を殺害しており、遺棄の態様も敬虔感情を害する態様である。

について、死体に対する敬虔感情を害する要素が見られることがわかった。現在では、「隠匿」も死体遺棄罪の構成要件に含まれると解されている[45]が、それは死体隠匿の多くの場合で、上記のような死体に対する不敬な扱いと評価される要素が伴っているからではないだろうか。やはり、「他人から発見されないようにする」というだけの意味の「隠匿」は、死体遺棄罪における「隠匿」としては足りないのではないかと思われる[46]。

被告人の葬祭義務違反を理由として不作為の死体遺棄罪の成立が認められる場合も、その義務違反が死体に対する敬虔感情を害するといいうるためには、死体を放置して相当な期間が経過し、あるいは、死体を山中などに放置して立ち去る[47]などその後死体が埋葬されないままになると考えられる状況下での放置であることが必要であろう。

（3）で孤立出産のケースを取り出して検討したが、被告人が出産後に自ら嬰児を殺害していたり、死体の扱いがぞんざいであったりと、本判決の事案とは評価を異にすべき要素が見受けられた。

四　最判令和5年3月24日刑集77巻3号41頁について

1　事案の概要

熊本県内の農園で働くベトナム国籍の技能実習生であった被告人は、2020年11月15日朝、自宅の布団上で双子のえい児を出産したが、いずれも遅くともその1、2分後には死亡した。被告人は、本件各えい児の死体をタオルで包んだ上で茶色の段ボール箱に入れ、その上に別のタオルを被せ、更にその上に手紙（被告人が付けた本件各えい児の名前、それらの生年月日、おわびの言葉、ゆっくり休んでくださいという趣旨の言葉が書かれたもの）を置いた上でその段ボール箱に4片の接着テープで封をし、その段ボール箱を他の白色段ボール箱に入れた上で9片の接着

---

[45]　福岡高判令和3年6月25日高刑速（令3）号539頁。
[46]　なお、死体を移動させることなく、その上にシートをかぶせて木を置いたという事案について岡山地判令和3年2月10日 LEX/DB25569153は死体遺棄罪の成立を否定した。これは、死体をその場に放置しただけでは葬祭義務のない者に本罪は成立しないということを理由とするものであるが、死体にシートをかぶせてその上に木を置くという行為は死体に対する敬虔感情を害するものであるように思われる。
[47]　たとえば、宇都宮地判平成28年7月15日 LEX/DB25543579。

テープで封をし、自室内にあった棚の上に置いた。被告人は同月16日に病院に行き、そのまま入院した。

　第一審（熊本地判令和3年7月20日刑集77巻3号137頁）は、刑法190条は国民の一般的な宗教感情を保護するものであり、同条の遺棄とは、一般的な宗教的感情を害するような態様で、死体を隠したり、放置したりすることをいうと示した上で、被告人の、「嬰児を段ボール箱に入れ自室に置き続けた行為」は、「私的に埋葬するための準備であり、正常な埋葬のための準備ではないから、国民の一般的な宗教的感情を害することが明らかである」として、死体遺棄罪の成立を認め、懲役8月、執行猶予3年を言い渡した。これに対して、被告人側が控訴した。

　控訴審（福岡高判令和4年1月19日刑集77巻3号139頁）は、被告人の行為を「本件各えい児の死体を、段ボール箱に入れた上、自室内に置いた行為」（以下、「本件作為」）と「本件各えい児の死体の葬祭義務を負う被告人が、それらの死体を1日以上にわたり葬祭を行わずに自室内に置いたままにした行為」（以下、「本件不作為」）に分け、それぞれの遺棄該当性を判断し、本件不作為については、被告人が死体を放置した期間が1日と約9時間にとどまり、「葬祭義務を履行すべき相当の期間が経過したとはいえない」ことから遺棄該当性を否定して無罪を言い渡し、本件作為については次のように述べて死体遺棄罪が成立するとして、懲役3月、執行猶予2年を言い渡した。すなわち、「本件作為は、葬祭を行う準備、あるいは葬祭の一過程として行ったものではなく、本件各えい児の死体を隠匿する行為であって、他者がそれらの死体を発見することが困難な状況を作出するものといえるから」死体遺棄罪の「『遺棄』に当たる」。そして、「被告人が本件各えい児の死体について葬祭を行わない場合……被告人宅の家主や被告人以外の本件各えい児の親族等の者が」、それらの者がいなければ嬰児らの「死亡地であるα町の長」が葬祭を行うことになると指摘して、被告人の行為は、「本件各えい児の死体について、他者により適切な時期に葬祭が行われる可能性を著しく減少させたという点において、死者に対する一般的な宗教的感情や敬けん感情を害するものといえる」とした。

　被告人側が上告した。

2　判　旨

　最高裁は、原判決を破棄し、次のように述べて無罪を言い渡した。

「刑法190条は、社会的な習俗に従って死体の埋葬等が行われることにより、死者に対する一般的な宗教的感情や敬けん感情が保護されるべきことを前提に、死体等を損壊し、遺棄し又は領得する行為を処罰することとしたものと解される。したがって、習俗上の埋葬等とは認められない態様で死体等を放棄し又は隠匿する行為が死体遺棄罪の『遺棄』に当たると解するのが相当である。そうすると、他者が死体を発見することが困難な状況を作出する隠匿行為が『遺棄』に当たるか否かを判断するに当たっては、それが葬祭の準備又はその一過程として行われたものか否かという観点から検討しただけでは足りず、その態様自体が習俗上の埋葬等と相いれない処置といえるものか否かという観点から検討する必要がある。」

本件の「事実関係によれば、被告人は、自室で、出産し、死亡後間もない本件各えい児の死体をタオルに包んで段ボール箱に入れ、同段ボール箱を棚の上に置くなどしている。このような被告人の行為は、死体を隠匿し、他者が死体を発見することが困難な状況を作出したものであるが、それが行われた場所、死体のこん包及び設置の方法等に照らすと、その態様自体がいまだ習俗上の埋葬等と相いれない処置とは認められないから、刑法190条にいう『遺棄』に当たらない。」

3　本判決の争点と意義

本判決の争点は、死体遺棄罪における「遺棄」の意義であり、本件被告人の行為が遺棄にあたるかが争われた。本判決の意義として次の3点が挙げられる[48]。1つ目は、本罪の保護法益を埋葬等との関係性において明示したことである。本判決は、本罪によって「社会的な習俗に従って死体の埋葬等が行われることにより、死者に対する一般的な宗教感情や敬けん感情が保護されるべき」であると示した。2つ目は、遺棄の定義を示したことである。本判決は、死体遺棄罪の「遺棄」を、「習俗上の埋葬等とは認められない態様で死体等を放棄し又は隠匿する行為」と定義した。この定義は従来の基本書などにも見られるものであり、目新しいものではないが、最高裁として示した点に意義がある[49]。3つ目は、「遺棄」該当性の判断方法を示したことである。本判決は、「葬祭の準備又はその一過程として行われたものか否かという観点から検討しただけでは足りず、その態様自

48　嶋矢貴之「死体遺棄罪」法教514号（2023年）38-39頁参照。
49　福永・前掲注（5）176頁。

体が習俗上の埋葬等と相いれない処置といえるものか否かという観点から検討する必要がある」と示した。これについては、なされた行為それ自体について検討すべきであると示した点、そして、それが「習俗上の埋葬等とは相いれない」ものであること、すなわち死者の敬虔感情を害するものであることを検討すべきだとした点に意義があるとされる[50]。

4　本判決の検討

本判決は、被告人の行為が「隠匿」であり、「他者が死体を発見することが困難な状況を作出したものである」ことは肯定しつつ、「それが行われた場所、死体のこん包及び設置の方法等に照らすと、その態様自体がいまだ習俗上の埋葬等と相いれない処置とは認められない」として遺棄該当性を否定した。最終的に「遺棄」該当性を否定して無罪とした結論は支持されていると思われるが、そもそも、被告人の行為が「隠匿」であり、他者による死体の発見困難性を高めたといえるかという点については疑問が示されており、評釈等でも評価が分かれているところである[51]。

筆者も本件被告人の行為が「隠匿」に当たると評価することには疑問であるが、これは本件における事情をどのように評価するかという問題に尽きるであろうし、死体遺棄罪の成否においては結局のところ、「遺棄」に当たるか否かが重要である[52]。この点、本判決は、行為が「習俗上の埋葬等と相いれない処置といえるものか否かという観点から検討」すべきことを示した。これは、隠匿行為の「態様」を検討する必要性を示したものであり[53]、隠匿行為について本罪が成立する範囲を限定しようとしたものである[54]。本稿三3で検討したように、従来の裁判例で「遺棄」該当性が認められたケースでも、死体が単に隠匿されただけで

50　福永・前掲注（9）124-125頁。
51　松原・前掲注（10）（2023年）208頁。福永・前掲注（5）178頁も本件被告人の行為は死体の発見困難な状況を作出したものとはいえないとする。これに対して、十河太朗「判批」法教516号（2023年）114頁、濱田新「隠匿による死体遺棄について」信経法15号（2023年）147頁は、被告人の行為が死体発見を困難にする隠匿行為であるとする。
52　本判決は、「隠匿行為そのものが習俗上の埋葬等を妨げるものとはいえない限りは『遺棄』に当たらないとする考え方」を背景にしているとされる（匿名解説・判時2570号（2023年）109頁）。
53　白井美果「判批」研修900号（2023年）62頁は、従来の判例が「遺棄該当性の判断において、『道義上首肯すべからざる事情の下に単に死体を土中に埋蔵放置したるが如き』、『死体を冷遇放置するが如き』などの表現で、放棄の態様について検討」してきたものと同様であると指摘する。
54　山本高子「判批」法セミ823号（2023年）117頁参照。

はなくその態様において死者に対する敬虔感情を害する面があったことから、本判決が示した検討方法は妥当であると思われる。

本件における死体のこん包等の態様や死体が置かれていた場所等を見ると、本件被告人は、本稿で挙げた裁判例の事案のように死体に対して不敬な扱いをしていたわけではない。死体を段ボール箱に入れた点について、「死体の取扱いの態様として適切なものではなく、やはり敬けん感情を害するものであり、埋葬等と相いれないとの評価もでき得るようにも思われる」[55]との指摘があるが、被告人は一人で居室で死産しており、体力も回復していなかった等の事情を考慮すると、当時の被告人にとっては嬰児の死体を安置するために居室内にある物でできる限りのことをしたとも評価でき、やはり「遺棄」には当たらないとすべきであろう。本判決が示した「いまだ習俗上の埋葬等と相いれない処置とは認められない」という判断は、被告人の行為態様の程度が、「習俗上の埋葬等と相いれない」程度にまで達していないという趣旨で理解すべきである[56]。

以上は、「死体に対して不敬な扱いをし、死体に対する敬虔感情を害したか」ということを直接的に検討したものであるが、近年は、死体発見の困難性[57]や、死体が適時適切に埋葬されないことを確定させるような終局処分があったかどうかが「遺棄」該当性の基準として着目されている[58]。これは死体遺棄罪の本質を不埋葬・埋葬阻害の観点から捉えたときの基準である。この基準を用いる見解からも、本件被告人の行為はなお終局処分に至っていないことなどから、死体遺棄罪の成立が否定されている[59]。しかし、この基準を用いる立場からは、本件被告人の行為が死体遺棄罪に当たらないことの説明に無理が生じているように思われる。まず、「隠匿」は本来的に死体が発見され埋葬されることを困難にするもの

---

55 白井・前掲注（53）64頁。
56 福永・前掲注（9）129-30参照。したがって、本判決が示した判断からは、本件とは反対に遺棄該当性が肯定される処置とは具体的にどのようなものかは不明なままである。
57 この発見困難性に着目して死体遺棄罪の成立を否定した裁判例として福岡地判令和3年1月21日裁判所ウェブサイト。
58 髙橋直哉「判批」法教489号（2021年）170頁、伊藤嘉亮「判批」刑ジャ69号（2021年）248頁、山中・前掲注（9）424頁以下（なお、山中は死体遺棄罪を埋葬の不履行と一元的に捉える立場にたいして否定的であり、不埋葬・埋葬阻害は「あくまでも作為、不作為共通の域を認定するための一要素にすぎない」とする（424頁））、濱田・前掲注（51）133頁以下。
59 濱田・前掲注（51）148-9頁。同149頁は、「適時適切な埋葬時機を徒過するおそれを生じさせる行為に出た」か否かを、死体が丁重に扱われたか否かによって判断しているが、両者の関係は不明である。

であるから、不埋葬・埋葬阻害の観点からは、死体の隠匿行為は原則的には遺棄に該当すると言わざるをえず[60]、本件被告人について本罪の成立を否定するのであれば、そもそも「隠匿」にも該当しないとすべきであろう。また、この見解では、行為が終局処分に至ったかどうかを、「行為者が思い直す可能性」や「行為者の意図」にかからせることになりそうである。そうすると、本件被告人がその後私的に埋葬するつもりで本件行為に及んでいたのであれば、思い直して「適時適切な埋葬」をするよりも、むしろ、その後死体は土中に埋められていた可能性が高いと考える方が素直であり、もはや終局処分に至っていたと評価すべきではないだろうか[61]。そうすると、本件被告人のように死体をぞんざいに扱っていない事案においても死体遺棄罪が成立する可能性があり、妥当な結論を導くことができる基準かどうか疑問である。やはり、行為態様自体を直接評価した方が、基準としても明確であり、本罪の保護法益を侵害する行為といえるかどうかを適切に判断しうるように思われる。

五　おわりに

　本稿では、死体の隠匿行為について検討してきた。死体の隠匿は、現在では当然に死体遺棄罪の行為として認められているが、歴史的に見ると必ずしもそうとはいえなかった。隠匿それ自体が直ちに死体遺棄罪の保護法益を侵害するとは言い難く、隠匿がさらに「遺棄」該当性を備えているかどうかを判断する必要がある[62]。
　本判決が、「遺棄」該当性の判断においてその行為態様を判断すべきであるとしたことや、本件被告人の行為に対する判断は妥当である。しかし、本判決は「遺棄」該当性を否定したものであって、「遺棄」該当性の判断基準となる「習俗上の埋葬等と相いれない処置」が具体的にどのようなものかは示されていない。

60　山中・前掲注（9）420頁、白井・前掲注（53）60頁参照。
61　もっとも、被告人が予定していた私的埋葬を「適時適切な埋葬」と評価すれば、不埋葬や埋葬阻害にはやはり当たらないという評価は可能であろう。
62　「後に私的に埋葬するつもりだった」という意図や「隠すつもりだった」という主観面を考慮要素としうるかという問題もある（伊藤・前掲注（58）248頁、白井・前掲注（53）65頁参照）。ただし、行為者に死体を悼む気持ちがあれば本罪の成立が否定されるわけではない（大判大正8年5月31日刑録25輯727頁）。

また、本件において議論されてきた、被告人が予定していた私的埋葬が「習俗上の埋葬」に当たるかどうかという問題も残されたままである。古くから、死体を土中に埋める行為も遺棄に当たるとされている反面、国際社会化が進んだり、価値観が多様化したりする中で、従来の日本の習俗とは異なっていても死者に対する敬虔感情を害すると評価すべきでない埋葬方法もありうると思われることから、難しい問題である。そうすると、「習俗上の埋葬等と相いれない」いう基準には不明確さが残り、今後も「遺棄」該当性の基準について議論を積み重ねていく必要があるように思われる。

刑を減軽する目的と外国国章損壊等罪における「外国に対して侮辱を加える目的」

伊 藤 亮 吉

一　はじめに
二　外国国章損壊罪と器物損壊罪の関係性
三　刑を減軽する目的犯
四　結びにかえて

一　はじめに

　目的犯は、目的が犯罪を基礎づける（例えば、通貨偽造罪（刑法148条1項））、あるいは、刑を加重する（例えば、未成年者拐取罪（刑法224条）と未成年者に対する営利目的等拐取罪（刑法225条））のが通常であるが、その一方で、目的が犯罪成立を阻却する、あるいは、刑を減軽・免除する（以下、特に断りがない限り「減軽」で統一する）事由となる場合も想定することができる。前者については、他の要件や前提が必要とされてはいるが（違法性阻却事由と位置づけるのであれば）名誉毀損罪の特例における公益目的（刑法230条の2）をあげることができる。後者については、器物損壊等罪（以下、「器物損壊罪」とする）（刑法261条）と外国国章損壊等罪（以下、「外国国章損壊罪」とする）（刑法92条1項）（2項で公訴提起には外国政府の請求が必要とされている）の関係が考えられる。

　外国国章損壊罪[1]は、外国に対して侮辱を加える目的（以下、「侮辱目的」とする）で、当該外国の国旗その他の国章（以下、「国章」とする）を損壊・除去・汚損（平

---

[1] 外国国章損壊罪は旧刑法には存在せず、現行刑法の制定に際して新設された。倉富勇三郎他監＝松尾浩也増補解題『増補刑法沿革総覧』（平成2年）452、476、1009、1593頁によると、明治35年刑法改正案では、法定刑は外国国章損壊罪（110条）では2年以下の懲役または200円以下の罰金、器物損壊罪（298条）では2年以下の懲役または200円以下の罰金もしくは科料と提案された。両罪の関係について立法趣旨は、「一体ならば298条の中に這入る、併ながら特別に書く必要があると思つた、又書く必要も御認めになるたらうと思ふ」とする。その後、器物損壊罪（262条）の法定刑は、3年以下の懲役または500円以下の罰金もしくは科料に変更されて提案された。ここで立法趣旨が両罪の関係をどのように捉えているかは不明である。

成 6 年改正前は「汚穢」）する行為（以下、3 行為を合わせて「損壊等」とする）を処罰する旨規定する。これは、外国の権威を表徴する国章に対する損壊等の方法によって、外国に対し侮辱を加える行為を処罰するものであり、国章のもつ威厳と重要性から、国章の単なる財産的損壊行為を把えるのではなく、侮辱目的による行為が、外国の権威表徴物に向けられている点を把握するところに特色があるとされる[2]。その一方で、器物損壊罪は、他人の物を損壊・傷害する行為を処罰する規定である。

国章が物に含まれることに問題はないところ、少なくとも他人所有の国章を損壊する点では両罪はその行為を共通にし[3]、そうすると、侮辱目的がなければ器物損壊罪として重く（最高刑は懲役 3 年）、侮辱目的があれば外国国章損壊罪として軽く（最高刑は懲役 2 年）処罰されることになる。

ここでは、侮辱目的がその目的のない場合に対して刑を軽くする役割を果たしており、外国国章損壊罪に存する財産破壊的側面は、侮辱目的によって減殺され、侮辱的側面が前面に出てくる点に外国国章損壊罪と器物損壊罪の関係を見出すことができそうである。本稿は、刑を減軽する目的の性格について、特に外国国章損壊罪と器物損壊罪の関係を基準として検討を加えるものである。

二　外国国章損壊罪と器物損壊罪の関係性

1　外国国章損壊罪の性格

（1）　外国国章損壊罪の保護法益は、Ⓐ外国の法益とする見解と、Ⓑわが国の外交上の利益とする見解が主張されている（刑法が外国の法益を保護することへの疑問から、Ⓑ説が通説である）[4]。また、国章は、ⓐ外国の国家機関により公的に掲揚されているものに限るとする見解、ⓑ外国の国家機関により公的に掲揚されているもののほか、その国の権威を象徴するものとして公共の場に掲げられているも

---

[2] 大塚仁他編『大コンメンタール刑法第 6 巻（第 2 版）』（平成11年）65頁〔鈴木享子執筆〕。
[3] 刑法262条に当たらない自己所有物の損壊には器物損壊罪が成立しないから、262条に当たらない自己所有の国章の損壊では侮辱目的は犯罪を基礎づける目的として機能する（その点で、器物損壊罪と外国国章損壊罪の成立範囲は異なる）。犯罪を基礎づける目的については本稿の検討範囲外とするため、本稿では特に言及しない限り、国章は他人所有であること、「自己所有」「自己物」の用語を使用する場合には262条に当たらないことを前提とする。
[4] 保護法益論については、大塚仁他編『大コンメンタール刑法第 6 巻（第 3 版）』（平成27年）75-78頁を参照〔亀井源太郎執筆〕。

のを含むとする見解、ⓒ広く私人が掲揚するものを含むとする見解が主張されている。

　Ⓐ説からは外国の法益が害される限りで外国国章損壊罪の成立を認めるべきといえるからⓒ説⁵が、Ⓑ説からは私人による国章の掲揚はわが国の外交上の利益とは無関係であることからⓐ説⁶やⓑ説⁷が導き出されることになる⁸。そして、国章の所有権との関係では、ⓐ説からはその所有権は国家機関（外国）が有することになる。これに対して、ⓑ説とⓒ説からは国家機関に加えて、行為者自身を含む私人が有することも考えられる⁹。

　（２）　外国国章損壊罪が外国を侮辱する行為を処罰するものであることから、国章の損壊等は外国を侮辱する態様でなされなければならないとする見解¹⁰が主張されている。これは、侮辱目的を違法要素、責任要素のいずれにとらえるとしても、外国への侮辱の危険がある場合に処罰を限定するものとして評価することができるとともに、目的犯の危険犯としての性格からは正当な主張と考えられるが、外国国章損壊罪が抽象的危険犯であることを考慮すると、限定機能としての効果はそれほど意味のあるものとはいえないだろう¹¹。

　5　大塚仁『刑法概説（各論）（第3版増補版）』（平成17年）648-649頁。なお、Ⓐ説を採用するものとして、団藤重光『刑法綱要各論（第3版）』（平成2年）164頁。
　6　大谷實『刑法講義各論（新版第5版）』（令和元年）565-566頁。
　7　今井猛嘉他『刑法各論（第2版）』（平成25年）397頁〔今井猛嘉執筆〕、高橋則夫『刑法各論（第4版）』（令和4年）627-628頁、西田典之＝橋爪隆補訂『刑法各論（第7版）』（平成30年）439-440頁、山口厚『刑法各論（第2版）』（平成22年）535-536頁。なお、掲揚を前提とせず公共の場において行為におよぶ場合でもよいとするものとして、井田良『講義刑法学・各論（第3版）』（令和5年）599-600頁、伊藤渉他『アクチュアル刑法各論』（平成19年）443-444頁〔鎮目征樹執筆〕。
　8　その他に、林幹人『刑法各論（第2版）』（平成19年）476頁、松原芳博『刑法各論（第2版）』（令和3年）657-658頁は、外国の利益とわが国の利益の双方を保護するとして、それぞれⓑ説、ⓐ説を採用する。
　9　国章が掲揚されていることを前提とすれば、国章が無主物というのは想定しにくいが、掲揚を前提とする必要がなければ、無主物でも外国国章損壊罪の成立を肯定することができる。また、小暮得雄他編『刑法講義各論』（昭和63年）606-607頁〔佐伯仁志執筆〕は、国章の損壊等が当該国家の名誉を侵害するに足りるものであることが必要であることから、外国により公的に掲揚されたものに限られないとしても、それに準じたものに限定され、私人が私的に掲揚しているものは含まれないとする。
　10　井田・前掲注（7）600頁、伊藤他・前掲（7）444頁〔鎮目〕、松原・前掲注（8）658、山口・前掲注（7）537頁。
　11　香川達夫『刑法講義〔各論〕（第3版）』（平成8年）28-29頁は、国家の権威を表徴する表徴の損壊行為は、それ自体で外国の威信・尊厳は侵害されると評価する。

2 損壊概念

(1) 器物損壊罪における損壊については、物の物理的損壊のみを意味する物理的損壊説と、物理的損壊がなくても物の利用ができなくなる場合を含む効用侵害説が主張されるところ、器物損壊罪においては、物の利用ができなくなることに意味があると考えられることから、判例通説は広く効用侵害説を採用する[12]。

(2) これに対して、外国国章損壊罪における損壊概念について判例は、「第261条が、所有権を保護するため、物の経済的効用を滅失又は減少せしめる行為を禁止しようとするにあるに反し、第92条は、わが国と外国との間における円滑な国交に資するため、国章が表徴している当該外国の威信尊厳を傷つける行為を禁止しようとするにあることをうかがうことができ〔る〕」としたうえで、「損壊とは、国章自体を破壊又は毀損する方法によつて、外国の威信尊厳表徴の効用を滅失または減少せしめることをい〔う〕」とする[13]。

これは「国章自体を破壊又は毀損する方法」による「外国の威信尊厳表徴の効用を滅失または減少」させること、すなわち、物理的損壊と効用侵害という2つの側面を要するとしているとも考えられる。これに対して、学説は物理的損壊に限定するのが一般的な見解である[14]。

いずれにしても、器物損壊罪における損壊概念（効用侵害）は外国国章損壊罪のそれ（物理的損壊）よりも広い概念を意味し、これを包含することに問題はない。その一方で、除去・汚損の両概念は、効用侵害を表す点で器物損壊罪の損壊

---

12 最判昭和25年4月21日刑集4巻4号655頁、大塚仁他編『大コンメンタール刑法第13巻（第3版）』（平成30年）807頁〔名取俊也執筆〕。

13 大阪高判昭和38年11月27日刑集19巻3号150頁（上告審である最決昭和40年4月16日刑集19巻3号143頁はこの判断にしたがう）。そして、「除去とは、国章自体に損壊を生ぜしめることなく、場所的移転、遮蔽等の方法によつて、国章が現に所在する場所において果している右威信尊厳表徴の効用を滅失または減少せしめることをい〔う〕」、「汚穢とは、人に嫌汚の感を懐かしめる物を付着または付置して国章自体に対して嫌汚の感を懐かしめる方法によつて、右効用を滅失または減少させることをいう」と各行為を定義づけるとともに、国章の遮蔽は除去に該当すると判断した。

14 大塚他・前掲注（4）87頁〔亀井〕。なお、前掲注（13）最決昭和40年4月16日の第1審判決（大阪地判昭和37年6月23日刑集19巻3号147頁）は、刑法92条の「損壊とは同条所定の国章を物質的に破壊する」こととする。菅間英男「判解」最高裁判所判例解説刑事篇昭和40年度（昭和41年）29頁は、「通説は、刑法92条の損壊は、物理的損壊に限るとしている」として、この点について特にコメントはしていない。そうすると、「物理的損壊」とは、単なる物理的損壊を意味する場合と、物理的損壊による効用侵害を意味する場合を想定しうることになろう。しかし、物理的損壊は常に効用侵害を伴うといえるので、2つの見解に大きな違いを見出すことはできないであろう。

概念に包含されるものもあるが、その全てがその範疇に含まれるかはなお検討する必要があろう（以下、「損壊」は両罪が捕捉することで問題のない物理的損壊の意味で使用する）。

三　刑を減軽する目的犯

1　陳述についての緊急状態（ドイツ刑法157条1項）における危険回避目的

ドイツ刑法は次のような規定を有する[15]。

> 153条（虚偽の非宣誓陳述）　1項　法定で又は証人若しくは鑑定人の宣誓尋問を管轄するその他の官署で、虚偽の非宣誓陳述を行った者は、3月以上5年以下の自由刑に処する。
> 154条（偽証）　1項　法廷で又は宣誓の採取を管轄するその他の官署で、虚偽の宣誓をした者は、1年以上の自由刑に処する。
> 157条（陳述についての緊急状態）　1項　証人又は鑑定人が偽証又は虚偽の非宣誓陳述の罪を犯したとき、親族又は自己が処罰され又は自由を剥奪する改善及び保安処分を科される危険を回避するために、行為者が不実を述べた場合には、裁判所は、裁量により刑を減軽し（第49条第2項）、及び非宣誓陳述の場合は刑を完全に免除することもできる。

ドイツ刑法157条1項は、153条1項と154条1項の犯罪が「親族又は自己が処罰され又は自由を剥奪する改善及び保安処分を科される危険を回避するため」（危険回避目的）によって遂行された場合には、刑の減軽免除を認めるものである。ここでは目的が刑を軽くする役割を果たしているのである。その理由としては、157条1項は、証人や鑑定人が真実の陳述をすることによって自己または親族に負担を強いなければならないであろう場合に、その者に公的利益として課された証人や鑑定人の義務を履行する際に存する特別な強制状況を考慮する特別な刑罰減少事由である[16]、35条の免責的緊急避難の特殊な場合であり、行為者が一定の危険状況に基づいて特別な苦境状況にあり、それに対応する動機づけの圧力

---

[15] 法務省大臣官房司法法制部編『ドイツ刑法典』（平成19年）113頁に基づいた。なお、ドイツ刑法104条は、外国国旗等侵害罪として外国の国旗・国章を侵害する行為を犯罪とするわが国の外国国章損壊罪と類似の行為が犯罪として規定されているが、目的犯構成をとっていない（2020年に規定の追加がなされている）。

[16] Nikolaus Bosch/Ulrike Schittenhelm, Schönke/Schröder Strafgesetzbuch Kommentar, 30. Aufl., 2019, §157 Rn. 1.

下にあることによって特徴づけられる[17]、などとされる。

　危険回避目的は、保護法益である国家司法とは関係はなく、保護法益にとっては意味のない事態に関するものであり、行為者の一定の意思方向が存在するときの構成要件の可罰性を限定する意味を有するにすぎないとともに、たとえ危険が客観的に全く存在しないとしても、もっぱら危険を避けるための行為者の意思方向だけが減軽には決定的とされている[18]。とりあえずここで確認すべきは、危険回避目的が責任を減少させる目的であり、その理由は説得的であると評価しうることである。

2　外国国章損壊罪と器物損壊罪の競合

（1）　侮辱目的で外国国章を損壊した場合には外国国章損壊罪と器物損壊罪の二罪の成立を観念しうるところ、両罪の関係については観念的競合とする見解[19]と法条競合とする見解[20]が主張されている[21]。両罪の競合については次の表のような帰結となるであろう。

国章の損壊等が器物損壊罪に当たる場合		
	観念的競合説	法条競合説
侮辱目的：有	外国国章損壊罪＋器物損壊罪 →器物損壊罪㋐	外国国章損壊罪㋑
侮辱目的：無	器物損壊罪㋒	器物損壊罪㋓

国章の損壊等が器物損壊罪に当たらない場合	
侮辱目的：有	外国国章損壊罪㋔
侮辱目的：無	不可罰㋕

17　Klaus Gehrig, Der Absichtsbegriff in den Straftatbeständen des Besonderen Teils des StGB, 1986, S. 128.
18　Gehrig, a.a.O.（Anm. 17）, S. 128. このような点からか、ドイツ刑法157条1項について、Hans-Heinrich Jescheck/Thomas Weigend, Lehrbuch des Strafrechts Allgemeiner Teil, 5. Aufl., 1996, S. 472. は主観的責任減少事由である、Rudolf Rengier, Strafrecht Besonderer Teil II, 25. Aufl., 2024, S. 536. は特別な刑罰減少事由であるなどと評価する。
19　井田・前掲注（7）601頁、伊藤他・前掲注（7）445頁〔鎮目〕、大塚・前掲注（5）650頁、林・前掲注（8）477頁、松原・前掲注（8）659頁、松宮孝明『刑法各論講義（第5版）』（平成30年）447頁。
20　今井他・前掲注（7）398頁〔今井〕、大谷・前掲注（6）567頁、髙橋・前掲注（7）628頁、西田＝橋爪・前掲注（7）441頁、山口・前掲注（7）537頁。

（2）　観念的競合説は、外国国章損壊罪の侮辱罪的側面を強調し、両罪の本質・法益の相違に着目することから二罪の成立を認めるもので、より重い器物損壊罪で処断する（刑法54条1項前段）（⑦）。そして、外国国章損壊罪の法定刑の軽さについては、侮辱による外交上の利益に対する危険がかなり抽象的であることがあげられる[22]。これに対して、法条競合説は、観念的競合説によると外国国章損壊罪の存在意義が失われてしまうことを懸念し、外国国章損壊罪の成立のみを認める（④）。そして、外国国章損壊罪の法定刑の軽さについては、国章の財産的価値が一般的に低いこと、侮辱罪としての性格を有することがあげられる[23]。

外国国章損壊罪と器物損壊罪の保護法益の相違は決定的であり、両罪は行為態様に共通性がある以外には何らかの関係性を見出すことはできず、両罪は本来的には観念的競合の関係にあると解すべきであろう。また、法条競合説があげる国章の財産的価値の低さについても、一般的にはそのようにいえるとしても、高価・高額な国章が存在すれば、この論理は通用しなくなってしまうので、この理由づけは法条競合説を支えるうえで決定的なものとはいえない。

しかし、観念的競合説に対する批判としてあげられる外国国章損壊罪の存在意義の喪失という懸念については、次の点から正当なものがある。まず、損壊は全て器物損壊罪で捕捉され、除去・汚染も、いずれも国章としての「効用を減失または減少」させることを要件とすることから、器物損壊罪における損壊と完全な一致まではないとしてもかなりの程度の重なり合いが考えられる。そうすると、外国国章損壊罪に当たる行為の多くは侮辱目的の有無にかかわらず器物損壊罪で捕捉されるといえる（⑦⑦）。そして、外国国章損壊罪のみの成立が認められるのは、自己物・無主物の他、器物損壊に当たらない除去・汚損（除去・汚損手段により国章としての効用は害されているが、物としての効用は害されていない場合となる）という例外的あるいは観念的ともいえる場合にすぎない（⑦）。これでは、外国国章損壊罪の存在意義に疑問が出てくるのは当然といえる。

---

[21] ドイツ刑法では、外国国旗等侵害罪と器物損壊罪（303条1項）の法定刑はともに2年以下の自由刑または罰金である。そして、Lienhard Weiß, Strafgesetzbuch Leipziger Kommentar, Bd. 7, 13. Aufl., 2021, §104. Rn. 8. は、104条は特別の規定として303条に優先的に適用されるが、その一方で、104条aでは103条の刑事訴追の要件として相互主義が規定されているところ、その前提を欠く場合には器物損壊罪の適用が可能となるとする。
[22] 伊藤他・前掲注（7）445頁〔鎮目〕、林・前掲注（8）477頁。
[23] 今井他・前掲注（7）398頁〔今井〕、髙橋・前掲注（7）628頁、西田＝橋爪・前掲注（7）441頁、松原・前掲注（8）659頁、山口・前掲注（7）537頁。

また、観念的競合説からは、侮辱目的での自己物・無主物の外国国章の損壊は外国国章損壊罪一罪が成立するが、他人物の場合は別に器物損壊罪が成立してより重い刑で処断される（⑦⑦）。しかし、外国国章を損壊した場合、これが他人物か自己物・無主物かで当該外国に対する侮辱の観点では相違を見出すことはできないはずだが、この場合には財産侵害の有無によって刑の範囲に相違がもたらされ、外国への侮辱の観点が結果的に蔑ろにされることになってしまう。

（3）　しかし、法条競合説にも問題がないわけではない。外国国章の損壊が器物損壊にも当たる場合、侮辱目的がなければ重い器物損壊罪が成立し、目的があれば軽い外国国章損壊罪が成立する（④㊁）。ここでは侮辱目的が刑を軽くするという役割を果たすことになるが、侮辱目的は刑を減軽するための性質を有するといえるのかが検討されなければならない。

3　侮辱目的と刑の減軽

（1）　器物損壊罪と外国国章損壊罪の関係をどうみるかは、非目的犯（基本犯）が目的を付与されることで目的犯として位置づけられるのはどのような場合かという問題として扱うことができる。これについては2つの問題点を解決する必要があると考えられる。第1の問題は、侮辱目的が器物損壊罪の罪質を変更して外国国章損壊罪を新たに作り出すというように、目的が犯罪の性質や法益侵害の性格を変更させることは可能なのかというものである。

これについてはまずは、1）目的犯と非目的犯の相違が目的の有無にあることから、両者の犯罪行為が同一、あるいは、共通することが必要である。この点について、他人所有の物である国章の損壊から、外国国章損壊罪と器物損壊罪の行為に共通性があることに問題はないだろう。ただし、同一・共通の行為を有するが犯罪としては意味を異にするものは多々あるから、行為の同一性・共通性だけで問題が解決されるものではないと考えられる[24]。

犯罪行為に同一性・共通性が認められるとしても、次に、2）特に目的を違法要素と解する場合に、目的犯と非目的犯で保護法益の同一性や共通性が認められ

24　例えば、目的犯ではないが、暴行・脅迫を要件とする数々の犯罪は、その全てが何らかの形で犯罪性を共通にするわけではない。例えば、公務執行妨害罪（刑法95条1項）と強盗罪（刑法236条）は同じく暴行・脅迫を共通の要素とするが、両罪の共通性はそれだけであり、類似の犯罪とみる見解は存在しないであろう。そこでは、同一・共通の行為が両罪の共通性の肯否にどう関係するのかを逐一検討することが必要となる。

る必要がある[25]。目的犯と非目的犯で法益を完全に同一のものと把握する必要はない。目的は非目的犯に付与されることで非目的犯の違法性を何らかの形で変化させる性質を有する。それは法益侵害の危険を量的・質的に変化させる場合のいずれも考えられるだろう。

目的犯と非目的犯でその中核において保護法益に共通性を見出すことができれば、非目的犯は目的により目的犯化されたものと評価することができる。例えば、未成年者に対する営利目的等拐取罪と未成年者拐取罪においては拐取行為により被拐取者の自由という法益（保護法益を異なって把握する見解もあるが）の侵害がその中核にあって両罪に共通している。営利等の目的はそれに加わり、自由侵害の先にある法益の侵害を目指すものなので、両罪は目的によって被拐取者に対する法益侵害の危険の性質や程度に相違が認められるとしても犯罪としての共通性を有し、目的が刑を変える役割を果たすと評価することができると考えられる[26]。

そうすると、損壊行為を共通にする外国国章損壊罪と器物損壊罪でこのような性質を見出すことができるだろうか。両罪は保護法益を異にするが、法条競合説では外国国章損壊罪の財産犯的側面を加味することから、保護法益の共通性を認めるのは比較的容易といえよう。これに対して、観念的競合説では保護法益や犯罪性の相違が強調されるから、両罪の共通性が否定される方向に働くことになろう。しかし、外国国章損壊罪は、外国への侮辱の側面が強いとしても、それとともに財産侵害の側面を有することも事実であるから、２つの法益侵害の点をとらえることで、保護法益に何らかの共通性を見出すことはなお可能といえるかもしれない。

（２）　器物損壊罪が侮辱目的により外国国章損壊罪へと犯罪としての性格が変更されるという関係性を見出すことができる、あるいは、見出すことができると仮定するとしても、第２の問題として、侮辱目的が刑を減軽する役割を果たすのかというように、目的犯と非目的犯において目的が刑の軽重を根拠づける役割を

25　保護法益の同一性・共通性は責任要素としての目的においても必要といえるが、この場合の目的は保護法益に相違をもたらすことはなく、行為者に対する非難を重くあるいは軽くする理由づけとなることから、これを肯定することは容易であろう。

26　伊藤亮吉『目的犯の研究序説』（平成29年）162-165頁を参照。そして、未成年者を営利等の目的で拐取した場合には、営利目的等拐取罪一罪が法条競合により成立することで問題はないといえる。

果たすのかを提起することができる。

　目的による犯罪成立の阻却は、主として目的が違法性あるいは責任を消滅させることによるものである。条件は付されるがその種の目的といえる公益目的は、公共の利益に資することを目的とすることで名誉毀損的行動を適正化する性格を与え、非犯罪化の方向に働かせる性質を有すると評価できる。刑を減軽する目的は、基本犯（非目的犯）に比べて目的が違法性や責任を阻却まではしないとしてもこれを減少させるだけの理由が存在することに、すなわち、目的は行為を一定程度の妥当なもの、有益なものとする性質を伴うものであることに、その構成の正当性を認めることができる。危険回避目的は自己または親族が処罰等される負担を回避することが期待可能性を減少させるものととらえることができる。

　器物損壊罪と外国国章損壊罪の関係においては、侮辱目的がそのような目的としての性格を有するべきことになるが、侮辱とは相手（外国）に軽蔑の評価を与えるものであるから、侮辱目的はそれがない場合に比べて行為をより悪質なものとし、違法性あるいは責任の点でより重い評価がなされてしかるべきである。したがって、侮辱目的がその目的のない場合に比して刑を減少させるだけの理由は乏しいものと考えられるから、想定される両罪の関係とは反対に、侮辱目的は犯罪化や刑の加重化の方向に働くと考える方が自然である[27]。つまり、外国国章損壊行為は侮辱目的が加わることによってより重く処罰されるべきと考えるのが通常といえる。

　そうすると、法条競合説から、国章の損壊は侮辱目的があれば外国国章損壊罪だけが成立し、侮辱目的がなければ器物損壊罪が成立してより重く処断されるという帰結（㋐㋓）[28]は、説得力に乏しいものといえる[29]。これに対して、国章の損壊等が器物損壊罪に当たらない場合に侮辱目的が犯罪を基礎づけるのは理解しうるところである（㋔㋕）。

---

[27] 西田典之他編『注釈刑法第2巻』（平成28年）12頁〔古川伸彦執筆〕は、外国国章の損壊は、通常の器物損壊に比して、その侮辱的・反国際法秩序的な意味合いにより加重処罰されるとすべきであるとして、客体の差異に着目する。

[28] この点について、法条競合説からは、成立犯罪の軽重はしかたがなく、量刑判断に任せるしかないとするものとおもわれる。

[29] これに対して、観念的競合説からは、侮辱目的の有無にかかわらず器物損壊罪の成立・処断が認められ、目的の有無による刑の軽重の差は生じないことになる（㋐㋑）が、それでも悪質な方が刑が軽くなってしまうという不都合は回避できる。そして、観念的競合説からは、外国国章損壊罪でのみ処罰されるのは器物損壊罪が成立しない場合だけであり、それは損壊については妥当せず、効用侵害に当たらない除去・汚損のみが当てはまることになるであろう。

（3）このように、侮辱目的は、違法性や責任を加重するのであればともかく、それとは反対に刑を減軽させる役割を果たすという論拠は成り立ちえないものである。そうすると、器物損壊罪に侮辱目的が付与されることで外国国章損壊罪という新たな犯罪が作られるという構成はとりえないものとなる。外国国章損壊罪は外国に対する侮辱の側面が前面に出る器物損壊罪とは別種の犯罪であり、通貨偽造罪と同様の類型として、侮辱目的という目的の存在によって犯罪が構成される目的犯といえ、侮辱目的が器物損壊罪の刑を減軽する事由となっている目的犯ではないと位置づけられるべきである。

四　結びにかえて

　以上、外国国章損壊罪が刑を減軽する目的犯として位置づけられるかについて検討を加えてきたが、法条競合説は致命的な欠陥を有するものといわざるをえない。観念的競合説に対してあげられる批判に対しては、いずれも財産侵害の側面をとらえることで甘受すべき帰結であり[30]、特に侮辱目的の有無にかかわらず器物損壊罪で処断される点（㋐㋒）については、少なくとも同等の処罰が可能なことから侮辱目的がない場合の方が重く処罰可能となる不利益を回避できるとの反論が許されよう。そうすると、現行法の解釈としては観念的競合説の方に妥当性があるといえるだろう[31]。なお3点を簡単に指摘したい。

　（1）外国国章損壊罪は、器物損壊罪との関係の他にも、国章の放火（損壊）や持去り（除去）が建造物等以外放火罪（刑法110条1項）や窃盗罪（刑法235条）に当たる場合も考えられ、同様にして侮辱目的による刑の減軽が考えられるところである。しかし、建造物等以外放火罪は公共危険罪としての側面で把握されて、物の損壊の側面は背後に押しやられており、また、除去は場所的移転を要件とするとはいえ、財物の獲得を目指す窃盗とはその意味を異にする。そうすると、両罪は外国国章損壊罪では把握しきれない性格を有するものであり、観念的競合の関係に立つと解することは、器物損壊罪の場合に比べて容易といえる[32]。

30　これを回避するためには、ドイツ刑法のように、外国国章損壊罪の法定刑を器物損壊罪のそれと同等かそれ以上のものとすれば、このような問題はとりあえずは解決されることになろう。
31　こうして、伊藤亮吉『刑法各論入門講義』（令和4年）442頁の記述を改める。
32　器物損壊罪とは法条競合説に立つとする松原・前掲注（8）659頁は、放火や窃盗は外国国章損壊罪が類型的に予定するものではないので、観念的競合の関係に立つとする。また、ドイツ刑法

（2）　侮辱的態度が外面に表出される必要から、侮辱目的は構成要件的行為の客観的態様が侮辱的な意義を有するものであり、行為者がそれを確定的に認識していたことを意味するとして、外国国章損壊罪の目的犯構成に批判的な見解も存在する[33]。故意を確定的認識に限定する手法は、外国国章損壊罪の構成の問題点の解決を示すものとして魅力的であり、また、故意を確定的故意に限定するために目的犯構成を使用する手法は考えられるところではある[34]。しかし、他の犯罪と同一の用語が使用されているにもかかわらずあえて異なる解釈を採用するには、そのように解するだけの必要かつ相当な根拠が求められるであろう。

（3）　侮辱目的は犯罪体系上どこに位置づけられるであろうか。外国国章損壊罪と器物損壊罪の関係における法条競合説と観念的競合説の対立は、器物損壊罪の成立を認めるか否かの対立であり、法条競合説からは、その相違を生じさせるのが侮辱目的であることから、侮辱目的の有無が両罪の成否を決定づける要素となっている。そうすると、侮辱目的は両罪の法益を相違ならしめる役割を果たすことから、違法要素と位置づけられることになる。その一方で、観念的競合説では、法益の相違から両罪は全く別個の犯罪であり、目的の有無による関係性を有するものではないとする理解から、器物損壊罪とは無関係に侮辱目的の性格が検討されることになる。そうすると、侮辱目的は、これをどうとらえるかにより違法要素と責任要素のいずれにも位置づけることが可能であろう。

においては、Weiß, a.a.O.（Anm. 21），§104. Rn. 8. は、外国国旗等侵害罪と窃盗罪（242条）は行為の単一の関係に立つとする。
33　山口・前掲注（7）536-537頁。また、小暮他・前掲注（9）606-607頁〔佐伯〕を参照。
34　背任罪（刑法247条）の図利加害目的について、大塚・前掲注（5）327頁、団藤・前掲注（5）656頁を参照。

証拠偽造罪と犯人隠避罪の関係について
―― 虚偽供述の事例を中心に ――

十 河 太 朗

一 はじめに
二 判例の状況
三 政策的観点からの解決
四 証拠偽造罪と犯人隠避罪の限界

一 はじめに

　参考人が捜査機関に対し虚偽の供述を行った場合や、その供述に基づいて内容虚偽の供述調書が作成される至った場合には、例外的な事例を除いて証拠偽造罪は成立しないというのが、判例の立場である。一方、身代わりとして捜査機関に出頭した場合や、捜査機関に対し犯人のアリバイについて虚偽の供述をした場合には、犯人隠避罪の成立が認められている。

　ここで問題となるのが、両罪の関係である。上記の判例の結論を見ると、同じく捜査機関に対する虚偽の供述でありながら、証拠偽造罪は原則として成立しないのに犯人隠避罪は成立しうるということになるからである。

　もちろん、こうした虚偽供述が証拠偽造罪の成立要件は満たさないが、犯人隠避罪の成立要件を満たすというのであれば、そのような結論に至ることは、むしろ当然である。しかし、近時、証拠偽造罪の成否について重要な判断を示した最高裁平成28年3月31日決定（刑集70巻3号58頁。以下「平成28年決定」ともいう）の調査官解説[1]においては、捜査機関に対する虚偽の供述を処罰することによって大きな弊害が生じるという政策的観点が、証拠偽造罪の成立を否定する有力な根拠の一つとされている。仮に虚偽の供述を処罰の対象とすることによってそのように大きな弊害が生じるというのであれば、犯人隠避罪としても処罰しても同様の

1　野原俊郎「判解」『最高裁判所判例解説刑事篇（平成28年度）』（法曹会、2019年）37頁以下。

弊害が生じるということにはならないのだろうか。

　捜査機関に虚偽供述をした場合には証拠偽造罪および犯人隠避罪のいずれも成立可能性があることから、両罪の関係については、断片的ではあるものの、これまでも議論されてきた。しかし、上記調査官解説において証拠偽造罪の成立を制限する根拠として政策的観点が重視されたことを契機に、証拠偽造罪と犯人隠避罪の関係の検討にあたっては新たな考慮が必要になるように思われる。

　そこで、本稿では、主に参考人による虚偽供述の事例を素材に証拠偽造罪と犯人隠避罪の関係について考察することにしたい。

二　判例の状況

　参考人が捜査機関に対して虚偽の供述をした場合や、その供述に基づいて内容虚偽の供述調書を作成された場合における証拠偽造罪や犯人隠避罪の成否について、判例がどのような態度を示してきたのかを概観する。

1　証拠偽造罪

（1）　判例は、以前から、参考人による虚偽供述について証拠偽造罪の成立を否定してきた[2]。平成28年決定も、「他人の刑事事件に関し、被疑者以外の者が捜査機関から参考人として取調べ……を受けた際、虚偽の供述をしたとしても、刑法104条の証拠を偽造した罪に当たるものではない」と述べ、改めてこの点を確認した。

　また、参考人の虚偽供述の内容が供述調書に録取されるに至った場合については、千葉地裁平成7年6月2日判決（判時1535号144頁）および千葉地裁平成8年1月29日判決（判時1583号156頁）が証拠偽造罪の成立を否定していたが、平成28年決定も、「その虚偽の供述内容が供述調書に録取される……などして、書面を含む記録媒体上に記録された場合であっても、そのことだけをもって、同罪（筆者注：証拠偽造罪）に当たるということはできない」と述べ、原則として証拠偽造罪は成立しないとの立場を示した。

（2）　その根拠として、同決定の調査官解説が重視しているのは、参考人に真

---

[2]　大判大正3年6月23日刑録20輯1324頁、最決昭和28年10月19日刑集7巻10号1945頁。

実供述義務を課すことの不当性である。調査官解説によると、捜査段階における参考人の虚偽供述について証拠偽造罪の成立を認めることは、参考人に刑罰で担保された真実供述義務を課すこととなり、妥当でなく、また、虚偽供述に基づき内容虚偽の供述調書が作成された場合に証拠偽造罪の成立を認めるのは虚偽供述自体につき同罪の成立を認めたのと同じであり、捜査段階の参考人に真実供述義務を課してこれを刑罰で担保する結果となる。そして、上記の場合に証拠偽造罪の成立を認めると、具体的に以下のような弊害が生じる。第1に、捜査段階において参考人が虚偽供述をした場合に、後の取調べのみならず公判廷での証人尋問でも証拠偽造罪に問われる危険を心配して従前の虚偽供述を変えることに躊躇し、かえって公判廷での真実発見が阻害されかねない（弊害1）。第2に、捜査官が参考人の虚偽供述をそのまま供述調書に録取することも証拠偽造に関与していることとなるため、捜査官が虚偽であると判断した供述についてはそのまま供述調書に録取せず、自らが真実であると判断している事実を示唆するなどして、参考人の記憶に反して捜査官に迎合するような供述を導くおそれがある（弊害2）。第3に、参考人の捜査への協力が得にくくなり、かえって捜査の実効性を害する（弊害3）。第4に、捜査段階での参考人の供述は様々な場、形でされるものであって、そのような非定型なものを書面化されただけで証拠偽造罪とするのは余りに処罰範囲が広い（弊害4）。参考人が虚偽の供述をして供述調書等の書面を作成させた場合に証拠偽造罪の成立を認めれば捜査の混乱を防ぐことに資するという利益があるものの、参考人の虚偽供述が供述調書に録取された場合について一般（原則）的に証拠偽造罪の成立を認めたときの弊害と利益を比較衡量すると、利益より弊害の方が大きい[3]。

このように、同決定の調査官解説は、弊害と利益の比較衡量という政策的観点から証拠偽造罪の成立範囲を限定する。前掲・千葉地裁平成8年1月29日判決も、参考人の虚偽供述について証拠偽造罪の成立を否定する根拠として上記の弊害2および4を指摘しており、政策的観点を考慮していた。

（3）　もっとも、平成28年決定は、当該事案については証拠偽造罪の成立を肯定している。事案は、被告人XがYとともに、Z警部補及びW巡査部長から、Aを被疑者とする覚醒剤取締法違反被疑事件について参考人として取調べを受

---

[3] 野原・前掲注1）56頁以下。

けた際、Aの覚醒剤所持という架空の事実に関する令状請求のための証拠を作り出す意図で、各人が相談しながら虚偽の供述内容を創作、具体化させ、それに基づいて、Yを供述者とするW巡査部長名義の供述調書を作成したというものであった。同決定は、「本件行為は、単に参考人として捜査官に対して虚偽の供述をし、それが供述調書に録取されたという事案とは異なり、作成名義人であるW巡査部長を含む被告人ら4名が共同して虚偽の内容が記載された証拠を新たに作り出したものといえ、刑法104条の証拠を偽造した罪に当たる」と判示し、Xらに証拠偽造罪の共同正犯の成立を認めた。

　上述のとおり、同決定の調査官解説において、内容虚偽の供述調書を作成させた行為について原則として証拠偽造罪の成立が否定される理由は、同罪の成立を認めたときの利益より弊害の方が大きい点に求められていた。そうだとすると、逆に、証拠偽造罪の保護法益の侵害性が相対的に高く、刑罰で担保した真実供述義務を課すことの弊害が少ないときには、例外的に証拠偽造罪の成立を認めてよいということになる。その例として、①参考人が、捜査手続を離れ、捜査官の示唆を受けることなく、内容虚偽の供述書（上申書）を作成した場合や、②供述調書であっても、単に供述調書という形式を利用したにすぎず、自ら積極的に虚偽の証拠を作出したといえるような場合が挙げられ、平成28年決定の事案は②に当たるとされている。

2　犯人隠避罪

（1）　一方、判例は、参考人が捜査機関に対し犯人性に関する虚偽の供述をした場合について犯人隠避罪の成立を認めている。判例[4]によると、「隠避」とは、蔵匿以外の方法により官憲による発見逮捕を免れさせる一切の行為をいうところ、虚偽の供述を通じて犯人の身柄の確保ないし犯人の特定作用を妨害し、もって犯人の発見逮捕を免れさせているというのであろう。

　その代表例が、身代わり自首である。まだ犯人が身柄を拘束されていない時点でその身代わりとして捜査機関に出頭した事例については、以前から多くの裁判例[5]が犯人隠避罪の成立を認めてきた。

4　大判明治43年4月25日刑録16輯739頁、大判大正4年12月16日刑録21輯2103頁、大判昭和5年9月18日刑集9巻10号668頁。
5　東京高判昭和38年1月28日下刑集5巻1=2号7頁、東京高判昭和52年12月22日刑月9巻11=12

また、既に逮捕拘留されている犯人の身代わりとして出頭した事例について犯人隠避罪の成立を認めた最高裁判例として、最高裁平成元年5月1日決定（刑集43巻5号405頁。以下「平成元年決定」ともいう）がある。殺人未遂事件の被疑者として暴力団の組長が逮捕拘留されたことから、その配下の組員である被告人が別の組員に指示し、組長の身代わりとして、その犯行に使用された拳銃等を携帯して警察署に出頭させ、自己が殺人未遂事件を犯した犯人である旨虚偽の事実を申し立てさせた事案につき、同決定は、「刑法103条は、捜査、審判及び刑の執行等広義における刑事司法の作用を妨害する者を処罰しようとする趣旨の規定であって……、同条にいう『罪ヲ犯シタル者』には、犯人として逮捕勾留されている者も含まれ、かかる者をして現になされている身柄の拘束を免れさせるような性質の行為も同条にいう『隠避』に当たると解すべきである」とした。

（2）　身代わり自首以外にも、当該他人が真犯人でない旨の虚偽の供述をした場合において犯人隠避罪の成立が認められている。犯人が身柄を拘束されていない時点で捜査機関に対し虚偽の供述をした事例としては、たとえば、傷害致死事件の様子を目撃していた者が、その犯人である知人からの依頼により、その知人は現場におらず、被害者が誰にやられたかは知らない旨の虚偽の供述をした事例[6]、交通事故（業務上過失傷害罪等）や無免許運転の被疑者の処罰を免れさせるため、当該車両を運転していたのは別人である旨の虚偽の供述をした事例[7]、被害者の顔面を殴打して転倒させて傷害の罪を犯した者の処罰を免れさせるために、被害者が自己の過失で転倒した旨の虚偽の供述をした事例[8]、公職選挙法違反事件において、実際とは別の者から現金の供与を受けた旨の虚偽の供述をした事例[9]、免許を受けずに運転することを知りながら他人に車両を提供した者の処罰を免れさせるために、その他人が車両の提供を受けずに勝手に運転したと虚偽の供述をした事例[10]などがある。

　　号857頁、東京地判平成13年9月11日 LEX/DB 28075370、神戸地判平成14年1月30日 LEX/DB 28075169、高松高判平成14年11月7日 LEX/DB 28085112、東京高判平成22年7月5日 LEX/DB 25480966、新潟地判平成24年9月25日 LEX/DB 25483063、熊本地判平成25年8月30日 LEX/DB 25503045、熊本地判平成25年10月7日 LEX/DB 25502478など。

6　和歌山地判昭和36年8月21日下刑集3巻7＝8号783頁。
7　広島地判平成31年3月15日 LEX/DB 25562701、広島地判令和4年3月18日 LEX/DB 25592259。
8　水戸地判昭和49年6月7日判タ316号298頁、神戸地判平成20年12月26日 LEX/DB 25440731。
9　金沢地七尾支判昭和63年10月25日判時1303号152頁。

また、最高裁平成29年3月27日決定（刑集71巻3号183頁。以下「平成29年決定」ともいう）は、既に逮捕拘留されている犯人について参考人が虚偽の供述をした事例において犯人隠避罪の成立を認めている。被告人は、Aが過失により普通自動二輪車（カワサキ ZEPHYR。以下「A車」という）を被害者に衝突させて死亡させたとAから聞き、Aとの間で、A車は盗まれたことにする旨の話合いをし、その後、Aが逮捕拘留され、その参考人として取調べを受けるに当たり、警察官に対し、「Aがゼファーという単車に実際に乗っているのを見たことはない。Aはゼファーという単車を盗まれたと言っていた。単車の事故があったことは知らないし、誰が起こした事故なのか知らない」などの嘘を言い、本件事故の当時、A車が盗難被害を受けていたことなどから、前記の道路交通法違反および自動車運転過失致死の各罪の犯人はAではなく別人であるとする虚偽の説明をした。同決定は、「被告人は、前記道路交通法違反及び自動車運転過失致死の各罪の犯人がAであると知りながら、同人との間で、A車が盗まれたことにするという、Aを前記各罪の犯人として身柄の拘束を継続することに疑念を生じさせる内容の口裏合わせをした上、参考人として警察官に対して前記口裏合わせに基づいた虚偽の供述をしたものである。このような被告人の行為は、刑法103条にいう『罪を犯した者』をして現にされている身柄の拘束を免れさせるような性質の行為と認められるのであって、同条にいう『隠避させた』に当たると解するのが相当である」と判示し、犯人隠避罪の成立を認めた。
　同決定の調査官解説[11]によると、従来の裁判例は、単に参考人が捜査官に虚偽の供述をしたことから直ちに「隠避」に当たると認めているものではなく、虚偽供述の内容に沿った疑念を生じさせる状況を伴って虚偽供述がされた場合について「隠避」と認めている。たとえば、同決定の事案では、被告人とAの間で事前に行われた口裏合わせに基づいて被告人が虚偽の供述をしていることが、虚偽供述の内容に沿った疑念を生じさせる状況に当たる。

3　証拠偽造罪と犯人隠避罪の競合
　（1）　このように、参考人が捜査機関に対し虚偽の供述をした場合、原則として証拠偽造罪は成立しないが、犯人隠避罪の成立を認めることは可能であるとい

10　横浜地判令和2年2月3日LEX/DB 25565099。
11　石田寿一「判解」『最高裁判所判例解説刑事篇（平成29年度）』（法曹会、2020年）82頁以下。

うのが、判例の立場である。そうだとすると、判例の立場からは、両罪が競合する場面はないようにも思える。しかし、平成28年決定の調査官解説は、①参考人が、捜査手続を離れ、捜査官の示唆を受けることなく、内容虚偽の供述書（上申書）を作成した場合や、②供述調書であっても、単に供述調書という形式を利用したにすぎず、捜査官と相談するなどして自ら積極的に虚偽の証拠を作出したといえるような場合には、例外的に証拠偽造罪の成立が認められるとしている。したがって、①の供述書や②の供述調書が犯人の処罰を免れさせるような内容であるときには、判例の立場からも、証拠偽造罪と犯人隠避罪の両者が成立する可能性が生じることになる。

（2）上記①に関する裁判例として、名古屋地裁岡崎支部平成15年11月12日判決（LEX/DB 28095436）がある。自動車運送事業等を営むA社の取締役である被告人らは、A社B営業所の運行主任CがバスDに無免許運転を命じたことを認識しながら、Cの処罰を免れさせるため、CがDの無免許の事実をDから聞いた時期を実際の時期より遅く記載した虚偽の内容の報告書を作成し、警察署に提出した。

被告人らは、Cが犯人でない旨の内容虚偽の報告書を警察署に提出した作成したことから、犯人隠避罪に問われた。ただ、被告人らは、取調べ以外の場で作成した内容虚偽の報告書を捜査機関に提出しているのであるから、平成28年決定の調査官解説が示した基準からすると、被告人らに証拠偽造罪の成立を認めることも可能であるようにも思われる。実際、内容虚偽の供述書や報告書を捜査機関等に提出した事例について証拠偽造罪の成立を認めた裁判例[12]は存在する。しかし、被告人らは、おそらく証拠偽造罪については起訴されておらず、犯人隠避罪のみで有罪となっている。

（3）福岡地裁平成25年11月8日判決（LEX/DB 25502351）は、上記②の内容虚偽の供述調書に関する事案である。警察官である被告人は、Aに係る覚醒剤取締法違反（営利目的所持）被疑事件に関し、Aとの共犯関係が疑われていたBを取り調べた際、BがAとの共犯関係を認める供述をしたのに、Aの処罰を免

---

[12] 千葉地判昭和34年9月12日判時207号34頁、東京高判昭和40年3月29日高刑集18巻2号126頁、仙台地気仙沼支判平成3年7月25日判タ789号275頁。なお、虚偽の主張をして民事訴訟を提起し、その口頭弁論において裁判所書記官に虚偽の内容の口頭弁論調書を作成させた事案について、大判昭和12年4月7日刑集16巻8号517頁は、証拠偽造罪の成立を認めている。

れさせるため、Bに対し、「Aという人間は知らんやろ」などと申し向けるなどしてその供述を誘導した上、「Aは知らない」旨を記載したBを供述人とする供述調書を作成し、上司に提出した。

　被告人は、Aが犯人でない旨の内容虚偽の供述調書を作成したとして犯人隠避罪に問われた。ただ、本件は、平成28年決定の事案と同様に、取調べを行った警察官が積極的に虚偽の内容が記載された証拠を新たに作り出したものであるから、証拠偽造罪に該当する事案だったともいえる。しかし、被告人は、やはり証拠偽造罪としては起訴されていないと考えられ、犯人隠避罪の成立が認められている。

　（4）　このように、参考人の虚偽供述が証拠偽造罪と犯人隠避罪のいずれにも該当しうる場合には犯人隠避罪のみに問うのが、実務の取扱いであるのかもしれない。

　なお、犯人の処罰を免れさせるために物証を隠匿、偽造した場合も、証拠隠滅等罪と犯人隠避罪が競合するといえるが、この場合は、虚偽供述の場合と異なり証拠隠滅等罪のみに処するのが通常の取扱いであろう[13]。この点については、横浜地裁平成12年5月29日判決（LEX/DB 28055345）が注目される。㋐A県警の幹部である被告人5名が共謀の上、A県警の警察官Bが覚醒剤を使用した疑いが濃厚であることを知りながら、事件を秘匿しようと企て、Bをホテルに宿泊させ、Bの覚醒剤使用を認める供述や、その尿から覚醒剤が検出された事実等を外部に隠し続け、その尿から覚醒剤が検出されなくなった後にBから覚醒剤を使用した旨の申告を受けたことにするなどしてBの検挙を見合わせた行為について、犯人蔵匿罪と犯人隠避罪の共同正犯の成立を認めた。また、㋑被告人の1人がBの覚醒剤使用の証拠物である覚醒剤様の粉末が入ったアルミホイル包みおよび注射器を隠匿した行為については、証拠隠滅罪に当たるとした。㋑の証拠物の隠匿も、㋐のBの蔵匿等と同じくBの処罰を免れさせる行為ではあるが、犯人隠避罪には問われず、証拠偽造罪の成立のみが認められている。

---

[13] 盛岡地判令和4年7月28日 LEX/DB 25593258など。

三　政策的観点からの解決

1　政策的観点による判例の帰結の正当化

（1）　上述したように、最高裁平成28年決定の調査官解説は、虚偽供述を証拠偽造罪として処罰した場合に弊害と利益のいずれが大きいかという政策的観点から同罪の成立範囲を画するところに特徴がある。同調査官解説は、公判中心主義を重視する立場から、捜査官の面前での供述が録取された場合について原則として証拠偽造罪の成立を否定するものといえる。また、調査官解説において挙げられている弊害は、従来、消極説に立つ裁判例や学説においても指摘されてきたものであり[14]、弊害と利益の比較衡量という政策的観点から証拠偽造罪の成否を決する手法に好意的な見解[15]も存在する。

（2）　それでは、こうした政策的観点から判例の帰結は正当化されるのであろうか。

上述したように、参考人が虚偽の供述をした場合や、その供述に基づいて内容虚偽の供述調書が作成された場合、原則として証拠偽造罪は成立しないが、犯人隠避罪の成立は認められるというのが、判例の帰結である。平成28年決定の調査官解説は、こうした帰結を是認しており、捜査官に対する虚偽供述が犯人の身柄の確保を妨げるような内容である場合、証拠偽造罪は成立しなくても犯人隠避罪により捕捉することが可能であり、すべての虚偽供述が不問に付されるわけではないとする。前掲・千葉地判平成8年1月29日判決も、参考人の虚偽供述を証拠偽造罪とすることには弊害があるため同罪の成立は認めるべきでないが、犯人隠避罪として処罰することには必要性と合理性があるとして、判例の帰結を支持している。また、平成29年決定では犯人隠避罪の成立が認められたが、参考人の虚偽供述にすぎないため証拠偽造罪は成立しない事案であったとされる[16]。

---

[14]　前田雅英「参考人の虚偽供述と証拠偽造罪」研修574号（1996年）15頁、亀井源太郎「判批」佐伯仁志＝橋爪隆編『刑法判例百選Ⅱ各論』（有斐閣、第8版、2020年）241頁、斎藤信治『刑法各論』（有斐閣、第4版、2014年）319頁、松原芳博『刑法各論』（日本評論社、第2版、2021年）588-589頁、飯島暢「判批」西田典之ほか編『刑法判例百選Ⅱ各論』（有斐閣、第6版、2008年）257頁。

[15]　三隅諒「判批」論究ジュリスト25号（2018年）195頁以下、橋爪隆「犯人蔵匿および証拠隠滅の罪について」警察学論集74巻8号（2021年）119頁。

[16]　藪中悠「判批」刑事法ジャーナル55号（2018年）98頁、豊田兼彦「犯人蔵匿等罪の論点」法学

しかし、平成28年決定の調査官解説が挙げている弊害のうち、少なくとも弊害1から弊害3は、虚偽供述について証拠偽造罪の成立を認めた場合に固有の弊害ではなく、およそ虚偽供述をした者を処罰すれば生じる弊害であるから、虚偽供述について犯人隠避罪の成立を認めても、これらの弊害は変わらず生じるはずである[17]。そうだすれば、これらの弊害を避けるために証拠偽造罪による処罰を控える必要があるというのであれば、犯人隠避罪による処罰も同様に控える必要があるということになるのではないだろうか。

あるいは、犯人隠避罪の場合は、証拠偽造罪の場合と異なり、処罰することの利益が弊害を上回ると考えられているのかもしれない。たとえば、前掲・千葉地裁平成8年1月29日判決は、上記の弊害2および弊害4を指摘し、虚偽供述について証拠偽造罪の成立を認めるべきではないとする一方で、虚偽の供述による犯人隠避では、処罰の対象は犯人の身柄の確保ないし特定を妨げる虚偽供述に限られ、かつ、それは情状関係などに比べて遥かに重要な事項であることに加えて、供述の機会や方法も捜査機関への申告や情報提供等、隠避の目的を達するようなものでなければならないことから、虚偽供述を手段とする犯人隠避罪を肯定することには必要性と合理性があるとする。

これは、捜査機関への虚偽供述を手段として行われる犯人隠避は、犯人の身柄の確保や特定という重要性の高い事項を内容とし、かつ、確実な方法で行われるから、これを処罰した場合の弊害より利益の方が大きいとする趣旨とも考えられる。しかし、そうだとすれば、捜査機関に対し犯人の身柄の確保や特定作用を妨げる内容の虚偽供述がなされた場合に証拠偽造罪の成立を認めても、やはり処罰することの弊害より利益の方が大きいことになろう。また、そもそも刑事司法作用において重要な事項は犯人の身柄の確保や特定に限られないから、犯人隠避に当たらない虚偽供述であっても、重要性の高い事項を内容とすることはありうる。他方、捜査段階での供述は流動的で信用性が低いから証拠偽造罪としての処罰の必要性は低いというのであれば、それは、犯人隠避罪として処罰する場合にも妥当するはずである。結局、「虚偽供述について証拠偽造罪の成立を認めた場合は弊害が利益を上回り、犯人隠避罪の成立を認める場合は利益が弊害を上回

教室477号（2020年）16頁。
17　以下の記述については、拙稿「参考人の虚偽供述と証拠偽造罪の成立範囲」研修846号（2018年）9頁以下参照。

る」と一律にはいえないように思われる。

2 政策的観点による解決を徹底する見解
（1） そこで、こうした政策的観点を更に推し進めて、判例が政策的観点により証拠偽造罪の成立を否定する事例については犯人隠避罪の成立も否定すべきであるとする見解[18]が主張されている。この見解は、政策的観点から証拠偽造罪の成立を制限する判例の立場を支持し、その上で、犯人隠避罪と証拠偽造罪とは共に刑事司法作用に対する罪として理解されているのであるから、虚偽供述について犯人隠避罪による処罰を認めてしまうと、証拠偽造罪を不可罰とした趣旨が没却されるのではないかと指摘する。そして、証拠偽造罪の成立が否定される場合には、犯人隠避罪など他の構成要件による処罰も差し控えられるべきではないかとする。

確かに、政策的観点から虚偽供述について原則として証拠偽造罪の成立を否定する立場からは、その趣旨を貫徹すれば、同様の行為について犯人隠避罪の成立も否定することになろう。ただ、このような理解からすると、参考人の虚偽供述について犯人隠避罪の成立が認められるのは、平成28年決定のような極端な事例、すなわち当該被疑者が真犯人でない旨の内容虚偽の供述調書を参考人と捜査官が相談しながら作成するといった事例に限られることになろう。そうだとすると、裁判例や学説によって一般に犯人隠避罪の成立が認められてきた多くの事例において犯人隠避罪の成立が否定され、不可罰となる。もちろん、従来の裁判例や学説と異なる結論に至ることが直ちに不当であるというわけではない。しかし、身代わり自首など犯人の身柄の確保や犯人の特定作用を妨げるような虚偽の供述は、刑事司法作用に対する重大な侵害または危殆化であり、その当罰性は高いといえよう。上述したように、これらの行為を処罰の対象とした場合に常に弊害が利益を上回るという評価自体にそもそも疑問が残る。

（2） 学説の中には、「虚偽供述について犯人隠避罪による処罰を認めると証拠偽造罪を不可罰とした趣旨が没却される」との上記の指摘に理解を示しつつ、「参考人が捜査官の真実と考えるところにかかわらず事前に特定の内容の虚偽供述を決意しており、（被疑者の身柄解放をはじめとする）独自の目的を実現するため

---
18 三隅・前掲注15) 197頁。

進んで取調べに臨んだ場合」についても証拠偽造罪の成立を肯定してよいとする見解[19]も主張されている。この見解は、一方で、政策的観点から証拠偽造罪の成立が否定される場合には犯人隠避罪も成立しないという前提は維持しつつ、他方で、平成28年決定のような極端な事例以外の事例においても証拠偽造罪の成立を認めることによって、そのような場合に犯人隠避罪の成立を認めることを可能とし、従来の判例の解決との整合性を維持しようとするものといえる。

　また、平成29年決定が、犯人隠避罪の成立を認めるにあたり、事前の口裏合わせに基づいて虚偽の供述が行われ、「虚偽供述の内容に沿った疑念を生じさせる状況を伴って虚偽供述がされた」点を重視していることに着目し、この基準に合わせて、「虚偽供述の内容に沿った疑念を生じさせる状況を伴って虚偽供述がされた場合」に限り証拠偽造罪の成立を認めるという見解もありうる。このように考えれば、証拠偽造罪と犯人隠避罪のいずれの場合も、政策的観点から処罰することの利益が弊害より大きい場合にのみ成立が認められることになり、両罪の成立範囲の判断に統一がとれる。

　しかし、それでは、虚偽供述がなされた場合の多くで証拠偽造罪の成立が認められることになる上に、処罰することの弊害と利益のいずれが大きいかの判断も複雑なものになろう。そもそも平成28年決定の調査官解説のいう政策的観点は、虚偽供述が原則として処罰の対象とならないことを予め参考人に知らしめることによって、参考人が取調べ段階での虚偽供述を公判廷において撤回しやすくなったり、取調べに協力しやすくなったりするという効果が生じるというものである。そのような効果を発揮するためには、参考人が虚偽供述をしても全く処罰されないか、少なくともごく限られた事例でのみ処罰されること、また、証拠偽造罪が成立する場合と成立しない場合との限界が明確なものであることが前提となる。虚偽の供述をすれば処罰される可能性が高い場合や、具体的にどのような事例で処罰されるかの予測が難しい場合には、参考人は処罰をおそれ、平成28年決定の調査官解説の指摘する弊害が生じる可能性があるからである。

　（3）　このように検討してくると、参考人の虚偽供述について政策的観点により証拠偽造罪の成立範囲を限定するという立場から、証拠偽造罪と犯人隠避罪に関する判例の帰結を正当化するのは困難であるように思われる。確かに、平成28

19　小林憲太郎『刑法各論の理論と実務』（判例時報社、2021年）306頁。

年決定の調査官解説が指摘する弊害は、いずれも重要な問題であり、証拠偽造罪の成否を判断するにあたって無視できない視点である。しかし、それらの弊害は、証拠偽造罪の成立を認めた場合に固有の問題ではなく、犯人隠避罪など他の犯罪の成立を認める場合にも生じうる。それらの弊害が重大な問題であるとしても、それは、むしろ、取調べのあり方などの一般的な問題として解決すべきであり、証拠偽造罪の成否を判断する上で決定的とまではいえないのではないだろうか。

平成28年決定の調査官解説は、処罰することの弊害と利益の利益衡量を証拠偽造罪における「偽造」概念の問題と捉えている。「偽造」というには、単に虚偽供述をした、あるいはそれが書面化されたというだけでは足りず、積極的に虚偽の証拠を作出したといえるだけの実行行為性が要求されるというのである。確かに、「偽造」は、一定程度の法益侵害の危険を生じさせる行為に限定する必要があろう[20]。ただ、そうした法益侵害の危険性の判断を超えて、弊害と利益の比較衡量という実質的な判断を「偽造」の文言解釈として行うことは難しいように思われる。

四　証拠偽造罪と犯人隠避罪の限界

1　証拠偽造罪と犯人隠避罪の保護法益

（1）　それでは、政策的観点とは異なる観点から上記の判例の帰結を正当化することは可能であろうか。この問いに答えるためには、証拠偽造罪および犯人隠避罪の本質ないし保護法益を踏まえつつ、刑事司法作用に対する罪の内部で両罪がそれぞれどのような役割を担うのかを明らかにすることが不可欠となろう。

（2）　犯人隠避罪の保護法益については、刑事司法作用のうち犯人の身柄の確保に限定する見解[21]と、犯人の特定作用も含める見解[22]が主張されている。従

20　伊東研祐「参考人の虚偽供述と証拠偽造罪」現代刑事法5巻10号（2003年）36頁、只木誠「参考人の虚偽供述と証拠偽造罪」西田典之ほか編『刑法の争点』（有斐閣、2007年）257頁、拙稿・前掲注17）9頁以下参照。
21　深町晋也「司法に対する罪」山口厚編『クローズアップ刑法各論』（成文堂、2007年）93頁以下、山口厚『刑法各論』（有斐閣、第2版、2010年）581頁、浅田和茂『刑法各論』（成文堂、第2版、2024年）541頁。和田俊憲「判批」論究ジュリスト27号（2018年）208-209頁は、犯人隠避罪を、身柄拘束作用を侵害・危殆化する行為と捉えつつ、犯人が身柄拘束される前の手続段階においては犯人特定作用を侵害・危殆化する行為も含まれるとし、また、刑法104条は、刑事手続

来、判例および通説は、逃走場所の指示など犯人等の逃走を直接援助する行為だけではなく、身代わり自首など当該他人が犯人でない旨の虚偽の供述をする行為も隠避に当たるとしてきた。その基礎には、犯人隠避罪の保護法益を身柄の確保に限定せず、犯人の特定作用も犯人隠避罪の保護法益に含める理解があるとも考えられる。

しかし、証拠隠滅等罪は、適正な証拠の利用を妨げることによって刑事事件の捜査および審判作用を侵害する点に本質があるところ、犯人が誰かを特定することは刑事事件の捜査および審判作用の中心をなすから、犯人の特定作用は、証拠隠滅等罪の保護法益に当然に含まれているというべきである。そうだとすると、逆に、犯人蔵匿等罪の保護法益に犯人の特定作用は含まれないと解すべきではないだろうか。すなわち、犯人蔵匿等罪は隠避と並んで蔵匿を構成要件的行為として規定し、蔵匿は犯人の特定作用ではなく犯人等の所在の究明や身柄の確保を妨げる行為であること、犯人蔵匿等罪は拘禁中に逃走した者をも客体としていることから、犯人蔵匿等罪の保護法益は、犯人等の所在の究明や身柄の確保に求められるべきであろう[23]。

刑事司法作用に対する罪のうち、犯人蔵匿等罪は、犯人および逃走者の所在の究明および身柄の確保を、証拠隠滅等罪は、犯人の特定作用を含む捜査および審判作用における適正な証拠の利用をそれぞれ保護法益とする[24]。このように解することによって、刑事司法作用に対する各罪を体系的、整合的に位置づけることが可能になるように思われる[25]。こうした結論は、一般に犯人の特定作用を侵害

の段階いかんにかかわらず、捜査機関または裁判所の犯人特定作用を侵害・危殆化する行為を処罰するものであるとする。
22 杉本一敏「司法作用に対する罪」曽根威彦＝松原芳博『重点課題刑法各論』（成文堂、2008年）250-251頁。
23 在宅事件の犯人も犯人蔵匿等罪の客体に含まれていることなどを踏まえると、厳密には、身柄の確保だけでなく所在の究明も保護法益に含めるべきである。拙稿「犯人蔵匿罪と証憑隠滅罪の限界に関する一考察――『隠避』概念の検討を中心として――」同志社法学46巻5号（1995年）105頁以下参照。
24 杉本・前掲注22）240頁以下は、刑法103条、104条は、それぞれ捜査活動ではなく、専ら「科刑の適正」、「公判審理の適正」を保全するための規定と見るべきであり、刑法103条は、公判での科刑判断対象者の「真犯人性」の確保（科刑作用）を、刑法104条は、公判審理に用いられる証拠の適正（審判作用）をそれぞれ保護法益とするという。捜査機関による捜査や起訴・不起訴の判断も刑事司法作用の中で重要な役割を果たしていることから、捜査作用を刑事司法作用に対する罪の保護法益から捜査作用をあえて除外する必要はないように思われる。西田典之ほか編『注釈刑法 第2巻 各論(1)』（有斐閣、2016年）126頁〔島田聡一郎〕参照。
25 拙稿・前掲注23）103頁以下。原田國男「判解」ジュリスト943号（1989年）87頁参照。

するような物証の隠匿や偽造が証拠隠滅等罪のみに処され、犯人隠避罪には問われていないこととも整合的である。

（3）このような理解からすると、身代わり自首など、当該他人が犯人でない旨の虚偽の供述する行為は、原則として隠避に当たらないという結論に至る。もっとも、平成元年決定および平成29年決定は、虚偽供述について犯人隠避罪の成立を認めるにあたり、被告人の行為を「身柄の拘束を免れさせるような性質の行為」と表現している。これは、被告人の虚偽供述が身柄の確保を侵害する危険性を有する行為であることから、仮に犯人隠避罪の保護法益を身柄の確保に限定したとしても犯人隠避罪の成立が認められるとする趣旨であるとされている[26]。

確かに、身代わり自首等の虚偽供述をすれば真犯人は逮捕拘留を免れる可能性があるから、身代わり自首等の行為は身柄の確保を侵害するものともいえる[27]。しかし、そのような身柄の確保の侵害は、虚偽供述によって犯人の特定作用を誤らせた結果として間接的に生じたものにすぎない。隠避は、蔵匿と並ぶ構成要件的行為であるから、蔵匿と同程度に身柄の確保を侵害する危険性を生じさせることを要すると解すべきである。蔵匿は、犯人等に隠匿場所を提供し、直接的に身柄の確保を困難にする行為であるから、隠避も、逃走場所の指示など犯人の逃走を直接的に容易にする場合に限られるのであって、身柄の確保を間接的に侵害するにすぎない行為は隠避に含まれない。

2　虚偽供述と証拠偽造罪

（1）このように考えると、参考人が捜査機関に対し、当該他人が犯人でない旨の虚偽の供述をする行為について犯人隠避罪の成立を認める判例および通説の結論には疑問がある。そのような行為は、犯人の特定作用を侵害する行為であるから、証拠偽造罪に当たると解すべきである。

学説上、虚偽供述について証拠偽造罪の成立を肯定する見解[28]は少数であり、

26　原田國男「判解」『最高裁判所判例解説刑事篇（平成元年度）』（法曹会、1991年）140-141頁、石田・前掲注11）87頁。
27　井田良「司法作用の刑法的保護」山口厚ほか『理論刑法学の最前線Ⅱ』（岩波書店、2006年）201-202頁、橋爪・前掲注15）109頁。
28　伊東・前掲注20）35頁、只木・前掲注20）257頁、中森喜彦『刑法各論』（有斐閣、第4版、2015年）293頁、山本高子「犯人隠避罪について——最高裁平成二九年三月二七日決定を素材として——」亜細亜法学52巻2号（2018年）235頁、拙稿・前掲注23）114頁。深町・前掲注21）105-106頁は、刑法104条の「証拠」を公判廷に顕出される形態のものに限定する立場から、捜査

判例と同様に証拠偽造罪の成立を否定する見解[29]が多数を占めている。証拠偽造罪の成立が否定される根拠としては、ⓐ刑法104条にいう「証拠」は証拠方法に限られ、供述のような証拠資料を含まないという形式的根拠のほか、ⓑ供述は、流動的で証拠価値が低い、ⓒ偽証罪が宣誓した証人の虚偽の陳述を処罰の対象としている以上、宣誓をしていない参考人の虚偽供述は不可罰とするというのが、刑法の建て前である、ⓓ参考人の虚偽供述について証拠偽造罪の成立を認めると、参考人に真実供述義務を課すことになり、平成28年決定の調査官解説の挙げる弊害が生じるなどの実質的根拠が挙げられている。

しかし、ⓐについては、供述も、犯罪の成否や刑の量定に関する資料となる以上、「証拠」に当たるという解釈は可能であるといえる。また、通説も、犯人隠避罪については参考人の虚偽供述を処罰の対象としており、一般に虚偽供述はおよそ不可罰とされているわけではないのであるから、ⓑからⓓも、証拠偽造罪の成立を否定する決定的な理由にはならない。むしろ、真実または記憶に反する内容の供述をする行為は、存在しない証拠を新たに作成する行為として「偽造」に該当し、証拠偽造罪が成立しうると解される[30]。

虚偽供述の内容が供述調書に録取されるに至った場合も、証拠偽造罪の成立が認められる[31]。供述調書は「証拠」に当たり、これに虚偽の事実を記載させる行為は、存在しない証拠を新たに作成する「偽造」といえるからである。また、内容虚偽の供述書を作成して捜査機関に提出した場合も、同様に証拠偽造罪の成立が認められる[32]。

　　段階における参考人の供述は「証拠」に当たらず、公判廷における供述のみが「証拠」に当たるとする。
29　安田拓人「司法に対する罪」法学教室305号（2006年）75頁、井田・前掲注27）203頁、大谷實『刑法講義各論』（成文堂、新版第5版、2019年）618頁、松原・前掲注14）588-589頁、高橋則夫『刑法各論』（成文堂、第4版、2022年）685頁。
30　詳細については、拙稿・前掲注23）114頁以下参照。
31　井田・前掲注27）203-204頁、深町・前掲注21）106頁、杉本・前掲注22）248-249頁、山口・前掲注21）588頁、大谷・前掲注29）618頁、西田典之（橋爪隆補訂）『刑法各論』（弘文堂、第7版、2018年）488頁、拙稿「内容虚偽の供述調書と証拠偽造罪」同志社法学49巻2号（1998年）38頁以下。これに対し、証拠偽造罪の成立を否定する見解として、前田・前掲注14）15頁、安田・前掲注29）76頁、佐川友佳子「虚偽供述と証拠偽造」『山中敬一先生古稀祝賀論文集［下巻］』（成文堂、2017年）350頁以下、浅田・前掲注21）546頁。松宮孝明「捜査機関に対する参考人の虚偽供述と証拠隠滅罪」立命館法学246号（1996年）506-507頁は、刑法104条の「偽造」を有形偽造と捉える立場から、この場合に証拠偽造罪の成立を否定している。
32　深町・前掲注21）106頁、杉本・前掲注22）248頁。安田・前掲注29）76頁は、この結論に否定的である。

（2） このような理解に立てば、身代わり自首など捜査機関に虚偽の供述をして犯人の特定作用を誤らせる行為は、法益侵害の危険性を有する限りで、証拠偽造罪を構成することになる。上述したように、そのような行為は、原則として犯人隠避罪に該当しないから、証拠偽造罪と犯人隠避罪は、通常、競合しないということになる。

この点について、筆者は、証拠偽造罪と犯人隠避罪とは択一的な関係にあるとの理解から、虚偽供述について証拠偽造罪の成立が認められる場合には犯人隠避罪が成立することはないと解していた[33]。しかし、既に多くの見解が指摘しているように[34]、証拠偽造罪が成立することから直ちに犯人隠避罪の成立が否定されるわけではない。上述したように、虚偽の供述の間接的な結果として身柄の確保が侵害されたにすぎない場合には、犯人隠避罪の成立は認められないが、他方、参考人の虚偽の供述によって逮捕拘留中の犯人が釈放された場合など、虚偽の供述が直接的に身柄の確保を侵害したといえるときには、本稿の立場からも、証拠偽造罪とともに犯人隠避罪の成立要件を満たすことは否定できない[35]。

（3） そこで、虚偽供述が証拠偽造罪と犯人隠避罪のいずれの成立要件も満たす場合に、両罪の罪数関係が問題となる。

学説上は、犯人隠避罪を処罰妨害罪の一般法と解し、犯人隠避罪と証拠偽造罪は法条競合の関係に立つとする見解[36]も有力である。刑事訴訟法が公判期日外の供述に原則として信用性を認めていないことなどを理由に参考人の虚偽供述等について証拠偽造罪の成立を否定する一方で、「真犯人に対する遺漏なき適正妥当な処罰」を確保するためには、犯人隠避罪を処罰妨害罪の一般法とし、犯人隠避罪の成立を広く認める必要があるというのである。ただ、証拠偽造罪および犯人隠避罪の成立範囲の点は措くとして、証拠偽造罪は、犯人隠避罪と異なり犯人庇護的な行為のみを処罰の対象とするものではないから、犯人隠避罪を一般法と捉えるのは難しいように思われる。

33　拙稿・前掲注23）108頁以下。
34　安田・前掲注29）73頁、深町・前掲注21）92頁注34、西田ほか編・前掲注24）114-115頁〔島田〕。
35　ただし、現実に犯人を釈放させる必要があるか、これが不要であるとして、どの程度の危険の発生が必要かという問題は残る。山口・前掲注21）581頁は、犯人の特定を害する行為は、それが直接身柄の確保を害することとなる性質を有する場合に限って犯人隠避となりうるとする。
36　安田・前掲注29）74頁以下。

犯人隠避は、それ自体、証拠隠滅をもたらしうるものであり、犯人隠避は、そうした当然の結果までを含めて処罰するとして、犯人隠避罪のみの成立を認める見解[37]も主張されている。また、身柄の拘束は、それ自体が目的なのではなく、犯人を特定し、あるべき公的判断をするための一手段にすぎないとの理解から、証拠偽造罪と犯人隠避罪を包括一罪とする見解[38]も存在する。確かに、身柄の拘束は、刑罰権実現のための手段ではあるが、犯人蔵匿等罪が逃走者も客体に含めていることなどからすると、法は、刑事司法作用を円滑に遂行する上で犯人等の所在の究明や身柄の拘束に特別な位置づけを与えているともいえよう。

上述したように、犯人蔵匿等罪は、犯人および逃走者の所在の究明および身柄の確保を、証拠隠滅等罪は、犯人の特定作用を含む捜査および審判作用における適正な証拠の利用をそれぞれ保護法益とすると解すると、両罪は性質を異にするというべきであるから、虚偽供述が両罪の成立要件を満たすときには、観念的競合となろう[39]。

37　山口厚『問題探求刑法各論』（有斐閣、2002年）293頁。
38　西田ほか編・前掲注24）115-116頁、145頁〔島田〕。
39　深町・前掲注21）112-113頁。この点については、只木誠「証拠隠滅等罪の論点」法学教室477号（2020年）22頁、豊田兼彦「犯人蔵匿等罪・証拠隠滅等罪をめぐる近時の動向」刑事法ジャーナル70号（2021年）15頁参照。

行政刑法理論について
——刑法の基本原則との衝突をめぐって——

辻　本　淳　史

　一　問題の所在
　二　わが国の行政刑法理論
　三　ドイツ行政刑法理論に現れた価値判断
　四　解釈論への影響

一　問題の所在

　甲斐克則教授は長年にわたり法益論の研究を続けられてきた[1]。法益論は刑法が保護すべき利益の内容を確定することを課題とするが、甲斐教授は、常に、かつてルソーが『社会契約論』のなかで述べた、「人民がみずから承認したものでない法律は、すべて無効であり、断じて法律ではない[2]。」という言葉に通じる問題意識をもたれてきた[3]。このような批判的視座は、刑罰の氾濫を招くことによって刑法の補充性・断片性・謙抑性を幻想のようなものにしてしまった行政刑法に対しても向けられている[4]。

　今日でも、いわゆる経済安全保障[5]が叫ばれるなどして行政刑法は拡大を続けている。ところが、今村暢好教授の業績[6]を別として、行政刑法に関する包括的

1　その成果は、甲斐克則『法益論の研究』（2023・成文堂）に纏められている。
2　ルソー（桑原武夫＝前川貞次郎訳）『社会契約論』（1954・岩波文庫）第3篇第15章133頁。
3　甲斐克則「法益論の基本的視座」・前出注（1）1頁。
4　甲斐克則「行政刑法における過失犯処罰と明文の要否——法益保護と行為主義・罪刑法定主義・責任主義の衝突から調和へ」同著『責任原理と過失犯論［増補版］』（2019・成文堂）92頁参照。また、甲斐教授は、*Max Ernst Mayer*, Rechtsnormen und Kulturnormen, 1903の翻訳書の刊行を準備されている。本稿で取り上げるM.E.マイヤーの行政刑法理論の邦訳は、筆者が大学院生時代に甲斐克則先生にご指導を賜りながら下訳をした第2部第5章を手直ししたものである。
5　近時、セキュリティークリアランス制度を導入する法案をめぐって国会で議論がなされている（「身辺調査導入へ、きょう法案成立　参院委で可決」朝日新聞デジタル2024年5月10日、「身辺調査、法案が衆院通過　適正評価、懸念なお　経済安保」朝日新聞デジタル2024年4月10日、「『身辺調査』スピード可決『反対』わずか、審議25時間」同紙同月同日）。

な研究はほとんどおこなわれていない。行政法規が規制対象としている生活分野の専門化と技術化が進んだこと[7]でそうした研究が難しくなったことにも原因があるのかもしれない。しかし、行政的コントロールが社会のすみずみまで行きわたり、その実効性確保のために刑罰が多用されていること、同時に、行政から個人の権利を適切に保護する必要があることは変わりない。

　本稿では、行政刑法理論を検討することの重要性を改めて強調する。以下では、まず、わが国の行政刑法理論を顧みる。とくに、日中戦争期に鮮烈な主張をした美濃部達吉博士の理論に焦点をあてる。次に、ワイマル共和国期のドイツで行政刑法理論を論じた E. ヴォルフの視点からドイツ法の分析・検討をおこなう。行政刑法理論はときに罪刑法定主義や責任主義といった刑法の基本原理と衝突しかねない主張をすることがあるが、その背後にある価値判断を探るためである。最後に、そうした検討を踏まえて行政刑法における明文無き過失犯処罰の問題を分析する。

二　わが国の行政刑法理論

1　美濃部達吉博士は行政刑法を、「行政法規に於いて人民に作爲不作爲又は給付の義務を課して居る場合に、人民が其の義務に違反したことに對し刑罰の制裁を附して居る法令の規定を意味する」と定義し、「それは一面に於いて行政上の目的を達するが爲めにするものであることに於いて、行政法の範圍に屬すると共に、一面に於いては、刑罰の制裁を定めて居ることに於いては、刑法の範圍にも屬する……行政法と刑法との相接觸する中間區域に在るもので……兩屬的性質を有する[8]」とした。このことから、博士は、「行政刑法は本來の意義に於ける刑法とは、著しく其の適用の原則を異にするもので、刑法總則の規定は行政刑法には其の儘適用することの出來ないものが甚だ多い。それは、……行政犯罪は刑事犯罪とは甚だ性質を異にし、多くの場合に於いて同一の原則を以つてはこれを律

---

[6]　今村教授は、今村暢好『行政刑法論序説』（2020・成文堂）を公刊された後も、同「軽犯罪法の自然犯的性格」松山大学論集32巻特別号（2021）125頁以下、同「軽犯罪法の位置づけ」同誌33巻5号（2021）315頁以下などの論文を執筆されている。

[7]　たとえば、AIにまつわる刑法上の問題を研究したものとして、日原拓哉『AIの活用と刑法』（2023・成文堂）がある。

[8]　美濃部達吉『行政刑法概論』（1939・岩波書店）序1頁。

することが出來ないからである[9]。」とする。

　美濃部説の具体的な主張は次の通りである。ⓐ行政義務を負担する者が特別に定められているときは、違法状態を惹起したのが誰かを問うことなく、特別義務者のみが責任を負い、それ以外の者は現実に違反行為をした場合でも処罰されない[10]。たとえば、「鑛業権者ハ其ノ代理人、戸主、家族、同居者、雇人其ノ他ノ從業者ニシテ其ノ業務ニ關シ本法ヲ犯シタルトキハ自己ノ指揮ニ出デザルノ故ヲ以テ本法ノ處罰ヲ免ルルコトヲ得ズ」とする当時の鉱業法104条の場合である[11]。ⓑ反道徳性・罪悪性を本質的な要素とする刑事犯は是非を弁別する能力のある者だけが犯しうるので法人に犯罪能力はないが、行政目的のための命令禁止の違反である行政犯については義務負担者による義務違反があれば足りるので、義務主体たりうる法人も犯罪能力をもてる[12]。ⓒ犯罪の成立に故意を要求する刑法38条1項は原則として行政犯にも適用されるが、特定の業務に従事する者または特別の地位にある者に違法状態が発生しないよう注意すべき義務を負わせている場合には、「法律に特別の規定」がなくても故意の無い者の処罰ができる[13]。ⓓ行政上の義務が特定の者にだけ課されているとき、または、数人に連帯して課されているときは、行政犯に複数の者が関与している場合でも刑法60条の適用はなく、特別義務者だけが処罰されるか、または、数人に連帯して一個の刑が科されるかのいずれかである[14]。

　このように、自然人の行為を中心に置かずに、行政法規の効力を強調した解釈論を展開する美濃部説には、行為主義、罪刑法定主義および責任主義という刑法の基本原則と衝突しかねない側面があった。

　2　その後、福田平博士や内田文昭博士らによる研究[15]が公表されたが、美濃部博士の「刑法とは、著しく其の適用の原則を異にする」という主張は受け継がれなかった。たとえば、福田博士は、行政犯の特性に留意しつつも、「……行政

9　美濃部・前出注（8）序2頁。
10　美濃部・前出注（8）24頁。
11　美濃部・前出注（8）25-6頁参照。
12　美濃部・前出注（8）65頁。
13　美濃部・前出注（8）110-11頁参照。
14　美濃部・前出注（8）83-4頁参照。ちなみに、数人に対して連帯して一個の刑を科すとはどのような場合を指すのかは明らかでない。財産をはく奪する場合を想定したものか。
15　福田平『行政刑法〔新版〕』（1978・有斐閣）3頁以下、内田文昭「特別刑法の体系」同著『犯罪概念と犯罪論の体系』（1990・信山社）74頁以下。

犯は、……国家の具体的法秩序に対する違反として、刑事犯とその本質を同じくし、刑罰を科せらるべき行為であり、この行政犯に関する法体系としての行政刑法は、国家の刑罰権に関する法規である。そこで、その基調をなすものは、……刑法の指導原理としての法的安定性である。……行政刑法は、固有の刑法とその指導原理を共通にするものであって、ここに、行政刑法において、固有の刑法の諸原則の多くが妥当する理由があるのであ」る[16]とした。

　科されるのが刑罰である以上、通常は刑法の基本原則が妥当するのなら、行政刑法を包括的に検討する意義も美濃部博士とは違ってくる。この点、藤木英雄博士は、これまで、「学者の研究の主力は行政刑法総論に向けられてきた」が、「……いわゆる行政罰則によって処罰の対象とされている行為の数が膨大にのぼり、その全体を把握している学者はもとより、実務家もおそらく皆無であろうと思われる状況を見るとき、個々の行政罰則のうち、とくに国民生活に密接な関係をもった行政運営に関係するものについては、これを積極的に研究の対象としてとりあげ、規制分野別、あるいは、罰則の形態の類似性別など、いろいろな角度から行政刑法の各論的課題と取り組む必要が大であるように思われる[17]」とした。これは、行政と機能的に関連する刑罰法規をとりあげて、個別具体的な分析・検討をおこなうものであるといえる。藤木博士は、こうした観点から、医療犯罪や経済犯罪も[18]、さらには、収賄罪や公務執行妨害罪など刑法典に規定されている犯罪も検討の対象としている[19]。

　これと並んで、行政刑法の肥大化に対する立法論的な批判も現れた。たとえば、浅田和茂教授は、「……刑罰をともなう法規定は、条文数にして『一万近く』とも『約二万ほど』ともいわれ」るが、「……現行法のぼう大な行政刑罰法規のなかに、真に量的にも質的にも十分な可罰的違法性および可罰的責任性を有する犯罪類型はあるか」を疑問視して、軽犯罪法の非犯罪化などを主張したのである[20]。

16　福田・前出注（15）42-3頁。
17　藤木英雄『行政刑法』（1976・学陽書房）はしがき ⅰ-ⅱ頁。
18　藤木・前出注（17）261頁以下、284頁以下。なお、わが国の経済刑法の展開については、斉藤豊治「経済刑法・経済犯罪研究における視座の変遷」刑法雑誌30巻4号（1990）455頁以下、同「新自由主義と経済刑法——事前規制の緩和と事後規制の拡充・強化——」斉藤豊治ほか編著『神山敏雄先生古稀祝賀論文集　第二巻』（2006・成文堂）1頁以下。
19　藤木・前出注（17）131頁以下、169頁以下。
20　浅田和茂「行政と刑法」中山研一編著『現代刑法入門』（1977・法律文化社）324頁、330頁以下

3 たしかに、美濃部説には、先にみたように刑法の基本原則と衝突しかねない部分があり俄かには受け入れがたいものがある。とはいえ、そこで述べられている行政刑法における明文無き過失犯処罰についてはこれを肯定する裁判例が数多くある[21]。また法人処罰についても、両罰規定と過失の推定を根拠にしながらこれを肯定するのが確立した判例[22]である。

こうした影響をみるなら、美濃部説をとりあげる意義は現在でも失われていないといえる。もちろん、「法律に特別の規定」とだけ規定して過失犯処罰の明文を置くことまでは要求していない刑法38条1項や、「日本国内において罪を犯したすべての者」と規定していて、その名宛人には法人も含まれると解釈できる刑法1条1項をみるとき、美濃部説が文言の枠を超えた許されないものと言い切ることはできないように思われる。問題は、その行政刑法理論の背後に、「罪刑法定主義感覚[23]」という言葉に象徴される刑事法学的な人権感覚[24]とは異なる価値観があるのではないかということである。そこで次に、美濃部説と同時期に主張され、日本にも継受されていたドイツ行政刑法理論を分析・検討し、これにより行政刑法理論に特有の価値判断がどのようなものであるかを把握したい。

三　ドイツ行政刑法理論に現れた価値判断

1　以下に検討するドイツ行政刑法理論は、1949年経済刑法典と、それを一般化した行政制裁法典である秩序違反法（Gesetz über Ordnungswidrigkeiten）を理論的に基礎づけたとされるものである[25]。

　　参照。同様の主張を詳細に展開するものとして、中川祐夫「行政刑法序説」『佐伯千仞博士還暦祝賀『犯罪と刑罰（上）』（1968・有斐閣）169頁以下。
21　甲斐・前出注（4）29頁以下。
22　最判昭和40年3月26日刑集19巻2号83頁。近時、樋口亮介『法人処罰と刑法理論〔新装補訂版〕』（2021・東京大学出版会）151頁以下は、自然人の行為をもとに構築されてきた刑法上の概念もその「規範的論拠」さえ満たされるのなら法人にも適用可能であるという立場から立法論にも渡る法人処罰肯定論を主張している。
23　甲斐・前出注（4）31頁（大正デモクラシー期における大審院判例の「罪刑法定主義感覚の転換」）、63頁（「中野判事の罪刑法定主義感覚に溢れた主張」）などを参照。
24　これについては、横山晃一郎「ウイ・シャル・オーバーカム」ジュリスト930号（1989）149頁などを参照。
25　筆者はその経緯の包括的な検討を試みたことがある。辻本淳史「ドイツにおける刑罰と過料の構造と差異（1）（2）（3）（4・完）」早大法研論集138号（2011）125頁以下、同誌139号143頁以下、同誌140号241頁以下、同誌141号（2012）349頁以下。

このうち、M. E. マイヤーと J. ゴルトシュミットの理論はドイツ第二帝政期に主張されたものであるが、その時代の憲法体制は「ユンカーの勢力に支えられた伝統的君憲主義と産業資本家を中心とする市民的自由主義との妥協形態であっ」たが、1880年代のドイツ経済の帝国主義化とヴィルヘルム２世の即位を経て、90年代には「いわゆる『新絶対主義』の帝国主義時代に入った」[26]とも評されるものである。E. ヴォルフの理論は、その後のドイツが1918年に第１次世界大戦に敗北して無条件降伏とワイマル憲法の制定、皇帝の退位を経験した後の1930年、「旧来の伝統的支配に執着するブルジョワジーにとっても、ロシア革命に刺激されて社会主義化を要求する層にとっても、またヴェルサイユ条約を屈辱的に受けとった大衆にとっても、ヴァイマル体制は支持しにくいものであった[27]」とされるなか、ナチスが政権を掌握する約３年前に主張されたものである。こうした時代状況にも留意しながら以下に検討をくわえる。

2（1） M.E. マイヤーの行政刑法理論は彼自身の文化規範論の帰結であって、ドイツ第二帝政期の自由主義的側面を反映したものといえる。マイヤーによると、法規範（Rechtsnormen）のなかには、市民的な財（Güter）の世界に自生している文化規範（Kuluturnormen）に一致したものと、文化規範に矛盾しないが一致もしない、文化とは無縁なものがある[28]。行政刑法規範は文化規範とは無縁な法規範のひとつであって、行政犯も法規範には違反しない[29]。行政刑法は、行政体（Verwaltungsköper）としての国家が共同体を運営するためにもっている一般的な利益を抽象的に危殆化する行為を処罰するためのものである[30]。

（2） このような行政刑法規範を国家はどのようにして個人に差し向けるのか。マイヤーは、「まず、われわれは、いまはっきりと、司法刑法の規範を行政刑法のそれから区別する法学的な判断基準を認識する。すなわち、前者のそれらが抽象的な命令としてただ国家機関に向けられるにすぎないものであるのに対して、行政刑法の諸規範は、その行使を義務づけられている機関に向けられた抽象的な命令であるのと同じく、その規範が向けられている臣民への抽象的な命令でもあるのである[31]。」とする。このように、マイヤーは、司法刑法の規範が国家

26　小林孝輔『ドイツ憲法史』（1980・学陽書房）155頁、162頁。
27　小林・前出注（26）175頁。
28　*Max Ernst Mayer*, Rechtsnormen und Kulturnormen, 1903, SS. 27-28.
29　*ebd.*, S. 115 ff.
30　vgl. *ebd.*, SS. 119-120.

機関にだけ向けられて保障の機能を営むのに対して、行政刑法規範は、それを行使する国家機関にも、それが向けられている市民にも同じ様に抽象的な命令として妥当するとする。

この認識は、「国家の活動を一般的に正統化することが是認される場合はどこでも、国家がみずからの立場にたって権限にもとづいて何をおこなうのかはあまり問題にならず、むしろ、この活動によって干渉される市民がそれを是認できるかどうかが問題である[32]」(圏点付――引用者)というマイヤーの立場と結びついて実践的な意味をもつことになる。すなわち、文化規範と一致しない行政刑法規範の内容はそのままでは市民は知りえないから、それによる義務付けのためには、国家が彼らに対して規範の内容を知らせなければならないとされるのである[33]。たとえば、ⓐ橋や街路、市場、駅など特定の場所でのみ実行される警察犯には告知板などを使ってその場で禁止を告げることが必要であり、ⓑ自転車や漁、保険、飲食店などの特定の業務に関しては行政規定が記載された許可証などの取得が求められ、ⓒ特定の活動や催しは法律の内容が印刷された掲示がなければ許可されず、ⓓ道路掃除やじゅうたん叩きなどに関する都市住民への命令は日報などに掲載する必要があるとされる[34]。

（3）　こうして、マイヤーは、「法の不知は許さない（ignorantia legis nocet）という原則は行政刑法の領域には適用できない」とし、「その原則をここで放棄すれば、今日存在している多くの不公正を取り除くことになろう」と主張した[35]。これは、行政犯の成立には故意が必要であるとすることにくわえて[36]、現実の違法性の意識も要求するものである。ここに、文化規範論という法哲学的思考を通じて、行政刑法規範の行使に対しては、行為者の主観において特別な保障を与えるという構想を読み取ることができる。ところが、その直後に、マイヤーは、「禁止または命令に違反する者が現実にそれを知っていたことを要求しようとすれば、耐え難い結論に至るのではなかろうか」とし、「彼がそれを知るべきであったということ、および知りえたということで十分である」、すなわち「その

31　*ebd.*, S. 125.
32　*ebd.*, S. 121.
33　*ebd.*, S. 122.
34　*ebd.*, SS. 123-124.
35　*ebd.*, SS. 128-129.
36　*ebd.*, S. 112.

命令を過失によって知らなかったことは、それを知っていたことと同じように扱われるだろう[37]」ともするのである。この点に明文無き過失犯処罰の問題にも通じる困難性をみることができる。

ところで、E. ヴォルフは、マイヤーを「法治国家的自由主義者」ないし「理想主義的自由主義」[38]者と評し、その理論を「法益侵害」という実証主義的・自然主義的な枠にとらわれたままの、法実務をよく説明しえないもの[39]であると疑問の眼を向けているのである[40]。ヴォルフはどこを不満としたのであろうか。

3（1） マイヤーとは異なって、ヴォルフによって「国民国家的自由主義」の立場から行政刑法を基礎づけたと好意的に評価されるのが J. ゴルトシュミットである[41]。ゴルトシュミットは、行政違反（Verwaltungswidrigkeit）を「公共または国家の福祉を促進することに向けられた、場合によってはそのような促進と擬制されているように思われる国家行政に対する支援の特有の懈怠[42]」であるとする。この行政違反は、法益侵害という実質的要素をふくんでおらず[43]、国家の意思活動に反していることを示すものでしかないという[44]。

（2） このような行政違反はなぜ処罰に値するのか。ゴルトシュミットによると、国家行政によって促進される公共の福祉は、場所的・時間的な特徴をもちえない観念的なひとつの目標（Ziel）であって、これを攻撃することは、目標促進の懈怠を意味し、まだ生じていない望ましい結果を実現し損なわせるもの、すなわち逸失利益（ein lucrum cessans）をもたらすものである[45]。こうした公共の福祉を現実に侵害することは本来はできないのであるが、人間社会においては公共の福祉促進とみなされる国家行政による活動が利益をもたらすものとして擬制されることになる[46]ため、国家行政が福祉促進への「……支援を、自己の計画のなか

37　*ebd.*, S. 129.
38　*Erik Wolf*, Die Stellung der Verwaltungsdelikte im Strafrechtssystem, Festgabe für Reinhald von Frank zum 70. Geburtstag Bnd. II, 1930, S. 541 u. 542.
39　*ebd.*, SS. 531-532。
40　vgl. *ebd.*, S.532 ff., SS. 551-552, SS. 559-560.
41　ゴルトシュミットの行政刑法理論の研究として、すでに須貝脩一「ゴルトシュミットの行政犯理論（1）（2・完）」法学論争40巻1号（1939）89頁以下、40巻3号74頁以下。
42　*James Goldschmidt,* Das Verwaltungsstrafrecht, 1902, S. 548.
43　vgl. *ebd.*, S. 540 u. 548.
44　*ebd.*, S. 548.
45　*ebd.*, SS. 544-545.
46　vgl. *ebd.*, SS. 545-546.

では、自己の活動の一部（Glied）としてあらかじめ考慮に入れていたのに、第三者がその活動を怠っている[47]」場合に行政違反がもたらされるのである。

国家行政の活動が「主観的な考え方の発現（Ausfluss subjektiver Anschauung）にすぎない……客観とは無関係な[48]」ものであるとされているのをみると、行政違反も国家行政の権威に基礎づけられた観念的な評価とならざるをえないように思われる。とくに、どのような行政命令が福祉促進に適うものかについては、「国家行政の見方が唯ひとつ決定的なのだから、裁判官は、その指図の合目的性についての自分の見方を国家行政の見方よりも高く評価する資格をもちえない[49]」とされるとき、ゴルトシュミット理論の権威主義的性格が明らかになるのである。

（3） ゴルトシュミットには、M.E. マイヤーのように、市民の立場から行政刑法規範の正当性を検証する姿勢がみられない。そのことは、個々人を行政国家によってコントロールされる進路に向かって共働するよう義務付けられた補助機関（Hülfsorgan）と位置づけることにあらわれている[50]。こうして、ゴルトシュミットは、「……行政は、それらの者に命令または禁止をしてもかまわない。——命令または禁止がないときでさえ、それらの者は、国家活動の全体的な傾向、すなわち行政慣行（Verwaltungstradition）から、自分たちがしなければならないこと、自分たちがしてもかまわないことを読みとらなければならないのである[51]。」（圏点付—引用者）と主張する。つまり、行政による命令・禁止がなくても、国民はその義務づけを知るために意識を働かせなければならないとしているのである。この点は、行政規定の具体的な告知を要求した M.E. マイヤーの態度とは対照的である。

もちろん、行政刑法の構想においては罪刑法定主義や責任主義といった刑法の基本原則との調和が予定されている[52]。しかしながら、ゴルトシュミットが行政刑法理論を「歴史的な出来事を論理的な要素に還元する試み[53]」としたために、

47　*ebd.*, S. 545.
48　*ebd.*, S. 546.
49　*ebd.*, S. 546.
50　*ebd.*, S. 547.
51　*ebd.*, S. 549.
52　*ebd.*, S. 558 ff.
53　*ebd.*, S. 529.

その主張のなかに立憲的な拘束を受けながらも権威主義的性格を保持していたドイツ第二帝政期の君主の行政権の特質が取り込まれたのではないかということに注意が必要であろう。そして、E. ヴォルフはこうした性格に着目してゴルトシュミットを高く評価したとも考えられるのである[54]。

4（1） 1930年前後のドイツはヴェルサイユ条約による賠償義務の履行にくわえ、世界恐慌の影響で経済の失速と失業問題の悪化に苦しんでおり、とくに社会保障支出の増大によって悪化した国家財政の立て直しを急務としていた[55]。E. ヴォルフは、そのなかで横行していた租税犯や暴利犯を抑止する必要に応えるために、行政刑法の領域においては、自由主義的・個人主義的な法益侵害説を克服する必要があるとした[56]。なぜなら、法益侵害説においては、法益概念が定義されないままいて、かつ、その侵害と危殆化も区別されないでいるために、犯罪についての可罰性の限界を明示できず、犯罪抑止効果の発揮も期待できなかったからである[57]。とりわけ、国家機能の高度化によって法益の抽象化が生ずると、このような傾向はいっそう助長される[58]。これを解決するためにも、E. ヴォルフは彼自身の行政刑法理論を展開する。

（2） ヴォルフは、西南ドイツ新カント学派的な思考にもとづいた価値関係的考察のなかで国家の価値を強調する。すなわち、「国家は、刑法における構成的な基本価値（konstitutiver Grundwert）として、根本的に、犯罪と刑罰の概念の理念内容の決定にくわわっている[59]」のである。こうした国家価値は、「法価値（Rechtswert）、権力価値（Machtwert）、および福祉価値（Wohlfahrtswert）の3つに分かれるのである」が、「最高の行政価値である福祉は、行政刑法の構成的な

---

54 ただし、須貝・前出注（41）「（2・完）」が、ゴルトシュミットの行政刑法理論は「彼が『行政刑法は妥協的制度であるから厳格に論理的には説明され得ぬ』と自認してゐるかに見える諸の理論的矛盾との理由から、やや理解が困難である」（85頁）とする一方で、法と行政を対立させてそれぞれの違反を考察した点については、「『行政の法律適合性の原理にしたがひ、行政の規則は常に法律の授権にもとづかねばならぬのであるから、行政の規則もまた法秩序の一部分である。』となして、法の違反と行政の違反とを対立せしめることは彼の理論体系の根本的誤謬であると初めて指摘したのは、エム・エ・マイヤーであった」（86頁）と指摘するように、この理論には「法」の自由主義的な側面と、「行政」の権威主義的な側面が混在しており、論者の問題関心に応じてどちらかの側面だけが強調される可能性もある。
55 この点については、林健太郎『ワイマル共和国』（1963・中公新書）141頁以下等参照。
56 vgl. *Wolf*, a.a.O. (Anm. 38), SS. 531-533.
57 vgl. *ebd.*, S. 533.
58 vgl. *ebd.*, SS. 537-539.
59 *ebd.*, S. 518.

基本価値となり、最高の司法価値である正義は、司法刑法の構成的な基本価値となり」、これら２つの刑法を強制する権限は「最高の権力価値である権威（Autorität）」によって基礎づけられるとする[60]。事実と峻別された「価値」がはたして国家権力を正当化し人びとを義務づける現実の力をもちうるのかは一つの問題であるが[61]、以下ではヴォルフの論理にしたがって、福祉価値がいかにして行政刑法を基礎づけるのかをみていこう。

（３）　価値そのものは現実とは無縁であって国家的・社会的現実に影響を与えることはできないが、「「文化の土台（Kultursubstrat）」との間にある実質的な結合物、すなわち財（Güter）に対しては、影響をあたえうる」のであって、行政価値は行政財（Verwaltungsgüter）のなかに現実化される[62]。そして、こうした「行政財をとおした福祉目的の現実化は、常に、まさに『管理をする（verwaltend）』、『促進をする（fördernd）』特定の人または立場に結びついている」のであって、「諸々の行政財は、絶えず変化するものあるという印がはっきりと押されていて、価値の引き下げ（Abwertung）という常に変化するプロセス（移行プロセス）の下にあ」り、その現実化も「いまこの瞬間、すなわち、統治をおこなう国家の時間（Stunde）のためにだけ意味をもつ」[63]。警察命令（Polizeiverordnungen）は行政財を保護するための一時的な法である[64]。

このことから、行政法規範が、時の状況に応じた行動をとらせるために特定の名宛人に向けられたものであることがわかるが、これに応じて、行政不法についても、「福祉財の侵害または危殆化を犯した者は、たんに、社会的な熱意（sozialer Eifer）、社会を愛する態度（sozialkaritatives Verhalten）が無かったことを示すにすぎ」ず、このことによって、「みずからが、法的な制約の倫理的な最大限に達していなかった、すなわち、みずからが所属している国家共同体の特別な命令規範を、『積極的な国家的創造（positive Staatsschöpfung）』（ゴルトシュミット）にもとづき自己に生じてきた諸々の義務を充足しなかった者であることを示してい

60　*ebd.*, SS. 521-522.
61　vgl. *ebd.*, SS. 523-524. この点の問題を考察するにあたっては、さしあたり、神川正彦＝九鬼一人「価値哲学」廣松渉ほか編『岩波　哲学・思想事典』（1998・岩波書店）244頁以下、大橋容一郎「新カント学派」同書809頁以下の記述も参照。
62　*ebd.*, SS. 522-523.
63　*ebd.*, S. 524.
64　*ebd.*, S. 524.

る[65]」だけだとする。このように、行政不法は国家のために最大限の努力を示さなかったことへの否定的な評価にすぎず、社会に害をくわえることにくらべれば軽く評価される不法であるとするのである。

　J. ゴルトシュミットが歴史的・実証的な検討によって行政不法を規定したのに対して、ヴォルフは価値関係的な考察によってこれを基礎づけようとするが、そこにいう「国家価値」がなぜ重要であるのかは必ずしも明らかでない。ヴォルフは、「もはや、自然主義的・個人主義的・自由主義的な国民国家を越えて、集団主義的・理想主義的・身分制的な社会国家（kollektivistisdh-idealistisch-ständischer Sozialstaat）が始まっている[66]」とか、「いまはもう、国民国家的および法治国家的な自由主義ではなく、いちばん広い意味において、自由主義か集団主義（Kollektivismus）か、個人主義か人格主義（Personalismus）かが重要だ[67]」と述べることで、ワイマル期ドイツの急迫した状況下での価値観の転換と国家の重要性を力説する。しかし、これだけでは、行政刑法の領域だけであるにせよ、ただ国家による処罰を強調するための論理になってしまわないか疑問も残る。こうした点に留意しつつ、行政犯の体系についてのヴォルフの主張をみよう[68]。

　（4）　ヴォルフによれば、行政犯は物または人という刑事法規範の基点となる「行為客体のない可罰的な行為」であって、「人間の意思によってもたらされた自然的な外界の変更された状態（Verändersein）」としての「結果」を欠いたものである[69]。

　それに応じて、行政犯の実質的違法も、国家のための自己行政として「法的人格を活動させること」、「意味のある勤務、すなわち、持続的な意思的振舞いが『活動的であること（Tätig-sein）』」、ないし「法共同体的な心情を何時も新しく日々活動させること」に対する侵害であって、法に先行する文化、個人、ないし社会に対する測定可能な侵害をともなわない「国家意識の動揺（Erschütterung des Staatbewußtseins）」であるとされる[70]。なお、この場合の国家は「人格としての、自然主義を超えた実在性（personale transnaturalistische Materialität des

---

65　*ebd.*, S. 525-526.
66　*ebd.*, S. 539.
67　*ebd.*, SS. 540-541.
68　福田・前出注（15）11頁以下も参照。
69　vgl. *Wolf*, a.a.O. (Anm.38), SS. 560-562.
70　vgl. *ebd.*, SS. 566-567.

Schadens)」をもつとされている。つまり、国家は実在を超えたものとして価値的に把握されているのである[71]。

行政犯の有責性も、責任能力、故意または過失といった概念は司法犯と共通するがその実質的な内容が異なる[72]。たとえば、行政犯の故意は、結果の表象を欠くために、自らの所為が国家を害するものであること、ないし統治に反するものであることを知っていることであるとされる[73]。

とくに、実在を超えたものとしての国家の意識の動揺という行政違反の定義に表れているように、ヴォルフは行政刑法を担う国家の権力を非合理的・神秘的な論理によって正当化している。J.ゴルトシュミットの理論が歴史の現実に規定されていたものであるのにくらべ、ヴォルフの論理はみずからがあたかも先験的な根拠をもっているようにみせている点で、その国家権威主義的性格を色濃くしているのである。

5 以上の検討から明らかになった点をまとめよう。まず、特別な「利害関係者」たる国民に向けられた法規範（M.E.マイヤー）[74]や、行政ないし福祉促進を担う「特定の人または立場」にある者に特別な義務を課す法規範（E.ヴォルフ）[75]といったドイツ行政刑法理論における規範理解と、業務主や新聞の編集者[76]などに特別な行政義務を課す法規としてそれらを捉える美濃部説の理解との間には概念規定上の類似性がみられる。この点は、ドイツ行政刑法理論がラーバントやオットー・マイヤーといった当時の憲法学および行政法学の理論を参照して主張されたものである[77]ことをみれば当然のこととも言える。さらなる系譜的分析の必要性はあるものの[78]、ドイツ行政刑法理論と美濃部説との間には一定の関連性があることが示唆される。

次に、因果的な基盤をもつとされる「法益」[79]の侵害とくらべたとき、行政違

---

71 *ebd.*, SS. 567-568.
72 *ebd.*, S. 568 ff.
73 *ebd.*, SS. 574-577.
74 *M.E.Mayer*, a.a.O. (Anm. 28), S. 122 u. 126
75 *Wolf*, a.a.O. (Anm. 38), S. 524 ff.
76 行政刑罰法規による言論機関への統制については、大判大正7年7月15日刑録24輯997頁も参照。
77 Vgl. *M.E.Mayer*, a.a.O. (Anm. 28), S. 122 ; *Goldschmidt,* a.a.O. (Anm. 42), S. 529 u. 538; *Wolf*, a.a.O. (Anm.38), S. 516 u. 551の注に掲げられた文献を参照。
78 刑法学者によるこの種の分析として、樋口・前出注（22）197頁以下、207頁注（21）。
79 たとえば、甲斐・前出注（1）40頁、内藤謙「法益論の一考察」同著『刑法理論の史的展開』

反にはどのような特徴が見いだされるか。たとえば、甲斐教授は、法益を「法益とは、国民の眼からみて、各人相互の実質的な共存条件確保のために不可欠の、明確にして因果的に変更可能な生活財である[80]。」と定義される。これに対して、行政違反が、国家行政による福祉促進に向けた活動への支援の懈怠（J.ゴルトシュミット）、または国家行政のため自らの人格を活動させることを怠ること（E.ヴォルフ）とされるとき、その因果的変更可能性はどこにあるのかが問われよう。もし、国家行政が考慮に入れていた自己の活動への支援が懈怠されたとき、または、国家行政のために法的人格を活動させなかったときに直ちに処罰が肯定されるとするなら、行政違反から、因果的な基盤に裏打ちされた害の存在の検証を通じた、行為者に対する保障の付与のための契機が失われ、市民の立場を顧慮することのない国家意思の貫徹が実現されることになる。

こうして、ドイツ行政刑法理論のなかに、市民に対する国家の一方的優位を前提とした価値判断が現れる。もちろん、ゴルトシュミットらには刑罰よりも軽い制裁を創りだそうという意図があったが、こうした側面を視野の外に置いて彼らの論理から導かれうる帰結をわが国の刑法解釈に反映させようとしたところに美濃部説の特徴があると思われる。最後に、このような特徴が解釈論のなかでどのように具体化されるのかを、行政刑法における明文無き過失犯処罰の問題のなかでみてみよう。

四　解釈論への影響

1　美濃部博士は行政刑法における明文無き過失犯処罰を主張するが、最高裁判例もこれを肯定する。たとえば、最決昭和28年3月5日刑集7巻3号506頁は「所謂外国人登録令13条で処罰する同10条の規定に違反して登録証明書を携帯しない者とは、その取締る事柄の本質に鑑み故意に右証明書を携帯しないものばかりでなく、過失によりこれを携帯しないものを包含する法意と解するのを相当とする」とし、最判昭和37年5月4日刑集16巻5号510頁は「なお、古物営業法17条にいう『その都度』とは、『そのたびごとに』の意に解すべきである。又同

（2007・有斐閣）163頁、伊東研祐『法益概念史研究』（1984・成文堂）414頁参照。なお、嘉門優『法益論』（2019・成文堂）。

80　甲斐・前出注（8）42頁。

法29条で処罰する『同法第十七条の規定に違反した者』とは、その取締る事柄の本質にかんがみ、故意に帳簿に所定の事項を記載しなかつたものばかりでなく、過失によりこれを記載しなかつたものをも包含する法意であると解した原審の判断は正当である。」とする[81]。

2 こうした明文無き過失犯処罰は罪刑法定主義と責任主義に抵触しかねないものであるが、そこにいう「取締る事柄の本質」とは何かが問題となる。これに関して、一定の理論的枠組みをもって処罰の基礎づけを図る学説がある[82]。たとえば、小野清一郎博士は、①届け出義務違反のような形式的命令違反については、「故意と過失とを區別し故意の違反のみを罰することによつては到底其の行政上の目的を達することが出来ない」ため、②一定の業務者の責任については、「其の業務に從事する者は其の業務に關して一般人とは異なる特別の義務を負はなければならない」が、「その義務は業務上必要なる注意義務を含む」ため、③科される制裁が拘留または科料である行政犯については、「其の行政犯に關する限り、……故意を必要とせず、過失を以て足ると解してよいのではないか」と考えられるため、それぞれの場合に明文無き過失犯処罰を肯定する[83]。

また、藤木英雄博士は、私人の行政に対する協力義務のうち「積極的協力義務は、行政目的の実現のために一定の行為がなされることを期待し、消極的協力義務は、同じ目的のため一定の行為をしないことを期待するものであるが、過失犯を罰するということは、注意義務の履行を刑罰をもって強制することであり、私人に対して積極的協力義務を課したものである。」としつつ、そのような積極的協力義務にもとづいた明文無き過失犯処罰の趣旨が肯定できる場合として、「私人が、国に対し一方的に義務を負担するのではなくて、一般的な禁止を行政庁の処分によって解除（許可）され、その結果何らかの意味で利益を受ける立場にある者であるとき」をあげた[84]。その理由は、「かような場合には、私人は、行政庁に対して、通常の場合のように一方的に義務を負担するものではなく、自己に対して利益となる処分の条件として積極的協力義務を履行すべきことを承認しており、かつ当該義務の内容を熟知しているのであるから、この場合の協力義務の

---

81 2判例の事案とその分析については、甲斐・前出注（4）46頁および50頁参照。
82 小野・藤木両博士の理論の位置づけについては、甲斐・前出注（4）41頁以下、70頁以下参照。
83 小野清一郎「経済刑法と違法の意識」同著『刑罰の本質について・その他』（1955・有斐閣）240-43頁。
84 藤木英雄『過失犯の理論』（1969・有信堂）367-8頁および369頁。

重点は、義務履行をまっとうするための注意義務——とくに確認義務等——にあることは条理上当然のことである[85]。」ことに求められる。

3 小野博士の理論は、所定の行政目的達成のために国家意思を知る義務を国民に課し、軽い刑が定められた行政犯についてのみであるにせよ、そうした義務に反した者の明文の無き過失犯処罰を肯定する点で、ドイツ行政刑法理論にふくまれている国家優位の価値判断を肯定するものである。藤木博士の理論も、私人が国家から受ける便益と引き換えに課される「積極的協力義務」にもとづいた処罰という理論構成をするものの、行政から許可等を受けただけの私人に故意犯処罰が付与する保障を一切放棄させるというのは余りにも大きな負担を負わせるものであって、ここにも小野博士と同様の国家優位の価値判断をみてとることができる。明文無き過失犯処罰という結論は M.E. マイヤーが示唆していたものであるが[86]、J. ゴルトシュミットと[87]E. ヴォルフが行政犯の成立には故意を要する[88]としていたのとくらべると、小野博士と藤木博士の主張はこのかぎりで国家優位の価値判断をドイツ行政刑法理論よりも強調している嫌いがある。

これらの主張は刑法38条１項但し書きの「特別の規定」の解釈をめぐって批判を受けたこともあって[89]通説化するには至らなかったが、「立法論として、明文規定を設けさえすればよいか[90]」という問題はまだ残されたままである。しかし、わが国を代表する刑法学者のうちの２人が上記のような主張をしていたことは認識しておく必要があるだろう。このことからも、行政刑法において法益保護や責任主義などの刑法の基本原則にもとづいた検討をおこなうこと自体が、甲斐教授がその重要性を力説される刑法学がもつべき「批判的視座」とっての重要な意義をもっているのではないかということが示唆されるのである。

本稿には不備も多く、具体的な論点の検討にも着手していないが、もはや紙幅が尽きたのでこれらの課題は別稿で果たすことにしたい。

甲斐克則先生は私の師である。本稿の冒頭に掲げたルソーの言葉は次のように続く。「イギリスの人民は自由だと思っているが、それは大まちがいだ。彼らが

---

85 藤木・前出注（84）369頁。
86 *M.E.Mayer,* (Anm. 28), S. 129.
87 *Goldschmidt,* (Anm. 42), S. 578 ff.
88 *Wolf,* (Anm. 38), S. 573 ff.
89 甲斐・前出注（４）70頁以下参照。
90 甲斐・前出注（４）89頁。

自由なのは、議員を選挙する間だけのことで、議員が選ばれるやいなや、イギリス人民はドレイとなり、無に帰してしまう。その自由な短い期間に、彼らが自由をどう使っているかをみれば、自由を失うのも当然である[91]」。先生はこの言葉に込められた情熱をもつ人である。私も、こうした情熱をもって努力を続けることを約束し、甲斐克則先生に本稿を捧げる。

---

91 ルソー・前出注（2）133頁。

補助金不正受給における両罰規定の意義

小野上　真　也

一　はじめに
二　詐欺罪構成と不正受交付罪構成の対比
三　両罰規定（補適法32条1項）の機能
四　むすび

一　はじめに

　水増し請求等の虚偽申請によって、国費が一部でも投入されている補助金等の不正受給が行われた場合、「人を欺いて」不正受給をしたとも、また、「偽り…により」不正受給をしたともいえる。そのため、国家財産に対する詐欺罪は認められないとの立場を採らない限り、詐欺罪（刑法246条）と、補助金等適正化法（以下、「補適法」とする）の補助金等不正受交付罪[1]（補適法29条1項。以下、「不正受交付罪」とする）の両罪が競合する。最高裁は、両罪が競合する場合に、訴追側に両罪のいずれか一方で訴追する裁量を明示的に認める判断を示した（最決令和3年6月23日刑集75巻7号641頁＝判例1）。

　もっとも、詐欺罪があらゆる自然人を名宛人とするのに対し、補適法29条1項（以下、「本条」とすることがある）は、義務付けの名宛人を事業者に限定する規定と考えられる点で両罪に違いがある。くわえて、補適法32条1項に「法人（法人でない団体で代表者又は管理人の定のあるものを含む。以下この項において同じ。）の代表者又は法人若しくは人の代理人、使用人その他の従業者が、その法人又は人の業務に関し、前三条の違反行為をしたときは、その行為者を罰するほか、当該法人又は人に対し各本条の罰金刑を科する。」とする両罰規定がある点でも、両罪に

---

[1] 補適法29条1項は、「偽りその他不正の手段により補助金等の交付を受け、又は間接補助金等の交付若しくは融通を受けた者」を5年以下の拘禁刑もしくは100万円以下の罰金またはその併科で処罰の対象とする。

は違いがある。そして、この違いが詐欺罪と不正受交付罪のいずれで起訴されるかの判断に影響するのではないかと考えられる。

そこで本稿では、自然人のみを処罰の対象とする詐欺罪と、本条違反の行為者の処罰のみならず「法人または人」と「その行為者」の両罰も予定する不正受交付罪を対比したうえで、とくに後者における両罰規定の存在が両罪の訴追判断に及ぼし得る影響の可能性について検討する。

二　詐欺罪構成と不正受交付罪構成の対比

1　詐欺罪と不正受交付罪の適用関係

補助金の不正受給事例として、たとえば、［事例①］《学校法人Ａ（理事長Ｙ）は、補助金受給申請の代理業務を行うＸによる水増し請求を通じ、補助金を不正受給した。またＺは、副理事長としてＡの経営に関与していた。》という場合が問題となり得る。このような場合、詐欺罪と不正受交付罪のいずれか一方の罪での訴追裁量を認めるには、両罪の違いを踏まえた判断が必要である。この点、両罪の間には、①法定刑の差異（詐欺罪は10年以下の拘禁刑であるのに対し、不正受交付罪は5年以下の拘禁刑、100万円以下の罰金刑の選択的併科）、②不正受交付罪のみ未遂犯処罰規定が存在しない、③手段の差異（不正受交付罪は、詐欺罪の欺罔と類比し得る「偽り」のみならず、「その他不正の手段」をも予定）、④要件の差異（詐欺罪の場合には欺罔による相手方の錯誤が必要であるのに対し、不正受交付罪の場合には「偽り」による交付側の錯誤は不要）、⑤不正受交付罪のみ両罰規定が存在するという違いがある。この違いを反映し、訴追裁量判断に際して、①ないし④に係る立証の難易度や[2]、両罰規定の適用の当否も考慮され得るといえる。

もっとも、両罪の訴追裁量の可否は、両罪の成立が前提となる。そのため、ⓐ国家財産に対する欺罔には詐欺罪の定型性が認められないとする見解からは、不正受交付罪しか成立せず両罪は競合しないことから、訴追裁量の余地はない。他方、両罪が成立し法条競合の関係に立つと解する場合でも、ⓑ不正受交付罪は詐欺罪との間で特別法・一般法の関係にあるとする特別関係説からは、不正受交付罪が優先適用され訴追裁量の余地はない。それとは逆に、ⓒ詐欺罪は不正受交付

2　佐伯仁志「補助金の不正受給と詐欺罪の関係について」研修700号（2006年）81頁。

罪が成立しない場合に補充的に認められるとする補充関係説に拠ったとしても、「偽り」ないし「人を欺いて」なされる不正受給の場合、不正受交付罪が適用されることで詐欺罪は適用外となるから、本来、詐欺罪での訴追裁量が認められないと解するのが一貫している。

したがって、両罪の適用関係に関する諸見解のうち、訴追裁量を可能とする論理としては、両罪を、ⓓ択一関係にあるとする法条競合理解（択一関係説）か、ⓔ観念的競合とする理解（観念的競合説）のいずれかの方が説明しやすい。いずれも、両罪の罰条適用の可能性を相互に排斥しないからである。もっとも択一関係説も、最終的にはいずれか一方の罪が不成立となることを内容とするものである以上、本来は訴追裁量判断になじまないとするのが一貫している。そのため訴追裁量を明示的に認める判例1が「被告人が人を欺いて補助金等又は間接補助金等（補助金等に係る予算の執行の適正化に関する法律2条1項、4項）の交付を受けた旨の事実について詐欺罪で公訴が提起された場合、被告人の当該行為が同法29条1項違反の罪に該当するとしても、裁判所は当該事実について刑法246条1項を適用することができると解するのが相当」とする趣旨は、観念的競合説によってより良く説明できるのではないだろうか[3]。

2　詐欺罪としての処罰

（1）基本構造

詐欺罪で訴追される場合、第一次的に処罰の対象となるのは、相手方に対し直接・間接に詐欺行為を行い、不正に財物の交付・財産上の利益の処分を受ける（ないし第三者に利得させる）者である。補助金等の交付は、基本的に会計法に基づ

---

[3] 両罪の適用関係に関する諸学説および判例1の意義に関する詳細、および、私見は観念的競合説から訴追裁量を論ずべきとすることについて、小野上真也「判批」刑事法ジャーナル72号（2022年）149頁以下。近時、観念的競合説を採る見解として、只木誠「『二重評価』について」佐伯仁志ほか編『山口厚先生古稀祝賀論文集』（有斐閣、2023年）353頁（注40）、択一関係説から判例1ないし後掲判例2の上告審を評価する見解として、冨川雅満「判批」ジュリスト1589号（2023年）158頁以下、佐竹宏章「判批」新・判例解説Watch 34号（2024年）163頁以下。なお、本件の調査官解説は、判例1は特別関係説を除き特定の見解を明示的に採用していないとする（内藤恵美子「判解」ジュリスト1568号108頁）。判例の射程をそのように解する余地はたしかにあるが、理論的には、本文で述べたように補充関係説も判例1と親和的とはいい難い。水落伸介「判批」法学新報130巻3・4号（2023年）213頁も参照。なお、田寺さおり「補助金等適正化法29条1項と詐欺罪周辺の鳥瞰図」宇藤崇ほか編『刑事司法の理論と実践』渡辺修先生古稀祝賀論文集（現代人文社、2024年）510頁以下は、不正受交付罪と詐欺罪のいずれにあたるかという問題をすべて訴追裁量で説明することには疑問を呈する。

き支出官から日本銀行を支払人とし事業者を名宛人とする小切手の「振出し」がなされた段階で認められる[4]。そのため、事業者が補助金等の法的な受給主体である。もっとも、名宛人を限定しない詐欺罪では、「交付の判断の基礎となる重要な事項」に対する欺罔の結果として、行為者が財物の事実的支配を得たこと、財産上の利益に対する事実的支配が外形的・具体的に行為者側に移転したことで足り[5]、被害財産の終局的な移転が事実上認められれば「交付」と判断される。そのため、交付の相手方が事業者であることを要しない。

これに対し、不正受交付罪の受交付判断においては、補助金等交付の名宛人理解に連動し、「交付を受け」る主体が事業者に限定される。さらに、同罪は、既遂犯のみが処罰の対象であるが、上述のように、事業者が交付側からの小切手の振出しによって交付金への債権者の地位を得た段階で現実に「交付を受け」たと認められ、既遂に達する。それゆえ、詐欺罪と不正受交付罪とでは、交付の相手方の理解の仕方に違いがある。[事例①]のXは、Yの代理人ではあるが、虚偽申請により、少なくとも水増し超過分について交付側の交付の判断の基礎となる重要な事項につき直接欺罔し、それと因果関係が認められる範囲の交付金の移転を受けたといえるから[6]、交付側からの補助金の終局的移転が認められ、「交付」されたと判断される。したがって、Xに詐欺罪が成立するとの判断を妨げないことになる。

(2) 受給主体性に基づく詐欺罪の共同正犯性判断

もっとも、事業者が補助金等の受給主体であるという事情は、事業者自身が虚偽申請を行っていない場合でも、現実の申請者との間で共謀が認められることを前提に、事業者にも詐欺罪の共同正犯性を基礎づける一要素となると考えられる[7]。そのため、自然人としての補助金等の受給主体であるYも、詐欺罪の(共謀)共同正犯となり得る。裁判所も、詐欺罪での起訴に対して、関連自然人が複数存在する場合、現実の虚偽申請者を詐欺罪の直接行為者と解したうえで、関与

---

[4] 安原美穂「いわゆる補助金適正化法について」法曹時報7巻10号(1955年)16頁、小滝敏之『補助金適正化法解説〔全訂新版(増補第2版)〕』(全国会計職員協会、2016年)393頁。

[5] 西田典之ほか編『注釈刑法 第4巻 各論(3)§§235~264』(有斐閣、2021年)290頁〔伊藤渉〕。

[6] 杉本一敏「詐欺罪における欺罔内容の重要事項性と因果関係」佐伯仁志ほか編『山口厚先生古稀祝賀論文集』(有斐閣、2023年)452頁も参照。

[7] 共謀認定一般における利益分配による共同正犯性判断について、石井一正=片岡博「共謀共同正犯」小林充=香城敏麿編『刑事事実認定(上)——裁判例の総合的研究——』(判例タイムズ社、1992年)358頁も参照。

者を共犯とするという構成を採るといえる。

たとえば、大阪地判令和2年2月19日判時2462号64頁（＝判例2）では[8]、学校法人A学園理事長Y・同副理事長Zが、その経営する学園ないし幼稚園事業等について、①国土交通省の間接補助金である「サステナブル建築物等先導事業（木造先導型）補助金」についてA学園代理人Xらを通じて、また、このほか、②「大阪府立幼稚園経常費補助金」、③「大阪府立幼稚園特別支援教育費補助金」、④「大阪市私立幼稚園特別支援教育費補助金」を水増し受給したことにつき詐欺罪で起訴された。

このうち、Xを通じて①を不正受給したことについて、Y・Zには、ⓐXらとの間での虚偽内容の契約書作成に関する「通謀」（意思連絡）があり、また、ⓑXに対する補助金不正受給への強い働きかけ、ⓒ不正受給に係る事務手続きを進めざるを得ない状況の作出、ⓓY側が利益を全て享受するという各事情により、裁判所はY・Zがこの不正受給に対し「自己の犯罪」として関与したことを認め、このような「共謀」を基礎に、Y・Zに、虚偽申請の直接実行者であるXとの間で、詐欺罪の共同正犯の成立を認めた。それゆえ、受給主体である事業者側が交付により利益を享受したというⓓの事情は、不正交付罪では既遂（「交付を受け」た）判断の要素として現れるのに対し、名宛人を事業者に限定しない詐欺罪では、共同正犯性判断の一要素として現れ得る。

もっとも、このような共同正犯性判断の一環として、関与者に共謀や補助金等の受給主体性も否定される場合には、正犯性が否定される余地もある。実際に、判例2は、②の不正受給について、経常費補助金の水増し請求をY自身が行うに際し、Zは申請手続きに用いられた書類に機械的な転記作業を行ったにとどまることから関与の重要性が無く正犯性が認められないとした[9]。

---

[8] 詳細は、小野上真也「判批」刑事法ジャーナル69号（2021年）235頁以下。

[9] くわえて詐欺の故意も認められないことを理由に無罪と判断された。なお、判例2の控訴審（大阪高判令和4年4月18日裁判所ウエブサイト）は、②についてのZの関与につき、詐欺罪の故意およびYとの共謀を認め有罪判決を下し、上告審（最決令和5年1月10日LEX/DB 25594595）もこの判断を維持した。もっとも、このような帰結の差異は事実認定の違いによるものであって、本文で示した法理自体はなお維持できるであろう。

3　不正受交付罪としての処罰

（1）補適法29条1項の適用対象

これに対し、不正受交付罪で訴追される場合、「補助金等の交付を受け」た者として本条の名宛人となるのは、補助金交付申請から受給に至る一連の手続きにおける事業主体である[10]。たしかに本条は「偽りその他の不正の手段」を行う行為主体を明文上限定してはいないが、「補助金の交付を受け」た結果を実際上充足し得るのは、事業者だけだからである[11]。もっとも、補適法32条1項が別に存在して法人両罰を基礎づける以上、本条が予定するのは自然人の処罰だけである。これらの条文構造に鑑みると、本条の適用だけで処罰可能となる自然人は、事業主が行為者である場合に限られる[12]。

この理解からは、［事例①］で本条違反の行為者として特定され得るのは、Yのみである。この点、①Y自身が虚偽申請者である場合には、現実の申請者と受給の名宛人が一致する。これに対し、［事例①］のように、②X・Yが共謀の上、現実の虚偽申請をXが行い、補助金をYが不正受給した場合には、現実の申請者と受給の名宛人が一致しない。後者の場合でも、現実の詐欺行為者に対する交付という事実的判断から離れ、実行行為者（申請者）・受給者をYと特定する点に、本条にも行為主体性を拡張する機能を認めることができる。

他方、Xは、補助金等の受給主体ではなく、YやAの補助業務を行う者に過ぎないから、本条で処罰の対象となることはない。これに対し、詐欺罪での訴追であれば、第一次的な処罰対象として特定されるのは交付側に対し現実の虚偽申請を行ったXであり、Yはあくまでその共犯として構成されるにとどまる。したがって、不正受交付罪での訴追の場合には、詐欺罪での訴追の場合に比べて、現実の申請者と共謀したYのみを第一次的に処罰対象となる正犯と特定する点に、詐欺罪の場合との違いが生じることとなる。

（2）補適法32条1項の適用対象

他方、両罰規定である補適法32条1項には、異なる2つの意義がある[13]。第一

10　久禮博一「判解」ジュリスト1511号（2017年）110頁。安原・前掲注（4）31頁も参照。
11　武藤眞朗「判批」高橋則夫＝松原芳博編『判例特別刑法［第3集］』（日本評論社、2018年）235頁。
12　橋爪隆「判批」ジュリスト1128号（1998年）128頁、多和田隆「法人処罰と両罰規定」大塚仁＝佐藤文哉『新実例刑法（総論）』（青林書院、2001年）36頁以下も参照。
13　両罰規定のもつ複数の機能について、樋口亮介「両罰規定」山口厚編著『経済刑法』（商事法

の意義は、名宛人限定型の本条の名宛人以外の自然人にまで身分ないし処罰を拡張する点にある（身分拡張機能）[14]。「代理人」「使用人」「その他の従業者」（以下、「代理人等」とすることがある）は本条の名宛人でない以上、補適法32条1項の適用によって初めて処罰され得るとする構成要件修正説が判例[15]・通説[16]である。同説によれば、［事例①］のXについては、本条を前提として、両罰規定により「代理人」と判断されて初めて「その行為者」に該当し、正犯の一態様として両罰の対象となる。この場面での補適法32条1項による身分拡張は、刑法65条1項に類する意味を持つ[17]。構成要件修正説によれば、代理人等の処罰には身分の拡張を本条以外に基礎づける根拠が必要であるから、事業主まで現実に訴追されると否とにかかわらず、補適法32条1項が併せて適用されねばならない[18]。

他方、第二の意義は、事業者が代理人等の虚偽申請によって補助金を不正受給した場合に、本条違反が生じないように事業者が果たすべき代理人等への監督義務違反によって、事業主を両罰の対象とする点にある。このような意義は、事業者自身が違法な申請を行った場合に法人両罰も基礎づける機能をもつ点で、「受皿的構成要件設定機能」とも呼ばれる[19]。この場合、自然人である事業者には、過失推定説に基づいて、事業者の代理人等に対する監督義務違反（過失）により、別途、事業主処罰が基礎づけられる。もっとも、補適法32条1項を適用すれば監督義務違反により事業主処罰が基礎づけられる場合でも、詐欺罪構成では事業者を不処罰の過失幇助としか評価し得ない場面もあると考えられる。そのため、両罪間での訴追裁量判断には、詐欺罪構成と比較した結論の実質的なバランスも考慮され得るとも考えられる。

そこで以下では、両罰規定に認められる以上の2つの意義を踏まえ、補適法32条1項が、（Ⅰ）代理人等に対しては正犯としての身分・処罰を拡張的に基礎づ

務、2012年）340頁以下、川崎友巳「両罰規定の多元的機能とその限界」同志社法学64巻3号（2012年）419頁以下参照。
14 樋口・前掲注（13）340頁以下。
15 最決昭和30年10月18日刑集9巻11号2253頁、最決昭和34年6月4日刑集13巻6号851頁、最決昭和55年10月31日刑集34巻5号367頁、最決平成7年7月19日刑集49巻7号813頁等。
16 団藤重光編『注釈刑法（1）総則（1）§§1～34の2』〔有斐閣、1964年〕65頁〔福田平〕、伊藤榮樹ほか編『注釈特別刑法〔第一巻〕』（立花書房、1985年）248頁以下〔東條伸一郎〕、香城敏麿「行政刑罰と経営者の責任」『刑法と行政刑法』（信山社、2005年）208頁等多数。
17 曽根威彦「両罰規定と最近の最高裁判例」『現代社会と刑法』（成文堂、2013年）86頁以下。
18 樋口・前掲注（13）349頁、川崎・前掲注（13）422頁以下等参照。
19 樋口・前掲注（13）343頁以下。

け、(Ⅱ)事業主に対しては代理人等の被監督者への監督義務の発生根拠および具体的な義務内容を基礎づけるという2つの役割を果たすことについて、順に、より具体的に検討することとしたい。

三 両罰規定（補適法32条1項）の機能

1 代理人等への類型的な正犯性拡張機能

まず、上記（Ⅰ）について、補適法32条1項によって事業者以外の関連自然人にまで身分・処罰が正犯として拡張される根拠については、元々の本条による身分限定の趣旨に鑑みて行為主体を拡張することが合理的であることで基礎づけられるとの説明があり得る[20]。補適法ないし本条を、補助金等の不正不当な受給・使用を禁ずる趣旨と解し[21]、補助金受給に向けた適正な申請手続履行を事業者に対し第一次的に義務付ける規定と解するならば、以上の理解からは、補適法32条1項を代理人等の申請補助者に対しても適正な申請手続履行を拡張的に義務付ける規定とみるのが合理的な場面と説明されるだろう。

もっとも、事業者が代理人等と共謀して不正受給に至った場合、代理人等を、補適法32条1項違反に基づき本条違反の「正犯」として拡張的に処罰の対象とすべきか、あるいは、刑法65条1項により事業者の本条違反の「共犯」とりわけ共同正犯として処罰の対象とすべきか、行為主体性を拡張するにしても、どちらがより合理的な方策であるかは自明でない。したがって、行為主体性拡張の合理性の内容をより具体的に根拠づける必要がある。

この点については、次のように考え得る。補助金等の交付の名宛人は事業者であって代理人等の申請補助者ではないため、代理人等は単独で現実の「交付を受け」ることができない。他方、事業者が代理人等に申請を委ねるケースでは、事業者だけで交付に至る一連の流れを完結することもできない。この場合、事業者が代理人等との間で、事業活動としてあらかじめ申請事務を任せる共働関係を構築していたからこそ、事業者は代理人等が行った虚偽申請の効果を引き受け、そ

---

20 樋口・前掲注（13）342頁はさらに、①行為主体の拡張は事実上の事業経営や事業活動への従事があれば認められることから、実質的な経営者や事実上の従業員であれば代表取締役という地位や雇用関係といった形式的関係は不要であること、②業務・財産との関連性が認められるのは、事業活動や財産管理に関与する地位・権限と関連した行為であることを指摘する。

21 安原・前掲注（4）4頁以下、小滝・前掲注（4）388頁参照。

の後「交付を受け」た事態が生じることで不正受交付の犯罪事実が完結する。一方、申請行為しか主導できない代理人等は、単独で受交付結果を左右することができないが、事業者とあらかじめ構築していた共働関係により受交付の効果を引き受けることはできる。代理人等の補助行為者も、補助金受給にとり類型的に不可欠の役割を果たしている点で、「正犯」として補足されて良い。もっとも、代理人等を共同正犯と構成するには、個々の補助金不正受給の予備・実行段階で、事業者＝代理人等の間に、共同正犯として受交付の効果を引き受けるほどの共謀ないし意思連絡や重要な役割が認められるかという個別事情に大きく依拠するため、代理人等の部分的関与を類型的に正犯として補足することができない。そのため、事業活動内の補助金受給業務分担に関し、事業主＝代理人等間であらかじめ制度的な共働関係が構築されていたことを前提に、補助金等の適正な受交付という行政取締目的の実効性を確実にするため、代理人等にまで「正犯」の範囲を一律に拡張する[22]ことが重要であろう。補適法32条1項は、第一に、以上の趣旨を規定するものと解し得る。

　他方、事業者や代理人等以外の者が補助金不正受給に故意で関与した場合、それらの者には、補適法32条1項に基づく類型的な「正犯」性拡張は認められないが、共犯規定によって拡張された構成要件を共同ないし間接惹起したことに基づく法的責任を否定し難いであろう[23]。それゆえ、行為主体の拡張範囲を両罰規定（本稿では補適法32条1項）での義務付け対象者に限定し、代理人等以外の者の関与に対する共犯規定の適用を全面的に否定することとなる立場[24]は妥当ではなく、両罰対象者との「共犯」の範囲で処罰の対象とする余地がある[25]。その場合、両罰対象者の不正受給の予備・実行との間での共犯関係の有無に応じて共犯の成否が判断されることになる。

22　両罰規定一般に関するこのような指摘として、川崎・前掲注（13）428頁を参照。
23　事業主や代理人等以外の主体に刑法65条1項に基づく共犯責任を認める論拠として、高橋則夫「判批」『平成9年度重要判例解説』ジュリスト1135号（1998年）160頁、曽根・前掲注（17）94頁も参照。
24　美濃部達吉『経済刑法の基礎理論』（有斐閣、1944年）62頁以下。
25　最決平成9年7月9日刑集51巻6号453頁は、代理人・使用人・その他従業者のいずれにも当たらない行為者が、事業主の業務につき従業員2名に加担して所得税ほ脱に関わった場合につき、刑法65条1項を適用し、両罰対象である当該従業員との共犯の成立を認めている。川崎・前掲注（13）428頁も参照。

2 「統制監督関係」に基づく事業者の監督義務の発生根拠

次に、上記（Ⅱ）について、以上で言及した制度的な共働関係は、事業主が本条違反行為者でない場合に、事業主に課せられる代理人等の被監督者への監督義務および具体的義務内容を基礎づける機能を営む。

最決平成27年12月14日刑集69巻8号832頁（＝判例3）は、事業主が監督すべき「代理人」の意義を述べる文脈で、補適法32条1項を「事業主として行為者の選任、監督その他違反行為を防止するために必要な注意を尽くさなかった過失の存在を推定した規定」と解し、「行為者のした違反行為について過失が推定され、事業主が処罰されるのは、事業主と行為者との間に、事業主が行為者の違反行為を防止できるような統制監督関係があることが前提とされている」とした。そのうえで判例3は、「事業主が行為者を現に統制監督しておらず、統制監督すべき関係にもない場合には、同条項により事業主の過失を推定して事業主を処罰するという前提を欠き、同条項が適用されない」とし、具体的には、統制監督関係の有無を「事業主から行為者に与えられた権限の性質・内容、行為者の業務履行状況、事業主の関与状況その他の事情を総合して判断すべき」とした。

この点、事業主は経営主体として事業を経営し、事業に従事する集団全体に対する統制者としての地位にある[26]。この地位を前提に、事業者が代理人等との間で補助金受給申請業務を含む統制監督関係を構築していたからこそ、その範囲で、事業者が果たすべき監督義務の対象に代理人等が遂行する申請業務を含めること、ひいては、当該監督義務の不履行により生じた不正受給に関し事業主処罰を基礎づけることが可能となるといえる。かくして、統制監督関係を、ⓐ代理人等に対しては類型的に正犯性の拡張を根拠づける身分・処罰拡張機能を果たす一方、ⓑ事業者に対しては代理人等に対する監督義務と、その不履行から生じた違反行為についての事業主処罰を基礎づけるものとして、双方向に作用する制度的な共働関係と理解することができる。

3 事業主の事業活動（業務）との客観的関連性

さらに、補適法32条1項が「法人又は人の業務に関し」て両罰を規定し、判例3も「事業主から行為者に与えられた権限の性質・内容、行為者の業務履行状

---

[26] 判例3以前の文献であるが、団藤編・前掲注（16）65頁〔福田〕も参照。

況、事業主の関与状況その他の事情を総合して判断」されるとする以上、統制監督関係は、関係者間の「業務」（事業活動）との関連性を前提とする必要がある[27]。また、業務関連性は、代理人等の両罰の前提でもある。事業主が国または地方公共団体である場合には、補適法33条1項で補適法32条1項の適用除外となり、その事実のみによって事業主処罰の対象から外れるが、そうでない場合、ⓐ代理人等の虚偽申請について統制監督関係を基礎づける業務関連性が欠けるか、ⓑ統制監督関係に基づく違反防止措置を的確に履行したことが証明されない限り、事業主処罰は否定され得ない。

　事業者と代理人等との間で関連すべき「業務」は、事業者と代理人等の間で客観的に判断される。補助金受給対象の各種事業の事業主には、補助金等を適正に受給・使用するように関係者に徹底し、その違反を予防することも「業務」内容に含まれるといえるため、事業主のために行う水増し請求や架空請求のみならず、事業主の委託の趣旨に反し関係者の一部に不正受給につき横領の意図ないし私的利益追求等の意図が併存した場合も、事業者が業務上予防すべき事柄に含まれ得る。これに対し、主観的に事業主の目的を遂行するためになすことまで事業関連性の要件とする立場[28]を徹底すれば、申請行為者が事業主の委託の趣旨に反する不適切な申請を行ったことについて予見可能であった場合にも、補適法32条1項の適用は困難となりかねないが、監督による是正が必要な典型的場合が業務から除かれるのは妥当ではない。また、たとえば横領の意図がある代理人等に対し両罰規定の適用が否定されることともなりかねない。外形的に客観的に業務に関連する以上[29]、補適法32条1項の適用の前提として業務関連性を認めるべきであろう。

　判例も従来から、このような場合に業務関連性を認める[30]。この点、たとえ

27　松尾誠紀「両罰規定における『統制監督関係』概念の機能とその意義」山口厚ほか編『実務と理論の架橋――刑事法学の実践的課題に向けて――』（成文堂、2023年）641頁は、判例3の統制監督関係の意義を、①当該業務の事業主が当該事業主かどうか、②事業主が義務の履行を違反行為者に委任していたのかどうか、③違反行為者が当該事業主の業務を行っていたのかどうかを問うものと捉える。

28　福田平『行政刑法〔新版〕』（有斐閣、1978年）78頁等。

29　西田典之ほか編『注釈刑法 第1巻 総論 §§1～72』（有斐閣、2010年）276頁以下〔佐伯仁志〕、樋口・前掲注（13）342頁、大塚仁ほか編『大コンメンタール刑法 第三版』〔第1巻〕（青林書院、2015年）〔古田佑紀＝田寺さおり〕145頁等参照。

30　最大判昭和32年11月27日刑集11巻12号3113頁、最決昭和37年2月22日刑集16巻2号190頁、最決平成23年1月26日刑集65巻1号1頁。

ば、［事例②］《事業主Ａから事業委託を受けたＸが、事業活動の本来の趣旨に反して、同事業に共に参画しているＹに対し委託費を還流して利得させることを意図し、その分を含ませた金額でＡ名義を用いて委託費に関する補助金を過大に請求した。》という場合、統制監督主体（事業主Ａ）が、Ｘとの間で共働関係をあらかじめ構築しているといえる範囲で、Ａ＝Ｘ間での業務関連性を認め得る。また、代理人等が事業者の委託の趣旨に反する虚偽申請をした場合も、交付側に対する表見代理として事業者への補助金交付の法的効果を否定し難い関係にある場合には、事業者との間の業務関連性は否定されないと考えられる[31]。もっとも、この場合、詐欺罪構成であれば事業者を不処罰の過失幇助としか判断し得ないとも考えられ、それとのバランスから、補適法32条１項に関し、訴追側が事業主のみ訴追しない裁量権を行使することも考えられる。

　他方、業務関連性が認められたとしても、いかなる場合に事業者の免責が認められるかが次に問題となる。この点、事業主と被監督者が虚偽申請を共謀する場合には事業主の免責の余地を認め難いから、事業主の免責の余地があるのは、被監督者の虚偽申請が事業主の委託の趣旨に反していた場合が基本となるであろう。もっとも、補助金の（不正）受給申請に際し、受給資格のある事業者の名義を利用して（虚偽）申請する以上、業務関連性が否定されることは、事実上考えにくい。そのような場合、被監督者が委託の趣旨に反した虚偽申請に関する事業主の免責を認めるには、統制監督関係に基づいて導出された具体的な違反防止措置を事業主が有効に履行していたことが立証される必要がある。

4　事業主が履行すべき具体的義務内容の確定基準としての統制監督関係
（１）監督義務の基礎づけ

　過失推定説の下では、事業主処罰の根拠は被監督者に対する監督義務違反に求められる。この点、たとえば刑法211条の監督過失であれば、一定の予見可能性に基づいて、行為時に類型的に想定可能な結果の回避にとり、①行為者が履行可能であり、②事後的にみて結果回避の有効性が認められる手段であることを前提に、③当該手段の履行に際し行為者に過剰負担を課すものでない（負担要求可能

31　なお、文化庁所管の民俗文化財伝承・活用等事業に係る「国宝重要文化財等保存整備費補助金」の不正受給に関する福岡地判令和４年３月28日裁判所ウエブサイトも、このような観点から考察する余地があると考えられる。

なものである）か、という観点[32]から監督義務内容が導かれるものと思われる。もっとも、この場合には、過失結果の発生が問題となり得る個々の場面での具体的予見可能性を前提に注意義務内容が特定されることとなる。

これに対し、両罰規定における事業主の監督義務内容は、事業主＝代表者等間での統制監督関係の構築段階を基礎に、事業者が類型的に想定可能な代理人等の将来の違法行為を対象として判断される。この場合の違反防止義務としては、一定の制度的な措置、すなわち、ⓐ違反行為を防止・監督するための制度上ないしは組織上の措置義務、ⓑ当該措置が有効に機能するように注視・監督する措置義務が想定され得る[33]。これらの制度的な措置は、代理人等が行う可能性のある違法行為が現実に発生する以前の予防策として抽出されるのであるから、代理人等に想定される違法行為の類型的・抽象的な予見可能性があれば当該義務を導くには十分であり、結果発生時までに明らかとなった個別の違法行為・発生結果の具体的予見可能性までは不要であろう[34]。したがって、代理人等の違法行為を個別に予見不可能でも制度的な措置義務が不十分である場合、事業主は免責されない。この点で、刑法211条と両罰規定とで監督義務の導出の仕方が異なるが[35]、事業者に対する現実に有効かつ履行可能な措置の義務付けを担保するため、上記①〜③の考慮は有用であろう。

もっとも、両罰規定における監督義務が基本的に事前に類型的に決せられる制度的な措置であるにしても、単に形式的な注意を施すことを内容とするだけでは、監督義務を十分に履行したとは言い難い[36]。そのため、事業主に求められる違反行為防止措置は、ある程度具体的で有効な内容であるべきであり、事業主が申請補助者に対し、一概に信頼して単に不正受給をしないようにとの一般的注意を与えるに過ぎない場合や[37]、違反行為が想定され得るにもかかわらず業務内容

32　樋口亮介「注意義務内容の確定基準——比例原則に基づく義務内容の確定」高山佳奈子ほか編『山口厚先生献呈論文集』（成文堂、2014年）221頁以下は、注意義務内容の具体的な特定につき、比例原則の観点も容れて判断する。
33　香城・前掲注（16）282頁以下。
34　西田典之『共犯理論の展開』（成文堂、2010年）408頁以下。
35　大塚ほか編・前掲注（29）〔古田＝田寺〕143頁も参照。
36　大塚ほか編・前掲注（29）〔古田＝田寺〕143頁等。
37　東京高判昭和26年9月21日高刑集4巻13号1787頁は、労働基準法121条1項但書の「違反の防止に必要な措置をした」といい得るには、「単に一般的に違反行為を為さざるよう注意を与えたというだけでなく特に当該事項につき具体的に指示を与えて違反の防止に努めたことを要する」とする。また、大阪地判昭和25年11月25日労働基準判例集307頁、前掲東京地判昭和26年9月21

を一任し特段の監督を行っていない場合には[38]、義務履行の在り方として不十分と判断されることとなろう。これに対し、「問題となる特定の種類の義務につき要求される程度の制度上及び運用上の注意を払ったのに義務違反が生じた場合」すなわち「通常の監督機構及び運用の実態からは予見できず、又は防止できないような偶発的な義務違反が従業者によって行われた場合」にまで[39]事業主に監督義務を課すならば、事業主にとり全く予期し得ない偶発的な違法行為に対しても監督責任を負うこととなり、事業主に要求可能な負担を超える。このような場合、免責を認めるべきである[40]。

（2） 免責可能性

事業主の免責を実際に認めた判例は少ないが、免責判断の具体的方法として、次の諸判例が参考となる。①大阪地判昭和24年7月15日労働基準判例集310頁は、労基法に違反して年少者を時間外労働させた罪における免責規定の適用に関し、事業主が被告会社の全国各工場に指示して具体的に法規を研究させ、末端従業員に至るまで違反防止の周知徹底を図っていたことから、違反防止に必要な措置を講じていたとして免責を認めた。

また、②高松高判昭和46年11月9日刑月3巻11号1447頁（＝判例4）は、A建設（元請人）から工事を請け負ったX（本件事業主）が、高圧架空電線（裸線）工事に従業員を従事させるにあたり、同電線を管理する電力会社営業所に要請して同電線に絶縁効力を有する防護具（電線被覆）を装着するなど感電危害防止措置を講じなかったことにより、労働基準法上の事業主処罰の可否が争われたという事案で、「事業主が違反の防止に必要な措置をするとは、当該違反防止のため客

日、福岡地判昭45年2月23日判時605号99頁、東京高判昭48年2月19日判タ302号310頁について、大塚ほか編・前掲注（29）〔古田＝田寺〕143頁は事業主が一般的に時折注意していたにとどまるため免責が否定されたと分析する。

38 東京高判平成15年8月11日 LEX/DB28095226は、被告会社が、X（被告人）に取締役副社長兼管理本部長として被告会社の資産運用に関する決裁権限を与え、長年にわたり、会社内で社長や他の取締役などにおいて特段の監視をすることなく、被告人の判断に任せて特定金銭信託の運用、複数の債券を含むファンドの取得、デリバティブ取引などを実行させてきたことについて、「資産運用に関連し、その執行機関や従業員への管理、監督体制の甘さがあり、それ相応の注意、監督を尽くしていなかった」として、証券取引法（当時）上の虚偽記載半期報告書提出罪の両罰規定（207条）に関する被告会社の免責を否定した。

39 香城・前掲注（16）282頁以下。

40 香城・前掲注（16）282頁は、ⓐ事業主に従業者の違法行為を防止する可能性が無かったこと、ⓑ事業主が注意を払っても違法行為の発見を予見し得なかったこと、または、ⓒ違法行為の発生を防止するために必要な措置を採ったことが免責事由となり得るとする。

観的に必要と認められる措置をすることであり、従って、それは、事業主が、単に一般的、抽象的に違反防止の注意、警告をしただけで足りるものではなく、違反行為の発生を有効に防止するに足りる相当にして具体的な措置を実施することを要すると解すべきである。そして、右にいう相当にして具体的な措置とは、当該事業所の機構、職制をはじめ、事業の種類、性質、更には事業運営の実状等当時の具体的状況によって決すべきものと解するのが相当である。」としたうえで、これまでも、高圧電線等の危険物の防護措置に関して常に元請人たるA建設から電力会社に依頼するという方法が累行され、かつその方法自体合理的な理由が存し、過去において特に問題視される点もなかった以上、Xがこの方法に従って、事故前日にA建設に電話で感電危害防止措置を要請し、更に翌朝再びA建設社長にその実行を強く要請し、かつそれを確約させた措置を不適当ないし不十分なものと言い去ることはできない、としてXの免責を認めた。

とりわけ判例4においては、①XとA建設の従前の関係性からはXが自ら感電危害防止措置を採ることは、現実的に困難であり、結果回避措置の履行方法の選択肢からは外れること、②A建設による感電危害防止措置が行われれば確実に労働者の危険を回避できるが、上記①の状況下では、Xの依頼行為は、A建設による上記措置の履行に至る現実性を持ち得ていたことにより現実の有効性を認め得る違反防止措置であったと評価できること、③Xは、そのような状況下で違反防止措置を現実に履行に移すために最大限可能な依頼行為を継続したことにより、物理的に可能な違反防止措置を尽くしたと評価することができることから、適切な義務履行がなされたと判断されたものと考えられる。

そこで、補助金等の虚偽申請防止の場面でも、①事業者と代理人等の申請補助者間で制度的に構築される統制監督関係に基づいて、事業者がどれだけ代理人等の適正な申請手続履行を信頼・期待して良いか（すなわち代理人等による不正請求の可能性が想定されるか否か）、②信頼・期待の程度の高低に応じて、想定され得る不正な申請手続履行の防止に向け、いかなる・どの程度の制度的な違法行為防止措置を採るべきであったか（不正防止に関する具体的措置実施の有無・頻度・内容等）、③その後に、当該制度的措置をいかに申請補助者に履行させ現実に不正請求を回避させるに足るだけの方策を採った、ないし、採り得たか等の点は、義務付けるべき内容とその程度を抽出し、当該義務の履行による事業主の免責の可否を探究する上で考慮に容れることが可能ではないかと考えられる[41]。

四　むすび

　本稿では、補助金の不正受給に関し詐欺罪と不正受交付罪のいずれで訴追するかの裁量権の行使には、両罪の差異や立証難易度のみならず、両罰規定の適用の当否も判断材料となり得るとの想定から、とくに補適法32条1項の意義について検討した。そこでは、統制監督関係を、個別の共犯関係とは異なる事業主＝代理人等間での事業活動に関連する特別の共働関係と解することで、代理人等への正犯性の類型的な拡張を基礎づけると共に、事業主の監督義務および具体的義務内容を導出できる旨を論じた。もっとも、事業主の免責範囲については、検討の方向性を示すにとどまった。とりわけこの点について、今後の課題としたい。

　　［付記］　本研究はJSPS科研費JP 20K13352の助成を受けたものである。

41　この点、違反防止にとり効果的に策定されたコンプライアンス・プログラムが免責判断において考慮され得るかも課題となり得る。甲斐克則『企業犯罪と刑事コンプライアンス』（成文堂、2018年）110頁以下、138頁は、「入念に策定されかつ実践されているコンプライアンス・プログラムであれば、過失推定の反証の素材としても考慮される余地がある」と指摘する。

組織的犯罪処罰法における組織的犯罪の類型的加重処罰根拠と「団体」の意義について
―― 立法過程における議論を踏まえつつ ――

神 例 康 博

一　はじめに
二　組織的犯罪処罰法の立法過程
三　「団体」及び「組織」の意義 ―― 立案担当者による説明 ――
四　組織的犯罪の加重処罰根拠と「団体」及び「組織」の意義
五　結びに代えて

一　はじめに

　組織的な犯罪の処罰及び犯罪収益の規制等に関する法律（平成11年法律第136号。平成11（1999）年8月18日成立、平成12（2000）年2月1日より施行。以下、「組織的犯罪処罰法」または単に「法」という。）は、同法3条1項各号に掲げる罪に当たる行為が「団体の活動として、当該罪に当たる行為を実行するための組織により行われたとき」は刑を加重する旨を規定している（以下、法3条1項各号により刑を加重された犯罪を「組織的犯罪」という。）。「団体の活動」とは、法3条1項において括弧書きで定義されているように、「団体の意思決定に基づく行為であって、その効果又はこれによる利益が当該団体に帰属するもの」をいう。「団体の活動」を構成する「団体」の定義は法2条1項に「組織」の定義を組み込むかたちで置かれ、「団体」とは「共同の目的を有する多数人の継続的結合体であって、その目的又は意思を実現する行為の全部又は一部が組織により反復して行われるもの」、「組織」とは「指揮命令に基づき、あらかじめ定められた任務の分担に従って構成員が一体として行動する人の結合体」をいうと、それぞれ定義されている。そのうえで、法3条1項13号には刑法246条の詐欺罪が掲げられ、1年以上の有期懲役（有期拘禁刑）に処罰するとされている。「組織的詐欺罪」と呼ばれる規定である。法定刑の長期を比較すると、通常の詐欺罪が10年以下の懲役（拘禁

刑）であるのに対し、組織的詐欺罪は20年以下の懲役（拘禁刑）となる。加重類型の一つとして詐欺罪が設けられた理由については、「詐欺は、悪徳商法等の組織的な形態で犯される事案が典型的に想定される罪であり、このような事案では、被害者が多数にのぼり、また被害額も多額になる場合が多く、実際の量刑も上限に近い事例があり、このような大規模な事案に対しては、刑法の法定刑は十分ではないと考えられるので、加重類型を設けた。」[1]とされている。

　筆者は、最高裁平成27年9月15日決定（刑集69巻6号721頁。以下、「最高裁平成27年決定」という。）の判例評釈において、「組織的犯罪処罰法における『団体』の定義規定は、暴力団組織等のいわば反社会的組織に限定することなく、会社等の組織一般を包含できる内容となっている。しかし、同法の立法目的を踏まえれば、暴力団等の反社会的組織ないし犯罪的な組織が念頭に置かれ、このような『団体』の活動を加重処罰によって抑止しようとしていたことは明らかなように思われる。そうだとすると、『団体』ないし『団体の活動』を、会社組織一般に広げることは、加重処罰の正当性の根拠を失うことになろう。」と述べた[2]。もっとも、このような理解に対しては、立法者意思と異なるものであり、「団体」を暴力団等の反社会的組織に限定する必要はなく会社組織一般が「団体」に該当する、との批判が向けられている[3]。そこで、本稿では、組織的犯罪処罰法の立法過程における議論及び立案担当者の理解する組織的犯罪の成立要件を確認しつつ、組織的詐欺罪を含む組織的犯罪の類型的加重処罰根拠と「団体」の意義についてあらためて検討することとしたい。

二　組織的犯罪処罰法の立法過程

（1）　まず、組織的犯罪の刑の加重にかかる立法の過程を簡単に振り返っておく。

1　三浦守ほか編著『組織的犯罪対策関連三法の解説』（2001年）85頁。
2　神例康博「判批」『新・判例解説 Watch［2016年4月］』（2016年）169頁。
3　大山徹「組織的詐欺罪について」慶應法学37号（2017年）215頁、長井長信「組織的詐欺について——消費者保護との関連で——」高橋則夫ほか編『長井圓先生古稀記念　刑事法学の未来』（2017年）520頁、熊谷智史「判批」法時89巻2号（2017年）131頁注（6）、芥川正洋「判批」高橋則夫ほか編『判例特別刑法　第3集』（2018年）348頁、楠田泰大「判批」同志社法学70巻3号（2018年）125頁、岡田好史・平子友紀「判批」専修ロージャーナル17号（2021年）237頁を参照。

組織的犯罪処罰法1条は、同法の目的として、「この法律は、組織的な犯罪が平穏かつ健全な社会生活を著しく害し、及び犯罪による収益がこの種の犯罪を助長するとともに、これを用いた事業活動への干渉が健全な経済活動に重大な悪影響を与えることに鑑み、並びに国際的な組織犯罪の防止に関する国際連合条約を実施するため、組織的に行われた殺人等の行為に対する処罰を強化し、犯罪による収益の隠匿及び収受並びにこれを用いた法人等の事業経営の支配を目的とする行為を処罰するとともに、犯罪による収益に係る没収及び追徴の特例等について定めることを目的とする。」と規定する（圏点は筆者。脚注も含め、以下同じ。）。この目的規定が示すように、組織的犯罪処罰法は、組織的犯罪が平穏かつ健全な社会生活を著しく害するものであるとの認識を踏まえ、我が国の組織犯罪対策のみならず国際連合等における動向も受けて立法化されたものである。立案担当者は、法整備の必要性を基礎づける「組織的犯罪の実情」について、以下のように述べている。すなわち、「最近の我が国における犯罪情勢を見ると、暴力団等による薬物や銃器等の不正取引が引き続き深刻な状況にあり、また、暴力団組織等の不正な権益の獲得・維持を目的とした各種の犯罪のほか、蛇頭等の外国人犯罪組織による集団密航事犯、地下鉄サリン事件、坂本弁護士一家殺害事件等一連のいわゆるオウム真理教事件のような大規模な組織的形態による凶悪事犯、会社等の法人組織を利用した詐欺的商法等の大型経済犯罪など、組織的な犯罪が少なからず発生している。……こうした犯罪情勢は、我が国の平穏な市民生活を脅かすとともに、健全な社会、経済の維持、発展に及ぼしかねない状況にあり、予断を許さないところである。」[4]。そのうえで、「このような暴力団組織等による犯罪の特徴は、犯罪が組織的に行われることから、その目的実現の確実性が高く、重大な結果を生じやすいという意味で、極めて危険かつ悪質な犯罪ということができる。」[5]とし、刑事実体法の現状として、「これまでの刑法等の法定刑ではその違法性が十分に評価されていないと思われるものがある」との現状認識を踏まえ、法整備の必要性が説かれている[6]。

4　三浦ほか・前掲注（1）1～2頁。
5　三浦ほか・前掲注（1）2頁。
6　法制審での議論の結論を踏まえた座談会（松尾浩也ほか「〔座談会〕整備要綱骨子の総括的検討（上）」ジュリスト1122号〔1997年〕4頁以下）では、例示された犯罪現象について、「それだけをターゲットにするということではなく、そういう犯罪現象を見ますと、犯罪そのものが組織化している、ビジネス化しているという状況がある。その中で、そういった犯罪の形態といいますか、態様といいますか、それを端的に捉えて、その加重類型を設けるということ」が立法の趣旨

このように、組織的犯罪処罰法の立法において主として念頭におかれていたのは、暴力団等の組織的な犯罪集団であり[7]、「会社等の法人組織を利用した詐欺的商法等の大型経済犯罪」についても、犯罪組織[8]による「会社等の法人組織を利用した詐欺的商法等の大型経済犯罪」[9]が想定されていたものといえる。

（2）かくして、平成8（1996）年10月8日、法務大臣から法制審議会に対し組織的な犯罪に対処するための刑事法整備に関する諮問（諮問第42号）がなされたが、そこでは、「一定の組織的な犯罪の刑の加重」として、「犯罪実行のための組織を作り又は団体の不正な権益に関連して犯した犯罪（以下「組織的な犯罪」という。）に該当する一定の罪（例えば、賭博開張図利、殺人、逮捕監禁、強要、詐欺、恐喝等）につき、その刑を加重すること。」が諮問されていることが注目される[10]。そして、法制審議会刑事法部会（以下、「刑事法部会」という。）から事務当局に対して参考試案を提出することが求められ、これを承けて提出された参考試案（以下、「参考試案」という。）においても、「（1）犯罪を実行するための法人その他の団体（以下単に「団体」という。）を作り、実行したもの」、「（2）団体の活動として犯罪を実行するため、その内部に組織を作り、又は団体若しくはその一部を構成する組織をそのための組織とし、実行したもの」とされていた[11]。事務当局の説明では、（1）は、「犯罪の実行のために、新たに団体を作り、その団体の活動として犯罪を実行した類型」、（2）は「団体が既に存在している場合に関するもので、前段が、既に存在している団体が団体の活動として犯罪を実行するため、

だと説明されている（6頁の渡邉一弘の発言参照）。
[7] このことは、3条1項各号に列挙された、組織的な犯罪として刑が加重される犯罪の一覧からもうかがえよう。前田雅英「判批」捜研780号（2016年）43頁は、法3条1項について、「加重の実質的理由は、反社会的勢力を意識したものが多い」とし、組織的詐欺罪は「暴力団組織を強く意識した本法の中では、少なくとも立法時は、『周辺的』存在だった」と評している。なお、三浦ほか・前掲注（1）83頁は、対象犯罪の選択について、「組織的な形態で犯されることが多く、その場合に重大な結果が生じたり、ばく大な不正な利益が生じたりする犯罪であるか否かを主たる基準とし、過去の事例において、犯人の中に暴力団関係者が占める割合が高いかどうか、暴力行為等処罰に関する法律等による加重処罰規定の有無などの観点をも考慮して選択したものである」としており、同書83頁以下の各犯罪の解説において主体として例示されているのは、組織的詐欺罪を除き、暴力団、暴力団関係者である。
[8] 「組織犯罪」、組織犯罪の前提とする「犯罪組織」の捉え方及びその特徴について、倉木豊史「組織犯罪対策を考える（1）」捜研778号（2015年）4頁以下。
[9] 三浦ほか・前掲注（1）1頁参照。
[10] 諮問の内容について、「組織的な犯罪に対処するための刑事法整備に関する法制審議会への諮問及び事務局参考試案」ジュリ1103号（1996年）165頁参照。
[11] 前掲注（10）166頁参照。

その団体内部に、新たに組織を作った場合であり、後段が、団体そのもの又はその内部の既存組織を犯罪を実行するために転用した場合」であるとされ、これらは、「犯罪の形態に着目したもの」であり、「いわゆる組織性のある犯罪は、その結果の重大性等から一般に違法性が高いと考えられるが、その中でも、法人等の団体を作って実行した犯罪やこれに匹敵する程度の組織性のある犯罪は、通常計画性が強度で、これに従って多数人が統一された意思の下に犯罪を実行するという点で、その目的実現の可能性が高く、また、重大な結果を生じやすい、あるいは、ばくだいな不正な利益が生ずることが多いという意味で、特に悪質であり、このような類型につき、重い刑を定めるものとしている。」[12]とされていた。これについて、部会審議に関わった担当者の弁として、「あえて犯罪目的の団体を作ったり、その実行のための組織を備えたりしてまでして行われる犯罪は重大なものが多く、違法性が高いと考えていた」[13]との発言がある。このように、参考試案は、犯罪と団体・組織との間に密接な関連を持たせようとするものであり[14]、そのうえで、「あえて犯罪目的の団体を作ったり、その実行のための組織を備えたりしてまでして行われる犯罪」の有する、目的実現の可能性の高さ、重大な結果の生じやすさ、ばく大な不正の利益が生じることの多さに加重処罰根拠が求められたといえる。

（3）このように、組織的犯罪についての刑の加重は、参考試案の段階では、犯罪と団体・組織とを関連づけ、犯罪を行うための団体、組織を作ることに加重の根拠を求めるとの理解があったと思われるところ[15]、このような理解は、刑事法部会の審議過程において改められていくことになる。すなわち、「団体を作ること、あるいは団体の一員であること自体の処罰ではなく、組織的な活動として犯罪を行ったことについて、それぞれの個人の責任を問うというのが立案の主旨である」[16]とされ、行為形態に着目した加重規定であることを明らかにすべく[17]、加重根拠となる「団体」および「組織」についてそれぞれ定義規定を置くことと

---

12 前掲注（10）173頁参照。
13 松尾ほか・前掲注（6）9頁（渡邉一弘の発言）。
14 このような評価について、松尾ほか・前掲注（6）7頁（岩村智文の発言）を参照。
15 共謀共同正犯を含む通常の共犯とは異なる社会的実体を団体、集団、組織に見いだしていたと思われる。
16 松尾ほか・前掲注（6）8頁（松尾浩也の発言）。
17 「組織的な犯罪に対処するための刑事法整備要綱骨子（案）」ジュリ1115号（1997年）180頁参照。

された。かくして、答申の前提となる整備要綱骨子案では、「団体」について、「共同の目的を有する多数人の継続的結合体であって、その組織（指揮命令により、あらかじめ定められた任務の分担に従って構成員が一体として行動する人の結合体をいう。以下同じ。）によりその全部又は一部の活動を行うものをいう」とされた。また、「団体の活動として、これを実行するための組織により行われたときは、その罪を犯した者」について刑を加重するものとされた[18]。その後、「その組織によりその全部又は一部の活動を行うもの」という表現は「その活動の全部又は一部が組織により行われるもの」という表現に改められた。その趣旨は、「多数人の継続的結合体」とその「活動」及び「組織」相互の関係がより明確になるようにしたものとされている[19]。そして、このような修正について、立案担当者の理解として、「いろいろな類型の中で最低限度これに当たればという部分、つまり、新しく作るかこれまでの組織を転用するかは別として犯罪の実行を目的とする組織を備えてその組織により実行したという部分を取り出して、それ以上の形態、つまり犯罪目的の団体を作って実行するようなものは当然含まれるという形にした」[20]との見解が示されている。

以上が組織的犯罪の刑の加重に関する立法の大まかな過程である。次に、組織的犯罪の成立要件について、立案担当者の理解を確認しておくこととしたい。

三 「団体」及び「組織」の意義
――立案担当者による説明――

（1） 法3条1項の組織的犯罪は、各号に掲げる行為が「団体の活動」として、すなわち、「団体の意思決定」に基づき「団体の意思決定に基づく行為」の「効果又はこれによる利益が当該団体に帰属する」かたちで[21]、それを実行する

18　前掲注（17）169頁参照。
19　「法制審議会刑事法部会の『組織的な犯罪に対処するための刑事法整備要綱骨子（案）』」ジュリ1118号（1997年）153頁参照。
20　松尾ほか・前掲注（6）9頁の渡邉一弘の発言。
21　「団体の意思決定」とは、個々の構成員の意思を離れた団体としての意思決定をいい、「その効果又はこれによる利益」における効果・利益は法律上の効果・利益に限られず、広く事実上の効果・利益をも含み、「当該団体に帰属する」の意義も、法律的に帰属する場合に限らず、事実上の効果・利益を当該団体が享受しうる場合も含むとされている。三浦ほか・前掲注（1）87頁参照。

ための「組織」により行われることを要件とする。このように、組織的犯罪を構成する主要なメルクマールは、「団体」と「組織」であるといえる。

（2）法2条1項の「団体」を構成する要素は、①「共同の目的を有する多数人の継続的結合体」であること、②その目的又は意思を実現する行為の全部又は一部が「組織により」「反復して」行われるものであること、である。

「共同の目的を有する多数人の継続的結合体」という定義は、破壊活動防止法（昭和27年法律第240号。以下、「破防法」という。）の「団体」の定義すなわち「特定の共同目的を達成するための多数人の継続的結合体又はその連合体をいう」（破防法4条3項）にほぼ対応するものである。「共同の目的を有する多数人の継続的結合体」とは、立案担当者の説明によれば、「共同の目的をもって二人以上の者が結合している集団であって、その構成員の一部の変更が当該集団の同一性に影響を及ぼさないだけの継続性を有するもの、すなわち、構成員あるいはその単なる集合体とは別個の独立した社会的存在としての実体を有するもの」[22]をいう。「共同の目的」とは、「結合体の構成員が共通して有し、その達成又は保持のために構成員が結合している目的」をいい、「その目的自体が必ずしも違法・不当なものであることを要しない」とし、「会社が対外的な営利活動により利益を得ることなども、『共同の目的』に当たり得る」[23]という。また、「継続的結合体」[24]であることを要することから、「集会」のように一時的な集団に過ぎないもの、「群衆」のように共同の目的が欠如し構成員が相互に結合していないものも該当しないという[25]。そのうえで、「共同正犯の関係にある多数人は、『共同の目的を有する多数人の結合体』に該当することが多いと思われるが、単に共謀関係が認められるというだけでは、必ずしも、その結合体が『継続性』を有するとは認められない。」[26]という。

（3）「組織」性は、法2条1項において「団体」を構成する要素であると同時に、法3条1項において「当該罪に当たる行為を実行するための組織により」を構成する要素でもある。「団体」と「組織」の関係については、概念的には

---

22 三浦ほか・前掲注（1）68頁。
23 三浦ほか・前掲注（1）68頁。
24 この要件は、「組織」と同様に、「加重の対象を明確に限定するため」のものとされている。三浦ほか・前掲注（1）8頁参照。
25 三浦ほか・前掲注（1）68頁。
26 三浦ほか・前掲注（1）68頁。

「団体」の中に「組織」が包摂される関係にあると考えられるが、具体的事例では、「団体」と「組織」とが一体の関係にある場合も考えられよう[27]。

さて、「組織」とは、「指揮命令に基づき、あらかじめ定められた任務の分担に従って構成員が一体として行動する人の結合体」をいう。つまり、「組織」といえるためには、①指揮命令系統の存在、②あらかじめ定められた任務分担の存在、③任務分担に従って構成員が一体として行動する人の結合体であること、が必要ということになる。立案担当者の説明によれば、その規模の大小は問わないが、少なくとも複数の者によって構成されていることが必要であり、また、「結合体」である以上、ある程度の継続性を備えていることが必要であるという[28]。そして、「団体」の典型として会社が含まれるとの理解を前提に、「会社の一部を構成する部や課は、通常、『組織』に該当すると思われる」[29]という。また、「当該罪に当たる行為を実行するための組織」とは、ある罪に該当する行為を実行することを目的として成り立っている組織、すなわち、当該行為を実行するという目的が構成員の結合関係の根拠となっている組織をいい、既存の組織であっても、それがある罪に該当する行為を実行する組織として転用された場合には、これに該当するという[30]。

「反復して」とは、「過去において……反復して行われ、あるいは将来において反復して行われることが予定されているものをいう」とされる[31]。

（4）「団体」を「共同の目的を有する多数人の継続的結合体」のうち「その目的又は意思を実現する行為の全部又は一部が組織により反復して行われるもの」に限定した理由は、立案担当者の説明によれば、「本法（組織的犯罪処罰法。筆者注）が、組織により活動を行う継続的結合体の性質に着目して、これを組織的な犯罪として刑の加重等を行う前提条件としてとらえていることによる。」という。そのうえで、加重処罰根拠について、以下のように述べている。すなわち、「組織により活動を行う継続的結合体は、組織性を有していないものと比べ、その構成員に対する関係では、共同の目的による統制に加えて、組織の指揮命令関係による強い内部統制を及ぼすことができ、また、その活動の反復・継続性とい

27　この点について、足立友子「判批」論究ジュリ20号（2017年）207頁参照。
28　三浦ほか・前掲注（1）69頁。
29　三浦ほか・前掲注（1）67頁、69頁。
30　三浦ほか・前掲注（1）88頁。
31　三浦ほか・前掲注（1）69頁。

う点でも、より反復・継続した活動を行いやすいという性格を有していると認められることから、ひとたび犯罪の実行に及んだ場合には、その目的実現の確実性が高く、重大な被害やばく大な不正の利益を生ずる蓋然性も高いと考えられ、あるいは、そのような組織により活動を行う継続的結合体がその威力に基づく不正権益を保有する場合には、その社会に与える害悪は重大となると考えられるところ、本法は、そのような組織的な犯罪について刑の加重を行おうとするものであることから、『団体』の定義に組織性の要件を加えたものである。」[32]。

四 組織的犯罪の加重処罰根拠と「団体」及び「組織」の意義

 このように、立案担当者に説明によれば、組織的犯罪の加重処罰根拠は組織性及び活動の反復継続性（反復性）に求められている。もっとも、既述のように、組織性は法２条１項の「団体」の要素であるとともに、法３条１項の「当該罪に当たる行為を実行するための組織により」の要素である。それゆえ、加重処罰の根拠となる組織性は——反復性もその要素とする——「団体」の要件としての組織性なのか、法３条１項の犯罪を実行するための「組織」の組織性なのか、後者だとすれば共同正犯において見られる組織性とどのように異なるのかが問題となるように思われる。他方、反復性については、反復性は「団体」の要件であるが法３条１項が直接反復性を要求しているわけではない。つまり、反復の対象は団体の活動であり、法３条１項各号が掲げる犯罪行為ではない。そうすると、反復性それ自体を加重処罰の根拠と捉えることができるのかが問題となろう。以下では、このような観点から、組織的犯罪の加重処罰根拠と団体性、組織性、反復性の意義について検討することとしたい。

1 組織的犯罪の保護法益

 組織的犯罪とりわけ組織的詐欺罪の加重処罰根拠について、その保護法益を社会的法益に求めることにより根拠づけようとする見解が主張されている。すなわち、「刑法典上の詐欺罪の保護法益が個々人の財産であるのに対し、同罪の保護法益は個々人の財産のみならず、不特定多数の経済的・財産的利益である」[33]と

---

32 三浦ほか・前掲注（1）69～70頁。
33 大山・前掲注（3）223頁。

捉える見解であり、組織性、反復性を保護法益に結びつけて捉えようとする見解といえる。

しかし、この見解には以下のような疑問がある。すなわち、法3条1項は、各号に規定された行為について「団体の活動……として当該罪に当たる行為を実行するための組織により行われたとき」に刑を加重するものであるから、加重処罰根拠は、組織的詐欺罪だけではなく、同項が掲げるその他の犯罪についても妥当するものでなければならないであろう。そうだとすれば、法3条1項各号に掲げられたすべての犯罪について同様の構成が可能であるか、疑問が残る[34]。また、組織的詐欺罪に限っても、組織的、反復的に行われることが類型的に不特定多数の者の経済的・財産的利益の侵害に結び付くとはいえず、「組織的詐欺においては、特定の具体的被害者に対して組織的かつ執拗に欺罔行為が繰り返されることによって、通常一般の詐欺事案に比して被害額が格段に多額に登るという刑事学的実態があるといえる」[35]との認識が示すように、特定の被害者に対する組織的、反復的に行われる場合も考えられるであろう。そして、この場合でも組織的詐欺罪の成立は否定されないとすれば、組織的詐欺罪の保護法益を不特定多数の経済的・財産的利益と捉えることはできないように思われる。

このようにみると、組織的犯罪の保護法益を通常の犯罪と異なるものと捉えることはできず、それゆえ組織的犯罪における刑の加重は、立案担当者の見解に示されるように[36]、行為形態に着目して捉えられるべきこととなるであろう。そのうえで、類型的加重の正当性が問われる必要があると思われる。

2 「団体」の意義と機能

組織的犯罪処罰法は、「団体」の意義について、「共同の目的を有する多数人の継続的結合体」であることを前提に、組織性と反復性により限定を加える構造になっている。それゆえ、「共同の目的を有する多数人の継続的結合体」であっても、その行為が「組織」によって実行されるものでなければそもそも「団体」とはいえず、また、「組織」によって行われるものであっても、反復性がなければ

---

34 斉藤豊治「刑事法学の動き（大山徹「組織的詐欺罪について」）」法時90巻8号（2018年）122頁は、「法益論の再構成が、詐欺罪という犯罪類型の特性に注目した立論なのか、それとも法3条1項の組織的犯罪のその他の類型にも共通して妥当するものかも問われよう」と指摘している。
35 長井・前掲注（3）516頁。
36 この点について、松尾ほか・前掲注（6）9頁参照。

「団体」とはいえないことになる。もっとも、このような限定にもかかわらず、「団体」の要件はもっぱら形式的な要件にとどまっており、通常の犯罪に比して組織的犯罪の加重処罰を何ら根拠づけるものとはなっていないといえる。

　すなわち、「共同の目的」について、既述のように、目的自体が必ずしも違法・不当なものであることを要しないとされ[37]、犯罪を目的として結びついた人的結合体だけでなく、通常の経済活動を目的として結びついた会社もこの要件を充たすというのであるから、目的を同じくする人々の継続的な結合体であればすべてこの要件を充足することになる。また、「組織」を構成する要素は、①指揮命令系統の存在、②あらかじめ定められた任務の分担の存在、③任務の分担に従って構成員が一体として行動する人の結合体であることであるが、これらは、組織一般が通常備えている特徴を述べたにすぎず、さらに、反復性についても、反復の対象は、団体の活動一般であって、法3条は同条1項各号に掲げる犯罪行為の反復それ自体を要件としているわけではない。

　このように、「団体」の定義は、犯罪の成立要件という観点からは、何ら実質的な意義を持たない形式的なものといえる[38]。このことは、「会社は、営利活動によって利益を得ることを共同の目的とする多数人の継続的結合体であって、その目的を実現する行為が組織により反復して行われるものの典型といえ、本件会社も例外とすべき事情はない。」とする、最高裁平成27年決定の調査官解説の評価[39]に端的に表れている。「団体」性の要件が形式的なものにとどまったのは、「最低限度これに当たればという部分」[40]を明らかにしようとしたため、と評価できるかもしれない。しかし、そうだとすると、それにより結果的に、法が本来対象としていなかったと思われる類型が規制対象に取り込まれることになってし

37　なお、破防法4条3項の「特定の共同目的」について、神山欣治『逐條破壊活動防止法解説』（1952年）48頁は目的の違法適法を問わないとしているが、關之『破壊活動防止法の解説』（1952年）208頁は、法律の目的が「団体の活動としての暴力主義的破壊活動」の規制にあることを踏まえ、「この法の対象とする団体は、暴力主義的破壊活動を実行することによって現在の社会秩序、したがって国家の基本組織を革命しようとすることを特定の共同目的とする、暴力主義的破壊分子の多数人の継続的な集団またはこれが連合体を指すものであるということになる」としており、目的の違法性を前提としているようである。

38　組織的犯罪処罰法2条1項が「団体」を組織性と反復性により限定しようとしたことにも意義を見いだしがたいように思われる。「団体」自体を規制の対象とするのではなく、また、立案担当者の説明のように「団体」を広く解するのであれば、団体は「共同の目的を有する多数人の継続的結合体をいう。」と定義することで足りたであろう。

39　伊藤雅人「判解」『最高裁判所判例解説刑事篇（平成27年度）』（2017年）243頁。

40　松尾ほか・前掲注（6）9頁（渡邉一弘の発言）。

まったのではないかと思われる。組織的詐欺罪についていえば、経営危機に直面した会社等組織が経営の立て直しのために行う金員の受け入れが詐欺罪に該当する場合のように、合法的な組織体が組織体の目標に従って法侵犯を行う類型である[41]。もとより、そのような犯罪も厳しく対処されるべきであることに変わりはないが、それが「平穏かつ健全な社会生活を著しく害」する（組織的犯罪処罰法1条）、「極めて危険かつ悪質な犯罪」[42]を抑止するという組織的犯罪処罰法の立法趣旨及び類型的加重処罰の趣旨に適うものであるかどうかは疑問である。「団体」要件の形式性は、結果として、組織的犯罪の刑の加重が無限定に適用される余地を作ったと評価できるように思われる[43]。

3 「当該罪に当たる行為を実行するための組織により行われたとき」の意義と機能

（1）既述のように、本罪の加重根拠は、立案当局者の説明において、組織性と活動の反復・継続性（反復性）がもたらす目的実現の確実性の高さ、重大な被害やばく大な不正の利益を生じる蓋然性の高さに求められていた。もっとも、このうち反復性については、団体の活動として組織による行われる犯罪行為は、事実上反復継続する傾向が高いといえるであろうし、また、常習犯の加重や業務上過失致死傷罪や業務上横領罪における刑の加重のように、反復継続することに着目して刑を加重することは考えられるものの、法3条1項が各号に掲げられた犯罪行為の反復それ自体を要件としているわけではない点を踏まえると[44]、反復性を直接の加重処罰根拠と捉えることはできないように思われる[45]。加重根拠とし

---

41 板倉宏は、「組織体犯罪」を「合法的な組織体——会社、組合など——において、組織体の目標に従って行われる法侵犯」と定義し、「組織体犯罪（Organizational Crime）」と暴力団など組織による「組織化された犯罪」すなわち「組織犯罪（Organized Crime）」とは本質を異にする、としている（板倉宏「組織体犯罪の比較法的考察」同『現代型犯罪と刑法の論点』（1990年）29頁以下）。このような分類に従えば、組織的犯罪処罰法が対象としていた「組織的な犯罪」は、「組織体犯罪」ではなく、あくまで「組織犯罪」であったと思われる。
42 三浦ほか・前掲注（1）2頁。
43 立法当初から指摘されているように（松宮孝明「組織犯罪対策と犯罪化、重罰化」同『刑事立法と犯罪体系』〔2003年〕49頁）、「団体を広く解せば共犯事件のほとんどすべてがここに含まれるということにもなりかねない」といえよう。浅田和茂「『組織的な犯罪』対策立法の問題点」法時68巻13号（1996年）3頁以下も参照。
44 この点について、田中伸一・水落桃子「組織的犯罪処罰法（組織的詐欺）」判タ1241号（2016年）42頁参照。
45 これに対し、芥川・前掲注（3）149頁は、組織による役割分担に加えて、組織により実行され

て問題となるのは、もっぱら組織性すなわち犯罪が「当該罪に当たる行為を実行するための組織により行われたとき」に求められることになろう。

（2）さて、組織性すなわち「当該罪に当たる行為を実行するための組織により行われたとき」の意義について、まず、本罪を必要的共犯と解するかどうか、換言すれば、事情を知らない多数人を利用した間接正犯の形態を考えることができるかが問題となる。

この点、法案審議の過程では間接正犯の成立に肯定的な受け止め方もされたようであり[46]、立案担当者の解説でも、「情を知らない多数人からなる組織を利用した間接正犯形態により犯罪を実行する場合も想定できる」[47]とされている。しかし、これについては、否定的に捉える見解が妥当であると思われる。すなわち、法2条によれば、「組織」とは「指揮命令に基づき、あらかじめ定められた任務の分担に従って構成員が一体として行動する人の結合体」をいい、この定義を踏まえると、「当該罪に当たる行為を実行するための組織」といえるためには、「指揮命令」を与える者の存在を前提として、法3条1項各号の罪に該当する行為を行う「構成員」が、指揮命令のもとで、指揮命令の内容及びあらかじめ定められた役割分担を認識し、それに従って行動することが求められると思われる。そのうえで、指揮命令の内容及び役割分担について構成員の間で相互認識がある場合にはじめて、「構成員が一体として行動する人の結合体」といえるように思われる[48]。また、そのような形態で行われる犯罪こそが、法が本来規制しようとした、「平穏かつ健全な社会生活を著しく害」する（組織的犯罪処罰法1条）、「極めて危険かつ悪質な犯罪」であると評価できるように思われる。そうだとすると、関与者全員が組織的詐欺を認識している必要はないとしても、その組織に属する複数の自然人が指揮命令関係と役割分担を相互に認識している必要があると思われる[49]。このような理解を踏まえると、立案担当者の理解とは異なり、組

る行為は反復継続的に行われる傾向が高まるという点も加重処罰の根拠であるとしている。

[46] 松尾ほか・前掲注（6）9頁参照。

[47] 三浦ほか・前掲注（1）89頁。

[48] 斉藤・前掲注（34）119頁は、「単独犯と「組織的」犯罪とは概念矛盾ではなかろうか」と指摘し、さらに、「『団体』の意思決定により『組織的』に行われる犯罪を『単独でなしうる』という説明には無理がある」と指摘しているが、正鵠を射た指摘であると思われる。

[49] 佐久間修「判批」『平成27年度重要判例解説（ジュリスト1492号）』（2016年）160頁は「主要な構成員が詐欺行為を認識していなければ、客観的にはともかく、目的実現の可能性が著しく高いとか、重大な結果が生じやすいとはいえないであろう。」としている。さらに、前田・前掲注（7）45頁参照。なお、最高裁平成27年決定は、組織を構成する者全員が詐欺行為に加担してい

織的詐欺罪を含む組織的犯罪は必要的共犯と位置づけるのが妥当であると思われる[50]。そのうえで、次に問題となるのは、組織性が通常の共犯と組織的犯罪を区別し、通常の犯罪に対して組織的犯罪を類型的に加重する根拠となるかという点である。

(3) 共犯とりわけ共謀共同正犯を含む共同正犯の本質をどのように理解すべきかについては、それ自体大きな問題であるが、共同正犯の本質をどのように理解するにせよ、①指揮命令に基づき、②あらかじめ定められた役割分担に従い、③構成員が一体として行動するという「組織」の諸要素は、共同正犯におけるいわゆる「一部実行の全部責任」を基礎づける要素と見ることができる。すなわち、指揮命令関係は、これを縦の関係で捉えるとしても、そのような関係はいわゆる支配型の（共謀）共同正犯の本質的要素であろうし、「あらかじめ定められた任務の分担に従って構成員が一体として行動する」ことは、いわゆる対等型の（共謀）共同正犯の本質的要素といえるだろう。それゆえ、組織的犯罪を通常の共犯よりも類型的に加重するためには、上記の要素に通常の共犯とは異なる組織的犯罪に固有の意義を見いだす必要がある。

この点について、指揮命令関係が認められるためには暴力団組織のような「強い内部統制」が必要だとすることにより、そのような「強い内部統制」のもとで構成員が役割分担に従い一体として行動することに加重処罰の根拠を見いだすことも考えられる[51]。しかし、そのような「強い内部統制」は、いわゆる支配型の共謀共同正犯における「黒幕」と実行犯との間においても肯定されるであろうし、そもそも、「指揮命令関係が組織内に存在し得る前提となるだけの合理的統制が組織内にあればそれで組織性の要件は十分足りている」[52]と解するのであれば、指揮命令関係の存在という要件には、それ自体、組織体犯罪を通常の共犯と質的に区別する機能はないということになろう[53]。

るとの認識を有する必要はない、としている。
50 斉藤・前掲注 (34) 122頁は、組織的犯罪を必要的共犯と位置づけ、集団犯の下位類型として「組織犯」を概念化し、組織性、一体性、閉鎖性を持つものと性格規定をすることを示唆している。
51 横浜地川崎支判平成13年3月12日判例集未登載（本判決について、控訴審判決の評釈である阪井博「判批」研修650号〔2002年〕154頁）。
52 阪井・前掲注 (51) 161頁。さらには、杉山徳明「判批」研修652号 (2002年) 21頁。
53 大山徹「詐欺組織への変容と組織的犯罪処罰法3条1項の『当該罪に当たる行為を実行するための組織』の意義——最決平成27年9月15日を素材にして——」杏林社会科学研究34巻1号

このように見ると、組織性を構成する諸要素についても、これらによって「組織的犯罪」と共謀共同正犯を含む通常の共犯とを類型的に区別して大幅に刑を加重することはできように思われる。共謀共同正犯そのものを否定するのであれば別であるが、「組織」性は、共謀共同正犯を肯定したうえで共同正犯とは区別された固有の意義、加重処罰根拠を示すものではないといえよう。それでは、加重の根拠を何に見いだすべきか。

4　「団体」の限定解釈

（1）組織的犯罪の加重処罰は、組織性のみを加重の根拠とするのではなく、「団体の活動」として行われた行為について組織性を要件として加重するものである。立法過程の検討においてみたように、加重処罰の要件について、参考試案の段階では、犯罪実行のための組織を作り、または、既存の組織を犯罪実行のために転用した場合について刑を加重することが想定されていたといえる。念頭におかれていたのは、暴力団等のいわば反社会的集団であり、「詐欺商法」についても、反社会的集団が会社組織を利用して行う類型が念頭におかれていたといえる。しかし、団体を作ること、あるいは団体の一員であることを処罰するものではなく、あくまで、組織的な活動として犯罪を行ったことについて個人の責任を問うものであるとして立法化を図り、暴力団等の反社会的集団の特徴を一般化するかたちで定義することにより、かえって、法の射程が曖昧になるとともに、加重の根拠も曖昧になってしまったように思われる。

すなわち、暴力団に代表される犯罪組織が、「共同の目的を有する多数人の継続的結合体」であり、その活動に組織性と反復継続性が認められるといえるとしても、当然のことながら、そのような要素を備える「団体」であることが社会の脅威となるわけではない。そして、法の定義する「団体」及び「組織」の要素は、合法的な企業組織体が本質的に備える要素にほかならない。それゆえ、合法的に設立された会社等組織体が組織体の目標に従って活動する中で詐欺罪に該当する行為をした場合には、容易に「団体」性及び「組織」性が肯定されることに

（2018年）46頁は、「立案当局者は「暴力団」のみならず「会社」も団体の例示としてあげており、会社には「強い内部統制」のないフラットな組織もあるものと見受けられるとしたうえで、強い内部統制の存在」は法2条1項の条文上の要件としては掲げられていないとして、これを要件とする見解を否定している。

なる。もとより、そのような行為も刑事規制の対象とされるべきであることには異論はないとしても、それが組織的犯罪処罰法が重罰をもって規制しようとした犯罪、すなわち、「平穏かつ健全な社会生活を著しく害」する（法1条）、「極めて危険かつ悪質な犯罪」といえるか、疑問である[54]。立案担当者の説明によれば、「団体」は暴力団その他犯罪の実行を目的とするものには限定されないが、「団体」の要件のみによって加重類型に当たる行為の範囲が確定されるわけではなく、正当な目的を有する団体が通常行っている活動が「団体の活動」として「当該罪に当たる行為を実行するための組織」により行われるという要件に該当することは、想定しがたい[55]、という。しかし、既に見たように、「組織」の要件にも組織の犯罪の類型的加重処罰を基礎づけ、組織的犯罪の成立範囲を限定する機能はないと思われる。

（2）当初から指摘されているように、組織犯罪の概念についてその中心部分は明確であるとしても、周縁部分は明確ではなく、組織犯罪を明確に概念化することは難しい[56]。「団体」の要件を一般化すれば、すべてのものが取り込まれて、過度の処罰の拡張を招くといえよう。組織的犯罪の成立範囲を、共謀共同正犯を含む通常の共犯とは質的に区別された、「平穏かつ健全な社会生活を著しく害」する（法1条）、「極めて危険かつ悪質な犯罪」に限定するためには、参考試案において示されたように、犯罪と団体・組織とを関連づけ、団体を、犯罪を目的とした人の継続的結合体と解する必要があると思われる[57]。平成29（2017）年の組織的犯罪処罰法改正（平成29年法律第67号）により「組織的犯罪集団」が定義づけられ、法6条の2第1項は「団体のうち、その結合関係の基礎としての共同の目的が別表第三に掲げる罪を実行することにあるものをいう。」と定義してい

---

54 熊谷・前掲注（3）130頁は、詐欺罪を実行することを目的とされた組織と途中から詐欺罪を実行することを目的とするに至った組織について異なる理解をする必要はないとしている。しかし、立法の経緯を踏まえると、途中からもっぱら詐欺を実行することを目的とする集団に至った場合と事業の実体が認められる会社とは、区別して考える必要があると思われる。

55 三浦ほか・前掲注（1）70頁参照。

56 佐伯仁志「組織犯罪への実体法的対応」『岩波講座現代の法6　現代社会と刑事法』（1998年）233頁参照。「組織的な犯罪」の曖昧性について、浅田・前掲注（43）4頁。その意味では、板倉のいう「組織犯罪」と「組織体犯罪」の区別も、その境界線は流動的といえる。

57 「団体」あるいは「組織」の意義について、「犯罪を反復継続的に遂行するための結合体」ないし「犯罪継続的な行為主体」と捉える見解として、長井圓＝藤井学「ドイツ刑法における徒党犯罪の加重処罰根拠——組織的犯罪処罰法3条との比較的考察——」神奈川法学34巻1号（2000年）196頁、200頁参照。

るが、関連する規制の当否を措くとして、法２条１項の「団体」もそのように限定的に解釈する必要があろう[58]。もとより、そのような解釈をするべきこととそれにより組織的犯罪の加重処罰が理論的に正当化されるかは別の問題であるが[59]、組織性により加重処罰を正当化することができないとの観点からは、組織的犯罪の成立範囲の過度の拡張を回避するため、解釈論として、法２条１項の「団体」の定義における「共同の目的」を、法３条１項各号に掲げる罪にあたる行為をする目的と限定的に解すべきであると思われる。

五　結びに代えて

　本論で検討したように、組織性の要件は（それゆえ、法２条１項の「組織」を前提とする３条の「当該罪に当たる行為を実行するための組織により行われたとき」の要件も）、通常の犯罪に比して組織体犯罪の類型的加重処罰を基礎づけるものではない。それゆえ、組織的犯罪の成立範囲を法が本来規制しようとしていた、「平穏かつ健全な社会生活を著しく害」する（法１条）、「極めて危険かつ悪質な犯罪」に限定づけようとすれば、「団体」を広く解するのではなく、犯罪と「団体」とを関連づけ、「団体」を、犯罪を目的とした人の継続的結合体と解する必要があると思われる。解釈論的には、法２条１項の「団体」の定義における「共同の目的」を、法３条１項各号に掲げる罪にあたる行為をする目的と限定的に解すべきであろう。

　学説の中には、「団体」を実質的に捉えようとする見解も見られる。たとえば、組織的犯罪処罰法における「継続的結合体」を「将来にわたって同種の犯罪を連続的に遂行する結合体」、「反復して行われるもの」を「将来にわたって同種の犯罪が連続的に行われるもの」と再定義すべきであるとの見解[60]がある。この見解は、実質的には、「団体」を犯罪を目的とした人の継続的結合体と捉える考

58　「組織的犯罪集団」の定義が限定機能を果たさないという指摘について、高山佳奈子『共謀罪の何が問題か』（2017年）48頁。

59　浅田・前掲注（43）４頁は、諮問の時点において既に、団体との関連のみを理由に刑を加重するのは個人責任の原則に反するであろうとの指摘をしているが、「組織的な犯罪」の刑の加重は組織性では説明できず、「団体」と関連づけて説明するほかないと思われることから、そのような観点から加重の正当性が問われることになろう。

60　大山・前掲注（３）224頁。楠田・前掲注（３）128頁も、「継続的」な結合体であるか否かが組織的詐欺罪と単なる共犯関係に基づく詐欺罪との分水嶺になるとしている。

え方に帰着するように思われる。また、組織的詐欺罪と通常の詐欺罪との分水嶺を「実質的な組織性」に求め、その内実として「金員を詐取する目的ための集団形成」、「長期間・多数回にわたる詐取行為の組織的反復継続性」を挙げる甲斐克則の見解[61]も、上記の見解と同様に、「団体」を犯罪を目的とした人の継続的結合体と捉える考え方に帰着するように思われる。

---

[61] 甲斐克則「組織的詐欺罪と通常詐欺罪の区別」山口厚ほか編『高橋則夫先生古稀祝賀論文集下巻』(2022年) 399頁。なお、甲斐は、実行行為者が組織的詐欺行為の共通の認識を共有していること、すなわち「共通の認識の共有」が通常詐欺罪と組織的詐欺罪との量刑の差異であり組織的詐欺罪の加重根拠である、としている。しかし、そのような認識が組織的詐欺罪の故意及び共同正犯の認識として必要であるのは疑いないとしても、それにより加重処罰が根拠づけられるわけではないであろう。同様の指摘として、佐藤結美「組織的詐欺罪について」穴沢大輔ほか編『消費社会のこれからと法　長井長信先生古稀記念』(2024年) 152頁。

マネー・ローンダリング罪に関する一考察

澁　谷　洋　平

一　序
二　ML罪の諸問題
三　結　語

一　序

　甲斐克則教授は、複雑かつ不明確な刑罰法規が氾濫する一方で、新たな技術の進歩により犯罪現象が複雑化する状況を受けて、「これらの諸問題に刑法学が対処するには、現状認識を新たにすると共に、犯罪と刑罰の本質論に絶えず遡源して、国民自身による問題解決への基本的視座を確立する必要がある。法益論は、そのための重要な任務を有する」[1]と述べられている。そして、「『法益とは、国民の眼からみて、各人相互の実質的な共存条件確保のために不可欠の、明確にして因果的に変更可能な生活財である』。……経験的現実・歴史を社会学・文化人類学・経済学・心理学・医学・歴史学等を踏まえて国民の視点から批判的に考察し、その中から先の四つの基本的視座に適うものを法益とすることができる」[2]という「存在論的法益論モデル」を基本的視座として示される。
　しかしながら、近年、法益論に対しては、立法上及び解釈上の一元的指針としての性格を喪失したとする厳しい批判[3]があるほか、一般的な法益概念が定義し難く指導原理として機能不全であること、法益保護思想が刑法の早期化を後押ししている側面があることなどを鋭く突く指摘[4]もある。そこでは、とりわけ抽象的危険犯の形式をとり、刑法的介入の早期化を図ろうとする様々な犯罪を中心と

---

[1] 甲斐克則『法益論の研究』（成文堂、2023）2-3頁。
[2] 甲斐・前掲註（1）42頁。
[3] 井田良「刑事立法の活性化とそのゆくえ——本特集の趣旨」法律時報75巻2号（2003）4-5頁。
[4] 松宮孝明「法益論の意義と限界を論ずる意味——問題提起に代えて——」刑法雑誌47巻1号（2007）2-4頁。

して、各刑事立法の当否や解釈基準・方法を探究するため、法益論を基点として議論が展開されてきた[5]。

こうした議論の俎上にのせられるべき犯罪類型の1つが、マネー・ローンダリング（ML）罪である[6]。ML規制は、米国の麻薬犯罪対策を端緒とし、重大犯罪やテロ活動にも規制対象を拡大して厳格な姿勢をとる方向で国際標準が形成・強化され、国際協調が強く要請されてきた。そこでは、国際標準を正確に理解し、従来の解釈論を前提としつつ新たな観点に基づく犯罪化の可能性を多角的に検討すること、法益を新たに把握することなどが必要とされている[7]。

他方、ML規制の必要性を認めつつ、これが組織規制から行為規制へと変容していることに照らし、人権保障のための基本原則との抵触につき慎重な検討が必要であるとする指摘[8]や、国際標準に基づくML規制の国内法化が立法事実のないまま一方的になされている疑いがあり、必要性や効果が乏しい立法の費用対効果を分析し、規制対象の特殊性や規制手段の地域性に訴えつつ国際協調に対抗する選択肢をもつべきであるとする見解[9]もある。

近年、金融活動作業部会（Financial Action Task Force〔FATF〕）による『第4次対日相互審査報告書』[10]の結果を大きな契機として[11]、ML罪や犯罪収益の没収を考察する比較法研究が公表され、議論が進展し始めている[12]。

---

5 例えば、高橋則夫「刑法的保護の早期化と刑法の限界」法律時報75巻2号（2003）15頁以下、松原芳博「刑事違法論と法益論の現在」法律時報88巻7号（2016）23頁以下など。

6 ML罪の刑事立法としての位置づけについて、河村博「平成の刑事関係立法の概観」刑事法ジャーナル61号（2019）9頁。

7 今井猛嘉「テロ・組織犯罪対策」ジュリスト1348号（2008）126-127頁。

8 斉藤豊治ほか編『新 経済刑法入門［第3版］』（成文堂、2020）106頁〔斉藤豊治〕。

9 新倉修「マネー・ロンダリング規制と組織犯罪対策」法律時報84巻11号（2012）60頁、63頁。

10 FATF, Anti-Money Laundering and Counter-Terrorist Financing Measures: Mutual Evaluation Report - Japan (2021). FATFによる相互審査の方法や項目・基準、第4次対日相互審査結果を受けたML規制の課題については、尾崎寛ほか編『逐条解説 FATF勧告 国際基準からみる日本の金融犯罪対策』（中央経済社、2022）52-62頁〔澁谷洋平＝中崎隆〕、399-404頁〔澁谷洋平〕。

11 第4次対日相互審査では、「勧告3（MLの犯罪化）」の法令整備状況こそ「概ね適合」とされたが、ML罪が詐欺罪や窃盗罪など犯罪収益の源泉となる前提犯罪の法定刑より低く、抑止力に欠くとされた。そこで、組織的犯罪処罰法が改正され、ML罪の法定刑が引き上げられた（令和4年法律97号）。今井猛嘉「マネー・ローンダリング罪の法定刑引上げについて」金融・商事判例1642号（2022）1頁、橋本広大「FATF第4次対日相互審査とマネー・ローンダリングの処罰」南山法学46巻3＝4号（2023）35頁、56-67頁。

12 最近の研究として、三隅諒「ドイツにおけるマネー・ロンダリング（資金洗浄）罪改正のもたらす示唆」日本法学88巻1号（2022）140頁、川崎友巳「アメリカ合衆国のマネーロンダリン

本稿では、伝統的な刑事法理論に対する挑戦[13]を含むと思われるML罪のうち、犯罪収益等隠匿罪（組織犯罪10条1項）及び同収受罪（同11条）に焦点を当て、法益論を基点としてML罪の諸問題について若干の考察を試みることにしたい。

二　ML罪の諸問題

1　ML罪の立法趣旨

ML行為は、国際社会にきわめて深刻な影響を及ぼすものと評価されている[14]。現在、MLの犯罪化の基盤となってるのは、1988年に採択された「麻薬及び向精神薬の不正取引の防止に関する国連条約（麻薬新条約）」と2000年に採択された「国際的な組織犯罪の防止に関する国連条約（TOC条約）」であり、FATF勧告もこれに依拠している[15]。

MLとは、犯罪収益の起源や真の所有者を隠匿・仮装し、摘発や検挙、剥奪等を逃れようとする一連の行為をいう[16]。2つの国連条約は、犯罪化されるべきML行為を、ⓐ犯罪収益の転換又は移転、ⓑその性質や出所、所在、処分、移動、所有権その他の権利の隠匿又は偽装、ⓒ犯罪収益の取得、保管、使用、ⓓⓐⓑⓒの共謀、未遂、援助又は相談と定義している（麻薬新条約3条1項、TOC条約6条1項）。

ング罪」同志社法学69巻7号（2018）1095頁、黒沼悦郎「マネー・ローンダリング罪について」松井秀征ほか編『商法学の再構築――岩原紳作先生・山下友信先生・神田秀樹先生古稀記念』（有斐閣、2023）603頁、橋本広大『国際組織犯罪対策における刑事規制――処罰の早期化・犯罪収益規制とイギリス比較法』（慶応義塾大学出版会、2022）233頁以下、澁谷洋平「イギリスにおけるマネー・ローンダリング罪について――2002年犯罪収益法制定以後の動向を中心として――（1）（2・完）」熊本法学140号（2017）65頁、144号（2018）95頁など。
13　井田・前掲註（3）4頁、松宮孝明「実体刑法とその『国際化』――またはグローバリゼーション――に伴う諸問題」法律時報75巻2号（2003）27-28頁。
14　国連薬物犯罪事務所（UNODC）によれば、2009年の世界の犯罪収益が約1.5兆から2.6兆ドル、対GDP比2.6から4.4%の範囲内にあると見積もられている。野田恒平『還流する地下資金――犯罪・テロ・核開発マネーとの闘い』（中央経済社、2023）9-10頁。なお、2023年に公表されたIMF文書（International Monetary Fund, 2023 Review of The Fund's Anti-Money Laundering and Combating The Financing of Terrorism Strategy (2023), para 1）は、国際的目標である「金融の廉潔性（integrity）」を保護するため、徹底的なML規制が重要であるとしている。
15　FATF「勧告3（MLの犯罪化）」、「有効性指標（Immediate Outcome）7（MLの捜査・訴追・制裁）」、「勧告30（ML及びテロ資金供与の捜査）」など。
16　ML罪全般について、芝原邦爾『経済刑法研究（下）』（有斐閣、2005）510頁。

ML 犯罪化の趣旨は、ML が政治及び司法機構の信頼性や国内外の金融システムの安定性を根本から掘り崩すものであって犯罪組織の影響力が増大する一方、政府等公的機関の統治や廉潔性が損なわれる点に見出されている[17]。日本の立法解説も、ML 行為を放置すると①犯罪収益が犯罪組織の維持強化に再投資されて更なる犯罪を助長するとともに、②犯罪収益が事業活動に利用されることで健全な経済活動に悪影響を及ぼすことを立法趣旨として記述している[18]。もちろん、ML 行為を放置して犯罪者が犯罪行為による利得を保持することを許容することが不正義である。

2　保護法益・罪質

ML 罪の保護法益については、従来から議論がある。一方、罪質については、抽象的危険犯と解するのが一般的と思われる。

立法解説は、ML 罪の保護法益を立法趣旨①②に即して把握する立場である[19]が、犯罪収益一般について再投資の危険性があるとはいえず、犯罪収益の活用が合法的な経済活動に悪影響を及ぼすとも考えられないとして、③ ML 罪は犯罪収益剝奪を免れることを処罰する点で証拠隠滅罪（104条）や強制執行妨害目的財産損壊等罪（96条の2）に類似した刑事司法作用を保護法益とする犯罪類型であると解する立場も有力である[20]。

確かに、ML 罪には組織性の要件がないため、あらゆる ML 行為に①が認められるわけではない。また、②の具体的内容も、必ずしも明らかでない。

しかし、①は、国際的な麻薬組織の資金源と犯罪の連鎖を断つという ML 犯罪化の原初的目的、創設の出発点である[21]。一連の特殊詐欺事犯を挙げるまでも

17　United Nations Office on Drugs and Crime, Legislative Guide For the Implementation of the United Nations Convention Against Transnational Organized Crime (2017), pp. 37-38 (paras 107-108).

18　三浦守ほか編『組織的犯罪対策関連三法の解説』（法曹会、2001）109-110頁。

19　三浦ほか編・前掲註（18）120頁、125頁。さらに、京藤哲久「組織犯罪対策法の実体法的検討」刑法雑誌40巻3号（2001）397頁、佐久間修「組織犯罪対策（マネーロンダリングの狙い）」刑事法ジャーナル11号（2008）6-7頁、藏本匡成「組織的犯罪処罰法（犯罪収益等隠匿罪）」判例タイムズ1430号（2017）97頁、99-101頁。

20　佐伯仁志「組織犯罪への実体法的対応」岩村正彦ほか編『現代の法6　現代社会と刑事法』（岩波書店、1998）253-255頁、山本輝之「マネーロンダリング」法学教室240号（2000）26頁、芝原・前掲註（16）473頁、丸山雅夫「マネーロンダリング」斉藤豊治ほか編『神山敏雄先生古稀祝賀論文集第2巻』（成文堂、2006）339頁。

21　野田・前掲註（14）32頁。

なく、ML罪が組織犯罪対策として機能し得る側面は現在も否定できない。また、②について、犯罪収益の市場流入が総体として経済活動に無視し得ない影響を及ぼすという説明[22]もあるが、これに加えて、金融の廉潔性という概念の内実理解に照らし、従来不明確であるとされた保護法益の重要部分を補足することができると思われる。すなわち、ML行為により金融の廉潔性が毀損されると、金融取引の支障や投資家不信を招き、ひいては当該国内外の健全な経済発展が阻害されかねないという機序である[23]。こうした意味で犯罪収益の市場流入を規制して金融システムの廉潔性ないし信頼を保護するというとき、組織性がある場合はもちろん、ない場合でも多発する微細なML行為により累積する汚染を放任したときに生じる深刻な経済的被害を未然に防止することは必要であろう。

このような形で把握される①②が法益としての適格性を有するかが問題となる。多くのML事犯において犯罪収益が収益性の高い前提犯罪の連鎖に再投資される可能性があり、更なる犯罪が遂行されれば被害が拡大することとなるから、ML罪が本来的に予備罪的性格を有するため実害の可能性は具体的なものでなく潜在的なものに留まるものの[24]、①は将来の財産権など人の共存条件を確保するために不可欠な、明確にして因果的に変更可能な生活財ということは可能であろう[25]。また、②は内容に不明確さを抱えていたが、その機序を上記のように把握するとき、法益としての因果的変更可能性や明確性を一応備えるものと評価

---

22 これは、抽象的危険犯であるML罪を累積犯罪として捉えるものと思われる。藏本・前掲註(19)101頁（註22）。確かに、あたかも微量の汚染水が河川に流入し続けることを許容すれば、いずれ河川自体がその自浄作用を超えて汚染されるかのような理解はあり得る。さらに、佐久間・前掲註(19)7頁は、犯罪収益等の流入による金融市場の混乱を避けるというML罪の狙いが組織犯罪対策の範疇を超えていること、ML行為の中には正常な経済活動を攪乱する民事介入暴力に似た側面があることを指摘している。
23 野田・前掲註(14)63-64頁によれば、「金融システムの廉潔性……は、一国の経済を決める重要な礎である。対策がきちんととられていない国においては、その前提となる犯罪等それ自体が社会経済に直接に影響を及ぼすことはもちろん、そのような廉潔性の毀損により、金融機関の取引にも容易に支障が生じるし、投資家の信認も得ることができず、当該国経済の健全な発展にマイナスとなり得る。そのような負の効果は、当該国に留まらず、他国にも及ぶであろう」とされている。
24 抽象的危険犯の中には、処罰根拠としての法益侵害・危険に至る経過を因果的に説明するのが困難なものがある。嘉門優『法益論──刑法における意義と役割──』（成文堂、2019）145頁。
25 なお、甲斐教授は、「平穏かつ健全な社会生活および健全な経済活動を保護する『組織的な犯罪の処罰及び犯罪収益規制等に関する法律』……〔の〕趣旨は理解できるが、法益論の観点からは、とりわけ『犯罪収益』の内容が広汎すぎる懸念があり、したがって、没収の範囲も広すぎるように思われる」と述べられていた。甲斐・前掲註(1)116-117頁。

できると思われる。さらに、③犯罪収益剥奪という刑事司法作用についても、①②と排他的な関係にあるとまではいえず、ML罪の保護法益として取り込むことは不可能でなく、またそうすべきと考える[26]。

そこで、本稿では、ML罪の保護法益①②③の関係を、①又は②を保護する手段として③犯罪収益剥奪という刑事司法作用（①②と異なる国家的法益）をあわせて保護するもの、①又は②という法益の危殆化の前提として、③の危殆化をも要件とするものと複合的に捉えてみたい[27]。ML罪は抽象的危険犯であり、法益保護の観点から処罰の早期化・広範化を伴うものであるため、抽象的危険の内容を実質的に理解した上で、きわめて例外的な取扱いであるものの、かかる危険性が認められないときにはML罪が成立しないという方向で処罰の限界を画することが重要な課題になる[28]。実質的危険の判断においては、行為の法益関連性を問うことになるから、保護法益を極力具体的な形で把握しておくことが必要であろう[29]。

3 客体と前提犯罪

ML罪の客体は、「犯罪収益」（組織犯罪2条2項）又は「犯罪収益等」（同2条3項、4項）である。

犯罪収益の源泉となる犯罪のことを前提犯罪という。日本は、前提犯罪を長期

---

26 法制審議会「刑事法（マネー・ローンダリング罪の法定刑関係）部会」における議論でも、犯罪収益剥奪の免脱という要素は必ずしも排除されていない（第1回議事録12頁以下）ほか、犯罪収益等の追及を困難にする性質を有することを判旨に掲げる裁判例（名古屋高判平成17年11月14日高刑速（平17）号283頁）もある。
27 既に、芥川正洋「同一の他人名義口座間の犯罪収益の移転と犯罪収益等仮装罪の成否」高橋則夫＝松原芳博編『判例特別刑法［第2集］』（日本評論社、2015）314頁以下は、①将来的犯罪への再投資による犯罪助長の点を②通常の経済活動への投資により経済活動が歪められる危険を防止する必要がある点とあわせて「処罰根拠としての投資可能性」に含めて考えた上で、「容易に没収可能な犯罪収益等の保持は法益侵害の危険性が低〔く〕……没収をされないことは投資可能性の前提をなすから、投資可能性のこの構造に鑑み……『没収の困難化を通じた』投資可能性の増大があったか否かが問われなければならない」としている。本稿の理解は、この見解に着想を得て、軌を一にするものである。さらに、ML罪ではないものの、法益の二元的（多元的）把握方法について、芝原芳爾『経済刑法研究（上）』（有斐閣、2005）10-13頁、鎮目征樹「社会的・国家的法益」法律時報81巻6号（2009）67-69頁。
28 抽象的危険犯については、振津隆行『抽象的危険犯の研究』（成文堂、2007）、謝煜偉「抽象的危険犯の現代的課題」刑事法ジャーナル33号（2012）30頁、嘉門・前掲註（24）など。
29 抽象的危険犯の解釈基準・方法として、類型化（予備罪的類型、累積犯罪類型、具体的危険性犯）や法益の二元的理解が挙げられている。松原・前掲註（5）29頁、嘉門・前掲註（24）132頁、謝・前掲註（28）34頁。

4年以上の罪と閾値で定めるとともに（同2条2項1号イ）、個別列挙方式（同2条2項1号ロ～5号）でも定めている。全犯罪方式を採る国[30]もあるが、日本の方式でも前提犯罪は相当に幅広い。

犯罪収益に関する解釈論上の問題として、「犯罪行為により得た財産」の意義を挙げることができる。判例[31]は、前提犯罪の実行に着手する前に取得した前払金であっても行為後に当該犯罪が成立する限り犯罪収益に該当するとしている。「により」とは、原因となる前提犯罪が先行した後に収益結果が生じたという時系列的関係を要せず、犯罪行為と財産が対価・対応関係を有することを意味するものと解釈されている[32]。支払いの先後を問わず、一旦財産が移転すればML罪の法益危殆化（③を通じた①又は②の危殆化）を肯定し得るから、かかる解釈は相当であろう[33]。近時、時系列の先後でなく、公衆送信権侵害（著作権23条1項）を端緒とするウェブサイト上のアフィリエイト報酬が犯罪収益に当たるかが争われた事案において、アフィリエイト報酬と前提犯罪の結びつきの強さ、目的と手段の関係、被告人の認識などに照らして送信可能化と密接不可分であるとして積極に解した事例[34]がある。

犯罪収益は、犯罪行為により「生じ、若しくは……得た」財産でなければならないから、犯罪行為により剥奪を免れた出費ないし利益が犯罪収益に該当するかも問題となる[35]。例えば、法人税法（159条1項）に違反して確定申告で虚偽申告をし、法人税100万円の納付を免れたという場合、納税を免れた100万円が犯罪収益に当たるかが問われる[36]。MLの立法趣旨に照らし、脱税によるML罪の成立

---

30 イギリス（2002年犯罪収益法340条）、ドイツ（2021年の「刑法によるマネー・ローンダリング対策の改善のための法律」によりドイツ刑法典261条を改正）など。
31 最決平成20年11月4日刑集62巻10号2811頁。
32 松田俊哉『最判解刑事篇［平成20年度］』（法曹会、2012）690頁。最判令和元年12月20日刑集73巻5号174頁も同旨である。内藤恵美子『最判解刑事篇［令和元年度］』（法曹会、2018）53-54頁。
33 財産取得後に前提犯罪が成立したことの要否、隠匿罪の成立時期なども問題となる。玄守道「判批」龍谷法学45巻1号（2012）243頁、258-265頁。
34 福岡地判令和3年6月2日裁判所ウェブサイト（LEX/DB文献番号：25590118）。ML関連部分についての判例評釈として、柳瀬誠「判批」研修880号3頁。
35 「生じた」や「得た」という文言が普通の日本語としては財産の量的増加を意味することから、かかる財産が除外されることを示唆するものとして、黒沼・前掲註（12）612頁。
36 租税逋脱の類型には、①逋脱犯（偽りその他不正の行為により税を免れる罪）と②無申告逋脱犯（故意に確定申告書を提出しないことにより税を免れる罪）がある。租税逋脱を前提犯罪とするML罪の諸問題について、千地雅巳「脱税がマネー・ローンダリングの前提犯罪とされた場合の論点」税務大学校論叢82号（2015）244頁。

を肯定する理解[37]もあるが、比較法的知見をも踏まえた慎重な検討が必要であるため[38]、問題提起に留めたい。

また、手続法上の問題もある。客体が犯罪収益等であることはML罪の構成要件要素であるが、同罪の訴追において前提犯罪それ自体を立証することは不要と解されている[39]。前提犯罪自体は本罪の実行行為でなく、本犯者と異なる実行者にも本罪が成立し得る以上、前提犯罪を具体的に特定して起訴状に記載することを要しない[40]。何れも相当と思われる。

さらに、立法論として、日本のように閾値方式と個別列挙方式の併用によって前提犯罪を定める場合、犯罪収益剥奪の必要性と効果の観点から犯罪の重大性や収益性、緊急の組織的犯罪対策の必要性、国際的協調の必要性などを考慮した上で前提犯罪の追加や削除の要否について常に検討していかなければならない[41]。この点、現在、一定の環境犯罪（廃棄物処理25条、鉱業147条、種の保存57条2項、森林198条）が前提犯罪とされているものの、違法伐採や違法漁業、野生生物密輸などが捕捉されていないことが『第4次対日相互審査報告書』において指摘されている[42]。犯罪者の収益源を確実に断つという観点から、全犯罪方式の採用[43]も含

---

37 城祐一郎『マネー・ローンダリング罪 捜査のすべて〔第2版〕』（立花書房、2020）400頁。
38 ドイツでは「脱税により免れた出費」が脱税犯によって得られた資金ではないこと、これを総資産から特定して分離することが不可能であり、具体的な犯罪客体の特定が不可能であることなどの理由から、ML罪の客体から除外すべきであるとの立場が根強いとされている。三隅・前掲註（12）126-125頁。
39 最決平成20年11月4日刑集62巻10号2811頁。
40 松田・前掲註（32）691-692頁、岡上雅美「判批」刑事法ジャーナル19号113頁、三上正隆「判批」法律時報82巻1号114頁、玄・前掲註（33）265-266頁。この点、「財産に対する罪に当たる行為により領得したスマートフォン合計3台……を、その情を知りながらそれぞれ代金を支払って買い受け、もって、財産に対する罪に当たる行為により領得された物を有償で譲り受けるとともに犯罪収益等を収受した」との起訴状記載の公訴事実につき、「盗品等有償譲受罪については、買い取った物が盗品等に当たることを明示すれば足り、本犯の犯罪行為を具体的に特定する必要まではないとされているところ、犯罪収益等収受罪についても同様と解されるものの、財産に当たる罪のほとんどが組織的犯罪処罰法2条2項1号の前提犯罪に含まれているとはいえ、遺失物横領罪のように除外されているものもある以上、前記の記載では不十分であり、本件においては、詐欺と特定する必要があった。しかも、財産上不正な利益を得る目的で犯したことの記載も欠けており、いずれの点も当然の前提になっていたといえるとはいえ、本来、公訴事実に明示しなければならないものであるから、……犯罪収益等収受罪の構成要件のうち重要な一部の記載を欠いた、公訴事実の記載として不十分なものといわざるを得ない」とした裁判例（大阪高判令和元年11月26日高刑速（令1）号469頁）が1つの限界事例として参考になる。本件の評釈として、和田俊憲「判批」法学教室491号（2018）157頁。
41 三浦ほか編・前掲注（18）71-72頁。
42 FATF, supra note（10）p. 192. 三隅・前掲註（12）119-118頁。貴重・高級な海産物資源の密漁など、日本固有の環境犯罪リスクにつき、野田・前掲註（14）245-250頁。

めて、引き続き検討が必要であろう。

4 行 為

ML罪の行為は、Ⓐ犯罪収益等の取得若しくは処分につき事実を仮装し、Ⓑこれを隠匿し、Ⓒ犯罪収益の発生原因につき事実を仮装すること（組織犯罪10条1項）[44]、並びにⒹ犯罪収益を収受すること（同11条本文）である。

日本のML罪は、2つの国連条約が掲げるMLの5類型とは文言ないし行為がかなり異なっている[45]。ML罪の立法趣旨に照らし、国際標準と過不足ない形で適用し得ることが望ましいが、それと同時に、実質的な危険の観点から法益危殆化がなく、ML罪の成立が例外的に否定されるべき事案かどうかを確認する必要もある。本稿の保護法益の理解によれば、ML罪の実行行為性を判断する際には、①前提犯罪や行為者の属する組織団体の性質・規模などに照らし、将来的犯罪への再投資の危険性が否定されるか、②犯罪収益の流入可能性があるとき、当該ML行為又は同種ML行為の蓄積による汚染を放置すると合法経済への深刻な悪影響が生じ得るか、③通常の捜査活動を基準としたとき、犯罪収益の免脱可能性が全くないものかを、それぞれ検討する必要があると考える。

Ⓐは、正当な事業収入であるかのように装って帳簿や伝票等を操作すること（取得原因の仮装[46]）や取得した犯罪収益を偽名や第三者名義で預け入れること（帰

---

43 全犯罪方式には、犯罪収益等の範囲がきわめて広汎なものになるというデメリットがある一方、規則の明確な体系性やわかりやすさが維持されるなどのメリットもある。三隅・前掲註(12) 23頁。

44 隠匿罪の未遂及び予備も処罰される（組織犯罪10条2項、3項）。例えば、平成20年最判の事案を修正して前払金を他人名義の口座に入金させて取得財産を仮装・隠匿行為したが、後に前提犯罪が成立せず、前払金の犯罪収益性が否定されたという場合、未遂犯の成否はどのように判断されるのであろうか。今後、検討してみたい。

45 ML罪の具体的事例については、三浦ほか編・前掲註(18) 120頁以下、城・前掲註(37) 133頁以下、藏本・前掲註(19) 106-119頁。

46 例えば、①東京高判平成23年4月26日高刑速（平23）号93頁〔自己の経営する会社名義の預金口座に犯罪収益の送金を受けた後、銀行から口座の不正利用を疑われた際、口座解約を阻止するとともに当該現金が正当な事業収益であったかのように装う意図で虚偽の説明をして払戻しを受ける行為が、「犯罪収益……と前提犯罪との関係が隠蔽され、その結果、前提犯罪の被害者ないし捜査機関による犯罪収益の追求、回復が困難にさせられた」として、主観面及び客観面のいずれからみても、犯罪収益等の取得につき事実を仮装したといえると判示した事例〕、②東京地判平成27年7月1日判タ1426号262頁〔架空の契約書を用意し、又は送金するなどした行為が犯罪収益等の取得を仮装して隠匿したものとした事例〕、③福岡高判平成27年12月9日高刑速（平27）号312頁〔詐欺報酬金を第三者名義の預貯金口座に振込送金して預け入れる行為が犯罪収益の取得につき事実を仮装したものとした事例〕がある。

属の仮装[47]）、犯罪収益を原資として架空名義や第三者名義で財産を購入することや送金すること（処分の仮装[48]）などが挙げられる。相場操縦罪による犯罪収益を他人Ａ名義の証券取引口座に計上させる行為が犯罪収益等の帰属の仮装に当たることはもちろん、その後、これを当該口座からＡ名義の銀行預金口座に移動させる行為も、「専用口座から……用途の特定されていない口座に保管替えされたものとして、流動性のある資金となるほか、法人格の異なる金融機関に対するものとして債務名義の執行方法等にも差異を生じさせることになるなど、犯罪収益等の把握、発覚や追及を困難にさせることになる」から犯罪収益等の取得若しくは処分について事実を仮装したことになると判示した裁判例[49]、被告人自らが代表者である海外法人Ｂ名義の口座が凍結されるや自己の事業とは全く関係のない第三者管理に係る口座を指定して入金をさせた行為が犯罪収益等の取得につき事実を仮装したものと認められると判示した裁判例[50]がある。何れも犯罪収益剥奪の免脱を通じた再投資又は合法経済への資金流入による法益危殆化を否定し難い事案であり、本罪の成立を肯定した判断は妥当である。

　Ⓑは、犯罪収益の物理的隠匿のほか、極めて銀行秘密の固い銀行への預金行為等が考えられている[51]が、一般的な定義が存在せず、その限界が明瞭でない[52]。この点、犯罪収益の隠し場所に困り犯罪収益を海中に投げ入れたという場合、当

47　例えば、①東京高判平成16年6月16日東京高等裁判所（刑事）判決時報55巻1～12号47頁（LEX/DB文献番号：28115050）〔多額の騙取金を他人名義の預金口座に振込入金させる行為が犯罪収益等の帰属の仮装に当たるとした事例〕、②東京高判平成20年7月3日高刑速（平20）号109頁〔振込め詐欺の被害金を同一犯意のもと合計10回にわたり5つの第三者名義の口座に入金させる行為が犯罪収益等の〔帰属の〕仮装に当たり、包括して1つの隠匿罪が成立し、組織的詐欺罪とは観念的競合の関係に立つとした事例〕、③東京高判令和元年9月13日高刑速（令1）号260頁〔詐欺被害金を名義の異なるいくつかの預金口座に入金させた行為が犯罪収益等の取得につき事実を仮装する行為に当たり、包括して1個の犯罪収益取得事実仮装罪が成立するとした事例〕がある。
48　例えば、東京地判平成17年1月26日判時1884号152頁〔違法高金利の貸金業の利息等の金銭を偽名で米ドル紙幣に両替する行為が犯罪収益等の処分につき事実を仮装したものとした事例〕がある。
49　福岡高判平成25年1月25日高刑速（平25）号237頁。
50　福岡地判令和3年6月2日裁判所ウェブサイト。
51　三浦ほか編・前掲註（18）121頁。
52　例えば、①東京地判平成17年3月24日判時1900号172頁〔違法高金利の貸金業で得た金銭で購入した割引金融債を海外送金した行為が犯罪収益等の隠匿に当たるとした事例〕、②福岡地判令和3年6月2日裁判所ウェブサイト〔被告人自らが代表者である海外法人Ｂの事業報酬としてＢ名義の口座に著作権法違反により得た報酬を送金させる行為は、被告人が運営するウェブサイトと海外法人Ｂとの関係が一見して明らかでなく、犯罪収益等の所在を不明にするものであるから隠匿に当たるとした事例〕がある。

該収益の将来的な利用可能性がないか著しく低いとすると、合法的な経済活動に対する影響力を持ちえないし、新たな犯罪活動に再投資される危険もないから、隠匿に当たらないとする見解がある[53]。確かに、犯罪収益剥奪の免脱という側面を否定することは難しいが、再投資や合法経済への流入の可能性がなくなる以上、当該事案では法益危殆化がないとして、隠匿該当性を否定し得るであろう[54]。また、本犯者が自宅机中に犯罪収益を保管していたという場合についても、犯罪収益剥奪の免脱の可能性を否定できる状況であるときには隠匿に当たらないとして、ML行為の対象外とすることが、ML犯罪化の本来の趣旨に適うものと考える。

Ⓒは、犯罪収益を提供する側の行為であるが、これを取り扱った裁判例は見当たらない。

Ⓓは、文字どおり、犯罪収益等を収受することである。例えば、犯罪収益の贈与や売買、消費貸借等の相手方となるなど、有償無償を問わず、犯罪収益等を取得し、又は引渡しを受けてこれを支配し得る地位・立場に立つことをいうと説明されており[55]、相当に幅広い行為を射程に収め得るものであるが、右の観点から収受該当性を否定した裁判例[56]もある。ただし、税金や罰金の支払いなど、法令上の義務履行として提供された犯罪収益等を収受した場合や、売買契約締結時に売主は買主が犯罪収益で代金を支払うことを知らず、やむを得ず代金として犯罪収益を受領した場合などには、収受罪が成立しない（組織犯罪11条但書）。この点に関連して、金融機関の職員が犯罪収益等であることを認識しながら預金として受入れ後、疑わしい取引の届出（犯収8条）を行う意図であった場合、収受罪の構成要件該当性を認めつつ、正当行為（35条）により違法性を阻却すべきとの議

---

[53] 藏本・前掲註（19）101-102頁。
[54] 藏本・前掲註（19）105-106頁は、ML罪の保護法益として合法な経済活動への悪影響を重視しつつ将来的犯罪への再投資の危険性をも考慮する立場を採りつつ、実行行為による法益に対する危険創出・増加の判断に際して①捜査機関による犯罪収益の追及（発見・捕捉）を困難にする性質を有するか、②犯罪収益が利用される可能性を高めたかという観点から判断するとしている。
[55] 三浦ほか編・前掲註（18）125-126頁。
[56] 東京高判令和3年9月2日公刊物未登載（LEX/DB文献番号：25590567）。東京高裁は、組織的犯罪処罰法11条が現実的には自己の意思による使用・処分等ができないような態様であった各行為までを収受とする趣旨とは考えられないとしつつ、暴力団縄張内における覚醒剤密売組織の現場責任者から場所代名目で不法収益を収受する徴収担当者であった本部長補佐Yの現金受領行為が薬物犯罪等収受罪に当たるとした事例（大阪高判平成10年9月25日判タ1008号286頁）の趣旨は本事案に及ばないとしている。本件の評釈として、大塚雄祐「判批」法律時報94巻6号（2022）116頁。

論[57]がある。立法解説は、正当な理由がない限り取引を拒否できないのであれば、犯罪収益を原資とする預貯金の受入れを収受罪として処罰するのは酷であると説明している[58]。違法性段階での解決に異論があるわけではないが、現在、金融機関をはじめとする特定事業者の法令遵守義務は格段と厳格化されており、当時とは前提状況が異なる可能性がある[59]。構成要件段階での解決の余地について、今後検討を加えたい。

日本のML罪の類型は、国際標準である5類型と相当異なる上、各概念の内容や相互関係も明瞭でない。立法論としては、行為態様を今一度整理し、ML事犯のより積極的な捜査、訴追、制裁につなげていくことを検討する必要があろう[60]。

三　結　語

本稿では、日本におけるML罪が抱える諸問題について、犯罪収益等隠匿罪及び同収受罪の保護法益・罪質、客体と前提犯罪、行為に焦点を当てて概観してきた。

ML罪の保護法益を複合的に捉え、抽象的危険犯である同罪の解釈を行う余地を探ったが、決してML罪の成立範囲が狭ければ狭いほどよいと主張するものではない。法益保護を徹底的に推進する観点から、組織性の有無や犯罪収益の性質・規模を問わず際限なくML罪を肯定するという姿勢は本来の趣旨にそぐわないのではないかとの疑念があるに過ぎない。特殊詐欺事案の頻発に伴いML事犯の検挙状況も増加傾向にあり、ML罪が対外的問題であると同時に日本国内の重要問題でもあることは十分自覚している。

もっとも、本稿は法益論を基点とした一考察に留まる上、論点の指摘に留まった部分が多数あるほか、主体や故意の問題などについて考察する能力もなかっ

57　芝原・前掲註（16）477頁、山口厚編『経済刑法』（商事法務、2012）131頁〔橋爪隆〕。これは、構成要件段階で収受行為を限定解釈する契機が乏しい反面、これを適法な正当行為と扱うことで法令上の義務履行を促進しようとする狙いがあるものと分析されている。山田雄大「犯罪収益等収受罪と正当行為について」高岡法学40号（2021）139頁。
58　三浦ほか編・前掲註（18）129頁。
59　三隅・前掲註（12）113頁。
60　三隅・前掲註（12）117-116頁は、行為態様を整理し、検察官・裁判官の判断コストを縮減し得ることに言及している。

た。そもそも、法益論は全てを解決し得る切り札ではない[61]。行為主義や罪刑法定主義、責任主義などの基本原則との調和を図りつつ、ML罪について検討していかなければならない。これら全てが、今後の大きな課題である。

　将来的課題ばかりを積み残す結果となったが、最後に、甲斐克則先生にひと言お祝いを申し上げたい。甲斐先生は、浅学な私を懐深く、そして温かく迎え入れてくださった。進学を許されたときに抱いた喜びと感謝の念を決して忘れることができない。あれから22年、当時は夢にも想わなかったが、故郷熊本で、甲斐先生の古稀をお祝いする日を迎えることができた。感謝の念はますます強まるばかりである。この気持ちを研究力にかえて、一歩一歩前進したい。甲斐先生、この度は誠におめでとうございます。

61　甲斐・前掲註（1）179頁。

安定操作罪に関する一考察

川　崎　友　巳

一　はじめに
二　安定操作罪の構成要件
三　むすびに代えて

一　はじめに

　金融商品取引法（以下、「金商法」という）は、「何人も、政令で定めるところに違反して、取引所金融商品市場における上場金融商品等又は店頭売買有価証券市場における店頭売買有価証券の相場をくぎ付けし、固定し、又は安定させる目的をもって、一連の有価証券売買等又はその申込み、委託等若しくは受託等をしてはならない」（159条3項）と定めて「安定操作」を禁止し、その違反に対して、10年以下の懲役若しくは1,000万円以下の罰金に処し、又はこれを併科することを明記している（197条1項5号）。他の相場操縦行為と同様に、現行の金商法において最も重い法定刑が設定されていることからも、安定操作をきわめて重大な犯罪と位置づけていることが窺える。ところが、相場操縦罪の中でも、実際に適用例が相当数にのぼる現実取引による相場操縦罪や、その行為の該当性が比較的明確な仮装取引による相場操縦罪とは異なり、安定操作罪については、判例・裁判例も少なく、また、同罪について取り上げた文献もわずかにとどまることから、はたして、いかなる場合に同罪が成立するのか、その構成要件が一義的に定まっているとは言い難い[1]。

---

[1]　たとえば、コンメンタールや概説書は、いずれも後述するように、一定の場合に許容されている適法な安定操作の条件を述べるばかりで、安定操作罪の成立要件については、ほとんど説明をしていない（神田秀樹・黒沼悦郎・松尾直彦編『金融商品取引法コンメンタール4不公正取引規制・課徴金・罰則』〔商事法務、2011〕32-37頁〔藤田友敬〕、神崎克郎・志谷匡史・川口恭弘『金融商品取引法』〔青林書院、2012〕1335-1352頁、近藤光男・吉原和志・黒沼悦郎『金融商品取引法入門』〔商事法務、第4版、2015〕350頁、山下友信・神田秀樹編『金融商品取引法概説』

そうした中で、2022年3月24日に、SMBC日興証券株式会社が行ったブロックオファー取引の売買価格の基準となる同取引当日の終値を一定の水準に維持するために大量の買い指値注文を出す行為が、安定操作罪に該当するとして、同社とともに、エクイティ本部長、副本部長ら同社の社員5人が起訴され、翌月13日には、同社副社長も起訴された（SMBC日興証券事件[2]）。本件については、起訴事実について争わなかった法人と副本部長に対する裁判が先行して行われ、有罪判決を受けた法人に罰金7億円と追徴44億7114万2440円が、副本部長に1年6月の懲役と3年の執行猶予が言い渡された[3]。しかし、他の4人については、なお係争中である。その帰趨については、今後の裁判の推移を見守るしかないが、先例がほとんどない罪名での起訴であるだけに、その適用については、この段階でいくつかの疑問も呈されている[4]。安定操作罪の適用を誤れば、同罪の保護法益である「証券市場の公正性・健全性やそれらに対する投資家の信頼」を守るどころか、かえって投資家（とくに、現在の日本の証券市場において大きな位置を占める海外の機関投資家）の不信を招き、市場から資金が引き上げられることによって、日本経済に甚大な打撃をもたらす事態へとつながりかねない。それだけに、安定操作罪の適用を、法定刑の重さに見合った違法性の認められる行為に限定し、「証券市場の公正性・健全性やそれらに対する投資家の信頼」の保護と自由な証券市場の促進のバランスを図る意義は大きいと言えよう。

　こうした問題意識から、本稿では、安定操作罪の構成要件について若干の考察を加える。その際、前述したように、安定操作罪については判例・裁判例が少なく、取り上げた文献も限られることから、保護法益や規定の文言に加えて、他の相場操縦罪（とりわけ、適用例が積み重ねられている現実取引による相場操縦罪）とのバランスや金商法のモデルとなったアメリカ合衆国の1934年証券取引所法の文言

〔有斐閣、第2版、2017〕353-354頁〔後藤元〕、岸田雅浩監修・神作裕之・弥永真生・大崎貞和編『注釈金融商品取引法〔第4巻〕不公正取引規制』〔金融財政事情研究会、改訂新版、2022〕47-54頁〔今川嘉文〕、飯田秀総『金融商品取引法』〔新世社、2023〕327頁）。

2　本件については、SMBC日興證券株式会社の依頼による第三者調査委員会の調査が実施され、報告書が公表されている（https://www.smbcnikko.co.jp/news/release/2022/pdf/220624_02.pdf（2024.02.27））。

3　東京地判令和5年2月13日LEXDB no. 25572822。

4　郷原信郎「SMBC日興証券事件、「安定操作」の処罰に関する"根本的な疑問"」Yahoo Japanニュース2002年4月22日（https://news.yahoo.co.jp/expert/articles/20f162876f7fac95bcac01efd67ee0898d472d63（2024.02.27））、黒沼悦郎「安定操作罪における安定目的の意義——最近の安定操作事件を素材として——」商事法務2343号（2023）16-31頁。

との比較といった観点からの考察も行うことにする。

二　安定操作罪の構成要件

1　保護法益

既述のとおり、安定操作罪は、他の相場操縦罪と同様に、「証券市場の公正性・健全性とそれらに対する投資家の信頼」を保護法益とする社会法益に対する罪である。もっとも、同罪は、その規定から抽象的危険犯と解されている。このため、その成立に、証券市場への具体的な損害をもたらしたことは要しない。

2　構成要件

安定操作罪の構成要件は、①政令で定めるところに違反して、②「一連の有価証券売買等又はその申込み、委託等若しくは受託等」という実行行為を、③故意に、かつ④「取引所金融商品市場における上場金融商品等又は店頭売買有価証券市場における店頭売買有価証券の相場をくぎ付けし、固定し、又は安定させる目的」をもって行うことである。

かつて、現実取引による相場操縦罪の構成要件について司法判断が揺れ[5]、学説が激しく対立したことがあった。そこでは、同罪の成立範囲を限定するのは、「誘引目的」という主観的要素か、「変動取引」という客観的要素かという構図で、激しい議論が戦わされた[6]。しかしながら、犯罪構成要件は、客観面と主観面のいずれか一方でしか、その限定を図れないというたぐいのものではなく、また、一方の内容を確定することで、他方の内容を必然的に導き出せるわけでもない。それぞれの構成要件要素が、妥当な処罰範囲（犯罪の成立範囲）を画定するために、一定の役割を果たしていると解すべきであろう。この点は、安定操作罪の構成要件においても同様である。

（1）政令違反

（a）　金融証券取引法施行令20条の意義　　金融商品取引法は、政令に違反していることを、安定操作罪の成立要件として明文化している。したがって、政令に

---

[5]　川崎友巳「現実取引による相場操縦罪における『誘引目的』の意義」企業と法創造4巻2号（2007）172-173頁。
[6]　川口恭弘「株価維持操作と相場操縦規制」『近代企業法の形成と展開』（成文堂、1999）374頁。

違反しない「安定操作」は、構成要件該当性が否定されることになる。

ここでいう政令とは、金融商品取引法施行令である。その20条には、有価証券の募集や売出し等を容易にする目的で、安定操作を行うことが認められている。こうした規定が設けられている理由は、安定操作を一律に禁止した場合、有価証券の募集や売出しに際して、一度に大量の有価証券が市場に流入することで、市場の需給バランスが崩れ（供給過剰になり）、価格の下落を招き、企業にとって資金調達が困難になるような事態が想定されることから、そうした事態の発生を回避し、企業による円滑な資金調達を可能とするためなどと説かれる[7]。

(b) **現行規定までの経緯**　1960年代までは、現行の金商法159条3項に対応する当時の証券取引法125条3項による安定操作の対象範囲を、有価証券の募集や売出しの場面に限定し、それ以外の場面において、証券等の相場を釘付けにする行為は、125条3項の安定操作罪に該当せず、したがって、現実取引による相場操縦として規制の対象になるのみであるとの見解も有力に展開されていた[8]。しかし、1971（昭和46）年証券取引法改正において、それまでの「安定操作に関する規則」が廃止され、証券取引法施行令に安定操作に関する規定が移された際に、「有価証券の募集又は売り出しを容易にするために行なう場合でなければ、することができない」（20条1項）と規定されたことで、その規制範囲が、募集や売出しの場面に限定されないこと、したがって、政令で認められた以外のあらゆる安定操作が禁止されることが明確となった[9]。こうした規定ぶりは、現行の金融商品取引法159条3項および金融商品取引法施行令20条1項においても踏襲されている[10]。

(2) 実行行為

(a) **安定操作罪の実行行為としての「一連の有価証券取引等」**　安定操作罪の実行行為は、「一連の有価証券売買等又はその申込み、委託等若しくは受託等」

---

[7] 神田・黒沼・松尾編・前掲注1）31-32頁［藤田］、神崎・志谷・川口前掲注1）1333頁、近藤・吉原・黒沼前掲注1）349-350頁、山下・神田編前掲注1）352頁［後藤］、岸田監修・神作・弥永・大崎編前掲注1）46-47頁［今川］、飯田・前掲注1）326頁、松尾直彦『金融商品取引法』（商事法務、第7版、2023）655頁。なお、証券取引法研究会「第5章 証券取引所〔26〕」インベストメント19巻2号63-73頁も参照。

[8] 松元亘「安定操作について」インベストメント14巻2号（1961）9-10頁、証券取引法研究会「証券取引所〔26〕」インベストメント19巻2号（1966）78-80頁［谷川、河本一郎発言］。

[9] 渡辺豊樹ほか『改正証券取引法の解説』（商事法務研究会、1971）84-85頁［長谷部義久］。

[10] 神田秀樹ほか『金融商品取引法コンメンタール4』（商事法務、2011）33頁［藤田友敬］。

(=「一連の有価証券取引等」)を行うことである。一見したところ、文言上、そこには、通常の有価証券取引がすべて含まれ、何らの限定もなされていないように思われる。しかし、実行行為は、法益侵害の現実的危険性を有する行為として、類型化された行為であり、かつ、その行為の実行を認識していることが、故意の中核をなし、違法性の意識の可能性を喚起するものでなければならない[11]。つまり、安定操作罪についても、その行為が、客観的に、「証券市場の公正性・健全性やそれらに対する投資家の信頼」という保護法益を侵害する経験則上の一般的な危険性を有するものでなければならないのである。

そこで、改めて安定操作罪の実行行為について検討を加えると、金商法159条3項において、「一連の有価証券取引等」が禁じられるのは、そうした取引が、証券市場における需給関係による証券価格の自然な決定を阻害する「くぎ付け、安定、固定」の効果をもたらしかねないものであり、これを放置すれば、日本の「証券市場の公正性・健全性やそれらに対する投資家の信頼」を大きく棄損する経験則上の一般的な危険性が認められるからである。したがって、安定操作罪の実行行為としての「一連の有価証券取引等」は、相場を「くぎ付け、安定、固定」する経験則上の一般的な危険性を有するものに限られ、そうした効果の認められない「一連の有価証券取引」は、たとえ、「くぎ付け、安定、固定」目的で行われても、安定操作罪の実行行為性が認められない。

(b) 「一連の有価証券取引等」の意義　ここでいう「くぎ付け、安定、固定」とは、アメリカ合衆国の1934年証券取引所法第9条a項6号の「pegging, fixing ,or stabilizing」をモデルに立法されたものと解されるが、いずれも「相場を一定の範囲から逸脱しないようにする」ことを意味すれば足り、その相違を重視する必要はないと解されている[12]。

さらに、安定操作罪の実行行為である「一連の有価証券取引等」には、「一連」という文言から、複数の取引の存在が必須要件となる。また、その効果として必要とされる相場の「くぎ付け、安定、固定」には、文言上も、あるいは、刑法理論上も、一定の期間、相場の変動を抑え続ける時間的な継続性が要求されること

11　大谷實『刑法講義総論』(成文堂、新版第5版、2019) 121-122頁。なお、山口厚『刑法総論』(有斐閣、第3版、2016) 51頁も参照。
12　東京高判昭和63年7月26日高刑集41巻2号269頁（協同飼料事件控訴審判決）。なお、伊藤榮樹ほか編『注釈特別刑法〔第5巻〕』(1984年、立花書房) 107頁〔伊達秋雄〕。

となろう。語義として、「くぎ付け、安定、固定」は、任意の時点1回の取引ではもたらすことができない状態を意味し、そうした一定の時間的な継続性を要する状態と解してこそ、現実取引による相場操縦罪と同様の違法性を帯びるものと解されるからである。

裁判例においても、当時の証券取引法125条3項に定められていた安定操作罪の実行行為である「一連の売買取引」について、「社会通念上連続性の認められる継続した複数の売買取引」を意味すると明言されている[13]。もっとも、現実取引による相場操縦罪と同様、「一連の有価証券取引等」は、全体として相場を「くぎ付け、安定、固定」させるべきものであれば足り、「一連の売買取引等」に含まれる個々の売買取引がそれぞれ相場を変動させるべきものであることまでは要しないものと解される[14]。

(c) 裁判例における「一連の有価証券取引等」　ただし、「一連の有価証券取引等」が、このように一定の継続性を要する状態としての「くぎ付け、安定、固定」の効果を有するというだけでは、なお通常の適法な有価証券取引にもその適用範囲が及んでしまう余地がある。本罪に10年以下の懲役という重い法定刑が予定されていることもふまえれば、「一連の有価証券取引等」の中で、投資家の相場判断を誤らせる形態で行われることが要求されるべきであろう。現に、わずかながら存在する安定操作罪に関する裁判例では、以下のような事実が、判決に示されている。

> 会社の代表取締役であった被告人が、自社の公募増資を行うに際し、時価発行公募価格を1株155円位とし、かつ公募を容易にするため、17日の間、有価証券市場において、証券会社3社をして複数の個人らの名義で、株価が公募価格よりできるだけ高い価格で安定するよう同社の株式合計7万9,000株（購入代金合計1,349万6,000円）を継続して買い支えた一連の売買取引を行ったこと（東京地判昭和51年12月24日）[15]。

> 被告会社および同会社代表取締役の被告人らが30億円の資金を調達するため時価発行公募を含む12億円の増資をするに際し、有価証券市場における被告会社の株価が1株170円ないし180円であったのを人為的に280円位にまで高騰させて、時価発行の公募

13　前掲東京高判昭和63年7月26日高刑集41巻2号194頁。
14　前掲東京高判昭和63年7月26日高刑集41巻2号194-195頁。
15　東京地判昭和51年12月24日商事法務764号28頁。

価格を一株200円位にすることにより約18億円のプレミアムを被告会社に得させようとして、38日間にわたり、東京証券取引所において、複数の名義で、8社の証券会社を介し、変動操作や仮装売買と併せて、前日の終値の状況から、前日の終値と同じ又は若干安い指値で寄り付き前に買い注文を出し、ザラバの気配をみて、前日の終値あるいは直近の値段より若干安い指値の買い注文を出したり買い注文の残りの指値を若干安く変更したりするなどの方法で、下降気味になった株価の値下りを食い止めたりしたこと（東京高判昭和63年7月26日）[16]。

被告人が、当該会社の株価を被告人による信用取引に係る追加保証金の発生しない1190円程度に維持しようと企て、31日間（20取引日）にわたり、ジャスダック市場において、3名義で、4ないし5社の証券会社を介し、連続した高指値注文を行って高値を買い上がるなどの方法により、本件株券合計58万7900株を買い付け、さらに、下値買注文を大量に入れるなどの方法により、本件株券合計15万6200株の買付の委託を行い、その株価を1,184円から1,223円の間に安定させる一連の株券売買及びその委託をしたこと（東京高判平成30年5月8日）[17]。

被告人が、当該上場会社の株券について、その株価を信用取引に係る委託保証金の率の引上げ等の措置が解除される3,050円以下に維持しようと企て、取引終了間際の約5分間に、他人名義で、2社の証券会社を介し、指値3,045円等に大量の売り注文を入れて上値を抑えるなどの方法により、同株券合計19万5,700株を売り付けるとともに、同株券合計17万1,900株の売付けの委託を行い、その株価を3,050円から3,035円の間に安定させ、もって同市場における同株券の相場を安定させる目的をもって、一連の有価証券売買及びその委託をしたこと（大阪地判令和4年4月22日）[18]。

ここから明らかなように、少数ながら確認できる裁判例では、安定操作罪の実行行為は、①証券会社3社をして複数の個人の名義で、売買取引を行い、株価を買い支える、②複数の名義で、8社の証券会社を介し、前日の終値の状況から、前日の終値と同じ又は若干安い指値で買い注文を出すなどの方法で、株価の値下りを食い止める、③3名義で、4ないし5社の証券会社を介し、連続した高指値注文を行って高値を買い上がる、④取引終了間際の約5分間に、他人名義で、2

---

16 前掲東京高判昭和63年7月26日。なお、東京地判昭和59年7月31日判時1138号25頁（同第1審判決）、最決平成6年7月20日刑集48巻5号201頁（同上告審判決）も参照。
17 東京高判平成30年5月8日 LEX. DBNo. 25560495。なお、東京地判平成29年3月28日 LEX. DBNo. 25560495（同事件第1審判決）も参照。
18 大阪地判令和4年4月22日 LEX. DBNo. 25592700。

社の証券会社を介し、下値買注文を大量に入れるなど、合理的な理由なく、不自然な形態で行われた取引に限定されている。

なお、相場操縦罪の中では適用例を積み重ねつつある現実取引による相場操縦罪においても、同様に、相場を変動させる取引（変動取引）のうち、①合理的な理由なく名義を複数に分ける、②合理的な理由なく複数の証券会社を介して売買を行う、③成行注文または高指値注文の連続発注による買上り買付を行うこと、④大量の下値買い注文を入れて下値を支えるなど、合理的な理由なく不自然な形態で行われていることが、伝統的に、「罪となるべき事実」の中で摘示されてきた[19]。

もちろん、近年では、証券取引の電子化、アルゴリズム取引の普及などにより、「変動取引」とされる行為も変質しているが、それでも、取引形態が、通常とは一線を画す不自然な形態で行われたものに限定されている点は変わらない。そこからは、証券市場への司法による過度な介入を控えつつ、必要な場合には、「証券市場の公正性・健全性やそれらに対する投資家の信頼」を保護するという困難な課題に慎重に取り組んできた司法のバランス感覚を見て取ることができる。このように、きわめて限定された態様の取引にのみ犯罪の成立を認めるという方向性は、安定操作罪においても踏襲されるべきである。

（3）故　意

故意は、構成要件の客観面を認識・認容することで認められる。したがって、安定操作罪の故意は、「相場を『くぎ付け、安定、固定』し、相場を一定の範囲から逸脱しないようにする経験則上の一般的な危険性を有する一連の有価証券取引等を実行する」という認識・認容である。

（4）目　的

(a)　目的犯における目的の意義　　安定操作罪は、主観的構成要件要素として、故意に加えて、「取引所金融商品市場における上場金融商品等又は店頭売買有価証券市場における店頭売買有価証券の相場をくぎ付けし、固定し、又は安定させる目的」（「相場をくぎ付けする等の目的」）を要求している。もっとも、その意義について、裁判例の中には、「『相場を安定する目的』とは、現にある有価証券市場における相場を一定の範囲から逸脱しないようにする意図である。この目的

19　川崎友巳「現実取引による相場操縦罪の現状と課題」井田良ほか編『新時代の刑事法学・下巻』（信山社、2016）310-316頁。

は、いわゆる目的犯の目的とは異なり、客観的構成要件要素とされている行為、ここでは次に述べる『一連の売買取引』にかかつて、その行為を目的の内容に即応するように規定し方向づける働きをする主観的構成要件要素である[20]」と説くものがある[21]。その意味するところは、目的犯における目的として、①背任罪や特別背任罪における「図利加害目的」のように、「動機」を意味する場合、②内乱罪の「国の統治機構を破壊する目的」のように、「意図・意欲」を意味するもののうち、実行行為（構成要件的行為）によって直接実現される場合（直接目的犯）、③文書偽造罪における「行使の目的」のように、その目的（文書の行使）を達成するためには、実行行為（構成要件的行為）とは別の行為（文書の行使）を必要とする場合（間接目的犯）があるうち、「相場をくぎ付けする等の目的」が、②直接目的犯であるという点にあると言えよう。この点は、構造上、明らかなように間接目的犯でないことに加えて、前述した複数の裁判例においては、目的とは別の動機に言及されていることからも妥当であろう。以上の点を踏まえれば、直接目的犯における「目的」も、目的犯の目的の一類型であることは間違いないことから、前述の裁判例における「相場をくぎ付けする等の目的」は、「いわゆる目的犯の目的とは異な」るとの判示部分から、「安定操作罪は、目的犯ではない」との帰結を導き出すのはミスリードである。

(b) **直接目的犯としての「相場をくぎ付けする等の目的」**　直接目的犯においては、法益侵害を惹起する危険性を有する行為が実行行為として定められており、その行為を故意で実行すれば、客観的違法性は当然に認められることになる。それにもかかわらず、なお特別な主観的構成要件要素として、「目的」の存在が要求されるのは、「相場をくぎ付けする等の目的」の存在が、安定操作罪の構成要件に該当する客観的事実の認識である故意を超えた主観的違法要素として安定操作罪の違法性を基礎づけているという趣旨と解される。現実取引による相場操縦罪が、直接目的犯であることは、しばしば指摘されてきたところであるが[22]、安定操作罪も、同様に、直接目的犯と捉えられるのである。直接目的犯の

20　前掲東京高判昭和63年7月26日高刑集41巻2号195-196頁。
21　もっとも、この東京高裁の判決は、いわゆる「変動取引」という客観的構成要件によって、現実取引による相場操縦罪の成立範囲を画そうとする変動取引説を支持したものと解され、その判断は、後に、「誘引目的」という主観的構成要件によっても成立範囲の限定を図ることを説いた上告審において否定されており、安定操作罪の目的についても、そうした大きな文脈の中で位置づけられたものとして、その後の裁判例への影響は慎重に見極める必要があろう。

場合、故意で実行行為を行えば、法益侵害の危険性は生じるが、そうした行為の中には、なお例外的に処罰に値しない類型が含まれる。そのような類型に含まれるものの、構成要件該当性が否定される行為の例として、正当な投資行動として故意に客観的違法性が認められる実行行為を行ったが、主観的違法性がないか、またはきわめて軽微なケースが考えられるのである。

つまり、安定操作罪の場合、故意で、相場を「くぎ付け、安定、固定」する効果を有する一連の有価証券取引を実行すれば、「証券市場の公正性・健全性やそれらに対する投資家の信頼」という保護法益の侵害（客観的違法性）は認められるが、なお主観的違法性が行為の違法性を基礎づけるのに十分でなく、主観的違法要素として、「相場をくぎ付けする等」の意図や意欲をもって、これに方向付けられた実行行為が行われて、初めて主観的違法性を具備し、禁止規範の対象としての機能を備え、これに違反した点に可罰的な違法性が認められるのである。したがって、「相場をくぎ付けする等の目的」は、意図または意欲としてのいわゆる超過的内心傾向である主観的違法要素が類型化された主観的構成要件要素として把握することが妥当である。

(c) 「相場をくぎ付けする等の目的」の具体的内容　　では、「相場をくぎ付けする等の目的」の具体的内容は、いかなるものでると考えるべきであろうか。他の類型の相場操縦罪と同様、10年以下の懲役もしくは1000万円以下の罰金またはその両方の併科という金商法違反の罪の中でも最も重い法定刑が設定されていることからすれば、その構成要件も、そうした重い法定刑の基礎となる違法性の質と量を裏づけるものでなければならない。

そこで、こうした問題意識から改めて検討をすると、通常の犯罪の場合、実行行為を故意で行えば、その行為の違法性は推定される。しかし、安定操作罪においては、上述したように、実行行為をある程度限定的に解したとしても、通常の投資活動として行われた適法な取引と市場の公正かつ透明な価格形成を害する違法な人為的な相場形成との間のボーダーラインが明確でないため、例外的に処罰に値しない行為が包含されてしまう。そこで、金商法は、相場を「くぎ付け、安定、固定」する効果を有する一連の有価証券取引の中の人為的に相場を「一定の範囲から逸脱しないようにする」行為のうち、他の投資家に相場形成の実態を

22　芝原邦爾『経済刑法研究（下）』（有斐閣、2005）632頁。なお、十河太朗「判批」同志社法学48巻6号（1997）209頁、山口厚編『経済刑法』（商事法務、2012）224頁以下 ［橋爪隆］。

誤って認識させ、投資判断に影響を及ぼすことの意図・意欲が行為者に認められるものに限って、可罰的違法性が生じ、禁止規範の対象になるとしているものと思われる[23]。

このことは、現実取引による相場操縦罪について、最高裁が、「投資者にその相場が自然の需給関係により形成されるものであると誤認させて有価証券市場における有価証券の売買取引に誘い込む目的[24]」と解している点とも整合的であると言えよう[25]。

3 共同正犯

SMBC日興証券事件では、共同正犯として複数の自然人が起訴されているが、共同正犯の場合には、さらに共同正犯の成立要件の該当性についても検討が必要になる。共同正犯の成立には、主観的な要件として、共謀（犯罪の共同遂行に関する合意）と客観的要件としての共謀者の一部による実行行為と構成要件実現への重要な寄与が要求される。このうち「共謀」の存在が肯定されるには、「共同犯行の意識」（他の者と協力して、自らの犯罪を遂行する意識）と「意思の連絡」（意思の疎通）が必要と解されている。判例上、前者は、共同正犯の故意と内容的に重複し、未必的なもので足りると解され、後者は、黙示で、概括的なもので足りると解されている[26]。

ところで、既述の通り、安定操作罪は目的犯であり、目的犯の目的は、身分の一種と解するのが、判例の立場である[27]。したがって、65条1項により、一部の共同正犯者が、「目的」を有する場合には、「目的」を有さない者にも共同正犯が成立することになる。しかし、このような前提に立った場合でも、従来の判例は、目的を有さない者も、共同犯行の意識、ないし共同正犯の故意として、他の正犯者が、目的を有していたことの認識は必要としているものと解される。さも

---

23 松尾・前掲注6）656頁。
24 前掲最決平成6年7月20日刑集48巻5号201頁
25 立法論として、安定操作罪についても、誘引目的を要件とすべきと主張するものとして、黒沼悦郎『金融商品取引法』（有斐閣、第2版、2020）505頁。ただし、黒沼・前掲注3）17-18頁は、変動操作罪を「変動型安定操作」と「固定型安定操作」に分類した上で、前者のみに、誘引目的を主観的成立要件として要求すべきと、自説を修正している。
26 最決平成15年5月1日刑集57巻5号507頁。
27 最判昭和42年3月7日刑集21巻2号417頁。また、伊藤亮吉『目的犯の研究序説』（成文堂、2017）317-351頁。

ないと、たとえば特別背任罪などで、不正融資を実行した銀行の支店長が、図利加害目的を有していた場合、単に資金難に陥り自社の存続のために、通常では認められないような融資を願い出た会社経営者も、常に共同正犯が成立するという不当な結論になってしまうからである。この点は、目的犯における目的が、動機であるか、直接目的犯における目的であるか、あるいは間接目的犯における目的かに関わりなく、あてはまる[28]。

　したがって、安定操作罪の共同正犯の成立には、主観面として、「安定操作罪の共同遂行に関する合意」を内容とする共謀が必要である。そして、「共謀」の存在が肯定されるには、他の者と協力して、自らの犯罪として安定操作を遂行する意識（共同犯行の意識）と意思の疎通（意思の連絡）が認められなければならない。さらに、安定操作罪が目的犯であることから、自らが「相場をくぎ付けする等の目的」を有するか、または、他の共謀者がそうした目的を有することを認識していることが欠かせない。

　こうした主観面を兼ね備えた上で、共謀者の一部が安定操作罪の実行行為を行うにあたって、その実現に重要な役割を果たした者のみが、共同正犯の刑事責任を負うことになる。

三　むすびに代えて

　SMBC日興証券事件で行われたブロックオファー取引については、証券市場へのインパクトを極力抑えながら売却したいといった売主のニーズに応えることができ、手続も容易で、実質上、取引規模に制限もない（このため、買付け顧客1人当たりの最大株数が大きく設定され、数千万円から数億円の買付もありえる）など、メリットが認められる一方で、証券会社にとって手数料利益が大きいことから、委託取引でも十分売却可能な案件にまで用いられるなど、望ましくない側面も指摘されてきた。しかし、こうしたブロックオファー取引の問題点を改善し、適正化

28　直接目的犯の目的である「営利の目的」について、「関与者の1人にこの目的があれば、他の関与者はそのことを認識していれば足りることになる」と説くものとして、西田典之（橋爪隆補訂）『刑法総論』（弘文堂、第3版、2019）442頁。また、亀山継夫「判批」研修376号（1979年）70頁も、「本犯の行為が営利目的によって行われるものであることの認識が加功者の構成要件的故意として要求される」とする。さらに、松原芳博『刑法総論』（日本評論社、第3版、2022）476頁、井田良『講義刑法学・総論』（有斐閣、第2版、2018）372頁も参照。

を図る必要があるならば、それは、金商法の改正など立法によって実現されるべきであろう。

これに対して、既存の罰則規定を強引に適用する形での規制の強化は、行為者の予測可能性を十分に担保できておらず、罪刑法定主義の観点から疑義が生じかねない。とりわけ、金商法違反の場合、それは、ひいては日本の証券市場に対して、委縮効果をもたらす危険も有する。

現行法上、金融商品取引法施行令20条1項に違反した正当化されない「安定操作」と、159条3項に違反し、安定操作罪に該当する取引の間には、狭くない間隙が存在することに留意が必要であると言えよう。

不法在留罪の構造と問責対象行為
―― 東京高裁令和4年3月15日判決（高刑速（令4）号97頁）を契機として ――

　　　　　　　　　　　　　　　　松　原　芳　博

　一　はじめに
　二　東京高裁令和4年3月15日判決
　三　不法在留罪の構造と問責対象行為
　四　抽象的事実の錯誤
　五　おわりに

一　はじめに

　出入国管理及び難民認定法（以下、「入管法」という。）70条2項〔不法在留〕は、「前項第1号〔第3条の規定に違反して本邦に入った者〕又は第2号に掲げる者〔入国審査官から上陸の許可を受けないで本邦に入った者〕が、本邦に上陸した後引き続き不法に在留する」ことを3年以下の拘禁刑もしくは300万円以下の罰金またはその併科で罰している。

　この不法在留罪は、平成11年の入管法の改正で新設された罪である。それ以前も、不法入国罪（入管法70条1項1号）、不法上陸罪（同項2号）および不法残留罪（同項5号）は存在していた。このうち不法入国罪および不法上陸罪は、即成犯（即時犯）ないし状態犯であって、本邦への入国ないし上陸の時点から公訴時効が進行すると解されている[1,2]。一方、不法残留罪は継続犯であり、同罪の公訴時効

---

[1] 広島高判昭和25年5月30日（判特11号107頁）、坂中英徳＝齋藤利夫『出入国管理及び難民認定法逐条解説〔改訂第4版〕』（日本加除出版、2012年）976頁・799頁、安冨潔『特別刑法入門1〔第2版〕』（慶應義塾大学出版会、2020年）242頁、上野友慈「不法入国等について」研修553号（1994年）86頁など参照。

[2] もっとも、住居侵入罪（刑法130条前段）については、それを継続犯と解するのが判例（最決昭和31年8月22日刑集10巻8号1237頁）・通説（井田良『講義刑法学・各論〔第3版〕』（有斐閣、2023年）190頁、大谷實『刑法講義各論〔新版第5版〕』（成文堂、2019年）144頁、曽根威彦『刑法各論〔第5版〕』（弘文堂、2012年）143頁、高橋則夫『刑法各論〔第4版〕』（成文堂、2022年）155頁、中森喜彦『刑法各論〔第4版〕』（有斐閣、2015年）81頁、西田典之（橋爪隆補訂）『刑

は行為者が本邦に滞在している限り進行しないものと解されている[3]が、同罪は行為者が適法に入国していたことを前提としている。それゆえ、行為者が不法に入国・上陸したが、その事実が不法入国罪・不法上陸罪の公訴時効期間（3年）を経過した後に発覚した場合には、いずれの罪でも処罰することができないという事態が生じえた。しかし、適法に入国した者が不法に残留した場合にはいつまでも処罰可能であるのに、不適法に入国した者が不法に在留した場合に入国後3年で処罰ができなくなるのは不均衡である。このような事態を回避すべく、不法入国・不法上陸後の本邦への滞在を罰する不法在留罪が新設されたのである[4]。

ところで、東京高裁令和4年3月15日判決（高刑速（令4）号97頁）[5]は、6歳の時に不法入国の事実の認識なく本邦に不法に入国し、20歳の時に不法残留の認識を有するに至ったものの本邦に滞在し続けた者について、同罪の成立を認めた。本判決では、入国の時点で不法入国罪の実体法上の成立要件を具備していない者について不法在留罪の成立が肯定されている点が注目される。本稿では、本判決の検討を通じて、不法在留罪の構造および問責対象行為を明らかにしたい。

二　東京高裁令和4年3月15日判決

1　事案の概要[6]

被告人（1985年、フィリピン生まれ）は、その母（フィリピン国籍）がブローカーを通じて入手した、被告人の本名とは異なる氏名の記載された旅券で1992年に本邦に入国した。その後、母は、その旅券に基づき被告人の在留資格（定住者）の更新を繰り返していたが、2004年以降は在留資格の更新は行われなかった。被告人は、2005年頃自身の在留資格が更新されていないことに気づいたが、特段の措置を講じることなく居住地での生活を続けた。

　各論〔第7版〕』（弘文堂、2018年）133頁、橋本正博『刑法各論』（新世社、2017年）138頁などであることからすれば、不法在留罪の新設以前の時点で、不法入国罪・不法上陸罪を継続犯と解する余地もありえたように思われる（坂中＝齋藤・前掲注（1）796-797頁・799頁参照）。

3　伊藤榮樹ほか編『注釈特別刑法第3巻』（立花書房、1983年）522頁〔山本達雄〕、安冨・前掲注（1）247頁など参照。

4　佐藤方正「外国人登録法、出入国管理及び難民認定法の改正について」ジュリスト1165号（1999年）42頁、坂中＝齋藤・前掲注（1）977-978頁参照。

5　本判決の評釈として、清水庸平「判批」警察公論77巻7号（2022年）83頁以下、角谷大輔「判批」研修905号（2023年）3頁以下。

6　事案については、清水・前掲注（5）84-85頁、角谷・前掲注（5）4頁を参照した。

2 原判決（さいたま地判令和3年11月1日〔判例集未登載〕）[7]

原判決は、大要、次のように判示して、被告人に不法在留罪の成立を認めた。

（1）平成11年法律第135条による入管法の改正により不法在留罪が新設された立法趣旨に照らせば、この罪の主な処罰根拠は、外国人が不法に本邦に滞在することを継続するという点の違法性にあるといえるから、不法入国等罪が公訴時効にかかり処罰できない場合だけでなく、不法入国等罪の故意が認められない場合や刑事未成年者であるなどの理由で不法入国等罪という罪を問えない場合であっても、不法入国等をした者が事後的に不法入国等の事実を認識し、更に適法な在留資格のないまま本邦に滞在をし続けた行為については、不法在留罪が成立すると解するのが相当である。

また、不法在留罪の行為主体は、入管法70条2項には、「前項第1号又は第2号に掲げる者」と規定されており、一般に犯罪が成立することを意味する「該当する者」と規定しない文言解釈からしても、形式的に不法入国等の行為をした外国人であれば足りると解すべきである。

（2）被告人は、本邦に不法に残留しているとの認識があったにすぎないが、不法在留罪と不法残留罪は、共に入管法70条に規定され、いずれも本邦に在留する外国人の在留の公正な管理を図る目的を達成するために規定され、法定刑や継続犯であることも同じであって、違法性の実質が、在留資格を有しない外国人が本邦に滞在し続ける点で共通していることからすれば、両罪の構成要件は実質的に全く重なり合っていると解するのが相当であり、被告人は、20歳頃から不法残留の認識で、不法在留の結果を実現したものであるが、その食い違いを理由として不法在留罪の故意を免れることはできない。

（3）以上によれば、被告人には不法在留罪の故意が認められ、被告人が不法残留の認識をし始めたのは20歳頃であると述べていることからすると、不法在留罪が成立するのは平成17年以降とするのが相当である。

以上の原判決に対して、弁護人が法令適用の誤りを主張して控訴した。

3 判旨——公訴棄却

「1 不法在留罪（入管法70条2項）における『前項第1号又は第2号に掲げる

---

[7] 高刑速（令4）号98頁の控訴審の判決理由中の記載による。

者』の意義について

（1）控訴の趣意の第2は、次の理由から、不法在留罪の行為主体を、形式的に不法入国等の行為をした外国人であれば足りると解した原判決は、入管法70条2項の解釈を誤っているというのである。

ア　不法入国等の時点で不法入国等の故意が認められない場合や刑事未成年であるなどの理由で不法入国等罪に問えない場合は、そのような外国人が本邦に滞在する行為は、当該外国人の任意とはいえないから、不法在留罪の構成要件が予定する処罰相当性を有する違法な法益侵害行為ではない。当該外国人の意思に関わらず形式的に不法入国等の状態が創出されており、本邦に滞在しないよう期待できず、そのまま本邦に滞在を続けることを非難できない。このような外国人も退去強制手続の対象になるのであるから、それで入管法の目的を達成でき、刑事罰については謙抑的な解釈をするべきである。

イ　入管法70条2項の『前項第1号又は第2号に掲げる者』は、同条1項柱書を含めて読めば、同項1号又は2号に『該当する者』と同義であると文言解釈できるし、これまで述べてきたことからはそうすべきである。

（2）しかし、入管法70条2項の文言解釈及び不法在留罪が新設された経緯及び趣旨や、それらから同罪の主な処罰根拠は外国人が不法に本邦に滞在し続けるという点の違法性にあるといえることは、原判決が指摘するとおりであって、当裁判所としても、同項にいう『前項第1号又は第2号に掲げる者』には、公訴時効により処罰できない場合だけではなく、故意を欠くとか刑事未成年であったなどの理由で不法入国等の罪を問えない場合も含むと解するべきであると考える。同項で『前項第1号又は第2号に掲げる者』としながら、入管法70条1項で『次の各号のいずれかに該当する者は、3年以下の懲役若しくは禁錮若しくは300万円以下の罰金に処し……』という規定としているのは、上記立法趣旨を考えれば、あえて文言を書き分けているものであり、上記の解釈を支えるものであると解される。

弁護人は、前記（1）アのとおり主張するが、上記改正に関する参議院法務委員会における質疑において、不法在留罪について本人の意思によらず人身売買で入国された女性については基本的に適用しないということを明言すべきであるという趣旨の議員の質問に対して、政府委員が人道上の問題があるものについては十分配慮し、在留特別許可等の制度を適切に運用していきたいという回答を行っ

ていたことからも、不法入国等について故意等を欠く場合であっても、行政手続上の対処に加えて、特に刑事罰の対象とする趣旨で改正案が提案されており、その趣旨を踏まえて法改正がなされたものと解される。

2 被告人の故意について

(1) 控訴の趣意の第3は、次のとおり、不法入国等の時点で故意はなく、刑事未成年であった場合に、事後的に不法残留の故意が生じたとしても、不法在留罪の故意を問うことはできないというものである。

ア 不法在留罪は、不法入国等をして不法に本邦に滞在し続ける行為を、不法残留罪は、在留期間の更新等を行う義務に違反して不法に本邦に滞在し続ける行為をそれぞれ処罰するもので、本邦に不法に滞在することとなった原因が異なるのであるから、両罪の行為態様や類型が異なり、重なり合いは認められないから、故意の内容は異なる。

イ 入管法上、両罪については、同じ行為が退去強制事由として規定されているのに、不法残留者のみが出国命令の対象となっていることは、両罪が別の違法・責任類型として区別していることを示唆している。

ウ 不法入国等の認識がなく形式的に不法入国等をした者が不法残留であることを認識し始めたとしても、不法残留罪とは異なり、不法滞在を回避することはできず、事後的に故意を認めることは、結果回避可能性のなかった結果を帰責することになる。

(2) 被告人は、在留資格の更新がないままであることに20歳の頃に気付き、それ以降不法残留の意思をもって本邦に滞在しており、訴因の対象となっている令和2年1月17日までには自分が客観的には不法入国をしていたという認識を持っていなかった。

しかし、不法入国者等が、本邦に不法に在留することにより適正な出入国管理の実施を妨げていることは、不法残留者の場合と異なるところがなく見過ごし難い悪影響があることから、不法在留罪を新設することとしたという改正の趣旨、不法残留罪と不法在留罪とが、原因は異なるとはいえ本邦に在留する資格のない外国人が本邦に滞在する継続犯である点において共通しており、同一の条の下に位置付けられ、法定刑も同じであること、前記1 (2) のとおり入管法70条2項は、公訴時効により処罰できない場合だけでなく、故意を欠くとか刑事未成年であったことなどの理由で不法入国等の罪を問えない場合も含むと解されることな

どを考慮すれば、両罪の構成要件に実質的な重なりがあると解釈し、不法残留の認識で上記のとおりの不法在留の結果を実現した被告人について、不法残留の認識が生じた時点以降の不法在留罪の故意責任を問うことができるとした原判決の判断は支持できるものといえる。

被告人に結果回避可能性がないという前記（1）ウの主張の趣旨は必ずしも明らかではないが、被告人の認識どおりの不法残留であれば在留期間の更新又は変更を受けないという点で不作為的な要素はあるものの、不法残留であることを認識した時点において被告人に結果回避可能性がなかったとは到底いえないし、この主張を適法行為の期待可能性がなかったというものであると解しても、被告人がそのまま在留資格なく滞在することが正当化されるものではないから、採用することはできない。」

4　本件の争点

本件の争点は、①不法在留罪の主体（入管法70条2項の「前項第1号又は第2号に掲げる者」）には、不法入国・不法上陸につき公訴時効により処罰できない者だけでなく、不法入国罪・不法上陸罪の実体法上の成立要件を欠くために処罰できない者も含まれるか、②不法残留の認識で不法在留の事実を実現した場合に故意既遂犯の成立が認められるか、である。

三　不法在留罪の構造と問責対象行為

1　不法在留罪の性質

本罪は、「引き続き不法に在留する」との文言からしても、不法入国・不法上陸に関する公訴時効による不処罰の回避という立法趣旨からしても、不法滞在状態が解消されない限り終了しない継続犯である[8]ことに異論はないであろう。

継続犯の構造に関しては、行為者の実行行為（問責対象行為）が継続する犯罪類型であると解する立場（行為継続説）[9]が通説的見解といえる。本判決も、「被告

8　安冨・前掲注（1）247頁、坂中＝齋藤・前掲注（1）802頁参照。
9　浅田和茂『刑法総論〔第3版〕』（成文堂、2024年）130頁注31、井田良『講義刑法学・総論〔第2版〕』（有斐閣、2018年）112頁、大谷實『刑法講義総論〔新版第5版〕』（成文堂、2019年）111頁、西田典之（橋爪隆補訂）『刑法総論〔第3版〕』（弘文堂、2019年）90頁、山中敬一『刑法総論〔第3版〕』（成文堂、2015年）180頁など。

人がそのまま在留資格なく滞在すること」を問責対象行為とするもののようであり、行為継続説に親和的である。

　しかし、継続犯において行為者の問責対象行為（意思の発動としての作為・不作為）が継続しているというのはフィクションである。たとえば、継続犯の典型とされる監禁罪は、行為者が監禁現場を離れたり、寝入ったり、監禁の事実を失念したりしても継続すると解されている。ここで継続しているのは、行為者の監禁行為ではなく、被害者の被拘禁状態にほかならない。このように、継続犯において継続しているのは、行為者の実行行為ではなく、法益の侵害・危殆化状態としての結果である（結果継続説）[10]。それゆえ、意思によりコントロール可能な人の行為による外界への作用を要求する行為主義の見地からすれば、継続犯は、法益の侵害・危殆化の継続的発生ないし時間的更新を構成要件的結果とし、それを惹起する作為・不作為を問責対象行為（実行行為）とする結果犯として理解されなければならない。

　結果継続説の見地から不法在留罪の構造をみた場合、同罪の構成要件的結果は不法入国者の不法な本邦滞在であるが、同罪の問責対象行為は何に求められるであろうか。同罪が不法入国・不法上陸によって生じた外国人の不法な本邦滞在状態を罰するものであることからすれば、入国行為・上陸行為を問責対象行為とする理解が素直であろう。この理解によれば、入管法70条2項の「前項第1号〔第3条の規定に違反して本邦に入った者〕又は第2号に掲げる者〔入国審査官から上陸等の許可を受けないで本邦に上陸した者〕が、本邦に引き続き不法に在留する」との文言は、前半部分が（形式的には身分のようにもみえるが）問責対象行為、後半部分が結果を記述していることになる[11]。

　この理解に対しては、不法在留罪が主として念頭に置いている事案では不法入国行為・不法上陸行為は公訴時効にかかっているので、問責対象行為とみることができない、との反論も予想される。しかし、公訴時効の起算点については、実

10　高橋則夫『刑法総論〔第4版〕』（成文堂、2018年）115-116頁、町野朔『刑法総論』（信山社、2019年）124頁、山口厚『刑法総論〔第3版〕』（有斐閣、2016年）49-50頁、松原芳博『行為主義と刑法理論』（成文堂、2020年）8-9頁、86頁以下など参照。

11　「同罪〔不法在留〕の成立を認めて被告人を有罪とするためには、被告人が本邦に在留した事実だけでなく、法3条の規定に違反して本邦に入った事実についても、被告人の自白のほかに補強証拠が必要であると解すべきである」とする東京高判平成19年11月5日（高刑速（平19）号358頁）に示されるように、裁判実務では、不法入国・不法上陸の事実は不法在留罪の「罪となるべき事実」に含まれるものとして扱われている。

行為（問責対象行為）の時点ではなく、結果の時点に求める立場（結果時説）が判例[12]・通説[13]である。この結果時説によるなら、結果が公訴時効にかからない限り、問責対象行為を含めた当該犯罪全体が訴追可能であるといえる。したがって、入国行為・上陸行為を独立に見れば公訴時効にかかっているとしても、当該行為を不法在留罪の問責対象行為とみることに支障はないであろう。

　ところで、同罪の問責対象行為を入国行為・上陸行為に求めるとすると、入国行為・上陸行為の時点における責任能力や故意の具備を要することになり、本件のように入国時・上陸時に刑事未成年であった場合や不法在留の予見（故意）を欠く場合には、同罪の成立が否定されることになる。本件弁護人が「入管法70条2項の『前項第1号又は第2号に掲げる者』は……同項1号又は2号に『該当する者』と同義である」として、入国時における不法入国罪または不法上陸罪の成立要件の具備を要求したり、「事後的に不法残留罪の故意が生じたとしても、不法在留罪の故意を問うことはできない」〔圏点は引用者〕と主張したりするのは、入国行為・上陸行為を不法在留罪の問責対象行為とみる立場からのものといえる。このように入国行為・上陸行為の時点での責任要件の具備を要求する見解は、人身売買等で強制的に本邦に連れてこられた者の本邦滞在を同罪の処罰対象から除外しうる点などにおいて魅力的である。

　しかし、不法残留罪との均衡を考えると、不法在留罪の問責対象行為を入国行為・上陸行為のみに限定することには疑問がある。不法残留罪も、外国人の不法な本邦滞在を結果とする犯罪類型であるが、同罪は適法な入国を前提としていることから、はじめからオーバーステイを意図して入国した場合を除けば、入国行為の時点で不法な本邦滞在の予見（故意）を欠くため、入国行為を同罪の問責対象行為とみることはできない。そこで、同罪では、在留期間延長や特別在留許可の申請をしたり、国外に退去したりするなどして不法滞在状態を解消すべき義務に違反するという不作為に問責対象行為を求めるのが原則となる[14]。適法に入国

12　最決昭和63年2月29日（刑集42巻2号314頁）。
13　虫明満「公訴時効の起算点」香川法学8巻2号（1988年）262頁、田口守一『刑事訴訟法〔第7版〕』（弘文堂、2017年）206頁、酒巻匡『刑事訴訟法〔第2版〕』（有斐閣、2020年）249頁、渥美東洋『刑事訴訟法〔全訂第2版〕』（2009年）365頁、亀井源太郎「判批」井上正仁ほか編『刑事訴訟法判例百選〔第9版〕』（2011年）94-95頁など参照。
14　不法残留罪の構造につき、松原芳博「不法残留罪の構造と幇助犯の成立範囲——東京高判令和元年7月12日（高刑速（令1）号107頁、裁判所ウェブサイト、LEX/DB25563568）を契機として——」『早稲田大学法学会百周年記念論文集第3巻刑事篇』（成文堂、2022年）206-207頁参照。

した者を対象とする不法残留罪において不法滞在状態解消義務違反という不作為が問責対象行為になりうるのに、不法に入国した者を対象とする不法在留罪において不作為が問責対象行為となりえないと解するのは不均衡であろう。

かくして、不法在留罪の問責対象行為は入国行為・上陸行為（作為）または不法滞在状態解消義務違反（不作為）に見出すことができる。有責な入国行為・上陸行為が先行する事案では入国行為・上陸行為が同罪の問責対象行為となるが、有責な入国行為・上陸行為を欠く事案[15]では不法滞在状態解消義務違反が問責対象行為として検討されることになる。人身売買等で強制的に本邦に連れてこられた者については、有責な入国行為・上陸行為がないので、もっぱら不法滞在状態解消義務違反が検討されることになり、不法滞在状態を解消する現実的な方策がない場合には、作為可能性が欠けるため、同罪の成立は否定されることになる。

不法入国[16]の時点で同罪の故意および責任能力を欠く本件では、不法滞在状態解消義務違反が問責対象行為であることから、同義務の履行可能性（作為可能性）が検討されるべきであったといえよう。被告人は不法滞在を回避することができなかったとの弁護人の主張は、この作為義務の履行可能性を問題とするものとして理解することができる。

これに対して、本判決は、「被告人の認識どおりの不法残留であれば在留期間の更新又は変更を受けないという点で不作為的な要素はあるものの」〔圏点は引用者〕と述べていることからして、行為の客観面に対応する不法在留については、それを漫然と作為と解し、不作為的な要素を認めていないようである。そのため、本判決は、「不法残留であることを認識した時点において被告人に結果回避可能性がなかったとは到底いえない」と述べるのみで、不法滞在状態を回避する

---

15 入管法70条2項の「前項第1号又は第2号に掲げる者」に責任無能力者や不法入国の認識を欠く者を含むという解釈は、文言の可能な意味の範囲内に収まるものといえよう。盗品関与罪（刑法256条）の前提犯罪としての「財産に対する罪に当たる行為」については、財産罪の構成要件に該当し違法な行為を意味し、有責であることを要しないと解するのが通説（高橋・前掲注（2）443頁、西田（橋爪補訂）・前掲注（2）291頁、山口厚『刑法各論〔第2版〕』（有斐閣、2010年）340頁など）である。

16 なお、本件被告人は、不法在留罪を新設した平成11年法律第135条の施行日（2000年2月18日）以前に本邦に入国している。このような不法在留新設前の入国行為は、不法入国罪を構成する違法行為ではあるが、これを不法在留罪の問責対象行為（実行行為）とすることには事後法の禁止に抵触するという点でも問題がある。事後法の禁止は、実行行為（問責対象行為）の時点を基準とするからである。不法入国罪と不法在留罪とを包摂する共通構成要件を想定することで事後法の禁止を回避することも考えられるが、状態犯である不法入国罪と継続犯である不法在留罪との間で共通構成要件を想定することは困難ではないだろうか。

ための具体的な方策については何ら検討していない。

本件被告人については、適法に入国したものではないことから在留期間の更新・変更による不法滞在状態の解消は不可能である。また、難民認定により不法滞在状態を解消しうる事情も見当たらない。そうすると、本件で考えられる不法滞在状態解消義務の具体的内容は、日本から国外に退去する義務であろう（これは行為者の主観面に対応する不法残留罪における作為義務の内容とも重なる）。国外に退去するためには、渡航費を要するほか、渡航先が必要である。本件では、6歳の時に日本に連れてこられた被告人にとって帰る場所があったのかを不法滞在状態解消義務の履行可能性という見地から具体的に検討する必要があったように思われる[17]。また、不法在留罪の成立を認める場合にも、その成立時期は、本判決のように「不法残留の認識が生じた時点」に求められるのではなく、不法残留の認識が生じた後、現実に退去が可能になった時点に求められるべきである。本判決は、継続犯に関する行為継続説を前提に、不法在留を漫然と作為と解することにより、行為者に不可能を強いるおそれのある論理になっているのではないだろうか。被告人が本邦に滞在する行為は被告人の任意とはいえず、回避不可能な結果を被告人に帰責することになる旨の弁護人の主張は、被告人に不法滞在状態を解消する現実的な可能性のあることが認定されてはじめて退けることができよう。

四　抽象的事実の錯誤

本件で不法在留罪の客観的構成要件の充足が認められた場合には、被告人は不法残留罪の認識で不法在留罪にあたる客観的事実を実現したことになる。この場合、両罪は、不法に入国したか適法に入国したかの違いはあるものの、ともに適正な出入国管理を保護法益とし、外国人の本邦不法滞在状態を結果とする点で共通しており、「不法滞在罪」とでもいうべき共通構成要件[18]で括ることが可能であるから、故意既遂犯の成立を肯定することができるであろう[19]（法定刑が同じなので客観的に実現された不法在留罪の罰則が適用される[20]。）。

17　本判決は、この履行可能性を適法行為の期待可能性の問題として理解する方向を示唆しているが、不法滞在状態解消義務の履行可能性は、期待可能性以前に問責対象行為としての不作為の存在の前提であるといえる。また、期待可能性の問題として捉えるとしても、期待の対象としての「適法行為」を具体的に確定するためには、問責対象行為の特定は不可避であるといえよう。

18　山口・前掲注（10）239頁参照。

これに対して、本件弁護人は、不法在留罪と不法残留罪とは「本邦に不法に滞在することとなった原因が異なるのであるから、両罪の行為態様や類型が異なり、重なり合いは認められない」と主張する。この主張は、不法在留罪はもっぱら入国行為という作為を問責対象行為とし、不法残留罪はもっぱら不法滞在状態解消義務違反という不作為を問責対象行為とするという理解に立つものと思われる。しかし、本件のように不法在留罪において不法滞在状態解消義務違反が問責対象行為となる場合がある一方で、当初からオーバーステイする意図で入国した場合のように不法残留罪において入国という作為が問責対象行為となりうる場合があることから、両罪の行為態様が類型的に異なるとはいえないであろう。

五　おわりに

　行為主義によれば、犯罪は、意思によってコントロール可能な人の作為・不作為によって外界に作用を及ぼすものでなければならない[21]。この行為主義の見地から不法在留罪の構造を解明することによって、①故意や責任能力は問責対象行為である入国行為・上陸行為（作為）または不法滞在状態解消義務違反（不作為）の時点で存在する必要があること、②不作為を問責対象行為とする場合には不法滞在状態の解消可能性の存在が必要となること、③不法在留罪と不法残留罪はともに外国人の本邦不法滞在状態を惹起・継続する犯罪として共通構成要件に括ることができるので両罪間の錯誤では故意既遂犯の成立を認めうること、といった解釈論上の帰結を導いたのが本稿である。

　甲斐克則教授は、法益保護主義や責任主義といった刑法の基本原則の内容や淵源を綿密に検討されたうえで、これらの原則を刑罰法規の解釈・適用において実現することに力を注がれてきた[22]。本稿も、甲斐教授のお教えを受け、行為主義の原則を特別刑法上の犯罪構成要件の解釈に反映させることを通じて、刑法の基本原則の解釈指導機能を例証しようとしたものにほかならない。

　　［付記］本稿は、JSP科研費JP21K01206による研究成果の一部である。

19　清水・前掲注（5）94-95頁、角谷・前掲注（5）11-12頁参照。
20　最決昭和54年3月27日（刑集33巻2号140頁）参照。
21　松原・前掲注（10）1頁参照。
22　甲斐克則『法益論の研究』（成文堂、2023年）、同『責任原理と過失犯論〔増補版〕』（成文堂、2019年）など参照。

愛護動物虐待罪における「適切な保護を行わない」の意義

三 上 正 隆

一 はじめに
二 要保護状況
三 「適切な保護」の具体的内容
四 不作為の時間的継続性
五 おわりに

一 はじめに

　愛護動物虐待罪[1]（以下、「虐待罪」ともいう。）を規定する、動物の愛護及び管理に関する法律（以下、「動物愛護管理法」又は「法」という。）44条2項は、「虐待」[2]の例示として、「自己の飼養し、又は保管する愛護動物であつて疾病にかかり、又は負傷したものの適切な保護を行わないこと」（以下、「不保護類型」という。）を掲げている。もっとも、ここにいう「適切な保護を行わない」の意義は必ずしも明らかではなく[3]、本稿では、その明確化を図ることにしたい。

二 要保護状況

1 不保護類型の虐待罪と要保護状況

　虐待罪の保護法益は動物愛護の良俗であると解されるところ[4]、不保護類型の

---

[1] 愛護動物虐待罪を含む愛護動物虐待等罪の詳細については、三上正隆「愛護動物虐待等罪の概説」警論73巻12号（2020年）37頁、環境省自然環境局総務課動物愛護管理室『動物虐待等に関する対応ガイドライン』（2022年）（以下、「環境省ガイドライン」という。）等参照。
[2] 環境省ガイドライン22頁において、「虐待」（法44条2項）は、「不必要に強度の苦痛を与えるなどの残酷な取り扱い」と解されている。
[3] 環境省ガイドラインでも「適切な保護を行わない」の意義は明らかにされておらず、動物愛護管理行政実務上も、これを明確化することの必要性は高い。
[4] 原田國男「動物の保護及び管理に関する法律」伊藤榮樹ほか編『注釈特別刑法 第五巻 経済法

虐待罪（以下、「本罪」ともいう。）は、疾病にかかり、又は負傷した愛護動物に対して適切な保護を行わないことによって、その疾病・傷害が悪化し[5]、悪化の危険が増加し[6]、又は疾病・傷害に伴う苦痛が維持され若しくは増加し、これにより、動物愛護の良俗が危殆化される抽象的危険犯であると解される[7]。

本罪を規定する法44条2項が「自己の飼養し、又は保管する愛護動物であつて疾病にかかり、又は負傷したもの」の「適切な保護」を行うことを、保護責任者となる飼養者・保管者[8]（以下、「飼養者等」という。）に求めていることからすれば、具体的事案において、いかなる行為が「適切な保護」であるのかについて

編II』（立花書房、1984年）528頁（ただし、保護動物虐待等罪に対する理解）、三上正隆「判批」法時78巻10号（2006年）83-84頁、同「動物虐待関連犯罪の保護法益に関する立法論的考察」愛学宗研58号（2018年）80頁、青木人志『日本の動物法 第2版』（東京大学出版会、2016年）72-75頁等。環境省ガイドライン14頁も、虐待罪の保護法益を「（動物そのものではなく、）『動物を愛護する気風という良俗』」（丸括弧内原文）であるとする。なお、法益論の近時の動向と展望については、甲斐克則『法益論の研究』（成文堂、2023年）177頁以下参照。

5 病者に医薬を与えないで病気を悪化させた場合にも不作為による傷害として傷害罪（刑法204条）が成立する余地があること（大塚仁ほか編『大コンメンタール刑法 第三版 第10巻〔第193条～第208条の2〕』〔青林書院、2021年〕419頁〔渡辺咲子＝古川原明子〕）から、傷害の故意をもって不保護により愛護動物の疾病・傷害を悪化させた場合、本罪の他に愛護動物傷害罪（法44条1項）が成立する余地があるのかが問題となる。不作為による傷害が考えられる以上、不保護により愛護動物の疾病・傷害を悪化させた場合に愛護動物傷害罪の成立を否定する理由はない。そこで、この場合を一律に本罪とするのではなく、愛護動物傷害罪と愛護動物虐待罪の法定刑の相違を理由として、その悪化の程度が後者の類型の一部で要求されている「衰弱」の程度を超え、相当程度に重大である場合には、前者が成立する余地もあると解することができよう。もっとも、そもそも、法44条1項と同条2項が整合的に規定されているかについては疑問の余地がある。

6 清水晴生「動物愛護法上の犯罪」白鴎27巻1号（2020年）227頁は、「同項〔法44条2項〕の他の類型において身体に外傷が生ずるおそれのある暴行や衰弱が要求されていることからすれば、疾病や負傷箇所の悪化を招く具体的危険の認められることが前提とされよう」とする。

7 なお、本罪では虐待罪の他の類型の一部と異なり、構成要件的結果として「衰弱」が要求されていない。その理由につき、清水・前掲注6）227頁は、「すでに身体に対する侵害の具体的危険を伴いうる疾病にかかりあるいは負傷していることが前提とされる以上、その不治療・不保護をもって当然に疾病や負傷の影響による衰弱が生じるものとみなされうるからである」とする。しかしながら、疾病や負傷の内容・程度によっては不保護により疾病や負傷の影響による衰弱が生じない場合もあるため、このような理解には疑問がある。上記理由は、不保護により、すでに生じている疾病・傷害が悪化し、悪化の危険が増加し、又は疾病・傷害に伴う苦痛が維持され若しくは増加し、（その結果、たとえ衰弱に至らなくても）これのみによって動物愛護の良俗の危殆化を基礎付け得ることに求められるべきであろう。

8 「適切な保護を行」う責任を負う者、すなわち、保護責任者は、法44条2項の文言上、当該愛護動物の飼養者又は保管者に限定されている。なお、環境省ガイドライン30頁は、「行為者自身の飼養し、又は保管する愛護動物の場合に限定されていることから、例えば道路上において負傷した動物を発見した者が適切な保護を行わなかった場合など、『飼養』あるいは『保管』といえない場合には」本罪の要件に該当しないとする。

は、「適切な保護」を要する状況（要保護状況）としての「疾病」「負傷」を特定した上で、これに基づいて決せられることになろう[9]。このように「疾病」「負傷」は、本罪の行為客体の属性であるのみならず、実行行為（不保護）の具体的内容を特定する前提となる要保護状況でもあると考えられる[10]。

2　判断基底

それでは、上記のような要保護状況としての「疾病」「負傷」は、どのような事情を基礎として判断すべきであろうか。

この判断基底の問題に関して、名古屋地裁令和4年12月7日判決（D1-Law28310506）[11]は、「動物愛護法44条2項の定める『適切な保護』として『獣医師による治療を受けさせること』が求められるには、被告人の認識した愛護動物の負傷の程度が、一般人をして、獣医師による治療を受けさせることが必要であると判断できる程度のものである必要がある」と判示しており、ここでは、「負傷」が「被告人〔行為者〕の認識」した事情を基礎として判断されているものと解される。

もっとも、行為客体の属性としての「負傷」と要保護状況としての「負傷」を同一のものと解した上で、行為者の認識した事情を基礎として「負傷」を判断すると、客観的には愛護動物が負傷している場合でも、行為者が負傷していないと認識していれば、本罪の行為客体が存在しないことにもなりかねない。そこで、本判決は、行為客体の属性としての「負傷」と要保護状況としての「負傷」を別

9　保護責任者不保護致死罪（刑法219条）の成否が争われた最判平成30年3月19日刑集72巻1号1頁（以下、「平成30年判決」という。）、向井香津子「判解」最判解平成30年度18頁、遠藤聡太「判批」『刑法判例百選Ⅱ 各論〔第8版〕』（有斐閣、2020年）21頁参照。なお、保護責任者不保護罪（同法218条）において、「何が生存に必要な保護であるかを一般的抽象的に定めることは困難である。保護を要する原因・程度、保護責任者と要扶助者それぞれの立場・関係、期待される保護措置の難易等に照らして判断することになる」との指摘として、大塚仁ほか編『大コンメンタール刑法 第三版 第11巻〔第209条～第229条〕』（青林書院、2014年）290頁〔半田靖史〕。

10　なお、法44条2項は「疾病にかかり、又は負傷したもの」と制限的に列挙して規定していることから、行為客体の属性及び要保護状況は「疾病」「負傷」に限定されるものと解される。よって、「身体障害」（刑法218条）のある愛護動物に対して適切な保護（例えば義足を付ける等）を行なわなかった場合には、本罪は成立しないものと解される。

11　本件事案は、しつけ訓練の委託を受けて預かっていた犬1頭が両耳介辺縁の凍傷・欠損及び第15尾椎骨折の傷害を負ったにもかかわらず、獣医師による治療を受けさせるなどの措置を講じなかったことに対して、被告人が本罪で起訴されたというものであり、これに対して名古屋地裁は被告人に無罪判決を言い渡している（確定）。本判決の詳細については、三上正隆「判批」法時96巻4号（2024年）138頁参照。

個のものとして捉えた上で、前者の存在は客観的に存在した事情を基礎として判断しつつ、後者を行為者の認識した事情を基礎として判断していると解することになろう。

まず、行為規範論の見地に立ち、行為規範は行為者の意思への働きかけを通じて現実に作用し得るものであると解するのであれば、確かに、「疾病」「負傷」（要保護状況）を行為者の認識した事情を基礎として判断することも考えられなくはない。また、同じく行為規範論に立脚し、刑法（構成要件）は一般人に向けられた行動基準であるとの前提に立つ場合にも、「疾病」「負傷」（要保護状況）を一般人の認識し得た事情及び行為者の特に認識していた事情を基礎として判断することになるとも思われる[12]。しかし、そもそも、行為規範論が抱く、一般人に対して行動基準を提示して、その行動を制御し、それによって法益の保護を図るという構想（規範的一般予防論）は現実的なものであるとは言い難く、行為規範論（及び規範的一般予防論）に与することは難しい[13]。

次に、本判決は、行為者が要保護状況を認識していないときには「適切な保護」を行うことはできないのではないかという問題意識の下、行為者の要保護状況の認識を「適切な保護」（保護義務）の前提となる履行可能性（作為可能性）を基礎付ける要素として把握しているために、「疾病」「負傷」（要保護状況）を行為者の認識した事情を基礎として判断しているとの理解もあり得る[14]。確かに、このように要保護状況の認識を「適切な保護」（保護義務）の前提として位置付ければ、要保護状況の認識（故意）が認められる時点で「適切な保護」の具体的内容を確定することにつながり、実際の犯罪の認定との関係では合理的であるともいえる。しかしながら、上記理解を採ると、故意犯（本罪）の構成要件において主観面と客観面とを截然と区別することができなくなるため、理論的にはこれを支持することは困難である[15]。

---

12 不能犯論における具体的危険説（井田良『講義刑法学・総論［第2版］』〔有斐閣、2018年〕451頁等）参照。

13 三上正隆「規範論に対する批判的考察——事実的命令と規範的命令の区別」『高橋則夫先生古稀祝賀論文集 上巻』（成文堂、2022年）38-42頁。

14 このように、故意不作為犯において行為者の認識を作為義務の前提と位置付ける理解は、刑事裁判実務において採られている、過失犯において予見可能性を結果回避義務の前提として位置付ける理解（樋口亮介「注意義務の内容確定プロセスを基礎に置く過失犯の判断枠組み（1）（2）（3）」曹時69巻12号〔2017年〕1頁、70巻1号〔2018年〕1頁、70巻2号〔2018年〕1頁等参照）と平行的に解することもできよう。

15 過失犯において予見可能性を結果回避義務の前提として位置付ける見解に対しては、すでに、

行為者が愛護動物の「疾病」「負傷」(要保護状況)をどのように認識していたかは故意の問題であり、「適切な保護」の前提となる「疾病」「負傷」(要保護状況)は、行為者の認識した事情ではなく、客観的に存在した事情を基礎として判断すべきである[16,17]。このような理解によれば、行為客体の属性としての「疾病」「負傷」と要保護状況としての「疾病」「負傷」は、共に客観的に存在した事情を基礎として判断すべきことになり、一致することになる。

3 改善可能性

上記判断基底に基づいて判断された「疾病」「負傷」であっても、それが「適切な保護」の前提となる要保護状況であるといえるためには、さらに保護を行うことによって疾病・傷害の改善[18]が見込まれること、すなわち、改善可能性が必要であると解される[19]。およそ改善可能性がない場合には、不保護によって疾病・傷害が悪化し、又は悪化の危険が増加するわけではなく、動物愛護の良俗も危殆化されることはないからである[20]。

また、この改善可能性は僅かでも存在すれば足りるのではなく、相当程度存在することが必要であると解すべきである。改善可能性が非常に低い場合には、不保護によって生じる悪化又はその危険の増加も僅少であるから、それによって、動物愛護の良俗の危殆化を基礎付けることはできないからである[21]。

それでは、相当程度の改善可能性の有無をいかに判断すべきであろうか、そのための基準が問題となる。不能犯論における具体的危険説の見地から、一般人を

過失犯の構成要件において主観面と客観面とを截然と区別することができないという批判がなされている(橋爪隆『刑法総論の悩みどころ』〔有斐閣、2020年〕200頁)。
16 平成30年判決も、保護責任者不保護罪における要保護状況は客観的に存在した事情を基礎として決し、その認識は故意の問題として扱っているものと解される。
17 よって、客観的には要保護状況が認められるが、行為者がこれを認識していなかったために「適切な保護」を行わなかった場合、実行行為(不保護)は認められるものの故意が欠けるという理由により、本罪は成立しないことになろう(三上・前掲注11) 141頁参照)。
18 ここにおける「改善」には疾病・傷害をこれ以上悪化させないことも含まれるものとする。
19 前記名古屋地裁判決は、当該犬が負った第15尾椎骨折に関し、なお書きとしてではあるが、「診療を受けさせても有効な治療を施すことができない可能性が高い場合まで、動物愛護法44条2項の『適切な保護』として獣医師に診療を受けさせることが求められているかは疑問が残らないではない」と判示している。
20 半田・前掲注9) 307-309頁参照。なお、疾病・傷害の改善可能性がない場合であっても、不保護により疾病・傷害による苦痛が維持され又は増加する場合には、動物愛護の良俗の危殆化を認める余地があろう。
21 半田・前掲注9) 309-310頁、橋爪・前掲注15) 62頁参照。

判断基準として、客観的には相当程度の改善可能性はないものの、一般人にはこれがあるように見える場合であれば、相当程度の改善可能性を肯定できるとの理解も考えられる[22]。その理由は、刑法（構成要件）は一般人に対する行動基準であるとの理解（規範的一般予防論）を前提として、保護行為を行う時点で一般人が保護行為を行うべきかどうかを判断できる必要があることに求めることになるものと思われる。しかしながら、前述のように規範的一般予防論自体が採用し難い。また、上記の場合では、客観的には不作為による疾病・傷害の悪化又はその危険の増加は認められないか、認められても僅少であるから、それによって動物愛護の良俗の危殆化を基礎付けることはできず、本罪の処罰根拠を欠くことになるものと解される。このような理解に対しては、動物愛護の「良俗」の内容を社会通念や公衆の感情と解する立場から、なお、上記の場合であっても動物愛護の良俗が危殆化されるとの反論があるかもしれない。しかしながら、後述するように、そもそも動物愛護の「良俗」の内容を社会通念や公衆の感情と解すること自体に疑問がある。

上記の場合とは逆に、客観的には相当程度の改善可能性があるものの、一般人にはこれがないように見える場合、一般人を判断基準とする上記見解に基づけば、相当程度の改善可能性は否定されることになる。しかしながら、客観的には相当程度の改善可能性がある場合では、不作為による疾病・傷害の悪化又はその危険の増加が僅少とはいえず、これにより動物愛護の良俗は危殆化されると解される。そこで、相当程度の改善可能性の有無は、一般人の見地ではなく、客観的見地、具体的には改善可能性を科学的に評価できる獣医学の見地から判断されるべきである[23]。

三　「適切な保護」の具体的内容

1　特定基準

以上のようにして決定される要保護状況を前提とした場合、そこからどのよう

22　井田良『刑法総論の理論構造』（成文堂、2005年）435-436頁参照。
23　松尾誠紀「保護責任者不保護罪における救命可能性の要否とその認識」『山中敬一先生古稀祝賀論文集［下巻］』（成文堂、2017年）101頁以下参照。なお、前記名古屋地裁判決も獣医学的見地から第15尾椎骨折の改善可能性の有無を判断しているものと解される。

にして「適切な保護」の具体的内容を特定すべきであろうか、そのための基準が問題となる[24]。

前記名古屋地裁判決は「被告人の認識した愛護動物の負傷の程度」（要保護状況）を基礎にして、「一般人」の観点から、動物愛護管理法上期待される「適切な保護」の具体的内容を導いている。

そもそも、一般人の意味としては、まず、①社会一般の通常人が考えられる。これは社会通念とも言い換えることができよう。次に、②行為者と同じ立場（例えば地位・年齢・職業等）にある通常人であるとも解される[25]。例えば行為者が動物取扱責任者であった場合には、専門的な知識経験を有する「動物取扱責任者の立場にある通常人」が「一般人」の意味となろう[26]。もっとも、「一般人」をいずれの意味に解したとしても、一般人を基準とすることの理由の一つは行為規範論であるということができよう[27]。行為規範論は、刑法（構成要件）を①社会一般の通常人又は②行為者と同じ立場にある通常人に向けた行動基準であると解するからである。しかし、先述のとおり、そもそも行為規範論自体が採用し難い。

また、既述のとおり、虐待罪の保護法益は動物愛護の良俗であると解されるところ、「良俗」の内容を「社会通念」又はこれと置き換えられ得る「公衆の感

---

[24] 平成30年判決では、いかなる行為が「その者の『生存に必要な保護』行為として行うことが刑法上期待される特定の行為」であるのか、その判断基準については言及がない（向井・前掲注9）22頁）。

[25] 過失の標準（過失犯における予見可能性判断の基準者）における「一般人」につき、「『一般人』とは、社会一般の通常人を指すものではなく、行為者と同じ立場（例えば、地位・年齢・職業等）にある通常人を指す」との見解として、裁判所職員総合研修所監修『刑法総論講義案（四訂版）』（司法協会、2016年）152-153頁。一般人の意味をこのように解する場合には、「適切な保護」の具体的内容を特定するにあたって、当該業務者に業務の指針を与えている行政法令を発見し、その法令が定めた注意義務を検討することも必要となろう（過失犯における結果回避義務の内容の確定において、同様の指摘をするものとして、幕田英雄『捜査実例中心 刑法総論解説（第3版）』〔東京法令出版、2022年〕207頁）。

[26] 第一種動物取扱業者及び第二種動物取扱業者が取り扱う動物の管理の方法等の基準を定める省令（令和三年環境省令第七号）2条4号へは、「第一種動物取扱業者が取り扱う動物の管理の方法等の基準」として、「動物が疾病にかかり、又は傷害を負った場合には、速やかに必要な処置を行うとともに、必要に応じて獣医師による診療を受けさせること」を規定しており、行為者と同じ立場にある通常人の観点から「適切な保護」の具体的内容を特定しようとする場合に、飼養者等が第一種動物取扱業者であるときには、同規定を参照することが求められることになろう。

[27] 例えば保護責任者不保護罪における保護義務の具体的内容を「一般人を基準とした社会通念」に基づいて判断すべきとする見解は、その理由を、保護義務が一般人に対する作為義務として設定されるものであることに求めている（村越一浩ほか「保護責任者遺棄致死（裁判員裁判における法律概念に関する諸問題［大阪刑事実務研究会］）」判タ1409号〔2015年〕63頁）。

情」[28]と解するのであれば、①社会一般の通常人（社会通念）に基づいて「適切な保護」の具体的内容を決し、そのような内容の「保護をしなかった」場合に動物愛護の良俗の危殆化が認められるとも考えられる。しかしながら、同罪の保護法益である動物愛護の良俗における「良俗」は、「善良の風俗」すなわち、規範的な「社会の一般的道徳観念」であって、これは事実的な「社会通念」や「公衆の感情」と区別されるべきものである[29,30]。そして、動物愛護の「社会の一般的道徳観念」が危殆化されるのは、人間の行為によって現実に愛護動物に害が生じたとき[31]であるといえる[32]。人間の行為によって現実に愛護動物に害を生じさせないことが「動物の愛護の基本」[33]であると解されるからである。ここから、「適切

---

28 町野朔『犯罪各論の現在(いま)』（有斐閣、1996年）262頁参照。なお、性的秩序・風俗は公衆の関心・感情という見地から捉え直すことができることを示唆するものとして、山口厚『刑法各論 第2版』（有斐閣、2010年）503-504頁。

29 三上正隆「宗教的行為と愛護動物虐待等罪——『みだりに』（動物愛護管理法44条1項）の法的性格と内容」宗教法42号（2023年）44-45頁参照。このように、動物愛護の「良俗」を事実的な「社会通念」や「公衆の感情」ではなく、規範的な「社会の一般的道徳観念」であると解することの根拠の一つとして、法1条の「国民の間に動物を愛護する気風を招来し」という文言が挙げられる。すなわち、「招来」という文言に鑑みると、動物愛護管理法の目的は、現にある事実的な「気風」（良俗）を維持するのみではなく、さらに理想とされる規範的な「動物を愛護する気風」を国民の間に作り上げていくことにもあると解すべきことになろう。

30 もっとも、このように虐待罪の保護法益である動物愛護の「良俗」を規範的なものとして理解する場合には、これを事実的なものとして解する場合以上に、リーガルモラリズムに陥る危険が大きくなるとの問題が残ることは否めない。そこで、筆者は、立法論による解決とはなるが、動物愛護論に立脚する動物愛護管理法を動物福祉論に基づいて改正し（「動物愛護」と「動物福祉」の相違については、新村毅編『動物福祉学』〔昭和堂、2022年〕12頁〔新村〕参照）、同法の目的を端的に「動物の保護」とし、さらに、動物虐待等罪の保護法益も「動物の利益それ自体」とすべきであると考えている（三上・前掲注4）「立法論的考察」83頁以下、同「動物虐待関連犯罪の保護法益に関する一考察——『動物の権利』に関する議論を参照して」刑法59巻2号〔2020年〕276頁以下）。

31 通常、愛護動物に害が生じる場合に、社会通念に反し、又は公衆の感情が害されるといえるが、社会通念に反し、又は公衆の感情が害されても、愛護動物に害が生じていない場合（例えば無害のスプレーで愛護動物の身体に落書きをする等）も考えられる。後者の場合には動物愛護の「社会の一般的道徳観念」は危殆化されず、本罪は成立しないものと解される。

32 よって、動物愛護の良俗の危殆化は、「現実に愛護動物に害が生じること」という事実的要素を不可欠の前提として認められることになる。このことは本罪において法益の危殆化が事実的基礎を有することを意味する。

33 「動物の愛護及び管理に関する施策を総合的に推進するための基本的な指針」（平成18年10月31日環境省告示140号）<http://www.env.go.jp/hourei/syousai.php?id =18000278> は、「動物の愛護の基本は、人においてその命が大切なように、動物の命についてもその尊厳を守るということにあり、動物をみだりに殺し、傷つけ又は苦しめることのないよう取り扱うことや、その生理、生態、習性等を考慮して適正に取り扱うことである」とする。ここでは、「動物の愛護の基本」が現実に愛護動物に害を生じさせないことに見出されていると解することができる。

な保護」は現実に愛護動物に害が生じること、具体的には、愛護動物の疾病・傷害が悪化し、悪化の危険が増加し、又は疾病・傷害に伴う苦痛が維持され若しくは増加することを阻止するのに実効的な措置であることになる。そして、その実効性の有無はこれを科学的に評価できる獣医学の判断に基づくべきことになると考えられるから、「適切な保護」の具体的内容は、一般人の判断によるのではなく、獣医学的判断によって特定されるべきことになろう。

2 行為者に期待できる措置

以上のようにして、「適切な保護」の具体的内容は、客観的に存在した事情を基礎として特定された「疾病」「負傷」（要保護状況）を前提として、これを改善するために獣医学的見地から必要とされる措置ということになる。もっとも、行為者に期待できない措置を行為者に対して求めることはできないから、「適切な保護」の具体的内容は行為者に期待できる措置に限定されることになろう[34]。そのような措置であるといえるための要件は作為可能性及び負担要求可能性である。

（1）作為可能性

作為可能性の判断基準は個人の能力であると解されるため[35]、当該愛護動物の飼養者等は自らの能力でできる範囲内の保護が義務付けられることになろう。例えば、獣医学的見地から疾病・傷害が重大なものであると判断され、直ちに手術する必要がある場合であっても、飼養者等が獣医師免許を有さず、手術する能力がないのであれば、「適切な保護」の具体的内容は自ら手術することにはならず、獣医師による診療を受けさせることで足りることになる[36]。

（2）負担要求可能性

不作為犯処罰は国民に特定の作為に出ることを義務付けるものであるから、刑

34　橋爪隆「保護責任者遺棄罪・不保護罪について」警論73巻1号（2020年）137頁参照。
35　山口厚『刑法総論 第3版』（有斐閣、2016年）95頁。なお、個人の能力を基準に判断される作為可能性は、違法要素ではなく、責任要素として位置付けた上で、実行行為（違法行為）の限定要素として客観的構成要件に位置付けられるべきものと考える（同95頁参照）。作為可能性の体系的位置付けについては、仲道祐樹「不作為犯における『可能性』」高橋則夫ほか『理論刑法学入門 刑法理論の味わい方』（日本評論社、2014年）55頁以下等参照。
36　また、疾病・傷害が軽微な場合は、何もせずに経過を観察するなり、手元にある薬剤を塗布するなりすれば足り、直ちに獣医師による診療を受けさせなかったとしても、「適切な保護をしなかった」ことにはならないであろう（前記名古屋地裁判決参照）。

罰によってどこまでの労力の投入と危険の負担を強制できるのか、どこまでの自由の制約が正当化されるのかを考慮することが不可欠である。こうして、作為義務（「適切な保護」）の具体的内容を特定する際の規範的な考慮要素の１つとして、作為可能性と併せて負担要求可能性も要求されるべきである[37]。

この負担要求可能性の有無の判断にあたっては、行為者（飼養者等）の知識や身体能力、周囲の状況等に照らした保護行為の容易性、制約される自由の内容、行為者と行為客体（愛護動物）の関係性等が考慮要素となるものと考えられる[38]。例えば、大地震により重傷を負った飼い犬を獣医師による診療を受けさせるために動物病院まで運ぶ必要があるが、余震が続いていて動物病院までの移動中に飼養者等が負傷する可能性がある場合、「適切な保護」の具体的内容を「獣医師による診療を受けさせる」こととするのは、飼養者等に過度の負担を要求するものとして許されないことになろう。

四　不作為の時間的継続性

本罪は、前述のようにして特定された「適切な保護」を「行わない」場合、すなわち、保護義務違反が認められる場合に成立することになる。もっとも、保護義務違反が認められるためには、不作為によって、その疾病・傷害が悪化し、悪化の危険が増加し、又は疾病・傷害に伴う苦痛が維持され若しくは増加し、これにより、動物愛護の良俗が危殆化されることが必要である。よって、不作為は上記のようにして動物愛護の良俗を危殆化する性質を備えていなければならない。そこで、疾病・傷害の悪化又は悪化の危険の増加が遅い場合、保護義務違反が認められるためには不作為の一定の時間的継続性が要求されることになると解される[39,40]。これに対して、それが急速である場合、直ちに「適切な保護」を行わな

37　松原芳博『刑法総論 第３版』（日本評論社、2022年）109頁。向井・前掲注９）19-20頁注５）、橋爪・前掲注15）246-247頁注46）等参照。なお、負担要求可能性については、さらに、杉本一敏「不作為犯の結果回避可能性――『危険の現実化』か『負担要求可能性』か」高橋則夫ほか『理論刑法学入門 刑法理論の味わい方』（日本評論社、2014年）44-45頁、鎮目征樹「不真正不作為犯における作為義務の『発生根拠』と『具体的内容』」刑ジャ46号（2015年）13-15頁等参照。
38　遠藤・前掲注９）21頁参照。
39　清水・前掲注６）227頁は「不治療・不保護の作為義務違反につき、疾病・負傷の悪化を招きうるだけの一定の時間継続も要しよう」とする。もっとも、疾病・負傷の内容・程度との関係で不作為の一定の時間的継続性が要求されるか否かが決まるのであって、保護義務違反を認めるの

ければ保護義務違反となる余地があるものと考えられる。

五　おわりに

愛護動物虐待罪における「適切な保護を行わない」の意義について、本稿の結論をまとめると以下のとおりとなる。
① 「適切な保護」の具体的内容を特定するのに先立って、要保護状況（「疾病」「負傷」）を判断する必要があり、その判断は客観的に存在した事情を基礎として行われる必要がある。
② 要保護状況と認められるためには「相当程度の改善可能性」が必要であり、その有無は獣医学的見地から判断されなければならない。
③ 「適切な保護」の具体的内容は、以上のようにして判断された要保護状況を前提として、一般人による判断ではなく、獣医学的判断により特定される必要がある。
④ 「適切な保護」の具体的内容は、行為者に期待できる措置、すなわち、作為可能性及び負担要求可能性を満たす措置でなければならない。
⑤ 「適切な保護を行わない」という保護義務違反が認められるためには、不作為によって、その疾病・傷害が悪化し、悪化の危険が増加し、又は疾病・傷害に伴う苦痛が維持され若しくは増加し、これにより、動物愛護の良俗が危殆化されることが必要であり、場合によっては、不作為の一定の時間的継続性が要求されることになる。

本稿では、「不保護類型の虐待罪の故意」に関する問題[41]については検討が及ばなかった。その考察は他日を期したい。

に常にこれが要求されるというわけではない。清水の上記記述は疾病・傷害の悪化又は悪化の危険の増加が遅い場合に限って首肯できるものである。なお、保護責任者不保護罪において、不保護といえるための考慮要素として不作為の期間を挙げるものとして、向井・前掲注9）20頁、遠藤・前掲注9）20-21頁。

40　保護義務違反を認めるために不作為の一定の時間的継続性が必要であることは「適切な保護」の具体的内容の問題であるとも解される。要保護状況との関係で直ちに保護行為を行わなければならない場合であれば、「適切な保護」の具体的内容は直ちに保護行為を行うことに特定されよう。

41　不保護類型の虐待罪の故意においては、どの程度の認識があれば、要保護状況の認識を認めることができるか等が問題となる（橋爪・前掲注34）137-139頁参照）。

組織的な薬物密輸入事件をめぐる刑法上の問題
―― 漁船廣丸覚醒剤密輸入事件を素材にして ――

北　川　佳世子

　　一　はじめに
　　二　本件の概要と日台間の捜査共助
　　三　瀬取りによる薬物輸入罪の実行の着手
　　四　薬物輸入の故意
　　五　瀬取り事案における共謀の認定

一　はじめに

　2019年12月、熊本県天草の港に係留中の日本漁船・廣丸から大量の覚醒剤が見つかり押収されるという事件が起きた[1]。本件は、日本の暴力団組員らが、台湾の密輸グループと共謀の上、漁船等の小型船舶を利用した「瀬取り[2]」という手口により覚醒剤を密かに日本国内に持ち込もうとした事案であった[3]。台湾の海洋委員会海巡署（日本の海上保安庁に相当する機関）から事前に本件の主犯格が国際的な密輸を計画しているとの情報が寄せられ、日本の海上保安庁、警察、税関等の関係機関は、瀬取りにより日本への密輸入が行われるとみて、主犯格らを内偵調査していた。その効が奏して、日本への覚醒剤の大量陸揚げが水際で阻止されたことから、海外の捜査機関と連携にして、国際的に暗躍する組織的な密輸密売組織に対抗することの重要性を強く認識させる事案であった。
　本稿では、本件を素材に組織的な薬物密輸入事件をめぐる刑法上の論点を検討

1　本船内から押収された覚醒剤は約590kg、末端価格は約350億円にのぼった。
2　「瀬取り」とは、洋上において覚醒剤等の違法物品を外国から運搬してきた船舶から国内への船舶に積み替えて密輸入する手口である。洋上積替、洋上取引ともいう。
3　船舶を用いた薬物密輸入事件に関する筆者の既出論稿として、①「密輸入罪の成立時期」『西原春夫先生古稀祝賀論文集第３巻』403頁（成文堂、1998）、とくに瀬取り方式を利用した密輸入事件について、②「小型船舶を利用した密輸入事犯について」佐々木史朗喜寿『刑事法の理論と実践』495頁（第一法規、2002）、③「密輸と組織犯罪」山本草二編集代表『海上保安体制』251頁（三省堂、2009）、④「判批」海保大研究報告47巻１巻１号１頁（2002）。

することにより、かつて海上保安大学校において教鞭を執られ、海上犯罪に関する優れた研究業績もある甲斐克則教授の古稀のお祝いとさせていただくことにしたい[4]。まず、本件の概要を紹介した上で日台間の捜査共助について言及した後、本件に関与した被告人らの刑事裁判[5]において争われた刑法上の論点、具体的には、「瀬取りによる薬物輸入罪の実行の着手」、「薬物輸入の故意」、「瀬取りにおける共謀の認定」について考察を行う。

二　本件の概要と日台間の捜査共助

1　本件の概要

本件の概要については、以下のとおりである。

2019年12月、宮崎県の港から出港した日本船籍の漁船廣丸が、東シナ海の公海上において船籍不詳の船舶と接触し同船から覚醒剤を積み替えた後、熊本県天草の牛深港（以下、U港と表記）を目指して航行中燃料切れで漂流し、近くを通りかかった遊漁船（a船長）に救助され、天草の魚貫港（U港から車で10分程度の距離。以下、O港と表記）に曳航された。廣丸がO港に接岸後、同乗組員の不審な様子に気づいたaが警察に通報し、駆けつけた捜査員らが廣丸の船倉にあった段ボール箱入り麻袋の中から覚醒剤を発見して、同乗組員3名——台湾人の船長と乗組

---

[4] 甲斐克則教授は、『海上交通犯罪の研究』（成文堂、2001）を公刊されている。また、早稲田大学総合研究機構海法研究所（所長・箱井崇史早稲田大学法学学術院教授）の下に設置された海事刑法研究会を長らく牽引されてきた。本稿は、海事刑法研究会の活動を通じて交流のある台湾中央警察大学の招聘により、台湾最高検察署・中央警察大学主催「2023年台日海上犯罪と国家安全に関するシンポジウム」において筆者が行った報告を基にしたものである。

[5] このうち、公刊物やWebサイト等により判決文を確認できるものとして筆者が知り得たものに、台湾側主犯格（全体統括者）に対する①福岡地判令和3年3月17日裁判所Webサイト（無期懲役および罰金1000万円。控訴審確定）、日本側乗組員手配役に対する②福岡高判令和4年6月28日LEX/DB文献番号25593081および同判決の原審である福岡地判令和4年1月7日LEX/DB文献番号25593080（懲役14年および罰金300万円）、事前準備や運搬車両監視役を担った日本人夫婦に対する③福岡地判令和3年10月7日LLI/DB文献番号L07651249（夫が懲役13年および罰金300万円、妻が懲役8年および罰金250万円）および④福岡高判令和4年3月17日公刊物未登載（橋本淳一「判批」研修891号33頁以下（2022）参照。控訴棄却）、準備段階から犯行時に至るまで密輸グループ間の連絡調整を担い、犯行当時廣丸の航行状況を衛星電話のGPS機能で把握しつつ、陸側で待機していた指示役、および廣丸の台湾人船長、台湾人乗組員に対する⑤令和3年6月10日LLI/DB文献番号L07650727（指示役が懲役30年および罰金1000万円、船長が懲役19年および罰金500万円、乗組員は無罪）、日本人乗組員（19歳）に対する⑥令和4年5月24日LLI/DB文献番号L07750510（懲役10年および罰金100万円の併科）、がある。

員、日本人の少年乗組員——を現行犯逮捕した。さらに、近くで待機していた覚醒剤運搬用の冷凍車や覚醒剤を持ち逃げされないよう監視していた車の運転手らも、警戒中の捜査員らに逮捕された。捜査の結果、日本の複数の暴力団関係者の関与が判明し、台湾側グループの主犯格も含めて、約20人（処分保留の者を含む）が日本国内で逮捕されたと報道されている[6]。

本件では、在外の日本人暴力団組員が、日本国内で覚醒剤を売りさばくために瀬取り船を用いて大量の覚醒剤を密かに日本国内に持ち込もうと企て、日本側グループと台湾側グループの主導者・指示役らと連絡を取り合いながら、周到な密輸計画を立案した上で各グループに指示を出していた。日本側グループには複数の暴力団が関係し、それぞれ関与者を誘いつつ、漁船の調達、乗組員の手配、陸揚げ後の運搬車両の手配や運転、来日した台湾人乗組員のアテンド、運搬車両の監視等の役割を分担して密輸入計画が進められたことから、刑事裁判では、被告人らが、本件密輸計画を知らずに関わったとして、違法薬物の認識はなく共謀していないと主張した。また、覚醒剤は陸揚げ前に船内で押収されたところ、覚醒剤取締法の覚醒剤営利目的輸入罪および関税法の禁制品輸入罪の実行の着手を争う被告人もいた。

2　密輸・密航に関する日台間の捜査共助

冒頭で触れたように、本件における関与者逮捕および覚醒剤水際阻止は、日台間の捜査共助の成果であると報じられている[7]。

日本は、1972年の日中国交正常化における日中共同声明の枠内で日台関係を構築するという制約の下、日台間では公式の政府間関係を結ぶことができない。もっとも、台湾当局による主権的作用を事実上尊重する態度をとっており、台湾の特殊な国際法上の地位を踏まえて、民間団体が、政府・当局の管轄に服する形で各種関係性を構築している[8]。

捜査共助の分野においても日台間での正式な共助という形では行われておらず、これまで一般には、国際刑事警察機構（ICPO）を通じて捜査の協力関係があ

6　読売新聞朝刊2022年6月5日、27面。
7　台湾海洋委員会海巡署の発表、台北駐日経済文化代表のWebサイトに掲載された2019年12月25日付台湾ニュース参照、https://www.roc-taiwan.org/jp_ja/post/69172.html。
8　萬歳寛之「日台関係をめぐる外交枠組」萬歳寛之編『日台経済交流と国際法』6頁以下（成文堂、2022）。

るとの説明がなされてきた[9]。一方で、近年、日台間における越境犯罪の摘発に向けて連携強化の必要性を認識させる密輸事案が発生する等したことから、2018年12月27日、海洋問題をめぐる台湾と日本による協力の枠組である「台日海洋協力対話」第3回会合において、「公益財団法人日本台湾交流協会と台湾日本関係協会との間の密輸及び密航への対策に係る協力に関する覚書[10]」が交わされた。同覚書には日本台湾交流協会と台湾日本関係協会の代表者が署名し、双方の海上保安当局に協力を要請することが確認された。本件の摘発は、同覚書の取極めに基づいて、日台の捜査当局が連携した結果、結実したものではあるが、本覚書の制度上の問題点として、条約としての法的拘束力を持たず、双方が何らかの実体的な義務を負うものではない点、その射程が密輸・密航に限って両協会が関係当局の協力を得られるよう相互協力することが可能な範囲で情報等の提供を行うことが定められているにとどまる点が指摘されている[11]。

三　瀬取りによる薬物輸入罪の実行の着手

次に、本件の刑事裁判にあらわれた刑法上の論点について概観する。

まず、覚醒剤輸入罪の実行の着手について、本件では、覚醒剤取締法の覚醒剤営利目的輸入罪の未遂規定（同法13条、41条2項、3項）および関税法の禁制品輸入罪の未遂規定（同法69条の11第1項1号、109条1項、3項）の適用が問題になったが、瀬取りのような税関非経由型の場合は、両罪の既遂時期はいずれも陸揚げ時（後述）であり、両罪の成立時期の解釈において齟齬が生じないため[12]、以下では覚醒剤（薬物）輸入罪の解釈についてみてゆくことにする。

9　越智萌「日台間での国際刑事司法共助の現状と課題」萬歳編・前掲書注8）128頁以下。
10　公益財団法人日本台湾交流協会のWebサイトに掲載、https://www.koryu.or.jp/Portals/0/tokyo/MOU/20181227%EF%BC%88%E5%AF%86%E8%BC%B8%E5%AF%86%E8%88%AA%EF%BC%89_0001.pdf.
11　越智・前掲注9）132頁。
12　もっとも、両罪の法益の違いによりずれが生じる可能性はある。なお、税関経由型の場合は、覚醒剤輸入罪は覚醒剤の陸揚げ時点で既遂となる一方で禁制品輸入罪は税関を突破した時点で既遂に至ると解されており、両罪の既遂時期に齟齬が生じるが、罪数上は観念的競合として覚醒剤輸入罪の刑で処断される。最判昭和58年9月29日刑集37巻7号1110頁。

1 輸入の意義と既遂時期

　覚醒剤取締法には「輸入」の定義規定は置かれておらず[13]、解釈に委ねられているところ、従来から判例・通説上、同法の立法目的が「覚醒剤の濫用による公衆の保健衛生上の危害を防止するため」であることから、不特定多数の公衆がいる領土内に覚醒剤が持ち込まれた時点で広く公衆に危害を及ぼし得る状態に至ると解して、海路の場合は覚醒剤を船舶から搬出し陸揚げした時点で輸入罪は既遂に達するという見解（陸揚説）が採られてきた[14]。

　もっとも、瀬取りによる覚醒剤輸入罪の既遂時期については、最決平成13年11月14日刑集55巻6号763頁〔漁船玉丸覚醒剤密輸事件〕[15]において、検察側が、輸入の手口・態様により輸入罪の既遂時期が異なる場合があり得るという前提（個別化説）に立ち、瀬取りによる場合は、覚醒剤を外国からの運搬船から日本船に積み替えて日本に運べば何時でも何処からでも陸揚げが容易になるため、瀬取りを終えた日本漁船が領海内に入った時点で日本領土内の公共の危険が顕在化するとして、領海搬入時に輸入既遂を認めるべきであると主張した。しかし、平成13年決定は、検察側の主張を退け、「覚せい剤を船舶によって領海外から搬入する場合には、船舶から領土に陸揚げすることによって、覚せい剤の濫用による保健衛生上の危害発生の危険性が著しく高まるものということができるから、覚せい剤取締法41条1項の覚せい剤輸入罪は、領土への陸揚げの時点で既遂に達すると解するのが相当であり」、「所論の指摘する近年における船舶を利用した覚せい剤の密輸入事犯の頻発や、小型船舶の普及と高速化に伴うその行動範囲の拡大、GPS（衛星航法装置）等の機器の性能の向上と普及、薬物に対する国際的取組みの必要性等の事情を考慮に入れても、被告人らが運行を支配している小型船舶を

---

[13] 他の薬物取締法も同様である。他方、関税法2条1項1号には、「輸入」の定義として「外国から本邦に到着した貨物（括弧内略―筆者）又は輸出の許可を受けた貨物を本邦に（保税地域を経由するものについては、保税地域を経て本邦に）引き取ることをいう。」と規定されているところ、関税法上保税地域を経由しない場合の「本邦に引き取る」時点については、覚醒剤輸入罪と同様、陸揚げ時とされている。税関を回避して密かに本邦に陸揚げされた時点で、関税法の立法目的である「通関制度の適正・円滑な運用」が害されたといえるからである。
[14] 最判昭和58年9月29日・前掲注12）。
[15] 日本の暴力団組員が仕立てた日本漁船玉丸が、公海上で北朝鮮の船から覚醒剤を積み替えた上、高知の漁港から密かに陸揚げしようとして沿岸海域を航行していたが、捜査機関による検挙を恐れた犯人らが覚醒剤を（後日回収を期し浮きを付けて）海中に投入したという事案である。詳細は、拙稿・前掲注3）の④参照。また、本決定の評釈類として、朝山芳史「判解」最判解刑事篇平成13年度202頁（2001）および同評釈に引用された文献参照。

用いて、公海上で他の船舶から覚せい剤を受け取り、これを本邦領海内に搬入した場合に、覚せい剤を領海内に搬入した時点で前記覚せい剤輸入罪の既遂を肯定すべきものとは認められない」として、瀬取りの場合についても、従来の判例が採用する陸揚説を維持した。検察官の主張した個別化説に対しては、日本の領土内に搬入しない限り、覚醒剤の保健衛生上の危害は拡散しないと解される上に、輸入の手口により既遂時期が異なるとの主張は犯罪構成要件の理解に不明確さ・不安定さをもたらすと考えられて採用されなかったのである[16]。

2　未遂の成立時期

そうすると、輸入罪の既遂時期が陸揚げ時であることを前提に、輸入罪の未遂については「陸揚げ前」のどの時点から成立するのかが問題になる。未遂の成否については、a)「輸入」行為性（形式面）と、b) 未遂犯の処罰根拠である「既遂（陸揚げ）に至る現実的危険性」の有無が犯行計画や行為形態等の個別事情の考慮（実質面）を経た上で判断されるところ[17]、a) については、輸入の実行行為を①「国外から日本領土へ陸揚げするまでの一連の搬入行為」とする広い捉え方と、②「陸揚げ行為ないし陸揚げに密着する行為」とする狭い捉え方があり得るが、輸入行為を①のように捉えても、結局のところ、②の陸揚げに至る実質面を満たさなければ、輸入未遂と認定できない[18]。

前出平成13年決定の原審[19]は、瀬取り船により覚醒剤を領海に搬入した時点では輸入予備にとどまると判示しており[20]、また、最判平成20年3月4日刑集62巻3号123頁[21]は、北朝鮮グループと覚醒剤輸入を共謀の上、日本の内海湾内（鳥取県美保湾）において北朝鮮の船から投下された覚醒剤を日本の小型船舶で回収しようとしたところ、悪天候等のため回収できなかったという事案について、輸入未遂罪の成立を否定し[22]、輸入予備罪にとどまると判示している。さらに、那覇

16　東京高判平成12年12月20日高刑集53巻2号109頁も参照。
17　鹿野伸二「判解」最判解刑事篇平成20年度133頁以下（2008）。
18　鹿野・前掲注17) 135頁以下は a) については①の捉え方を示唆するが、b) については、後出最決平成16年3月22日に従えば、最終行為である陸揚げ行為との一体性が認められる、接岸に向けた作業が開始された時点で未遂を認める。
19　東京高判平成12年12月20日・前掲注16)。
20　なお、船舶内で覚醒剤を所持していることから、輸入罪としては予備にとどまっても、営利目的所持罪に該当し得る。
21　本判例の評釈類として、鹿野・前掲注17) および同評釈に引用された文献参照。

地判平成29年11月9日（LLI/DB 文献番号 L07250918）は、覚醒剤を日本に持ち込む計画を立てた外国人らが、マレーシア船籍の船を利用して領海外で瀬取り後、同船を沖縄の2箇所の港（非保税地域）に接岸させた上で短期在留資格を取得して上陸してはいるものの、覚醒剤をそれらの港から陸揚げする意図、計画があったことを立証できなかったことを理由に、輸入未遂罪の成立を否定している[23]。

3　廣丸事件における実行の着手

本件においても、廣丸はO港に接岸してはいるものの、当初の陸揚げ地として予定したU港ではなかったため、O港で陸揚げするつもりはなく、陸揚げに向けた具体的な行動もとっていないと主張する被告人らがいた。しかし、被告人らの主張は退けられ、輸入未遂罪の成立が肯定されている。この点に関して、福岡高判令和4年3月17日[24]は、以下のように判示している。

「一般に貨物船、旅客船等の乗員、船客が覚醒剤を隠匿携帯して上陸しようとする場合には、船舶を接岸させただけではかかる（陸揚げに至る―括弧内筆者）現実的危険性のある状態が生じたときに当たるとはいえない。」「しかしながら、密輸入船を仕立てて我が国への輸入目的で覚醒剤を密かに我が国の領域内に搬入した場合には、通常の場合、接岸の理由は覚醒剤の陸揚げ以外には想定できず、接岸した後は容易に陸揚げができる状態になるから、現実に覚醒剤を運び出す等の陸揚げ行為ないしその具体的な準備行為に至らなくても、船舶を接岸させる行為自体が陸揚げに密着する行為と評価でき、これにより覚醒剤を領土内に揚げる現実的危険性が生じたといえる。」「そうすると、前記認定の事実関係からすれば、密輸入船として仕立てられた本件元漁船（廣丸―括弧内筆者）が、我が国の岸壁に接岸したものであることは明らかであるから、特段の事情がない限り、陸揚げに密着する行為を行ったものというべきである。」「他方、本件においては、当初の計画においてはU港に入港する予定であったところ、想定外の漂流という事態の発生によりO港に入港するに至ったものであり、接岸の目的がとりあえず給油することにあったこともうかがわれ、同港において覚醒剤を陸揚げすることが

22　悪天候下で「回収担当者が覚醒剤をその実力支配下に置いていないばかりか、その可能性にも乏しい」ことから瀬取り船は未だ覚醒剤そのものを搭載しておらず、既遂に至る現実的危険性が生じていないと判断されたことによる。
23　なお、那覇地裁は覚醒剤営利目的所持罪の成立を認めた。
24　前掲注5）の④。

確定していたとはいい難い。」「しかしながら、いったん我が国の港に接岸した以上は容易に覚醒剤の陸揚げができる状態になることには変わりはなく、ましてや原判決も説示するとおり、廣丸が接岸するまでの間、指示役らが本件覚醒剤の陸揚げを断念した様子は全く見受けられず、指示役らは、廣丸に搭載された衛星電話のGPS機能によって廣丸の位置を把握しており、冷凍車を運搬する者（陸上運搬役）らが天草市内に待機しており、いつでも陸揚げに向けた行動をとることができる状態にあったものともいえるから、我が国の領土内に覚醒剤を揚げる現実的危険性が生じたことについては、当初の予定のU港に接岸した場合と変わりはない。」

　福岡高裁は、以上のように述べて、指示役らの様子や陸側の準備体制を指摘した上で、「警察官が到着するのが遅れるなど一歩間違えば、本件覚醒剤が陸揚げされるに至った可能性は高かったといえ、廣丸が接岸した時点で、本件覚醒剤が陸揚げされる現実的危険性が生じていたと認められる」とした原審の判断を是認した[25]。

4　検　討

　筆者は、かつて船舶による密輸入罪に関する裁判例を網羅的に調査した際に、船舶の乗客、乗組員が隠匿携帯して持ち込もうとする場合は船舶が接岸しただけでは輸入未遂の成立が否定され得る一方で、（組織的に）密輸入船を仕立てて持ち込もうとした場合は、個別事情に応じて、陸揚げ前の段階から未遂の成立を肯定し得る傾向があることを指摘した上で[26]、輸入罪の実行の着手とされる「陸揚げに密着する行為」を判断する際には、①時間的場所的近接性だけでなく、②陸揚げに向けての態勢の確立度（陸上担当者との連絡、陸揚地の決定、積荷の状況等）、③取締機関の監視を回避する手段・場所を利用する等の陸揚げを阻止する要因を取り除かれるといった事情を総合的に勘案して判断すべきであると主張したことがある[27]。前出福岡高裁の判断も同様の視点に立つものとみてよい。また、この判

25　前掲注5）の③⑥も、O港が当初予定されたU港と近距離であり、指示役らが廣丸の位置を把握していたことから、いつでも覚醒剤の陸揚げに向けた行動を取ることができる状態にあったと指摘して、（⑥にあっては、「遅くとも」と付した上で）O港に接岸した時点で、覚醒剤輸入罪の実行の着手を認めている。
26　拙稿・前掲注3）の②509頁以下。
27　拙稿・前掲注3）の②513頁以下。

断は、最決平成16年3月22日刑集58巻3号187頁[28]が、殺害行為（第2行為）の前の被害者にクロロホルムを吸引させる行為（第1行為）の時点から殺人罪の実行の着手が認められるか否かを判断する際に、犯行計画上、第1行為が、ⅰ）第2行為にとって「必要不可欠」であり、ⅱ）第2行為を遂行する上で「特段の障害」もなく、ⅲ）両行為との間の「時間的場所的近接性」があったこと等に照らすと、第1行為は第2行為に「密接」な行為であり、第1行為を開始した時点で「既遂に至る客観的危険性」が認められるとする点とも親和的であり、薬物密輸入事犯の陸揚げ行為との密着性、一体性判断において、上記①②③の視点が重要であることを再確認できるように思われる。

　さらに、最判平成平成30年3月22日刑集72巻1号82頁は、詐欺グループの電話担当者が被害者に2回にわたり電話をかけ、警察官を詐称して捜査に必要だからと嘘を告げて、被害者に銀行預金口座から現金を引き出させた上で、現金受取役が被害者宅に赴きその現金を騙し取ろうとしたが、受取役が被害者宅に向かう途中で警戒中の警察官に逮捕されたという事案において、段階を踏んで嘘を重ねながら現金を交付させるための犯行計画に基づいて本件嘘を一連のものとして被害者に対して述べた場合には、最終段階の現金の交付を求める時点に至っていなくても、電話による嘘の段階で詐欺罪の実行の着手が認められると判示したが、前出平成16年決定の判断基準に照らせば、電話による嘘とその後に予定された現金の交付要求との間に「密接」性が肯定できることから、電話をかけた時点で「客観的に危険性」が認められ、実行の着手があったと解される[29]。

　以上の実行の着手に関する近時の最高裁の判断基準に、本件の事実関係をあてはめると、覚醒剤輸入に向けての一連の行為のうち、最終的な陸揚げに至る前であり、また、想定外の事情から当初の予定とは異なるO港に曳航された場合であっても、O港は当初予定したU港に近く、指示役らが、首謀者との間で繰り返し電話連絡を取りながら、廣丸に搭載した衛星電話のGPSで同船の位置を把握しており、陸上担当者らが近場で待機していた等の事情も踏まえて、廣丸のO港への接岸は、ⅰ）陸揚げにとって必要不可欠である上、O港接岸後も指示

28　事案は、被告人らが、クロロホルムを吸引させて被害者を昏睡させた（第1行為）上で岸壁まで車で運び、車ごと海中に転落させて殺害する（第2行為）という計画の下で、計画通りに実行したが、被害者がクロロホルムの吸引により死亡した可能性がある場合に、殺人の実行行為と殺人の故意が認められ、殺人既遂罪の成立が肯定されたものである。

29　平成30年決定の山口厚裁判官の補足意見参照。

役らが覚醒剤の陸揚げを断念した様子もないため、ⅱ）指示役が指示すれば特段の障害なく[30]、ⅲ）いつでも覚醒剤の陸揚げに向けた行動を取ることができる状態にあるといえることから、O港に接岸した時点で陸揚げとの密接性を肯定して覚醒剤の陸揚げに至る客観的危険性を認め、輸入罪の実行の着手があったと解するのが相当といえよう。

四　薬物輸入の故意

1　末端関与者の認識の程度

　本件は、多数の者が指示役や瀬取りの実行役、陸揚げ後の運搬役等の役割を分担し、連絡を取り合いながら敢行された計画的で組織性が極めて高い犯行であったが、このような役割分担の下で敢行された組織犯罪においては、関与者全てに密輸計画が明らかにされるわけではなく、とくに末端の関与者には外国から運び込む物の中身すら明かされていない場合もあり、密輸入の故意および共謀の存否が争いになることが多い。

　本件の日本人乗組員（19歳）も、勤務先バーのオーナーから「船に乗る仕事」として勧誘され日当２万円で引き受け、洋上で相手船から投げ込まれた麻袋を廣丸の船倉に収納したが、覚醒剤の密輸入であることを知らなかったと供述していた。これに対して、福岡地判令和４年５月24日[31]は、「素性の分からない人物が多数関与していることなどのそれまでの不審な状況も併せ考えれば、被告人は、本件航海に当たり、何らかの密輸入に関与することになる可能性を認識していたと考えられる。そして、その密輸入が船を使った大掛かりなもの、すなわち費用や手間が相当費やされるものであることからすれば、密輸入品の対象となる物品としては、金塊や武器、覚醒剤を含む違法薬物など、それだけの費用等をかけてもなお首謀者に莫大な利益をもたらすものが容易に想定されるところ、……それまで犯罪や違法薬物とは無縁の生活を送っていた当時19歳の少年であったことなどを踏まえても、常識に照らせば、金塊や武器などと並び、覚醒剤を含む違法薬物を密輸入する可能性を思い浮かべたと考えるのが自然であり、証拠上、被告人

30　この点に関連して、前掲注５）の⑥は、接岸時にはまだ110番通報がなされていなかった点を、前掲注５）の③は、遊漁船のａ船長がいても現実に乗組員が上陸できていた点を指摘している。
31　前掲注５）の⑥。

が、密輸入の対象となる物品として、覚醒剤を含む違法薬物のみを思い浮かべなかったことを疑わせる事情や、覚醒剤を含む違法薬物を除外していたことを疑わせる事情は見当たらない。そうすると、被告人には、遅くとも本件航海に出航する時点で、覚醒剤を含む違法薬物を輸入することになるかもしれないとの認識があったと推認できる」として、覚醒罪輸入の故意を認めた。

2　薬物に関する認識の程度

　薬物事犯において、薬物の認識の有無が争われた場合、どの程度の認識があれば故意[32]が認められるかについては、「被告人は、本件物件を密輸入して所持した際、覚せい剤を含む身体に有害で違法な薬物類であるとの認識があったというのであるから、覚せい剤かもしれないし、その他の身体に有害で違法な薬物かもしれないとの認識があったことに帰することになる。そうすると、覚せい剤輸入罪、同所持罪の故意に欠けるところはない」と判示した最決平成2年2月9日判時1341号157頁があるところ、本決定の意義は、覚醒剤取締法の客体に関する故意の認識として、覚醒剤を含む身体に有害で違法な薬物「類」の認識があり、覚醒剤という「種」の認識を否定する特段の事情がない以上、覚醒剤の認識としては十分であるとした判断方法を示した点にあるとされており[33]、本判示は、覚醒剤であってもその他の違法薬物であってもいずれでもよいと認識した場合のほか、いずれであるかがぼんやりとした「あえてそれ以上明確にしようとしない状況」が認められる場合も概括的な故意として覚醒剤の故意を認定できる趣旨であると説明されている[34]。

　この点について、実体法上の故意の要件としては、あくまで覚醒剤の認識を要求する趣旨で理解しなければならない[35]。本件の日本人乗組員のように、これま

---

[32] 本稿は、故意には構成要件関連性が必要であることを前提とするが、故意の構成要件関連性については、安田拓人「刑法の基礎にあるもの　第2回故意と錯誤論（1）」法教488号103頁以下（2021）参照。

[33] 岡上雅美「判批」佐伯仁志＝橋爪隆編『刑法判例百選Ⅰ（第8版）』82頁（2020）。

[34] 原田國男「判解」ジュリ958号81頁（1990）。香城敏麿『刑法と行政刑法　香城敏麿著作集Ⅲ』326頁（信山社、2005）は、「覚せい剤であるという明確な認識がない場合でも、覚せい剤という種概念の故意を覚醒剤を含む類概念の故意を通して認定するという場合、その類概念の故意とは覚せい剤などの種概念の総体の故意をいうのであって、単にそれらの種概念に共通する概念（例えば、依存性薬物、法禁物という概念）の故意ではない。」と説明する。

[35] 安田拓人「判批」法教465号134頁（2019）。

で犯罪や違法薬物とは無縁の生活を送っていた「素人」の覚醒剤の故意としては、覚醒剤の「意味の認識」があれば足り、つまりは「身体に有害で違法な薬物類である」との認識があれば十分であるとされているが[36]、覚醒剤の意味の認識で足りるとした場合でも、その理由としては、その程度の認識があれば違法性の意識を喚起できることのみならず、故意の構成要件関連性の観点からは、覚醒剤が身体に有害で違法な薬物類の中心的な存在である点が重視されるべきであろう[37]。

次に、判例によると、覚醒剤の故意の認定の際には、この種の事案に適用されるべき経験則等に基づいて合理的な推認がなされ、特段の事情がない限り、故意があったと認定する方法が採られているところ[38,39]、とくに国際的な密輸組織が関与する覚醒剤密輸入事件における故意および共謀の認定では、経験則による推認の比重が相対的に大きくならざるを得ない[40]。本件の前出福岡地裁も、合理的な推認を積み重ねた上で覚醒剤輸入の未必の故意を認定している。すなわち、被告人は、(失敗に終わった) 1回目の航海やそれまでの不審な状況により密輸入の可能性を認識可能であり、密輸入の対象物についても、船を使った大掛かりな手口であることから、莫大な利益をもたらす物であることが容易に想定されるとして、「金塊や武器、覚醒剤を含む違法薬物等」を挙げた上で、「覚醒剤を含む違法薬物のみを思い浮かべなかったことを疑わせる事情や、覚醒剤を含む違法薬物を除外していたことを疑わせる事情は見当たらない」と判示して、覚醒剤輸入の故意を認めている。推認の過程で、密輸入の対象となり得る物品が複数想定されてはいるものの、金塊であるかもしれないし武器または違法薬物かもしれないという未必的認識は併存し得るし[41]、また、船を使って海外から運び込まれる密輸品として覚醒剤は代表的な物品の1つであることから、覚醒剤の認識を除外する特

---

36 原田・前掲注34) 81頁。
37 岡上・前掲注33) 83頁。
38 最決平成25年4月16日刑集67巻4号549頁、最決平成25年10月21日刑集67巻7号755頁は、この種事案に適用されるべき経験則等に照らして判示した控訴審の判断を是認し、1審判決(裁判員裁判)を破棄した控訴審判決に刑訴法382条の解釈適用に誤りはないとしている。
39 特殊詐欺事案において詐欺の故意を認定する際に同様の推認方法を用いたものとして、最決平成30年12月11日刑集72巻6号672頁。
40 合田悦三「薬物輸入罪における『薬物の知情性』」植村立郎編『刑事事実認定重要判決50選(下)〔第3版〕』239頁以下 (2020) 参照。
41 安田・前掲注35) 134頁。なお、前掲注5) の②の原審は、日本側乗組員手配役の認識内容につき「覚醒剤又は金」の瀬取り方式の密輸であると認定している。

段の事情がない限り、覚醒剤輸入の故意を認めてよいであろう[42]。本件の他の被告人に関しても付言すると、指示役や運搬車両の監視役らの、密輸品の中身を知らなかった旨の弁解に対しては、重要な役割を担う被告人らが密輸品を何か知らずに関与していたとは考えられないなどとして退けられており[43]、主犯格の、金の密輸だと認識していた旨の弁解についても、小舟による瀬取りのリスク等を考慮すると信用できず、立場上荷物の中身を把握していたはずであるとして排斥されている[44]。瀬取りの船長については、反社会的組織の関与や多大な費用と人手を要する密輸行為であること、瀬取りの際の荷受けの状況から、荷物が覚醒剤を含む違法薬物かもしれないという認識があったと認定されている[45]。他方、漁の仕事だと信じて来日後体調不良により瀬取りの際も船室で寝込んでいた台湾人乗組員については、覚醒剤を含む違法薬物の密輸であるとの認識を有していたと断定までできないとして故意が否定され、無罪が言い渡されている[46]。

五　瀬取り事案における共謀の認定

最後に、本件における共謀の認定についても、若干ではあるが触れておきたい。上述の通り、瀬取り事案の多くは、国際的密輸組織が関与して、外国側、日本側双方に分かれた上で、複数の者の関与を介して準備段階を経て犯行に至るという特徴が見られ、共謀の有無が争われることが多い。本件においても、関与者らが順次、知人を介して仕事の依頼役を担い、各種の準備や日本人乗組員が手配されるなどした事情が見られ、各関与者と主犯格らの間に直接のつながりが認めがたく、各関与者と主犯格らとの間に順次共謀[47]ないし黙示の共謀が認められる

---

[42] 薬物事犯の故意、薬物の知情性の認定については、携行輸入、貨物輸入を中心に、合田・前掲注40) 241頁以下、長瀬敬昭＝太田寅彦「覚醒剤事件における故意の認定」判タ1422号5頁以下 (2016)、粟田知穂「刑事事実認定マニュアル第13回故意（その2）〜錯誤論・薬物事犯の故意」警論76巻7号169頁 (2023) に詳しい。さらに、薬物事犯の故意の要証事実と故意論の関係を詳細に分析、検討した最近の文献として、明照博章『薬物事犯における故意犯の成否』(成文堂、2023) がある。
[43] 前掲注5）の③⑤。
[44] 前掲注5）の①。
[45] 前掲注5）の⑤。
[46] 前掲注5）の⑤。
[47] なお、瀬取り事案の順次共謀の認定について、共犯者の供述の信用性を肯定し、共謀共同正犯を認めた1審の事実認定を経験則等に照らして不合理であると否定して被告人に無罪を言い渡した控訴審判決として、東京高判平成24年12月14日東高時報63巻1〜12号283頁がある。

か、さらに、ただ指示に従って行動した者を共同正犯と認定できるか等の点が争われた。

1　黙示の共謀、包括的共謀

日本人乗組員について、前出福岡地裁[48]は、上述の通り、覚醒剤輸入の故意を認めた上で、「暗黙のうちに共犯者らとその意思を通じ合っていたと認められる」と判示している。被告人には未必の故意が認められ、同等それ以上の認識を有している指示役や他の共犯者らと共同して行動しているのだから、「黙示の共謀」が認められるという趣旨であろう。各関与者の犯罪事実の認識である「故意」と、関与者間の意思連絡および正犯的関与という客観的な事情であり共同正犯の正犯性に関する「共謀」は、本来別個に判断されるべきものであるが、本件のように、指示役と日本人乗組員が覚醒剤を含む身体に有害で違法な薬物類の日本への持込みであることを各々認識しつつ、指示役が指示を出し乗組員がそれに従った場合は、両者がそれぞれ覚醒剤輸入の故意を有していたことを認定できれば、それにより両者間の覚醒剤密輸入の意思連絡も推認でき、認定できるのが通常であろう[49]。さらに、福岡地裁は、同人が船上の唯一の日本人であり、瀬取り現場において覚醒剤入りの麻袋を受け取り船倉に収納する等した後も、廣丸が漂流した際には衛星電話を使って指示役と連絡を取り指示を仰ぐ等、瀬取りによる覚醒剤密輸入の実現に必要不可欠な役割を果たしたこと、加えて報酬欲しさに犯行に及んだ点も指摘して、幇助にとどまらず、共同正犯が成立するとしている。

上記日本人乗組員を、複数の知人を介して手配させるなどの関与をした元暴力団幹部（日本側乗組員手配役）の刑事裁判においては、弁護人が、第1回航行による覚醒剤密輸に失敗した12日後に実行された本件犯行（第2回航行）については第1回航行前になされた共謀は及ばないなどと主張したが、福岡高判平成4年6月28日は、本件密輸が組織的な背景を有し、巨大な利益を目的として、多額の費用と準備の下に行われるものであり、瀬取りという犯行形態の性質上、天候その他の様々な理由から洋上取引に一度失敗した場合は日程等を調整の上再び実行さ

48　前掲注5）の⑥。
49　前出最決平成25年4月16日前掲注38）および原審は、犯罪組織関係者から日本に入国して輸入貨物を受け取ることを依頼された被告人が、覚醒剤が隠匿されている可能性を認識していたのであるから、犯罪組織関係者と共同して覚醒剤を輸入するという意思を暗黙裡に通じ合っていたものと推認されるのが相当であるとしている。

れることが当初から想定されていたと考えられるなどと指摘して、第2回航行および被告人の関与は当初共謀で想定された範囲を超えるものではないとして、包括的共謀を認めている[50]。当初の共謀に基づく犯行（共同実行）といえるためには、当該共謀の寄与度・影響力が実行犯らによって実現された犯行に及んだと評価できなければならないが、本件犯行（第2回航行）は、同一犯行グループによる計画・主導の下、第1回航行と同じ船舶で同じ港から出港しており、実行役の構成も被告人が手配に関与した日本人乗組員を含めてほぼ同じであり、失敗に終わった第1回航行のリトライとして、「犯行計画、方法等の犯行の中核部分」が共通すること[51]から、第1回航行前の共謀の射程とその影響力が第2航行に及び、実現したものと評価することができる。

2　共同正犯か幇助犯か

さらに、日本側乗組員手配役の裁判でも共同正犯か幇助かが争点になったが[52]、前出福岡高裁および原審は、同人の手配により本件密輸入の実行に必要な日本人乗組員を確保したほか、経費の送金にも関与したことなどを指摘した上で、「その果たした役割は本件密輸の遂行において重要なものであった」とし、さらに、本件が成功した場合には相当額の報酬を受け取ることを期待して、「自分の犯罪」として本件密輸に関与したと認められるとして共同正犯を認定している。

密輸の運び屋紹介役の共同正犯性が争点になった最高裁昭和57年7月16日刑集36巻6号695頁[53]等が、実行犯や首謀者でなくても、共犯者間の地位・人的関

50　前掲注5）の②。包括的共謀に関しては、特殊詐欺事案を素材に検討したものとして、樋口亮介「特殊詐欺における共謀認定」法時91巻11号65頁（2019）、品田智史「特殊詐欺事案における包括的共謀、及び、組織的詐欺について」法時92巻12号23頁（2020）、十河太朗「包括的共謀の意義と包括的共謀の射程」同法72巻7号379頁（2021）等参照。

51　前掲注5）の②の原審参照。

52　薬物密輸入事犯における共同正犯の範囲について、近時の裁判例を踏まえた上で、共同正犯を実体法的に基礎づけ得る指針として、輸入の実行行為の解釈から実行犯を確定する視点と、支配・使役型、分担・代表型実行型の共謀共同正犯の類型論による複眼的視点を提示するものとして、樋口亮介「薬物事犯輸入の罪における共同正犯（その1）～（その3）」法セ810号93頁、同811号102頁、同812号110頁（2022）。

53　事案は、大麻密輸入を計画した首謀者から運び屋になってほしいと頼まれた被告人が、執行猶予中の身であったため断ったものの、大麻を入手したい欲求から、自分の代わりに運び屋となる知人を紹介し、密輸入した大麻の一部をもらい受ける約束のもとに資金の一部を提供した者に対して、大麻輸入の共謀共同正犯にあたるとしたものである。これに対して、大阪地判昭和58年11

係、重要な役割を分担したことによって実行犯らの実行および犯行全体に影響を及ぼし、積極的な動機、利益の帰属といった事情から正犯意思があると評価できれば、幇助ではなく、共同正犯としているところ、本件と昭和57年決定の事案との間では、他の共犯者から依頼を受け、①実行役（運び屋）を確保した点、②経費の送金等の分担行為も行っている点、③密輸により自ら利益を得たいという関与動機の点で共通性が見られる。本件では、自分より上位の共犯者から依頼を受けた日本側乗組員手配役が、日本人乗組員を確保するまでに別の共犯者（幇助犯と認定されたk）らを介して手配させているが、同人の暴力団組織における地位の高さや報酬の他に関与動機はないことも併せ考慮された上で共同正犯と認定されている[54]。さらに、主犯格らと連絡を取り合って事前準備や運搬車監視役をつとめた日本人の夫婦について、福岡地判令和3年10月7日[55]は、夫は、首謀者と直接連絡を取りつつ、瀬取りに用いる船舶の代金の支払いや実行犯（台湾人乗組員）のアテンド、覚醒剤運搬車両の監視役の役割を担ったことから、首謀者らに比較的近い立場で犯行の実現に不可欠な重要な役割を果たしていると認定し、妻も、夫に従っているものの、首謀者と自らあるいは夫を介して連絡を取るなどしつつ、夫と共に行動し、自らも単独で実行犯のアテンドを行うなど、やはり犯行の実現に重要な役割を果たしたといえるとして共謀を認定し、共同正犯としている。

　以上の本件廣丸事件に関する各裁判所の判断は、瀬取りによる手口を用いた組織的な密輸入の犯行に関与した者の故意や共謀を認定する際の今後の参考になるであろう。

　月30日判時1123号141頁は、自分の代わりにけん銃輸入の運び屋を紹介し、資金調達や航空券手配等も行った被告人について、同人には密輸計画をほとんど知らされておらず、分担行為に非積極的な態度が見られること等の事情から、暴力団内部の地位が自分よりも高い首謀者から依頼されてやくざの義理を立てたものであるとし、紹介した運び屋との関係も自己の配下ではなかったことを指摘して、幇助にとどまるとしている。

54　前掲注5）の②。
55　前掲注5）の③。

海路による覚醒剤密輸について

日　山　恵　美

一　はじめに
二　これまでの覚醒剤輸入罪についての判例及び学説等
三　近時の裁判例
四　検　討
五　おわりに

一　はじめに

　財務省によると令和5年の税関の覚醒剤密輸の押収量は約1,978kg（昨年度比約3倍）と大幅に増加し、これは、薬物乱用者の通常使用量で約6,593万回分、末端価格にして約1,226億円に相当するという[1]。このうちの約949kgが海上貨物であり、摘発件数は6件である[2]。海路による場合、空路によるよりも大量の覚醒剤の密輸が可能であり、わが国の海岸線を考えると、税関の管理が及ばない場所を経由した密輸、すなわち暗数の存在が窺われる。他の薬物も含めて不正薬物全体の押収量は、2トンを超え、過去2番目を記録し、極めて深刻な状況であるという。また、ここ数年においても、漁船やプレジャーボートを用いて、沖合の海上で洋上取引をして、覚醒剤等を大量に密輸入する事案が相次いでいるという[3]。
　さらに、警察庁の発表では、「営利目的の覚醒剤事犯に占める暴力団構成員等の割合が高水準で推移していることや、外国人が営利目的で敢行した薬物事犯が

---

[1]　https://www.mof.go.jp/policy/customs_tariff/trade/safe_society/mitsuyu/cy2023/ka060214a.htm
[2]　海上保安庁の発表でも、海路による薬物の密輸事犯は、一度に大量の薬物を密輸することから、大口化の傾向が続いているという。https://www.kaiho.mlit.go.jp/info/kouhou/r6/k240117_2/k240117_2.pdf
[3]　大阪税関では、漁業関係者に密輸情報提供のお願いをWebに掲載している。https://www.customs.go.jp/osaka/news/gyogyou.html

大幅に増加している現状から、依然として、その背後にある暴力団や外国人犯罪組織等と薬物事犯との深い関与がうかがわれる」と指摘されている[4]。

わが国では、覚醒剤の密輸は、関税法及び覚醒剤取締法によって処罰される。関税法上には「輸入」の定義規定（同法2条第1項第1号）があるのに対して、覚醒剤取締法上には同様の定義規定がなく、従来より「輸入」の意義、輸入罪（同法41条）の既遂時期、そして輸入罪の実行の着手をめぐって見解が対立していた。そのようななか、船舶を用いた洋上取引の密輸事案（瀬取り事案）において、平成13年に既遂時期について、平成20年に実行の着手について、それぞれ最高裁の判断が示された[5]。後者の最高裁判断が出された折に、評釈を執筆する機会に恵まれた[6]。その際、今後は、実行の着手が従来よりも早期化する可能性があるのではないかと思われた。しかし、その後の裁判例や議論の動向をきちんと追うことができないままとなっていた。そこで、本稿では、これまでの覚醒剤取締法違反の覚醒剤輸入罪の既遂及び実行の着手についての判例及び学説等を概観した上で、近時の裁判例の動向を確認し、覚醒剤輸入罪の解釈論上の問題点について再度、検討したいと思う。

二　これまでの覚醒剤輸入罪についての判例及び学説等

1　覚醒剤輸入罪の既遂について

覚醒剤取締法には、関税法のように「輸入」の定義規定が設けられていないこともあり、覚醒剤取締法違反の海路による輸入罪の既遂時期については次のような見解の対立が示されてきた。

①わが国の領海に覚醒剤を搬入した時点とする領海説[7]
②船舶が陸揚げのため本邦領土に接岸した時点とする到着説[8]
③わが国の領土に覚醒剤を陸揚げした時点とする陸揚げ説[9]

4　警察庁組織犯罪対策部「令和5年における組織犯罪の情勢」38頁（https://www.npa.go.jp/publications/statistics/kikakubunseki/r5jousei20240408.pdf）。
5　最決平成13年11月4日刑集55巻6号763頁及び最判平成20年3月4日刑集62巻3号123頁。
6　拙稿「判批」刑事法ジャーナル12号（2008）103頁。
7　佐々木史郎、渡邊卓也「判批」判例タイムズ1045号（2001）63頁。
8　松田昇「覚せい剤取締法における輸入の意義（その2・完）」研修413号（1982）44頁。

④税関を経由する場合は関税法と同じく、通関線を突破した時点とする通関線突破説[10]
⑤行為主体や運搬態様に応じて既遂時期を個別に考える個別化説[11]

下級審では③陸揚げ説が採用されていたなか、まず、最判昭和58年9月29日刑集37巻7号1110頁が、空路による覚醒剤密輸（航空機旅客の隠匿携帯）の事案において、陸揚げあるいは取りおろしの時点で覚醒剤輸入罪が既遂に達するとの判断を示し、通関説を採用しないことが明らかとなった。そして、その後、税関の実力的管理支配が及んでいない地域に覚醒剤を持ち込む場合には、とりわけ領海説と陸揚説との違いが顕在化するとされていたところ[12]、最決平成13年11月4日刑集55巻6号763頁（以下「最高裁平成13年決定」という。）が瀬取り方式による不開港への陸揚げを計画した密輸事案において、既遂時期についての判断を示した。事案の概要は、公海上で外国船から覚醒剤を日本漁船に積み替えて領海内に入り、不開港に接岸して陸揚げしようとしたが、捜査機関に発覚していたため断念し、新たな陸揚げ場所を求めて再度、領海内を航行中に、臨検されて覚醒剤を発見されることを恐れ、覚醒剤を海中に沈めて隠匿しようと投入した、というものである。検察官は、本件のような、犯人が運航を支配する瀬取り船による輸入の場合は、領海搬入時で既遂になると主張したが、最高裁は、この主張を斥け、「覚せい剤を船舶によって領海外から搬入する場合には、船舶から領土に陸揚げすることによって、覚せい剤の濫用による保健衛生上の危害発生の危険性が著しく高まるものということができるから」、輸入形態にかかわらず既遂時期は陸揚げの時点であるとの判断を示した。また、「近年における船舶を利用した覚せい剤の密輸入事犯の頻発や、小型船舶の普及と高速化に伴うその行動範囲の拡大、GPS

---

9 飛田清弘ほか『改訂・覚せい剤事犯とその捜査』（立花書房、1992）55頁、香城敏麿：平野龍一ほか編『注解 特別刑法・5-Ⅱ巻［第二版］』（青林書院、1992）108頁、宮崎礼壹：伊藤榮樹ほか編『注釈 特別刑法・第八巻』（立花書房、1990）207頁など。
10 北川佳世子「密輸入罪の成立時期」西原春夫先生古稀祝賀論文集編集委員会編『西原春夫先生古稀祝賀論文集・第三巻』（成文堂、1998）413頁。ただし、通関線がない場合には陸揚げ時とする。
11 古田佑紀「覚せい剤の輸入罪の既遂時期及び覚せい剤輸入罪と関税法上の無許可輸入罪との罪数関係」法律のひろば37巻1号（1984）70頁、渡邉一弘「薬物5法における『輸入』の意義とその実行の着手、既遂時期について」研修546号（1993）129頁。
12 朝山芳史「判解」法曹時報55巻5号（2003）303頁。

（衛星航法装置）等の機器の性能の向上と普及、薬物に対する国際的取組みの必要性等の事情を考慮に入れても」と検察官の主張に一定の理解を示しながらも[13]、領海内に搬入した時点で既遂を認めることはできないとした。これにより、陸揚時が既遂時期であることで決着が付いたとの評価が見受けられる[14]。

この最高裁平成13年決定が出されたころ、学説においては、依然として保健衛生上の犯罪であるという前提に立って密輸入の既遂時期を論ずることの妥当性に疑問を呈し、覚醒剤の密輸入は、領海内に入れば、少なくともその時点で既に、既遂に達していると解すべきであるとの見解が主張された[15]。この見解は、あくまでもわが国の保健衛生上の犯罪という観点からの従来の領海説とは異なり、覚醒剤犯罪は組織暴力団等が巨額の利益を得るという実態があり、「保健衛生」を遥かに超える大きな害悪を社会に広範にもたらしているとして、世界で共通の犯罪として認識されるものであることを根拠とするものである。

2 覚醒剤輸入罪の実行の着手について

最高裁平成13年決定の事案では、検察官は、瀬取り船が領海内に進入した時点をもって既遂を主張し、領海進入後に不開港で陸揚げしようとした行為が覚醒剤輸入未遂罪に当たるとして訴因変更の請求をするよう勧告されたものの、これを拒否したため、実行の着手についての最高裁の判断は留保されていた。また、最高裁平成13年決定は、「輸入」行為の意義を明らかにはしておらず、そのため、輸入罪の既遂時期の相違と「輸入」行為の意義の相違、さらには実行の着手一般の判断基準の相違によって、覚醒剤輸入罪の実行の着手については様々に主張されてきた。「輸入」行為の捉え方の違いの観点からは、主として次のような対立が示されていた。

①一連の継続的な行為を「輸入」とし、流通・拡散の危険が認められるなら

---

13 朝山・前掲注（12）290頁。
14 田辺泰弘「覚せい剤輸入罪の実行の着手が問題となった事例」研修708号（2007）30頁、原口伸夫「規制薬物輸入罪の既遂時期・未遂時期」法学新報123巻9＝10号（2017）689頁。
15 中野目善則「覚せい剤輸入罪の処罰と同罪の性質の関係——覚せい剤犯罪の害悪と universal principle を基礎とする jurisdiction による対処の必要——」法学新報112巻2号（2005）521頁以下。なお、同論文は2000年に開催された日韓国際刑事法のセミナーにおける報告を基礎とするものと注記されている。

ば領海に進入したときとする見解[16]
②陸揚げあるいは陸揚げに密接する行為を行ったときとする見解[17]

　裁判実務では、「陸揚げする行為を開始したとき又はそれに密着する行為を行い陸揚げの現実的危険性のある状態が生じたとき」とするものが多く見受けられていた。このようななか、瀬取り事案について最判平成20年3月4日刑集62巻3号123頁（以下「最高裁平成20年判決」という。）が実行の着手に関する判断を示した。本件は、前述の最高裁平成13年決定の事案とは異なり、わが国の近海まで外国船に覚醒剤を積載して航行させ、同船から覚醒剤を海中に投下して、これを小型船舶で回収して陸揚げする計画であったが、悪天候のため覚醒剤の発見に至らず回収できなかった事案である。最高裁は、「回収担当者が覚せい剤をその実力的支配の下に置いていないばかりか、その可能性にも乏しく、覚せい剤が陸揚げされる客観的な危険性が発生したとはいえない」として実行の着手があったとは認めず、予備と判断した。

　最高裁平成20年判決については、その結論を支持するものが多い[18]。もっとも、このようなケースにおいて、実行の着手が認められるのはどの時点であるのか、ということについては見解が分かれており、接岸行為よりも早くに実行の着手を認めることができるとする見解も主張された。

16　大塚裕史「薬物・銃器輸入罪の成立時期」三原先生古稀祝賀論文集編集委員会編『三原先生古稀祝賀論文集』（成文堂、2002）562頁、北川佳世子「小型船舶を利用した密輸入事犯について」西原春夫ほか編『佐々木史朗先生喜寿祝賀・刑事法の理論と実務』（第一法規出版株式会社、2002）513頁。なお、野村稔「判批」現代刑事法45号（2003）57頁は、立法政策として、領海に入ってから既遂結果発生までの一連の行為全体を輸入と定義することは可能とし、その場合には領海内に搬入した時点で未遂が成立するという。

17　土本武司「判批」判例評論518号〈判例時報1773号〉(2002) 213頁は、小型船舶を用いた瀬取り事案では大塚・前掲注（16）と同じく領海に入った時点で実行の着手が認められるとする。また、田辺・前掲注（14）41、42頁は、いったん覚醒剤を海上に投下してこれを回収して陸揚げする場合、海上投下時とする。もっとも、海中に沈めた覚醒剤に対する実力的支配の保持を必要とし、回収に成功する見込み、陸揚げ後の搬送手段の準備などの諸条件が整っていることを前提とする。

18　本判決の評釈等として、関根徹「判批」『速報判例解説〔3〕〔法学セミナー増刊〕』（日本評論社、2008）171頁、嘉門優「判批」國學院法学46巻4号（2009）185頁、佐藤拓磨「判批」法学教室342号（2009）32頁、松澤伸「判批」『平成20年度重要判例解説』ジュリスト臨時増刊1376号（有斐閣、2009）180頁、二本柳誠「判批」高橋則夫・松原芳博編『判例特別刑法』（日本評論社、2012）253頁など多くの論稿がある。また、田辺・前掲注（14）は本判決の控訴審時点での評釈である。

本判決の最高裁調査官解説では、「輸入」行為は、「陸揚げないし取りおろし」に向けた行為という形式的には広い範囲を含み得る「持ち込み行為」であるとし（狭義の陸揚げ行為と区別する）、全体としての「持ち込み行為」のうち、接岸に向けた作業が開始された時点で陸揚げの結果が発生する具体的・現実的危険性が生じたといえるとする[19]。これは、通常、犯人としても接岸後直ちに陸揚げする意図であるということが前提とされている。この、接岸に向けた作業といえる具体的行為については幅があることを認めている[20]。また、行為者の計画を基礎に、陸揚げの現実的危険性がどの程度切迫しているのかという点からしても、本件は瀬取り船が覚醒剤を確保した場合には実行の着手が認められるとする見解がある[21]。さらに早い時点で実行の着手を認めるものとして、回収の高度の蓋然性があれば実行の着手を認める見解がある[22]。

なお、判タ1266号141頁の匿名解説では、事後的であれ確実に回収できる状況であった場合や、さらには小型船が目の前にいる状況で投下した場合であれば異なる結論になる可能性があることを示しているようにも思われると述べつつも、しかし、そのような場合であっても、投下地点と接岸予定地点との距離関係等が結論に影響するし、回収後の陸揚げまでの行動予定や、その決意の強さが影響する可能性もある、と指摘されている。

三　近時の裁判例

1　実行の着手を否定した裁判例（那覇地判平成29・11・9 LEX/DB 25548975）（以下「裁判例①」）

密輸仕立て船が非保税地域に接岸した時点での実行の着手の判断について、近

19　鹿野伸二「判解」法曹会編『最高裁判所判例解説刑事篇平成20年度』（法曹会、2012）136〜137頁。
20　鹿野・前掲注（19）128頁。
21　松澤・前掲注（18）181頁。
22　佐藤・前掲注（18）32頁。古川伸彦「未遂罪における『客観的危険性』の意味」研修878号（2021）8頁は、回収の見通しがつく状況になれば回収に向かう行為が輸入行為の開始であるとする。なお、鹿野・前掲注（19）140頁は「例えば、瀬取り船のすぐ目の前で覚せい剤を投下したような場合には、瀬取り側が確実に覚せい剤を回収できるとして、その時点で覚せい剤が実力支配に入ったと同視できるとの評価も可能であろう」と述べるが、投下行為について、必然的に最終の行為に至るという意味での最終行為との一体性も認めるのであろうか。

時、興味深い下級審が出されている。一つは実行の着手を否定し、他はこれを肯定している。まず、否定した裁判例についての事案の概要及び判旨は以下のとおりである。

[事案の概要]
　X、Y及びZら（以下「Xら」という。）は、平成28年5月3日頃、本邦外である東シナ海付近の海上において、船籍不明の船舶から、覚醒剤（約597.01109キログラム）を、Xらが乗船するマレーシア船籍の双胴型帆船A号（全長約14メートル、全幅約8メートル）に積み込み、同船左右両舷船首側の船底部分に収納するなどした上、5月6日にHマリーナ（非保税地域）に入港して接岸し、I海上保安部による立入検査が行われた。Xらは、本件船舶を降りてI税関支署で入港手続を行い、入国管理局で入国審査を受けて短期在留資格を取得した。
　A号は関税法上の特殊船舶に当たり、非保税地域に接岸することが認められており、積荷目録の提出も必要とされていない。非保税地域では、船舶が入港した際、税関職員が船舶を訪れ、必要に応じて携帯品申告書や船用品目録の提出を求めて陸揚げする貨物の有無等を確認することとされているが、貨物の搬出入等について帳簿を備えて記録することは義務付けられていない。
　Hマリーナは、人の出入りは記録されておらず、入港証や腕章も利用されていなかった。警備員は常駐しておらず、車両や人の出入りは24時間可能であった。
　A号は、5月9日午後0時頃、I港を出航し、5月10日、N港に入港してN港Nふ頭地区（非保税地域）に接岸した。Xらは、A号を降りてN市内で買い物をするなどした。N港Nふ頭地区は、人の出入りは記録されていなかった。警備員は常駐しておらず、午前5時から午後11時まで車両が自由に出入りでき、人の出入りは24時間可能であった。

[判　旨]
　「覚せい剤輸入罪の実行の着手は、覚せい剤が日本国内に陸揚げされる客観的な危険性が発生したときに認められる。」
　「本件の首謀者であるXは本件覚せい剤を日本国内に持ち込もうとしていたと認められるところ、上記の事情に照らせば、Xは、5月6日に本件船舶をHマリーナに接岸させて以降、本件覚せい剤を日本国内に陸揚げすることが可能な状態にあったといえる。」

「しかし、Xは、本件覚せい剤を陸揚げすることなくHマリーナを出てN港に移動したことにみられるとおり、Hマリーナにおいて覚せい剤を陸揚げする計画を有していなかったと認められる。陸揚げする意図がないのであれば、陸揚げされる危険性が高まるとはいえず、本件船舶がHマリーナに接岸した時点で、本件覚せい剤が日本国内に陸揚げされる客観的な危険性が発生したとは認められない。」

「また、5月10日に本件船舶をNふ頭地区に接岸させた後も、Xが本件覚せい剤を陸揚げするための具体的な準備に取り掛かっていた事実を認めることはできず、Nふ頭地区において覚せい剤を陸揚げする計画を有していたとまでは認められない。したがって、本件船舶がNふ頭地区に接岸した時点でも、本件覚せい剤が日本国内に陸揚げされる客観的な危険性が発生したとは認められない。」

「XがHマリーナにおいて密輸組織の人間と連絡を取り合っていたことが窺われる……しかし、その通話内容は明らかでなく、上記通話がされていたことをもって本件覚せい剤が日本国内に陸揚げされる客観的な危険性が高まったとはいえない。」

2 実行の着手を肯定した裁判例（福岡高判令和4・3・17 LEX/DB 25596781）（以下「裁判例②」）

次に、肯定した裁判例の事案の概要及び判旨は以下のとおりである。

[事案の概要]

Aらは、営利の目的で令和元年12月7日頃、本邦外である東シナ海公海上において、船籍不詳の船舶に積載されていた覚醒剤（個体約586.523キログラム及び液体約764ミリリットル）を、元漁船H丸（Aらが乗船）に積み替え、同月11日、同船で陸揚げ予定地であるU港に向かった。しかし、その途中でH丸が燃料不足により漂流し、通りかかった船舶（船長B）にえい航されて予定地とは異なるO港に入港し、その物揚場に接岸した。漂流してから接岸するまでの間、Aと本件密輸入の指示役Cとが衛星電話で連絡を取り合い、CがGPSでH丸のえい航先を把握していた。また、AらはBにH丸をU港までえい航することを希望したものの、最寄りの港までということでO港までえい航してもらうこととなったものである。Bが不審に感じて110番通報をしたため警察官がO港に臨場し、その後の船内捜索で海上保安官らによって覚醒剤が発見された。

[判　旨]
「覚醒剤を船舶によって領海外から搬入する場合には、船舶から領土に陸揚げすることによって、覚醒剤の濫用による保健衛生上の危害発生の危険性が著しく高まるものということができるから、覚醒剤取締法41条1項の覚醒剤輸入罪は、領土への陸揚げの時点で既遂に達すると解するのが相当であり（最高裁昭和58年9月29日判決・刑集37巻7号1110頁参照）、その陸揚げ、すなわち我が国の領土内に揚げる行為が開始された時点又はそれに密着する行為を行って領土内に揚げる現実的危険性のある状態が生じたときに輸入の実行の着手があると解される。」

「一般に貨物船、旅客船等の乗員、船客が覚醒剤を隠匿携帯して上陸しようとする場合には、船舶を接岸させただけではかかる現実的危険性のある状態が生じたときに当たるとはいえない。しかしながら、密輸入船を仕立てて我が国への輸入目的で覚醒剤を密かに我が国の領域内に搬入した場合には、通常の場合、接岸の理由は覚醒剤の陸揚げ以外には想定できず、接岸した後は容易に陸揚げができる状態になるから、現実に覚醒剤を運び出す等の陸揚げ行為ないしその具体的な準備行為に至らなくても、船舶を接岸させる行為自体が陸揚げに密着する行為と評価でき、これにより覚醒剤を領土内に揚げる現実的危険性が生じたといえる。」

「前記認定の事実関係からすれば、密輸入船として仕立てられたH丸が、我が国の岸壁に接岸したものであることは明らかであるから、特段の事情がない限り、陸揚げに密着する行為を行ったものというべきである。」

「当初の陸揚げ予定港と異なるO物揚場に接岸したことを踏まえても、前示のとおり、共犯者が近くに待機し、いつでも陸揚げに向けた行動を取ることができる状態にあったことを考慮すると、覚醒剤陸揚げの現実的危険性は、当初の予定どおりU港に接岸した場合と変わりない」

3　近時の裁判例における実行の着手の判断の動向

裁判例①は、最高裁平成20年判決と同様に「陸揚げされる客観的な危険性」とのみ述べて「陸揚げに密着する行為」に言及していないものの、船舶が接岸しているにもかかわらず実行の着手を否定している。従来の裁判例において、船舶が接岸しただけでは実行の着手を認めるわけではない判断が示されていたのは、密輸仕立て船ではない船舶の船員が隠匿所持して陸揚げする計画の場合であった[23]。このような場合には、他の船員らに発覚することなく船内の隠匿箇所から

覚醒剤を取り出し、怪しまれることなく携帯して上陸しなければならず、陸送担当者との連絡をつけるなど接岸後に行わなければならない行為が残っていることが多い。これに対して、密輸仕立て船が不開港に接岸する場合には、通常、船内から船外へ持ち出すこと自体は容易になるので、たとえ「密接行為」を形式的基準として用いるにしても、接岸行為をもって実行の着手は認められやすく、形式的基準を用いないならばなおのこと実行の着手は認められやすいはずである。それにもかかわらず、裁判例①で実行の着手が否定されている理由は、接岸した港では陸揚げする意図がなかったからということにある。確かに意図がなければ、行為に出ることがないのであるから危険は生じないと考えられる。ただ、被告人らに接岸した港での陸揚げの意図がなかったことは、陸にいる密輸組織の人間と連絡を取り合っていた証拠がなく、陸揚げの計画を有していなかったことが理由とされている。本件は、覚醒剤が土囊袋（約20キログラム）30袋分と大量であったことからすれば、人目があるマリーナや埠頭では、被告人らが携帯して上陸さえすれば容易に陸揚げできるものではない。また、用いられた船舶Ａ号はクルーズ用のものであり、漁船からの魚の水揚げを装うようなわけにはいかず、覚醒剤を隠匿・仮装した何らかの荷物の陸揚げが不審に思われないようにするための工夫が必要である。陸送担当者との打ち合わせができておらず、このような工夫もなされていない、つまり陸揚げの準備が整っていなかったという客観的状況を理由としても「陸揚げされる客観的な危険性」を否定することができたように思われる。それを、陸揚げの意図がなかったという主観面を根拠として否定していることからは、「陸揚げされる客観的な危険性」の判断において、行為者の計画を考慮することが重視されているように思われる。

　裁判例②は、裁判例①とは異なり、最高裁平成20年判決の「陸揚げされる客観的な危険性」には言及しておらず、多くの裁判実務が用いてきた「陸揚げ行為の開始あるいは陸揚げに密着した行為の開始」という基準を用いている。裁判実務においては、双方の表現が併用されている。裁判例②は、「輸入」行為を「陸揚げ行為」と解し、実行行為に密接する行為の開始、陸揚げの現実的危険性が認められるときに実行の着手を認めるとする。従来の裁判実務の判断と同じであり、実行の着手判断についても通説的理解に基づいている。その上で、密輸仕立て船

23　大阪地判昭和58年10月28日判時1104号157頁、大阪高判昭和58年12月7日判タ524号262頁。

の場合には、「通常の場合は」接岸の理由が覚せい剤の陸揚げであるから、「接岸させる行為」自体が陸揚げに密着する行為と評価できると示している。本件では、当初に陸揚げを予定していたU港ではないO港に接岸したことは、陸側の共犯者が船舶H丸の位置を把握しており、陸での運搬（冷凍車の運転）を担当する者が近くに待機していたことからすれば、いつでも陸揚げに向けた行動を取ることができる状態にあったとして、実行の着手を否定する特段の事情とはならないと判断されている。被告人らが現実にO港で陸揚げする計画に変更したか否かには言及されておらず、その可能性があったことで足りると考えられているものと思われる。

　両判決の結論の違いについては、「被告人らの具体的な行動状況や相互連絡状況等に関する事実認定の違いによるものと考えられ」るとの評価がある[24]。しかし、危険性の判断において、裁判例①は行為者の実際の計画を考慮しようとしているのに対して、裁判例②は行為者の実際の計画よりも客観的判断としての可能性を考慮しているのであって、危険性の判断方法が異なるように思われる。

四　検　討

　前述したように、最高裁平成20年判決が「陸揚げされる客観的な危険性」とのみ示したことから、実行の着手が認められる時期が接岸時より前倒しされ得るとの議論がみられていた。ここで他の犯罪における実行の着手判断に目を転じてみると、詐欺罪や窃盗罪においては、これまでよりも前倒して実行の着手を認める最高裁判断が相次いで出されている（詐欺罪について最判平成30年3月22日刑集72巻1号82頁、窃盗罪について最決令和4年2月14日刑集76巻2号101頁）。そして、近時、実行の着手論においては、新しい対立図式があると指摘されており[25]、従来の通説的理解に対する有力な見解である。犯行計画の進捗度を実行の着手の判断基準の中核に据える進捗度基準説の立場からは、近時の詐欺罪や窃盗罪の実行の着手についての早期化を認める最高裁判断は支持されている[26]。そうすると、覚醒剤

24　橋本純一「密輸船を仕立てて我が国への輸入目的で覚醒剤を密かに我が国の領域内に搬入し、同密輸船を本邦内の港に接岸させた事案につき、これにより覚醒剤を領土内に揚げる現実的危険が生じたとして、実行の着手を認めた事例」研修891号（2022）41頁。
25　丸橋昌太郎＝佐藤拓磨「特集の狙い——すり替え窃盗をめぐる理論と課題——」刑事法ジャーナル73号（2022）6頁。

輸入罪の実行の着手が認められる時期も早期化される可能性があるようにも思われる。

しかし、むしろ、前述した近時の裁判例では、小型船舶による瀬取り事案であっても接岸しただけでは実行の着手を肯定する決定打とはならないことが示されている。また、覚醒剤輸入罪の実行の着手の判断においては、陸揚げを既遂とする限り、最終行為は陸揚げ行為となり、進捗度基準説の立場からは陸揚げの計画が重視されるため、裁判例①のように、計画によっては、接岸しても実行の着手が認められないことがあり得ると思われる。行為者の計画を考慮することは、実行の着手を遅らせる場合がある。陸側の共犯者らと綿密に連絡を取り合い、捜査機関等の動きを警戒して慎重に陸揚げ場所、日時を決定する計画であった場合、つまり、陸揚げ直前まで陸揚げ場所・日時等を決定していなければ実行の着手が認められないことになるのではないだろうか。また、いったん陸揚げ場所や日時を決定していたとしても、随時変更することはある。このような場合、変更するたびに未遂と予備が繰り返されるのであろうか[27]。実行の着手が認められるかどうかが、陸揚げについて決定しているかどうかを決め手として判断されるということになると、捜査機関側が通信傍受を行うなどリアルタイムに連絡状況を把握していないかぎり、実行の着手の有無について判断することができず、介入のタイミングが遅れて陸側の者の手に覚醒剤が渡るリスクが高まると思われる[28]。

実行の着手の早期化は処罰範囲の拡大、重罰化となるので、慎重に検討すべきことではある。しかし、覚醒剤輸入罪に関しては、これまでも、実行の着手が認められるのが遅いことに対する批判が向けられてきた[29]。覚醒剤は国家の管理下に置くべく、その所持の時点で処罰対象とされているのであって、実行の着手の早期化は少なくとも国家の干渉を拡大することにはならない。所持罪は輸入未遂

---

26 冨川雅満「すり替え窃盗の実行の着手時期――進捗度基準説から見た令和4年決定――」刑事法ジャーナル73号（2022）19頁。
27 朝山・前掲注（12）296頁。
28 北川佳世子「密輸と組織犯罪」山本草二編集代表『海上保安法制――海洋法と国内法の交錯――』（三省堂、2009）257頁は、日本船舶による場合は、特別な事情がない限り、陸揚げ後に取り締まる方が実践的であるとする。一方、大塚・前掲注（16）564頁は陸揚げまで待つことによる捜査の困難を指摘する。領海警備の重要性も指摘されてきたところである（村上暦造『領海警備の法構造』（中央法規出版、2005））。
29 大塚・前掲注（16）558頁。

罪よりも前段階における拡散防止のための処罰の面があり、その法定刑は輸入予備罪よりも重い。輸入予備罪は、覚醒剤を実力支配下においていないものの輸入の準備行為となるものを捕捉するものと考えるべきではないだろうか（たとえば船舶の準備など）[30]。

陸揚げ時が既遂であるという前提からはどうしても陸揚げに引きずられた実行の着手判断に至らざるを得ない。見直すべきであるのは既遂時期の方であろう[31]。

陸揚げ説の根拠は、覚醒剤の乱用や流通・拡散等に伴って害悪が発生する危険性が少なくとも領土内に搬入された段階でより一段と顕在化しあるいは明確化するということにある[32]。しかし、これに対しては、最高裁平成13年決定の最高裁調査官解説においてすでに、「わが国において陸揚げ説を取り続けることの合理性が問題となる余地はあろう」[33]と指摘されていた。

今日、わが国において陸揚げ説を取り続けることの合理性があるのかは疑問である。むしろ、世界主義の採用により国際社会が協力して薬物犯罪の取り締まりにあたっていることからすれば不合理であろう。仮に外国からわが国領土までの覚醒剤の運搬過程において、A船が外国において覚醒剤を積載してわが国に向けて運搬し、公海上においてA船からB船に積み替えてB船が領海内に進入し、さらに領海内においてB船からC船に積み替え、C船が接岸して陸揚げする場合、現在の解釈を維持するなら、B船で覚醒剤を運搬した者は輸出罪には該当せず、わが国領海に持ち込んだことのみをもっては輸入予備罪にしかならない。B船での運搬者は、領海内に覚醒剤を持ち込んだ時点で既遂を認める外国法が適用されるリスクを取るよりも、日本法が適用されるリスクを選んだ方がよいこととなる。C船での運搬者との共犯関係が認められるとしても、C船が接岸し

---

30 予備罪が新設されたとき、日本向けの船舶に覚醒剤等を積載する以前の準備行為に予備罪が成立すると考えられていた（水留正彦「改正・覚せい剤取締法の解説」警察学論集26巻12号（1973）169頁）。また、本江威憙「覚せい剤の輸入罪の着手時期」捜査研究33巻8号（1984）43頁。

31 拙稿・前掲注（6）では、既遂を陸揚げ時と解することを前提として、「実行に着手」の文言の制約として陸揚げ行為へ取りかかることが必要であると考えたが、本稿は、前提とした既遂時期について見解を改めるものである。

32 最高裁平成13年決定。松田「覚せい剤取締法における輸入の意義（その一）」研修412号（1982）42頁、金築誠志「判解」法曹会編『最高裁判所判例解説刑事篇昭和58年度』（法曹会、1987）312頁も参照。

33 朝山・前掲注（12）301頁。

てもなおも実行の着手が認められないことが十分にあり得るとなると、さらに日本にいた方がよいということとなる。また、B船での運搬者が外国に戻る場合を考えたとしても、たとえば対馬周辺海域など、わが国の領海を出て、他国の領海内に逃げ込むことが容易な海域があり、C船の実行の着手が肯定されたときにはすでに、B船はわが国の領海を出て接続水域も超えて他国の領海内に入ってしまっていることがあり、そうすると、わが国の執行管轄は及ばない。

陸揚げ説か領海説かは理論的な決定的な優劣はなく、法的安定性の重視か、取り締まりの必要性・国際的取締りの取組みの重視かの価値判断にかかっていたのであり[34]、覚醒剤取締法が改正され世界主義が採用されたのが平成3年、そして最高裁平成13年決定の事件発生が平成10年、最高裁平成20年判決の事件発生が平成14年であるが、これらの間の時間的間隔に比して、現在までには相当の年月が経っている。前述した覚醒剤犯罪を保健衛生上の犯罪と理解することに批判を向けた主張の他にも、学説からは、小型船舶のGPSを用いた覚醒剤の洋上取引が容易に行い得るように陸上の方が海上よりも拡散のしやすさが高いとは必ずしもいえないことが指摘されていた[35]。更にスマートフォンが普及して、その通信エリアも拡大している現在においては、船舶に装置を備えなくとも位置情報の共有が容易に可能となっており、陸揚げ説の中心的な根拠は揺らいでいる[36]。取締機関の目が行き届きにくいことをあわせ考えるなら、むしろ海上の方が多方面に拡散させやすい。覚醒剤を積載した船舶がわが国の港に寄港することなく領海内を航行するだけの場合に、領海説の立場によると輸入罪が成立することについて批判が向けられるが、しかし、機内預託手荷物に覚醒剤を隠匿した場合であっても、当該荷物の航空機からの取りおろしで既遂を認めること[37]に鑑みると、洋上における人との接触は、確かにその数こそ少ないけれども、今日においては前述したように接触することは容易であること、また、航空機の旅客とは比べ物にならないほどの大量の覚醒剤を積載することができることからすれば、仮にわが国領土における蔓延の危険という観点であっても輸入罪既遂が肯定されてよいと思われる。

---

34 朝山・前掲注（12）294頁。
35 小林憲太郎「判批」ジュリスト1262号（2004）166頁。
36 小林・前掲注（35）167頁。また、既に本江・前掲注（30）39頁が洋上取引が行われている実情を指摘していた。
37 大麻の密輸に関するものであるが、最決平成11年9月28日刑集53巻7号621頁。

また、陸揚げ説を維持する立場は、領海内での取り締まりの必要性に関して、所持罪による取り締まりが可能であるという[38]。たしかに、日本船舶についてはその通りである。しかし、外国船舶の場合には、たとえ領海内であっても内水ではない場合、徘徊を行うなど無害通航とは認められない状況がなければ（平成20年に制定された「領海等における外国船舶の航行に関する法律」4条第1項第4号）、旗国の同意なく取り締まることは難しい。覚醒剤犯罪をわが国の保健衛生上の犯罪と理解する立場からすれば、外国船舶内にとどまる覚醒剤所持は、わが国の法益・社会秩序に影響がないと考えられることになるからである。

　さらに、領海説による場合、前述の例のC船での運搬者すなわち領土搬入者は、領海搬入者（B船）との共犯関係が認められなければ、輸入既遂後の関与者となるとの批判も向けられる。この、領土搬入者が重く処罰されるべきであるという判断を支えているのは、領土が多くの者が生活する場であるということであるが、このようなまさに水際対策による防護については、関税法の輸入禁制品制度による処罰で対応している[39]。領土搬入者には関税法上の禁制品輸入罪が成立するのであるから、現在の覚醒剤取締法の法定刑に鑑みて関税法上の輸入罪の法定刑を引き上げることを検討するべきである。

　覚醒剤取締法には「輸入」の定義規定がなく解釈によるのであるから、法目的・趣旨を踏まえるならなおのこと、現在においては、世界主義の観点を踏まえた解釈とするべきである。

　国際法の立場から、今日の海上犯罪対処は、複数国の社会秩序や治安を害することを踏まえ、緊密な執行協力の下に行われているなか、わが国は、密輸が他国や国際社会に害を与える類の犯罪であることを考慮した対策が十分に取られておらず、方針を見直す時期であると指摘されている[40]。執行についての日本の課題を指摘するものであるが、その前提として執行対象となる犯罪の理解の再考が必要であることも示唆されていると思われる。

　なお、外国における覚醒剤輸入罪の予備・未遂は、わが国において現実に処罰されることになるか疑問であり、単なる宣言的な意味を持つだけの「象徴立法」

38　朝山・前掲注（12）294頁、原口・前掲注（14）695頁。
39　土本・前掲注（17）207頁。
40　石井由梨佳「瀬取りによる大量密輸等の海上犯罪への対処——沿岸国の執行管轄権を中心に」奥脇直也・坂元茂樹編『海上保安法制の現状と展開——多様化する海上保安任務』（有斐閣、2023）158、159頁。

となり、刑事司法の空洞化を招くのではないかという疑問が呈されている[41]。しかし、世界主義による裁判管轄権の設定には、ループホールを塞ぐ意図もあるのであるから、宣言的な意味が有する意義は認められてよいであろう。

かくして、ほぼ四半世紀以上も前に世界主義を採用したにもかかわらず、覚醒剤濫用によるわが国の陸にいる者への害悪防止にこだわった陸揚げ説は、今日においては維持し得ないと思われる。

五　おわりに

覚醒剤取締法上の覚醒剤輸入罪の既遂時期について、陸揚げ説から領海説へと変更すべきであると考える。覚醒剤取締法は、覚醒剤を国家の管理下におくことを徹底することで拡散防止を図っており、すでにこれまでの長い間、条約により国際社会が協力して、どの国家の管理下にもない状態を生じさせないよう取り組んできている。わが国の現在の解釈では法定刑の低い輸入予備罪の範囲が広く、わが国が密輸者にとってのローリスク・ハイリターンの国とならないようにするべきである。海路による覚醒剤密輸の摘発件数は残念ながら空路によるものに比して圧倒的に少なく、裁判例に接することも少なくなることが懸念されるが、覚醒剤密輸をめぐる情勢の変化に目を配り、今後も継続した議論が望まれる。

　　［付記］本稿は、科学研究費補助金・基盤研究（B）「海事規制法制の現代的課題」研究代表者・北川佳世子教授（課題番号：21H00667）による研究成果の一部である。

41　松澤「覚せい剤輸入罪の既遂時期と実行の着手時期」早稲田大学社会安全政策研究所紀要第3号（2010）224頁。

海上交通事故における往来の危険の意義について

新 谷 一 朗

一　はじめに
二　問題の所在（往来の危険の概念の二義性と艦船の定義）
三　覆没・破壊および衝突・座礁と往来の危険との関係
四　裁判例の検討
五　おわりに

一　はじめに

　被祝賀者である甲斐克則先生は、2001年に『海上交通犯罪の研究』[1]という著書を上梓された。海上交通事故と過失犯論との関係について網羅的かつ緻密な分析を行う同書は、20年の時を経てもなお、実務的に大きな影響を持ち、また参照される機会が多い著書である。2023年においても、海上交通事故を取り扱う海上保安庁の送致件数を見ると774件の刑法犯のうちおよそ600件が過失犯であり[2]、海上交通事故と過失犯論とが交錯する場面に詳細な検討が加えられている同書が、現代においても重要性を有することが窺われる。ところで、この件数のうち致死傷を含む「過失傷害罪など」の件数は93件にとどまり、それ以外の多くは致死傷に至らない「往来危険罪」に分類されている。そこで本稿では、過失犯の構成要件要素たる結果の発生の１つの側面として、海上交通事故における往来の危険の概念を整理したうえで若干の問題提起を行うこととする。

1　甲斐克則『海上交通犯罪の研究』（成文堂、2001年）。
2　https://www.kaiho.mlit.go.jp/info/books/report2023/html/honpen/1_02_chap1.html（最終訪問日2024年１月31日）。「往来危険罪など」と「過失傷害罪など」の項目の合算が614件であるが「往来危険罪など」の中に故意犯が若干数含まれている可能性があるため「およそ600件」とした。

二　問題の所在（往来の危険の概念の二義性と艦船の定義）

1　往来の危険の概念の二義性

　刑法129条における過失犯としての艦船への往来の危険の意義について、判例は「艦船ニ対シ其ノ覆没若クハ破壊其ノ他往来ノ危険ヲ生セシメタル」[3]ことを意味するとしており、ここにいう往来の危険の概念が2つの意味を持つことを示している。

（1）不特定多数の艦船に対する往来の危険

　まず、故意犯（刑法125条2項）の「灯台若しくは浮標を損壊し、又はその他の方法により、艦船の往来の危険を生じさせた」という規定から往来の危険とは、第1の意味として不特定多数の船舶[4]の安全な航行を阻害する危険を指すものと理解できる。この類型の往来の危険が問題となった近年の事案としては、2018年に発生した周防大島の大島大橋への貨物船衝突事故が挙げられる[5]。これはマルタ船籍の貨物船のクレーンおよびマストが大島大橋に衝突したため、橋に設置してあった送水管等が切断され海面に落下したものである。この事故における往来の危険とは、切断された送水管等が海面に落下した結果、不特定多数の船舶が同海面付近を安全に航行することへの危険が創出された状態として理解できる。そこで、まずは「不特定多数の船舶の安全な航行への危険」という概念を具体化することが、海上交通における往来の危険に伴う問題の1つとして挙げられる。

（2）特定の艦船に対する往来の危険

　これに加えて、特定の船舶に対しても往来の危険の創出を観念しうる。これに関する近年の事案としては、2020年に香川県坂出市沖で修学旅行中の小学生ら62人が乗った旅客船が岩礁に乗り揚げた（最終的には沈没した）事故が挙げられる[6]。

---

[3]　大判昭和2年11月28日評論17巻刑法118頁。

[4]　「艦船」とは「軍艦および船舶」を意味するため（大塚仁他編『大コンメンタール刑法第7巻（第3版）』[渡邉一弘]（青林書院、2014年）218頁）、本稿では、文章として「船舶」と表現した方が自然な場合には「船舶」の語を用いている。

[5]　業務上過失往来危険罪で略式起訴された船長に対して、岩国簡裁は罰金50万円の略式命令を出した。https://www.pref.yamaguchi.lg.jp/uploaded/attachment/20802.pdf（最終訪問日2024年1月31日）。

[6]　業務上過失往来危険罪および業務上過失致傷の罪で略式起訴された船長に対して、高松簡裁は罰金40万円の略式命令を出した。https://www.sankei.com/article/20210323-XP3PBLIP2RJHXH

この事故における往来の危険とは、不特定多数の船舶の安全な航行を阻害する危険ではない。座礁によって、油や積載物の流出があった場合はともかく、船舶が座礁したのみであれば、通常、船舶が座礁するような場所に他の船舶が近寄ることは想定しがたいため、不特定多数の船舶の安全な航行に危険が生じたとは言えないであろう。そのため、ここでいう往来の危険とは、船舶が岩礁に乗り揚げたことで、当該船舶に乗船している多数人の生命・身体が侵害される、という実害のおそれを発生させることを意味する。このように、特定の船舶の乗船者の生命・身体に危険が及ぶこともまた、船舶の往来の危険と表現することができる。しかし、以下で述べるとおり判例における艦船の定義が相当に広いため、この定義をこの種の往来の危険に代入したときに、2つ目の問題が顕在化する。

2　往来危険罪における艦船の定義

　往来危険罪における艦船の意味するところについては[7]、大審院による定義が存在する。事案としては、発動機船が碇泊中の木造漁船（乗員1名）に衝突し、同漁船が中央より分裂し破壊された、というものであった。この事案において、大審院は尚書きながら、往来危険罪における艦船の定義として「艦船トハ其ノ大小形状ノ如何ヲ問ハス各種ノ船舶ヲ指称スルモノト解スルヲ相当トスルカ故ニ苟クモ船舶タル以上ハ長サ四間二尺（約7.9メートル）ニ過キサル木造漁船ニシテ而モ所論ノ如ク櫓ヲ使用シテ水上ヲ進行スルモノナリトスルモ之を同（刑法129）条ノ船舶ト云フニ妨ケナク（カッコ内は筆者）」[8]と述べ、櫓漕ぎで8メートル未満の1人乗りの木造漁船も艦船に含まれるとした。このような艦船の定義は通常、「単なる建造物とは異なり、浮泛性（浮揚性）、移動性（航行性）、そして積載性という船舶としての機能を具備した」[9]ものであること、と理解されている。しかし、同事案のように多数人が乗ることが予定されておらず、かつ公衆性もない漁船を、特定の艦船に対する往来の危険という意味での往来危険罪の客体に含めると、同罪が公共危険罪であるという前提が成り立たなくなる。これが上で述べた艦船の往来危険罪に伴う2つ目の問題となる。

U4M6ROZN54Q4/（最終訪問日：2024年1月31日）
7　刑法典においては、130条（住居等侵入罪）にも「艦船」の語が用いられているが、当然その定義は異なる。
8　大判昭和10年2月2日刑集14巻57頁。
9　甲斐・前掲注（1）220頁。

それゆえ学説からは、艦船とは「汽車電車に準じて考えることのできる程度のものたることを要する」[10]であるとか、「これら（汽車・電車：筆者注）に匹敵する程度の公衆性のある規模の船でなければならない」[11]として、あるいは「社会通念上多数人が乗ることのできる規模をもつもの」[12]として、艦船を汽車・電車と同等のものに限定する見解が提唱されてきた。または「（前記昭和10年判決と：筆者注）同程度の規模の船でも、たとえば河川の渡船として用いられるときは公衆性が強くかつ小型の市街電車程度の人数を乗せることもあるので、このような場合には動力の如何を問わずここに含まれると解すべき」[13]として、大きさ・規模が汽車・電車相当であることは問わないが、少なくとも同罪における艦船たるには、それが公衆性を備えていることを要求する見解も存在する。このように限定的に艦船を定義するのであれば、特定の艦船に対する往来の危険が問題とされるときも、同罪が公共危険罪であることとの整合性が保たれることとなる。

もっとも、判例・通説とされる見解は前掲昭和10年判決の艦船の定義を支持している。そして、その理由は次のように記述される。すなわち「灯台・浮標などの標示に従って航行すべき船舶は、その大小にかかわらないであろう。そうだとすれば、その範囲・規模を限る理由はなく、また本罪の保護法益が往来の安全である以上、不特定又は多数の船舶の往来を危険にする行為である場合には、船舶の大小規模を問題にせず本罪の成立を認めるべきであろう」[14]と。しかしこの理由づけの射程は、不特定多数の船舶の安全な航行を阻害する危険、という意味での往来の危険にしか及んでおらず、この艦船の定義を特定の船舶の往来の危険という類型にあてはめた場合に、公共危険罪としての前提が成り立つのかについては触れられていない。

後者の類型の往来の危険と公共危険罪との関係を論じる前に、ここにおける往来の危険とは通常、転覆、沈没および破壊の危険と捉えられているため、以下ではこれらの概念を確定したうえで、海上交通事故に典型的な衝突および座礁と往

10　牧野英一『刑法各論（上巻）』（有斐閣、1955年）108頁。
11　植松正『再訂刑法概論II各論』（勁草書房、1965年）121頁。
12　青柳文雄『刑法通論II各論』（泉文堂、1963年）187頁。
13　団藤重光編『注釈刑法（3）各則（1）』［高田卓爾］（有斐閣、1965年）215頁。少なくとも、昭和10年判決の艦船の定義を「行き過ぎである」とするものとして、川端博『刑法各論講義（第2版）』（成文堂、2010年）505頁。
14　大塚仁他・前掲注（4）［渡邉一弘］219-220頁。

来の危険との関係を整理することとする。

三 覆没・破壊および衝突・座礁と往来の危険との関係

1 転覆、沈没および破壊の定義

特定の船舶の乗員の生命・身体への危険とは、前期大審院昭和2年判決の表現に鑑みると、船舶への実害として刑法126条2項に例示列挙されている転覆、沈没（以下、これらを合わせて「覆没」という）および破壊の危険と考えることができる。これについて、まず「転覆」とは、船舶が横倒しになることであり、「沈没」とは、船舶の主要な部分を水中に没した状態をいう[15]。そして「破壊」とは、判例・通説によると「艦船の実質を害して交通機関としての機能・効用の全部又は一部を失わせる程度に損壊すること」[16]を意味し、船舶自体に破損が生じていなくても、船舶を座礁させ自力離礁を不可能とさせて航行能力を失わせることは破壊にあたる。これについて、第八よし丸事件において最高裁は「人の現在する本件漁船の船底部約三分の一を厳寒の千島列島ウルップ島海岸の砂利原に乗り上げさせて坐礁させたうえ、同船機関室内の海水取入れパイプのバルブを開放して同室内に約19.4トンの海水を取り入れ、自力離礁を不可能ならしめて、同船の航行能力を失わせた等、本件事実関係のもとにおいては、船体自体に破損が生じていなくても、本件所為は刑法126条2項にいう艦船の『破壊』にあたると認めるのが相当である」[17]としている。そして、これら覆没および破壊の危険を発生させることが特定の艦船に関する類型における往来の危険であると理解される。

なお、実際に艦船が転覆、沈没および破壊に至ったならば、その時点でそれぞれ（業務上）過失艦船転覆罪、同沈没罪および同破壊罪の構成要件該当結果は発生しているため、（送致罪名はいずれも「（業務上）過失往来危険罪」だとしても）そこからさらに往来の危険が生じたか否かについての判断は不要となる。

2 衝突および座礁と往来の危険との関係

それでは、海上交通事故の典型である衝突と往来の危険の関係はどうなるのだ

---

15 大塚仁他・前掲注（4）［渡邉一弘］229-231頁。
16 大塚仁他・前掲注（4）［渡邉一弘］229頁。
17 最決昭和55年12月9日刑集34巻7号513頁。甲斐・前掲注（1）230頁以下も参照。

ろうか。この点、往来の危険の意義に関する最高裁昭和35年判決[18]は「鉄道又はその標識を損壊し、又はその他の方法を以て、汽車又は電車の脱線、顛覆、衝突、破壊等、これら交通機関の往来に危険な結果を生ずる虞のある状態を発生させることにより成立するものと解するのが相当である」と述べており、この記述の中には確かに「衝突」が往来の危険を生ずる状態の一態様として挙げられている。しかし、この記述の主語は「現行刑法のいわゆる汽車電車」であり、その射程が「汽車電車」に限定されていることには注意が必要である[19]。それゆえ、船舶について衝突それ自体は往来の危険を生み出す状況の1つにすぎないと考えられ、衝突によって特定の船舶に覆没・破壊の危険が生じたこと、あるいは不特定多数の船舶の安全な航行に危険が生じたことが往来の危険に該当することとなる。なお、海上交通事故のもう1つの典型例である「座礁」についても同様のことがいえる。

それゆえ、衝突については、これにより相手船（乗員あり）に覆没・破壊の危険を生じさせるか、自船（行為者以外の乗員あり）に覆没・破壊の危険を生じさせるか、あるいは例えばその衝突が輻輳海域で生じたことで、当該衝突とは関係ない不特定多数の船舶の安全な航行に危険を生じさせた場合に往来の危険の発生を観念しうることとなる。座礁については相手が存在しないため、これにより自船（行為者以外の乗員あり）に覆没・破壊の危険を生じさせるか、燃料や積載物を流出させるなどして周辺海域の不特定多数の船舶の安全な航行に危険を生じさせた

表　事故の形態と発生しうる往来の危険

事故の形態	発生しうる往来の危険		
二船間の衝突（自船複数名）	自船の覆没・破壊の危険	相手船の覆没・破壊の危険	不特定多数船舶の安全な航行への危険
二船間の衝突（自船単独）		相手船の覆没・破壊の危険	不特定多数船舶の安全な航行への危険
座礁（自船複数名）	自船の覆没・破壊の危険		不特定多数船舶の安全な航行への危険
座礁（自船単独）			不特定多数船舶の安全な航行への危険

18　最判昭和35年2月18日刑集14巻2号138頁。
19　明示的に衝突を「汽車又は電車」に限定している記述として、曽根威彦『刑法各論［第5版］』（弘文堂、2012年）228-229頁。

場合に往来の危険の発生を認めうることとなる。表「事故の形態と発生しうる往来の危険」に示される通りである。

3　公共危険罪としての往来危険罪

　ここで、二2で提起した問題に立ち返ることとする。特定の船舶の覆没・破壊の危険を往来の危険とするとき、不特定多数の人を乗せる船舶であれば、覆没・破壊の危険が生じたことで、不特定多数人の生命・身体に危険を生じさせたとして公共危険罪たる往来危険罪が成立することに問題はない。しかし、先の大審院による艦船の定義（その大小形状を問わず、8メートル未満の1人乗りの木造漁船もこれに含まれる）によると、不特定多数性や公衆性のない小型の船舶に覆没・破壊の危険を生じさせただけで往来危険罪が成立してしまうこととなり、公共危険罪としての罪質に問題が生じることとなる。

　このような問題は、すでに北川佳世子の指摘するところである。北川は、大審院の定義を特定の艦船の往来の危険という類型にあてはめると「1人乗りヨットや水上バイクも艦船に当たることから、1人乗り水上バイク同士の衝突事故により相手船の往来の危険を生ぜしめたとして本罪が適用されるのであれば公共危険罪たる本罪の性格を鑑みて、奇異な感が否めない」[20]と、この問題点を鋭く指摘している。これに対して大國仁は「板子一枚下は地獄」という諺を引用したうえで[21]、「本罪が、船舶の覆没・破壊という事態のもつ、その船舶による交通にかかわる人の生命身体等侵害の類型的危険に、その重要な特質があることは、今や疑いはない」として往来危険罪の特質は船舶に特有の生命・身体を侵害する類型的危険だとする。そして「実務は本罪に、多数人を一挙に危険に晒すもの、という特質は認めていないといってよい」[22]として、往来危険罪は艦船に関しては多数人の生命・身体への危険という特質を持つ必要がないと主張する。そして「交通現象の変化に対応して、本罪に期待される機能は変容して来ているのではないか。つまり、本罪の罪質、専ら破壊、覆没という事態のもつ、前述のような類型的危険性の面に収斂して来ているのが現在の姿ではないか」と問題を提起したうえで、「果してそうであるならば、本罪の法益を個人を越えたところに見出そう

20　北川佳世子「海上交通犯罪と過失犯」現代刑事法38号（2002年）50頁。
21　大國仁「船舶往来妨害罪の罪質」海保大研究報告第一部16巻1号（1970年）20頁。
22　大國・前掲注（21）26頁。

とする態度にも、反省が迫られているのではないか。少なくとも、放火、失火罪や溢水罪等と同じ意味での、公共危険罪だという把握の仕方は、改めるときが来ているのではないかと考える」[23]と結論づけるのである。

大國の見解もまた、特定の船舶に覆没・破壊の危険を生じさせたことを往来の危険と捉えつつ、その船舶の定義を大審院のように広く理解すると公共危険罪としての罪質が保てないことを所与の前提としており、それだからこそ、公共危険罪としての同罪の捉え方を改めるように提言しているのである。そこで往来危険罪について、艦船に限ってはこのような罪質の転換が許容されるのかという論点が、検討すべき第２の問題となる。もっとも大國が指摘するように実務上はこのような運用がなされており、以下では特定の船舶に対する往来の危険および不特定多数の船舶の安全な航行の危険、という２つの往来の危険が具体的危険犯としてどのように判断されているのか、裁判例を通じて検討を加えることとする。

四　裁判例の検討

1　特定の船舶に対する往来の危険の判断（大阪高判平成11・11・26公刊物未登載（平成11年（う）948号））

（1）事実の概要

被告人は、船長として操船していた小型船舶である帆船（当時は被告人の他に友人が乗船）を浅瀬に乗り揚げさせて座礁させた。これについて、原審（堺簡判平成11年７月７日公刊物未登載）が業務上過失往来危険罪を認めたのに対して、被告人は、①柔らかいヘドロにバラストキールがわずか約20センチメートル食い込んだだけであり、機関は動かすことができたので、潮時をみてプロペラに巻き付いた漁獲用の細いロープの切断をいとわず機関を始動して脱出しようとすれば可能であり、また、当時風速５、６メートルの風を利用して帆走による脱出すら可能であったこと、および②座礁当時の水深が87センチメートルであるのに対し、後刻の干潮時の水深が72センチメートルであって、その水深差はわずか15センチメートルにすぎないので、もともと傾きに強いヨットである本船の性状からみて、干潮時に至っても何ら危険はなかったことなどから、艦船（自船）の往来に危険を

23　大國・前掲注（21）27頁。

生じさせていないと主張した。

(2) 判　旨

「関係証拠によれば、当時、本船（いわゆるプレジャーヨット。船舶の長さ約7.19メートル、ディーゼル機関、3馬力）は、そのバラストキール（復元性を保持するために船底に取り付けた重り、本船の場合その長さ約110センチメートル）がヘドロに食い込むなどして自力離礁ができない状況にあった上に、干潮に向かう時間帯（座礁時は午後3時30分ころ。干潮時は午後5時58分。座礁時から干潮まで約2時間28分）でもあったので水位も更に低くなり、その頃吹いていた風速5、6メートルの風及び風の影響によって生じる波の影響も加わると、バラストキールの取付部に船体の荷重が直接かかることとなり、そのような状態が相当時間続くと、キールが折れたりして船体に亀裂が生じるなど、すなわち、艦船（自船）の往来に危険な結果を生ずるおそれのある状態を発生させていたことを認めることができる。」

「(①について) 被告人はプロペラに絡んだ右漁獲用のロープあるいは釣り糸の切断を惜しんでおり、切断しようとの気持ちは当面なかったこと、これらの状況からしてその時点での自力離礁を諦め、携帯電話でマリーナに連絡して救助を求めたこと、マリーナの助言によれば、もし自力による離礁をするとすれば、離礁しやすい満潮（満潮はいったん干潮を経た後の翌日午前1時25分）まで待たざるを得なかったことなどの事情が認められる。なお、当時の海上にあった風速5，6メートルの風を利用して離礁するというのも現実的とは思われず、被告人らにおいてそのような方法を考えていた形跡もない。」

「(②について) 本船を製造した会社の設計担当者であるXは、（中略）本船が半座礁のような不自然な状態で風や風によって生じる波を不規則に船体に受けることによってバラストキール取付部に強い外力を長時間繰り返し受けると、本船の老朽度も合いまって強度的に安全であるとはいえず、破損する事態も可能性として起こり得る旨を供述しているのであって（中略）たしかに、本船の座礁状態は、所論指摘のようにバラストキールの海底への食い込み部分が前示の深さにとどまっていて、干潮までの前後の水深差も15センチメートル程度にすぎないと認められるけれども、現実には前示のとおり自力離礁が困難であるという事態があり、これに、干潮時までの時間とその後の自力で離礁を可能にさせる潮の程度に至る時間をも併せる相当な時間となること及びその間に予想される風や生じる波の状態をも加味すると、自船の往来に危険な結果を生ずるおそれのある状態を発

生させたものであると認められる」。
　（3）検　討
　本件で座礁した船舶は、7メートル強のプレジャーヨットであるため、汽車・電車に匹敵するほどの規模はなく、また公衆性も有していない。それにもかかわらず、同船舶が転覆するあるいは破壊される危険のみをもって往来の危険の有無が判断されていることから、実務上は、艦船に関する大審院の定義が、特定の船舶への覆没・破壊という類型での往来の危険にも用いられていることがわかる。もっとも、同罪が具体的危険犯であることから、その判断は詳細に行われていることが窺われる。本件では、ヘドロに食い込んだバラストキールの折損が船体そのものの転覆・破壊を惹起することから、その折損の危険が問題となる。そこで、座礁した時間から自力離礁が可能となる時間が潮汐から勘案され、そこにバラストキール自体の強度と風速およびその風によって生じる波を考慮し、それが折損する危険が詳細に検討されたうえで、往来の危険の有無が判断されている。

2　不特定多数の船舶の安全な航行への危険（高松高判平成14年6月20日公刊物未登載（平成13年（う）343号））

　（1）事実の概要
　被告人は、1級小型船舶操縦士の海技免状を有し、汽船T（船舶の長さ8.55メートル、総トン数4.4トンのプレジャーモーターボート）に船長として乗り組み、同船の操船業務に従事中、航行中の海域において同船を海苔網に乗り揚げさせて同船を航行不能に陥らせた。これについて、原審（徳島簡判平成13年11月16日公刊物未登載（平成13年（ろ）3号））が業務上過失往来危険罪を認めたのに対して、被告人は過失の不存在および往来の危険の不発生を主張した（以下では、往来の危険の不発生という争点のみに関する判旨を示し、検討を行う）。
　（2）判旨（後上告棄却[24]）
　「モーターボートの操縦者が海上で過失の操船行為を行い、乗揚げ事故（自損事故）を起こし、操船不能に陥った場合であっても、その際の具体的状況から判断し、社会通念上、当該ボートを含む船舶の完全な往来を妨害すべき結果を発生させる可能性のある状態が生じれば、本罪が成立する」。

24　最決平成15年1月9日公刊物未登載（平成14年（あ）1333号）。

「(具体的危険の不発生の主張について)被告人は、本件当時、Ａ市Ｂ町の沿岸からさほど遠くない沖合を航行していたこと、Ｃ地方気象台が本件当日午前10時30分に発表した強風波浪注意報は、当夜初めにかけて北西の風が強く、最大風速は海上で15ないし20メートルに達する見込みで、突風を伴うおそれがある一方、波の高さは、高いところで３メートルに達する見込みであり、防災上の注意として、船や交通機関のほか、磯釣りなど海のレジャーに注意すべきことが指摘されており、同注意報は、本件事故当時、なお発令中であったこと、午後６時のＣの観測結果（ただし、地上で観測したもの）によれば北西の風3.9メートル毎秒であったことが認められるとともに、捜査段階においては、被告人及び本件当時、本件ボートに同乗していたＸがいずれも、本件海域の沿岸に海苔網が存在したことを知っており、当時、北西の風が強く、波もあったと供述しているところである。（原文改行）そうすると、被告人がその操船行為によって本件ボートを海苔網に乗り揚げさせ航行不能に陥らせたことは、本件事故発生の時刻、海域、気象状況等に照らし、それが本件ボートのみならず、付近を航行する他の船舶に対しても、その完全な往来を妨害すべき結果を生じさせるおそれがあったことは明らかで」ある。

(3) 検 討

本件では、船舶を海苔網に乗り揚げさせて航行不能に陥らせたことをもって「付近を航行する他の船舶に対しても、その完全な往来を妨害すべき結果を生じさせるおそれ」が生じたことが肯定されている。もっとも、その判断においては①沿岸からさほど遠くない沖合を航行していたこと、②強風波浪注意報が発令されていたこと、および③被告人が本件海域の沿岸に海苔網が存在したことを知っていたことにしか言及しておらず、具体的危険犯であるにもかかわらず、何をもって付近航行船舶に対する往来の危険を肯定したのかが判然としない。

このような態様の事故で生じうる不特定多数の船舶の安全な航行への危険として、第１に、海苔の養殖場の存在を示す標識灯が乗り揚げた船舶によって隠れてしまい、他の船舶から養殖場の存在が視認できなくなった結果、同海苔網に他の船舶も乗り揚げる危険が生じたと判断された可能性がある。しかし、本件ではそのような事実認定はなされておらず、そもそも乗り揚げた船舶自体にも灯火は存在しているはずであるので、このような危険が生じていたかは疑わしい。第２に考えられるのは、養殖場と養殖場の間が船舶の通り道になっていたところ、同船

がそこに乗り揚げたことで他の船舶がその通り道を安全に航行できなくなった、という意味での往来の危険であるが、そのような事実認定もなされていない。そこで第3に考えられるのは、乗り揚げた船舶が、後に自力航行能力を失ったまま漂流した場合に不特定多数の船舶の安全な航行への危険が生じることである[25]。しかし本件で乗り揚げた船舶が漂流する危険が肯定できたとしても、往来の危険となりうるのはあくまで漂流それ自体である。それゆえ、漂流の危険は「往来の危険の危険」に留まるため、やはり本件において、何をもって往来の危険と認定されたのかは不明なままである。

五　おわりに

　刑法129条における過失犯としての艦船の往来の危険とは、第1に「不特定多数の船舶の安全な航行への危険」を意味する。これを生じさせる状況としては「航路に水雷等の障害物を敷設すること。灯台の灯を消すこと、浮標を除去すること、偽りの浮標を設置すること。航路に障害となる浮遊物、引火しやすい液体などを流出させること」[26]が挙げられることが多い。しかし、二1（1）で指摘したように、この意味での往来の危険を具体化し、ある程度の基準を定立することが必要であろう。ここでは故意犯の規定が手がかりになるように思われる。すなわち、例示列挙されている「灯台若しくは浮標を損壊」することが往来の危険を生じさせる典型例なのであれば、これらによって生じる海上交通への危険と同等の危険がその他の方法によって生じたときに、これを往来の危険とみなすことができる。ここで注意すべきは、刑法の制定時と現在においては海上交通の様相がまったく異なることである。船舶の性能の向上、とりわけレーダーをはじめとす

25　もっとも、往来危険罪は具体的危険犯であるから、自力航行能力を失った船舶が漂流したことのみをもって、直ちに往来の危険が発生したということはできない。この点、大判昭和2年11月28日評論17巻刑法118頁は、被告人が過失により、自力航行能力のない4艘の曳航されていた船舶を香川県の沖合に漂流させたことについて「同海面ヲ航行スル他ノ艦船ノ往来ニ対シテモ危険ナルコト勿論ナリ」と述べたが、その具体的な認定は判然としない。むしろ「其数ハ四艘タリトモ船舶往来ノ最モ少カルヘキ深夜ニ於テ香川県沖合ニ於テ即チ洋々タル海面ニ漂流シタリトテ是レ実ニ大海中ノ粟粒ノミ況ンヤ船舶ハ何レモ危険ノ防止ニ付相当ノ注意ヲ用ヒツツ航海往来ヲナシツツアルモノナルヲ以テ斯クノ如キ粟粒ニ因リテ大海ニ於ケル船舶往来ノ危険ヲ発生スヘシト謂ウカ如キハ想像上若クハ稀有ノ場合ニ有リ得ルニ過キ」ない、という上告理由にも説得力があるように思われる。

26　大塚仁他・前掲注（4）［渡邉一弘］216頁。

る電子機器の発達に目を向けると「灯台若しくは浮標を損壊」することでもたらされる海上交通への危険は制定時に比して減少しているとの評価が可能である一方で、レジャーの普及により海上交通が多様化し、船舶の種類およびその数も増加していることに着目すれば、むしろその危険は増加しているとも考えられる。これらをふまえて、他の損壊罪類型と比べて著しく法定刑が重く、それゆえ過失犯も処罰されている往来危険罪の「不特定多数の船舶の安全な航行への危険」という意味について再検討する必要がある。いずれにしても、当該事故の性質に加えて、それが発生した時間とその海域の特性（交通量や通行する船舶の種類等）を考慮した個別具体的な検討が必要となる。

そして過失犯としての艦船の往来の危険とは、第2に「特定の船舶に対する覆没・破壊の危険」を意味する。もっとも、大審院は艦船の定義として、その大小形状を問わないと述べ、8メートル未満の1人乗りの木造漁船をも艦船に含まれると判断した。そのため、このような艦船への覆没・破壊の危険も往来の危険に含まれることで、往来危険罪が公共危険罪であることの前提が疑問視されることとなった。そこで、船舶の類型的危険性に鑑みて、本罪を公共危険罪と捉える必要はない、とする見解が主張されることとなったが[27]、往来危険罪の理解として、艦船についてのみこのような罪質の転換が認められるのかが、検討すべき第2の問題となる。

以上のように、本稿は海上交通事故における往来の危険の意義に伴う2つの問題点を指摘するに留まるものであるが、これらを今後研究すべき課題とすることで、本稿を指導教授である甲斐克則先生に献呈したい。

　［付記］本研究はJSPS科研費21H00667の助成を受けたものです。

27　大國・前掲注（21）26-27頁。

海難審判裁決取消訴訟における司法審査の現状と破棄差戻し・理由差替え等の許否
―― 最三小判令和6年1月30日を例に ――

水　沼　直　樹

一　はじめに
二　海難審判法の制定過程と特徴
三　行政裁量と司法審査
四　海難審判に対する裁決取消訴訟の現状
五　令6最判の概要と位置付け
六　理由追加・差替えの許否
七　海難審判における事実誤認防止策
八　結びに代えて

一　はじめに

　裁量処分に対する司法審査のあり方については、行政法学の基本的な論点の1つであり、判例や学説が発展し続けている。現在では、裁量処分に対する司法審査は判断過程審査が主流となり[1]、様々な分野において用いられている。しかし、海難審判に対する司法審査に言及する裁判例や学説は少ない。そこで、本稿では、この点の現状等について考察したい。また、令和6年1月30日の最高裁判決（以下、「令6最判」という）[2]を前提に、海難審判裁決取消請求に対する破棄差戻しと理由追加・差替えについても検討したい。

二　海難審判法の制定過程と特徴

1　海難審判法の制定過程
　海難審判制度の起源は遥かに古く、明治9年に遡る。同年に制定・布告された

1　南博方ほか編『条解行政事件訴訟法（第5版）』（弘文堂、2023年）橋本博之執筆683頁。
2　最三小判令和6年1月30日判例タイムズ1520号38頁以下。

「西洋形商船船長運転手及機関手試験免状規則」(同年太政官布告第82号。以下、「免状規則」という)は、船長等が、「技藝劣等若クハ…不行狀ニシテ其職務ヲ執ルニ不適当ト思察スルトキハ直チニ之ヲ審究或ハ審究セシムヘシ」(同規則10条前段)とし、かつ、「失錯又ハ不良ノ所爲ニ由テ船ヲ失ヒ或ハ…之ニ大損害を生シ又ハ人命ヲ害ナヒ或ハ人ニ大傷痍ヲ被ラシムル」場合には「免狀ヲ取消シ或ハ一時其使用ヲ停止スヘシ」(同条中段)といった海員審問制度を創設した[3]。明治14年には「西洋形船船長運転手機関手免状規則(布告第75号)を制定・布告し、同様の制度を維持した。

その後、ノルマントン号事件等の重大事故が立て続いたことから、明治29年に同規則を廃止し英国制度に倣った海員懲戒法(同年4月6日法律第69号。以下、「懲戒法」という)を制定した。これにより、海員審判所の組織や審判手続が定まり海員審判制度が確立した。いわゆる旧植民地にも類似の制度が整備されていた。

昭和22年には、新憲法制定に伴い、懲戒法を廃止するとともに海難審判法(以下、条文引用につき「法」という)を制定し海難審判制度を創設した。

2　刑事手続の色彩を帯びた海員審判制度

免状規則は、免状取消しや一時停止となった場合、「其失錯ニ就テ二百五十円以内ノ罰金ヲ科スヘシ」(同規則10条後段)等と定め、裁判所等がこれらの「犯罪者」を審断し(同規則11条)、これに不服があれば「控訴上告スルコトヲ得ヘシ」(同規則13条)と定めていた。免状規則の後身である懲戒法は、譴責、免状行使ノ停止・禁止の3種の懲戒(懲戒法2条)を定めるものの、極めて刑事手続的色彩の強い法律であった。例えば、海員審判制度は旧々刑事訴訟法(明治23年法律第96号)が定める予審制度に類似し、また審判には公訴時効類似の「時効」(懲戒法5条2号)があり、「確定裁決」がある場合に審判を禁ずる一事不再理効があり(同法5条1号)、さらに懲戒法は同法に「規程ナキモノニ付テハ刑事訴訟法ノ規程ヲ準用」(同法7条)するなどしていた。

海員審判の概略を述べると、(あ)審判前の手続では、理事官は、捜査に類する證憑集取・實地臨檢する権限を有し(懲戒法17条)審判開始権を有していた(18

---

[3] もっとも、同規則を性急に交付したために不都合があったようで、海員審問に関する規定の施行は明治12年12月まで延期されていたようである(高等海難審判庁監修『海難審判制度百年史』(海難審判協会、1997年)18-19頁)。

条)。また（い）地方海難審判所は捜査に類する「下調」を審判官に命じて行うことができ[4]、被審人・証人に対する訊問権・引致権、及び証人・鑑定人に対する呼出権や、審判繼續権等を有していた（19条以下）。（う）審判は公開され（27条)、審判長は審判の秩序維持権（審判警察権）（29条）及び被審人・証人に対する尋問権（30条1項・2項）を、理事官は審判立会権及び意見陳述権（31条）を、そして被審人は補佐人選任権（32条）を有していた。裁決は「理由及證憑」を明示して（37条)、言渡しにより行われた。裁決に対して、理事官及び被審人は「抗告」し得た（39条、41条)。（え）高等海難審判所の審判は、地方海難審判所の審判に関する規程を準用して行われ（42条)、抗告に理由があれば「原裁決ヲ取消シ更ニ裁決」して、抗告に理由がなければ「裁決ヲ以テ之ヲ棄却」（43条1項、2項）していた。

3 　海難審判法は懲戒法を継受した仕組みである

　戦後、海難審判法は懲戒法と類似の仕組みを採用した。概略を述べると、まず理事官と受審人との二当事者対立構造、弾劾主義を採用している。理事官は、事実調査権及び証拠収集権（法25条)、調査のために法定の処分権（27条）を有し、海難が小型船舶操縦士等の職務上の故意・過失によって発生したものと「認めたとき」は審判開始の申立てをしなければならない（28条1項本文。必要的申立て)。理事官の申立てにより開始した海難審判（30条。不告不理の原則）の「対審及び裁決は、公開の審判廷で」行われる（31条。対審主義、公開主義)。審判官に対する除斥、忌避、回避制度がある（施行規則11条以下)。審判長には審判指揮権及び秩序維持権が（32条1項)、受審人には補佐人選任権が（19条)、補佐人には独立した補佐権がある（20条)。海難審判所は法定の方法による職権証拠調べが可能で（35条1項、2項)、受審人及び証人への尋問権を有する（33条、36条)。海難審判には口頭主義（34条)、証拠審判主義（37条)、自由心証主義（38条）が妥当する。裁決には職務上の故意・過失の内容を明らかにし、証拠によってこれらの事実を認めた理由を示さなければならない（40条、41条本文)。裁決は口頭弁論に基づき（34条本文)、言渡しによって行う（42条)。懲戒に係る裁決には一事不再理効がある（6条)。

---

[4] 海員審判は糾問主義的であった。

もっとも、制定直後の海難審判法と現行制度とではいくつか異なる点がある[5]。かつては、①原因究明裁決、懲戒裁決、勧告裁決の3種の裁決制度があり（旧法4条各号）、②地方海難審判庁と高等海難審判庁との二審体制の下（旧法9条1項）、③高等海難審判庁が地方海難審判庁の第二審であった[6]（旧法46条）。これに対し、①国際潮流に合わせるべく、原因究明と責任追及の分離の観点から、懲戒処分を海難審判所が行い、原因究明を運輸安全委員会が行い、②重大な海難を中央（東京）の海難審判所が管轄し、その他の海難を地方海難審判所が管轄し（法16条、施行規則5条。一審体制）、③海難審判に対する不服申立て（裁決取消訴訟）が東京高裁の専属管轄となった（法44条1項）。

三　行政裁量と司法審査

ここで、行政裁量と司法審査について、概略を確認したい。

1　覊束裁量と自由裁量の相対化と学説

古典的には、行政行為は「覊束行為」と「裁量行為」に分けられ、後者は自由裁量（便宜裁量）と法規裁量とに分類され、そして覊束行為と法規裁量には司法審査が及び、自由裁量には司法審査が及ばないと考えられていた。自由裁量と法規裁量の線引きについて、戦前には東西学派の対立すなわち佐々木説[7]（文言説）と美濃部説[8,9]（性質説）の対立があった[10]。戦後、裁判所が美濃部説を支持する中[11]、行政裁量の捉え方を裁判所の審査能力から論ずる見解[12]等も見られたが、むしろ法規裁量と自由裁量との相対性[13]から、法の趣旨、目的、合理的・目的的

5　改正経緯や議論については、岸本宗久「海難審判庁の廃止と海難審判法の改正について」日本海事補佐人会会誌9号2頁（2009年）が詳しい。
6　ただし、高等海難審判庁の裁決に対する訴えは、東京高裁の専属管轄であった（旧法53条1項）。
7　佐々木惣一「行政機関の自由裁量」（1934年）法と経済1巻1号21頁。
8　美濃部達吉『日本行政法　上（改訂増補第4版）』（有斐閣、1936年）932-933頁。
9　美濃部説の変遷に関しては、須藤陽子「日本法における「比例原則」――その歴史性と独自性――」公法研究81号92頁以下（2019年）。
10　両説を詳細に分析するものとして、高橋靖「我国裁量理論へのLaun説の導入（1）」早稲田大学法学会誌29号263頁以下（1979年）、小早川光郎「裁量問題と法律問題――わが国の古典的学説に関する覚え書き」『法学協会百周年記念論文集第2巻』（有斐閣、1983年）331頁以下ほか。
11　最高裁判所事務局行政部『行政事件担当の裁判官合同概要』（行政裁判資料第二号昭和23年3月18-19日）25-26頁（最高裁判所図書館所蔵）。
12　小澤文雄「行政廳の裁量處分」公法研究第5号52-53頁（1951年）。

解釈により分類する田中説[14]が支持を集めた。

昭和37（1962）年に制定された行政事件訴訟法は、「行政庁の裁量処分については、裁量権の範囲をこえ又はその濫用があつた場合に限り、裁判所は、その処分を取り消すことができる。」（同法30条）定めている。しかし、同法は「裁量処分」の範囲や、いかなる場合に逸脱（踰越）・濫用が認められるのかという基準を定めておらず、裁量の線引きについては判例の集積を待たざるを得なかった。その後の学説は、法律が行政権の判断に委ねた領域の存否・範囲の問題であるという見解[15]や行政と司法との「合理的分業の問題」であるという見解[16]が登場するなど、権力分立の観点から不可侵とされる行政領域と司法領域の問題という議論から、公益の最適な実現に焦点を当てた議論へと移行している[17]。

2 意思決定過程と司法審査

一般に、裁量が認められるステージは、事実認定、要件裁量、手続選択、効果選択、時の裁量が挙げられる。このうち、事実認定については法的評価を伴わず裁量の余地がない（すなわち裁判所による判断代置が馴染む）のに対し、それ以外については一定の範囲内で裁量の余地がある。たとえば、効果裁量であれば、懲戒処分の要否、処分内容の量定という行為裁量と選択裁量が認められる。

現在では、裁量の区別そのものよりも、むしろ行政裁量に対する司法審査の方式や処分に至るまでの意思決定過程に焦点を当てて、根拠法の解釈と事実評価に基づく審査密度に注目が集まっている[18]。

3 裁量統制手法としての審査方式

行政裁量の審査方式として、古典的には、羈束行為及び羈束裁量には判断代置審査が用いられ、それ以外の裁量行為には裁量濫用（踰越濫用）審査が用いられた。現在では、その中間として判断過程審査も用いられている[19]。効果裁量等を

---

13 柳瀬良幹「自由裁量に関する疑問」『行政法の基礎理論（一）』（弘文堂、1940年）193頁以下、宮田三郎『行政裁量とその統制密度』（信山社、1994年）12頁以下ほか。
14 田中二郎『新版行政法上巻』（弘文堂、1978年）118頁。
15 塩野宏『行政法Ⅰ第6版』（有斐閣、2015年）138頁。
16 藤田宙靖『行政法総論（上）』（青林書院、2020年）114頁。
17 服部麻理子「行政裁量統制における最高裁判所の法的価値判断」行政法研究第33号63頁（2020年）。
18 前掲脚注1 南677-678頁。

違法とする一般的要素としては、重大な事実誤認、目的違反・不正な動機、平等原則違反、比例原則違反、その他信義則や社会観念妥当性の欠如等がある。

戦後間もなく登場した社会観念審査は、処分庁の広汎な裁量権を前提に、社会観念上（社会通念上）[20]著しく妥当性を欠く場合にのみ裁量権の逸脱濫用を認めて処分を違法とする[21]。判例上、公務員や国立大学生の懲戒処分[22]、出入国管理行政[23]、医師への懲戒処分[24]などの事案で採用されている。これに対して、判断過程審査は、裁判所が、行政庁が意思決定するに至る判断過程に着目して審査する審査方式で、先行研究[25]によれば、①判断過程の合理性や過誤・欠落の有無のみを審査する判断過程合理性審査、②考慮不尽・他事考慮の有無のみを審査する形式的考慮要素審査、③それぞれの考慮要素に重み付けしてその評価の過誤を審査する実質的考慮要素審査がある。判断過程合理性審査は、例えば、「行政庁の広範な裁量」を前提に、都市計画決定の「基礎とされた重要な事実に誤認があること等により重要な事実の基礎を欠く場合、又は、事実に対する評価が明らかに合理性を欠くこと、判断の過程において考慮すべき事情を考慮しないこと等によりその内容が社会通念に照らし著しく妥当性を欠くものと認められる場合に限り」[26]裁量権の逸脱・濫用となり処分が違法となる[27]。

審査密度は、行政裁量に対して裁判所がどこまで踏み込んで判断するかという問題である。審査密度は裁量権の広狭と反比例にあると見る余地もあろうが[28]、審査密度は事案ごとに決定され、少なくとも重要な人権が争われる場合には審査

19　榊原秀訓「社会観念審査の審査密度の向上」法律時報85巻2号5頁（2013年）ほか。

20　岡田正則「教育公務員の懲戒処分に関する裁量権逸脱・濫用の違法について」Law & Practice 5号184頁（2011年）は、「社会観念」と「社会通念」との間に「内容上の差異があるとは思われない」ものの、「前者はもっぱら懲戒処分の効果裁量を審査する場合に用いられるのに対し、後者は、その他の裁量統制の脈絡で用いられてきた」と指摘している。

21　藤田宙靖『裁判と法律学　『最高裁回顧録』補遺』（有斐閣、2016年）139-140頁は、事実上、「社会観念上著しく妥当を欠（く）」という部分にだけ意味があるという。

22　最三小判昭和52年12月20日民集31巻7号1101号（神戸税関事件）ほか。

23　最大判昭和53年10月4日民集32巻7号1223頁（マクリーン事件）ほか。

24　最二小判昭和63年7月1日判時1342号68頁（菊田医師事件）。

25　村上裕章「判断過程審査の現状と課題」（特集＝行政裁量統制論の展望）法律時報85巻2号12-13頁（2013年）。

26　最一小判平成18年11月2日民集60巻9号3249（小田急高架本案事件）。

27　最三小判平成25年4月16日民集67巻4号1115頁（水俣病不認定取消訴訟）は、判断過程合理性審査の適用を否定した例である。

28　橋本博之「行政裁量と判断過程統制」法学研究81巻12号533頁（2008年）は、裁量の広狭と実態の区別等は判例の審査密度設定との相関が薄れていると思われるという。

密度が高くなる[29]と思われる。一般的には社会観念審査より判断過程審査の方が、また判断過程審査より判断代置審査の方が審査密度が高く、そして根拠法の解釈から導かれる考慮要素を抽出して審査することで審査密度が高まる関係にある[30]。実務上、多様な分野において、考慮要素に着目した裁判例が見られる[31]。

四　海難審判に対する裁決取消訴訟の現状

1　海難審判裁決取消訴訟の裁判例

判例検索サイト[32]にて、海難審判、海員審判、海員審問、裁決取消訴訟等を検索肢として、民事訴訟[33]を検索し、さらに関連文献[34]をも調べたところ、該当裁判例がのべ89件顕出した（表１。原審・上訴審・差戻審を１事件としてカウントすると65事件）。これらは全て海難審判に関するもので、棄却42件、認容７件（その後破棄されたものを含む）、却下13件、上告棄却12件、破棄差戻３件、不明10件であった。裁決取消訴訟が提起された事例は戒告[35]から業務停止１～３月であり、免許取消しはなかった[36]。最高裁の破棄事例は、認容判決に対する破棄４件（No.3最、9最、14最、25最）、棄却判決に対する破棄１件（65最）であった。なお、認容判決７件のうち事実誤認を理由とした認容判決は５件（No.9、14、47、52、53）であった[37]。

29　宍戸常寿「裁量論と人権論」公法研究71号106頁（2009年）。
30　根拠法の文言（抽象的・概括的か、不確定概念か、「できる」・「ねばならない」か）、処分庁に裁量を与えた理由（政治的・政策的か、科学的・専門的か、教育的か）、処分の性質（被処分者の権利利益への制約を伴うか）、その他法が特に重視する要素は何か等の観点から、行政裁量の広狭とこれに応じた審査密度が決定するものと思われる。換言すれば、処分の根拠法の法解釈によって審査密度が左右され、個別事情と合わせて審査密度が決定されていると思われる。
31　前掲脚注28橋本528頁は、信書発信不許可事件、弁護士会懲戒処分事件、指名入札事件を例に挙げる。
32　D1-Law.com、判例秘書、TKCローライブラリー、Westlaw Japanの４社。
33　なお、海上交通事故の刑事裁判例の分析として、甲斐克則『海上交通犯罪の研究』（成文堂、2001年）26頁以下。
34　高等海難審判庁『海難審判庁裁決取消請求事件判決集』（海難審判協会、1981年）、竹田稔監修・鈴木孝著『海難審判と行政訴訟』（判例時報社、1994年）による。
35　戒告処分に対する取消訴訟について、訴えの利益を欠くとした事例は見当たらなかった。
36　参考として、2008年から2022年までの懲戒処分（表１に限らない）の内訳は、総数6927人、免許取消１名（0.01％）、業務停止3360名（48.5％）、戒告3252名（47.0％）、不懲戒310名（4.5％）、免除４名（0.06％）である（海難審判所（平成21年乃至令和５年レポート）『レポート海難審判』https://www.mlit.go.jp/jmat/kankoubutsu/report.htm 2024年７月12日アクセス。以下同じ）。
37　残り２件は原因究明裁決に対する取消請求権や二審請求権の存否に関する事例である。

表1 海難審判裁決取消訴訟一覧

番号	結果	内容	判決年月日	備考	番号	結果	内容	判決年月日	備考	番号	結果	内容	判決年月日	備考
1	棄却	1月	東京高判 昭和25年2月17日	死者1名	19	棄却	1月	東京高判 昭和50年6月27日	死者4名ほか	41	棄却	戒告	東京高判 昭和62年7月13日	死傷者なし
1最	上告棄却	1月	最3小判 昭和26年7月3日	(死者1名)	20	却下	1月	東京高判 昭和50年10月29日	不服申立期間徒過	42	—	—	東京高判 平成3年9月11日	*
2	却下	1月	東京高判 昭和26年12月14日	死傷者なし	21	却下	戒告	東京高判 昭和50年10月30日	不服申立期間徒過	43	—	—	東京高判 平成3年11月28日	*
3	認容	不明	東京高判 昭和27年12月16日	死傷者なし	22	棄却	1月	東京高判 昭和50年12月16日	理由差替え。死傷者なし	44	—	—	東京高判 平成4年1月30日	理由差替え*
4	棄却	1月	東京高判 昭和32年6月12日	死傷者なし	14戻	棄却	3月	東京高判 昭和50年12月24日	(死者45名)	42最	—	—	最1小判 平成4年4月23日	*
5	棄却	戒告	東京高判 昭和51年2月18日	死傷者なし。	23	棄却	戒告	東京高判 昭和51年2月18日	死傷者なし	43最	—	—	最3小判 平成4年7月14日	*
6	却下	不明	東京高判 昭和35年8月3日 b	死者多数	24	棄却	戒告	東京高判 昭和51年11月18日	死傷者なし	45	棄却	1月	東京高判 平成5年9月30日	死者1名、沈没
3最	自判却下	不明	最大判 昭和36年3月15日	(死者多数)	25	認容	不明	東京高判 昭和51年12月22日	No.23の本案。	46	棄却	1月	東京高判 平成6年2月28日	死者30名、負傷者17名
5最	上告棄却	2月	最1小判 昭和36年4月20日 a	(死者多数)	26	却下	戒告	東京高判 昭和52年3月24日	不服申立期間徒過	47	認容	戒告	東京高判 平成8年3月26日	死傷者なし
6最	上告棄却	不明	最1小判 昭和36年4月20日 b	(死者多数)	27	却下	戒告	東京高判 昭和52年9月13日	死傷者なし	48	棄却	不明	東京高判 平成10年3月19日	死者18名
7	棄却	1月	東京高判 昭和36年4月27日	死傷者なし	28	却下	戒告	東京高判 昭和52年10月12日	死傷者なし	49	却下	戒告	東京高判 平成12年9月28日	死者1名
4最	上告棄却	1月	最2小判 昭和36年4月28日	(死傷者なし)	25最	自判棄却	不明	最2小判 昭和53年3月10日	(死傷者なし)	50	棄却	戒告	東京高判 平成20年1月30日	負傷者2名
8	棄却	2月	東京高判 昭和36年4月28日	死傷者なし。沈没	27最	上告棄却	戒告	最3小判 昭和53年4月7日	死傷者なし。	51	棄却	戒告	東京高判 平成21年6月17日	負傷者1名
9	認容	戒告	東京高判 昭和36年9月25日	死傷者なし	28最	却下	戒告	最3小判 昭和54年1月30日	死傷者なし	50最	棄却	戒告	最3小判 平成22年11月30日	(負傷者2名)
9最	破棄差戻	戒告	最2小判 昭和38年6月7日	(死傷者なし)	29	棄却	1月	東京高判 昭和54年6月18日	(死傷者なし)	52	認容	1月	東京高判 平成23年2月23日	死者1名

No.	成否	月	判決	備考
9戻	棄却	—	東京高判 昭和38年10月23日	(死傷者なし)
10	棄却	1月	東京高判 昭和39年5月30日	死傷者なし。沈没
10最a	却下	1月	最3小判 昭和39年11月17日	(死傷者なし)。沈没
11	棄却	1月	東京高判 昭和40年11月17日	死傷者なし。火災、浸水
12	却下	不明	東京高判 昭和41年8月9日	死者1名
13	却下	1月	東京高判 昭和42年1月31日	死者1名
14	認容	3月	東京高判 昭和42年2月14日	死者45名
13最	上告棄却	1月	最1小判 昭和42年11月30日	(死傷者不記載)
15	却下	1月	東京高判 昭和43年1月19日	死傷者なし
10最b	上告棄却	1月	最3小判 昭和43年2月27日	(死傷者なし)。沈没
12最	上告棄却	不明	最3小判 昭和44年4月24日	死者1名
14最	破棄差戻	3月	最2小判 昭和47年4月21日	(死傷者45名)
16	棄却	成否	東京高判 昭和47年10月17日	死傷者なし
17	棄却	成否	東京高判 昭和48年8月29日	死者なし、負傷者2名、沈没
18	棄却	成否	東京高判 昭和49年4月30日	死傷者なし
30	却下	成否	東京高判 昭和54年10月16日	死傷者なし
31	棄却	1月	東京高判 昭和54年10月25日	死者4名、負傷者5名
32	棄却	成否	東京高判 昭和55年3月13日	死傷者なし
33	棄却	1月、成否	東京高判 昭和55年4月8日	死傷者なし
22最	上告棄却	1月	最3小判 昭和55年12月9日	理由差替え。死傷者なし
33最	上告棄却	不明	最判 昭和56年6月25日（未搭載）	(死傷者なし)
34	—	—	東京高判 昭和56年6月29日	*
35	—	—	東京高判 昭和56年6月31日	*
36	—	—	東京高判 昭和57年5月31日	*
37	—	—	東京高判 昭和58年7月15日	*
38	棄却	—	東京高判 昭和59年2月27日	死傷者なし
34最	上告棄却	—	最1小判 昭和59年9月20日	*
39	棄却	成否	東京高判 昭和60年3月27日	死傷者なし
40	—	—	東京高判 昭和61年11月26日	*
39最	上告棄却	—	最3小判 昭和61年12月19日	(死傷者なし)
53	認容	—	東京高判 平成24年1月16日	死傷者なし
54	棄却	1月	東京高判 平成25年1月31日	死者1名、沈没
55	棄却	—	東京高判 平成25年2月6日	死傷者なし
56	棄却	1月	東京高判 平成28年9月8日	死者1名
57	棄却	—	東京高判 平成28年12月8日	負傷者1名、転覆
58	棄却	2月	東京高判 平成30年1月25日a	負傷者1名（加療10日）
59	棄却	—	東京高判 平成30年1月25日b	審査方式を示す 死者1名
60	棄却	1月	東京高判 平成30年5月31日	審査方式を示す 死者2名、負傷者1名
61	棄却	1月	東京高判 平成30年8月9日	死傷者なし
62	棄却	—	東京高判 平成30年8月22日	審査方式を示す 死傷者なし
63	棄却	1月	東京高判 平成31年1月9日	負傷者5名
64	棄却	1月	東京高判 平成31年1月17日	死者1名
65	棄却	1月	東京高判 令和4年10月12日	審査方式を示す 負傷者2名（入院加療約2ヶ月）
65最	破棄差戻	1月	最3小判 令和6年1月30日	No.65に同じ

（注）表１「［＊］」については、判決文の一部が鈴木他24前掲関連注『裁決取消請求事件判決集』（1992年）［は国立国会図書館や最高裁図書館にも所蔵がなく、判決全文にアクセスできなかった。

2 裁決取消請求認容判決の特徴

事実誤認を理由とした上記認容判決5件と令6最判（No. 65最）はいずれも裁決に対する審査方式を明示していない。これらは、職務上の過失の不存在（No. 9、53）、横切り関係・行会い・追越し関係といった航法及び適用法条の誤り（No. 14、47、52、65最）、因果関係の不存在（否定：No. 9、65最）[38]を理由に、事実誤認があると認定している。これらの中に、目的違反、不正な動機、平等原則違反、比例原則違反、その他信義則等を理由とした判決はない。なお、裁決が認定した事実と判決が認定した事実とが同一でありながら処分量定の不当性のみを理由としたと認容判決は存在しない（なお、No. 52は事実誤認のあることを前提に処分が重きに失し相当性を欠くとしている）。このことから、海難審判裁決取消訴訟では、事実誤認の有無が処分の適法性の有無を左右する傾向があると思われる。

3 審査方式を明示した裁判例の特徴

行政処分に対する審査方式を明示した裁判例は4件（No. 59、60、62、65）で、すべて請求棄却判決である。これら4件はいずれもほぼ同一表現を用いて、「その専門的技術的な性格に鑑み、海事に関する知識経験を有する海難審判所の裁量に委ねられていると解されるから、当該懲戒処分が重要な事実の基礎を欠くこと、事実に対する評価が明らかに合理性を欠くこと、考慮すべき事情を考慮しないこと等により、その内容が社会通念に照らし著しく妥当性を欠くものと認められる場合に限り、裁量権の範囲を超え又はその濫用があったものとして違法となる」（No. 65）として、判断過程審査を行なっている。ただし、これには2つの用法があり、総論（冒頭）で判断過程審査に言及するもの（No. 59、62）と、懲戒処分の相当性（処分量定）で言及するもの（No. 60、65）とがある[39]。海難の存否、過失の有無、因果関係の有無等の判断において審査方式に言及する裁判例はない。

4 裁判例に見る考慮要素

裁判例では、「考慮要素」が何であるべきかを具体的に特定・明示した判決は見当たらない。事案に応じて、衝突地点、衝突時刻、衝突時の速力、衝突角度、見張り、見合い・横切り・追越し等の航法及び位置関係等の要素が争点となって

---

38 なお、無灯火航行と海難発生との因果関係を肯定した例として No. 65。
39 No. 59と No. 60とは合議体のうち裁判長と陪席裁判官1名が重複している。

いる。事実誤認を理由とする認容判決は、これらの要素を中心に、裁決による認定事実と裁判所による認定事実との齟齬を指摘している。また棄却事例も同様で、例えば、令6最判の原審（No. 65）も、衝突時の速力、衝突地点、衝突角度、両船の位置関係等に焦点をあてて事実認定しているし、また認容判決を破棄した最高裁（No. 14最）は、「船舶の衝突事件において、衝突地点がどこであるかということは、衝突時刻とともに、衝突両船の各針路の状態、その見合関係、操船状況等衝突に至る経過と適合しないような認定をすることが許されない重要な事実であるから、衝突地点の認定が誤つている場合には、……原判決に影響を及ぼす」と述べている。

5 考慮要素に対する私見

各裁判例が示すこれらの要素は、海上衝突予防法等の海上交通関連法に規定されている要素である。例えば、見張り義務は海上衝突予防法5条、安全な速力は同法6条、追越し・行会い・横切り航法は同法13-15条、避航船・保持船の針路・速力保持義務等は同法16条、17条に定めがある。したがって、これらに関する事実や義務の存否は職務上の過失の存否に係る重要な事実といえるだろう。各裁判例では、これらの要素を中心に事実認定し、懲戒処分の要否を検討している。これらの事実が司法審査の密度を高める考慮要素となっており、こうした考慮要素に着してなされた判断は海難に係る関連法の趣旨に適うと思われる。

五　令6最判の概要と位置付け

1　事案概要と原裁決の要旨

本件は、平成29年3月16日未明、鹿児島県内C漁港の船だまりから出港する第2八重丸（原告：甲船）と入港船利丸（乙船）とが衝突し（本件衝突）、船体が破損し甲船員2名が負傷（1名は加療約2ヶ月）した。この海難に関して、海難審判所は、乙船の衝突時の速力が6.7ノット、衝突地点が防波堤上の「基点」から20m程度の地点であると認定し、「本件衝突は、夜間、出航する八重丸が、法定灯火を表示することなく無灯火の状態で航行したばかりか、動静監視不十分で、同船だまりへ入航中の利丸の前路に進出したことによって発生し」、原告には乙船に対する「動静監視を十分に行わなかった職務上の過失」があるとして業務停

止1ヶ月の懲戒処分とした。

2　争点と原審の認定

争点は原告の職務上の過失の存否であるが、実質的な争点は、衝突時の乙船の速力、衝突地点、衝突に至る航路、甲船の無灯火航行と本件衝突との因果関係の有無であった。原審（No. 65）は、①衝突時の乙船の速力が15-19ノット程度であった可能性が高く、②衝突地点が「基点から少なくとも30m程度は離れた地点」であった可能性が高いと認定した（以下、①②を「認定部分」という）が、同時に、乙船は原告が主張するほどには大回りしていないと認定し、原告の乙船に対する動静監視義務違反および無灯火航行と本件衝突との因果関係を認めて、請求を棄却した（参考図）。

3　令6最判の骨子

令6最判（No. 65最）は、原審が、「乙船の速力、航跡及び甲船との衝突地点について本件裁決と異なる事実を認定して」おり「両船の各針路の状態、その見合関係、操船状況等衝突に至る経過についても本件裁決の認定と異なる事実を前提とし」ながらこれらを具体的に認定説示せず、しかも、原審の認定事実では上告人が①「仮にその時点で乙船の右転を予見し得たとしても」動静監視をすれば右転を認識して衝突回避ができたとはいえず、②上告人が「灯火を表示していれば衝突を回避」できた訳でもないため（以下、①②合わせて「否認部分」という）、「灯火を表示せずに甲船を進行させ、乙船を視認した後にその動静を十分に監視することなく甲船を左転させるなどした行為をもって、本件事故に係る海難につき上告人に職務上の過失があるものということはできない」から、「原審の判断には、職務上の過失に関する法令の解釈適用を誤った違法がある。」として原判決を破棄して事件を差し戻した。

4　令6最判の特徴

令6最判は、海難審判裁決取消請求の棄却判決を破棄したおそらく初の例である。この判決は、司法審査のあり方や審査方式を明示しない点（なお、原審（No. 65）は審査方法を明示していた）及び自判せずに事件を差し戻した点が特徴である。

傍聴人の皆様へ

最高裁判所広報課

裁決取消請求事件について

事案の概要

本件は、上告人の操船する漁船（甲船）と別の漁船（乙船）が衝突した事故（本件事故）により両船に損傷が生じ、上告人が負傷した海難について、門司地方海難審判所が、上告人の小型船舶操縦士の業務を1箇月停止し、乙船の船長を懲戒しない旨の裁決をしたため、上告人が、被上告人を相手に、同裁決のうち上告人の業務を停止する部分（本件裁決）の取消しを求める事案である（注1）（注2）。

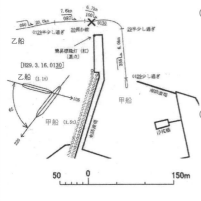

【図】原判決別紙2の図に加筆修正したもの

（注1）海難審判所は、海難が小型船舶操縦士等の職務上の故意又は過失によって発生したものであるときは、裁決をもってこれを懲戒しなければならない（海難審判法3条）。懲戒は、免許の取消し、業務の停止及び戒告の3種で、その適用は行為の軽重に従って定められる（同法4条1項）。

（注2）本件裁決は、港から出ようとする甲船と港に入ろうとする乙船が、左の【図】のとおり衝突したところ、その原因は、甲船が無灯火の状態で航行したばかりか動静監視不十分で乙船の前路に進出したことにあり、上告人には、乙船の動静監視を十分に行うべき注意義務があったから、これを怠った職務上の過失があると判断した。

原判決及び争点

◇ 原判決は、乙船の速力や航跡、衝突地点につき本件裁決と異なる事実を認定しつつ、上告人には、乙船の動静監視を十分に行うべき注意義務及び法定の灯火を表示すべき注意義務に違反する職務上の過失があり、乙船の船長が懲戒を受けなかったとしても、上告人に対する懲戒はやむを得ない範囲のものであるなどとして、上告人の請求を棄却した。

◇ 本件の主たる争点は、①上告人に職務上の過失が認められるか否か、②懲戒の量定が、裁量権の範囲を逸脱し、又はこれを濫用したものといえるか否かである。

最高裁ウェブサイトより引用（現在閉鎖）

5　審査方式を明示しないことの評価

　まず、前者の特徴に関して、令6最判をもって、海難審判の裁決取消訴訟においては審査方式の明示・定立は不要であるといえるだろうか。とくに、判断過程審査を明示する高裁判決が続く中で（No. 59、60、62、65）、令6最判が審査方式を明示しなかったことは相応の重みを持つと思われる。

　そもそも、なぜ東京高裁が平成30年（No. 59）以降かくも同一表現で審査方式を明示したのか明らかではない。一方でNo. 58はNo. 59と同日に東京高裁第1特別部が判決しているところ、No. 59は審査方式を示し、No. 58は審査方式を示さなかった（両事件の構成裁判官は全て異なる）。他方で、No. 62とNo. 63は同一裁判長による判決であるが、審査方式の明示の有無が分かれている（ただし、両陪席裁判官が異なる）。

　もしかすると裁判所は海難審判裁決取消訴訟に関しては、審査方式の明示に関心が薄いのかもしれない。というのも、一部の行政処分と異なり、当該訴訟は事実認定が処分の適否に大きく影響する反面、政策的・教育的・科学的判断をする必要性が乏しいと思われるからである。海上交通事故の特殊性から海難審判所の判断を尊重するのであれば、海難の存否、過失の有無、因果関係の有無等の判断において審査方式を明示してもよさそうであるが、そのような事例はない。このことは自動車運転免許に関する公安委員会の免許取消し・停止処分に対する裁決取消訴訟においても審査方式が示されることが必ずしも多くないこととも整合する。むしろ、同じ海難事故であっても刑事事件については専ら裁判所が審理していることからすると、海難審判裁決取消訴訟を審理する裁判所としては刑事裁判（あるいは第一審的性格を持つ裁決[40]の上級審）と同様の感覚で審理しているのかもしれない[41]。特に海難審判における事実認定は関係者供述に基づくことも少なくなく、裁判所の審査に馴染む面がある。

　ほとんどの場合、事実誤認が主争点となるため、今後も、当該訴訟においては判断過程審査であることを正面から明示する必要性が乏しいのだろう。

40　斉藤浄元『海難審判法』（日本海事振興会、1948年）144頁。
41　原増司「特許訴訟」『民事訴訟法講座第5巻』（有斐閣、1956年）1504頁も同様の発想にあると思われる。

6 破棄差戻しの可否

　後者の特徴に関して、海難審判裁決取消訴訟においては、差戻判決は極めて慎重に判断すべきである。確かに、上告審は原判決に破棄事由がある場合に事件を差し戻すのが原則であるが（民訴法325条）、裁決取消後に更に審判する海難審判所（法46条2項）には事実認定権があるのであるから（法37条）、事件を差し戻して裁判所に事実認定をさせる必要性が必ずしも高いとは言えない。また、海難審判は請求認容判決が確定すると原告の意思に関わらず[42]更に審判を行うため、原告にとって極めて負担が大きい[43]。むしろ、上告審は、破棄理由を明示することで、破棄判決の拘束力（裁判所法4条）と取消判決の拘束力（法46条3項）とにより、更なる審判に対して審理すべき事項と範囲を限定することができる。海難審判法制定当時から「現行海員懲戒法ニ於イテハ……純然タル技術的審理ヲ必要トシ一般行政裁判所ノ取扱フ事柄ト格段ノ特異性ヲ有ス」、「海事審判ハ操船、機関ノ運転等ノ経験者ニアラザル一般裁判所ノ裁判官ニヨリテハ全ク審理ヲ行フヲ得ズ」[44]との指摘さえあるのであるから、上告審が許容した範囲での原審認定の事実を基礎に、新たに海難審判所が審理して職務上の故意・過失の有無を判断した方が海難審判法の趣旨に適うと思う。

　特に、令6最判は、原審が「これらの事実を具体的に認定説示していない」としつつも、前記「認定部分」を維持して、かつ「否認部分」のとおり認定しているのだから、原裁決が特定した職務上の過失の存否について自判し得たはずである。更なる審判は、破棄判決の拘束力と取消判決の拘束力により、原裁決の認定事実から「否認部分」を除き、かつ「認定部分」を事実の基礎としなければならないのであるから、差戻審にて '原審が「具体的に認定説示していない」事実'

42　この点、特許法上、審決等の取消判決が確定したときも「更に審理を行い、審決又は決定をしなければならない」（同法181条2項）し、また土地利用調整手続法上、裁定等の取消判決が確定したときも「改めて申請に対する裁定をしなければならない」（同法55条）など、海難審判と同様の手続構造であるが、これらの審理・裁定に伴う負担は、特許出願者の出願や裁定申請者の申請に基づく予想可能な手続上の負担といい得る。

43　医学的観点からいえば、当事者は訴訟により相応の負担を伴う。例えば、慢性疼痛と関連するものとして、Blyth FM, et al., Chronic pain, work performance and litigation: comparative study. Pain: 103: 41-47, 2003、訴訟を抱える患者が有意に苦痛を感じているものとして Twiddy H, et al., The context of litigation in evaluating physical and psychological outcomes from pain management programmes. BR J Pain: 13: 99-105, 2019などがある。

44　昭和21年10月第1回海員懲戒法改正委員会「海事審判ノ特異性ニ就テ」（前掲脚注3百年史130-131頁）。

を改めて審査する必要性が乏しい。本件で差し戻さず職務上の過失の有無を自判することは、むしろ後記のような処分と処分理由の同時性の意義にも適うし、法が海難審判所に第一次的に専断権を付与した趣旨にも適うと思われる。よって、令6最判が事件を差し戻したことについては疑問がある。

六　理由追加・差替えの許否

1　問題の所在

ところで、令6最判の口頭弁論期日に、被告が、本件事故の主因・一因を入れ替えた主張をしたと思われる一幕[45]があった。そこで、海難審判の裁決取消訴訟における理由追加・差替え（以下、「理由差替え等」という）について検討したい。

2　理由差替え等に関する主な判例

理由差替え等は、同一の行政行為であることを前提に、処分の基礎となった事実及び法的根拠である理由について、訴訟段階で変更（追加・差替え）することの許否の問題である。これは同時に被告の主張制限という民事訴訟法上の問題でもある[46]。最高裁（表2 No. Ⅶ）は、「一般に、取消訴訟においては、別異に解すべき特別の理由のない限り、行政庁は当該処分の効力を維持するための一切の法律上及び事実上の根拠を主張することが許される」としており、実務では一般的に被告の理由差替え等を許容する傾向がある[47]。

3　判例の整理

判例によると、理由差替え等を許すのは、①処分庁の慎重な判断と公正を担保して恣意的処分を排除し相手方の不服申立ての便宜を図るという理由附記の趣旨

---

[45] 被告は、裁決において、無灯火航行する原告が相手「船に対する動静監視を十分に行わなかった職務上の過失により……衝突を招（いた）」（傍点筆者）と認定したが、林道晴裁判官からの「乙船の無灯火航行と動静監視が不十分であることとの関係をどう考えているか」との質問に対して、「法定灯火を表示させなかった過失が主因であり、動静監視が不十分であった過失は一因であります」と釈明した。なお、この釈明については（代理人としては理由差替えであると考えるが）客観的に理由差替えに当たるかは議論の余地があり得よう。

[46] 前掲脚注15塩野184頁。

[47] 最高裁判所事務総局『続々行政事件訴訟十年史（自昭和四十三年至昭和五十二年）上巻』（法曹会、1981年）172頁以下。

表 2　理由差替え等に関する裁判例一覧

No.	裁判所	判決年月日	事　案	処分の性質	差替えの許否	処分の同一性
I	東京高判	S34.1.30	分限処分取消訴訟	不利益処分	許	あり
II	最2小判	S36.12.1	青色申告更正処分取消訴訟	不利益処分	許	不言及
III	最2小判	S42.4.21	青色申告提出承認取消処分取消訴訟	不利益処分	否	なし
IV	和歌山地判	S48.9.12	懲戒免職処分取消訴訟	不利益処分	否	なし
V	最1小判	S50.6.12	白色申告更正処分取消訴訟	不利益処分	許	不言及
VI	東京高判	S50.12.16	海難審判裁決取消訴訟	不利益処分	許	あり
VII	最3小判	S53.9.19	免許期限変更不許可処分取消訴訟	申請許否処分	許	あり
VIII	最3小判	S56.7.14	青色申告更正不許可処分取消訴訟	不利益処分	許	不言及
IX	東京高判	S59.1.31	懲戒免職処分取消訴訟	不利益処分	許	不言及
X	東京地判	H4.1.30	海難審判裁決取消訴訟	不利益処分	許	あり
XI	東京地判	H5.7.20	相続税更正処分取消訴訟	不利益処分	許	不言及
XII	福岡高裁宮崎支判	H11.4.16	鹿児島アマミノクロウサギ情報公開非開示決定取消訴訟	申請許否処分	否	不言及
XIII	最2小判	H11.11.19	逗子情報公開不許可処分取消訴訟	申請許否処分	許	不言及
XIV	東京地判	H14.2.19	在留期間更新申請拒否処分取消訴訟	申請許否処分	許	あり
XV	東京地判	H15.9.16	情報公開請求拒否処分取消訴訟	申請許否処分	許	あり
XVI	東京高判	H24.11.29	弁護士懲戒処分の裁決取消訴訟	不利益処分	否	なし

を損なわない場合（No. XIII）、②被処分者に不利益がない場合（No. VIII）、③処分の根拠法に理由差替え等を不許とするような規定がない場合（No. XIV、No. XV）または「特別の事情」（No. VII）がない場合、④基本的事実が同一で、処分権者が追加する事実の存在を認識し、かつその事実で処分する意思を有する場合（No. IX）であり、理由差替え等を不許とするのは、①理由附記の趣旨が損なわれる場合（No.IV、No. XII）、②処分庁が第一次的判断権を行使していない範囲を司法審査する場合（No.XVI）である[48]。

4 先 例

海難審判裁決取消訴訟に関しては、理由差替え等を許容する先例が2例ある。1例は、海難審判の「形態は裁判所における訴訟手続に類似はするけれども、その本質は行政処分である」から、「一般の行政処分」同様に「原告は審判手続において提出しなかつた攻撃防禦方法を主張することができる反面、裁決庁も裁決の理由以外の理由を主張」できるとするもの（No. VI。なお、上告審[49]は、「原審の認定判断は……正当」という。）、もう1例は、白色全周灯び不灯火が本件事故を発生せしめたかについては「原裁決が判断を加えていないが、これを肯定して灯火規定違反の事実を過失と認めても……原裁決の基礎にある事実と実質的に異なる事実を認めたものではなく、原告を処分する法律上の根拠も同一であ（る）」（No. X）とする判決である。理由差替え等を許容しても、前者は「基礎となった事実の同一性を損なうものではなく」（No. VI）、裁決の根拠法と別個の法規に基づくことにはならないといい、後者は「原告の防御権を著しく損なうものではない」（No. X）という。

5 学 説

学説は、取消訴訟の訴訟物が処分の違法性一般であることから、一般的に理由差替え等を許容する傾向があるが[50]、行政の調査義務[51]や法治行政の原理[52]から、

---

48 この問題の発展に寄与した白色・青色申告更正決定に関する総額主義・争点主義を前提とした議論については、本件と直接関連しないことから本文には記載していない。
49 最三小判昭和55年12月9日裁民131号217頁。
50 前掲脚注1南（深澤龍一郎執筆）251頁以下、村上敬一「判解」最高裁判所判例解説民事篇昭和56年度437頁（1986年）以下ほか。
51 大田直史「理由附記・提示と理由の追加・差替え」芝池・古稀『行政法理論の探究』（有斐閣、

理由差替え等を制限する見解等もある。また、一般に裁決取消訴訟は審決のみが審査対象であることを根拠に[53]審決手続で提出しなかった事実や証拠基づく新たな主張・立証を許さないとする見解[54]や行政庁の適切な調査・判断に基づく処分を担保するために新たな主張・立証を制限する見解[55]もある。

海難審判裁決取消訴訟に関してこの問題を論じた見解として、訴訟物の同一性の範囲内であれば、防御権を不当に奪わないような配慮の上で、主張の追加・変更を許容するべきであり、その同一性は「抽象的にいえば『社会的、法律的に見て重要な事実が同一であれば同一の事件である』とでも言う他はなく（平野龍一『刑事訴訟法』136頁）、結局は個々の具体的な事案につき判断していく他はない」とする見解[56]や、海難審判裁決取消訴訟の客体が「海難そのものでなくして、海難審判の処分であり」、裁判すべき事実は「海難審判所における審判の過程である」として新たな事実の主張立証を制限する見解[57]がある。

6　どう考えるか

かつての懲戒法には高等海難審判所の裁決に対する不服申立手段がないことから、理由差替え等の問題は海員審判手続内の問題に過ぎなかったが、戦後に至っては、裁決取消訴訟の道が開かれたためその許否が問題となった。

刑事訴訟の訴因変更と異なり、海難審判法にはその旨の規定がない。これをどう評価するかが１つのポイントになろう。海難審判制度が純然たる民事訴訟でなく、極めて争訟性の強い制度で、刑事手続に親和的な手続であるということに照らすと[58]、手続的 due process が強く要請され、防禦権行使への配慮[59]が極めて

2016年）140頁。
52　阿部泰隆『行政法解釈学Ⅱ』（有斐閣、2009年）246頁は、理由差替え等が理由附記制度の趣旨に反するだけでなく、法治行政の原理に反する重大な事実認定の誤りであり、この点は、不利益処分の場合には申請に対する処分とはまったく違う事情にあり「民事法とまったく事情を異にする（むしろ、刑事訴訟に近い）」という。
53　兼子一・竹下守夫『裁判法（新版）』（有斐閣、1978年）131頁。
54　前掲脚注41原1552頁。
55　須田守「理由提示と処分理由（四）・完」法学論叢179巻４号37頁（2016年）以下。
56　中田明「海難審判裁決取消訴訟における裁決理由の変更の当否」ジュリスト807号102-105頁（1984年）。
57　前掲脚注40斉藤145頁。
58　青色申告にかかる課税処分に関してではあるが、山本隆司「取消訴訟の審理・判決の対象－違法判断の基準寺を中心に（１）」法曹時報66巻５号30頁（2014年）は、「制度全体の趣旨」からの主張制限の可能性を指摘する。

重要となる。また、取消訴訟で新たに主張された理由の是非を審査することは「海事に関する知識経験」を持たない裁判官が職務上の故意・過失の存否を審査するに等しい。審査基準が公表される申請型拒否処分であれば格別、不利益処分では理由差替え等によって不意打ちになる可能性があり、場合によっては、理由差替え等によって訴訟物が異なることになりかねない（その意味で No. VI、No. X には問題がある）。そもそも、処分理由の提示は適切な処分を担保する機能[60]があるのだから、被告の理由差替え等の許否を単なる訴訟段階における攻撃防御とテクニカルに捉えること自体に問題があると思われる（もっとも、現行法を前提とすれば、その運用の法的根拠を民事訴訟法157条等に求めざるを得ないことは然りではある）。処分理由附記と理由差替え等の禁止は直接の関係はないとする見解[61]もあるが、不意打ち防止の観点を軽視すべきではない。海難審判法が裁決に理由附記を義務付ける以上（法40条）、裁決手続外での理由変更は被処分者の権利・利益を侵害する[62]。理由提示の意義に照らせば[63]、不利益処分型である海難審判裁決取消訴訟においては、処分と理由の同時性は一層堅持されるべきである。

この点、理由差替え等を許容することで、紛争解決の一回性や訴訟経済に資し当事者にとって利益となる側面がある[64]。しかし、公権的判断により主張の正当性が認容される当事者の主観的利益も、軽視されるべきではない。筆者の代理人経験ではあるが、勝訴判決が当事者に与える達成感や精神的負担[65]を軽減する効果は思いのほか大きい。

もっとも、以上のように考えたとしても、被告の理由差替え等すなわち主張制限を導くことは難しく[66]その法的根拠が問われる。結論的には時機に遅れた攻撃防御方法の却下（行訴法7条、民訴法157条1項）に、その制限の法的根拠を求めざるを得まい。すなわち海難審判の前審的・争訟的性格から海難審判が民事訴訟に

---

59 木内道祥「理由提示の瑕疵による取消判決と処分理由の差替え」石川正先生古稀記念論文集『経済社会と法の役割』（商事法務、2013年）133頁以下。
60 前掲脚注55須田30頁以下。
61 前掲脚注15塩野186頁。
62 髙林克己「瑕疵ある行政行為の転換と処分理由の追加」法曹時報21巻4号782頁（1969年）。
63 交告尚史『処分理由と取消訴訟』（勁草書房、2000年）230頁。
64 芝池義一『行政救済法』（有斐閣、2022年）108頁、前掲脚注1南（興津征雄執筆）255頁。
65 その内容については、Miguel Clemente and Dolores Padilla-Racer, The effects of the justice system on mental health. Psychiatry, Psychology and Law, 27: 865-879, 2020が参考となる。
66 鈴木康之「処分理由と訴訟上の主張との関係——処分理由の差替えを中心として」鈴木忠一ほか監修『新・実務民事訴訟講座9』（日本評論社、1983年）270頁。

準ずると捉え、審判終結時までに提出可能であった処分理由を訴訟段階で新たに提出したことに対しては「故意又は重大な過失」があると評価して、被告の理由差替え等を制限することは可能ではないだろうか。

七 海難審判における事実誤認防止策

1 海難審判にかかる事実誤認が起こる要因

旅客船や一定程度以上の大きさの貨物船には、公開情報記録装置 Voyage Data Recorder: VDA や Simplified-VDA: S-VDR の搭載が義務付けられ、また船舶自動識別装置 Automatic Identification System: AIS も相応に普及しており、位置情報や船首方位・針路・速力等の船舶の動静情報、音声データ、レーダや電子海図等が記録化されている。そのため、このような船舶による海難であれば、ある程度、真実性の高い安定した事実認定を行うことができよう。

しかし、これらを搭載しない船舶による海難では、客観的な情報が乏しく、事実認定は供述に基づかざるを得なくなる。

2 供述の信用性判断と海難審判制度

関係者供述の信用性判断には技術を要する。供述に基づく事実認定は事実誤認を誘発しやすい。審判官及び理事官には、「海難の調査及び審判を行うについて必要な法律及び海事に関する知識経験」（法12条3項）が求められるものの、供述の信用性判断については必ずしもその技術・経験を求められていない[67]。

少なくとも令6最判の原裁決をみると、衝突時の速力や衝突地点、そこに至る航路等について、矛盾する両船の船長の供述を中心に事実認定している。一般的にも、相当数の海難審判裁決が供述に大きく依拠しているように見受けられる。海難審判に関与する全ての者に供述の信用性判断についてスキルアップが必要であろう。

---

[67] 海難審判所ホームページ「審判官・理事官の募集について」(https://www.mlit.go.jp/jmat/bosyuu/bosyuu.htm)。

八　結びに代えて

　筆者は、2009年に、甲斐克則教授が主催する「医療と司法の架橋研究会」（第1回は2008年）に参加して以来、未知なる医事法の面白さを知り、その世界に飛び込み、勢い余って医療機関に勤務さえした。その後、奇しくも海難に起因した刑事事件及び裁決取消訴訟等を受任する機会を得た[68]。しかし、思いのほか海難に関する法律専門書は少なかった。暗中模索していた筆者に明かりを灯したのが甲斐克則『海上交通犯罪の研究』（成文堂、2001年）であった。甲斐教授から学問の深淵なる面白さを教えていただいたことに、そして、こうして同教授の新たな船出の末席に添えていただいたことに、深く感謝いたします。

　　[付記]　本稿脱稿後に、令6最判に関して、2つの鋭い論文が公表された。1つは、南健悟教授によるもので、海難審判裁決の取消訴訟における審査基準を中心に論考され、本件が「海難審判書の裁量権をことさらに明示せずとも良い事例であった」等と評されている。またもう1つは、福島拓也准教授によるもので、運輸安全委員会が設置されたことにより、「再発防止の観点を海難審判の懲戒裁決の中で強調することには疑問が残る」等の指摘があり、本判決の分析と今後の海難審判のあり方を示唆している。

---

[68] 筆者には、本研究に関する標準的なCOI開示事項はないが、令6最判の原審及び上告審の代理人であり、関連する刑事事件（福岡高裁宮崎支判令和4年1月27日 D1-Law.com28300174）の弁護人であったことを申告する。

国際海上警察法の生成と展開

瀬　田　　真

　一　はじめに
　二　警察活動時の武器の使用に関する国際海上警察法
　三　警察活動一般に関する国際海上警察法
　四　結びに代えて

一　はじめに

　甲斐先生のご著作である『海上交通犯罪の研究』は[1]、出版から四半世紀が経とうとする現在でも実務家に用いられ、研究者から引用されるご著作である。さらに、甲斐先生の2023年に出版された『法益論の研究』では[2]、海洋環境、漁業権について法益論の観点から分析をされており、多岐にわたる先生のご研究の一部に海上保安大学校時代に構築されたと思われる、海事刑法へのご関心がある。
　筆者は、国際法を専門としており、先生の海事刑法の議論を継承したり、分析したりすることはできない。特に、刑法の個別の分野においては、地域統合が進む欧州においてでさえ、依然として国家毎に異なる規制が行われ、国際法が直接規律する部分が多くはない。他方で、海事刑法を執行する際には、国際法の一分野である海洋法の果たす役割が、国際判例により強調されてきている。
　そこで、甲斐先生の薫陶を受けた海洋法学者として筆者が執筆する本稿では、各国がそれぞれの海事刑法を執行する海上警察活動に際し、国際法上形成されてきた海上警察法とも呼ぶべき法体系についての分析を行う。第二節では、特に先行して形成されてきた武器の使用（use of force）に関する規則について検討する。Use of force という英語は国際法では国連憲章第2条4項に規定される「武力の行使」と訳されることが多く、この文脈での武器の使用と若干の交錯・混乱

1　甲斐克則『海上交通犯罪の研究』（成文堂、2001年）。
2　甲斐克則『法益論の研究』（成文堂、2023年）。

が見られるが³、本稿では、主としては銃火器の利用を意味する武器の使用を訳語として用いる（他に、日本国憲法や政府内での議論を主として、「実力の行使」と訳される場合もある⁴）。そして、この武器の使用に関する法を概観したで、第三節では、武器の使用を越えて警察活動一般についての研究を行い、海上警察法の展望について若干の考察を記して結びに代える。

二　警察活動時の武器の使用に関する国際海上警察法

武器の使用についての国際法規則は、主として先例と国際文書により生成・展開してきたため⁵、本節では、それぞれ順に検討する。

1　先例による生成と展開

海上での武器の使用についての法的な判断を下した古典的先例として最も引用されるのが、カナダ＝米国間で問題となったアイム・アローン号事件である。同事件は、1929年に酒の密輸を行っていた英国籍船（1931年にカナダが事実上独立したため、カナダ＝米国の紛争とされる）、アイム・アローン号が米国沿岸警備艇により停戦を命じられ、それを拒否したことで追跡され、最終的に公海上で撃沈された事件である。同事件の背景として、1920年の禁酒法制定以降、酒類の米国への密輸が増加し、それを取り締まるために、英米酒類取締条約が1924年に締結され、領海外であっても、海岸から1時間以内の航程にある水域においては、米国が英国籍船に乗船検査等を行うことを認めていた点が重要である。また、同条約第4条は条約に関連する紛争については、両国より指名される2人の委員が解決にあたることを規定しており、アイム・アローン号事件においては、2人の委員

3　両者の峻別を分析したものとして、Patricia J. Kwast, "Maritime Law Enforcement and the Use of Force: Reflections on the Categorisation of Forcible Action at Sea in the Light of the Guyana/Suriname Award," *Journal of Conflict & Security Law*, Vol. 13 (2008), pp. 72-90; 同様に、西村弓「第7章 海洋安全保障と国際法」『海洋安全保障の諸問題と日本の対応』（2012年）91-94頁；佐藤教人「海上における法執行活動と武力の行使」『同志社法學』67巻5号（2015年）2576-2466頁参照。

4　森山弘二「政府解釈における『武力の行使』の系譜——「現点」の確認（スケッチ）と分析視角」『札幌法学』30巻（2019年）86-87頁。

5　この点において日本でいち早く検討をしたものとして、森川幸一「国際平和協力外交の一断面——『海上阻止活動』への参加・協力をめぐる法的諸問題——」『日本外交と国際関係』（内外出版、2009年）275-276頁。

が作成した共同報告書において、米国が「必要かつ合理的な武器（necessary and reasonable force）」を使用したのであれば責任を負わなかったかもしれないとしつつも、アイム・アローン号を撃沈した米国の措置は正当化されないとした[6]。

さらに、英国とデンマークの間で争われたレッド・クルセイダー（RC）号事件も頻繁に引用される先例の一つである。同事件は、1961年にデンマーク領フェロー諸島周辺水域において英国船RC号がデンマーク法に違反する形で漁業を行っていたことに端を発する。同船の違法操業を確認したデンマーク海軍のニールス・エベセン（NE）号は、RC号を拿捕し引致するに際し、自らの船員2名をRC号に乗船させた。しかしながら、RC号はその後逃亡を試み、これを追跡する中で、NE号からRC号に対して発砲が行われた。英国とデンマークは外交交渉で問題を解決することができず、第三者による審査委員会を設置し、調査を委ねた。委員会は、NE号は武器の正当な使用を越えていたとして、その理由として警告射撃をしていないことや、必要性を証明していないことを挙げている[7]。

海洋法条約が発効し、国際司法裁判所（ICJ）、国際海洋法裁判所（ITLOS）、仲裁裁判所、特別仲裁裁判所の四つのいわゆる海洋法条約裁判所が海洋法条約の解釈適用に関する紛争に対し強制管轄権を行使するようになると[8]、海上警察活動における武器使用をめぐり、司法機関が判断を下すようになる。ただし、ここで留意しなければならないのは、海洋法条約は、海上警察活動における武器使用に関する明文の規定を設けていない、という点である。そのため、海洋法条約裁判所は、武器使用に関する国際法規則については法源を明確にしていない部分もある。

ITLOSが活動を開始してまもなく付託された1999年のサイガ号事件（No. 2）は武器使用について正面から検討している。同事件は、セント・ヴィンセントおよびグレナディーン（SVG）を旗国とするサイガ号が、ギニアのEEZ内で給油活動を行ったことに対し、ギニアの警備艇による取締りの際に武器が使用された

---

[6] S.S. 'I'm Alone' (Canada/United States), Reports of International Arbitral Award, Vol. III, p. 1615.
[7] Investigation of Certain Incidents Affecting the British Trawler Red Crusader, Reports of International Arbitral Award, Vol. XXIX, p. 538.
[8] 各裁判所の概要と特徴については、Makoto Seta, "Cross-Fertilisation and Conflicts between Courts and Tribunals: An Analysis from the Perspective of the United Nations Convention on the Law of the Sea," in Eric De Brabandere ed., International Procedure in Interstate Litigation and Arbitration (Cambridge University Press, 2021), pp. 401-423参照。

ため、当該武器の使用の違法性を含む、ギニアの一連の行為をSVGが申し立てたものである。ITLOSは、海洋法条約は武器の使用に関する明示的な規定は設けていないことを確認した上で、海洋法条約第293条の観点から適用される国際法に言及し、「武器の使用は可能な限り避けなければならず、不可避である場合には、状況に照らして合理的かつ必要とされる（reasonable and necessary）ものを越えてはならない[9]。」とし、人道の考慮は海洋法にも適用されるとした[10]。その上で主文において、ギニアは「国際法に反する（contrary to international law）」過度な武器の使用をしたと判示した[11]。本件は、海上警察活動における武器の使用に関する国際法の基準を提供するものとしてその重要性が広く指摘される[12]。しかし、本件はSVGにより一方的に審理が開始されたケースであり、海洋法条約以外の国際法の違反認定について、裁判所が強制管轄権を行使することができるかについては疑問があることから、「国際法」、と非常にあいまいな形（通常であれば、海洋法条約の条文、あるいは慣習国際法、と論じるべきである）での違反を認定したITLOSの判断へは批判もある[13]。

2　国際文書による生成と展開
（1）ソフトロー文書

海上警察機関を含む、警察職員の武器使用の基準については、米国のような銃社会と日本社会とで異なるように、各国の国内社会の状況などにより基準が異なることが想定される。他方で、警察職員による武器の使用は、場合によっては生命の剥奪など、人権の侵害につながりうるため、国際人権法の発展により国際的

---

[9] *M/V "SAIGA" (No. 2) (Saint Vincent and the Grenadines v. Guinea), Judgment, ITLOS Reports 1999*, para. 155

[10] 人道の考慮、という性格から、コルフ海峡事件に由来するこの考えが、仮に相手側が民間の船舶ではなく、軍艦であったとしても適用されることを指摘するものとして、Cameron Moore, *Freedom of Navigation and the Law of the Sea: Warships, States and the Use of Force* (Routledge, 2021), p. 24.

[11] *M/V "SAIGA" (No. 2)*, *supra* note 9, para. 183 (9).

[12] Cameron Moore, "The Use of Force," in Robin Warner and Stuart Kaye eds., *Routledge Handbook of Maritime Regulation and Enforcement* (Routledge, 2016), p. 28; Efthymios Papastavridis, *The Interception of Vessels on the High Seas: Contemporary Challenges to the Legal Order of the Oceans* (Hart, 2013), p. 69; Douglas Guilfoyle, *Shipping Interdiction and the Law of the Sea* (Cambridge University Press, 2009), p. 277.

[13] Natalie Klein and Kate Parlett, *Judging the Law of the Sea* (Oxford University Press, 2023), pp. 146-147.

な人権基準が統一されるにつれ、武器使用の基準を国際的に統一すべきとの主張も為されるようになる。この双方の考えの妥協点として、条約のように国内法との調和や、国際的に国家責任を生じさせるものではなく、いわゆるソフトローの形で、ここまで次の二つの国際文書が採択されている[14]。

　第一に、1979年の総会決議34/169の附属書として採択されたのが、「法執行官の行動規範（Code of Conduct for Law Enforcement Officials）」である。その名が示す通り、同文書は、法執行官と、海上の文脈に限定されず、むしろ、主として陸上での活動を念頭において作成されたものである。8つの条文から成る同文書の第3条は、「法執行官は、厳密に必要とされかつ彼らの職務を遂行するために要求される程度でのみ武器を使用する（use force）ことができる」と規定している[15]。そして、その注釈（c）において、銃火器（firearms）の使用は非常措置とみなされ、その使用を避けるためにあらゆる努力が為されることや、武装しての抵抗や他の者の生命を脅かすなどといった極めて例外的な場合にのみ使用が認められるとした[16]。

　第二に、1990年に開催された第8回国連犯罪防止刑事司法会議（コングレス）において採択された「法執行官による実力及び火器の使用に関する基本原則（Basic Principles on the Use of Force and Firearms by Law Enforcement Officials）」である。コングレスとは、1872年に設立された国際監獄委員会の流れをくみ、犯罪の防止や刑事司法での協力についての議論を行うために、国、国際機関、NGOや専門家が参加して5年毎に開催される会議である[17]。そこでの議論の結論は、原則、宣言、モデル条約といった多様な形で採択され、上記基本原則はその一つである。同原則は、海上警察活動の文脈を含む武器の使用に焦点をあてており[18]、その第4原則において、武器の使用の前に非暴力的な手段を可能な範囲で

14　International Committee of the Red Cross, *International Rules and Standards for Policing* (2015) at https://www.icrc.org/en/doc/assets/files/other/icrc-002-0809.pdf, pp. 10-11.

15　UN. General Assembly, "Code of Conduct for Law Enforcement Officials," (A/34/169) (17 Dec. 1979) Annex.

16　Ibid.

17　United Nations Office on Drugs and Crime, *United Nations Congress on Crime and Prevention and Criminal Justice 1955-2010: 55 years of achievement*, p. 3, at https://www.un.org/en/conf/crimecongress2010/pdf/55years_ebook.pdf.

18　海上警察活動の文脈においても同原則の考慮が求められることを指摘するものとして、James Kraska and Raul Pedrozo, *International Maritime Security Law* (Martinus Nijhoff, 2013) p. 549.

とることや、武器の使用は他の手段が非効果的な場合に限られることなどが規定されている。その上で、第5原則として、武器の使用が不可避的な場合であっても、守らなければならない条件を規定する。例えば、違反行為の重大性と均衡するものであることや、損害や被害を最小化すること、武器の使用で負傷した者への迅速な医療の提供などである[19]。さらに、実務上の観点から、使用した後の上司への報告（第6原則）、恣意的な使用や濫用に対しては政府が処罰することなど（第7原則）も規定されている[20]。

（2）条　約

上述したように、海洋法条約は武器の使用に関する規則は設けていないものの、執行全般については、その第225条において「いずれの国も、外国船舶に対する執行の権限をこの条約に基づいて行使するに当たっては、航行の安全を損ない、その他船舶に危険をもたらし、船舶を安全でない港若しくはびょう地に航行させ又は海洋環境を不当な危険にさらしてはならない。」と規定している。同条は、海洋環境の保護・保全を規定した第12部において保障措置を規定した第7節における一つの条文であることから、この条文が海洋環境の保護・保全の文脈を越えた適用には疑問が生じるかもしれない。しかしながら、「この条約」上の執行権限の行使という条文の文言、また、文脈にあたる第12部の他の条文や起草過程を参照する限り、執行活動一般に適用するものと解される[21]。実際、後述するヴァージニアG号事件においてITLOSはそのように解釈している[22]。そのため、海上警察活動における武器の使用についても同条を適用することは可能だが、同条はあくまでも船舶の安全や海洋環境への損害に焦点をあてており、執行時の武器使用の基準として明確とは言い難い[23]。

海洋法条約を離れると、上述のソフトロー文書による発展も影響し、1990年以

---

19 Eighth United Nations Congress on the Prevention of Crime and the Treatment of Offenders, A/CONF.144/28/Rev. 1, Havana, 27 August-7 September 1990, p. 110.
20 Ibid., p. 111.
21 Vasco Becker-Weinberg, "Duty to Avoid Adverse Consequences in the Exercise of the Powers of Enforcement," in Alexander Proelß ed., *United Nations Convention on the Law of the Sea: A Commentary* (Nomos, 2017), p. 1535.
22 *M/V "Virginia G" (Panama/Guinea-Bissau), Judgment, ITLOS Reports 2014*, para. 373.
23 海洋環境に焦点をあてるものとして、Jinxing Ma and Shiyan Sun, "Restrictions on the use of force at sea: An environmental protection perspective," *International Review of the Red Cross*, Vol. 98, No. 2 (2016), pp. 528-529.

降に採択された二つの多数国間条約においては、海上警察活動時に武器を使用する際の規定が設けられている。まず、ストラドリング魚種及び高度回遊性魚種のより効果的な規制を可能とするために1995年に採択された「分布範囲が排他的経済水域の内外に存在する魚類資源（ストラドリング魚類資源）及び高度回遊性魚類資源の保存及び管理に関する1982年12月10日の海洋法に関する国際連合条約の規定の実施のための協定（公海漁業実施協定）」は、違法漁業等の取締り活動を行う際の規則を一定程度設けている。特に、第22条1項 (f) は「実力の行使 (use of force) を避けること。ただし、検査官がその任務の遂行を妨害される場合において、その安全を確保するために必要なときは、この限りでない。この場合において、実力の行使は、検査官の安全を確保するために及び状況により合理的に必要とされる (reasonably required) 限度を超えてはならない。」と規定し、武器の使用に関する基準を設けている。

また、1988年に採択された「海洋航行の安全に対する不法な行為の防止に関する条約（SUA条約）」とその議定書を改正するために採択された「海洋航行の安全に対する不法な行為の防止に関する条約に対する2005年議定書（2005年改正議定書）」も、海上での暴力行為や、テロ目的に使用するための大量破壊兵器運搬（WMD）を取り締まる際の警察活動について詳細な規定を設けている。特に、8条の2（9）は、自らや他の船上にいる者の安全を確保するために必要な場合と、執行活動を妨害されるなどした場合を除き、武器の使用は避けなければならないとし、さらに、使用する場合であっても、状況に照らして必要かつ合理的な (necessary and reasonable) 最低限度を超えてはならないとしている。

このように、普遍的な条約において武器使用の基準が相当程度明確に規定されることとなっているが、これらの条約の規定はあくまでも、特定の事態を想定した警察活動にのみ適用される点に留意する必要がある。つまり、公海漁業実施協定は漁業を取り締まる文脈でのみ、また、2005年改正議定書は海上暴力行為やWMDを運搬する場合にのみ適用され、例えば、麻薬の運搬といった他の犯罪を取り締まる際に適用されるわけではないのである。

三　警察活動一般に関する国際海上警察法

このように、海上警察活動を規制する国際法は、警察活動の中でも最も重大な

措置とも言うべき、武器の使用に焦点を当てる形で発展してきた。しかし、近年ではさらにその射程を広げ、海上警察活動一般、さらに、課される刑罰にまで影響を及ぼすようになっている。ここでは、そうした武器使用の基準から拡張傾向が見られる三つの事件を順に紹介する。

1 ヴァージニアG号事件[24]

同事件において、パナマ籍船のタンカーであるヴァージニアG号がギニアビサウのEEZにおいて2009年8月に給油活動を行ったところ、書面による許可を得ずに為された給油活動はギニアビサウ法に違反するとして、同号はEEZ内で乗船検査を受け、ギニアビサウに引致された。そして、同国の法令に基づき、ヴァージニアG号の船体及びその積荷の没収が決定された。これに対し、パナマは、こうしたギニアビサウによる一連の措置が、EEZにおける沿岸国の主権的権利について規定した海洋法条約73条に違反すると主張した[25]。

この点、ITLOSは、73条1項はEEZにおける生物資源への主権的権利として、沿岸国が法令遵守を確保するための「必要な措置」をとることを認めており、当該措置は船体の没収を含みうるため、船体の没収が違反となるかは個別に判断する必要があるとした[26]。本件において、ヴァージニアG号が書面による許可を得ず所定の料金を納めなかった義務違反は深刻ではあるが、そうした違反は故意ではなく、誤解に基づくものであるとした[27]。さらにITLOSは、早期釈放の事例である豊進丸事件に言及し、73条2項が船舶の釈放に際しての保証金は合理的でなければならないことを規定している点を確認した上で[28]、「裁判所の見解としては、合理性の原則 (the principle of reasonableness) は、条約73条に基づく執行措置に一般的に適用される。裁判所はまた、執行措置を適用するに際し、当該事件の特定の状況及び違反の重大性に妥当な考慮が払われなければならない、

---

24 同事件に関する先行研究として、和仁健太郎「ヴァージニアG号事件：国際海洋法裁判所判決、2014年4月14日」『阪大法学』66巻5号（2017年）993-1027頁；佐古田彰「［資料］国際海洋法裁判所「バージニアG号事件」2014年4月14日判決（1）～（3・完）」『西南学院大学法学論集』54巻1～3・4号（2021-2022年）。
25 *M/V "Virginia G", supra* note 22, para. 54.
26 Ibid., para. 257.
27 Ibid., paras. 267-268.
28 早期釈放手続きについては、濱本幸也「国際海洋法裁判所の船舶及び乗組員の早期釈放事案」『国際協力論集』15巻1号（2007年）31-54頁参照。

という立場である[29]。」とした。そして、結論として、ヴァージニアG号に対する措置は合理的ではないとした。また、パナマは過剰な武器使用についても主張したが、ITLOSはそのような事実の存在を認めなかった[30]。加えて、海洋法条約225条の違反も主張しており、上述したようにITLOSは、同条が12部を越えて一般的に適用されることを認めつつも、ヴァージニアG号の安全が脅かされたり海洋環境が危険にさらされた事実はないとした[31]。

　この判決において重要なのは、合理性の原則、という用語を用いたことに加え、EEZという水域に限定した話ではあるが、同原則が執行措置一般に適用されるとした点である。この点、保証金の額について規定した合理的（reasonable）という形容詞を基に、合理性の原則が73条に基づく執行措置全体に適用されると、いわば合理性の適用範囲を拡張した解釈が、条約法の解釈手続きから可能かについては疑問も残る。他方で、これまでの事件における議論が銃火器の使用に限定されていたことに鑑みると、こうした拡張は大きな一歩と評価できる。加えて、225条の射程を明確にした点も、海上警察活動についての規律を考える上では重要である。

2　アークティック・サンライズ号事件[32]

　同事件は、国際環境NGOグリーンピースが運航するオランダ籍船アークティック・サンライズ号が、ペチョラ海のロシアのEEZ内にある、沖合石油プラットフォーム、プリラズロームナヤにおいて2013年9月に抗議活動を行ったことに端を発する。アークティック・サンライズ号はロシア法で航行が禁止されているプリラズロームナヤ周辺を航行し、同船の乗組員が同プラットフォームに乗り込むなどしたため、ロシアは同船を追跡・拿捕、また、その乗組員を逮捕し、両者ともに抑留・拘禁した。これに対しオランダは、ロシアがアークティック・サンライズ号への乗船等により、旗国としてのオランダの権利や自由権規約第9及び12条2項並びに慣習法により保障される同船乗組員の権利を侵害したと仲裁裁判所に付託した[33]。

29　*Supra* note 25, para. 270.
30　*Supra* note 25, para. 362.
31　*Supra* note 25, paras. 373-375.
32　同事件を詳細に分析した先行研究として、兼原敦子「排他的経済水域の沿岸国の権利：アークティック・サンライズ号事件を素材として」『上智法学論集』60巻3・4号（2017年）223-272頁。

仲裁裁判所は、自由権規約に関する申し立てについて、必要な場合には、アークティック・サンライズ号及びその乗組員に対する法執行活動が「合理的かつ均衡していたか (reasonable and proportionate)」を決定するにあたり、人権に関する一般国際法を考慮して海洋法条約の関連する規定を解釈することは可能であるとした[34]。しかしながら、同仲裁裁判所は、海洋法条約の解釈適用に関する紛争に対する強制管轄権に基づき審理を行っていることから、人権条約の違反そのものを審理することはできないとした[35]。また、沿岸国の主権的権利を守るための措置は、合理性、必要性及び均衡性の基準 (tests of reasonableness, necessity, and proportionality) を満たさなければならないとした[36]。沿岸国の講じる措置の合法性を担保するためには、措置が国際法上の根拠を有していたこと及び措置が国際法にしたがってとられたこと、を示す必要があるところ[37]、本件は、ロシアの措置がそもそも海洋法条約に基づかないものであったことから、仲裁裁判所は合理性、必要性及び均衡性の基準を適用して判断する必要はないとした[38]。

ロシアの執行措置の根拠が海洋法条約に反すると判断され、執行措置の様態についての判断を下していないことから、同事件が国際海上警察法の発展に与えた影響は比較的限定的と言えるかもしれない。しかしながら、執行活動を行うに際し、合理性、必要性、均衡性の基準を満たさなければならないとした点は、同事件における一つの前進と評価できよう。また、海洋法条約の解釈に際し、人権条約で要求される合理性と均衡性を考慮することが可能としたことは、合理性と均衡性という基準が国際海上警察法における基準と同一であることから、両者を接合した判断としても重要であろう。

3 ドゥズジッチ・インテグリティ号事件

同事件は、マルタ籍船のドゥズジッチ・インテグリティ号が、同じくマルタ籍船のマリダ・メリッサ号に、サントメ・プリンシペの群島水域において船舶間で

---

33 The "Arctic Sunrise" Case (Kingdom of the Netherlands v. Russian Federation), Award on the Merits, Reports of International Arbitral Award, Vol. XXXII,, para. 140.
34 Ibid., para. 197.
35 Ibid., paras. 197-198.
36 Ibid., para. 326; また、224段落では、合理性、必要性及び均衡性の一般原則 (general principles of reasonableness, necessity, and proportionality) という表現も用いている。
37 Ibid., para. 222.
38 Ibid., para. 333.

の積替えを行っていたことに端を発する。サントメ・プリンシペの港湾施設は限られており、海上において船舶間で給油活動や積替えを行うことなどは一般的である。しかし、同国法に基づけば、無害通航で正当化されない活動を同国群島水域又は領海内で行う場合には、同国の海事港湾機関（IMAP）に事前に通知しなければならないが、ドゥズジッチ・インテグリティ号はそれを怠った。さらにその後、群島水域内での、コーストガードとのやり取りにおいて、言語の問題などからの誤解もあり、サントメ・プリンシペは同船が同国国内法に違反したとして、ドゥズジッチ・インテグリティ号を拿捕、その船体と船員を抑留し、IMAPが罰金を科すと同時に、司法手続きの帰結として船長には懲役刑を科し、船体と積荷を没収した。これらサントメ・プリンシペの一連の措置が海洋法条約に違反するとしてマルタは、仲裁裁判所に付託した[39]。

　仲裁裁判所は、一般論として、沿岸国の執行権限は一般国際法の規則及び原則、特に、合理性の原則に規律されるとし、その合理性の原則は「必要性及び均衡性の原則を包摂する」とした。また、「これらの原則は、国家が武器を使用する場合だけでなく、法執行のあらゆる措置に適用される[40]。」と判示した。その上で、この基準を適用し、IMAPの科した罰金は非合理かつ不均衡（unreasonable and disproportionate）ではないため違法ではないとした[41]。他方で、ドゥズジッチ・インテグリティ号の船長が、水域内での積替えが許可されない場合には水域外へでることを繰り返し伝えていることなどを考慮し、許可なく積替えを行ったという元々の違法行為（original wrong）と照らし合わせると、それ以外の処罰は合理的かつ均衡しているとはいえないとした[42]。またマルタは、ドゥズジッチ・インテグリティ号が没収された積荷を他の船舶に積換えさせたことが人命と環境の保護を規定する第225条に違反すると主張したが、ITLOSは、証拠が十分に提出されてないとしてこの主張を認めなかった[43]。

　同事件においては、合理性の原則が必要性及び均衡性の原則を包摂するとした点が一つの注目すべき点であるが、実際の適用においては、非合理及び不均衡と

39　*The Duzgit Integrity Arbitration* (*Malta v. São Tomé and Príncipe*), *Award of 5 September 2016*, para. 121.
40　Ibid., para. 209
41　Ibid., para. 255
42　Ibid., para. 256.
43　Ibid., para. 293.

いう基準を用いている点が混乱の原因になると思われる。合理性が必要性と均衡性から成るとするのであれば、必要性と均衡性の観点からの検討を加える方がより理解が容易であったと思われる。裁判所の裁定を好意的に理解すれば、おそらく必要性は検討しておらず、合理性の一要素である均衡性を満たしておらず、それゆえに合理性も満たしていない、という整理となろう。いずれにしても、この点は今後、さらに明確化していく必要があるものの[44]、均衡性を考慮するにあたり、そもそも行われた国内法違反の程度に課された処罰が見合うのか、といった点は、量刑の適切性とも言うべき、国家にとっては重要な点に係る問題である。また、仲裁裁判所は、水域を制限することなく、執行活動には合理性の原則が適用されるとしており、海洋法条約第73条を基礎に、EEZ での執行活動に限定したヴァージニア G 号事件から、原則の適用範囲を拡張している。この点は、本件で問題となった群島水域に対して沿岸国は主権を有するのに対し（海洋法条約第49条）、EEZ においては、主権とは明確に区別される主権的権利及び管轄権しか有さないことに鑑みれば（海洋法条約第56条）、国際海上警察法は、少なくとも群島水域の主権に基づく警察活動全般を規律するようになったと考えられる[45]。内水・領海といった沿岸国の主権が及ぶ他の水域について、これがどこまで妥当するかはより慎重に検討する必要があるが[46]、主権という権利の性格が同一である以上、これらの水域を群島水域と区別して、合理性の基準の適用を排除する説得的な理由は見出しがたい[47]。そうであるならば、この合理性の基準の適用により、あらゆる海上警察活動、さらには科する刑罰までもが、一定程度国際法の制約を受けることとなったと言えるかもしれない。

---

44 例えば、均衡性の一要素として必要性を考慮する考え方もある。Yen-Chiang Chang, "The use of force during law enforcement in disputed maritime areas," *Marine Policy*, Vol. 124 (2021), pp. 6-7.

45 Miron は群島水域の主権の行使を規制する新たな法が確認されたと指摘する。Alina Miron, "The Archipelagic Status Reconsidered in light of the South China Sea and Düzgit Integrity Awards," *Indonesian Journal of International Law*, Vol. 15, No. 3 (2018), p. 320.

46 海洋法条約が、沿岸国が行使できる権限を水域に応じて差別化していることに鑑みれば、水域ごとに異なる規則が適用される可能性もある。従来の海上法執行活動を規制する国際法が水域ごとに存在していたことを指摘するものとして、Natalie Klein, *Maritime Security and the Law of the Sea* (Oxford University Press, 2011), pp. 62-64.

47 沿岸国の海上警察活動を法的観点から分析する際、主権の有無が重要であることを示唆するものとして、Kiara Neri, *L'emploi de la force en mer* (Bruylant, 2013), p. 58.

四　結びに代えて

　ドゥズジッチ・インテグリティ号事件が示したように、合理性の原則が必要性と均衡性から構成されるのであれば、これら二つは、国際人権法における恣意性の概念と類似する。自由権規約をはじめとする人権条約は、権利を恣意的に侵害してはならないと規定する条文が少なくないが、この恣意的か否かを判断するに際し、合理性や、人権の制限が必要かという必要性、さらに、講じる措置が目的と均衡しているかという均衡性を考慮する場合もある[48]。アークティック・サンライズ号事件と同一の事実を扱った、ブライアン他対ロシア事件において、欧州人権裁判所は、ロシアが乗組員の恣意的な拘禁を行ったと判示しており、同一の行為が、海洋法の観点からも、人権法の観点からも違法と認定されている[49]。海洋法と人権法の交錯は、アークティック・サンライズ号事件で問題となり、さらに、現在も深海底の鉱物資源の開発の文脈で問題となっている海上で抗議を行う権利との関係[50]、さらに、地中海を中心に、海上で沈む船舶から救助される権利の位置づけなど[51]、他の場面でも確認される。人権の主流化の名の下に[52]、国際社会において人権の保障がより手厚くなって来ている傾向に鑑みれば、国際人権法の発展が国際海上警察法に与える影響は、今後より一層強くなっていくものと考えられる[53]。

48　Human Rights Committee, "General comment No. 36: Article 6 (right to life)," (CCPR/C/GC/36) (3 September 2019), para. 12; Human Rights Committee, "General comment No. 35: Article 9 (Liberty and security of person)," (CCPR/C/GC/35) (16 December 2014), para. 12.
49　*Bryan and Others v. Russia, European Court of Human Rights, Judgement of 27 June 2023,* (*Application no. 22515/14*), para. 64.
50　Arron N. Honniball and Pham Ngoc Minh Trang, "On Whose Authority? Freedom of Navigation and Protests in the 2023 NORI-D Area Incident," *EJIL:Talk!,* (May 9, 2024) at https://www.ejiltalk.org/on-whose-authority-freedom-of-navigation-and-protests-in-the-2023-nori-d-area-incident/.
51　Efthymios Papastavridis, "Is there a right to be rescued at sea? A skeptical view," *Questions of International Law,* (June 23, 2014) at http://www.qil-qdi.org/is-there-a-right-to-be-rescued-at-sea-a-skeptical-view/.
52　人権の主流化については、Damilola S. Olawuyi, *The Human Rights-Based Approach to Carbon Finance* (Cambridge University Press, 2016), pp. 143-238参照
53　海洋法の人間化を指摘するものとして、Sophie Grosbon, "Droit de la mer et protection internationale de l'individu," in Mathias Forteau and Jean-Marc Thouvenin ed., *Traité de droit international de la mer* (Pedone, 2017), p. 1104-1108.

また、サイガ号事件以来、海洋法条約裁判所は国際海上警察法の法源が海洋法条約のいずれの条文か、あるいは、慣習国際法かなどを明らかにせずにここまで来ている。海洋法条約裁判所がしばしば一方的に付託された紛争を取扱い、その管轄権が海洋法条約の解釈適用に関する紛争に限定されることに鑑みれば、海洋法条約裁判所で適用される国際海上警察法は海洋法条約に基礎を有していなければならない。そのために、本稿で若干の紹介を行った225条や、権利の濫用を規定する300条がそういった基礎を提供すると整理しなおすべきである。225条については、「航行の安全を損ない」という条件を満たすか否かが重要となるところ、文脈は異なるが、SUA条約における「船舶の安全な航行を損なうおそれがある」という要件の解釈が拡張しつつあることに鑑みれば[54]、合理性の基準などを満たさない海上警察活動が船舶の安全を損なうと解釈することは可能と思われる[55]。300条については、ヴァージニアG号事件、アークティック・サンライズ号事件、ドゥズジッチ・インテグリティ号事件のいずれでも主張はされているが、裁判所は違反を認定しておらず、違反認定のハードルは高いのが現状である。しかし、海洋法条約に基づき有する海上警察権を行使する際に、合理性を欠く措置を講じた場合には、条約上の権利を濫用した、という評価は可能であろう。いずれにせよ、法源が何か定かではなく、それ故、海洋法条約裁判所の管轄権に疑義が生じるという現状は、是正されなければならない。

　甲斐先生が副査としてご指導くださった博士論文において、筆者は「国際海上法執行活動法が形成されつつある」と指摘するにとどめており[56]、形成が為されたことの確証を得ることや、その具体的な内容についての検討などは十分に行えなかった。2014年に博士論文を提出した後、アークティック・サンライズ号事件とドゥズジッチ・インテグリティ号事件の二つの判断が下され、今では、そのような法が現に存在し、発展してきているように見える。そして、この流れが、近年の「海から陸を視る視点」が強まる傾向と合わされば、陸上での警察活動を規

54　このような拡張傾向を指摘したものとして、瀬田真『海洋ガバナンスの国際法：普遍的管轄権を手掛かりとして』（三省堂、2016年）110-113頁。

55　このことを示唆するものとして、Moore, *supra* note 12, p. 34; Ivan A. Shearer, "Problems of Jurisdiction and Law Enforcement Against Delinquent Vessels," *International & Comparative Law Quarterly*, Vol. 35 (1986), p. 342.

56　博士論文に若干の加筆修正を行った『海洋ガバナンスの国際法：普遍的管轄権を手掛かりとして』においても、同様の表現を用いている。瀬田『前掲書』（注54）222頁。

律する国際法の生成に結び付くかもしれない。

　　［付記］本研究はJSPS科研費21K01169及び21H00667の助成を受けた研究成果の一部に基づく
　　ものである。

少年鑑別所における未決在所者からの面会要望の取り次ぎ

大　貝　　　葵

一　はじめに
二　問題の所在
三　面会要望を伝える手段
四　面会要望取り次ぎの法的根拠
五　おわりに

一　はじめに

　少年鑑別所（以下、鑑別所とのみ記述）における弁護士等との面会は、鑑別所法80条等（以下、鑑法○条）により保障されている[1]。ただし、「……被観護在所者に対し、次に掲げる者から面会の申出があったときは」との条文に見られる通り、外部から面会の申出がある場合に限り面会を認めることが前提となっている。

　他方、鑑別所に在所している少年から、外部の者に対して、面会を希望する場合には、信書の発信（鑑法92条・99条）により、少年自らが外部の者に対して面会の申出を直接的に行わなければならない。信書の発信方法は、郵便または電報（急を要する場合および付添人または弁護人に対するものに限られる）（少年鑑別所規則56条：以下、鑑規○条）と定められている。すなわち、少年が（弁護士）付添人との面会を希望し、かつ、急を要する場合には、電報という手段に頼ることになる。

　このような状況に対して、少年鑑別所視察委員会からは、少年からの弁護士付添人に対する面会の申出を鑑別所が直接弁護士付添人等へ取り次いでくれるよう要望が出されている[2]。本稿では、接見交通権との関係から特に未決在所者（鑑法

---

[1]　80条は、「……許すものとする」との規定となっており、外部交通が保障されていることを示す文言となっている。
[2]　法務省ホームページ少年鑑別所視察委員会の活動状況を参照（https://www.moj.go.jp/shingi1/kyousei08_00066.html：2024年1月16日現在）。なお、面会の要望として、その他、土日面会の実施、面会時間の十分な確保、面会対象者の拡大、無立会面会の実現などが挙げられている。

表1　鑑別所視察委員会からの要望件数

	弁護士付添人への面会取り次ぎについての要望	少年への電話の使用についての要望
平27年度	1件	0件
平28年度	0件	1件
平29年度	0件	0件
平30年度	2件	1件（テレビ会議システムの活用）
令元年度	2件	1件
令2年度	4件	1件
令3年度	5件	0件

2条4項）から弁護士付添人（以下弁護人と略す）へ出された面会（接見）（以下、面会とみ表記）要望の取り次ぎにつき論じていく（表1参照）。

　例えば、令和元年度、大阪少年鑑別所視察委員会は、「在所者の弁護人に対する接見依頼連絡について、接見交通権の保障の観点から、少なくとも勾留期間中は、電話で取り次ぎ連絡することができるようにされたい。この点、平成30年度に、在所者の弁護人に対する接見依頼連絡について、在所者が自弁で電報など外部交通手段をとる以外に、緊急で費用が負担できない場合であれば、相当性の審査を行った上で、国費で電報を発信することは可能であるとのことに対して、留置施設と同様、電話で取り次ぎ連絡することができるようにされたいとの意見を出した。これに対して、電話での取り次ぎ連絡をすることは、電話の掛け間違い等の過誤や個人情報の漏えいが生じるおそれがあり不適当である（平成30年度回答）との回答であったが、このような理由は、留置施設では過誤や個人情報の漏えいは現実化していないため、合理的ではない」との要望を出している。当該要望に対して、「矯正施設については、そのような取り扱いはしておらず、本人が手紙や電報で連絡することとしている。所持金がない場合の手立ても講じている。なお、本件については、令和元年度の司法事務協議会において、大阪弁護士会に回答済みであり、また、上級機関にも、そのような申入れがあった旨報告済みである」との回答がなされている。

　このように、弁護人との面会希望が少年から出された場合、鑑別所が取り次ぐことはせず、少年が弁護人へ電報を打つという方法のみが担保されている。さらに、このような運用を変更することは現在予定されていない。

成人についても、例えば、東京の場合、警察署の留置係は、面会要望等、被疑者・被告人から弁護人への伝言を電話で取り次ぐ取り扱いになっているが、単にその程度に過ぎず、さらに、拘置所では一切この取り扱いはないとされている[3]。

二　問題の所在

1　身体拘束されている被疑者・被告人からの面会要望

　そもそも、身体を拘束された被疑者および被告人（以下、被疑者等）については、接見交通権が保障されている。接見交通権は、憲法34条に由来する権利であると判例上も確認され、通説である[4]。ただし、接見交通権が弁護人の最も重要な固有の権利でもある[5]ことから、従来は、弁護人から被疑者等にむけて出された接見要望に対する接見指定の適否につき、多くの国賠訴訟が提起されている。したがって、弁護人から被疑者等への接見をいかに実現していくのかという議論は多い[6]。

　他方、接見交通権は「……弁護人に依頼する権利は、身体の拘束を受けている被疑者等が、拘束の原因となっている嫌疑を晴らしたり、人身の自由を回復するための手段を講じたりするなど自己の自由と権利を守るため弁護人から援助を受けられるようにすることを目的とするものである」[7]ことが改めて意識され、被疑者等の権利でもあるとする理解が、現在は通説となっている。

　したがって、被疑者等から弁護人への面会の要望も当然に保障されるべきであり、捜査機関は、被疑者等からの面会要望を弁護人に取り次ぐ義務があると解されている[8]。昨今の判例も、接見交通権を保障するためには、当然に、面会の要望が捜査機関から直ちに弁護人等へ連絡されるべきことを認めている[9]。

---

[3]　前田裕司＝坂根真也「大規模留置施設設置と未決拘禁法成立の影響」刑弁47号（2006）62頁。
[4]　最判昭53・7・10民集32巻5号820頁。最大判平11・3・24民集53巻3号514頁。
[5]　最判昭53・7・10前掲（4）。
[6]　例えば、若松芳也『接見交通の研究』（日本評論社 1987）、柳沼八郎＝若松芳也『新・接見交通権の現代的課題』（日本評論社 2001）、葛野尋之＝石田倫識『接見交通権の理論と実務』（現代人文社 2018）、村岡啓一「接見交通権問題にコペルニクス的転回はあるか」法セミ531号（1999）23頁等。
[7]　最大判平11・3・24前掲（4）。
[8]　上口裕『刑事訴訟法第5版』（成文堂 2021）197頁等。
[9]　広地判令4・3・22民事第3部判決 LEX/DB 25594822。

しかし、上記の少年鑑別所視察委員会の要望が顕著に表しているように、身体を拘束されている被疑者等からの面会の要望は取り次がれていない。そのうえ、そのような状況に対する改善要求も必ずしも多くない[10]。例えば、現に取り調べられている最中の被疑者等が、取り調べの返答に迷い、面会を要望する場合については、面会の要望を捜査機関は直ちに取り次ぐ義務があるとする見解はある。この見解は、接見指定制度の合憲性との関係から接見取り次ぎを論じている[11]。しかし、現に取り調べ中ではなく、したがって特に刑訴法39条3項の「捜査のために必要があるとき」との解釈とは直接的に関係しない、身体拘束中の被疑者等から出される、弁護人との面会要望について明確に指摘したものは少ない[12]。例えば、緑が、「未決被拘禁者が、自らの権利として接見交通権を行使しようとするのであれば、未決被拘禁者自身が弁護人との接見意思を表明した場合、弁護人に連絡を取る手段を与える義務が施設管理者に生じるものと解すべきである」[13]と指摘している。梅田も「身体を拘束されている被疑者が、『今すぐ弁護人に会いたい』あるいは『明日弁護人に会いたい』と考えた場合に、実際に『今すぐ』あるいは『明日』弁護人と会えるための具体的な手段が保障されていなければならないはずである。権利を具体的に行使する手段を与えられていないとすれば、被疑者はその権利を保障されているなどとは言えないであろう」[14]とする。そのため、被疑者が弁護人に会いたい旨を連絡する義務または、弁護人に連絡するための手段を与える義務が、身体拘束している施設や捜査官に課せられているとする[15]。ただし、両者ともに、この手段の具体性については踏み込んではいない。

このように、被疑者等から弁護人への面会の要望を実現するための議論が少ない理由について、梅田は、「……従来接見交通権はもっぱら弁護人の側からの被

---

10 三井誠「接見交通権の問題の現状と今後」法時65（3）(1993) 18頁、小早川義則『ミランダと被疑者取調べ』（成文堂 1995）353頁、梅田豊「被疑者の権利としての接見交通権についての覚書」浅田和茂他編著『転換期の刑事法学　井戸田侃先生古稀記念祝賀論文集』（現代人文社 1999）235-252頁、高田昭正「接見交通権の実効的保障をめざして」『光藤景皎先生古稀祝賀論文集上巻』（成文堂 2001）283頁、緑大輔「訴訟主体としての被疑者・被告人と未決拘禁－接見交通を中心に－」刑事立法研究会編『代用監獄・拘置所改革のゆくえ』（現代人文社 2005）181-182頁。
11 例えば、酒井安行「接見指定行為の構造と最高裁判例」『光藤景皎先生古稀祝賀論文集上巻』277-278頁、高野隆「刑事訴訟法三九条三項の違憲性」柳沼八郎＝若松芳也編『接見交通権の現代的課題』（日本評論社 1992）32-33頁、村岡・前掲（6）12頁。
12 東京地判令4・3・28 LEX/DB 25605051。
13 緑・前掲 (10) 181-182頁。
14 梅田・前掲 (10) 239-240頁。
15 梅田・前掲 (10) 242頁。

疑者へのアクセスという視点で捉えられてきたことは否めない。それは、身体の拘束を受けた被疑者が事実上捜査機関の支配下にあり実質的に無権利状態に置かれているという現実を、捜査機関はもちろん弁護人の側も、暗黙のうちに当然の前提としていたことによるのではなかろうか。そのような暗黙の前提があるために、我々は、身体を拘束されている被疑者が主体的に活動するとか被疑者自らが権利を行使するとかいうことの意味を、具体的なイメージとして、想起しえなかったのではなかろうか」と指摘する。さらに、被疑者自身も、接見交通の要望が捜査官から黙殺されると、それ以上には接見交通権を行使する可能性について考えることがなくなり、「もっぱら弁護人が接見交通の閉塞状況をいかにして打開していけるかということに」目が向くことになってしまったのではないかとする[16]。梅田は、接見交通権に関する最高裁の判示[17]にも、「被疑者の権利」としての接見交通権という視点が欠落していると批判する[18]。その理由として、「身体拘束された被疑者・被告人がいわば無権利状態にあることを前提としている」のではないかと批判する[19]。

　そして、昨今は、警察の留置施設に拘束されている被疑者等については、面会の要望がある場合には、弁護人に電話で取り次ぎがなされるという実務が定着している[20]。加えて、警察および検察において取り調べ中の被疑者が、弁護人との面会を申出た際には、直ちに弁護人等に連絡する旨も、最高検察庁の通達等により明示されるに至り[21]、問題の一端が解決しているかのように見える。このような事態の改善自体は積極的に評価できるとしても、他方で、事態の改善が、鑑別所および拘置所にいる被疑者等の面会要望の取り次ぎの実現に向けた議論を下火にしてはならない。

16　梅田・前掲（10）236-237頁。
17　最判昭53・7・10前掲（4）。
18　梅田・前掲（10）239頁。村岡・前掲（6）32-35頁も同趣旨。
19　梅田・前掲（10）238-239頁。
20　前田＝坂根・前掲（3）62頁。
21　警察庁刑企発第62号「取り調べの適正を確保するための逮捕・勾留中の被疑者と弁護人等との間の接見に対する一層の配慮について」（平成31年3月26日）および最高検察庁20080827 基監発第0827001号「取り調べの適正を確保するための逮捕・勾留中の被疑者と弁護人等との間の接見に対する一層の配慮について（依命通達）」（平成20年8月27日）。

2 面会要望を伝える手段

さらに、面会要望を伝える手段が、一応、準備されていることも、施設による取り次ぎが実現されない要因になっていると考えられる。先の緑および梅田の指摘に従うならば、施設側としては、外部との連絡手段として、信書の発信および緊急の場合には、電報による発信を認めている。さらに、費用の負担についても国費による負担が可能である（鑑法98条・96条）。施設側としては、弁護人に連絡を取る具体的手段を与えており、したがって、面会の要望を直接的に取り次がなくてはならないとは考えられていない可能性がある。そこで、この外部への連絡手段としての信書および電報の発信が、接見交通権の実効的保障となりえているのかを検討しておく必要がある。

現状、鑑別所に収容されている少年（被収容在所者を除く）が、外部へ発信できる手段は、信書による発信、または、電報に限られている。信書による発信は、信書作成日に投函されたとしても、翌日または翌々日にしか弁護人に送達されないことに照らすと、信書の発信から弁護人が実際に面会に来るまでには、早くとも2日間を要する。そこで、即日に要望が弁護人に伝わる可能性は、電報による方法が考えられる。そこで、次に、電報という手段が、会いたいときに弁護人に会えるための具体的な連絡手段となりうるのかについて、現状を踏まえて確認する。

三 面会要望を伝える手段

1 電報による連絡

電報での弁護人への連絡を行う場合、まず、未決在所者は連絡内容を鑑別所指定の台紙に記録する。その後、鑑別所が、当該台紙をファクシミリ通信（以下、FAX）により電報取り扱い業者へ送信する。電報取り扱い業者により、相手先弁護人へメッセージが届く。このような過程を経て実現される弁護人との面会の実現には、以下の点を考慮する必要がある。

第一に、現在、電報によるメッセージの受付および当日配送は、8時から14時までの間に依頼を行えば、当日、メッセージが相手方へ届く。配達までの時間は3時間程である[22]。14時を過ぎた場合には、翌日の配達となる。仮に、未決在所者からの電報依頼に鑑別所が直ちに対応した場合には、3時間後に、弁護人に対

して面会要望が届くが、14時を過ぎた場合には、面会の要望は翌日にしか弁護人へ届かない。当然に、面会自体も翌日以降にしか実現しない。

加えて、14時直前に電報の依頼を行った場合、電報の配達は、およそ17時頃となる。そのため、弁護人が鑑別所へ移動する時間を含めて面会可能時間である17時30分を過ぎると、翌日の面会しか実現しない可能性も高い（鑑規48条）。弁護人の面会に限っては、夜間および休日での面会が、法務省と弁護士会との申合せにより可能である[23]。ただし、17時以降の当日面会が可能であるのか、並びに、弁護人が電報を受け取った時点が金曜日の17時30分以降であった場合、土曜日の午前中に面会が実現できるかは明確ではない。

第二に、電報には費用がかかる。NTT西日本で電報を送る場合、最低でも1320円の費用を要する。もちろん、費用が負担できない場合には、国費での電報の発信が可能である（鑑法96条）。他方、少年が1320円の費用をかけて、弁護人との面会要望を伝達したいと思うのかどうかは検討を要する。仮に、少年自身に費用の負担が可能であった場合でも、1320円という金額は、鑑別所に在所している少年にとっては決して低くない。少年の負担感については、少年に対する食事の提供および自弁品の購入等、実際の鑑別所での生活を考慮する必要もある。夜間の空腹やストレス、夏場に暑い所内で過ごすための対策として、自弁品の購入を要する。郵便やノートの購入を自弁によらなければならない場合もある。自弁品が、所内生活に必需品となっている状況に照らして考えた場合、少年が、1320円を支出できるとしても、それを、弁護人との面会の要望を伝えるための電報発信に使う動機は低くならざるを得ない。

第三に、電報発信の手続きの煩雑性も考慮する必要がある。実際に、電報を鑑別所に依頼する場合には、電報の発信の要望を職員に伝え、所定の様式を用意してもらい、さらに、それに間違いなく書き込み、送付を依頼するという手間がかかる。そこまでして面会の要望を伝えたいと思えるかどうかを考慮するべきである。なお、少年自身が、弁護人との面会要望を、電報により伝えることができることを認識しているかも疑問がある。

22　総務相ホームページより（https://www.soumu.go.jp/main_sosiki/joho_tsusin/policyreports/chousa/sinsho_soutatu/pdf/080417_2_si4.pdf：2023年7月5日現在）

23　「休日の拘置所等矯正施設における弁護人と被疑者・被告人の接見に関する取扱い変更について」自由と正義51（7）（2000）111頁。

結局、通常、弁護人であれば、1週間に1回から2回は鑑別所への面会を行っているものと思われる。直ちに面会がかなわなくとも、あと、2、3日待てば、弁護人がきてくれるならば、今、煩雑な手続きと費用をかけてまで面会の申出を行う動機は極めて低くなると考える。

2 FAXによる連絡

現在、鑑別所での運用がなされているわけではないが、法務省と日本弁護士連合会との申合せ[24]によれば、勾留又は勾留に代わる観護措置により鑑別所に収容されている者も、所定の手続きおよび様式に従い、FAXを用いて弁護人へ連絡することができる旨取り決められている[25]。

ただし、FAXによる通信が仮に実現する場合にも、以下の点に留意する必要がある。まず、当該運用は、先の申合せが定めるように（2（1））、FAXによる通信を実施することに同意した弁護士会でしか実施されえないという限界がある。

次に、書面提出時刻を施設長が定めることができ、予定時刻を超えた提出については、翌実施日に受付けることになる。そして、提出締切時刻までに提出された書面は、実施日一日分として、刑事施設の長が取りまとめて、弁護士会に一括送信する。このような方式によるため、FAXは一日1通が限度となっている。

したがって、仮に、当日の締切時刻前に提出できたとしても、一括送信時間は午後の遅い時間または夕刻になる可能性が高くなる。弁護人がFAXを受け取り、面会場所まで赴く頃には、17時30分を超え、面会は翌日となる可能性が高い。さらに、夕方および夜間に弁護人の面会を希望した場合には、FAXの送信は、翌日提出時刻締切後の発信となるため、実際の面会日はFAX送信依頼日の2日後となることもありうる。費用の問題はクリアされるものの、時間的な問題は必ずしも解決されえない。

3 電話による連絡

鑑別所では、現在、在院中在所者には、電話による通信も認められている。他方、それ以外の在所者については、電話による通信は認められていない。

---

24 「未決拘禁者と弁護人とのファクシミリによる通信に関する法務省と日本弁護士連合会との申合せ」（平成19年3月13日）自由と正義58（5）(2007) 127-130頁。
25 同上。

この点、刑事収容施設及び被収容者等の処遇に関する法律は、未決拘禁者について、電話での外部交通の規定を設けていない。この理由について、電話による外部交通は、受刑者の改善更生と円滑な社会復帰の促進を目的にしている一方で、未決拘禁者には、改善更生と円滑な社会復帰という目的が妥当しないからだとされる。加えて、未決拘禁者については、罪証隠滅の防止を図るという至上の要請があり、通信相手を確認することが困難な電話による通信は適当ではないと指摘されている[26]。さらに、未決拘禁者に対する電話による通信を許すことになれば、一律にこれを許すほかなくなるが、人的物的能力に限界のある刑事施設がこれに応じる業務態勢をとることができないとする[27]。

　ただし、未決拘禁者の電話による通信を許してはならないわけではないとされている。特に、未決拘禁者の防御権を実質的に保障するためには、管理運営上可能な限度において、できる限り広い範囲で電話による外部交通を許すことが適当であるともされている[28]。

　そこで、弁護士会と法務省との申合せ[29]に基づき、現在、計9か所の拘置所で、外部交通として電話を使用できる。しかし、外部交通としての電話使用は、弁護士等からの予約に基づくものに限られる。電話での外部交通をまずは予約し、次の日に電話での連絡ができるという運用となっている点、時間的に、すぐに弁護人との面会が実現できるという手段となっておらず、電報およびファックスと同じ課題を抱える。ただし、仮に電話での面会が実現可能となれば、タイムラグは、電報およびファックスよりも短縮できる点で導入の必要性は高い。

　しかし、法制審議会「刑事法（情報通信技術関係）」部会において、電話による外部交通について、消極的意見も強い。その理由として、第一に、仮に映像・音声の送受信による方法での接見交通権を認めるとなると、アクセスポイント方式による以外は、勾留の目的である罪証隠滅のおそれが生じないことを担保できないこと、第二に、権利として認めた場合には、すべての施設にアクセスポイント方式を導入し、希望する対象者に認められる設備を設置する義務が国には生じるが、アクセスポイントの急な拡大の困難性は容易には解消できないこと、第三に

26　林眞琴他『逐条解説 刑事収容施設法』（有斐閣 2010）745頁。
27　同上。
28　同上。
29　「未決拘禁者と弁護人等との電話による外部交通に関する申合せ」自由と正義58（5）（2007）128-130頁。

このような財政的な裏付けが必要となる制度の導入に対して、ニーズが全国的に現実的に存在するのかが疑わしいことが挙げられている[30]。そこで、ビデオリンク方式による接見は接見交通権としての権利性を付与するのではなく、あくまで、施設の裁量にゆだねられる外部交通として実施するべきとの主張がある。このような意見に対しては、設備の設置面でのハードルの高さを理由とすることは、本来は許されないとしつつも、第一に、権利として認めることで予算的裏付けも生じること、第二に、権利性を認めることが、直ちに全国一律の施行を要請するわけではなく、実務者レベルの協議を続け、段階的な導入も制度として矛盾しないことを理由に、接見交通権として明確に規定することが必要であるとの主張もある[31]。

4 面会要望取り次ぎの現実的必要性

以上の通り、電報の発信が確保されるとしても、面会要望が出されたのち、面会が実現するまでには、タイムラグや費用の問題が生じることになり、接見交通権を実効的に保障する手段にはなりえていない。しかし、面会の要望を取り次ぐべき必要性は高い。未決在所者は、警察および検察による捜査が継続していることが前提とされる。鑑別所に在所していても、当該少年に対しては、取り調べが行われ、または、身体が借り出された状態での取り調べやその他の捜査が行われる可能性も残る[32]。未決在所者である少年が連日行われる取り調べに向け弁護人と相談したいと思うのは当然である。そのために、取り調べが継続している少年は、少年が望むタイミングで弁護人と会えるための方法が接見交通権の実効的保障には不可欠であるが、現状はその方法は電報しか担保されていない。

さらに、弁護人との面会の必要性は、昨今その知見が注目される、心理学や脳科学の知見からも指摘できる。少年がもつホットな実行機能の発達は遅く、「欲求や情動、損得に関わる状況では客観的、長期的な判断が難しく、目先の利益に流されてしまいがち」であると仲は指摘する。また、海外での知見を引用しつつ、「……14歳以下の子どもは法的手続きを理解しておらず、自分にとって有益

---

30 法制審議会－刑事法（情報通信技術関係）部会　第4回20頁以降、第8回25頁以降（https://www.moj.go.jp/shingi1/housei02_003011_00002：2024年1月17日現在）。
31 同上。
32 団藤重光＝森田宗一『新版少年法』（有斐閣 1968）351頁、田宮裕＝廣瀬健二『注釈少年法第4版』（有斐閣 2017）458頁。

な情報処理や情報提供もできない；短期的な結果しか見通せず、権威に屈服しやすい」[33]という。このような心理学的知見を踏まえて石田は「少年被疑者については、一般的・類型的に自己防御能力が低く、成人被疑者にくらべて、自己の言い分（弁解等）を主張することそれ自体に困難を抱えている場合が少なくない」[34]と指摘する。そうであるならば、なおさら、少年が、捜査機関と対峙し取り調べに対応していくためには、少年からの面会要望が取り次がれ、すくなくとも、希望するタイミングで弁護人との面会がかない、自身の取り調べや供述のあり方について、十分に援助を受けられることが不可欠である。

そこで、以下では、被疑者等からの面会要望を施設側が弁護人へ取り次ぐ義務の法的根拠を検討する。

四　面会要望取り次ぎの法的根拠

1　未決在所者と接見交通権

鑑別所には被観護在所者（鑑法2条3項）、未決在所者（鑑法2条4項）、および、在院中在所者（鑑法2条5項）等[35]が収容されている。2022年の統計によれば、新規に鑑別所に入所した者のうち、未決在所者にあたる少年は、勾留に代わる観護294名、勾留262名であり[36]全体の11.8％である。

この未決在所者については、接見交通権が保障されている。家庭裁判所受理前の捜査段階は、少年の刑事事件として少年法40条の適用を受ける。したがって、少年法の目的（1条）のもとおかれている特則を除き、刑事訴訟法および刑法等

33　仲真紀子「少年の認知特性と司法面接」山口直也編著『脳科学と少年司法』（現代人文社 2019）60-61頁。

34　石田倫識「少年被疑者の捜査と弁護人の役割」服部朗編集『融合分野としての少年法』（成文堂 2023）114頁。

35　決定の執行にあたり、観護措置決定がとられている事件についての一時継続収容（少年法26条の2）、および、同行状の執行の場合の仮収容として収容される者（少年法26条の3）という身分もある。

36　少年矯正統計（法務省）2022年度（https://www.e-stat.go.jp/stat-search/files?page=1&layout=datalist&toukei=00250006&tstat=000001012846&cycle=7&year=20220&month=0&tclass1=000001012847：2023年8月30日現在）。なお、検察官送致決定後の勾留について、43条1項および48条1項の規定の適用の可否については、積極説（守屋克彦＝斎藤豊治編集『コンメンタール 少年法』（現代人文社 2012）524頁、武内謙治『少年法講義』（日本評論社 2015）181頁等）、消極説（河原俊也『少年事件』（青林書院 2017）54頁、廣瀬健二編『裁判例コンメンタール 少年法』（立花書房 2011）438-439頁等）がある。

の一般刑事法が適用される。したがって、鑑別所を勾留場所とする勾留（少年法48条1項）についても、原則として、刑事訴訟法等の適用を受ける。勾留に代わる観護も、「勾留そのものではないが、捜査目的のための身体拘束という基本的な点では勾留と共通の性格を有する」[37]とされる。したがって、憲法33条および34条の手続き保障、および、これらの規定を受けた刑訴法の勾留に関する規定が、観護措置の保護的性質と矛盾しない限り準用される[38]。

接見交通権の保障として、弁護人からの面会申出があった場合、原則として面会が認められ、法務省と日本弁護士連合会との申合により、休日や夜間における面会も可能である（同申合せ8（1））。

2　接見交通権の法的性質

判例上、接見交通権は、憲法34条前段の要請に基づき、身体を拘束された被疑者等が弁護人からの実効的な援助を受ける権利を保障したものであると理解されている。

弁護人からの実効的な援助を受ける権利は憲法34条前段に基づき保障されており、それを受けて刑訴法30条1項により弁護人選任権が保障されている。刑訴法30条1項の中には、「……弁護人と会って相談する権利が当然に含まれている」[39]。すなわち、身体の拘束を受けていない被疑者については、いつでも自由に弁護人を選任し相談する権利が保障されているとの共通の理解がある[40]。そのうえで、「身体を拘束された被疑者と弁護人等との接見交通権を規定した刑訴法39条1項の規定は、このことを前提に、被疑者が身体を拘束されている場合には、施設側が一定の措置を取らないと事実上被疑者と弁護人等と会うことができないため、明文で接見交通権を保障することにより、施設側に面会を実現するための措置をとることを義務付け、身体を拘束されていない場合と同様に面会ができるようにすることを意図したものということができる」[41]と解されている。したがって、刑訴法39条3項が想定する身体拘束に伴う制約以外は、身体を拘束されていない場合と同様および同程度の接見交通権の保障がなされるべきであると

37　田宮＝廣瀬・前掲（32）429頁。
38　守屋＝斎藤・前掲（36）526頁、廣瀬・前掲（36）440頁、団藤＝森田・前掲（32）350頁。
39　川出敏裕「任意取調べ中の被疑者と弁護人の面会」研修902号（2023）7-8頁。
40　福岡地判平3・12・13判時1417号45頁、東京高判令3・6・16判時2501号104頁。
41　川出・前掲（39）8頁。

言える。

　加えて、被疑者等も接見交通権の主体ととらえる見解も共通の理解となっていることは前述の通りである。すなわち、弁護人依頼権は、身体拘束されている被疑者等の自己決定権を、主体的防禦権という形で保障しようとするものである[42]。梅田は、「身体の拘束を受けている被疑者が、弁護人との接見を望むときに、弁護人が接見に来てくれるのを待つだけではなく、自ら弁護人に連絡しいわば主体的能動的に実現する具体的な手段（電話等）が保障されていなければ、本来の意味での接見交通権の保障とは言えない」とする[43]。

　したがって、次のような帰結が導かれるはずである。被疑者等は、身体の拘束の有無にかかわらず、弁護人とのいつでも自由な面会および相談、あるいは、コミュニケーションを持つことが、憲法34条およびそれを受けた刑訴法30条1項から導かれている。接見交通権の主体である被疑者等は、当然に、弁護人との面会や相談を、自らいつでも自由に弁護人に対して要望できる。すなわち、身体拘束をされていない被疑者等については、当然に、自身でいつでも自由に主体的かつ能動的に弁護人への連絡が可能であり、面会等が実現できる。この際、連絡手段に電報や信書を用いることは想定しがたい。

　他方、身体拘束されている被疑者等については、そのままでは、身体拘束されていない被疑者等と同様および同程度には、弁護人との面会を実現することができない。そこで、被疑者等が要望している弁護人との面会が実現するべく何らかの手段を講じる義務が施設側には生じる。被疑者等が接見交通権の主体であることに照らして考えれば、弁護人側が面会に来た場合に、面会させる措置をとるにとどまらず、被疑者等が面会を要望した場合にも、面会が即時に実現できる具体的手段を施設側が講じる義務もあると言える。

　さらに、何らかの手段とは、被疑者等が要望している弁護人との面会を実効的に保障する手段でなければならない。その点、現状で使用されている、信書および電報の発信では不十分である。仮に、被疑者等が身体を拘束されていない場合には、弁護人との面会を実現するまでの手段として、電話もしくはインターネットを利用した通信手段等、自身の要望が直ちに弁護人へ伝わる手段を選択するはずである。身体を拘束されている被疑者等も、同様に、自身の面会の要望が直ち

---

[42] 村岡・前掲（6）24-25頁、緑・前掲（10）175頁。
[43] 梅田・前掲（10）243頁。

に伝わる手段が確保されることが、法の要請であると言える。この点で東京地裁令和4年3月28日判決が参考になる。

3 留置施設における面会取り次ぎを職務上の法的義務とする判例

身体を拘束されている被疑者等からの面会要望につき判断している最近の判例として、東京地裁令和4年3月28日判決[44]がある。

本件において、原告は、被告人として警察の留置施設に収容されていたところ、大声を出す等したため、保護室へ収容された。保護室への収容に対する不満を弁護人へ相談したいと考え、弁護人への面会を要望し、それを、留置係員に取り次ぐよう依頼した。しかし、留置係員は、弁護人への面会を希望するので連絡を求める旨の書面に原告の署名及び指印を原告からもらった後、誤って別の弁護人へ連絡を行った。結果的に、原告の出した弁護人との面会要望は、当該弁護人へは伝えられておらず、その日の面会も実現していない。

裁判所は、まず、最高裁平11年判決にのっとり、憲法34条前段は、自己の自由と権利を守るため弁護人から援助を受けられるようにすることを目的にするものであり、被疑者等に対し、弁護人を選任したうえで、弁護人から援助を受ける機会を持つことを実質的に保障したものであるとした。この憲法34条の趣旨にのっとり、身体拘束を受けている被告人または被疑者が弁護人等から援助を受ける機会を確保する目的で刑訴法39条1項が設けられたとして、両法の規定の趣旨に照らして考えると、被告人から弁護人との接見の申入れを受けた留置係員は、できる限り速やかに被告人から接見の申入れがある旨を弁護人に対して伝える職務上の法的義務があるというべきであると判示した。

さらに、留置係員が誤って異なる弁護士事務所へ連絡したことをもって、法的義務を履行したとせず、連絡ミスの不作為は、憲法34条前段および刑訴法39条1項に基づく職務上の法的義務に違反するとした。

加えて、本件における面会要望は、当該被告人の保護室への収容という処遇上の相談のためであったことが推測されるものの、「原告は被告人の立場にあった以上、接見交通権は一般的に保障されており、また、弁護人との面会（接見）の目的も常に切り分けられるものとはいえない以上」、面会の趣旨が処遇上のもの

---

44 LEX/DB 25605051

であるとの主張は、違法性の判断には影響しないとしている。

　最後に、翌日の弁護人との面会が実現したこと、および、面会要望から弁護人との面会までの間に取り調べが行われた事実がないことから、実質的には防御権が侵害されていないとする被告の主張に対しては、違法性の判断に影響はしないというべきとした。

　当該判例では、身体を拘束されている被疑者等については、接見交通権が一般的に保障されており、それゆえに、面会の要望の理由にかかわらず、面会要望が施設職員から弁護人へ直接取り次がれるべきであることが確認されている。さらに、事後の弁護士との面会の実現および実際の防御権侵害の発生がなかったことが、施設側の職務上の法的義務違反における違法性を阻却しないとの指摘に照らせば、取り調べ中であるといった具体的防禦の必要性から、取り次ぎの職務上の法的義務が生じるわけではないことも確認できる。

　なお、本判例では、たまたま、被告人が警察の留置施設に勾留されていたのであり、かつ、本判例が「上記憲法および刑訴法の規定の趣旨に鑑みれば」としていることから、本判例の射程が、警察の留置施設に収容されている者に限定されていると解するのは相当ではない。身体拘束をされている被疑者等を射程として接見交通権のあり方一般を判示していると解するべきであり、被疑者等を留置または勾留しているすべての刑事施設が、面会の申入れを直接弁護人に伝えるべきことを示しているとみることができる。そうであるならば、刑事施設すなわち法務省に置かれる施設等機関[45]である鑑別所も刑事施設の一つとして、未決在所者の面会の要望について取り次がなくてはならないことになる。

　また、今回の判例の射程が被告人に限定されるとも解されない。接見交通権を一般的に認められているのは被疑者も同様であることに照らして考えれば、身体拘束されている被疑者に対しても、施設側は同様の職務上の法的義務を負っていると解することができる。

　なお刑訴法39条3項による制限は、面会について定めており、面会要望を取り次ぐという行為にはかかわらない。

45　逐条解説・前掲（26）6頁。

五　おわりに

　以上の通り、少なくとも、鑑別所に収容されている未決在所者については、接見交通権の保障として、施設側は、少年から申し入れられた弁護人への面会要望を弁護人へ直ちに取り次ぐ義務があると言える。この点は、拘置所等に収容されている未決被拘禁者についても同様の理論が妥当するものと考える。

　ただし、取り次ぎが即時に行われた後の面会のあり方については、従来の議論を敷衍した検討が必要であろう。面会は訴訟法以外に施設法により制限されるとの二元主義的理解に従い、取り次ぎ後の面会が施設法により制限されてしまえば、取り次ぎの意義が減じられてしまう。むしろ、面会要望の取り次ぎの実現が、面会の制限の再検討の契機となるべきである。

　さらに、面会の要望を取り次いだ際の弁護人からの返答を、施設側から少年に伝えてもらえるのかについても検討を要する。現在、施設外からの連絡は、信書の受信によるしかなく、施設側が伝言することは想定されていない。取り次ぎした鑑別所職員に、少年への回答を伝えてもらえることは期待できない。せっかく取り次ぎが実現したとしても、弁護人の都合により即時の面会がかなわず、少年自身は弁護人がいつ来るのかわからない状況が続くと、少年から取り次ぎの要望が出されなくなることも危惧される。この点は、当面、要望が取り次がれた場合には弁護人がなるべく早い段階で少年に面会に行くという事実を積み重ねることで、取り次いでもらった意義を少年が実感できる運用がなされることが必要である。

　なお、本稿は未決在所者につき論じた。被観護在所者については、すでに捜査が終了していること、および、被告人としての地位を有しないことから、別の考慮が必要となるため別稿に譲る。

トラウマ・インフォームド・ケアと少年司法

小 西 暁 和

一　はじめに
二　トラウマ・インフォームド・ケアへの注目
三　トラウマ・インフォームドな少年司法
四　わが国の少年司法とトラウマ・インフォームド・ケア
五　むすび

一　はじめに

1　法改正の動向と犯罪被害者保護

　わが国では、平成期の終わりから令和期の初めにかけて、非行少年に関わるいくつかの法改正が行われ、犯罪被害者の保護に資する新たな制度も採り入れられてきた。

　平成30（2018）年に民法の一部改正により、成年年齢が18歳に引き下げられた。また、令和3（2021）年に少年法等の一部改正が行われたが、これにより18歳・19歳の者である「特定少年」に対する保護手続上及び刑事手続上の特例が定められた。これらの改正の結果、「特定少年」は、「少年」として位置づけられており保護処分も受け得るものの、民法上の成年者となるため、直接的に被害賠償の責任が生じ得ることになった。そこで、保護処分中に債務者本人として被害賠償への対応が必要となる場合も起こり得るだろう。

　また、令和4（2022）年に刑法等の一部改正が行われ、それと共に刑事収容施設及び被収容者等の処遇に関する法律（以下、「刑事収容施設法」と言う）や更生保護法などの一連の犯罪者処遇法の一部改正も行われた。

　まず、社会内処遇に関しては、更生保護法の一部改正において、被害者保護に資する改正内容も様々見られた。例えば、少年に限られないが、保護観察対象者に対しては、指導監督を通じて、被害者等の被害の回復又は軽減に努めることを

求めることができるようになった（更生保護法50条1項2号ハ、57条1項5号）。

そして、施設内処遇に関しては、刑法等の一部改正と共に行われた少年院法の一部改正により、少年院の在院者について、被害者等の心情等の聴取（少年院法23条の2第2項）、被害者等の心情等の処遇内容への反映（同法23条の2第1項、24条4項、34条4項）、また被害者等の心情等の在院者への伝達（同法24条5項）の各制度が採り入れられた。なお、刑事収容施設法の一部改正によっても同様の各制度が導入された（刑事収容施設法85条3項（被害者等の心情等の聴取）、85条1項・2項、103条3項（以上、被害者等の心情等の処遇内容への反映）、103条4項（被害者等の心情等の受刑者への伝達））。これらの制度は、令和5（2023）年12月から施行されている。

こうした改正内容は、これまでの少年院の処遇の方法にも大きな変化をもたらすものでもあったであろう。

2　令和4年の少年院法の一部改正とトラウマ／トラウマティック・ストレス

少年院では、これまでも、生活指導として「被害者心情理解指導」や、特定生活指導として「被害者の視点を取り入れた教育」を実施してきたが、これまでは在院者の本件非行による被害者等からの心情等が直接反映されたものではなかった。

少年院法の一部改正による新たな制度により、在院者が、被害者等の心情等を受け止めて内省を深め、真摯な謝罪、そして被害賠償の実現を図ることが期待される。これは、刑事収容施設法の一部改正によって同様の各制度が導入された受刑者についても言えるだろう。

保護観察対象者には、従来から被害者等の心情等の聴取・伝達に関する制度はあった（更生保護法65条）。しかし、保護観察処分少年の場合には、少年院の在院者よりも事件が軽微なことが多いであろうし、仮退院者の場合には、事件発生からしばらく時間も経過しているであろう。こうした点で、少年院の在院者の方が、より苛烈な被害者等の心情等に直面する可能性が高いのではないだろうか。

ただ、少年の場合、未成熟なため十分な配慮・工夫が必要となるだろう。とりわけ、被害者等の心情等をきちんと受け止めるためにも、在院者本人に被害体験がある場合に、少年院では、そのトラウマ／トラウマティック・ストレスへのケアも必要なのではないだろうか。これもまた、受刑者についても言えることである。

そこで、重要と思われるのが、被害者等の心情等を真摯に受け止めることは、在院者・受刑者のトラウマ／トラウマティック・ストレスへのケアと切り離して実現することは可能なのか、あるいはやはり先にケアを行う必要があるのかという点でもある。被害者等の心情等を単に伝達するだけで、在院者・受刑者が全く聞く耳を持たない、あるいは内心で反発・嘲笑・侮蔑等しているとしたら、被害者保護の観点からして無意味な制度となってしまうだろう。本制度の導入を提示した法務省の法制審議会における諮問第103号に対する答申でも、「受刑者又は少年院在院者（……）に被害者及びその親族の心情等を理解させることの重要性に鑑み」て、被害者等の心情等の聴取などの法整備が講じられるべきものとされている[1]。

この点、野坂祐子は次のように指摘している。

> 「加害者自身の被害体験を振り返ることは、再犯防止にとって必要なだけでなく、みずからの行為による被害者の気持ちを理解するためにも欠かせない課題である。自分の被害体験にまつわる感情に蓋をしたままでは、被害者の気持ちは考えられない。もし、加害者が、自分が傷つけられた出来事について、何も感じなかった、大したことではなかったと思い続けているならば、自分が被害者に与えた痛みや苦しみも大したことではないと思うだろう。自分の痛みに気づいて初めて、自分が他者に何をしたのか考え始めることができる」[2]。

ただ、少年院では、基本的に在院期間が短い。基準期間は、第１種少年院の場合には11か月（短期課程では20週）、第２種・第３種少年院の場合には12か月とされる（なお、第５種少年院では課程により11週又は20週）。こうした限られた期間の中で、どう対処するのかという問題もある。

しかしながら、特に少年の場合には、執行段階で実質的に責任を取れるようにする上でも、トラウマ／トラウマティック・ストレスへのケアが重要になるのではないだろうか。この点、保護処分においては、少年が、保護処分を通じて内省を深め、真摯な謝罪等を行えるようになることが、実質的に責任を取るということになるものと解される。このことは、少年の人格の形成にも資するものである。

1　法務省法制審議会「諮問第103号に対する答申」（2020年）7頁。
2　野坂祐子『トラウマインフォームドケア——"問題行動"を捉えなおす援助の視点』（日本評論社、2019年）130頁。

そこで、本稿では、まず、矯正・保護の領域におけるトラウマ・インフォームド・ケアへの注目について確認した上で、アメリカ合衆国において重要性が指摘されているトラウマ・インフォームドな少年司法について検討していきたい。そして、この検討を踏まえて、わが国の少年司法におけるトラウマ・インフォームド・ケアの方向性について考察する。

二　トラウマ・インフォームド・ケアへの注目

　ここ数年、わが国の矯正・保護の領域においてもトラウマ・インフォームド・ケア（Trauma-Informed Care: TIC）への注目が高まっており、導入が図られている[3]。例えば、紫明女子学院では、トラウマ・インフォームドな処遇体制の構築に向けて、職員に対して「処遇対応力向上研修（心的外傷）」が行われてきた[4]。本研修を通じて、トラウマ、複雑性PTSDの症状、回復に至る道のりなどについて施設の全職員が理解していることが目指された。これにより、少年の問題行動・反応に対しての職員の理解が促進されたり、処遇対応力の向上が図られたりしたとされている。

　アメリカ合衆国保健福祉省の薬物乱用・精神保健管理庁（Substance Abuse and Mental Health Services Administration: SAMHSA）によれば、トラウマ・インフォームド・ケア又はトラウマ・インフォームド・アプローチにおける基本的な前提として、4つの「R」があるとされる[5]。それは、「十分に理解すること（トラウマの広範囲に及ぶ影響を十分に理解し、回復へのあり得る道筋が分かること）」（Realize）、「認識すること（当該システムに関わる対象者、家族、職員及び他の人達におけるトラウマの兆候及び症状を認識すること）」（Recognize）、「対応すること（トラウマに関する知識を

---

[3] 藤原尚子「女子少年院における被虐待経験を考慮に入れた処遇の現状と課題〜トラウマインフォームドアプローチの実現に向けて〜」刑政130巻11号（2019年）33-46頁、生駒貴弘＝田代晶子＝坂東希＝岩根千尋＝勝田聡＝羽間京子＝梅田靖規＝生島浩「トラウマインフォームドケア（日本更生保護学会第9回大会報告（大会企画セッション））」更生保護学研究18号（2021年）74-86頁、中島幸子「少年院在院者のアタッチメントの問題について」刑政133巻8号（2022年）52-62頁等参照。

[4] 伊藤真名世「紫明女子学院における『トラウマ・インフォームドな処遇体制』の構築」刑政133巻8号（2022年）63-72頁参照。

[5] Substance Abuse and Mental Health Services Administration, *SAMHSA's Concept of Trauma and Guidance for a Trauma-Informed Approach*, HHS Publication No. (SMA) 14-4884, Substance Abuse and Mental Health Services Administration, 2014, pp. 9-10.

方針、手順及び実践にしっかりと統合することにより対応すること)」(Respond)、そして「再トラウマ化を防ぐこと (積極的に再トラウマ化を防ごうと努めること)」(Resist re-traumatization) であるとしている。

これらの4つの「R」に照らし合わせても基盤作りがなされていると言えるだろう。

累積されてきたエビデンスによれば、子ども期にトラウマにさらされることは、その後その子どもが少年司法に関与することになる重要なリスク因子である可能性が高いということが示唆されている[6]。日本でも、「逆境的小児期体験」(Adverse Childhood Experiences: ACEs) と非行との間の相関関係の存在が指摘されている。例えば、一般の高校生と比較して、児童自立支援施設の在所者や少年院の在院者におけるACEsの項目への該当数の多さが挙げられてもいる[7]。また、法務省法務総合研究所の令和3 (2021) 年の調査によると、ACEを有する者の構成比は、少年院在院者で86.3％、保護観察処分少年で56.5％であったとのことであり、非行性が進むほどACEを有する傾向が高いとされている[8]。

このように、少年司法の領域でも、関与する少年達において、幼少期の被害体験によるトラウマ／トラウマティック・ストレスの影響の大きさが分かる。

そのため、わが国の少年矯正においては、関東医療少年院での被虐待経験を有する少年のグループ・ミーティング (「ひまわりミーティング」) など、以前から被虐待経験に焦点を合わせた処遇も行われてきた。この点、藤原尚子は、「女子少年院では、以前から、女子在院者については、被虐待経験を含む様々な被害経験等を背景として、自己肯定感の低さや、安定的な人間関係を築くことの難しさがあることが認識されており、様々な処遇の実践が積み重ねられてきた」と述べて

---

6 Christopher E. Branson, Carly L. Baetz, Sarah M. Horwitz, and Kimberly E. Hoagwood, "Trauma-Informed Juvenile Justice Systems: A Systematic Review of Definitions and Core Components," *Psychological Trauma: Theory, Research, Practice, and Policy*, 9 (6), 2017, p. 635.

7 富田拓『非行と反抗がおさえられない子どもたち――生物・心理・社会モデルから見る素行症・反抗挑発症の子へのアプローチ』(合同出版、2017年) 117-120頁参照。また、松浦直己＝橋本俊顕＝十一元三「非行と小児期逆境体験及び不適切養育との関連についての検討――少年院におけるACE質問紙を使用した実証的調査――」兵庫教育大学研究紀要30巻 (2007年) 215-223頁、松浦直己＝橋本俊顕「発達特性と、不適切養育の相互作用に関する検討――女子少年院在院者と一般高校生との比較調査より――」鳴門教育大学情報教育ジャーナル4号 (2007年) 29-40頁参照。

8 法務総合研究所『法務総合研究所研究部報告65 非行少年と生育環境に関する研究』(法務総合研究所、2023年) 71-74頁、142頁参照。

いる[9]。

三　トラウマ・インフォームドな少年司法

　アメリカ合衆国においては、トラウマ・インフォームドな（トラウマを理解した）少年司法（Trauma-Informed Juvenile Justice）の重要性が指摘されている[10]。これは、少年司法にトラウマ・インフォームド・ケアの視点を採り入れるものである[11]。それにより、若者がトラウマやトラウマティック・ストレスから回復することを支援する効果的な対応が提供される。そのため、トラウマ・インフォームドな対応を必要とする少年が分かるように、少年司法システムでは、トラウマに関連した精神保健上の問題に関してのスクリーニングやアセスメントが提供されることが求められる。さらに、トラウマ・インフォームドな手続や処分も、こうした少年司法においては必要とされる。

　というのも、現在発現している非行行動に対処するだけでは十分な効果はなく、その背後にあるトラウマへのケアが必要とされているからである。「トラウマを持った子どもや若者に関して、非行、攻撃性及び薬物乱用のような発現している行動に焦点を当てる介入は、心的外傷後（ポストトラウマティック）ストレスを解消したりあるいは緩和したりしないので、上手くいかないだろう」との指摘もある[12]。

　そこで、参考となる具体的取組として、例えば、オハイオ州スターク（Stark）郡においては、精神保健システムと少年裁判所システムとの間での協働が図られている[13]。この協働は、トラウマを負った子どもや若者を予防・処遇するトラウ

9　藤原・前掲注（3）35頁。なお、『令和5年版　犯罪白書』によると、令和4（2022）年における「少年院入院者の被虐待経験別構成比（男女別）」では、男子の40.3％（身体的31.8％、性的0.1％、ネグレクト4.2％、心理的4.2％）、女子の69.8％（身体的51.2％、性的1.6％、ネグレクト5.4％、心理的11.6％）が、被虐待経験ありとされている。とりわけ女子の少年院入院者における被虐待経験の率の高さが目立っている。

10　Carly B. Dierkhising and Christopher E. Branson, "Looking Forward: A Research and Policy Agenda for Creating Trauma-Informed Juvenile Justice Systems," *OJJDP Journal of Juvenile Justice*, 5（1）, 2016, pp. 14-30; Samantha Buckingham, "Trauma Informed Juvenile Justice," *American Criminal Law Review*, 53, 2016, pp. 641-692.

11　拙稿「非行の防止と地域社会――『非行』概念を乗り越えて――」服部朗編集代表『融合分野としての少年法』（成文堂、2023年）105頁参照。

12　Alida V. Merlo and Peter J. Benekos, *Reaffirming Juvenile Justice: From Gault to Montgomery*, Routledge, 2017, p. 82.

マに焦点を合わせた実践を促進・保持することにおいて、少年係裁判官の役割を強調する[14]。とりわけ、裁判官には、コミュニティにおいて人々を招集する力があるとする[15]。そこで、トラウマ及びトラウマ・インフォームドな処遇に関して一般の人々に知識を持ってもらい、またトラウマに曝されていた子どもや若者を識別してトラウマに焦点を合わせた処遇を提供するための協働を発展させるべく、関係者から成る「スターク郡トラウマを負った子どもに関するタスクフォース」(Stark County Traumatized Child Task Force) も、裁判官らにより2001年に設立された。

そして、オハイオ州スターク郡では、少年部及び家事部を有する家庭裁判所に行動保健サービス部門 (Behavioral Health Services (BHS) Department) が設置されている[16]。本部門には、資格を有する精神保健の専門家が属している。本部門では、身柄が保全された少年に対してトラウマのスクリーニングが日々実施されている。資格を有する精神保健の専門家は、地域社会において少年に適切な介入サービスを提供する者に確実に少年を結び付けるようにする。プロベーション・オフィサーやダイバージョン・プログラムなどを通じても対象者を受けることになる。

このように、トラウマ・インフォームドな少年司法においては、少年係裁判官の目立った役割があるとされる。

そこで、子どもや若者の生活に関してトラウマやトラウマに曝されることについて裁判官が知識を持つことの重要性が指摘されている[17]。少年司法の中にトラウマに関する視点を統合するために、裁判官は、トラウマがどのような帰結を招くかについて理解し、トラウマティック・ストレスを治療するための資源や介入

---

13 Erna Olafson, Jane Halladay, and Carlene Gonzalez, "Trauma-Informed Collaborations among Juvenile Justice and Other Child-Serving Systems: An Update," *OJJDP Journal of Juvenile Justice*, 5 (1), 2016, pp. 7-8.
14 Merlo and Benekos, *supra* note 12, p. 87.
15 Michael L. Howard and Robin R. Tener, "Children Who Have Been Traumatized: One Court's Response," *Juvenile and Family Court Journal*, 59 (4), 2008, pp. 29-33.
16 Stark County Ohio, "Government: Legal & Judicial: Family Court: Departments: Behavioral Health Services" (https://www.starkcountyohio.gov/government/legal_judicial/family_court/behavioral_health_services.php [2024年1月31日最終閲覧]).
17 Merlo and Benekos, *supra* note 12, p. 87. *See also* Kristine Buffington, Carly B. Dierkhising, and Shawn C. Marsh, *Ten Things Every Juvenile Court Judge Should Know About Trauma and Delinquency*, National Council of Juvenile and Family Court Judges, 2010, p. 2.

を利用することに力を注がなければならないとされる。

　アメリカ合衆国の場合、少年裁判所が、非行少年のケースだけでなく、要扶助少年や放任少年などのケースも裁判管轄権を有してきたことも、こうした考えが促進されてきた背景としてあるのではないかと考えられる。

　この点、全米少年・家庭裁判所裁判官協議会（National Council of Juvenile and Family Court Judges: NCJFCJ）によって示された「どの少年裁判所裁判官も知るべきトラウマと非行に関する10のこと」では、以下の内容が示されている。それは、①「トラウマ経験は、その人の生活、安全又はウェル・ビーイングを脅かす出来事である」、②「子ども期のトラウマティック・ストレスは、心的外傷後ストレス障害（PTSD）をもたらし得る」、③「トラウマは、人生を通して子どもの発達と健康に影響を及ぼす」、④「複雑なトラウマは、非行のリスクと結び付いている」、⑤「トラウマに曝されること、非行及び学校での失敗は、関連している」、⑥「トラウマのアセスメントは、誤診を減らし、肯定的な成果を促進し、また資源を最大化し得る」、⑦「精神保健上の治療が、子ども期のトラウマティック・ストレスを経験している若者を助ける際に効果的である」、⑧「効果的な家族の関与が、切実に求められている」、⑨「若者は、レジリエンス（回復力）がある」、⑩「次の段階：少年司法システムは全てのレベルでトラウマ・インフォームドなものである必要がある」、ということである[18]。

　結果として、「トラウマ・インフォームドな裁判所は、若者に自らの行動についての責任を取らせる一方で、そうした若者を保護し社会復帰させることができる」とされる[19]。少年には、自らの行動の責任を取ることを求める一方で、再非行を防止する観点からも、トラウマ／トラウマティック・ストレスに対するケアを図ることが必要である。私見では、ここで言う責任は、日本の少年審判の場合、非難のような法的な「責任」（負担責任）ではなく、いわば「人間としての責任」（応答責任）となる[20]。つまり、他者と共に社会を形成する存在として、自らが行ったこと（罪）に対して真摯に向き合い、内省を深めること、そして被害者への謝罪の念を持てるようにすることであると考える。この点は、前述した執行

18　Buffington et al., *supra* note 17, pp. 3-12.
19　Merlo and Benekos, *supra* note 12, p. 87. *See* also *Ibid.*, p. 13.
20　拙稿「少年法上の『内省』概念」高橋則夫＝松原芳博＝松澤伸編『野村稔先生古稀祝賀論文集』（成文堂、2015年）674-675頁参照。

段階で実質的に責任を取るということとも大きく関わる。

なお、全米子ども期のトラウマティック・ストレス・ネットワーク（National Child Traumatic Stress Network: NCTSN）によれば、トラウマ・インフォームドな少年司法システムの本質的要素として、以下の点が挙げられている。

「①トラウマ・インフォームドな方針及び手順（トラウマ・インフォームドな方針及び手順は、全ての若者、家族構成員及び職員の身体的及び心理的安全を確保し、それらの者のトラウマの悪影響からの回復を促進することによって、少年司法に関わる諸組織をより安全かつ有効なものにする）。
②トラウマを負った若者の識別／スクリーニング（注意深くタイミングが計られたトラウマティック・ストレスのスクリーニングは、少年司法システムにいる若者に対する標準治療である）。
③トラウマで正常な機能が損なわれた若者のための臨床的アセスメント／介入（トラウマ・スペシフィックな（トラウマに特化した）臨床的アセスメント及び治療並びにトラウマ・インフォームドな予防及び問題行動の医療サービスは、スクリーニングのプロセスで心的外傷後ストレス反応によって正常な機能が損なわれていると確認された全ての若者に対する標準治療である）。
④トラウマ・インフォームドなプログラム作成及び職員教育（トラウマ・インフォームドな教育、資源及びプログラムは、少年司法システムの全ての段階にわたる標準治療である）。
⑤二次的なトラウマティック・ストレス（Secondary Traumatic Stress: STS）の防止及び管理（少年司法における全てのレベルの管理者及び職員は、全従事者の安全、能力及びレジリエンスを支えるために、職場での二次的なトラウマティック・ストレスの悪影響を認識して対応する）。
⑥若者及び家族とのトラウマ・インフォームドな提携（トラウマ・インフォームドな少年司法システムは、確実に、若者及び家族が全ての少年司法のプログラム作成及び治療的サービスにおいてパートナーとして関与するようにする）。
⑦システムを横断したトラウマ・インフォームドな協働（システムを横断した協働は、心的外傷後ストレスの問題を感じているような司法に関わっている若者に、継続的な統合したサービスを提供することを可能にする）。
⑧格差及び多様性に取り組むトラウマ・インフォームドなアプローチ（トラウマ・インフォームドな少年司法システムは、確実に、その実践及び方針が、全ての若者集団の多様で独特なニーズに応えるようにし、また人種、民族、ジェンダー（性）、ジェンダー・アイデンティティ（性自認）、セクシャル・オリエンテーション（性的指向）、年齢、知的及び発達上のレベル又は社会経済的背景に関連した格差をもたらさないようにする）」。[21]

こうしたトラウマ・インフォームドな少年司法システムにおいては、非行少年やその家族も、また少年司法システムを構成する機関の職員も、ケアの対象となるし、さらに少年司法システムに関わる、非行の被害者も当然ケアの対象となるはずである[22]。

四　わが国の少年司法とトラウマ・インフォームド・ケア

　以上で検討してきたトラウマ・インフォームドな少年司法のあり方を踏まえて、わが国の少年司法におけるトラウマ・インフォームド・ケアの方向性について考察しておきたい。

　犯罪などを行ったことに対して（少年としての）責任を取る上でも、トラウマ・インフォームド・ケアが重要であることが分かる。

　ただし、少年院では、対応できる期間が限られているという課題がある。

　そこで、警察・検察・裁判といった少年保護司法システムの早期の段階からトラウマ・インフォームドな対応を図り、トラウマ／トラウマティック・ストレスへのケアを試みることは、少年の早期の回復にもつながる。処遇の段階で少年に対するトラウマ・レスポンシブ・ケア（Trauma-Responsive Care: TRC）やトラウマ・スペシフィック・ケア（Trauma-Specific Care: TSC）に取り組む上での土壌づくりにもなるのではないか。なお、TRCやTSCは、より対象が絞られ、トラウマに対応したあるいは特化したケアとされる。こうした早期の段階からのトラウマ／トラウマティック・ストレスへのケアは、被害者等の心情等に少年が向かい合う上でも必要な条件となるのではないだろうか。

　トラウマ・インフォームド・ケアを少年院や保護観察の処遇においても反映させることは勿論のことである。その場合でも、矯正と更生保護の各プロセスの間において、切れ目のないケアが受けられる必要がある。対象者（少年）がトラウ

21　National Child Traumatic Stress Network, *Essential Elements of a Trauma-Informed Juvenile Justice System*, National Child Traumatic Stress Network, 2015.

22　この点、ジュダ・オウドショーン（Judah Oudshoorn）は、トラウマ・インフォームドな少年司法の目的を実現する上では、修復的司法／正義の枠組みが相応しいことを論じている。(Judah Oudshoorn, *Trauma-Informed Juvenile Justice in the United States*, CSPI, 2016 [ジュダ・オウドショーン『非行少年に対するトラウマインフォームドケア――修復的司法の理論と実践』野坂祐子監訳（明石書店、2023年）参照]）。

マからの回復を図るには、十分な時間が必要となるであろうと考えられるからである。

　ただ、それだけではなく、家庭裁判所の少年審判のプロセスでも、トラウマ・インフォームド・ケアを組み込むことが十分可能なのではないだろうか。家庭裁判所調査官は、専門性を活かしながら、調査段階からケアを図りつつ少年に接することができるだろう。また、少年が観護措置を受けた場合に、少年鑑別所において、スクリーニングやアセスメントを実施し、観護処遇を通じてケアも行い得るのではないだろうか。そして、当然のことながら、少年に相対する少年係の裁判官においても、トラウマ／トラウマティック・ストレスに関する知識を持つことが求められる。

　更には、警察・検察のプロセスでも、トラウマ・インフォームドな対応が求められていると言える。勿論、少年事件を直接扱う警察官や検察官においてもトラウマ／トラウマティック・ストレスに対する認識を養うことが必要である。この点、子どもの被虐待事案における司法面接的手法の広がりからも認識は徐々にだが浸透しつつあるのではないかと思われる。警察においても（警察庁を筆頭に）近時は「人身安全・少年課」のように児童虐待と少年事件とを同一部署が担当していることも多く見られるのであり、認識の促進が期待される。また、これらの段階では、少年サポートセンターや少年鑑別所等の資源の活用も考えられるだろう。少年法上、少年の被疑事件において、勾留は「やむを得ない場合」にのみ請求するものとされており（43条3項）、また少年に対して、勾留状は「やむを得ない場合」にのみ発するものともされている（48条1項）。トラウマ・インフォームドな対応の観点からも、少年鑑別所における観護処遇が可能となる、勾留に代わる観護措置の請求（同法43条1項）が望ましく、たとえ少年を勾留する場合でも、できる限り少年鑑別所での勾留（同法48条2項）が検討されるべきであろう。

　少年保護司法システムにおいて、一貫してトラウマ・インフォームドな視座が持たれるようになることが、今後少年院の在院者が被害者等の心情等を真摯に受け止められるようになる上でも重要であると考えられるのではないだろうか。

五　むすび

　以上では、少年院の在院者に多く見られる被害者性に着目し、在院者が自らの

本件非行の被害に向かい合う上でも、在院者自身の被害体験に対するケアの必要性があることを論じた。その場合にも、早期のケアの開始が必要であることから、少年保護司法システムを通じて、一貫してトラウマ・インフォームド・ケアの視点を持つようになることが求められるだろう。

　なお、専ら刑事司法システムを通じて扱われる20歳以上の犯罪者の処遇においても、トラウマ・インフォームド・ケアの視点が求められている。ただ、非行少年とは法的地位が異なるため、別途検討を要する。この点については、今後の課題としたい。

中国における社会内処遇の近時の動向
―― 社区矯正法制定の意義と課題 ――

金　　光　　旭

一　はじめに
二　社区矯正法の内容
三　法制定の意義と今後の課題

一　はじめに

　2019年12月28日の第13期全国人民代表大会常務委員会第15回会議において、「中華人民共和国社区矯正法」(以下「社区矯正法」という)が成立し、2020年7月1日より施行されることとなった。「社区」とはコミュニティのことであり、「社区矯正」は、基本的に日本の保護観察に相当する制度である。
　社区矯正制度それ自体は、すでに2011年の刑法改正によって導入されたものであるが、そこでは、社区矯正の適用対象や、それを適用する際の禁止令制度が定められるにとどまり、社区矯正の実施面については、単独法でこれを制定することが予定されていた。そして、法制定までの過渡的措置として、2012年1月に、最高人民法院、最高人民検察院、公安部及び司法部の4部門の連名で「社区矯正実施方法」(以下「旧実施方法」という)が制定され、これが刑法に対する司法解釈と位置付けられて、実務運用の指針とされた。このように、刑法の改正によって、それまでの公安警察による監視制度から司法行政機関による社区矯正制度への大変革が成し遂げられたわけであるが、社区矯正制度は、実務上の運用規則をもって発足することになったのである。これと並行して、2013年より社区矯正法の立法作業がスタートしたが、各方面の意見集約が難航したことから、法律の成立まで実に6年もの歳月を要した。その意味で、この度の社区矯正法の成立は、2011年の刑法改正と並んで、中国の更生保護の歴史上画期的な出来事であるといえよう。
　法制定以前の社区矯正の運用の実情については、筆者がすでに別の論稿で紹介

したことがあるので[1]、本稿では、主として、立法の過程で論争の多かった事項を中心に法律の内容を概観し、そのうえで、今回の立法の意義と今後の課題について検討することとしたい。

二　社区矯正法の内容

社区矯正法は、「総則」（第1章）、「機構、人員及び職責」（第2章）、「決定と受理」（第3章）、「監督管理」（第4章）、「教育援助」（第5章）、「解除と終了」（第6章）、「未成年社区矯正の特別規定」（第7章）、「法律責任」（第8章）、「附則」（第9章）、の合計9章、63条から構成されている。なお、法律の制定を受けて、司法部等により新たに「社区矯正法実施方法」が制定され（以下「新実施方法」という）、法律の細部について規定している[2]。

1　社区矯正の目的と法的性質

社区矯正法第1条は、「社区矯正運用の推進と規律を図り、刑事判決、刑事裁定、及び施設外執行の決定の適切な執行を保障し、教育的矯正の質を高め、社区矯正対象者の円滑な社会復帰を促進し、もって犯罪の防止及び減少を図るため、憲法に基づき、本法を定める」と規定している。これは、法律の目的とともに、社区矯正の目的ないし法的性質を明らかにした規定とされる。

対象者の社会復帰が社区矯正の重要な目的である点については異論のないところであり、従来の実務もこのような理念に基づいて運用されてきたといえる。

問題は、社区矯正の法的性質を如何に理解するかであり、この点をめぐっては、立法の過程で激しい論争が展開された[3]。従来の実務や学説の一部においては、社区矯正の性質を、拘禁刑の行刑と対比させて、「非拘禁刑の執行」と捉える見解が有力であり（刑罰執行説）、当初の法案においても、「刑罰の適切な執行」が法の目的規定に盛り込まれていた。刑罰執行説の具体的な主張は、論者によっ

1　金光旭「中国における社会内処遇の展開——いわゆる社区矯正制度について」井田良他編『新時代の刑事法学　椎橋隆幸先生古稀記念（下巻）』（信山社、2016年）714頁。
2　法律の各条文の評釈として、立案当局により刊行された、王愛立＝姜愛東編『中華人民共和国社区矯正法釈義』（中国民主法制出版社、2020年）が詳しい。
3　社区矯正の法的性質をめぐる論争を包括的に検討したものとして、王順安＝馬聡『中国特色社区矯正基本制度問題研究』（中国政法大学出版社、2022年）103頁以下を参照。

て異なるが、基本的には、社区矯正の強制処分としての側面に着目して、その制裁的機能の強化（たとえば、社会奉仕の義務付けなど）や、監督機能の強化（たとえば、電子監視の義務付けなど）、処遇機関に対する警察権限の付与などを志向する立場である。もっとも、これに対しては、社区矯正の対象者には法的地位の異なる者が含まれており、社区矯正を一律に制裁と性格付けることができないこと、とりわけ執行猶予の場合には刑の執行がなされていないわけであるから、執行猶予者対する社区矯正を刑罰の執行と捉えることはできず、しかも、実務における対象者の大半が執行猶予者であること、厳格な監視は社会を刑務所化するものであり、それは行刑の社会化の世界的潮流に逆行すること、などを理由とした反対意見も有力に展開された。最終的には後者の意見が優勢になり、その結果、当初の法案にあった「刑罰の適切な執行」が、「刑事判決、刑事裁定、及び施設外執行の決定の適切な執行」という表現に改められて立法化されたのである[4]。

この立法の経緯を受けて、学説の中では、立法者は、刑罰執行説を否定し、「刑事（処分）執行説」を採用したとする見方が有力であるが[5]、一方で、立法者は、刑事処分の性格それ自体については何も言及していないから、必ずしも刑罰執行説を否定したわけではないという見方もある[6]。社区矯正の法的性質をめぐる論争は、法制定後も繰り広げられているのである。

2　社区矯正の対象者

社区矯正の対象者には、①管制刑、②自由刑の執行猶予、③仮釈放、及び④暫定的施設外執行、の4種類の処分を受けた者が含まれる（社区矯正法2条）。この点は、「旧実施方法」と同じである。

上記対象者のうち、①と④は日本の保護観察に見られない対象であるが、①の管制刑とは、施設に収容することなく、社会内で一定の自由制限を加える主刑の一つである。主刑のうち最も軽い刑罰であり、他の刑事処分に付随しない独立処分である（刑法33条1号）。管制の期間は、3月以上2年以下である（同38条1項）。また、④の暫定的施設外執行とは、有期懲役又は拘留に処せられた者が、

4　王愛立＝姜愛東・前掲注（2）18頁。
5　王順安＝敖翔「再論従刑罰執行到刑事執行」河南司法警官職業学院学報20巻3期（2022年）16頁。
6　呉宗憲「再論社区矯正的法律性質」中国司法2022年1期78頁。

重病、妊娠等の事由がある場合に、暫定的に刑務所外で刑を執行する措置のことである（刑訴法254条）。④を対象に加えることについてかねてから批判があったが[7]、代替の監督機関が存在しないことから、従来の運用を踏襲することとなった。

以上の４種類の処分を受けた者は、処分機関の裁量によるのではなく、必要的に社区矯正に付される（刑法38条３項、76条、85条、刑訴法258条）。社区矯正の期間は、対象者の種類に応じて、それぞれ管制刑の期間、執行猶予の期間、仮釈放の期間及び戻し収容までの期間とされる。社区矯正の途中解除は認められていない。

なお、学説の一部においては、刑事手続から外れた18歳未満の未成年をも、社区矯正の対象に加えるべきとする意見がかねてから存在した[8]。すなわち、中国には、日本の少年法に相当する法律は存在しておらず、未成年犯罪者も、原則として刑法及び刑事訴訟法の適用を受けるので、未成年が上記４種類の刑事処分を受けた場合には社区矯正の対象になる。ところが、刑事訴訟法では、一定の要件を満たした未成年については、検察による監督を受けることを条件に起訴しないことを認めており（刑訴法283条、284条）、成人と異なる特則も設けている。そこで、上記の主張は、こうした未成年に対しても、単に刑事手続から外すだけでなく、社区矯正制度を適用して教育的処遇や援護をより実効的に行うべきというわけである。もっとも、既述のように、今回の立法にあたって、社区矯正の性格をめぐって争いがあったものの、強制力を伴う社区矯正を行うには裁判所による刑事処分がその前提になるという点では、異論がなかった[9]。上記の主張が採用されなかったのも、こうした理解に基づいたものであろう。

3　社区矯正の実施機関と処遇の担い手
（１）実施機関

「旧実施方法」では、「司法行政機関は、社区矯正業務の指導管理、企画及び実施について責任を負う」としたうえ（２条）、「県クラスの司法行政機関の社区矯

7　司紹寒「社区矯正立法基本問題研究」中国司法2011年４期76頁。
8　胡必堅＝範衛国「社区矯正与附条件不起訴」湖北社会科学2013年９期1660頁以下、鄭麗萍「互構関係中社区矯正対象与性質定位研究」中国法学2020年１期155頁以下。
9　王愛立＝姜愛東・前掲注（２）24頁。

正機構は、社区矯正対象者に対する監督管理及び教育援助を行う。司法所は、社区矯正の日常業務を担う」と定めていた（3条1項）。

中国の行政機構は、中央の国務院と各地方の人民政府から構成されるが、地方政府も国家行政機関の構成部分として位置付けられ、地方自治体や地方公共団体なる観念は存在しない[10]。したがって、司法行政機関に関しても、国務院の司法部→省クラスの司法庁→地区クラスの司法局→県クラスの司法局→郷鎮クラスの司法所というように縦の指揮系統になっている。北京市や上海市などの直轄市においては、地区クラスが存在せず、市司法局→区・県司法局→街道・郷鎮司法所という系統になる。このうち、司法所は、県クラスの司法局の派出機構であり、司法行政機関の末端組織である。

上記実施方法の規定を受けて、行政区画ごとに、社区矯正を管轄する専門部署が設置されるようになった。すなわち、司法部の内部に社区矯正管理局が設置され、また、ほとんどの省、地区及び県クラスの司法庁や司法局の中にも社区矯正局（処、科）が設けられたのである。もっとも、このうち、地区クラス以上の社区矯正機構は、それぞれの管轄地区における社区矯正の運用に関する指導や監督をその所掌事務とするものであり、いわば、社区矯正の管理機構であって、処遇の実施機能を持つものではない[11]。そして、処遇の実施機能を有するのは、県クラスの社区矯正局（所、科）であり、これが、実質的に日本の保護観察所に相当する機関といえる。

司法所は、社区矯正制度が導入される以前からすでに存在した組織であり、主として地域社会における各種紛争の解決及び法的サービスの提供を任務としたものである。具体的には、住民間の民事紛争の調停、法律相談、各種不服申立や陳情の処理、満期釈放者に対する援護、治安維持への協力などをその所掌事務としていた。社区矯正制度の導入に伴って、社区矯正の実施も司法所の重要な任務に加わったわけである。

これまでの実務においては、処遇の中心になっていたのはあくまでも司法所であり、県クラスの社区矯正機構は、人員不足等の理由から司法所に対する指導を通じて間接的に処遇にかかわるのが実態であった。これに対しては、多岐にわた

---

10 本間正道ほか『当代中国法入門（第6版）』（有斐閣、2012年）87頁。
11 繆文海「社区矯正工作機構専業化建設思考」河南司法警官職業学院学報12巻3期（2014年）42頁。

る業務を抱える司法所が社区矯正を実施するのは、その業務負担が過剰であることに加えて、処遇の専門性の確保が困難であるなど問題点が指摘され[12]、社区矯正の専門機関の機能強化が強く求められてきたところである。

これを受けて、社区矯正法は、「県以上の地方人民政府は、必要に応じて社区矯正機構を設置し、同機構が社区矯正の具体的な実施に責任を負うものとする」（9条1項）としたうえ、「司法所は、社区矯正機構の委託に応じて、社区矯正に関連する業務を担う」とした（同条2項）。「旧実施方法」とは異なり、司法所を社区矯正機構と並ぶ処遇主体としてではなく、その業務範囲を社区矯正機構の委託範囲に限定することによって、社区矯正機構自身の処遇機能の強化を図ろうとしたのである。司法所を処遇主体から完全に排除できなかったのは、社区矯正機構の整備には各地方の諸条件が異なることから短期間では実現困難であることや、地域に密着した司法所の処遇には長所もあり、またこれまでの実務において相当の経験を蓄積したことなどを考慮したものとされる[13]。

社区矯正法の制定を受けて、県クラスの社区矯正機構の充実強化を図るための動きも活発化している。多くの地方では、県ケラスの社区矯正局（科）の内部に、処遇を専門的に担当する処遇班を立ち上げ、社区矯正の日常業務を担当することにしている[14]。また、こうした処遇を実施する場所として、各管轄区内に、「社区矯正センター」が設置され、上記処遇班はこのセンターに配置されて種々の処遇を行うのが一般的である[15]。

（2）処遇の担い手

(a) **社区矯正機構の専門職員**　「旧実施方法」下では、社区矯正機構の職員は、司法行政機関に所属する国家公務員であるとはいえ、必ずしも社区矯正に専従する専門職である必要がなかった。これに対して、社区矯正法では、「社区矯正機構は、法律等の専門知識を有する専属の国家公務員を配置し（以下「社区矯正機構職員」という）、同職員をして、監督管理、教育援助等の職責を履行させる

12　但末麗「社区矯正執行機構重設必要性及基本模式」河南司法警官職業学院学報9巻1期（2011年）34頁以下。

13　王愛立＝姜愛東・前掲注（2）67頁。

14　劉強「安徽省明光市社区矯正機構深化改革後的啓示」中国法治2023年1期95頁以下、呉宗憲等「社区矯正機構探討」中国法治2020年6期51頁以下。

15　社区矯正センターには、総合管理区、監督管理区、および教育援助区の三つのエレアが設けられ、それぞれの機能に対応した執務室や設備が配置されている。周堃「司法部発布実施『社区矯正中心建設規範』」人民調停2021年8期5頁。

ものとする」(10条) と定めて、社区矯正専門職員の配置を求めている。

　学界を中心に、一定の資格要件を要する「社区矯正官」制度の創設を求める意見がかねてから存在したが[16]、現時点でそのような条件を満たす職員の確保が困難であるとして、職員に「法律等の専門知識」を求めることにとどめた。法制定を受けて、実務では、職員向けの研修が強化されており、一部の地方では、試験的に社区矯正官制度の運用を始めているとも報じられている[17]。

　また、立法の過程では、所在不明者の発見や連れ戻し、禁止令違反現場における制止などのいわゆる危機的場面においては、身柄拘束や有形力の行使も必要となるところ、現行法体系の中ではこうした強制措置の権限を警察にしか認めないなどを理由として、社区矯正機構に、警察職を設けるべきとする主張も強かった[18]。しかし、これについては、処遇が過度の権威主義に陥ること、社区矯正の管轄を公安警察から司法行政機関に移行させた意義を喪失させるなどの理由からの反対が強かったことから、この主張は採用されなかった[19]。その一方で、社区矯正法は、上記の危機的場面においては、社区矯正機構が公安警察の協力を求めるものと規定し (30条、31条)、処遇への協力者としての警察の関与を認めたのである。

　なお、既述のように、司法所も、社区矯正機構から委託された業務を行うことになっているので、司法所の職員 (「司法助理員」と呼ばれる公務員である) も、引き続き重要な処遇の担い手になっている。

　(b) ソーシャルワーカー　中国では、社会福祉事業に携わる民間人のことをソーシャルワーカーと呼んでおり、これまでは、このソーシャルワーカーが、社区矯正処遇の担い手として重要な役割を果たしてきた。その背景には、一方において、社区矯正機構の人員不足の問題があり、他方においては、特に21世紀以降、政府の福祉機能を民間に委ねるいわば中国版民営化改革が進められる中で、福祉事業を営む民間団体等が発展していったという事情がある[20]。

16　司紹寒「我国社区矯正執法隊伍建設研究」河南司法警官職業学院学報12巻4期 (2014年) 39頁。王敬「浅析我国社区矯正官隊伍建設的職業化」法制与社会2021年3期130頁以下。なお、社区矯正法の当初の法案にも、「社区矯正官」に関する規定が盛り込まれていた。
17　連春亮「河南省南陽市社区矯正官制度的実践的探索」中国法治2022年10期80頁以下。
18　呉宗憲「論社区矯正立法中的警察問題」趙秉志編『中国法治発展研究報告 (2014年——2015年巻)』(法律出版社、2017年) 357頁以下。
19　王愛立＝姜愛東・前掲注 (2) 18頁、73頁。
20　龔小蝶＝崔月琴「中国社会工作的制度化演進歴程」社会建設10巻3期 (2023年) 3頁以下。

ソーシャルワーカーは、公募又はソーシャルワーク団体からの派遣という形で採用され、社区矯正機構又は所属団体から給与が支給され、民間のボランティアとは異なる。

社区矯正法は、「社区矯正機構は、必要に応じ、法律、教育、心理、ソーシャルワーク等の専門知識又は実務経験を有するソーシャルワーカーを起用して、社区矯正に関する業務を行わせるものとする」（11条）と定めて、ソーシャルワーカーの処遇者として地位を法律上明確にしている。ここでいう「社区矯正に関する業務」には、教育援助のみならず、指導監督も含まれると解されており、しかたって、ソーシャルワーカーは、転居の許可や不良措置などの一定の有権的措置を除いて、処遇の全過程にかかわることになる[21]。

4　社区矯正決定前調査

社区矯正法は、対象者の適切な選別を目的に、「社区矯正決定機関は、必要に応じ、社区矯正機構又は関連する社会組織に委託して、被告人又は受刑者の社会的危険性及びその居住地域への影響を調査評価させるとともに意見を提出させ、これを社区矯正の決定に参照することができる」と定めている（18条）。これは、「旧実施方法」で「社会調査」と呼ばれた制度を正式に法定化したものである。

中国では、管制刑、執行猶予のみならず、仮釈放や暫定的施設外執行についても、その決定権は裁判所にあるので、上記の「社区矯正決定機関」とは、裁判所のことを意味することになる[22]。調査は、裁判所自ら行うのではなく、その委託を受けた社区矯正機構等が行うことになっている。従来は、社区矯正機構の指示のもとで、もっぱら司法所がこの調査にあたっていたが、その調査の専門性を疑問視する意見もあったことから、今回の立法では、社区矯正事業を営むソーシャルワーク団体を想定して、「社会組織」を委託先に加えている[23]。調査の具体的内容は、対象者の再犯危険性と地域の処遇環境などから判断される社区矯正の実施可能性がその中心になる[24]。

21　王愛立＝姜愛東・前掲注（2）75頁。
22　その例外として、暫定的施設外執行については、裁判所のほか「監獄の監督機関」にも決定権が認められている（刑訴法254条）。
23　王愛立＝姜愛東・前掲注（2）103頁。
24　「新実施方法」14条に、調査事項が具体的に列挙されている。

5　処遇計画と処遇チーム

社区矯正法は、分類処遇・個別化処遇を、処遇の基本原則の一つとして定めている（3条）。この原則に基づいて、処遇の開始に先立って、社区矯正機構は、対象者ごとに処遇計画を立てなければならず、この計画は、「裁判の内容及び対象者の性別、年齢、心理的特性、健康状況、犯罪の原因、犯罪類型、犯罪の情状、改悛の情等を勘案して策定しなければならない」としている（24条前段）。

これを受けて、「新実施方法」では、処遇計画を科学的に策定するためのアセスメントを実施すべき旨を定めており（21条）[25]、処遇計画においては、このアセスメントの結果を踏まえて、監督や教育援助に関する措置を対象者の類型や処遇段階に応じて具体的に定めるべきとしている（22条）。また、この処遇計画は、対象者の行状等の変化に応じて随時調整しなければならないとされる（社区矯正法24条後段）。

なお、この処遇計画を効果的に実施するために、社区矯正機構は、対象者の状況に照らして、処遇チームを立ち上げなければならない。処遇チームは、必要に応じて、司法所の職員、住民の自治組織である住民委員会・村民委員会のメンバー、対象者の監護人・家族構成員、所属職場・学校の職員、ソーシャルワーカー、ボランティア等から構成することができ、対象者が女性である場合は、女性メンバーをチームに含める必要がある（同25条）。実務においては、司法所の職員がチームリーダーを務めることになっている。

6　監督管理

社区矯正の基本方法は、監督管理と教育援助であり、二者の適切な結合が、処遇の基本原則の一つとして規定されている（社区矯正法3条）。このうち、監督管理は、遵守事項を守るよう対象者を監督することであり、戻し収容等によって担保される権力的作用である。これに対して、教育援助は、こうした強制力を有しない任意的福祉の作用である。

（1）対象者の遵守事項

遵守事項には、大別して、①刑法上の「禁止令に」によって禁止される事項と、②社区矯正法令に定められた禁止事項の2類型がある（同23条）。前者は、主

25　このアセスメントは、主として処遇計画の策定のために、対象者のリスクとニーズを中心に行うものであり、裁判段階で実施する決定前調査とは別途に行うとされる。

として再犯防止を目的とした行為規範を示すものであって、裁判所が、対象者の問題性に応じて個別的に設定することになっている。これに対して、後者は、主として処遇関係の確保を目的とした処遇実施上の規範を示すものであって、これについては、全対象者に共通する事項として法令に統一的に規定されている。

(a) **刑法における禁止令**　刑法は、管制刑及び執行猶予の対象者に対してのみ禁止令を定めており、仮釈放者についてはこれを定めていない。これは、禁止令を刑の付随処分として位置付けていることによるものと考えられる。

禁止令には、①特定の活動に従事しないこと、②特定の地域又は場所に進入しないこと、③特定の人と接触しないこと、の3つの種類がある（刑法38条2項、72条2項）。それぞれの具体的な内容については、いわゆる司法解釈の中で規定されている[26]。

(b) **社区矯正法における遵守事項**　社区矯正法では、①社区矯正に付する判決、裁決の発効日より10日以内に執行地の社区矯正機構に出頭すること（21条）、②居住する市、県を離れるとき又は転居するときには、あらかじめ社区矯正機構の許可を得ること（27条）、の2事項を定めている。また、同法23条は、「国務院司法行政部門の定める、報告、接客、居住市・県からの外出、転居等の監督管理に関する規定を遵守すること」と定めて、一定の遵守事項の制定を行政規則に委ねている。これを受けて、「新実施方法」では、③法令遵守の状況、学習教育や公益活動等への参加状況を定期的に報告し、住所や仕事、家庭事情の変化については随時報告すること、④禁止令の対象者は禁止令の遵守状況を、暫定的施設外執行の対象者はその健康状況を、それぞれ定期的に報告すること、⑤社区矯正機関の許可なしに、被害者、告発人、通報人、共犯等の再犯を誘発しうる第三者と接触しないこと、を定めている（24条、25条）。

以上のような禁止令や遵守事項違反した場合には、①警告、②治安管理処罰法上の行政処罰、又は③執行猶予等の取消しの措置が講じられることになる（社区矯正法28条）[27]。

26　2011年4月28日付の最高人民法院、最高人民検察院、公安部及び司法部による「管制に処された者及び執行猶予を宣告された者に対して禁止令を適用する問題に関する規定（試行）」（以下「禁止令に関する規定」という）。なお、金光旭・前掲注（1）760頁以下を参照。

27　①は社区矯正機構が、②は公安機関が、③は裁判所が、それぞれ決定権を有する。公安機関の不良措置権については、かねてから批判があったが、今回の立法ではそれを廃止するに至らなかった。司紹寒「試論『社区矯正法』的意義与不足」犯罪与改造研究2020年8期37頁以下。

(2) 監督管理の方法

(a) 対象者の行状の把握　社区矯正機構は、通信連絡、情報ネットワークシステムによる確認、実地訪問等の方法により、対象者の行状を把握しなければならず、関連組織及び個人はこれに協力しなければならないとされる（社区矯正法26条1項）。これも、「旧実施方法」を踏襲した内容である。

(b) 電子位置測定装置を利用した電子監視　今回の立法にあたって、大きな争点の一つになったのは、いわゆる電子監視のあり方である。

「旧実施方法」では、「情報ネットワークシステムによる調査」を認めていたところ（19条）、実務では、これを根拠に、携帯電話のGPS機能を利用した位置確認が広く行われていた。もっとも、この方法では、携帯電話の携帯者と対象者の同一性が確保できないという難点があったことから、一部の地方では、地方独自の規則を定めることによって、取り外しのできないGPS機能が付いた電子位置測定装置（以下「電子位置測定装置」という）を対象者の腕に装着するような運用がなされていた[28]。この措置を適用する対象者の範囲は、地方によって一様でないが、たとえば、上海市では、①社区矯正開始後の3か月間においては対象者全員、②同3か月経過後は、社区矯正機構のアセスメントによって再犯リスクが高く監督管理が困難と認められる対象者、③裁判所等の処分決定機関から当該措置の利用の建議又は決定があった対象者、に対して実施するとされていた[29]。

法案審議の過程では、原則的適用論から例外的適用論まで種々の意見の対立があったが、最終的には、当該措置の対象者に与える負担の大きさから、その使用には慎重であるべきとする意見が多数であったことから、社区矯正法は、電子位置測定装置の使用要件を従来の実務に比べて限定したうえで、その使用期間や使用目的にも制限を設けることにしたのである[30]。

すなわち、同法第29条によれば、対象者に次のいずれかの事情がある場合に、県の司法行政部門の責任者の許可により、電子位置測定装置を使用して、監督管理を強化することができるとされる。①裁判所の禁止令に違反した場合、②正当な理由なく無許可に居住すべき市、県を離れた場合、③所定の規定に従って自分の行状を報告せず、警告措置を受けた場合、④監督管理の規定に違反して、治安

28　北京市司法局課題組「関於進一歩完善社区矯正工作的思考」中国司法2015年9期76頁。
29　上海市《本市社区服刑人員電子実時監督管理暫定規定》（現在は失効）8条～11条。
30　王愛立＝姜愛東・前掲注（2）158頁以下。

管理処罰に処せられた場合、⑤執行猶予、仮釈放又は暫定的施設外執行の決定の取消申請を行おうとし場合（同条1項）。

また、電子位置測定装置の使用期間は、原則として3月を超えてはならいとされる。ただし、アセスメントにより継続使用の必要性が認められた場合には、上記の許可手続に基づいてさらに期間を延長することができ、毎回の延長は3月を超えてはならいとされる（同条2項）。

なお、社区矯正機構は、電子位置測定装置によって取得した情報について厳重に秘匿しなければならず、当該情報を社区矯正以外の用途に使用してはならないとされている（同条3項）。

このように、電子位置測定装置は、基本的には、監督管理の強化を目的としたものであるであるが、遵守事項の違反がその使用要件になっていることからわかるように、それは、取消し等の前段階に位置付けられる中間的不良措置という性格を帯びることになったといえよう。法制定後の実際の運用状況はまだ明らかでないが、電子位置測定装置の適用対象者数が激減したとの報告もある[31]。

7　教育援助
（1）教　育

教育の方法には、①遵法意識、道徳意識及び贖罪意識の喚起を目的とした、法律・モラル教育（社区矯正法36条1項）と、②社会関係の修復、社会的責任感の醸成を目的とした、公益活動への参加（同42条）の2種類がある。

いずれも従来実施されてきた内容であるが（ただ、②については「社会奉仕活動」と呼ばれていた）、これを非義務化したのが、今回の立法の大きな変更点である。すなわち、「旧実施方法」では、①と②のいずれについても「毎月8時間以上」の参加をすべての対象者に共通する遵守事項として規定していたところ（15条、16条）、立法の過程では、教育措置の目的は制裁でない、参加時間を一律に定めるのは処遇の個別化原則に反する、対象者の日常生活や仕事に支障を来す、公益活動の確保は処遇機関にとっても大きな負担になっているといった意見が多かった[32]。これを受けて、今回の立法では、①と②を遵守事項から外し、そのうえ

31　例えば、上海市長寧区の対象者195名のうち、当該装置に付された者は1名にすぎないという調査報告がる。左然然「我国社区矯正中電子監控応用的実践、困境与発展」華東政法大学修士論文集（2022年）34頁。

で、①については、教育は「対象者の個人の特性、実際の行状、仕事及び生活状況を踏まえて個別的に実施する」とし（36条2項）、②についても、公益活動への参加は「個人の特性に応じて」実施する旨を定めて（42条）、処遇の個別化を図ろうとしたのである。また、従来の「社会奉仕」という名称を「公益活動」に改めたのも、その活動の性格が決して制裁ではなく、社会性の涵養を目的としたものであることを明確にする趣旨である[33]。

（2）援　助

援助とは、対象者が、就学・就労や、生活保障、医療、家庭関係等において抱えている困難を克服して、社会生活に適用することができるようにするための支援措置をいう。こうした福祉的サービスの多くは、対象者が本来保障されるべき固有の権利であることを明らかにする趣旨で、社区矯正法は、その総則において、「社区矯正の対象者の法に基づき保障される人身の権利、財産に対する権利及びその他の権利は侵害されてはならず、就職、就学及び社会保障等において差別を受けてはならない」と定めている（4条2項）。

そのうえで、社区矯正機構が自ら行う援助内容として、就職困難者に対する職業訓練や就職指導、在学中の対象者に対する学習支援、生活困難者に対する支援等を掲げ、これらの支援を、関連行政機関及び団体と連携しつつ行うべき旨を定めている（37条、38条、43条）。

また、こうした援助活動において、従来、ソーシャルワーク団体が重要な役割を果たしてきた実績を踏まえて、社区矯正機構は、「対象者の教育、心理学的指導、職業訓練、社会関係の改善に必要な援助」を、「社会組織に委託して行うことができる」旨を規定している（40条1項、2項）。

三　法制定の意義と課題

社区矯正法の制定は、それまでもっぱら行政規則に頼った運用に終止符を打ち、法律に基づいた処遇を可能にしたという意味で、法治主義の大きな前進であると評しえよう。また、法律の内容からみても、従来の運用に比べて、対象者の監督よりも教育援助に力点を置くものになっており、今後の実務運用の改善の指

32　王愛立＝姜愛東・前掲注（2）188頁以下、215頁以下。
33　王愛立＝姜愛東・前掲注（2）217頁。

針を示したという意味で、実践的意義も大きいと思われる。

その一方で、多くの課題が取り残されているのも事実であり、そのうち、喫緊の課題として、さしあたり、以下の2点を指摘しておきたい。

1　理論上の課題

既述のように、立法の過程で、社区矯正の法的性質について、それが刑罰の執行であるか否かをめぐって激しい争いがあったが、今回の立法では、社区矯正の前提となる刑事処分の種類が多様であることから、社区矯正を「刑事処分の執行」と形式的に定めて、その性質を一律に定義することは回避した。そうしたことから、この刑事処分の性格をめぐって、立法後も論争が続いており、その行方次第では、社区矯正の今後の立法や運用に大きな影響をもたらす可能性があるように思われる。

争点が多岐にわたるが、大きくは、①社区矯正に伴う自由制限の正当化根拠を如何に理解するのかという問題と、②その自由制限の目的を如何に捉えるべきかという問題、の2点に分かれる。

まず、第1点をめぐる論争は、刑罰の内容を構成する自由制限のみが正当化されるという認識を、共通の出発点にしているところに特徴がある。この出発点からずれば、社区矯正の前提となる刑事処分のうち、管制刑は独立した刑種であり、仮釈放と暫定的施設外の執行も、それを自由刑の施設外における執行形態と解するのが通説であることから、この3つの処分に付随する社区矯正は、刑罰の執行にあたり、自由制限は刑罰それ自体に内包されるものとして正当化されることになる。この点については、刑罰執行説のみならず、それと対立する立場（現在では「刑事（処分）執行説」と呼ばれている）も賛成するところである[34]。意見が分かれるのは執行猶予の場合であり、刑事（処分）執行説は、自由刑の執行が猶予されている以上、刑の執行を観念することができず、よって、自由制限も正当化されないとする[35]のに対して、刑罰執行説は、執行猶予の条件である遵守事項が実質的には刑罰に相当するものとして、それに対する執行が刑罰の執行に外ならないとする[36]のである。刑事（処分）執行説を徹底すれば、刑事責任が相対的に

34　王順安＝馬聡・前掲注（3）108頁以下。
35　屈学武「中国社区矯正制度設計及其践行思考」中国刑事法雑誌2013年10期16頁以下。
36　呉宗憲・前掲注（6）82頁。

軽い管制刑の対象者に対して自由制限ができるのに対して、刑事責任が相対的に重い刑の執行猶予者に対しては、かえって自由制限ができないという結論が導かれ、この点が疑問視されている[37]。一方で、刑罰執行説については、執行猶予が独立した刑種として規定されていない中で、禁止令を刑罰とするのは罪刑法定主義に反するとの批判が向けられているのである[38]。

　以上の議論については、刑罰の内容を構成する自由制限のみが許されるという、この両説が立脚する共通の前提そのものが検討の余地があるように思われる。執行猶予者に対する自由制限が正当化されるのは、その行為責任にあるわけで、この点は、執行猶予者以外の対象者に対する自由制限と共通しているはずである。行為責任によって正当化される自由制限を、刑の内容に含めることも（たとえば管制刑の場合）、刑罰自体としてはだく、刑の付随処分とすることも（たとえば執行猶予の場合）、立法政策としてありうることであろう。

　つぎに、第２点については、刑罰執行説は、一般に、自由制限の目的を、特別予防のみならず、応報や一般予防にも求める傾向があり[39]、こうした観点から、従来の実務で行われたいたような対象者に対する画一的な電子監視や社会奉仕の義務付けを正当化しているのに対して、刑事（処分）執行説は、一般に、教育刑の理念を強調する傾向があり[40]、その立場からこうした義務付けには反対しているのである。刑罰執行説は、刑罰一般に関する理論を社区矯正にも応用した考え方といえるが、これをもって、社区矯正の前提となる個々の刑事処分を説明するのは困難であるといわざるをえない。すなわち、管制刑についていえば、確かにそれは独立した刑種であり、制度の設計としては、応報や一般予防を目的とした義務賦課を刑の内容に盛り込むことは、理論上可能かもしれない。しかし、現行刑法についてみると、禁止令の内容は、もっぱら再犯防止を目的としたものであり、実務の運用においても、禁止令の適用はあくまでも対象者の改善更生ないし再犯防止の目的から行われるべきとされている[41]。そうだとすると、中国の管制

37　劉強＝武玉紅「社区矯正的性質為社区刑罰執行」青少年犯罪問題2020年６期36頁。
38　こうした批判を受けて、刑罰執行説の中には、立法論として、執行猶予を独立した刑種として定めるべきとする見解もある。翟中東「緩刑刑種化問題的思考」天津法学2021年３期37頁以下。
39　劉強「緩刑執行性質弁析」山東警察学院学報189期（2023年）124頁以下。
40　王順安「従刑罰執行到刑事執行——談社区矯正性質的認識」河南司法警官職業学院学報2020年２期28頁以下、連春亮「社区矯正法出台的意義与特徴」犯罪与改造研究2020年４期19頁以下。
41　「禁止令に関する規定」１条。前掲注（26）を参照。

刑は、いわば一種の特別予防刑と解しうるものであり、そこでは、行為責任は、管制刑相当の事案について自由刑（執行猶予を含む）の適用を除外するという意味で、刑罰の上限を画する意義があるとしても、必ずしも、応報や一般予防を求めるものではないように思われる。また、執行猶予及び仮釈放についても、それは自由刑の弊害を回避しつつ特別予防を図る制度であるという点では異論がないところであるから、それらの処分に応報等の目的を求めるのは自己矛盾とさえいえるのである[42]。その意味では、第2の論点については、刑事処分の特別予防を強調する刑事（処分）執行説が、より説得力があるといえよう。今回成立した社区矯正法も、基本的にこの立場に立脚したものと思われる。

　もっとも、刑罰執行説が有力に主張される背景には、厳罰を求める世論が根強く存在する中で、自由刑の代替としての非拘禁処遇を拡大してくためには、相応の厳しさを伴った社区矯正制度が必要だという政策的判断があることも事実である。その意味では、社区矯正をめぐる世論の今後の動向も注目されよう。

2　運用上の課題

　何よりも、社区矯正機構及びその職員の充実強化が急務といえよう。処遇の専門性の向上の観点からのみならず、対象者の人権保障の観点からも、社区矯正は、専門的訓練を受けた専門職が担当すべきことは当然のことである。社区矯正制度が導入されて10年以上を経過しても「社区矯正官」制度が確立していないのは、大きな問題だといわざるをえない。今回の立法によって、処遇専門性を強化する方向性は示されたわけであるから、それを担保するための専門官制度の確立と、その専門官の量的・質的強化が望まれるところである。

---

[42] その意味では、刑罰執行説は、現行刑法の解釈論というよりも、立法論を展開する主張ともいえるのである。劉強・前掲注（39）129頁以下参照。

中国における刑事立法の活性化
―― 経緯、事実、論争と私見 ――

梁　　根　林

一　刑事立法活性化の経緯
二　刑事立法の活性化と刑法（罪名の範囲）の拡張
三　刑事立法の活性化と刑罰構造（刑罰量）の改善
四　刑事立法の活性化――論争と個人的見解――

　学術的造詣が深く、多くの著作を持ち、国際的な評価を得ており、日中の刑法学術交流を熱心に推進し、中国の後輩たちを熱心に育成している甲斐克則教授の古稀お祝いにあたり、筆者は本稿を執筆し、近年の中国の刑法改正に見られる刑事立法の活性化の経緯と事実をまとめ、関連する立法の論争について分析し、個人の所見を明らかにすることで、尊敬する甲斐克則教授の70歳の誕生日をお祝いし、甲斐克則教授の永遠の若さと学問の栄えを祈るものである。

一　刑事立法活性化の経緯

　中国の現行刑法は、1979年7月1日に制定された刑法典に基づいており、1997年3月14日に全面的な改正が行われた。1997年に新たな刑法が施行されて以来、中国は前例のない速度で発展し、社会変革を経験し、全面的な転換期および重要な時期に入った。それとともに、情報社会やリスク社会に属する新たな安全への脅威や犯罪の課題が絶えず現れており、社会に対する管理と犯罪に対するコントロールのための実際の必要性に基づいて、立法機関は法改正で継続的に対応している。2023年12月29日までに、中国の立法機関は1つの特別刑法と12の刑法改正案を可決し、刑事立法の活性化の発展傾向が強化されている。
　1998年12月29日、立法者は「外貨の騙し買い、外貨逃避および外貨の違法売買に対する懲罰に関する決定」を可決した。この特別刑法が施行された後、立法者は刑法の改正案の方式を採用し、1997年刑法を修正した。その間、1999年12月25

日から2009年2月28日までの10年間に、合計7つの刑法改正案が採択され、個々の犯罪の構成要件と法定刑に関する62の条文が修正された。これは、法改正の頻度の意味での刑事立法の活性化と言える。しかし、これらの刑法改正案は、全体としては1997年刑法に対する個別の変更に留まり、内容は主に刑法の一部の罪名の構成要件や法定刑の創設または変更に限られている。

その後、立法者は2011年2月25日、2015年8月29日、2017年11月4日、2020年12月26日、2023年12月29日に、「刑法改正案（八）」、「刑法改正案（九）」、「刑法改正案（十）」、「刑法改正案（十一）」、「刑法改正案（十二）」を可決した。そのうち、「刑法改正案（八）」、「刑法改正案（九）」、「刑法改正案（十一）」、「刑法改正案（十二）」にはそれぞれ49、51、47、7の実体法上の条文が含まれており、これらは刑法における多くのの罪名の構成要件や法定刑の創設や修正に関与しているだけでなく、刑法の総則や刑罰制度の重大な変更にも関わっている。法改正の程度と範囲から見ると、これらの修正は1997年刑法に対する小規模な修正ではなく、大規模な変更であり、法改正の度合の意味での刑事立法の活性化であり、真の刑事立法の活性化とも言える。したがって、本稿における中国の刑事立法の実情に対する考察は、「刑法改正案（八）」以降の中国の刑法改正に焦点を当てる。

二　刑事立法の活性化と刑法（罪名の範囲）の拡張

中国の刑法改正案は、「厳而不厲（厳密であるが、厳格でない）」と言う刑事立法政策の指針に基づいて、司法実践の経験を総括し、刑法学の研究成果を取り入れ、多様な刑事法網の拡大や犯罪領域の拡大を目指す刑法改正戦略を採用している。

1　独立した構成要件の創設、新たな罪名の追加

刑法改正案は、以前は民事侵害、契約違反、または行政違法行為としてのみ民事責任を負ったり、行政処分を受けたりしていた行為を犯罪化した。

その中で、「刑法改正案（八）」では、危険運転罪、外国公務員、国際公共機関職員に対する賄賂罪、虚偽請求書罪、偽造請求書を所持する罪、器官売買を組織する罪、賃金支払いを拒否する罪、食品監視義務を怠る罪など7つの犯罪が追加された。

「刑法改正案（九）」では、テロ活動準備実施罪、テロリズム、過激主義宣伝・テロ活動実施扇動罪、過激主義利用法律実施破壊罪、テロリズム、過激主義を宣伝する服、マークを強制する罪、テロリズム、過激主義を宣伝する物品不法所持罪、被後見人、被看護者虐待罪、虚偽の身分証明書・窃取の身分証明書使用罪、試験不正行為組織罪、試験問題答案不法販売・提供罪、替玉受験罪、インターネット安全管理義務履行拒否罪、インターネット不法利用罪、インターネット犯罪幇助罪、公務執行妨害罪、不法集合組織、援助罪、虚偽情報捏造流布罪、虚偽告訴罪、公表してはならない案件の情報不法流布罪、公表してはならない案件の情報不法報道罪、影響力ある者に対する贈賄罪など、20の罪名が追加された。

「刑法改正案（十一）」では、安全運転妨害罪、危険作業罪、薬品管理妨害罪、域外のための営業秘密窃取・探知・買受・不法提供罪、ケア職責人員性的侵害罪、警察官襲撃罪、詐称乗っ取り罪、高所物品投捨罪、不法債務取立罪、英雄烈士名誉・栄誉侵害罪、国（域）外賭博参加組織罪、人類遺伝資源不法採集・人類遺伝資源材料密輸罪、ゲノム編集・クローン胚不法移植罪、陸生野生動物不法捕獲・買入・運搬・売渡罪、自然保護地破壊罪、侵略的外来種不法持込・解放・遺棄罪、興奮剤管理妨害罪など、17の罪名が追加された。これらの新しい犯罪の多くは、自然人だけでなく、単位も対象としている。

2　犯罪の基準の緩和、刑法の介入時期の前置化

　刑法改正案は、2つの側面から犯罪の基準を緩和する。1つは、直接的に犯罪を構成する罪の基準を低下させることであり、もう1つは、刑法の介入時期を前置化して、特に抽象的危険犯の構成要件を創設することである。

　犯罪の基準を直接的に低下させる例として、「刑法改正案（八）」では、1997年刑法の窃盗罪の構成要件に加えて、「侵入窃盗」、「持凶器窃盗」、「スリ」などの、窃盗の数額や行動回数の要求がない独立した行為類型が追加された。過去に治安管理処罰や労働教化処分の対象であった一般的な窃盗行為が犯罪化された。

　刑法の介入時期を前置化する基本的な戦略は、結果中心の犯罪化の立場を変え、犯罪の既遂形態を実害犯から危険犯に格下げし、抽象的危険犯の構成要件を追加し、具体的危険犯を抽象的危険犯に格下げすることである。前者の例として、「刑法改正案（八）」は、1997年刑法で過失犯と規定されていた重大環境汚染事故罪を故意および過失の両方を含む環境汚染罪に変更して、重大な環境汚染事

故を引き起こし、公私の財産に重大な損失をもたらすか、人身傷害が発生するという「重大な結果」が犯罪を構成する規定を廃止した。国家の規定に違反して放射性廃棄物、伝染病の原因物質を含む廃棄物、有毒物質、またはその他の有害物質を放出、廃棄、または処理する行為が「環境を深刻に汚染する」場合、環境汚染罪が成立する。後者の例として、「刑法改正案（八）」では、危険運転罪が新設され、「刑法改正案（十一）」では高所物品投捨罪と言うような抽象的危険犯が新設された。また、「刑法改正案（八）」は1997年刑法第141条の偽薬の生産と販売に関して「人体の健康に重大な危害を及ぼす」場合にのみ犯罪を構成するとされていた規定を削除し、偽薬の生産と販売の行為が行われた場合には犯罪とする。

3　選択的構成要件要素の追加と現行罪名の適用範囲の拡大

刑法改正案では、選択的構成要件要素を追加することで、現行罪名の適用範囲を拡大している。具体的な変更点は次のとおりである。

（1）行為対象の拡大

例えば、「刑法改正案（八）」では、刑法237条の強制わいせつ・女性侮辱罪の犯罪対象である「女性」を「他人」に修正し、罪名をこれに応じて「強制わいせつ、侮辱罪」と修正した。刑法280条3項の住民の身分証の偽造や変造に関する罪について、「刑法改正案（八）」は住民の身分証、パスポート、社会保障カード、運転免許証など法律で身分を証明するために使用できる証明書に対象を拡張し、身分証明書の売買という行為を追加し、「身分証明書の偽造、変造、売買罪」として罪名を修正した。「刑法改正案（九）」では、刑法290条の社会秩序を乱す行為に関する罪を修正し、「医療施設での勤務秩序を乱す行為」を規制の対象に追加した。また、刑法311条で定められたスパイ犯罪の証拠提出を拒否する罪の対象を、スパイ犯罪の証拠やテロリズム犯罪の証拠、過激主義犯罪の証拠に拡大し、「スパイ犯罪、テロリズム犯罪、過激主義犯罪の証拠の提出を拒否する罪」として罪名を修正した。「刑法改正案（十一）」では、サービスの登録商標を登録商標模倣罪の保護対象に追加し、新型コロナウイルスなど法的に定められた甲類伝染病の管理措置を、伝染病防止妨害罪の行為類型に追加した。

（2）行為類型の拡大

「刑法改正案（八）」では、刑法226条の取引強要罪に、「入札や競売への参加またはそれらからの撤退を強要する」、「会社や企業の株式、債券、または他の資産

の譲渡または取得を強要する」、「特定の経済活動への参加またはそこからの撤退を強要する」という3つの行為形態が追加された。また、刑法293条の騒動挑発罪（尋衅滋事罪）には、「他人を脅迫する」という行為形態が追加された。「刑法改正案（九）」では、刑法120条の1の「テロ活動支援罪」の行為形態が変更され、テロ活動の訓練の支援、テロ活動の組織、実施またはテロ活動の訓練のための人員の募集、輸送などの行為形態が追加され、罪名はそれに応じて「テロ活動幇助罪」に変更された。刑法309条の法廷秩序の騒乱罪も修正され、「訴訟参加者を殴打する」、「司法関係者または訴訟参加者を侮辱、中傷、脅迫し、法廷の制止に従わず、法廷の秩序を深刻に乱す」、「法廷の施設を破壊し、訴訟文書や証拠品などを奪い取ったり破壊したりするなど、法廷の秩序を乱す行為」という行為形態が追加された。また、従来の刑法に規定されていた「集団で騒ぎ、法廷を襲撃したり、司法関係者を殴打することによって、法廷の秩序を深刻に乱す」という犯罪の量刑要件が削除された。「刑法改正案（十一）」では、証券や先物取引の操作罪の行為形態が拡大され、自己洗浄が資金洗浄の範囲に含まれ、著作権侵害罪の侵害行為類型も追加された。

(3) 行為主体の拡大

第1に、特殊な主体から一般的な主体への変化である。例えば、「刑法改正案（九）」は、「刑法改正案（七）」で新設された公民個人情報の販売、不法提供罪と公民個人情報の不法取得罪の行為主体の身分を変更した。具体的に、「国家機関の職員や金融、電気通信、交通、教育、医療などの部門の従業員」といった特殊な主体から一般的な主体に引き下げ、「国家の関連規定に違反し、他人に個人情報を提供または販売する場合、情状が重いときは、個人情報侵害罪が成立する」とされている。第2に、自然人犯罪以外に、単位犯罪の規定が追加された。例えば、「刑法改正案（九）」では、刑法283条の不法生産・販売専用スパイ機器、盗聴、盗撮専用機器罪、刑法313条の判決、裁定執行の拒否罪、刑法285条、286条のコンピュータ情報システムへのネットワーク攻撃犯罪の行為主体が自然人から法人に拡大された。第3に、刑法に規定された単位犯罪が自然人犯罪と単位犯罪を含むよう拡張された。例えば、「刑法改正案（八）」では、刑法244条の労働強要罪の行為主体が単位雇用主から自然人と単位に拡張された。

4　既存罪名の調整、刑法の処罰範囲の拡大

「刑法改正案（十一）」では、「他人危険作業強要、組織罪」が「危険作業強要罪」に取って代わり、「偽薬製造、販売、提供罪」が「偽薬製造、販売罪」に取って代わり、「劣薬製造、販売、提供罪」が「劣薬製造、販売罪」に取って代わり、「証券詐欺罪」が「株券、社債詐欺罪」に取って代わった。「刑法改正案（十二）」では、国有企業従業員同種営業不法経営罪を同種営業不法経営罪に置き換え、国有企業従業員による親類・友人不法図利罪を親類・友人不法図利罪に置き換え、国有企業の従業員による会社、企業資産私利廉価株式換算および売却罪を会社、企業資産私利廉価株式換算および売却罪に置き換え、これら3つの罪名の主体範囲を1997年刑法で規定された国有企業従業員から非国有企業従業員に拡大した。

5　故意と過失の境界の流動化、罪責要素の曖昧化

「刑法改正案（八）」では、食品監視義務を怠る罪が追加され、食品安全の監督管理責任を負う国家機関の職員が、職権を濫用したり職務怠慢を行ったりして、重大な食品安全事故を引き起こしたり他の深刻な結果をもたらしたりする場合、この犯罪が成立する。立法者は不正行為、危害結果、因果関係、客観的帰属などの客観的な違法要件に焦点を当て、行為者が行為時に主観的に過失であるか故意であるか、または過失の中に故意があるか、故意の中に過失があるかにかかわらず、行為者が主観的に責任を負う可罰性があれば、食食品監視義務を怠る罪が適用される。「刑法改正案（九）」に基づき、「刑法改正案（十一）」では「食品、医薬品監督義務を怠る罪」が「食品監督義務を怠る罪」に取って代わり、この罪の適用範囲が医薬品監督義務を怠る行為に拡大された。

6　形式予備犯から実質予備犯への変更、予備行為の実行化

中国刑法22条は形式予備犯の可罰性を一般的に確認し、予備犯は既遂犯の刑の軽きに従って処し、または減軽、免除が適用されることを規定している。しかし、形式予備犯の一般的な罰則は多くの回避できない困難に直面しており、中国の司法は実践的合理性に基づいて、ごく一部の重大犯罪の予備犯のみを例外的に処罰している。予備犯処罰原則の普遍的問題を克服するための根本的な方法は、立法の再構築である。すなわち、予備犯の刑法規制を一般的な罰則から例外的な

罰則、総論から各論、形式予備犯から実質予備犯へとモデル転換することである[1]。

「刑法改正案（九）」は、テロ活動犯罪とネットワーク違法犯罪活動の予備行為が公共安全とネットワークセキュリティに潜在的な脅威をもたらすことを考慮し、予備行為を実行化し、テロ活動の準備を行うことが処罰される。凶器、危険物、または他のツールを準備したり、テロ活動のトレーニングを組織したり、積極的に参加したり、テロ活動を実行するために境外のテロ活動組織や個人と連絡を取ったり、テロ活動を計画したり、その他の準備行動のいずれかを行う場合、テロ活動準備罪に該当する。インターネットを利用し、詐欺、犯罪方法の伝授、禁制品、制限品の製造又は販売など違法犯罪活動を行うために、サイトやチャットグループを設立したとき、麻薬や銃、わいせつ物品等の禁制品、制限品を製造又は販売すること、またはその他のことに関する違法犯罪情報を流布したときはインターネット不法利用罪に該当する。

7　犯罪関与の帰責範囲の拡大、幇助行為の正犯化

「刑法改正案（九）」は、他人のインターネットを利用した犯罪を確定的に認識しながら、その犯罪行為に対するインターネット接続、サーバーホスティング、ネットワークストレージ、通信伝送などの技術の提供または広告宣伝、支払決済行為などを幇助し、情状が重いときはインターネット犯罪幇助罪を構成する。この独立した罪名の創設により、司法実務者にインターネットサービス提供者がインターネット犯罪の実行にプラットフォームを提供する行為について刑事責任を問うための法的根拠が提供されるだけでなく、「正犯なき共犯」という司法の困難が解決され、犯罪関与の帰責原理が維持される。

8　特別構成要件の削除、一般的構成要件の適用範囲の拡大

「刑法改正案（九）」は、1997年刑法360条2項の規定を削除し、幼女買春が特別な構成要件とされる幼女買春罪を刑法236条2項に統合して、一般的な構成要件である強姦罪によって統一的に規制した。1997年刑法の幼女買春罪の創設は、刑法による幼女買春行為への介入を通じて、風紀の乱れた幼女を保護することを

1　梁根林「予備犯の普遍的処罰原則のジレンマと打開策」中国法学2011年2期参照。

目的としていた。しかし、この立法措置は、「良家の幼女」と「風紀の乱れた幼女」を区別し、「良家の幼女」に対する性的侵害と「風紀の乱れた幼女」に対する性的侵害を異なる刑法評価の対象として扱うことを前提としており、客観的には14歳未満の幼女に対する平等で充分かつ特別な保護を保障するという公共政策に反していた。このため、「刑法改正案（九）」はこの規定を削除し、「風紀の乱れた幼女」の買春と「良家の幼女」の姦淫を強姦罪として一元的に評価することで、1997年刑法におけるこの規定の公共政策上の欠陥と法的論理上の矛盾を克服した。

9　刑事責任を阻却する事由の廃止

「刑法改正案（九）」は、1997年刑法241条6項の「誘拐され売買された女子又は児童を買い受けた後、その女子の希望に従い、原居住地に戻ることを妨害しなかったとき、又はその児童に対し虐待行為を加えず解放されるのを妨害しなかったときは、刑事責任を追及しないことができる」という規定を削除し、上記の事由を、刑事責任阻却事由から法定の減軽事由に格下げした。この改正は、女子、児童の売買市場を完全に禁止することで、人身売買行為をより効果的に防止し、処罰するためのものである。また、女性、児童の売買は人間の尊厳を踏みにじる重大な行為であり、文明社会の基準に違反するため、国家がこのような行為を絶対的に禁止することを明確にするためである。

10　訴訟救済規定の追加、刑事親告成功率の向上

情報社会の到来とインターネットの普及に伴い、インターネットを通じて人を侮辱し、誹謗することは、侮辱、誹謗という犯罪行為の「新しい常態」となり、インターネットの拡散効果により、被害者の人格、名誉への損害が無限に拡大する可能性がある。現代の中国では、市民の人格、名誉、尊厳意識が目覚めており、インターネットを通じて人を侮辱し、誹謗することへ刑事的介入を強化する必要がある。しかし、刑法246条によると、侮辱、誹謗罪は「社会秩序や国家の利益に重大な危害を与える」場合を除き、「告訴された場合にのみ処理される」犯罪である。インターネットを通じての侮辱、誹謗の犯罪行為に直面すると、被害者が告訴する際には、犯罪情報、データ、電磁記録などの電子証拠を収集し、保全することが困難な場合がある。そのため、「刑法改正案（九）」では、この罪

に対する訴訟救済措置を特別に設けており、「インターネットにより第１項に規定された行為が行われたと告訴した被害者が、確かな証拠を提供できないときには、人民裁判所が警察機関の協力を求めることができる。」という規定を追加した。この規定により、被害者が侮辱罪、誹謗罪の刑事告訴を提起する際の証明の困難さが解消され、被害者が侮辱、誹謗の刑事告訴を提起しやすくなっている。これにより、長期間眠っていた刑法246条が活性化され、国民の人格、名誉、尊厳に対する刑事的保護が強化されている。

　中国の刑法改正は、犯罪領域を単純に拡大するものではない。例えば、「刑法改正案（十一）」において、欺く手段により銀行またはその他の金融機関から融資・手形引受・信用状・保証状等を取得し、銀行またはその他の金融機関に重大な損失を惹起した者を処罰すると規定している。改正前の刑法規定と比較すると、この規定は融資、手形引受、金融証書詐欺罪の入罪基準を引き上げて、融資基準が高く、融資を受けることが困難で、企業の生産経営が急がれるなどの理由により、融資過程で詐欺行為があった場合でも、不法（非合法）占有の目的がなく、最終的に銀行に重大な損害を惹起しなかった場合に、犯罪として扱われなくなった。これは、一部の詐欺行為を犯罪として取り扱わない立法上の考慮を反映している。

三　刑事立法の活性化と刑罰構造（刑罰量）の改善

　「刑法改正案（八）」以降、中国の刑法改正は、これまで主に犯罪の範囲拡大、構成要件の改善、法定刑の調整に焦点を当ててきたが、同時に刑罰構造（刑罰量）の調整にも注力するようになっている。その重点は、「死刑が過度に多く、自由刑が軽すぎる」という刑罰構造の欠陥を解決し、関連する刑罰制度を改善することにある。

（１）「死刑が過度に多い」の解決策

　１　高齢者の犯罪に死刑を適用しない規定を設ける。「刑法改正案（八）」では、裁判時に75歳以上の人には死刑を適用しないが、特に残虐な手段で人を死に至らしめた場合は除外する。

　２　22個の経済的で非暴力的な犯罪に対する死刑を廃止する。「刑法改正案

(八)」では、文化財密輸罪、貴重金属密輸罪、貴重動物貴重動物製品密輸罪、普通貨物物品密輸罪、手形詐欺罪、金融証書詐欺罪、信用証書詐欺罪、付加価値税専用証書不正作成罪、付加価値税専用証書偽造、偽造付加価値税専用証書販売罪、窃盗罪、犯罪方法伝播罪、古文化遺跡古墳盗掘罪、古人類化石古脊椎動物化石盗掘罪という13の罪名の死刑を廃止した。「刑法改正案（九）」では、武器弾薬密輸罪、核材料密輸罪、偽造通貨密輸罪、通貨偽造罪、集金詐欺罪、売春組織罪、売春強制罪、軍事職務執行妨害罪、戦時中流言伝播罪という9つの犯罪の死刑をさらに廃止した。これらの刑法改正により、1979年から1997年まで死刑の罪名が28から68に大幅に増加し続けていた状況を転換し、「原則として死刑の罪名は増減しない」という立法方針を打ち破り、中国の刑法における死刑の罪名を削減する困難なプロセスを開始した。

3　死刑猶予者に対する死刑執行の条件を厳格化する。1997年刑法50条によれば、死刑猶予者に対しては、「故意に犯罪を行い、確証された場合は、最高人民法院が認可し、死刑を執行する」と規定されていた。この規定により、軽微な故意犯罪に対しても死刑を認可する法的余地が残されていた。死刑執行の範囲を厳格に制限するため、「刑法改正案（九）」では、死刑執行の条件を「故意に犯罪を行い、重大な事情がある場合は、最高人民法院に認可を求めた後、死刑を執行する」と修正した。したがって、死刑猶予者が死刑執行猶予期間中に故意犯罪を犯した場合でも、重大な事情がない限り、死刑執行を認可することはできない。

（2）「自由刑が軽すぎる」の解決策

1　死刑執行猶予者の減刑後の執行刑期要件を延長する。「刑法改正案（八）」では、1997年刑法に規定されている死刑執行猶予者について、「大きな功績を残した場合、2年が経過すると、15年以上20年以下の有期懲役に減刑される」という規定を「25年の有期懲役に減刑される」と変更した。

2　減刑制限のある死刑執行猶予制度を創設する。「刑法改正案（八）」により、死刑執行猶予を判決した累犯、又は故意殺人、強姦、強盗、略取、放火、爆発、危険物の放投若しくは組織的暴力犯罪を行った者に対して死刑の執行猶予を言い渡す場合は、人民法院は、犯罪の情状により、同時に減刑を制限することができる。そして、減刑が制限される死刑の執行猶予に処せられた者が、執行猶予期間が経過した後に法により無期懲役に減刑されるときは、減刑後に実際に執行

される刑期は25年を下回ってはならない。執行猶予期間が経過した後に法により25年の懲役に減刑されるときは、減刑後に実際に執行される刑期は20年を下回ってはならない。

　3　横領罪、収賄罪に対して減刑や仮釈放が許されない終身懲役の死刑執行猶予制度を創設する。「刑法改正案（九）」では、横領や収賄の金額が著しく巨額であり、犯罪の事実が特に重大であり、社会的影響が特に悪質であり、国家や国民の利益に特に重大な損害を与えた場合、人民法院は犯罪情状などを考慮し、死刑執行猶予を2年間とし、その2年後に死刑執行猶予期間が満了した場合、法に基づき無期懲役に減刑された後に減刑や仮釈放をしてはならない終身懲役を言い渡すことができる。

　4　数罪を同時に処理する有期懲役の上限期間を延長する。「刑法改正案（八）」では、刑法69条で規定されている数罪を同時に処理する際に実行される有期懲役の上限が「最長でも20年」とされていた規定を変更し、有期懲役の合計刑期が35年未満のときは、最高刑期は20年を超えてはならない、有期懲役の合計刑期が35年以上のときは、最高刑期は25年を超えてはならないと改正した。

　5　異なる種類の刑罰を同時に処理する規定を追加する。「刑法改正案（九）」では、数罪の中に有期懲役に処するものと拘役に処するものがあるときは、有期懲役を執行すると規定した。また、数罪の中に有期懲役に処するものと管制に処するものがあるとき又は拘役に処するものと管制に処するものがあるときは、有期懲役又は拘役を執行した後、管制を執行しなければならないとした。この規定は、異なる種類の刑罰を同時に処理する場合の法の空白を補うものである。

　6　刑罰の減軽幅を制限する。「刑法改正案（八）」では、犯罪者が刑法で定められた刑罰軽減事由を有する場合、法定刑以下の刑罰を科さなければならず、刑法で数段階の刑罰幅が定められている場合は、法定刑罰幅の次の幅内で刑罰を科さなければならないと規定している。この規定は、刑罰を減軽する際に司法実務が不適切に刑罰を減軽することを防ぐことを目的としている。

　7　無期懲役を言い渡された者に対する減刑後の最低実刑期間を引き上げる。「刑法改正案（八）」では、無期懲役を言い渡された者は、減刑後に実際に服する刑期が13年以上で、仮釈放条件を満たした者のみ仮釈放されるよう規定した。1997年刑法の規定で最低10年未満であったものと比べると、無期懲役を言い渡された者に対する仮釈放のための最低実刑期間が3年延長されたことになる。

8　無期懲役を言い渡された者に対する仮釈放のための最低実刑期間を引き上げる。「刑法改正案（八）」では、無期懲役を言い渡された者は、実際に13年以上の刑期に服し、仮釈放の条件を満たした場合にのみ、仮釈放されることが規定された。1997年刑法の規定で最低10年未満であったものと比べると、無期懲役を言い渡された者に対する仮釈放のための最低実刑期間が同様に３年延長されたことになる。

　上記の「自由刑の延長」の刑法改正は、一方で死刑の即時執行と死刑の猶予執行の間の「生と死の二重天」の矛盾を緩和し、司法実務における被害者や社会の論争からの圧力を減らし、段階的に死刑の猶予の適用範囲を拡大するか、または死刑の代わりに死刑執行猶予を試みる司法適用の空間を開くことを目指している。その一方で、有期懲役と無期懲役の間にありうる溝を埋め、「自由刑が軽すぎる」という問題を克服し、死刑、無期懲役、有期懲役の間で軽重の秩序を確立し、相互につながり、合理的な刑罰の階段を構築することを目指している。

（３）刑罰制度の改善策

1　刑事責任年齢の引き下げ。「刑法改正案（十一）」では、満12歳以上14歳未満の者が、故意殺人・故意傷害の罪を犯し、よって人を死に至らせ、または特に残忍な手段により人に重傷を負わせて重大な障害を惹起し、情状が悪質であり、最高人民検察院が刑事責任追及を許可したときは、刑事責任を負わなければならない。同時に、16歳未満であるために刑事処罰を科さない場合は、その父母またはその他の監護者に管理教育を命じる。必要なときは、法により特別矯正教育を行う。

2　管制および執行猶予に対する禁止命令の追加。「刑法改正案（八）」では、人民法院が管制刑を言い渡した場合、犯罪の情況に応じて、同時に犯罪者に特定の活動を禁止し、特定の地域や場所に出入りしないよう命じることができる。禁止命令に違反した場合、公安機関は治安管理処罰法に基づいて処罰を行う。また、人民法院が執行猶予を言い渡した場合、犯罪の情況に応じて、執行猶予観察期間中に特定の活動を禁止し、特定の地域や場所に出入りして特定の人と接触しないよう命じることができる。

3　管制、執行猶予、仮釈放を言い渡された犯罪者への社会内矯正の実施。「刑法改正案（八）」では、管制刑を言い渡された犯罪者には、法に基づき社会内

矯正を実施すると規定している。執行猶予を言い渡された犯罪者には、観察期間中に社会内矯正を行い、刑法77条に定められた事情がない場合、観察期間が満了すると、元の判決で言い渡された刑が執行されなくなり、社会に公表される。仮釈放された犯罪者には、仮釈放観察期間中に社会内矯正を行い、刑法86条に定められた事情がない場合、仮釈放観察期間が満了すると、元の判決で言い渡された刑が完全に執行されたものと見なされ、社会に公表される。これは中国の立法が以前の社会内矯正の試験的導入を踏まえ、社会内矯正を初めて明確に確認したものであり、これにより「社会内矯正法」の制定が促された。

　4　高齢者犯罪者に対する寛大な処罰。「刑法改正案（八）」では、75歳以上の者が故意に犯罪を犯した場合、軽い刑を科しまたは刑を減軽することができる。過失犯罪の場合は、軽い刑を科しまたは刑を減軽しなければならない。

　5　18歳未満の累犯に対する特例免除制度の創設。「刑法改正案（八）」では、有期懲役以上の刑を科された犯罪者が、その執行を終わった日もしくはその執行の免除を得た日から5年以内に再び罪を犯した場合において、その者を有期懲役以上の刑に処するときは、累犯として、重い刑罰を受けるものとされた。ただし、過失犯罪や18歳未満の者の場合は除外される。

　6　テロ活動犯罪や黒社会性質組織犯罪に対する特別な累犯制度の創設。「刑法改正案（八）」では、特別累犯の範囲が国家安全を危険にさらす犯罪からテロ活動犯罪や黒社会性質組織犯罪に拡大された。三類型の犯罪者がその執行を終わった日もしくはその執行の免除を得た日の後に再び上記の罪の1つを犯した場合において、累犯とする。

　7　自白が寛大に処理される制度の追加。「刑法改正案（八）」では、犯罪容疑者は自首の事情を備えていなくても、自己の罪を正直に供述する場合、軽い刑罰を受けることができる。自己の罪を正直に供述することにより、特に重大な結果を回避する場合は、処罰を軽減することができる。これは中国刑法が「自白が寛大に処理される」刑事政策を正式に立法化したものである。

　8　犯罪集団首脳の執行猶予の適用除外制度の追加。「刑法改正案（八）」では、再犯者や犯罪集団の首脳には、執行猶予が適用されないと規定された。

　9　職業禁止制度の創設。「刑法改正案（九）」では、職業を利用して犯罪を行ったり、職業上要求される特定の義務に違反したりした場合、人民法院は犯罪の情状や再犯防止の必要性に基づき、その刑罰の執行が終了した日または仮釈放

が始まった日から関連する職業に就くことを禁止することができる。期間は3年から5年である。このような禁止措置に違反した場合、公安機関は法に基づいて処罰する。重大な場合は、刑法313条によって処罰される。他の法律や行政規則で関連する職業の禁止または制限が別途定められている場合は、その規定に従う。これは中国刑法が保安処分制度として職業禁止制度を初めて正式に認めたものである。

10　贓物の返還が寛大に処理される制度の追加。「刑法改正案（九）」では、横領罪や収賄罪に対し、公訴を提起される前に自白して、心から罪を悔い改め、贓物を積極的に返還し、損害結果をできるだけ減少させまたは避けた場合で、金額が比較的多いまたは比較的重い情状があるとき、その刑を軽くし若しくは減軽し、または免除することができる。金額が著しく大きくまたは他に重い情状があるとき、または金額が特に著しく大きくまたは他に特別な重い情状があるとき、及び金額が特に著しく大きく、国家と人民の利益に重大な損失を与えたとき、その刑を軽くすることができる。

11　罰金刑の納付および執行制度の改善。「刑法改正案（九）」では、判決で指定された期限内に罰金を一括または分割して支払うことが規定されている。期限が過ぎても納付しない場合は、強制的に納付させる。全額の罰金を支払えない場合、人民法院がいつでも執行対象の財産を発見したときは、随時追加執行する必要がある。また、災害など不可抗力の事由に遭遇して納付が困難な場合は、人民法院の裁定により納付期限の延長、減額、または免除が認められる。さらに、刑法改正案では、個々の犯罪に対する罰金刑も大幅に調整され、1997年刑法で規定されていた比例罰金および限度額罰金が無制限の罰金に調整された。裁判官は犯罪の情状と納付能力に基づいて、適切な罰金額を具体的に裁量する権限を与えられているが、立法の全体的な指針は罰金刑の制裁力を強化することである。

12　未成年者の前科消滅制度の創設。「刑法改正案（八）」では、犯罪時に18歳未満で、5年以下の有期懲役刑が科された者は、入隊や就業時に自身が刑事処罰を受けたことを関係機関に報告する義務を免除される。

四　刑事立法の活性化——論争と個人的見解——

中国刑事立法の活性化の事実は、中国の刑法学者が立法論の領域でいわゆる消

極的刑法立法観と積極的刑法立法点の論争を展開することを引き起こした。

一部の学者は、古典的自由主義の刑法理論、特に刑法の謙抑性原則に基づき、立法者が新たな罪を頻繁に創設し、刑法の罰則範囲を拡大することに反対し、社会管理の過度な刑法化[2]、刑法立法の感情化[3]、刑罰ピュリズム[4]、象徴的立法[5]、新しい刑法のツール主義[6]という傾向に反対している。一方、他の学者は積極的刑法立法観を提唱し、刑法の機能主義、刑法と政策的考慮が密接に関連する現代において、刑法の処罰を前置化して、刑法の処罰範囲を拡大し、新たな罪名を創設することが時代精神に適合し、社会管理には不可欠であると考えている[7]。彼らは、これらの新しい罪を追加することが憲法に根拠を持ち、刑法構造の調整の必要性に応じており、法益を保護するための合理的な要求であるので、刑法の謙抑性原則に反することではないと主張している[8]。しかし、より多くの学者は、中国の刑事立法は集団の安全を保護する法的要求と現実を正視すべきであり、自由の保障を基盤とし、安全な秩序を相対的に優先することを指針とし、法益保護機能と人権保障機能のバランスを取るべきであると主張している[9]。また、リスク刑法拡張のリスクを警戒し、刑法体系内のコントロールメカニズムを構築し[10]、立法拡張の現実的な合理性を認め、法治の理性に基づき、必要に応じて適切な刑法解釈を通じて司法の制限を行うべきだと主張している[11]。

筆者は、中国刑法の活性化の立法事実を否定することはなく、同時にこの立法事実を包括的かつ客観的に評価すべきだと考えている。前述のように、中国の刑事立法の活性化には2つの側面がある。1つは、厳密な刑法のネットワークの構

---

2 何栄功「社会統治の過度な刑法化に対する法哲学的批判」中外法学2015年2期。
3 劉憲権「刑事立法における感情に警戒する必要性──『刑法修正案（九）』を視点として」法学評論2016年1期。
4 邵博文「近年中国の刑事立法の傾向分析──『刑法修正案（九）』を中心に」法制と社会発展2016年5期。
5 劉艶紅「象徴的立法が刑法機能に与える損害──中国刑事立法の20年間の総括」政治と法律2017年3期。
6 魏昌東「新しい刑法ツール主義の批判と修正」法学2016年2期。
7 周光権「中国において積極的刑法立法観の確立」法学研究2016年4期。
8 付立慶「積極主義刑法観について」政法論壇2019年1期。張明楷「新たな罪の概念──積極的刑法立法観の支持について」現代法学2020年5期。
9 高銘暄、孫道萃「予防的刑法立法観とその教義的考察」中国法学2018年1期。孫国祥「新時代の刑法発展の基本的立場」法学家2019年6期。
10 労東燕「リスク社会と変動する刑法理論」中外法学2014年第1期。
11 田宏杰：「立法の拡大と司法の制約：刑法の謙抑性の展開」中国法学2020年1期。黎宏「予防刑法立法観の問題とその克服」南大法学2020年4期。

築と犯罪範囲の拡大、すなわち「罪の拡張」である。もう１つは、刑罰の構造を調整し、刑罰制度を改善し、刑罰全体を軽減する傾向である。要するに、中国刑事立法の活性化には、「罪の拡張」と「刑の謙抑」という２つの側面がある。

　中国刑法改正の２つの側面は、外国刑法の活性化の立法事実と比較して、「罪の拡張」の側面で共通点がある。その主な原因は、私たちが現代的かつポストモダンな課題に直面しているグローバル化の時代と情報ネットワークの世界に共存しているためであり、伝統的な管理機能の不全や新しい効果的な管理手段の欠如が、立法者に対しリスク管理、社会管理、および犯罪予防に対処するために積極的な刑法に頼る必要性を迫っている。ただし、刑法構造の違いにより、国内外の刑法立法の活性化は、罰の軽減に向かうか、それとも罰の強化に向かうかに関して異なる側面を示している。中国の刑法構造は、儲槐植先生が指摘された「厲而不厳（厳格であるが、厳密でない）」の枠組みをまだ完全には変えておらず、一方、外国の多くの刑法構造は「厳而不厲（厳密であるが、厳格ではない）」である。法定犯の時代とともに、中国の犯罪構造と傾向は大きな変化を遂げており、自然犯を主体とする重犯罪事件の数と割合が減少し続け、法定犯を主体とする軽犯罪事件の数と割合が大幅に増加している。刑法メカニズムを整理し、刑法の機能を実現し、刑法の効果を向上させるために、中国は刑法構造をさらに完備する必要がある。刑法構造を「厲而不厳」から「厳而不厲」に転換するために、刑事法のネットワークを厳密にして、刑法介入の範囲を広げるだけでなく、刑罰構造と刑罰制度を完備し、中国の刑罰全体を緩和する必要がある。これに対して、外国の主要な国々は、刑法の拡張と刑罰の強化を同時に推進する必要がある。すなわち、一方で、刑法介入の範囲を拡大して刑法がさまざまなリスクや課題に対処する能力を強化し、もう一方で、1960年代の自由主義の高まりによって過度に軽減された刑罰を調整する必要がある。中国の刑法改正案が刑法介入の範囲を拡大する立法上の側面にのみ焦点を当て、刑罰構造の調整、刑罰制度の改善、刑罰の緩和を推進する持続的な努力に目を向けないことは、中国刑事立法の実情を誤解する可能性があり、また、外国の学者による外国の刑法立法の活性化に対する批判的な結論を単純に適用することを意味するかもしれない。

　したがって、筆者は、消極的刑法立法観から中国の刑法立法の実情に対する単純な批判を支持しているわけではなく、刑法の活性化によって積極的刑法立法観が選択されたと断定できると考えているわけでもない。筆者にとって、刑法立法

の立場選択は、論者の価値観の理論的な表現であるものの、実践に向けられた刑事政策の選択であるとするのが合理的である。刑事政策の選択として、刑法立法の立場は特定の価値目標に基づき、特定の刑法の文脈に立脚し、社会管理と犯罪のコントロールの現実的なニーズに応え、刑事立法が罪名と罰則に関する規範をどのように設定すべきかについて指針を提供する必要がある。現代の法治国家、リスク社会、そして複雑な中国の刑法立法の立場選択は、客観的かつ包括的に立法事実を評価し、事実と価値を区別し、将来を見据えながら過去を振り返り、理想と現実を兼ね備え、合理性と有効性のバランスをとる必要がある。このように、筆者は、古典的自由主義の刑法保護メカニズムを確立し、現代社会、さらにはポストモダン社会の課題に対処できる刑法立法観を提唱し、刑事立法の適度な拡張と刑事司法の必要な制限を通じて、刑法運用の分業と刑法機能の補完を実現することを主張する[12]。この刑法立法の観点は、多くの同僚が持つ折衷的な刑法立法観と基本的に一致しているだけでなく、積極的刑法立法観や消極的刑法立法観ともかなり共通している。

　筆者は、積極的刑法立法観も同様に、法益保護の基本原則と合理的な必要性に基づいて、犯罪の範囲を適度に拡大し、新たな犯罪名を創設することを強調していることに気づいた。その際には、できるだけ保護法益を明確にして、これに基づいて構成要件を設定し、新たな罪名に軽い刑罰を設定するべきだと主張されている。同時に、積極的刑法立法観は、違法行為を追及することを主張しているものの、有罪でも罰せられない場合を認め、犯罪の成立範囲と処罰範囲を分離することができるとしている[13]。消極的刑法立法観も、法益保護、特に集団的法益保護の実際の必要性に基づいて刑法を拡張することに反対しているわけではないが、積極的刑法立法観が過激な刑法観に変質することを懸念しているのであり、刑法改正の主流の傾向が依然として犯罪化であり、特に法定犯化と軽犯化の形で現れていることには賛成している[14]。

　したがって、刑法の謙抑性原則、特に補充的法益保護の原則に基づいて、リスク防止、社会管理、および犯罪のコントロールの実際の必要性に応じて、刑法の

12　梁根林「刑法修正：緯度、戦略、評価と反省」法学研究2017年1期。
13　張明楷「犯罪の成立範囲と処罰範囲の分離」東方法学2022年4期。
14　劉艶紅「中国において積極的予防刑法観の発展――刑法修正案（十一）を視点とする分析」比較法研究2021年1期。

立法が適度に厳格な刑事法のネットワークを構築し、犯罪の範囲を拡大し、刑罰の種類と制度を充実させ、犯罪の法的効果を合理的に配分することは、消極的刑法立法観と積極的刑法立法観の学術的なレッテル貼り論争の霧の背後に隠れた刑法理論のコンセンサスである。このコンセンサスは、中国の刑法改正の基本的な立場となるべきである。

［潘卓希訳］

自由主義の刑法

劉　艶　紅

一　刑法の根幹——自由主義——
二　罪刑法定における自由主義の体現
三　罪刑法定による自由主義の強化

　社会情勢の変遷は前例のない刑法の拡張性を引き出し、社会生活への刑法の介入をいっそう広範かつ深刻なものにした。20世紀初頭以降、行政機能の拡充と社会統制の強化という政府の要求に応えるために、法定犯が増え続けてきた。21世紀以来、農業社会から工業社会、リスク社会への変遷における安全保障の必要性に対処するため、多くの予防的・象徴的な罪名が新設された。したがって、社会の発展に伴い、「刑法の保護が必要となる法益の増加は、新罪を増やす最も重要な理由である」[1]。言い換えれば、規制範囲を拡大すべく犯罪化を適度に推進するのは、全体的に法益をよりよく保護するためである。しかし、社会秩序の維持や安全保障などの名目で犯罪化が頻繁に進むと、刑法自体が不確定で不安定に陥ってしまう。これによってもたらされた新たな問題は、刑事立法の活性化、司法適用の活発化、理論問題の多様化の時代において、国民の自由と権利を保障した上で罪刑法定主義を守り抜くために、刑法はどのように対応すべきかである。

一　刑法の根幹——自由主義——

　刑法思潮の発展と変遷を見渡すと、刑法の発生は国家権力の合法性問題と緊密に結びついている。刑法の根幹の探究は、国家の起源や発展や合法性などの問題と同じレベルで分析されなければならない。人類の歴史において、国家に関する学説は多岐に分かれている。なぜ国家が必要であるか、国家は何をする必要があ

1　張明楷「新罪を増設する観念——刑法積極主義への支持」『現代法学』2020年第5期第155頁。

るか。簡単に言えば、国家はなぜ必要で必然的なのか。これは哲学者、思想家、法学者の共通の関心事となっている。国家の合法性と正当性を追求する過程で刑法の根幹が定着した。国家論は諸説あるように見えるが、国家権力と刑法の発生について、諸説は次の三つの問題に注目している。第一に国家権力（刑罰権）の起源、第二に国家権力（刑罰権）の目的、第三に国家権力（刑罰権）の限界である。言い換えれば、刑法はどこから来たのか、なぜ刑法が必要なのか、刑法は何をすべきか、というのが刑法の根本的な問題である。

1 国家権力（刑罰権）の起源

国家権力（刑罰権）はどこから来たのか。この問題は国家の起源と密接に関連している。多くの国家起源論の中で、中心軸となるのは間違いなく社会契約説である。社会契約説は、紀元前341年から270年にかけて、ヨーロッパ大陸のアテネのエピクロス学派に生まれ、古代ギリシアの政治権利理論の塑造を経て、啓蒙主義の時代に正式に形成され隆盛した。後に古典学派の法理論家によって実践されるようになった。

グロティウスは、近代社会契約説の国家観の提唱者として、国家は人間の契約に起源を有すると考えている。国家は、人間が法的利益を享受し、公共の福祉を追求するために結成した最も完全な共同体であり、刑法の懲罰権は自然自体に由来するのではなく、約束あるいは人定法に由来するものであるとする。ホッブズは性悪説の自然状態から出発し、架空の自然状態を起点として、自然法、自然権の基本原則を提示し、生命権の保護を目的とした社会契約論という国家起源のモデルを構築した。国家起源と契約形態に関して、ロックの見解は二重契約論であり、ホッブズの見解は単一契約論である。ロックによれば、政治権力の形成過程は、まず社会の構成員が自然権を放棄し、自らが社会に保護を求めようと思うすべての事柄を社会に任せ[2]、社会はこれらの事項を設置された支配者に任せて処理させるというものであり、これによりロックの二重契約論思想が構成される。すなわち、人間は一致した同意を通じて、連合して政治社会を構成し、それぞれが放棄した懲罰権を、その中で指名された人に専門的に行使させるというものである。したがって、ロックは、人間は自己の財産を守るために社会に参加してお

2　ロック『市民政府二論』葉啓芳・瞿菊農訳、商務印書館（2017）第53頁。

り、立法府や君主の行動が人々の委任から逸脱した場合、人間は元の状態に戻る権利を持っていると主張する。

それまでとは対照的に、契約の原因と国家の起源について、ルソーは国家の起源は契約にあると断言した。私的所有権が登場するにつれ、人間はますます略奪と惨殺の脅威にさらされている。このような状況で、人間は自由と安全の新しい道を探らざるを得ない。すなわち、社会的または国家的契約の締結を要求するのである[3]。締約の形式において、ルソーは、国民は国の構成員であると同時に主権者の一員であり、社会契約がいったん破られると、各人は約束された自由のために放棄した自然的自由を取り戻すと主張する。ルソーから見れば、社会契約の核心は権利の譲渡である。彼は、権利の譲渡は保留されておらず、各結合者はすべての権利を集団に譲渡すべきであると考えている。しかしながら、ルソーはまた、誰もが社会全体に自己を捧げている以上、それは、全体と結合した個人が自分自身に服従しているにすぎず、以前のように自由であることを意味していると言うのである。

ベッカリーアはルソーの社会契約論を受け継いだ。社会契約論に関する彼の基本的な主張は、第一に、国家権力と刑罰権の理論的起源は社会契約論であるというものである。人類は戦争の惨禍で疲弊し、束の間の自由を享受することもできず、そのため、国の君主権を形成するべく、自由を犠牲にすることにしたという。第二に、国家権力と刑罰権は限られているということである。ベッカリーアはまず理論的に社会契約論を引用して、国の刑罰権が限られていることを証明した。彼は当時のブルジョア思想家と同様、「原子論」によって社会の概念を説明し、社会より論理的に先行して存在する個人の利益と需要を用いて社会を構築する必要性を論証しようとした。

要するに、契約政治理論の精神的本質は、正義原則が国民の同意に由来し、公正原則を選択する根拠が契約にあるということである。個人としての人間は、社会において自由、平等、自在の本質を有し、したがって個人の権利は国家権力に先行し、個人の権利は国家権力の正当な源である。契約の本質は、自由な人々が自己の自由をより享受するために締結した協定である。契約論は近代国家の政治体制とその思想に相応し、国家権力の源泉の正当性を十分に説明するとともに、

---

3 ルソー『社会契約論』何兆武訳、商務印書館（2003）第18-19頁。

国家権力の分立と制約の内在的理念をも含んでいる。一言で言えば、国家と刑罰権の起源と正当性は、国民の権利の譲渡に由来するのである。

2　国家権力（刑罰権）の目的

国家権力（刑罰権）は何のために生まれたのか。契約政治理論に基づいて生まれた国家と刑罰権を含む国家権力の目的とは何であるのか。筆者は、個人の権利を効果的に擁護することが、国家と国家権力（刑罰権を含む）の正当性の唯一の拠り所であると考える。

国民の幸せな生活を確保することは、国の目的であり、国を設立する最も広範な善業でもある。このようなアリストテレスの最高善国家目的論は後世の国家目的論の基礎を築いた。アリストテレスの自然主義的国家観は、生存のためだけに野獣も都市国家を構成することができるが、道徳観念を持つことは人間と他の動物とを区別する特徴であると主張している。彼は、国家の価値は個人の価値より高くはなく、国家の目的は「善業」を実現すること、つまり都市国家全体の人々が自給自足で最高善の生活を送ることができることであると考えている[4]。国家最高善目的論はロマン主義的な色彩を持っているが、公民の権利を守る後世の国家目的論のために重要な思想的基礎を築いた。

契約政治理論における国家目的論は、より明らかな権利保障論である。契約政治理論の学者たちは、天賦人権論に基づいて、国民の自然権を保障するのに十分な国家と政府を確立するために、明示的または黙示的な同意によって契約が締結されると考えた。天賦人権論はまた、自然法を遵守し、公民の生命、財産、自由を保護するという国家の存在目的を導き出す。権利保障論の重点は自然法学者によって異なるが、実は究極的には同じものである。

自由主義の元祖であるロックは、人々が連合して国を構成し、政府の統治下に置く重大な目的は財産を保護することだと考えていた[5]。しかし、これは財産権の保護が唯一の目的であることを示しているわけではない。ロックは、人間は生まれながらにして、世界の他の人々と同じ自由と権利を完全に享受し、自然法によって与えられたすべての権利と利益を享受すると主張した。すなわち、人間は自然に、自己の生命、自由、財産が他人によって侵害されない権利を有する[6]。

4　アリストテレス『政治学』顔一・秦典華訳、中国人民大学出版社（2003）第90頁。
5　ロック『市民政府二論』葉啓芳・瞿菊農訳、商務印書館（2017）第77頁。

ベッカリーアは、ロックの契約理論に基づき、「消えない人間の感情に基づく」政治こそが「道徳的政治」であり、国の目的は国民の自由を保障することであると述べる。「公民は社会契約論を通じて国を設立し、自己の人身と財産の安全を獲得する。この方法は正当で有用である。なぜならそれが人間の社会結成の目的であり、あらゆる犯罪がもたらす不都合を正確に測ることができるからだ」[7]。言い換えれば、契約を締結することによって、自らが譲渡した権利と引き換えに、国家により自己の人身と財産の安全が保障されることを市民は理解し、譲渡した権利と獲得した権利保障との間には、利益支払いと利益取得との対価関係が形成される。国家とその権力の目的はまさに市民の人身と財産の安全と自由を確保することである。刑罰権の目的も同じで、「すべての合理的な社会は個人の安全を守ることを第一の目的としているので、市民の安全の権利を侵害する行為に対して、法律によって最も注目される刑罰を科さなければならない」[8]。ベッカリーアから見れば、刑罰は少数者の道具ではなく、公民の権利の保護要求に基づく必然的な存在である。

要するに、国家権力（刑罰権）の目的は、市民の自由と権利を保障することであり、契約の対価性に基づいて、市民が自己の権利の一部を引き渡すことに対する補償である。権力者が刑法を統治しやすい道具と考えているなら、刑法を制定する必要は全くない。刑法がない、あるいは法律の制約がないほうが、かえって国を統治しやすいからである。個人の権利を効果的に擁護することは、刑罰権を含む国家権力の正当性の唯一の根拠である。

3 国家権力（刑罰権）の限界

国家権力（刑罰権）はどのように行使すべきか。国家権力の行使は絶対的なものではなく、契約によって制限されている。それでは、刑罰権を含む国家権力の境界はどこにあるのか。国家権力の境界は「法的限界」にあると筆者は考える。

モンテスキューは、国家刑罰権の発動及び刑罰権の程度から、国家刑罰権の実質と形式の境界を論述した。モンテスキューは、国家刑罰権の発動は法律によって制限されるべきであると考えており[9]、これは彼の国家刑罰権の限界思想を表

---

6 ロック『市民政府二論』葉啓芳・瞿菊農訳、商務印書館（2017）第52頁。
7 ベッカリーア『犯罪と刑罰』黄風訳、北京大学出版社（2008）第13-14頁。
8 ベッカリーア『犯罪と刑罰』黄風訳、北京大学出版社（2008）第23頁。

している。モンテスキューは罪刑法定主義の最初の提唱者であり、法律に基づいて罪名と刑罰を定め、国家は勝手に刑罰権を発動してはならず、裁判官は厳格に法律に基づいて判決を下さなければならないと主張している。具体的には、いかなる行為が犯罪とされ、それにいかなる刑罰が科されるかということを、あらかじめ法律で定めておかなければならず、裁判官は厳格に法律に基づいて罪の性質と刑の軽重を決定しなければならず、また法定の手続に基づいて法律を適用しなければならないとする。裁判官は「法律の代弁者」であり、厳格に法律に基づいて裁くしかできず、裁判は「法律の条文の解釈に過ぎない」のであり、犯罪の懲罰は法定の手続に従うしかないとする。モンテスキューは、犯した罪に対して科される刑罰が、合理的な判断の下で相応しなければならないと主張するが、これは彼の国家の刑罰権の限界思想の表れである。

　ベッカリーアは、刑罰権が法律の限界を超えることができるかという問題について、質と量の両面から論述しており、国家刑罰権の境界問題について最も深い認識を持っている。刑罰権の境界に関するベッカリーアの総合的な見解とは、国家権力及びその権力の一部である刑罰権は、市民生活の安全を維持するために必要最小限のものに限定されるべきだというものである。彼は、いかなる行為が犯罪とされ、これに対していかなる刑罰が科されるかは、あらかじめ法律によって定められていなければならないと主張した[10]。また、犯罪者に対しては、自ら犯した罪に均衡した害悪を与えるべきであり、犯罪者に対する処罰は、犯罪行為の社会的有害性にのみ相応しなければならず、身分によって量刑が異なってはならないと主張した。質すなわち処罰の範囲について、ベッカリーアは、刑罰が犯罪の情状と相応であることは明白で公開された法律によって定められていなければならないと考えている。それは、法律が明確な言葉で書かれていなければ、国民は自己の自由を行使することができないからである。法律で定められた範囲を超えて刑罰権を発動することは不正義である。司法的には、いかなる司法官も、公共の福祉を名目として、犯罪者に対して既定の刑罰を重くしてはならない。また、ベッカリーアは立法権と司法権の違いを強調し、君主は法律を制定するだけで、個人が社会条約に違反したかどうかを判断することはできず、具体的な事実を単純に肯定したり否定したりする裁判官が必要だと主張した。さらに、司法官

　9　モンテスキュー『法の精神』（上巻）許明龍訳、商務印書館（2009）第224頁。
　10　ベッカリーア『犯罪と刑罰』黄風訳、北京大学出版社（2008）第10頁。

は「社会契約」に基づいて独立した判断を下さなければならない。量すなわち刑罰の程度について、ベッカリーアは、自由と暴政の程度を測るためには、精密で一般的な犯罪と刑罰の階段が必要だと指摘した。刑罰は、社会秩序を維持するという目的を果たすとともに、犯罪者に余分な損害を与えてはならないのであって、この必要な限度を超えると、刑罰は余計なものであり、社会に対する新たな侵害となる。

　フォイエルバッハは、市民社会の形式的条件によって国家刑罰権の発動を限定することを主張した。彼は、刑法の最高原則は、刑罰の目的が対外的権利を保護し、刑罰を通じて犯罪者に心理強制と苦痛を与えることにあるというものだと指摘した。この最高原則に基づいて、フォイエルバッハは「法律なければ犯罪なし」、「法律なければ刑罰なし」、「有罪必罰」という観点を打ち出した[11]。これは市民社会の刑罰権の合法性を反映した結果であり、市民社会の形式的条件で国家政権を制限した結果でもある。同時に、「法律なければ刑罰なし」という考え方は、非常に早い段階でベッカリーアの著作に表れ、早くから受け入れられていた。

　以上のように、刑法の根幹は自由主義である。「個人の自由はすべての公共事業の前提及び条件である」、「個人の自由権の行使は法秩序の最高基準である」[12]。人類の自然状態は国家権力の基礎であり、自然の力は人間を次のように行動させる。すなわち自発的な連合を通じて国家という共同体と国家主権を形成し、刑罰権が公民の権利の譲渡に由来するようにである。刑罰権の目的は、市民の人身、財産及び自由を保障し、市民の幸福な生活の実現を確保することにある。刑罰権は、法律の必要限度内で行使されなければならない。

二　罪刑法定における自由主義の体現

　現在、わが国は法に基づく国家統治を全面的に推し進めており、国民の法治信仰の程度が法治中国の建設プロセスを決定づけている。部門法としての刑法において国民の法治信仰を体現するものが、罪刑法定主義である。国家刑罰権の由来は、国民の権利の譲渡、すなわち国民の意志であり、国家刑罰権の目的は、国民

11　フォイエルバッハ『ドイツ刑法教科書』（第14版）、徐久生訳、中国方正出版社2010年版第31頁。
12　徐久生「フォイエルバッハの刑法思想──刑法と社会」『北方法学』2013年第5期第92頁。

の自由を保障することである。国民の権利を効果的に保護することは、刑罰権を含む国家権力の行使の唯一の正当性の根拠である。国家刑罰権の境界は法律の限度を超えることはないのであり、公民の自由を保障する規則、国家権力の唯一の根拠及国家刑罰権の境界はすべて法律に明文で定められる。

　市民の行為が禁止されるか許可されるかは、刑法の明文規定にかかっている。刑法の規定は個人の行動指針であると同時に、国家が個人の行動に干渉する境界でもあり、刑法に対する公民の信頼は合法的な自由行動の余地を創出することにより生み出される。したがって、国民の刑法への信頼を醸成するためには、犯罪と刑罰を規定することによって行為の合法と不法の境界を示すほか、立法と司法において公民の自由権の行使に必要な合法的領域を確保するべく国家の刑罰権を制限するのでなければならない。これこそが罪刑法定の核心であり、刑法に対する信仰は罪刑法定の実質的側面と形式的側面に深く根付いている。

　罪刑法定の実質的側面は、刑法信仰を生み出す客観的基礎を築いている。バーマンは「法律は信仰されなければならない、さもなければ無意味なものになってしまう」[13]と指摘した。しかしながら、法律を信頼することは悪法も亦法なりということではなく、国民にとって法律は信仰に値するものでなければ意味がないのである。では、どのような法律が信仰に値するのか。要するに、法律は正義を実現しうるものでなければならない。具体的には、信仰に値する刑法は三つの品質を備えなければならない。第一に、明確性であり、禁止行為と非禁止行為との限界を国民に明確に提示するために、何を犯罪とし、これをいかに処罰するかをあらかじめ刑法により明確に定めておかなければならない。法律で確定されていない刑罰は無効になる。第二に、非当罰的行為の処罰を禁止し、刑法に合理的な処罰範囲を設定すべきことが要求される。刑法は構成要件で犯罪行為を記述し、刑罰の根拠を提供する。現代の刑法で、構成要件は形式的な意味を持つが、さらに重要なのは「処罰が必要になる法益侵害行為を選別する」という新たな機能を持つことである。すなわち、「立法者によって選定された犯罪行為の類型として、立法者にとって処罰の必要性と合理性のレベルに達した法益侵害行為である」[14]。そのため、刑法が保護法益の範囲を確定することは極めて重要である。第三に、不均衡な刑罰が禁止される。伝統的な応報主義の刑罰観は、現代の刑事

13　バーマン『法律と宗教』梁治平訳、中国政法大学出版社（2003）第28頁。
14　劉艶紅『実質刑法観』（第二版）中国人民大学出版社（2019）第236頁。

法治において二重の役割を果たしている。一方では、犯罪の情状に相応した刑罰を配置することで、公衆に素朴な正義観を伝え、国民の信頼を得る。他方で、刑罰の限界を設定し、犯罪者に過度な刑罰を科さないようにした。以上の三つの要求は、罪刑法定による立法権の制限を構成し、立法が刑法の良善を保障することを求め、「悪法も亦法なり」という考えに反対する。罪刑法定の実質的側面に組み込まれた三つの要求により、立法者が制定した刑法は国民の信仰に値する「良法」の品質を備えることになる。

　罪刑法定の形式的側面は、司法権を制限して「善治」を推進することを目的としている。議会優位が現代法治国の基本原則として確立された後、議会が定めた刑法をどのように適用するかが新たな問題となっている。歴史は、司法に対する国民の不信は主に司法の恣意性に由来し、信頼は主に刑法の確定性と公正性に由来することを示している。したがって、罪刑法定の形式的側面には四つの基本的要求がある。第一に、成文法主義である。つまり犯罪と刑罰は刑法でしか規定できず、行政規範は刑事罰則を設定できず、判例や慣習も刑法の法源ではないということである。成文法主義は司法権への不信から生まれる。ベッカリーアは、「刑法の条文を厳格に遵守することによる困難は、刑法解釈による混乱とは比べものにならない。このような一時的な困難により、立法者は疑義のある語句に必要な修正を行い、正確さを追求し、まさに専断と独断の源泉である致命的な自由解釈を阻止することが促進される」と述べた[15]。したがって、成文法を制定する主な目的は、自由裁量から生まれる恣意的な裁判を減らすことである。第二に、事後立法を禁止することである。すなわち犯罪と刑罰はあらかじめ法律により明確に定めておかなければならず、犯罪の前に存在しなかった法律を遵守することを要求することは、不合理であるだけでなく、刑法に対する国民の不信感を高めることになる。第三に、類推解釈を禁止することである。特に行為者に不利な類推解釈を禁止することである。類推解釈は方法的に罪刑法定原則に反し、その本質は罪刑の専断になる。第四に、絶対的不定期刑を禁止することである。つまり、刑罰の種類と範囲は相対的に確定的でなければならない。司法過程の恣意性と司法結果の不確実性を減少させるために、罪刑法定の形式的側面は刑法の司法適用規則を確立した。「良法」を「善治」に導き、「裁判所が議会の制定した法律

15　ベッカリーア『犯罪と刑罰』、黄風訳、北京大学出版社（2008）第13頁。

を厳格に適用する限り、国民の自由は保障される」[16]。その結果、刑事法に対する国民の信頼は、司法手続において強化されることになるのである。

三　罪刑法定による自由主義の強化

　現代の刑法は罪刑法定への刑法信仰と自由主義という刑法の根幹とを有機的に結びつけ、それによって罪刑法定の実現と公民の自由及び権利の保障とを統一し、罪刑法定の原則によって自由主義を強固にする。罪刑法定は実質的側面を通じて「良法」の生成を保証し、形式的側面を通じて「善治」の実現を保障し、両者を統括して、市民の自由及び権利が「良法善治」の過程で十分に保障されることになる。

　しかし、立法には拡張の力が常に存在しており、それが刑法をあまりにも早期化、広範化して社会統治に参与させ、罪刑法定の実質的側面と次第に衝突しつつある。中国において、1997年の『刑法』が公布されてから今までわずか20数年で、立法機関はすでに12部の刑法改正案を可決し、活発な刑事立法は積極的に犯罪化を推進し、「立」「改」が立法の趨勢となった。「立」は主に新罪の創設であり、「改」は主に旧罪の拡張である。その中で、一部の罪名の新設は必要性を欠いている。例えば、刑法第287条の二の情報サイバー犯罪活動幇助罪はサイバー犯罪の幇助行為を正犯化したものであるが、このような行為は本来、共犯理論によって効果的に規制することができるはずである。さらに、『刑法』第286条の一の情報ネットワーク安全管理義務履行拒否罪は、司法の実践において他の罪と競合しているために極めずかしか適用されず、ほぼ象徴的な立法となっている。より深く見ると、近年増加している法定犯や予防的・象徴的立法により、刑法の規制範囲が広がりすぎ、公民の自由及び権利の範囲が狭まっている。

　罪刑法定への刑法信仰は、現代刑法が政治化、道具化されすぎてはならないことを要求し、刑事罰の合理性と適切性を提唱している。現代の刑法は、国家の社会秩序を維持するというニーズを満たすためだけに、政治的安定化措置に変わってはならない。なぜなら、刑法の過度な政治化は刑法の適用に十分な緩衝空間をなくすからである。同時に、過度な政治化は刑事法治の内在的論理を弱め、刑法

16　張明楷『罪刑法定と刑法解釈』北京大学出版社（2009）第27頁。

はもっぱら社会秩序を維持する道具になるしかなくなる。刑法の道具化の教訓も無視できず、ドイツ近代以来の予防的立法及び象徴的立法により公民の自由及び権利が損なわれたことは歴然と刻まれており、刑法介入の早期化、法益概念の抽象化と精神化は、学界において普遍的に疑問視されている。刑法は最も厳しい法律であり、罰則は社会的常態ではなく、「特殊な状況として存在する」べきである[17]。国家統治の側面において、刑法による処罰を特殊な状況とするのは正常なことであり、もしそれが通常の状況となるならば、むしろ正常ではなく、それは国家・社会統治の崩壊を意味するからである。刑罰は法益侵害の程度、刑罰の必要性など多くの要素に共同して影響される。不適切な懲罰、つまり実施すべきではない懲罰、あるいは犯罪の社会的危害性を超えた懲罰は刑法を損なうものになる。

罪刑法定への刑法信仰においても、現代の刑法は技術化されすぎてはならず、技術化リスクに対応するために犯罪化を進めてはならない。刑法理論の革新を要求される中で各種の刑法解釈論を充実させ、発展させることは、刑法の技術化と同じではない。技術化の過程では、常に刑法の根幹を振り返る必要がある。技術化規則の革新に没頭して刑法適用の基本的立場を無視し、刑法自由主義の根幹を忘れてしまうと、間違った道を歩むことになり、歩めば歩むほど多くの間違いを犯す可能性が高い。現代社会はリスク社会であり、犯罪形態は日進月歩であり、犯罪件数は絶えず増加し、犯罪者は日増しに狡猾になり、犯罪の証拠を特定することもますます難しくなっており、これらはいずれも刑法の根幹を揺るがす影響要因となる可能性がある。1999年から現在まで、12部の刑法改正案が可決され、立法による犯罪化が推進され、数多くの司法解釈と無数の司法判決が制定され、司法による犯罪化も推進されてきた。立法と司法の犯罪化法は現在のリスク管理に好んで用いられているが、国民の自由・権利空間の萎縮を招いている。このような現象は他の法分野にも存在する。例えば、行政法の分野でも規則技術主義が日増しに深刻化しており、「規則中心主義に機能主義を置き換え、均衡性の法原則と機能的な自己規制技術を用いて、司法審査における職権『濫用』の主観的動機の認定が難しいという問題を解決すべきだ」[18]と指摘する学者もいる。公法の

---

17 ジェフリー・ブランド『法治の限界：越法裁判の倫理』婁曲允訳、中国人民大学出版社（2016）第26頁。
18 周祐勇「司法審査における職権乱用基準──最高人民法院公報判例を観察対象とする」『法学研

統治には、国民の権利を拡大するために国家権力を制限するという共通の原理があり、罪刑法定または比例の原則に従うというのが公法の共通の信念である。現実社会のリスクがどれほど大きくても、国民の自由を保障する刑法の性質を守らなければならない。実際、リスク社会であればあるほど、国家の刑罰権を制限するために、罪刑法定を強調すべきである。そうすることにより、現代文明国家の法治の基礎が強化され、国民の自由及び権利が謳われる。人間社会はリスクのショックを受けたとしても、最低ラインを守れなくなって尊厳を失うことはない。犯罪化の持続的な推進を時代背景にして、罪刑法定を堅守するからこそ、公民の自由及び権利を保障し、刑法の自由主義の基礎を固めることになる。

　要するに、自由主義という刑法の根幹を基礎として派生した罪刑法定原則という刑法信仰には、自然的側面、すなわち近現代以来、各国の刑事法治の実践を経て経験上証明されてきた側面もあれば、超自然的側面、すなわちアリストテレス、ロック、モンテスキュー、ベッカリーア、フォイエルバッハ、カントなど各時代の哲学者、法学者の思想が蓄積したため、先験的な合理性も持つ側面もある。罪刑法定に刑法信仰の地位を与えるのは、信仰としての張力の役割を発揮させるためであり、それによって刑法信仰を通じて公民の遵法信仰が形作られ、最終的に公民の自由及び権利が保障されることになるのである。

〔劉建利訳〕

中国特色刑法解釈学発話体系の構築

黎　　　宏

一　問題意識
二　中国以外の刑法学における発話体系の違い
三　中国特色刑法学発話体系を構築する際の注意点
四　おわりに

一　問題意識

　中国の特色ある刑法学をどう構築するかというのは、今、中国人に大変注目されている話題である。その中で、最も注目されたのは、中国特色刑法解釈学発話体系の構築である。刑法解釈学とは、現行刑法の規定を前提と出発点とし、体系的にそれを解釈する学問である。発話体系とは、思想理論体系や知識体系の外面的表現形式である。「中国特色刑法解釈学発話体系の構築」とは、いわば中国人によく知られた言語、概念、理論、思考方式に基づいて中国刑法を解釈したり、中国刑法の中国的特色を語りだしたりすることにより、中国人に自己行動の性質を理解させ、その行動からの結果などを予測させたりすることができ、また司法従事者たちに適切に刑事事件を処理させることができるという発話体系の構築である。

　今までの長い間に、中国刑法解釈学は外国刑法発話体系に強く制限されてきたようである。前世紀の50年代から90年代にかけて、当時のソビエト連邦刑法の影響で、ソビエト連邦刑法の基本理論が大量に採用された上に、その発話体系で中国の刑法解釈学が創立されたという[1]。「改革開放」の後、特に新世紀に入ってから、独日の刑法理論に影響され、ソビエト連邦の刑法の言葉と全く違ったものが

---

[1] 高銘暄＆马克昌編『刑法学』（第九版）（2019・北京大学出版社＆高等教育出版社）、贾宇編『刑法学』（上册・总论）（2019・高等教育出版社）、冯军＆肖中华編『刑法总论』（第二版）（2011・中国人民大学出版社）等参照。

大量に流入して[2]、中国の刑法解釈用語がより豊かに規範化される反面、「水土不服」の問題も現れることがある。例えば、現在の刑法解釈学では、「客観帰責」「自我答責」「行為無価値」「結果無価値」などの言葉が、近年の刑法の著作に多く使われていても、その適用状況が不明なので、司法実践をどうすればよいかが問題になる傾向がある。そのため、中国本位の意識をも併せ持つ、中国人の伝統的観念に合った、中国人に分かり易い発話体系で中国刑法を解釈すべきだという声が高まっている[3]。

二　中国以外の刑法学における発話体系の違い

中国特色刑法解釈学発話体系の構築ということは、言うは易く行うは難しである。第1に、出所別々の用語の間にどんな関係があるかについて、一つ一つ選別すべきということである。例えばソビエト連邦の刑法からの「犯罪客体」と独日の刑法からの「法益」、ソビエト連邦の刑法に参考してきた「因果関係論」と近年来流行してきたドイツからの「客観的帰属論」及び日本からの「危険現実化説」、中国の現行刑法の「主犯と従犯」と独日の刑法からの「正犯と共犯」とは転換し合えるかについて、詳細に検討すべきである。

第2に、類似した用語がありながら、その背後に含まれる意味が一致していないから、中国刑法の参照と適用に際して、簡単にそのまま移入して使ったりしてはならない。例えば、犯罪認定体系については、中国の伝統的「四要件論」を独日の「三段階論」に換えるべきだと主張する人も少なくない[4]。だが、実は両者は国別適用の問題だけではなく、その背後にある観念そのものが違うのである。ソビエト連邦の刑法からの「四要件論」とは、主に社会防衛論、即ち形式上犯罪を構成したかによらず、社会危害的行為があれば犯罪だと考えられるという社会の公共利益優先の思想が表れたものである。それに対して、「三段階論」の背後

2　张明楷『刑法学』（上）（第六版）（2021・法律出版社）、周光权『刑法总论』（第三版）（2021・中国人民大学出版社）、付立庆『刑法总论』（2016・法律出版社）等参照。

3　刘仁文『再论强化中国刑法学研究的主体性』现代法学 4 号（2023）、姜敏『论中国特色刑法学话语体系：贡献、局限和完善』环球法律评论 4 号（2022）、時延安『中国现代刑法学嬗变的脉络与反思』、法学杂志 5 号（2018）、魏汉涛『中国刑法学复兴需要文化自信和文化自觉』法商研究 5 号（2018）等参照。

4　陈兴良、周光权、付立庆、车浩『对话：刑法阶层理论的中国刑法前景』中国应用法学 4 号（2017）。

には、社会危害性（法益侵害性）行為があっても、刑法で事前に明示されていない限り、犯罪とは考えられないという個人の利益優先の思想がある。価値評価から言えば、個人保護の思想と社会防衛の思想とを比べれば、個人保護の思想の方により人々の価値が置かれやすいらしいが、事実はそうではない。現在、西洋各国が続々と安全刑法を提唱しており、その理念の下で、抽象的法益や公共法益や精神的法益などを刑法の保護範囲に入れるという刑法改正が行われている傾向から見て、個人法益が公共法益に勝るとは簡単に言えなくなるだろう。換言すれば、犯罪構成体系の争いは、単なるそれに関する用語の争いではない。そういう点について、今までの論争では触れられたことがないようである。

第3に、刑法の規定に違いがあるため、中国の刑法解釈発話体系の構築がまた任重くして道遠しということである。一般的な意味では、刑法は国民の日常生活の行動指針であり、それによって自己の行為の結果が予測できるが、国情や観念の違いにより、同じ行為規定による各国でもその方式や用語が異なる。また、中国の刑法の核心としての罪刑法定主義の規定方式は外国と異なり（例えばドイツ刑法第1条の規定が「ある所為がなされるのに先だって、可罰性が法律上特定されている場合にのみ、かかる所為は処罰されうる」とするのと反対に、我が国刑法第3条の規定は「法律に明文化された犯罪行為は法律により罰する。法律に明文化されていない犯罪行為は罰しない」としている。言い換えれば、ドイツの罪刑法定主義が出罪条項に過ぎないのに対して、中国の関連規定は前段が入罪条項で、後段が出罪条項であり、両者の意味が一致していない）、行為性質がまったく同じ犯罪における規定であっても大きな差がある。例えば、ドイツ、日本においては行為の性質だけにより（例えば窃盗・詐欺など）行為が有罪だと判定できるのに対して、中国では行為性質のほか、行為の情状、結果などというのも根拠として判断を下す。こういう行為情状、結果に関する規定があるので、入罪標準にだけでなく、行為者の主観的故意、過失の認定にも影響を与える。要するに、刑法解釈学とは、自国の刑法規定を踏まえて演繹したり、帰納したりしてきた学説であるから、直接に独日の学説を用いて中国の刑法を解釈しようとすることはもはやできないだろう。

三　中国特色刑法学発話体系を構築する際の注意点

中国の現行刑法の規定の下で、中国特色刑法解釈学発話体系を構築しようとす

る際、以下の3点を気に掛けなければならないと思われる。

　第1に、中国の現行刑法の規定を基本的根拠とし、中国刑法に隠された伝統的特色を掘り出した上で構築することである。刑法解釈学というのは、単に法律条項の字面に基づいて、法律規定を簡単に帰納したり、演繹したりするという学問ではなく、憲法規定の基本内容の下で、一国当下の刑事政策または主流の価値観に依拠し、社会生活を踏まえて具体的判例を通して刑法や法律の条項または用語の具体的内容を捉えるという学問である。それゆえ、刑法を解釈する場合、必ず既存の刑法規定に依拠しなければならない。どの国の刑法解釈もその国の刑法自体の特色に制約されているので、中国刑法自身も強烈な中国伝統的刑法の特色を備えており、その制約の上で解釈するのは当然である。にもかかわらず、そういうことが現在の刑法解釈学に無視される向きがある。中国の現行刑法が制定された際、ソビエト連邦、各人民民主主義国家及びドイツ、フランス、アメリカなど資本主義国家の刑法典を参考にしていたとは言いながら、基本的体系から見れば、中国の伝統刑法の特色をより色濃く継承していたと言えるだろう。犯罪の成立にかけては、「行為で犯罪性質の有無が決められ、その情状で処罰が決められる」というやり方をする西洋諸国と違って、中国の各則では、財産に関する犯罪を例とし、「盗品による処罰」（例えば詐欺罪について、その成立は、刑法266条の規定により、詐欺行為のほかに、詐欺で取られた公私の財産物の価値が「大きい金額に達した」という標準に立っている。さらに、詐欺罪の処罰について、「金額」や「情状」により処罰の幅も違う）というやり方をとるのである。このように、詐欺罪が成立するかどうか、どう対応して処罰するかは盗品金額の多少で決め、犯罪者の受ける処罰が盗品金額に比例するというやり方は、あたかも中国古代の刑法判例の中で財産犯罪を処理した際に使われた基本的モデルそのものである。「盗品による処罰」法、即ち「盗品の罪を犯した者は、その罪はいずれもその刑を重くする。罪の重さは、盗品の多さを基準にする」というのも中国古代の財産犯罪に関する処罰の独特伝統の1つである。例えば、窃盗について、唐律の『賊盗律』の規定により「諸窃盗、財得ず五十笞刑、反物一尺六十杖刑、一匹加一等、五匹一年徒刑、五匹加一等；五十匹加役流」とされていた。強盗罪について、『賊盗律』の規定により「諸強盗、財得ず二年徒刑；反物一尺三年徒刑；二匹加一等；十匹及び人傷つけ有れば絞首；人殺しすれば斬刑」と、汚職について、『賊盗律』の規定により「諸監臨主守は自盗したり、監臨された財物を盗んだりすれば、その処刑が窃

盗基準の倍にすべき；三十匹絞首」とされていた。こういう「盗品による処罰」という立法伝統は、清末及び国民党統治の間、暫く姿が消え、新中国の刑事立法で生き返り、さらに大きく発展した[5]。非財産犯罪の場合でも「盗品」に準じる「結果」を犯罪認定とその標準とすることが中国の現行刑法によくみられる。こういうことは、刑法各則の関連規定（刑法138条の規定「教育施設重大安全罪」の成立は「死傷者出た重大な事故」を前提として、もし「とりわけ深刻な事故」だった場合、処刑もそれだけ重くなるという内容）を読めばわかる。ある行為を施すと犯罪が成立する、いわゆる行為犯（例えば、刑法第359条の規定「淫売を誘引したり、場所の提供をしたり、紹介したりする罪」）として刑法各則により規定されていた場合でも、司法実践は量化できる結果（2人以上の人に場所を提供したり淫売を紹介したりして、1万元以上の非法利益を得るなど）でなければならないと強調されている。

　以上の例として挙げられた規定の中に、中国の伝統刑法の「盗品による処罰」の影が見られる。中国の刑法伝統の「盗品による処罰」モデルは、結果でなく行為だけを処刑標準とするという当代西洋の刑法で採用されている行為モデルで説明できないのも明らかであろう。死刑執行猶予を死刑執行の1つとして刑法に入れたのは、古代伝統を今までに維持してきた現れの1つである[6]。こういう制度が唯一無二な存在だと評されたのみならず、死刑の代替刑をどんな形で定めるかを死刑存置国家も案じている現代では、さらに研究の価値を持っているのではなかろうか。前世紀70年代、日本も一度死刑の代替刑として参考にするため、以前に刑法学会で中国の死刑執行猶予という制度をわざわざ検討したことがあるそうである[7]。総じて、中国特色刑法解釈学発話体系の構築という問題には、時代に応じて思考モデルを変えて、つまり全てを西洋制度を参考にしなければならないという考えから、中国関連制度の縦、即ち伝統や、横、即ち比較分析ということに転換すべきであり、中国の物を過小評価せず、慎重に検討して結論を出すべきである。

　第2に、前世紀にソビエト連邦の刑法を参考にし、すでに中国理論と実務との両方に受け入れられた、決まり事として使われている用語体系を基礎としなけれ

5　黎宏『「計贓論罪」与我国当今的刑事司法』法治現代化研究4号（2017）。
6　中国刑法第48条：「死刑は極めて深刻な犯罪行為を行った犯罪者にのみ適用される。死刑に処刑されるべくしての犯罪者に対して、直ちに執行しなければならないものでなければ、死刑を処刑する同時に執行猶予二年を宣告することができる」。
7　団藤重光『死刑廃止論』（改正版）（1992・有斐閣）234、235頁。

ばならないということである。周知のように、中国現行の刑法学さらに刑法解釈学の基本用語の多くがソビエト連邦の刑法から来たものである。今はソビエト連邦刑法の用語体系にもいろいろな問題、例えば、犯罪本質の「社会危害性」という概念や「主観悪性」というのも、その内包があいまいで、外延もはっきりしていないこと、犯罪認定標準としての「四要件論」の各要件が水平的に存在し、各要件間の階層的関係が反映されておらず、司法人員の考えを導く力になれないこと、犯罪構成は内部空間が狭く、期待可能性、自我答責、被害者の同意などの概念を中に組み込むことができないこと、といった問題があると思われる。しかし、言うまでもなく、前世紀の50年代以来、先学者たちの弛まぬ努力と強力な普及を通して、独日の犯罪認定に関する構成要件該当性、違法性、有責性という体系と比べ、ソビエト連邦の刑法からの犯罪構成、客体、客観要件、主体、主観要件及びそれをふまえて形成された共同犯罪や犯罪性阻却事由、未完成犯罪などという概念は、論理界でも実務界でも話しやすく、よく知られたものなのである。実は「四要件論」を代表するソビエト連邦の刑法解釈学発話体系は、ソビエト連邦の学者及び帝政ロシア時代の学者たちがイタリア、ドイツ、フランスなどの西洋諸国の犯罪論体系中の核心要素を汲んでから形成されたものであり[8]、以下の長所を備えている。一つは刑法に規定された犯罪成立に必要な基本的要素を高度に概括していることである。どんな行為であっても、刑事訴訟手続に入った以上、現実世界で人が殺され、物が盗まれたといった類の危害結果が現れた以外の何物でもなく、その結果を司法機関に現場で取り上げられて証拠にされ、ある手段でその危害結果をもたらした者がいると推測されることによって、被疑者が逮捕されてから、被疑者の犯罪意図や動機なども糾明される。こういう事件の解決過程は、あたかもソビエト連邦学者たちに提唱されていた「四要件論」の犯罪構成要件論に一つ一つ対応できる。つまり、犯罪結果と犯罪客体との対応、犯罪手段と危害行為との対応、行為者と犯罪主体との対応、犯罪主観意思と犯罪の主観との対応などである。認識論から見れば、中国の主流意識形態、即ち意志が物質に決められるという唯物弁証法の基本原理とまさに合致すると言えるだろう。司法人員の犯罪認定には、その「四要件論」学説より一層進んでいる「三段階論」のほうがもっとはっきりと司法人員の犯罪認定の判断過程を示しているいう批判

---

8 米鉄男『特拉伊宁的犯罪论体系』(2014・北京大学出版社) 32-38頁、庞冬梅『俄罗斯犯罪构成理论研究』(2013・中国人民大学出版社) 527-530頁。

的意見もあるが、現行の「四要件論」を踏まえて改良してもよいのではなかろうか。即ち、犯罪を判断することに、まず客観方面、即ち危害行為と危害結果を考えなければならず、客体と客観要件の判断によって表され、それが充足されてから次の、即ち責任判断の段階に入り、その責任判断は犯罪主体と犯罪主観方面の判断によって表される（勿論、主体部分の内容は詳しく分別しなければならない）。こういう判断順序、つまり犯罪認定するとき「まず客観違法、それから主観責任」というやり方をしなければならないという、現在西洋で流行している判断は、案外に中国の四要件論と共通するところがある。加えて、ソビエト連邦の刑法を参考にしてきた現在中国の刑法発話体系は、中国の国情や司法実践にも見合う。中国が憲法に規定されている、工人階級の指導で工農連盟を基礎とする人民民主専政の社会主義国家制度だからこそ、全体人民の整体利益を保障することが中国刑法の出発点となり、西洋国家と同じように人権保障だけを刑法の出発点とすることができなくなり（こういうことは「法律なければ犯罪なし、法律なければ刑罰なし」という罪刑法定主義の規定方式を見ればわかる）、人権保障と社会整体利益の保護との両方を同様に重んずるべきである。これは、国家安全や人民民主専政制度や社会主義制度の保護と、社会秩序や経済秩序や公民の人身権利や財産権利の維持とをいずれも重んずる（刑法第2条）という現実を見ればわかるであろう。そうだとすると、犯罪の認定において、犯罪客体の成した現実侵害と危険を出発点とする「四要件論」の犯罪認定方式は、「法律に明文化された犯罪行為は法律により罰する。法律に明文化されていない犯罪行為は罰しない」（刑法第3条）という中国特有の罪刑法定主義規定の下で、実質的解釈論を採用して、個人利益と社会利益との均衡を保ちながら、犯罪行為を適切に処罰することを求め続けている。同時に、現有の「四要件論」の犯罪の認定方式と用語体系は簡単明快だから、そのうえで少々改良すれば、司法人員たちが犯罪事実を把握することを前提に、自己の主観的な能動性を十分に働かせ、能動的に司法を行うことができるようになるだろう。

　第3に、独日の刑法学における有益な概念を適切に借用し、それらの概念を中国現有の刑法発話体系に融合させるべきということである。1997年の刑法が公布されてから、中国の刑法学の研究が立法学から解釈学に重点を移され、独日の刑法解釈学の思想と用語を大量に参考したり、移入したりして中国の現有刑法解釈学を完備させるのがその特色の一つである。例えば、「法益侵害説」と「規範違

犯説」で「社会危害論」を修正し、「客観的帰属論」で「因果関係論」を一歩深化させ、「三段階論」で「四要件論」を改良したり再構築したりし、「行為共同説」と「犯罪共同説」という概念で中国伝統の「共同犯罪論」や「主犯と従犯説」を反省し、「事実認識」と「規範認識」で故意や過失などの概念を修正していたことなどがその現れである。こういう改善にはそれなりの価値もあると言えるだろう。例えば、犯罪本質に関する理解のように、中国の伝統学説では「社会危害性」をその中心としているが、その内包は何か、外延はどのぐらいあるか、必ずしも明らかではない。それに対して、「行為本位（無価値）」と「結果本位（無価値）」の分析視点はそれに新しい理解を提供している。同じように、「三段階」の犯罪構成体系論では、犯罪認定が一層進むことが強調されていながら、「四要件」の犯罪構成体系論の不足を発見することに役立った。「行為共同説」と「犯罪共同説」との対立は、伝統的学説の下で、共同犯罪の本質に関する理解をさらに深化させるのに役立つ。もっとも、外国流行のすべての学説にそのまま真似する価値があるわけではないことに注意すべきである。例えば、ドイツで流行している客観的帰属論が中国の学界で話題になり、中国の刑法学における因果関係論に取って代わる向きがあるとき、その理論がドイツ刑事立法と刑事司法に多く存在していた主観化傾向という背景で構築されたのだと的確に指摘した中国学者が多く、こういう理論的背景は、客観主義刑法観が重視された中国の刑事立法及び司法に存在していない。さらに、客観的帰属論は、結果犯の既遂・未遂に関わる因果関係論と関連しているだけではなく、実行行為の判断や違法性即ち社会危害性の判断、客観違法と主観責任との区分、被害人承諾及び危険の引受けという一連の問題にも関連している。言い換えれば、刑法理論体系全体に関わる壮大な問題であり、それを導入してから因果関係論という部分だけに主眼を置いて議論すれば、実はその理論を縮小しているだけなのである[9]。そのため、中国既存の刑法学説が司法実践の応用においてそれほど問題を有していないという現状の下で、客観的帰属論で中国現有の犯罪体系を大鉈振るいに改革しようとするのは、あまりメリットがないどころか、一連の問題をもたらしてくる可能性もある。

9　刘艳红『实质犯罪论』（第二版）（2023・中国人民大学出版社）の第六章部分内容に参照。その中に、劉教授は客観的帰属論に対して反省を行い、その構成要件理論の位置づけを明確に提出し、その同等可罰性、主観帰責論の複雑混合体になった欠陥を指摘していた。

中国特色刑法解釈学発話体系の構築において、日本の実践はわれわれに参考を提供することができる。日本の刑事立法や刑法解釈学がドイツに由来しているにもかかわらず、完全にそれを模倣しているわけではなく、多くの概念の具体的理解において、日本の国情に基づいて実質的な解釈を行っている。これは一連の学説に体現されている。初期には、日本刑法がドイツを模倣した。窃盗罪の対象は有体物でなくてはならないという明文規定があったが、電気のような当時貴重だった無体物が窃盗された場合、ドイツの判例と違い、日本の裁判官は有体物を「管理できるもの」と理解するという方式で、電気窃盗も窃盗罪になると考えた。これは、同時期にドイツの裁判所が罪刑法定主義に形式的かつ厳格に則って、初めての電気窃盗行為を無罪と認定したのとは大きく異なっている[10]。また、煙草耕作者が勝手に一厘ぐらいの価値のある葉煙草を喫煙した場合、当時流行していた「三段階」構成要件論に厳格に従えば、煙草耕作者の行為は形式的に『葉煙草専売法』に違反した罪の構成要件に該当し、犯罪を構成したと判断すべきだが、日本特有のいわゆる「可罰的違法性」を通して、日本の裁判官が、当該行為は構成要件該当性がありながらも、刑罰をもって処罰に値する程度の違法性がないと考えたため、違法性階段で当該行為を犯罪から除外することにした[11]。こういう「可罰的違法性」はすでに日本の刑法学の代表的な理論となって、構成要件該当性の判断に組み込まれ、構成要件該当性の判断を当初の形式的、中立的な判断から、実質的、価値的な判断に転換させた。共犯の分野では、正犯と共犯とを区別し、実行行為を手がけた正犯を最も重要な正犯としているドイツの刑法学と異なり、日本の判例実務は中国『唐律』に由来する「造意者は首犯」という理念から出発し、共謀しているが実行に着手しない行為者を一定の条件下でも正犯、即ち「共謀共同正犯」と認定している。現在では、「共謀共同正犯論」も日本の刑法学における代表的な成果となり、教唆犯に代わる向きがあるようである[12]。また、近年、ドイツの客観的帰属論の台頭に伴い、日本の学者も、その判例実務から理念的には共通しているが、内容的には全く異なる、操作しやすい「危険の現実化説」を練り上げた[13]。これらはすべて、体系の形式化、精緻化を

---

10 大判明36、5、21刑録9、874。大谷実『刑法講義各論』(新版第5版) (2023・中国人民大学出版社) (黎宏&邓毅丞訳) 205頁参照。
11 大判明43、10、11刑録16、1620。大谷実『刑法講義総論』(新版第5版) (2023・中国人民大学出版社) (黎宏&姚培培訳) 240〜243頁参照。
12 前田雅英『刑法総論講義』(第七版) (2019・東京大学出版会) 376頁。

追及しすぎるドイツ刑法学における不足に対して、日本刑法学者が問題意識と操作性の角度から、日本自身の国情に基づいて、自国の特色を持つ刑法解釈発話体系を構築したものである。日本における体系的思考から問題的思考への転換は、将来的に中国刑法解釈学の発話体系を構築するに当たり、注目に値する。

四　おわりに

「現代、中国は我が国の歴史上最も広く深い社会変革を経歴しており、人類の歴史上最も壮大で独特な実践革新も行っている。このような前人未到の偉大な実践は、必ず理論創造や学術繁栄に強大な原動力と広い空間を提供するに違いない。」と習近平総書記が強調されている。本稿はまさにそれに基づいて行われたささやかな論考である。その目的は、中国特色刑法解釈学発話体系の構築を通じて、いくつかの実践価値のない他国の刑法学理論や概念を選別し、文字上の「思わせぶり」や学術上の「外国盲従」を根絶し、中国特色刑法解釈発話体系を用いて中国の実際問題を解決し、最終的に中国の刑法解釈学を、受動的な外来発話体系に支配された客体から、能動的な自身の発話体系を支配できる主体へと華麗に転換させることである。

［余秋莉訳］

13　山口厚『刑法总论』（第 3 版）（2018・中国人民大学出版社）（付立庆訳）58～59頁；井田良『講義刑法学・総論』（2019・有斐閣）135～144頁。

事後行為と犯罪の成否

馮　軍

一　問題提起
二　通説とその変遷
三　刑事立法上・刑事司法解釈上・刑事判決上の根拠
四　判断基準：「法規範遵守意思の確証」説の提唱

一　問題提起

　「事後行為と犯罪の成否」の関係を検討する際に解決すべき問題は、中国の伝統的な4要件理論における犯罪成立要件を完全に満たす行為（つまり、犯罪客体、犯罪成立の客観的要件、犯罪の主体、及び犯罪成立の主観的要件を備えた行為）や、現在中国の一部の学者が主張している独日の3階層理論における犯罪成立要件を完全に満たす行為（つまり、構成要件該当性、違法性及び有責性を備えた行為）が、後にこれに関連した別の行為と相まって犯罪の成立を基礎づけるかどうか、あるいは逆に、その行為の後に行われた別の行為と相まって犯罪の成立を否定するかどうか、という問題である。
　なお、ここでいう事後行為とは、従来考えられていた不可罰的事後行為や共罰的事後行為（例えば、窃取後に財物を損壊する行為）でもなければ、別罪を構成する事後行為（例えば、麻薬犯罪や暴力団による組織犯罪などの前提犯罪が行われた後のマネーロンダリング行為）でもなく、行為者が、従来の刑法理論の犯罪成立要件をすべて満たした行為を行った後に、改めて行ったその行為（つまり、行為者が、従来の刑法理論における犯罪成立要件をすべて満たして行った前提行為）の成立に影響を及ぼすような行為である。これは、行為者が伝統的な刑法理論の犯罪成立要件にすべて該当する行為を行った後に改めて行う行為であるという意味で、「事後行為」といえるであろう。
　このような犯罪成立に影響を与える事後行為が最終的に解決されたといえるの

は、処罰を免除するかどうかの問題ではなく、刑事責任を問うかどうかの問題が解決されたときである。ある行為が犯罪構成要件にすべて該当していても、その行為自体の危害は軽微であるため、有罪を宣告するのみで刑罰が免除されることもある。このような軽微な犯罪に対し、法規範は有罪を宣告することにより、その行為を非難し、その行為を否定する立場を表明することで、軽微な犯罪に侵害された法規範の効力を守ることができる。ただし、刑事責任を問うかどうかの問題に関わる場合には、行為者がその事後行為によって証明した法規範に対する意思も考慮されることになる。犯罪は法益侵害の表現形態であるが、犯罪の本質は精神的なものであり、犯罪行為は法規範を否定する意味を持つ表現形態である。それによると、刑事責任が問われるかどうかは、行為者の、裁判における精神内容によって決定されるべき問題であろう。行為者がその事後行為によって法規範を遵守する意思を証明したら、刑事責任を問う必要がなくなるし、その一方で、行為者の事後行為により、その法規範を否定する意思が証明されれば、刑事責任が問われることになる。

二　通説とその変遷

　周知のように、不可罰的事後行為（共罰的事後行為）と新たな犯罪が成立する事後行為について、中国の刑法学者はこの点をすでに深く研究してきた[1]。しかし、長い間、事後行為が犯罪として成立するにあたり前提行為が影響を与えるかどうかについては、中国の刑法学者からの関心が薄く、研究も進んでいない。しかし、その状況は現在変わりつつある。

　中国刑法の伝統的通説においては、犯罪構成要件該当性のみが犯罪成立の唯一の根拠だとされている[2]。つまり、ある行為が犯罪を成立させるか否かにつき、唯一の判断基準となるのは、刑法に規定された犯罪構成要件に該当するか否かで

---

[1] 不可罰的事後行為については、張明楷『外国刑法要綱』（清華大学出版会、2007年）351-352頁、同『刑法学（上）』（法律出版社、2021年）640-641頁、周光権『刑法総論』（中国人民大学出版会、2021年）396-397頁を参照。また、新たな犯罪を成立させる事後行為については、王新「マネーロンダリング罪導入後の司法上の適用問題」政治と法律11号（2021年）、同「マネーロンダリング罪の司法認定の困難性」国家検察官学院紀要6号（2022年）、張明楷「マネーロンダリング罪が導入されて以降の論争問題」比較法研究5号（2022年）を参照。

[2] 高銘暄＝馬克昌編『刑法学』（北京大学出版会、2019年）47頁、馬克昌編『犯罪通論』（武漢大学出版会、2005年）68頁を参照。

ある。もしある行為が刑法に規定された犯罪構成要件をすべて満たしていれば、その行為は犯罪を構成することになる。行為者が刑法典で定められた犯罪の、全ての成立要件に該当する行為の後に行った事後行為は、その事後行為に新たな犯罪が成立する場合を除き、犯罪の成否には影響を与えないが、この事後行為が行為者の犯罪に対する事後の態度を徴表する可能性があるのなら、行為者の人身への危険性を判断する根拠となり、量刑の際に重要な意味を持つことになる[3,4]。例えば、自首・自白・功績などの事後行為は、重要な量刑事由となる。

しかし近年、「既遂後に無罪になる可能性もある」と主張し、また、「贖罪」という概念によってその土台を築いた著名な刑法学者もいる[5]。北京市検察院が市内の検察機関に推薦し、全員に閲覧を求めたという記事の中で、儲槐植教授は、例として「H窃盗事件」を挙げた。Hがバスの中で、Lのハンドバッグを盗み、これを持ち帰った後、ハンドバッグの中にLの身分証明書1枚、携帯電話1台、翡翠53点を発見した。Hが喜びの一方で、あまりにも高額であったことから罪が重くなるのではないかと危惧し、バッグをLに返還しようと決意し、Lの身分証明書にある住所に従い、列車に乗り、また車を乗り換えて、走ってLの家まで赴き、同人にハンドバッグを返却した。L一家はHに感謝し、改めてお礼を言おうとしたが、Hはそれを断った。その後、警察はHを逮捕した。結局、裁判所によって、Hは窃盗罪で懲役7月、執行猶予1年、罰金1000元に処された[6]。

「H窃盗事件」の判決について、儲槐植教授は「この事件において、裁判官は明らかに困惑したはずである。一方で、刑法の通説（原則）によれば、犯罪が既遂に達した後は中止が認められることなく、当然、同人を無罪とする余地もない。Hの行為は窃盗既遂であり、それに加えてその額が特に大きいため、刑法における窃盗の額が非常に多い場合に関する規定により、Hの行為は少なくとも10年以上の懲役に処されることになる。しかし一方で、Hは、自らの意思で盗んだ金品を苦労して被害者に返還し、いわば、被告人のその後の善意が、それ

3　樊鳳林編『刑罰通論』（中国政法大学出版会、1994年）393頁を参照。
4　外国刑法理論の通説においても、事後行為は量刑事由にしかならないとされている（城下裕二『量刑基準の研究』（成文堂、1995年）145頁以下、Vgl. Ursula Schneider, in: Leipziger Kommentar StGB, Band 4, 13. Aufl. 2020, §46 Rn. 8を参照）。
5　儲槐植＝閆雨『「贖罪」──既遂後に無罪にならないということには例外がある』検察日報（2014年8月12日、第3版）を参照。
6　前出・注5参照。

までの悪意を中和したともいえるだろう。刑法の通説に反することはできないが、単に法律によって判決を下すことも厳格にすぎるため、Hの行為は『事実に対する認識の誤りによる刑事責任の阻止』といえるが、裁判所は通説に反することを恐れ、『窃盗を行った際の被告人の主観的・客観的条件及び犯罪が完成した後の返還行為』を十分に考慮した後、以上のように軽い判決を下した。裁判官の矛盾した気持ちが、実質的に矛盾した判決を下すことになったのである」[7]と評論した。これに続き、儲槐植教授は、「上記の事件及びその類似事件における論理関係は、事後行為（贖罪）に対する法律評価はまずもって犯罪論の面で、事前に犯した罪を中和する。行為の前後のメカニズムは、事後の行為が事前の行為を矯正し、侵害された法益を回復し、それによって事前の行為を無罪にする、というものである」[8]と指摘する。

　筆者の目から見れば、儲教授の主張は、明らかに伝統的な刑法理論に縛られた自己矛盾に陥った見解であり、あたかも「足を削って靴に合わせる」ように見える。すなわち、一方で、この主張は、伝統的な刑法理論に縛られ、ある行為が刑法典に定められた構成要件にすべて該当していれば、既遂犯が成立するとしている。しかし他方で、実際の実務の妥当性という観点から、刑法典に定められた構成要件にすべて該当していても無罪とすることができる、とする。ある行為が刑法典に定められた構成要件にすべて該当していれば、既遂犯が成立するとされているのは、伝統的な刑法理論に拘束されているからにほかならない。ある行為が犯罪として成立し、しかもその犯罪が既遂に達しているのに、その行為を無罪とすることができる、とするのは、その行為が犯罪であり無罪でもあるという、論理的な自己矛盾に陥っているにすぎないといえよう。しかし、行為者が行った事後行為は刑法上重大な意義を有することにより、その行為者が行った、刑法典に定められた構成要件にすべて該当する行為を犯罪と認めない、ということもまた、実践的妥当性を有することになる。つまり、実践的妥当性を得ようとする一方で、伝統的な刑法理論を墨守しようとするがあまり、儲教授は「犯罪が既遂に達しても無罪とすることができる」という中途半端な主張を行わざるをえなくなったのである。梁根林教授は、正当にも、「贖罪説においても、法益回復説においても、Hの行為は無罪とすることができるという結論が妥当である、とさ

　7　前出・注5参照。
　8　前出・注5参照。

れているが、両説とも体系的・論理的な立証の面において、再考すべき点がある」と指摘した[9]。

　もちろん、「犯罪が既遂に達しても無罪とすることができる」という儲槐植教授の主張は、伝統的な刑法理論とは異なる重要な見解であり、非常に価値があるといえるため、注目に値する。筆者の目から見れば、事後行為は量刑事由の１つにとどまらず、犯罪の成否にも影響を与える可能性がある。事後行為は、犯罪の成立を肯定する要素であると同時に、犯罪の成立を否定する要素でもある。事後行為を犯罪成立要件から除外すべきではなく、逆にそれを犯罪成立要件に盛り込むべきである。また、事後行為を犯罪の既遂後の例外的な処罰阻却事由とすべきではなく、それを犯罪成立の一般要件とすべきである。

三　刑事立法上・刑事司法解釈上・刑事判決上の根拠

　事後行為は量刑事由のみならず、犯罪の成否を決する事由にもなりうる。このような新しい見解は、伝統的な刑法理論とは全く異なるが、根拠のないものではなく、中国の刑事立法、刑事司法解釈、刑事判決上の根拠を持っているのである。

１　刑事立法上の根拠

　中国刑法典に、事後行為が犯罪の成否を決する事由であることを示す典型的な規定は２つある。そのうちの第１が、中国刑法第201条第４項の、「第１項の行為を行い、税務機関が法に従って納付催告を発した後、税金の不足分及び滞納金を納めて、行政処罰を受けた者は、刑事責任を追及しない。ただし、５年以内に脱税行為で刑事処罰を受けた者又は税務機関により２回以上行政処罰を受けた者については、この限りでない。」との規定である。この規定により、行為者が違法な脱税行為を初めて行った後に、自発的に追徴金を納付し、国の税収を確保し、行政罰を受けていれば、すでに、違法に行った脱税の罪の構成要件に該当する行為を犯罪と認める必要がなくなる、ということが分かる。

　第２が、刑法第449条の、「戦時において、３年以下の有期懲役に処せられ、現

---

[9]　梁根林「刑事法の一体化という視点に基づく中国刑法体系の構築」儲槐植先生卒寿祝賀『刑事法の一体化：源流、伝承及び発展』（北京大学出版会、2022年）102頁参照。

実の危険性がなく、刑の執行猶予を宣告された犯罪者たる軍人は、功績を上げてその罪を償うことを認めることができ、確実に功績を上げたときは、判決を撤回し、犯罪とみなさないことができる。」との規定である。この規定により、軽罪を犯した軍人が後に戦場で「手柄を立てる」行為を行った場合に、たとえ犯罪構成要件に該当する違法行為がすでに犯罪と認定されていたとしても、元の有罪判決を取り消し、「罪を犯したと見なさない」ということができる[10]。

これと類似の規定は中国刑法においても珍しくない。例えば、中国刑法第351条第3項では、「ケシ又はその他の薬物の原料植物を不法に栽培したが、収穫する前に自ら刈り取った者は、その刑を免除することができる。」と規定されている。また、例えば、刑法第383条第3項前段では、「第1項の罪を犯して公訴が提起される前に、自己の犯行をありのまま供述し、真摯に罪を悔やみ、贓物を積極的に返還し、損害結果を避け、減少させ、第1項が規定する事情があるときは、その刑を軽くし、減軽し、又は免除することができる。」と規定されている。条文上の文言は「処罰を免除する」であるが、実際には、「免除」されるべき行為が犯罪と認められなくなるということである。

筆者の考えでは、中国刑法におけるこのような規定は普遍化可能である。例えば、刑法第76条において、第2項を新設し、「執行猶予を宣告された犯罪者が執行猶予期間中に、本法第77条に規定された情状がない場合、及び功績を上げた場合には、原審の処罰を取り消し、犯罪として扱わないものとする。」などと規定することもできるだろう。また、例えば、刑法第110条において、第2項を新設し、「中国公民が国外でスパイ組織に参加し、中華人民共和国の国家安全に危害を及ぼす活動に従事した後、中国の関係部門に如実に情況を説明し、悔い改めた者は、その刑事責任を問わない。」と規定することも可能であろう。さらに、刑法第239条において、第4項を新設し、「第1項及び3項の行為を行い、拉致された者に対してその他危害を加える行為を行わず、及び拉致された者をただちに安全に解放した後に自首し、心から悔い改めた場合は、刑事責任を問わないものとする。」と規定してもよいであろう[11]。

10 　王愛立『中華人民共和国刑法──条文解説、立法理由及びその関連規定』(北京大学出版会、2021年)450頁を参照。
11 　中国において、すでに刑法第239条第3項の後に第4項を増設するように提案した学者がいる。「第1項及び第3項の罪を犯し、訴追される前に誘拐された者を自発的に解放したり、誘拐した乳幼児を返還したりした場合、処罰を免除することができる。」という(閆雨「拉致罪の自働回

2　刑事司法解釈上の根拠

2007年7月8日、中国最高人民法院及び最高人民検察院が公布した『収賄刑事事件の処理における法適用の若干の問題に関する意見』第9条第1項には、「国家公務員が請託を受けた者の金品を収受した後に直ちにこれを還付したり、上納したりした場合は、収賄罪とならない。」という規定がある。この規定によると、たとえある国家公務員が請託を受けた者から金品を収受したとしても、その行為が直ちに収賄罪を構成するわけではない。なぜなら、国家公務員が金品を収受した後にこれを返還したり、上納したりする可能性もあるからである。

3　刑事裁判上の根拠

中国の刑事司法実務では、行為者による損害賠償、救急搬送、罪を認めた上での自白などの事後行為が行われたことを理由に、不起訴となる刑事判決が少なくない。例えば、「刑某職務怠慢罪」というものがある。2016年5月7日の21時頃、北京市公安局・昌平分局特別行動部署によると、昌平分局東小口派出所の当時の副所長である刑某は、警官の孔某、輔警の周某、保安員の孫某、張某らを引き連れ、昌平区竜錦三街竜錦苑東五区南門付近で私服を着てポルノの取締任務を遂行した。邢某ら5人は職務を遂行する過程において、職務を適切に遂行せず、法執行対象である雷某の首と顔を足で踏みつけたり、雷某の首と顔を膝で押さえつけたり、雷某の顔を平手打ちしたり、雷某を罵ったり、また補警・保安員を配

復条項の増設について」遼寧大学学報（哲学社会科学版）6号（2015年）109頁を参照）。
　クロアチア刑法典第125条では、誘拐罪の自動復活条項がすでに明文化されている。つまり、「（一）他人にある行為を実施させたり、実施させないとしたり、又は他人を苦しめる目的で、他人を不法に収容し、又は継続的に拘留し、又はその他の方法により身体の自由を剥奪又は制限した者は、6月以上5年以下の懲役に処する。（二）本条第1項の罪を犯した場合、もし人質が児童又は青少年の場合、本条第1項の誘拐の目的を達成するために人質を殺害し又は重大な傷害を負わせたり、身体に重大な損害を与えたり、その他重大な結果をもたらす場合は、3年以上12年以下の懲役に処する。（三）……（四）本条第一項及び第二項の罪を犯したが、他人を拉致しようとする意図が達成される前に、自らの意思で拉致された者を釈放した場合は、その処罰を免れることができる。」（王立訳『クロアチア刑法典』（中国人民公安大学出版会、2011年）53頁を参照）。
　ロシア刑法典第126条でも、誘拐罪の自動回復が規定されている。つまり、「……拉致された者を自主的に釈放した場合、その行為が他の犯罪構成要件に該当しなければ、刑事責任を免れることができる。」という（黄道秀訳『ロシア連邦刑法典』（北京大学出版会、2008年）58頁を参照）。
　日本刑法典第228条の2でも、「第二百二十五条の二又は第二百二十七条第二項若しくは第四項の罪を犯した者が、公訴が提起される前に、略取され又は誘拐された者を安全な場所に解放したときは、その刑を減軽する。」と規定されている（『日本刑法典』（2006年）85頁を参照）。

置し雷某を護送したりといった違法行為を行った。また、現場で救急処置を取らず、雷某を死亡させたうえ、事件後に意図的に事実を捏造・隠蔽し、捜査妨害などの行為も行った。北京市豊台区人民検察院は、法律に基づき、邢某ら５人の行為は刑法第397条第１項の規定により、いずれも職務怠慢罪に該当すると判断した。刑某らは現場で救急処置をしなかったが、雷某の体調に異常が出たことを確認した刑某らは、雷某を病院に搬送し、罪を認めたため、邢某ら５人の行為は、中国刑法第37条の「犯罪の情状が軽い場合は懲役に処せられる必要はない」という規定に該当すると判断し、邢某ら５人を不起訴処分とした[12]。この事件での不起訴は、実際上、行為者の行為に犯罪の成立を認めない、という意味である。

中国の刑事立法・刑事司法解釈・刑事判決における上記の手法は、正反対の方向から法益を保護し、処罰と報償という双方向のメカニズムを運用して刑法規範の保護目的を実現し、刑法の機能を最大限に発揮し、オリエンタルの知恵をよく体現したものだといえよう[13,14]。

四　判断基準：「法規範遵守意思の確証」説の提唱

事後行為によって犯罪の成否が決まるという考え方には、合理的根拠がある。では、事後のいかなる行為が犯罪の成否を決することができるのだろうか。つまり、「事後行為が犯罪の成否を決する」ことの判断基準は何か。この問題をめぐって、現在、中国の刑法学者の見解は一致をみていない[15]。

12　北京市豊台区人民検察院京豊検公訴刑不訴［2016］201号不起訴決定文を参照。
13　中国の法制史において、漢律には「罪を犯してもまず自首するなら、その罪は免除される」とあり、唐律には「諸々の罪を犯して自首した者は、その罪を免除する」という規定がある（銭大群＝夏錦文『唐律と中国現行刑法の比較論』（江蘇人民出版社、1991年）252-257頁を参照）。また、大明律には、「人の財物を盗み、詐欺を働いた後に、自ら自白し、また、賄賂を収受したが便宜を図らず、悔い改めて財物を返還した者は、訴訟上、自首と同視され、免罪するものとする。」という規定がある（懐効鋒校『大明律』（法律出版社、1999年）14頁を参照）。上記の法律はすべて、自首という事後行為の存在によって、先行する危害行為に犯罪の成立を認めない、という規定である。
14　外国刑法にも事後行為についての規定が散見される。例えば、2003年12月８日に改正されたロシア連邦刑法典第75条第１項では、「軽罪及び中度の重罪を初めて犯した者が、犯行後に自首し、犯罪の暴露に協力し、被害を賠償し、又はその他の方法で損害を補填し、積極的に悔い改め、社会的な危害性を減少させたときは、刑事責任を免れることができる。」とされている（黄道秀訳『ロシア連邦刑法典』（北京大学出版会、2008年）30頁を参照）。しかし、このロシアの規定は、中国刑法の規定のように明確な規則性を示しているわけではない。
15　主な関連する参考文献は、以下の８篇である。

1　法益回復説の主張とそのメリット・デメリット

　犯罪は、法益を回復することができる犯罪と法益を回復することのできない犯罪に分けられる、と考える学者がいる。前提となる犯罪行為で侵害された法益が、事後の行為によって「元通り」に回復させる犯罪のことを、法益を回復することのできる犯罪だという。また、法益を回復することのできる犯罪について、行為者が定められた期間内に法益を有効に回復させた場合には、これを無罪とすることができるという[16]。

　法益回復説が、法益侵害を犯罪の本質的特徴とする法益侵害説に基づいている、ということは明らかである。法益回復説は理解が容易であり、また、多くの場合に結論の操作が行いやすい合理的な理論ではあるが、この理論は中国刑法の規定や刑事司法実務と完全に一致するものではなく、また、理論的にも満足のいくものではない。なぜなら、まず、そもそも法益を回復させることだけでは不十分だからである。法益を回復させるのみで無罪とすることはできず、もし行為者が被害者に盗んだ財産をすべて返還したとすれば、その理由は、行為者が他人の財産権を尊重すべきであることを認識したからではない。被害者の信頼を得て、より価値の大きな財物を騙し取ろうとしたのであれば、このように、盗んだ財物をすべて被害者に返還する事後行為は、その窃盗行為を無罪とすべきではない。また、法益回復説が不十分な理由は、同説が全面的なものではなく、事後行為が犯罪となる可能性があることを説明できないからである。例えば、人身の安全を脅かす事故が発生した後に、報告義務を負う者が事故の状況を報告せず、あるいは嘘をついて事故状況を隠蔽し救急状況を見誤った場合には、いまだ犯罪は成立せず、「事故現場を偽装し、破壊し、又は遭難者の死体を移置し、隠匿し、滅失し、又は負傷者を移置し、隠匿」する等の事後行為があって初めて、犯罪が成立

　　張鵬翀『事後行為の研究』南昌大学専門学位修士学位論文（2011年5月）、荘緒竜「帰納と探索：『法益の回復が可能な犯罪』の刑法的評価に関する考察」法律適用12号（2013年）12号、儲槐植＝閆雨「『贖罪』——既遂後に無罪にならないということには例外がある」検察日報（2014年8月12日、第3版）、荘緒竜「『法益の回復が可能な犯罪』という概念の提唱」中外法学4号（2017年）、姜涛「刑法における犯罪協力モデルとその適用範囲」政治と法律2号（2018年）、劉峰江『犯罪後の積極的行為とその刑法的評価』（武漢大学博士学位論文、2020年5月）、劉科「『法益を回復させる現象』：適用範囲、法理の根拠及び体系的地位の分析」法学者4号（2021年）、孫本雄「事後行為に基づく無罪の法理の根拠と判断基準」現代法学45巻1号（2023年1月）。

16　荘緒竜「帰納と探索：『法益の回復が可能な犯罪』の刑法的評価に関する考察」法律適用12号（2013年）96頁、99頁を参照。詳しい論述は、荘緒竜「『法益の回復が可能な犯罪』という概念の提唱」中外法学4号（2017年）全文を参照。

するのである[17]。

さらに、法益回復説においては刑法上重要なことが無視される結果、事後行為によって法益を回復させることができなかったにもかかわらず、事後行為によって法規範を遵守する態度を確実に示した行為者が、なお、法益を侵害する事前行為によって問責されることになる。

2　私見の展開:「法規範遵守意思の確証」説

上述した既存の学説と異なり、筆者は、犯罪と刑罰は密接な関係にあり、刑罰は犯罪の主要な法的結果のみならず、犯罪の基本的な法的属性でもある、と考える。刑罰をもって罰するに値しない行為は、犯罪行為ではない。すべての犯罪成立要件は刑罰の適用条件であり、逆に言えば、刑罰が必要かどうかを説明するすべての要件は、犯罪の成立要件に組み込む必要がある。

行為者が構成要件該当行為を行った後に、また、その他の行為でその意思が、法規範に忠誠を誓うことに揺るぎない方向に転じたと確実に証明することができれば、刑罰で法規範の効力を証明する必要はなくなり、その行為を犯罪と認定する必要もなくなる。「王立軍によるトウモロコシ購入事件」において、最高人民法院は、王立軍の行為に刑事処罰の必要性がないと判断したうえで、違法経営罪は成立しないと判示した[18]。

「法規範遵守意思の確証」説は法益回復説と比べて、認定できる犯罪の成立範囲が狭くなるかもしれない。なぜなら、「法規範遵守意思の確証」説は法益を回復させることを求めておらず、たとえ行為者が侵害した法益を事後行為によって回復させなくとも、行為者が事後の行為によって法規範を遵守する意思を有すると確実に証明された場合は、犯罪が成立しなくなる可能性があるからである。しかし、法益回復説よりも、「法規範遵守意思の確証」説が認定できる犯罪の成立範囲は広い、という場合もある。「法規範遵守意思の確証」説により、たとえ行為者がその事後行為によって侵害した法益を回復させたとしても、その事後行為によって法規範を遵守する意思があったと確実に証明されない限り、犯罪が成立する可能性は依然としてある。例えば、詐欺罪の行為者が被害者から騙取した財

17　2015年12月14日の最高法院・最高検察庁による『生産安全危害刑事事件の処理における法律適用の若干の問題に関する解釈』第8条の1第2項の規定を参照。
18　最高人民法院（2016）最高刑監6号再審決定文を参照。

物をすべて返還し謝罪した理由は、このようなことを行ってこそ、被害者からより多額の財物を騙取することができると知っているからである。この場合、行為者が被害者に詐欺した財物をすべて返還したことは、法規範を遵守する意思を確証するためではなく、むしろ、法規範を遵守する意思がないと確証されたからにほかならない。この事件における詐欺罪の成否は、「詐欺により騙し取られた金員をすべて被害者に返還した」という事後行為からは全く影響を受けないことになる。

　行為者が事後に継続して（時効に合致するものでよい）善行を行い、犯罪の誘惑を習慣的に拒否したり、これに抵抗したり、長い間倹約して公益をなしたり、自ら死亡する危険を顧みず人命を救助したりして、「今の彼／彼女は真に善人だ」という印象を人々の心に残したときにこそ、その行為者は、事後の行動によって法規範を守る意思を確実に示したということができる。

　犯罪は、一部は法益侵害であるのみならず、すべて規範違反に属する。犯罪は純粋な自然現象でもなく、人間の回避不可能な過ちでもなく、犯罪行為により、常に行為者の法規範違反の意思が発現したものである。行為者が事後の行為によって法規範を遵守する意思を有すると確実に証明すれば、現在のその行為者に法規範を遵守する新しい人格が自主的に形成され、以前の行為を行った際の自分とは全く別の人格となった、ということになる。行為者が法規範に忠実で誠実な、自己を再構成する行動を行った場合には、それまでの行為を犯罪とする必要性はなくなるのである。

［謝佳君訳］

AI 時代における自動運転車の刑事責任

謝　佳　君

一　問題提起
二　自動運転車の刑事責任の主体的地位
三　運転支援システムが搭載された自動運転車の刑事責任
四　高度・完全自動運転システムが搭載された自動運転車の刑事責任
五　結　語

一　問題提起

　人工知能（Artificial Intelligence）が搭載された製品（以下「AI 製品」という。）は人々の日常生活に流通し、多くの領域で人間をサポートし、我々の生活をいっそう円滑にするものであるが、それと同時に、AI 製品に起因する人的損害等の問題も相次いで報告されるようになった。中国においても、自動運転車はますます普及し、多くの場面で使用されている AI 製品の1つである。最新の AI 技術を応用した自動運転車は、運転手の疲労による事故発生のリスクを除去又は軽減するものであるため、より安全・安心・便利な AI 交通ビジョンの確立が期待されている。しかし近年、自動運転車が関わる交通事故の事例が注目を集めるようになってきた[1]。自動運転車による交通事故について、刑事責任をいかに追及するかが、刑法学の関心を集める問題となってきたのである。刑事責任を追及する際の前提問題として挙げられるのが、刑法は、自動運転車に起因する交通事故に介入すべきか否か、という問題である。この点に関しては、自動運転車技術の発展と応用を促進するために、刑法の謙抑性を重んじる立場から、民事賠償及び強制保険制度によって自動運転車に起因する交通事故を処理すべきだ、と主張する[2]

1　https://news.yiche.com/hao/wenzhang/91082480/ 参照。
2　司暁＝曹建峰「AI の民事責任を論ずる──自動運転車と AI ロボットを切り口として」法律科学（西北政法大学学報）第5期（2017年）172-173頁参照。王軍明「自動運転車に対する刑法

見解がある。しかしながら、人工知能の技術はきわめて飛躍的に進歩している。技術水準からみると、現在はまだ「弱いAI」[3]時代ではあるが、「強いAI」[4]の開発は目下進行中であり、深層学習等によって人間に予期できないリスクが生じ、人間の財産、身体又は生命を侵害しうることも考えられる。そのため、筆者は、刑法が自動運転車に起因する交通事故に介入すべきだと考えている。そのことを前提として、本稿ではまず、自動運転車が答責主体になりうるかどうか、という自動運転車の刑事責任の主体的地位を明らかにする。それに続いて、運転支援システムが搭載された自動運転車の刑事責任を分析する。最後に、高度・完全自動運転システムが搭載された自動運転車の刑事責任に検討を加える。

二　自動運転車の刑事責任の主体的地位

　2021年から、中国は自動運転車高度成長期に入り、2024年までに導入される自動運転車は800万台を超えると予測されている[5]。2022年3月1日に、中国国家市場監督管理総局及び中国国家標準化管理委員会により、『自動運転車基準レベル化』（GB/T 40429-2021）が実施された。同委員会は、中国の自動運転車をレベル0（応急支援）、レベル1（部分運転支援）、レベル2（組合運転支援）、レベル3（条件付自動運転）、レベル4（高度自動運転）、レベル5（完全自動運転）に区分した。国際的には、自動運転を基調とした既存の基準は、主としてSAE（Society of Automotive Engineers）基準であり、自動運転車をレベル0からレベル5に分けている。具体的にいえば、レベル0は、運転者がすべての操作を行うものをいい、これは、応急支援（予防安全）システムによって支援される場合をも含む。レベル1は、システムがアクセル・ブレーキ操作による「前後（加速・減速）」の制御、若しくはハンドル操作による「左右」の制御のどちらか一方の操作支援を行うものをいう。レベル2は、システムが限定された領域において車両制御のうち縦及び横方向の両方のサブタスクを実行するものをいう。レベル3は、システム

　　の適用」吉林大学社会科学学報第4期（2019年）83頁参照。
　3　「弱いAI」とは、厳密かつ正確な方法で仮説を立て、検証することを可能する道具にすぎないAIをいう。日原拓哉『AIの活用と刑法』（成文堂、2023年）17頁参照。
　4　「強いAI」とは、正しくプログラムされたコンピューターが認識状態を保ち、そのプログラムが人間の認識を説明するAIをいう。日原・前出注（3）17頁参照。
　5　https://www.xdyanbao.com/doc/njemokv5jm?bd_vid=11601458832514337193

側が一定の条件下で全ての運転操作を行うが、システムが作動継続困難と判断し、運転者にテイクオーバーリクエスト（運転交代要求）を発した際に、運転者は、速やかに運転操作を行わなければならない、というものである。レベル4は、システムが一定の条件下で全ての運転操作を行い、作動の継続が困難な場合も運転者やオペレーター等の介入を期待しない、「運転者フリー」とも呼ばれるものである。レベル5は、あらゆる状況下で無人運転を実現し、道路の種別や速度、エリア等にかかわりなく、手動運転が可能な状況をすべて自動運転がカバーするものである[6]。

中国においては、2021年4月29日に改正された『中華人民共和国道路交通安全法』がいまだに自動運転車による交通事故の責任分担に関する規定を設けていないため、自動運転車に起因する交通事故の刑法的評価は、非常に困難である。自動運転車の利用によって人の財産・身体・生命に侵害が生じた場合、最初に直面する問題は、自動運転車が刑事責任の主体となることができるか否かである。

この点につき、肯定説を主張するものは少数派である。例えば、自動運転車は、伝統的な刑事答責主体である自然人と同様であり、データや深層学習等を利用し、人間を超える自己決定を下すことができるのだから、自動運転車が交通事故に関する犯罪主体になることは可能だ、と考える見解がある[7]。具体的にいえば、レベル0（応急支援）・レベル1（部分運転支援）・レベル2（組合運転支援）・レベル3（条件付自動運転）では、実質的に車両をコントロールするのは「運転者」であり、刑事責任が帰属されるのは、AIが搭載されていない車両の場合と同一である。レベル4（高度自動運転）及びレベル5（完全自動運転）は「強いAI」であり、深層学習等の膨大なデータを分析し、人間以上の能力を発揮できるものであるから、これらは答責主体といえる。そして、自動運転車の自己決定により人の財産・身体・生命を損害した場合は、自動運転車に対し、データの削除、システムの修正又は永久破滅等のサンクションを課すことができる、と主張する見解がある[8]。

多数説は、自動運転車を含め、AIに法的人格若しくは刑事答責主体の地位を

---

6 https://jidounten-lab.com/u_36605#3-2
7 盧有学＝竇澤正「刑法は自動運転車をいかに規制するか——交通事故にまつわる犯罪という視角から」学術交流総第289期（2018年）第4期77-80頁参照。
8 劉憲権「人工知能時代における"内憂""外患"と刑事責任」東方法学第1期（2018年）142頁参照。

付与することは妥当でない、とする[9]。人間だけが権利と責任の意味を理解することができるのだから、法律能力又は人格は人間に関連するものでなければならず、ルールを遵守するにはルールの意味を理解できることが前提である。しかし、ロボットはこうした理解能力を有していない。それゆえ、AIに刑事答責主体としての資格を付与することで、刑法体系の協調性が乱れてしまう、というのである[10]。

　中国刑法133条は「交通運輸管理法規に違反し、よって重大な事故を引き起こし、人に重傷害を負わせ若しくは人を死亡させ、又は公私の財産に重大な損害を生じさせた者は、……」[11]と規定しており、この中国の刑法規範から見れば、人間は重大交通事故罪の答責主体となる。また、レベル0からレベル5までの自動運転車が搭載された自動運転システムは、AI製品であるが、これは、人間のような自由意志を持つものではない。刑事答責主体は必ず、自由意志に基づく人間の行為に基づくものであるため、自動運転車それ自体が刑事答責主体となることはできない。したがって、自動運転車の利用により、人に財産上の損害、傷害結果又は死亡結果が生じた場合の刑事責任は、搭載されたAIをめぐる主体である自動運転車の利用者、開発製造者に帰属されるべきである。しかし、いかなる場合に、いかにして刑事責任を帰属させるかが問題である。AI技術の開発やAIの活用を萎縮させないように配慮しながら検討を進めるべきである。

三　運転支援システムが搭載された自動運転車の刑事責任

　自動運転車が、レベル0という応急支援からレベル5という完全自動運転まで発展していくにつれて、利用者が運転に関与する程度も変わってくる。そのため、自動運転車の自動化レベルの相違により、利用者に課される注意義務も、自動運転車利用者の刑事責任も異なってくる。以下では、自動運転車を主として、運転支援システム（レベル0からレベル3まで）と、高度（レベル4）・完全（レベル5）自動運転システムに区別し、自動運転車利用者及び自動運転開発製造者が負

9　皮勇「自動運転車製造者の刑事責任」比較法研究第1期（2000年）56頁参照。袁国何「自動運転における刑事責任」蘇州大学学報第4期（2022年）81頁参照。劉艶紅「自動運転のリスク類型と法律による規制」国家検察官学院学報第1期（2024年）120-121頁参照。
10　皮勇・前出注（9）56頁参照。
11　甲斐克則＝劉建利編訳『中華人民共和国刑法』（成文堂、2011年）103頁参照。

う、異なるシステム内での刑事責任を検討することにする。

1　運転支援システムが搭載された自動運転車利用者の刑事責任

　運転支援システム（レベル0からレベル3）が搭載された自動運転車の利用者とは、自動運転車の運転者をいう。自動運転車により、人に財産上の損害、傷害結果又は死亡結果が生じた場合、その者の刑事責任を追及するには、同人に注意義務が認められなければならない。そのため、最初に確認しておかなければならないのは、自動運転車を利用する者に課される注意義務の内容である。

（1）運転支援システムが搭載された自動運転車の利用者が負う義務

　運転支援システム（レベル0からレベル3）が搭載された自動運転車は、運転者が運転制御を行うが、そのシステムが運転者を支援するのは、自動ブレーキ等の運転操作のときだけである。利用者が支援システムレベル1とレベル2の自動運転車を運転する際、同人には、普通自動車（レベル0）を運転する場合と同様の注意義務が課せられている。しかし、レベル3を使用する場合、運転者には、レベル0に準じた、オートパイロット時にオーバーライドに対応できるよう運転する義務が課されている。つまり、システムから運転者にテイクオーバーリクエストが発せられた場合、利用者は、このリクエストに迅速に対応しなければならない。とはいえ、あくまでも運転支援機能であり、車両はやはり、自動運転車利用者によってコントロールされているため、利用者に課される注意義務は、普通自動車を操作する場合のものと同一である。

　中国の場合、普通自動車利用者の注意義務は、「中華人民共和国道路交通安全法」（以下「道路交通安全法」という。）[12]により規定されている。その他に、「道路交通安全法」により制定された「中華人民共和国道路交通安全法実施条例」[13]及び「中華人民共和国道路交通事故処理手続規定」[14]もある。もっとも、現在、「道路交通安全法」は自動運転車に関する規定を設けていない。2021年3月の「道路交通安全法（改正法提案）」155条では、自動運転車の責任が主として運転者責任と自動運転システム開発者責任に分けられ、その答責主体も、運転者と自動運転車

---

[12]　2003年10月28日に公布され、今日まで合計3回の改正が行われた（2007年12月29日、2011年4月22日、2021年4月29日）。

[13]　2004年4月30日に公布され、2017年10月7日に改正された。

[14]　2017年7月22日に公布された。

開発製造者であり、自動運転車利用者はテイクオーバーリクエスト（運転交代要求）に対する義務も負うべきである、との提案がなされたが、この改正案は、全国人民代表大会常務委員会を通過しなかった。そのため、中国においては、自動運転車に関する国家レベルでの法律は、いまだに制定されていない。2022年6月23日に公布された「深圳経済特区インテリジェント・コネクテッドカー管理条例」は、中国初の自動運転車に関する地方条例である。同条例では、自動運転車の使用管理、サイバー安全並びにデータ保護、交通違法並びに事故処理、及び法的責任について明記されたほか、同条例によりレベル3の車両も走行可能となった。また、2023年8月7日に「江蘇省道路交通安全条例」も公布された。この条例は、自動運転車を、条件付自動運転車、高度自動運転車及び完全自動運転車に分け、高度自動運転車利用者に、より高度の注意義務を課すものであった。自動運転技術の開発と応用は、これまでなかった事態であるが、自動運転車につき、中国は、ドイツや日本のように国家が法律を制定しているわけではなく、地方ごとに制定された条例により対処する場合が多い。条例によって、自動運転車の開発及び応用はある程度規制されているが、これにより、各地域の自動運転条例の間に矛盾や衝突が生じることも避けられない。自動運転車高度成長期に入った中国は、国家により全国一律の有効な法律を制定する必要性に迫られている。

　ところで、現在の中国において、自動運転車利用者に課せられた明確な義務は、その殆どが「道路交通安全法」により規定されている。具体的にいえば、主として無免許運転禁止と運転免許証所持義務（19条）、運転前の車両点検・整備義務（21条）、安全運転義務（22条第1項）、飲酒運転禁止義務（22条2項）、精神薬又は麻酔薬を服用した上での運転禁止義務（22条2項）、安全運転を阻害する疾病に罹患している際の運転禁止義務（22条2項）等がある。その中で最も議論されているのは安全運転義務であり、道路交通安全法22条1項は「運転者は、道路交通安全法又は〔その他の〕法規を遵守し、操作規程に応じて、安全かつ礼節を保って運転するものとする」と規定しているが、その具体的な内容は明確性を欠き、解釈の際には注意が必要である。

（2）運転支援システムが搭載された自動運転車の利用者への刑事責任帰属

　上述のように、利用者が支援システムに基づく自動運転車を運転する際に課される義務は、その殆どが「道路交通安全法」に定められている。支援システムが搭載された自動運転車は、主として利用者が操作するものであり、システムが利

用者を支援するという意味で、車両はもとより利用者のコントロール下にある。利用者が車両を完全に操作するとき、利用者は、上述した安全運転義務に違反してはならず、道路・交通・車両に関する具体的状況の下で、一般的に見て事故に結びつく蓋然性の高い危険なスピード・方法による運転行為を行ってはならない、とされる。これらの違反により、人に財産上の損害、傷害結果又は死亡結果が生じた場合には、利用者に過失が認められるが、その場合は利用者のみに刑事責任を追及すべきである。中国刑法の場合は、人に重傷害を負わせ若しくは人を死亡させ、又は公私の財産に重大な損害を生じさせたときは、中国刑法133条が規定する重大交通事故罪（3年以下の懲役又は拘役[15]）が成立する。しかし、自動運転車利用者が上述した義務に違反するわけではなく、支援システムの過誤により、又は支援システム過誤と利用者の過失が重なった過誤により、人に財産上の損害、傷害結果又は死亡結果を生じた場合、刑事責任を自動運転車利用者にいかに帰属するかが問題となる。

　支援システムのみの過誤とは、一般には、クルーズコントロール（Cruise Control：以下「CC」という。)、定速走行・車間距離制御装置（Adaptive Cruise Control：以下「ACC」という。）等の支援装置が故障し、これが起動したら解除できない（CCとACCの場合）場合を指す。また、レベル3の自動運転中、システムには運転者への「運行交代」という権限委譲が行われない。利用者の側に誤操作がなく、安全運転義務にも違反せず、このような支援システムの過誤のみによって、人に財産上の損害、傷害結果又は死亡結果が生じた場合、自動運転車利用者は、システムを全面的に信頼し、予見可能性も結果回避可能性もないのであるから、利用者の過失を認めることはできず、それゆえ同人は刑事責任を負うべきではない。

　支援システムの過誤と利用者の過失が重なった過誤とは、一般には、自動緊急ブレーキ（Autonomous Emergency Braking：以下「AEB」という。）が作動しなかったこと、及び、自動運転車利用者が支援システムで対応し難い事態を認識せずに、急制動等の措置を講じなかった場合を指す。支援システムが搭載された自動

15　拘役（中国刑法42条、43条、44条）とは、短期自由刑である。刑期は1月以上6月以下であり、住居地又は裁判地に近接する拘禁場所で執行される。受刑者は月に1日ないし2日帰宅することができ、労働に参加した場合は、一定額の報酬を受け取ることができる。甲斐＝劉編訳・前出注（11）82頁参照。

運転車では、AEBを起動するには一定の作動条件が必要であり、速度超過の（又はあまりに速度が遅い）とき、悪天候のとき、又は逆光状態であるときは、AEBは作動しない。自動運転車利用者には、当然それが一般的に起こり得ることだという予見可能性が認められ、常に道路状況に注意を払い、必要に応じていつでも急制動等の対応を講じるべき安全運転義務が課せられている。このような過誤の競合によって、人に財産上の損害、傷害結果又は死亡結果が生じた場合には、自動運転車利用者に刑事責任を追及すべきである。

2　運転支援システムが搭載された自動運転車の開発製造者の刑事責任
（1）「構造上の欠陥」や「機能障害」がない場合

　支援システムが搭載された自動運転車は「弱いAI」製品であり、レベル１の自動運転車は、前方を走行する車両に追従するACCや衝突被害軽減ブレーキを搭載している。このことは、AIを搭載していないレベル０の普通自動車と同様であるから、車両をコントロールする責任を負うのは、すべて自動運転車利用者である。レベル２では、一定の条件下で運転中にハンドルから手を離す「ハンズオフ」運転が可能となり、運転時の負担を軽減することができるが、これはあくまでも運転支援機能であり、自動車制御に関わる責任は、依然として利用者が負担する。レベル３は、自動運転の初期の段階で、自動運転システムと手動運転が混在するレベルといえる。自動運転システムの作動時、運転者は周囲の監視義務が免除され、ハンドルから手を離すハンズオフをはじめ、車両の前方から目を離すアイズオフ運転も可能となる。しかし、システムが、作動を継続することが困難だと判断した際には、システムから運転者にテイクオーバーリクエストが発せられる。運転者はこのリクエストに迅速に対応しなければならないため、自動運転中であっても睡眠等の行為は厳禁となる。この場合は自動運転車開発製造者に「構造上の欠陥」や「機能障害」がないことを前提として、自動運転車利用者が安全運転義務等に違反し、又は、被害者若しくは自動運転車利用者以外の第三者に故意又は過失があった場合、人に財産上の損害、傷害結果又は死亡結果が生じたとしても、自動運転車開発製造者には、製造物に対する義務違反を犯したことにはならず、その結果、予見可能性及び結果回避可能性が認められないため、同人は刑事責任を負わないことになる。

（2）「構造上の欠陥」又は「機能障害」があったと判断された場合

　自動運転車の「構造上の欠陥」とは、自動車の各部品装置、部品の材料、仕組み、製造方法、補修その他に欠陥がある状態をいう。また、「機能障害」とは、各装置が規則どおりに作動しない状態をいう。「構造上の欠陥」や「機能障害」には、製造時に自動車に「欠陥」があった場合も含む。人に財産上の損害、傷害結果又は死亡結果が生じた場合に、自動運転車利用者に過失がなく、自動運転車に整備不良や故障もなく、また、搭載されているシステムのアップデートを懈怠したような事情もないとの状況で、「構造上の欠陥」や「機能障害」があるといえるかどうかは、製造時に「欠陥」があったかどうかの問題だと考えられる。そこで、「構造上の欠陥」や「機能障害」に該当するかどうかの判断基準が問題となる。中国の場合、「中華人民共和国製造物質量法」[16]（以下「製造物質量法」という。）46条によると、製造物の「欠陥」とは、「製造物に他人の生命、身体又は財産を侵害する不合理な危険が存在することをいう。製造物に対して、人の生命、身体又は財産の安全を保障するための国家の基準又は業務の基準があるときは、これらの基準に達していないことを指す」。現在の中国において、2023年11月21日の「自動運転車運輸安全ガイドライン（試行）」は、「道路運輸事業に従事する自動運転車は、国家の基準及び技術規範の要求に応じるものとする」と規定しているが、自動運転車に関する国の安全基準はいまだ存在しないため[17]、自動運転車に「構造上の欠陥」があるかどうかを判断する際には、「製造物質量法」により、「他人の生命、身体又は財産を侵害する不合理な危険」があるかどうかを判断するしかない。他人の生命、身体又は財産への侵害等の重い結果を生じさせた場合、自動運転車に「構造上の欠陥」があったと判断されたとき、又は、自動運転開発製造者が「構造上の欠陥」があることを知りながら、製品回収義務を履行せず、何らの措置も講じていなかったときは、自動運転車開発製造者には刑事製造物責任を追及することが可能であり、同人には、「不良製品生産販売罪」（中国刑法146条[18]）が成立する。

16　1993年2月22日に公布され、2000年7月8日に第1回目の改正、2009年8月27日に第2回目の改正、そして2018年12月29日に第3回目の改正が行われた。
17　皮勇・前出注（9）57頁参照。
18　中国刑法146条の「不良製品生産販売罪」は「身体若しくは財産の安全を保障する国家標準若しくは業界標準に達していない電気製品、圧力容器、燃えやすく爆発しやすい物又はその他の製品を生産し、又は身体若しくは財産の安全を保障する国家標準若しくは業界標準に達していない製

四 高度・完全自動運転システムが搭載された自動運転車の刑事責任

1 高度・完全自動運転システムが搭載された自動運転車の利用者の刑事責任

　高度自動運転システム（レベル4）と完全自動運転システム（レベル5）が搭載された自動運転車には、普通自動車と異なり、独自の点がある。レベル4とレベル5の自動運転車の運行上、同車は「無人運転」であり、運転を操作するのはあくまでもAI技術システムである。この場合、自動運転車利用者は運転者ではなく、この運転サービスを利用する者である。つまり、利用者の背後に、当該自動運転車を監視する「特定自動運行主任者」や「現場措置業務実施者」がいるということになる。

　レベル4は、高度自動運転車と呼ばれ、限定された地域での無人自動運転である。ドイツは、世界に先駆けてレベル4に対応した「道路交通法及び強制保険法の改正に関する法律」（Gesetz zur Änderung des Straßenverkehrsgesetzes und des Pflichtversicherungsgesetzes）を2021年7月12日に公布し、「第8次道路交通法改正法」に従い、計9つの条文を道路交通法に挿入した。その内容は、レベル4の自動運転車の定義、自動運転車の走行条件、自動運転車保有者・技術監督員及び製造者の義務、テータの処理等に関係する[19]。日本でも、すでに2023年4月の「道路交通法改正法」により、SAEレベル4が解禁され、高度自動運転車という特定の自動運行に関する運用ルールが詳細に整備され、高度自動運転車の走行が可能となった[20]。2020年10月11日に、中国のバイドゥ（Baidu）社は北京でレベル4の無人タクシー（Robotaxi）を運行し始め、その後、重慶と武漢においてもこのタクシーは運行が開始された[21]。レベル5は完全自動運転と呼ばれ、条件に限定はなく、システムがすべての運転を担い、緊急時にも運転者の支援を必要とし

　　品であることを知りながらこれを販売し、重い結果を生じさせた者は、5年以下の有期懲役に処し、売上金額の50%以上2倍以下の罰金を併科する。結果が特に重いときは、5年以上の懲役に処し、売上金額の50%以上2倍以下の罰金を併科する。」と規定している。甲斐＝劉編訳・前出注（11）108頁参照。

19　葉強「ドイツにおける自動運転の立法に関する評価・分析」国外社会科学第2期（2022年）81-82頁参照。
20　https://elaws.e-gov.go.jp/document?lawid=335AC0000000105
21　崔呂萍「自動運転車が路上の権利を持てば安全がもたらされる」人民政協報2022年8月16日。

ない自動運転をいう。ただし、完全自動運転車の実現のハードルが高いことはいうまでもなく、あらゆる状況を瞬時かつ正確に解析可能な「強いAI」と、それを可能とする高性能なシステムが絶対に不可欠であり、可能な限りAIとセンサーで完全自動運転を成し遂げる技術も必要となる。現在こうした技術は、世界各国で開発が続けられており、いまだ発展途上だといえよう。

　高度自動運転システムが搭載された（レベル4）自動運転車が、一定の条件下[22]で運転操作を行うのはシステムそれ自体であり、当該走行環境条件の下では、自動運転車利用者に交通事故の刑事責任を追及すべきではない。完全自動運転システム（レベル5）が搭載された自動運転車では、運転操作を行うのは最初から最後まですべてシステムであり、自動運転車利用者と無関係に、自動運転車利用者に交通事故の刑事責任を追及すべきではない。中国の場合、高度・完全自動運転システムが搭載された自動運転車が、人に重傷害を負わせ若しくは人を死亡させ、又は公私の財産に重大な損害を生じさせたときは、利用者に「重大交通事故罪」を適用することはできない。利用者の背後で当該自動運転車を監視する「特定自動運行主任者」や「現場措置業務実施者」の罰則に関しては、法律の制定が最も望ましいといえる。また、管理・監督（監視）過失に基づき刑事責任を追及することも考えられる。

2　高度・完全自動運転システムが搭載された自動運転車の開発製造者の刑事責任

　高度（レベル4）・完全（レベル5）自動運転システムが搭載された自動運転車は、「人」と同等か、又はそれ以上の運転能力を持つこととなり、移動サービスや輸送サービスはもちろん、自家用車へ普及していくことも当然見込まれる。そのため、自動運転車の開発製造者には、より高度の設計・製造上の義務が要求されるべきである。ただし、高度・完全自動運転システムが搭載された自動運転車の「構造上の欠陥」や「機能障害」により、人に財産上の損害、傷害結果又は死亡結果が生じた場合に、運転者やシステム開発者・製造者に対し、過失等に基づく刑事責任を追及できるか否かについては争いがある。肯定説は、以下のように述べる。すなわち、高度・完全自動運転システムにより運転を行うときは、伝統

22　レベル4には、走行環境条件が必要となる。すなわち、この条件はシステムの性能によって異なるが、ほとんど場所（高速道路のみ等）、天候（晴れのみ等）、速度等、自動運転が可能な条件である。

的な「運転者」という人格が欠けることになるから、自動車の運転は、すべて自動運転車（システム）の開発者及び製造者の「予見能力」に基づくことになる。そのため、開発製造者に課される義務も、伝統的な過失犯が要求する注意義務の当時性及び即時性とは性質を異にし、その結果回避義務も先駆け的、先見的なものとなる。かくして、もし開発製造者が製造時にそうした注意義務に違反し、人に財産上の損害、傷害結果又は死亡結果が生じたときは、同人に過失犯が適用されうる、と[23]。しかしながら、高度・完全自動運転システムが搭載された自動運転車は、複雑かつ高度な専門知識に基づくAI技術であり、製造時に「構造上の欠陥」や「機能障害」に対する結果回避可能性や予見可能性に関する判断を行うことは、非常に困難である。したがって、こうした場合にまで開発製造者の刑事責任を追及すべきではないと思われる。

しかし、自動運転開発製造者が「構造上の欠陥」があることを知りながら、製品回収義務を履行せず、何らの措置も講じていなかったときは、自動運転車開発製造者に対し、「不良製品生産販売罪」（中国の場合）等に基づき、刑事製造物責任を追及すべきである。そして、開発製造者は、高度な専門技術に基づく自動運転車に対し、製品流通後の管理・監督（監視）義務を負うのであるから、義務違反があった場合、同人には、管理・監督（監視）過失に基づく刑事責任を追及することができる。

五　結　語

いうまでもなく、自動運転車のようなAI製品は、将来の我々の日常生活にとってなくてはならないものとなる。中国においては、95％の交通事故は運転者の操作ミスと関係があるということが判明している[24]。そして、自動運転車が全国に普及することにより、交通事故を90％減少することができ、毎年1900億ドルの損害賠償及び医療費用を削減することができ、そして数万人以上の人の生命を救うことができる、とも試算されている[25]。そこで、自動運転技術の発展及び応

23　彭文華「自動運転車にまつわる犯罪の注意義務」政治と法律第5期（2018年）86-87頁。
24　*See* Elizabeth Whitman, *China Traffic Deaths: More Than 200,000 Annual Facilities in Road Accidents, World Health Organization Says*, INTERNATIONAL BUSINESS TIMES, June 5, 2015.
25　https://tech.qq.com/a/20150309/007583.htm

用可能性を縮減しないため、刑事責任の追及よりも、将来の事故予防・自動運転の社会的受容性の確保といった目的で真相を解明し、製造業者らによる協力と引換えに一定の免責を認める、といった取扱いも考えられる。そして、自動運転車の開発・製造・テスト・応用・流通後の管理・監督（監視）等の領域に関する、法律の制定・整備も必要となる。

中国刑法における統一的正犯体系の優位性
―― 行為者の有罪判断を中心に ――

劉　明　祥

一　共犯の共同性を拡大解釈して、関与者の有罪判断の難問を解決する必要はない
二　有罪判断に関する特定の問題を解決するために、犯罪への関与の共同性を無視するような解釈方法は不要である

中国刑法が正犯と共犯を区別しない統一的正犯体系を採用していることは、正犯と共犯を区別する「共犯体系」と比較すると、犯罪関与者の有罪判断と処罰においていくつかの利点と欠点がある。そうした処罰の利点が明らかであり、有罪判断の面でいくつか欠点があることは広く知られているため、本稿では、容易に見過ごされがちであるが、重要であると考えられる有罪判断の利点に焦点を当てて、以下、簡潔に論じることにする。

一　共犯の共同性を拡大解釈して、関与者の有罪判断の難問を解決する必要はない

1　正犯と共犯を区別する「共犯体系」では解決できない、有罪判断の問題

複数人が犯罪に関与する場合、ドイツや日本の刑法は、正犯と共犯を区別する「共犯体系」を採用しており、関与者を正犯（直接正犯、間接正犯、共同正犯）と共犯（教唆犯、幇助犯）に分類し、それぞれ異なる処罰を科している。しかし、正犯と共犯の成立条件（または処罰条件）は一致しない。正犯の認定（すなわち有罪判断）は、正犯概念に関する理論の制約を、また、共犯の認定（すなわち有罪判断）は共犯従属性の理論（実行従属性および要素従属性を含む）の制約をそれぞれ受けている。その結果、関与者の有罪判断には、多くの問題が生じている。

第1に、責任能力のある者と責任能力のない者が法益を侵害する行為を共同で実行する場合、特に他者が、責任能力があると誤信して幇助する場合、例えば、

責任能力のないXがZを殺そうとしているとき、YがZに対して恨みを持っていたため、Xにナイフを渡して、XがそのナイフでZを刺して殺害してしまった場合（以下「責任能力のない者の殺人を幇助する事例」と称する）、YはXを道具としてZを殺害する意識がないため、間接正犯に該当しないということに疑いはない。また、Yは殺人の構成要件に該当する実行行為を行っていないため、YとXが共犯であると認定されない場合、すなわち幇助犯が成立しない場合、Yの刑事責任を問うことはできない[1]。

第2に、行為者が故意に他者を教唆し、法益を侵害する行為を幇助するが、教唆または幇助された者が過失に基づいて行動する場合がある。例えば、甲と乙が狩りのため山に赴き、甲は、2人の敵である丙が草むらで休んでいるのを見つけ、乙が丙を認識していると思い込んでいるので、甲は銃を持っている乙に、すぐに射撃をするよう指示した。乙は、間違って丙を獲物と思い込んで銃を撃ち、結果的に丙を射殺してしまったとしよう（以下「敵狩り事例」とする）。これは、被教唆者が過失に基づいて行動する場合である。甲は、乙の過失を利用して自分の敵を殺す意図がないため、間接正犯には該当しない。また、ドイツ刑法26条は、「他の者が故意により遂行した違法な行為について、これを故意に決意させた者は、教唆犯として、正犯と同一の刑に処する。」〔訳注：邦訳は、法務省刑事局『ドイツ刑法典』（2021年）に依拠した。〕と明文で規定しており、甲が故意に乙を教唆したが、乙は過失に基づいて違法行為を行ったので、もちろん甲は教唆者とはみなされない。これにより、処罰の間隙が生じる可能性がある[2]。

第3に、異なる犯意を持つ者が法益を侵害する行為を共同して行ったが、誰の行為が結果を直接引き起こしたかが分からない場合がある。例えば、AとBが、Xを同時に狙撃することを約束したところ、Aが殺人の意図を持ち、Bが傷害の意図を持っていた場合、結果として1発の銃弾がXに命中してXが死亡したが、どちらの銃弾が命中したかを特定することができなかったとしよう（以下「誰の銃弾が命中したかが不明の事例」とする）。故意の内容が異なるため、AとBが共犯であること（共同正犯）を否定して、単独犯として処罰すると、どちらの銃弾が命中したかが分からないため、AとBの両方がXの死亡結果に対し責任

1　銭葉六「我が国における犯罪構成体系の階層化及び共同犯罪の認定」法商研究2015年2期149頁参照。

2　黎宏「共犯における行為共同説の合理性及びその応用」法学2012年11期112頁以下参照。

を負わないことになる。すなわち、Aを殺人未遂罪で処罰し、Bに対して、日本では暴行罪で処罰することができるが[3]、中国刑法典のように暴行罪の規定がない場合は、Bを処罰することもできない。

　第4に、行為者と相手方との間に意思連絡がなく、密かに協力して、犯罪を完成させた場合、共犯（片面的共犯）の成立が否定されると、密かに関与した者を処罰できない可能性がある。例えば、甲が、乙の夫と他者が不倫している証拠写真と拳銃を乙の家の玄関先に置いて、乙がそれを見つけてその夫を射殺したとする（以下「写真による殺害誘引事例」とする）。甲と乙の間に意思連絡がない場合、共犯の成立を否定すると、甲の行為は刑法典のどの条文にも該当しないように見えるため、甲を処罰することができなくなる[4]。また、甲は、乙が丙を追いかけているのを見て、意図的に障害物を設置し、丙を倒して乙に追いつかせ、同人を殺害させたとする（以下「転倒させた後の殺害事例」とする）。甲と乙の共犯成立を否定すると、甲の行為は、構成要件に該当する実行行為だということはできないため、無罪となる場合がある。さらに、甲と乙が事前に共謀せず、甲は、乙が丙の家に押し入って財物を奪取しようとすることを知り、丙の家に先んじて丙を縛り上げ、同人の口にタオルを詰め込んでベッドの下に投げ込んでおいた後、乙が丙の家に侵入し、誰もいないと思って、大量の財物を奪取したとする（以下「縛り上げた後に強盗を行った事例」とする）。甲を強盗の共犯として処断しない場合、甲が丙を縛り上げる時間が短すぎるため、監禁罪として認定されない可能性があり、中国刑法典には暴行罪が規定されていないため、甲を処罰できなくなる可能性がある[5]。

　疑いのないところだが、正犯と共犯を区別する「共犯体系」を採用した場合、上記の有罪判断の難題は客観的に存在し、これはまた、その立法体系の大きな欠陥でもある。この欠陥を補うために、部分的犯罪共同説と行為共同説が登場し、共犯の「共同性」や成立要件を広く解釈することで、これらの状況を共犯に含め、処罰の間隙を埋めることが行われてきた。筆者も、これらの学説によって上記の有罪判定の難題が解決される可能性は確かにある、ということは否定してい

---

[3] 山口厚『問題探究刑法総論』（有斐閣、1998年）267頁参照。
[4] 黎宏「共犯における行為共同説の合理性及びその適用」法学2012年11期112頁参照。
[5] 陳洪兵「『二人以上の者が共同して故意に犯罪を行った』の再解釈」当代法学2015年4期44頁参照。

ない。しかしながら、その合理性には疑問が残る。

部分的犯罪共同説に関して、上記の「敵狩り事例」では、この説に従うと、殺人罪と過失致死罪の間に（部分的）犯罪共同関係が存在しないため、甲と乙、またはそのうちの1人の有罪判断と処罰の問題を合理的に解決することができなくなる。また、AとBのうち、「誰の銃弾が命中したかが不明の事例」では、殺人罪と傷害罪が、傷害罪の限度で重なるため、両者の間に（部分的）犯罪共同関係が存在すると確認できるため、AとBが傷害罪の共同正犯を構成する、と判断される。しかし、殺意を有するAの残りの部分について同人がどのような責任を負うかについては、いまだ合理的な答えが見いだせない。最終的な結論は、単独犯として処理されるに過ぎない。つまり、もしBの銃弾がXの死亡結果を引き起こした場合、Bには傷害（致死）の共同正犯が成立し、Aは、傷害（致死）の共同正犯と殺人未遂の観念的競合として、重い罪名に従って処断するとの原則に従えば、Aは実質的には、殺人未遂罪で処罰されることになる。これは、共犯によらない処罰とほぼ同様の結論となる。上記の「死亡結果が誰の行為によるものか確認できない場合、Aに殺人の故意があることが判明したとしても、Aに故意殺人罪が成立するとは認定できず、故意殺人未遂罪と認定されるだけである。同様に、死亡結果がBによるものであると証明できないため、Bに傷害致死罪が成立するとは認定できず、通常の故意傷害罪が成立する、と認定される。このような結論は、AとBを同時犯として扱う場合とほぼ同じである」[6]。しかし、法益侵害結果を共同惹起した場合、共犯成立を認めずに処罰することは、明らかに、適切な対処方法とはいえない[7]。さらに、死亡結果がAまたはBの行為によるものであると確定できたとしても、処理の不均衡の問題を引き起こす可能性がある。なぜなら、もしAの銃弾がXの死亡結果を引き起こした場合、Bを傷害（致死）罪で処罰すると、傷害の意図しかないBは、Aが引き起こしたXの死亡結果に対して責任を負わなければならないことを意味する。一方で、Bの銃弾がXの死亡結果を引き起こした場合、殺意のあるAは、Bが引き起こしたXの死亡結果に対し責任を負わないこと（つまり、殺人未遂として扱うこと）には、合理性がないと思われる[8]。また、殺意のあるAに対して、Bが引き

---

6 張明楷「共犯の本質」政治と法律2017年4期10頁参照。
7 山口厚『問題探究刑法総論』（有斐閣、1998年）268頁参照。
8 亀井源太郎『正犯と共犯を区別するということ』（弘文堂、2005年）47頁参照。

起こしたXの死亡結果を負わせることは、Aを殺人罪で有罪とし、同時に、Bとの共犯を認めて傷害（致死）罪を成立させることであり、これにより、両罪の間には、単に観念的競合の関係が存在すると考えられるが、これは、Xの死亡結果に対する二重評価ではないか、との疑いが残る[9]。なぜなら、最初の部分で傷害（致死）罪の共同正犯が成立することが認定される一方で、後半部分で殺人罪が成立することが認定されると、これは、Xの死亡結果をAの傷害（致死）罪の根拠として認定するだけでなく、同時にAの殺人罪の根拠としても認定される、ということを意味しているからである。同時に、「同一の主観的内容に対して異なる評価を行った」という欠陥も存在している。「なぜなら、最初に認定された故意傷害（致死）罪の共同正犯では、Aの死亡結果に対する評価が過失とされ、後に認定された故意殺人罪では、Aの死亡結果に対する評価が故意とされるからである。これは矛盾であり、当該事案の事実にも合致していない」[10]。

　行為共同説によれば、上記のような事例ではいずれも行為の共同性が存在するため、共犯が成立し、被告人全員を処罰の対象とすることができる。これにより、「処罰の間隙」を有効に埋めることができるが、同時に欠陥や問題も存在する。例えば、上記のAとBがXを銃撃した場合、行為共同説では、Aは殺人罪の共同正犯であり、Bは傷害致死罪の共同正犯と見なされるが、AとBは殺人罪および傷害致死罪を共同で犯したわけではないし、両罪名のいずれの共同正犯とも見なされない。上記の「写真による殺害誘引事例」、「転倒させた後の殺害事例」など、行為者が相手方と意思連絡を行っておらず、密かに協力して犯罪を犯す「片面的共犯」の場合、行為共同説では関与者間の相互の「共同性」が存在すると断定することはできず、むしろ犯罪を共同して犯すことを意図的に行った者は、一方的に他者との間に「共同性」が存在すると見なされ（すなわち「片面的共同性」）、これが、共犯成立の根拠として扱われる。しかしながら、このような、1人で1つの犯罪を成立させることを、「共犯」または「共同正犯」と呼ぶことは、名実ともにふさわしくない。この解釈によれば、共犯または共同正犯の成立範囲が不適切に拡大される可能性がある。日本の刑法学者である井田良教授が指摘されたように、「行為共同説は、各自の行う構成要件該当行為の間に全く重なり合いが認められない場合であっても、そればかりか、片面的共同正犯のケース

9　佐伯仁志『刑法総論の考え方・楽しみ方』（有斐閣、2013年）381頁参照。
10　張明楷「共犯の本質」政治と法律2017年4期11頁参照。

のように、一方的な行為の利用関係しかない場合にも、共同正犯を肯定する。このような形の行為共同説は、犯罪行為としての類型性（処罰の枠）を無視することによって共犯の成立範囲を無限定なものとし、因果関係さえ肯定されれば共同正犯を認めるという結論に至るものである」[11]。上記の「敵狩り事例」について、行為共同説は、殺人の故意がある甲と、単なる過失致死を犯した乙との間に共犯関係が存在すると認定するが、甲を殺人罪の教唆犯として認定することは明らかに、ドイツ刑法26条の、教唆犯の成立要件である教唆者と被教唆者の両方に故意が必要である旨の規定と合致しない。したがって、甲が故意により乙に対し殺人を行うよう教唆したが、乙が、過失により人を死亡させた場合、甲には殺人罪の教唆犯が成立せず、さらに、「教唆犯として、正犯と同一の刑に処する。」という規定も適用されない。なぜなら、殺人罪の教唆犯である甲と、過失致死罪の正犯である乙に対して、同じ法定刑を適用して「正犯と同一の刑に処する。」とすることは、この規定と刑法理論が明らかに矛盾しているからである。日本の刑法典にはドイツ刑法26条のような明文規定はないが、日本の判例・通説では、教唆犯の成立についても同様の立場が採用されている[12]。したがって、行為共同説は共犯の成立範囲を拡大することで「処罰の間隙」を有効に埋めることはできるが、日本でも判例や多数の学者に受け入れられた通説とはなっていない[13]。その根本的な理由は、行為共同説の主張が、正犯と共犯を区別する「共犯体系」を採用している刑法典の規定と完全に一致しないことにある[14]。

2 統一的正犯論は、正犯と共犯を区別する「共犯体系」が直面する有罪判断の難問を合理的に解決することができる

上記の有罪判断の難問は、正犯と共犯を区別する犯罪関与体系がもたらすものだ、ということは間違いない。正犯と共犯を区別する体系を定める刑法規定と伝統的な解釈によれば、刑法各則で規定されている、具体的な犯罪構成要件に該当する行為は、実行行為に限定されている。共犯としての教唆者や幇助者は、構成要件に該当する行為を実行してないため、共犯に対して単独行為者と同様の処罰

11　井田良『講義刑法学・総論』（有斐閣、2008年）467頁参照。
12　団藤重光『刑法綱要総論』（創文社、1990年、第3版）403-404頁参照。
13　高橋則夫『刑法総論』（成文堂、2018年、第4版）445-447頁参照。
14　柯耀程『変動する刑法思想』（元照出版有限公司、2001年）272頁参照。

ルールを適用することはできない。共犯は正犯に従属しており、その処罰は正犯に制約される。共犯は正犯との意思連絡と犯罪の共同性を持たなければならず、また、正犯が犯罪を実行し始めた状態でなければ、共犯を処罰することはできない。これにより、上記のような様々な難問が生じている。

　しかし、統一的正犯論に従えば、複数人が犯罪に関与した場合、行為者が関与意思に基づいて行為をなし、他人の行為と共同で法益侵害に至る事実または結果を引き起こすと、その行為者は犯罪への共同関与者と見なされ、単独行為者と同じ規則で処罰される。すなわち、その行為が当該罪名の構成要件を満たし、その行為者がその罪名に関わる故意または過失により、かつ法定の刑事責任年齢に達している場合、彼または彼女がその犯罪を構成していると見なされるのである。他の関与者がその罪名を構成しているかどうか、さらには犯罪を構成しているかどうかは、その行為者の有罪判断と処罰に影響を与えない。単独犯とは異なり、共同性の特徴を持つ共同犯罪行為と結果との因果関係は特性を有している。その行為は実行行為でよく、また、教唆や幇助といった法益侵害行為でも可能である。行為と結果との間の因果関係は、これを、特定の関与者が直接引き起こすことも可能であるし、また、他の関与者の行動によって間接的に引き起こすことも可能である。いずれの場合でも、すべての関与者が結果発生に共同して関与していると見なすべきである。また、各関与者にとって、他の関与者の行動は自己の行為の延長であるか、自己の行為の有機的な構成要素であるため、結果が発生した場合（たとえ他の関与者によって直接引き起こされた場合であっても）、自己の行為と結果との間に因果関係があると思われる。統一的正犯論の解釈論によれば、複数人が共同関与した犯罪の行為と結果は、このように理解されるため、各関与者に対して単独犯と同じ規則が適用され、処罰に支障はない。さらに、ドイツや日本などの国々では、「共同正犯を認定することも、狭義の共犯を認定することも、結局は、結果の帰属問題を解決することを目的としている」という[15]。この点を基準にして、各関与者に対する処罰の是非、および、これらの者をいかに処罰するかという問題を理解すると、上記の区分体系がもたらす有罪判断の難問は解決される。

　第1に、前述のように、責任能力のある者と責任能力のない者が共同で法益を

15　張明楷「共犯の本質」政治與法律2017年4期20頁参照。

侵害する場合、責任能力のない者が犯罪を構成しない場合でも、その行為が直接引き起こした結果と、責任能力のある者の行為との間に因果関係があると確認されれば、その結果は責任能力のある者に帰属されるべきである。すなわち、その行為者が犯罪を構成し、同人に刑事処罰を科すことが適切である。前述の「責任能力のない者の殺人を幇助する事例」の場合、ＹがＸにナイフを渡す行為は、Ｚの死亡結果と明らかに因果関係がある。Ｙの行為は幇助行為であるが、中国刑法232条は、殺人罪の「殺人」行為には幇助行為も含まれると規定しているので、Ｙの行為は故意殺人罪の構成要件に該当する。加えて、Ｙには責任能力があり、殺人の故意があり、違法性阻却事由と責任阻却事由がないため、Ｙが故意殺人罪で処罰されることは当然である。

　第２に、前述のように、一方が故意に行為し、もう一方が過失により行為する場合や、故意により他人に犯罪を教唆または幇助したが、他人が過失により行為する場合でも、関与者の行為と法益侵害の事実または結果との間に因果関係があると証明されれば、責任能力があり、かつ違法性阻却事由と責任阻却事由がない場合、関与者に対し有罪との判断を下すことに問題はない。前述のように、統一的正犯論によれば、複数人が犯罪を実行する場合、各関与者は、他人の行為を自己の行為の延長または有機的な一部として捉えられるため、他人の行為が直接結果を引き起こすか、または誰の行為によって結果が引き起こされたかが確認できない場合でも、各関与者の行為と結果との間に因果関係が存在すると見なされる。また、犯罪を教唆または幇助する場合、教唆者や幇助者は他人の行為に大きく依存して結果を引き起こそうとしたが、彼らの教唆行為や幇助行為がない場合、法益侵害結果は生じないことも多いので、教唆行為または幇助行為と法益侵害結果との間に因果関係が存在する、ということは否定できない。したがって、「敵狩り事例」の場合、甲が乙に被害者を射殺するよう教唆したが、乙が誤って獲物と思って被害者を射殺した場合、被害者の死亡結果は、甲の教唆行為によって引き起こされたものであるため、甲の行為と被害者の死亡結果との間には因果関係があると思われる。したがって、甲も乙も被害者である丙の死亡結果に対し責任を負うことになるが、甲は故意により行為しているため、故意殺人罪が成立する一方、乙は過失により行為したものであるから、同人には過失致死罪が成立する。

　第３に、異なる犯意を持つ人々が法益に対して共同行為を実行するが、誰の行

為が結果発生に直接寄与したのかが分からない場合、上記の「誰の銃弾が命中したかが不明の事件」を例にとると、前述の統一的正犯論に従えば、共同関与行為と認定される限り、引き起こされた結果はすべての関与者に帰責されるべきである。したがって、AとBは、Xを銃撃する共同行為に明らかに関与しており、AまたはB、あるいはXが死亡した原因を特定できない場合でも、AとBは、Xの死亡結果に対して責任を負うべきである。ただし、それぞれの犯意の内容に応じて異なる罪名で処罰すべきである。すなわち、Aは故意殺人（既遂）罪、Bは故意傷害（致死）罪で処断されるべきである。

第4に、前述の「片面的共犯」の場合について、統一的正犯論に基づけば、密かに関与した者の行為が、法益を侵害する事実または結果と因果関係を有すると証明できれば、単独犯と基本的に同じ処罰規則に従って有罪判決を下すことは、同様に可能である。例えば、「写真による殺害誘引事例」では、甲が、乙の夫と他者が不倫している写真と拳銃を乙の家の玄関に置く行為は、乙に夫を殺すよう唆す行為であり、この行為は、乙が夫を殺害し、被害者の死亡結果を引き起こす原因である。甲の行為は、中国刑法で定められた故意殺人の構成要件を完全に充足している。さらに、「転倒させた後の殺害事例」の場合、丙が甲によって故意に転倒させられなければ逃げることが可能であり、甲が乙を幇助した行為と丙の死亡結果との間に因果関係があることは明らかである。甲の行為も同様に、中国刑法における故意殺人の構成要件を実現している。さらに、「縛り上げた後に強盗を行った事例」の場合、甲が丙を縛り上げなければ、乙が抵抗に遭い、丙の財産を得られない可能性がある。甲の行為と丙の拘束・財産の奪取結果との間には、明らかに因果関係がある。甲の主観的意図で乙を密かに助けて財産を奪取する行為は、もちろん、強盗罪の主観的・客観的要件を満たしている。したがって、上記の「片面的教唆」、「片面的幇助」または「片面的実行」の場合においても、中国刑法と統一的正犯論の解釈論に基づいて、単独で有罪との判断を下すことには支障がないと思われる。

二　有罪判断に関する特定の問題を解決するために、犯罪への関与の共同性を無視するような解釈方法は不要である

正犯と共犯を区別する体系の下では、正犯が犯罪行為を実行した場合にのみ、

教唆犯や幇助犯が成立する。また、共犯に対する処罰も通常、正犯より軽く、特に幇助犯に対しては、ドイツや日本などの刑法典では、正犯よりも刑を減軽すると規定されている。通常の状況では、実行行為の危険性は幇助行為よりも大きく、実行者に対する処罰が幇助者よりも重いことは理にかなっている。しかし、逆に特殊な状況もある。例えば、他者に対し売春を教唆または幇助する者は、自ら売春を行う者よりも危険性が大きい。そのため、中国刑法では、前者を処罰の対象としているが、後者に対しては刑事処罰を行っていない。特に、ネットワークを利用して犯罪を幇助した行為は、実行行為を行うことよりも明らかに危険であり、また、実行行為者が特定できない場合もある。近年、中国国民が注目した「快播事件」は、その典型例である。快播会社とその責任を直接負う者は、快播のネットワークサービスシステムがわいせつな動画を拡散するために使用されていることを知りながら、事業の拡大や違法な利益のために規制や阻止の義務を怠り、大量のわいせつ動画が拡散されることを許容した。その行為の主な狙いは、自身のサーバにインターネット上のわいせつな動画を自動的に保存し、いつでもユーザーに提供する（再生させる）ことである。この事件では、ユーザーがわいせつな物品を拡散した正犯であり、快播会社はわいせつな物品を拡散した幇助者に過ぎない。しかし、正犯と共犯を区別する体系の理念や共犯従属性の原則により、快播会社がわいせつ物頒布罪の正犯行為を実行していないことは明らかであり、また、実際のアップローダー（つまり正犯）が特定できない場合など、解決すべき問題が生じる。このような問題や、正犯と共犯を区別する体系の欠陥を解決するため、当該体系を支持する者は、共犯行為を正犯化する解釈ルートを選択した。その中で、快播会社の行為は不作為によってわいせつ物を頒布したと解釈される、との意見もあり[16]、作為によってわいせつ物を頒布した、との主張もある[17]。また、作為と不作為の組み合わせとしてわいせつ物を頒布した、と解釈されることもある[18]。結論として、いずれも、快播会社はわいせつ物頒布罪の正犯（つまり実行犯）だとされた。

　筆者の見解によれば、共犯行為を正犯化するような解釈ルートは、明らかに客観的事実に合致しておらず、犯罪関与の共同性を無視（または否定）するものと

16　陳興良「快播事件一審判決に対する刑法解釈学上の評価」中外法学2017年1期7頁以下参照。
17　周光権「犯罪による支配か義務違反か」中外法学2017年1期51頁以下参照。
18　張明楷「快播事件の有罪判決と量刑の要約的分析」人民法院報2016年9月14日。

いえる。上記の快播事件について述べると、わいせつ物頒布罪（営利目的に基づくわいせつ物頒布罪を含む）の実行行為は、わいせつなビデオを再生することである。快播会社および責任を直接負う者は、わいせつなビデオを自動的に保存し、ユーザーが使用できるように提供するだけであり、わいせつなビデオの再生は、サイトの管理者（またはユーザー）によって行われており、2人以上の行為者によって共同で行われたものである。また、わいせつなビデオの再生は法益を侵害する事実または結果の発生に不可欠な条件であり、本罪の実行行為であるとみることが自然なので、再生行為を行った者は明らかに正犯である。一方、快播会社およびその責任を直接負う者が行った、わいせつなビデオの保存・提供行為は、動画再生者に対する幇助行為に過ぎない。もしこのような幇助行為が不可欠であり、その危険性が実行行為よりも大きいという理由だけで、それを正犯行為（または実行行為）に格上げするのであれば、それは明らかに、正犯と共犯を区別する体系の理論と矛盾している。前述のように、複数人が犯罪に関与した場合、正犯と共犯を区別する体系を持つ法システムでは、幇助行為のみを行った者を処罰するケースには、以下の2つがある。すなわち、1つは共犯であり、もう1つは間接正犯である。共犯の成立には、他者と共同して、主観的な犯意を有していること以外に、他人が実行行為を行ったことが求められている。これが、快播事件において、わいせつ物の頒布を幇助した快播会社およびその責任を直接負う者が共犯（すなわち幇助犯）として処罰される際に直面する問題であり、彼らの行動を実行行為（すなわち直接正犯）として解釈しようとする論者の、議論の鍵とも見なされる。また、一部の論者は、これを間接正犯と解釈し、快播会社が利用者をわいせつなビデオの拡散ツールとして間接的に、営利目的わいせつ物頒布罪を実行している、と主張した。しかし、間接正犯の成立には、利用者が支配された状態にあることが必要であるが、快播事件における利用者のわいせつなビデオの再生は、彼ら自身が違法性を認識し、再生を拒否する選択肢を持っていた条件の下で行われた違法行為であり、快播会社が彼らの再生行為を支配しているとはいえない。したがって、快播会社に同罪の間接正犯が成立する、と見なすことはできない。

　前述の統一的正犯論の解釈に従えば、正犯と共犯を区別する体系が直面する上記の問題は、容易に解決できる。前述の通り、複数人が犯罪に加担した場合、統一的正犯論の処罰規則に従えば、基本的には、各関与者に対して個別に犯罪の成

立を認定するため、他の関与者がすでに実行行為を行っていたかどうか、何らかの犯罪を犯したか、また、犯罪構成要件に該当するかどうかは、決定的な意味を持たない。また、刑法各則の具体的な犯罪構成要件は、実行行為（すなわち、正犯行為）に限定されず、教唆行為、幇助行為などの行為も含まれているので、幇助行為のみを行った者を有罪とすることに法的障害はない。法益に対する侵害の事実や結果と、彼らの幇助行為との間に因果関係がある場合、彼らが犯罪に「共同して」関与していることを示し、彼らに結果に対する責任を負わせることは、合理的である。上記の快播事件を例にとると、わいせつなビデオを再生したのはユーザーの行為であるが、快播会社やその責任を直接負う者がわいせつなビデオのデータ情報を保存し、提供していなければ、わいせつなビデオの映像は、一般の人々の目の前には顕現しなかったであろう。したがって、結果は、快播会社とユーザーの行為によって共同で引き起こされたものであり、快播会社もこの結果に対して法的責任を負うべきである。快播会社やその責任を直接負う者は、客観的には、他人がオンラインでわいせつなビデオを再生することを幇助する行為を実行し、わいせつなビデオが大量に拡散される原因となっており、そして主観的には、不正な利益を得る目的で行ったことが明確であるため、彼らはわいせつ物頒布罪の主観的・客観的要件を完全に満たしており、これに基づいて有罪判決を下すことに、理論的な解釈・適用上の障害はないと思われる。

［潘卓希訳］

設定的教唆
——一種の教唆類型の立証——

陳　　興　良

一　設定的教唆の特徴
二　設定的教唆と他の教唆の区別
三　設定的教唆に対する処罰

　教唆犯とは、中国の刑法における1つの共犯形態であり、他人を唆して犯罪を行わせることを特徴とする。教唆犯の構造において、教唆者と被教唆者は共犯と正犯の関係である。すなわち、教唆者が教唆犯、被教唆者は実行犯となる。まさに、教唆者は被教唆者の行為を通じて、犯罪の目的を実現する。その意味で、教唆者は、被教唆者の影に隠れている主謀者であり、教唆によって行わせた犯罪に対して刑事責任を負うべきであろう。司法の実務において、教唆者と被教唆者の関係は比較的に複雑であり、その結果としてさまざまな教唆の類型が生じている。異なる教唆の類型を深く検討することで、教唆犯をより正確に認定することには大きな意義がある。
　本稿では、「設定的教唆」という従来の刑法理論であまり論じられてこなかった教唆の類型について検討し、教唆犯の理論的研究を促進することを期する。

一　設定的教唆の特徴

　設定的教唆は、ある事件の分析から導き出された概念であるが、まずその事件を概観する。被告人陳氏は、農産物市場でバナナの卸売業務を営んでいたが、バナナの卸売市場を独占するため、他人と「本福果品」という会社を設立した。その後の2005年初頭に、陳氏は被告人鞠氏を含む3人を月給2000元で雇い、暴力的な手段で会社の経営を維持させた。鞠氏たちを雇用する際、陳氏が3人に「秩序を維持し、会社の安全と利益を守るのがお前たちの仕事だ」、「もし誰かが喧嘩を売ってきたら、お前たちが彼を殴ってもよいぞ、何かあったら俺に任せよ」と明

確に指示した。そして2005年5月20日の夜に、陳氏の会社は隣の会社と集荷場をめぐる争いに巻き込まれ、呼ばれた鞠氏たちは現場に急行し、被害者の華氏をナイフで刺して重傷を負わせた。

　本件において、直接的に傷害行為を行った鞠氏たちが傷害罪に該当することには異論がない。それでは、陳氏は傷害罪の教唆犯に該当するであろうか。本件の状況から見ると、鞠氏たちを雇用する際、陳氏は確かに教唆を行ったが、この教唆は仕事の取り決めのような性質を持っており、鞠氏たちに直ちに犯罪行為を行うよう教唆していたことになるわけではない。2005年5月20日に、鞠氏たちが被害者に対して傷害行為を行った際、陳氏は現場にいなかっただけでなく、事前にも知らされておらず、傷害事件が起こってから初めて状況を知らされ、後から鞠氏たちに5000元を渡して逃亡させた。このような事件で、陳氏の弁護人は、陳氏が傷害罪に該当せず、隠匿罪のみが成立すると主張した。本件において、陳氏を傷害罪の教唆犯と認定できるかどうかの鍵は、陳氏が鞠氏を雇用した際の教唆的な指示と事後に発生した傷害行為の間に、傷害の教唆責任を負わせるような何らかの関連性が認められるかどうかである。私見では、本件における陳私の行為について、現行の教唆犯の類型概念では分類しにくいため、「設定的教唆」という新たな教唆犯の類型を創設することができると考える。指摘すべきは、私の現時点で収集した資料をみる限り、ドイツと日本の刑法学で設定的教唆という概念はまだ使われていないものの、日独学者が設定的教唆という犯罪現象について検討しているということである。たとえば、日本の学者である大塚仁教授は教唆行為について論じる際に、「教唆の手段、方法には特に制限はない」という観点を持っており、その上で、「具体的な行為（教唆行為：引用者）については、その時間、場所、方法などを具体的に指示する必要はない。そして、たとえば、妊娠中の女性に出産後に生まれた赤ちゃんを殺すこと？を教唆するのは、その教唆に基づく犯罪行為の客体が教唆行為の時点でまだ存在していないが、その対象の出現を条件として教唆することも可能である。」[1]と指摘される。このように、将来生まれる赤ちゃんを殺人罪の客体？とする教唆は、まさに設定的教唆の一種である。設定的教唆という概念は、このような一定の条件が備わるときに犯罪を実行することが教唆の内容となる事前教唆行為を明確に説明し、教唆犯の理論を充実

1　「日」大塚仁『刑法概説（総論）』（第三版）馮軍訳、中国人民大学出版社2003年版第309頁。

させることになる。

　では、設定的教唆とは何であろうか。設定的教唆とは、教唆者があらかじめ何らかの犯罪を実行するための具体的な条件を設定しており、その条件が満たされたときに、被教唆者が教唆された内容に従って何らかの犯罪を実行することである。設定的教唆は「即時的教唆」と相対的なものであり、「即時的教唆」とは、短時間で犯罪を実行するよう他人を教唆することである。ほとんどの教唆は即時的であり、被教唆者は他者から教唆された直後に犯行に着手する。このような場合には、教唆行為と被教唆者の犯罪行為との間に因果関係が直接的かつ明確にあるので、即時的教唆の認定は容易なものである。だが、設定的教唆は即時的教唆とは異なり、教唆者は被教唆者にすぐに犯罪を実行するよう唆すのではなく、その代わり、犯罪を実行するための条件を設定するだけである。この条件が満たされない限り、犯罪を実行することはできず、条件が揃ったときのみ、犯罪が実行される。それゆえ、設定的教唆の場合に、被教唆者が犯罪を実行するか否か、またいつ実行するかは、事前に設定された条件によって決められている。現実の社会で、設定的教唆は時々起こっているが、ただそのような教唆行為は明るみに出にくく、刑事訴追を受けることがほとんどないため、研究視野に入ってこなかっただけである。たとえば、甲は乙を恨んでいて殺したいと思っているが、自分が巻き込まれるのを恐れている。後に、甲は健康診断で自分が不治の病で死期が迫っていることを知り、丙を呼んで、自分の遺産で誘い、自分の死後に乙を殺すよう丙に依頼した。甲が死んだ後、丙は遺産を得るために甲の教唆に従い乙を殺した。この場合、甲の行為は設定的教唆の一種である。すなわち、被教唆者が犯行を実行する時期を自分の死亡後に設定したのである。もちろん、丙は刑事責任を問われうるが、甲はすでに死亡しており、刑事責任を負わせることはできない。ただし、甲が死亡する前で丙がまだ殺人行為を行っていない場合、若しくは丙が約束に反して甲が死亡する前に乙を殺した場合、甲に対して刑事責任を負わせることができるだろうか。これが設定的教唆の研究問題である。

　設定的教唆には以下の特徴がある。

1　教唆内容の設定性

　設定的教唆は、まず教唆内容について設定性を持つ。ここでの設定性とは、あらかじめの仮定である。すなわち、ある事柄がまだ発生していないにもかかわら

ず、出現することをあらかじめ仮定するという意味である。一般的には、「もし〜〜ならば〜〜」という形で表現される。言い換えると、あらかじめ設定されたある条件が生じたならば、ある犯罪を行うことができるということである。教唆内容が設定性を持つことは、設定的教唆と即時的教唆の最も基本的な違いである。

2 設定条件の現実性

設定的教唆は教唆内容につき設定性があるが、設定された教唆内容は実現する可能性があるものでなければならず、これが教唆内容の現実性と呼ばれる。なぜなら、設定的教唆の設定性は教唆内容が将来に向けたものであり、設定した条件が発生したときにのみ、教唆内容が実行されるからである。だが、設定的教唆の場合であっても、教唆内容にはあらかじめの仮定性があり、その仮定性が現実的に実現する可能性があるのでなければならない。ある仮定の条件の発生可能性がまったくないのであれば、設定的教唆と見なされるべきではない。

3 実行行為の遅延性

設定的教唆における教唆行為と実行行為との間には大きな時間差がある。すなわち、被教唆者の実行行為には設定的教唆の教唆行為に対して、時間上の遅延性が存在している。この点でも、設定的教唆と即時的教唆は峻別される。即時的教唆の場合、一般的に教唆行為と被教唆者の実行行為の両者には前後関係があり、大きな時間的間隔は存在しない。したがって、教唆行為と被教唆者の実行行為との間の因果関係の判断はさほど難しくない。だが、設定的教唆の場合には、教唆行為と被教唆者の実行行為との間に大きな時間差があるため、因果関係の認定や証拠の収集は一層難しくなろう。

二 設定的教唆と他の教唆の区別

設定的教唆は教唆犯の特別な類型であり、他の類型の教唆犯と比べて、独自の特徴がある。設定的教唆を深く理解するために、設定的教唆とそれ以外の教唆とを正しく分けることが重要な意味を持つことになる。

1　設定的教唆と蓋然的教唆の区別

「蓋然的教唆」とは、教唆の内容があまり具体的でない場合である。中国の学者は蓋然的教唆を更に「半蓋然的教唆」と「全蓋然的教唆」に分ける。「半蓋然的教唆」とは、被教唆者がどのような犯罪を犯すかについて、教唆者が概括的かつ不特定的な教唆を行うことである。「全蓋然的教唆」とは、教唆者の教唆が全然明確でなく、被教唆者がどのような犯罪を犯すかが不明確であるだけでなく、犯罪の対象も不明確であることを意味する[2]。蓋然的教唆には教唆内容の不明確性があり、全蓋然的教唆のように、教唆の内容が具体的な犯罪意思を生じさせることが困難なほど不明確である場合には、その行為が犯罪の教唆にあたるかどうかも認定しがたく、そのため教唆犯は成立しない。だが、半蓋然的教唆の場合には、教唆の内容から他人に犯罪を唆す意図が確認できれば、なお教唆犯として成立しうる。蓋然的教唆の特徴は教唆内容の蓋然性であり、この蓋然性は設定的教唆の設定性とは異なる。設定的教唆の設定性とは、被教唆者に直ちに犯罪を実行させるわけではなく、予定された条件が揃った時点で犯罪を犯すことを意味する。しかしながら、このような他人の犯罪に関する教唆内容そのものは、蓋然的なものではなく、確実なものである。たとえば、妊娠中の女性に生まれた赤ちゃんを殺すことを教唆する場合には、出産中に赤ちゃんが死亡する可能性も否定できないが、赤ちゃんが生まれる時期は比較的確実である。女性が妊娠していないのに、将来妊娠してから赤ちゃんを産んで殺すことを唆すことには、ある程度の不確実性があり、蓋然的と言ってもよいかもしれない。なぜなら、この時点では女性が妊娠できるかどうかも分からないからである。この場合の教唆は、やはり蓋然的教唆ではなく、設定的教唆に該当すると思われる。したがって、設定的教唆は蓋然的教唆の原理により扱うことはできない。

2　設定的教唆と選択的教唆の区別

「選択的教唆」とは、教唆者が同一の被教唆者に対して複数の犯罪を提案し、被教唆者は選択して実行する場合である。選択的教唆は、被教唆者にいくつかの犯罪の中から選択させるという性質を有しており、このような教唆犯を選択的教唆という[3]。選択的教唆は「単一的教唆」に対置されるものであり、単一的教唆

2　呉振興『論教唆犯』吉林人民出版社1986年版第186頁。
3　呉振興『論教唆犯』吉林人民出版社1986年版第140頁。

の場合には、教唆内容は単一性を有する、すなわち被教唆者に具体的な犯罪行為の実行を直接的に指定するものである。選択的教唆の場合には、教唆の内容に選択性があるので、数種類の犯罪の中から選択できることになる。教唆内容の選択性は、選択的教唆が有罪か否かを判断することについて一定の複雑性をもたらす。設定的教唆は教唆内容に選択性を持たないので、選択的教唆とは異なる。設定的教唆の内容は、設定された条件が満たされてから犯罪を実行するということで、被教唆者はその実行する犯罪について選択することができない。このため、設定的教唆と選択的教唆の間には明確な違いがある。

3 設定的教唆とおとり教唆の区別

「おとり教唆」とは、他人を陥れることを目的とする教唆を意味し、通常は、他人に犯罪の意図を生じさせて犯罪行為を行うよう教唆し、その後、被教唆者が犯罪を行う際に、警察に告発して逮捕させるという場合である。おとり教唆の場合、教唆者は被教唆者に犯罪を行わせるつもりがなく、むしろ刑罰を受けさせることを意図している。被教唆者の行為は一般的に犯罪未遂の段階にとどまるので、このようなおとり教唆は「未遂の教唆」とも呼ばれる[4]。このおとり教唆では犯罪が被教唆者にとって遂げたかったものであるのに未遂で終わるのであり、ある種の設定性があるともいえる。だが、この設定性は、被教唆者が実行する犯罪行為が未遂の状態で終わるという設定であり、設定的教唆における被教唆者が犯罪を実行するための条件の設定とは異なるであろう。

三 設定的教唆に対する処罰

設定的教唆は特殊な教唆犯であるため、それが刑事責任を負う根拠は一般の教唆犯と同じである。教唆犯が刑事責任を問われる根拠（処罰根拠ともいう）の問題をめぐって、従属性説と独立性説の争いがあり、前者は教唆犯の正犯に対する従属性を強調しているが、後者は教唆犯自体の犯罪構造における独立性を重視している。ドイツや日本の刑法理論からすれば、従属性説の主張者が多い。もちろん、この従属性の程度は「極端従属性」ではなく、「最小従属性」である。この

---

4 「日」大塚仁『刑法概説（総論）』（第三版）馮軍訳、中国人民大学出版社2003年版第307-308頁。

ような従属性の程度の差は段階的な犯罪論体系では意義があるが、平面的な犯罪論体系ではあまり意味がない。中国ではこれまで共犯者に対して二重性説が一般的に採用されてきたが、二重性という概念をどのように定義するのかで見解が分かれている。だが、今日独刑法学が中国の刑法界に導入されるに伴い、共犯従属性説が次第に勢いを得て、その影響力も次第に大きくなってきた[5]。

　私見では、中国が従来従属性説を受け入れなかったのは、次の2つの原因によると考えられる。1つは、中国ではかつて平面的な四要件の犯罪論体系が通説であったことである。このような犯罪論体系において共犯従属性説を採用することには、理論的に一定の支障がある。もう1つは、中国刑法第29条第2項の規定によって、被教唆者が教唆された犯罪を犯していない場合には、教唆犯が未遂犯に準じて処罰されることである。この条文は刑法における教唆犯について従属性説を採用する上での法的障害となっている。ところが、犯罪論体系が四要件から三段階へと移行するに伴い、従属性説を採用することに対する理論的障壁は徐々に解消されてきたといえよう。刑法第29条第2項の規定については、正犯に対して従属性があると解釈することは難しいが、共犯従属性の例外とみなすことがまったく不可能なわけではない。設定的教唆において、教唆行為は設定された条件が実現する前に行われるが、被教唆者が設定された条件の出現後に設定された犯罪を犯した場合に、教唆犯に対して刑事責任を問うことには当然疑問がない。なぜなら、この場合、教唆犯としての構成要件は十分に満たされているからである。特に注目すべきなのは、設定的教唆にとって、犯罪を実行するための具体的な条件があらかじめ設定されているので、設定された条件が揃った時点で教唆者が犯罪につき再び教唆を行わなかったにせよ、あるいは全然知らなかったにせよ、教唆犯は被教唆者が設定的教唆に従って実行した具体的な犯罪行為に対して刑事責任を負うべきことである。たとえば、上記の陳氏の事件で、鞠氏たちは陳氏に秩序を維持するために雇われており、何かトラブルが発生した場合には相手に暴行を加えるよう事前に指示されていた。したがって、具体的な傷害行為が発生したときに陳氏が現場にいなかったとしても、鞠氏たちの傷害行為に対して刑事責任を負わなければならない。設定的教唆の刑事責任を追及する場合には、次の3つの状況に特に注意する必要がある。

5　張明楷『刑法の基本立場』中国法制出版社2002版、第294頁以下参見。

1 被教唆者が教唆された犯罪を犯していない

中国の刑法第29条第2項は、被教唆者が教唆された罪を犯していない場合には、教唆犯に対して処罰を軽くし、あるいは軽減することができると規定している。即時的教唆の場合、被教唆者は通常短い期間で教唆された犯罪を実行する必要があるので、教唆された犯罪を犯していないと判断することは比較的容易である。ゆえに、教唆以降から事件が起こるであろう期間に教唆された犯罪を犯していないということは、一般に被教唆者が教唆された罪を犯していないと認定できるであろう。だが、設定的教唆の場合には、設定された条件が揃った後に被教唆者が教唆された罪を犯していない場合には、確かに刑法第29条第2項の規定に該当する。しかし、事件が起こるであろう時に設定された条件が揃っていなかったために、被教唆者が教唆された犯罪を犯していなかったとしたら、どうすべきであろうか。この場合、被教唆者は教唆された犯罪を行おうとしなかったというより、むしろ設定された条件が満たされなかったから罪を犯さなかったのである。教唆犯にとって、この場合、教唆行為はすでに完了したが、単純に設定された条件が揃わなかったので、被教唆者が教唆された犯罪を実行しなかったということである。その原因については一般的な教唆事件とは異なるが、結果的にはやはり被教唆者が教唆された犯罪を実行しなかったということであり、刑法第29条第2項の規定を適用すべきだと思われる。

2 被教唆者の実行過剰

被教唆者の実行過剰とは、被教唆者が教唆され内容を超えた犯罪行為を行ったことである。刑法理論の通説によれば、実行犯の過剰の前提条件とは、被教唆者が実行した犯罪の一部が教唆された犯罪に該当するか、または基本的に該当することである。その上で、一部の犯罪が教唆範囲を超えており、その超えている部分が過剰部分である。さらに、このような過剰は「重畳的過剰」と「非重畳的過剰」に分類できる[6]。刑法理論において、過剰行為への対処は明確である。すなわち、被教唆者は教唆範囲を超えた部分に対して自ら刑事責任を負うべきであり、教唆者は刑事責任を負わない。設定的教唆の場合にも実行過剰という事態は存在するが、一般的な教唆とは異なる。設定的教唆の実行過剰は次の2つの場合

---

6 呉振興『論教唆犯』吉林人民出版社1986年版第183頁。

に分けられる。第一に、設定された条件が満たされないのに、被教唆者が他の原因に基づいて犯罪行為を行った場合である。たとえば、前述の陳氏の事件では、陳氏が教唆したのは、相手と紛争になった場合に殴ってもよいという内容であった。ここでの紛争とは、当然ながら自社と他社の業務上のトラブルを指しており、個人間の恨みをめぐるトラブルは含まれていない。それゆえ、もしこの事件で鞠氏たちが個人的な恨みから相手方とトラブルになって、相手方に対して傷害行為を行ったのであれば、鞠氏たちが自ら刑事責任を負わなければならない。一方で、陳氏については、被教唆者が教唆された犯罪を犯していない状況に応じて刑事責任を問われるべきであろう。設定された条件が満たされなかった場合の実行過剰は、教唆犯が設定した条件がまだ完全には揃ってない状態で犯罪を実行する場合とは相違している。たとえば、教唆犯の甲は別れをきっかけに乙女に恨みを抱き、被教唆者の丙に対し、乙女と別の男性がデートしたら強姦するように唆した。だが、丙は乙女に別のボーイフレンドがまだいない時に強姦を犯した。丙の強姦行為は、甲が設定した条件がまだ満たされていない時に行われたことが明らかであるが、強姦を丙の過剰行為と認定し、甲に対して刑事責任を追及できないであろうか。私見では、追及できると考える。この場合、丙の強姦行為は設定された条件に反しているが、この条件は相対的なもの、つまり、通常乙女が他の男性と恋愛関係になることは必然的なものだから、強姦は遅かれ早かれ時間の問題に過ぎない。このような場合は上述の陳氏の事件で設定された条件とは異なる。陳氏事件では、相手方とトラブルが発生すれば傷害を行なってもよいと教唆したが、このような紛争は発生する可能性も発生しない可能性もあり、設定された条件が満たされるかどうかについてある程度の偶然性がある。したがって、設定された条件に違反した丙の強姦行為は、実行過剰とは認められないことになろう。第二に、設定された条件に反して他の犯罪を実行した場合である。たとえば陳氏の事件では、陳氏が設定した条件はトラブルの発生した時に傷害を行うというものであったが、紛争が起こった時に鞠氏たちが相手に傷害を加えるだけでなく、器物損壊や強盗など他の犯罪行為をも実行した場合、他の行為については鞠氏たちの実行過剰となり、陳氏は刑事責任を負わないことになろう。

3 教唆者の中止

設定的教唆において、教唆の時点から被教唆者が犯罪を実行する時点に至るま

で長い時間差があるため、他の教唆犯罪に比べて、教唆者が教唆を中止することはより容易になる。ここでの中止とは、設定された条件が満たされていない状況下で、教唆犯が被教唆者に対して、教唆の内容を撤回すると明示し、当初設定した条件が揃ったとしても犯罪を行わないよう明確に伝えることである。この場合、教唆犯は教唆の中止として処理できる。もちろん、被教唆者が教唆者の指示に従わず、なお教唆された犯罪を実行した場合には、教唆犯は中止にはならないであろう。

[劉建利訳]

ニュージーランド法における共通目的（common purpose）、共同責任（joint responsibility）とコンスピラシー責任——解釈論的及び法理学的分析——

ジョージ・ムスラーキス

一　序——未完成犯罪としてのコンスピラシー——
二　刑事コンスピラシーの定義づけ
三　コンスピラシーの行為要素
四　コンスピラシーの精神的要素
五　コンスピラシーの訴追に対する抗弁
六　結　語

一　序——未完成犯罪としてのコンスピラシー——

　刑法の基本原理によれば、刑事責任及び処罰には行為者の行為及び意思的要素の証明が必要である。犯罪者と単にかかわり（association）があること、それ自体は、一定の特別な要件が満たされない限り、犯罪を構成しない[1]。それにもかかわらず、共同責任及び他者の犯罪行為への関与責任に基づく犯罪がある。このような形式の刑事責任及び関連する犯罪は、共犯（criminal complicity）ないし従たる関与者（secondary party）の責任及び刑事コンスピラシー（criminal conspiracy）に関する法規定に見受けられる。これらの規定は、合意された、あるいは現実に発生した犯罪活動への個々の関与や個人的なコミットメント（personal commitment）について、その者を犯罪者とする旨定めている。

　刑事コンスピラシー、独立教唆（incitements）[2]と未遂は実体犯罪の完成に先立

1　Jogee のケースにおいて最高裁判所（the UK Supreme Court）が述べたように「単なるかかわりによる有罪はコモン・ローにおいては適切な役割を果たさないことを強調しておくことが重要である。」（R v Jogee [2016] UKSC 8, [77]）。この実体の原理は、例えば被告人の面前でなく供述された物事の証拠の許容を妨げる伝聞証拠法則のような、個人を連座制で有罪とすることから保護する証拠及び手続ルールによって強化される。
2　コモン・ロー上の教唆罪は、ある者が他者に犯罪を遂行するよう促す行為を含んでいる。説得

つ準備的な活動である。それゆえ、一般に「未完成犯罪」と言われる[3]。直接に傷害あるいは危害を惹起しないので、これらの犯罪は、結果犯（result crime）、すなわち、そのアクトゥス・レウス（actus reus）の一部として危害の発生を必要とする犯罪と対比して挙動犯（conduct crime）としても知られている。意図した犯罪が完成していなくても、そして決して完成されなくとも、実体犯罪を遂行する意図を示すに十分な何らかのことをなすと直ちに、未完成犯罪の刑事責任が生じる。換言すれば、未完成犯罪は、完全に実体犯罪を遂行する意図を有する、または実体犯罪を他者に遂行させる意図を有する者、及び犯罪の遂行に向かういくつかの段階に至ったがしかし、何らかの理由で、完全にその意図が実現しなかった者を処罰するためのものである。このような場合に刑事責任を負わせることは、当該行為が社会的に危険であるという理由で正当化される。すなわち、未完成犯罪で有罪とされる被告人は、規定された危害を惹起したことについてではなく、危害を惹起するおそれがあることについて、非難され、処罰される。このような犯罪者の処罰は抑止効果を持っていると考えられており、個人に犯罪を遂行しようとすることや犯罪の遂行に参加することを思いとどまらせることに強い政策的利益がある。さらに、警察は、可能なかぎり、犯罪を防ぐ権限を必要とするので、未完成犯罪は、警察が比較的に早い段階において介入して、実体犯罪が生じる前に逮捕することができるようにするものであり、それにより、公共の安全に対して重要な寄与をなすことができる。

　本稿はニュージーランドにおける刑事コンスピラシーに関連する法の主要な観点についての議論に主眼を置くものである。コンスピラシーに関する実体法の分析は、関連する法律や裁判例に表された、コンスピラシー責任についての主観的及び客観的要件の検討を含む。イングランドや他のコモン・ロー法域の先例に言及することで、問題に関する議論に有益な比較法的観点を加えることとする。本稿は、主としてニュージーランドや他のコモン・ロー法域において機能しているコンスピラシーの解釈から引き出されたものであるけれども、提示される分析

　　（persuasion）や奨励（encouragement）のみならず脅迫的行為（threatening act）や圧力をかけること（pressure）も含まれる。この犯罪は、他者が犯罪を遂行するよう促されたかどうかに関係なく完成する。*R v Higgins*（1801）2 East 5 を検討せよ。また、ニュージーランド1961年犯罪法（the Crimes Act 1961）311条(2)項を参照。
　3　未完成とは、開始されたが完成されていないことを意味する。J Herring, *Criminal Law*（10th edn, Oxford University Press, Oxford 2022）755 ff. を検討せよ。

は、類似の犯罪が認められるすべてのシステムに関連を持つと期待される。そしてコンスピラシー罪の刑事責任の問題が作出する、継続する議論に有益な貢献をすることが期待される。

二 刑事コンスピラシーの定義づけ

　刑事コンスピラシーは、2人以上の者が犯罪を遂行する共通の意図（common intention）を形成することを前提とする。よく知られているように、犯罪を遂行する単なる意図だけでは、刑事責任には不十分である。ここで、以下の疑問が生じる。2人以上の者によって形成された共通の意図は、なぜ別様に扱われるべきなのか。一般に、未完成犯罪に関して前述したように、コンスピラシーにおいては、合意の単なる事実がそれだけで社会的に危険であり、それゆえに予防的制裁で応じるに値すると考えられている。コンスピラシーの本質は2人以上の者が犯罪を遂行する合意に加わることである。このことから、合意関与者（conspirator）はコンスピラシーの「関与者（parties）」であると記述される。つまり、共同犯罪計画（joint criminal enterprise）の共同関与者である。しかしながら、コンスピラシーが共犯とは異なることに注意することが重要である。なぜならば、2つの犯罪は異なる定義の要件を有するからである。共犯は、身体的には犯罪を実行しないが、他者の犯罪行為に何らかの方法で寄与する者に刑事責任を認めるものである[4]。他方で、コンスピラシーは、実体犯罪を遂行する合意に加わることで達

4　コモン・ロー法域においては、共犯における行為すなわちアクトゥス・レウスの要素は、幇助（aiding）、教唆（abetting）、扇動（inciting）、助言（counseling）、周旋（procuring）といった文言で表される。被告人は、これらのいずれかの方法で犯罪の遂行に加わったことが立証される場合、共犯（accomplice）すなわち従たる関与者として有罪とされる。幇助や教唆は、正犯の犯罪を認識していること（knowledge）、幇助（assist）の意図や犯罪へ影響を与えるほど重要な寄与（contribution）があることを前提とする。扇動は、正犯者が犯罪を遂行するよう説得すること、誘導すること（inducement）、あるいは圧力をかけることを意味する。他方、助言（counseling）は、正犯者が犯罪を遂行する助けとなるアドバイス（advice）や情報（information）を提供することを指している。幇助、教唆、扇動、助言は、従たる関与者の行為と犯罪との因果連関を立証することが必要ではないのとは対照的に、周旋は、犯罪の遂行の原因となることや犯罪の遂行を惹起することを意味する。John Smith と Brian Hogan が説明しているように「『周旋』とは因果関係は認められるが合意（consensus）はないことを意味し、『教唆』や『助言』は、合意はあるが因果関係は認められないことを意味する。また、『幇助』は、実際の援助が要求されるものの、合意も因果関係も必要とされない。」*Criminal Law* (10th edn, Butterworths, London 2002), p. 147. また、*Luffman* [2008] EWCA Crim 1752も参照。

成される、別個の犯罪として存在する[5]。

　刑事コンスピラシーの起源は中世のイングランド法にさかのぼることができる。元来のコンスピラシーは裁判の執行手続きに対する犯罪（offence against the administration of justice）であった。一連の制定法の下で[6]、虚偽の告訴をする合意で成立するものであった。虚偽で告訴された者の起訴とその後の無罪の言い渡しが、コンスピラシー罪の成立に必要な必要条件であった。17世紀の間に、コンスピラシーは、単なる合意に基づく（すなわち、いかなるオーバートアクト（overt act）もない）犯罪になり、そしていかなる犯罪を遂行する合意も含むこととなった。17世紀初期に、コンスピラシー罪の範囲の顕著な拡大が初めて生じた。星室裁判所（the Court of Star Chamber）が「協力して同盟することが犯罪の中核（gist）を構成する」と判示したのである[7]。コンスピラシーの合意の特定の対象から合意自体へと重点が移行したことで、意図された犯罪の限界づけは明確ではなくなった。この進展の結果として、コンスピラシーの定義は広げられ、裁判の執行を妨害しようとしたもののみならず、いかなる犯罪を対象とする合意も含まれることとなった。18世紀までに、裁判所はさらにコンスピラシーの範囲を、犯罪を遂行する合意だけではなくあらゆる種類の不法な行為や不道徳な行為を行うことの合意をも含むまでに拡張した。1832年に Denman 卿は、Jones のケースにおいて、コンスピラシーは「不法な行為をなすこと、または不法な手段により合法的な行為をなすことの合意」も含むと判示した[8]。ここにいう「不法」（unlawful）という言葉は、刑法の領域を超えて様々な不法な行為を含むものと解された[9]。コン

5　犯罪を幇助、教唆するコンスピラシーの訴追が認められているかはあまり明瞭ではない。この問題については、*R v Hollinshead* [1985] 1 All ER 850; *AG v Po Koon-tai* [1980] HKLR 492を検討せよ。コンスピラシーの幇助や教唆、コンスピラシーの未遂、コンスピラシーの扇動は、コモン・ロー上の犯罪と認められていたと思われる。JC Smith and B Hogan, *Criminal Law* (7th edn, Butterworths, London 1992), 267参照。

6　これらの制定法のうち最初のものは、1285年にエドワード1世によって制定された（13 Edw. I, c. 12）。1304年に合意関与者に関する第3勅令（Third Ordinance of Conspirators）が制定され（33 Edw. I）、初めてコンスピラシーの定義が明確にされた。すなわち「合意関与者とは、虚偽かつ悪意をもって訴追することもしくは訴追させる企てを、または、虚偽で訴訟を起こすこともしくは援助する企てを支え合い、維持する目的で、宣誓、捺印契約（covenant）、その他の盟約によって同盟（confeder）または団結する者をいう。」

7　Poulterers' Case, (1611) 9 Coke Rep. 55b, 77 E.R. 813.

8　*Jones*, (1832) 4 B. & Ad. 345, 110 E.R. 485.

9　犯罪に達しない不法な行為を含むまでのコンスピラシーの範囲の拡張は、共通目的を有する個人の集団は、単独で行為する個人よりも危険であるという懸念によるものと思われる。それゆえ、2人以上の者の合意の対象であった場合には、一定の不法行為は犯罪とみなされた。*Russell*

スピラシーの範囲は、Withers のケースにおいて貴族院（the House of Lords）が、公衆の迷惑を惹起する（to commit public mischief）コンスピラシー罪を認めることを否定することで、その拡張が制限された1975年まで驚くほど広いままであった[10]。イングランド法は、その後、コンスピラシー法を改革する立法において制定法上の定義を設けている。1977年刑事法（the Criminal Law Act 1977）は、いかなる犯罪を遂行する合意によっても新しいコンスピラシーを認めるコモン・ロー上のコンスピラシー罪を原則として廃止した。同法の第1章は、次のように規定する。

> 合意関与者の意図に従ってその合意が実行されるならば、(a) 合意関与者の一人あるいは二人以上の者によって必然的に何らかの犯罪の遂行に達する、もしくはかかる犯罪の遂行を伴うこととなる一連の行為について、又は、(b) 犯罪遂行を不能にする事実が存在しなかったならば、合意関与者の一人あるいは二人以上の者によって必然的に何らかの犯罪の遂行に達する、もしくはかかる犯罪の遂行を伴うことになったであろう一連の行為を実現することについて、他の者と合意した者は、当該犯罪遂行のコンスピラシーの罪責を負う。

コモン・ローと制定法上のコンスピラシーの定義の間の最も顕著な相違は、制定法の下では合意の対象が犯罪でなければならないということである[11]。なお、

---

on Crime で注記されているように「他人を侮辱したり、困惑させたり、傷害したり、困窮させたりするところの正当化なき結合（combination）はコンスピラシーである」（12th edn, Stevens, London 1964), Vol. 2, p. 1490。さらに、裁判所は、過去、法が欠缺している状況において危険な活動であるとみなしたことに対処するための新たな犯罪を創造するためにコンスピラシーの概念を手段として用いていた。例えば Shaw v DPP [1962] AC 220参照。この判決で貴族院は、長い間停止されていた公衆道徳を腐敗させること（to corrupt public morals）のコモン・ロー上のコンスピラシーを復活させた。Knuller v DPP [1973] AC 435も参照。

10 DPP v Withers [1975] A.C. 842. コンスピラシー法の歴史的展開の概観や19世紀の重要な先例の描写は Kamara ケースにおける Hailsham 卿の判決文（R v Kamara [1974] AC 104, 121-131）に示されている。

11 しかしながら、制定法は2つのコモン・ロー上のコンスピラシーを残している。すなわち詐欺のコンスピラシー（5条(2)(1)）及び公衆道徳を腐敗させることや社会風俗を害すること（to outrages public decency）となる行為に従事するコンスピラシー（5条(3)(1)(a)）である。刑事コンスピラシーの歴史的な起源と発展については、以下のものを検討せよ。FB Sayre, 'Criminal Conspiracy' (1922) 35 *Harvard Law Review* 393、D Harrison, *Conspiracy As a Crime And As a Tort in English Law* (Sweet & Maxwell, London 1924)、BF Pollack, 'Common Law Conspiracy' (1947) 35 *Georgetown Law Journal* 328、GP Fletcher, *Rethinking Criminal Law* (Little Brown, Boston & Toronto 1978) 221-223、SR Morrison, 'The System of Modern Criminal Conspiracy' (2014) 63 *Catholic University Law Review* 371, 375-379. また、*Smith, Hogan, & Ormerod's Criminal Law* (15th edn, Oxford University Press, Oxford 2018) 435-474、J Dressler, *Understanding Criminal Law* (8th edn, Carolina Academic Press, LLC 2018) 394、GL Williams,

制定法上の定義は、不法な行為と Jones のケースや他のケースにおいて言及された不法な手段との間の区別については言及していない[12]。

ニュージーランドにおけるコンスピラシーは、1961年犯罪法310条1項の下、別個の犯罪として扱われる。この規定は次のように定める。

> すべて犯罪を遂行することについて、あるいは、ニュージーランドにおいて作為または不作為により犯罪となるすべてのことを、すべての場所において作為または不作為でなすことについて他の者と共謀した (conspire) すべての者は、当該犯罪における上限が7年を超える自由刑の場合、7年以下の自由刑に処す。また、この者が当該犯罪を遂行したその他の場合には、同様の刑罰を受ける。

他にコンスピラシー罪は、96条（海賊行為を遂行するコンスピラシー）、115条（虚偽告訴のコンスピラシー）、116条（司法機能を阻害する (defeat justice) コンスピラシー）、175条（謀殺のコンスピラシー）、309条（税の徴収を妨げるコンスピラシー）に規定されている。

犯罪法310条にはコンスピラシーの定義がないので、ここでは、コモン・ローにおいてどのように定義されたのかを再度考えることが重要である。しばしば引き合いに出されるコモン・ローのコンスピラシーの定義は、Mulcahy のケースにおいて、Willes 裁判官によって提示されたものである。すなわち、「コンスピラシーは、単に2人以上の者の意図ではなく、2人以上の者が不法な行為をなすこと、あるいは不法な手段によって合法行為をなすことを合意することにある。」裁判官は、さらに、犯罪を遂行する単なる意図それ自体は犯罪ではないが、意図を実現に向ける合意は、「それ自体が行為であり、犯罪目的あるいは犯罪手段の利用のためであるなら、処罰に値する」と指摘した[13]。この見解はニュージーランドの Gemmell のケースで採用された。このケースにおいて、控訴院 (the Court of Appeal) は、コンスピラシーは、「合意関与者の心理状態に共通する意図、相互の協議及び合意関与者間の合意による計画を実現する旨の意図の表明にある」と判示した[14]。この言明が示唆するように、刑事コンスピラシーは、合意

Criminal Law: The General Part (2nd edn, Stevens & Sons, London 1961) 663, 696も参照。

12 Colin Howard が述べているように、この区別は不必要である。コンスピラシーは、不法な行為をなすことの合意にあり、問題となっている行為が合意の最終的な対象であるか、途中の一段階であるかに違いはない。C Howard, *Australian Criminal Law* (3rd edn, Law Book Company, Sydney 1977) 287.

13 *Mulcahy v The Queen*, (1868), 3 HL 306, 317.

がなされれば直ちに成立し、企図された犯罪への近接性も、企図された犯罪に向けたオーバートアクトの証拠も必要ない。しかしながら、伝統的なコモン・ローの立場に反して、コンスピラシーの合意の対象となる不法な行為は、犯罪に達するものでなければならないことが指摘された。このようなアプローチは、不法行為や、公衆道徳を腐敗させるコンスピラシーのような、必然的に犯罪となるものではなく、不法であるとか不道徳であると考えられる行為を除外するであろう[15]。

1961年犯罪法310条1項では、コンスピラシーは、その対象として作為だけではなく不作為も含む。例えば、夫と妻が、子供の死をひき起こすことを意図して、子どもに食事を与えない、あるいは子供が病気のときに医療的措置を受けさせないことについて合意したならば、不作為により犯罪を遂行するコンスピラシーが認められる。

三　コンスピラシーの行為要素

刑事コンスピラシーの本質は犯罪を遂行する2人以上の者の合意である。合意はコンスピラシーの行為要素、すなわちアクトゥス・レウスである。たとえ実際には合意の証拠となるような段階に至っているとしても、合意された犯罪目的の完成に向けた何らかの段階に至ることは必要ではない[16]。関与者の間の合意が明示であるか、あるいは黙示であっても、どのような形態をとるかにかかわらず、関与者が合意するとただちにコンスピラシーの罪は完成する。ニュージーランドのMclayとTalbotのケースで述べられたように[17]、「[2人以上の者が] 協力して

14　*R v Gemmell* [1985] 2 NZLR 740, 743. *R v Sew Hoy* [1994] 1 NZLR 257, 267; *R v Greenfield* CA322/01, 5 February 2002 at [18] も参照。
15　同じケースにおいて控訴院は、合意関与者が合意の対象を実行することを援助する者は、そのことをもってはコンスピラシーの従犯として刑事責任を負わない、なぜならばコンスピラシーの罪は、援助行為の前に完成しており、合意と共犯の行為との間には帰責に必要な因果連関が存し得ないからである、と判示した。このことについては KE Dawkins, 'Parties, Conspiracies and Attempts' in N Cameron and S Francis (eds), *Essays on Criminal Law in New Zealand: Towards Reform?* (Victoria University Press, Wellington 1990) を検討せよ。
16　Diplock卿が述べたように (*DPP v Bhagwan* [1972] AC 60, 79)、[コンスピラシー法は]、「犯罪は公共の福利 (the common weal) に有害なオーバートアクト自体にあるのではなく、推論されるところのそれを遂行する事前の合意にあるという法的フィクションに基づいている。」
17　*R v McKay and Talbot* [1939] NZLR 454.

ある不法な行為をなすことを決めたならば、合意に従って何らなされなくとも、その者らはコンスピラシーの犯罪を遂行したこととなる。」合意の単なる交渉ではコンスピラシーの責任のためには不十分である[18]。しかしながら、2人の者が、もし銀行の配達人が来て、かつ警察が臨場していない場合には、その配達人から強奪することについて合意する場合のような、条件付きの合意は、責任を認めるに十分である。合意の形成は、(a) 関与者が実際に会って、そして合意に達したという証拠によって、あるいは (b) 行為状況に照らして、その遂行が関与者間の合意の結果だとする推論を支えるに十分であるかぎりで、合意のやり取りにおいてなされた行為の証明によっても間接的に確立され得る。Bridge 卿が Anderson のケースにおいて指摘したように、「刑事コンスピラシーの「条件」(terms) がほとんど証拠の影響を受けないことは刑事裁判所において共通して経験してきたことである。陪審が刑事コンスピラシーを推論できる証拠は、ほぼ例外なく関与者らの行為のうちに見いだされる。」[19]そして Somers 裁判官が、ニュージーランドの Humphries のケースで述べたように、「コンスピラシーの証拠——不法な行為をなすことか、あるいは不法な手段によって合法的な行為をなす意識的な共通の計画 (conscious common design) ——は、被告人らの行為が被告人らが協力して行動していたことの証明となる場合、被告人らの個別の行為から推論される。」[20]従って、共謀しているグループが合意された犯罪計画を実行することを幇助することが意図された行為の証拠は、グループのメンバーでなかった者を合意の関与者とするに十分である[21]。

コンスピラシー責任は、関与者が実行を合意した犯罪の詳細すべてを決定したことを必要としない。例えば、AとBが強盗を遂行することについて合意しているが、どの銀行に強盗に入るか、あるいは強盗でどの自動車を使うか決定していないとする。これは強盗を遂行するコンスピラシーの刑事責任に影響を与えな

18　*R v Walker* [1962] Crim LR 458 CA 参照。

19　*R v Anderson* [1986] AC 27, 38. P Gillies, *The Law of Criminal Conspiracy* (The Law Book Company, Sydney 1981) 13も検討せよ。

20　*R v Humphries* [1982] 1 NZLR 353, 356. 被告人が、強盗達が強盗を遂行することを計画していることを知ってその者たちを犯行現場まで車で連れて行った Gemmell のケースでは、控訴院は、裁判官が陪審に、被告人がなしたことが通常の運転行為なのかコンスピラシーへ参加する意図を表明するものなのかを判断するのは陪審である旨の説示を行ったのは正しかったと判示した。*R v Gemmell* [1985] 2 NZLR 740, 745.

21　例えば *R v Greenfield* [2002] NZCA 12を検討せよ。

いであろう。さらに、コンスピラシーの成立のためには、関与者がお互いを知っていることは必要ではない。例えば、AがCに対して、Bとともに銀行強盗に加わるよう依頼するとする。もしCが合意するなら、Cは、Bと直接連絡をとっていなくとも、強盗を遂行するコンスピラシーの刑事責任が認められる。換言すれば、合意関与者の各自が、コンスピラシーの対象である犯罪に関して共通目的を有していなければならないことが必要ということである[22]。このことは、コンスピラシーが「車輪型」あるいは「鎖型」コンスピラシーであるかにかかわらずあてはまる[23]。MeyrickとRibuffiのケースで述べられたように、人々が協力して共謀するためには、すべての合意関与者の間に直接の意思疎通があることは必要ではなく、1つの大きなコンスピラシーあるいは一連のコンスピラシーがあったかどうかは証拠次第である[24]。このことから、「相互の協議と合意」の要素は、必ずしも証明される必要はないのではないかと思われるかもしれない。

　コンスピラシーは継続犯である。すなわち、合意した後、その目的の成就、あるいは放棄や失敗によって終結されるまで継続する[25]。これは、コンスピラシーでの起訴の範囲を、当初の合意の後に生じる行為を含むまでに広げる効果を有する。例えば、ニュージーランドのSandersのケースを考えてみたい[26]。このケースでは、2人の者が、タイでヘロインを購入してニュージーランドにオーストラリア経由で輸入することにオーストラリアにおいて合意した。ヘロインは禁止薬物である。一方がまずニュージーランドに移動し、その後、仲間と落ち合うためにオークランド空港に行ったが、しかし警察によって逮捕された。控訴院は、コンスピラシーの罪は、合意がなされたならば完成するので、ニュージーランドの裁判所は当該ケースについて裁判権がないという主張を退けた。裁判所は、コンスピラシーが継続犯であること、そしてそのため、被告人をニュージーランド法

22　*R v Parnell* (1881) 14 Cox CC 508 at 515にみられるように「起訴された合意関与者がお互いに会ったこともなく、通信したこともなく、相手の名前を聞いたことがなくても、それでも法によればその者らは同一の共通の合意の関与者となり得る。」また、*R v O'Brien* (1974) 59 Cr App R 222参照。

23　「車輪型」コンスピラシーは、合意関与者のうちの1人がコーディネーターをつとめ、他の者とそれぞれ合意するコンスピラシーである。他方、「鎖型」コンスピラシーは、合意は、追加的な合意関与者間で連続して形成される。

24　*R v Meyrick and Ribuffi* (1929) 21 Cr App R 94, 101.

25　*DPP v Doot* [1973] AC 807参照。

26　*R v Sanders* [1984] 1 NZLR 636.

の下で起訴できると判示した。Johnston のケースでは、被告人は、休暇中にイギリスで、ニュージーランドにいくらかの A 級薬剤（最も有害で依存性のある非合法の麻薬）を送るように手はずを整えた。有罪判決に対する被告人の上訴は、税関検査官によって途中で押さえられた薬物を受け取っておらず、ニュージーランドの裁判所は裁判権を有していないという主張に基づいていた。被告人の上訴を棄却するにあたり、控訴院は次のように述べた。「コンスピラシー罪は、不法な行為をなす合意がなされると完成するけれども、コンスピラシーは合意の形成で終了するのではないということが十分に確立されている。コンスピラシーの合意は継続して作用しており、それゆえ、成就による完成、放棄、合意が解除されるその他の方法の態様によって終わるまで、存在し続けている。」[27] さらに、コンスピラシーは継続犯であるから、後の段階でコンスピラシーの合意に加わることができ、そのため最初から関与していなくともよい。Harris のケースで指摘されたように[28]、「全過程の様々な段階でコンスピラシーの関与者になったり、離脱したりすることができる。［人は］その目的を推進することに認識して協力するならば、すでに存在する［コンスピラシーの］関与者となることができる。」

四　コンスピラシーの精神的要素

　コンスピラシーでの起訴を維持するために、検察は、犯罪を遂行する合意だけではなく、起訴された合意関与者の側の共通の不法な目的あるいはコンスピラシーの対象となった犯罪を実行する意図も立証しなくてはならない。この、合意された犯罪を遂行する意図が、コンスピラシーの精神的要素すなわちメンズ・レア（mens rea）である。もし、ある者が外部的に犯罪行動に関与する合意を表したが、実際は犯罪を遂行する意図がなかった場合、合意関与者として有罪とされ得ない。未遂の未完成犯罪のように、コンスピラシーは、結果犯に関しての責任を立証するために通常必要とされるよりも高いレベルの認識や意図の証明を必要とすると思われる。それゆえ、例えば、器物損壊罪の遂行は意図あるいは無謀でよくても、器物損壊罪を遂行するコンスピラシーは、当該犯罪を遂行する意図を立証することが求められ、無謀では十分ではないであろう[29]。刑事コンスピラ

27　*R v Johnston* (1986) 2 CRNZ 289 (CA), 290-291.
28　*R v Harris* [2006] NZCA 273.

シーが認められるためには、必要とされるメンズ・レアを有する、少なくとも2人の合意関与者がいなければならない。コンスピラシーが形成された後、既存のコンスピラシーに加わる者も、当該犯罪に関して有罪であると判断されるに必要な意図を有していなければならない。

前述した Gemmell のケースで、被告人らはショットガンを使って郵便局で強盗を実行する共通の意図を形成した。被告人らが何度か強盗を話し合っていたことが証拠によって立証された。Gemmell は加重強盗を遂行するコンスピラシーの起訴に対する抗弁において、銃が使われるかもしれないということを耳にしたとき、自分は、宗教的な信念により他者の生命を奪うことはできないから、参加することを拒否したと主張した。彼は、最終的に他の者たちを郵便局に車で連れて行くことに合意したけれども、自分は持凶器強盗を遂行する合意の関与者ではなく、当該強盗が実行されることを意図していなかったと主張した。事実審裁判官は陪審に、被告人は強盗が遂行されるはずであったと信じており、そして他の者たちを犯罪現場に車で連れて行くことに合意したのだと認めるなら、被告人はその犯罪に関わることに合意していたと結論づけなくてはならない旨の説示を行った。Gemmell は強盗を遂行するコンスピラシーで有罪とされ、そして、陪審がコンスピラシー罪の要素について誤った説示を与えられたという理由で上訴した。控訴院は主張を認め、そして再審理が命じられた。裁判所は、他者が犯罪を遂行することを合意したことを認識しているが、しかし、合意の関与者ではない者は、たとえ犯罪遂行過程で実行者を援助する何らかのことを行っていても、コンスピラシーの刑事責任を負わないと判示した。コンスピラシーと犯罪法66条の従犯（accessory）との間には明確な区別があることが──2つの犯罪は同じ定義の要素を共有していない、と指摘された[30]。裁判所が述べるには「66条2項は

---

29 *R v Churchill* [1967] 2 AC 224において、コンスピラシー罪は、完全な意味におけるメンズ・レアが必要であること──厳格責任は適用されないことが指摘された。同じケースにおいて、貴族院は、厳格責任犯罪を遂行するコンスピラシーが起訴されたケースであっても、検察は、当該犯罪を遂行する意図を立証しなければならないと判示した。

30 66条は次のように規定している。（1）以下の形態により犯罪に加担した者は、有罪となる。(a) 実際に犯罪を遂行した者、(b) 作為または不作為により、犯罪を遂行する者を幇助する目的で行為に出た者、(c) 犯罪を遂行する者を教唆した者、(d) 犯罪を遂行する者を扇動し、助言し、または周旋した者、（2）不法な目的を遂げるために、また、その点で互いに助け合うために、2人以上の者が共通の意図を形成した場合には、その共通目的の達成に際して当該犯罪の遂行が予想される結果として認識されたかぎりにおいて、各行為者は、共通目的の達成に際していずれかの者によって遂行された、すべての犯罪に加担したことになる。［訳者注：訳は、ジョー

コンスピラシーの起訴には適用されない。(なぜならば) 共通目的の予想される結果という概念はコンスピラシーの概念と一致しないからである。コンスピラシーの本質は、共通の計画、遂行される犯罪に向けた意思の一致 (meeting of minds) でなければならない。…コンスピラシーに必要な認識を有するためには、そうすることに合意したはずのことを認識していなければならない。すなわち、コンスピラシーが向けられた特定の犯罪を遂行することの合意の関与者となることの意図がなければならない。犯罪の達成を実行することを思いとどまっているみかけの (apparent) 合意は十分ではない。」[31] この言明が示すように、コンスピラシーに関しては、犯罪の遂行の予想される結果としての犯罪の単なる予期 (contemplation) では十分ではない。もし被告人が合意しておらず、そして特定の犯罪が遂行されることを意図していなかったなら、その者はその犯罪を遂行するコンスピラシーで有罪であるとはされ得ない。

イングランドのAndersonのケースでは異なるアプローチが採られた[32]。このケースでは、被告人は、逃亡を計画していた収監者に鉄の棒を切断することができるダイヤモンド・ワイヤーを渡すことに合意した。しかしながら、被告人は事故で怪我をして、ワイヤーを渡すことができなかった。被告人は1977年刑事法1条に反して収監者を逃走させる罪のコンスピラシーで有罪となり、上訴した。被告人の主張は、被告人はただワイヤーを渡して、そしてその報酬を受けることだけを意図していたというものであった。被告人は、実体犯罪、すなわち刑務所からの逃走が遂行されることを意図してもおらず、期待もしていなかった。このケースの場合、関与している他の関与者らは犯罪を遂行する意図を有していたので、被告人は、コンスピラシーを幇助し、教唆したということで有罪とされ得た。それにもかかわらず、貴族院は、被告人のコンスピラシーでの有罪判決を維持した。貴族院は、被告人が、たとえ遂行される犯罪を意図していなかったとしても、犯罪の遂行を容易にし得る何らかのことをなすことに合意しており、このことは合意関与者としての刑事責任を十分に基礎づけることができると判示し

ジ・ムスラーキス (甲斐克則＝竹川俊也訳)「ニュージーランド法における共犯」比較法学49巻2号 (2015年) 213頁による。]

31 *R v Gemmell* [1985] 2 NZLR 740, 744. オーストラリアの *Giorgianni v The Queen* (1985) 16 A Crim R 163も検討せよ。ここでは、コンスピラシーの刑事責任は意図の立証が必要であり、無謀では十分ではないと判示された。

32 *R v Anderson* [1986] AC 27.

た。換言すれば、コンスピラシーが認められるには、完全な意図は必要ではないと認めたのである。Bridge 卿が述べるには「関与者が刑事コンスピラシーにおいて果たすと合意した様々な役割を考慮すると、合意した一連の行為が完全に実行されるならば、2人以上の合意関与者によって必然的に遂行される犯罪が実際に遂行されることを合意した各合意関与者の意図を立証することを検察に要請する制定法上の文言にいかなる解釈も明らかに受け入れられない。」彼は、「被告人が、合意に加わった際に、合意された一連の行為で達成すると意図された犯罪目的を促進する何らかの役割を果たすことを意図していたことが示されるならば、また示されさえすれば」、検討しているコンスピラシー罪のメンズ・レアは認められると付け加えた。「少なくとも十分である。すなわちこれ以上何も必要とされない。」[33]とも。しかしながら、Anderson 判決はかなり批判を集めており、依然として大きな論争を引き起こしている。この間、意図を証明するという要件は多くの後のケースで再確認されている。とりわけ、ある者が、合意された一連の行為において何らかの役割(どのような意味であれ)を果たすことを意図していたと認められるならば、その者はコンスピラシーで有罪となるという考えは、まったく新たなものであり、確立した解釈に反していると思われる。コンスピラシーの主要な要素は合意にあり、計画を実行することではないので、Anderson のケースにおける Bridge 卿の立場は、もしこれが受け入れられるなら、不法な計画の要素を実行するとは何を意味するのかを正確に定義する際に、あらゆる問題につながる可能性がある[34]。

五　コンスピラシーの訴追に対する抗弁

　不能 (impossibility) は、コンスピラシーの訴追に対する抗弁として主張される

33　*R v Anderson* [1986] AC 27, 38 & 39.
34　Anderson ケースで採用された立場は法の正しい言明として考慮されるべきではないという見方が現在では主流となっている。控訴院は、一貫してこのケースの貴族院の判断を継続することを拒んでいる。例えば *R v Edwards* [1991] Crim LR 45 (CA)、*R v Ashton* [1992] Crim LR 667 (CA)、*R v Harvey* [1999] Crim LR 70 (CA) を検討せよ。さらに、Yip Chiu-Cheung ケース判決では、枢密院 (the Privy Council) は、コンスピラシーの刑事責任が認められるには、すべての起訴された合意関与者が、不法な合意が実行されることを意図していたことが証明されなければならないと判示した (*Yip Chiu-Cheung v The Queen* [1995] 1 AC 111 (PC))。また、*R v Siracusa* (1989) 90 Cr App R 340 (CA) 参照。

ことは十分に確立されている。しかしながら、これは、ただコンスピラシーの合意の対象が決して達成され得なかった場合のみであろう。イングランドの Nock と Alsford のケースで、被告人らは、局所麻酔薬のリグノカインとコカインの混合物を含んでいると被告人らが考えた粉で、コカインを他の物質から分離することによって、禁止物質のコカインを製造することに合意していた。実際には、その粉はただリグノカインだけを含んでおり、そしていかなる状況の下でもコカインを製造するために使用され得るものではなかった。被告人らは、規制薬物を製造するコンスピラシーで有罪とされたが、しかし、被告人らの有罪判決は貴族院によって破棄された。貴族院は、2人以上の者が犯罪を遂行する目的を持って一連の行為を実行することに合意したが、被告人らは認識していなかったが、当該一連の行為によってはこの目的を達成することができない場合、その者らはコンスピラシーの責任があるとはいえないと判示した。Scarman 卿によれば、「これは、合意された方法で遂行されることができるが、その完成を不可能にする併発する出来事によって達成されなかった犯罪を遂行する合意のケースではなく、いかなる状況においても、起訴された制定法上の犯罪、すなわち規制薬物であるコカインを製造する犯罪に至り得なかったであろう一連の行為についての合意のケースである。」[35]ここで、被告人らが合意していた特定の一連の行為すなわち特定の粉からコカインを抽出することが重視されたことに注意することが重要である。一般的には、禁止物質を製造することに合意したなら、その者らは、その目的を遂げる特定の試みに成功しなくとも、コンスピラシーの罪で有罪とされるであろう。さらに、不能は、合意の時点で判断されることが指摘されなければならない。合意された計画がその後不可能になるという事実は、もともとのコンスピラシーが遂行されることを妨げるものではなかろう。しかしながら、一般に、不能の抗弁がコンスピラシー法において認められるべきかどうかという疑問が生じている。犯罪を遂行することを共謀する者たちが社会に対する潜在的な危険を表しているという前提が強調される限り、たとえ特定のケースの事実的状況が合意された犯罪の完成を不可能にするとしても、不能の抗弁は決して許されるべきではないと主張されるかもしれない。

　もし真実であるなら、関連する行為を合法とする事実の状態を誠実に確信して

35　*DPP v Nock and Alsford* [1978] AC 979, 998.

いる（honest belief）ことは、コンスピラシーの起訴に対して適切な抗弁となるであろうことが認められている。例えば、AとBが15歳の少女を彼女の親から奪取する旨合意するケースを考えてみよう。もしBが、Aが少女の家族の友人であり、そして少女の両親がAとBに一時的な子の監護をゆだねることに同意していると誠実に確信しているなら、Bは、コンスピラシーで有罪とはならないであろう。なぜならば、Bが認識している事実においては、彼らがなすと合意したことは、不法な行為に達するとは言い得ないからである。Churchillのケースにおいて指摘されたように、被告人らが合意時に認識していた事実によれば、被告人らがなすと合意したことが合法であるならば、被告人らは認識していなかった他の事実が存在することによって、自分たちが合意していた行為や一連の行為に異なる犯罪的性質が付与されるとしても、犯罪を遂行するコンスピラシーで人為的に有罪とされることはない[36]。前述の例は別の問題を提起する。もし2人の関与者のみが訴追された合意をしており、そしてそのうちの1人が無罪とされるなら、他の関与者はコンスピラシーで有罪とされ得るのであろうか。Shannonのケースにおいて[37]、貴族院は、当該ケースのあらゆる事情の下で後者の有罪判決が他者の無罪と矛盾しないならば、コンスピラシーの一方関与者の無罪は、必ずしも、残る被告人の刑事責任を否定するわけではない、という見解を表明した[38]。オーストラリアのLongmanのケースで述べられたように[39]、もし両当事者に不利な証拠の重みが等しいなら、裁判官は、陪審に、関与者の1人がコンスピラシーに関して有罪でないとされるなら、同じく、他の1人も無罪とされなくてはならないと説示するべきである。ニュージーランドの裁判所は、おそらく同様のアプローチに従うであろう。

　コモン・ローで、合意の唯一の関与者が夫と妻である場合、その者らはコンスピラシーに関して有罪とされ得ないと認められた[40]。しかしながら、もし第三者

36　*R v Churchill* [1967] 2 AC 224, 237.
37　*DPP v Shannon* [1975] AC 717. 同じ立場がオーストラリアのDarbyケース判決で採用された（*R v Darby* (1982) 40 ALR 594）。
38　同様に、イングランド1977年刑事法5条（8）項は、次のように規定する。その者の有罪を基礎づけた合意の唯一の関与者であった者がコンスピラシーについて無罪とされていることは、あらゆる事情の下で有罪判決が他者の無罪と矛盾しないのならば、有罪判決を破棄する理由とはならない。
39　*R v Longman* (1980) 72 Cr App R 121.
40　イングランド1977年刑事法2条（2）（a）項は、夫と妻との間、あるいはシビル・パートナー

である関与者が含まれるなら、夫と妻はコンスピラシーで有罪とされることが維持されている[41]。その上、夫と妻が、結婚する前に、犯罪を遂行することに合意したのならば、コンスピラシーで有罪とされることが認められている。イングランドで採用される見解に反して、ニュージーランドでは、1961年犯罪法67条で、夫と妻はコンスピラシーで有罪とされ得ないというコモン・ローのルールを廃止した[42]。

　最後に、被告人が実体犯罪を遂行したか、あるいは実体犯罪の遂行を試みた証拠がある場合、コンスピラシーの起訴は、大抵のケースでは不適切にみえるであろうことに注意すべきである。それでも、検察がコンスピラシーと完全犯罪の双方で起訴することができる場合はあろう。しかしながら、コンスピラシーの起訴に包含された犯罪性が、遂行されたとして起訴されている実体犯罪に反映されているそれよりも広い場合には、コンスピラシーの犯罪事実は適切に起訴状に含められるであろう。さらに、検察が、特定の実体犯罪が単に付随するもの（incident）でコンスピラシーが継続していることを示そうとする場合には、実体犯罪の遂行を起訴する起訴状にコンスピラシーの犯罪事実を含めることは適切であろう。被告人がコンスピラシーと実体犯罪の双方で起訴される場合、一般的には最初に実体犯罪を審理し、そして次にコンスピラシー罪が考慮されるべきかどうか決めるのが、適切なアプローチであろう。

六　結　語

　刑事コンスピラシーの起源は中世のイングランドまでさかのぼるけれども、指摘されているように、犯罪として始まったのではなく、中世後半期の間のイングランドの手続法における確信的な濫用への対応であった。17世紀の間に、裁判官による法の創造によって、コンスピラシーの範囲はあらゆる種類の犯罪を遂行する合意を含むまでに拡大し、そして、18世紀までに、裁判所は、コンスピラシー

　　（civil partners）間の合意は、コンスピラシーにはあたらないと規定する。もちろん、夫と妻、あるいはシビル・パートナー同士が合意した実体犯罪の遂行に及んだ場合には、当該犯罪の罪責を負う。
41　*R v Chrastny*（No 1）〔1992〕1 All ER 189.
42　犯罪法67条は次のように規定する。何人も自己の配偶者もしくはシビル・パートナーと、またはその他の者と共謀することができる。

を、犯罪を遂行する合意のみならず様々な不法な行為をなす合意も含むまでさらに拡張していった。イングランドでは、（少数の例外を除き）コモン・ロー上のコンスピラシーを廃止して、そしてコンスピラシーの合意の対象が犯罪の遂行でなければならないという要請に基づいているところの、現代の制定法上のコンスピラシー罪を設けた1977年刑事法の導入に至るまで、コンスピラシーの範囲は驚くほど広範なままであった。同様に、ニュージーランドでは、1961年犯罪法の310条1項で、いかなる者とであれ、いかなる犯罪を遂行することを共謀するすべての者を処罰するコンスピラシー罪を成文化した。このことは、イングランド法のように、いくつかのケースについては、関連する合意の対象が犯罪ではなかったとしても刑事コンスピラシーになるという原則を維持しなかったという点で、法に重要な変化をもたらすものであった。しかしながら、310条は、ある者が他者と犯罪を遂行することを共謀しているとされるには、どのようなことの立証が求められるのかを明らかにしていない。コモン・ローにおいてそうであったように、重要な問題は、被告人らが実体犯罪を遂行する合意に加わったかどうかであることは明らかであるが、しかし、とりわけ、必要とされるメンズ・レアに関して正確に何を必要とするのかを定義づけることが長い間困難となっている。ニュージーランドの控訴院は、イングランドの裁判所のように、多くのケースでこの問題を取り上げようと試みてきた。本稿の目的は、コンスピラシー罪に関連する法規定を分析し、そして関連するケース及び判決によって提起された若干の問題を探究することであった。

　刑法は伝統的に、個人及び個別行為責任に焦点をおいてきた。しかしながら、起訴された行為が合意である場合、集団の目的の追求に注意が向けられ、個人の責任は、一部は、集団の行為を参照して評価されることとなる。刑法判例は常に個人責任と集団の責任の間の因果連関を明確にするものではない。また、このために、刑事コンスピラシー法が、時に、あいまいで、そして内部的に矛盾するように見える。首尾一貫しない判断が、定義づけの問題が残っていることを示唆しており、そして裁判所は、刑事責任を正当化すべき類の合意が存在するかどうかを決定することに困難さを抱え続けるであろう。コンスピラシーの犯罪事実が取調べられる場合、それぞれの被告人に不利な証拠は個別に評価されなくてはならないことを述べておきたい。なぜなら、被告人らが緊密であったと考慮するには十分ではなく、被告人らが共通の犯罪目的を有していたに違いないと仮定するに

は十分ではないからである。もし1人の被告人に不利な証拠が、その者の目的がもう1人の被告人の目的と異なっていたことを示すなら、複数の合意があり得るので、異なるコンスピラシーの起訴が適切であろう。このような場合、重要な疑問は、それぞれの被告人が関与者であるコンスピラシーは何かということであろう。他方、共通目的の要件に非常に広範囲のアプローチがとられるなら、自らが合意したことを越えたコンスピラシー罪で有罪とされてしまう者が生じてしまうであろう。

[日山恵美訳]

不法原因給付と横領罪の成否

張　　明　楷

一　序　説
二　肯定説
三　二分説
四　否定説

一　序　説

　中国民法典に不法原因給付に関する明文規定は存在しないが、民法学説では一般に、不法原因に基づいて給付した物の返還を請求することはできないとされている[1]。司法実務もこのルールを受け入れ、適用している[2]。中国の刑事司法実務において、「賄賂を懐に入れる」[3]ような行為に横領罪の成立を認める判例は、あまり見受けられない[4]。しかし、殆どの刑法学説は、受給者が不法原因給付物を自己のものとする行為に対して横領罪の成立を認めており（肯定説や二分説が採用されることが多い）、否定説を採用する学者は少数派である[5]。本稿の目的は、中国の刑法学説における肯定説と二分説の問題点を分析したうえで、否定説の妥当性を肯定することにある。

1　陳華彬『債法各論』（中国法制出版会、2014年）298頁参照。
2　福建省永安市人民法院（2017年）閩0481民初1247号民事判決書、湖南省株洲市荷塘区人民法院（2021年）湘0202民申1号民事判決書を参照。
3　「賄賂を懐に入れる」とは、AがXに賄賂を渡し、同人に対し公務員Bに賄賂を贈るよう要求したが、Xがその賄賂を自己のものとすることを意味する。
4　朱建華＝熊明明「『賄賂を懐に入れる』行為の刑法的評価に関する問題の研究」甘粛政法学院学報2号（2018年）64頁参照。
5　王昭武「法秩序の統一性の観点からみた不法原因給付」華東政法大学学報2号（2022年）20頁参照。

二　肯定説

　肯定説の立場をとる学者らは、主として次のような理由を挙げている。しかし、次に見るような理由は、説得的ではないと考える。

1　刑法の調和性
　肯定説の論者は、他人が不法に占有している財物を窃取することに窃盗罪が成立するのであれば、それに合わせて他人の不法原因給付物を横領する行為にも横領罪の成立を認めるべきだと主張している[6]。
　ただし、窃盗罪の保護法益は所有権に限られず、一定の占有をも含んでいる。例えば、乙が丙のオートバイを窃取した後に、甲がそのオートバイを再度窃取する行為には、当然に窃盗罪が成立する。なぜなら、甲の行為につき、乙のオートバイの占有侵害自体も窃盗罪の保護法益の侵害に当たるからである。しかし、横領罪の保護法益には占有が含まれておらず、また、不法原因給付物は給付者の占有物ではなく、受領者の占有物である。ゆえに、窃盗罪との比較が肯定説を主張する理由にはなりにくい。

2　横領罪の保護法益
　不法原因に基づく給付者は民法上の返還請求権を有しないが、そのことから所有権を失うわけではないため、受領者が財物を返還しない場合は、給付者の財産所有権を侵害することになり横領罪が成立する、というのが、肯定説の主張である[7]。
　もちろん、給付者は返還請求権を失っても所有権は維持されるという結論は、民法上成り立つ可能性はある。しかし、そのことと横領罪の関係では、上述の理由では説得力に欠ける。なぜなら、給付者が自己に所有権があるとして民事訴訟を提起しても、裁判所が受領者に返還を要求することはないため、給付者は事実

　6　羅開巻「『賄賂を懐に入れる』こととそのことが賄賂罪に与える影響について」法律適用1号（2020年）69頁参照。
　7　馬寅翔「不法原因給付物を横領することに対する事案処理フローの是正」蘇州大学学報（法学版）4号（2016年）109頁参照。

上所有権を喪失してしまうからである。このような形式的な意味での「所有権」を刑法が救済すると、財産犯の保護法益の形式化と空洞化につながりかねない[8]。

さらに重要なのは、もし給付者に給付物の所有権を認めるのであれば、中国では不当な状況に陥るということである。例えば、AがXに賄賂を贈りそれを公務員に渡すよう要求したのに、Xがそれを監察機関に渡したとする。上記の肯定説によれば、Xの行為はAの財産所有権を侵害したため、同人は法的責任を負うことになる。しかしこれは、中国においては受け入れられない結論である。

中国では、横領罪の対象は、財物に限らず、債権などの財産的利益も含まれる。「横領罪の法益は所有権に限らず、その他の物権・株券・債権などの財産的権利も含まれる」[9]。給付者が所有権を有するとして、受領者の行為に横領罪が成立するとすれば、以下のような状況に陥る。それは、対象が財物である場合、給付者が債権としての返還請求権を有していないにもかかわらず、所有権を依然有しているため、受領者の行為には横領罪が成立することになる、との状況である。ただし、行為の対象が債権などの財産的利益である場合は、給付者に返還請求権はなく、また、所有権もないため、受領者の行為に横領罪は成立しない。このような状況には、明らかに違和感を覚える[10]。

3　横領罪の対象

「刑法の横領罪の規定は、『預かった他人の財物』を対象とするのみで、預かったその財物の所有が適法なものか違法なものかを規定していない。したがって、不法原因給付に基づく財産を横領した場合にも、横領罪が成立することになる」[11]と指摘する学者がいる。

しかし、行為対象の特定は保護法益を基礎に行われるべきであり、文言通りに、「預かった他人の財物」という言葉の意味を理解すべきではない。ましてや、構成要件に該当する行為であれば、財産法益侵害の有無にかかわらず、横領罪の成立が認められるとは考えられない。給付者に、返還請求権などの刑法上保護に値する法益がない場合、受領者が形式上「預かった他人の財物」を領得した

8　陳子平「不法原因給付と横領罪・詐欺罪（上）」月刊法学教室137号（2014年）63頁参照。
9　王鋼「不法原因給付と横領罪」中外法学4号（2016年）945頁参照。
10　便宜上、以下では、横領罪の保護法益をもっぱら所有権であると理解した上で説明を進める。
11　郭暁紅＝徐光華「不法原因給付と横領罪」厦門大学法律評論21号（2013年）422頁。

からといって横領罪が成立するとは考えにくいであろう。

三　二分説

肯定説には欠陥があるとして、二分説を主張する学者も多い。

1　給付の終局性に基づく二分説

　この二分説の主唱者である王鋼博士は、「不法原因『給付』は、給付者が意識的・意図的に受領者の財産を増加させることを要求し、給付は、給付者が受領者の財産を終局的に獲得させることを意図したときにのみ成立する。給付の認定は、このような終局的基準によって制限されるため、『給付』と『委託』は区別されるべき概念である。ドイツの殆どの民事判例においても、不法原因委託は不法原因給付ではなく、委託者の請求権返還を排除するという法的結果と結び付かない、ということが示されている。法秩序の統一性の原則に基づき……不法原因給付と不法原因委託では、財産犯の認定に異なる影響を与える可能性がある」[12]と指摘した。しかし、本稿は、このような二分説は受け入れがたいと考える。

（1）給付者が終局的に相手に利益を移転したかどうかは、給付者の主観では判断しがたい

　給付者が財産所有権を受領者に移転するために給付行為を実行した場合、これが一般に、終局的な給付に属することは明らかである。しかし、「受領者をして終局的に財産を獲得させる」というのは、給付者が財物の所有権を受領者に移転することを前提としているわけではない。なぜなら、財物が受領者のものとなった以上は、不法原因給付物が横領されるかどうかを論じる意味がなくなってしまうからである。

　給付者が受領者に財産を終局的に獲得させることを意図しているかどうかによって、不法原因委託と不法原因給付を区別する見解（給付者意図説）[13]は、必ずしも明確で合理的なものではない。言い換えると、給付者が一時的に受領者に財産上の利益を供与したり、特定の時間の範囲内で財物の支配または利用を意図的に行わせたりしたとしても、受領者が終局的に財産を獲得することができない、

12　王鋼「不法原因給付と横領罪」中外法学4号（2016年）943頁。
13　王鋼「不法原因給付と横領罪」中外法学4号（2016年）934頁参照。

とは限らない。例えば、麻薬中毒者である張三がウィーチャットで麻薬代金を李四に渡し、同じ麻薬中毒者である李四に麻薬を購入してもらおうとしたが、ちょうど李四は、自分で使用するための麻薬を保有していたため、自分が持っていた麻薬を張三に譲渡したとしよう。このような場合、給付者の主観的意図により、張三の行為が不法原因委託だと認めるとすると、張三は麻薬を譲り受ける前に、麻薬の代金に対して返還請求権を有することになるが、この結論は受け入れがたい。また、給付者の主観的意図を基準にすると、給付者はその後に終局的な移転の意図を否定することになるため、それを行うと自身には、返還請求権はもちろん、受領者の行為にも横領罪が成立することになる。中国においては、このような現象は警戒されなければならない。

また、「賄賂を懐に入れる」ような事案では、「賄賂の対象が明確である場合、その委託物を譲渡する行為には『終局性』がなく、ゆえに不法委託（預託）に該当し、これを横領する行為には横領罪が成立する。また、賄賂の対象が明確でない場合は、その委託物を渡す行為には『終局性』があるため、不法原因給付に該当し、これを横領する行為には……横領罪が成立しない」[14]と指摘する学者もいる。

しかし、そもそも「賄賂の対象が明確である」かどうか、ということが明確ではない。例えば、いわゆる「不法釈放」[15]事例の場合、依頼人が関連する法曹に賄賂を供与することは明確であるが、どの法曹に賄賂を供与するかは明確ではない。また、事象の経過により、賄賂の対象も変わってくるはずである。ゆえに、賄賂を供与する対象が明確かどうかを基準とすることは、偶然性を伴う。

（2）終局性を基準とするとしても、「終局性」は客観的に判断すべきである

返還請求権のないことが不法原因給付の法的結果とされた以上、受給者がこれを自発的に返還しない場合に、給付者が他人に譲渡した財産を支障なく取り戻すことができず、「返還請求権」が必要になること自体が、不法原因給付（客観的基準）が成立するということを示している。例えば、甲が愛人の乙に自己名義の物件を贈与した場合、乙がその物件に入居していても不法原因給付とはならない。

---

14 黄辰「『賄賂を懐に入れる』行為を評価する際のジレンマとその解決方法」北方法学5号（2021年）65頁参照。
15 請託人が受託者に対し、不法な手段で合法的に拘束・逮捕された人の釈放を請求することを指す。

乙がその物件の財産権を獲得したと確定するには、甲の助力が必要である一方、甲は引き続き、支障なく物件の所有権を有しており、「返還請求権」のない状態で当該物件の所有権を有している。また、AがXに賄賂を渡し、それを公務員Bに供与せよと要求した場合、Xは、Aや裁判所の助力を必要とせずに「終局的な金銭移転」を行うことができるし、あるいは、「Aが受取人に、終局的に金銭を供与する」ことになる。「金銭は、これを占有する者が所有者となる」という原則を否定しても、これを不法原因給付とみなすべきである。Xが返還を拒否した場合、Aが賄賂を回収するためには、返還請求権という裁判所の助力が必要となるからである。

ただし、不法原因給付と不法原因委託を客観的基準で区別しても、不法原因給付の場合に横領罪が成立するとは考えられない。なぜなら、受領者が相手方や裁判所の助力を得なければ財物を取得できない場合、受領者は、財物を自己のものとしていないことになり、横領罪は成立しないからである。受給者が相手方や裁判所の助力なしに財物を自己のものとすることができるのであれば、給付者が終局的給付であることを示しており、二分説からは、横領罪は成立しないと考えられる。

（3）ある給付が不法原因給付に該当するかを認定する際には、不法原因給付制度の規範目的に基づいて判断すべきである

「1990年代以降、民法学界においては、『一般予防説』がますます支持を得るようになってきている。この説によると、不法原因給付制度の趣旨は、不法給付行為を一般的に予防することにある」[16]。一般予防を実現すべき理由は、給付者の返還請求権を失わせることが罰せられるべきだからである。民法の観点からいえば、給付者が受領者に一時的に財産上の利益を得させたり、特定の期間にわたってその財物を支配したり利用したりすることを意図した場合であっても、返還請求権を失わせるという点に可罰性を見いだし、その不法行為に対し一般予防を実現しなければならない。そのため、「名誉領事の肩書を不当に得るために斡旋人に報労金を支払った場合、その報労金は給付となる。しかし、仲介人を委託して代金を支払い、『売り手』に学術上の称号を購入させる者は、代金を仲介人に与えていない」[17]。前者も後者も、不法な目的を実現するための行為であり、民法

16　王鋼「不法原因給付と横領罪」中外法学4号（2016年）931頁参照。
17　王鋼「不法原因給付と横領罪」中外法学4号（2016年）934頁参照。

上一般に予防すべき不法行為である。この場合、後者は不法原因委託であり、民法上の予防は必要ない、とは考えにくい。

事実、終局性を基準にした二分説が、犯罪予防に役立つとも考えにくい。王鋼博士は、「不法原因委託の場合……現在の給付行為が完了していない場合、受託者に対する給付者の返還請求権を認めることは、これ以上の不法の発生を抑制し、不法状態の形成を防ぐことにつながりうる[18]」と指摘している。ただし、本稿の立場から見れば、賄賂事案で給付者が返還請求権を失ったとしても、受託者の贈賄行為を阻止できない、ということにはならない。給付者が贈賄罪に基づく処罰から逃れるためには、受託者の贈賄を阻止しなければならないが、返還請求権を行使することでのみ贈賄を阻止できるわけではない。そのため、返還請求権の行使と贈賄罪の阻止は別問題である。なお、上記の考え方は、委託者が後悔した場合にその返還請求権が認められると、それをもって贈賄の既遂と相手の収賄罪の成立を阻止することができる状況のみを考えている、という場合である。しかし、「賄賂を懐に入れる」ことが横領罪に成立するかどうかを検討する場合、委託者が後悔していなくても賄賂を懐に入れることで、その贈賄罪の既遂と相手方の収賄罪の成立を防ぐことができる。したがって、受領者の行為を横領罪と認めないほうが犯罪予防に有利であり、これを横領罪と認定することには実質的理由に欠けると考えられる。

2　違法の性質に基づく二分説

不法原因給付における「不法」が民法上の不法であるとすれば、受領者がこの財産を横領した場合に横領罪は成立しないが、その「不法」が刑法上の不法であれば、例えば、他人に依頼されて供与した贈賄を、受領者が収受して横領した場合には横領罪の成否が問われるべきだ、と考える学者がいる[19]。

しかし、民法において、不法原因給付によるものなら返還請求権が失われてしまい、また、その不法原因は刑法上の不法に限らず、その他の法律違反や公序良俗に違反するものも含まれる。したがって、不法原因給付行為が刑法上の違反であるため、受領者の行為に横領罪が成立するとすれば、民法上の返還請求権のな

18　王鋼「不法原因給付と横領罪」中外法学4号（2016年）943頁参照。
19　陳燦平「侵奪罪において刑法と民法が交錯する2つの難問を語る」法学4号（2008年）152頁以下参照。

い場合にも刑法上の保護法益が適用されることになるが、それは妥当とはいえない。

それだけでなく、不法の性質に基づく二分説では、横領罪の保護法益が考慮されずに、単純に、給付者の不法原因の程度により区別が行われる可能性がある。しかし民法においては、不法原因が受領者側のみに存在するときにこそ、給付者が返還請求権を有し、給付者の不法行為の程度が重ければ、返還請求権を有する、というわけではない。したがって、上述の考えは民法の原理を離れた区分基準であり、刑法と民法の間で調和を保つことが困難となる。

さらに重要なのは、給付者が刑法上の不法に基づいて金員を給付すれば、民法上の不法に基づいて金員を給付することよりも、その不法は重くなる、ということである。そうだとすれば、この場合の受領者に横領罪が成立するとは考えられない。上述の考えでは、給付の違法性が高くなればなるほど、給付者の罪状が重くなり、かえってその利益を保護しなければならなくなる。この結論に合理性があるとは考えがたい。

3　違法の程度に基づく二分説

終局性を要求する点で先述の見解と一致するが、重い不法という特徴を有する給付に限り、また、給付者の不法性が受領者を下回らない場合に限り、民事法の不法原因給付条項が適用され、給付物の所有権が受領者に移転しうる、また、それ以外に不法原因に基づく財物交付の行為は、刑法で規制されることになる、と述べる学者がいる。具体的には、次のいずれかに該当し、受給者が給付金を不法に自己のものとした場合に、横領罪が成立する。すなわち、（1）給付の違法性の程度が比較的軽く、その行為が単なる行政上の規定に違反し、違法性が軽微で、または手続的に不完全であり、公序良俗違反または公序良俗を示す強行規定の、情状の重い程度に達していない場合。（2）給付がまだ終局的ではない場合。（3）受給者の不法性が給付者のそれを上回る場合[20]、がこれである。

上記（1）は、不法原因給付における「不法」に対する判断であり[21]、本稿では検討対象から除外したい。しかし、受領者の行為に横領罪が成立するかどうか

20　陳少青「不法原因給付物の横領の法的規制」法律科学3号（2021年）189-190頁。
21　この点については、民法上の見解に相違がある。李永軍＝李偉平「不法原因給付の制度的構造について」政治と法律10号（2016年）113頁参照。

は、給付の違法の程度によって決まる、という点で、この見解には疑問がある。

（2）は不法原因給付における「給付」に対する判断である。つまり、「給付の終局性は行為者の主観によって判断できるわけではなく、目的や手段の終局性を客観的に評価すべきである、というものである。……例えば、給付者が所有権移転という意味で公務員に財物を贈与した場合、贈賄の目的が達成されない限り不法原因給付は成立せず、給付者はいつでもこれに対して財物の返還を請求することができる」[22]。しかし、この「終局的」な判断基準は、必ずしも合理的とは限らない。この基準によると、AがXに賄賂を渡し、Xが公務員Bに供与するよう請託したが、BがすでにAから利益を得ていたという場合には、たとえ賄賂がまだXの手元に残っていたとしても、それは不法原因給付となる。逆に、BがAから利益を得ていなければ、たとえ賄賂がすでにBに渡ったとしても、それは不法原因給付にはならない。本稿は、このような区分基準には賛成できない。さらに重要なのは、このような考え方が不法行為の一般予防に役立たないだけでなく、不法給付行為の「不法」目的を達成するのを奨励している、ともいえることである。

（3）は基本的に不法原因給付制度の規制にかかる解釈であり、総合的判断に基づき不法原因給付の成立範囲を制限しようとするものである。ただし、このように「双方の、つまり、給付者と受領者の『害悪の程度』を量的に測定することは難しいため、裁判官の自由裁量の余地が大きくなりすぎて、法律の安定性や予測可能性が損なわれてしまう可能性がある」[23]。このような考え方を刑法に適用すると、犯罪の成否判断が恣意的となる。この見解は、不法原因給付制度の柔軟な適用を主張する考え方であるが、刑法の謙抑性の観点から考えれば、受給者の行為を横領罪にあたるとして、同罪の成立を柔軟に認めるのは適切ではない。

このように、一部のケースを何らかの不明確な、あるいは不合理な基準で不法原因給付から切り離し、受領者に横領罪を成立させるという二分説は、法秩序の統一性を保持することに役立たないだけでなく、刑法の謙抑性の原則にも合致しない。そもそも刑法理論において不法原因給付と横領罪の成否を議論するということは、「賄賂を懐に入れる」といった行為に横領罪が成立するかどうかを議論するということであるから、給付者が受領者に金銭を「終局的」に移転した状況

22　陳少青「不法原因給付の横領の法的規制」法律科学3号（2021年）190頁参照。
23　李永軍＝李偉平「不法原因給付の制度的構造について」政治と法律10号（2016年）123頁参照。

では横領罪が成立せず、したがってこれを議論する必要はない。しかし、それぞれの二分説は、不法原因給付物を一部横領した行為に横領罪の成立を認めるために、横領罪の成立が本来認められないものにも、同罪の成立を認めてしまう見解であり、その結果、肯定説でも否定説でもない二分説になっている。それは適切な考えではないだろう。

四 否定説

以上のように、本稿は、肯定説と各種の二分説には賛成できないが、それもまた、本稿が否定説を主張する2つの理由となる。ここで、いくつか説明を補足しておきたいことがある。

1 受領者の所有権

行為者の行為に横領罪が成立するか否かは、行為者に所有権があるか否かではなく、その行為が他人の所有権を侵害しているか否かにより判断される。行為者に所有権がないからといって、その行為に横領罪が成立する（可能性がある）、ということはできない。

「給付者が給付の対象となる物の所有権を受領者に移転することを意図していても、中国民法では物権行為の無因性の原則が採用されていないため、両者の間の債権行為が無効となることによって、給付物の所有権が有効に移転されないことがある。したがって、不法原因委託であれ、不法原因給付であれ、その場合、受託者も受取人も当該物の所有者になれず、その物を自己のものとすれば、横領罪が成立する可能性がある」[24]と指摘する学者がいる。しかし、受託者も受領者も当該物の所有者にならない場合には、それを自己のものとする行為が他人の財産の所有権を侵害したとは考えがたい。つまり、受託者と受領者が所有権を有していないということは、その行為に横領罪が成立する理由にはならない。その行為に横領罪が成立するか否かは、受領者の行為が他人の財産の所有権を侵害したか否かに左右される。前述したように、不法原因給付制度が給付者の所有権を事実上否定している以上、受託者と受領者の行為に横領罪が成立するとは考えられない。

---

24 王鋼「不法原因給付と横領罪」中外法学4号（2016年）945頁参照。

2　国家の所有権

不法原因給付の返還については、「通常は返還されず、例外的に返還を認める方法が（ドイツ、日本、中国の台湾地区、イギリス、アメリカなどで）採用されているほか、給付者は返還を請求できないが、国は法律の規定に基づいて不法原因給付を追徴できるという処理パターンもある」[25]とされている。

中国民法学において定説は存在しないとみられるが、裁判実務においては、違法行為や犯罪行為の組成物件は没収されることが多い[26]。このように、不法原因給付物を横領する行為は、没収され、国の所有物になるべき不法原因給付物を横領したものとなり、「その横領行為は国の所有権を妨害するものとして、間違いなく横領罪に該当する」[27]と指摘する学者もいる。

以上のような見方は法秩序の統一性を維持しているように見えるが、国が没収するまで受領者の行為に横領罪は成立しない。不法原因給付制度を認めるということは、不法原因給付者が返還請求権を失ったということであり、給付物が当然に国の所有物になるというわけではない。没収は原始取得であり、それ以前に国家が所有権を有しているとは言いがたいからである。そうだとすれば、受領者の行為に横領罪が成立するとは考えられない。

国家が没収すべきものであっても、行為者が、国家が没収すべき財物を自己のものとする行為に横領罪は成立しない。例えば、賭博を業とする行為者が勝った賭け金を国に納付しない場合、賭博罪とは別に横領罪が成立することはありえない。民法229条の規定によると[28]、没収された場合は、法文書の効力が発生した時点で国は所有権を有するが、国家機関が強制執行措置を講じて受領者に要求し、受領者が暴力・脅迫などの手段でこれを拒否した場合には、横領罪ではなく、公務妨害罪や判決・裁定不執行罪に該当するというべきである。この場合の財物は、国家機関が行為者に保管を依頼した財物でもなければ、遺失物や埋蔵物でもないからである。

25　李永軍＝李偉平「不法原因給付の制度的構造について」政治と法律10号（2016年）113頁参照。
26　貴州省霍山県人民法院（2014年）霍刑初字第82号刑事判決文、山西省交口県人民法院（2015年）交刑初字第53号刑事判決文を参照。
27　胡東飛「不法原因給付と横領罪の認定」劉艶紅編『財産犯の研究』（東南大学出版会、2017年）562-563頁より引用。
28　229条の規定によると、「人民法院、仲裁機関の法文書又は人民政府の賦課決定等により、物権が設立、変更、譲渡又は消滅される場合は、法文書又は賦課決定等の効力が発生する際に実行される」。

3　法秩序の統一性

　法秩序の統一性からは、法体系の内部で自己矛盾が生じてはならず、同一の行為に対して相反する法的結果が生じてはならないことが要求される。民法では、不法原因給付制度が給付者の返還請求権を否定しているにもかかわらず、刑法では受給者の行為が横領罪を構成するというのは、明らかに矛盾している。「法秩序の統一性は最終的な法益保護に焦点を置くべきであり、異なる法領域間の概念や解釈の技術的統一性を追求する必要はない」[29]としても、民法が不法原因給付者の財産を保護しない場合、刑法は給付者の財産を保護しているため、両者が最終的な法益保護を実現したとは認めがたい。逆に、民法上の不法原因給付制度が給付者の返還請求権を否定している一方、刑法上は受給者の行為を横領罪とすることこそが、法体系内の矛盾が生じさせたと考えるべきであろう。

　法秩序の統一性が少なくとも「目的論的統一」でなければならない、と考えたとしても[30]、横領罪の成立を認めることが最終的に何らかの財産を保護したからといって、そのことが、目的論的に統一されたものだとは考えられない。周知のように、乙が丙のオートバイを奪取した後、乙が不法に占有しているオートバイを甲が窃取したことで、同人には窃盗罪が成立する。このような場合、民法においても甲が乙からオートバイを取得する権利が否定される。つまり、刑法で保護されている財産を権限なく占有した甲の行為に窃盗罪の成立を認めることは、民事法の規範から離反せず、しかも、目的論的に統一され、法秩序の統一性を維持することにつながる。しかし、不法原因給付の場合、民法において給付者の返還請求権が否定される理由は、給付者がすでに交付した財産を保護せず、それによって不法行為の発生を予防することを目的としているからである。受領者の行為に横領罪の成立を認める刑法は、給付者の財産を保護することになるため、法体系の内部で矛盾が生じる。公的機関で不法原因給付を発見した際には、直ちに法律上の手段により没収できるため、「横領罪を認めてから没収する」という関係性は存在しない。

　刑法上の判断の独立性は否定できないが、法秩序の統一性に配慮せずに刑法の独立した判断を強調すれば、法秩序の統一性は失われてしまうだろう。（1）民

29　魏東＝曽成峰「横領罪における犯罪対象問題の研究」西南石油大学紀要（社会科学版）2号（2016年）78頁参照。

30　周光権「法秩序の統一性の意味と刑法体系の解釈」華東政法大学学報2号（2022年）14頁参照。

法・行政法上合法で、刑法上違法と判断できない行為は、犯罪構成要件に該当するが、違法阻却事由として行為の違法性が阻却される。この点において、刑法上の判断に独立性があるというべきではない。そうでなければ、国民の予測可能性が侵害されかねない。（２）構成要件に該当する行為は、民法・行政法で禁止されているが、必ずしも刑法上の違法性があるわけではない。なぜなら、刑法には謙抑性の原則や罪刑法定主義の原則があるからである。この点においては、刑法上の判断の独立性を強調すべきであろう。刑法に謙抑性があるからこそ、民法や行政法で正当性が争われていた行為を、刑法上必ずしも犯罪として扱うわけではない、ということになる。このように、不法原因給付をどのように理解しても、給付者に法的保護に値する利益がある場合にのみ、受領者の行為に横領罪が成立する可能性がある、ということになる。また、給付者に法的保護に値する利益があるかどうかは、給付者の利益が司法機関により保護されるかどうかに依存する。前述したように、不法原因給付の返還請求権が失われたと認められる限り、受領者の行為が横領罪を構成するということは認められない。なお、給付者が不法原因に基づいて他人に金銭を交付した限り、それが不法原因「給付」であるかどうかは民法上議論の余地があるかもしれないが、刑法の謙抑性と受領者の当罰性に実質的な差異がない場合には、横領罪の成立は否定されるべきである。

　かくして、不法原因給付に横領罪が成立するかどうか、という問題をめぐって、中国と日本ではほぼ同じ議論があるといえよう。本稿は、中日の学術交流に多大な貢献を果たした甲斐克則教授に献呈されるものである。

［謝佳君訳］

中国刑法における経営環境の保護

儲　　陳　城

　一　はじめに
　二　規制――犯罪化を通じた経営活動の範囲の確立――
　三　保護――厳罰化による企業の財産権の平等な保護――
　四　出罪――企業救済に向けた部分的な非犯罪化――
　五　コンプライアンス――コンプライアンス構築を通じた企業の現代的変革の支援――

一　はじめに

　個人犯罪と比べると、企業に犯罪現象が出れば、往々にして大きな危害を伴い、世界的に注目される可能性もある。ドイツの関連統計によると、あらゆる犯罪の中で、企業犯罪の比率は1.3％に過ぎないが、それによる損失の高さは57.2％に及んでいた。そのような企業犯罪の深刻さがほとんどの国にも見られる[1]。そのため、刑法が企業犯罪に重点を置き、厳しい措置をとるのは自明のことである。しかし、近年にはアメリカ企業のワールドコム（WorldCom）とエンロン（Enron）、イタリア企業のパルマラット（Parmalat）など有名な会社に不正事件が起きたため、刑法の介入を引き起こした。その結果はトップ企業の破産を招き、国や社会全体に大きな危害をもたらしてきた[2]。中国では、刑法が企業、特に民間企業に対してどのように対処するかが、社会主義市場経済の安定と繁栄にも関係している。適切な施策は、企業の経営を規律し、経済の成長をも促すことができるが、不適切な施策は企業を破産に至らせ、経済の発展にも深刻な影響を与えかねない。中国刑法が企業犯罪への対処、経営環境の保護に多くの力を注いで法的な経験を整えるためには、根源に遡る必要があると思われる。中国刑法は、経

1　田口守一＝松澤伸＝今井猛嘉＝細田孝一＝池辺吉博＝甲斐克則『刑法は企業活動に介入すべきか』（2010、成文堂）1頁参照。
2　甲斐克則＝田口守一編『企業活動と刑事規制の国際動向』（2008、信山社）409頁参照。

営環境をいかに最適化するかのルートを後付けしようとする際、刑法が社会主義市場経済に介入する目標から始めようとする。民間企業は利益を追求する組織として、その運営の過程で国家、個人及び他の企業の利益を損なう場合があるであろう。民間企業が他者の利益を損なうことを防ぐために、企業に「規則を作って制度を立て」ることで経営環境の基本的な秩序を保つことは、刑法の重要な第一目標である。しかし、刑法によって規律され、法を遵守する企業になったとしても、犯罪が起きる場合もある。したがって、民間企業の法益、特に企業の存続に関わる財産権が刑法上の保護の中心的な対象となってきた。また、刑法によって民間企業の財産権を保護することは、刑法が経営環境を最適化させる第二の目標である。なぜなら、合法的な財産権が保護されたとしても、民間企業は発展の過程で様々なボトルネックに直面することを余儀なくされるためである。民間企業が自力救済のため期待可能性のない行為を引き起こすことに対して、刑法の設けた前記の規制条項は過酷だと考えられる。いかなる調整を通して企業発展の束縛を解くかは、刑法が経営環境の最適化に介入するモビリティ的な任務である。そして、刑事罰を受けた民間企業が「事件を処理したものの企業が倒産した」という状況を避けることは、刑法が経営環境の最適化に介入する最終的な任務である。したがって、刑法は、関与企業のコンプライアンスを通じて、民間企業を救うと同時に、組織として現代化・成熟化していくモデルチェンジの完成にも役立っている。

　経営環境の最適化における上記4つの基本任務を達成するために、刑法は体系的な対応策をとるべきである。経営環境を最適化させる際、社会主義市場経済秩序を破壊する罪に対する刑法の認定や改正に際して、どのような内在構造が示され、どのようなシステムが形成されるかは、理論面から回答して解明すべき重要な課題である。この課題を解明するためには、民営経済発展の現状や刑法の動向に視点を向けるべきである。

二　規　制
――犯罪化を通じた経営活動の範囲の確立――

　1979年『刑法』の制定から1997年『刑法』の改訂、そして2023年「刑法改正案十二」の可決に至るまで、我が国の刑法は、安全刑法の形成への道を歩んでき

た。つまり、刑法の積極的な犯罪化を進行しているという特徴が示された[3]。また、刑法全般の積極主義モデルに基づき、刑法が経営環境を構築する際にも積極的に介入するという特徴を持っている。社会主義市場経済の秩序を破壊する行為を犯罪化する本来の主眼は、社会主義市場経済の秩序を乱す民間企業を対象として規制することにある。刑法によって民間企業の生産・販売・輸出入貿易・内部管理・融資及び市場化機能などの運営に規則が設けられ、基準も定められる。それは1997年『刑法』において社会主義市場経済秩序を破壊する罪の1章で、既に基本的な立場として初歩的に確立された。社会主義市場経済秩序を破壊する罪の条文を概観すると、民間企業の異なる立場から分類され、基本的に2つの罪名が創設された。1つは民間企業を規制対象とする罪であり、もう1つは民間企業の法益を保護対象とする罪である。民間企業を規制対象とする犯罪に向けて象徴的な立法措置は、単位犯罪（企業・法人犯罪）をより多く設けることになる。1997年『刑法』はこの章で96項の罪名を設け、そのうち単位犯罪の罪名が74項と全体の77％を占めている。つまり、民間企業はこれらの犯罪を行う犯罪主体になりうる。現在、我が国の刑法で規定されている単位犯罪は164項に過ぎないが、社会主義市場経済秩序を破壊する罪の章は6割以上に及んでいる。一方で、この章で取り上げられた96項の罪名中、民間企業を保護する立場が見られる罪名はわずか10項程度に限られる。また、最高人民検察院の活動報告によると、2017年から2021年までに起訴された単位犯罪のうち、社会主義市場経済秩序を破壊する罪に関する事件は1.05万で、起訴された犯罪総数の75％を占めている。そして、関与単位の種類からみると、3.9万の単位犯罪の案件のうち、非国有企業や事業体が3.2万件あり、全体の80％以上を占めている[4]。

　12冊の刑法改正案も、積極的な姿勢で経営環境の構築に介入している。1997年『刑法』を軸に、中国は1999年から刑法の改正を開始している。1999年から2023年までに発布された12冊の刑法改正案の中で、改正回数が最も多いのは、社会主義市場経済秩序を破壊する罪の章である[5]。さらに、刑法改正案における罪名変更の主な目標は、様式化された企業業務を通じて改革開放初期からの企業の粗野

3　刘艳红「中国刑法的发展方向：安全刑法抑或自由刑法」政法论坛2号（2023）参照。
4　戴佳＝赵晓明「检察机关去年起诉单位犯罪数量明显下降」检察日报7月22日第1版（2022）参照。
5　孙国祥「20年来经济刑法犯罪化趋势回眸及思考」华南师范大学学报（社会科学版）1号（2018）参照。

な発展パターンを一変させ、多数の企業に潜む違法な経営行為による危険性やリスクを排除することにより、WTO加入後の中国企業を世界とマッチングさせることである。これは、具体的には以下の2つの側面に表れている。

　第1に、第12回の刑法改正の中で、2001年の「刑法改正案（二）」と2017年の「刑法改正案（十）」を除き、残り10回の改正案は、ともに社会主義市場経済秩序を破壊する罪に変更を加えた。その中でも、企業の経営行為を規制する罪名の改正頻度が最も高い。10回の改正をもとに、72項の法文は罪名改正に使われた。さらに、偽劣商品を生産、販売する罪については、3つの改正案（「刑法改正案（四）」「刑法改正案（八）」「刑法改正案（十一）」で7回改正された。密輸の罪は、4つの改正案（「刑法改正案（四）」「刑法改正案（七）」「刑法改正案（八）」「刑法改正案（九）」）で7回改正された。会社、企業の管理秩序を妨害する罪は、6つの改正案（「刑法改正案」「刑法改正案（六）」「刑法改正案（八）」「刑法改正案（九）」「刑法改正案（十一）」「刑法改正案（十二）」）で15回改正された。金融管理秩序を破壊する罪は、7つの改正案（「刑法改正案」「刑法改正案（三）」「刑法改正案（五）」「刑法改正案（六）」「刑法改正案（七）」「刑法改正案（九）」「刑法改正案（十一）」）で22回改正された。金融詐欺罪は、3つの改正案（「刑法改正案（五）」「刑法改正案（八）」「刑法改正案（九）」）で4回改正された。徴税の管理を害する罪は、2つの改正案（「刑法改正案（七）」「刑法改正案（八）」）で4回改正された。知的財産権を侵害する罪は、1つの改正案「刑法改正案（十一）」で8回改正された。市場秩序を攪乱する罪は、4つの改正案（「刑法改正案」「刑法改正案（七）」「刑法改正案（八）」「刑法改正案（十一）」）で5回改正された。各罪名がこれまでの改正案に現れる頻度からみると、金融管理秩序を破壊する罪への改正が最も高く、それに次ぐのが会社、企業の管理秩序を妨害する罪である。密輸の罪と市場秩序を攪乱する罪は、同時に4つの改正案で改正された。偽劣商品を生産、販売する罪と金融詐欺罪は、3つの改正案、徴税の管理を害する罪は、2つの改正案で改正された。知的財産権を侵害する罪は1つの改正案でしか改正されていない。改正頻度の高い犯罪からして、刑法が民間企業の経営活動に対して規制的な立場であることが示された。金融管理秩序の破壊、密輸、輸出入貿易管理秩序の妨害などの犯罪行為の防止に厳しい措置をとるのはその例である。

　第2に、典型または非典型の手法をもとに犯罪化するのは、刑法が社会主義市場経済秩序を破壊する罪を完備する主な手段である[6]。その中で、典型的な手法

によって新たに追加された11項の罪名は以下のとおりである。第162条の1「会計伝票・会計帳簿・財務会計報告書を意図的に隠滅・破壊する罪」、第152条「廃棄物の密輸罪」、第177条の1「クレジットカード管理妨害罪、クレジットカード情報窃取買付不法提供罪」、第162条の2「詐欺破産罪」、第169条の1「上場企業に損害を加える背任罪」、第175条の1「融資・受取・融通手形を詐取する罪」、第185条の1「信託財産を背信的に運用する罪、資金を違法に運用する罪」、第224条の1「マルチ商法活動を組織・指揮する罪」、第164条「外国の公務員・国際公共機関職員に賄賂する罪」、第210条の1「偽造された領収書を保有する罪」、第279条の1「国外者ための商業秘密窃取買付不法提供罪」である。

　非典型な手法によって犯罪化されるものは、枚挙にいとまがない。例えば、「刑法改正案（十二）」では犯罪の主体範囲を拡大した。非国有企業、会社の取締役、経理の含まれた主な役職者及び他の従業員は不法経営同類営業罪、親類・友人不法図利、私利のために不正を行って、廉価で株式換算し、会社、企業の資産を売却する罪の罰則対象に納まり、犯罪化された。また「刑法改正案（十一）」では、相場操縦犯罪の実行行為を広め、「虚假申報操縦」（虚偽申告）、「蛊惑交易操纵」（相場操縦）、「抢帽子交易操纵」（投機取引）という3つの株式・先物取引市場を操縦する行為が明確に犯罪として組み込まれた。

三　保　護
—— 厳罰化による企業の財産権の平等な保護 ——

　前述のとおり、民間企業の生存と発展にとって、財産権に対する保護は、きわめて重要な意味を持っている。刑法および改正案は、民間企業の経営活動を広く規制する一方で、立法上、企業の財産権保護に注力している。刑法による民間企業の財産権保護は、主に2つの側面から表れている。1つは民間企業の財産権保護の度合いを強めること、もう1つは民間企業の知的財産権保護を重視する傾向が高まっていることである。

　まず、刑法および改正案において、民間企業の財産権保護への強化が進んでいる。「刑法改正案（十一）」は、社会主義市場経済秩序を破壊する関連犯罪を大幅

6　刘艳红「轻罪时代我国应该进行非犯罪化刑事立法——写在『刑法改正案（十二）』颁布之际」比较法研究1号（2024）参照。

に改正することで経営環境の改善に寄与している。さらに、財産犯一章の２つ犯罪——職務侵占罪（業務上横領罪）と資金横領罪——の法定刑を２段階から３段階に引き上げることにより、民間企業の財産安全を保護しようとしている。この立法判断により、厳格さと寛容さとを組み合わせた刑事政策が企業財産保護に組み込まれ、民間企業の財産法益を損なう軽微な行為に対してはより寛大に扱うが、民間企業の財産法益を損なう行為に対しては刑罰が重くなった。それに加えて、特別寛恕条項を通じて、資金を横領した者が適時に返還する行為を奨励し、企業の資金安全を保障している[7]。「刑法改正案（十二）」では、国有企業と同等地位の保護を受けることで、民間企業財産権の重要性が認められた。「刑法改正案（十二）」は、党中央が「民間企業は同等保護を受ける」と何度も強調したことを基本的な背景としている。2018年11月１日、習近平中国共産党中央委員会総書記は民間企業の座談会を主宰し、「各種の所有制経済の財産権と合法的な利益とを保護し、権利平等・機会平等・規則平等を堅持する」[8]と表明した。2019年12月４日、中国共産党中央委員会と国務院が共同で発表した「民間企業の改革と発展を促進するための良い経営環境の構築に関する意見」では、平等的に民間企業を支援し、発展の地位を保護することがさらに強調された。2022年10月16日、習近平総書記は、中国共産党第20回全国代表大会における報告の中で、「民間企業の経営環境を改善し、民間企業の財産権と企業家の権利・利益を法に基づいて守り、民間経済の発展・成長を促進する」と再度強調した[9]。

　これらの背景の下で「刑法改正案（十二）」が民間企業の財産権を重要な対象として保護するという目標が、事前に全て示されることとなった。具体的な条文の内容から見ると、主に３つの条文が改正された。①第165条の不法経営同類営業罪に、「他会社、企業の取締役、経理」が「職務の便利さを利用して、自分で経営したり、他人のためにその勤めている会社、企業と同類の営業を経営したりして、不法な利益を得て」も不法経営同類営業罪となるという１条が追加された。②第166条の「親類・友人不法図利」の犯罪主体を民間企業の従業員に拡大し、これらの主体が第166条の２項に規定される行為によって民間企業の利益に

7　韩轶「企业权益刑法保护的立法更新和司法适用——基于『刑法改正案（十一）』的解读」中国法律评论１号（2021）参照。
8　习近平「在民营企业座谈会上的讲话」人民日報11月２日第２版（2018）。
9　习近平「高举中国特色社会主义伟大旗帜　为全面建设社会主义现代化国家而团结奋斗」人民日報10月26日第１版（2022）。

損失をもたらした場合も、本罪にあたるとみなされることとなった。③第169条の「私利私欲による不正な低価格での株式分割や国有資産の売却罪」に１項を追加し、民間企業と直接責任ある管理者が以上の行為を行ってから企業の利益に重大な損失を与えた場合は犯罪とし、罪名も「私利のために不正を行って、廉価で株式換算し、会社、企業の資産を売却する罪」に改めた。企業に利益損失をもたらすことが犯罪成立要件であることが、改正されたこの２つの条文で明確にされた。この改正こそ民間企業の財産権を保護する目的の直接的な表現である。しかし、不法経営同類営業罪には企業に利益損失をもたらすことが犯罪成立要件として規定されておらず、「不正な利益を得ること」が犯罪成立要件とされた。それは、不法経営同類営業罪が企業の財産権を保護するのを目的としているわけではなく、背信行為を取り締まることで、管理層が企業に対する忠誠を義務付けることを目的としているように見える。「刑法改正案（十二）」が３つの犯罪に対する改正・補充を行ったことは、「企業財産と法益を保護する裏には、会社や企業の管理秩序に違反する行為や企業財産と法益を損害する背信行為の取締りがある」[10]と主張する学者も少なくない。さらに、「不法経営同類営業によって得た不正な利益が巨額であるか、または会社や企業の利益に重大な損失を与えた場合にのみ、立件・起訴することができる」と考える学者もいる。民間企業の逸失利益も、本罪成立のための暗黙の構成要件要素とみなされる[11]。上述の見解に賛成するか否かに関わらず、企業管理職が市場競争に違反して不正な同類営業を行うと、在職する民間企業の市場占有率を減退させ、間接的に企業の利益が損われることは否定できない。

　次に、刑法改正案では、民間企業の知的財産権保護が重要であると徐々に位置づけられてきた。民間企業の知的財産権保護を強化するため、「刑法改正案（十一）」の公布前に改正された『中華人民共和国著作権法』や『中華人民共和国商標法』との統合を図るという実務的な要求に応じて、知的財産権犯罪に関する刑法の内容をさらに改正して充実させる必要があると、一定の部門が提案した。刑法第213条の偽造登録商標罪、第214条の登録商標を詐称した商品であることを明らかに知りながら販売する罪、第215条の無断で製造された登録商標の標識を販売する罪、第217条の著作権侵害の罪、第218条の権利侵害複製品であることを明

10　张义建「『刑法改正案（十二）』的理解与适用」法律适用２号（2024）。
11　田宏杰「企业内部人员职务犯罪的刑事治理完善」中国刑事法杂志１号（2024）参照。

らかに知りながら販売する罪などに関する規定を改正して充実させることを、全国人民代表大会憲法法律委員会が関係者との調査研究に基づいて提案した。このため、「刑法改正案（十一）」で以下の内容が改正された。

第1に、本節における関連罪名の法定刑のほとんどが加重された。第213条の偽造登録商標罪は、一処断刑の法定刑の下限を拘留から有期懲役に引き上げ、二処断刑の法定刑の上限を有期懲役7年から有期懲役10年とした。また、第215条の無断で製造された登録商標の標識を販売する罪も、一処断刑の法定刑の下限を拘留から有期懲役に引き上げ、二処断刑の法定刑の上限を有期懲役7年から有期懲役10年とした。

第2に、知的財産権犯罪に新たな類型が追加された。第213条の偽造登録商標罪では、サービス商標の偽造も犯罪となった。第217条の著作権侵害の罪には、実演が収録された録音・録画製品を複製、発行した場合や、著作隣接権保護の技術的措置を故意に回避又は破壊した場合、製作した録音・録画を複製、発行し、情報ネットワークを通じて公衆に送信した場合が追加された。

第3に、構成要件該当性が補充された。第214条の登録商標を詐称した商品であることを明らかに知りながら販売する罪では、「販売額が比較的大きい」「販売額が巨大」という構成要件が、「違法所得額が比較的大きい又はその他重大な情状がある」「違法所得額が巨大である又はその他極めて重大な情状がある」に変更された。第218条の権利侵害複製品であることを明らかに知りながら販売する罪も、「違法所得額が巨大」という構成要件が「違法所得額が巨大である又はその他重大な情状がある」に変更された。

第4に、単位犯罪の構成に新たな場合が追加された。第218条に、「国外の機構、組織、人員のために営業秘密の盗取、偵察、買収、不法提供を行った場合」が新設された。

四　出　罪
―――企業救済に向けた部分的な非犯罪化―――

中国の刑事立法は、近年、科学的な進展を遂げ、民間企業の発展上の問題を解決するため[12]、刑法の局所的な改正が進められている。単に犯罪化や厳罰化による立法技術によって経営環境の最適化に関与するのではなく、多くの重要な条文

の改正を行う上で、民間企業の発展過程に存在している問題の解決に着目するようになった。民間企業が直ちに発展窮地から脱出するために刑法に違反した場合、出罪制度の柔軟さを活用して刑罰を軽減させる。刑法改正を介して、民間企業の犯罪構成要件に制限を設ける傾向が見られる。

民間企業の納税問題に向けて、まず「刑法改正案（七）」では、脱税罪を逃税罪に改めた上、逃税罪に「処罰阻却事由」を設置した。つまり追徴課税を納付しない場合にのみ、刑罰が課せられる[13]。「刑法改正案（七）」が脱税行為に対してこうした改正を行ったのは、税金の納付を促進するためだと思われる[14]。しかし、この見解に対しては、疑問の声も多く寄せられた。エンタメ業界で知名度の高い範氏、鄭氏の巨額脱税事件は、幅広い注目を集め、法規範に対する民衆の理解に対して衝撃を与えた。こうした巨額かつ重大な情状がある脱税事件をめぐって、行為者が納税額を追納して延滞金を支払った場合、行政処分を受けただけで「牢獄の災」を免れるのは本当に公正であろうか。その裏には「罰金で刑罰を代替しているという問題が存在しているのではないか」とも論じられた[15]。

本稿は、単に税金の納付を促進するという視点のみから「刑法改正案七」第201条の改正を解釈するならば、上記の疑問を十分に説明できないと考える。刑事政策の観点から見ると、「刑法改正案（七）」による脱税罪の改正は、主に民間経済の発展状況に基づいた民間企業の税負担およびそれに伴う刑罰負担を緩和させることを目指している。納税負担の下で民間企業が納税を避けてコストを引き下げるために、「所得隠しという隠ぺい手段を用いた虚偽納税申告や未申告」をする犯罪が途絶する可能性は低い。「刑法改正案（七）」以前の脱税罪に関する条文は、国家の税収が確保できないどころか、民間企業に追い打ちをかける。莫大な税金プレッシャーを抱える上に、一歩間違えば深刻な刑事リスクを背負ってしまうことになる。「2006年全国十大税案」の１つと称された「山西宇晋鋼鉄公司の脱税事件」では、関係企業が大きな打撃を受けたため、転落の一途をたどった[16]。「刑法改正案（七）」では、脱税罪を逃税罪に改め、客観的な犯罪構成要件が設定された。さらに、刑法上、民間企業の脱税行為を規制しつつも是正のチャ

---

12 劉艶紅「以科学立法促進刑法話語体系発展」学術月刊４号（2019）参照。
13 史丽梅「刑事一体化視野下的出罪路径探究」法学雑志４号（2023）参照。
14 周光権『刑法総論』（第四版）（2021・中国人民大学出版社）260〜274頁参照。
15 敦宁「逃税罪実体性免責的制度悖论及程序性回归」法治研究６号（2023）参照。
16 李文涛「国税总局曝光９起渉税大案」財会信報４月24日第A02版（2006）参照。

ンスが与えられるので、一度の脱税で「取り返しがつかない」の境地に陥ることがなくなった。それは、民間企業に対する刑事制裁強化に融通をきかせる立法上の重要な試みであるといえる。経営環境の最適化を促進する立場から見ると、これは評価に値する立法的調整に違いない。

　加えて、民間企業の資金調達という難題を解決するために、「刑法改正案（十一）」では第175条の1に規定される貸付、手形、信用状、保証書の詐欺犯罪を改正した。詐欺的行為で銀行やその他金融機関から貸付、手形、信用状、保証書などを得る犯罪は、2006年「刑法改正案（十一）」によって追加された。2006年前後、アメリカのサブプライム問題で世界中の金融危機を防ぐ意識が高まったのを背景として、当時中国も絶大な金融懸念を抱えていた。そのため、刑法を通じて金融犯罪を戒めることが、刑法改正の主な任務となった[17]。その後、「刑法改正案（六）」では、金融管理秩序を破壊する犯罪に重点が置かれた。関連罪名の改正は、金融機関の犯罪に対する積極的な予防策である。犯罪範囲の補訂は、今般の刑法改正の基本的な立場である。それを背景にして、貸付、手形、信用状、保証書を詐取する罪が、「結果＋情状」の複合モデルに設定された。つまり詐欺的行為により銀行やその他金融機関から貸付、手形、信用状、保証書などを得て、銀行やその他金融機関に重大な損失を与える、あるいはその他情状が深刻な場合は全て本罪を構成しうる。特に注意すべきなのは、本罪の創設をめぐって立法提案を募集する際に、このような犯罪に対抗するのに「結果＋情状」の複合モデルは依然として狭いことから、本罪を「作為犯」とするべきだと中国銀行監督管理委員会（CBRC）が提案したことである[18]。その提案は立法機関に受け入れられていないが、「結果＋情状」の複合モデルは、保護法益の空洞化につながり、金融機関と貸し手の信頼関係の維持に配慮するものとみなされた[19]。したがって、行為者が銀行に全額担保を提供した場合であっても、詐欺的手段と貸金高額、犯罪動機、回数等による「その他情状が深刻な場合」であれば、本罪を構成する可能性がある。

　しかし、このように設定された詐欺的行為で貸付、手形、信用状、保証書など

17　董秀红「从美国次贷危机看我国金融刑法的立法完善」政治与法律》4号（2010）参照。
18　孙铭「『行为犯』模式核定骗贷罪银监会建言『刑法』改正」21世纪经济报道6月23日第13版（2006）参照。
19　李翔「论骗取贷款、票据承兑、金融票证罪——兼评『刑法』第175条之一」学术论坛1号（2008）参照。

を得る罪は、民間企業に対して利点をもたらさず、かえって民間経済の発展に悪い影響を及ぼす。民間企業は、発展する中で、資金調達に悩むと同時に、融資手続の過ちによる犯罪リスクをも背負っている。こうした二重の困難に直面している民間企業は、さらに大きな窮地に陥るだろう。そして、貸付、手形、信用状、保証書を詐取する罪は、「金額＋情状」による最初の犯罪化モデルが問われたのち、すぐに司法的手段によって調整された。方氏の融資詐欺事件では、司法システムの下、金融機関の職員が行為者の申請時に詐欺的行為と知りながら融資し、「誤認」というわけではない場合、「詐欺」と「取得」の「架け橋」が切断されるため、犯罪が認定されないとの判決が下された[20]。

　司法技術による調整は、民間企業の刑事上の圧力を緩和させる一時的な手段にすぎない。それには２つの理由がある。１つは、あらゆる案件に対して、銀行が企業の提供された虚偽の資料を知っているわけではないためである。もう１つは、銀行が虚偽の融資資料と知りながらも因果関係が不明であるということを理由に犯罪成立を否定することは、理論的には説得的でないためである。因果関係の有無は違法か否かを決定するものではなく、犯罪停止状態にのみ影響を与える。基本的な刑法理論によれば、たとえ銀行が誤認していなくても、詐欺融資を行った主体は、未遂罪となり、無罪とはならない。そこで、完全に企業融資における不合理な刑事リスクを回避するため、立法改正を行う必要がある。「刑法改正案（七）」は、金融分野において厳重な予防措置を取り、民間企業が融資を受ける際に全プロセスの「純潔さ」を要求したが、資金調達困難を現実的な背景にして、刑法がそうした政策に固執すべきではないとした。もし現行刑法が、金融機関に損害を与えずに融資秩序に違反する申請行為を「その他情状が深刻な場合」の犯罪としてなお認定するのであれば、その罪名の設置は社会主義市場経済を促進するどころか、民間企業の融資コストを高め、社会主義市場経済の発展に障害をもたらす可能性がある。それを考慮して、2021年の「刑法改正案（十一）」では第175条の１が改正された。「金額＋情状」モデルを変更し、「金額」を唯一の基準として、詐欺貸付が銀行に実際の損失をもたらした場合のみ犯罪が成立しうることになった。この刑法改正は、民間企業の資金調達に関する懸念を解消するという重要な現実的意義を持っている[21]。

20　常熟市人民法院（2016）苏0581刑初1339号刑事判決書参照。
21　肖中華「騙取貸款罪的司法困境及立法完善建議」法治研究６号（2020）参照。

五　コンプライアンス
——コンプライアンス構築を通じた企業の現代的変革の支援——

　関連企業のコンプライアンスは、現在最も注目されている刑事法上の問題の1つである。それは中国の検察制度に役立つ上、刑法が経営環境の最適化に関与するためにも、斬新な理論的道筋である。アメリカ企業の起訴猶予制度を参照することは、中国関係企業のコンプライアンス構築に示唆を与えた。周知のとおり、2002年の世界トップ5のアーサー・アンダーセン（Arthur Andersen）会計事務所が起訴されたことと事務所が倒産したこととは、直結している。事件発生前、同事務所は世界中で85000人の従業員を雇い、売上高は93億ドルを超えていた。しかし、その後は2300社以上の上場企業顧客が事務所から次々と離れ、世界中の支社は相次いで閉店あるいは買収され、残った従業員もわずか3000人ほどとなった。事務所を起訴することによる利益はごくわずかであったが、アーサー・アンダーセン事務所およびアメリカ経済に大きな損失をもたらした。これにより、アメリカ合衆国司法省は広く批判を受けた[22]。アーサー・アンダーセン事件をきっかけに、アメリカ企業の起訴猶予制度がさらに適用されるようになった。

　アメリカでは、従来の刑事訴訟は、原告被告の平等な対立を強調し、当事者個人主義の強い傾向が見られた。刑事事件の増加に伴い、原告被告の対立や論争を中心とした伝統的な訴訟モデルは、訴訟の進展を著しく遅らせ、裁判実務の処理効率に対応した要求も満たさない。そのため、アメリカ司法機関は敵対的訴訟モデルと別れて、他の道筋——協議的訴訟モデル——を探求した。

　協議的訴訟モデルの中で最も代表的な成果は、司法取引である。これまでにアメリカ90％以上の案件が司法取引によって解決された。しかしながら、司法取引は犯罪主体の刑罰を軽減させるだけであり、罪名を免れさせるわけではない。企業という特殊な犯罪主体にとって求められるのは、刑罰の軽減ではなく、無罪化である。その理由は、企業が一度有罪とされると、行政契約の取り消しや市場資格の喪失、市場シェアの減退など一連のマイナス結果を引き起こすことにあ

22　陈瑞华「论企业合规的基本价值」法学论坛6号（2021）参照。
23　胡铭＆严敏姬「美国暂缓起诉协议的价值基础与制度风险」苏州大学学报（法学版）4号（2023）参照。

る[23]。そのため、企業犯罪に関して、アメリカでは、司法取引を基に、犯罪に関与した企業が検察官とともに起訴について協議することが許されている。企業が協議に合意すれば、検察官は起訴を一度保留する。さらに、指定期間に検察官の要求した義務を果たすことができれば、最終的に検察官は起訴を取り消す。これは企業の起訴猶予制度を指す。

ところで、我が国は、2021年に「企業コンプライアンス」が初めて最高人民検察院の作業報告書に記載された。前年の2020年3月から、最高人民検察院は上海浦東区検察院、金山区検察院、江蘇省張家港市検察院、山東省臨沂市郯城検察院、広東省深圳市南山区検察院および寶安区検察院など6つの基層人民検察院で第1期企業のコンプライアンス改革を試行し始めた。また、2020年12月に最高人民検察院が公開した第22期指導性案例での「無錫F警用器材会社による増値税専用領収書の虚偽事件」、および同月に公開された第24期非公有制経済に関する立件監督指導性案例にも、企業コンプライアンスの影響が少なからず見られる。そして2021年、最高人民検察院は企業コンプライアンスの道を急速に切り拓いた。同年4月、第2期企業コンプライアンス改革の試行範囲は、北京、遼寧、上海、江蘇、浙江、福建、山東、湖北、湖南、広東の10省（市）に拡大した。同年6月、最高人民検察院は企業コンプライアンス改革試行における典型的な4つの事件を発表し、改革試行地域の第1期実践成果を総括すると同時に、「事件に関与した企業のコンプライアンスに関する第三者による監督・評価メカニズムの確立に関する指導的意見（試行実施分）」を公表した。2022年4月2日、最高人民検察院と中華全国工商業連合会の共同会議において、関係企業のコンプライアンス改革試行が全国の検察機関で全面的に展開されることが正式に「官宣」された。企業のコンプライアンス改革は、4年間の試行と実施を経て、豊かな成果を収めた。2023年の最高人民検察院作業報告によると、試行以来、全国の検察機関が関与企業のコンプライアンスに関する案件を5000件以上処理したことで、約1500社の企業がコンプライアンスに合格したと認定され、3000人以上の企業責任者に不起訴が下された。それは、民間企業の存続と安定発展に重要な意義を持っている。山東沂南のY社は入札談合の疑いを受けたが、企業のコンプライアンス改革で不起訴を受けた。その後、Y社は続けて入札プロジェクトに参加し、法律に則って2000万元以上の工事契約を締結し、200余りの雇用が安定的に生まれた[24]。これは、我が国が企業のコンプライアンスを推進したことで良い効果が

みられた縮図の一例である。

特に説明すべき点は、企業のコンプライアンスが単に起訴による企業の倒産を防ぐのみならず、正当化、規則化といった企業精神を養い、企業管理のモデルチェンジを実現しようと目指していることである。現在、企業コンプライアンスの最終的な法的効果をめぐって、「企業を不起訴とし、責任者も不起訴とする」か、「企業を不起訴とし、責任者を厳罰に処する」かという2つの対立した意見がある[25]。最高人民検察院が公表した4期20件の企業コンプライアンスに関する代表的な事件から見ると、ほとんどの事件が「企業を不起訴とし、責任者も不起訴とする」という結果をもって終結している。現在、多数の場合に「企業と責任者両方を不起訴とする」というやり方がとられるのは、中国の民間企業の全体的な状況を考慮した結果である。前述のとおり、中国の民間企業は、所有者と経営者が区別されず、企業資産と個人財産が大部分重なっている特徴を持つ。そこで、責任者の利益を実現させるか否かが、関与企業のコンプライアンス進展を決定する。ひとたび企業の所有者である責任者がコンプライアンス検査に合格したとしても、刑法の厳しい制裁を受けることを意識するならば、是正改革に取り組む意欲は大幅に低下する。さらに、小型企業は「人企一体」パターンが示され、個人と企業の関連性が非常に高い。企業を寛容に扱い、個人を厳罰に処することは、実際に企業を厳しく罰することに相当する。その結果、まだ初期に在る企業のコンプライアンス改革が停滞してしまうことにつながる。そのため、実際のところ、「企業と責任者両方を不起訴とする」ことは、中国の民間企業の特性に応じた、企業コンプライアンス制度の中国化という独特の現象である。しかし、各国の実務を顧みると、関与企業のコンプライアンスはすべて、「企業を不起訴とし、責任者を厳罰に処する」という同一の原則に基づいている。コンプライアンスの構築は企業自体の再犯を排除あるいは低減するが、責任者の再犯を防ぐ機能を備えていない[26]。コンプライアンスに関する完全なパターン制度と相互制約の管理システムを作り、企業と責任者の責任とを明確に区別しうる現代的な企業組織体を構築しようとすることは、企業コンプライアンスの最終目的だと思われ

24　程雷＆伍素贞「涉案企业合规改革的实践与展望——基于前三批涉案企业合规典型案例的分析」人民検察3号（2023）参照。
25　李玉华「企业合规本土化中的『双不起诉』」法制与社会发展1号（2022）参照。
26　刘艳红「企业合规不起诉改革的刑法教义学根基」中国刑事法杂志1号（2022）参照。

る。したがって、「企業と責任者両方を不起訴とする」ことは、中国企業コンプライアンスの初期段階における折衷案にすぎない。企業コンプライアンス改革が継続的に深く進展するのに従って、民間企業を近代化モデルに転換させた後、「企業を不起訴とし、責任者を厳罰に処する」ことを正しい軌道に乗せることが、刑法が努力すべき将来的な方向であるだろう。

編者・執筆者一覧（掲載順）

只木　　誠	（ただき　まこと）	中央大学法学部教授
佐伯　仁志	（さえき　ひとし）	中央大学大学院法務研究科教授
北川　佳世子	（きたがわ　かよこ）	早稲田大学大学院法務研究科教授
松澤　　伸	（まつざわ　しん）	早稲田大学法学学術院教授
松生　　建	（まついけ　はじむ）	広島大学名誉教授
小林　憲太郎	（こばやし　けんたろう）	立教大学法学部教授
仲道　祐樹	（なかみち　ゆうき）	早稲田大学社会科学総合学術院教授
渡邊　卓也	（わたなべ　たくや）	筑波大学ビジネスサイエンス系教授
岩間　康夫	（いわま　やすお）	愛知大学大学院法務研究科教授
杉本　一敏	（すぎもと　かずとし）	早稲田大学大学院法務研究科教授
上原　大祐	（うえはら　だいすけ）	鹿児島大学法文教育学域法文学系准教授
小名木　明宏	（おなぎ　あきひろ）	北海道大学大学院法学研究科教授
松宮　孝明	（まつみや　たかあき）	立命館大学大学院法務研究科特任教授
今井　猛嘉	（いまい　たけよし）	法政大学大学院法務研究科教授
岡部　雅人	（おかべ　まさと）	国士舘大学法学部教授
北尾　仁宏	（きたお　まさひろ）	東京大学医科学研究所特任研究員
田川　靖紘	（たがわ　やすひろ）	愛媛大学法文学部准教授
塩谷　　毅	（しおたに　たけし）	岡山大学法学部教授
伊藤　嘉亮	（いとう　よしすけ）	広島修道大学法学部教授
竹川　俊也	（たけかわ　としや）	慶應義塾大学大学院法務研究科専任講師
石井　徹哉	（いしい　てつや）	明治大学法学部教授
平山　幹子	（ひらやま　もとこ）	関西学院大学法学部教授
蔡　　芸琦	（さい　ゆんち）	筑波大学人文社会系助教
二本柳　誠	（にほんやなぎ　まこと）	名城大学法学部教授
内海　朋子	（うつみ　ともこ）	横浜国立大学大学院国際社会科学研究院教授
萩野　貴史	（はぎの　たかし）	名城大学法学部教授
大庭　沙織	（おおば　さおり）	福岡大学法科大学院准教授
伊藤　亮吉	（いとう　りょうきち）	名城大学法学部教授
十河　太朗	（そごう　たろう）	同志社大学大学院司法研究科教授
辻本　淳史	（つじもと　あつし）	富山大学経済学部准教授
小野上　真也	（おのがみ　しんや）	東洋大学法学部教授
神例　康博	（かんれい　やすひろ）	岡山大学学術研究院法務学域教授
澁谷　洋平	（しぶや　ようへい）	熊本大学大学院人文社会科学研究部（法学系）准教授
川崎　友巳	（かわさき　ともみ）	同志社大学法学部教授
松原　芳博	（まつばら　よしひろ）	早稲田大学大学院法務研究科教授
三上　正隆	（みかみ　まさたか）	愛知学院大学法学部教授
日山　恵美	（ひやま　えみ）	広島大学大学院人間社会科学研究科教授
新谷　一朗	（しんたに　かずあき）	海上保安大学校海上警察学講座教授
水沼　直樹	（みずぬま　なおき）	弁護士（東京神楽坂法律事務所）

瀬田　　真	（せた まこと）	早稲田大学大学院アジア太平洋研究科准教授
大貝　　葵	（おおがい あおい）	金沢大学人間社会研究域法学系准教授
小西　暁和	（こにし ときかず）	早稲田大学大学院法務研究科教授
金　　光旭	（きん こうぎょく）	成蹊大学法学部教授
梁　　根林	（Liang Genlin）	北京大学法学院教授
潘　　卓希	（Pan Zhuoxi）	浙江師範大学法学院講師
劉　　艶紅	（Liu Yanhong）	中国政法大学刑事司法学院教授
劉　　建利	（Liu Jianli）	東南大学法学院副教授
黎　　　宏	（Li Hong）	清華大学法学院教授
余　　秋莉	（Yu Qiuli）	安徽師範大学法学院講師
馮　　　軍	（Feng Jun）	中国人民大学法学院教授
謝　　佳君	（Xie Jiajun）	西南政法大学法学院副教授
劉　　明祥	（Liu Mingxiang）	広東外語外貿大学法学院教授
陳　　興良	（Chen Xingliang）	北京大学法学院教授
ジョージ・ムスラーキス	（George Mousourakis）	広島大学大学院人間社会科学研究科教授
張　　明楷	（Zhang Mingkai）	清華大学法学院教授
儲　　陳城	（Chu Chencheng）	安徽大学法学院副教授

甲斐克則先生古稀祝賀論文集［上巻］
―― 刑事法学の新たな挑戦

2024年10月20日　初版第1刷発行

編集委員　只木　　誠
　　　　　佐伯　仁志
　　　　　北川　佳世子

発行者　阿部　成一

〒169-0051　東京都新宿区西早稲田 1-9-38
発行所　株式会社　成文堂
電話03(3203)9201(代)　FAX03(3203)9206

製版・印刷　藤原印刷　　　　　　製本　弘伸製本
©2024　只木、佐伯、北川　Printed in Japan
ISBN978-4-7923-5432-9 C3032　　検印省略

定価（本体20,000円＋税）